# mi lecteur

GW00630731

Ce Guide Camping Caravaning France réalisé en toute indépendance, propose une sélection volontairement limitée, de terrains choisis après visites et enquêtes effectuées sur place par nos inspecteurs.

En ce début de 1999, l'application des tarifs commerciaux exprimés en EUROS tend à se répandre, mais reste néanmoins facultative, chaque client pouvant régler indifféremment sa note en EUROS (par chèque ou carte bancaire) ou en devise nationale.

Toutefois, cette mise en oeuvre étant progressive, nous avons choisi d'indiquer dans notre ouvrage les prix dans la monnaie nationale.

Soucieux d'améliorer cet ouvrage, vos précieux courriers et commentaires seront toujours les bienvenus.

Merci de votre collaboration.

Bonnes vacances avec Michelin

Sommaire

Comment utiliser ce guide

3 choix possibles

Page 33 **Par départements**

Le tableau des localités classées par départements vous permettra de choisir dans une région donnée, parmi tous les terrains que nous recommandons, ceux qui disposent d'aménagements particuliers, les campings ouverts en permanence, ceux qui proposent des locations ou une possibilité de restauration, ou bien encore ceux bénéficiant d'un environnement particulièrement calme.

Page 58 **Par l'atlas**

L'atlas, en repèrant les localités possédant au moins un terrain sélectionné, vous permettra d'établir rapidement un itinéraire. Il signale aussi les villes possédant un camping ouvert à l'année ou les terrains que nous trouvons particulièrement agréables dans leurs catégories.

Page 75 **Par localités**

La nomenclature alphabétique permet de se reporter à la localité de son choix, de découvrir les terrains que nous avons sélectionnés et au détail de leurs installations.

Signes conventionnels

Terrains

Catégories

⋀⋀⋀⋀	Terrain très confortable, parfaitement aménagé
⋀⋀⋀	Terrain confortable, très bien aménagé
⋀⋀⋀	Terrain bien aménagé, de bon confort
⋀⋀	Terrain assez bien aménagé
⋀	Terrain simple mais convenable

Les terrains sont cités par ordre de préférence dans chaque catégorie.

Notre classification indiquée par un nombre de tentes (⋀⋀⋀⋀ ... ⋀) est indépendante du classement officiel établi en étoiles par les préfectures.

Ouvertures

juin-septembre	Terrain ouvert du début juin à fin septembre
saison	Ouverture probable en saison
permanent	Terrain ouvert toute l'année

Les dates de fonctionnement des locations sont précisées lorsqu'elles diffèrent de celles du camping.

Exemple : **Location** (*avril-sept.*) : 🏠

Sélections particulières

Ⓜ	Terrain d'équipement sanitaire moderne
❄	Caravaneige sélectionné — Ces campings sont équipés spécialement pour les séjours d'hiver en montagne (chauffage, branchements électriques de forte puissance, salle de séchage etc.).

Les Aires Naturelles sont des terrains aménagés avec simplicité dans un cadre naturel et offrent des emplacements de grande surface.

Agrément et tranquillité

⋀⋀⋀⋀ ... ⋀	Terrains particulièrement agréables de par leur situation, leur cadre, leur tranquillité ou le style de leurs aménagements.
🦢 🦢	Terrain très tranquille, isolé — Tranquille surtout la nuit
≼ ≼	Vue exceptionnelle — Vue intéressante ou étendue
« »	Élément particulièrement agréable

Situation et fonctionnement

☎ ✉	Téléphone — Adresse postale du terrain de camping (si différente de la localité)
N – S – E – O	Direction : Nord – Sud – Est – Ouest (indiquée par rapport au centre de la localité)
Places limitées pour le passage	Terrain à vocation résidentielle réservant cependant des emplacements pour la clientèle de passage.
⚿	Présence d'un gardien ou d'un responsable pouvant être contacté 24 h sur 24 mais ceci ne signifie pas nécessairement une surveillance effective.
⚿	Présence d'un responsable au moins 8 h par jour
🐕‍🦺	Accès interdit aux chiens — En l'absence de ce signe, ils peuvent être admis et soumis à une redevance particulière. La présentation d'un carnet de vaccination à jour est souvent demandée.
℗	Parking obligatoire pour les voitures en dehors des emplacements
R	Réservations acceptées — Une somme forfaitaire non remboursable est parfois perçue à titre de frais de réservation
℞	Pas de réservation
GB	Cartes Bancaires acceptées (Eurocard, MasterCard, Visa)
℅v	Chèques-vacances acceptés

Caractéristiques générales

3 ha	Superficie (en hectares) du camping
60 ha/ 3 campables	Superficie totale (d'un domaine) et superficie du camping proprement dit
(90 empl.)	Capacité d'accueil : en nombre d'emplacements
▭	Emplacements nettement délimités
♀ ♀♀ ♀♀♀	Ombrage léger — Ombrage moyen — Ombrage fort (sous-bois)

Confort

▥	Installations chauffées
♿	Installations sanitaires spéciales pour handicapés physiques
⚅ ⚇	Installations avec eau chaude : Douches – Lavabos
▣	Lavabos en cabines individuelles (avec ou sans eau chaude)
⚘	Salle de bains pour bébés
⚇ ⚈	Éviers ou lavoirs avec eau chaude — Postes distributeurs d'eau chaude
☺ ⚐ ⚑	Branchements individuels pour caravanes : Électricité – Eau – Évacuation

Services

🚐	Aire de services pour camping-cars
🧺	Lave-linge, laverie
🛒 ▦	Supermarché, centre commercial — Magasin d'alimentation
♟ ✗	Bar (licence III ou IV) — Restauration
🍽	Plats cuisinés à emporter

Loisirs

⌂	Salle de réunion, de séjour, de jeux
大大	Club pour enfants
⌂ ⌂s	Salle de remise en forme — Sauna
大大	Jeux pour enfants
⚲ ·◉	Location de vélos — Tir à l'arc
✂ 🎾	Tennis : de plein air - couvert
↑m	Golf miniature
⊡ ≋	Piscine : couverte - de plein air
≋	Bains autorisés ou baignade surveillée
⚓	Voile (école ou centre nautique)
🐎	Promenade à cheval ou équitation

La plupart des services et certains loisirs de plein air ne sont généralement accessibles qu'en saison, en fonction de la fréquentation du terrain et indépendamment de ses dates d'ouverture.

A proximité	Nous n'indiquons que les aménagements ou installations qui se trouvent dans les environs immédiats du camping (généralement moins de 500 m) et accessibles pour un campeur se déplaçant à pied.

Tarifs

Redevances journalières :

大 8	par personne
🚗 5	pour le véhicule
⧉ 10/12	pour l'emplacement (tente/caravane)
⚡ 7 (4A)	pour l'électricité (nombre d'ampères)

Les prix ont été établis en automne 1998 et s'appliquent à la haute saison (à défaut, nous mentionnons les tarifs pratiqués l'année précédente). Dans tous les cas, ils sont donnés à titre indicatif et susceptibles d'être modifiés si le coût de la vie subit des variations importantes.

Le nom des campings est inscrit en caractères gras lorsque les propriétaires nous ont communiqué tous leurs tarifs.

Certaines prestations (piscine, tennis) de même que la taxe de séjour peuvent être facturées en sus.

Les enfants bénéficient parfois de tarifs spéciaux ; se renseigner auprès du propriétaire.

Locations et tarifs

🚐	Location de caravanes
1 300 à 2 200	Prix à la semaine, basse saison 1 300 et haute saison 2 200, pour 4 personnes maximum
🏠	Location de mobile homes
1 800 à 3 200	Prix à la semaine, basse saison 1 800 et haute saison 3 200, pour 6 personnes maximum
🏠	Location de bungalows ou chalets
2 000 à 3 900	Prix à la semaine, basse saison 2 000 et haute saison 3 900, pour 6 personnes maximum
🛏	Location de chambres. S'adresser au propriétaire pour tous renseignements

Localités

23 700	Numéro de code postal
12 **73** ②	Numéro de page d'atlas (p. 58 à 74) – N° de la carte Michelin et du pli
G. Bretagne	Localité décrite dans le guide vert Michelin Bretagne
Rennes 47	Distance en kilomètres
1 050 h.	Population
alt. 675	Altitude de la localité
♨	Station thermale
⊠ 05000 Gap	Code postal et nom de la commune de destination
1 200/1 900 m	Altitude de la station et altitude maximum atteinte par les remontées mécaniques
2 ⛟	Nombre de téléphériques ou télécabines
14 ⚡	Nombre de remonte-pentes et télésièges
🎿	Ski de fond
⛴	Transports maritimes
🛈	Information touristique

Légende des schémas

Ressources camping

(**O**)	Localité possédant au moins un terrain sélectionné
⚠	Terrain de camping situé

Voirie

═══════	Autoroute
═══════	Double chaussée de type autoroutier
❶ ❷	Echangeurs numérotés : complet, partiel
══════	Route principale
══════	Itinéraire régional ou de dégagement
═════	Autre route
═══┿═	Sens unique – Barrière de péage
─ ─ ─ ─	Piste cyclable – Chemin d'exploitation, sentier
⟩ ⟩⟩ ⟩⟩⟩	Pentes (Montée dans le sens de la flèche) 5 à 9 % – 9 à 13 % – 13 % et plus
⟩✕⟨ Ⓑ ⚠	Col – Bac – Pont mobile
─□─ ⊔⊔⊔	Voie ferrée, gare – Voie ferrée touristique
③	Limite de charge (indiquée au-dessous de 5 tonnes)
2m8	Hauteur limitée (indiquée au-dessous de 3 m)

Curiosités

	Eglise, chapelle – Château
	Phare – Monument mégalithique – Grotte
	Ruines – Curiosités diverses
	Table d'orientation, panorama – Point de vue

Repères

	Localité possédant un plan dans le Guide Rouge Michelin
	Information touristique – Bureau de poste principal
	Eglise, chapelle – Château
	Ruines – Monument – Château d'eau
	Hôpital – Usine
	Fort – Barrage – Phare
	Calvaire – Cimetière
	Aéroport – Aérodrome – Vol à voile
	Stade – Golf – Hippodrome
	Centre équestre – Zoo – Patinoire
	Téléphérique ou télésiège – Forêt ou bois
	Piscine de plein air, couverte – Baignade
	Base de loisirs – Centre de voile – Tennis
	Centre commercial

En cas de contestation ou de différend, lors d'un séjour sur un terrain de camping, au sujet des prix, des conditions de réservation, de l'hygiène ou des prestations, efforcez-vous de résoudre le problème directement sur place avec le propriétaire du terrain ou son représentant.

Faute de parvenir à un arrangement amiable, et si vous êtes certain de votre bon droit, adressez-vous aux Services compétents de la Préfecture du département concerné.

En ce qui nous concerne, nous examinons attentivement toutes les observations qui nous sont adressées afin de modifier, le cas échéant, les mentions ou appréciations consacrées aux camps recommandés dans notre guide, mais nous ne possédons ni l'organisation, ni la compétence ou l'autorité nécessaires pour arbitrer et régler les litiges entre propriétaires et usagers.

Dear Reader

The 1999 Camping and Caravanning Guide to France, which has been compiled independently, offers you a select number of sites, chosen following visits and on-the-spot research by our inspectors.

From early 1999, prices in EURO will become more widely used, although to a large extent they remain optional, so that a customer may settle their bill in EURO (by cheque or credit card) or in the local currency.

The implementation of the EURO is still under development, and we have therefore decided to continue to include prices in this Guide in local currency.

Your valued comments and letters are always most welcome, to help us to continue to improve this Guide.

Thank you for your cooperation.

Enjoy your holiday with the Michelin Guide

Contents

How to use this guide

Choose in three ways

Page 33   ### By "département"

The table of localities, classified by "département" (administrative district), lists all the camping sites that we recommend in a given area, and shows those which have particular facilities, those which are open throughout the year, those which hire out caravans, mobile homes, bungalows or chalets, those with eating places, and also those which are in particularly quiet surroundings.

Page 58   ### From the maps

The maps mark the places with at least one selected site and make it easy to work out a route. The maps also show the town with sites that are open throughout the year or which we consider above average within a given category.

Page 75   ### By place name

Under the name of a given place in the alphabetical section are listed the sites we have selected and the facilities available.

Conventional signs

Camping sites

Categories

⋀⋀⋀⋀	Very comfortable, ideally equipped
⋀⋀⋀	Comfortable, very well equipped
⋀⋀⋀	Well equipped, good comfort
⋀⋀	Reasonably comfortable
⋀	Quite comfortable

Camping sites are listed in order of preference within each category.
The classification we give (⋀⋀⋀⋀ ... ⋀) is totally independent of the official star classification awarded by the local "préfecture".

Opening periods

juin-septembre	Site open from beginning June to end September
saison	Mainly open in season only
permanent	Site open all year round

Opening dates for rented accommodation are given where they are different from the camping site opening dates:
Exemple: **Location** (*avril-sept.*): 🏠

Special features

Ⓜ	Site with modern facilities
❄	Winter caravan sites – These sites are specially equipped for a winter holiday in the mountains. Facilities generally include central heating, high power electric points and drying rooms for clothes and equipment.

Camping sites in a rural setting offer minimal facilities and their main attraction is their pleasant situation in natural surroundings with spacious pitches.

Peaceful atmosphere and setting

⋀⋀⋀⋀ ... ⋀	Particularly pleasant site in terms of location, setting, quietness or standard of facilities.
ॐ ॐ	Quiet isolated site – Quiet site, especially at night
≼ ≼	Exceptional view – Interesting or extensive view
« »	Particularly attractive feature

Location and access

ℰ ✉	Telephone – Postal address of camp (if different from name of locality)
N – S – E – O	Direction from nearest listed locality: North – South – East – West
Places limitées pour le passage	Mainly a residential site, but with some pitches for short stays
o━	24 hour security – a warden will usually live on site and can be contacted during reception hours, although this does not mean round-the-clock surveillance outside normal hours
o┉	Daytime guard security
🐕̸	No dogs allowed. If this sign is not shown, specific conditions for dogs may apply-you will often be required to present an up-to-date vaccination certificate.
℗	Cars must be parked away from pitches
R	Reservations accepted – a non-refundable deposit may be requested
Ř	Reservations not accepted
GB	Credit cards accepted (Eurocard, MasterCard, Visa)
c̃v	Chèque-vacances accepted

General characteristics

3 ha	Area available (in hectares; 1ha = 2.47 acres)
60 ha/ 3 campables	Total area of the property and area used for camping
(90 empl.)	Capacity (number of spaces)
▭	Marked off pitches
⌘ ⌘⌘ ⌘⌘⌘	Shade – Fair amount of shade – Well shaded

Comfort

▥	Heating installations
♿	Sanitary installations for the physically handicapped
⎗ ⛲	Sites with running hot water: showers – wash basins
🗄	Individual wash rooms or wash basins with or without hot water
⌂	Baby changing facilities
⊟ ⌁	Laundry or dish washing facilities – Running water
☺ ⚿ ⚐	Each caravan bay is equipped with electricity – water – drainage

Facilities

🚐	Service bay for camper vans
▣	Washing machines, laundry
🛒 ⚖	Supermarket; shopping centre – Food shop
🍷 ✖	Bar (serving alcohol) – Eating places (restaurant, snack-bar)
🍴	Take away meals

Recreational facilities

🏠	Common room – Games room
👫	Children's club
🚴 ⚊s	Exercice room – Sauna
🏇	Playground
🚲 ·◉	Cycle hire – Archery
✗ 🏸	Tennis courts: open air – covered
⌐m	Mini golf
⊠ 🏊	Swimming pool: covered – open air
🏊	Bathing allowed or supervised bathing
⚓	Sailing (school or centre)
🏇	Pony trekking, riding

The majority of outdoor leisure facilities are only open in season and in peak periods opening does not necessarily correspond to the opening of the site.

A proximite	We only feature facilities in close proximity to the camping site (generally less than 500m) and easily accessible on foot.

Charges

Daily charge:

👤 8	per person
🚗 5	per vehicle
⊡ 10/12	per pitch (tent/caravan)
[⚡] 7 (4A)	for electricity (by n° of amperes)

We give the prices which were supplied to us by the owners in Autumn 1998 (if this information was not available we show those from the previous year). In any event these should be regarded as basic charges and may alter due to fluctuations in the cost of living.

Camping site names featured in bold text indicate that we have received details of their charges from the owners.

Supplementary charges may apply to some facilities (swimming pool, tennis) as well as for long stays.

Special rates may apply for children – ask owner for details.

Renting and charges

🚐	Caravan hire
1 300 à 2 200	Weekly rates, low season 1 300, high season 2 200, for up to 4 persons
🚐	Mobile home hire
1 800 à 3 200	Weekly rates, low season 1 800, high season 3 200, for up to 6 persons
🏠	Bungalow/Chalet hire
2 000 à 3 900	Weekly rates, low season 2 000, high season 3 900, for up to 6 persons
🛏	Rooms to rent – ask owner for full details

Localities

23 700	Postal code number
🔢 🔢 ②	Maps page number (pp 58 to 74) – Michelin map number and fold
G. Bretagne	Place described in the Michelin Green Guide Brittany
Rennes 47	Distance in kilometres
1 050 h.	Population
alt. 675	Altitude (in metres)
♨	Spa
✉ 05000 Gap	Postal number and name of the postal area
1 200/1 900 m	Altitude (in metres) of resort and highest point reached by lifts
2 🚡	Number of cable-cars
14 ⛷	Number of ski and chair-lifts
🎿	Cross country skiing
🚢	Maritime services
🛈	Tourist information Centre

Key to the local maps

Camping

(O)	Locality with at least one camping site selected in the guide
△	Location of camping site

Roads

	Motorway
	Dual carriageway with motorway characteristics
❶ ❷	Numbered junctions: complete, limited
	Major road
	Secondary road network
	Other road
	One-way road – Toll barrier
	Cycle track – Cart track, footpath
⟫ ⟫ ⟫	Gradient (ascent in the direction of the arrow) 1:20 to 1:12; 1:11 to 1:8; + 1:7
⤇ Ⓑ △	Pass – Ferry – Drawbridge or swing bridge
	Railway, station – Steam railways
③	Load limit (given when less than 5tons)
2ᵐ8	Headroom (given when less than 3m)

Sights of interest

🏠 ⚑ ⊨	Church, chapel – Castle, château
🛆 ⊓ ∩	Lighthouse – Megalithic monument – Cave
∴ ▲	Ruins – Miscellaneous sights
⁂ ⋗	Viewing table, panoramic view – Viewpoint

Landmarks

	Towns having a plan in the Michelin Red Guide
🅑 ✉	Tourist Information Centre – General Post Office
🏠 ⚑ ⊡	Church, chapel – Castle, château
⁂ ▪ 🏛	Ruins – Statue or building – Water tower
⊞ ✿	Hospital – Factory or power station
☆ ⊂ ⚐	Fort – Dam – Lighthouse
⊥ ⊥⊥⊥	Wayside cross – Cemetery
⬯ ⊞ ☉	Airport – Airfield – Gliding airfield
▭ ⌐ 🐎	Stadium – Golf course – Racecourse
🐎 ⚥ ⊁	Horse riding – Zoo – Skating rink
●-○-●- ▬	Cable-car or chairlift – Forest or wood
⊼ ⊠ ≅	Outdoor or indoor, Swimming pool – Bathing spot
◆ ⬦ ⚔	Outdoor leisure park/centre – Sailing – Tennis courts
🛒	Shopping centre

If during your stay in a camping site you have grounds for complaint concerning your reservation, the prices, standards of hygiene or facilities offered, try in the first place to resolve the problem with the proprietor or the person responsible.

If the disagreement cannot be solved in this way, and if you are sure that you are within your rights, it is possible to take the matter up with the Prefecture of the "département" in question.

We welcome all suggestions and comments, be it criticism or praise, relating to camping sites recommended in our guide. We do, however, stress the fact that we have neither facilities, nor the authority to deal with matters of complaint between campers and proprietors.

Lieber Leser

Der vorliegende Campingführer Frankreich wurde in völliger Unabhängigkeit erstellt und bietet eine bewußt begrenzte Auswahl an Campingplätzen, die nach Besichtigung und Begutachtung durch unsere Inspektoren getroffen wurde.

Jetzt zu Beginn des Jahres 1999 gehen immer mehr Geschäfte dazu über, ihre Preise in Euro anzugeben, wenn dies auch noch nicht verbindlich vorgeschrieben ist und es dem Kunden freigestellt bleibt, ob er seine Rechnung in Euro (bei bargeldloser Zahlung) oder in der Landeswährung begleichen will.

Da sich diese Umstellung aber nach und nach vollzieht, haben wir uns entschieden, in der vorliegenden Ausgabe die Preise noch in der Landeswährung anzugeben.

Bei unseren Bemühungen, diesen Campingführer ständig zu verbessern, sind uns Ihre Anmerkungen und Hinweise stets willkommen.

Für Ihre Mithilfe vielen Dank !

Einen schönen Urlaub mit Michelin

nhalt

Benutzung des Führers

Drei Möglichkeiten

ab Seite 34   ### *Auswahl nach Departements*

Das nach Departements geordnete Ortsregister ermöglicht Ihnen, in einer bestimmten Gegend unter den empfohlenen Plätzen eine Wahl zu treffen nach den Einrichtungen, der Öffnungszeit, der Möglichkeit, eine Unterkunft zu mieten (Wohnwagen, Wohnanhänger, Bungalows, Chalets), ein Restaurant vorzufinden, oder wegen der besonders ruhigen Lage.

ab Seite 58   ### *Auswahl nach Übersichtskarten*

Anhand der Übersichtskarten können Sie rasch eine Route zusammenstellen, indem Sie die Orte heraussuchen, welche mindestens einen empfohlenen Campingplatz besitzen. Diese Übersichtskarten enthalten auch Hinweise auf ganzjährig geöffnete oder innerhalb ihrer Kategorie besonders angenehme Plätze.

ab Seite 75   ### *Auswahl nach Orten*

Mit Hilfe des alphabetischen Verzeichnisses können Sie direkt auf den von Ihnen gewählten Ort zurückgreifen und finden dort die von uns ausgewählten Plätze sowie nähere Angaben zu deren Ausstattungen.

Zeichenerklärung

Campingplätze

Kategorie

⋀⋀⋀⋀	Sehr komfortabler Campingplatz, ausgezeichnet ausgestattet
⋀⋀⋀	Komfortabler Campingplatz, sehr gut ausgestattet
⋀⋀	Gut ausgestatteter Campingplatz mit gutem Komfort
⋀	Ausreichend ausgestatteter Campingplatz
⋀	Einfacher, aber ordentlicher Campingplatz

Die Reihenfolge der Campingplätze in jeder Kategorie entspricht einer weiteren Rangfolge. Unsere Klassifizierung, durch eine entsprechende Anzahl von Zelten (⋀⋀⋀⋀ ... ⋀) ausgedrückt, ist unabhängig von der offiziellen Klassifizierung durch Sterne, die von den Präfekturen vorgenommen werden.

Öffnungszeiten

juin-septembre	Campingplatz geöffnet von Anfang Juni bis Ende September
saison	Während der Hauptreisezeit (Saison) geöffnet.
permanent	Campingplatz ganzjährig geöffnet.

Vermietungszeit, sie ist extra angegeben, wenn sie sich von der Offnungszeit des Campingplatzes unterscheidet.
Beispiel: **Location** (*avril-sept.*): 🏠

Spezielle Einrichtungen

Ⓜ	Campingplatz mit moderner sanitärer Ausstattung
❄	Diese Gelände sind speziell für Wintercamping in den Bergen ausgestattet (Heizung, Starkstromanschlüsse, Trockenräume usw.).

Die mit „Aires Naturelles" bezeichneten Plätze sind einfach ausgestattet und zeichnen sich durch reizvolle ländliche Umgebung sowie besonders große Stellplätze aus.

Annehmlichkeiten

⋀⋀⋀⋀ ... ⋀	Campingplätze die durch ihren Rahmen, ihre Lage, durch die gebotene Ruhe oder durch die besonders gute Einrichtung angenehm sind..
🦢 🦢	Sehr ruhiger, abgelegener Campingplatz Ruhiger Campingplatz, besonders nachts
⇐ ⇐	Eindrucksvolle Aussicht – Interessante oder weite Sicht
« »	Hervorhebung einer Annehmlichkeit

Lage und Dienstleistungen

☎ ✉	Telefon – Postanschrift des Campingplatzes (sofern das zuständige Postamt in einem anderen Ort ist)
N – S – E – O	Richtung: Norden – Süden – Osten – Westen (Angabe ab Ortszentrum)
Places limitées pour le passage	Dauercampingplätze, die jedoch eine begrenzte Anzahl von Plätzen für Durchreisende zur Verfügung stellen.
⊶	Eine Aufsichtsperson kann Tag und Nacht bei Bedarf erreicht werden: Dies bedeutet jedoch nicht, daß dieser Platz bewacht ist.
⊶	Eine Aufsichtsperson ist während der üblichen Öffnungszeiten, mindestens 8 Stunden am Tag anwesend.
✗	Hunde sind nicht erlaubt – Ist dieses Zeichen nicht vorhanden, sind sie gegen eine Gebühr gestattet. Häufig wird eine gültige Impfbescheinigung verlangt.
℗	Parken nur auf vorgeschriebenen Parkplätzen außerhalb der Standplätze
R	Reservierungen werden angenommen – Gelegentlich wird eine pauschale, nicht wieder erstattete Reservierungssumme erhoben.
Ɍ	Keine Reservierung möglich
GB	Akzeptierte Kredikarten (Eurocard, MasterCard, Visa)
✗	"Chèques vacances" werden akzeptiert.

Allgemeine Beschreibung

3 ha	Nutzfläche (in Hektar) des Campingplatzes
60 ha/ 3 campables	Gesamtfläche (eines Geländes) und Nutzfläche für Camping
(90 empl.)	Anzahl der Stellplätze
▭	Abgegrenzte Standplätze
♀ ♀♀ ♛	Leicht schattig – ziemlich schattig – sehr schattig

Komfort

♨	Beheizte Sanitäre Anlagen
♿	Sanitäre Einrichtungen für Körperbehinderte
🚿 ♨	Einrichtungen mit warmem Wasser: Duschen – Waschbecken
▣	Individuelle Waschräume (mit oder ohne warmes Wasser)
♨	Wickelraum
🛁 ⚲	Waschgelegenheit (Geschirr oder Wäsche) – Wasserstelle
☺ ⚲ ⚲	Individuelle Anschlüsse für Wohnwagen: Strom – Wasser – Abwasser

Dienstleistungen

🚐	Wartungsmöglichkeit für Wohnmobile (Stromanschluß, Ölwechsel)
▣	Waschmaschinen, Waschanlage
🛒 🛍	Supermarkt, Einkaufszentrum – Lebensmittelgeschäft
🍷 ✗	Bar mit Alkoholausschank – Restaurant, Snack-Bar
🍴	Fertiggerichte zum Mitnehmen

Freizeitmöglichkeiten

⌂	Gemeinschaftraum, Aufenthaltsraum, Spielhalle ...
🏃	Kinderspielraum
🚲 ≋s	Fitneß-Center – Sauna
🛝	Kinderspielplatz
🚲 ·⊛	Fahrradverleih – Bogenschießen
✗ 🎾	Tennisplatz – Hallentennisplatz
⌐m	Minigolfplatz
🏊 🏊	Hallenbad – Freibad
≋	Baden erlaubt, teilweise mit Badeaufsicht
⚓	Segeln (Segelschule oder Segelclub)
🏇	Reiten

Die meisten dieser Freizeitmöglichkeiten stehen nur in der Saison zur Verfügung oder sie sind abhängig von der Belegung des Platzes. Auf keinen Fall sind sie identish mit der Öffnungzeit des Platzes.

A proximité	Wir geben nur die Einrichtungen an, welche sich in unmittelbarer Nähe des Platzes befinden (im Allgemeinen ca. 500 m), und zu Fuß leicht erreicht werden können.

Tarife

Tagespreise:

🚶 8	pro Person
🚗 5	für das Auto
🔲 10/12	Platzgebühr (Zelt/Wohnwagen)
[⚡] 7 (4A)	Stromverbrauch (Anzahl der Ampere)

Die Preise wurden uns im Herbst 1998 mitgeteilt, es sind Hochsaisonpreise (falls nicht, sind die Tarife des Vorjahres angegeben). Die Preise sind immer nur als Richtpreise zu betrachten. Sie können sich bei steigenden Lebenshaltungskosten ändern.

Der Name eines Campingplatzes ist fettgedruckt, wenn der Besitzer uns alle seine Preise mitgeteilt hat.

Für einige Einrichtungen (Schwimmbad, Tennis) sowie die Kurtaxe könen separate Gebühren erhoben werden.

Für Kinder erhält man im Allgemeinen spezielle Kindertarife, erkundigen Sie sich beim Besitzer.

Vermietung und Preise

🚐	Vermietung von Wohnwagen
1 300 à 2 200	Wochenpreise, Vorsaison 1 300 und Hochsaison 2 200, für maximal 4 pers.
🚐	Vermietung von Wohnmobilen
1 800 à 3 200	Wochenpreise, Vorsaison 1 800 und Hochsaison 3 200, für maximal 6 pers.
🏠	Vermietung von Bungalows und Chalets
2 000 à 3 900	Wochenpreise, Vorsaison 2 000 und Hochsaison 3 900, für maximal 6 pers.
🛏	Vermietung von Zimmer. Erkundigen Sie sich beim Besitzer nach den Bedingungen

Orte

23 700	Postleitzahl
🔢 🔢 ②	Seitenangabe der Übersichtskarte (S. 58-74) – Nr. der Michelin-Karte und Faltseite
G. Bretagne	Im Grünen Michelin-Reiseführer „Bretagne" beschriebener Ort
Rennes 47	Entfernung in Kilometer
1 050 h.	Einwohnerzahl
alt. 675	Höhe
⚕	Heilbad
✉ 05000 Gap	Postleitzahl und Name des Verteilerpostamtes
1 200/1 900 m	Höhe des Wintersportgeländes und Maximal-Höhe, die mit Kabinenbahn oder Lift erreicht werden kann
2 🚡	Anzahl der Kabinenbahnen
14 🚠	Anzahl der Schlepp-oder Sessellifte
🏃	Langlaufloipen
🚢	Schiffsverbindungen
🛈	Informationsstelle

Kartenskizzen

Campingplätze

(⚠)	Ort mit mindestens einem ausgewählten Campingplatz
⚠	Campingplatz, der Lage entsprechend vermerkt

Straßen

	Autobahn
	Schnellstraße (kreuzungsfrei)
❶ ❷	Numerierte Anschlußstelle: Autobahneinfahrt- und/oder -ausfahrt
	Hauptverkehrsstraße
	Regionale Verbindungsstraße oder Entlastungsstrecke
	Andere Straße
	Einbahnstraße – Gebührenstelle
	Radweg – Wirtschaftsweg, Pfad
⟩⟩ ⟩⟩ ⟩⟩⟩	Steigungen, Gefälle (Steigung in Pfeilrichtung 5-9 %, 9-13 %, 13 % und mehr)
⟩⟨ Ⓑ ⚠	Paß – Fähre – Bewegliche Brücke
	Bahnlinie und Bahnhof – Museumseisenbahn-Linie
③	Höchstbelastung (angegeben bis 5t)
2⁻8	Zulässige Gesamthöhe (angegeben bis 3m)

Sehenswürdigkeiten

Ĥ ŧ ⨯	Kirche, Kapelle – Schloß, Burg
⩗ ⧪ ∩	Leuchtturm – Menhir, Megalithgrab – Höhle
⸪ ▲	Ruine – Sonstige Sehenswürdigkeit
☼ ⪢	Orientierungstafel, Rundblick – Aussichtspunkt

Orientierungspunkte

	Ort mit Stadtplan im Roten Michelin-Führer
🛈 ⊠	Informationsstelle – Hauptpost
⌂ ŧ ▭	Kirche, Kapelle – Schloß, Burg
⸪ ▪ ♖	Ruine – Denkmal – Wasserturm
✚ ✿	Krankenhaus – Fabrik, Kraftwerk
☆ ☾ ⚒	Festung – Staudamm – Leuchtturm
⸸ ⸸⸸⸸	Bildstock – Friedhof
✈ ✈ ⊜	Flughafen – Flugplatz – Segelflugplatz
▭ ⚑ 🏇	Stadion – Golfplatz – Pferderennbahn
🐎 ⚼ ⚞	Reitanlage – Zoo – Schlittschuhbahn
•–o–o–•	Seilschwebebahn oder Sessellift – Wald oder Gehölz
⤳ ⤳ ⤳	Freibad – Hallenbad – Strandbad
◆ ⚓ ✂	Freiziteinrichtungen – Segelzentrum – Tennisplatz
🛒	Einkaufszentrum

Falls Sie bei Ihrem Aufenthalt auf dem Campingplatz Schwierigkeiten bezüglich der Preise, Reservierung, Hygiene o. ä. antreffen, sollten Sie versuchen, diese direkt an Ort und Stelle mit dem Campingplatzbesitzer oder seinem Vertreter zu regeln.

Wenn Sie von Ihrem Recht überzeugt sind, es Ihnen jedoch nicht gelingt, zu einer allseits befriedigenden. Lösung zukommen, Können Sie sich an die entsprechende Stelle bei der Zuständigen Präfektur wenden.

Unsererseits überprüfen wir sorgfältig alle bei uns eingehenden Leserbriefe und ändern gegebenenfalls die Platzbewertung im Führer. Wir besitzen jedoch weder die rechtlichen Möglichkeiten noch die nötige Autorität, um Rechtsstreitigkeiten zwischen Platzeigentümern und Platzbenutzern zu schlichten.

Beste lezer

De Guide Camping Caravaning France werd op geheel onafhankelijke manier samengesteld door onze inspecteurs. De selectie van de kampeerterreinen gebeurt op basis van vragenlijsten en bezoeken ter plaatse.

Vanaf 1999 zullen de prijzen steeds vaker in euro worden vermeld. Toch blijft de keuze van betaling vrij ; ofwel betaalt men in euro (met cheque, bankpas of bankkaart), ofwel in de nationale munt.

Voorlopig vermelden wij de prijzen nog steeds in de nationale munteenheid.

Uw op-en aanmerkingen zijn van harte welkom. Zij zijn van onschatbare waarde voor het bijwerken van deze gids.

Alvast bedankt voor uw waardevolle medewerking.

Goede reis ! Michelin

nhoud

Het gebruik van deze gids

3 Opzoekmethoden

Blz. 34 **Per departement**

De lijst van de plaatsen, gerangschikt per departement, zal u in staat stellen in de betreffende streek een keuze te maken uit alle terreinen die wij aanbevelen: terreinen die beschikken over een speciale accomodatie, kampeerterreinen die het gehele jaar open zijn, terreinen waar men caravans, stacaravans, bungalows en chalets kan huren of die over een eetgelegenheid beschikken, of terreinen in een bijzonder rustige omgeving.

Blz. 58 **Met de Kaarten**

Op de kaarten zijn de plaatsen aangegeven met tenminste één geselecteerd kampeerterrein, zodat u snel uw reisroute kunt uitstippelen.
Op deze kaarten zijn ook de plaatsen aangegeven die over een kampeerterrein beschikken dat het gehele jaar geopend is of kampeerterreinen die wij in hun categorie bijzonder fraai vinden.

Blz. 75 **Per plaats**

De plaats van uw keuze kunt u terugvinden in de alfabetische plaatsnamenlijst met de door ons geselecteerde terreinen en hun accomodatie.

Terreinen

Categorie

⋀⋀⋀⋀	Buitengewoon comfortabel terrein, uitstekende inrichting
⋀⋀⋀	Comfortabel terrein, zeer goede inrichting
⋀⋀⋀	Goed ingericht terrein, geriefelijk
⋀⋀	Behoorlijk ingericht terrein
⋀	Eenvoudig maar behoorlijk terrein

De terreinen worden voor iedere categorie opgegeven in volgorde van voorkeur.
Onze classificatie wordt aangegeven met een aantal tenten (⋀⋀⋀⋀ ... ⋀). Zij staat los van de officiële classificatie die wordt uitgedrukt in sterren.

Openingstijden

juin-septembre	Terrein geopend van begin juni tot eind september
saison	Waarschijnlijk geopend in het seizoen
permanent	Terrein het gehele jaar geopend

Wanneer de data voor het verhuren verschillen van die van het kampeerterrein, dan worden zij gepreciseerd.
Bijv. **Location** (*avril-sept.*): ⌂

Bijzondere kenmerken

Ⓜ	Terrein met moderne sanitaire voorzieningen
❆	Geselecteerd caravaneige terrein – Deze terreinen zijn speciaal ingericht voor winterverblijf in de bergen (verwarming, elektriciteitsaansluiting met hoog vermogen, droogkamer, enz.).

De «Aires Naturelles» zijn eenvoudig ingerichte terreinen in een natuurlijke omgeving die beschikken over ruime kampeerplaatsen.

Aangenaam en rustig verblijf

⋀⋀⋀⋀ ... ⋀	Terreinen die bijzonder aangenaam zijn vanwege de ligging, de omgeving, de rust of de wijze van inrichting.
⑤ ⑤	Zeer rustig, afgelegen terrein – Rustig, vooral 's nachts
⇐ ⇐	Zeldzaam mooi uitzicht – Interessant uitzicht of vergezicht
« »	Bijzonder aangenaam gegeven

Ligging en service

☞ ✉	Telefoon – Postadres van het kampeerterrein (indien dit niet hetzelfde is als de plaatsnaam)
N – S – E – O	Richting : Noord – Zuid – Oost – West (gezien vanuit het centrum van de plaats)
Places limitées pour le passage	Terrein bedoeld voor langdurig verblijf maar waar eveneens plaatsen beschikbaar zijn voor kampeerders op doorreis.
⚷	Er is een bewaker of een toezichthouder aanwezig die 24 uur per dag bereikbaar is. Dit betekent echter niet noodzakelijkerwijs dat er sprake is van een daadwerkelijke bewaking.
⚷	Er is tenminste 8 uur per dag een toezichthouder aanwezig.
🐕	Verboden toegang voor honden – Bij afwezigheid van dit teken, worden honden toegelaten en dient hiervoor een bijzondere vergoeding te worden betaald. Vaak dient men een recent vaccinatieboekje te kunnen tonen.
℗	Verplichte parkeerplaats voor auto's buiten de staanplaatsen
R	Reserveren is mogelijk – Soms worden er reserveringskosten in rekening gebracht: dit bedrag wordt niet terugbetaald.
℟	Reservering niet mogelijk
GB	Creditcards worden geaccepteerd (Eurocard, MasterCard, Visa)
c̃v	Reischeques worden geaccepteerd

Algemene kenmerken

3 ha	Oppervlakte (in hectaren) van het kampeerterrein
60 ha/ 3 campables	Totale oppervlakte (van een landgoed) en oppervlakte van het eigenlijke kampeerterrein
(90 empl.)	Maximaal aantal staanplaatsen
⌑	Duidelijk begrensde staanplaatsen
♀ ♀♀ ♀♀♀	Weinig tot zeer schaduwrijk

Comfort

▥	Verwarmde installaties
♿	Sanitaire installaties voor lichamelijk gehandicapten
⚲ ⚱	Installaties met warm water: Douches – Wastafels
▤	Individuele wasgelegenheid of wastafels (met of zonder warm water)
☖	Wasplaats voor baby's
⛲ ⚱	Afwas- of waslokalen – Stromend water
☺ ⚰ ⚲	Individuele aansluitingen voor caravans : Elektriciteit – Watertoe- en afvoer

Voorzieningen

🚐	Serviceplaats voor campingcars
▣	Wasmachines, waslokaal
🛒 🏪	Supermarkt, winkelcentrum – Kampwinkel
♟ ✕	Bar (met vergunning) – Eetgelegenheid (restaurant, snackbar)
🍴	Dagschotels om mee te nemen

Ontspanning

⌂	Zaal voor bijeenkomsten, dagverblijf of speelzaal
疢	Kinderopvang
⅏ ⊜s	Fitness – Sauna
⬕	Kinderspelen
⬤⬤ ·⊚	Verhuur van fietsen – Boogschieten
✗ ▨	Tennis: overdekt – openlucht
⌶m	Mini-golf
◩ ⌇	Zwembad : overdekt – openlucht
⬓	Vrije zwemplaats of zwemplaats met toezicht
⊿	Zeilsport (school of watersportcentrum)
⛵	Tochten te paard, paardrijden

De meeste voorzieningen en bepaalde recreatiemogelijkheden in de open lucht zijn over het algemeen alleen toegankelijk tijdens het seizoen. Dit is afhankelijk van het aantal gasten op het terrein en staat los van de openingsdata.

A proximité   Wij vermelden alleen de faciliteiten of voorzieningen die zich in de onmiddellijke omgeving van de camping bevinden (over het algemeen op minder dan 500 m) en die voor de kampeerders op loopafstand bereikbaar zijn.

Tarieven

Dagtarieven:

🚶 8	per persoon
🚗 5	voor het voertuig
Ⓔ 10/12	voor de staanplaats (tent, caravan)
[≨] 7 (4A)	voor elektriciteit (aantal ampères)

De prijzen zijn vastgesteld in het najaar van 1998 en gelden voor het hoogseizoen (indien deze niet beschikbaar zijn, vermelden wij de tarieven van het afgelopen jaar).
De prijzen worden steeds ter indicatie gegeven en kunnen gewijzigd worden indien de kosten voor levensonderhoud belangrijke veranderingen ondergaan.
De naam van de camping wordt in vetgedrukte letters aangegeven wanneer de eigenaar ons alle tarieven heeft doorgegeven.
Bepaalde faciliteiten (zwembad, tennisbaan), evenals de toeristenbelasting, kunnen extra in rekening worden gebracht.
Voor kinderen geldt soms een speciaal tarief; informatie hierover bij de eigenaar.

Verhuur en tarieven

🚐	Verhuur van caravans
1 300 à 2 200	Prijs per week, laagseizoen 1300 en hoogseizoenn 2200, voor maximaal 4 personen.
🚐	Verhuur van stacaravans
1 800 à 3 200	Prijs per week, laagseizoen 1800 en hoogseizoen 3200, voor maximaal 6 personen.
🏠	Verhuur van bungalows of huisjes
2 000 à 3 900	Prijs per week, laagseizoen 2000 en hoogseizoen 3900, voor maximaal 6 personen.
🛏	Verhuur van kamers. De eigenaar kan u meer informatie hierover verstrekken.

Plaatsen

23 700	Postcodenummer
12 73 ②	Bladzijdenummer kaart (blz. 58 t/m 74) – Nummer Michelinkaart en vouwbladnummer
G. Bretagne	Zie de Groene Michelingids Bretagne
Bourges 47	Afstanden in kilometers
1 050 h.	Aantal inwoners
alt. 675	Hoogte
⚐	Badplaats met warme bronnen
✉ 05000 Gap	Postcode en plaatsnaam bestemming
1 200/1 900 m	Hoogte van het station en maximale hoogte van de mechanische skiliften
2 ☇	Aantal kabelbanen
14 ☇	Aantal skiliften en stoeltjesliften
☇	Langlaufen
⛴	Bootverbinding
ℹ	Informatie voor toeristen

Verklaring tekens op schema's

Kampeerterreinen

(**O**)	Plaats met minstens één geselecteerd terrein in de gids
△	Ligging kampeerterrein

Wegen en spoorwegen

═══	Autosnelweg
═══	Dubbele rijbaan van het type autosnelweg
❶ ❷	Genummerde knooppunten : volledig, gedeeltelijk
═══	Hoofdweg
═══	Regionale of alternatieve route
═══	Andere weg
═╪═	Eenrichtingsverkeer – Tol
── ──	Fietspad – Bedrijfsweg, voetpad
≫ ≫ ≫	Hellingen (pijlen in de richting van de helling) 5 tot 9 %, 9 tot 13 %, 13 % of meer
⇥ B △	Pas – Veerpont – Beweegbare brug
──┴── ⊔⊔⊔	Spoorweg, station – Spoorweg toeristentrein
⑨	Maximum draagvermogen (aangegeven onder 5 ton)
2⁵8	Vrije hoogte (aangegeven onder 3 m)

31

Bezienswaardigheden

🏰 ‡ ✕	Kerk, kapel – Kasteel
✦ ⛩ ∩	Vuurtoren – Megaliet – Grot
⁘ ▲	Ruïnes – Andere bezienswaardigheden
⁜ ⇒	Oriëntatietafel, panorama – Uitzichtpunt

Ter oriëntatie

	Plaats met een plattegrond in de Rode Michelingids
🅱 ✉	Informatie voor toeristen – Hoofdpostkantoor
🏰 ‡ ⌐	Kerk, kapel – Kasteel
⁘ ▪ ⍜	Ruïnes – Monument – Watertoren
⊞ ✿	Ziekenhuis – Fabriek
☆ ☾ ⚐	Fort – Stuwdam – Vuurtoren
‡ ‡‡‡	Calvarie – Begraafplaats
🛩 🏢 ⚘	Luchthaven – Vliegveld – Zweefvliegen
⬭ ⚑ 🏇	Stadion – Golf – Renbaan
🐎 ♈ 🛼	Manege – Dierentuin – Schaatsbaan
•-◦-•- ▪	Kabelbaan of stoeltjeslift – Bos
⌇ ☒ ⚊	Zwembad : openlucht, overdekt – Zwemgelegenheid
◆ ♨ ✗ 🛒	Recreatieoord – Zeilvereniging – Tennisbaan
	Winkelcentrum

Indien er tijdens uw verblijf op een kampeerterrein een meningsverschil zou ontstaan over prijzen, reserveringsvoorwaarden, hygiëne of dienstverlening, tracht dan ter plaatse met de eigenaar van het terrein of met zijn vervanger een oplossing te vinden.

Mocht u op deze wijze niet tot overeenstemming komen, terwijl u overtuigd bent van uw goed recht, dan kunt u zich wenden tot de prefectuur van het betreffende departement.

Van onze kant bestuderen wij zorgvuldig alle opmerkingen die wij ontvangen, om zo nodig wijzigingen aan te brengen in de omschrijving en waardering van door onze gids aanbevolen terreinen. Onze mogelijkheden zijn echter beperkt en ons personeel is niet bevoegd om als scheidsrechter op te treden of geschillen te regelen tussen eigenaren en kampeerders.

ableau des localités

Classement départemental

Vous trouverez dans le tableau des pages suivantes un classement par départements de toutes les localités citées dans la nomenclature.

Légende

01 – AIN	Numéro et nom du département
🎱 à 🎱	Pages d'atlas situant les localités citées
Le Havre	(Localité en rouge) Localité possédant au moins un terrain agréable sélectionné (△ ··· △△△△)
P	(Permanent) Localité possédant un terrain ouvert toute l'année
🐾	Localité possédant au moins un terrain très tranquille
R	(Restauration) Localité dont un terrain au moins propose une possibilité de restauration
L	(Location) Localité dont un terrain au moins propose des locations
🎾 📖	Localité possédant au moins un terrain avec tennis (de plein air, couvert)
🏊 🏊	Localité possédant au moins un terrain avec piscine (de plein air, couverte)
🚐	Localité possédant au moins un terrain avec une aire de services pour camping-cars
🏕	Localité possédant au moins un terrain avec des emplacements délimités

Se reporter à la nomenclature (classement alphabétique général des localités pour la description complète des camps sélectionnés et utiliser les cartes détaillées à 1/200 000 pour situer avec précision les localités possédant au moins un terrain sélectionné (**O**).

able of localities

Classified by "départements"

You will find in the following pages a classification by "département" of all the localities listed in the main body of the guide.

Key

01 – AIN	Number and name of a « département »
🎱 to 🎱	Pages of the maps showing the « département » boundaries and listed localities
Le Havre	(Name of the locality printed in red) Locality with at least one selected pleasant site (△ ··· △△△△)
P	(Permanent) Locality with one selected site open all year
🐾	Locality with at least one selected very quiet, isolated site
R	(Restauration) Locality with at least one selected site offering some form of on-site eating place
L	(Location) Locality with at least one selected site offering renting
🎾 📖	Locality with at least one selected site with tennis courts (open air, indoor)
🏊 🏊	Locality with at least one selected site with a swimming pool (open air, indoor)
🚐	Locality with at least one selected site with a service bay for camper vans
🏕	Locality with at least one selected site with marked off pitches

Refer to the body of the guide where localities appear in alphabetical order, for a complete description of the selected camping sites. To locate a locality (**O**) with at least one selected camping site, use the detailed maps at a scale of 1 : 200 000.

Ortstabelle

Nach Departements geordnet

Auf der Tabelle der folgenden Seiten erscheinen alle im Führer erwähnten Orte nach Departements geordnet.

Zeichenerklärung

01 – AIN	Nummer und Name des Departements
1 bis 17	Seite des Kartenteils, auf welcher der erwähnte Ort zu finden ist
Le Havre	(Ortsname in Rotdruck) Ort mit mindestens einem besonders angenehmen Campingplatz (🛆 ... 🛆🛆🛆)
P	(Permanent) Ort mit mindestens einem das ganze Jahr über geöffneten Campingplatz
🕸	Ort mit mindestens einem sehr ruhigen Campingplatz
R	(Restauration) Mindestens ein Campingplatz am Ort mit Imbiß
L	(Location) Ort mit mindestens einem Campingplatz mit Vermietung
✗ 🗟	Ort mit mindestens einem Campingplatz mit Frei- oder Hallentennisplatz
🟆 🗟	Ort mit mindestens einem Campingplatz mit Frei- oder Hallenbad
🚐	Ort mit mindestens einem Campingplatz mit Wartungsmöglichkeit für Wohnmobile.
🛏	Ort mit mindestens eimen Campingplatz mit abgegrenzte standplätze

Die vollständige Beschreibung der ausgewählten Plätze finden Sie im alphabetisch geordneten Hauptteil des Führers. Benutzen Sie zur Auffindung eines Ortes mit mindestens einem ausgewählten Campingplatz (o) die Abschnittskarten im Maßstab 1 : 200 000.

Lijst van plaatsnamen

Indeling per departement

In deze lijst vindt u alle in de gids vermelde plaatsnamen, ingedeeld per departement.

Verklaring van de tekens

01 – AIN	Nummer en naam van het departement
1 bis 17	Bladzijden van de kaarten waarop de betreffende plaatsen te vinden zijn
Le Havre	(Plaatsnaam rood gedrukt) Plaats met minstens één geselecteerd fraai terrein (🛆 ... 🛆🛆🛆)
P	(Permanent) Plaats met een terrein dat het hele jaar open is
🕸	Plaats met minstens één zeer rustig terrein
R	(Restauration) Plaats met minstens één kampeerterrein dat over een eetgelegenheid beschikt
L	(Location) Plaats met minstens één terrein met huurmogelijkheden
✗ 🗟	Plaats met minstens één terrein met tennisbanen (openlucht, overdekt)
🟆 🗟	Plaats met minstens één terrein met zwembad (openlucht, overdekt)
🚐	Plaats met minstens één terrein met serviceplaats voor campingcars.
🛏	Plaats met minstens één terrein met duidelijk begrensde staanplaats

Raadpleeg voor een volledige beschrijving van de geselecteerde terreinen de algemene alfabetische opgave van plaatsen en gebruik de deelkaarten schaal 1 : 200 000 om een plaats met minstens één geselecteerd terrein (o) te lokaliseren.

35

	Page	Permanent	🐎	Restauration	Location	[🎾] ou 🎾	[🏊] ou 🏊	🚐	▭
St-Julien-en-St-Alban	508	–	–	R	–	–	🏊	–	▭
St-Lager-Bressac	509	–	–	–	–	🎾	🏊	–	▭
St-Laurent-du-Pape	510	–	–	R	–	🎾	🏊	–	–
St-Sauveur-de-Cruzières	528	–	–	–	L	–	🏊	–	–
St-Sauveur-de-Montagut	528	–	–	R	L	–	🏊	–	–
St-Thomé	531	–	–	R	L	–	–	–	–
St-Vincent-de-Barrès	532	–	–	R	–	🎾	🏊	–	–
Satillieu	545	–	–	R	–	–	–	–	▭
Tournon-sur-Rhône	574	–	–	R	L	–	🏊	–	–
Ucel	582	–	🐎	R	L	🎾	🏊	–	▭
Les Vans	588	P	🐎	R	L	–	🏊	–	–
Vernoux-en-Vivarais	595	–	–	–	L	🎾	[🏊]	–	–
Vion	608	–	–	–	L	–	🏊	–	–
Viviers	609	–	–	–	L	🎾	🏊	–	▭
Vogüé	610	–	–	R	L	🎾	🏊	–	▭

08-ARDENNES 2 7

	Page	Permanent	🐎	Restauration	Location	[🎾] ou 🎾	[🏊] ou 🏊	🚐	▭
Attigny	122	–	–	–	–	🎾	–	–	▭
Bourg-Fidèle	165	–	–	–	–	–	–	–	–
Le Chesne	214	P	–	–	–	🎾	–	–	–
Haulmé	294	P	–	–	–	🎾	–	–	–
Juniville	308	–	–	R	–	–	🏊	–	–
Les Mazures	356	P	–	–	L	🎾	–	–	▭
Mouzon	381	–	–	–	–	[🎾]	🏊	–	–
Sedan	549	–	–	–	–	–	–	–	–
Signy-l'Abbaye	556	–	–	–	–	🎾	–	–	–

09-ARIÈGE 14 15

	Page	Permanent	🐎	Restauration	Location	[🎾] ou 🎾	[🏊] ou 🏊	🚐	▭
Aigues-Vives	80	–	🐎	–	L	–	🏊	🚐	▭
Albiès	83	P	–	–	–	–	–	–	▭
Aston	122	–	–	R	L	🎾	–	–	–
Augirein	123	–	–	R	L	–	–	–	▭
Aulus-les-Bains	124	P	–	R	L	🎾	–	–	–
Ax-les-Thermes	129	P	–	–	–	–	–	–	–
La Bastide-de-Sérou	137	–	–	R	L	–	🏊	–	–
Cos	233	P	–	–	–	🎾	🏊	–	–
Durfort	252	P	–	R	L	–	🏊	–	–
Foix	267	–	–	R	–	🎾	🏊	–	▭
L'Hospitalet-près-l'Andorre	297	–	–	–	–	🎾	–	–	–
Lavelanet	323	–	–	–	L	–	🏊	–	▭
Léran	325	P	–	R	L	–	–	–	–
Mauvezin-de-Prat	354	–	–	–	–	–	–	–	–
Mazères	356	–	–	–	L	🎾	🏊	🚐	–
Mérens-les-Vals	359	–	–	–	–	–	–	–	▭
Ornolac-Ussat-les-Bains	401	P	–	R	L	–	–	–	▭
Oust	402	P	–	–	L	🎾	🏊	–	▭
Pamiers	404	P	–	–	L	–	–	–	–
Le Pla	413	P	–	–	L	🎾	[🏊]	🚐	▭
Rieux-de-Pelleport	452	P	–	–	L	–	🏊	–	▭
St-Girons	493	–	–	R	L	🎾	🏊	–	–
Seix	550	–	–	–	L	–	–	–	–
Sorgeat	560	P	🐎	–	L	–	–	–	▭
Tarascon-sur-Ariège	565	P	–	R	L	–	🏊	🚐	–
Le Trein-d'Ustou	579	P	–	–	–	🎾	–	–	–
Verdun	593	–	–	–	–	–	–	–	–
Vicdessos	598	P	–	–	L	–	🏊	–	–

10-AUBE 6 7

	Page	Permanent	🐎	Restauration	Location	[🎾] ou 🎾	[🏊] ou 🏊	🚐	▭
Arcis-sur-Aube	102	–	–	–	–	–	–	–	▭
Bar-sur-Aube	137	–	–	–	–	–	–	–	–
Dienville	245	–	–	R	L	🎾	–	🚐	▭
Ervy-le-Châtel	257	–	–	–	–	–	–	–	–
Géraudot	279	–	–	–	–	–	–	–	–
Radonvilliers	443	–	–	–	–	🎾	–	–	–
St-Hilaire-sous-Romilly	497	P	🐎	R	L	🎾	–	–	▭
Soulaines-Dhuys	562	–	–	–	–	🎾	–	–	▭
Troyes	581	–	–	–	–	–	–	🚐	–

11-AUDE 15

	Page	Permanent	🐎	Restauration	Location	[🎾] ou 🎾	[🏊] ou 🏊	🚐	▭
Axat	128	–	🐎	–	L	–	–	🚐	▭
Belcaire	145	–	–	–	–	🎾	–	–	–
Belflou	145	–	🐎	R	L	–	–	–	–
Brousses-et-Villaret	172	–	🐎	R	L	–	🏊	–	▭
Cahuzac	177	P	🐎	R	L	–	–	–	–
Campagne-sur-Aude	179	–	–	R	L	–	🏊	🚐	–
Camurac	179	–	🐎	R	L	–	🏊	–	–
Carcassonne	183	–	–	R	L	🎾	🏊	🚐	▭
Lagrasse	312	–	–	–	–	–	–	–	–
Lézignan-Corbières	327	–	–	R	L	🎾	🏊	–	▭
Mas-Cabardès	350	–	–	–	L	🎾	–	🚐	–
Mirepeisset	366	–	–	R	L	🎾	🏊	–	▭
Montclar	372	–	🐎	R	L	–	🏊	–	▭
Narbonne	387	–	–	R	L	🎾	🏊	🚐	▭
Nébias	388	–	🐎	R	L	–	🏊	–	▭
Puivert	439	–	–	–	–	🎾	–	–	–
Quillan	442	–	–	–	–	–	🏊	–	▭
Rennes-les-Bains	450	–	–	–	–	🎾	–	–	–
Saissac	538	–	–	–	–	🎾	🏊	–	▭
Sallèles-d'Aude	540	–	–	–	–	🎾	–	–	▭
Sigean	556	P	–	R	L	–	–	–	▭
Trèbes	576	–	–	R	–	🎾	🏊	–	▭
Villefort	603	–	🐎	R	L	🎾	🏊	–	▭
Villepinte	605	–	–	–	–	🎾	–	–	–

12-AVEYRON 15

	Page	Permanent	🐎	Restauration	Location	[🎾] ou 🎾	[🏊] ou 🏊	🚐	▭
Alrance	86	–	–	–	–	–	–	–	–
Arvieu	120	–	–	–	L	🎾	–	–	▭
Belmont-sur-Rance	147	–	–	–	–	🎾	🏊	–	▭
Brusque	173	–	–	R	–	🎾	–	–	▭
Canet-de-Salars	180	P	–	R	L	🎾	🏊	–	▭
Capdenac-Gare	182	–	–	R	L	🎾	–	–	▭
Conques	223	–	–	R	–	–	–	🚐	▭
Decazeville	244	–	–	R	–	🎾	–	–	▭
Entraygues-sur-Truyère	254	–	–	–	–	🎾	🏊	–	▭
Espalion	258	–	–	–	L	🎾	🏊	–	▭
Le Fel	263	–	–	R	–	🎾	–	–	▭
Golinhac	282	–	🐎	–	L	–	🏊	–	▭

	Page	Permanent	Restauration	Location	ou ✂	ou		
Laguiole	313	—	—	—	✂	▨	—	🏠
Martiel	349	—	—	L	—	⌧	—	🏠
Millau	364	—	—	R	L	▨ ⌧	📷	🏠
Mostuéjouls	378	—	—	—	—	—	—	—
Najac	384	—	⌂	R	L	✂ ⌧	—	🏠
Nant	385	—	⌂	R	L	✂ ⌧	📷	🏠
Naucelle	388	—	—	R	—	—	—	🏠
Le Nayrac	388	—	—	—	✂	⌧	—	🏠
Pons	427	—	—	L	✂	⌧	—	🏠
Pont-de-Salars	428	—	—	R	L	— ⌧	—	🏠
Recoules-Prévinquières	449	—	—	L	✂	—	—	🏠
Rignac	453	—	—	—	✂	⌧	—	🏠
Rivière-sur-Tarn	454	—	—	R	L	✂ ⌧	📷	🏠
Rodez	458	—	—	—	—	—	—	🏠
St-Amans-des-Cots	472	—	—	R	L	✂ ⌧	—	🏠
St-Geniez-d'Olt	488	—	—	R	L	✂ ⌧	—	🏠
St-Rome-de-Tarn	527	—	—	R	L	▨ ⌧	—	🏠
St-Symphorien-de-Th.	530	—	—	R	—	✂	—	🏠
St-Victor-et-Melvieu	532	—	—	—	—	—	—	🏠
Salles-Curan	541	—	—	R	L	— ⌧	—	🏠
Sénergues	552	—	—	L	—	—	—	🏠
Sévérac-l'Église	555	—	—	R	L	✂ ⌧	—	🏠
Thérondels	568	—	—	R	L	✂ ⌧	—	🏠
Le Truel	581	—	—	—	✂	⌧	—	🏠
Villefranche-de-Rouergue	603	—	—	—	—	⌧	—	🏠

13-BOUCHES-DU-RHÔNE 🔟

	Page	Permanent	Restauration	Location	ou ✂	ou		
Aix-en-Provence	82	P	—	R	L	— ⌧	📷	🏠
Arles	117	—	—	R	L	✂ ⌧	—	—
Ceyreste	196	—	—	—	L	—	📷	🏠
Châteaurenard	208	P	—	—	—	⌧	—	—
La Ciotat	216	—	—	R	L	—	—	—
La Couronne	234	—	—	—	L	✂	—	—
Fontvieille	268	—	—	—	—	⌧	—	—
Gémenos	277	—	—	R	—	✂ ⌧	—	—
Graveson	287	—	—	—	—	—	—	🏠
Maussane-les-Alpilles	354	—	—	—	—	✂ ⌧	—	—
Mouriès	379	—	⌂	—	—	✂	—	—
Peynier	411	—	—	—	—	✂	—	—
La Roque-d'Anthéron	461	P	—	R	L	✂ ⌧	—	—
St-Étienne-du-Grès	486	—	—	—	—	—	—	🏠
St-Rémy-de-Provence	525	—	—	—	L	✂ ⌧	📷	🏠
Stes-Maries-de-la-Mer	538	P	—	R	L	✂ ⌧	📷	—
Tarascon	565	—	—	—	—	—	—	🏠

14-CALVADOS 4️⃣ 5️⃣

	Page	Permanent	Restauration	Location	ou ✂	ou		
Arromanches-les-Bains	119	—	—	—	—	▨	—	—
Bayeux	140	—	—	R	—	⌧	—	🏠
Bénouville	149	—	—	—	—	✂ ⌧	—	🏠
Bernières-sur-Mer	150	—	—	R	—	✂ ⌧	—	—
Blangy-le-Château	156	—	—	R	—	✂ ⌧	—	—
Colleville-sur-Mer	219	—	—	—	—	✂ ⌧	—	—
Condé-sur-Noireau	222	—	—	—	—	▨	—	—
Courseulles-sur-Mer	235	—	—	L	—	⌧ 📷	🏠	

	Page	Permanent	Restauration	Location	ou ✂	ou		
Creully	238	—	—	—	—	✂	—	🏠
Deauville	244	—	—	R	L	— ⌧	—	🏠
Dives-sur-Mer	247	—	—	—	—	✂	—	—
Étréham	259	—	⌂	R	L	— ⌧	—	🏠
Falaise	262	—	—	—	—	✂	—	—
Grandcamp-Maisy	284	—	—	—	—	—	📷	🏠
Honfleur	297	—	—	R	L	✂ ⌧	📷	🏠
Houlgate	298	—	—	R	—	✂ ⌧	📷	—
Isigny-sur-Mer	301	—	—	—	L	✂	—	🏠
Luc-sur-Mer	338	—	—	—	L	✂ ⌧	—	🏠
Martragny	349	—	⌂	R	—	— ⌧	—	—
Merville-Franceville-P.	360	—	—	—	L	—	—	—
Moyaux	381	—	⌂	R	—	✂ ⌧	📷	—
Orbec	400	—	—	—	—	▨	—	—
Ouistreham	402	—	—	—	—	✂	—	—
Pont-l'Évêque	429	—	—	—	—	✂ ⌧	📷	—
St-Aubin-sur-Mer	476	—	—	R	L	✂ ⌧	📷	🏠
Thury-Harcourt	570	—	—	—	—	✂ ⌧ 📷	—	
Trévières	580	—	—	—	—	—	—	🏠
Vierville-sur-Mer	600	—	—	—	—	—	📷	🏠

15-CANTAL 🔟 🔟 🔟

	Page	Permanent	Restauration	Location	ou ✂	ou		
Arnac	117	P	⌂	R	L	✂ ⌧	—	🏠
Arpajon-sur-Cère	118	—	—	—	—	✂	—	🏠
Aurillac	125	—	—	—	—	—	—	—
Cassaniouze	188	—	—	—	L	—	—	—
Champs-sur-Tarentaine	203	—	—	—	L	✂ ⌧	—	—
Chaudes-Aigues	212	—	—	—	—	✂	—	—
Faverolles	262	—	—	—	—	✂	—	🏠
Ferrières-St-Mary	264	—	—	—	—	✂	—	🏠
Fontanges	267	—	—	—	—	✂	—	—
Jaleyrac	304	—	—	R	L	✂ ⌧	—	—
Jussac	308	—	—	—	—	✂	—	🏠
Lacapelle-Viescamp	311	—	—	R	L	✂ ⌧	—	—
Lanobre	317	—	—	—	L	✂ ⌧	—	🏠
Madic	341	—	—	—	—	—	—	—
Massiac	351	—	—	R	—	✂ ⌧	—	—
Mauriac	354	—	—	R	L	— ⌧	—	—
Maurs	354	—	—	—	—	✂	—	—
Montsalvy	376	—	—	—	—	✂	—	—
Murat	382	—	—	—	—	✂	—	—
Neuvéglise	389	—	—	—	L	✂ ⌧ 📷	—	🏠
Pers	410	—	—	—	—	✂	—	—
Pleaux	415	—	—	—	L	—	—	🏠
Riom-ès-Montagnes	453	—	—	—	L	—	—	🏠
Saignes	470	—	—	—	—	▨ ⌧	—	—
St-Amandin	472	—	—	R	L	▨ ⌧	—	—
St-Flour	487	—	—	—	—	✂	—	—
St-Gérons	491	—	⌂	R	L	✂ ⌧	—	—
St-Jacques-des-Blats	497	—	—	—	—	✂	—	🏠
St-Just	508	—	—	R	L	✂ ⌧	—	—
St-Mamet-la-Salvetat	513	—	—	—	L	✂ ⌧	—	—
St-Martin-Cantalès	514	—	⌂	—	—	✂	—	—
St-Martin-Valmeroux	516	—	—	—	—	✂	—	🏠
Salers	539	—	—	—	—	✂	—	—
Thiézac	569	—	—	—	—	✂	—	—
Trizac	581	—	—	—	—	✂	—	🏠
Vic-sur-Cère	599	—	—	R	L	✂ ⌧	—	🏠

**Page**, **Permanent**, **Restauration**, **Location**, then pictogram columns ("🍴 ou ✂", "🍴 ou", and three further symbols).

	Page	Perm.	Rest.	Loc.	🍴/✂	🍴	a	b	c
Trébeurden	577	—	—	L	—	—	—	—	—
Trégastel	578	—	R	L	✂	—	🛏	—	—
Trélévern	579	—	R	L	—	🔷	🛏	—	⌂
Trévou-Tréguignec	580	—	R	—	—	—	—	—	⌂

23-CREUSE 🔟

	Page	Perm.	Rest.	Loc.	🍴/✂	🍴	a	b	c
Anzême	98	—	—	—	✂	—	—	—	—
Bourganeuf	163	—	—	—	—	—	—	—	⌂
Le Bourg-d'Hem	164	—	—	—	—	—	—	—	—
Boussac	167	—	R	L	—	🔷	🛏	—	—
Bussière-Dunoise	175	—	—	—	—	—	—	—	⌂
La Celle-Dunoise	195	—	—	—	✂	—	—	—	—
Chambon-sur-Voueize	200	—	—	—	✂	—	—	—	—
Châtelus-Malvaleix	210	—	—	—	✂	—	—	—	—
Chénérailles	214	—	—	—	—	—	—	—	—
Crozant	239	—	—	—	—	—	—	—	—
Dun-le-Palestel	251	—	—	—	—	—	—	—	—
Évaux-les-Bains	260	—	—	L	✂	🔲	—	—	—
Felletin	264	🐚	—	—	🔷	—	🛏	—	—
Guéret	291	—	—	—	—	—	🛏	—	⌂
Royère-de-Vassivière	466	—	R	L	✂	🔷	—	—	⌂
St-Vaury	532	—	—	—	—	—	—	—	—
La Souterraine	563	P	R	—	—	—	🛏	—	⌂

24-DORDOGNE 9 10 13 14

	Page	Perm.	Rest.	Loc.	🍴/✂	🍴	a	b	c
Abjat-sur-Bandiat	76	🐚	R	L	✂	🔷	—	—	⌂
Alles-sur-Dordogne	85	—	R	—	—	🔷	🛏	—	—
Angoisse	93	—	R	—	✂	—	—	—	—
Badefols-sur-Dordogne	130	—	R	L	✂	🔷	—	—	⌂
Beaumont	142	—	R	L	✂	🔷	—	—	⌂
Belvès	148	🐚	R	L	✂	🔷	—	—	⌂
Bergerac	150	P	—	—	—	—	🛏	—	—
Beynac-et-Cazenac	152	—	R	—	✂	🔷	—	—	⌂
Biron	155	—	R	L	✂	🔷	—	—	⌂
Brantôme	167	—	—	—	✂	—	—	—	—
Le Bugue	173	🐚	—	L	—	🔷	🛏	—	⌂
Le Buisson-Cussac	174	🐚	R	L	✂	🔷	—	—	⌂
Cadouin	176	—	—	—	—	—	—	—	—
Campagne	178	—	R	L	—	—	🛏	—	⌂
Carsac-Aillac	187	—	—	—	—	🔷	—	—	⌂
Castelnaud-la-Chapelle	190	🐚	R	L	—	🔷	—	—	⌂
Cazoulès	194	—	—	—	—	🔷	—	—	—
Cénac-et-St-Julien	196	—	—	L	—	🔷	—	—	⌂
Le Change	203	—	—	L	✂	🔷	—	—	⌂
La Chapelle-Aubareil	204	🐚	R	L	—	🔷	—	—	⌂
Coly	220	—	—	L	✂	🔷	—	—	—
Coux-et-Bigaroque	236	—	R	L	—	🔷	—	—	⌂
Couze-et-St-Front	236	—	—	—	✂	—	🛏	—	—
Daglan	241	P	🐚 R	L	✂	🔷	—	—	⌂
Domme	249	—	—	—	—	—	—	—	⌂
Eymet	260	—	—	L	—	🔷	—	—	⌂
Les Eyzies-de-Tayac	261	🐚	R	L	✂	—	🛏	—	⌂
Fossemagne	269	—	—	—	✂	—	—	—	⌂
Groléjac	289	—	R	L	—	🔷	—	—	⌂

	Page	Perm.	Rest.	Loc.	🍴/✂	🍴	a	b	c
Hautefort	294	—	R	L	—	🔷	—	—	⌂
Lalinde	313	—	—	—	✂	🔷	—	—	—
Le Lardin-St-Lazare	320	—	R	L	—	🔷	—	—	⌂
Limeuil	328	—	—	—	—	🔷	🛏	—	—
Maison-Jeannette	342	—	R	—	—	🔷	—	—	⌂
Marcillac-St-Quentin	346	🐚	R	L	—	🔷	—	—	⌂
Mareuil	347	🐚	R	—	✂	🔷	—	—	—
Ménesplet	358	—	—	L	—	—	—	—	⌂
Molières	368	🐚	R	L	—	🔷	—	—	⌂
Monfaucon	369	🐚	R	L	—	🔷	—	—	—
Monpazier	370	🐚	R	L	—	🔷	—	—	⌂
Monplaisant	370	🐚	R	—	—	—	—	—	⌂
Montpon-Ménestérol	375	—	R	—	—	—	—	—	⌂
Mouleydier	379	—	—	—	✂	—	—	—	—
Nabirat	384	—	—	L	—	🔷	—	—	⌂
Neuvic	390	—	—	—	✂	🔷	—	—	—
Nontron	393	—	—	—	—	🔷	—	—	⌂
Parcoul	405	—	—	L	✂	🔷	—	—	⌂
Périgueux	408	P	R	L	✂	🔷	—	—	⌂
Peyrignac	411	P	🐚 R	L	✂	—	🛏	—	—
Peyrillac-et-Millac	411	🐚	—	L	—	🔷	🛏	—	—
Plazac	414	—	R	L	✂	🔷	—	—	⌂
Ribérac	452	—	—	—	—	🔷	—	—	—
La Roche-Chalais	455	—	—	—	—	—	—	—	—
La Roque-Gageac	461	P	R	L	✂	🔷	—	—	⌂
Rouffignac	464	—	R	L	✂	🔷	—	—	⌂
St-Antoine-d'Auberoche	475	—	R	L	—	🔷	—	—	⌂
St-Antoine-de-Breuilh	475	—	—	L	✂	—	—	—	—
St-Astier	475	—	—	L	✂	—	—	—	—
St-Aulaye	476	—	—	L	✂	—	—	—	—
St-Avit-de-Vialard	476	🐚	R	L	✂	🔲	🛏	—	⌂
St-Cirq	481	🐚	R	L	✂	🔷	—	—	⌂
St-Crépin-et-Carlucet	483	—	R	L	—	🔷	—	—	⌂
St-Cybranet	483	—	R	L	—	🔷	—	—	⌂
St-Cyprien	483	—	R	—	—	—	—	—	—
St-Geniès	488	—	R	L	✂	🔷	—	—	⌂
St-Jory-de-Chalais	507	—	—	—	—	🔷	—	—	—
St-Julien-de-Lampon	507	—	—	—	—	🔷	—	—	⌂
St-Léon-sur-Vézère	512	—	R	L	✂	🔷	🛏	—	⌂
St-Martial-de-Nabirat	514	—	R	L	—	🔲	—	—	⌂
St-Rémy	525	—	R	L	✂	🔷	—	—	—
St-Saud-Lacoussière	527	—	R	L	✂	🔲	—	—	⌂
St-Seurin-de-Prats	529	—	R	L	—	🔷	—	—	—
St-Vincent-de-Cosse	532	—	—	L	—	🔷	—	—	⌂
Salignac-Eyvigues	539	—	—	L	✂	—	—	—	⌂
Sarlat-la-Canéda	543	🐚	R	L	✂	🔲	🛏	—	⌂
Sigoulès	556	—	—	L	✂	—	—	—	—
Siorac-en-Périgord	557	—	R	—	✂	—	—	—	—
Tamniès	564	—	R	L	✂	🔷	—	—	⌂
Terrasson-la-Villedieu	567	—	—	—	✂	—	—	—	⌂
Thenon	568	—	—	L	✂	🔷	—	—	⌂
Thiviers	569	—	—	L	—	—	—	—	⌂
Tocane-St-Apre	571	—	—	L	✂	—	—	—	⌂
Tourtoirac	574	—	R	L	—	🔷	🛏	—	⌂
Trémolat	579	—	R	—	✂	🔷	—	—	⌂
Valeuil	585	🐚	—	—	—	—	—	—	—
Verteillac	595	—	—	—	✂	🔷	—	—	—
Veyrines-de-Domme	596	🐚	—	L	—	—	—	—	—
Vézac	596	P	🐚 R	L	✂	🔷	—	—	⌂
Villamblard	601	—	—	—	✂	—	—	—	—
Villefranche-de-Lonchat	603	—	R	L	✂	—	—	—	—
Vitrac	608	—	R	L	✂	🔷	🛏	—	⌂

	Page	Permanent	Restauration	Location
Crozon	239	P	R	L
Douarnenez	250		R	L
Elliant	253			
La Forêt-Fouesnant	268	P	R	L
Fouesnant	269		R	L
Guilvinec	293		R	L
Guimaëc	293			
Hanvec	294			
Henvic	296			
Huelgoat	299		R	
Lampaul-Ploudalmézeau	314			
Landéda	315		R	L
Landerneau	315			
Landudec	316		R	L
Lanildut	316			
Lesconil	325			L
Locmaria-Plouzané	330			
Locronan	330			
Loctudy	331			
Logonna-Daoulas	332			
Moëlan-sur-Mer	367		R	L
Névez	391		R	
Penmarch	408			
Pentrez-Plage	408			L
Plobannalec	416			L
Ploéven	417			
Plomelin	417			
Plomeur	417		R	L
Plomodiern	418		R	L
Plonéour-Lavern	419			
Plonévez-Porzay	419		R	L
Plouarzel	419			
Ploudalmézeau	420			
Plouescat	420		R	L
Plouézoch	420		R	L
Plougasnou	420		R	L
Plougastel-Daoulas	421	P		L
Plougoulm	421			
Plouhinec	423			
Plouigneau	423			L
Plounévez-Lochrist	424			
Plozévet	424			L
Port-Manech	432			
Le Pouldu	434			L
Primelin	437	P		L
Quimper	442		R	L
Raguenès-Plage	443		R	L
Roscanvel	462			
Rosporden	463			
St-Jean-du-Doigt	505			
St-Pol-de-Léon	524			L
St-Renan	526			
St-Yvi	533	P		L
Santec	542			
Scaër	548			
Sizun	558			
Telgruc-sur-Mer	566		R	L
Treffiagat	577			L
Trégarvan	578		R	L
Trégourez	578			
Tréguennec	578		R	L
Trégunc	578		R	L

30-GARD

	Page	Permanent	Restauration	Location
Aigues-Mortes	80		R	L
Alès	84		R	L
Anduze	91		R	L
Aiguèze (Ardèche Gorges de)	103			
Barjac (Ardèche Gorges de)	103			L
Bagnols-sur-Cèze	132		R	L
Beaucaire	141			
Bessèges	151		R	L
Boisson	158		R	L
Chambon	199			L
Chamborigaud	200			
Collias	219		R	L
Connaux	222	P	R	L
Crespian	237			L
Domazan	249	P		L
Les Fumades	274		R	L
Gallargues-le-Montueux	275		R	L
Génolhac	278			
Goudargues	282		R	L
Le Grau-du-Roi	286		R	L
Junas	308			
Lanuéjols	318		R	L
Lasalle	321		R	L
Le Martinet	349			L
Les Plantiers	414			L
Pont-du-Gard	429		R	L
Pont-St-Esprit	430			
Remoulins	449		R	L
St-Ambroix	473			L
St-André-de-Roquep.	474		R	
St-Hippolyte-du-Fort	497			L
St-Jean-de-Ceyrargues	498			L
St-Jean-du-Gard	505		R	L
St-Laurent-d'Aigouze	510		R	L
St-Victor-de-Malcap	532		R	L
Sauve	547		R	L
Souvignargues	563		R	L
Uzès	583		R	L
Vallabrègues	585			L
Valleraugue	585			L
Vauvert	590	P	R	L
Le Vigan	601		R	L
Villeneuve-lès-Avignon	604		R	L

31-HAUTE-GARONNE

	Page	Permanent	Restauration	Location
Aspet	121			
Aurignac	125			
Avignonet-Lauragais	128			
Bagnères-de-Luchon	131	P		L
Boulogne-sur-Gesse	160	P	R	L
Caraman	183			
Cassagnabère-Tournas	188			
Cazères	194	P		
Mane	344			L

	Page	Permanent	🦆	Restauration	Location	🎾	🏊	🚐	🏠
Martres-Tolosane	350	—		—	L	🎾	🏊	🚐	—
Nailloux	384	—		R	L	🎾	—	—	—
Puysségur	440	—	🦆	R	—	—	🏊	—	🏠
Revel	451	—		—	—	🟦	🏊	🚐	—
Rieux	452	—		R	—	🎾	🟦	🏊	🏠
St-Bertrand-de-Comminges	478	—		—	—	—	—	—	—
St-Ferréol	486	—		—	L	🎾	🏊	—	🏠
St-Martory	516	—		—	—	🎾	—	—	—
Salies-du-Salat	539	—		—	—	🎾	—	🚐	—
Toulouse	573	P		R	—	🟦	🏊	🚐	—

32-GERS [13] [14]

	Page	Permanent	🦆	Restauration	Location	🎾	🏊	🚐	🏠
Barcelonne-du-Gers	135	—		—	—	—	—	—	🏠
Bassoues	137	—		—	—	🎾	—	—	—
Castéra-Verduzan	191	—		—	L	—	—	—	🏠
Cézan	197	—	🦆	R	L	—	🏊	—	🏠
Condom	222	—		R	L	🎾	🏊	—	🏠
Estang	259	—		R	L	—	—	🚐	—
Gondrin	282	—		R	L	🎾	🏊	🚐	🏠
Lectoure	324	—		R	L	🎾	🏊	🚐	🏠
Lepin-Lapujolle	324	P	🦆	R	L	—	🏊	—	—
Masseube	351	—		—	—	🎾	🏊	—	—
Mirande	366	—		R	L	—	🏊	—	🏠
Mirepoix	367	—	🦆	—	L	—	🏊	—	—
Monfort	369	—		—	—	—	—	—	🏠
Pouylebon	434	—	🦆	—	—	—	—	—	—
Riscle	453	—		R	L	🎾	🏊	—	🏠
Thoux	570	—		R	L	🎾	🏊	🚐	—

33-GIRONDE [9] [13] [14]

	Page	Permanent	🦆	Restauration	Location	🎾	🏊	🚐	🏠
Abzac	76	P		R	L	—	—	🚐	—
ARCACHON (Bassin)	99								
Andernos-les-Bains	99	—		R	L	🎾	🏊	🚐	—
Arcachon	99	P		—	—	—	🏊	—	🏠
Arès	100	—		R	L	—	🏊	🚐	—
Biganos	101	—		R	L	—	🏊	—	🏠
Claouey	101	P		—	—	🟦	—	—	—
Gujan-Mestras	101	—		—	—	—	—	—	—
Lège-Cap-Ferret	101	P		—	L	—	—	—	—
Mios	101	P		—	—	—	🎾	—	—
Pyla-sur-Mer	101	—		R	L	🎾	🟦	🏊	🏠
Le Teich	102	—		R	L	—	🏊	—	—
La Teste-de-Buch	102	—		R	L	—	🏊	—	🏠
Bayas	139	—		R	L	—	—	🚐	—
Bazas	140	—		—	—	—	🏊	🚐	—
Blaye	156	—		—	—	—	—	—	🏠
Carcans	183	—	🦆	R	L	🟦	🏊	🚐	—
Castillon-la-Bataille	191	—		—	L	—	—	—	—
Cazaux	194	—		R	—	—	—	—	—
Coutras	236	—		—	—	🎾	—	—	—
Grayan-et-l'Hôpital	287	—		R	—	🎾	—	—	—
Hourtin	298	—	🦆	R	L	🟦	🏊	🚐	—
Hourtin-Plage	299	—		R	L	🎾	🏊	—	—
Lacanau (Étang de)	310	—		R	L	🎾	🏊	🚐	🏠
Lacanau-de-Mios	311	P		—	—	—	🎾	—	—
Lacanau-Océan	311	—		R	L	🎾	🏊	🚐	🏠
Laruscade	321	—		—	L	—	🏊	—	—
Montalivet-les-Bains	371	—		R	—	🎾	—	🚐	—
Pauillac	406	—		—	—	—	🏊	—	🏠
Petit-Palais-et-Cornemps	410	—		R	L	—	🏊	—	—
Le Porge	431	—		—	L	🎾	—	—	—
La Réole	450	—		—	—	🎾	—	—	—
St-Christoly-de-Blaye	480	P		—	L	—	🏊	—	—
St-Christophe-de-Double	481	—		R	—	🎾	—	—	—
St-Émilion	485	—		R	—	🎾	🏊	—	—
Ste-Foy-la-Grande	535	—		—	L	🎾	🏊	—	—
Salles	540	P	🦆	R	L	—	🏊	—	🏠
Sauveterre-de-Guyenne	547	P		—	—	—	🏊	🚐	🏠
Soulac-sur-Mer	561	—		R	L	🎾	🏊	🚐	—
Vendays-Montalivet	591	—		—	—	🎾	—	—	—
Vensac	592	—		R	L	—	—	🚐	—

34-HÉRAULT [15] [16]

	Page	Permanent	🦆	Restauration	Location	🎾	🏊	🚐	🏠
Adissan	76	P		R	L	—	🏊	—	🏠
Agde	78	—		R	L	🎾	🏊	🚐	🏠
Balaruc-les-Bains	133	—		—	L	—	🏊	—	🏠
Bouzigues	167	—		—	—	🎾	—	—	🏠
Brissac	171	—		R	L	—	🏊	—	🏠
Canet	180	—		R	L	🎾	🏊	🚐	—
Carnon-Plage	187	—		—	—	🎾	—	—	—
Castries	192	P	🦆	—	L	🎾	🏊	—	—
Clermont-L'Hérault	218	P		R	L	—	🏊	—	—
Creissan	237	—		—	L	🎾	🏊	—	—
Frontignan	274	—		R	L	—	🏊	🚐	🏠
Ganges	275	—		—	—	—	—	—	—
Gigean	280	—		—	—	—	—	—	🏠
Gignac	280	—	🦆	R	—	🎾	—	🚐	—
La Grande-Motte	284	—		R	L	🎾	🏊	🚐	—
Lamalou-les-Bains	314	P		R	L	🎾	🏊	🚐	—
Laurens	322	P		R	L	—	🏊	—	🏠
Lodève	331	P	🦆	R	L	🎾	🏊	—	—
Loupian	334	—		—	L	🎾	—	—	—
Lunel	339	—		R	L	—	🏊	—	🏠
Marseillan	348	—		R	L	🎾	🏊	🚐	🏠
Mèze	363	—		—	L	—	🎾	—	—
Montpellier	374	P		R	L	🎾	🏊	🚐	🏠
Octon	394	P	🦆	—	L	—	🏊	—	🏠
Palavas-les-Flots	404	—		R	L	🎾	🏊	—	🏠
Pézenas	411	—		R	—	🎾	🏊	—	—
Portiragnes	432	—		R	L	🎾	🏊	🚐	🏠
Le Pouget	433	—		—	L	—	🏊	—	—
St-André-de-Sangonis	474	—		R	L	—	—	—	🏠
St-Martin-de-Londres	515	—	🦆	R	L	🎾	—	—	—
St-Pons-de-Thomières	524	—	🦆	—	L	—	🏊	—	—
La Salvetat-sur-Agout	541	—		—	—	🎾	—	—	—
Sauvian	547	—		—	L	—	—	—	🏠
Sérignan	553	—		R	L	🎾	🏊	🚐	🏠
Sète	554	—		R	L	🎾	🏊	🚐	🏠
Valras-Plage	586	—		R	L	🎾	🏊	🚐	🏠
Vias	597	—		R	L	🎾	🏊	🚐	🏠
Vic-la-Gardiole	599	—		R	L	—	🏊	—	🏠
Villeneuve-les-Béziers	605	—		R	L	—	🏊	—	🏠

35-ILLE-ET-VILAINE ▣

	Page	Permanent	🐌	Restauration	Location	✂ ou	⅃ ou	🚐	▢
Antrain	98	—	—	—	—	—	—	—	—
Bourg-des-Comptes	164	—	—	—	—	—	—	—	—
Cancale	179	—	—	—	L	—	⅃	🚐	—
La Chapelle-aux-Filtzm.	204	P	🐌	R	L	—	⅃	—	—
Châteaugiron	207	—	—	—	—	—	—	—	—
Châtillon-en-Vendelais	211	—	—	R	—	✂	—	—	▢
Cherrueix	214	—	—	—	L	—	—	—	▢
Dol-de-Bretagne	247	—	—	R	L	✂	⅃	🚐	▢
Marcillé-Robert	346	—	—	—	—	—	—	—	▢
Martigné-Ferchaud	349	—	—	—	—	—	—	🚐	—
Rennes	449	—	—	—	—	▢	⅃	—	—
St-Aubin-du-Cormier	475	—	—	—	—	—	—	—	—
St-Benoît-des-Ondes	477	—	—	—	—	—	—	🚐	▢
St-Briac-sur-Mer	479	—	—	R	—	▢	—	🚐	—
St-Coulomb	482	—	🐌	—	—	—	—	—	—
St-Guinoux	493	—	—	—	—	—	—	—	—
St-Lunaire	512	—	—	R	L	—	—	—	▢
St-Malo	512	—	—	R	L	✂	⅃	🚐	—
St-Marcan	514	—	🐌	—	—	—	—	—	—
St-Père	521	—	—	—	L	—	⅃	—	—
La Selle-Guerchaise	550	P	—	—	—	✂	—	—	—
Sens-de-Bretagne	552	—	—	—	—	✂	—	—	—
Tinténiac	571	—	—	R	L	✂	⅃	—	▢

36-INDRE ▣▣

	Page	Permanent	🐌	Restauration	Location	✂ ou	⅃ ou	🚐	▢
Argenton-sur-Creuse	117	—	—	—	—	—	—	—	—
Arpheuilles	118	—	—	—	L	—	—	—	—
Le Blanc	156	—	—	—	—	—	⅃	—	▢
Buzançais	175	—	—	—	—	✂	⅃	—	—
Chaillac	197	P	—	—	—	✂	—	—	▢
Châteauroux	209	—	—	R	—	✂	▢	🚐	▢
Châtillon-sur-Indre	211	—	—	—	—	—	▢	—	—
La Châtre	211	—	—	—	—	—	—	🚐	—
ÉGUZON	253	P	—	—	—	—	—	—	—
Fougères	270	—	—	R	L	✂	—	—	—
Issoudun	304	—	—	—	—	—	—	—	▢
Luçay-le-Mâle	337	—	—	R	—	✂	—	—	—
Mézières-en-Brenne	364	—	—	R	L	—	—	—	—
Migné	364	—	—	—	—	—	—	—	—
La Motte-Feuilly	378	—	—	—	—	—	—	—	—
Neuvy-St-Sépulchre	390	—	—	R	—	✂	⅃	—	▢
Le Pont-Chrétien-Ch.	428	—	—	—	—	—	—	—	—
Rosnay	463	P	—	—	—	✂	—	—	—
Ruffec	468	—	—	—	—	✂	—	—	▢
St-Gaultier	488	—	—	R	L	—	⅃	—	—
Valençay	585	—	—	—	—	✂	⅃	—	▢
Vatan	590	—	—	—	L	✂	⅃	🚐	▢

37-INDRE-ET-LOIRE ▣ ▣ ▣▣

	Page	Permanent	🐌	Restauration	Location	✂ ou	⅃ ou	🚐	▢
Abilly	76	—	—	—	—	—	—	—	▢
Azay-le-Rideau	129	—	—	—	—	✂	⅃	🚐	—
Ballan-Miré	133	—	—	R	L	✂	⅃	🚐	▢
Barrou	137	—	—	—	—	—	—	—	—
Bléré	157	—	—	—	—	✂	⅃	—	—
Bourgueil	166	—	—	—	—	✂	—	🚐	▢
Château-Renault	209	—	—	—	—	✂	⅃	—	—
Chemillé-sur-Indrois	213	—	—	R	—	✂	—	—	—
Chenonceaux	214	—	—	R	—	—	⅃	—	—
Chinon	215	—	—	—	—	✂	▢	🚐	▢
Chisseaux	215	—	—	—	—	✂	—	🚐	—
Civray-de-Touraine	216	—	—	—	—	✂	—	—	—
Descartes	245	—	—	—	L	✂	⅃	—	▢
L'Île-Bouchard	301	—	—	—	L	—	—	—	—
Limeray	327	—	—	R	—	—	—	—	▢
Loches	330	—	—	—	L	✂	▢	🚐	—
Luynes	339	—	—	—	—	✂	—	—	▢
Marcilly-sur-Vienne	346	—	—	—	—	—	—	—	▢
Montbazon	371	—	—	R	L	▢	—	—	—
Montlouis-sur-Loire	373	—	—	R	—	✂	⅃	🚐	▢
Preuilly-sur-Claise	437	—	—	—	—	✂	—	—	▢
Reugny	450	—	—	—	—	✂	—	—	—
Richelieu	452	—	—	—	—	✂	⅃	—	▢
St-Martin-le-Beau	516	—	—	—	—	—	—	—	—
Ste-Catherine-de-F.	534	—	—	R	L	✂	—	—	▢
Ste-Maure-de-Touraine	537	—	—	—	—	✂	—	🚐	—
Tours	574	—	—	—	—	▢	—	—	—
Trogues	581	—	—	R	—	—	⅃	🚐	—
Veigne	591	—	—	R	L	—	⅃	🚐	—
Véretz	593	—	—	—	—	—	—	🚐	▢
Vouvray	611	—	—	—	—	✂	⅃	—	—
Yzeures-sur-Creuse	613	—	—	—	—	✂	⅃	—	—

38-ISÈRE ▣▣ ▣▣ ▣▣ ▣▣

	Page	Permanent	🐌	Restauration	Location	✂ ou	⅃ ou	🚐	▢
Les Abrets	76	—	🐌	R	—	—	⅃	—	▢
Allemont	84	P	—	R	L	✂	⅃	—	—
Allevard	85	—	🐌	—	—	✂	⅃	—	—
Autrans	126	—	—	—	L	—	⅃	🚐	—
Les Avenières	127	—	—	—	L	✂	⅃	—	▢
Le Bourg-d'Arud	163	P	—	R	L	✂	⅃	—	▢
Le Bourg-d'Oisans	164	—	—	R	L	✂	⅃	—	▢
Chanas	203	—	—	—	—	✂	—	—	▢
Choranche	216	—	—	—	—	✂	⅃	—	▢
Clonas-sur-Varèze	218	P	—	R	L	✂	—	—	—
Les Deux-Alpes	245	—	—	R	L	✂	—	—	—
Entre-Deux-Guiers	255	—	—	—	L	✂	⅃	🚐	—
Faramans	262	—	—	—	—	✂	—	—	—
Le Freney-d'Oisans	273	—	—	—	—	—	—	—	—
Gresse-en-Vercors	288	—	🐌	R	—	✂	⅃	—	—
Lalley	313	—	—	R	—	✂	⅃	🚐	▢
Lans en Vercors	317	P	—	—	—	✂	⅃	—	▢
Malleval	344	—	🐌	R	—	—	—	—	—
Méaudre	356	P	—	R	L	✂	⅃	—	—
Meyrieu-les-Étangs	362	—	—	R	—	✂	—	—	—
Monestier-de-Clermont	369	—	—	—	—	✂	⅃	—	—
Montalieu-Vercieu	370	—	—	R	—	✂	⅃	—	—
Petichet	410	—	—	—	—	—	—	—	—
Roybon	466	—	—	—	—	—	—	—	—
St-Christophe-en-Oisans	481	—	🐌	—	—	—	—	—	—
St-Clair-du-Rhône	482	—	—	R	—	—	⅃	🚐	▢
St-Étienne-de-Crossey	485	—	—	—	—	✂	—	—	▢
St-Laurent-du-Pont	511	—	—	—	—	✂	🚐	—	—
St-Laurent-en-Beaumont	511	—	—	R	—	✂	⅃	—	—
St-Martin-de-Clelles	514	P	—	—	—	—	—	—	▢

	Page	Permanent	Restauration	Location	✂ ou 📺	🍴 ou ⛷	📶	⌂
St-Martin-d'Uriage	515	—	—	—	✂	⛷	—	—
St-Pierre-de-Chartreuse	523	—	R	—	—	⛷	—	—
St-Prim	524	🐕	R	—	—	⛷	—	⌂
St-Théoffrey	530	—	—	—	—	—	—	—
La Salle-en-Beaumont	540	🐕	R	L	—	⛷	—	⌂
Theys	568	🐕	—	—	—	—	—	—
Trept	580	—	R	L	✂	—	—	—
Vernioz	594	🐕	R	—	✂	⛷	📶	—
Villard-de-Lans	602	—	—	—	—	⛷	📶	—
Vizille	610	—	—	—	—	—	—	—

39-JURA 12

	Page	Permanent	Restauration	Location	✂ ou 📺	🍴 ou ⛷	📶	⌂
Arbois	99	—	—	—	—	⛷	—	—
Blye	157	—	—	—	—	—	—	—
Bonlieu	158	—	—	R	—	—	—	⌂
Champagnole	202	—	—	R	—	📺	⛷	—
Chancia	203	—	—	—	—	—	—	—
Chaux-des-Crotenay	213	—	—	—	—	✂	⛷	—
Clairvaux-les-Lacs	216	—	—	R	—	—	⛷	—
Dole	248	—	—	R	L	✂	⛷	📶	—
Doucier	251	—	—	R	L	✂	—	📶	—
Foncine-le-Haut	267	—	—	—	—	✂	—	—
Le Lac-des-Rouges-Truites	312	—	—	—	—	✂	—	—
Lons-le-Saunier	333	—	—	—	—	✂	📺	📶	⌂
Maisod	342	—	—	—	—	—	—	—
Marigny	347	—	—	R	L	—	⛷	—	⌂
Monnet-la-Ville	370	—	—	—	L	—	—	—
Ounans	402	—	—	R	—	—	—	—
Pont-de-Poitte	428	—	—	—	—	⛷	—	—
Pont-du-Navoy	429	—	—	R	—	—	—	—
St-Claude	482	—	—	R	—	📺	⛷	—
St-Laurent-en-Grandvaux	511	—	—	—	—	—	—	—
Salins-les-Bains	539	—	—	R	—	—	—	—
La Tour-du-Meix	573	—	—	R	—	—	—	—

40-LANDES 13 14

	Page	Permanent	Restauration	Location	✂ ou 📺	🍴 ou ⛷	📶	⌂
Aire-sur-l'Adour	81	—	—	—	—	—	—	—
Amou	88	—	—	—	—	⛷	—	⌂
Aureilhan	124	—	—	R	L	—	📶	—
Azur	130	—	—	R	L	✂	📶	—
Bélus	147	—	—	R	L	✂	—	⌂
Bias	154	—	—	R	—	✂	⛷	—
Biscarrosse	155	—	—	R	L	✂	⛷	📶	—
Capbreton	182	P	—	R	—	✂	⛷	📶	—
Castets	191	—	—	R	L	✂	⛷	📶	—
Contis-Plage	223	—	—	R	L	✂	⛷	📶	—
Dax	243	P	🐕	R	L	✂	⛷	📶	—
Gabarret	275	—	—	L	—	⛷	—	⌂
Gastes	276	—	—	R	L	✂	📺	—	⌂
Habas	293	—	🐕	—	L	—	—	—
Hagetmau	293	—	—	R	—	✂	⛷	—	⌂
Hossegor	298	—	—	—	📺	—	⌂
Labenne	309	—	—	R	L	✂	⛷	📶	⌂
Léon	325	—	—	R	L	✂	⛷	📶	—
Lesperon	326	—	🐕	—	L	—	⛷	—
Linxe	329	—	—	—	—	—	—	—

	Page	Permanent	Restauration	Location	✂ ou 📺	🍴 ou ⛷	📶	⌂
Lit-et-Mixe	329	—	—	R	L	✂	⛷	📶	—
Louer	334	—	—	—	—	—	—	—
Messanges	361	—	—	R	L	✂	⛷	📶	—
Mézos	364	—	—	R	L	✂	⛷	📶	—
Mimizan	365	—	—	R	L	✂	⛷	📶	—
Moliets-et-Maa	368	—	—	R	L	✂	⛷	—	—
Ondres	399	—	—	R	L	✂	—	—	—
Onesse-et-Laharie	399	—	—	—	—	—	—	—
Parentis-en-Born	405	—	—	R	L	—	⛷	📶	—
Pissos	413	—	—	L	—	✂	⛷	—
Pontenx-les-Forges	429	—	—	—	—	—	—	—
Roquefort	461	—	—	—	—	✂	—	—
Sabres	470	—	—	R	—	✂	⛷	—
St-André-de-Seignanx	474	P	—	—	—	—	—	⌂
St-Julien-en-Born	508	—	—	R	—	✂	⛷	—
St-Justin	509	—	—	R	L	—	⛷	—
St-Martin-de-Seignanx	515	—	—	R	L	—	⛷	📶	—
St-Michel-Escalus	517	—	—	R	L	✂	—	—
St-Paul-en-Born	520	—	🐕	R	L	—	—	—
St-Sever	529	—	—	—	—	✂	—	—
Ste-Eulalie-en-Born	535	—	—	R	L	✂	⛷	—	⌂
Sanguinet	542	P	—	R	L	✂	⛷	📶	—
Sarbazan	543	—	—	L	—	✂	—	—
Seignosse	549	—	—	R	L	✂	⛷	📶	—
Sorde-L'Abbaye	559	—	—	—	—	—	—	⌂
Sore	559	—	—	L	—	✂	⛷	—
Soustons	563	—	—	R	—	✂	⛷	—
Vielle-St-Girons	599	—	—	R	L	✂	⛷	📶	—
Vieux-Boucau-les-Bains	600	—	—	—	—	✂	—	—

41-LOIR-ET-CHER 5 6

	Page	Permanent	Restauration	Location	✂ ou 📺	🍴 ou ⛷	📶	⌂
Candé-sur-Beuvron	180	—	—	R	L	—	⛷	—	⌂
Cellettes	195	—	—	—	—	✂	—	—
Châtres-sur-Cher	211	—	—	—	—	✂	—	—
Chaumont-sur-Loire	212	—	—	—	—	—	—	—
Chémery	213	—	—	—	—	—	—	—
Cheverny	214	—	—	R	L	—	⛷	📶	⌂
Crouy-sur-Cosson	239	—	—	—	—	—	—	—
Fréteval	273	P	—	L	—	⛷	—	⌂
Lunay	338	—	—	L	—	✂	—	—
Mareuil-sur-Cher	347	—	—	L	—	✂	—	—	⌂
Mennetou-sur-Cher	359	—	—	—	—	✂	—	—
Mesland	360	—	—	R	L	✂	⛷	📶	⌂
Les Montils	373	—	—	—	—	✂	—	—
Montoire-sur-le-Loir	374	—	—	—	—	📺	—	⌂
Muides-sur-Loire	381	—	—	R	L	✂	⛷	📶	⌂
Neung-sur-Beuvron	389	—	—	—	—	✂	—	—
Nouan-le-Fuzelier	393	—	—	R	—	✂	⛷	—
Onzain	399	P	—	R	L	✂	⛷	—
Pierrefitte-sur-Sauldre	412	—	🐕	R	L	✂	⛷	📶	⌂
Pruniers-en-Sologne	438	—	—	—	—	📺	—	—
Romorantin-Lanthenay	459	—	—	—	—	📺	⛷	⌂
St-Aignan	471	—	—	—	—	—	—	—
Salbris	538	—	—	L	—	📺	⛷	📶	⌂
Soings-en-Sologne	558	—	—	—	—	✂	—	—
Suèvres	563	—	—	R	—	✂	⛷	📶	—
Thoré-la-Rochette	570	—	—	—	—	✂	—	—
Vendôme	591	—	—	—	—	✂	⛷	—	—
Vernou-en-Sologne	594	—	—	—	—	✂	—	⌂

42-LOIRE ▯▯

	Page	Permanent	Restauration	Location	✀	🏊	⛺	☐
Balbigny	133	—	—	—	L	✀	🏊	—
Belmont-de-la-Loire	147	—	—	L	✀	—	—	☐
Bourg-Argental	163	P	—	L	✀	🏊	—	—
Chalmazel	198	—	🦆	R	—	✀	—	—
Charlieu	205	—	—	—	✀	🏊	—	☐
Cordelle	224	—	🦆	—	—	🏊	—	☐
Feurs	266	—	—	—	✀	🏊	—	—
Montbrison	371	—	—	—	✀	🏊	⛺	—
Noirétable	392	—	—	—	✀	—	—	☐
La Pacaudière	403	—	—	—	✀	🏊	—	☐
Pélussin	407	—	—	—	—	🏊	—	☐
Pouilly-sous-Charlieu	433	—	—	—	✀	—	—	—
St-Galmier	488	—	—	L	—	🏊	—	—
St-Genest-Malifaux	488	—	—	L	✀	—	—	—
St-Jodard	507	—	—	—	✀	🏊	—	—
St-Paul-de-Vézelin	520	—	🦆	—	—	🏊	—	—
St-Sauveur-en-Rue	528	—	—	—	—	—	—	☐

43-HAUTE-LOIRE ▯▯ ▯▯

	Page	Permanent	Restauration	Location	✀	🏊	⛺	☐
Alleyras	85	—	—	L	✀	—	—	—
Aurec-sur-Loire	124	—	—	—	—	—	—	☐
Auzon	127	—	—	—	✀	—	—	☐
Brives-Charensac	172	—	R	—	—	—	—	—
Céaux-d'Allégre	195	—	—	—	✀	—	—	☐
La Chaise-Dieu	198	—	—	L	✀	—	—	—
Le Chambon-sur-Lignon	200	—	R	L	✀	—	—	☐
Champagnac-le-Vieux	202	—	—	L	✀	—	—	☐
Langeac	316	—	—	L	—	—	—	—
Lavoûte-sur-Loire	324	—	—	—	✀	—	—	☐
Mazet-St-Voy	356	—	—	—	✀	—	—	—
Le Monastier-sur-Gazeille	368	—	R	—	✀	🏊	—	☐
Monistrol-d'Allier	369	—	—	—	✀	—	—	—
Monistrol-sur-Loire	369	—	—	—	✀	🏊	—	☐
Pinols	413	—	—	L	✀	—	—	—
Le Puy-en-Velay	439	—	R	L	✀	🏊	—	☐
St-Didier-en-Velay	484	—	—	—	✀	🏊	—	—
St-Julien-Chapteuil	507	P	—	—	✀	🏊	—	—
St-Paulien	521	—	R	L	✀	🏊	⛺	☐
St-Privat-d'Allier	525	—	—	—	✀	—	⛺	—
Ste-Sigolène	537	—	R	L	—	🏊	—	—
Saugues	546	—	—	L	✀	🏊	—	—
Sembadel-Gare	551	—	—	R	—	✀	—	⛺	—
Vieille-Brioude	599	—	🦆	—	L	—	—	—	☐
Vorey	611	—	—	—	—	🏊	—	☐

44-LOIRE-ATLANTIQUE ▯ ▯

	Page	Permanent	Restauration	Location	✀	🏊	⛺	☐
Ancenis	88	—	—	L	✀	🏊	⛺	—
Arthon-en-Retz	120	—	🦆	—	—	—	—	☐
Assérac	121	—	—	L	—	—	—	☐
Batz-sur-Mer	138	—	—	L	—	—	—	☐
La Baule	138	—	R	L	—	—	—	☐
La Bernerie-en-Retz	150	—	R	L	✀	🏊	—	—
Beslé	151	—	—	—	✀	—	—	—
Blain	156	—	—	—	—	—	—	—

Clisson …

	Page	Permanent	Restauration	Location	✀	🏊	⛺	☐
Clisson	218	—	—	—	—	—	—	☐
Le Croisic	238	P	—	R	L	✀	🏊	—	☐
Le Gâvre	277	—	—	—	✀	—	—	—
Guémené-Penfao	290	—	—	L	✀	🏊	—	—
Guérande	290	—	—	R	L	✀	🏊	⛺	☐
Herbignac	296	—	—	—	—	—	⛺	—
Héric	296	P	—	R	L	—	✀	🏊	—
Machecoul	341	—	—	—	✀	🏊	—	—
Mesquer	360	—	R	L	—	✀	🏊	⛺	☐
Missillac	367	—	—	—	—	—	—	☐
Les Moutiers-en-Retz	380	—	R	L	✀	🏊	—	—
Nantes	386	P	—	R	—	✀	🏊	⛺	☐
Nort-sur-Erdre	393	—	🦆	—	—	✀	—	—	☐
Nozay	394	—	—	—	—	—	—	☐
Piriac-sur-Mer	413	—	—	R	L	✀	🏊	—	—
La Plaine-sur-Mer	414	P	—	—	L	✀	🏊	—	☐
Pontchâteau	427	—	—	—	—	—	—	☐
Pornic	431	P	—	R	L	✀	🏊	⛺	☐
St-André-des-Eaux	474	—	—	—	L	🏊	🏊	—	☐
St-Brévin-les-Pins	478	P	—	R	L	✀	🏊	—	☐
St-Étienne-de-Montluc	485	P	—	—	—	—	—	—
St-Julien-de-Concelles	507	—	—	—	L	✀	—	—
St-Père-en-Retz	521	—	—	—	✀	—	—	—
Ste-Reine-de-Bretagne	537	—	🦆	R	L	✀	🏊	⛺	☐
Savenay	548	—	—	R	—	—	🏊	—	—
La Turballe	582	—	—	R	—	—	🏊	—	—
Vallet	586	—	—	—	✀	—	—	—

45-LOIRET ▯ ▯

	Page	Permanent	Restauration	Location	✀	🏊	⛺	☐
Beaulieu-sur-Loire	142	—	—	—	—	—	—	☐
Bellegarde	146	—	—	—	—	—	—	☐
Châtillon-Coligny	210	—	—	—	—	—	—	—
Coullons	234	—	—	—	✀	—	—	☐
Dordives	250	—	—	—	—	🏊	—	☐
Gien	280	—	R	L	✀	🏊	⛺	☐
Lorris	333	—	—	—	—	—	—	☐
Malesherbes	343	P	—	—	—	—	—	☐
Nibelle	391	—	R	L	✀	🏊	—	☐
Orléans	401	—	—	—	—	—	—	☐
St-Père-sur-Loire	522	—	—	L	✀	—	—	—
Vitry-aux-Loges	609	—	R	—	—	—	—	☐

46-LOT ▯▯ ▯▯ ▯▯ ▯▯

	Page	Permanent	Restauration	Location	✀	🏊	⛺	☐
Alvignac	86	—	🦆	—	—	🏊	—	—
Anglars-Juillac	92	—	—	—	—	🏊	—	—
Bagnac-sur-Célé	130	—	—	—	✀	🏊	—	—
Béduer	145	P	—	L	✀	🏊	⛺	☐
Brengues	169	—	R	L	—	🏊	⛺	—
Bretenoux	169	—	—	—	✀	🏊	⛺	—
Cahors	177	—	—	L	—	🏊	⛺	☐
Cajarc	177	—	—	—	✀	🏊	—	—
Calviac	178	—	🦆	R	L	—	🏊	—	—
Carlucet	185	—	🦆	R	L	✀	🏊	—	—
Cassagnes	188	—	R	L	✀	🏊	—	—
Castelnau-Montratier	191	—	—	—	✀	🏊	—	—
Concorès	221	—	—	L	—	🏊	—	—
Crayssac	237	—	R	L	✀	🏊	—	—

	Page	Permanent		Restauration	Location	✂	♒	⛺	⌂
Creysse	238	—	—	—	—	—	♒	—	—
Figeac	266	—	—	R	L	—	♒	—	—
Frayssinet	271	—	—	R	L	✂	♒	—	—
Girac	281	—	—	R	L	—	♒	—	—
Goujounac	283	—	—	—	—	✂	♒	—	—
Gourdon	283	—	—	—	L	✂	♒	—	⌂
Gramat	283	—	—	—	L	✂	♒	—	—
Issendolus	303	P	—	R	L	—	♒	—	—
Lacam-d'Ourcet	310	—	🏊	—	L	—	—	—	⌂
Lacapelle-Marival	311	—	—	—	L	✂	♒	—	—
Lacave	312	—	—	R	L	—	♒	—	—
Larnagol	320	—	—	—	—	—	♒	—	—
Leyme	326	—	—	—	L	✂	♒	—	—
Limogne-en-Quercy	328	—	—	—	—	✂	♒	—	—
Loubressac	334	—	—	—	L	✂	♒	—	⌂
Loupiac	334	—	—	R	L	—	♒	—	⌂
Marcilhac-sur-Célé	346	—	—	—	—	✂	—	—	—
Martel	348	—	—	—	—	—	—	—	⌂
Miers	364	—	—	—	L	—	♒	—	⌂
Montbrun	371	—	—	—	—	—	—	—	—
Montcabrier	372	—	—	R	—	—	♒	—	—
Padirac	403	—	—	R	L	—	♒	⛺	—
Payrac	406	—	—	R	L	✂	♒	⛺	—
Puybrun	439	—	—	—	L	✂	♒	—	⌂
Puy-l'Évêque	440	—	—	R	L	✂	♒	—	—
Les Quatre-Routes-du-Lot	440	—	—	—	—	—	—	—	⌂
Rocamadour	454	—	—	R	L	—	♒	⛺	⌂
St-Céré	480	—	—	—	L	✂	♒	—	—
St-Cirq-Lapopie	481	P	🏊	R	L	—	♒	⛺	—
St-Germain-du-Bel-Air	490	—	—	—	—	✂	♒	—	—
St-Pantaléon	519	—	—	R	L	—	♒	—	—
St-Pierre-Lafeuille	523	—	—	R	—	✂	♒	—	—
Sénaillac-Latronquière	551	—	—	—	L	—	—	—	⌂
Souillac	560	—	🏊	R	L	✂	♒	—	⌂
Tauriac	125	—	—	R	—	—	—	—	—
Thégra	567	—	—	R	L	✂	♒	—	—
Touzac	575	—	—	R	L	✂	♒	—	—
Vayrac	590	—	—	—	L	—	—	—	—
Vers	595	—	—	R	L	✂	♒	—	—
Le Vigan	600	—	🏊	R	L	—	♒	—	⌂

47-LOT-ET-GARONNE

	Page	Permanent		Restauration	Location	✂	♒	⛺	⌂
Agen	79	P	—	—	—	✂	♒	—	⌂
Beauville	144	—	—	—	L	✂	—	—	⌂
Casteljaloux	188	—	—	R	L	✂	♒	—	—
Castillonnès	191	—	—	—	—	✂	♒	—	⌂
Damazan	242	—	—	—	L	✂	—	—	—
Fumel	274	P	—	—	—	—	—	—	—
Lougratte	334	—	—	—	—	✂	—	—	—
Miramont-de-Guyenne	366	—	—	R	L	✂	♒	—	⌂
Parranquet	405	—	—	—	L	✂	♒	—	—
Penne-d'Agenais	408	—	—	R	L	✂	♒	—	⌂
Réaup	448	—	—	—	L	—	—	—	—
St-Sernin	529	—	—	R	—	—	—	⛺	⌂
St-Sylvestre-sur-Lot	530	P	—	—	—	♒	—	—	⌂
Ste-Livrade-sur-Lot	535	—	—	—	—	✂	♒	—	—
Salles	540	—	—	R	L	—	♒	—	⌂
Sauveterre-la-Lémance	547	—	—	R	L	—	♒	⛺	—
Sérignac-Péboudou	553	—	🏊	R	L	—	♒	—	—

	Page	Permanent		Restauration	Location	✂	♒	⛺	⌂
Tonneins	571	—	—	—	—	—	—	—	⌂
Tournon-d'Agenais	574	—	🏊	—	—	—	♒	—	—
Villefranche-du-Queyran	604	—	—	R	—	—	♒	—	⌂
Villeréal	606	—	🏊	R	L	✂	♒	—	—

48-LOZÈRE 🔟 🔟 🔟

	Page	Permanent		Restauration	Location	✂	♒	⛺	⌂
Bédouès	145	—	—	—	L	—	—	—	⌂
Canilhac	181	—	—	—	—	✂	♒	—	⌂
Chastanier	206	—	—	R	—	—	—	—	—
Florac	267	—	—	—	L	✂	♒	⛺	—
Grandrieu	285	—	🏊	—	L	✂	—	—	—
Ispagnac	303	—	—	—	L	✂	♒	⛺	⌂
Laubert	322	P	—	R	L	—	—	—	—
Marvejols	350	—	—	—	—	✂	—	—	⌂
Mende	358	P	—	—	L	—	♒	—	—
Meyrueis	362	—	—	—	L	✂	♒	⛺	—
Nasbinals	388	—	—	—	—	—	—	—	—
Naussac	388	—	—	R	L	✂	♒	—	—
Le Pont-de-Montvert	428	—	—	—	—	—	—	—	—
Rocles	458	—	—	R	L	—	♒	—	⌂
Le Rozier	467	—	—	R	L	✂	♒	—	—
St-Alban-sur-Limagnole	471	—	—	—	L	✂	♒	—	—
St-Bauzile	477	—	—	—	—	✂	—	—	—
St-Georges-de-Lévéjac	489	—	🏊	R	—	—	—	—	—
St-Germain-du-Teil	490	—	—	R	L	—	♒	—	—
Ste-Énimie	534	—	—	—	L	—	♒	⛺	⌂
Serverette	554	—	—	—	—	—	—	—	—
Les Vignes	601	—	—	R	L	—	♒	—	⌂
Villefort	603	—	—	R	L	✂	♒	—	—

49-MAINE-ET-LOIRE 🔢 🔢 🔢

	Page	Permanent		Restauration	Location	✂	♒	⛺	⌂
Allonnes	86	—	—	R	L	—	♒	—	—
Angers	92	—	—	R	L	✂	♒	⛺	⌂
Baugé	138	—	—	—	—	—	♒	—	—
Bouchemaine	160	—	—	—	—	✂	—	—	—
Brain-sur-l'Authion	167	—	—	—	—	✂	—	—	⌂
Brissac-Quincé	172	—	—	—	L	—	♒	⛺	⌂
Challain-la-Potherie	198	—	—	—	—	—	—	—	⌂
Chalonnes-sur-Loire	198	—	—	—	—	✂	♒	—	—
Châteauneuf-sur-Sarthe	208	—	—	—	—	—	—	—	—
Chaumont d'Anjou	212	—	—	—	—	—	—	—	—
Cheffes	213	—	—	—	L	—	—	—	—
Cholet	215	—	—	R	L	✂	♒	—	⌂
Coutures	236	—	—	R	L	✂	♒	⛺	—
Doué-la-Fontaine	251	—	—	—	—	—	♒	—	—
Durtal	252	—	—	—	—	—	♒	—	—
Gesté	279	—	—	—	—	—	—	—	⌂
Grez-Neuville	288	—	—	—	—	—	—	—	—
Le Lion-d'Angers	329	—	—	—	—	✂	—	—	—
Montreuil-Bellay	375	—	—	R	L	—	♒	⛺	—
Montsoreau	376	—	—	R	—	✂	♒	—	—
Morannes	377	—	—	R	L	✂	♒	—	—
Nyoiseau	394	—	—	—	—	—	—	—	—
Pruillé	438	—	—	—	—	—	—	—	⌂
Les Rosiers-sur-Loire	463	—	—	—	L	✂	♒	⛺	—
St-Lambert-du-Lattay	509	—	—	—	—	—	—	—	—
St-Martin-de-la-Place	515	—	—	—	—	—	—	—	—

Commune	Page	Permanent	Restauration	Location
Le Bono	159			
Camors	178			
Carnac	185		R	L
Caudan	192			
Crach	237		R	L
Damgan	242		R	L
Erdeven	256		R	L
Le Faouët	262			L
Guémené-sur-Scorff	290			
Le Guerno	291			
Guidel	292			L
Île-aux-Moines	300			
Île-d'Arz	301			
Josselin	307			
Larmor-Plage	320			
Locmariaquer	330			L
Locmiquélic	330			
Loyat	337		R	
Melrand	358			
Muzillac	383			L
Pénestin	407		R	L
Ploemel	416		R	
Ploërmel	417			L
Plougoumelen	421			L
Plouharnel	422		R	L
Plouhinec	423		R	L
Pont-Scorff	430	P		
Questembert	441			
QUIBERON	441			
Quiberon	441		R	L
St-Julien	441		R	L
St-Pierre-Quiberon	442			L
Réguiny	449			
La Roche-Bernard	455			
Rohan	459		R	
St-Congard	482			
St-Gildas-de-Rhuys	491		R	L
St-Jacut-les-Pins	498			
St-Malo-de-Beignon	513		R	
St-Philibert	522			L
St-Vincent-sur-Oust	533			
Ste-Anne-d'Auray	534			
Sarzeau	545		R	L
Sérent	552	P		
Surzur	564			
Taupont	565			L
Theix	567		R	L
Trédion	577			
La Trinité-Porhoët	580			
La Trinité-sur-Mer	580		R	L
Vannes	588		R	L

57-MOSELLE 7 8

Commune	Page	Permanent	Restauration	Location
Corny-sur-Moselle	225			
Dabo	241			L
Metz	361			
Morhange	377		R	L
St-Avold	477	P		L

58-NIÈVRE 6 11

Commune	Page	Permanent	Restauration	Location
Bazolles	140			
Château-Chinon	206			
Clamecy	217			
Corancy	224			
Crux-la-Ville	240			
Dornes	250			
Luzy	340		R	L
Montigny-en-Morvan	373			
Moulins-Engilbert	379			
La Nocle-Maulaix	392			
Pougues-les-Eaux	433			
Prémery	437			
St-Honoré-les-Bains	497			
St-Péreuse	522		R	L
Les Settons	554		R	
Varzy	590			

59-NORD 1 2

Commune	Page	Permanent	Restauration	Location
Aubencheul-au-Bac	122			
Avesnes-sur-Helpe	127			
Bavay	139		R	
Bray-Dunes	168		R	
Coudekerque	233	P		
Felleries	263			
Ghyvelde	280			
Grand-Fort-Philippe	284			
Leffrinckoucke	324			
Maubeuge	353	P		
Prisches	437			
St-Amand-les-Eaux	472			
Solesmes	559			
Warhem	612	P		
Watten	612			

60-OISE 6

Commune	Page	Permanent	Restauration	Location
Beauvais	144			
Liancourt	327	P		
Pierrefonds	412			
St-Leu-d'Esserent	512			

61-ORNE 4 5

Commune	Page	Permanent	Restauration	Location
Alençon	84			
Argentan	116			
Bagnoles-de-l'O.	132		R	L
Carrouges	187			
Ceaucé	194			
La Chapelle-Montligeon	204			L
Domfront	249			
Essay	258			
La Ferrière-aux-Étangs	264		R	
La Ferté-Macé	265			

65-HAUTES-PYRÉNÉES 〔13〕〔14〕 / (Orthez section)

	Page	Permanent	🚶	Restauration	Location	✕	🏊	🚐	⛺
Orthez	402	—	—	—	—	▨	—	—	—
Ossas-Suhare	402	P	🚶	—	—	—	—	—	—
Ossès	402	—	🚶	—	—	—	—	—	—
Pau	406	P	—	R	L	✕	🏊	🚐	⛺
St-Étienne-de-Baigorry	485	P	—	R	—	✕	🏊	🚐	—
St-Jean-de-Luz	499	P	—	R	L	✕	🏊	🚐	⛺
St-Jean-Pied-de-Port	506	—	—	R	L	—	🏊	—	—
St-Pée-sur-Nivelle	521	—	🚶	R	L	—	🏊	—	—
Salies-de-Béarn	539	—	—	—	—	✕	🏊	—	—
Sare	543	—	—	R	L	✕	—	—	—
Sauveterre-de-Béarn	547	—	—	—	—	—	—	—	—
Souraïde	562	—	—	—	L	✕	🏊	—	⛺
Urdos	583	—	—	—	—	—	—	—	—
Urrugne	583	—	—	R	L	✕	🏊	—	⛺

65-HAUTES-PYRÉNÉES 〔13〕〔14〕

	Page	Permanent	🚶	Restauration	Location	✕	🏊	🚐	⛺
Aragnouet	98	—	—	R	L	—	—	—	—
Argelès-Gazost	111	P	🚶	R	L	—	🏊	🚐	—
Arrens-Marsous	118	P	🚶	—	L	✕	🏊	🚐	—
Aucun	123	P	—	—	L	—	—	—	—
Bagnères-de-B.	131	P	—	—	L	✕	🏊	—	—
Capvern-les-Bains	182	—	—	—	—	—	—	🚐	—
Cauterets	192	—	—	—	L	✕	🏊	🚐	—
Estaing	258	P	—	—	—	—	—	🚐	⛺
Gavarnie	277	—	—	—	L	—	—	—	—
Gèdre	277	P	—	R	L	✕	🏊	—	⛺
Gouaux	282	P	—	—	—	—	—	—	—
Hèches	295	P	—	—	—	—	—	🚐	—
Loudenvielle	334	P	—	—	—	✕	🏊	—	—
Lourdes	335	P	—	—	L	✕	🏊	🚐	⛺
Luz-St-Sauveur	339	P	🚶	R	L	—	🏊	—	—
Orincles	401	—	—	—	—	—	—	—	—
St-Lary-Soulan	509	P	—	R	L	✕	🏊	—	⛺
Ste-Marie-de-Campan	536	P	—	R	L	—	🏊	🚐	—
Trébons	577	—	🚶	—	—	—	—	—	—

66-PYRÉNÉES-ORIENTALES 〔15〕

	Page	Permanent	🚶	Restauration	Location	✕	🏊	🚐	⛺
Amélie-les-Bains-Palalda	87	—	—	—	L	—	🏊	—	⛺
Argelès-sur-Mer	113	—	🚶	R	L	✕	🏊	🚐	⛺
Arles-sur-Tech	117	—	—	R	L	✕	🏊	🚐	—
Le Barcarès	134	—	—	R	L	✕	🏊	🚐	⛺
Le Boulou	161	—	—	—	L	—	🏊	—	⛺
Bourg-Madame	165	P	—	—	L	—	—	—	⛺
Canet-Plage	180	—	—	R	L	✕	🏊	🚐	⛺
Céret	196	—	—	—	L	—	—	—	—
Collioure	220	—	—	—	—	—	—	—	⛺
Egat	252	P	—	—	—	—	—	—	—
Elne	253	—	—	R	—	✕	—	—	—
Enveitg	255	P	—	—	L	—	—	—	—
Err	257	P	—	—	L	—	—	—	—
Fuilla	274	—	—	R	L	✕	—	—	⛺
Laroque-des-Albères	320	—	🚶	R	L	✕	🏊	—	⛺
Matemale	351	—	—	R	—	—	🏊	🚐	—
Maureillas-las-Illas	354	—	—	—	L	—	—	—	⛺
Molitg-les-Bains	368	—	—	—	—	✕	—	—	⛺
Néfiach	389	—	—	R	L	—	—	—	⛺
Palau-del-Vidre	403	P	—	R	L	—	🏊	—	⛺

(Prades section)

	Page	Permanent	🚶	Restauration	Location	✕	🏊	🚐	⛺
Prades	435	—	—	—	L	✕	🏊	—	⛺
Ria-Sirach	451	—	—	—	—	—	—	—	⛺
Rivesaltes	453	—	—	—	—	✕	—	—	⛺
Saillagouse	471	—	—	R	L	✕	🏊	🚐	⛺
St-Cyprien	483	—	—	R	L	✕	🏊	🚐	⛺
St-Genis-des-Fontaines	489	—	—	—	L	—	—	—	—
St-Jean-Pla-de-Corts	506	P	—	R	L	✕	🏊	—	—
St-Laurent-de-Cerdans	510	—	—	—	L	—	🏊	—	—
St-Paul-de-Fenouillet	520	—	—	—	—	✕	—	—	—
Ste-Marie	535	—	—	R	L	✕	🏊	🚐	⛺
Sorède	559	—	—	R	L	✕	🏊	—	—
Sournia	562	—	—	—	—	✕	—	—	⛺
Tautavel	566	—	—	—	—	✕	—	—	⛺
Torreilles	571	—	—	R	L	✕	🏊	—	⛺
Vernet-les-Bains	594	—	🚶	R	L	✕	🏊	—	⛺
Villelongue-dels-Monts	604	—	—	—	—	✕	—	—	⛺
Villeneuve-de-la-Raho	604	—	—	R	L	—	—	🚐	⛺
Villeneuve-des-Escaldes	604	P	—	—	—	—	—	—	—

67-BAS-RHIN 〔8〕

	Page	Permanent	🚶	Restauration	Location	✕	🏊	🚐	⛺
Bassemberg	137	—	—	—	L	▨	🏊	🚐	⛺
Dambach-la-Ville	242	—	—	—	—	✕	—	—	—
Erstein	257	—	—	—	—	▨	🏊	🚐	—
Gerstheim	279	—	—	—	—	✕	—	—	—
Le Hohwald	297	P	—	—	—	—	—	—	—
Keskastel	308	P	—	—	—	✕	—	—	—
Lauterbourg	322	—	—	—	—	—	—	—	—
Niederbronn-les-B.	391	P	🚶	—	—	✕	🏊	—	—
Oberbronn	394	—	—	—	L	✕	🏊	—	—
Rhinau	451	—	—	—	—	✕	🏊	—	—
Rothau	463	—	—	—	—	✕	—	—	—
St-Pierre	522	—	—	—	—	—	—	—	—
Saverne	548	—	—	—	—	✕	—	—	—
Sélestat	550	—	—	—	—	▨	🏊	🚐	—
Strasbourg	563	P	—	—	—	—	—	—	—
Wasselonne	612	—	—	R	—	▨	🏊	🚐	—

68-HAUT-RHIN 〔8〕

	Page	Permanent	🚶	Restauration	Location	✕	🏊	🚐	⛺
Aubure	123	—	—	—	—	—	—	—	—
Burnhaupt-le-Haut	174	—	—	—	—	—	—	—	—
Cernay	196	—	—	R	—	▨	🏊	—	—
Colmar	220	—	—	R	—	—	—	—	—
Courtavon	235	—	—	—	—	—	—	—	—
Éguisheim	252	—	—	—	—	—	—	🚐	—
Fréland	272	—	—	—	—	—	—	—	—
Guewenheim	292	—	—	—	—	✕	🏊	—	—
Heimsbrunn	295	P	—	—	—	✕	—	—	⛺
Kaysersberg	308	—	—	—	—	✕	—	—	—
Kruth	309	—	—	—	—	—	—	—	—
Labaroche	309	—	🚶	—	—	—	—	—	⛺
Lautenbach-Zell	322	P	—	—	L	✕	—	—	—
Masevaux	350	—	—	—	—	✕	▨	—	—
Mittlach	367	—	🚶	—	—	—	—	—	—
Moosch	376	—	🚶	—	—	—	—	—	—
Mulhouse	382	—	—	—	—	✕	▨	🚐	—
Munster	382	—	—	—	—	✕	🏊	—	—

	Page	Permanent		Restauration	Location	Services
Orbey	400	P		R		✂ — 🏠
Ranspach	444					🏊
Ribeauvillé	451					✂ 🏊
Riquewihr	453					✂ — 🏡 🏠
Rombach-le-Franc	459					
Rouffach	464					✂ 🏊
Ste-Croix-en-Plaine	534					🏠
Ste-Marie-aux-Mines	536	P		R	L	🏊
Seppois-le-Bas	552					✂ 🏊
Turckheim	582					✂ — 🏡 🏠
Wattwiller	612			R	L	✂ 🏊 — 🏠

69-RHÔNE ⒒ ⒓

	Page	Permanent		Restauration	Location	Services
Anse	97			R	L	— 🏊 🏡
Bessenay	151					🏊
Condrieu	222			R		✂ 🏊
Cublize	241				L	✂ — 🏠
Fleurie	267					✂ — 🏠
Lyon	341	P		R	L	— 🏊 — 🏠
Mornant	377					✂ 🏊
Poule-les-Echarmeaux	434					✂ — 🏠
Propières	438				L	🏠
St-Symphorien-sur-Coise	530					✂ 🏊 — 🏠
Ste-Catherine	534		🐾			🏠
Villefranche-sur-Saône	604					

70-HAUTE-SAÔNE ⒎ ⒏

	Page	Permanent		Restauration	Location	Services
Champagney	202	P				
Cromary	239					🏠
Fresse	273					
Lure	339					
Mélisey	358					
Preigney	436					
Renaucourt	449					🏊
Vesoul	595			R		✂ — 🏠
Villersexel	606				L	

71-SAÔNE-ET-LOIRE ⒒ ⒓

	Page	Permanent		Restauration	Location	Services
Anost	97					✂ — 🏠
Autun	126			R		🏠
Bourbon-Lancy	161			R	L	✂ 🏊 🏡 🏠
Chagny	197			R		✂ 🏊 — 🏠
Chambilly	199					
Charolles	205					🏊 — 🏠
Chauffailles	212				L	✂ 🏊 — 🏠
La Clayette	217	P			L	✂ 🏊
Cluny	218					📺 🏊
Couches	233					🏠
Crêches-sur-Saône	237			R		
Digoin	246					🏊 — 🏠
Dompierre-les-Ormes	249				L	✂ 🏊 🏡 🏠
Épinac	255			R	L	🏠
Gergy	279			R		🏠
Gibles	280		🐾			🏊 — 🏠
Gigny-sur-Saône	281		🐾	R	L	✂ 🏊 — 🏠
Gueugnon	292					🏠
Issy-l'Evêque	304					🏊
Laives	313			R		
Louhans	334					✂ 🏊
Mâcon	341			R		🏊 🏡
Matour	353					✂ 🏊 — 🏠
Mervans	359					✂ 🏊
Paray-le-Monial	404				L	🏊
St-Bonnet-de-Joux	478					🏊
St-Germain-du-Bois	490					✂ 🏊
Salornay-sur-Guye	541					✂
Toulon-sur-Arroux	572					🏊
Tournus	574					✂ 🏊
Volesvres	610					✂ — 🏠

72-SARTHE ⒌

	Page	Permanent		Restauration	Location	Services
Avoise	128					🏠
Bessé-sur-Braye	152					✂ 🏊
Bouloire	160					
Brûlon	173					✂ 🏊
Chartre-sur-le-Loir	205					🏊
Conlie	222					✂
Connerré	222					✂
Courdemanche	234					🏊
Écommoy	252					✂
La Ferté-Bernard	265					🏡 🏠
La Flèche	266					✂ 🏊 🏡 🏠
Fresnay-sur-Sarthe	273					✂ 🏊 — 🏠
Lavaré	323					✂
Luché-Pringé	337				L	✂ 🏊
Le Lude	338				L	✂ 🏊
Mamers	344	P				✂ 🏊
Mansigné	345				L	✂ 🏊
Marçon	347			R	L	✂
Mayet	355					✂
Neuville-sur-Sarthe	390			R		✂ — 🏡 🏠
Précigné	436					✂ 🏊 — 🏠
Roézé-sur-Sarthe	459					🏠
Ruillé-sur-Loir	468					
Sablé-sur-Sarthe	470					✂ 🏊 — 🏠
St-Calais	479					✂ 🏊 — 🏠
Sillé-le-Guillaume	557				L	🏠
Sillé-le-Philippe	557		🐾	R	L	✂ 🏊
Tennie	567			R		✂ 🏊 🏡

73-SAVOIE ⒓

	Page	Permanent		Restauration	Location	Services
AIGUEBELETTE (Lac d')	87					
Lépin-le-Lac	79					✂
Novalaise-Lac	79					✂
Aillon-le-Jeune	81	P				✂
Aime	81					🏠
Aix-les-Bains	82				L	✂ 🏊 — 🏠
Albens	83					
Albertville	83					
Les Allues	86			R		
Aussois	126	P	🐾			✂ — 🏠

74-HAUTE-SAVOIE 🗓

75-PARIS 🅖

76-SEINE-MARITIME 🚊 🅕 🅖

77-SEINE-ET-MARNE 🅖

Table legend columns (left to right): **Page**, **Permanent**, 🦢, **Restauration**, **Location**, then amenity symbol columns (☒ ou ✂ / 🔲 ou 🍴 / ♿ / ⌂).

Localité	Page	Permanent	🦢	Restauration	Location	S1	S2	S3	S4
Changis-sur-Marne	203	–	–	–	–	–	–	–	–
La Ferté-Gaucher	265	–	–	–	–	✂	▭	–	–
La Ferté-sous-Jouarre	265	P	🦢	–	L	✂	–	–	⌂
Hermé	296	P	🦢	R	–	✂	–	–	⌂
Jablines	304	P	–	R	–	✂	–	▭	⌂
Marne-la-Vallée	348	–	–	R	L	▭	▭	–	⌂
Melun	358	–	–	–	–	▭	▭	▭	⌂
Touquin	573	–	🦢	–	–	–	▭	–	–
Veneux-les-Sablons	591	–	–	–	–	–	▭	–	⌂
Verdelot	592	–	–	–	–	✂	–	–	⌂

78-YVELINES ⑤ ⑥

Localité	Page	Permanent	🦢	Restauration	Location	S1	S2	S3	S4
Rambouillet	444	P	–	R	–	–	–	⌂	⌂
St-Illiers-la-Ville	497	–	🦢	–	–	▭	–	–	⌂

79-DEUX-SÈVRES ⑨

Localité	Page	Permanent	🦢	Restauration	Location	S1	S2	S3	S4
Airvault	81	–	–	–	–	–	▭	–	–
Argenton-Château	117	–	–	–	L	✂	▭	–	⌂
Azay-sur-Thouet	129	–	–	–	–	✂	–	–	–
Celles-sur-Belle	195	P	–	–	–	✂	▭	–	–
Coulon	234	–	–	–	L	✂	▭	–	–
Coulonges-sur-l'Autize	234	–	–	–	–	✂	▭	–	⌂
Mauzé-sur-le-Mignon	355	–	–	–	–	–	–	–	–
Niort	392	–	–	–	–	–	–	–	⌂
Parthenay	405	P	–	R	–	✂	▭	–	⌂
Prailles	435	–	–	R	L	✂	–	–	–
St-Christophe-sur-Roc	481	–	–	R	–	✂	–	–	–
St-Varent	532	–	–	–	–	✂	▭	–	⌂
Secondigny	549	–	–	R	–	✂	▭	–	⌂

80-SOMME ① ②

Localité	Page	Permanent	🦢	Restauration	Location	S1	S2	S3	S4
Bertangles	151	–	–	–	–	–	–	–	⌂
Cappy	182	–	–	–	–	–	–	–	⌂
Cayeux-sur-Mer	194	P	–	–	–	–	–	–	⌂
Le Crotoy	239	–	–	–	–	✂	–	–	⌂
Fort-Mahon-Plage	269	–	–	–	–	–	▭	–	⌂
Friaucourt	273	–	–	–	L	✂	▭	–	–
Montdidier	372	–	–	–	L	✂	–	–	⌂
Moyenneville	381	–	–	–	–	–	▭	–	⌂
Nampont-St-Martin	385	–	–	–	–	–	▭	–	⌂
Pendé	407	–	🦢	–	–	–	–	–	–
Péronne	409	P	–	–	–	–	–	–	–
Port-le-Grand	432	–	–	–	–	✂	–	–	–
Proyart	438	–	–	–	–	–	–	–	⌂
Quend	440	–	🦢	–	–	–	▭	–	⌂
Rue	467	–	–	–	–	–	▭	–	–
St-Quentin-en-Tourmont	525	–	–	–	–	–	–	–	–
St-Valery-sur-Somme	531	–	–	R	–	✂	▭	–	⌂
Villers-sur-Authie	606	–	–	–	–	✂	▭	–	⌂
Vironchaux	608	–	–	–	–	–	–	–	–

81-TARN ⑮

Localité	Page	Permanent	🦢	Restauration	Location	S1	S2	S3	S4
Albi	83	–	–	–	–	▭	▭	–	–
Albine	84	–	🦢	R	–	✂	–	–	–
Anglès	92	–	–	R	L	✂	▭	–	⌂
Le Bez	152	–	🦢	–	–	–	–	–	–
Brassac	167	–	–	–	–	–	–	–	–
Cahuzac-sur-Vère	177	–	–	–	–	✂	▭	–	–
Castelnau-de-Montmiral	190	–	–	–	L	✂	▭	–	⌂
Castres	191	–	–	R	L	–	▭	–	⌂
Cordes-sur-Ciel	224	–	–	–	L	–	▭	–	⌂
Damiatte	242	–	–	R	L	–	–	–	⌂
Gaillac	275	–	–	–	–	–	▭	–	–
Giroussens	281	–	🦢	–	–	–	–	–	–
Labastide-Rouairoux	309	–	–	–	–	–	–	–	⌂
Mazamet	355	–	–	–	–	▭	▭	▭	–
Mirandol-Bourgnounac	366	–	🦢	–	L	–	▭	–	⌂
Nages	384	–	–	R	L	✂	▭	–	⌂
Pampelonne	404	–	–	–	–	–	–	–	–
Rabastens	442	–	–	–	–	–	▭	–	–
Réalmont	448	–	–	–	–	–	–	–	⌂
Rivières	453	–	–	R	L	✂	▭	–	⌂
Roquecourbe	461	–	–	–	–	✂	–	–	–
Rouquié	464	–	–	R	L	–	–	–	–
St-Christophe	480	–	🦢	R	L	–	–	⌂	⌂
St-Pierre-de-Trivisy	523	–	–	–	L	✂	▭	–	⌂
Serviès	554	–	🦢	R	L	–	▭	–	⌂
Sorèze	559	–	–	–	–	✂	▭	–	–
Teillet	566	P	–	R	L	–	▭	–	⌂

82-TARN-ET-GARONNE ⑭

Localité	Page	Permanent	🦢	Restauration	Location	S1	S2	S3	S4
Beaumont-de-Lomagne	142	–	–	R	L	✂	–	–	⌂
Caussade	192	–	–	R	–	✂	▭	⌂	⌂
Caylus	194	–	–	–	–	–	▭	⌂	⌂
Cayriech	194	P	–	–	–	–	–	–	⌂
Lafrançaise	312	–	–	R	–	✂	▭	–	⌂
Laguépie	313	–	–	–	L	✂	–	–	–
Lavit-de-Lomagne	324	–	–	–	L	–	–	–	⌂
Moissac	368	–	–	–	L	✂	▭	–	⌂
Montpezat-de-Quercy	375	P	–	–	L	✂	▭	–	⌂
Nègrepelisse	389	–	–	–	–	–	▭	⌂	⌂
St-Antonin-Noble-Val	475	–	–	–	L	✂	▭	–	⌂
St-Nicolas-de-la-Grave	518	–	–	–	–	✂	▭	–	⌂
St-Sardos	527	–	–	R	–	✂	▭	–	⌂
Touffailles	572	–	–	–	–	✂	–	–	–
Varen	589	–	–	–	L	–	▭	–	⌂

83-VAR ⑰

Localité	Page	Permanent	🦢	Restauration	Location	S1	S2	S3	S4
Les Adrets-de-l'Esterel	77	–	–	R	L	–	▭	–	⌂
Agay	77	–	🦢	R	L	✂	▭	⌂	⌂
Artignosc-sur-Verdon	120	–	🦢	–	–	–	▭	–	⌂
Aups	124	–	–	R	L	✂	▭	–	⌂
Bandol	133	–	–	–	–	–	▭	–	⌂
Belgentier	145	–	–	R	L	✂	–	–	–
Bormes-les-Mimosas	159	P	–	–	L	–	▭	⌂	⌂
La Cadière-d'Azur	176	–	–	R	L	✂	–	–	⌂

56

Var (83) — continued

	Page	Permanent	🖐	Restauration	Location	✂	⅃	🏕	🏠
Callas	177	—		R	—	—	⅃	—	—
Le Camp-du-Castellet	179	P		R	L	✂	⅃	—	—
Carqueiranne	187	—		R	L	✂	⅃	—	🏠
Cavalaire-sur-Mer	193	—		R	L	✂	⅃	🏕	🏠
Comps-sur-Artuby	220	—		R	—	—	—	—	—
La Croix-Valmer	238	—		R	L	✂	⅃	🏕	🏠
Fayence	263	—		R	L	✂	⅃	—	—
Fréjus	271	—		R	L	✂	⅃	🏕	🏠
Giens	280	—		R	L	—	—	—	—
Grimaud	289	P		R	L	—	⅃	—	—
Hyères	300	P		R	L	✂	—	—	—
Le Lavandou	323	—		R	L	✂	—	🏕	🏠
La Londe-les-Maures	332	—		R	L	✂	—	—	🏠
Le Muy	383	—		R	L	✂	—	—	🏠
Nans-les-Pins	385	P	🖐	R	L	✂	⅃	—	🏠
Le Pradet	435	—		R	L	✂	—	—	—
Puget-sur-Argens	438	—		R	L	✂	⅃	—	—
Ramatuelle	443	—		R	L	✂	—	—	🏠
Régusse	449	—		R	L	✂	⅃	—	—
Roquebrune-sur-Argens	460	—	🖐	R	L	✂	⅃	🏕	🏠
St-Aygulf	477	—		R	L	✂	⅃	🏕	🏠
St-Cyr-sur-Mer	484	—		R	L	✂	—	—	🏠
St-Mandrier-sur-Mer	514	—		R	—	✂	—	—	—
St-Maximin-la-Ste-B.	517	—		R	L	—	⅃	🏕	—
St-Paul-en-Forêt	521	—	🖐	R	L	✂	—	—	—
St-Raphaël	525	—		R	L	✂	⅃	—	🏠
Salernes	538	—		—	L	—	—	🏕	—
Les Salles-sur-Verdon	541	—		—	L	—	—	🏕	—
Sanary-sur-Mer	542	—		R	L	✂	⅃	🏕	🏠
La Seyne-sur-Mer	555	P		R	L	—	⅃	—	—
Signes	556	P		R	L	—	⅃	—	—
Sillans-la-Cascade	557	P		R	L	—	⅃	—	—
Six-Fours-les-Plages	558	—		—	—	—	—	—	🏠
Vidauban	599	—		—	—	—	—	—	—
Villecroze	602	P		R	L	✂	⅃	—	🏠
Vinon-sur-Verdon	607	—		—	—	✂	—	—	—

84-VAUCLUSE 16

	Page	Permanent	🖐	Restauration	Location	✂	⅃	🏕	🏠
Apt	98	—	🖐	R	L	—	⅃	🏕	—
Aubignan	123	—		—	—	✂	—	🏕	—
Avignon	127	P		R	L	✂	⅃	🏕	🏠
Beaumes-de-Venise	142	—		—	—	✂	—	—	🏠
Beaumont-du-Ventoux	143	—	🖐	—	—	—	—	—	—
Bédoin	144	—		—	—	✂	⅃	—	—
Bollène	158	P	🖐	R	L	—	⅃	—	—
Bonnieux	159	—		—	—	—	—	—	—
Cadenet	175	—		R	L	—	—	—	🏠
Caromb	187	—		—	—	—	—	—	🏠
Carpentras	187	—		—	—	✂	⅃	🏕	🏠
Cucuron	241	—	🖐	R	L	—	—	—	🏠
L'Isle-sur-la-Sorgue	302	—		—	L	—	—	🏕	—
Jonquières	306	—		—	—	✂	⅃	—	—
Malemort-du-Comtat	343	—		R	L	✂	⅃	—	—
Mazan	356	P		R	—	✂	⅃	—	—
Mondragon	368	P		—	—	—	—	—	—
Monteux	372	—		—	—	—	—	—	🏠
Mornas	377	P	🖐	R	L	✂	⅃	—	—
Murs	383	—	🖐	—	—	—	—	—	—
Orange	399	—		—	L	✂	—	🏕	🏠

84-VAUCLUSE — continued

	Page	Permanent	🖐	Restauration	Location	✂	⅃	🏕	🏠
Roussillon	465	—	🖐	—	—	—	—	—	—
Sault	546	—		—	—	✂	⅃	—	—
Le Thor	570	—		R	L	—	⅃	🏕	—
La Tour-d'Aigues	573	—		—	—	—	—	—	—
Vaison-la-Romaine	584	—	🖐	—	L	✂	⅃	—	—
Valréas	588	—		—	L	—	⅃	—	—
Vedène	590	—		R	—	—	⅃	—	—
Villes-sur-Auzon	606	—		R	—	✂	⅃	—	—
Violès	607	—		—	—	✂	⅃	—	—
Visan	608	—		—	L	—	⅃	—	—

85-VENDÉE 9

	Page	Permanent	🖐	Restauration	Location	✂	⅃	🏕	🏠
L'Aiguillon-sur-Mer	80	—		R	L	✂	⅃	🏕	—
Aizenay	83	—		—	L	✂	—	—	—
Angles	92	—		R	L	✂	⅃	—	🏠
Apremont	98	—		—	L	—	⅃	—	—
Avrillé	128	—		R	L	✂	⅃	—	🏠
La Boissière-de-Montaigu	157	—	🖐	R	L	✂	⅃	—	—
Bournezeau	166	—		—	L	—	⅃	—	—
Brem-sur-Mer	168	—		R	L	✂	⅃	—	🏠
Brétignolles-sur-Mer	169	—		R	L	✂	⅃	—	🏠
Chaillé-les-Marais	197	—		—	—	✂	—	🏕	—
La Chapelle-Hermier	204	—		R	L	✂	⅃	—	—
Commequiers	220	—		—	—	✂	⅃	—	🏠
Les Epesses	255	—		—	L	—	⅃	—	🏠
Les Essarts	258	—		—	—	✂	⅃	—	🏠
La Faute-sur-Mer	262	—		—	L	✂	⅃	—	🏠
Fontenay-le-Comte	268	—		—	—	✂	⅃	—	—
Le Givre	281	—	🖐	—	—	—	—	—	—
Grand'Landes	285	P		—	—	—	—	—	—
Grosbreuil	290	—		—	—	—	—	—	—
Jard-sur-Mer	304	—		R	L	✂	⅃	—	🏠
Landevieille	315	—	🖐	R	L	✂	⅃	—	🏠
Longeville-sur-Mer	332	—	🖐	R	L	✂	⅃	—	🏠
Luçon	337	—		R	L	✂	—	—	🏠
Les Lucs-sur-Boulogne	338	—		R	—	—	—	—	—
Maillezais	342	—		—	L	—	—	—	🏠
Mareuil-sur-Lay-Dissais	347	—		—	L	✂	⅃	—	🏠
Le Mazeau	356	—		—	—	—	—	—	🏠
Mervent	359	P		R	L	✂	⅃	—	—
La Mothe-Achard	378	—		—	L	—	⅃	—	—
Mouchamps	379	—		—	L	✂	⅃	—	—
Nalliers	384	—		—	—	✂	—	—	—
NOIRMOUTIER (Île de)	392								
Barbâtre	392	—		R	L	✂	⅃	—	—
La Guérinière	393	—		—	L	—	⅃	—	—
La Pommeraie-sur-Sèvre	426	—		—	—	✂	—	—	—
Pouzauges	435	—		—	—	—	—	—	—
Les Sables-d'Olonne	468	—		R	L	✂	⅃	🏕	🏠
St-Étienne-du-Bois	486	—		—	—	✂	—	—	—
St-Gilles-Croix-de-Vie	492	—	🖐	R	L	✂	⅃	—	🏠
St-Hilaire-de-Riez	493	—		R	L	✂	⅃	🏕	🏠
St-Hilaire-la-Forêt	496	—		R	L	✂	⅃	—	🏠
St-Jean-de-Monts	501	—	🖐	R	L	✂	⅃	🏕	🏠
St-Julien-des-Landes	507	—	🖐	R	—	✂	⅃	—	🏠
St-Malô-du-Bois	513	—		R	—	—	—	—	—
St-Michel-en-l'Herm	517	—		—	—	✂	—	—	—
St-Révérend	526	—		—	—	—	⅃	—	—
St-Vincent-sur-Jard	533	—		R	L	✂	⅃	—	🏠

1

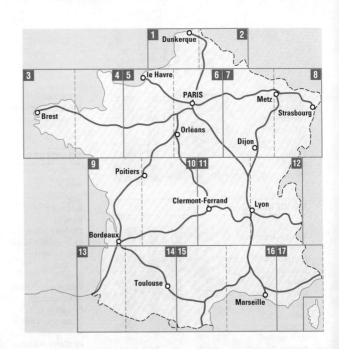

1	Dunkerque		2
3		4	5	le Havre	6	7		8
			PARIS		Metz		Strasbourg
	Brest			Orléans		Dijon	
		9	Poitiers	10	11		12
			Clermont-Ferrand		Lyon	
			Bordeaux			
13		14	15		16	17	
			Toulouse			
				Marseille		

**TABLEAU
D'ASSEMBLAGE**

ATLAS KEY MAP

SEITENEINTEILUNG

OVERZICHTSKAART

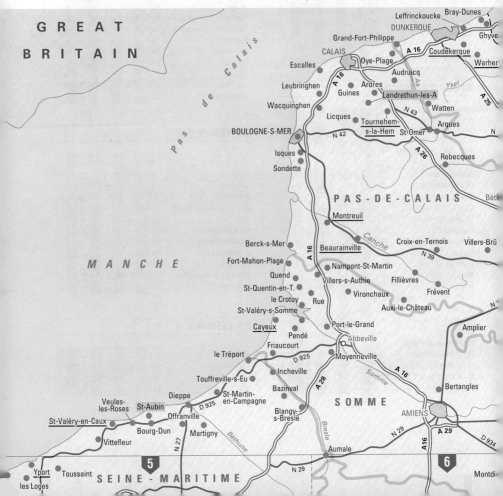

GREAT

BRITAIN

Leffrinckoucke Bray-Dunes

DUNKERQUE

Grand-Fort-Philippe Ghyve

CALAIS A 16 Coudekerque

Escalles Oye-Plage Warher

Leubringhen Audruicq

Ardres N 43 Watten

Guines Landrethun-les-A

Wacquinghen

Licques Tournehem- Arques

BOULOGNE-S-MER s-la-Hem St-Omer

N 42

Isques A 26 Rebecques

Sondette

PAS - DE - CALAIS Bét

Montreuil

Berck-s-Mer Beaurainville Canche Croix-en-Ternois Villers-Brû

Fort-Mahon-Plage N 39

Quend Nampont-St-Martin Fillières

St-Quentin-en-T. Villers-s-Authie Frévent

le Crotoy Rue Vironchaux Auxi-le-Château

St-Valéry-s-Somme

Cayeux Port-le-Grand Amplier

Pendé Abbeville

Friaucourt Moyenneville A 16

le Tréport D 925 Somme Bertangles

Incheville

Touffreville-s-Eu Bazinval A 28 SOMME

Dieppe St-Martin- AMIENS

Veules- en-Campagne Blangy- N 29 A 16 A 29 D 934

les-Roses St-Aubin D 925 s-Bresle

St-Valéry-en-Caux Offranville

Bourg-Dun Martigny Bresle

Vittefleur N 27 Aumale

Yport **5** N 29 **6**

Toussaint SEINE - MARITIME Montdi

les Loges

MANCHE

Pas de Calais

2

LÉGENDE

Localité possédant au moins un terrain de camping sélectionné — ● Apt

Localité possédant un schéma dans le guide — ■ Carnac

Région possédant un schéma dans le guide — *Ile de Ré*

Localité possédant au moins un terrain agréable sélectionné — Moyaux

Localité possédant au moins un terrain sélectionné ouvert toute l'année — Lourdes

Localité repère — LILLE

LEGEND

● Apt — Town with at least one selected camping site

■ Carnac — Town with a plan in the guide

Ile de Ré — Region with a local map in the guide

Moyaux — Town with at least one selected camping site classified as pleasant

Lourdes — Town with at least one selected camping site open all the year round

LILLE — Town appearing as reference point only

ZEICHENERKLÄRUNG

Ort mit mindestens einem ausgewählten Campingplatz — ● Apt

Ort mit Stadtplan oder Übersichtskarte im Führer — ■ Carnac

Gebiet mit Übersichtskarte im Führer — *Ile de Ré*

Ort mit mindestens einem ausgewählten und besonders angenehmen Campingplatz — Moyaux

Ort mit mindestens einem ganzjährig geöffneten Campingplatz — Lourdes

Orientierungspunkt — LILLE

VERKLARING

● Apt — Plaats met tenminste één geselekteerd kampeerterrein

■ Carnac — Plaats met schema in de gids

Ile de Ré — Gebiet met schema in de gids

Moyaux — Plaats met tenminste één fraai geselekteerd kampeerterrein

Lourdes — Plaats met tenminste één gedurende het gehele jaar geopend kampeerterrein

LILLE — Plaats ter oriëntering

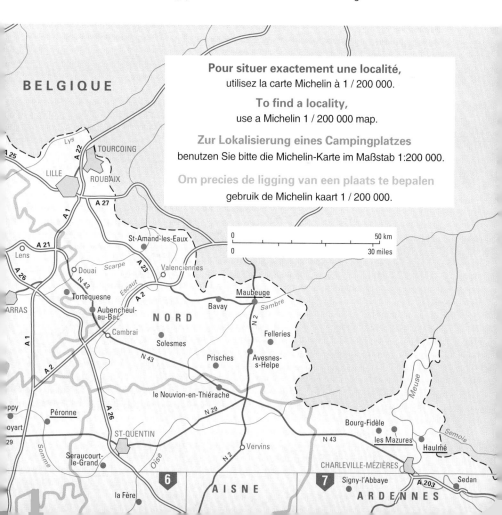

Pour situer exactement une localité,
utilisez la carte Michelin à 1 / 200 000.

To find a locality,
use a Michelin 1 / 200 000 map.

Zur Lokalisierung eines Campingplatzes
benutzen Sie bitte die Michelin-Karte im Maßstab 1:200 000.

Om precies de ligging van een plaats te bepalen
gebruik de Michelin kaart 1 / 200 000.

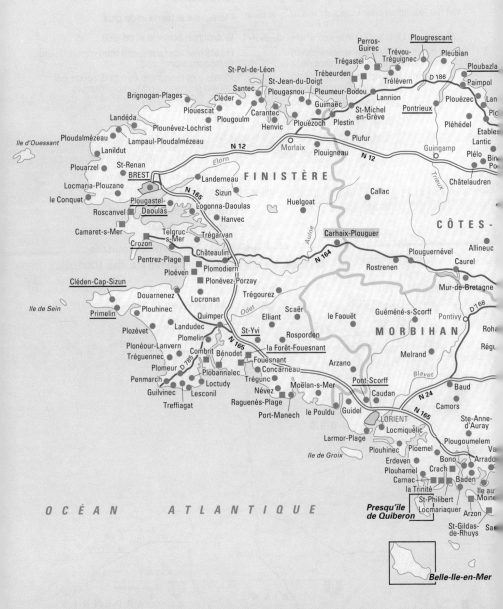

3

MANCHE

Plougrescant
Perros-Guirec
Trévou-Tréguignec
Pleubian
Trégastel
Trébeurden
Ploubazla
St-Pol-de-Léon
Trélévern
D 186
Paimpol
St-Jean-du-Doigt
Lannion
Plouézec
Lan
Santec
Plougasnou
Pleumeur-Bodou
Brignogan-Plages
Cléder
Guimaëc
St-Michel
en-Grève
Pontrieux
Plc
Plouescat
Carantec
Plouézoch
Pléhédel
Plougoulm
Plestin
Etables
Landéda
Henvic
Plufur
Lantic
Plounévez-Lochrist
Morlaix
Plélo
Bin
Ploudalmézeau
Lampaul-Ploudalmézeau
Plouigneau
Guingamp
Po
Ile d'Ouessant
N 12
N 12
Trieux
Châtelaudren
Plouarzel
St-Renan
Landerneau
FINISTÈRE
Callac
Lanildut
BREST
Sizun
Locmaria-Plouzane
N 165
Plougastel-
Daoulas
Logonna-Daoulas
Huelgoat
CÔTES-
le Conquet
Roscanvel
Hanvec
Camaret-s-Mer
Telgruc-
s-Mer
Trégarvan
Carhaix-Plouguer
Allineuc
Crozon
Châteaulin
Plouguernével
Caurel
Pentrez-Plage
N 164
Rostrenen
Mur-de-Bretagne
Plomodiern
Cléden-Cap-Sizun
Ploéven
Plonévez-Porzay
D 168
Ile de Sein
Douarnenez
Locronan
Guéméné-s-Scorff
Pontivy
Primelin
Plouhinec
Quimper
Trégourez
Scaër
le Faouët
Roha
Plozévet
Elliant
MORBIHAN
Landudec
St-Yvi
Rosporden
Régu
Plomelin
Plonéour-Lanvern
Combrit
Bénodet
la Forêt-Fouesnant
Melrand
Tréguennec
N 165
Fouesnant
Arzano
Plomeur
D 785
Plobannalec
Trégunc
Concarneau
Blavet
Baud
Penmarch
Loctudy
Pont-Scorff
Guilvinec
Lesconil
Névez
Moëlan-s-Mer
Caudan
Camors
Treffiagat
Raguenès-Plage
N 24
Port-Manech
le Pouldu
Guidel
N 165
Ste-Anne-
d'Auray
LORIENT
Larmor-Plage
Locmiquélic
Plougoumelem
Va
Plouhinec
Ploemel
Arrado
Ile de Groix
Erdeven
Bono
Baden
Plouharnel
Crach
Ile au
Carnac
la Trinité
Baden
Moine
St-Philibert
Presqu'île
de Quiberon
Locmariaquer
Arzon
St-Gildas-
de-Rhuys
Sa

Belle-Ile-en-Mer

OCÉAN   ATLANTIQUE

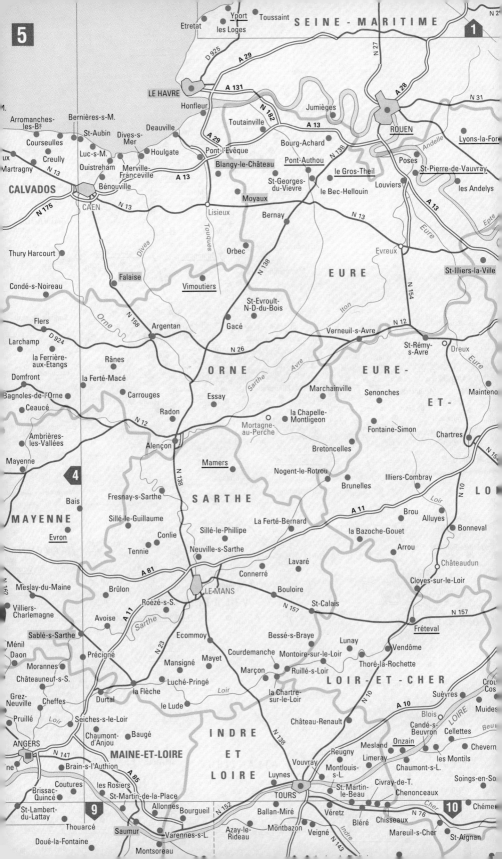

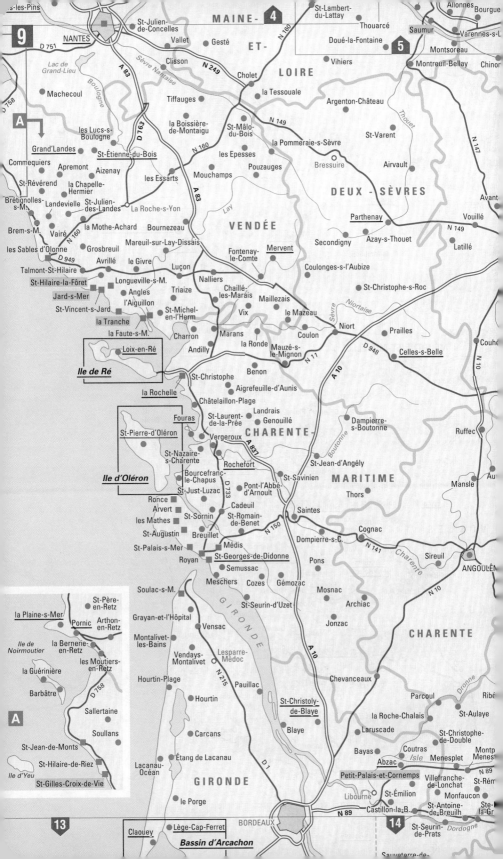

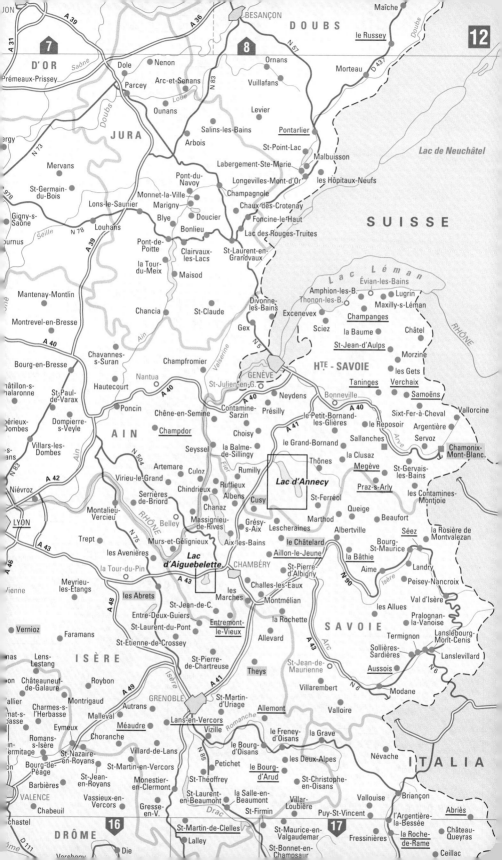

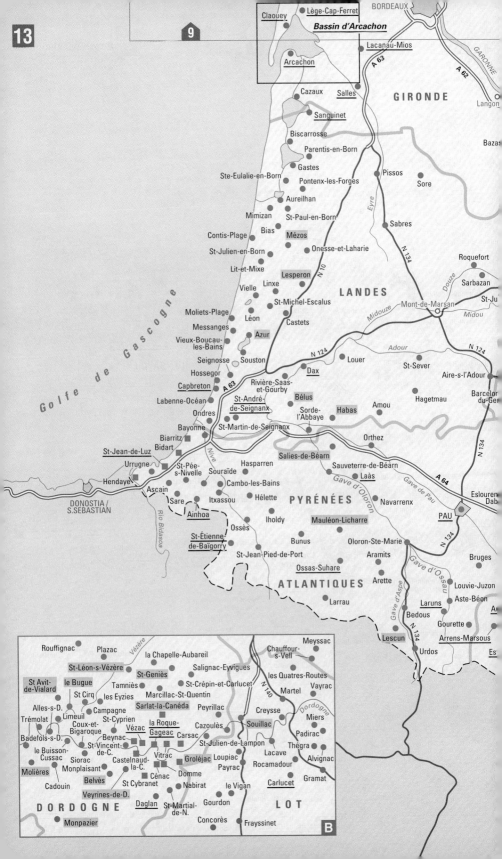

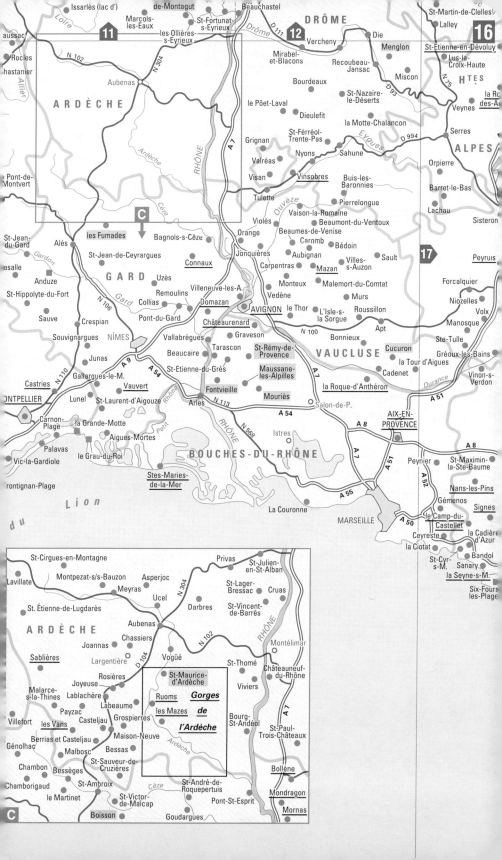

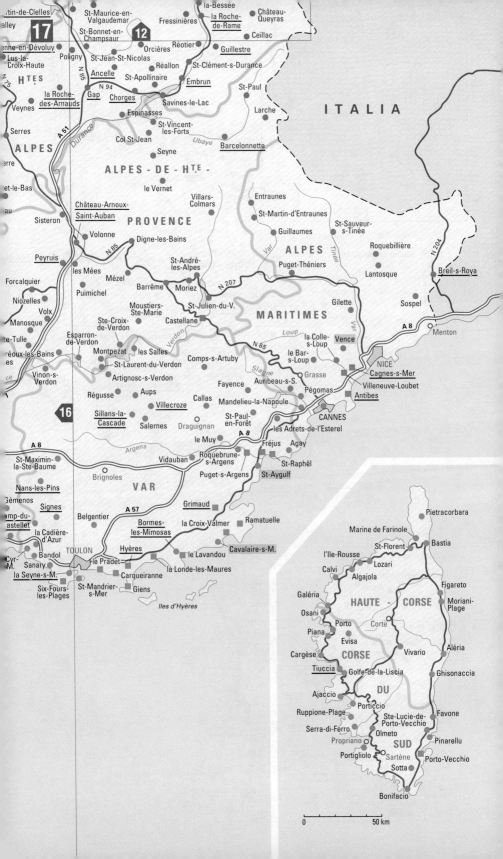

Renseignements
sur les terrains sélectionnés

Particulars
of selected camping sites

Beschreibung
der ausgewählten Campingplätze

Gegevens
over de geselekteerde terreinen

ABILLY

37160 I.-et-L. ⅒ – ⅖ ⑤ – 1 145 h. alt. 55.
Paris 297 – Châtellerault 30 – Descartes 5 – Loches 37 – La Roche-Posay 23 – Tours 63.

▲ *Municipal* 15 mai-15 sept.
au bourg, par sortie Sud, rte de Leugny, dans une île de la Claise – **R** juil.-août
1 ha (33 empl.) plat, herbeux ⌒ ♀♀
🔥 ⇆ 🗄 ⛄ ⊕ – A proximité : ⚓
Tarif : (Prix 1998) ✹ 5,90 – ▣ 6,50 – 🔌 7,50

ABJAT-SUR-BANDIAT

24300 Dordogne ⑩ – ⑫ ⑮ ⑯ – 693 h. alt. 300.
Paris 447 – Angoulême 57 – Châlus 25 – Limoges 57 – Nontron 11 – Périgueux 60.

▲▲▲ *Le Moulin de Masfrolet* juin-15 sept.
𝒫 05 53 56 82 70 – à 2,4 km au Nord du bourg, bord du Bandiat et d'un étang – 🏊 « Cadre
pittoresque » ⊶ – **R** indispensable – ⚓
12 ha/6 campables (200 empl.) plat, incliné, en terrasses, herbeux ⌒ ♀♀
🔥 🔥 ⇆ 🗄 ⛄ ⊕ 🌄 🎃 ▣ – 🍽 ⚑ snack, pizzeria ⚱ – 🛖 🚶 discothèque ⚓ 🚲 ✂ 🏊
Tarif : ✹ 28 piscine et tennis compris – ▣ 30 – 🔌 18 (6A)
Location : 🛖 1100 à 2000 – 🏠 1400 à 2500 – 🏚 1500 à 2500

▲ *La Ripole* 15 juin-15 sept.
𝒫 05 53 56 86 85 – S : 0,8 km par D 96, rte de St-Saud-Lacousière puis à droite 2 km par rte de
Chabanas – 🏊 ⊶ – **R** conseillée
1,35 ha (34 empl.) peu incliné et plat, terrasse, herbeux ⌒ ♀
🔥 🔥 ⇆ ⛄ ⊕ ▣ – 🛖
Location : 🛖 – 🏠 – 🏚

Les ABRETS

38490 Isère ⑫ – ⑭ ⑭ – 2 804 h. alt. 398.
Paris 517 – Aix-les-Bains 43 – Belley 32 – Chambéry 38 – Grenoble 50 – La Tour-du-Pin 13 – Voiron 23.

▲▲▲▲ *Le Coin Tranquille* avril-oct.
𝒫 04 76 32 13 48, Fax 04 76 37 40 67 – E : 2,3 km par N 6, rte du Pont-de-Beauvoisin et rte à
gauche – 🏊 ⚲ ⊶ – **R** conseillée 10 juil.-15 août – **GB** ⚓
4 ha (180 empl.) plat, herbeux ⌒ ♀
▦ 🔥 🔥 ⇆ 🗄 ⛄ ⊕ ▣ – 🌄 🍽 ✗ ⚱ – 🛖 ⚓ 🚲 ⊙ 🏊
Tarif : ▣ piscine comprise 2 pers. 126, pers. suppl. 33 – 🔌 8 (2A) 12 (3A) 19 (6A)

ABRIÈS

05460 H.-Alpes ⑫ – ⑰ ⑲ G. Alpes du Sud – 297 h. alt. 1 547 – Sports d'hiver : 1 550/2 450m 🎿5 ⚡.
🆔 Office de Tourisme 𝒫 04 92 46 72 26, Fax 04 92 46 80 64.
Paris 728 – Briançon 48 – Gap 92 – Guillestre 31 – St-Véran 20.

▲ *Queyras-Caravaneige* Permanent
𝒫 04 92 46 71 22 – sortie Sud, rte de Ristolas, bord du Guil – ❄ ⚲ ⊶ – **R** été, indispensable hiver
– **GB** ⚓
1,5 ha (65 empl.) non clos, plat, pierreux, herbeux
▦ 🔥 ⇆ 🗄 ⛄ ⊕ ▣ – 🍽 ✗ ⚱ – A proximité : ✂
Tarif : ▣ 2 à 6 pers. 68,40 à 113,40 (hiver : 87,30 à 126,70) – 🔌 10 (3A) 27 (6A) 39 (10A)

ABZAC

33230 Gironde ⑨ – ⑮ ② – 1 472 h. alt. 30.
Paris 534 – Bergerac 63 – Blaye 51 – Bordeaux 47 – Coutras 3 – Mussidan 41.

▲▲▲ *Le Paradis* Permanent
𝒫 05 57 49 05 10, Fax 05 57 49 18 88 – SE : 1,5 km par D 247, à 300 m de la N 89, bord de l'Isle
et d'un lac – ⊶ – **R** conseillée – **GB** ⚓
5 ha (60 empl.) plat, herbeux ♀ (2 ha)
🔥 ⇆ 🗄 ⛄ ⊕ 🌄 ▣ – ⚱ – ⚓ 🏊 (plage)
Tarif : ✹ 18 – ▣ 28 – 🔌 17 (6A)
Location : 🏠 1000 à 2300

ADISSAN

34230 Hérault ⑮ – ⑱ ⑤ ⑮ – 706 h. alt. 76.
Paris 731 – Bédarieux 35 – Béziers 35 – Clermont-l'Hérault 12 – Gignac 19 – Montpellier 49 – Sète 41.

▲ *Les Clairettes* Permanent
𝒫 04 67 25 01 31, Fax 04 67 25 38 64 ✉ 34320 Fontès – NO : 1,4 km par D 128, rte de Péret –
🏊 ⚲ ⊶ – **R** conseillée juil.-août – ⚓
1,7 ha (100 empl.) plat, pierreux, herbeux ⌒
🔥 🔥 ⇆ ⊕ ▣ 🌄 ▣ – 🍽 snack ⚱ – 🏊
Tarif : ▣ piscine comprise 2 pers. 95, pers. suppl. 18 – 🔌 18 (6 à 10A)
Location : 🛖 1200 à 1500 – bungalows toilés

Les ADRETS-DE-L'ESTEREL

83600 Var 17 - 84 ⑧ - 1 474 h. alt. 295.
Office de Tourisme pl. de la Mairie ✆ 04 94 40 93 57.
Paris 885 - Cannes 25 - Draguignan 44 - Fréjus 17 - Grasse 30 - Mandelieu-la-Napoule 16 - St-Raphaël 18.

Les Philippons avril-oct.
✆ 04 94 40 90 67, Fax 04 94 19 35 92 - E : 3 km par D 237, rte de l'Eglise d'Adrets - « Cadre et site agréables » - **R** conseillée juil.-août - GB
5 ha (150 empl.) en terrasses, plat, peu incliné, accidenté, herbeux
- snack, pizzeria -
Tarif : *26 piscine comprise - 22 - 13 (3A) 18 (6A) 26 (10A)*
Location : *1600 à 2600*

▶ ***Si vous recherchez :***
un terrain effectuant la location de caravanes, de mobile homes, de bungalows ou de chalets

Consultez le tableau des localités citées, classées par départements.

AGAY

83530 Var 17 - 84 ⑧ G. Côte d'Azur.
Office de Tourisme bd de la Plage, N 98 ✆ 04 94 82 01 85, Fax 04 94 82 74 20.
Paris 885 - Cannes 32 - Draguignan 44 - Fréjus 13 - Nice 63 - St-Raphaël 9.

Esterel Caravaning 20 mars-2 oct.
✆ 04 94 82 03 28, Fax 04 94 82 87 37 -, réservé aux caravanes, NO : 4 km - Massif de l'Esterel « Site et cadre agréables » - **R** conseillée Pâques, juil.-août
12,5 ha (495 empl.) en terrasses, peu incliné, pierreux
- 18 empl. avec sanitaires individuels (wc) - pizzeria
- toboggan aquatique squash
Tarif : *élect. (4A), piscine et tennis compris 2 pers. 160, pers. suppl. 40*
Location : *1100 à 3900*

Vallée du Paradis 15 mars-15 oct.
✆ 04 94 82 16 00, Fax 04 94 82 72 21 - NO : 1 km, bord de l'Agay - « Belle entrée fleurie » - **R** indispensable juil.-août -
3 ha (213 empl.) plat, herbeux
- pizzeria -
Tarif : *1 à 3 pers. 100, 4 pers. 145, pers. suppl. 27 - 25 (10A)*
Location : *1400 à 2900*

Les Rives de l'Agay 15 fév.-début nov.
✆ 04 94 82 02 74, Fax 04 94 82 74 14 - NO : 0,7 km, bord de l'Agay et à 500 m de la plage « Entrée fleurie » - **R** conseillée - GB
1,4 ha (96 empl.) plat, herbeux, sablonneux
- -
Tarif : *piscine comprise 4 pers. 148 - 16 (6A)*
Location : *- studios*

Azur Rivage Pâques-sept.
✆ 04 94 44 83 12, Fax 04 94 44 84 39 - à **Anthéor-Plage**, E : 5 km, près de la plage - - **R** conseillée juil.-août -
1 ha (66 empl.) plat, en terrasses, peu incliné, pierreux
- - - A proximité :
Tarif : (Prix 1998) *piscine comprise 3 pers. 153, 4 pers. 188, pers. suppl. 32 - 22 (6A)*
Location : *1500 à 3500*

Agay-Soleil 15 mars-14 nov.
✆ 04 94 82 00 79 - E : 0,7 km, bord de plage - « Entrée fleurie » juil.-août - **R**
0,7 ha (53 empl.) plat, peu incliné, sablonneux
- pizzeria - - A proximité :
Tarif : *2 pers. 98, 4 pers. 170 - 24 (6A)*

Le Mas du Rastel avril-sept.
✆ 04 94 82 70 97, Fax 04 94 82 70 96 - NO : 1,5 km - - **R** conseillée saison -
1 ha (78 empl.) plat et terrasses, pierreux
- snack - (petite piscine)
Tarif : *2 pers. 120, 3 ou 4 pers. 135 - 20 (10A)*
Location : *1700 à 3000*

Royal-Camping 15 mars-25 oct.
✆ 04 94 82 00 20 - S : 1,5 km, bord de plage - - **R** indispensable juil.-août
0,6 ha (45 empl.) plat, herbeux, gravier
- - A proximité :
Tarif : (Prix 1998) *2 pers. 125, 3 pers. 140, pers. suppl. 30 - 16 (3A) 20 (6A)*

Le Viaduc Pâques-sept.
✆ 04 94 44 82 31 - à **Anthéor-Plage**, E : 5 km, à 100 m de la plage - - **R** conseillée
1,1 ha (69 empl.) plat, en terrasses, peu incliné, herbeux, pierreux
- A proximité :
Tarif : *3 pers. 145, pers. suppl. 32 - 24 (6A)*

AGDE

34300 Hérault 🔟 – 🔟 ⑮ ⑯ G. Gorges du Tarn – 17 583 h. alt. 5.
🛈 Office de Tourisme 1 place Molière 🖉 04 67 94 29 68, Fax 04 67 94 03 50.
Paris 760 – Béziers 24 – Lodève 59 – Millau 118 – Montpellier 58 – Sète 25.

▲▲▲ **La Pinède**
🖉 04 67 21 25 00, Fax 04 67 94 32 44 – SE : 2,5 km par D 32^E10, rte du Cap d'Agde, faire demi-tour au 3ème rond-point après Intermarché et 0,6 km par chemin à droite (hors schéma), accès conseillé par N 112 – ⬚ « Sur le versant Nord du Mᵗ Sᵗ Loup » ⊶ ⚘ dans locations
5 ha (247 empl.) en terrasses et incliné, pierreux, herbeux ⬚ ♀♀ pinède
🛠 🔥 ♨ 🗓 🛁 ⊙ ⚘ ♒ 🗑 – 🛒 ♈ ✕ ⚓ – ⬚
Location : 🛖

▲▲▲ **International de l'Hérault** 10 avril-25 sept.
🖉 04 67 94 12 83, Fax 04 67 94 42 84 – S : 1,5 km, à 80 m de l'Hérault – ⊶ – **R** conseillée – **GB** ♐
11 ha (417 empl.) plat, herbeux ♀
🛠 🔥 ♨ 🗓 🛁 🗑 ♒ ⊙ 🗑 – 🛒 ♈ snack ⚓ – 🎬 salle d'animation ♿ ✕ ⚓ toboggan aquatique
Tarif : (Prix 1998) 🗒 élect. (6 ou 10A) et piscine comprises 1 ou 2 pers. 128, pers. suppl. 25
Location : 🛖 990 à 3200 – bungalows toilés

▲▲ **Le Rochelongue** Pâques-15 sept.
🖉 04 67 21 25 51, Fax 04 67 94 04 23 – S : 4 km, à Rochelongue – ⊶ – **R** – **GB** ♐
2 ha (70 empl.) plat, herbeux ⬚ ♀
🛠 🔥 🗓 🛁 🗑 ♒ ⊙ ♒ 🗑 – ♈ snack – ⚓
Tarif : 🗒 piscine comprise 2 pers. 105, pers. suppl. 25 – 🔌 20 (5A)
Location : 🛖 1800 à 2500

▲▲ **Municipal la Clape** avril-sept.
🖉 04 67 26 41 32, Fax 04 67 26 45 25 – SE : par D 32^E10, au Cap d'Agde, près de la mer (hors schéma) – ⊶ – **R** conseillée juil.-août – **GB** ♐
7,5 ha (450 empl.) plat, herbeux, pierreux ⬚ ♀
🏢 🛠 🔥 🗓 🛁 ♒ ⊙ 🗑 🗑 – 🛒 ♈ snack ⚓ – 🏊 ⚓ – A proximité : ✕
Tarif : 🗒 piscine comprise 2 pers. 123, pers. suppl. 27 – 🔌 17 (4 à 6A)
Location : 🛖 1600 à 3200 – 🛖 1900 à 3800

▲▲ **Neptune** Pâques-fin sept.
🖉 04 67 94 23 94, Fax 04 67 94 48 77 🖂 34309 Agde Cedex – S : 2 km, près de l'Hérault « Cadre fleuri » ⊶ – **R** conseillée juil.-août – **GB** ♐
2,1 ha (165 empl.) plat, herbeux ⬚ ♀
🛠 🔥 🗓 🛁 🗑 ♒ ⊙ ♒ 🗑 – ♈ – ⚓ ♿ 🏊 – A proximité : ✕ 🐎
Tarif : 🗒 piscine comprise 2 pers. 125, pers. suppl. 26 – 🔌 15 (6A) 25 (10A)
Location : 🛖 700 à 3100

▲▲ **Mer et Soleil** 15 mars-6 nov.
🖉 04 67 94 21 14, Fax 04 67 94 81 94 – S : rte de Rochelongue – ⊶ – **R** conseillée – **GB** ♐
6,5 ha (437 empl.) plat, herbeux, sablonneux ⬚ ♀♀
🛠 🔥 ♨ 🗓 🛁 🗑 ⊙ 🗑 🗑 – 🛒 ♈ snack ⚓ – 🏇 🏊 ♿ ⊙ 🏊 – A proximité : golf ✕
Tarif : (Prix 1998) 🗒 piscine comprise 2 pers. 85, pers. suppl. 25 – 🔌 22 (5A)
Location : 🛖 1000 à 1800 – 🛖 1500 à 3100 – 🛖 2000 à 3500 – bungalows toilés

▲▲ **Les Sablettes** avril-sept.
🖉 04 67 94 36 65 – S : 3,5 km – ⬚ ⚓ – **R** conseillée juil., indispensable août – ♐
2,6 ha (218 empl.) plat, sablonneux, herbeux ♀
🛠 🔥 ♒ ⊙ 🗑 – ♈ snack ⚓ – 🎬 🏊 ♿
Tarif : 🗒 piscine comprise 2 pers. 110 – 🔌 23 (5A)
Location : 🛖 1200 à 2200 – 🛖 1700 à 3200 – 🛖 1800 à 3400

▲ **La Mer** 8 mai-25 sept.
🖉 04 67 94 72 21 – S : 4 km, rte de Rochelongue, à 200 m de la mer – ⊶ – **R** indispensable – ♐
2 ha (65 empl.) plat, herbeux, sablonneux ⬚ ♀♀
🛠 🔥 ♨ 🗓 🛁 ♒ ⊙ 🗑 – 🏊
Tarif : 🗒 2 pers. 90 – 🔌 17
Location : 🛖 (sans sanitaires)

▲ **Les Romarins** 15 mai-15 sept.
🖉 04 67 94 18 59 🖂 34309 Agde Cedex – S : 3 km, près de l'Hérault – ⊶ – **R** conseillée – ♐
1,8 ha (120 empl.) plat, herbeux, sablonneux ♀
🔥 ♨ 🗓 ♒ ⊙ 🗑 – 🏊 ✕
Tarif : 🗒 2 pers. 85, pers. suppl. 21 – 🔌 18 (6A)

AGEN

47000 L.-et-G. **14** – **79** ⑮ G. Pyrénées Aquitaine – 30 553 h. alt. 50.

🛈 Office de Tourisme 107 bd Carnot *℘* 05 53 47 36 09, Fax 05 53 47 29 98.

Paris 628 – Auch 74 – Bordeaux 141 – Pau 162 – Périgueux 139 – Toulouse 119.

⚠ **Château Lamothe-d'Allot** Permanent

℘ 05 53 68 33 11, Fax 05 53 68 33 05 ⊠ 47550 Boé – SE : 6,5 km par D 305, rte d'Auch et D 443, rte de St-Pierre-de-Gaubert, bord de la Garonne et d'un plan d'eau – ⊶ – **R** conseillée – **GB** ⚘

12 ha/1,5 campable (90 empl.) plat, herbeux 🗔 ꭙ

 🔥 🔋 ↻ 🖻 ⩘ ☺ ⚲ ⬥ – ▯ 🎣 🍴 ⅍ 🔆 ꭙ ⚓ toboggan aquatique

Tarif : ✦ *23 piscine et tennis compris* – 🔲 *23* – 🔌 *16 (5A)*

AGON-COUTAINVILLE

50230 Manche **4** – **54** ⑫ – 2 510 h. alt. 36.

🛈 Office de Tourisme pl. 28 Juillet 1944 *℘* 02 33 47 01 46, Fax 02 33 45 47 68.

Paris 335 – Barneville-Carteret 48 – Carentan 43 – Cherbourg 78 – Coutances 13 – St-Lô 42.

⚠ **Municipal le Marais** 30 juin-1ᵉʳ sept.

℘ 02 33 47 25 72 – sortie Nord-Est, près de l'hippodrome – ⊶ – **R** conseillée – ⚘

2 ha (148 empl.) plat, herbeux

 🔥 🔋 ↻ 🖻 ⩘ ☺ 🖻 – A proximité : 🍴 🔆 ⅍

Tarif : ✦ *20* – 🚗 *8* – 🔲 *20* – 🔌 *14 (5A)*

⚠ **Municipal le Martinet** avril-1ᵉʳ oct.

℘ 02 33 47 05 20 – sortie Nord-Est, près de l'hippodrome – ⊶ – **R** conseillée – ⚘

1 ha (122 empl.) plat, herbeux

 🔥 🔋 ↻ ⩘ ☺ 🖽 🖻 – A proximité : 🍴 🔆 ⅍

Tarif : ✦ *20* – 🚗 *8* – 🔲 *22* – 🔌 *13 (5A)*

AGOS-VIDALOS

65 H.-Pyr. – **85** ⑰ ⑱ – rattaché à Argelès-Gazost.

AIGREFEUILLE-D'AUNIS

17290 Char.-Mar. **9** – **71** ⑬ – 2 944 h. alt. 20.

Paris 455 – Niort 47 – Rochefort 23 – La Rochelle 25 – Surgères 16.

⚠ **La Taillée** 15 juin-5 sept.

℘ 05 46 35 50 88 – à l'Est du bourg, près de la piscine – ⊶ 🔆 dans locations – **R** conseillée 1ᵉʳ au 15 août – **GB** ⚘

1,8 ha (83 empl.) plat, herbeux ꭙꭙ

 🔥 🔋 ↻ 🖻 ⩘ ⩙ ☺ 🖻 – ▯ 🎣 ⅍ – A proximité : ⅃

Tarif : (Prix 1998) ✦ *19* – 🚗 *9,50* – 🔲 *9,50* – 🔌 *14 (6A)*

Location *(7 mars-12 sept.) : gîtes*

AIGUEBELETTE (Lac d')

73 Savoie **12** – **74** ⑮ G. Alpes du Nord.

Lépin-le-Lac 255 h. alt. 400 – ⊠ 73610 Lépin-le-Lac.

Paris 555 – Belley 38 – Chambéry 24 – Les Échelles 18 – Le Pont-de-Beauvoisin 13 – Voiron 34.

⚠ **Le Curtelet** mai-sept.

℘ 04 79 44 11 22 – NO : 1,4 km, bord du lac – ⚷ ⊶ juil.-25 août – **R** conseillée – ⚘

1,3 ha (94 empl.) peu incliné, herbeux

 🔥 🔋 ⩘ ☺ 🖻 – 🎣 ⅍ – A proximité : 🔆 ⅍ ⚓

Tarif : ✦ *18,50* – 🚗 *8* – 🔲 *15* – 🔌 *13 (2A) 15 (4A)*

Novalaise-Lac 1 234 h. alt. 427

⊠ 73470 Novalaise.

Paris 552 – Belley 26 – Chambéry 21 – Les Échelles 24 – Le Pont-de-Beauvoisin 17 – Voiron 40.

⚠ **Les Charmilles** juil.-août

℘ 04 79 36 04 67 – à 150 m du lac – ⊶ – **R** conseillée – ⚘

2,3 ha (100 empl.) en terrasses, gravillons, herbeux

 🔥 🔋 ↻ 🖻 ⩘ ☺ 🖻 – ▯ 🎣 🚲 ⅍ – A proximité : ⚓

Tarif : 🔲 *2 pers. 74, pers. suppl. 22* – 🔌 *16 (3A) 20 (6A)*

AIGUEBELETTE (Lac d')

▲ **Le Grand Verney** avril-oct.
  𝒫 04 79 36 02 54, Fax 04 79 36 06 60 – SO : 1,2 km, au lieu-dit le Neyret – Places limitées pour
  le passage ⩽ ⟲ – **R** juil.-août – ✗
  2,5 ha (112 empl.) plat, peu incliné et en terrasses, herbeux ⚲
  ᯤ ⌂ ▦ ⟐ ⊕ ☂ ⍦ ▨ – ⌇
  Tarif : ✚ 22 piscine comprise – ▣ 26 – ⓖ 12 (2A) 14 (3A) 16 (4A)

AIGUES-MORTES

30220 Gard 🔟 – 🎱 ⑧ G. Provence – 4 999 h. alt. 3.
🎫 Office de Tourisme porte de la Gardette 𝒫 04 66 53 73 00, Fax 04 66 53 65 94.
Paris 748 – Arles 49 – Montpellier 36 – Nîmes 42 – Sète 60.

▲▲ **La Petite Camargue** 24 avril-19 sept.
  𝒫 04 66 53 98 98, Fax 04 66 53 98 80 – O : 3,5 km par D 62, rte de Montpellier, accès à la plage
  par navettes gratuites « Entrée fleurie » ⟲ ⟳ dans locations – **R** conseillée juil.-août – 🆖 ✗
  42 ha/10 campables (611 empl.) plat, herbeux, sablonneux ▱ ⚲⚲ (5 ha)
  ᯤ ⌂ ▦ ⏚ ⊕ ☂ ⍦ ▨ – ⏚ ❢ ✗ 🍴 – 🔲 ⟿ discothèque ⟿ 🚲 ·⊙ ⟳ ⌇ ⟿
  Tarif : ▣ piscine comprise 1 ou 2 pers. 73 ou 152 (90 ou 176 avec élect. 5A), pers. suppl. 26 ou
  33
  Location : ⟿ 580 à 2510 – ⟿ 810 à 3700

▶ Consultez le tableau des localités citées,
   classées par départements, avec indication éventuelle
   des caractéristiques particulières des terrains sélectionnés.

AIGUES VIVES

09600 Ariège 🔢 – 🎱 ⑤ – 462 h. alt. 425.
Paris 788 – Carcassonne 63 – Castelnaudary 45 – Foix 35 – Lavelanet 8 – Pamiers 34 – Quillan 40.

▲ **La Serre** fermé déc.-janv.
  𝒫 05 61 03 06 16, Fax 05 61 01 83 81 – à l'Ouest du bourg – ⟳ ⩽ ⟲ – **R** conseillée juil.-août
  – ✗
  5 ha (40 empl.) en terrasses, peu incliné à incliné, accidenté, herbeux ▱ ⚲
  ▥ ᯤ ⌂ ⏚ ▦ ⊕ ⏚ ▨ – 🔲 ⟿ 🚲 ⌇
  Tarif : ▣ piscine comprise 1 pers. 35, 2 pers. 70 – ⓖ 15 (5A)
  Location : ⟿ 1400 à 1600 – ⟿ 2000 à 3000

AIGUÈZE

30 Gard – 🎱 ⑨ – voir à Ardèche (Gorges de l').

L'AIGUILLON-SUR-MER

85460 Vendée 🔟 – 🔟 ⑪ G. Poitou Vendée Charentes – 2 175 h. alt. 4.
Paris 456 – Luçon 20 – Niort 83 – La Rochelle 49 – La Roche-sur-Yon 48 – Les Sables-d'Olonne 50.

Schéma à la Tranche-sur-Mer

▲▲ **Bel Air** avril-sept.
  𝒫 02 51 56 44 05, Fax 02 51 97 15 58 – NO : 1,5 km par D 44 et rte à gauche – Places limitées pour
  le passage ⟲ – **R** conseillée juil.-août – 🆖 ✗
  7 ha (350 empl.) plat, herbeux, sablonneux ⚲⚲ (4 ha)
  ᯤ ⌂ ⏚ ▦ ⏚ ⊕ ☂ ⍦ ▨ – ⏚ ❢ snack ⟿ – 🔲 ⟿ 🚲 ·⊙ ⚮ ⌇ (couverte hors-saison)
  toboggan aquatique – A proximité : ⟳
  Tarif : ▣ piscine comprise 2 pers. 110, pers. suppl. 28 – ⓖ 20 (3A)
  Location : ⟿ 1300 à 3600 – ⟿ 1550 à 3850 – bungalows toilés

▲ **Le Pré des Sables**
  𝒫 02 51 27 13 88, Fax 02 51 97 11 65 – au Nord de la ville – ⟳ ⟲
  1,6 ha (130 empl.) plat, herbeux ⚲
  ᯤ ⌂ ⏚ ▦ ⏚ ⊕ ▨ – ❢ ⟿ – ⚮
  Location : ⟿

▲ **Municipal de la Baie** 27 mars-sept.
  𝒫 02 51 56 40 70 – au Sud-Est du bourg, par rte en direction de Luçon – ⟲ – **R** indispensable
  juil.-août – ✗
  3 ha (192 empl.) plat, herbeux ⚲
  ᯤ ⌂ ⏚ ▦ ⏚ ⊕ ▨ – 🔲 ⟿
  Tarif : ✚ 21 – ▣ 23 – ⓖ 20 (6A)

▲ **Aire Naturelle Cléroca** avril-sept.
  𝒫 02 51 27 19 92, Fax 02 51 97 09 84 ✉ 85580 Grues – NO : 2,2 km par D 44, rte de Grues – ⟲
  – **R** conseillée – ✗
  1 ha (25 empl.) plat, herbeux
  ᯤ ⌂ ⏚ ▦ ⊕ ▨ – 🔲 ⟿
  Tarif : (Prix 1998) ▣ 2 pers. 50, pers. suppl. 17 – ⓖ 12 (5A)
  Location (mai-sept.) : ⟿ 1000 à 1500

73340 Savoie 🔢 – 🔢 ⑯ G. Alpes du Nord – 261 h. alt. 900 – Sports d'hiver : 960/1 840 m 🎿24 🎿.
🛈 Office de Tourisme, (Les Aillons) ☎ 04 79 54 63 65, Fax 04 79 54 61 11.
Paris 570 – Aix-les-Bains 36 – Annecy 36 – Chambéry 26 – Montmélian 27 – Rumilly 38.

   ▲ **C.C.D.F. Jeanne et Georges Cher** Permanent
     ☎ 04 79 54 60 32 – SE : 1,8 km par D 32, à l'entrée de la station, à 50 m d'une rivière – ❄ ≤ ☛
     – **R** conseillée vacances de fév., juil.-août – Adhésion obligatoire – ⚸
     1 ha (40 empl.) non clos, plat, pierreux, herbeux
     ▥ ⅓ ⌂ 🖳 ⏚ ⚲ ☺ 🅿 – 🍴 – A proximité : 🎯 🐎
     Tarif : 🔲 *2 pers. 35,60 (hiver 54), pers. suppl. 8,90 (hiver 13,50)* – 🔌 *10,20 (3A) 15,30 (6A) 20,40*
     (10A)

73210 Savoie 🔢 – 🔢 ⑱ G. Alpes du Nord – 2 963 h. alt. 690.
🛈 Office de Tourisme av. Tarentaise ☎ 04 79 55 67 00.
Paris 651 – Albertville 42 – Bourg-Saint-Maurice 12 – Chambéry 89 – Moutiers 15.

   ▲ **La Glière** juin-août
     ☎ 04 79 09 77 61 – SO : 3,5 km par N 90 rte de Moutiers et à Villette, D 85 à droite, bord d'un
     ruisseau – ≤ ☛ – **R** conseillée juil.-août – ⚸
     1,5 ha (50 empl.) en terrasses, pierreux, herbeux ▭ ⚲
     ⅓ ⅗ 🖳 ⏚ ☺ ⚲ ⚑ 🅿
     Tarif : ⚫ *20* – 🔲 *20* – 🔌 *15 (5A) 23 (10A)*

à Centron SO : 5 km par N 90, rte de Moutiers – ✉ 73210 Aime :

   ▲ **Le Tuff** 15 avril-sept.
     ☎ 04 79 55 67 32 – S : 0,7 km, bord de l'Isère et d'un petit plan d'eau – ≤ ☛ – **R** conseillée – ⚸
     2,8 ha (150 empl.) plat, herbeux, gravier
     ⅓ ⅓ ⅗ 🖳 ⏚ ☺ 🅿 – 🍴 – 🍴
     Tarif : ⚫ *22* – 🔲 *25* – 🔌 *13 (3A) 20 (6A) 32 (10A)*

64250 Pyr.-Atl. 🔢 – 🔢 ② G. Pyrénées Aquitaine – 539 h. alt. 130.
Paris 796 – Bayonne 27 – Biarritz 29 – Cambo-les-Bains 11 – Pau 127 – St-Jean-de-Luz 24.

   ▲ **Xokoan** Permanent
     ☎ 05 59 29 90 26, Fax 05 59 29 73 82 – **à Dancharia,** SO : 2,5 km, puis à gauche avant la douane,
     bord d'un ruisseau (frontière) – ⚲ ☛ – **R** – ⚸
     0,6 ha (30 empl.) plat, peu incliné, herbeux ⚲
     ⅓ ⅗ 🖳 ⏚ ☺ ⚲ 🅿 – 🍴 ✗ 🍴 – 🍴
     Tarif : ⚫ *17* – 🚗 *9* – 🔲 *20* – 🔌 *15 (10A)*
     Location : 🛏 *(hôtel)*

   ▲ **Aire Naturelle Harazpy** 15 juin-15 sept.
     ☎ 05 59 29 89 38, Fax 05 59 29 73 82 – au Nord-Ouest du bourg, accès par place de l'église – ⚲
     ≤ – **R** – ⚸
     1 ha (25 empl.) peu incliné, terrasses, herbeux
     ⅓ ⅓ ⅗ 🖳 ⏚ ☺ 🍴 🅿 – 🍴
     Tarif : ⚫ *17* – 🚗 *9* – 🔲 *20* – 🔌 *15 (10A)*

34 Hérault – 🔢 ④ – rattaché à Lamalou-les-Bains.

40800 Landes 🔢 – 🔢 ② G. Pyrénées Aquitaine – 6 205 h. alt. 80.
🛈 Office de Tourisme ☎ 05 58 71 64 70, Fax 05 58 71 64 70.
Paris 725 – Auch 84 – Condom 68 – Dax 77 – Mont-de-Marsan 32 – Orthez 59 – Pau 53 – Tarbes 71.

   ▲ **S.I. les Ombrages de l'Adour** mai-sept.
     ☎ 05 58 71 75 10 – près du pont, derrière les arènes, bord de l'Adour – ⚲ – **R** – ⚸
     2 ha (100 empl.) plat, herbeux ⚲
     ⅓ ⅗ 🖳 ⏚ ☺
     Tarif : ⚫ *17* – 🔲 *17* – 🔌 *12 (10A)*

79600 Deux Sèvres 🔢 – 🔢 ⑱ G. Poitou Vendée Charentes – 3 234 h. alt. 119.
🛈 Syndicat d'Initiative (saison) ☎ 05 49 70 84 03 Mairie ☎ 05 49 64 70 13.
Paris 342 – Bressuire 30 – Loudun 31 – Mirebeau 28 – Parthenay 25 – Thouars 23.

   ▲ **Courte Vallée** mai-sept.
     ☎ 05 49 64 70 65 – NO : 1,5 km par D 121, rte de St-Généroux et rue à gauche, à proximité du
     Thouet, accès conseillé par D 725 et le pont de Soulieures – ☛ – **R** conseillée 15 juil.-20 août –
     ⚸
     3,5 ha (41 empl.) plat, peu incliné, herbeux
     ⅓ ⅓ ⅗ 🖳 ⏚ ☺ ⚲ – 🍴 🏊 – A proximité : 🐎
     Tarif : ⚫ *20 piscine comprise* – 🔲 *40* – 🔌 *15 (8A)*

AIX-EN-PROVENCE

13100 B.-du-R. 🔟🔟 – 🟦🟦 ③ G. Provence – 123 842 h. alt. 206.
🅱 Office de Tourisme pl. Gén.-de-Gaulle ℰ 04 42 16 11 61, Fax 04 42 16 11 62.
Paris 757 – Aubagne 38 – Avignon 83 – Manosque 56 – Marseille 31 – Salon-de-Provence 37 – Toulon 83.

   ▲▲ *Chantecler* Permanent
    ℰ 04 42 26 12 98, Fax 04 42 27 33 53 – Par centre ville : SE : 2,5 km, accès par cours Gambetta,
    avenue du Val St-André – 🦌 ⊶ – **R** – ⊖🅑 ⊘
    8 ha (240 empl.) plat à peu incliné et en terrasses, pierreux, herbeux ⊏⊐ ⚲
    ▦ 🛁 ⇪ 🖪 🛁 🍴 ⊙ 🈂 ▣ – ⚘, snack ⚞ – 🛶 🚣 ⚓
    Tarif : ⚹ *30 piscine comprise* – 📧 *35* – [⨐] *22 (5A)*
    Location : ⟐⟐ *2100 à 2750*

AIXE-SUR-VIENNE

87700 H.-Vienne 🔟🔟 – 🟦🟦 ⑰ G. Berry Limousin – 5 566 h. alt. 204.
🅱 Office de Tourisme 46 av. du Prés.-Wilson ℰ 05 55 70 19 71 (hors saison) Mairie ℰ 05 55 70 77 00.
Paris 403 – Châlus 21 – Confolens 52 – Limoges 12 – Nontron 54 – Rochechouart 30 – St-Yrieix-la-
Perche 39.

   ▲ *Municipal les Grèves* 15 juin-15 sept.
    ℰ 05 55 70 12 98 – av. des Grèves, bord de la Vienne – ⊶ – **R** conseillée – ⊘
    3 ha (80 empl.) plat, herbeux ⚲
    🛁 🗑 ⇪ 🖪 🛁 ⊙ ▣ – 🛶 🚣 – A proximité : 🔲 (découverte l'été)
    Tarif : 📧 *2 pers. 52* – [⨐] *15 (5 à 15A)*

AIX-LES-BAINS

73100 Savoie 🔟🔟 – 🟦🟦 ⑮ G. Alpes du Nord – 24 683 h. alt. 200 – ⚕ (12 janv.-mi-déc.) et Marlioz.
🅱 Office de Tourisme pl. M.-Mollard ℰ 04 79 35 05 92, Fax 04 79 88 88 01.
Paris 541 – Annecy 34 – Bourg-en-Bresse 111 – Chambéry 18 – Lyon 108.

   ▲▲ *Alp'Aix* 5 avril-sept.
    ℰ 04 79 88 97 65 – NO : 2,5 km, 20 bd du Port-aux-Filles, à 150 m du lac – ⊶ ⚯ dans locations
    – **R** conseillée saison – ⊘
    1,2 ha (90 empl.) plat, herbeux, pierreux ⊏⊐ ⚲
    ▦ 🛁 🗑 ⇪ 🖪 🛁 ⊙ ⚘ ⟲ ▣ – 🛶 – A proximité : 🏊 🚣 🔲 ⚓
    Tarif : 📧 *2 pers. 68, pers. suppl. 17* – [⨐] *12 (6A) 17 (10A)*
    Location : ⟐⟐ *1840 à 2200*

à Brison-St-Innocent N : 4 km par D 991 – 1 445 h. alt. 288 – ✉ 73100 Brison-St-Innocent :

   ▲ *Le Lac des Berthets* mai-sept.
    ℰ 04 79 54 36 66 – chemin des Berthets – ≤ ⊶ – **R** conseillée – ⊘
    1,6 ha (93 empl.) incliné à peu incliné, herbeux
    🛁 🗑 ⇪ 🖪 🛁 ⊙
    Tarif : ⚹ *16,50* – 📧 *28* – [⨐] *12 (4A)*

   ▲ *La Rolande* mai-sept.
    ℰ 04 79 54 36 85 – chemin des Berthets – ≤ ⊶ – **R** conseillée juil.-août – ⊘
    1,5 ha (100 empl.) peu incliné, herbeux ⚲
    🗑 ⇪ 🖪 🛁 ⊙ – 🛶
    Tarif : 📧 *2 pers. 63* – [⨐] *12*

à Grésy-sur-Aix NE : 4 km par N 201 et D 911 – 2 374 h. alt. 350 – ✉ 73100 Grésy-sur-Aix :

   ▲ *Municipal Roger Milesi*
    ℰ 04 79 88 28 21 – O : 2 km, accès par N 201, rte d'Annecy et chemin à gauche, au lieu-dit Antoger
    – ≤
    0,5 ha (40 empl.) plat, herbeux, pierreux ⊏⊐ ⚲
    🛁 🗑 ⇪ 🖪 🛁 ⊙ ⚘ – ⚯

AIZENAY

85190 Vendée 🔟 – 🟦🟦 ⑬ – 5 344 h. alt. 62.
🅱 Office de Tourisme (saison) av. de la Gare ℰ 02 51 94 62 72.
Paris 442 – Challans 25 – Nantes 60 – La Roche-sur-Yon 18 – Les Sables-d'Olonne 33.

   ▲ *La Forêt* mai-sept.
    ℰ 02 51 34 78 12 – SE : 1,5 km par D 948, rte de la Roche-sur-Yon et chemin à gauche – ⊶ –
    R – ⊘
    2,5 ha (92 empl.) plat, herbeux, bois attenant ⚲ (1 ha)
    🛁 🗑 ⇪ 🖪 🛁 ⊙ ▣ – 🚣 – A proximité : piste de bi-cross ⚐ ⚯
    Tarif : ⚹ *13* – ⛺ *10* – 📧 *12* – [⨐] *15 (6A)*
    Location : ⟐⟐ *1500 à 2200*

AJACCIO

2A Corse-du-Sud – 🟦🟦 ⑰ – voir à Corse.

ALBENS

73410 Savoie 🗓 – 🗓 ⑮ – 2 439 h. alt. 365.
Paris 543 – Aix-les-Bains 11 – Annecy 23 – Belley 37 – Chambéry 30 – Rumilly 10.

⚠️ **Beauséjour** juin-20 sept.
℘ 04 79 54 15 20 – sortie Sud-Ouest par rte de la Chambotte – ⟨ ⊶ – **R** – ⚰
2 ha (100 empl.) plat et peu incliné, herbeux
🔥 🔥 ☺
Tarif : 🏃 9 – 🚗 10 – 📧 10 – 🔌 13 (6A)

ALBERTVILLE

73200 Savoie 🗓 – 🗓 ⑰ G. Alpes du Nord – 17 411 h. alt. 344.
🅱 Office de Tourisme 11 r. Pargoud ℘ 04 79 32 04 22, Fax 04 79 32 87 09.
Paris 584 – Annecy 45 – Chambéry 51 – Chamonix-Mont-Blanc 67 – Grenoble 81.

à Venthon NE : 3 km par D 925, rte de Beaufort – 587 h. alt. 520 – ✉ 73200 Venthon :

⚠️ **Les Marmottes** mai-sept.
℘ 04 79 32 57 40 – au bourg – 🍴 ⟨ ⊶ – **R**
1,6 ha (80 empl.) plat et peu incliné, herbeux ♀
🔥 🔥 🍴 🔥 ☺ – 🔥
Tarif : 🏃 20 – 🚗 8 – 📧 16 – 🔌 17

ALBI

81000 Tarn 🗓 – 🗓 ⑩ G. Pyrénées Roussillon – 46 579 h. alt. 174.
🅱 Office de Tourisme Palais de la Berbie pl. Ste-Cécile ℘ 05 63 49 48 80, Fax 05 63 49 48 98.
Paris 673 – Béziers 149 – Clermont-Ferrand 295 – St-Etienne 356 – Toulouse 75.

⚠️ **Parc de Caussels** avril-15 oct.
℘ 05 63 60 37 06 – E : 2 km, accès par la rocade – 🍴 ⊶ – **R** – ⚰
1,6 ha (100 empl.) plat, terrasses, herbeux 🔥 ♀♀
🔥 🔥 🍴 🔥 🔥 ☺ 🔥 – 🔥 Centre de documentation touristique – A proximité : 🛒 🔥 🔥
Tarif : 📧 1 pers. 47, 2 pers. 65 – 🔌 13 (4A) 25 (10A)

ALBIÈS

09310 Ariège 🗓 – 🗓 ⑤ – 141 h. alt. 560.
Paris 808 – Andorra-la-Vella 75 – Ax-les-Thermes 14 – Foix 29 – Lavelanet 44.

⚠️ **Municipal la Coume** Permanent
℘ 05 61 64 98 99 – au bourg, à 100 m de l'Ariège – ⟨ ⊷ – **R** juil.-août – ⚰
1 ha (53 empl.) peu incliné, en terrasses, herbeux 🔥
🔥 🔥 🔥 🍴 🔥 🔥 ☺ – 🔥
Tarif : 🏃 15 – 📧 16/22 – 🔌 20 (5A) 30 (10A)

ALBINE

81240 Tarn ⑮ – ⑱③ ⑫ – 566 h. alt. 320.
Paris 762 – Albi 75 – Béziers 76 – Carcassonne 64 – Castres 33 – Mazamet 15.

⚠ **L'Estap** mai-15 oct.
𝒫 05 63 98 34 74 – sortie Ouest : 1,8 km par rte du lac à gauche et chemin empierré à droite, bord
d'un plan d'eau – ⌕ ⋖ ⊶ – **R** conseillée 15 juil.-août – **GB** ⚙
4 ha/2 campables (42 empl.) en terrasses, plat, herbeux, forêt ♀
🏕 ⏚ ⌾ ⚲ ▽ ▣ – snack ⏛ – ⟜ ❄ ➿
Tarif : ▣ tennis compris 2 pers. 50, pers. suppl. 12 – ⓖ 15 (8A)

▶ Nos **guides hôteliers**, nos **guides touristiques** et nos **cartes routières**
sont complémentaires. Utilisez-les ensemble.

ALBON

26140 Drôme ⑫ – ⑦⑦ ① ② G. Vallée du Rhône – 1 543 h. alt. 174.
Paris 523 – Annonay 19 – Beaurepaire 23 – Romans-sur-Isère 42 – Tournon-sur-Rhône 25 – Valence 41.

⚠ **Senaud** mars-oct.
𝒫 04 75 03 11 31, Fax 04 75 03 08 06 – S : 1 km par D 122, au château – Places limitées pour le
passage « Cadre agréable » ⊶ saison – **R** conseillée juil.-août – ⚙
30 ha/3 campables (140 empl.) plat et peu incliné, herbeux, pierreux ♀♀
⏛ 🏕 ⏚ ▣ ⌾ ⚲ ▽ ▤ ▣ – ⏛ ❄ ⟜ – ⏛ ⟜ ⚲ ❄ ⍩ ⊐ toboggan aquatique half-court,
golf
Tarif : ⚡ 26,50 piscine comprise – ▣ 37 – ⓖ 18 (6A) 21 (10A)
Location : 🏚 1800 à 2350 – 🏠 2000 à 2700

ALENÇON

61000 Orne ⑤ – ⑥⓿ ③ G. Normandie Cotentin – 29 988 h. alt. 135.
🛈 Office de Tourisme Maison d'Ozé 𝒫 02 33 26 11 36, Fax 02 33 32 10 53.
Paris 194 – Chartres 118 – Évreux 119 – Laval 90 – Le Mans 50 – Rouen 147.

⚠ **Municipal de Guéramé** mai-sept.
𝒫 02 33 26 34 95 – au Sud-Ouest de la ville, par bd périphérique, rte de Guéramé, bord de la Sarthe
« Cadre agréable » ⊶ – **R**
1,5 ha (60 empl.) plat et en terrasses, herbeux
⏛ 🏕 ⏚ ⏚ ⌾ ⚲ ▽ ▤ ▣ – ⏛ ❄ ⟜ ⚲
Tarif : (Prix 1998) ⚡ 11,50 – ⟜ 12,50 – ▣ 12,50 – ⓖ 10,50 à 19,50 (2 à 10A)

ALÉRIA

2B H.-Corse – ⑨⓿ ⑥ – voir à Corse.

ALÈS

30100 Gard ⑯ – ⑧⓿ ⑱ G. Gorges du Tarn – 41 037 h. alt. 136.
🛈 Office de Tourisme pl. Gabriel-Péri 𝒫 04 66 52 32 15, Fax 04 66 56 57 09.
Paris 708 – Albi 227 – Avignon 72 – Montpellier 70 – Nîmes 46 – Valence 149.

à Cendras NO : 5 km par D 916 – 2 022 h. alt. 155 – ✉ 30480 Cendras :

⚠ **La Croix Clémentine** 27 mars-21 sept.
𝒫 04 66 86 52 69, Fax 04 66 86 54 84 – NO : 2 km par D 916 et D 32 à gauche – ⌕ « Cadre agréable
et boisé » ⊶ – **R** conseillée juil.-août – **GB** ⚙
10 ha (250 empl.) plat et en terrasses, pierreux, herbeux ⌧ ♀♀
⏛ 🏕 ⏚ ▣ ⏚ ⌾ ⚲ ▽ ▣ – ⏛ ⚲ ❣ ✗ ⏛ – ⏛ discothèque ⟜ ⚙ ❄ ⍩ ⊐
Tarif : ▣ piscine comprise 2 pers. 110, pers. suppl. 40 – ⓖ 14 (6A) 22 (10A)
Location : 🏚 1100 à 2150 – 🏠 1500 à 3000

ALEX

74 H.-Savoie – ⑦④ ⑥ – voir à Annecy (Lac d').

ALGAJOLA

2B H.-Corse – ⑨⓿ ⑬ – voir à Corse.

ALLEMONT

38114 Isère ⑫ – ⑦⑦ ⑥ G. Alpes du Nord – 600 h. alt. 830.
Paris 611 – Le Bourg-d'Oisans 11 – Grenoble 47 – St-Jean-de-Maurienne 62 – Vizille 29.

⚠ **Municipal le Plan** Permanent
𝒫 04 76 80 76 88 – au pied du barrage du Verney, près de l'Eau d'Olle, alt. 730 – ⋖ ⊶ – **R** conseillée
été – ⚙
1,5 ha (101 empl.) plat, gravier, pierreux, herbeux
▥ ⏛ 🏕 ⏚ ⏚ ⌾ ⚲ ▽ – ⏛ – A proximité : ❄ ⊐
Tarif : (Prix 1998) ▣ 2 pers. 44 – ⓖ 9 (16A)

▲ **Le Grand Calme** Permanent
    ℘ 04 76 80 70 03 – au Sud du bourg, sur D 526, près de l'Eau d'Olle, alt. 720 – ≼ o⟶ été –
    R conseillée juil.-août – ⊝⊟
    3 ha (130 empl.) plat, herbeux 𝟵𝟵 (1 ha)
    ▥ ᴔ ♒ ⇆ 🗔 ⇆ ◉ 🖩 – A proximité : ▼ ✗ ✗ ♒ ⚓ ⤢
    Tarif : ▣ *2 pers. 53 –* ⟮ℊ⟯ *19 (5A) 33 (10A)*
    Location : ⊨ *(hôtel)*

▲ **Les Grandes Rousses** 10 juin-15 sept.
    ℘ 04 76 80 78 52 – sortie Sud-Ouest par D 526, près du pont sur l'Eau d'Olle, alt. 710 – ≼ o⟶ –
    R conseillée – ⤬
    0,6 ha (34 empl.) plat, herbeux, pierreux 𝟵
    ♒ ᴔ ⇆ ⇆ ◉ – ▱
    Tarif : ▣ *2 pers. 50, pers. suppl. 13 –* ⟮ℊ⟯ *15 (10A)*

ALLEREY

21 Côte-d'Or – ⬛⬛ ⑰ ⑱ – rattaché à Semur-en-Auxois.

ALLES-SUR-DORDOGNE

24480 Dordogne ⬛⬛ – ⬛⬛ ⑯ – 302 h. alt. 70.
Paris 534 – Bergerac 39 – Le Bugue 9 – Les Eyzies-de-Tayac 20 – Périgueux 52 – Sarlat-la-Canéda 42.

⚠ **Port de Limeuil** avril-15 oct.
    ℘ 05 53 63 29 76, Fax 05 53 63 04 19 – NE : 3 km sur D 51ᴱ, près du pont de Limeuil, au confluent
    de la Dordogne et de la Vézère – ⥹ « Cadre agréable » o⟶ – **R** conseillée 10 juil.-20 août – ⊝⊟ ⤬
    7 ha/4 campables (90 empl.) plat, herbeux, sablonneux 𝟵
    ♒ ᴔ ⇆ 🗔 ⇆ ◉ ◉ ⚴ 🖩 – ▦ ▼ ⚲ – ▱ ⚓ ♳ 🛶 ♒ ⤢ ⤢ (plage)
    Tarif : ▣ *piscine comprise 2 pers. 99, pers. suppl. 25 –* ⟮ℊ⟯ *20 (5A)*

ALLEVARD

38580 Isère ⬛⬛ – ⬛⬛ ⑯ G. Alpes du Nord – 2 558 h. alt. 470 – ⚘.
🄱 Office de Tourisme pl. Résistance *℘* 04 76 45 10 11, Fax 04 76 45 01 88.
Paris 595 – Albertville 50 – Chambéry 34 – Grenoble 41 – St-Jean-de-Maurienne 68.

▲ **Clair Matin** mai-10 oct.
    ℘ 04 76 97 55 19, Fax 04 76 45 87 15 – sortie Sud-Ouest par D 525, rte de Grenoble à droite –
    ⥹ ≼ « Décoration florale » o⟶ – **R** conseillée juil.-août – ⊝⊟ ⤬
    3,5 ha (150 empl.) incliné et en terrasses, herbeux 𝟵𝟵
    ♒ ᴔ ⇆ ⤨ ◉ ◉ ⚴ ♒ 🖩 – ▱ ⚓ ♳ – A proximité : ⟁
    Tarif : ▣ *piscine comprise 2 pers. 97,80, pers. suppl. 16,80 –* ⟮ℊ⟯ *12,30 (2A) 14,80 (4A) 20,80 (6A)*

▲ **Idéal Camping** 4 mai-10 oct.
    ℘ 04 76 97 50 23 – sortie Nord par D 525, rte de Chambéry, à 100 m du Bréda – ≼ o⟶ – **R** conseillée
    juil.-août – ⊝⊟ ⤬
    1,9 ha (86 empl.) plat, peu incliné, herbeux 𝟵 verger
    ᴔ ⇆ ⤨ ⚴ ◉ 🖩 – ▱ – A proximité : ✗ ♳
    Tarif : ▣ *1 pers. 50, pers. suppl. 15 –* ⟮ℊ⟯ *10 (2A) 12 (4A) 14 (6A)*

à la Ferrière S : 12 km par D 525ᴬ – 191 h. alt. 926 – ✉ 38580 La Ferrière :

⚠ **Neige et Nature** fév.-mars, juin-sept.
    ℘ 04 76 45 19 84 – à l'Ouest du bourg, bord du Bréda, alt. 900 – ⥹ ≼ o⟶ – **R** conseillée – ⤬
    1,2 ha (45 empl.) plat, peu incliné, herbeux
    ▥ ♒ ᴔ ⇆ ⤨ ⚴ ⚴ ◉ 🖩 – ▱
    Tarif : ▣ *1 pers. 35 –* ⟮ℊ⟯ *10A : 15 (hiver 18)*

ALLEYRAS

43580 H.-Loire ⬛⬛ – ⬛⬛ ⑯ – 232 h. alt. 779.
Paris 555 – Brioude 71 – Langogne 43 – Le Puy-en-Velay 32 – St-Chély-d'Apcher 59.

▲ **Municipal** mai-sept.
    NO : 2,5 km, à Pont-d'Alleyras, accès direct à l'Allier, alt. 660 – ⥹ ≼ o⟶ juil.-août – **R** – ⤬
    0,9 ha (60 empl.) plat et peu incliné, terrasse, herbeux
    ᴔ ⇆ ⤨ ◉ 🖩 – ▱ – A proximité : ✗
    Tarif : ▣ *2 pers. 38 –* ⟮ℊ⟯ *13 (6A)*
    Location : *huttes*

ALLINEUC

22460 C.-d'Armor ⬛ – ⬛⬛ ⑬ – 545 h. alt. 190.
Paris 457 – Lamballe 42 – Loudéac 21 – Pontivy 36 – Rostrenen 42 – St-Brieuc 26.

⚠ **Municipal de Bosméléac** 20 juin-15 sept.
    ℘ 02 96 28 87 88 – SO : 3 km par D 41, rte d'Uzel et à droite rte du barrage, accès direct à l'Oust
    – ⥹ o⟶ – **R** conseillée – ⤬
    1 ha (49 empl.) plat, peu incliné, herbeux, pierreux
    ♒ ᴔ ⇆ ⤨ ⚴ ◉ 🖩 – ▼ crêperie – ▱ ⚓ 🚲
    Tarif : ✶ *12 –* ▣ *15 –* ⟮ℊ⟯ *12*

ALLONNES

49650 M.-et-L. **5** – **64** ⑫ – 2 498 h. alt. 28.
Paris 295 – Angers 63 – Azay-le-Rideau 43 – Chinon 29 – Noyant 33 – Saumur 11.

⚠ **Le Pô Doré** Pâques-oct.
ℰ 02 41 38 78 80, Fax 02 41 38 78 81 – NO : 3,2 km par D 10, rte de Saumur et chemin à gauche
– 🦊 ⊶ – **R** conseillée – 🖼 ⚲
2 ha (90 empl.) plat, herbeux
🕭 🏊 ⇆ 🖻 🛆 🖢 ⊕ 🛎 🏐 🖾 – snack 🎣 – 🏞 🚴 🏊
Tarif : 🖻 *piscine comprise 2 pers. 90* – 🔌 *17 (6A) 25 (10A)*
Location : 🚃 *1500 à 2500*

▶ *Avant de vous installer, consultez les tarifs en cours,*
affichés obligatoirement à l'entrée du terrain,
et renseignez-vous sur les conditions particulières de séjour.

Les indications portées dans le guide ont pu être modifiées depuis la mise à jour.

Les ALLUES

73550 Savoie **12** – **74** ⑰ – 1 570 h. alt. 1 125.
Paris 644 – Albertville 36 – Annecy 81 – Bourg-St-Maurice 37 – Méribel-les-Allues 7 – Moûtiers 9.

⚠ **Le Martagon** 15 déc.-avril, juil.-août
ℰ 04 79 00 56 29 – réservé caravanes et camping-cars, S : 3,3 km par D 90, rte de Méribel, **au
Raffort**, près du Doron, à 100 m des télécabines, alt. 1 310 – ❄ 🅼 ≼ ⊶ – **R** conseillée hiver –
🖼
0,5 ha (15 empl.) plat, terrasse, pierreux
🕮 🕭 🏊 ⇆ 🖻 🖢 ⊕ 🛆 🖾 – 🍵 ✕ – 🏞
Tarif : 🖻 *élect. (10A) comprise 1 à 3 pers. 120 - hiver :* 🖻 *1 à 3 pers. 150* 🔌 *30 (10A)*

ALLUYES

28800 E.-et-L. **5** – **60** ⑰ – 577 h. alt. 120.
Paris 116 – Ablis 60 – Bonneval 8 – Chartres 29 – Châteaudun 21 – Nogent-le-Rotrou 50.

⚠ **Municipal** mai-août
ℰ 02 37 47 29 46 – sortie Nord-Ouest par D 28[1], rte d'Illiers Combray, attenant au stade et près
du Loir – **R**
0,5 ha (33 empl.) plat, herbeux
🕭 🏊 ⇆ 🖢 ⊕ 🛆 – A proximité : ✂
Tarif : 🕯 *9* – 🚗 *9* – 🖻 *5/9* – 🔌 *13 (6A)*

ALRANCE

12430 Aveyron **11** – **80** ⑫ ⑬ – 468 h. alt. 750.
Paris 671 – Albi 64 – Millau 54 – Rodez 39 – St-Affrique 51.

⚠ **Les Cantarelles** mai-sept.
ℰ 05 65 46 40 35 – S : 3 km sur D 25, bord du lac de Villefranche-de-Panat – ≼ ⊶ – **R** conseillée
juil.-15 août – ⚲
3,5 ha (165 empl.) plat, peu incliné, herbeux ♀
🕭 🏊 ⇆ 🖻 🖢 ⊕ 🛆 🖾 – 🍵 – 🏞 ≋
Tarif : 🖻 *2 pers. 80, pers. suppl. 22* – 🔌 *15 (6A)*

ALVIGNAC

46500 Lot **18** – **75** ⑲ – 473 h. alt. 400.
Paris 531 – Brive-la-Gaillarde 52 – Cahors 63 – Figeac 41 – Gourdon 38 – Rocamadour 9 – Tulle 65.

⚠ **La Chataigneraie** fermé déc.
ℰ 05 65 33 72 11 ✉ 46500 Rocamadour – SO : 1,6 km par D 20, rte de Rignac et chemin de Varagnes
à droite – 🦊 ⊶ – **R** conseillée – ⚲
3 ha (50 empl.) peu incliné, herbeux
🕭 ⇆ 🖻 🕮 ⊕ 🖾 – 🏞 ≋
Tarif : (Prix 1998) 🕯 *20 piscine comprise* – 🖻 *20* – 🔌 *12 (6A) 14 (10A)*

AMBÉRIEUX-EN-DOMBES

01330 Ain **12** – **74** ① ② – 1 156 h. alt. 296.
Paris 433 – Bourg-en-Bresse 42 – Lyon 35 – Mâcon 42 – Villefranche-sur-Saône 17.

⚠ **Municipal le Cerisier** 11 avril-18 oct.
ℰ 04 74 00 83 40 – S : 0,8 km par D 66, rte de Lyon et à gauche, près d'un étang – Places limitées
pour le passage ≼ ⊶ – **R** conseillée
2 ha (72 empl.) plat, herbeux 🏕
🕭 ⇆ 🖢 ⊕ – A proximité : ✂
Tarif : 🕯 *13,75* – 🚗 *7,20* – 🖻 *12,70* – 🔌 *13,20 (6A)*

63600 P.-de-D. 🔟 – 🔟 ⑯ G. Auvergne – 7 420 h. alt. 535.
🅱 Office de Tourisme 4 pl. Hôtel de Ville ℘ 04 73 82 61 90, Fax 04 73 82 44 00 et (saison) pl. G.-Courtial ℘ 04 73 82 14 15.
Paris 498 – Brioude 60 – Clermont-Ferrand 78 – Montbrison 47 – Le Puy-en-Velay 71 – Thiers 56.

   🔺 **Municipal les Trois Chênes** 12 mai-15 sept.
     ℘ 04 73 82 34 68 – S : 1,5 km par D 906, rte de la Chaise-Dieu, bord de la Dore (rive gauche) – ↩
     ⊶ – **R** conseillée 10 juil.-15 août – ⚡
     3 ha (120 empl.) plat, herbeux ☁ ♨♨ (1 ha)
     ⬥ 🏠 ⇄ 🖳 👃 ⚡ ☺ ♨ ⛄ 🖽 – ▼ – 🍽 🏊 🔲 toboggan aquatique – A proximité : 🛒 snack ⚓
     Tarif : ✦ 17 – ⟵ 11 – ▣ 14 – 🔋 17 (10A)
     Location (permanent) : ☎1200 à 2500

56190 Morbihan ④ – 🔟 ⑬ – 1 006 h. alt. 30.
Paris 469 – Muzillac 7 – Redon 43 – La Roche-Bernard 23 – Sarzeau 19 – Vannes 22.

   🔺 **Les Peupliers** 15 mars-15 oct.
     ℘ 02 97 41 12 51 – sortie par D 140, rte de Damgan puis Ouest 0,8 km par chemin à droite – ⊶
     – **R** conseillée 10 juil.-15 août – ⚡
     2,8 ha (100 empl.) plat, herbeux
     ⬥ 🏠 ⇄ 🖳 👃 ⚡ ☺ ♨ ⛄ 🖽 – 🏊 🔲 toboggan aquatique
     Tarif : ✦ 20 piscine comprise – ▣ 30 – 🔋 15 (6A)
     Location : ⛺ 600 à 1700 – 🚍 1000 à 2800

   🔺 **Le Silence** avril-sept.
     ℘ 02 97 41 16 69 – O : 1,5 km par D 20, rte de Surzur et à gauche, rte de la Chapelle-Brouel – ↩
     ⊶ ⓟ – **R** conseillée juil.-août – ⚡
     4 ha (140 empl.) plat, peu incliné, herbeux ♀ pinède (1,5 ha)
     ⬥ 🏠 ⇄ 🖳 👃 ☺ 🖽 – 🏊 🔲 ⛸
     Tarif : ✦ 14 piscine comprise – ▣ 24 – 🔋 13 (4A) 15 (6A)
     Location : ⛺ – 🚍 900 à 2400

   🔺 **Bédume** 15 avril-15 oct.
     ℘ 02 97 41 68 13, Fax 02 97 41 56 79 – SE : 6 km par rte de Bétahon, près de la plage (accès direct)
     – ⊶ – **R** conseillée 14 juil.-15 août – ⚡
     4,5 ha (200 empl.) plat, herbeux ☁ ♀
     ⬥ 🏠 ⇄ 🖳 👃 ⚡ ☺ 🖽 – ⚓ ⚓ – 🔲 🏊
     Tarif : (Prix 1998) ✦ 17,80 – ▣ 29,80 – 🔋 15,50 (5A)

   🔺 **Le Kermadec** 15 juin-15 sept.
     ℘ 02 97 41 15 90 – SO : 2,5 km par D 140, rte de Damgan et rte à droite – ↩ ⊶ – **R** conseillée
     – ⚡
     1,2 ha (35 empl.) plat, herbeux ☁ ♀
     🏠 ⇄ 🖳 👃 ⚡ ☺ 🖽 – ⚓ – 🏊 🔲
     Tarif : ▣ piscine comprise 2 pers. 59, pers. suppl. 14 – 🔋 12 (10A)
     Location : ⛺ 1000 à 1800 – ☎1200 à 2500

53300 Mayenne ④ – 🔟 ⑳ – 2 841 h. alt. 144.
Paris 252 – Alençon 60 – Domfront 22 – Fougères 47 – Laval 42 – Mayenne 13 – Mortain 67.

   🔺 **Municipal de Vaux** avril-25 sept.
     ℘ 02 43 04 00 67 – SE : 2 km par D 23, rte de Mayenne et à gauche, à la piscine, bord de la Varenne
     (plan d'eau) – ↩ « Situation agréable » ⊶ – **R** conseillée – ⚡ ♀
     0,75 ha (61 empl.) plat et en terrasses, herbeux, gravillons ☁ ♀
     ⬥ 🏠 🖳 👃 ☺ 👃 ⛄ 🖽 – 🔲 ⚓ – A proximité : ⚫ ⚽ 🏊 🔲
     Tarif : (Prix 1998) ▣ piscine comprise 2 pers. 60, pers. suppl. 15 – 🔋 14
     Location : 🚍 1000 à 1900

66110 Pyr.-Or. 🔟 – 🔟 ⑱ G. Pyrénées Roussillon – 3 239 h. alt. 230 – ♨ (fin fév.-mi-déc.).
🅱 Office du Tourisme et du Thermalisme quai du 8-Mai-1945 ℘ 04 68 39 01 98, Fax 04 68 39 20 20.
Paris 890 – Céret 9 – La Jonquera 33 – Perpignan 38 – Prats-de-Mollo-la-Preste 24 – Quillan 107.

   🔺 **Hollywood Camping** 15 mars-15 nov.
     ℘ 04 68 39 00 61, Fax 04 68 39 00 49 – sortie Nord-Est par rte de Céret et, à la Forge, chemin
     à droite – ↩ ↩ ⊶ ⚡ dans locations – **R** indispensable juil.-août – ⚡
     1,5 ha (80 empl.) en terrasses, peu incliné, gravillons, herbeux ☁ ♨♨
     🎵 ⬥ 🏠 ⇄ 🖳 👃 ☺ 👃 ⛄ 🖽 – 🔲
     Tarif : ▣ piscine comprise 1 ou 2 pers. 76 (94 ou 97 avec élect. 4 ou 6A), pers. suppl. 25
     Location (mi-mars-fin oct.) : 🚍 1350 à 2450 – appartements

33 Gironde – 🔟 ⑯ – rattaché à Soulac-sur-Mer.

AMOU

40330 Landes 🗗 – 🗖 ⑦ – 1 481 h. alt. 44.
Paris 757 – Aire-sur-l'Adour 52 – Dax 32 – Hagetmau 18 – Mont-de-Marsan 47 – Orthez 14 – Pau 50.

▲ **Municipal la Digue** avril-oct.
au Sud du centre bourg par D 346, rte de Bonnegarde et chemin à droite devant la piscine, au stade,
bord du Luy – ⚄ – **R** saison
0,6 ha (33 empl.) plat, peu incliné, herbeux ⌑ ♀ (0,4 ha)
🗗 ⊡ ⊕ ⚐ parcours sportif – A proximité : ⚒
Tarif : ⚹ 8 – ⇌ 7 – 回 20/22 avec élect.

AMPHION-LES-BAINS

74 H.-Savoie 🗗 – 🗖 ⑰ G. Alpes du Nord – ⊠ 74500 Évian-les-Bains.
🗗 Office de Tourisme r. du Port ℘ 04 50 70 00 63, Fax 04 50 70 03 03.
Paris 576 – Annecy 80 – Évian-les-Bains 4 – Genève 40 – Thonon-les-Bains 6.

▲▲ **La Plage** avril-2 nov.
℘ 04 50 70 00 46 – à 200 m du lac Léman – ⌕ – **R** – ⚒
1,5 ha (83 empl.) plat, herbeux ♀
🗗 ⚒ 🗗 ⚐ 🗗 ⚄ ⊡ ⊕ ⚐ ⚒ 🗗 回 – ▼ – 🗗 ⚒ ⚒ ⚒ (petite piscine découverte l'été) – A proximité :
⚒ ⚒ ⚒ parcours sportif
Tarif : 回 2 pers. 110, pers. suppl. 30 – [₰] 10 (2A) 20 (5A) 30 (10A)
Location (fermé 3 nov.-24 déc.) : ⚒ 2100 à 3150

AMPLIER

62760 P.-de-C. 🗗 – 🗖 ⑧ – 271 h. alt. 66.
Paris 176 – Abbeville 47 – Amiens 34 – Arras 36 – Doullens 7.

▲▲ **Le Val d'Authie** 15 avril-15 oct.
℘ 03 21 48 57 07, Fax 03 21 58 08 60 – au Sud du bourg par D 24, 93 r. des Marais, bord de l'Authie
et d'un petit étang – ⌕ – **R** – ⚒ ⚒
2 ha (75 empl.) plat, herbeux ⌑
🗗 🗗 ⚄ ⊕ ⚐ ⚒ 回 – ▼ ✗ ⚒ – 🗗 ⚒
Tarif : ⚹ 17 – 回 20 – [₰] 15 (3A)

ANCELLE

05260 H.-Alpes 🗗 – 🗖 ⑯ – 600 h. alt. 1 340 – Sports d'hiver : 1 330/1 807 m ⚒ 13 ⚒.
🗗 Office de Tourisme Mairie ℘ 04 92 50 83 05, Fax 04 92 50 89 89.
Paris 668 – Gap 19 – Grenoble 105 – Orcières 19 – Savines-le-Lac 29.

▲▲ **Les Auches** Permanent
℘ 04 92 50 80 28, Fax 04 92 50 84 58 – sortie Nord par rte de Pont du Fossé et à droite – Places
limitées pour le passage ⚄ ⚒ ⌕ ⚒ 10 juil.-20 août dans locations – **R** conseillée été, indispensable
hiver – ⚒ ⚒
1,8 ha (83 empl.) peu incliné, terrasses, herbeux
🗗 ⚒ 🗗 ⚄ 🗗 ⊡ ⊕ 回 – 🗗 ⚒
Tarif : 回 piscine comprise 2 pers. 82, pers. suppl. 24 – [₰] 16,50 (2A)
Location : studios

ANCENIS

44150 Loire-Atl. 🗗 – 🗖 ⑱ G. Châteaux de la Loire – 6 896 h. alt. 13.
🗗 Office de Tourisme pl. Millénaire ℘ et Fax 02 40 83 07 44.
Paris 346 – Angers 53 – Châteaubriant 45 – Cholet 49 – Laval 100 – Nantes 38 – La Roche-sur-Yon 104.

▲ **L'Île Mouchet** avril-sept.
℘ 02 40 83 08 43 – sortie Ouest par bd Joubert et à gauche avant le stade, près de la Loire – ⌕
juil.-août – **R** conseillée saison – ⚒
3,5 ha (130 empl.) plat, herbeux ♀
⚒ 🗗 ⚄ ⊕ 🗗 回 – 🗗 ⚒ – A proximité : parcours sportif ⚒ ⚒
Tarif : 回 piscine comprise 1 pers. 45, pers. suppl. 11 – [₰] 10 (6A)
Location : bungalows toilés

Les ANCIZES-COMPS

63770 P.-de-D. 🗗 – 🗖 ③ G. Auvergne – 1 910 h. alt. 710.
Paris 395 – Clermont-Ferrand 35 – Pontaumur 17 – Pontgibaud 19 – Riom 32 – St-Gervais-d'Auvergne 17.

▲▲ **Comps-les-Fades** avril-oct.
℘ 04 73 86 81 64 – N : 1,8 km par D 62 et rte de Comps à gauche – ⚄ ⌕ juil.-août – **R** conseillée
juil.-août – ⚒
2,3 ha (90 empl.) peu incliné, herbeux ⌑ ♀
⚒ 🗗 🗗 ⚄ ⊕ 回 – ▼ – 🗗
Tarif : ⚹ 12 – 回 16 – [₰] 13 (10A)
Location : ⚒ 700 à 1300 – ⚒ 1700 à 2100

ANCY-LE-FRANC

89160 Yonne **7** – **65** ⑦ G. Bourgogne – 1 174 h. alt. 180.
Paris 215 – Auxerre 55 – Châtillon-sur-Seine 38 – Montbard 29 – Tonnerre 18.

⚠ **Municipal** juin-15 sept.
sortie Sud par D 905, rte de Montbard, face au château, bord d'un ruisseau et près d'un étang –
R
0,5 ha (30 empl.) plat, herbeux ⚇
   ⅄ 🗻 ⇆ 🖭 ☺
Tarif : (Prix 1998) ⚹ *12 – ⇔ 6 – 📧 6/12 – [⚡] 12 (3A)*

ANDANCE

07340 Ardèche **12** – **76** ⑩ – 1 009 h. alt. 135.
Paris 525 – Annonay 14 – Beaurepaire 29 – Condrieu 29 – Privas 80 – Tournon-sur-Rhône 22.

⚠ **Les Sauzets** avril-oct.
   𝒫 04 75 34 20 20 – N : 2 km par N 86, rte de Serrières et à droite, bord du Rhône et d'un plan
d'eau – Places limitées pour le passage ⋖ ⚬━ – **R** conseillée – ⅏ ⅍
14 ha/9 campables (60 empl.) plat, gravier, pierreux, herbeux ⌒ ⚬
   🏢 ⅄ ⇆ 🖭 ☺ ⅄ ☂ – pizzeria – ⛴ ☍
Tarif : (Prix 1998) ⚹ *20 piscine comprise – ⇔ 15 – 📧 20 – [⚡] 20 (4A)*
Location : 🚐

▶ *Les indications d'accès à un terrain sont généralement indiquées,*
dans notre guide, à partir du centre de la localité.

ANDELOT

52700 H.-Marne **7** – **62** ⑫ – 1 024 h. alt. 286.
Paris 287 – Bologne 13 – Chaumont 23 – Joinville 33 – Langres 57 – Neufchâteau 35.

⚠ **Municipal du Moulin** juin-15 sept.
N : 1 km par D 147, rte de Vignes-la-Côte, bord du Rognon – ⚬━ – ℞
1,92 ha (56 empl.) plat, herbeux ⌒
   ⅄ 🗻 ⇆ 🖭 ☺ ⚏ ☺ – 🖭 ⛴ ♒
Tarif : ⚹ *16 – 📧 12/20 – [⚡] 14*

Les ANDELYS

27700 Eure **5** – **55** ⑰ G. Normandie Vallée de la Seine – 8 455 h. alt. 28.
🛈 Office de Tourisme 24 r. Philippe-Auguste 𝒫 02 32 54 41 93.
Paris 104 – Beauvais 62 – Évreux 38 – Gisors 30 – Mantes-la-Jolie 52 – Rouen 39.

à Bernières-sur-Seine SO : 6 km par D 135 – 234 h. alt. 15 – ✉ 27700 Bernières-sur-Seine :

⚠⚠⚠ **Château-Gaillard** fermé janv.
   𝒫 02 32 54 18 20, Fax 02 32 54 32 66 – SO : 0,8 km rte de la Mare, à 200 m de la Seine – Places
limitées pour le passage ⅏ ⚬━ – **R** conseillée juil.-août – ⅏ ⅍
22 ha/13 campables (223 empl.) plat et peu incliné, herbeux, pierreux, sablonneux ⌒ ⚬
   🏢 🗻 ⇆ 🖭 ☺ ⅄ ☂ 🖭 – ☂ – 🖭 ⛴ ⚓ `⊛ ⛲ – À proximité : ⚲
Tarif : ⚹ *28 piscine comprise – 📧 26/53 avec élect.*

à Bouafles S : 4 km par D 313 – 682 h. alt. 19 – ✉ 27700 Bouafles :

⚠⚠⚠ **Château de Bouafles** fermé fév.
   𝒫 02 32 54 03 15 –, réservé aux caravanes, sortie Nord par D 313, bord de la Seine – Places limitées
pour le passage ⅏ « Cadre agréable » ⚬━ – **R** – ⅍
9 ha (191 empl.) plat, herbeux, gravier ⌒ ⚬
   🏢 ⅄ 🗻 ⇆ 🖭 ☺ ⚏ ☂ – ☂ – 🖭 ⛴ ⚾ ♒ – À proximité : 🐎
Tarif : 📧 *élect. (16A) comprise 2 pers. 95, pers. suppl. 28*

ANDERNOS-LES-BAINS

33 Gironde – **71** ⑲ – voir à Arcachon (Bassin d').

ANDILLY

17230 Char.-Mar. **9** – **71** ⑫ – 1 481 h. alt. 10.
Paris 464 – Fontenay-le-Comte 33 – Mauzé-sur-le-Mignon 34 – La Rochelle 18 – Les Sables-d'Olonne 85.

⚠ **Aire Naturelle Municipale** mai-sept.
   𝒫 05 46 01 40 08 – à 3,8 km au Nord-Ouest du bourg, bord du canal du Curé et près du canal de
Marans-la-Rochelle, itinéraire par Villedoux vivement conseillé (chemin d'accès à droite dangereux
après le pont), croisement difficile pour caravanes – ⚬━ – **R**
1 ha (24 empl.) plat, herbeux ⚇
   🗻 ☺
Tarif : (Prix 1998) ⚹ *10 – 📧 15 – [⚡] 10 (6A)*

ANDORRE (Principauté d')

14 – 86 ⑭ ⑮ G. Pyrénées Roussillon – 61 599 h. alt. 1 241.
🚹 Office de Tourisme à Andorre-la-Vieille, r. du Dr-Vilanova ℰ (00-376) 82 02 14, Fax (00-376) 82 58 23.

Canillo Andorra la Vella 12.

🔺 **Santa-Creu** 15 juin-sept.
ℰ (00-376) 85 14 62 – au bourg, bord du Valira del Orient (rive gauche) – ≤ ⊶ – **R**
0,5 ha peu incliné et terrasse, herbeux ♀
🖐 ♿ ⊖ ⏚ ⊙ ▣ – ▼ – A proximité : ✖ 🔲
Tarif : ✱ 16 – ⇔ 16 – ▣ 16 avec élect.

🔺 **Jan-Ramon** 15 juin-sept.
ℰ (00-376) 85 14 54 – NE : 0,4 km par rte de Port d'Envalira, bord du Valira del Orient (rive gauche) – ≤ ⊶ – **R**
0,6 ha plat, herbeux ♀
♿ ⊖ ♒ ⊙ ▣ – ▼ – 🏠 – A proximité : ✖ 🏊
Tarif : ✱ 16 – ⇔ 16 – ▣ 16 avec élect. (3A)

La Massana Andorra la Vella 4.

🔺🔺🔺 **La Xixerella** fermé 15 au 30 oct.
ℰ (00-376) 83 66 13, Fax (00-376) 83 91 13 – NO : 3,5 km par rte de Pal, bord d'un ruisseau, alt. 1 450 – ≤ ⊶ ♒ dans locations – **R** – ⊖⊞
5 ha plat, peu incliné, en terrasses, pierreux, herbeux ♀
▥ ♿ ♿ ⊖ 🗟 ⊖ ⊙ ▣ – 🏊 ▼ snack – 🏠 discothèque (juil. seulement) 🏊 🚲 🔲 – A proximité : ✖
Tarif : ✱ 20 piscine comprise – ⇔ 20 – ▣ 20 (3A) 26 (5A)
Location (permanent) : ☎ 3360 – appartements

Ordino

🔺🔺 **Borda d'Ansalonga** 24 oct.-avril, 15 juin-sept.
ℰ (00-376) 85 03 74, Fax (00-376) 86 45 34 – NO : 2,3 km par rte du Circuit de Tristaina, bord du Valira del Nord – ♒ ≤ ⊶ – **R** conseillée été – ⊖⊞ ♒
3 ha plat, herbeux ♀
▥ ♿ ♿ ⊖ 🗟 ⊙ ▣ – ▼ snack 🏠 – 🏠 ♒ – Tarif : ✱ 21 piscine comprise – ⇔ 21 – ▣ 21 – (2) 17 (3A) 25 (6A)
Location : appartements

Sant-Julia-de-Loria

🔺 **Huguet** Permanent
ℰ (00-376) 84 37 18, Fax (00-376) 84 38 03 – sortie Sud, bord du Gran Valira (rive droite) – ≤ ⊶ été – **R** – ⊖⊞
1,5 ha plat, terrasses, herbeux, gravillons ♀♀
▥ ♿ ⊖ 🗟 ⊖ ⊙ ▣ – 🏠 🏊
Tarif : (Prix 1998) ✱ 21 – ⇔ 21 – ▣ 42 – (2) 15 (3A) 19 (6A) 25 (10A)

▶ *Demandez à votre libraire le catalogue des* **publications MICHELIN**.

ANDOUILLÉ

53240 Mayenne 4 – 59 ⑳ – 1 926 h. alt. 103.
Paris 284 – Fougères 42 – Laval 14 – Mayenne 23 – Rennes 84 – Vitré 48.

🔺 **Municipal le Pont** mars-oct.
ℰ 02 43 01 18 10 – par D 104, rte de St-Germain-le-Fouilloux, attenant au jardin public, bord de l'Ernée – ⊶ juil.-août – **R** – ✗
0,8 ha (31 empl.) plat, herbeux ▭ ♀
♿ ♿ ⊖ 🗟 ⊖ ⊙ ▣ – A proximité : parcours de santé 🏃
Tarif : (Prix 1998) ✱ 6,40 – ⇔ 3,20 – ▣ 3,30 – (2) 5,30
Location : ☎ 850 à 1500

ANDRYES

89480 Yonne 6 – 65 ⑮ – 406 h. alt. 162.
Paris 204 – Auxerre 39 – Avallon 41 – Clamecy 10 – Cosne-sur-Loire 49.

▲▲ **Au Bois Joli** avril-oct.
  ℰ 03 86 81 70 48 – SO : 0,8 km par rte de Villeprenoy – 🏊 – ⛟ – **R** conseillée – ⒼⒷ ⚄
  5 ha (65 empl.) incliné, terrasses, pierreux, herbeux 🗘🗘
  🏕 🕭 🎝 🍴 🔥 🛆 ⊙ 🌄 🖤 🗑 – 🛒 – 🏸 🚲 🏊
  Tarif : 🔲 *piscine comprise 2 pers. 85,50* – ⒢ *16,80 (6A)*

ANDUZE

30140 Gard 16 – 80 ⑰ G. Gorges du Tarn – 2 913 h. alt. 135.
🚩 Office de Tourisme plan de Brie ℰ 04 66 61 98 17, Fax 04 66 61 79 77.
Paris 720 – Alès 14 – Florac 67 – Lodève 83 – Montpellier 60 – Nîmes 46 – Le Vigan 51.

▲▲▲ **L'Arche** 29 mars-sept.
  ℰ 04 66 61 74 08, Fax 04 66 61 88 94 – NO : 2 km, bord du Gardon – 🏊 ≤ « Site agréable » ⛟
  ⚡ dans locations – **R** conseillée saison – ⚄
  5 ha (250 empl.) plat, peu incliné et terrasses, herbeux 🗘🗘
  🏕 🕭 🎝 🍴 🔥 🛆 ⊙ 🌄 🖤 🗑 – 🛒 🍴 snack, pizzeria 🛒 – 🏠 🏸 🏊 ·⊙ 🌊 half-court –
  A proximité : 🐴
  Tarif : 🔲 *2 pers. 89 (105 avec élect. 6A), pers. suppl. 20*
  Location : 🏚 *1300 à 3200*

▲▲ **Les Fauvettes** mai-25 sept.
  ℰ 04 66 61 72 23 – NO : 1,7 km – ≤ ⛟ – **R** conseillé – ⚄
  7 ha/3 campables (120 empl.) plat, peu incliné et en terrasses, herbeux 🔲 🗘🗘
  🎝 🍴 🔥 🛆 ⊙ 🌄 – 🍴 – 🛒 🏠 🛆 toboggan aquatique – A proximité : 🐴 ✕
  Tarif : 🔲 *piscine comprise 2 pers. 88*
  Location *(Pâques-25 sept.) :* 🏚 *1400 à 2800* – 🏚 *1400 à 2900*

▲▲ **Le Malhiver** mai-15 sept.
  ℰ 04 66 61 76 04 – SE : 2,5 km, accès direct au Gardon – ⛟ ⚡ dans locations – **R** conseillée juil.-
  20 août – ⚄
  2,26 ha (97 empl.) plat, herbeux 🗘
  🎝 🕭 🍴 🔥 🛆 ⊙ 🌄 🖤 🗑 – 🛒 – 🏠 🏊
  Tarif : 🔲 *élect. (6A) et piscine comprises 3 pers. 140*
  Location : 🏚 *1300 à 2700*

à Boisset-et-Gaujac : SE : 4 km – 1 548 h. alt. 140 – ✉ 30140 Boisset-et-Gaujac

▲▲ **Domaine de Gaujac** avril-sept.
  ℰ 04 66 61 80 65, Fax 04 66 60 53 90 – SE : 2 km, à 50 m du Gardon-d'Anduze – 🏊 « Agréable
  cadre boisé » ⛟ – **R** conseillée juil.-août – ⒼⒷ ⚄
  10 ha (275 empl.) plat et en terrasses, herbeux, pierreux 🔲 🗘🗘
  🎝 🕭 🍴 🔥 🛆 ⊙ 🌄 🖤 🗑 – 🍴 🍴 ✕ pizzeria, crêperie 🛒 – 🏸 salle d'animation 🏊 ⚄ 🏊 🏊
  – A proximité : 🌊 🐴
  Tarif : 🔲 *piscine comprise 2 pers. 86, pers. suppl. 21* – ⒢ *15 (4A) 20 (6A)*
  Location : 🏚 *1200 à 1900* – 🏚 *1300 à 2900* – 🏚 *1400 à 3200*

à Corbès NO : 5 km – 113 h. alt. 200 – ✉ 30140 Corbès :

▲▲ **Cévennes-Provence** avril-oct.
  ℰ 04 66 61 73 10, Fax 04 66 61 60 74 – au Mas-du-Pont, bord du Gardon de Mialet et près du
  Gardon de St-Jean – 🏊 ≤ « Cadre et
  site agréables » ⛟ – **R** conseillée juil.-
  août – ⚄
  30 ha/10 campables (230 empl.) plat,
  accidenté et en terrasses, herbeux 🔲
  🗘🗘
  🎝 🕭 🍴 🛆 🔥 ⊙ 🌄 🖤 – 🍴 🍴 🛒 –
  🏠 🏊 🌊 ⚄ 🌊
  Tarif : 🔲 *2 pers. 84, pers. suppl. 21* –
  ⒢ *13 (3A) 16 (6A) 20 (10A)*
  Location : 🏚 *2000 à 2800*

à Massillargues-Attuech SE : 7,5 km –
419 h. alt. 156 – ✉ 30140 Massillargues :

▲▲ **Le Fief** Pâques-sept.
  ℰ 04 66 61 81 71 – N : 1,5 km,
  à Attuech, par D 982, près d'un petit
  lac (accès direct) – 🏊 ⛟ –
  R conseillée 14 juil.-15 août – ⒼⒷ
  ⚄
  5 ha (80 empl.) plat, herbeux 🔲
  🗘🗘
  🕭 🎝 🍴 🛆 🔥 ⊙ 🌄 – 🍴, pizzeria 🛒
  – 🏠 🏊 🌊 – A proximité : 🐴
  🌊
  Tarif : 🔲 *piscine comprise 2 pers.*
  85, pers. suppl. 18 – ⒢ *16 (6A)*
  Location : 🏚 *1200 à 2400*

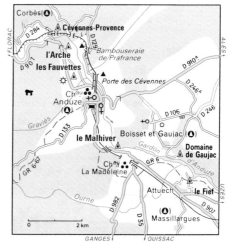

ANGERS

49000 M.-et-L. **4** – **63** ⑳ G. Châteaux de la Loire – 141 404 h. alt. 41.
🏢 Office de Tourisme pl. du Prés.-Kennedy ✆ 02 41 23 51 11, Fax 02 41 23 51 66, 13 Prom. du Bout du Monde
✆ 02 41 25 54 54, Fax 02 41 25 54 55.
Paris 295 – Caen 247 – Laval 79 – Le Mans 96 –
Nantes 91 – Saumur 50 – Tours 109.

▲▲▲ **Lac de Maine** 25 mars-10 oct.
✆ 02 41 73 05 03, Fax 02 41 73 02 20 –
SO : 4 km par D 111, rte de Pruniers, près
du lac (accès direct) et à proximité de la
Base de Loisirs « Décoration arbustive »
⊶ – **R** conseillée juil.-août – **GB** ⚿
4 ha (163 empl.) plat, herbeux, gravillons
▥ ♿ 🔥 ⌷ 🏠 ☺ 🎣 ⊽ 🅿 🖪 – snack
🍴 – 🔥 ♨ ♒ – A proximité : ≃ ♨
Tarif : 🅿 piscine comprise 2 pers. 73 –
🔌 17,30 (6A) 29 (10A)
Location : bungalows toilés

aux Ponts-de-Cé S : 6,5 km (hors schéma) –
11 032 h. alt. 25 – ✉ 49130 les Ponts-de-Cé

▲▲ **Ile du Château** 30 mars-sept.
✆ 02 41 44 62 05 – dans l'île du château,
près de la Loire – **⊶** – **R** conseillée – **GB**
⚿
2,3 ha (138 empl.) plat, herbeux, jardin
public attenant ▭ ♨
♿ 🔥 ⌷ 🏠 ☺ 🖪 – 🔥 ♨ m –
A proximité : ✂ ♨ toboggan aquatique
Tarif : 🅿 piscine et tennis compris 2.pers.
72, pers. suppl. 15 – 🔌 12 à 20 (3 à 10A)

ANGLARS-JUILLAC

46140 Lot **14** – **79** ⑦ – 329 h. alt. 98.
Paris 585 – Cahors 25 – Gourdon 40 – Sarlat-la-Canéda 56 – Villeneuve-sur-Lot 51.

▲ **Base Nautique Floiras** avril-15 oct.
✆ 05 65 36 27 39, Fax 05 65 21 41 00 – à Juillac, bord du Lot – ⛵ **⊶** – **R** conseillée juil.-août
– **GB**
1 ha (25 empl.) plat, herbeux
♿ 🔥 ⌷ 🏠 ☺ 🖪 – ♨ 🚲
Tarif : ⚹ 19 – 🅿 30 – 🔌 14 (16A)

ANGLÈS

81260 Tarn **15** – **83** ② – 588 h. alt. 750.
Paris 740 – Béziers 78 – Carcassonne 73 – Castres 35 – Lodève 99 – Narbonne 78.

▲▲ **Le Manoir de Boutaric** Pâques-16 oct.
✆ 05 63 70 96 06 – au Sud du bourg, rte de Lacabarède – ⛵ **⊶** – **R** conseillée – ⚿
3,3 ha (178 empl.) plat et peu incliné, terrasse, herbeux ▭ ♨
♿ 🔥 ⌷ 🏠 ☺ 🔥 ⊽ 🖪 – ♈ ✗ 🍴 – ▭ 🎯 discothèque 🔥 🚲 ♨ – A proximité :
✂
Tarif : 🅿 élect. (5A) et piscine comprises 1 ou 2 pers. 130, pers. suppl. 25
Location (permanent) : 🚐 1500 à 3000 – 🏠 1600 à 3650 – 🛏 (hôtel)

ANGLES

85750 Vendée **9** – **71** ⑪ G. Poitou Vendée Charentes – 1 314 h. alt. 10.
Paris 447 – Luçon 22 – La Mothe-Achard 38 – Niort 85 – La Rochelle 56 – La Roche-sur-Yon 32 – Les Sables-
d'Olonne 38.

▲▲▲ **Moncalm et l'Atlantique** avril-sept.
✆ 02 51 97 55 50, Fax 02 51 28 91 09 – au bourg, sortie vers la Tranche-sur-Mer et rue à gauche,
(en 2 parties) – **⊶** – **R** conseillée – **GB** ⚿
11 ha (500 empl.) plat, herbeux, pierreux ▭ ♨
♿ 🔥 ⌷ 🏠 ☺ 🔥 ⊽ 🖪 – ♨ ♈ 🍴 – ▭ 🎯 🎣 ≃ 🔥 🚲 ✂ ♨ 🎿 ♨ half-court, toboggans
aquatiques
Tarif : 🅿 piscine comprise 2 pers. 105 – 🔌 15 (3A) 20 (6A) 25 (10A)
Location : 🚐 900 à 2300 – 🚐 1100 à 3350 – 🏠 1300 à 3750

▲▲ **Le Clos Cottet** Pâques-sept.
✆ 02 51 28 90 72, Fax 02 51 28 90 50 – S : 2,2 km par rte de la Tranche-sur-Mer, près de la D 747
– **⊶** – **R** conseillée – **GB** ⚿
4,5 ha (196 empl.) plat, herbeux, petit étang ▭
♿ 🔥 ⌷ 🏠 ☺ 🖪 – ♈ – ▭ 🎣 🔥 🚲 ♨ ♨ terrain omnisports
Tarif : 🅿 piscine comprise 2 pers. 89, pers. suppl. 18 – 🔌 15 (5A) 22 (10A)
Location : 🚐 900 à 2100 – 🚐 1200 à 3200 – bungalows toilés

▲ **Le Troussepoil** 15 juin-15 sept.
🖉 02 51 97 51 50 ⊠ 85560 Longeville-sur-Mer – O : 1,3 km par D 70, rte de Longeville-sur-Mer
– ⊶ – **R** conseillée – ⋌ᵥ
0,80 ha (40 empl.) plat, herbeux
🕭 🗟 ⇄ 🖻 ⇌ ⊕ 🖳 – ⚐ 🗏 – A proximité : 🦌
Tarif : 🖸 *piscine comprise 2 pers. 65* – 🔋 *12 (3A) 15 (10A) 20 (16A)*
Location : 🚐 *1000 à 2400*

ANGOISSE

24270 Dordogne 🔟 – 🗓 ⑦ – 559 h. alt. 345.
Paris 444 – Brive-la-Gaillarde 62 – Excideuil 17 – Limoges 54 – Périgueux 52 – Thiviers 22.

▲▲ **Rouffiac en Périgord**
🖉 05 53 52 68 79, Fax 05 53 62 55 83 – SE : 4 km par D 80, rte de Payzac, à 150 m d'un plan d'eau
(accès direct) – 🐦 « Site agréable » ⊶ saison
54 ha/6 campables (100 empl.) en terrasses et peu incliné, herbeux 🖵 🞉 (3,5 ha)
🕭 🗟 ⇄ 🖻 ⇌ ⊕ ♨ ⇌ 🖳 – 🞰 – 🖂 – A proximité : mur d'escalade 🍴 ✗ 🚲 ⋅⊕ 🏓 ≌ (plage)
toboggan aquatique 🛝 🐴

ANGOULÊME

16000 Charente 🟔 – 🗓 ③ ⑭ G. Poitou Vendée Charentes – 42 876 h. alt. 98.
🏛 Office de Tourisme pl. des Halles 🖉 05 45 95 16 84, Fax 05 45 95 91 76.
Paris 447 – Bordeaux 119 – Châteauroux 209 – Limoges 103 – Niort 115 – Périgueux 86 – Royan 108.

▲ **Bourgines** 28 mars-3 oct.
🖉 05 45 92 83 22 – sortie Nord-Ouest vers rte de la Rochelle, quartier St-Cybard, près de la Charente
– ⊶ – **R** conseillée – ⋌ᵥ
2,3 ha (160 empl.) plat, herbeux 🖵 🞉
🎦 🕭 🗟 🖻 🛱 ⊕ ♨ ⇌ 🖳 – 🖂 – A proximité : 🏓 🎿 ⚐ 🗏
Tarif : 🖸 *2 pers. 56, pers. suppl. 16* – 🔋 *17 (5A) 27 (15A)*

ANGOULINS

17 Char.-Mar. – 🗓 ⑬ – rattaché à la Rochelle.

ANNECY (Lac d')

74 H.-Savoie 🔢 – 🗓 ⑥ ⑯ G. Alpes du Nord.
🏛 Office de Tourisme Clos Bonlieu, 1 r. Jean-Jaurès 🖉 04 50 45 00 33, Fax 04 50 51 87 20.

Alex 574 h. alt. 589 – ⊠ 74290 Alex.
Paris 549 – Albertville 42 – Annecy 13 – La Clusaz 19 – Genève 54.

▲ **La Ferme des Ferrières** juin-sept.
🖉 04 50 02 87 09 – O : 1,5 km par D 909, rte d'Annecy et chemin à droite – 🐦 ≼ ⊶ – **R** –
⋌ᵥ
5 ha (200 empl.) peu incliné à incliné, herbeux
🕭 🗟 🛱 🛱 ⊕ 🖳 – 🍴 – 🖂
Tarif : (Prix 1998) 🖸 *2 pers. 50* – 🔋 *13 (5A)*

Bout-du-Lac ⊠ 74210 Faverges.
Paris 557 – Albertville 28 – Annecy 18 – Megève 44.

▲▲ **International du Lac Bleu** Pâques-28 sept.
🖉 04 50 44 30 18, Fax 04 50 44 84 35 – rte d'Albertville, bord du lac (plage) – ≼ ⊶ saison 🏓 juil.-
20 août – **R** – ⊖🅱 ⋌ᵥ
3,3 ha (234 empl.) plat, herbeux, pierreux 🞉
🕭 🗟 ⇄ 🖻 🛱 ⊕ 🖳 – 🍴 snack 🝿 – 🗏 ≌ – A proximité : 🎿 🏓 🗏 🛝
Tarif : 🖸 *piscine comprise 3 pers. 112* – 🔋 *19 (6A)*
Location : 🛏 – *studios et appartements*

Doussard 2 070 h. alt. 456 – ⊠ 74210 Doussard.
Paris 559 – Albertville 27 – Annecy 20 – La Clusaz 36 – Megève 43.

▲▲ **La Serraz** 15 mai-sept.
🖉 04 50 44 30 68, Fax 04 50 44 81 07 – au bourg, sortie Est, près de la poste – ≼ ⊶ – **R** conseillée
3,5 ha (181 empl.) plat, herbeux 🞉
🕭 🗟 ⇄ 🖻 🛱 ⊕ 🖳 – 🍴 🝿 – 🖂 ⚐ 🚲 🗏
Location : 🚐 *1400 à 3400*

▲▲ **La Nublière**
🖉 04 50 44 33 44, Fax 04 50 44 31 78 – N : 1,8 km, bord du lac (plage) – ≼ ⊶ saison
9 ha (440 empl.) plat, herbeux, pierreux 🞉
🕭 🗟 ⇄ 🛱 🛱 ♨ ⊕ 🖳 – ≌ – A proximité : 🎿 🍴 ✗ 🏓 🗏 🛝
Location : 🏠

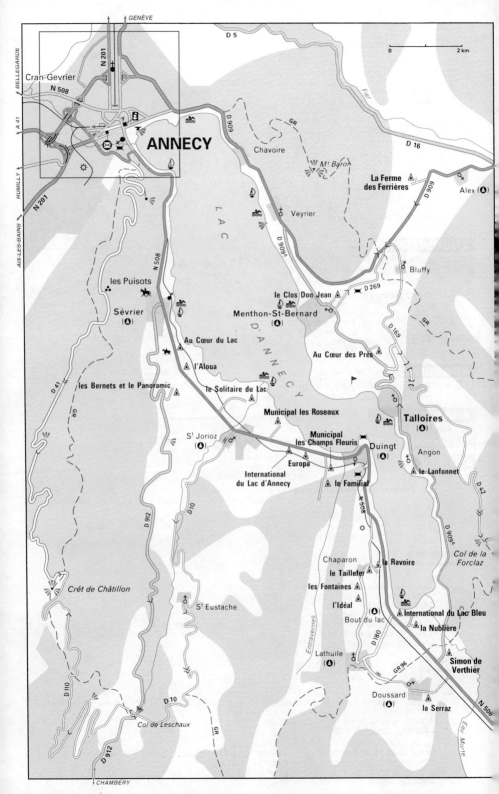

△ **Simon de Verthier** mai-sept.
  𝒫 04 50 44 36 57 – NE : 1,6 km, à Verthier, près de l'Eau Morte – ≤ ⟍ – **R** conseillée juil.
  0,5 ha (26 empl.) plat, herbeux
  ⅋ 🗐 🖫 ⚐ ☺
  Tarif : 🗉 *2 pers. 60, pers. suppl. 10* – [⅋] *10 (4A)*

Duingt 635 h. alt. 450 – ⊠ 74410 Duingt.
Paris 551 – Albertville 33 – Annecy 12 – Megève 49 – St-Jorioz 3.

△ **Municipal les Champs Fleuris** 7 juin-6 sept.
  𝒫 04 50 68 57 31 – O : 1 km – ≤ ⟍ – ⚲
  1,3 ha (112 empl.) plat et terrasses, herbeux
  ⅋ 🗐 ⇆ 🖫 ⚐ ☺ 🖪 🖾
  Tarif : 🗉 *3 pers. 75, pers. suppl. 22,50* – [⅋] *10 (3A) 14,50 (6A)*

△ **Le Familial** avril-20-oct.
  𝒫 04 50 68 69 91 – SO : 1,5 km – ≤ ⟍ – **R** conseillée
  0,5 ha (40 empl.) plat, herbeux
  🗐 ⇆ 🖫 ⚐ ☺ 🖾
  Tarif : 🗉 *1 ou 2 pers. 63* – [⅋] *13 (3A) 15 (5A) 16 (6A)*
  Location : 🚐 *1100 à 2000*

Lathuile 668 h. alt. 510 – ⊠ 74210 Lathuile.
Paris 558 – Albertville 29 – Annecy 19 – La Clusaz 38 – Megève 45.

△△△ **La Ravoire** 15 mai-15 sept.
  𝒫 04 50 44 37 80, Fax 04 50 44 50 32 90 60 ⊠ 74210 Doussard – N : 2,5 km – ≤ ⟍ ⚝ dans locations –
  R indispensable 10 juil.-20 août – **GB** ⚲
  2 ha (103 empl.) plat, herbeux
  ⅋ 🗐 ⇆ 🖫 ⚏ ⚐ ☺ 🚵 🖾 – ⛱ 🚣 🏊
  Tarif : 🗉 *élect. (5A) et piscine comprises 2 pers. 145* – [⅋] *10 (10A) 17 (15A)*
  Location (Noël-sept.) : 🏠 *2000 à 3900*

△△ **L'Idéal** mai-sept.
  𝒫 04 50 44 32 97, Fax 04 50 44 36 59 – N : 1,5 km – ⚱ ≤ ⟍ – **R** – **GB** ⚲
  3,2 ha (300 empl.) plat et peu incliné, herbeux ⚘
  ⅋ 🗐 🖫 ⚏ ⚐ ☺ 🖾 – 🍺 ⊤ ✕ ⚓ – 🖾 🚣 🛶 🏊
  Tarif : (Prix 1998) 🗉 *piscine comprise 2 pers. 90, pers. suppl. 20* – [⅋] *20 (6A)*
  Location (avril-oct.) : 🚐 *1600 à 2900*

△△ **Les Fontaines** 15 mai-sept.
  𝒫 04 50 44 31 22, Fax 04 50 44 87 80 – N : 2 km, à Chaparon – ≤ ⟍ ⚝ dans locations –
  R conseillée – **GB** ⚲
  3 ha (170 empl.) plat, en terrasses, herbeux ⚘⚘
  ⅋ 🗐 ⇆ 🖫 ⚏ ⚐ ☺ 🖾 – 🍺 ⊤ snack – 🏊 tobbogans aquatiques
  Tarif : (Prix 1998) 🗉 *piscine comprise 2 pers. 90, pers. suppl. 20* – [⅋] *20 (6A)*
  Location : 🚐 *1600 à 2900*

△ **Le Taillefer** mai-sept.
  𝒫 04 50 44 30 34 ⊠ 74210 Doussard – N : 2 km, à Chaparon – ≤ ⟍ – **R** – ⚲
  1 ha (32 empl.) peu incliné, en terrasses, herbeux
  ⅋ 🗐 ⇆ 🖫 ⚐ 🖾 – ⊤ – 🖾 🚣
  Tarif : 🗉 *2 pers. 67* – [⅋] *20 (6A)*

Menthon-St-Bernard 1 517 h. alt. 482 – ⊠ 74290 Menthon-St-Bernard.
🛈 Office de Tourisme (fermé après-midi oct.-mai) 𝒫 04 50 60 14 30, Fax 04 50 60 22 19.
Paris 548 – Albertville 37 – Annecy 10 – Bonneville 44 – Megève 52 – Talloires 3 – Thônes 13.

△ **Le Clos Don Jean** juin-15 sept.
  𝒫 04 50 60 18 66 – sortie par rte de Veyrier-du-Lac et chemin à droite, au sud des Moulins – ⚱
  ≤ ⟍ – **R** conseillée
  0,9 ha (90 empl.) peu incliné, herbeux ⚘
  🗐 ⇆ 🖫 ⚐ ☺ 🖾 – 🖾
  Tarif : (Prix 1998) 🗉 *2 pers. 62* – [⅋] *12 (2A) 14 (4A) 16 (6A)*

St-Jorioz 4 178 h. alt. 452 – ⊠ 74410 St-Jorioz.
🛈 Office de Tourisme, rte de l'Église 𝒫 04 50 68 61 82, Fax 04 50 68 96 11.
Paris 548 – Albertville 36 – Annecy 9 – Megève 52.

△△ **Europa** 15 mai-20 sept.
  𝒫 04 50 68 51 01, Fax 04 50 68 55 20 – SE : 1,4 km – ≤ ⟍ ⚝ dans locations – **R** conseillée – ⚲
  3 ha (210 empl.) plat, herbeux, pierreux
  ⅋ 🗐 ⇆ 🖫 ⚏ ⚐ ☺ 🚵 🗳 🖾 – ⊤ snack – 🏊
  Tarif : (Prix 1998) 🗉 *élect. et piscine comprises 2 pers. 128*
  Location : 🚐 *1300 à 3300*

△△ **International du Lac d'Annecy** juin-15 sept.
  𝒫 04 50 68 67 93 – SE : 1 km – ≤ ⟍ – **R** conseillée – ⚲
  2,5 ha (163 empl.) plat, herbeux, pierreux ⚘ (1,5 ha)
  ⅋ 🗐 🖫 ⚏ ⚐ ☺ 🚵 🗳 🖾 – ⊤ – 🖾 🏊
  Tarif : 🗉 *piscine comprise 2 pers. 100* – [⅋] *20 (6A)*

ANNECY (Lac d')

   ᗰ **Le Solitaire du Lac** avril-sept.
     ℰ 04 50 68 59 30 – N : 1 km, accès direct au lac – ⌕ ≼ ⟜ – **R** conseillée juil.-août – **GB** ⊶
     2,2 ha (200 empl.) plat, herbeux ♀
     🕁 🗇 👄 🗒 🖰 🕁 ⌂ ⊕ 🖩 – 🖾 🐎 🖼
     Tarif : 🖻 2 pers. 86, 3 pers. 100 – [½] 20 (5A)

   ᗰ **L'Aloua** 20 juin-15 sept.
     ℰ 04 50 52 60 06 ⊠ 74320 Sévrier – NO : 1,5 km, bord d'un ruisseau et à 300 m du lac – ≼ ⟜
     – **R** – **GB** ⊶
     2,3 ha (185 empl.) plat, herbeux ♀
     & 🗇 🗒 🖰 ⌂ ⊕ 🖩 – 🖾 – A proximité : 🖙 🌊
     Tarif : 🖻 2 pers. 72 – [½] 13 (2A) 17 (5A) 18 (6A)

   ᗯ **Municipal les Roseaux** 6 juin-15 sept.
     ℰ 04 50 68 66 59 – NE : 1,5 km, à 150 m du lac – ⌕ ⟜ – **R** conseillée – ⊶
     0,6 ha (49 empl.) plat, herbeux, pierreux ♀♀
     🗇 🕁 ⊕
     Tarif : ⭑ 18 – 🖻 25

  ▌**Sévrier**▐ 2 980 h. alt. 456 – ⊠ 74320 Sévrier.
  🖪 Office de Tourisme, pl. de la Mairie ℰ 04 50 52 40 56, Fax 04 50 52 48 66.
  Paris 544 – Albertville 40 – Annecy 5 – Megève 56.

   ᗰ **Les Bernets et le Panoramic** 15 mai-sept.
     ℰ 04 50 52 43 09 – S : 3,5 km – ≼ ⟜ juil.-août – **R** juil.-août – **GB** ⊶
     3 ha (233 empl.) plat et peu incliné, herbeux ♀ (1 ha)
     🗇 👄 🗒 🕁 ⊕ 🖩 – 🖳 ♈ snack – 🖾
     Tarif : 🖻 2 pers. 90 – [½] 18 (3A)
     Location : 🖸 2500 à 3000

   ᗰ **Au Cœur du Lac** avril-sept.
     ℰ 04 50 52 46 45, Fax 04 50 19 01 45 – S : 1 km, accès direct au lac – ≼ ⟜ – **R** saison – **GB** ⊶
     1,7 ha (100 empl.) en terrasses et peu incliné, herbeux ♀
     & 🗇 👄 🗒 🖰 ⌂ ⊕ 🖭 🖩 – 🖳 – 🖾 – A proximité : 🌊 🐎
     Tarif : 🖻 2 pers. 93 – [½] 18 (4A)

  ▌**Talloires**▐ 1 287 h. alt. 470 – ⊠ 74290 Talloires.
  🖪 Office de Tourisme, pl. de la Mairie ℰ 04 50 60 70 64, Fax 04 50 60 76 59.
  Paris 551 – Albertville 34 – Annecy 13 – Megève 50.

   ᗰ **Le Lanfonnet** mai-29 sept.
     ℰ 04 50 60 72 12 – SE : 1,5 km, près du lac – ≼ ⟜ – **R** conseillée – ⊶
     1,9 ha (170 empl.) plat, peu incliné, herbeux ♀♀ (0,5 ha)
     🗇 👄 🕁 ⊕ 🖩 – 🖳 ♈ snack
     Tarif : (Prix 1998) 🖻 2 pers. 104, pers. suppl. 32 – [½] 19,50 (6A)

   ᗯ **Au Cœur des Prés** juin-15 sept.
     ℰ 04 50 60 71 87 – N : 2 km – ≼ ⟜ – **R** conseillée 10 juil.-20 août – ⊶
     1,2 ha (100 empl.) peu incliné, plat, herbeux ♀♀
     & 🗇 👄 🗒 🕁 ⊕
     Tarif : (Prix 1998) 🖻 2 pers. 57, pers. suppl. 12 – [½] 15 (4A)

  ▶ **Benutzen Sie immer die neuesten Ausgaben**
    der MICHELIN-Straßenkarten und -Reiseführer.

  ▌**ANNONAY**▐ ————————————————————
  07100 Ardèche 🞖 – 🞗🞗 ① G. Vallée du Rhône – 18 525 h. alt. 350.
  🖪 Office de Tourisme pl. des Cordeliers ℰ 04 75 33 24 51, Fax 04 75 32 47 79.
  Paris 533 – Grenoble 108 – St-Étienne 43 – Tournon-sur-Rhône 36 – Valence 52 – Vienne 45 – Yssingeaux 58.

   ᗯ **Municipal de Vaure** avril-oct.
     ℰ 04 75 32 47 49 – sortie Nord, rte de St-Étienne, attenant à la piscine et près d'un parc – ≼ ⟜
     – **R** – ⊶
     2,5 ha (78 empl.) plat et peu incliné, herbeux ♀
     🖩 & 🗇 👄 🗒 🕁 ⊕ 🖩 – 🖾 – A proximité : 🖙 ♈ 🖳
     Tarif : ⭑ 13 – 🚗 6,50 – 🖻 14/17 – [½] 10,50 (6A) 17 (10A)

  ▌**ANNOVILLE**▐ ————————————————————
  50660 Manche 🞘 – 🞙🞘 ⑫ – 474 h. alt. 28.
  Paris 335 – Barneville-Carteret 59 – Carentan 48 – Coutances 14 – Granville 19 – St-Lô 43.

   ᗯ **Municipal les Peupliers** 15 juin-15 sept.
     ℰ 02 33 47 67 73 – SO : 3 km par D 20 et chemin à droite, à 500 m de la plage – ⌕ ⟜ – 🗚
     2 ha (100 empl.) plat, sablonneux, herbeux
     🗇 👄 🗒 🕁 ⊕ 🖩 – 🖳
     Tarif : ⭑ 12,40 – 🖻 15,50 – [½] 12 (6A)

ANOST

71550 S.-et-L. **11** – **69** ⑦ G. Bourgogne – 746 h. alt. 454.
Paris 273 – Autun 24 – Château-Chinon 20 – Luzy 46 – Saulieu 34.

▲ **Municipal Pont de Bussy** mai-oct.
    ℰ 03 85 82 79 07 – O : 0,5 km par D 88, rte d'Arleuf, bord d'un ruisseau et près d'un petit plan
d'eau – ⊶ saison – **R** conseillée juil.-août – ⅗
1,5 ha (45 empl.) plat et peu incliné, herbeux ▭
ᵹ ⅊ 🖫 🖴 ⊕ ⅄ ▣ – 🖳 – A proximité : half-court, terrain omnisports ✕ ⅀
Tarif : (Prix 1998) ⚲ 13 – 🚗 8 – 🔳 12 – ₲ 12(10A)

ANOULD

88650 Vosges **8** – **62** ⑰ – 2 960 h. alt. 457.
Paris 402 – Colmar 45 – Épinal 48 – Gérardmer 17 – St-Dié 11.

▲ **Les Acacias** fermé 11 oct.-nov.
    ℰ 03 29 57 11 06 – sortie Ouest par N 415, rte de Colmar et chemin à droite – ⊶ juil.-août – **R** –
⅗
0,8 ha (60 empl.) plat, herbeux ⅊
🏢 ᵹ 🖫 ⅄ ⊕ ▣ – ⅀ (petite piscine)
Tarif : (Prix 1998) ⚲ 18 – 🚗 10 – 🔳 10 – ₲ 14 (3A) 19 (6A) 32 (10A)

ANSE

69480 Rhône **11** – **74** ① – 4 458 h. alt. 170.
🅱 Office de Tourisme pl. du 8-Mai-1945, en face du Château ℰ 04 74 60 26 16, Fax 04 74 67 29 74.
Paris 436 – L'Arbresle 19 – Bourg-en-Bresse 58 – Lyon 28 – Mâcon 49 – Villefranche-sur-Saône 6.

▲▲ **Les Portes du Beaujolais** 15 mars-oct.
    ℰ 04 74 67 12 87, Fax 04 74 09 90 97 – sortie Sud-Est, rte de Lyon et 0,6 km par chemin à gauche
avant le pont, au confluent de l'Azergues et de la Saône – ⊶ – **R** conseillée – **GB** ⅗
7,5 ha (198 empl.) plat, herbeux ⅊ (tentes)
🏢 ᵹ ⅊ ⅏ 🖫 🖴 ⊕ 🖭 ▣ – ⅀, snack ⅄ – 🏌 ⅀
Tarif : (Prix 1998) 🔳 élect. (6A) et piscine comprises 2 pers. 109, pers. suppl. 26
Location (permanent) : ⚬ 1950 à 2850

ANTIBES

06600 Alpes-Mar. **17** – **84** ⑨ G. Côte d'Azur – 70 005 h. alt. 2.
🅱 Office de Tourisme 11 pl. Gén.-de-Gaulle ℰ 04 92 90 53 00, Fax 04 92 90 53 01.
Paris 913 – Aix-en-Provence 160 – Cannes 10 – Nice 23.

▲▲▲ **Antipolis** Pâques-sept.
    ℰ 04 93 33 93 99, Fax 04 92 91 02 00 – N : 5 km par N 7 et chemin à gauche, bord de la Brague
– ⊶ ⅌ – **R** conseillée juil.-août – **GB** ⅗
4,5 ha (260 empl.) plat, herbeux ▭ ⅊⅊
ᵹ ⅊ ⅏ 🖴 ⊕ ⅄ ▣ – ⅀, ⅄ snack,
pizzeria ⅄ – 🖳 🏌 ✕ ⅀
Tarif : 🔳 élect. (10A) et piscine comprises 2 pers.
140, pers. suppl. 30
Location : ⚬ 1500 à 3500

▲▲ **Le Pylone** Permanent
    ℰ 04 93 33 52 86, Fax 04 93 33 30 54
– N : 4,5 km par N 7, à 300 m de la plage et
au bord de la Brague – Places limitées pour
le passage ⊶ ⅌ juil.-août – **R** juil.-août
– ⅗
10 ha (800 empl.) plat, herbeux, gravillons,
gravier ▭ ⅊⅊
🏢 ᵹ ⅏ ⊕ ⅄ ⅌ 🖭 ▣ – ⅀ ⅄ ✕ ⅄ – 🏌
Tarif : ⚲ 35 – 🚗 25 – 🔳 25 avec élect. (10A)

▲▲ **Le Rossignol** 21 mars-24 sept.
    ℰ 04 93 33 56 98, Fax 04 92 91 98 99 – N :
3 km par N 7 et av. Jules-Grec à gauche – ⊶
⅌ juil.-août dans locations – **R** conseillée juil.-
août – **GB** ⅗
1,6 ha (111 empl.) plat et en terrasses, herbeux,
gravier ▭ ⅊⅊
ᵹ 🖫 ⅏ 🖴 ⊕ ⅄ ⅌ 🖭 ▣ – ⅄ – 🖳 🏌 ⅀
Tarif : 🔳 piscine comprise 2 pers. 98/104, pers.
suppl. 25 – ₲ 15 (3A) 18 (6A) 25 (10A)
Location : ⚬ 1400 à 3300

▲▲ **Les Frênes**
    ℰ 04 93 74 66 00 – N : 4,9 km par N 7 et chemin
à gauche – ⊶
2,5 ha (110 empl.) plat, herbeux ⅊⅊
⅊ ⅏ 🖫 🖴 ⊕ ⅄ ⅌ ▣ – ⅀, ⅄ snack ⅄
Location : ⅀ – 🖳

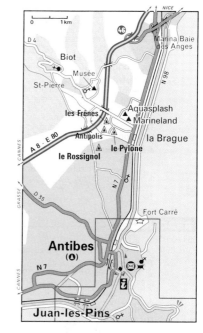

ANTONNE-ET-TRIGONANT

24 Dordogne – **75** ⑥ – rattaché à Périgueux.

ANTRAIN

35560 I.-et-V. **4** – **59** ⑰ G. Bretagne – 1 489 h. alt. 40.
Paris 350 – Avranches 31 – Dol-de-Bretagne 26 – Fougères 28 – Rennes 51.

⚠ **Municipal** 15 mai-25 sept.
à l'Ouest du centre ville, 4 rue des Pungeoirs – ⪕ – **R**
0,4 ha (25 empl.) incliné, herbeux
    ⬧ ⌂ ⬧ ⬧ ☺ – ⬧ – A proximité : ⬧
Tarif : (Prix 1998) ⚡ 16 – ⬧ 8 – ⬧ 8 – ⚡ 20 (16A)

ANZÊME

23000 Creuse **10** – **72** ⑨ – 519 h. alt. 325.
Paris 346 – Aigurande 28 – Le Grand-Bourg 32 – Guéret 12 – La Souterraine 42.

⚠ **Municipal de Péchadoire** mai-sept.
    ⚡ 05 55 51 01 49 – SE : 2 km par rte de Péchadoire puis 0,7 km par chemin à gauche, à 150 m
de la Creuse (plan d'eau) – ⬧ ⪕ « Situation agréable » – **R**
1 ha (30 empl.) plat et peu incliné, en terrasses, herbeux ⚘ (0,2 ha)
    ⬧ ⌂ ⬧ ⬧ ☺ ⬧ ⬧ – ⬧ – A proximité : ⬧ ⬧ ⬧ (plage)
Tarif : ⚡ 15 – ⬧ 20 – ⚡ 15

APREMONT

85220 Vendée **9** – **67** ⑫ G. Poitou Vendée Charentes – 1 152 h. alt. 19.
Paris 445 – Challans 17 – Nantes 63 – La Roche-sur-Yon 29 – Les Sables-d'Olonne 32 – St-Gilles-Croix-de-Vie 18.

⚠ **Les Prairies** Pâques-sept.
    ⚡ 02 51 55 70 58, Fax 02 51 55 76 04 – NE : 2 km, sur D 40, rte de Maché – ⬧ ⬤⬧ – **R** conseillée
1er au 15 août – ⊞ ⬧
4 ha (141 empl.) plat, herbeux ⚘ (2 ha)
    ⬧ ⌂ ⬧ ⬧ ⬧ ☺ ⬧ – ⬧ – ⬧ – ⬧ 8,50
Tarif : ⬧ piscine comprise 1 ou 2 pers. 68, pers. suppl. 20 – ⚡ 18 (6A)
Location : ⬧ 1200 à 2250

APT

84400 Vaucluse **16** – **81** ⑭ G. Provence – 11 506 h. alt. 250.
⬧ Office de Tourisme av. Ph.-de-Girard ⚡ 04 90 74 03 18, Fax 04 90 04 64 30.
Paris 730 – Aix-en-Provence 51 – Avignon 54 – Carpentras 50 – Cavaillon 32 – Digne-les-Bains 93.

⚠⚠ **Les Chênes Blancs** 15 mars-oct.
    ⚡ 04 90 74 09 20, Fax 04 90 74 26 98 ⬧ 84490 St-Saturnin-d'Apt – NO : 8 km par N 100 rte d'Avignon et D 101 à droite, par Gargas – ⬧ ⬤⬧ – **R** conseillée juil.-août – ⊞ ⬧
3,2 ha (190 empl.) plat, pierreux ⚘⚘
    ⬧ ⌂ ⬧ ⬧ ⬧ ☺ ⬧ ⬧ ⬧ – ⬧ snack ⬧ – ⬧ ⬧
Tarif : ⚡ 23 piscine comprise – ⬧ 28 – ⚡ 18 (3A) 22 (6A)
Location : ⬧ 1100 à 1700 – ⬧ 1500 à 2600

⚠⚠ **Le Lubéron** avril-sept.
    ⚡ 04 90 04 85 40, Fax 04 90 74 12 19 – SE : 2 km par D 48 rte de Saignon – ⬧ ⪕ ⬤⬧ ⬧ dans locations – **R** conseillée – ⊞ ⬧
5 ha (110 empl.) plat et peu incliné, terrasses, herbeux ⚘⚘
    ⬧ ⌂ ⬧ ⬧ ⬧ ☺ ⬧ – snack ⬧ – ⬧ ⬧
Tarif : (15 mai-15 sept.) ⬧ piscine comprise 2 pers. 79,50 – ⚡ 21 (8A)
Location (15 mai-15 sept.) : ⬧ 1800 à 2500

⚠ **Aire Naturelle la Clé des Champs** avril-sept.
    ⚡ 04 90 74 41 41 – N : 3 km, accès par rte de la Cucuronne (près de la poste) et quartier St-Michel – ⬧ ⪕ ⬤⬧ – **R** conseillée saison – ⬧
1 ha (25 empl.) plat, herbeux, pierreux ⚘ verger
    ⌂ ⬧ ⬧ ⬧ ☺ ⬧ ⬧ ⬧
Tarif : ⚡ 16 – ⬧ 10 – ⬧ 12/18 – ⚡ 14 (4A) 17 (6A) 20 (10A)

ARAGNOUET

65170 H.-Pyr. **14** – **85** ⑲ G. Pyrénées Aquitaine – 336 h. alt. 1 100.
Paris 864 – Arreau 23 – Bagnères-de-Luchon 56 – Lannemezan 51 – La Mongie 61.

⚠⚠ **Pic de Bern** 15 juin-15 sept.
    ⚡ 05 62 39 63 37, Fax 05 62 39 62 39 – NE : 2,8 km par D 118, rte de St-Lary-Soulan, à Fabian, près de la Neste-d'Avre – ⬧ ⪕ ⬤⬧ – **R** conseillée – ⊞
3 ha (60 empl.) plat et peu incliné, terrasses, herbeux ⚘ (0,5 ha)
    ⬧ ⌂ ⬧ ☺ – ⬧ snack ⬧ – ⬧
Tarif : (Prix 1998) ⚡ 17 – ⬧ 16 – ⚡ 16 (4A) 25 (13A)
Location : ⬧

64570 Pyr.-Atl. **13** – **85** ⑤ G. Pyrénées Aquitaine – 588 h. alt. 293.
Paris 830 – Mauléon-Licharre 27 – Oloron-Ste-Marie 15 – Pau 49 – St-Jean-Pied-de-Port 62.

⚠ *La Vallée* juin-sept.
🅟 05 59 34 12 21 – sortie Ouest par D 918, rte de Mauléon-Licharre, bord du Vert de Barlanes –
⌂ – **R** – ⤲
0,5 ha (50 empl.) plat, herbeux ⚲
⛫ 🍴 ⇌ 🖵 ⇔ ☺ – 🖾
Tarif : ♣ *12* – 🖻 *15/20* – 🔌 *15 (6A)*

▶ *En juin et septembre les camps sont plus calmes, moins fréquentés*
et pratiquent souvent des tarifs « hors saison ».

39600 Jura **12** – **70** ④ ⑭⑮② G. Jura – 3 900 h. alt. 350.
🅑 Office de Tourisme r. de l'Hôtel de ville 🅟 03 84 37 47 37, Fax 03 84 66 25 50.
Paris 394 – Besançon 47 – Dole 35 – Lons-le-Saunier 39 – Salins-les-Bains 12.

⚠ *Municipal les Vignes* avril-sept.
🅟 03 84 66 14 12 – sortie Est par D 107, rte de Mesnay, près du stade et de la piscine – ≼ ⊶
– **R** conseillée – ⤲
2,3 ha (139 empl.) en terrasses et peu incliné, herbeux, gravillons, gravier ⚲
⛫ 🍴 ⇌ 🖵 ♨ ⇔ ⚲ ☺ ⤳ ↝ 🖾 – 🏖 – 🖾 – A proximité : 🏊
Tarif : (Prix 1998) ♣ *20* – 🖻 *20/20 ou 27,50* – 🔌 *16,50 (10A)*

33 Gironde **13** – **71** ⑲ ⑳ G. Pyrénées Aquitaine.

7 176 h. alt. 4 – ✉ 33510 Andernos-les-Bains.
🅑 Office de Tourisme, esplanade du Broustic 🅟 05 56 82 02 95, Fax 05 56 82 14 29.
Paris 629 – Arcachon 41 – Bordeaux 46 – Castelnau-de-Médoc 52.

⚠⚠ *Fontaine-Vieille* avril-sept.
🅟 05 56 82 01 67, Fax 05 56 82 09 81 – SE : 2,5 km, au Mauret, bord du Bassin – ⊶ – **R** conseillée
14 juil.-15 août – **GB** ⤲
13 ha (840 empl.) plat, sablonneux, herbeux ⚲⚲
⛫ 🍴 ⇌ 🖵 ♨ ⇔ ☺ 🍽 🖾 – 🏖 ♈ ✗ ⤳ cases réfrigérées – 🖾 🛶 🚲 ⚓ 🏊 – A proximité :
🎿
Tarif : 🖻 *2 pers. 90* – 🔌 *20 (5A)*
Location : 🛏 *1300 à 2600*

11 770 h. alt. 5 – ✉ 33120 Arcachon.
🅑 Office de Tourisme espl. G.-Pompidou 🅟 05 57 52 97 97, Fax 05 57 52 97 77, (juil.-août) accueil : l'Aiguillon.
Paris 651 – Agen 196 – Bayonne 184 – Bordeaux 74 – Dax 145 – Royan 191.

⚠ *Camping Club d'Arcachon* Permanent
🅟 05 56 83 24 15, Fax 05 57 52 28 51 – au Sud de la ville, allée de la Galaxie, quartier des Abatilles
« Cadre agréable » ⊶ – **R** conseillée – **GB** ⤲
5,2 ha (250 empl.) vallonné, sablonneux 🗆 ⚲⚲
⛫ 🍴 ⇌ 🖵 ♨ ⇔ ☺ ⤳ ↝ 🖾 – 🏖 ♈ – 🖾 🚲 🏊
Tarif : (Prix 1998) 🖻 *piscine comprise 1 à 3 pers. 125/135, pers. suppl. 25* – 🔌 *25 (6 à 10A)*

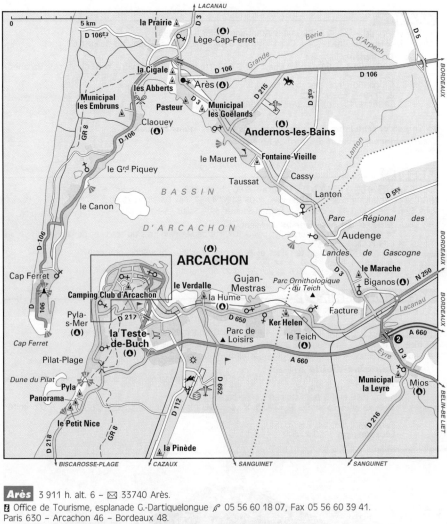

Arès 3 911 h. alt. 6 – ⊠ 33740 Arès.

🄵 Office de Tourisme, esplanade G.-Dartiquelongue 𝒫 05 56 60 18 07, Fax 05 56 60 39 41.
Paris 630 – Arcachon 46 – Bordeaux 48.

⚠ **Municipal les Goëlands** avril-sept.
𝒫 05 56 82 55 64, Fax 05 57 76 02 24 – SE : 1,7 km, près d'étangs et à 500 m du Bassin – ⊶ –
R conseillée – ᴳᴮ ⚲
10 ha (400 empl.) plat et vallonné, sablonneux ⚘⚘
🄵 🗊 ⚄ 🗒 🖵 ⊕ 🛆 🖾 – 🔄 ❓ 🚿 – 🛶 – A proximité : ≊ (étang)
Tarif : (Prix 1998) 🄴 2 pers. 92, pers. suppl. 19 – 🔋 17,50 (6A)

⚠ **Les Abberts** mai-sept.
𝒫 05 56 60 26 80 – sortie Nord puis r. des Abberts à gauche – ⊶ – **R** conseillée juil.-août
– ⚲
2 ha (125 empl.) plat, sablonneux, herbeux ⚘⚘
🄵 🗊 ⚄ 🗒 🖵 ⊕ 🖾 – ❓ snack 🍴 – 🖾 🛶 ≊ (petite piscine)
Tarif : 🄴 2 pers. 95, pers. suppl. 21 – 🔋 24 (6A)

⚠ **La Cigale** avril-10 oct.
𝒫 05 56 60 22 59, Fax 05 57 70 41 66 – sortie Nord – ⊶ – **R** indispensable 11 juil.-20 août – ᴳᴮ
⚲
2,4 ha (95 empl.) plat, herbeux, sablonneux ⚘⚘
🄵 🗊 ⚄ 🗒 🖵 ⚄ ⊕ 🖾 – ❓ 🍴 – 🖾 🛶 🏊 – A proximité : pizzeria
Tarif : 🄴 piscine comprise 2 pers. 110 – 🔋 22 (4 à 8A)

⚠ **Pasteur** avril-15 oct.
𝒫 05 56 60 33 33, Fax 05 56 60 05 05 – par sortie Sud-Est, à 300 m du bassin – ⊶ – **R** conseillée
– ⚲
1 ha (50 empl.) plat, herbeux, sablonneux ⚘⚘
🄵 🗊 🗒 🖵 ⊕ 🖾 🖾 – 🚲 ≊ (petite piscine)
Tarif : 🄴 2 pers. 90, pers. suppl. 20 – 🔋 18 (6A)
Location : 🚍 1000 à 3200 – 🏠 1200 à 3600

Biganos 5 908 h. alt. 16 – ⌧ 33380 Biganos :
Paris 631 – Andernos-les-Bains 15 – Arcachon 26 – Bordeaux 54.

▲ **Le Marache** avril-oct.
    📞 05 57 70 61 19, Fax 05 56 82 62 60 – sortie Nord par D 3, rte d'Audenge et rte à droite – ⊶
    – **R** conseillée – ⊖⊟ ⨉
    1,4 ha (64 empl.) plat, herbeux ⊏⊐ �ᐧᐧ
    ⛯ ⩎ ⇔ ⊡ ⊟ ⊚ ▣ – ⛾ ⮷ – ⌷ ⤰
    Tarif : (Prix 1998) ⊡ *piscine comprise 2 pers. 90/110 avec élect. (3A), pers. suppl. 25 –* ⌂ *25*
    (6A)
    Location : ⌸ *2400 à 2900 –* ⌂ *2700 à 3400 – bungalows toilés*

Claouey ⌧ 33950 Lège-Cap-Ferret.
Paris 637 – Arcachon 60 – Belin-Béliet 61 – Bordeaux 54 – Cap-Ferret 13.

▲ **Municipal les Embruns** Permanent
    📞 05 56 60 70 76 – O : 0,7 km « Cadre agréable » ⊶ conseillée été – ⨉
    18 ha (800 empl.) plat, accidenté, incliné, sablonneux ᐧᐧ pinède
    ⛯ ⩎ ⇔ ▣ ⊟ ⊚ – A proximité : ⛾ ▨
    Tarif : (Prix 1998) ⊡ *élect. (6A) comprise 2 pers. /4,90*

Gujan-Mestras 11 433 h. alt. 5 – ⌧ 33470 Gujan-Mestras.
Paris 640 – Andernos-les-Bains 26 – Arcachon 16 – Bordeaux 62.

à La Hume O : 3,8 km – ⌧ 33470 Gujan-Mestras :

▲ **Verdalle** Pâques-sept.
    📞 05 56 66 12 62 – au Nord de la localité, par av. de la Plage et chemin à droite, près du bassin,
    accès direct à la plage – ⊶ juil.-août – **R** conseillée juil.-août – ⨉
    1,5 ha (108 empl.) plat, sablonneux, pierreux
    ⛯ ⩎ ⇔ ⊡ ⊟ ▣
    Tarif : ⚲ *22,50 –* ⊡ *24 –* ⌂ *22 (6A)*

Lège-Cap-Ferret 5 564 h. alt. 9 – ⌧ 33950 Lège-Cap-Ferret.
🛈 Office de Tourisme, le Canon 📞 05 56 60 86 43, Fax 05 56 60 94 54.
Paris 632 – Arcachon 55 – Belin-Béliet 56 – Bordeaux 49 – Cap-Ferret 20.

▲ **La Prairie** Permanent
    📞 05 56 60 09 75 – NE : 1 km par D 3, rte du Porge – ⊶ – **R** conseillée juil.-août – ⨉
    1,5 ha (70 empl.) plat, herbeux
    ⛯ ⩎ ⇔ ▣ ⊟ ⤰ ⊚ ▣ – ⌷ ⤰
    Tarif : ⊡ *2 pers. 60, pers. suppl. 14 –* ⌂ *16 (10A)*
    Location : *bungalows toilés*

Mios 3 786 h. alt. 13 – ⌧ 33380 Mios.
Paris 627 – Arcachon 26 – Belin-Béliet 26 – Bordeaux 49.

▲ **Municipal la Leyre** Permanent
    📞 05 56 26 42 04 – au Sud-Ouest du bourg, bord de rivière – ⊶ – **R** conseillée été –
    ⨉
    2 ha (100 empl.) plat, peu incliné, herbeux, sablonneux ᐧᐧ (1 ha)
    ▥ ⛯ ⩎ ⇔ ▣ ⊟ ⊚ ⚞ ⮷ ▣ – A proximité : parcours de santé, halte nautique ⛾ ⤰
    Tarif : ⊡ *2 pers. 69 –* ⌂ *19 (6A)*

Pyla-sur-Mer ⌧ 33115 Pyla-sur-Mer.
🛈 Office de Tourisme, rond-point du Figuier 📞 05 56 54 02 22, Fax 05 56 22 58 84 et Pavillon de la Grande
Dune 📞 05 56 22 12 85.
Paris 650 – Arcachon 8 – Biscarrosse 34 – Bordeaux 73.

▲▲▲ **Panorama** mai-sept.
    📞 05 56 22 10 44, Fax 05 56 22 10 12 – S : 7 km par D 218, rte de Biscarrosse, accès piétons à
    la plage par escalier abrupt et chemin – ≼ – ⊶ – ⨉
    15 ha/10 campables (450 empl.) accidenté et en terrasses, plat, sablonneux ᐧᐧ pinède
    ⛯ ⩎ ⇔ ▣ ⊒ ⊟ ⚞ ⊚ ▣ – ⮵ ⛾ ✕ ⤰ cases réfrigérées – ⌷ ⚑ ⊜ ⤰ ⛾ ⛰
    Tarif : ⚲ *28 piscine comprise –* ⊡ *93 –* ⌂ *20 (3A) 30 (6 à 10A)*
    Location : ⌸ *2550 à 3750 –* ⌂ *1990 à 2980 – bungalows toilés*

▲▲ **Pyla-Camping** Pâques-sept.
    📞 05 56 22 74 56, Fax 05 56 22 10 31 – S : 6 km par D 218, rte de Biscarrosse, Accès pour piétons
    à la plage par la dune – ⊶ ⛱ dans locations – **R** conseillée – ⊖⊟ ⨉
    9 ha (400 empl.) vallonné, accidenté et en terrasses, plat, sablonneux ⊏⊐ ᐧᐧ
    ⛯ ⩎ ⇔ ▣ ⊒ ⊟ ⊚ ⌷ ▣ – ⮵ ⛾ ✕ pizzeria ⤰ cases réfrigérées – ⌷ ⚑ ⤰ ⚲
    Tarif : (Prix 1998) ⊡ *piscine comprise 2 pers. 125/130, pers. suppl. 28 –* ⌂ *19 (4 à 6A)*
    Location : ⌸ *1590 à 3490 – bungalows toilés*

ARCACHON (Bassin d')

⚠ **Le Petit Nice** avril-oct.
℘ 05 56 22 74 03, Fax 05 56 22 14 31 – S : 7,2 km par D 218 rte de Biscarrosse, accès piétons à la plage par escalier abrupt – 🏊 ⌂ – **R** conseillée juil.-août – ⊖ ✗
5 ha (225 empl.) accidenté et en terrasses, sablonneux ⌂ ♀♀ pinède
▥ 🔥 🍴 ⇄ 🛁 🛒 ⊙ 🚐 🖭 – 🍺 ▾ ✗ – 🔫 ✗ 🏊 🛶
Tarif : (Prix 1998) ✹ 31 piscine comprise – 🅴 75 – (½) 29 (10A)
Location : 🛖 2700 à 4300 – bungalows toilés

Le Teich   3 607 h. alt. 5 – ⊠ 33470 Le Teich.
🅱 Office de Tourisme (saison) ℘ 05 56 22 80 46, Fax 05 56 22 89 65.
Paris 635 – Arcachon 20 – Belin-Béliet 34 – Bordeaux 57.

⚠ **Ker Helen** mars-nov.
℘ 05 56 66 03 79, Fax 05 56 66 51 59 – O : 2 km par D 650 rte de Gujan-Mestras – ⌂ – **R** conseillée – ✗
4 ha (140 empl.) plat, herbeux ♀
🔥 🍴 ⇄ 🔲 🛁 🛒 ⚲ ⊙ 🛂 ▽ 🖭 – 🍺 ▾ snack 🔫 – 🔫 🏊 🛶
Tarif : (Prix 1998) ✹ 26 piscine comprise – 🅴 50 – (½) 21 (6 ou 10A)
Location (permanent) : 🛖 1600 à 3300 – 🏠1800 à 3700 – bungalows toilés

La Teste-de-Buch   20 331 h. alt. 5 – ⊠ 33260 La Teste-de-Buch.
🅱 Office de Tourisme, pl. J.-Hameau ℘ 05 56 66 45 59, Fax 05 56 54 45 94 et (saison) pl. Marché.
Paris 644 – Andernos-les-Bains 35 – Arcachon 5 – Belin-Béliet 44 – Biscarrosse 34 – Bordeaux 67.

⚠ **La Pinède** mai-sept.
℘ 05 56 22 23 24 – bord du canal des Landes « Cadre agréable » ⌂ – **R** conseillée juil.-août – ⊖ ✗
5 ha (200 empl.) plat, sablonneux, herbeux ⌂ ♀ pinède
🔥 🍴 🔲 🛁 ⊙ 🖭 – 🍺 ▾ snack – 🔫 🛶
Tarif : 🅴 piscine comprise 2 pers. 98, pers. suppl. 25 – (½) 20 (5A)
Location : 🏠1500 à 3300

▶ Kataloge der **MICHELIN–Veröffentlichungen** erhalten Sie beim Buchhändler und direkt von **Michelin** (Karlsruhe).

ARC-ET-SENANS ──

25610 Doubs 🔢 – 🔢 ④ G. Jura – 1 277 h. alt. 231.
Paris 393 – Besançon 36 – Pontarlier 62 – Salins-les-Bains 16.

△ **Bords de la Loue** mai-sept.
℘ 03 81 57 50 28 – à 1 km au Nord-Est du centre bourg, près d'un ruisseau et à 150 m de la Loue – 🏊 – **R** conseillée juil.-août – ✗
0,5 ha (30 empl.) plat, herbeux ⌂ ♀
🔥 ⇄ 🛁 ⊙
Tarif : ✹ 16 – 🅴 18/20 – (½) 14 (16A)

ARCHIAC ──

17520 Char.-Mar. 🔢 – 🔢 ⑫ – 837 h. alt. 111.
Paris 516 – Angoulême 47 – Barbezieux 15 – Cognac 22 – Jonzac 16 – Pons 22.

△ **Municipal** juin-15 sept.
℘ 05 46 49 10 46 – près de la piscine – **R** – ✗
1 ha (44 empl.) plat, en terrasses, herbeux, pierreux ⌂ ♀
🔥 ⇄ 🔲 ⚲ ⊙ 🖭 – 🔫 – A proximité : ✗ 🛶
Tarif : ✹ 10 – 🔫 6,50 – 🅴 6,50 – (½) 14,50 (5A)

ARCIS-SUR-AUBE ───────────────────────────────────────

10700 Aube 🔢 – 🔢 ⑦ G. Champagne – 2 855 h. alt. 98.
Paris 159 – Châlons-en-Champagne 50 – Fère-Champenoise 32 – Romilly-sur-Seine 34 – Troyes 27 – Vitry-le-François 55.

△ **L'Île** 16 avril-sept.
℘ 03 25 37 98 79 – sortie Nord rte de Châlons-en-Champagne, bord de l'Aube « Cadre agréable dans une île » ⌂ saison – **R** conseillée juil.-août
1,3 ha (80 empl.) plat, herbeux, gravillons ⌂ ♀♀
🔥 ⇄ 🔲 🛁 ⊙ 🛂 ▽
Tarif : ✹ 17 – 🅴 18 – (½) 13 (5 ou 10A)

ARCIZANS-AVANT ───────────────────────────────────────

65 H.-Pyr. – 🔢 ⑰ – rattaché à Argelès-Gazost.

07 Ardèche 🔟🔟 – 🔠🔟 ⑧ ⑨ G. Provence.

Aiguèze   Gard 215 h. alt. 91 – ✉ 30760 Aiguèze – schéma C.

Paris 646 – Alès 58 – Aubenas 69 – Bagnols-St-Cèze 21 – Bourg-St-Andéol 15 – Pont-St-Esprit 10.

⚠ **Les Cigales** 15 mars-15 oct.

℘ 04 66 82 18 52 – au Sud-Est du bourg, sur D 141, avant le pont de St-Martin – ⚬— – **R** conseillée saison – 🇬🇧 ⚲

0,5 ha (36 empl.) plat et terrasse, herbeux ♀

🔥 🔥 ⚲ ⊕ 🔥 🔥 – 🔥 (couverte hors saison)

Tarif : 🔳 *piscine comprise 1 ou 2 pers. 72,50* – [₅] *16,80 (4A) 28,50 (6A)*

Balazuc   Ardèche 277 h. alt. 170 – ✉ 07120 Balazuc – schéma B.

Paris 647 – Aubenas 16 – Largentière 10 – Privas 46 – Vallon-Pont-d'Arc 20 – Viviers 41.

⚠ **Le Retourtier** 15 avril-15 sept.

℘ 04 75 37 77 67 – E : 1 km – ⩽ ❶(tentes) – 🏦 – ⚲

1,2 ha (70 empl.) en terrasses, plat, peu incliné, accidenté, herbeux, pierreux ♀

🔥 🔥 🔥 ⚲ ⊕ 🔥 – ☜ (petite piscine)

Tarif : (Prix 1998) 🔳 *2 pers. 60/70, pers. suppl. 18* – [₅] *15 (3A)*

Location : 🔥 *800 à 1500*

Barjac   Gard 1 361 h. alt. 171

✉ 30430 Barjac – schéma A.

Paris 669 – Alès 34 – Aubenas 48 – Pont-St-Esprit 33 – Vallon-Pont-d'Arc 13.

⚠⚠ **La Buissière** avril-sept.

℘ 04 66 24 54 52 – NE : 2,5 km, sur D 176, rte d'Orgnac-l'Aven – ⚲ « Cadre sauvage » ⚬— – **R** conseillée 14 juil.-15 août – ⚲

1,1 ha (70 empl.) plat et peu accidenté, pierreux 🔥 ♀

🔥 🔥 🔥 🔥 ⚲ ⊕ 🔥 – 🔥 ▥ 🔥 🔥

Tarif : 🔳 *piscine comprise 2 pers. 86, pers. suppl. 17,50* – [₅] *12,50 à 28 (2 à 10A)*

Location : 🔥 *1000 à 1870*

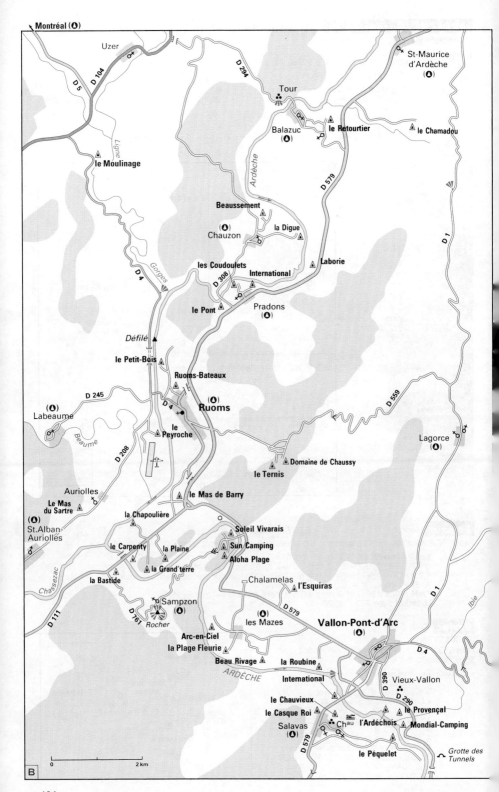

Montréal (⬤)

Uzer

le Moulinage

St-Maurice
d'Ardèche
(⬤)

Tour

Balazuc
(⬤)

le Retourtier

le Chamadou

Beaussement

la Digue

Chauzon
(⬤)

Laborie

les Coudoulets

International

le Pont

Pradons
(⬤)

Défilé

le Petit-Bois

Ruoms-Bateaux

Labeaume
(⬤)

Ruoms

le Peyroche

Lagorce
(⬤)

Domaine de Chaussy

le Ternis

Auriolles

le Mas de Barry

Le Mas
du Sartre

la Chapoulière

St.Alban-
Auriollés
(⬤)

Soleil Vivarais

le Carpenty

la Plaine

Sun Camping

Aloha Plage

la Grand'terre

la Bastide

Chalamelas

l'Esquiras

Sampzon
(⬤)

Rocher

les Mazes
(⬤)

Vallon-Pont-d'Arc
(⬤)

Arc-en-Ciel
la Plage Fleurie

Beau Rivage

la Roubine

Vieux-Vallon

ARDÈCHE

International

le Chauvieux

le Provençal

le Casque Roi

Ch^au

l'Ardéchois

Mondial-Camping

Salavas
(⬤)

le Péquelet

Grotte des
Tunnels

0   2 km

B

▲ **La Combe** avril-sept.
    𝄞 04 66 24 51 21 – O : 3 km par D 901, rte des Vans et D 384 à droite, rte de Mas Reboul – 🐕
    o━ – **R** conseillée – ⚡
    2,5 ha (100 empl.) plat et peu incliné, herbeux 🟢🟢 (1 ha)
    🏕 ⇆ 🗓 ⚡ ⊕ 🍴 – 🚐 ✗ 🏊
    Tarif : ▣ *piscine comprise* 2 pers. 77 – [⚡] 15 (6A)
    Location : �caravane 750 à 1500

Chauzon   Ardèche 224 h. alt. 128 – ✉ 07120 Chauzon – schéma B.
Paris 652 – Aubenas 19 – Largentière 13 – Privas 49 – Ruoms 6 – Vallon-Pont-d'Arc 15.

▲▲ **La Digue** 20 mars-sept.
    𝄞 04 75 39 63 57, Fax 04 75 39 75 17 – à 1 km à l'Est du bourg, à 100 m de l'Ardèche (accès direct),
    Accès et croisement difficiles pour caravanes – 🐕 o━ ✗ juil.-août dans locations – **R** conseillée
    juil.-août – **CB** ⚡
    2 ha (100 empl.) plat et en terrasses, herbeux 🟢🟢
    🏛 🔥 ⇆ 🗓 ♨ ➳ ⊕ 🍴 – 🚐 🍷 snack – 🚲🚲 🚴 ✗ 🏊 – A proximité : ⚓
    Tarif : ▣ *piscine comprise* 2 pers. 96, pers. suppl. 25 – [⚡] 19
    Location : 🚐 1500 à 3000 – 🏠 1600 à 3100

▲ **Beaussement** 20 mars-15 sept.
    𝄞 04 75 39 72 06, Fax 04 75 39 71 97 – à 0,7 km au Nord du bourg, bord de l'Ardèche, Accès et
    croisement difficiles pour caravanes – 🐕 o━ juil.-août – **R** conseillée 14 juil.-15 août – **CB** ⚡
    2,3 ha (83 empl.) plat et terrasses, peu incliné, pierreux, herbeux 🟢🟢 (1ha)
    🔥 🔥 ⇆ 🗓 ♨ ⊕ ➳ ⚲ 🍴 – 🚐 ⚓
    Tarif : ▣ 2 pers. 70 – [⚡] 16

Lagorce   Ardèche 706 h. alt. 120 – ✉ 07150 Lagorce – schéma B.
Paris 651 – Aubenas 23 – Bourg-St-Andéol 34 – Privas 53 – Vallon-Pont-d'Arc 6 – Viviers 45.

▲ **L'Ibie** avril-15 sept.
    𝄞 04 75 88 01 26, Fax 04 75 88 06 58 – SE : 3 km par D 1, rte de Vallon-Pont-d'Arc, puis 2 km à
    gauche par D 558, rte de la Vallée de l'Ibie et chemin à gauche avant le pont, près de la rivière –
    🐕 ≼ « Cadre agréable » o━ – **R** conseillée – **CB** ⚡
    3 ha (34 empl.) plat et en terrasses, pierreux, herbeux 🟢🟢
    🔥 🔥 ⇆ 🗓 ➳ ⊕ 🍴 – snack – 🚐 🏊
    Tarif : ▣ *piscine comprise* 2 pers. 99 – [⚡] 16 (5A)
    Location : 🏠 1600 à 3200

Montréal   381 h. alt. 180 – ✉ 07110 Montréal – schéma B.
Paris 649 – Aubenas 20 – Largentière 4 – Privas 50 – Vallon-Pont-d'Arc 23.

▲▲ **Le Moulinage** avril-sept.
    𝄞 04 75 36 86 20, Fax 04 75 36 98 46 – SE : 5,5 km par D 5, D 104 et D 4 rte de Ruoms, bord de
    la Ligne – ≼ o━ – **R** conseillée – **CB** ⚡
    4 ha (90 empl.) peu incliné, terrasses, herbeux, pierreux 🟢🟢 (0,8 ha)
    🔥 🔥 🗓 ➳ ⊕ 🍴 – 🍷 snack 🍴 – 🚐 ⦿🔥 🏊 ⚓
    Tarif : ▣ *piscine comprise* 2 pers. 98, pers. suppl. 22 – [⚡] 18 (4A)
    Location : 🚐 1260 à 3150 – 🏠 1260 à 3400 – bungalows toilés

---

Orgnac-l'Aven   Ardèche 327 h. alt. 190 – ✉ 07150 Orgnac-l'Aven – schéma A.
Paris 658 – Alès 44 – Aubenas 52 – Pont-St-Esprit 23 – Privas 83 – Vallon-Pont-d'Arc 18.

▲ **Municipal** 15 juin-août
    𝄞 04 75 38 63 68 – au Nord du bourg par D 217, rte de Vallon-Pont-d'Arc – o━ – **R** conseillée
    juil.-août – ⚡
    2,6 ha (150 empl.) plat, pierreux 🟢🟢 chênaie
    🔥 🔥 🗓 ➳ ⊕ 🍴 – 🚐 ✗ 🏊 – A proximité : 🎾
    Tarif : ▣ *piscine comprise* 2 pers. 70, pers. suppl. 17 – [⚡] 19 (6A)
    Location : 🚐 1224 à 1530

Pradons   Ardèche 220 h. alt. 124 – ✉ 07120 Pradons – schéma B.
Paris 650 – Aubenas 22 – Largentière 15 – Privas 52 – Ruoms 4 – Vallon-Pont-d'Arc 13.

▲▲ **Les Coudoulets** mai-10 sept.
    𝄞 04 75 93 94 95, Fax 04 75 39 65 89 – au Nord-Ouest du bourg, accès direct à l'Ardèche – 🐕
    o━ – **R** conseillée – **CB** ⚡
    1,5 ha (94 empl.) plat et peu incliné, pierreux, herbeux 🟢
    🔥 🔥 🗓 ⇆ ⊕ 🍴 – 🍷 – 🚲🚲 🏊 ⚓ – A proximité : ✗
    Tarif : ▣ *piscine comprise* 2 pers. 85 – [⚡] 17 (5 ou 6A)
    Location *(permanent)* : 🚐 1200 à 2750 – gîtes

▲▲ **International** avril-sept.
    𝄞 04 75 39 66 07, Fax 04 75 39 79 08 – Nord-Est sur D 579, rte d'Aubenas, accès direct à l'Ardèche
    (escalier) – o━ – **R** conseillée – **CB** ⚡
    1,5 ha (45 empl.) peu incliné, plat, herbeux 🟢
    🔥 🔥 ⇆ 🗓 ➳ ⊕ 🍴 – 🚐 ✗ 🏊 ⚓
    Tarif : ▣ *piscine et tennis compris* 2 pers. 105 – [⚡] 20 (4A)
    Location : 🏠 1600 à 3000

△ **Laborie** Pâques-sept
 ℰ 04 75 39 72 26 – NE : 1,8 km par rte d'Aubenas, bord de l'Ardèche – ⊶ juil.-août – **R** conseillée
 – ⚔
 3 ha (100 empl.) plat, herbeux ♨ (2 ha)
 ⚹ ⬚ ⇌ ▦ ⊕ ▣ – ▼ ✗ – ⚏ ⚏
 Tarif : ▣ *2 pers. 70, pers. suppl. 15 –* ⚡ *15 (5A)*

△ **Le Pont** avril-sept.
 ℰ 04 75 93 93 98 – O : 0,3 km par D 308 rte de Chauzon, accès direct à l'Ardèche (escalier) – ⊶
 juil.-août – **R** conseillée juil.-août – ⚔
 1,2 ha (65 empl.) plat, herbeux, pierreux ♀
 ⚹ ⬚ ⇌ ▦ ⚲ ⊕ ▣ – ⛺ ⚏ ⚏
 Tarif : (Prix 1998) ▣ *2 pers. 73 –* ⚡ *14 (6A)*
 Location : ⛺ *1000 à 1650*

Ruoms Ardèche 1 858 h. alt. 121 – ⊠ 07120 Ruoms – schéma B.
Paris 653 – Alès 54 – Aubenas 26 – Pont-St-Esprit 55.

▲▲ **Domaine de Chaussy** Pâques-sept.
 ℰ 04 75 93 99 66, Fax 04 75 93 90 56 – E : 2,3 km par D 559 rte de Lagorce – ⅏ ⊶ – **R** conseillée
 – ⊖ ⚔
 18 ha/5,5 campables (250 empl.) plat et peu accidenté, herbeux, pierreux, sablonneux ♨♨
 ⚹ ⬚ ⇌ ▦ ⬚ ⊖ ⊕ ▣ – ▨ ▼ ✗ pizzeria ⚘ – ▭ discothèque ⚏ ᵭᵭ •ⓞ ⚒ ⚒ parcours de santé
 Tarif : ▣ *piscine comprise 2 pers. 136, pers. suppl. 32 –* ⚡ *21 (5A)*
 Location : ⛺ *1550 à 3760 –* ⊨ *(hôtel) – pavillons, bungalows toilés*

▲▲ **La Bastide** 20 mars-14 sept.
 ℰ 04 75 39 64 72, Fax 04 75 39 73 28 – SO : 4 km, à Labastide, accès direct à l'Ardèche – ≼ ⊶
 – **R** conseillée avril et juil.-août – ⚔
 7 ha (300 empl.) plat, herbeux, pierreux ♨♨
 ▥ ⚹ ⬚ ⇌ ▦ ⬚ ⊕ ⚲ ⬚ ▣ – ▨ ▼ ✗ pizzeria ⚘ – ⬚ ⚟ discothèque ⚏ ⚒ ⚒ ⚏
 Tarif : ▣ *piscine comprise 2 pers. 135, pers. suppl. 28 –* ⚡ *25 (3 ou 6A)*
 Location : ⛺ *1600 à 3850*

▲▲ **Le Ternis** Pâques-20 sept.
 ℰ 04 75 93 93 15, Fax 04 75 93 90 90 – E : 2 km par D 559, rte de Lagorce puis chemin à droite
 – ⅏ ≼ ⊶ – **R** conseillée juil.-août – ⚔
 6 ha (170 empl.) peu incliné et en terrasses, pierreux ♨♨
 ⚹ ⬚ ⇌ ▦ ⬚ ⊕ ⚲ ⬚ ▣ – ▨ ▼ snack – ⚏ ᵭᵭ ⚒ ⚒
 Tarif : ▣ *piscine comprise 2 pers. 98, pers. suppl. 25 –* ⚡ *18 (6A)*
 Location : ⛺ *1300 à 3500 –* ⛺ *1500 à 3500*

▲▲ **La Plaine** avril-sept.
    ℘ 04 75 39 65 83, Fax 04 75 39 74 38 – S : 3,5 km, bord de l'Ardèche – ☒ ≤ ☛ – **R** conseillée
– ⊖B ⅍
4,5 ha (217 empl.) plat, peu incliné, sablonneux, herbeux ♨♨ (2 ha)
▥ ᵫ ⚏ ⇔ 🖫 ➼ 🌣 ⊕ 🛆 ▽ 🖳 – ⬮, ⚶ ☂– ⋯ ← ᵐ ≅
Tarif : ▣ 2 pers. 88 – 🔌 21 (5 ou 6A)

▲▲ **Ruoms-Bateaux** avril-sept.
    ℘ 04 75 39 62 05 – N : 0,6 km par D 579 rte de Pradons et chemin à gauche – ☛ – **R** conseillée
– ⅍
1 ha (45 empl.) plat, herbeux ⬠
ᵫ ⚏ ⇔ 🖫 ➼ ⊕ 🛆 ▽ 🖳 – ⚶ – ← ←
Tarif : ▣ piscine comprise 2 pers. 125, pers. suppl. 30 – 🔌 18 (10A)
Location : ⟐ 1700 à 2900 – bungalows toilés

▲▲ **La Grand'Terre** Pâques-15 sept.
    ℘ 04 75 39 64 94, Fax 04 75 39 78 62 – S : 3,5 km, accès direct à l'Ardèche – ☛ saison –
R conseillée – ⊖B ⅍
10 ha (300 empl.) plat, sablonneux, herbeux ♨♨♨
ᵫ ⚏ ⇔ 🖫 ➼ 🛆 ⊕ 🖳 – ⬮, ⚶ pizzeria ☂ – ⋯ ← ⚶ ≅
Tarif : ▣ 2 pers. 90 – 🔌 20 (6 à 10A)

▲▲ **Le Petit Bois** avril-sept.
    ℘ 04 75 39 60 72, Fax 04 75 93 95 50 – à 0,8 km au Nord du bourg, à 80 m de l'Ardèche -
Accès piétons à la rivière par rampe abrupte – ☒ ☛ ⅏ juil.-août – **R** conseillée juil.-août –
⅍
2,5 ha (84 empl.) peu incliné et plat, en terrasses, pierreux, rochers, herbeux
ᵫ ⚏ 🖫 ➼ 🛆 ⊕ 🖳 – ⬮, ⚶ – ⋤
Tarif : ▣ piscine comprise 2 pers. 85 – 🔌 20 (4 à 6A)
Location : ⟐ 1200 à 2850

▲▲ **Le Mas de Barry** Permanent
    ℘ 04 75 39 67 61 – S : 2 km – ☛ ☛ – **R** conseillée – ⊖B ⅍
1,5 ha (80 empl.) plat, peu incliné, herbeux ⚲
ᵫ ⇔ 🖫 ➼ ⊕ 🖳 – ⚶ snack ☂ – ⋯ ← ⋤
Tarif : ▣ piscine comprise 2 pers. 85, pers. suppl. 20 – 🔌 20 (3 ou 6A)

▲▲ **La Chapoulière** Pâques-sept.
    ℘ 04 75 39 64 98 – S : 3,5 km, bord de l'Ardèche – ☒ ☛ – **R** conseillée
2,5 ha (100 empl.) plat et peu incliné, herbeux ♨♨♨
ᵫ ⚏ 🖫 🛆 ⊕ 🖳 – ⚶ – ⋯ ← ≅

▲ **Le Carpenty** 15 juin-1ᵉʳ sept.
    ℘ 04 75 39 74 29 – S : 3,6 km, accès direct à l'Ardèche – ☛ – **R** conseillé 14 juil.-15 août – ⅍
0,7 ha (45 empl.) plat, pierreux, herbeux ⚲
ᵫ ⚏ ⇔ 🖫 🛆 ⊕ 🖳 – ≅
Tarif : ▣ 2 pers. 71 – 🔌 17 (5A) 21 (10A)

à Labeaume O : 4,2 km par D 208 – 455 h. alt. 116 – ✉ 07120 Labeaume

▲ **Le Peyroche** 27 mars-12 sept.
    ℘ 04 75 39 79 39, Fax 04 75 39 79 40 – E : 4 km, bord de l'Ardèche – ☛ – **R** indispensable
10 juil.-21 août – ⊖B ⅍
8 ha/5 campables (160 empl.) plat, herbeux, sablonneux ⚲⚲
ᵫ ⚏ ⇔ 🖫 ➼ 🛆 🖳 – ᚛ ≅
Tarif : ▣ 2 pers. 76 ou 80, pers. suppl. 17 – 🔌 16 (5A) 30 (10A)
Location : bungalows toilés

à Sampzon S : 6 km – 163 h. alt. 120 – ✉ 07120 Sampzon

▲▲▲ **Soleil Vivarais** 28 mars-20 sept.
    ℘ 04 75 39 67 56, Fax 04 75 93 97 10 – bord de l'Ardèche – ≤ ☛ – **R** indispensable juil.-août –
⊖B
6 ha (200 empl.) plat, herbeux, pierreux ⚲⚲
▥ ᵫ ⚏ ⇔ 🖫 ➼ 🛆 ⊕ 🛆 ▽ 🖵 🖳 – ⬮, ⚶ ✗ pizzeria ☂ – discothèque ← ᚛ 🖥 ⚶ ⋤
≅
Tarif : ▣ élect. (10A), piscine et tennis compris 2 pers. 184
Location : ⟐ 1800 à 3890 – ⟐ 1900 à 4290 – bungalows toilés

▲ **Aloha Plage** avril-sept.
    ℘ 04 75 39 67 62, Fax 04 75 89 10 26 – bord de l'Ardèche (accès direct) – ☛ – **R** conseillée juil.-
août – ⊖B ⅍
1,5 ha (120 empl.) plat, terrasses, peu incliné, herbeux ⚲⚲
ᵫ ⚏ ⇔ 🖫 🛆 ⊕ 🖳 – ⚶ ☂ – ⋤ ≅
Tarif : ▣ piscine comprise 2 pers. 105 – 🔌 22 (6A)
Location : ⟐ 1200 à 2000 – ⟐ 1600 à 3200 – bungalows toilés

▲ **Sun Camping** Pâques-sept.
    ℘ 04 75 39 76 12 – à 200 m de l'Ardèche – ☛ mai-fin août – **R** conseillée juil.-août –
⅍
1,2 ha (70 empl.) plat, terrasses, herbeux ⚲⚲
ᵫ ⚏ ⇔ 🖫 ➼ 🛆 ⊕ 🖳 – ⚶ ☂ – ⋯ ← – À proximité : ⬮, ✗ ☂ ≅
Tarif : ▣ 2 pers. 88 – 🔌 21 (6 ou 10A)
Location : ⟐ 1050 à 1800

ARDÈCHE (Gorges de l')

St-Alban-Auriolles Ardèche 584 h. alt. 108 – ⊠ 07120 St-Alban-Auriolles – schéma B.
Paris 658 – Alès 50 – Aubenas 27 – Pont-St-Esprit 61 – Ruoms 7 – Vallon-Pont-d'Arc 15.

⚠ **Le Ranc Davaine** 27 mars-15 sept.
 ℘ 04 75 39 60 55, Fax 04 75 39 38 50 – SO : 2,3 km par D 208 rte de Chandolas, près du Chassezac
(hors schéma) – ⚬ᵣ– **R** indispensable juil.-août – ⊖Ð ⚐ᵥ
10 ha (356 empl.) plat et peu incliné, rocailleux, herbeux ▭ ♀
⚓ ⚒ ⚐ ⚑ ⚓ ⚒ ⚒ – ⚓ ▾ ✗ pizzeria ⚓ – ⚓ ⚓ ⚒ ⚒ ᵣ ⚒ ⚒
Tarif : ⊡ *piscine comprise 2 pers. 145, pers. suppl. 34* – ⅙ *23 (6 ou 10A)*
Location : ⚏ *1500 à 3800* – ⚘ *1900 à 4100*

⚠ **Le Mas du Sartre** avril-15 sept.
 ℘ 04 75 39 71 74 – à **Auriolles**, NO : 1,8 km – ⚬ᵣ– **R** conseillée – ⚐ᵥ
1 ha (25 empl.) plat et peu incliné, en terrasses, pierreux, herbeux ♀♀
⚓ ⚒ ⚐ ⚑ ⚒ – ⚓ ⚒ ⚒
Tarif : ⊡ *piscine comprise 2 pers. 76* – ⅙ *12 (3A)*
Location : ⚘ *1200 à 2600*

St-Martin-d'Ardèche Ardèche 537 h. alt. 46 – ⊠ 07700 St-Martin-d'Ardèche – schéma C.
Paris 645 – Bagnols-sur-Cèze 22 – Barjac 27 – Bourg-St-Andéol 14 – Pont-St-Esprit 11 – Vallon-Pont-
d'Arc 33.

⚠ **Le Pontet** 2 avril-sept.
 ℘ 04 75 04 63 07, Fax 04 75 98 76 59 – E : 1,5 km par D 290 rte de St-Just et chemin à gauche
– ⚲ ⚬ᵣ– **R** conseillée juil.-août – ⚐ᵥ
1,8 ha (100 empl.) plat et terrasse, herbeux ♀♀
⚓ ⚒ ⚐ ⚑ ⚒ ⚑ ⚒ ⚒ – ⚓ ⚒ ⚒
Tarif : (Prix 1998) ⊡ *piscine comprise 2 pers. 88* – ⅙ *15 (6A)*
Location : ⚏ *1500 à 2600*

⚠ **Les Gorges** avril-sept.
 ℘ 04 75 04 61 09 – NO : 1,5 km, au lieu-dit Sauze, près de l'Ardèche – ⚟ ⚬ᵣ– **R** conseillée juil.-août
– ⚐ᵥ
1,2 ha (92 empl.) plat, terrasses, herbeux, pierreux ♀♀
⚒ ⚓ ⚒ ⚐ ⚑ ⚒ ⚒ ⚒ – ⚓ ▾ – ⚒
Tarif : ⊡ *2 pers. 99* – ⅙ *18,50 (5A) 35 (10A)*

⚠ **Le Castelas** avril-sept.
 ℘ 04 75 04 66 55 – sortie Nord-Ouest par D 290 et chemin à gauche, à 250 m de l'Ardèche – ⚟
⚬ᵣ– **R** conseillée – ⊖Ð ⚐ᵥ
1,1 ha (65 empl.) peu incliné, herbeux ♀
⚒ ⚓ ⚐ ⚑ ⚒ ⚑ ⚒ – ⚓ ⚒ – A proximité : ✗ ᵣ ⚒
Tarif : ⊡ *2 pers. 60* – ⅙ *11 (3A) 12 (4A)*

⚠ **La Cerisaie** avril-sept.
 ℘ 04 75 04 61 80 – NO : 1,5 km, au lieu-dit Sauze, à 150 m de l'Ardèche (accès direct) –
⚬ᵣ
0,8 ha (45 empl.) plat, en terrasses, herbeux, pierreux ♀♀
⚓ ⚒ ⚐ ⚑ ⚒ ⚑ ⚒ – A proximité : ⚒ ▾ ✗ ⚓ ⚒

⚠ **Municipal le Village** avril-15 sept.
 ℘ 04 75 04 65 25 – au Nord du bourg, à 300 m de l'Ardèche – ⚬ᵣ juil.-août – **R** conseillée juil.-août
– ⚐ᵥ
1,5 ha (70 empl.) plat et peu incliné, terrasses, herbeux, gravillons ♀
⚒ ⚓ ⚒ ⚒ ⚑ ⚒ ⚒ – A proximité : ⚒
Tarif : ⊡ *2 pers. 67* – ⅙ *10,50 (4A) 13 (8A) 18 (13A)*
Location : ⚏ *1400 à 2400*

St-Maurice-d'Ardèche Ardèche 214 h. alt. 140 – ⊠ 07200 St-Maurice-d'Ardèche – schéma B.
Paris 642 – Aubenas 14 – Largentière 15 – Privas 44 – Vallon-Pont-d'Arc 21 – Viviers 36.

⚠ **Le Chamadou** 27 mars-25 sept.
 ℘ 04 75 37 00 56, Fax 04 75 37 70 61 ⊠ 07120 Balazuc – SE : 3,2 km par D 579, rte de
Ruoms et chemin à gauche, à 500 m d'un étang – ⚲ ⚟ ⚬ᵣ– **R** indispensable –
⚐ᵥ
1 ha (40 empl.) peu incliné, plat, herbeux ▭
⚓ ⚒ ⚐ ⚑ ⚒ ⚑ ⚒ – pizzeria – ⚓ ᵣ ⚒
Tarif : ⊡ *piscine comprise 2 pers. 80, pers. suppl. 16* – ⅙ *16 (5A)*
Location (27 mars-oct.) : ⚘ *1500 à 2900*

St-Maurice-d'Ibie Ardèche 163 h. alt. 220 – ⊠ 07170 St-Maurice-d'Ibie – schéma A.
Paris 638 – Alès 63 – Aubenas 23 – Pont-St-Esprit 62 – Ruoms 25 – Vallon-Pont-d'Arc 16.

⚠ **Le Sous-Bois** 15 juin-15 sept.
 ℘ 04 75 94 86 95 – S : 2 km par D 558 rte de Vallon-Pont-d'Arc, puis chemin empierré à droite, bord
de l'Ibie – ⚲ ⚬ᵣ– **R** conseillée 15 juil.-15 août – ⚐ᵥ
2 ha (50 empl.) plat, herbeux, pierreux ♀
⚓ ⚒ ⚐ ⚑ ⚒ ⚑ ⚒ – pizzeria – ⚓ ⚒ ⚒
Tarif : (Prix 1998) ⊡ *piscine comprise 2 pers. 75* – ⅙ *16 (5A)*
Location : ⚏ *1200 à 1800*

St-Remèze Ardèche 454 h. alt. 365 – ⊠ 07700 St-Remèze – schéma A.

Paris 644 – Barjac 27 – Bourg-St-Andéol 16 – Pont-St-Esprit 24 – Privas 64 – Vallon-Pont-d'Arc 14.

▲▲ **Carrefour de l'Ardèche** Pâques-15 oct.
     𝒫 04 75 04 15 75, Fax 04 75 04 35 05 – sortie Est, par D 4, rte de Bourg-St-Andéol – ≼ ⊶ –
     R conseillée – ⊞ ⚲
     1,7 ha (90 empl.) plat, peu incliné, herbeux, pierreux ⌑
     & 🎣 ⇆ 🗔 🔊 ⊛ 🖭 – 🍽 🏪 – 🛖 🚣 –
     Tarif : 🔳 piscine comprise 2 pers. 95 – 🔌 20 (6 ou 10A)
     Location : 🚐 1100 à 2100 – 🏠 1800 à 2800

▲ **La Résidence** Pâques-fin oct.
     𝒫 04 75 04 26 87, Fax 04 75 04 35 90 – au bourg vers sortie Est, rte de Bourg-St-Andéol – ≼ ⊶
     – **R** conseillée – ⊞ ⚲
     1,6 ha (60 empl.) peu incliné à incliné, en terrasses, herbeux, pierreux, verger ♀
     & 🎣 ⇆ 🗔 ⊛ 🖭 – snack 🏪 – 🚣 –
     Tarif : 🔳 piscine comprise 1 pers. 38 – 🔌 18 (5A)
     Location : 🚐 1225 à 2850

Vagnas Ardèche 383 h. alt. 200 – ⊠ 07150 Vagnas – schéma A.

Paris 673 – Aubenas 43 – Barjac 5 – St-Ambroix 21 – Vallon-Pont-d'Arc 9 – Les Vans 30.

▲▲ **La Rouvière-Les Pins** Pâques-15 sept.
     𝒫 04 75 38 61 41, Fax 04 75 38 63 80 – sortie Sud par rte de Barjac puis 1,5 km par chemin à droite
     – 🦘 ⊶ – **R** conseillée – ⚲
     2 ha (100 empl.) plat et peu incliné, terrasses, herbeux ♀
     🎣 ⇆ 🗔 🛁 🔊 ⊛ 🛵 🚽 🖭 – 🍽 – 🛖 🚣 –
     Tarif : (Prix 1998) 🔳 piscine comprise 2 pers. 93, pers. suppl. 22 – 🔌 22 (3A) 28 (6A)

Vallon-Pont-d'Arc Ardèche 1 914 h. alt. 117 – ⊠ 07150 Vallon-Pont-d'Arc – schéma B.

Paris 658 – Alès 47 – Aubenas 35 – Avignon 81 – Carpentras 89 – Montélimar 49.

▲▲▲ **L'Ardéchois** avril-20 sept.
     𝒫 04 75 88 06 63, Fax 04 75 37 14 97 – SE : 1,5 km, accès direct à l'Ardèche – ≼ ⊶ – **R** conseillée
     juil.-août – ⊞
     5 ha (244 empl.) plat, herbeux ♀♀
     & 🎣 ⇆ 🗔 🛁 ⊛ 🛵 🚽 🖭 🖪 – 🍽 🏪 ✕ snack 🏪 – 🛖 🚣 🛶 🍴 🏊 ⚓ – A proximité :
     m
     Tarif : 🔳 piscine comprise 2 pers. 145, pers. suppl. 35 – 🔌 22 (6A)
     Location : 🚐 2190 à 3700

▲▲▲ **Mondial-Camping** 20 mars-10 oct.
     𝒫 04 75 88 00 44, Fax 04 75 37 13 73 – SE : 1,5 km, accès direct à l'Ardèche – ≼ ⊶ 🛵 dans
     locations – **R** conseillée juil.-25 août – ⊞ ⚲
     4 ha (240 empl.) plat, herbeux ♀♀
     🎺 & 🎣 ⇆ 🗔 🛁 🔊 ⊛ 🛵 🚽 🖭 🖪 – 🍽 🏪 snack 🏪 – 🛖 🚣 🏊 🏊 ⚓ – A proximité :
     m
     Tarif : 🔳 piscine comprise 2 pers. 140 – 🔌 21 (6 à 10A)
     Location : 🚐 2500 à 3750

▲▲▲ **Le Provençal** avril-fin sept.
     𝒫 04 75 88 00 48, Fax 04 75 37 18 69 – SE : 1,5 km, accès direct à l'Ardèche – ≼ ⊶ – **R** conseillée
     – ⊞ ⚲
     3,5 ha (200 empl.) plat, herbeux ⌑ ♀♀
     🎺 & 🎣 ⇆ 🗔 🛁 🛁 ⊛ 🖭 – 🍽 🍽 ✕ 🏪 – 🛖 🚣 🏊 🏊 ⚓ – A proximité : ᴸ
     m
     Tarif : 🔳 piscine comprise 2 pers. 133 – 🔌 19 (6A)

▲▲ **La Roubine** 15 avril-15 sept.
     𝒫 04 75 88 04 56 – O : 1,5 km, bord de l'Ardèche (plan d'eau) – 🦘 ⊶ – **R** conseillée – ⚲
     7 ha/4 campables (135 empl.) plat, herbeux, sablonneux ♀♀
     🎺 & 🎣 ⇆ 🗔 🛁 🛁 ⊛ 🖭 – 🍽 🍽 snack, pizzeria 🏪 – 🏃 🚣 🏊 ⚓ half-court
     Tarif : 🔳 piscine comprise 2 pers. 134 – 🔌 20 (6A)
     Location : 🚐 1800 à 3200

▲▲ **International** 30 avril-sept.
     𝒫 04 75 88 00 99, Fax 04 75 88 07 81 – SO : 1 km, bord de l'Ardèche – ≼ ⊶ – **R** conseillée – ⊞
     ⚲
     2,7 ha (130 empl.) plat, peu incliné, herbeux, sablonneux ♀♀
     & 🎣 ⇆ 🗔 🛁 ⊛ 🖭 🖪 – 🍽 🍽 snack 🏪 – ⚓
     Tarif : 🔳 2 pers. 100, pers. suppl. 22 – 🔌 20 (6A)

▲▲ **Le Chauvieux** fin avril-mi-sept.
     𝒫 04 75 88 05 37 – SO : 1 km, à 100 m de l'Ardèche – ⊶ – **R** conseillée juil.-août – ⊞ ⚲
     1,8 ha (100 empl.) plat et peu incliné, herbeux, sablonneux ♀♀
     & 🎣 ⇆ 🗔 🛁 🔊 ⊛ 🛵 🚽 🖭 – 🍽 🍽 pizzeria 🏪 – 🚣 – A proximité : ⚓
     Tarif : 🔳 2 pers. 90 – 🔌 18 (4A) 20 (6A)

▲ **Le Midi** avril-sept.
     𝒫 04 75 88 06 78 – SE : 6,5 km par D 290, rte des Gorges, à Chames, accès direct à l'Ardèche –
     🦘 ≼ ⊶ – **R** conseillée juil.-août – ⚲
     1,6 ha (52 empl.) en terrasses, peu incliné, herbeux, sablonneux ⌑ ♀♀
     & 🎣 ⇆ 🗔 🛁 ⊛ 🖭 – 🍽
     Tarif : 🔳 2 pers. 90 – 🔌 20 (6A)

ARDÈCHE (Gorges de l')

    ▲ **L'Esquiras** avril-sept.
        ℘ 04 75 88 04 16 – NO : 2,8 km par D 579, rte de Ruoms et chemin à droite après la station-service
        Intermarché – ⏳ ≼ o━ juil.-août – **R** – ⤳
        0,5 ha (34 empl.) plat, peu incliné, herbeux, pierreux
        &. ⌂ ⏏ 🗄 ♨ ⊙ 🗎 – ⊒
        Tarif : ▤ *piscine comprise 2 pers. 94, pers. suppl. 20* – ⒧ *18 (8A)*

aux Mazes O : 3,5 km – ✉ 07150 Vallon-Pont-d'Arc

    ▲▲▲ **La Plage Fleurie** 15 mai-15 sept.
        ℘ 04 75 88 01 15, Fax 04 75 88 11 31 – O : 3,5 km, bord de l'Ardèche – ≼ o━ – **R** conseillée juil.-août
        – ⤳
        12 ha/6 campables (300 empl.) plat et peu incliné, terrasses, herbeux ⬤⬤
        &. ⌂ ⏏ 🗄 ⏚ ⊙ 🗎 – ⊒, ▼ snack, pizzeria ⤳ – ⛺ ⤳ ⊒ ≊ (plage)
        Tarif : ▤ *piscine comprise 2 pers. 105* – ⒧ *20 (6A)*
        Location : 🏚 *1700 à 3200*

    ▲▲ **Arc-en-Ciel** avril-oct.
        ℘ 04 75 88 04 65 – bord de l'Ardèche (plan d'eau) – ⏳ o━ – **R** conseillée juil.-août – ⤳
        5 ha (218 empl.) plat et peu incliné, herbeux, pierreux ⬤⬤
        &. ⌂ 🗄 ♨ ⊙ 🗎 – ⊒, ▼ pizzeria ⤳ – ⊡ ⤳ ≊
        Tarif : ▤ *2 pers. 98* – ⒧ *18 (6A)*
        Location : 🏚 *1540 à 2700*

    ▲▲ **Beau Rivage** mai-15 sept.
        ℘ 04 75 88 03 54 – bord de l'Ardèche (plan d'eau) – ⏳ « Entrée fleurie » o━ – **R** conseillée – ⤳
        2 ha (100 empl.) plat et terrasse, herbeux ⬤⬤
        &. ⌂ ⏏ 🗄 ⏚ ♨ ⊙ 🗎 – ⊒, pizzeria – ⤳ ≊
        Tarif : ▤ *2 pers. 98* – ⒧ *16 (6A)*

à Salavas SO : 2 km – 402 h. alt. 96 – ✉ 07150 Salavas

    ▲▲ **Le Péquelet** avril-sept.
        ℘ 04 75 88 04 49 – sortie Sud par D 579, rte de Barjac et 2 km par rte à gauche, accès direct à
        l'Ardèche – ⏳ o━ – **R** conseillée juil.-août – ⊞ ⤳
        2 ha (60 empl.) plat, herbeux ⬤⬤
        &. ⌂ ⏏ 🗄 ♨ ⊙ 🗎 – ⊡ ⤳ ⚔ ≊
        Tarif : ▤ *tennis compris 2 pers. 88* – ⒧ *18 (3 à 10A)*
        Location : 🏠 *2000 à 2800*

    ▲ **Le Casque Roi** 15 mars-15 nov.
        ℘ 04 75 88 04 23, Fax 04 75 37 18 64 – à la sortie Nord du bourg, rte de Vallon-Pont-d'Arc – o━
        – **R** indispensable juil.-août – ⊞ ⤳
        0,4 ha (29 empl.) plat, herbeux ▭ ⬤⬤
        ⫞ &. ⌂ ⏏ 🗄 ♨ ⊙ ⚶ ▽ 🗎 – ⊡ ⤳
        Tarif : ▤ *piscine comprise 2 pers. 100, pers. suppl. 21* – ⒧ *19 (10A)*
        Location : 🏚 *1500 à 3350*

▶ *Consultez le tableau des localités citées,*
   classées par départements, avec indication éventuelle
   des caractéristiques particulières des terrains sélectionnés.

ARDRES ────────────────────

62610 P.-de-C. ❶ – 🛱 ② G. Flandres Artois Picardie – 3 936 h. alt. 11.
Paris 275 – Arras 96 – Boulogne-sur-Mer 40 – Calais 16 – Dunkerque 43 – Lille 91 – St-Omer 25.

    ▲▲ **St-Louis** mars-oct.
        ℘ 03 21 35 46 83 – **à Autingues**, S : 2 km par D 224, rte de Licques et D 227 à gauche – Places
        limitées pour le passage ⏳ o━ – **R** conseillée août – ⤳
        1,5 ha (84 empl.) plat, herbeux ▭ ⬤
        &. ⌂ ⏏ 🗄 ♨ ⚶ ▽ 🗃 🗎 – ⊡ ⤳
        Tarif : ✶ *15* – ▤ *20* – ⒧ *10 (4A)*

ARÈS ────────────────────

33 Gironde – 🛱 ⑲ – voir à Arcachon (Bassin d').

ARETTE ────────────────────

64570 Pyr.-Atl. 🔢 – 🛱 ⑤ ⑮ G. Pyrénées Aquitaine – 1 137 h. alt. 320.
Paris 832 – Accous 28 – Aramits 4 – Oloron-Ste-Marie 18 – Pau 53 – Tardets-Sorholus 15.

    ▲ **Municipal Pont de l'Aroue** 19 fév.-7 mars, juin-sept.
        sortie Nord-Ouest par D 918 rte de Lanne, bord du Vert d'Arette – ≼ – **R** conseillée juil.-août –
        ⤳
        0,5 ha (34 empl.) plat, herbeux ▭ ⬤⬤
        ⌂ ⏏ ⊙ – A proximité : ✂
        Tarif : ▤ *1 à 7 pers. 21 à 51* – ⒧ *6A : 10 (hiver 20)*

ARFEUILLES

03640 Allier 🔟🔟 – 🔟🔟 ⑥ – 843 h. alt. 425.
Paris 362 – Clermont-Ferrand 85 – Lapalisse 16 – Moulins 65 – Roanne 37 – Thiers 58 – Vichy 32.

⚠ **Municipal** mai-1ᵉʳ oct.
sortie Nord-Est par rte de St-Pierre-Laval et chemin à droite, bord d'un étang – 🦢 – ℟
1,5 ha (66 empl.) incliné à peu incliné, terrasses, herbeux ♀
🍳 ⇆ 🗓 ⛱ ⊕ – A proximité : ✖
Tarif : (Prix 1998) ☀ 12 – 🚗 7 – 🅴 7 – 🔌 12 (jusqu'à 6A) 14 (jusqu'à 10A)

ARGELÈS-GAZOST

65400 H.-Pyr. 🔟🔟 – 🔟🔟 ⑰ G. Pyrénées Aquitaine – 3 229 h. alt. 462 – ♨ (mai- oct.).
🅱 Office de Tourisme, Grande Terrasse 🅿 05 62 97 00 25, Fax 05 62 97 50 60.
Paris 826 – Lourdes 13 – Pau 58 – Tarbes 31.

🔺🔺🔺 **Les Trois Vallées** Pâques-sept.
🅿 05 62 90 35 47, Fax 05 62 97 53 64 – sortie Nord – Ⓜ ≼ o━ – **R** conseillée juil.-août – ⏀ᵥ
7 ha (380 empl.) plat, herbeux ♀
🔟 ♿ 🍳 ⇆ 🗓 ⛶ ⛱ ⊕ 🖼 – ♈ – 🛖 🚣 🏊 toboggans aquatiques – A proximité : ⛳
Tarif : ☀ 26 piscine comprise – 🅴 26 – 🔌 15 (3A) 30 (6A)

⚠ **Deth Potz** Permanent
🅿 05 62 90 37 23 – NE : 2 km par D 100, rte de Beaucens et à gauche, rte de Boo-Silhen (D 100ᴬ)
– 🦢 ≼ o━ – **R** juil.-août – ⏀ᵥ
2 ha (100 empl.) peu incliné à incliné, herbeux
🔟 ♿ 🍳 ⇆ ♒ ⊕ 🖼 🖼 – 🛖
Tarif : ☀ 15 – 🅴 15 – 🔌 10,50 (2A) 26,50 (6A)
Location : 🛏 900 à 1250

à Agos-Vidalos NE : 5 km par N 21, rte de
Lourdes – 270 h. alt. 450 – ⊠ 65400 Agos-Vidalos :

🔺🔺🔺 **Le Soleil du Pibeste** Permanent
🅿 05 62 97 53 23 – sortie Sud, par la
N 21 – ≼ o━ – **R** conseillée – ⏀ᵥ
1,5 ha (90 empl.) plat et peu incliné,
terrasses, herbeux,
🔟 ♿ 🍳 ⇆ 🗓 ⛱ ⊕ 🖼 – 🖿 – 🛖 🚣

Tarif : (Prix 1998) 🅴 élect. (3A) et
piscine comprises 1 ou 2 pers. 86, pers.
suppl. 24 – 🔌 5 par ampère
supplémentaire
Location : 🛏 900 à 2700 – 🏠 1600
à 3200

🔺🔺🔺 **La Tour** avril-sept.
🅿 05 62 97 55 59 – par la N 21, à Vida-
los – ≼ o━ – **R** conseillée juil.-août –
🅶🅱 ⏀ᵥ
2 ha (130 empl.) plat, herbeux ♀♀
🔟 ♿ 🍳 ⇆ 🗓 ⛱ ⊕ 🖼 – 🖿 🚣 🏊
Tarif : (Prix 1998) ☀ 26 piscine comprise
– 🅴 26 – 🔌 10 (2A) 15 (3A) 25 (5A)

🔺🔺🔺 **La Châtaigneraie** Permanent
🅿 05 62 97 07 40 – par N 21, à Vida-
los – ≼ o━ – **R** – ⏀ᵥ
1,5 ha (100 empl.) plat, peu incliné,
terrasses, herbeux ♀♀
🔟 ♿ 🍳 ⇆ 🗓 ⛱ ⊕ 🖼 – 🖿 🚣 🏊
Tarif : ☀ 22 piscine comprise – 🅴 22
– 🔌 10 (2A) 13,50 (3A) 17 (4A)
Location : 🛏 1600 à 2200 – studios

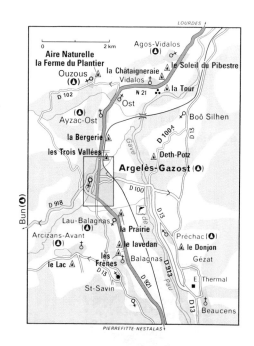

à Arcizans-Avant S : 5 km par St-Savin –
258 h. alt. 640 – ⊠ 65400 Arcizans-Avant :

🔺🔺🔺 **Le Lac** juin-sept.
🅿 05 62 97 01 88 – sortie Ouest, à proximité du lac – 🦢 ≼ lac, château et montagnes o━ –
R conseillée – ⏀ᵥ
2 ha (70 empl.) peu incliné, herbeux ♀♀
🍳 ⇆ 🗓 ⛱ ⊕ 🖼 – 🗜 🛖 – 🖿 🚲 🏊
Tarif : (Prix 1998) ☀ 25 piscine comprise – 🅴 26 – 🔌 15 (3A) 25 (5A)

à Ayzac-Ost N : 2 km par N 21, rte de Lourdes – 369 h. alt. 430 – ⊠ 65400 Ayzac-Ost :

⚠ **La Bergerie** mai-sept.
🅿 05 62 97 59 99 – sortie Sud par N 21 et chemin à gauche – ≼ o━ – **R** conseillée juil.-août – ⏀ᵥ
2 ha (50 empl.) plat, herbeux ♀
🍳 ⇆ 🗓 ⛱ ⊕ 🖼 – 🚣 🏊
Tarif : ☀ 18 piscine comprise – 🚗 10 – 🅴 12 – 🔌 10 (2A) 15 (3A) 20 (4A)
Location (avril-oct.) : appartements

à Bun   SO : 7 km par D 918 et D 103 – 101 h. alt. 800 – ⊠ 65400 Bun :

⚠ **Le Bosquet** Permanent

    𝒫 05 62 97 07 81 – sortie Ouest du bourg (hors schéma), Pour les caravanes, accès conseillé par D 918, rte d'Aucun et D 13 – Ⓜ 🏕 ⋦ ☿ – **R** conseillée – ⚲

    1,5 ha (35 empl.) plat, herbeux

    ♿ 🏠 ⊟ 🗄 🏊 ⊙ 🖲 – 🏡

    Tarif : ✶ 16 – 🚐 7,50 – 🖲 7,50 – ⒜ 15 (3A) 25 (6A)

    Location : gîtes

à Lau-Balagnas   SE : 1 km par D 921, rte de Pierrefitte-Nestalas – 519 h. alt. 430 – ⊠ 65400 Lau-Balagnas :

⛰ **Le Lavedan** Permanent

    𝒫 05 62 97 18 84, Fax 05 62 97 55 56 – SE : 1 km – ❅ ⋦ ☿ – **R** conseillée juil.-août – ⚲

    2 ha (138 empl.) plat, herbeux 🌳 (1 ha)

    🏢 ♿ 🏕 ⇌ 🗄 🛁 🏊 ⊙ 🌿 ⇞ 🖲 – 🍽 snack 🍸 – 🏌 🏊 (couverte hors saison estivale)

    Tarif : 🖲 piscine comprise 2 pers. 90, 3 pers. 105, pers. suppl. 26 – ⒜ 12 (2A) 18 (3A) 36 (6A)

    Location : 🚐 1500 à 2300

⛰ **Les Frênes** fermé 16 oct.-14 déc.

    𝒫 05 62 97 25 12, Fax 05 62 97 01 41 – SE : 1,2 km – ⋦ ☿ – **R** conseillée juil.-août – ⚲

    3 ha (165 empl.) plat et terrasses, herbeux 🌳

    🏢 ♿ 🏕 ⇌ 🗄 🛁 ⊙ 🌿 ⇞ 🖲 – 🏡 🏊 🏊

    Tarif : ✶ 23,50 piscine comprise – 🖲 25 – ⒜ 5,50 par ampère (2 à 15A)

    Location : 🚐 1800 à 2500

⚠ **La Prairie** 15 juin-15 sept.

    𝒫 05 62 97 11 87 – au bourg – ⋦ montagnes ☿ – **R** conseillée – ⚲

    1 ha (60 empl.) plat, herbeux 🌳

    ♿ 🏕 ⇌ 🛁 ⊙

    Tarif : (Prix 1998) ✶ 16 – 🖲 16 – ⒜ 12 (2A) 18 (3A) 24 (4A)

à Ouzous   N : 4,4 km par N 21, rte de Lourdes et D 102 à gauche – 128 h. alt. 550 – ⊠ 65400 Ouzous :

⚠ **Aire Naturelle la Ferme du Plantier** juin-sept.

    𝒫 05 62 97 58 01 – au bourg – 🏕 ⋦ montagnes ☿ – **Ｒ** – ⚲

    0,6 ha (15 empl.) incliné, plat, terrasse, herbeux

    ♿ 🏕 ⇌ 🗄 🛁 🏊 ⊙ 🖲 – 🏌

    Tarif : ✶ 12 – 🚐 12 – 🖲 12/14 – ⒜ 12 (3A)

    Location (permanent) : 🛏

à Préchac   SE : 3 km par D 100 et nouvelle route à droite – 209 h. alt. 448 – ⊠ 65400 Préchac :

⚠ **Le Donjon** fermé sept.

    𝒫 05 62 90 31 82 – sortie Sud-Est par D 13, rte de Beaucens – ⋦ ☿ – **R**

    0,5 ha (35 empl.) plat, herbeux 🌳🌳

    ♿ 🏕 ⇌ 🗄 🛁 ⊙

    Tarif : ✶ 14 – 🖲 14 – ⒜ 14 (2A) 22 (6A)

66700 Pyr.-Or. **15** – **86** ⑳ G. Pyrénées Roussillon – 7 188 h. alt. 19.

🛈 Office de Tourisme pl. de l'Europe 🖉 04 68 81 15 85, Fax 04 68 81 16 01 Annexe (saison) face à l'Hôtel de Ville 🖉 04 68 95 81 55.

Paris 882 – Céret 29 – Perpignan 22 – Port-Vendres 10 – Prades 64.

Centre :

⚠️ **Pujol** juin-sept.

🖉 04 68 81 00 25, Fax 04 68 81 21 21 ⊠ 66702 Argelès-sur-Mer cedex – o⊶ – **R** conseillée – ⚒️

4,1 ha (249 empl.) plat, herbeux, sablonneux ⚋⚋

♿ 🕽 ⇌ 🗟 📇 ➽ ⊕ 🖭 – ⚊, 🍴 snack ⩘ – 🖭 ⚓ 🖰 🖳

Tarif : 🄴 *piscine comprise 2 pers. 120 (140 avec élect.)*

⚠️ **Les Ombrages** juin-sept.

🖉 04 68 81 29 83 – à 400 m de la plage – o⊶ 🚿 dans locations – **R** conseillée – 🄶🄱 ⚒️

4,1 ha (270 empl.) plat, herbeux, sablonneux ☍ ⚋⚋⚋

♿ 🕽 ⇌ 🗟 📇 ➽ ⚒️ ⊕ 🖭 – ⚓ ⚓ 🖰 half-court

Tarif : (Prix 1998) 🄴 *2 pers. 100, pers. suppl. 25 – ⒢ 20 (6A)*

Location : ⬜ *1300 à 2900*

⚠️ **Le Stade** avril-sept.

🖉 04 68 81 04 40, Fax 04 68 95 84 55 – rte de la plage – o⊶ 🚿 dans locations – **R** conseillée juil.-août – 🄶🄱 ⚒️

2,4 ha (185 empl.) plat, herbeux ☍ ⚋⚋

♿ 🕽 ⇌ 🗟 📇 ➽ ⊕ 🖭 – pizzeria ⩘ – ⚓ – A proximité : 🍴 ⚊

Tarif : 🄴 *2 pers. 99, pers. suppl. 27 – ⒢ 18 (6A) 22 (10A)*

Location : ⬜ *1100 à 1650 – ⬜ 1500 à 2650*

⚠️ **La Massane** 15 mars-15 oct.

🖉 04 68 81 06 85, Fax 04 68 81 59 18 « Cadre agréable » o⊶ – **R** conseillée juil.-août – 🄶🄱 ⚒️

2,7 ha (184 empl.) plat, herbeux ☍ ⚋⚋ (1,6 ha)

♿ 🕽 ⇌ 🗟 📇 ➽ ➽ ⊕ 🖭 – ⩘ – 🖭 🖰 ⚊ – A proximité : 🍴

Tarif : 🄴 *piscine comprise 2 pers. 115 (135 ou 138 avec élect. 4 ou 6A), pers. suppl. 25*

Location : ⬜ *1080 à 2400 – ⬜ 1495 à 3300*

⚠️ **Paris-Roussillon** mai-sept.

🖉 04 68 81 19 71, Fax 04 68 81 68 77 ⊠ 66702 Argelès-sur-Mer Cedex – 🐾 o⊶ – **R** indispensable juil.-16 août – ⚒️

3,5 ha (200 empl.) plat, herbeux ⚋⚋

♿ 🕽 🗟 📇 ➽ ⊕ 🖭 – ⚊, 🍴 snack ⩘ – ⚓ ⚊

Tarif : 🄴 *piscine comprise 2 pers. 108 (128 avec élect. 4A), pers. suppl. 25*

Location : ⬜ *900 à 2500 –* 🛏️

⚠️ **Comangès** 15 mai-sept.

🖉 04 68 81 15 62, Fax 04 68 95 87 74 – à 300 m de la plage – o⊶ – **R** conseillée 10 juil.-25 août – 🄶🄱 ⚒️

1,2 ha (90 empl.) plat, herbeux ☍ ⚋⚋

♿ 🕽 🗟 📇 ➽ ⊕ 🖭 – ⚓

Tarif : 🄴 *2 pers. 104 (126 avec élect. 10A)*

⚠️ **Les Pins** 15 mai-19 sept.

🖉 04 68 81 10 46, Fax 04 68 81 35 06 ⊠ 66703 Argelès-sur-Mer Cedex – av. du Tech, à 500 m de la plage – o⊶ – **R** conseillée – 🄶🄱 ⚒️

4,5 ha (326 empl.) plat, herbeux, sablonneux ☍ ⚋⚋

♿ 🕽 ⇌ 🗟 ➽ ⊕ 🖭 – ⩘ – A proximité : 🗯 🍴 🖰

Tarif : 🄴 *2 pers. 103*

⚠️ **Europe** avril-oct.

🖉 04 68 81 08 10, Fax 04 68 95 71 84 ⊠ 66701 Argelès-sur-Mer Cedex – à 500 m de la plage – o⊶ 🚿 dans locations – **R** conseillée juil.-août – 🄶🄱 ⚒️

1,2 ha (91 empl.) plat, herbeux ⚋⚋

♿ 🕽 ⇌ 🗟 📇 ➽ ⊕ 🖭

Tarif : 🄴 *2 pers. 97 – ⒢ 18 (3A) 20 (6A) 22 (10A)*

Location : ⬜ *1200 à 2800*

⚠️ **La Chapelle** mai-28 sept.

🖉 04 68 81 28 14, Fax 04 68 95 83 82 ⊠ 66701 Argelès-sur-Mer Cedex – av. du Tech, à 400 m de la plage – o⊶ – **R** conseillée 10 juil.-20 août – 🄶🄱 ⚒️

5 ha (365 empl.) plat, herbeux ☍ ⚋⚋

♿ 🕽 ⇌ 🗟 📇 ➽ ⊕ 🖭 – ⚓ – A proximité : 🗯 🍴 🖰

Tarif : 🄴 *2 pers. 105, pers. suppl. 25 – ⒢ 16 (3A) 20 (6A)*

Nord :

⚠️ **La Sirène et l'Hippocampe** 27 mars-25 sept.

🖉 04 68 81 04 61, Fax 04 68 81 69 74 ⊠ 66702 Argelès-sur-Mer Cedex – en deux camps distincts « Cadre agréable, parc aquatique » o⊶ – **R** conseillée – ⚒️

21 ha (903 empl.) plat, herbeux ☍ ⚋⚋ (13 ha)

♿ 🕽 ⇌ 🗟 📇 ➽ ⊕ ⚒️ 🖭 – ⚊, 🍴 ✗ ⩘ – 🖭 🚴 discothèque ⚓ 🚲 🖲 🍴 🖰 ⚊ toboggan aquatique 🐎

Tarif : 🄴 *piscine et tennis compris 1 à 3 pers. 205, pers. suppl. 45 – ⒢ 20*

Location : ⬜ *1115 à 3850 –* 🏠 *1285 à 4200*

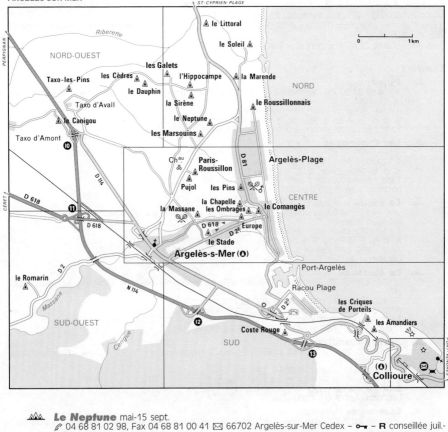

▲▲▲ **Le Neptune** mai-15 sept.
 β 04 68 81 02 98, Fax 04 68 81 00 41 ✉ 66702 Argelès-sur-Mer Cedex – ⊶ – **R** conseillée juil.-août – **GB**
 4,7 ha (215 empl.) plat, herbeux ♀
 ♦ ♒ ⛺ ⌂ ⛱ ♨ ⊙ ⚘ ⚡ ✿ ♁ – ▼ snack ⚒ – ⛱ ♜ 🏊 toboggan aquatique – A proximité : 🐎
 Tarif : (Prix 1998) ⓔ *piscine comprise 2 pers. 145 (169 avec élect. 6A), pers. suppl. 39*

▲▲▲ **Les Galets** 20 mars-8 nov.
 β 04 68 81 08 12, Fax 04 68 81 68 76 – Places limitées pour le passage 🐾 ⊶ – **R** indispensable juil.-août – **GB** ⚶
 5 ha (232 empl.) plat, herbeux ⌑ ♀♀ (1 ha)
 ♦ ♒ ⌂ ⛱ ⊙ ⓔ – ✗ ⚒ salle d'animation – 🎯 ♨ 🏊 – A proximité : ⊸ toboggan aquatique, poneys, 🐎 (centre équestre) ♜
 Tarif : ⓔ *piscine comprise 2 pers. 113, pers. suppl. 30* – ⚡ *22 (6A)*
 Location : 🏠 *1330 à 3100*

▲▲▲ **Le Soleil** 15 mai-sept.
 β 04 68 81 14 48, Fax 04 68 81 44 34 ✉ 66702 Argelès-sur-Mer Cedex – bord de la plage et de la Riberette – ⊶ ⚶ – **R** conseillée juil.-août – **GB** ⚶
 15 ha (823 empl.) plat, sablonneux ⌑ ♀♀
 ♦ ♒ ⛺ ⌂ ⊙ ⛱ ⓔ – ⚒ ▼ ✗ ⚒ – 🎯 ♜ discothèque ♨ 🚲 ✗ 🏊 🐎
 Tarif : ✶ *40 piscine comprise* – ⓔ *57* – ⚡ *16 (6A)*
 Location : 🏠 *1190 à 3570*

▲▲ **Le Roussillonnais** 19 avril-2 oct.
 β 04 68 81 10 42, Fax 04 68 95 96 11 ✉ 66702 Argelès-sur-Mer Cedex – bord de la plage – ⊶
 ⚶ dans locations – **R** juil.-août – **GB** ⚶
 10 ha (723 empl.) plat, sablonneux ♀
 ♦ ♒ ⛺ ⚘ ⊙ ⛱ ⓔ – ⚒ ▼ ✗ pizzeria ⚒ – ⛱ ♨ ✗ ♪ discothèque
 Tarif : (Prix 1998) ⓔ *2 pers. 105, pers. suppl. 27* – ⚡ *20 (5A)*
 Location *(mi-mai-mi-sept.) :* 🏠 *1700 à 3600*

▲▲ **Les Marsouins** avril-sept.
 β 04 68 81 14 81, Fax 04 68 95 93 58 – ⊶ – **R** conseillée 5 juil.-15 août – **GB** ⚶
 10 ha (587 empl.) plat, herbeux ⌑ ♀♀
 ♦ ♒ ⛺ ⚘ ⊙ ⚘ ✿ ⚘ – snack, pizzeria, crêperie ⚒ – 🎯 Centre de documentation touristique
 ♨ 🚲 ♜
 Tarif : (Prix 1998) ⓔ *élect. (5A) et piscine comprises 2 pers. 138, pers. suppl. 28*
 Location : 🏠 *1000 à 3500*

△△ **Le Littoral** 3 avril-25 sept.
    ℘ 04 68 81 17 74, Fax 04 68 95 94 89 – ⊶ saison ⚡ dans locations – **R** conseillée juil.-août – ⊞
ᵟᵥ
5 ha (292 empl.) plat, herbeux ♢♢
ᴁ ⍩ ⇌ 🅸 ⚘ 🔳 – ⍟, pizzeria ➴ – 🏃 ⚶ ⍐
Tarif : (Prix 1998) 🅴 *piscine comprise 2 pers. 115 (130 avec élect.), pers. suppl. 26*
Location : 🚐 *1200 à 3300*

△△ **La Marende**
    ℘ 04 68 81 12 09, Fax 04 68 81 88 52 – à 400 m de la plage – ⊶
3 ha (168 empl.) plat, herbeux, sablonneux ⊡ ♢♢
ᴁ ⍩ ⇌ 🅸 ♨ ᵜ ⚘ 🔳 – ⍦ snack ➴ – ⚶
Location : 🚐

Nord-Ouest :

△△△ **Le Dauphin** 25 mai-sept.
    ℘ 04 68 81 17 54, Fax 04 68 95 82 60 ⊠ 66701 Argelès-sur-Mer Cedex – ⚲ ⊶ ⚡ dans locations
– **R** conseillée juil.-20 août – ᵟᵥ
8 ha/5,5 campables (310 empl.) plat, herbeux ⊡ ♢♢
ᴁ ⍩ ⇌ 🅸 ⚲ - 93 empl. avec sanitaires individuels (⍩ ⇌ ᵜ wc) ⚘ 🔳 – ⍟, ✗ pizzeria ➴ – 🏠
⚶ ⚡ ᵜ ⍐
Tarif : 🅴 *piscine comprise 2 pers. 140, pers. suppl. 33* – ⒮ *20 (10A)*
Location : 🚐 *2000 à 3400*

△△ **Le Canigou** avril-sept.
    ℘ 04 68 81 02 55 ⊠ 66701 Argelès-sur-Mer Cedex – à Taxo d'Amont – ⊶ – **R** conseillée – ᵟᵥ
1,2 ha (110 empl.) plat, herbeux ⊡ ♢♢
ᴁ ⍩ ⇌ 🅸 ⚘ 🔳 – ⍦ – réfrigérateurs ⚶ ⍐
Tarif : 🅴 *piscine comprise 2 pers. 75* – ⒮ *17 (3A) 25 (10A)*
Location : 🚐 *1500 à 2600*

△△ **Taxo-les-Pins** fermé déc.-janv.
    ℘ 04 68 81 06 05, Fax 04 68 81 06 40 ⊠ 66702 Argelès-sur-Mer Cedex – à Taxo d'Avall – Places
limitées pour le passage ⊶ – **R** conseillée 15 juil.-15 août – ᵟᵥ
7 ha (406 empl.) plat, herbeux ⊡ ♢♢
ᴁ ⍩ ⇌ 🅸 ⚲ ⚘ ⚊ ⚽ 🔳 – ⍟, snack ➴ – ⚶ ⚲ᵒ ✗ ⍐
Tarif : ✶ *29,50 piscine comprise* – 🅴 *41/61,50 ou 66,50 avec élect. (3 ou 10A)*
Location : 🚐 *1000 à 3300*

△ **Les Cèdres** juin-sept.
    ℘ 04 68 81 03 82, Fax 04 68 81 02 25 – ⚲ ⊶ – **R** conseillée août – ᵟᵥ
3 ha (170 empl.) plat, herbeux ♢♢
ᴁ ⍩ 🅸 ⚲ ⚘ 🔳 – 🏠 – A proximité : ᵣₘ
Tarif : 🅴 *2 pers. 83, pers. suppl. 22* – ⒮ *19 (5A)*

Sud :

△△ **Les Criques de Porteils** avril-15 oct.
    ℘ 04 68 81 12 73, Fax 04 68 95 85 76 – SE : 5 km « Situation dominante ⩽ mer et Argelès » ⊶
– ᵟᵥ
5 ha (230 empl.) en terrasses et peu incliné, pierreux ♀
ᴁ ⍩ 🅸 ⚲ ⚘ 🔳 – ⍟, ⍦ ✗ ➴ cases réfrigérées – 🏠 ⚶
Tarif : 🅴 *2 pers. 130 (148 avec élect.), pers. suppl. 25*

△△ **Coste Rouge** avril-oct.
    ℘ 04 68 81 08 94, Fax 04 68 95 94 17 – SE : 3 km – ⊶ – **R** conseillée juil.-août – ⊞ ᵟᵥ
3 ha (92 empl.) plat, peu incliné, terrasses, herbeux, gravillons ⊡ ♢♢
ᴁ ⍩ ⇌ 🅸 ♨ ⚲ ⚘ 🔳 – snack ➴ – 🏠 ⚶
Tarif : 🅴 *piscine comprise 2 pers. 106 (127 avec élect. 6A), pers. suppl. 27*
Location : 🚐 *1300 à 3200* – *studios*

Sud-Ouest :

△ **Le Romarin** 15 mai-sept.
    ℘ 04 68 81 02 63, Fax 04 68 56 62 33 – SO : 2,8 km – ⚲ ⊶ – **R** conseillée juil.-août – ⊞
ᵟᵥ
2,5 ha (143 empl.) plat, peu incliné, sablonneux, pierreux ⊡ ♢♢
ᴁ ⍩ 🅸 ⚲ ⚘ 🔳 – ➴ – ⍐
Tarif : 🅴 *1 pers. 65, 2 pers. 87* – ⒮ *16 (5 à 10A)*
Location : 🚐 *1000 à 2000* – 🏠*1500 à 3500*

Voir aussi à Collioure

▶ *Sie suchen in einem bestimmten Gebiet*
    - *einen besonders angenehmen Campingplatz (△ ... △△△)*
    - *einen das ganze Jahr über geöffneten Platz*
    - *einfach einen Platz für einen mehr oder weniger langen Aufenthalt ...*

In diesem Fall ist die nach Departements geordnete Ortstabelle
im Kapitel « Erläuterungen » ein praktisches Hilfsmittel.

61200 Orne 🄳 – 🄖🄄 ③ G. Normandie Cotentin – 16 413 h. alt. 160.
🄱 Office de Tourisme pl. du Marché ℘ 02 33 67 12 48, Fax 02 33 39 96 61.
Paris 194 – Alençon 46 – Caen 59 – Dreux 115 – Évreux 112 – Flers 43 – Lisieux 58.

⚠ *Municipal du Parc de la Noë* avril-sept.
℘ 02 33 36 05 69 – au Sud de la ville, r. de la Noë, à proximité de l'Orne, accès par centre ville
« Situation agréable près d'un parc et d'un plan d'eau » ⊶ – **R**
0,3 ha (23 empl.) plat, herbeux ⊡ ♀
♿ 🍳 🌐 🗐 📛 ⊕ ☒ – 🖾 – A proximité : ✕ 🔲 🕃
Tarif : ♦ 11 – ⛺ 9,60 – 🄴 11,80 – 🄲 12,50

▶ Nos **guides hôteliers**, nos **guides touristiques** et nos **cartes routières**
sont complémentaires. Utilisez-les ensemble.

19400 Corrèze 🄇🄄 – 🄷🄓 ⑩ G. Berry Limousin – 3 189 h. alt. 183.
🄱 Office de Tourisme (15 juin-15 sept.) 30 av. Pasteur ℘ 05 55 28 16 05 et (hors saison) Mairie
℘ 05 55 28 10 91.
Paris 507 – Aurillac 54 – Brive-la-Gaillarde 45 – Mauriac 50 – St-Céré 42 – Tulle 30.

⚠ *Le Gibanel* juin-14 sept.
℘ 05 55 28 10 11, Fax 05 55 28 81 62 – NE : 4,5 km par D 18 rte d'Egletons puis chemin à droite
– 🐾 ≼ « Situation agréable au bord de la Dordogne et près d'un château XVIᵉ » ⊶ – **R** conseillée
10 juil.-15 août – 🄶🄱 ♂
60 ha/8,5 campables (250 empl.) plat, terrasses, herbeux ♀♀
♿ 🍳 ♻ 🗐 📛 🐍 ⊕ ☒ – 🔁 ☕ ✕ 🛁 – 🖾 🚣 🕃 terrain omnisports
Tarif : (Prix 1998) ♦ 27 piscine comprise – 🄴 29 – 🄲 16 (6A)
Location : 🏠 900 à 2800

⚠ *Le Vaurette* mai-21 sept.
℘ 05 55 28 09 67, Fax 05 55 28 81 14 ⊠ 19400 Monceaux-sur-Dordogne – SO : 9 km par D 12 rte
de Beaulieu, bord de la Dordogne – ≼ ⊶ – **R** conseillée juil.-août – 🄶🄱 ♂
4 ha (120 empl.) plat et peu incliné, herbeux ♀♀ (2 ha)
♿ 🍳 ♻ 🗐 📛 ⊕ ☒ – 🔁 ☕ snack ☕ – 🖾 salle d'animation 🚣 ✕ 🕃
Tarif : ♦ 27 piscine comprise – 🄴 33 – 🄲 16 (6A)

⚠ *Saulou* 10 avril-5 sept.
℘ 05 55 28 12 33, Fax 05 55 28 80 67 ⊠ 19400 Monceaux-sur-Dordogne – sortie Sud rte d'Aurillac
puis 6 km par D 116 à droite, à Vergnolles, bord de la Dordogne – 🐾 ≼ « Cadre agréable » ⊶ ♂
dans locations – **R** conseillée – 🄶🄱 ♂
5,5 ha (150 empl.) plat, herbeux, sablonneux ♀♀
♿ 🍳 ♻ 🗐 📛 🐍 ⊕ ☒ – 🔁 ☕ ✕ ☕ – 🚣 🕃
Tarif : 🄴 piscine comprise 2 pers. 95 ou 105 – 🄲 12 (2A) 16 (5A) 19 (10A)
Location : 🏠 1490 à 3290

⚠ *Au Soleil d'Oc* Pâques-1ᵉʳ nov.
℘ 05 55 28 84 84, Fax 05 55 28 12 12 ⊠ 19400 Monceaux-sur-Dordogne – SO : 4,5 km par D 12,
rte de Beaulieu puis D 12ᴱ, rte de Vergnolles et chemin à gauche après le pont, bord de la Dordogne
– 🐾 ≼ « Cadre agréable » ⊶ – **R** conseillée juil.-août – ♂
4 ha (70 empl.) plat, terrasse, herbeux ♀
🍳 ♻ 🗐 🐍 ⊕ ☒ – ☕ – 🖾 🚣 🚲 🔥 🕃
Tarif : ♦ 26 piscine comprise – ⛺ 10 – 🄴 17 – 🄲 15 (5A)
Location : 🏠 1350 à 3200 – 🏠 1700 à 3550

⚠ *L'Echo du Malpas* 15 mars-15 nov.
℘ 05 55 28 10 92, Fax 05 55 28 05 89 – SO : 2,1 km par D 12 rte de Beaulieu, bord de la Dordogne
– ⊶ avril-15 sept. – **R** conseillée juil.-août – 🄶🄱 ♂
5 ha (100 empl.) plat, herbeux ♀♀ (3 ha)
♿ 🍳 ♻ 🗐 🐍 ⊕ ☒ – ☕ ✕ ☕ ⊙ 🕃 🚤
Tarif : 🄴 piscine comprise 2 pers. 99 – 🄲 17 (10A)
Location : bungalows toilés

⚠ *Aire Naturelle le Vieux Port* juil.-août
℘ 05 55 28 19 55 ⊠ 19400 Monceaux-sur-Dordogne – SO : 4,3 km par D 12 rte de Beaulieu puis
D 12ᴱ, rte de Vergnolles et chemin à gauche après le pont – 🐾 ⊶ – **R** – ♂
1 ha (25 empl.) plat et terrasse, herbeux ♀
🍳 🐍 ⊕ – 🚣
Tarif : ♦ 12 – ⛺ 6,50 – 🄴 6,50

74 H.-Savoie 🄇🄄 – 🄷🄓 ⑨ G. Alpes du Nord – Sports d'hiver : voir Chamonix – ⊠ 74400 Chamonix-Mont-Blanc.
Paris 621 – Annecy 104 – Chamonix-Mont-Blanc 9 – Vallorcine 9.

⚠ *Le Glacier d'Argentière* 15 mai-sept.
℘ 04 50 54 17 36 – S : 1 km par rte de Chamonix, aux Chosalets, à 200 m de l'Arve – ≼ ⊶ saison
– **R** – ♂
1 ha (80 empl.) incliné, herbeux
♿ 🍳 ♻ 📛 ⊕ ☒ – 🖾
Tarif : ♦ 24 – ⛺ 8 – 🄴 12/18 – 🄲 14 (2A) 18 (4A) 22 (6A)

L'ARGENTIÈRE-LA-BESSÉE

05120 H.-Alpes 🔢 – 🔢 ⑱ G. Alpes du Sud – 2 191 h. alt. 1 024.
Paris 696 – Briançon 16 – Gap 74 – Embrun 34 – Mont-Dauphin 17 – Savines-le-Lac 46.

⚠ **Municipal les Ecrins** 15 juin-sept.
   🅿 04 92 23 03 38 – S : 2,3 km par N 94 rte de Gap, et D 104 à droite, près de la Durance et d'un petit plan d'eau – ≼ ⚬━ – **R** conseillée – ⊖⊟ ⚲
3 ha/1 campable (60 empl.) non clos, plat, herbeux, pierreux
🔥 🔥 🔥 🔥 🔥 🔥 – A proximité : ≃
Tarif : (Prix 1998) ▣ 2 pers. 70 – [₫] 18 (10A)

ARGENTON-CHÂTEAU

79150 Deux-Sèvres 🔢 – 🔢 ① G. Poitou Vendée Charentes – 1 078 h. alt. 123.
Paris 356 – Bressuire 19 – Doué-la-Fontaine 30 – Mauléon 26 – Niort 82 – Thouars 20.

⚠ **Municipal du lac d'Hautibus** avril-sept.
   🅿 05 49 65 95 08 – à l'Ouest du bourg, rue de la Sablière (accès près du rond-point de la D 748 et D 759), à 150 m du lac (accès direct) – ≼ ⚬━ juil.-août – **R** juil.-août – ⚲
0,7 ha (70 empl.) peu incliné et en terrasses, incliné, herbeux 🔥
🔥 🔥 🔥 🔥 🔥 – A proximité : 🔥 🔥 🔥
Tarif : (Prix 1998) 🔥 10 – 🔥 9 – ▣ 10 – [₫] 9
Location : 🔥 1000 à 1700

ARGENTON-SUR-CREUSE

36200 Indre 🔢 – 🔢 ⑰ ⑱ G. Berry Limousin – 5 193 h. alt. 100.
🔢 Office de Tourisme 13 pl. de la République 🅿 02 54 24 05 30, Fax 02 54 24 28 13.
Paris 299 – Châteauroux 31 – Guéret 67 – Limoges 94 – Montluçon 103 – Poitiers 101 – Tours 129.

⚠ **Les Chambons** 15 mai-15 sept.
   🅿 02 54 24 15 26 – sortie Nord-Ouest par D 927, rte du Blanc et à gauche, 37 rue des Chambons, à St-Marcel, bord de la Creuse – ⚬━ – **R** – ⚲
1,5 ha (60 empl.) plat, herbeux 🔥🔥
🔥 🔥 🔥 🔥 🔥 🔥
Tarif : ▣ 2 pers. 64 – [₫] 16 (5A)

ARLES

13200 B.-du-R. 🔢 – 🔢 ⑩ G. Provence – 52 058 h. alt. 13.
🔢 Office de Tourisme 35 pl. de la République 🅿 04 90 18 41 20, Fax 04 90 93 17 17 Accueil Gare SNCF 🅿 04 90 49 36 90 et Esplanade des Lices.
Paris 721 – Aix-en-Provence 78 – Avignon 36 – Cavaillon 44 – Marseille 95 – Montpellier 82 – Nîmes 32 – Salon-de-Provence 44.

O : 14 km par N 572 rte de St-Gilles et D 37 à gauche – ✉ 13123 Albaron :

⛰ **Crin Blanc** avril-sept.
   🅿 04 66 87 48 78, Fax 04 66 87 18 66 – au Sud-Ouest de Saliers par D 37 – ⚬━ – **R** conseillée – ⚲
4,5 ha (89 empl.) plat, herbeux
🔥 🔥 🔥 🔥 🔥 🔥 🔥 🔥 🔥 – snack 🔥 – 🔥 🔥 🔥 half-court
Tarif : ▣ élect. (10A), piscine et tennis compris 2 pers. 98
Location (permanent) : 🔥 1500 à 2500 – 🔥 1700 à 2950

ARLES-SUR-TECH

66150 Pyr.-Or. 🔢 – 🔢 ⑱ G. Pyrénées Roussillon – 2 837 h. alt. 280.
Paris 894 – Amélie-les-Bains-Palalda 4 – Perpignan 42 – Prats-de-Mollo-la-Preste 19.

⚠ **Le Vallespir-La Rive** avril-oct.
   🅿 04 68 39 90 00, Fax 04 68 39 90 09 – NE : 2 km rte d'Amélie-les-Bains-Palalda, bord du Tech – ≼ ⚬━ – **R** conseillée juil.-août – ⊖⊟ ⚲
4 ha (230 empl.) plat et peu incliné, herbeux 🔥 🔥🔥
🔥 🔥 🔥 🔥 🔥 🔥 🔥 🔥 – 🔥 snack 🔥 – 🔥 🔥 🔥 🔥 🔥
Tarif : 🔥 27 piscine comprise – ▣ 29 (45 à 50,50 avec élect. 4 à 10A)
Location : 🔥 1400 à 2750 – 🔥 1400 à 2500

ARNAC

15150 Cantal 🔢 – 🔢 ① – 203 h. alt. 620.
Paris 543 – Argentat 37 – Aurillac 35 – Mauriac 39 – Égletons 64.

⛰ **La Gineste** Permanent
   🅿 04 71 62 91 90 – NO : 3 km par D 61 rte de Pleaux puis 1,2 km par chemin à droite, à la Gineste, bord du lac d'Enchanet – 🔥 ≼ ⚬━ juil.-août – **R** conseillée été – ⚲
3 ha (74 empl.) en terrasses, herbeux 🔥 🔥🔥
🔥 🔥 🔥 🔥 🔥 🔥 🔥 – 🔥 🔥 🔥 – 🔥 🔥 🔥 🔥 🔥 🔥 (plage) 🔥
Tarif : ▣ élect. (6A) et piscine comprises 2 pers. 80, 4 pers. 135, pers. suppl. 30 – [₫] 15 (12A)
Location : 🔥 1000 à 2000 – 🔥 1200 à 2300

ARNAY-LE-DUC

21230 Côte-d'Or **11** – **65** ⑱ G. Bourgogne – 2 040 h. alt. 375.
Paris 285 – Autun 27 – Beaune 36 – Chagny 41 – Dijon 59 – Montbard 74 – Saulieu 29.

▲ **Municipal de l'Étang de Fouché** Permanent
  ℰ 03 80 90 02 23, Fax 03 80 90 11 91 – E : 0,7 km par D 17C, rte de Longecourt, bord de l'étang
  – ⑤ ≤ « Cadre et situation agréables » ⚬━ – **R** conseillée – **GB** ⚸
  5 ha (190 empl.) plat, peu incliné, herbeux ☐ ℘ (1 ha)
  ⅋ ⚏ ⇔ ⏁ ⚐ ⚘ ⚒ – ☒ – ☒ ⛵ – À proximité : ✗ ⚓ (plage)
  Tarif : ★ 13 – ⊞ 6 – ⓔ 10 – ⒢ 12 (10A)

ARPAJON-SUR-CÈRE

15130 Cantal **10** – **76** ⑫ – 5 296 h. alt. 613.
Paris 561 – Argentat 55 – Aurillac 4 – Maurs 45 – Sousceyrac 51.

▲ **Municipal de la Cère** juin-sept.
  ℰ 04 71 64 55 07 – au Sud de la ville, accès par D 920, face à la station Esso, bord de la rivière
  – ⚬━ – **R** conseillée – ⚸
  2 ha (106 empl.) plat, herbeux ☐ ℘
  ⅋ ⚏ ⇔ ⏁ ⚐ ⚐ ⚒ – ☒ – À proximité : ✗
  Tarif : (Prix 1998) ⓔ 1 à 3 pers. 52, pers. suppl. 10,50 – ⒢ 14 (6A) 20 (10A)

ARPHEUILLES

36700 Indre **10** – **68** ⑦ – 273 h. alt. 100.
Paris 301 – Le Blanc 39 – Buzançais 14 – Châteauroux 38 – La Roche-Posay 48.

▲ **Aire Naturelle Municipale** Pâques-Toussaint
  au bourg, derrière l'église, bord d'un petit étang et du Rideau – ⑤ – **R** conseillée juil.-août
  0,6 ha (8 empl.) peu incliné, herbeux
  ⚏ ⇔ ⚛ ⚐
  Tarif : pers., véh. et empl. gratuits
  Location : gîte d'étape

ARQUES

62510 P.-de-C. **1** – **51** ③ G. Flandres Artois Picardie – 9 014 h. alt. 10.
Paris 249 – Aire-sur-la-Lys 15 – Arras 69 – Boulogne-sur-Mer 56 – Hesdin 51 – St-Omer 3.

▲ **Municipal le Beauséjour** avril-sept.
  ℰ 03 21 88 53 66 – sortie Est rte de Cassel puis 1,5 km par D 10, rte de Clairmarais et rue à
  gauche près d'étangs et d'un parc public – Places limitées pour le passage ⚬━ – **R** conseillée –
  ⚸
  10 ha/2 campables (150 empl.) plat, herbeux ☐
  ▥ ⅋ ⚏ ⇔ ⏁ ⚐ ⚐ ⚒ – ☒
  Tarif : ★ 13,35 – ⓔ 22,45 – ⒢ 16,50 (6A)

ARRADON

56610 Morbihan **3** – **63** ③ – 4 317 h. alt. 40.
🛈 Syndicat d'Initiative 2 pl. de l'Eglise ℰ 02 97 44 77 44, Fax 02 97 44 81 22.
Paris 468 – Auray 17 – Lorient 55 – Quiberon 43 – Vannes 8.

▲▲ **Penboch** 3 avril-20 sept.
  ℰ 02 97 44 71 29, Fax 02 97 44 79 10 – SE : 2 km par rte de Roguedas, à 200 m de la plage – ⑤
  ⚬━ ✗ dans locations – **R** conseillée juil.-août – **GB** ⚸
  3,5 ha (175 empl.) plat, herbeux ☐
  ⅋ ⚏ ⇔ ⏁ ⚐ ⚐ ⚒ ⚘ ⚒ ☒ – ☒ – ☀ ⚛ – ☒ ⛵ ▥ ⏁ toboggan aquatique
  Tarif : ★ 25 piscine comprise – ⓔ 88 – ⒢ 17 (6A) 20 (10A)
  Location : 🛏 1400 à 3600 – 🏠 1400 à 3600

▲▲ **L'Allée** avril-sept.
  ℰ 02 97 44 01 98, Fax 02 97 44 73 74 – O : 1,5 km par rte du Moustoir et à gauche – ⑤ « Verger »
  ⚬━ – **R** conseillée 15 juil.-15 août – ⚸
  2 ha (100 empl.) plat et peu incliné, herbeux ☐ ℘
  ⅋ ⚏ ⇔ ⏁ ⚐ ⚐ ⚒ – ☒ ⛵ – ☒ ⛵
  Tarif : (Prix 1998) ★ 21 piscine comprise – ⓔ 45 – ⒢ 15 (6A) 19 (10A)

ARRENS-MARSOUS

65400 H.-Pyr. **13** – **85** ⑰ G. Pyrénées Aquitaine – 721 h. alt. 885.
🛈 Office de Tourisme ℰ 05 62 97 49 49, Fax 05 62 97 49 45.
Paris 838 – Argelès-Gazost 13 – Cauterets 29 – Laruns 37 – Lourdes 25 – Taches 43.

▲▲ **La Hèche** Permanent
  ℰ 05 62 97 02 64 – E : 0,8 km par D 918 rte d'Argelès-Gazost et chemin à droite, bord du Gave
  d'Arrens – ⑤ ≤ « Situation agréable » ⚬━ – ℟ – ⚸
  5 ha (166 empl.) plat, herbeux ℘℘ (1 ha)
  ▥ ⅋ ⚏ ⚛ ⚐ ⚐ ⚒ – ☒ ⛵ – À proximité : toboggan aquatique ⚑ ✗ ▥ ☒
  Tarif : ★ 15 – ⓔ 12 – ⒢ 12 (3A) 20 (6A)

⚠ **Le Moulian** juin-15 sept.
   🏕 05 62 97 41 18 – à Marsous, à 0,5 km au Sud-Est du bourg, bord du Gave d'Azun – ⌕ ⋖ ⌑
   – **R** – ⚙
   4 ha (100 empl.) plat, herbeux ♀
   🚻 📶 🍴 🔌 ⊙ 🔦 🖭 – 🏠
   Tarif : ⚹ *16,50 –* 🗐 *17,50 –* 🔋 *12 (3A) 15 (4A) 24 (6A)*

⚠ **Le Gerrit** 21 juin-29 août
   🏕 05 62 97 25 85 – à Marsous, à l'Est du bourg – ⌕ ⋖ ⌑ – **R** – ⚙
   1 ha (30 empl.) plat, herbeux ♀♀
   🚻 📶 🍴 ⊙ – 🚣
   Tarif : ⚹ *12 –* 🗐 *12 –* 🔋 *12 (2A)*
   Location : 🚐 *900 à 1200 – gîte*

⚠ **Municipal le Tech** juil.-août
   SO : 7 km par D 105 rte d'Aste, à 50 m du lac du Tech et bord d'un torrent, Croisement peu facile
   pour caravanes, alt. 1 230 – ⌕ ⋖ lac et montagnes « Site agréable » ⌑ – **R** – ⚙
   1,2 ha (33 empl.) accidenté et en terrasses, pierreux, herbeux
   📶 ⚌
   Tarif : (Prix 1998) ⚹ *13 –* 🚗 *5 –* 🗐 *12*

▶ *Avant de prendre la route, consultez* **36.15 MICHELIN** *sur votre Minitel :*

votre meilleur itinéraire, le choix de votre hôtel, restaurant, camping,

des propositions de visites touristiques.

ARROMANCHES-LES-BAINS

14117 Calvados **4** – 54 ⑮ G. Normandie Cotentin – 409 h. alt. 15.
Paris 259 – Bayeux 11 – Caen 28 – St-Lô 47.

⚠ **Municipal** avril-oct.
   🏕 02 31 22 36 78 – au bourg, av. de Verdun, à 300 m de la plage – ⌑ juil.-août – **R** conseillée
   – ⚙
   1 ha (97 empl.) plat, peu incliné, terrasses, herbeux
   🚻 📶 ⚌ 🍴 ⊡ ⊙ – A proximité : 🔅 ⚞ 🖾
   Tarif : ⚹ *16 –* 🚗 *13 –* 🗐 *20 –* 🔋 *16 (6A)*

ARROU

28290 E.-et-L. **5** – 60 ⑯ – 1 777 h. alt. 160.
Paris 142 – Brou 15 – Chartres 52 – Châteaudun 20 – Cloyes-sur-le-Loir 16.

⚠⚠ **Municipal le Pont de Pierre** mai-sept.
   sortie Ouest par D 111 rte du Gault-Perche, près de l'Yerre et d'un plan d'eau (accès direct) –
   R conseillée saison
   1,4 ha (75 empl.) plat, peu incliné, herbeux
   🚻 📶 🍴 🔌 ⊙ ✳ 🏳 – 🚣 ⚞ ⚍
   Tarif : 🗐 *2 pers. 28 –* 🔋 *12 (6A) 18,40 (10A)*

ARS-EN-RÉ

17 Char.-Mar. – 71 ⑫ – voir à Ré (Ile de).

ARS-SUR-FORMANS

01480 Ain **12** – 74 ① G. Vallée du Rhône – 851 h. alt. 248.
Paris 437 – Bourg-en-Bresse 46 – Lyon 40 – Mâcon 39 – Villefranche-sur-Saône 11.

⚠ **Municipal le Bois de la Dame** mai-sept.
   🏕 04 74 00 77 23 – à 0,5 km à l'Ouest du centre bourg, près d'un étang – ⌕ ⌑ – **R** conseillée
   – ⚙
   1 ha (103 empl.) peu incliné et terrasse, herbeux, pierreux ♀
   🚻 📶 ⚌ 🍴 ⊡ ⊙ – ✳ – A proximité : 🚣
   Tarif : 🗐 *2 pers. 42 –* 🔋 *10 (6A)*

ARTEMARE

01510 Ain **12** – 74 ④ – 961 h. alt. 245.
Paris 507 – Aix-les-Bains 34 – Ambérieu-en-Bugey 47 – Belley 17 – Bourg-en-Bresse 77 – Nantua 49.

⚠ **Municipal au Vaugrais** juin-sept.
   🏕 04 79 87 37 34 – O : 0,7 km par D 69ᴰ rte de Belmont, à Cerveyrieu, bord du Séran – ⋖ ⌑ –
   R conseillée
   1 ha (33 empl.) plat, herbeux 🔲
   🚻 📶 ⚌ ⊡ ♨ 🏳 – A proximité : ⚱
   Tarif : ⚹ *10 –* 🚗 *8 –* 🗐 *10 –* 🔋 *15 (8A)*

ARTHON-EN-RETZ

44320 Loire-Atl. 🗓 – 🔢 ② – 2 321 h. alt. 10.
Paris 422 – Challans 39 – Nantes 35 – Pornic 13 – St-Nazaire 41.

   ▲ **Retz-Jade** 15 juin-10 sept.
     ℘ 02 40 64 85 25 – NO : 3,4 km par D 5, rte de Chauvé et à Haute-Perche, rte de Feuillardais, à
     droite – ⑤ « Cadre boisé » ⊶ – **R** conseillée 15 juil.-août – ⋌ᵥ
     1,3 ha (50 empl.) plat, herbeux ⊏ ♀
     & 🛆 ⇔ 🗟 ⚙ ♨ ⚐ 🖳 – 🏠 ⩲ (petite piscine)
     Tarif : 🗐 *1 pers. 60, 2 pers. 88, pers. suppl. 17* – ⒥ *13 (5A)*

ARTIGNOSC-SUR-VERDON

83630 Var 🔢 – 🔢 ⑤ – 201 h. alt. 504.
Paris 817 – Aups 18 – Draguignan 47 – Gréoux-les-Bains 32 – Riez 26 – St-Maximin-la-Ste-Baume 48.

   ▲ **L'Avelanède** 15 mai-15 sept.
     ℘ 04 94 80 71 57 – SE : 3 km, à l'intersection de la D 471 et de la D 71 – ⑤ ⊶ – **R** conseillée
     – ⋌ᵥ
     14 ha (100 empl.) plat et peu incliné, terrasses, pierreux, herbeux ♀ (2 ha)
     🛆 ⇔ 🗟 ⚙ ♨ 🖳 – ♟ – 🏠 ⩲
     Tarif : (Prix 1998) ⋏ *26 piscine comprise* – 🗐 *30* – ⒥ *16*

ARVERT

17530 Char.-Mar. 🗓 – 🔢 ⑭ – 2 734 h. alt. 20.
Paris 512 – Marennes 14 – Rochefort 36 – La Rochelle 73 – Royan 19 – Saintes 45.

Schéma aux Mathes

   ▲ **Le Petit Pont** Pâques-15 sept.
     ℘ 05 46 36 07 20 – NO : 2,5 km, sur D 14 – ⊶ – **R** conseillée Pâques
     0,6 ha (33 empl.) plat, herbeux ♀
     🛆 🔊 ⚙ 🖳 – 🏠
     Tarif : 🗐 *2 pers. 56* – ⒥ *13 (4A) 17 (6A)*
     Location : 🛏 *1200 à 1950*

   ▲ **Municipal du Bois Vollet** 15 juin-15 sept.
     ℘ 05 46 36 81 76 – au Nord du bourg, à 150 m de la D 14 – **R**
     0,8 ha (66 empl.) plat, herbeux, sablonneux ♀♀
     & 🛆 ⇔ 🗟 ⚙ 🖳 – A proximité : ⋇
     Tarif : 🗐 *3 pers. 41, pers. suppl. 14* – ⒥ *17 (5 ou 6A)*

ARVIEU

12120 Aveyron 🔢 – 🔢 ② – 925 h. alt. 730.
🅱 Syndicat d'Initiative (juil.-août) à la plage ℘ 05 65 46 00 07 et (hors saison) à la Mairie ℘ 05 65 46 71 06.
Paris 667 – Albi 67 – Millau 62 – Rodez 33.

   ▲ **Le Doumergal** 2 juil.-5 sept.
     ℘ 05 65 74 24 92 – à l'Ouest du bourg – ⑤ ⊶ – **R** conseillée – ⋌ᵥ
     2 ha (25 empl.) plat, peu incliné, herbeux ⊏
     & 🛆 ⇔ 🗟 ⚙ ♨ ⚐ – ⩲ – A proximité : ⋇
     Tarif : (Prix 1998) 🗐 *2 pers. 60, pers. suppl. 10* – ⒥ *12 (5A)*
     Location : 🛏 *1022*

ARZANO

29300 Finistère 🗓 – 🔢 ⑰ – 1 224 h. alt. 91.
Paris 507 – Carhaix-Plouguer 54 – Lorient 22 – Pontivy 45 – Quimperlé 9.

   ▲▲▲ **Ty-Nadan** 12 mai-5 sept.
     ℘ 02 98 71 75 47, Fax 02 98 71 77 31 ⊠ 29310 Locunolé – O : 3 km par rte de Locunolé, bord
     de l'Ellé – ⑤ « Cadre et site agréables » ⊶ – **R** conseillée 17 juil.-21 août – ⊞🅱 ⋌ᵥ
     12 ha/3 campables (220 empl.) plat et peu incliné, herbeux ⊏ ♀
     & 🛆 ⇔ 🗟 ⇔ ⚙ ♨ ⚐ 🖳 – 🖳 ♟ ⋇ crêperie, pizzeria ⇲ – 🏠 ⋔ ⊜ garderie, discothèque ⋌⋌
     🚲 ⋅♨ ⋇ 🛆 ⩲ (plage) toboggan aquatique ⋇ piste de bi-cross
     Tarif : ⋏ *30 piscine comprise* – 🗐 *60* – ⒥ *22 (10A)*
     Location : 🛏 *1400 à 3600* – 🏠 *1800 à 3900* – *gîte d'étape*

ARZON

56640 Morbihan 🗓 – 🔢 ⑫ G. Bretagne – 1 754 h. alt. 9.
Paris 489 – Auray 51 – Lorient 91 – Quiberon 79 – La Trinité-sur-Mer 64 – Vannes 33.

Schéma à Sarzeau

   ▲▲ **Municipal du Tindio**
     ℘ 02 97 53 75 59 – NE : 0,8 km, à Kerners, bord de mer – ⩽ ⊶
     5 ha (220 empl.) plat et peu incliné, herbeux
     & 🛆 🗟 ⇔ 🔊 ⚙ ⊞ 🖳 – ⋌⋌

ASCAIN

64310 Pyr.-Atl. **13** – **78** ⑪ ⑱ G. Pyrénées Aquitaine – 2 653 h. alt. 24.
🛈 Office de Tourisme ℘ 05 59 54 00 84.
Paris 796 – Biarritz 23 – Cambo-les-Bains 26 – Hendaye 23 – Pau 137 – St-Jean-de-Luz 7.

▲▲▲ **Zélaïa** 15 juin-15 sept.
℘ 05 59 54 02 36, Fax 05 59 54 03 62 – O : 2,5 km sur D 4 rte d'Ibardin « Cadre agréable » ⊶
R conseillée – **GB** 🗸
2,4 ha (168 empl.) plat, herbeux ⌷⌷
🕭 🗊 ⇆ 🗊 🖳 🖆 ⊙ 🗠 🖳 🖩 – 🍴 🝩 – 🖵 ⚓ 🎏
Tarif : 🗉 *piscine comprise* 2 pers. 103 – 🗗 20 (6A)
Location (juin-sept.) : 🚐 1400 à 3250 – 🏠 1525 à 3550 – *bungalows toilés*

▲ **La Nivelle** 15 juin-15 sept.
℘ 05 59 54 01 94 – NE : 1,7 km par D 918 rte de St-Pée, bord de la Nivelle – ⊶ – **R** conseillée
août – **GB** 🗸
3 ha (168 empl.) plat, herbeux ⌷⌷
🗊 🖳 🕵 ⊙ 🖩 – 🖵 – A proximité : 🍷 ✕
Tarif : 🛉 20 – 🗉 34 – 🗗 19 (5 à 15A)

▲ **Les Truites** 15 juin-sept.
℘ 05 59 54 01 19 – NO : 2 km par la vieille route de Ciboure et à droite, bord de la Nivelle – 🏞
≤ ⊶ – **R** conseillée – 🗸
1,2 ha (93 empl.) plat, herbeux ⌷⌷
🗊 🖳 🕵 ⊙ 🖩 – 🖵
Tarif : 🛉 24 – 🗉 33 – 🗗 18 (6A)

ASPERJOC

07600 Ardèche **16** – **76** ⑲ G. Vallée du Rhône – 370 h. alt. 430.
Paris 640 – Antraigues-sur-Volane 11 – Aubenas 13 – Privas 41 – Vals-les-Bains 8.

▲ **Vernadel** 31 mars-oct.
℘ 04 75 37 55 13 – N : 3,7 km par D 243 et D 543 à droite, rte de Thieuré, accès par D 543 par
pente assez forte, difficile pour caravanes, alt. 500 – 🏞 ≤ vallée et montagnes « Belle situation
dominante » ⊶ – **R** conseillée – 🗸
4 ha/2 campables (22 empl.) en terrasses, peu incliné, herbeux, pierreux ⌑
🕭 🗊 🕵 🗠 🖳 🖤 🖩 – 🍴 snack 🝩 – 🖵
Tarif : 🗉 *piscine comprise* 2 pers. 102 – 🗗 15 (4A)
Location : 🏠 1200 à 3800 – 🛏

ASPET

31160 H.-Gar. **14** – **86** ② – 986 h. alt. 472.
Paris 790 – Lannemezan 49 – St-Béat 31 – St-Gaudens 17 – St-Girons 41.

▲ **Municipal le Cagire** avril-sept.
℘ 05 61 88 51 55 – sortie Sud par rte du col de Portet-d'Aspet et chemin à droite, bord du Ger
– **R** conseillée juil.-août
1,5 ha (42 empl.) plat, herbeux ⌷
🗊 ⇆ 🕵 ⊙ – 🖵 – A proximité : 🕸 🎢
Tarif : (Prix 1998) 🛉 10 – 🗉 10 – 🗗 9 (6A)

ASSÉRAC

44410 Loire-Atl. **4** – **63** ⑭ G. Bretagne – 1 239 h. alt. 12.
Paris 456 – La Baule 20 – Pontchâteau 25 – La Roche-Bernard 16 – St-Nazaire 35.

▲ **La Baie** Pâques-sept.
℘ 02 40 01 71 16, Fax 02 40 01 79 23 – O : 6 km rte de la pointe de Pen-Bé, après le lieu-dit Mes-
query, à proximité de la mer – 🏞 ⊶ – **R** conseillée – **GB** 🗸
2 ha (68 empl.) plat, herbeux ⌑
🗊 🖳 ⇆ ⊙ 🖩 – 🖵 ⚓
Tarif : (Prix 1998) 🗉 2 pers. 69, pers. suppl. 16 – 🗗 16 (5 ou 6A)
Location : 🚐 1400 à 2800

▲ **Le Traverno** juin-sept.
℘ 02 40 01 73 35 – sortie Ouest par D 82 puis chemin à droite – 🏞 ⊶ – **R** – 🗸
2 ha (50 empl.) plat et peu incliné, herbeux ⌷ 🗊 ⇆ juil.-août ⊙ 🖩
Tarif : 🛉 15 – 🚗 6,50 – 🗉 11 – 🗗 12,50 (3A) 16,50 (5 ou 6A)

ASTE-BÉON

64260 Pyr.-Atl. **13** – **85** ⑯ G. Pyrénées Aquitaine – 159 h. alt. 490.
Paris 810 – Argelès-Gazost 58 – Lourdes 48 – Oloron-Ste-Marie 22 – Pau 36.

▲ **Aire Naturelle Toussaü** juin-sept.
℘ 05 59 34 91 01 – sortie Sud du bourg – 🏞 ≤ – **R** – 🗸
1 ha (25 empl.) plat, herbeux
🕭 🗊 🖳 🕵 ⊙
Tarif : (Prix 1998) 🛉 15 – 🗉 20 – 🗗 10 (3A)

ASTON

09310 Ariège **14** – **86** ⑤ – 231 h. alt. 563.
Paris 807 – Andorra-la-Vella 79 – Ax-les-Thermes 19 – Foix 63 – Lavelanet 43 – St-Girons 73.

   ▲▲ **Le Pas de l'Ours** juin-sept.
       ℰ 05 61 64 90 33, Fax 05 61 64 90 32 – au Sud du bourg, près du torrent – Ⓜ ⌂ ≤ ⊶ –
       R conseillée – ⚕
       3,5 ha (50 empl.) plat et peu incliné, herbeux, rochers
       ⟡ ⟐ ⌁ ⟟ ⎕ ⊕ ⟒ – ⚘ – ⟞ ⟟ salle d'animation ⚲ ✕
       Tarif : ▣ 2 pers. 69 – 🕸 17 (6A) 24 (10A)
       Location (fermé du 2 au 20 oct.) : 🏠 990 à 2690 – gîtes

ATTIGNY

08130 Ardennes **7** – **56** ⑧ – 1 216 h. alt. 83.
Paris 203 – Charleville-Mézières 37 – Reims 56 – Rethel 19.

   ▲ **Municipal le Vallage**
       ℰ 03 24 71 23 06 – sortie Nord, rte de Charleville-Mézières et rue à gauche après le pont sur l'Aisne,
       près d'un étang – Places limitées pour le passage ⊶
       1,2 ha (68 empl.) plat, herbeux, gravillons ⟱
       ▥ ⟐ ⌁ ⟟ ⌁ ⊕ ⟒ ⟠ ⟟ – A proximité : ✕ ⟆

ATUR

24 Dordogne – **75** ⑤ – rattaché à Périgueux.

AUBAZINE

19190 Corrèze **10** – **75** ⑨ G. Périgord Quercy – 788 h. alt. 345.
Paris 495 – Aurillac 86 – Brive-la-Gaillarde 14 – St-Céré 54 – Tulle 18.

   ▲▲ **Centre Touristique du Coiroux** mai-sept.
       ℰ 05 55 27 21 96, Fax 05 55 27 19 16 – E : 5 km par D 48, rte du Chastang, à proximité d'un plan
       d'eau et d'un Parc de Loisirs – ⌂ ⊶ – **R** conseillée 11 juil.-20 août – ⚕
       165 ha/6 campables (143 empl.) peu incliné, herbeux, bois attenants ⟱ ⟲⟲ (1 ha)
       ⟡ ⟐ ⌁ ⟟ ⌁ ⊕ ⟒ ⟠ – ⚘ snack ⚘ – ⟞ ⟟ ⚲ – A proximité : golf ⟟ ✕ ⟒ ✕ ⟆ ⟐ (plage)
       ⟗
       Tarif : ▣ tennis compris 2 pers. 80 ou 90 – 🕸 18 (5 ou 10A)
       Location : 🏠 1390 à 2990 – bungalows toilés

AUBENAS

07200 Ardèche **16** – **76** ⑲ G. Vallée du Rhône – 11 105 h. alt. 330.
🛈 Office de Tourisme 4 bd Gambetta ℰ 04 75 89 02 03, Fax 04 75 89 02 04.
Paris 630 – Alès 76 – Mende 113 – Montélimar 41 – Privas 31 – Le Puy-en-Velay 91.

   ▲▲ **La Chareyrasse** avril-sept.
       ℰ 04 75 35 14 59, Fax 04 75 35 00 06 – SE : 3,5 km par rte à partir de la gare, à St-Pierre-sous-
       Aubenas, bord de l'Ardèche – ⌂ ⊶ – **R** conseillée juil.-août – ⟆⟅ ⚕
       2,3 ha (90 empl.) plat, herbeux, pierreux ⟲⟲
       ⟡ ⟐ ⌁ ⟟ ⌁ ⌁ ⟲ ⊕ ⟒ ⟠ ⎕ – ⚘ ⟟ pizzeria ⚘ – ⟞ ⚲ ⟗ – A proximité : ✕
       Tarif : ▣ piscine comprise 2 pers. 103 – 🕸 20 (10A)
       Location : 🏠 2150 à 2950 – bungalows toilés

   ▲ **Aubenas les Pins** fin avril-sept.
       ℰ 04 75 35 18 15 – O : 2,5 km par D 235, rte de Mercuer – ⌂ « Situation et cadre agréables »
       ⊶ – **R** conseillée – ⟆⟅ ⚕
       7 ha/4,5 campables (150 empl.) accidenté et en terrasses, pierreux ⟲⟲⟲
       ⟡ ⟐ ⌁ ⌁ ⟲ ⊕ ⟒ ⟠ ⎕ – ⟟ ⚘ – ⟞ ⟟ ⟗
       Tarif : ▣ piscine comprise 2 pers. 78, pers. suppl. 18 – 🕸 16 (6 ou 10A)

  à St-Privat NE : 4 km par N 104 rte de Privas – 1 359 h. alt. 304 – ✉ 07200 St-Privat :

   ▲ **Le Plan d'Eau** juin-15 sept.
       ℰ 04 75 35 44 98 – SE : 2 km par D 259 rte de Lussas, bord de l'Ardèche – ⌂ ⊶ juil.-août ⟗
       dans locations – **R** conseillée – ⚕
       3 ha (100 empl.) plat, pierreux, herbeux ⟲⟲
       ⟡ ⟐ ⌁ ⟟ ⌁ ⟲ ⊕ ⟒ ⎕ – ⟟ snack – ⟟ ⟗
       Tarif : ▣ piscine comprise 2 pers. 96 – 🕸 20 (4A) 22 (8A)
       Location : 🏠 1200 à 2000

AUBENCHEUL-AU-BAC

59265 Nord **2** – **53** ③ – 516 h. alt. 40.
Paris 188 – Arras 33 – Cambrai 12 – Douai 15 – Lille 57 – Valenciennes 37.

   ▲ **Municipal les Colombes** 15 mars-15 oct.
       ℰ 03 27 89 25 90 – sortie Sud par N 43, rte de Cambrai puis 0,5 km par D 71 à gauche, bord d'un
       étang et près du canal de la Sensée – Places limitées pour le passage ⊶ – **R** conseillée – ⚕
       2,5 ha (101 empl.) plat, herbeux
       ⟐ ⟲ ⊕
       Tarif : ⟟ 24 – ▣ 25 – 🕸 12 (4A) 20 (6A)

AUBIGNAN

84810 Vaucluse ▮▮ – ▮▮ ⑫ – 3 347 h. alt. 65.
▯ Office de Tourisme pl. de la Mairie ℘ 04 90 62 65 36.
Paris 672 – Avignon 30 – Carpentras 6 – Orange 22 – Vaison-la-Romaine 26.

⩗⩗ **Intercommunal du Brégoux** 15 mars-oct.
℘ 04 90 62 62 50, Fax 04 90 62 65 21 – SE : 0,8 km par D 55 rte de Caromb et chemin à droite
– ≼ « Cadre agréable » ☞ – **R** conseillée – ⚲
3,5 ha (174 empl.) plat, herbeux ♀
▥ ▦ ⇔ ▤ ⩙ ⊛ ⚘ ▦ ▣ – ▭ ⚵ ⚅
Tarif : (Prix 1998) ⅄ *14,50 tennis compris* – ▣ *14,50* – [᪥] *13,50 (6A)*

▶ *This Guide is not intended as a list of all the camping sites in France ;*
its aim is to provide a selection of the best sites in each category.

AUBIGNY-SUR-NÈRE

18700 Cher ▮ – ▮▮ ⑪ G. Châteaux de la Loire – 5 803 h. alt. 180.
▯ Office de Tourisme (mai-sept.) r. des Dames ℘ 02 48 58 40 20 et (hors saison) à la Mairie ℘ 02 48 81 50 00,
Fax 02 48 58 38 30.
Paris 180 – Bourges 49 – Cosne-sur-Loire 41 – Gien 30 – Orléans 67 – Salbris 32 – Vierzon 44.

⩗⩗ **Municipal les Etangs** avril-oct.
℘ 02 48 58 02 37 – E : 1,4 km par D 923 rte d'Oizon, près d'un étang (accès direct) – ⚲ ☞ –
R – ⚲
3 ha (100 empl.) plat, herbeux ♀♀ (chênaie)
⛨ ▦ ⇔ ▤ ⩗ ⊛ ⚘ ⩒ ▣ – ▭ ⚶ – A proximité : ⚵ ⚅ ⅃
Tarif : (Prix 1998) ⅄ *13* – ⟱ *7,20* – ▣ *13,40* – [᪥] *14 (6A) 25 (10A)*

AUBURE

68150 H.-Rhin ▮ – ▮▮ ⑱ G. Alsace Lorraine – 372 h. alt. 800.
Paris 429 – Colmar 26 – Gérardmer 53 – St-Dié 38 – Ste-Marie-aux-Mines 14 – Sélestat 29.

⩗ **Municipal la Ménère** 15 mai-sept.
℘ 03 89 73 92 99 – au bourg, près de la poste, Accès conseillé par sortie Sud, rte de Ribeauvillé
et chemin à droite – ⚲ ≼ ☞ – **R** conseillée 10 juil.-15 août – ⚲
1 ha (70 empl.) en terrasses, herbeux, sablonneux ♀
▦ ⇔ ▤ ⊛
Tarif : ⅄ *15* – ▣ *19* – [᪥] *16 (6A)*

AUCUN

65400 H.-Pyr. ▮▮ – ▮▮ ⑰ – 199 h. alt. 853.
Paris 835 – Argelès-Gazost 10 – Cauterets 26 – Lourdes 22 – Pau 67 – Tarbes 40.

⩗ **Lascrouts** Permanent
℘ 05 62 97 42 62 – E : 0,7 km par D 918, rte d'Argelès-Gazost et rte à droite, à 300 m du Gave
d'Azun – ⚲ ≼ ☞ – **R** conseillée – ⚲
2 ha (60 empl.) plat, peu incliné, terrasse, herbeux
▥ ⛨ ▦ ⇔ ▤ ⩗ ⊛ ▣ –
Tarif : ⅄ *14* – ▣ *14* – [᪥] *12 (2 à 6A)*
Location : ⊞ *1600 à 2000*

AUDRUICQ

62370 P.-de-C. ▮ – ▮▮ ③ – 4 586 h. alt. 10.
Paris 276 – Arras 97 – Boulogne-sur-Mer 48 – Calais 22 – St-Omer 25.

⩗⩗ **Municipal les Pyramides** avril-sept.
℘ 03 21 35 59 17 – au Nord-Est de la localité, accès par rocade (D 219), près d'un canal – ☞ –
R conseillée, indispensable juin-août
2 ha (86 empl.) plat, herbeux ⊞
⛨ ▦ ⇔ ▤ ⩙ ⊛ ⚘ ⩒ ▣ – ▭ ⚅
Tarif : ▣ *2 pers. 34, pers. suppl. 9,50* – [᪥] *20 (6A)*

AUGIREIN

09800 Ariège ▮▮ – ▮▮ ② – 73 h. alt. 629.
Paris 812 – Aspet 22 – Castillon-en-Couserans 12 – St-Béat 32 – St-Gaudens 38 – St-Girons 23.

⩗ **Bellongue** 15 mai-15 oct.
℘ 05 61 96 82 66 – à l'Est du bourg, bord de la Bouigane – ⚲ ☞ – **R** conseillée 15 juil.-20 août
– ⚲
0,3 ha (15 empl.) plat, herbeux ⊞ ♀
⛨ ▦ ⇔ ⩙ ⊛ ▣ – ▭ – A proximité : ⵚ snack
Tarif : (Prix 1998) ⅄ *22* – ▣ *28* – [᪥] *15 (3A) 24 (6A) 35 (9A)*
Location : *gîtes*

AULUS-LES-BAINS

09140 Ariège **14** – **86** ③ ④ G. Pyrénées Aquitaine – 210 h. alt. 750.
⚑ Office de Tourisme résidence de l'Ars 🞄 05 61 96 01 79.
Paris 830 – Foix 62 – Oust 16 – St-Girons 33.

  ▲▲ **Le Coulédous** Permanent
    🞄 05 61 96 02 26, Fax 05 61 96 06 74 – sortie Nord-Ouest par D 32 rte de St-Girons, près du Garbet
    – ❄ ≤ o━ – **R** – Adhésion obligatoire pour séjour supérieur à 4 jours – ⚲
    1,6 ha (70 empl.) plat, herbeux, pierreux, gravillons ♀
    ▥ ⅙ ⚏ ⇌ ⌸ ⇌ ⌇ ☺ ⊕ ▽ ◳ – ⅌ – ⛺ ✦ ·☺ – A proximité : ⚒ ♠ₘ
    Tarif : ✶ 17,95 – ▣ 18,20 – [⚡] 11 (3A) 22,50 (6A) 32,65 (10A)
    Location : 🛏 1000 à 3005

AUMALE

76390 S.-Mar. **1** – **52** ⑯ G. Normandie Vallée de la Seine – 2 690 h. alt. 130.
Paris 133 – Amiens 47 – Beauvais 50 – Dieppe 69 – Gournay-en-Bray 35 – Rouen 75.

  ▲ **Municipal le Grand Mail** avril-sept.
    par centre ville – ≤ – **R**
    0,4 ha (40 empl.) plat, herbeux
    ▥ ⅙ ⚏ ⇌ ⌸ ⇌ ☺ ▦
    Tarif : ✶ 10 – ⇌ 7 – ▣ 7

AUNAC

16460 Charente **9** – **72** ④ – 292 h. alt. 70.
Paris 419 – Angoulême 38 – Confolens 42 – Ruffec 15 – St-Jean-d'Angély 73.

  ▲ **Municipal** 15 juin-15 sept.
    à 1 km au Sud-Est du bourg – ⚲ « Situation agréable au bord de la Charente » – ⚲
    1,2 ha (25 empl.) plat, herbeux ♀♀ (0,6 ha)
    ⚏ ⇌ ⌸ ☺ ⍦ – ✦
    Tarif : ✶ 7 – ⇌ 5,50 – ▣ 5,50/7 – [⚡] 9

AUPS

83630 Var **17** – **84** ⑥ G. Côte d'Azur – 1 796 h. alt. 496.
⚑ Office de Tourisme pl. F.-Mistral 🞄 04 94 70 00 80, Fax 04 94 84 00 69.
Paris 821 – Aix-en-Provence 90 – Castellane 72 – Digne-les-Bains 78 – Draguignan 29 – Manosque 60.

  ▲▲ **International Camping** avril-sept.
    🞄 04 94 70 06 80, Fax 04 94 70 10 51 – O : 0,5 km par D 60, rte de Fox-Amphoux – ⚲ o━ –
    R conseillée juil.-août – ⊟ ⚲
    4 ha (150 empl.) plat, pierreux, herbeux ▭ ♀♀
    ⚏ ⇌ ⌸ ⇌ ☺ – discothèque ⚒ ⌿
    Tarif : ✶ 24 piscine comprise – ▣ 19 – [⚡] 17,50 (8A)
    Location : ⌂ 1200 à 1700 – 🛏 1900 à 2300

  ▲ **St-Lazare** avril-sept.
    🞄 04 94 70 12 86, Fax 04 94 70 01 55 – NO : 1,5 km, par D 9, rte de Régusse – o━ – **R** conseillée
    juil.-août – ⚲
    2 ha (56 empl.) plat, peu incliné, pierreux, herbeux ▭ ♀
    ⚏ ⇌ ⌸ ⅙ ⌸ ⇌ ☺ – snack ⅌ – ⛺ ⌿
    Tarif : ✶ 17,50 piscine comprise – ▣ 14 – [⚡] 13 (10A)
    Location : 🛏 1400 à 2800

AUREC-SUR-LOIRE

43110 H.-Loire **11** – **76** ⑧ – 4 510 h. alt. 435.
⚑ Office de Tourisme 2 av. du Pont 🞄 04 77 35 42 65, Fax 04 77 35 29 58.
Paris 540 – Firminy 15 – Montbrison 41 – Le Puy-en-Velay 59 – St-Étienne 22 – Yssingeaux 33.

  ▲▲ **Municipal le Port-Buisson** mai-sept.
    🞄 04 77 35 24 65 – SO : 1,5 km par D 46 rte de Bas-en-Basset, à 100 m de la Loire (accès direct)
    – Places limitées pour le passage ≤ o━ – **R** conseillée juil.-août – ⚲
    3,5 ha (158 empl.) en terrasses, peu incliné et plat, herbeux ▭
    ⅙ ⚏ ⇌ ⌸ ⇌ ☺ ▦ – ⛺ ✦ – A proximité : ⚎
    Tarif : ✶ 14,50 – ⇌ 10 – ▣ 12,50 ou 14,50 – [⚡] 16,50 (10A)

AUREILHAN

40200 Landes **13** – **78** ⑭ – 562 h. alt. 10.
Paris 681 – Castets 53 – Mimizan 3 – Mont-de-Marsan 78 – Parentis-en-Born 22.

  ▲▲ **Municipal** mi-mai-mi-sept.
    🞄 05 58 09 10 88 – NE : 1 km, près du lac – o━ – **R** – ⊟ ⚲
    6 ha (480 empl.) plat, herbeux, sablonneux ♀♀
    ⅙ ⚏ ⇌ ⌸ ⌇ ☺ ▦ ▦ – ⎃ ⅌ – ✦ – A proximité : poneys ⚎ ⚘
    Tarif : (Prix 1998) ▣ 2 pers. 47 (59 avec élect. 6A), pers. suppl. 13 – [⚡] 5 (10A)

⚠ **La Route des Lacs** avril-24 oct.
  ℰ 05 58 09 01 42 – E : 1,5 km par D 626, rte de St-Paul-en-Born et chemin à gauche – 🛶 ⚡ ✗
  dans locations – **R** conseillée 15 juil.-15 août – ✗
  3,5 ha (100 empl.) plat, herbeux ♀ (annexe ⚲⚲)
  🍳 🍴 🕌 🛁 ⊛ 🖃
  Tarif : ✦ 17 – 🚗 10 – 🖃 15 – 🔌 14 (6A)
  Location : 🚙 1300 à 1600

AURIAC

19220 Corrèze 🔟 – 🔢 ① – 250 h. alt. 608.
Paris 525 – Argentat 27 – Égletons 33 – Mauriac 23 – Tulle 49.

  ⚠ **Municipal** 15 juin-15 sept.
  ℰ 05 55 28 25 97 – sortie Sud-Est par D 65 rte de St-Privat, près d'un étang et d'un parc boisé
  – 🛶 ≼ « Site agréable, entrée fleurie » ☛ – **R** conseillée juil.-20 août – ✗
  1,7 ha (70 empl.) peu incliné, plat, herbeux ⊡ ♀ (1 ha)
  🍳 🍴 🛁 ⊛ 🖃 – 🔲 🚣 ⚓ (plage) – A proximité : ✗ ♪
  Tarif : ✦ 13 – 🚗 6,50 – 🖃 6,50 – 🔌 11 (6A)

AURIBEAU-SUR-SIAGNE

06810 Alpes-Mar. 🔢 – 🔢 ⑧ G. côte d'Azur – 2 072 h. alt. 85.
🅱 Syndicat d'Initiative Mairie ℰ 04 92 60 20 20, Fax 04 93 60 93 07.
Paris 904 – Cannes 13 – Draguignan 63 – Grasse 9 – Nice 43 – St-Raphaël 42.

  ⚠ **Le Parc des Monges** 20 mai-sept.
  ℰ 04 93 60 91 71, Fax 04 93 14 44 57 – NO : 1,4 km par D 509, rte de Tanneron, bord du Siagne
  – 🛶 ≼Vallée du Gabre ☛ – **R** conseillée juil.-24 août – ✗
  1,3 ha (50 empl.) plat, pierreux, herbeux ⊡ ♀
  🚻 🍳 🍴 🕌 🛁 ⊛ 🚿 ☄ 🖃 – 🏊 – A proximité : ♥ ✗ snack ⚓
  Tarif : 🖃 piscine comprise 2 pers. 80 – 🔌 15 (4A) 18 (6A) 24 (10A)
  Location : 🚙 1200 à 2700

AURIGNAC

31420 H.-Gar. 🔢 – 🔢 ⑯ G. Pyrénées Aquitaine – 983 h. alt. 430.
🅱 Office de Tourisme ℰ 05 61 98 70 06, (hors saison) Mairie ℰ 05 61 98 90 08, Fax 05 61 98 71 33.
Paris 772 – Auch 72 – Bagnères-de-Luchon 68 – Pamiers 92 – St-Gaudens 24 – St-Girons 42 – Toulouse 77.

  ⚠ **An. Ac. Aur.** mai-sept.
  ℰ 05 61 98 70 08 – sortie Sud-Est par D 635 rte de Boussens et à droite, près du stade – **R** conseillée
  10 juil.-10 août – ✗
  0,9 ha (40 empl.) peu incliné et plat, herbeux ⊡ ♀
  🍳 🍴 🛁 ⊛ – 🔲 – A proximité : ✗ 🏊 🐎
  Tarif : ✦ 25 piscine comprise – 🖃 10 – 🔌 5 (3A)

AURILLAC

15000 Cantal 🔟 – 🔢 ⑫ G. Auvergne – 30 773 h. alt. 610.
🅱 Office de Tourisme pl. Square ℰ 04 71 48 46 58, Fax 04 71 48 99 39.
Paris 559 – Brive-la-Gaillarde 97 – Clermont-Ferrand 161 – Montauban 174 – Montluçon 263.

  ⚠ **Municipal l'Ombrade** mai-sept.
  ℰ 04 71 48 28 87, Fax 04 71 43 31 58 – N : 1 km par D 17 et chemin du Gué-Bouliaga à droite, de
  part et d'autre de la Jordanne « Décoration florale » ☛ – **R** conseillée
  7,5 ha (200 empl.) plat et en terrasses, herbeux ♀
  🚻 🍳 🍴 🛁 ⊛ ☄ ☄ 🖃 – 🔲 🚣 – A proximité : 🏹
  Tarif : (Prix 1998) 🖃 2 pers. 35/50, pers. suppl. 10 – 🔌 10 (10A)

AUSSOIS

73500 Savoie 🔲 – 🔳 ⑧ G. Alpes du Nord – 530 h. alt. 1 489 – Sports d'hiver : 1 500/2 750 m ⤢ 11 ⛷.
🅱 Office de Tourisme ℰ 04 79 20 30 80, Fax 04 79 20 37 00.
Paris 672 – Albertville 99 – Chambéry 110 – Lanslebourg-Mont-Cenis 17 – Modane 7 – St-Jean-de-Maurienne 40.

⚠ **Municipal la Buidonnière** Permanent
ℰ 04 79 20 35 58 – sortie Sud par D 215, rte de Modane et chemin à gauche – ❄ ⬙ ≤ Parc de la Vanoise « Site agréable » ↦ – **R** été – ⊖ ✦
4 ha (160 empl.) en terrasses et peu incliné, pierreux, herbeux ⌑
▥ ⅙ ⚲ ⇆ ⬚ ⚓ ⊚ ⬛ – ⬒ ⚡ ·⚛ ✕ ♨ - parcours sportif
Tarif : ▣ 1 pers. 28 – ⚡ 11 (2A) 25 (6A) 34,50 (10A)

▶ Ce guide n'est pas un répertoire de tous les terrains de camping
mais une sélection des meilleurs camps dans chaque catégorie.

AUTRANS

38880 Isère 🔲 – 🔳 ④ – 1 406 h. alt. 1 050 – Sports d'hiver : 1 050/1 650 m ⤢ 16 ⛷.
🅱 Office de Tourisme rte de Méaudre ℰ 04 76 95 30 70, Fax 04 76 95 38 63.
Paris 588 – Grenoble 37 – Romans-sur-Isère 58 – St-Marcellin 46 – Villard-de-Lans 16.

⚠ **Au Joyeux Réveil** fermé oct. et nov.
ℰ 04 76 95 33 44, Fax 04 76 95 72 98 – sortie Nord-Est par rte de Montaud et à droite – ❄ ≤
↦ – **R** conseillée – ✦
1,5 ha (100 empl.) plat, herbeux
▥ ⚲ ⇆ ⬚ ⚷ ⊚ ⬛ ⬛ – ⬒ ⚡
Tarif : ▣ piscine comprise 2 pers. 70 – ⚡ 12 (2A) 15 (4A) 25 (6A)
Location : ⬚ 1200 à 2500 – ⬚ 1600 à 3200

⚠ **Caravaneige du Vercors** fermé du 16 au 31 mai et du 16 au 30 sept.
ℰ 04 76 95 31 88, Fax 04 76 95 36 82 – S : 0,6 km par D 106c rte de Méaudre – ❄ ≤ ↦
R conseillée été et hiver – ⊖ ✦
1 ha (90 empl.) en terrasses, herbeux, pierreux
▥ ⅙ ⚲ ⇆ ⬚ ⚷ ⬚ ⊚ ⬛ – ⬒ ⚡ – A proximité : ♨
Tarif : ▣ piscine comprise 2 pers. 65, pers. suppl. 17,50 – ⚡ 14 (2A) 23 (6A) 29,50 (10A)
Location : ⬚ 1400 à 2580

AUTUN

71400 S.-et-L. 🔲 – 🔳 ⑦ G. Bourgogne – 17 906 h. alt. 326.
🅱 Office de Tourisme 2 av. Ch.-de-Gaulle ℰ 03 85 86 80 38, Fax 03 85 86 80 49 et (juin- sept.) pl. du Terreau ℰ 03 85 52 56 03.
Paris 289 – Auxerre 129 – Avallon 80 – Chalon-sur-Saône 53 – Dijon 85 – Mâcon 112 – Moulins 98 – Nevers 105.

⚠ **Municipal du Pont d'Arroux** 28 mars-oct.
ℰ 03 85 52 10 82, Fax 03 85 86 19 28 – sortie Nord par D 980, rte de Saulieu, Faubourg d'Arroux, bord du Ternin – ↦ – **R** conseillée – ⊖ ✦
2,8 ha (104 empl.) plat, herbeux ⌑ ⚲
⚲ ⇆ ⬚ ⇆ ⊚ ⬛ – ▼ snack ⬙ – ⬒ ⊠
Tarif : ⚡ 13,50 – ⚘ 8,50 – ▣ 28 – ⚡ 15,50 (4A)

AUXERRE

89000 Yonne 🔳 – 🔳 ⑤ G. Bourgogne – 38 819 h. alt. 130.
🅱 Office de Tourisme 1 et 2 quai République ℰ 03 86 52 06 19, Fax 03 86 51 23 27.
Paris 165 – Bourges 137 – Chalon-sur-Saône 176 – Chaumont 144 – Dijon 152 – Nevers 111 – Sens 60 – Troyes 81.

⚠ **Municipal** avril-sept.
ℰ 03 86 52 11 15 – au Sud-Est de la ville, près du stade, 8 rte de Vaux, à 150 m de l'Yonne – ↦
– **R** – ⊖ ✦
4,5 ha (220 empl.) plat, herbeux ⚲⚲
▥ ⅙ ⚲ ⇆ ⬚ ⇆ ⊚ ⚷ ⬚ ⬛ – ⚡ – ⬒ ⚡ – A proximité : ✕ ⊠ ⊠
Tarif : ⚡ 14 – ▣ 12 – ⚡ 11 (5 ou 6A)

AUXI-LE-CHÂTEAU

62390 P.-de-C. 🔳 – 🔳 ⑦ G. Flandres Artois Picardie – 3 051 h. alt. 32.
🅱 Office de Tourisme Hôtel de Ville ℰ 03 21 04 02 03.
Paris 183 – Abbeville 28 – Amiens 46 – Arras 57 – Hesdin 24.

⚠ **Municipal des Peupliers** avril-sept.
ℰ 03 21 41 10 79 – sortie Sud-Ouest vers Abbeville et 0,6 km par rte à droite, au stade, bord de l'Authie – Places limitées pour le passage ↦ – **R** conseillée – ✦
1,6 ha (82 empl.) plat, herbeux ⌑
⅙ ⚲ ⇆ ⬚ ⇆ ⊚ – ⚡
Tarif : (Prix 1998) ⚡ 12,25 – ⚘ 6,60 – ▣ 12,25 – ⚡ 9 (3A) 15,50 (6A)

AUZON

43390 H.-Loire **11** – **76** ⑤ G. Auvergne – 920 h. alt. 430.
Paris 478 – Brassac-les-Mines 6 – Brioude 12 – La Chaise-Dieu 40 – Massiac 27 – Le Puy-en-Velay 73.

▲ **Municipal la Rivière Haute** juin-15 sept.
      04 71 76 18 61 – NE : 0,5 km par D 652, rte de St-Jean-St-Gervais, près d'un ruisseau – ⟋⟍ ⌶
    – **R** juil.-août – ⟋⋏
    0,8 ha (40 empl.) plat, terrasses, herbeux ⌂⌐
    ⟐ ⟐ ⟐ ⟐ ☺ – A proximité : ⟐
    Tarif : (Prix 1998) ▣ *tennis compris 1 pers. 35, 2 pers. 55, pers. suppl. 25* – (ᵍ) *15*

AVAILLES-LIMOUZINE

86460 Vienne **10** – **72** ⑤ – 1 324 h. alt. 142.
Paris 407 – Confolens 14 – L'Isle-Jourdain 14 – Niort 97 – Poitiers 67.

▲ **Municipal le Parc** mai-sept.
      05 49 48 51 22 – sortie Est par D 34, à gauche après le pont – ⟋⟍ « Cadre et situation agréables
    au bord de la Vienne » ⌶ juil.-août – **R** juil.-août – ⟋⋏
    2,7 ha (120 empl.) plat, herbeux ⟐⟐
    ⟐ ⟐ ⟐ ⟐ ⟐ ⟐ ▣ – ⊡ ⟐ ⟐ ⟐ – A proximité : ⟐
    Tarif : (Prix 1998) ✳ *13 piscine et tennis compris* – ⟐ *5* – ▣ *8* – (ᵍ) *11 (6A)*

AVANTON

86 Vienne – **68** ⑬ – rattaché à Poitiers.

Les AVENIÈRES

38630 Isère **12** – **74** ⑭ – 3 933 h. alt. 245.
Paris 509 – Les Abrets 14 – Aix-les-Bains 46 – Belley 25 – Chambéry 40 – La Tour-du-Pin 17.

▲▲ **Municipal les Épinettes**
      04 74 33 92 92 – à 0,8 km du centre bourg par D 40 rte de St-Genix-sur-Guiers puis à gauche
    – ⌶
    2,7 ha (84 empl.) plat et peu incliné, herbeux, gravier ⌂⌐ ⟐
    ⟐ ⟐ ⟐ ⟐ ⟐ ⟐ ⟐ ☺ ⟐ ⟐ ▣ – ⊡ – A proximité : ⟐ ⟐ ⟐

AVESNES-SUR-HELPE

59440 Nord **2** – **53** ⑥ G. Flandres Artois Picardie – 5 108 h. alt. 151.
ⱬ Office de Tourisme 41 pl Gén.-Leclerc   03 27 57 92 40, Fax 03 27 61 23 48.
Paris 209 – Charleroi 55 – St-Quentin 67 – Valenciennes 46 – Vervins 33.

▲ **Municipal le Champ de Mars** 15 avril-sept.
      03 27 57 99 04 – à Avesnelles, r. Léo-Lagrange « Cadre agréable » ⌶ – **R**
    1 ha (44 empl.) peu incliné, herbeux ⌂⌐
    ⟐ ⟐ ⟐ ⟐ ⟐ ☺ – ⊡ – A proximité : ⟐
    Tarif : ✳ *15* – ⟐ *15* – ▣ *15* – (ᵍ) *15 (6A)*

AVIGNON

84000 Vaucluse **16** – **81** ⑪ ⑫ G. Provence – 86 939 h. alt. 21.
ⱬ Office de Tourisme 41 cours J.-Jaurès   04 90 82 65 11, Fax 04 90 82 95 03 annexe au Pont d'Avignon
  04 90 85 60 16.
Paris 685 – Aix-en-Provence 83 – Arles 36 – Marseille 99 – Nîmes 47 – Valence 126.

▲▲▲ **Municipal du Pont St-Bénézet** 15 mars-oct.
      04 90 82 63 50, Fax 04 90 85 22 12 – sortie Nord-Ouest rte de Villeneuve-lès-Avignon par le pont
    Edouard-Daladier et à droite, dans l'île de la Barthelasse – ≼Palais des Papes et le pont ⌶ –
    R conseillée juil. – ⊟
    8 ha (300 empl.) plat, herbeux ⟐
    ⟐ ⟐ ⟐ ⟐ ⟐ ⟐ ▣ – ⟐ ⟐ snack ⟐ – ⊡ ⟐ ⟐ ⟐
    Tarif : (Prix 1998) ✳ *26 tennis compris* – ▣ *18,50/26* – (ᵍ) *17 (6A)*

▲▲▲ **Bagatelle** Permanent
      04 90 86 30 39, Fax 04 90 27 16 23 – sortie Nord-Ouest, rte de Villeneuve-lès-Avignon par le pont
    Edouard-Daladier et à droite, dans l'île de la Barthelasse, près du Rhône – ≼ ⌶ – **R** conseillée été
    – ⊟ ⟋⋏
    3,5 ha (238 empl.) plat, herbeux ⌂⌐ ⟐⟐
    ⟐ ⟐ ⟐ ⟐ ⟐ ⟐ ⟐ ⟐ ▣ – ⟐ ⟐ self ⟐ – ⊡ – A proximité : ⟐
    Tarif : ✳ *23,80* – ⟐ *7* – ▣ *11/16* – (ᵍ) *16,50 (2A) 19 (4A) 23 (6A)*
    Location : ⟐

▲▲ **Les 2 Rhône** Permanent
      04 90 85 49 70, Fax 04 90 85 91 75 – sortie Nord-Ouest, rte de Villeneuve-lès-Avignon par le pont
    Edouard-Daladier et à droite, au Nord de l'île de la Barthelasse – ⌶ – **R** conseillée 15 juil.-août –
    ⟋⋏
    1,5 ha (100 empl.) plat, herbeux, gravier ⌂⌐ ⟐⟐ (1 ha)
    ⟐ ⟐ ⟐ ⟐ ☺ ⟐ ⟐ ▣ – ⟐ snack – ⟐ ⟐
    Tarif : ✳ *20 piscine et tennis compris* – ▣ *20/22* – (ᵍ) *16 (5A)*
    Location *(mai-oct.)* : bungalows toilés

au Pontet NE : 4 km par rte de Carpentras – 15 688 h. alt. 40 – ⊠ 84130 le Pontet :

⚠ **Le Grand Bois** mai-sept.
⌀ 04 90 31 37 44 – NE : 3 km par D 62, rte de Vedène et rte à gauche, au lieu-dit la Tapy, Par A 7 :
sortie Avignon-Nord – ⊶ – **R** conseillée juil.-août – ⊖⊞ ⚲
1,5 ha (134 empl.) plat, herbeux ♀
♿ ⌂ ⇌ ≈ ⊕ ⚒ ⊽ ▣ – 🏠 ≋
Tarif : ⚹ 20 piscine comprise – ⇌ 10 – ▣ 25 – ⚡ 12 (5A)
Location (permanent) : 🛏 (hôtel)

Voir aussi à Vedène

31290 H.-Gar. 🔟4 – 🔟2 ⑲ – 954 h. alt. 178.
Paris 740 – Belpech 30 – Castelnaudary 15 – Foix 64 – Revel 25 – Toulouse 41.

⚠ **Municipal le Radel** avril-sept.
⌀ 05 61 27 07 48 – sortie Nord-Ouest par N 113, rte de Villefranche-de-Lauragais puis 1,3 km par
D 43, rte de Beauteville à gauche, près du canal du midi – **R**
0,9 ha (25 empl.) non clos, plat, peu incliné, herbeux
⌂
Tarif : (Prix 1998) ⚹ 15 – ▣ 15

▶ En juillet et août, beaucoup de terrains sont saturés
et leurs emplacements retenus longtemps à l'avance.

N'attendez pas le dernier moment pour réserver.

72430 Sarthe 🖪 – 🔟4 ② – 495 h. alt. 112.
Paris 242 – La Flèche 28 – Le Mans 41 – Sablé-sur-Sarthe 11.

⚠ **Municipal** juin-15 sept.
au bourg, par D 57, bord de la Sarthe – **R**
1,8 ha (50 empl.) plat, herbeux ⊏ ♀♀
⌂ ⇌ ▣ ⊟ ⊕ ⚒ ⊽ – 🚴
Tarif : ▣ élect. comprise 1 ou 2 pers. 38, pers. suppl. 11

85440 Vendée 🖲 – 🔟7 ⑪ ⑫ – 1 004 h. alt. 45.
Paris 442 – Luçon 27 – La Rochelle 67 – La Roche-sur-Yon 27 – Les Sables-d'Olonne 25.

⚠⚠ **Les Forges** Pâques-sept.
⌀ 02 51 22 38 85 – sortie Nord-Est par D 19, rte de Moutiers-les-Mauxfaits et à gauche, 0,7 km
par rue des Forges – ⊶ – **R** conseillée 14 juil.-15 août – ⊖⊞ ⚲
15 ha/8 campables (140 empl.) plat et peu incliné, herbeux, étang, bois ⊏
♿ ⌂ ⇌ ⊟ ⊕ ▣ – ♥ crêperie – 🏠 ⚽ ≋
Tarif : ▣ piscine comprise 2 pers. 78, pers. suppl. 16 – ⚡ 15 (6A)
Location : ⚏ 800 à 1900 – ⚏ 1000 à 2900

⚠⚠ **Les Mancelières** mai-sept.
⌀ 02 51 90 35 97 – S : 1,7 km par D 105 rte de Longeville-sur-Mer – ⊶ – **R** conseillée 14 juil.-20
août – ⚲
2,6 ha (130 empl.) plat et peu incliné, herbeux ⊏ ♀♀
♿ ⌂ ⇌ ▣ ⊟ ⊕ ▣ – ⚋ – 🏠 🚴 ≋ toboggan aquatique
Tarif : ▣ piscine comprise 2 pers. 89 – ⚡ 18 (6A)
Location : ⚏ – ⚏ 800 à 3100 – bungalows toilés

⚠ **Municipal de Beauchêne** 15 juin-15 sept.
⌀ 02 51 22 30 49 – sortie Sud-Est par D 949 rte de Luçon, bord d'un petit étang – ⊶ – **R** conseillée
1er au 15 août – ⚲
2,5 ha (160 empl.) plat et peu incliné, herbeux ♀
⌂ ⇌ ⊟ ⊕ ⚒ ⊽ – 🚴
Tarif : ▣ 3 pers. 56 – ⚡ 17 (6A)

11140 Aude 🔟5 – 🔟6 ⑦ – 919 h. alt. 398.
Paris 832 – Ax-les-Thermes 52 – Belcaire 33 – Carcassonne 65 – Font-Romeu-Odeillo-Via 65 – Perpignan 66.

⚠ **La Crémade** mai-sept.
⌀ 04 68 20 50 64 – E : 2,8 km par D 118, D 117, rte de Perpignan et chemin du château à droite
– ⊰ ≤ « Agréable cadre boisé » ⊶ – **R** – ⚲
3,3 ha (100 empl.) plat, peu incliné, herbeux, forêt ⊏ ♀♀
♿ ⌂ ⇌ ▣ ⊕ ⚒ ▣ – 🏠 🚴
Tarif : ▣ 2 pers. 54 – ⚡ 13 (6A)
Location : gîte d'étape

09110 Ariège **15** – **86** ⑮ Ⓖ G. Pyrénées Roussillon – 1 489 h. alt. 720 – ♨ (fin mars/ mi-nov.) – Sports d'hiver : au Saquet par route du plateau de Bonascre (8 km) et télécabine : 720/2 400 m ⚡1 ⚡16.
Tunnel de Puymorens : Péage en 1998 aller simple : autos 30 F, P.L 75 ou 120 F, Deux-roues 18 F. Tarifs spéciaux A.R.
🛈 Office de Tourisme pl. du Breilh ☎ 05 61 64 60 60, Fax 05 61 64 41 08.
Paris 822 – Andorra-la-Vella 61 – Carcassonne 107 – Foix 43 – Prades 100 – Quillan 55.

🛆 **Municipal Malazéou** Permanent
   ☎ 05 61 64 69 14, Fax 05 61 64 05 60 – NO : 1,5 km sur N 20 rte de Foix, bord de l'Ariège – Places limitées pour le passage ⪡ ⊶ – ℞ – ⒼⒷ ⬧
   5 ha (300 empl.) plat, peu incliné, herbeux ⒪⒪
   ▥ ⌕ ⇌ ⊞ ⇄ ⊕ – 🔥
   Tarif : (Prix 1998) ⊡ 2 pers. 52, pers. suppl. 17 – ⚡ 13 (4A) 21 (6A) 28 (10A)

63 P.-de-D. **11** – **73** ⑭ Ⓖ G. Auvergne – 1 322 h. alt. 850 – ✉ 63970 Aydat.
Paris 446 – La Bourboule 35 – Clermont-Ferrand 21 – Issoire 38 – Pontgibaud 34 – Rochefort-Montagne 28.

🛆 **Chadelas** 15 mai-14 sept.
   ☎ 04 73 79 38 09 – à 2 km au Nord-Est d'Aydat par D 90 et rte à droite, près du lac (accès direct) « Agréable pinède » ⊶ – ℞ conseillée 15 juil.-15 août – ⬧
   7 ha (150 empl.) plat, peu incliné, vallonné, terrasses, herbeux, pierreux ▱ ⒪⒪
   ▥ ⅋ ⌕ ⇌ ⊞ ⇄ ⇌ ⌁ ⊕ ▣ – ▱ 🔥 – A proximité : snack, pizzeria ⎈
   Tarif : ⊡ 2 pers. 69, pers. suppl. 20 – ⚡ 18 (6A) 22 (10A)

🛆 **Le Domaine du Lac** mai-sept.
   ☎ 04 73 79 32 92, Fax 04 73 79 39 18 – NE : 1,5 km par D 90 au lieu-dit Sauteyras, à 100 m du lac – ⊶ juil.-août – ℞ – ⬧
   1,2 ha (80 empl.) plat, en terrasses, herbeux ▱
   ⅋ ⌕ ⇌ ⊞ ⇄ ⊕ ▣ – A proximité : centre de documentation touristique, ▰ ⊜ ⛾ snack, crêperie ⌇ ▱ ⭗ ⇌ ⚲
   Tarif : ⚲ 14 – ⊡ 35 – ⚡ 19 (5A)
   Location : ▱ 1500 à 2100

🛆 **Les Volcans** juin-6 sept.
   ☎ 04 73 79 33 90 – à la Garandie, à 3,2 km à l'Ouest d'Aydat, par D 788, alt. 1 020 – ⬯ ⪡ ⊶ – ℞ – ⬧
   1,3 ha (54 empl.) peu incliné, herbeux ⒪
   ⌕ ⇌ ⊞ ⊕
   Tarif : ⚲ 14 – ⇉ 6 – ⊡ 10 – ⚡ 15 (4A)

🛆 **La Clairière** juin-sept.
   ☎ 04 73 79 31 15 – à Rouillas-Bas, à 3,2 km au Nord-Est d'Aydat, par D 213 – ⬯ ⊶ juil.-août – ℞ conseillée – ⬧
   1 ha (48 empl.) en terrasses, herbeux ▱ ⒪
   ⌕ ⇌ ⊞ ⇄ ⌁ ⊕ ▣
   Tarif : ⚲ 18 – ⊡ 23 – ⚡ 13 (5A)

17 Char.-Mar. – **71** ⑫ – rattaché à la Rochelle.

65 H.-Pyr. – **85** ⑰ – rattaché à Argelès-Gazost.

37190 I.-et-L. **10** – **64** ⑭ Ⓖ G. Châteaux de la Loire – 3 053 h. alt. 51.
🛈 Office de Tourisme pl. de l'Europe ☎ 02 47 45 44 40, Fax 02 47 45 31 46.
Paris 266 – Châtellerault 61 – Chinon 21 – Loches 54 – Tours 27 – Saumur 47.

🛆 **Municipal le Sabot** Pâques-fin oct.
   ☎ 02 47 45 42 72 – sortie Est par D 84, rte d'Artannes et rue du stade à droite, bord de l'Indre, château à proximité : spectacle « Son et Lumière » – ⬯ « Situation agréable, entrée fleurie » ⊶ – ℞ – ⬧
   6 ha (228 empl.) plat, herbeux ⒪
   ⇌ ⌕ ⇌ ⊞ ⇌ ⊕ ▱ – ▱ 🔥 ⭗ – A proximité : ⛾ ⎈ ⤁
   Tarif : (Prix 1998) ⊡ 1 ou 2 pers. 48, pers. suppl. 13,30 – ⚡ 12,20

79130 Deux-Sèvres **9** – **68** ⑪ – 1 013 h. alt. 161.
Paris 386 – Bressuire 32 – Coulonges-sur-l'Autize 27 – Niort 39 – Parthenay 9.

🛆 **Municipal les Peupliers** 15 juin-sept.
   sortie Sud par D 139 rte de St-Pardoux, bord du Thouet – ⬯ – ℞ – ⬧
   0,6 ha (16 empl.) plat, herbeux
   ⌕ ⇌ ⊞ ⊕ – A proximité : ⛾
   Tarif : (Prix 1998) ⚲ 10 – ⊡ 15 – ⚡ 14

40140 Landes 🔟🔞 – 🔟🔞 ⑯ – 377 h. alt. 9.
Paris 726 – Bayonne 55 – Dax 24 – Mimizan 75 – Soustons 8 – Tartas 49.

   ▲▲▲ *La Paillotte* mai-sept.
     𝒫 05 58 48 12 12, Fax 05 58 48 10 73 – SO : 1,5 km, bord du lac de Soustons – ⅏ ≤ ⊶ ✵ –
     R indispensable 11 juil.-20 août – ⊞ ⚲
     7 ha (310 empl.) plat, sablonneux, herbeux ⊏ 🕮
     & 🎔 ⏚ 🛏 🛁 ♨ ⚱ 🌲 ▾ 📷 🍴 – 🛋 ▾ ✗ ⚓ – ⬜ 🚶 🛖 🚲 ⚒ ⚓ 🛶 escrime, toboggans
     aquatiques – A proximité : ⚲ ✵ 🛖
     Tarif : 🏊 *piscine comprise 2 pers. 159, pers. suppl. 32 –* 🔌 *28 (6A)*
     Location : 🚐 *1990 à 3890*

   ▲▲▲ *Municipal* 30 mai-20 sept.
     𝒫 05 58 48 30 72 – S : 2 km, à 100 m du lac de Soustons – ⅏ ⊶ – **R** conseillée 10 juil.-20 août
     – ⊞ ⚲
     6,5 ha (250 empl.) plat, sablonneux, pierreux, herbeux 🕮
     & 🎔 ⏚ 📷 🛁 🛏 ♨ ⚱ 🌲 – 🛋 cases réfrigérées – ⚓ 🚲 – A proximité : ⚲ ✵ 🛖 ⚓
     Tarif : 🏊 *16,50 –* 🏕 *27,50 –* 🔌 *12 (6A) 20 (10A)*

▶ *Les cartes MICHELIN sont constamment tenues à jour.*

54120 M.-et-M. 🎇 – 🌀② ⑦ G. Alsace Lorraine – 5 022 h. alt. 260.
🄱 Syndicat d'Initiative pl. des Arcades 𝒫 03 83 75 13 37, Fax 03 83 75 36 76.
Paris 362 – Épinal 43 – Lunéville 26 – Nancy 58 – St-Dié 29 – Sarrebourg 44.

   ▲ *La Rive* mai-sept.
     𝒫 03 83 75 12 29 – sortie Nord-Ouest, sur N 59, rte de Nancy, face au garage Peugeot, bord de
     la Meuse – ⊶ – **R** – ⊞
     1,5 ha (35 empl.) plat et peu incliné, herbeux, gravier 🕮
     🎔 ⏚ ♨ 🌲 ▾
     Tarif : 🏊 *14 –* 🏕 *16 –* 🔌 *12 (3A) 17 (6A)*

   ▲ *Municipal* mai-15 sept.
     sortie Sud-Est par D 158, rte de Lachapelle et à gauche, bord de la Meurthe – ⅏ – **R**
     0,7 ha (50 empl.) plat, herbeux 🕮🕮
     🎔 ⏚ 🛁 ♨ – A proximité : ⛳ ✵ 🎱 🖼
     Tarif : (Prix 1998) 🏊 *7 –* 🚗 *6 –* 🏕 *7/9 –* 🔌 *11 (10A)*

24150 Dordogne 🔟🔞 – 🔟🔞 ⑮ ⑯ G. Périgord Quercy – 188 h. alt. 42.
Paris 545 – Bergerac 27 – Périgueux 65 – Sarlat-la-Canéda 47.

   ▲▲▲ *Les Bö-Bains* 10 avril-sept.
     𝒫 05 53 73 52 52, Fax 05 53 73 52 55 – sortie Ouest, par D 29, rte de Lalinde, bord de la Dordogne
     – ⊶ – **R** indispensable 14 juil.-15 août – ⊞ ⚲
     5 ha (102 empl.) plat, terrasse, herbeux ⊏ 🕮🕮
     & 🎔 ⏚ 📷 🛁 ♨ ⚱ 🌲 – 🛋 ▾ ✗ snack ⚓ – ⬜ 🚶 ⚓ 🚲 ⚲ 🛖 🛶 toboggan aquatique
     – A proximité : ✵
     Tarif : 🏕 *piscine comprise 2 pers. 110, pers. suppl. 25 –* 🔌 *18 (6A)*
     Location *(permanent) :* 🚐 *1350 à 3300 –* 🏠 *1750 à 4100*

56870 Morbihan 🎇 – 🌀③ ② – 2 844 h. alt. 28.
Paris 475 – Auray 10 – Lorient 53 – Quiberon 40 – Vannes 15.

   ▲▲▲ *Mané Guernehué* avril-sept.
     𝒫 02 97 57 02 06, Fax 02 97 57 15 43 – SO : 1 km par rte de Mériadec et à droite – ⅏ ⊶ –
     R conseillée juil.-23 août – ⊞ ⚲
     5,3 ha (200 empl.) plat, peu incliné à incliné et en terrasses, herbeux
     & 🎔 ⏚ 📷 🛁 🛏 ♨ ⚱ 🌲 ▾ 📷 🍴 – 🛋 ▾ ⚓ – ⬜ 🚶 🐴 🚣 salle d'animation ⚓ 🚲 ⚲ 🛖
     🛶 toboggan aquatique parcours sportif
     Tarif : 🏊 *27 piscine comprise –* 🏕 *75 –* 🔌 *19 (6A) 25 (10A)*
     Location : 🚐 *1500 à 3650 –* 🏠 *1900 à 3900*

46270 Lot 🔟🔞 – 🔟🔞 ⑪ – 1 582 h. alt. 234.
Paris 585 – Cahors 83 – Decazeville 16 – Figeac 15 – Maurs 8.

   ▲ *Municipal du Pont Neuf* juil.-août
     𝒫 05 65 34 94 31 – au Sud-Est du bourg, derrière la gare, bord du Célé – **R** conseillée
     1 ha (44 empl.) plat, herbeux 🕮
     🎔 🛁 ♨ – 🛶 – A proximité : ✵
     Tarif : 🏊 *13 –* 🏕 *14 –* 🔌 *14*

77167 S.-et-M. ⑥ – ⑥① ⑫ – 1 516 h. alt. 45.
Paris 85 – Fontainebleau 22 – Melun 38 – Montargis 29 – Pithiviers 43 – Sens 49.

▲▲ **Municipal de Pierre le Sault** avril-oct.
  𝒫 01 64 29 24 44 – au Nord-Est de la ville, près du terrain de sports, entre le canal et le Loing, à 200 m d'un plan d'eau – Places limitées pour le passage �o━ – ℞
  3 ha (160 empl.) plat, herbeux, bois attenant ♀
  ▥ ᵴ ⱝ ⌂ 🖻 ⌴ ☺ 🖪 – 🛒 🚻 ᴶ
  Tarif : ✶ 15 – 🄴 11,50 – ⓔ 11 (3A) 18 (6A) 25 (10A)

65200 H.-Pyr. ⑭ – ⑧⑤ ⑱ – G. Pyrénées Aquitaine – 8 424 h. alt. 551 – ♨ (mars- nov.).
🯅 Office de Tourisme 3 allée Tournefort 𝒫 05 62 95 50 71, Fax 05 62 95 33 13.
Paris 816 – Lourdes 24 – Pau 63 – St-Gaudens 64 – Tarbes 22.

▲▲ **Le Monlôo** Permanent
  𝒫 05 62 95 19 65 – sortie Nord-Est, par D 938, rte de Toulouse puis à gauche 1,4 km par D 8, rte de Tarbes et chemin à droite – ⏞ ≤ �o━ – ℞ conseillée juil.-août – ⒼⒷ ⱷ
  3 ha (125 empl.) peu incliné et plat, herbeux ♀
  ▥ ᵴ ⱝ ⌂ 🖻 ⬭ ☺ 🖪 – 🛒 🚻 ᴥ ᴶ toboggan aquatique
  Tarif : 🄴 piscine comprise 3 pers. 86 – ⓔ 12 (2A) 16 (3A) 25 (6A)
  Location : ⌂ 1200 à 2400 – ⌂ 1600 à 2900

▲▲ **Les Fruitiers** mai-oct.
  𝒫 05 62 95 25 97 – 91 route de Toulouse – ≤Pic du Midi o━ – ℞ conseillée juil.-août – ⱷ
  1,5 ha (112 empl.) plat, herbeux ♀
  ⱝ ⌂ 🖻 ⌴ ☺ 🖪 – 🛒 🚻 – A proximité : 🔳
  Tarif : (Prix 1998) ✶ 20 – 🄴 20 – ⓔ 12 (2A) 22 (4A) 33 (6A)

▲▲ **Les Tilleuls** mai-sept.
  𝒫 05 62 95 26 04 – sortie Nord-Ouest, rte de Labassère, av. Alan-Brooke – o━ – ℞ – ⱷ
  2, 8 ha (100 empl.) plat et peu incliné, herbeux ♀♀
  ⱝ ⌂ 🖻 ⌴ ⬭ ☺ 🖪 – 🛒 🚻
  Tarif : 🄴 élect. (4A) comprise 2 pers. 83,20 – ⓔ 11 (6A)

à Pouzac NO : 2,5 km par D 935, rte de Tarbes – 1 000 h. alt. 505 – ✉ 65200 Pouzac :

▲▲ **Bigourdan** Permanent
  𝒫 05 62 95 13 57 – S : par D 935 – o━ – ℞ conseillée 15 juil.-15 août – ⱷ
  1 ha (33 empl.) plat, herbeux ♀♀
  ᵴ ⱝ ⱷ ⌂ ⌴ ⬭ ☺ 🖪 – 🛒 ᴶ – A proximité : 🛒
  Tarif : ✶ 20 piscine comprise – 🄴 21 – ⓔ 12 (2A) 18 (3A) 26 (6A)
  Location : ⌂ 1200 à 1400

▶ *Wilt u een stad of streek bezichtigen ?*
  Raadpleed de groene Michelingidsen.

31110 H.-Gar. ⑭ – ⑧⑤ ⑳ – G. Pyrénées Aquitaine – 3 094 h. alt. 630 – ♨ (avril-25 oct.) – Sports d'hiver : à Superbagnères, 1 440/2 260 m ⫫1 ⫷15 ⱷ.
🯅 Office de Tourisme 18 allée d'Etigny 𝒫 05 61 79 21 21, Fax 05 61 79 11 23.
Paris 833 – Bagnères-de-Bigorre 70 – St-Gaudens 46 – Tarbes 88 – Toulouse 138.

▲▲ **Pradelongue** avril-sept.
  𝒫 05 61 79 86 44, Fax 05 61 79 18 64 ✉ 31110 Moustajon – N : 2 km par D 125ᶜ, rte de Moustajon, près du magasin Intermarché – ≤ o━ ᴥ dans locations – ℞ conseillée juil.-août – ⒼⒷ ⱷ
  4 ha (135 empl.) plat, herbeux, pierreux
  ▥ ᵴ ⱝ ⱷ ⌂ ⬭ ⌴ ☺ 🖪 – 🛒 🚻 ᴶ – A proximité : 🛒
  Tarif : ✶ 27 piscine comprise – 🄴 28 – ⓔ 12 (2A) 20 (5A) 27 (10A)
  Location (mai-sept.) : ⌂ 950 à 2100 – bungalows toilés

▲▲ **Les Myrtilles** fermé nov.
  𝒫 05 61 79 89 89, Fax 05 61 79 09 41 ✉ 31110 Moustajon – N : 2,5 km par D 125ᶜ, à Moustajon, bord d'un ruisseau – ≤ o━ – ℞ conseillée vacances scolaires – ⒼⒷ ⱷ
  2 ha (100 empl.) plat, herbeux
  ᵴ ⱝ ⱷ ⌂ ⌴ ⬭ ☺ ⍰ ⬭ 🖪 – ▼ – 🛒 ᴶ – A proximité : ⛺ (centre équestre)
  Tarif : 🄴 piscine comprise 1 pers. 55, pers. suppl. 21 – ⓔ 15 (3A) 20 (6A) 30 (10A)
  Location : gîte d'étape, studios, bungalows toilés

à Salles-et-Pratviel N : 4 km par D 125 – 129 h. alt. 625 – ✉ 31110 Salles-et-Pratviel :

▲ **Le Pyrénéen** Permanent
  𝒫 05 61 79 59 19, Fax 05 61 79 75 75 – S : 0,6 km par D 27 et chemin, bord de la Pique – Places limitées pour le passage ❄ ⏞ ≤ o━ ᴥ – ℞ conseillée – ⒼⒷ ⱷ
  1,1 ha (75 empl.) plat, pierreux, herbeux ♀
  ▥ ᵴ ⱝ ⌂ ⬭ ☺ ⍰ 🖪 ᴶ
  Tarif : 🄴 piscine comprise 1 à 3 pers. 95 (110 avec élect. 10A)- hiver : ✶ 18 🄴 18 – ⓔ 10 (2A) et 5 par ampère supplémentaire.
  Location : ⌂ 800 à 1500

à Garin O : 8,5 km par D 618 – 108 h. alt. 1 100 – ⊠ 31110 Garin :

  ▲ **Les Frênes** Permanent
        ℰ 05 61 79 88 44 – à l'Est du bourg par D 618, rte de Bagnères-de-Luchon et à gauche (D 76^E vers rte de Billière) – ⑤ ⪕ �o━ – **R** conseillée juil.-15 août – ⬧⚘
        0,8 ha (50 empl.) en terrasses, peu incliné, herbeux, pierreux
        ▥ ⅋ ⟰ ⬧ ⏚ ⊕ – ⌂
        Tarif : ⚹ *20* – 🅴 *24* – ⑂ *14 (5A) 18 (10A)*

▶ *Utilisez le guide de l'année.*

BAGNOLES-DE-L'ORNE

61140 Orne ⑤ – ⑥⓪ ① G. **Normandie Cotentin** – 875 h. alt. 140 – ⚑ (avril-fin oct.).
🛈 Office de Tourisme pl. du Marché ℰ 02 33 37 85 66, Fax 02 33 30 06 75.
Paris 240 – Alençon 49 – Argentan 39 – Domfront 19 – Falaise 49 – Flers 28.

  ▲▲ **La Vée** avril-oct.
        ℰ 02 33 37 87 45, Fax 02 33 30 14 32 – SO : 1,3 km, près de Tessé-la-Madeleine, à 30 m de la rivière – ⑤ o━ – **R** conseillée – ⬧⚘
        2,8 ha (260 empl.) plat, herbeux ⊡ ♀
        ▥ ⅋ ⟰ ⬧ ⬒ ⏚ ⊕ ⊕ ⌕ ▦ – ⬓ – ⌂ ⟜
        Tarif : 🅴 *1 pers. 31* – ⑂ *15,50 (3A) 19,50 (6A) 24 (10A)*

  ▲ **Le Clos Normand** mai-sept.
        ℰ 02 33 37 92 43 ⊠ 61410 Couterne – SE : 2,5 km par D 916 rte de Couterne – o━ – **R** – ⬧⚘
        1 ha (65 empl.) plat, herbeux ♀
        ⟰ ⬧ ⬒ ⏚ ⊕ ▦ – crêperie – ⌂ ⟜
        Tarif : 🅴 *2 pers. 39, pers. suppl. 13,60* – ⑂ *15,50 (5A) 21,50 (10A)*
        Location : ⌂▭ *998 à 1125*

BAGNOLS

63810 P.-de-D. ⑪ – ⑦③ ⑫ G. **Auvergne** – 712 h. alt. 862.
🛈 Office de Tourisme de Saney-Artense r. de la Pavade à la Tour d'Auvergne ℰ 04 73 21 79 78, Fax 04 73 21 79 70.
Paris 488 – Bort-les-Orgues 20 – La Bourboule 22 – Bourg-Lastic 40 – Clermont-Ferrand 67.

  ▲▲ **Municipal la Thialle** Permanent
        ℰ 04 73 22 28 00 – sortie Sud-Est par D 25, rte de St-Donat, bord de la Thialle – o━ été – **R** conseillée 15 juil.-15 août – ⬧⚘
        2,8 ha (90 empl.) plat, herbeux ♀
        ▥ ⅋ ⟰ ⬧ ⬒ ⏚ ⊕ ▦ – ⌂ ⟜ ⌕ ▦ ≅ (petite piscine) – A proximité : ⚡
        Tarif : ⚹ *12* – ⇦ *9* – 🅴 *10*
        Location : *huttes*

BAGNOLS-SUR-CÈZE

30200 Gard ⑯ – ⑧① ① ⑪ G. **Provence** – 17 872 h. alt. 51.
🛈 Office de Tourisme espace St-Gilles, av. Léon Blum ℰ 04 66 89 54 61, Fax 04 66 89 83 38.
Paris 656 – Alès 53 – Avignon 34 – Nîmes 54 – Orange 30 – Pont-St-Esprit 11.

  ▲▲ **Les Genêts d'Or** Pâques-sept.
        ℰ 04 66 89 58 67 – sortie Nord par N 86 puis 2 km par D 360 à droite, bord de la Cèze – o━ ⚡ juil.-20 août – **R** conseillée 14 juil.-14 août – ⒼⒷ ⬧⚘
        8 ha/3,5 campables (95 empl.) plat, herbeux ♀♀
        ⅋ ⟰ ⬧ ⬒ ⏚ ⊕ ⊕ ▦ – ⬓ ▼ ✗ ⬓ – ⟜ ⌕
        Tarif : ⚹ *25 piscine comprise* – ⇦ *25* – 🅴 *45* – ⑂ *16 (3A) 21 (8A)*
        Location : ⌂▭ *1600 à 2950*

  ▲ **La Coquille** Pâques-15 sept.
        ℰ 04 66 89 03 05, Fax 04 66 89 59 86 – sortie Nord par N 86 rte de Pont-St-Esprit puis 1,7 km par D 360 à droite, près de la Cèze – o━ – **R** conseillée juil.-août
        1,2 ha (30 empl.) plat, herbeux, sablonneux ♀
        ⅋ ⟰ ⬧ ⬒ ⏚ ⊕ ▦ – ⬓ – ⌂ ⌕
        Tarif : 🅴 *piscine comprise 1 ou 2 pers. 95, pers. suppl. 20* – ⑂ *15 (3A) 17 (4A) 20 (6A)*

BAIS

53160 Mayenne ⑤ – ⑥⓪ ⑪ – 1 571 h. alt. 183.
Paris 250 – Laval 47 – Le Mans 53 – Mayenne 20 – Sablé-sur-Sarthe 54.

  ▲ **Municipal Claires Vacances** 15 mai-15 sept.
        ℰ 02 43 37 02 41 – sortie Ouest par D 241 rte d'Hambers, près d'un plan d'eau – **R** conseillée – ⬧⚘
        1 ha (20 empl.) plat, herbeux ⊡ ♀
        ⟰ ⬧ ⏚ ⊕ ⬓ – ⚡ ⌕
        Tarif : (Prix 1998) ⚹ *9,30* – ⇦ *3,10* – 🅴 *3,10* – ⑂ *3,80 (10A)*

BALARUC-LES-BAINS

34540 Hérault 🔢 – 🔢 ⑯ G. Gorges du Tarn – 5 013 h. alt. 3 – ♨ (23 fév.-23 nov.).
🅱 Office de Tourisme Pavillon Sévigné 📞 04 67 46 81 46, Fax 04 67 48 40 40 et 37 av. du Port
📞 04 67 48 50 07, Fax 04 67 43 47 52.
Paris 783 – Agde 30 – Béziers 51 – Frontignan 8 – Lodève 55 – Montpellier 34 – Sète 9.

   ▲▲ **Les Vignes** avril-oct.
     📞 04 67 48 04 93 – NE : 1,7 km par D 129, D 2^{E6}, à droite, rte de Sète et chemin à gauche – Places
     limitées pour le passage ⚬━ – **R** indispensable saison – 🇬🇧 ⚄
     2 ha (129 empl.) plat, herbeux, pierreux ⌕
     & ⚒ ⇄ 🗄 🛁 ⊙ ⚶ 🖥 – 🖼 🚣 🔥 – 🍴
     Tarif : 🔲 piscine comprise 2 pers. 82 – [电] 12 (4A) 15 (6A) 18 (10A)

   ▲▲ **Le Mas du Padre** 27 mars-17 oct.
     📞 04 67 48 53 41, Fax 04 67 48 08 94 – NE : 3 km par D 2^E, direction A9 et Montpellier – Ⓜ 🏊
     ⚬━ – **R** conseillée juil.-août – 🇬🇧 ⚄
     1,8 ha (116 empl.) plat et peu incliné, herbeux, pierreux ⌕ 🌳🌳
     & ⚒ ⇄ 🗄 🛁 ⊙ 🖥 – 🖼 réfrigérateurs 🔥 🏊 half-court
     Tarif : 🔲 élect. (5A) et piscine comprises 2 pers. 123, pers. suppl. 22
     Location : 🏠 1085 à 1855 – 🏠 1645 à 2730

BALAZUC

07 Ardèche – 🔢 ⑨ – voir à Ardèche (Gorges de l').

BALBIGNY

42510 Loire 🔢 – 🔢 ⑱ – 2 415 h. alt. 331.
Paris 424 – Feurs 9 – Noirétable 44 – Roanne 29 – St-Étienne 51 – Tarare 29.

   ▲▲ **La Route Bleue** 15 mars-oct.
     📞 04 77 27 24 97, Fax 04 77 28 18 05 – NO : 2,8 km par N 82 et D 56 à gauche, rte de St-Georges-
     de-Baroille, près de la Loire – 🏊 ⚬━ – **R** conseillée – 🇬🇧 ⚄
     2 ha (100 empl.) plat, peu incliné, herbeux
     & ⚒ ⇄ 🗄 🛁 ⊙ ⚶ 🖥 – 🍴 – 🖼 🏊
     Tarif : 🧍 20 piscine comprise – 🔲 20 – [电] 18 (6A)

BALLAN-MIRÉ

37510 I.-et-L. 🔢 – 🔢 ⑭ ⑮ – 5 937 h. alt. 88.
🅱 Office de Tourisme 1 pl. du 11-Novembre 📞 02 47 53 87 47.
Paris 251 – Azay-le-Rideau 15 – Langeais 26 – Montbazon 12 – Tours 12.

   ▲▲▲ **La Mignardière** 10 avril-4 oct.
     📞 02 47 73 31 00, Fax 02 47 73 31 01 – à 2,5 km au Nord-Est du bourg, à proximité du plan d'eau
     de Joué-Ballan – ⚬━ – **R** conseillée 10 juil.-20 août – 🇬🇧 ⚄
     2,5 ha (177 empl.) plat, herbeux, petit bois attenant ⌕
     🏭 & ⚒ ⇄ 🗄 🛁 ⊙ ⚶ 🗑 🖥 – 🍸 – 🚲 ⚙ 🎯 🏊 – A proximité : poneys 🍴 grill 🚣 ♨ 🔥
     Tarif : 🔲 piscine comprise 2 pers. 106 – [电] 18 (6A)
     Location : 🏠 1000 à 3000 – 🏠 1200 à 3200

La BALME-DE-SILLINGY

74330 H.-Savoie 🔢 – 🔢 ⑥ – 3 075 h. alt. 480.
Paris 527 – Annecy 13 – Bellegarde-sur-Valserine 31 – Belley 61 – Frangy 14 – Genève 42.

   ▲ **Aire Naturelle la Vieille Ferme** mai-sept.
     📞 04 50 68 84 05 – NO : 1,3 km par N 508, rte de Frangy puis 2 km par rte à gauche – 🏊 ⚬━ –
     R conseillée – ⚄
     3 ha (25 empl.) plat et peu incliné, herbeux
     ⚒ ⊙ 🖥 – 🖼
     Tarif : 🧍 15,50 – 🚗 5,50 – 🔲 17 – [电] 11 (2A) 15 (4A) 20 (6A)

   ▲ **Aire Naturelle la Bergerie** 15 juin-15 sept.
     📞 04 50 68 73 05 – NO : 2,2 km par N 508 et rte à droite, à Lompraz – 🏊 ⩽ ⚬━ – **R** conseillée
     – ⚄
     1 ha (25 empl.) plat, herbeux ⚲
     ⚒ 🗄 ⊙
     Tarif : 🔲 2 pers. 41,50, pers. suppl. 10 – [电] 12 (2A) 15 (4A) 16,50 (6A)

BANDOL

83150 Var 🔢 – 🔢 ⑭ G. Côte d'Azur – 7 431 h. alt. 1.
🅱 Office de Tourisme allées Vivien 📞 04 94 29 41 35, Fax 04 94 32 50 39.
Paris 824 – Aix-en-Provence 71 – Marseille 51 – Toulon 18.

   ▲ **Vallongue** avril-sept.
     📞 04 94 29 49 55 – N : 3 km par D 559, rte de St-Cyr-sur-Mer et à gauche après le supermarché
     – ⩽ 🅿(tentes) – **R** conseillée juil.-août – ⚄
     1,2 ha (70 empl.) plat et en terrasses, pierreux, herbeux ⚲
     ⚒ ⇄ 🗄 🛁 ⊙ 🖥 – 🏊 – A proximité : 🍴
     Tarif : 🔲 piscine comprise 2 pers. 80/85, pers. suppl. 20 – [电] 15 (6A)

BANGOR

56 Morbihan – 🔲🔢 ⑪ ⑫ – voir à Belle-Ile-en-Mer.

BANNES

52360 H.-Marne **7** – 🔲🔲 ③ – 393 h. alt. 388.
Paris 289 – Chaumont 35 – Dijon 85 – Langres 9 – Nancy 124.

   ▲ **Hautoreille** Permanent
        03 25 84 83 40 – sortie Sud-Ouest par D 74, rte de Langres puis 0,7 km par chemin à gauche
      – 🐎 o━ – **R** juil.-août – ⚲
      3 ha (100 empl.) plat, peu incliné, herbeux
      🗒 🌲 🗄 🛁 🔄 (🏠 sauf hiver) ⊕ 🔳 – ♈
      Tarif : ★ *15* – 🔳 *25*

BARATIER

05 H.-Alpes – 🔳🔳 ⑰ ⑱ – rattaché à Embrun.

BARBÂTRE

85 Vendée – 🔲🔢 ① – voir à Noirmoutier (Ile de).

BARBIÈRES

26 Drôme – 🔳🔳 ② – rattaché à Bourg-de-Péage.

Le BARCARÈS

66420 Pyr.-Or. 🔳🔢 – 🔲🔲 ⑩ – 2 422 h. alt. 3.
🅱 Office de Tourisme Front de Mer 04 68 86 16 56, Fax 04 68 86 34 20 et (saison) centre Culturel Cocteau-Marais 04 68 86 18 23.
Paris 847 – Narbonne 56 – Perpignan 23 – Quillan 84.

   ▲▲▲ **L'Europe**
        04 68 86 15 36, Fax 04 68 86 47 88 – SO : 2 km par D 90, à 200 m de l'Agly – o━
      6 ha (360 empl.) plat, herbeux 🔲 ♀
      ♿ Plates-formes aménagées et sanit. individuels (🏠 🔄 🛁 wc) 🔳 – 🔳 ♈ ✕ 🔄 – 🔲 🔄 🏊 🚲
      🔄 🔄
      Location : 🔳 – 🔳 – 🔳

   ▲▲▲ **La Salanque,** location exclusive de bungalows 27 mars-13 nov.
        04 68 86 14 86, Fax 04 68 86 47 98 – O : 1,8 km par chemin de l'Hourtou – o━ – **R** conseillée
      saison – **GB** ⚲
      3,5 ha (107 empl.) plat, herbeux 🔲 Sanitaires individuels (🏠 🔄 wc) 🔳 – 🔳 ♈ snack 🔄 – 🔲 🏊
      🔄 🔄 salle d'animation 🔄 🔄 🔄
      Location : 🔳 *élect., piscine et tennis compris 1260 à 3640*

   ▲▲▲ **California** 25 avril-25 sept.
        04 68 86 16 08, Fax 04 68 86 18 20 ✉ 66423 Le Barcarès Cedex – SO : 1,5 km par D 90 – o━
      – **R** conseillée juil.-août – **GB** ⚲
      5 ha (246 empl.) plat, herbeux, verger 🔲 ♀♀
      ♿ 🏠 🔄 🔳 🗄 🛁 ⊕ 🔄 ♈ 🔲 🔳 – 🔳 ♈ pizzeria, snack 🔄 – 🔲 🔄 🔄 🔄 🚲·⊛ 🔄 🔄 toboggan
      aquatique
      Tarif : 🔳 *piscine comprise 2 pers. 109, pers. suppl. 29* – 🔳 *17 (10A)*
      Location : 🔳 *1300 à 3000* – 🔳 *1400 à 3300*

   ▲▲ **Le Soleil Bleu** avril-sept.
        04 68 86 15 50, Fax 04 68 86 40 90 – SO : 1,4 km par D 90, à 100 m de l'Agly – o━ – **R** conseillée
      juil.-août – **GB** ⚲
      3 ha (176 empl.) plat, sablonneux 🔲 ♀♀
      ♿ 🏠 🔄 🗄 🛁 ⊕ 🔄 ♈ – 🔳 ♈ pizzeria, snack 🔄 – 🔄 discothèque 🔄 🔄
      Tarif : 🔳 *piscine comprise 2 pers. 130, pers. suppl. 25* – 🔳 *15 (6A)*
      Location : 🔳 *1390 à 3450* – 🔳 *1590 à 3690*

   ▲▲ **Las Bousigues** avril-7 nov.
        04 68 86 16 19, Fax 04 68 86 28 44 – O : 0,6 km, avenue des Corbières – o━ 🔄 dans locations
      – **R** conseillée – **GB** ⚲
      3 ha (199 empl.) plat, sablonneux 🔲 ♀♀
      ♿ 🏠 🔄 🗄 🛁 🛁 - 51 sanitaires individuels (🏠 🔄 wc) ⊕ 🔳 – 🔳 ♈ pizzeria, snack 🔄 – 🔄 🔄
      🔄
      Tarif : 🔳 *piscine comprise 2 pers. 110, pers. suppl. 30* – 🔳 *20 (5A)*
      Location : 🔳 *700 à 2600* – 🔳 *950 à 3550* – 🔳 *1000 à 3350*

   ▲▲ **La Croix du Sud** avril-sept.
        04 68 86 16 61, Fax 04 68 86 20 03 – SO : 1,4 km par D 90, par D 83 sortie 10 – o━ – **R** conseillée
      1er au 20 août – **GB** ⚲
      3,5 ha (200 empl.) plat, herbeux 🔲 ♀
      ♿ 🏠 🔄 🗄 🔄 ⊕ 🔳 – 🔄 – 🔲 🔄 🔄 🔄 terrain omnisports
      Tarif : 🔳 *piscine comprise 2 pers. 105 ou 145* – 🔳 *16 (3A) 22 (6A)*
      Location : 🔳 *900 à 2700* – 🔳 *1100 à 3300* – 🔳 *1300 à 3600*

▲ **Le Pré Catalan** 8 mai-11 sept.
    ☎ 04 68 86 12 60, Fax 04 68 86 40 17 – SO : 1,5 km par D 90 puis 0,6 km par chemin à droite –
    o━ – **R** conseillée juil.-août – ⒼⒷ ✄
    4 ha (210 empl.) plat, sablonneux, herbeux ▭ ♀
    🛌 ⏚ ⇆ 🍴 ⚬ ⊙ 🖭 ⚐ 🏓 ≋ ✗ 🛆
    Tarif : 🗉 *piscine et tennis compris 2 pers. 110, pers. suppl. 27* – ⒤ *21 (6A)*
    Location : ⌂ – ⌂ *1330 à 3860*

à Port-Barcarès N : 2,5 km par D 83, rte de Port-Leucate – ⊠ 66420 Le Barcarès

▲ **La Presqu'île** avril-2 nov.
    ☎ 04 68 86 12 80, Fax 04 68 86 25 09 – à l'Est : sortie 11, bord de l'étang de Leucate – ⚘ o━
    – **R** conseillée – ⒼⒷ ✄
    3 ha (160 empl.) plat, sablonneux ▭ ♀♀ pinède
    ⛿ 🛌 📅 ⚲ ⊙ 🖭 – ⚐ 🍴 ⚬ – ⌂ 🖼 ≋ ✗ 🛆 toboggan aquatique
    Tarif : 🗉 *piscine et tennis compris 2 pers. 108* – ⒤ *22 (6A)*
    Location : ⌂ *1100 à 3100* – ⌂ *1100 à 3100*

BARCELONNE-DU-GERS

32720 Gers ⒕ – ⑧⒉ ② – 1 312 h. alt. 96.
Paris 726 – Aire-sur-l'Adour 2 – Mont-de-Marsan 33 – Nogaro 19 – Riscle 15.

▲ **Municipal les Rives de l'Adour** 15 juin-15 sept.
    S : 1,5 km par D 107 rte de Lembeye et à gauche avant le pont, bord de la rivière – ⚘ – **R**
    0,5 ha (40 empl.) plat, herbeux, pierreux ▭ ♀♀
    ⛿ 🛌 ⚲ ⊙
    Tarif : ✶ *10* – 🗉 *15* – ⒤ *10 (6 ou 10A)*

BARCELONNETTE

04400 Alpes-de-H.-Pr. ⒘ – ⑧⒈ ⑧ G. Alpes du Sud – 2 976 h. alt. 1 135 – Sports d'hiver : : Le Sauze/Super
Sauze 1 400/2440 m ⚡24 ✦ et Pra-Loup 1 500/2 500 m ✦6 ⚡47.
🄱 Office de Tourisme pl. F.-Mistral ☎ 04 92 81 04 71, Fax 04 92 81 22 67.
Paris 737 – Briançon 89 – Cannes 163 – Cuneo 97 – Digne-les-Bains 84 – Gap 69 – Nice 146.

à l'Ouest sur D 900 rte du Lauzet-Ubaye :

▲ **Le Rioclar** 15 juin-7 sept.
    ☎ 04 92 81 10 32 ⊠ 04340 Meolans-Revel – à 11 km de Barcelonnette, près de l'Ubaye et d'un
    petit plan d'eau, alt. 1 073 – ⚘ ≤ o━ – **R** conseillée – ✄
    8 ha (200 empl.) accidenté et en terrasses, pierreux, herbeux ▭ ♀♀ (pinède)
    ⛿ 🛌 ⇆ 📅 ⚲ ⊙ 🖭 – ⚐ 🍴 ✗ ⚬ – ⌂ 🖼 🚲 ⚬ ≋ ♫ 🛆 – A proximité : ⚓ ⛷
    Tarif : 🗉 *piscine comprise 2 pers. 89, pers. suppl. 22* – ⒤ *18 (4 à 16A)*
    Location : ⌂ *2000* – ⌂ *2800* – ⌂ *3000*

▲ **L'Ubaye** Permanent
    ☎ 04 92 81 01 96, Fax 04 92 81 92 53 ⊠ 04340 Meolans-Revel – à 9 km de Barcelonnette, bord
    de l'Ubaye, alt. 1 073 – ≤ o━ – **R** conseillée juil.-août – ✄
    10 ha/5 campables (267 empl.) en terrasses, peu incliné, pierreux, herbeux, petit plan d'eau ▭
    ♀♀
    🖳 ⛿ 🛌 ⇆ 📅 ⚬ 📅 ⚲ ⊙ ⚐ 🖭 – ⚐ snack ⚬ – ⌂ salle d'animation 🚲 ≋ 🛆
    Tarif : 🗉 *2 pers. 90* – ⒤ *18 (6A) 23 (10A)*
    Location : ⌂ *1500 à 3000* – ⌂ *1560 à 3800* – ⊨

▲ **Le Fontarache** juin-15 sept.
    ☎ 04 92 81 90 42 ⊠ 04400 Les Thuiles – à 7 km de Barcelonnette, près de l'Ubaye, alt. 1 108 –
    ≤ o━ – **R** conseillée 20 juil.-15 août – ✄
    4 ha (150 empl.) plat et peu accidenté, pierreux, gravier, herbeux, petit plan d'eau ♀♀
    ⛿ 🛌 ⇆ 📅 ⚲ ⊙ ⚐ 🖼 🖭 – ⚬ ≋ ⚓
    Tarif : (Prix 1998) 🗉 *2 pers. 56, pers. suppl. 16* – ⒤ *15 (3 ou 6A)*
    Location : ⌂ *1100 à 1400*

BARFLEUR

50760 Manche ❹ – ⑤⒋ ③ G. Normandie-Cotentin – 599 h. alt. 5.
🄱 Office de Tourisme 2 Rd-Pt. G. le Conquérant ☎ 02 33 54 02 48, Fax 02 33 68 13 29.
Paris 351 – Caen 120 – Carentan 49 – Cherbourg 29 – St-Lô 77 – Valognes 26.

▲ **Municipal la Blanche Nef** Permanent
    ☎ 02 33 23 15 40, Fax 02 33 23 95 14 – à 500 m au Nord-Ouest de la ville, près de la mer – ⚘
    ≤ o━ – **R** conseillée juil.-août – ⒼⒷ ✄
    2,5 ha (90 empl.) plat et peu incliné, herbeux
    🖳 ⛿ 🛌 ⇆ 📅 ⊙ 🖼 🖭 – ⌂ 🚲 – A proximité : ♪
    Tarif : ✶ *12,50* – ⚗ *9,50* – 🗉 *12/16* – ⒤ *13 (3A) 16 (6A) 27 (10A)*

BARJAC

30 Gard – ⑧⓪ ⑨ – voir à Ardèche (Gorges de l').

BARNEVILLE-CARTERET

50270 Manche **4** – **54** ① G. Normandie Cotentin – 2 222 h. alt. 47.
🛈 Office de Tourisme 10 r. des Écoles ✆ 02 33 04 90 58, Fax 02 33 04 90 58.
Paris 349 – Caen 118 – Carentan 43 – Cherbourg 39 – Coutances 48 – St-Lô 63.

    ▲▲ **Les Bosquets** avril-sept.
      ✆ 02 33 04 73 62 – SO : 2,5 km par rte de Barneville-Plage et rue à gauche, à 450 m de la plage
      – ⅍ « Cadre sauvage » ⊶ – **R** – **GB** ⅙
      10 ha/6 campables (331 empl.) plat et accidenté, sablonneux, herbeux, dunes boisées
      ⌁ ⅍ 🖫 ⊕ 🖩 – 🍴 – 🖳 🏊 – A proximité : 🐎
      Tarif : 🛉 25 *piscine comprise* – 🅴 25 – 🔌 17 (10A)
      Location : 🛖 1200 à 2200

à Carteret O : 2,5 km – ⊠ 50270 Barneville-Carteret :.
🛈 Office de Tourisme, pl. des Flandres-Dun-
kerque (Pâques-sept.) ✆ 02 33 04 94 54

    ▲▲ **Le Bocage** avril-sept.
      ✆ 02 33 53 86 91 – par rue face
      à la mairie – ⊶ – **R** conseillée juil.-
      août – **GB** ⅙
      4 ha (200 empl.) non clos, plat,
      herbeux 🖳 ▵
      ⌁ ⅍ 🖫 ⅍ ⊕ 🖩 – 🖳 🏊 –
      A proximité : ✂ 🐎
      Tarif : 🛉 23 – 🅴 25 – 🔌 9,50 (2A)
      11 (3A)

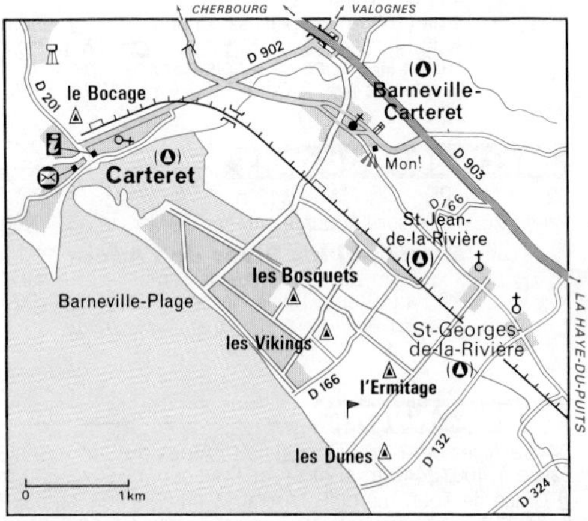

à St-Jean-de-la-Rivière SE : 2,5 km –
218 h. alt. 20 – ⊠ 50270 St-Jean-de-la-
Rivière :

    ▲▲▲ **Les Vikings** mars-15 nov.
      ✆ 02 33 53 84 13,
      Fax 02 33 53 08 19 – par D 166 et
      chemin à droite – Places limitées
      pour le passage ⅍ « Entrée
      fleurie » ⊶ ✂ dans locations –
      R conseillée – **GB** ⅙
      6 ha (250 empl.) plat, herbeux, sablonneux
      ⌁ ⅍ 🖫 ⅍ ⊕ 🖩 – 🍷 🍴✕ 🛒 – 🖳 🏊 🏓 🏊 - A proximité : ✂ 🐎 golf
      Tarif : 🛉 27 *piscine et tennis compris* – 🅴 30 – 🔌 17 (4A)
      Location : 🛖 1700 à 2700

    ▲▲ **L'Ermitage** avril-oct.
      ✆ 02 33 04 78 90, Fax 02 33 04 06 62 – O : 2 km par D 166 et chemin à gauche – Places limitées
      pour le passage ⅍ ⊶ – **R** conseillée juil.-août – **GB** ⅙
      4 ha (150 empl.) plat, herbeux, sablonneux 🖳
      & ⌁ ⅍ 🖫 ⅍ ⊕ ⚘ 🖩 – 🍴 🛒 – 🖳 🏊 🏊 half-court – A proximité : 🐎 golf
      Tarif : 🛉 24 – 🅴 28 – 🔌 20 (6A)

Voir aussi à St-Georges-de-la-Rivière

LA BARRE-DE-MONTS

85 Vendée – **67** ① ⑪ – rattaché à St-Jean-de-Monts.

BARRÊME

04330 Alpes-de-H.-Pr. **17** – **81** ⑰ G. Alpes du Sud – 473 h. alt. 720.
Paris 768 – Castellane 25 – Digne-les-Bains 30 – Moustiers-Ste-Marie 54 – St-André-les-Alpes 14.

    ▲ **Napoléon** juin-15 sept.
      ✆ 04 92 34 22 70 – sortie Sud-Est par rte de Castellane et 0,6 km par chemin à gauche après le
      pont, bord de l'Asse de Moriez – ⅍ ≤ ⊶ – **R** – ⅙
      2,5 ha (130 empl.) plat, terrasse, herbeux ▵▵
      ⌁ ⅍ 🖫 ⅍ ⊕ – 🖳 🏊
      Tarif : 🅴 2 pers. 50, pers. suppl. 10 – 🔌 10 (10A)

BARRET-LE-BAS

05300 H.-Alpes **16** – **81** ⑤ – 237 h. alt. 640.
Paris 704 – Laragne-Montéglin 14 – Sault 45 – Séderon 20 – Sisteron 25.

    ▲ **Les Gorges de la Méouge** mai-sept.
      ✆ 04 92 65 08 47 – sortie Est par D 942, rte de Laragne-Montéglin et chemin à droite, près de la
      Méouge – ⅍ ≤ ⊶ – **R** conseillée – ⅙
      1,5 ha (95 empl.) plat, herbeux ▵
      & ⌁ ⅍ 🖫 ⅍ ⊕ ⚘ ⌇ 🖩 – 🖳 🚲 🏊
      Tarif : 🅴 *piscine comprise* 2 pers. 67,60, pers. suppl. 17,80 – 🔌 12,90 (2A) 15,80 (6A) 20,80 (10A)
      Location : 🛖 1442 à 1652 – gîtes

BARROU

37350 I.-et-L. **10** – **68** ⑤ – 511 h. alt. 50.
Paris 306 – Châtellerault 22 – Descartes 14 – Loches 43 – La Roche-Posay 60 – Tours 72.

⚠ **Municipal** 15 juin-15 sept.
sortie Nord-Ouest, rte de Descartes puis 0,8 km par route et chemin à gauche, près de la Creuse,
Croisement difficile pour caravanes – ⌂ – **R** juil.-août
0,5 ha (40 empl.) peu incliné, plat, herbeux
♿ 🗚 🗚 ☺
Tarif : (Prix 1998) ⚑ 7 – 🗐 7 – [⚡] 8 (2A)

BAR-SUR-AUBE

10200 Aube **7** – **61** ⑲ G. Champagne – 6 707 h. alt. 190.
🏛 Office de Tourisme pl. de l'Hôtel de Ville ✆ 03 25 27 24 25, Fax 03 25 27 24 25.
Paris 228 – Châtillon-sur-Seine 60 – Chaumont 41 – Troyes 53 – Vitry-le-François 66.

⚠ **Municipal la Gravière** avril-15 oct.
✆ 03 25 27 12 94 – sortie Nord-Ouest par N 19, rte de Troyes et à gauche avenue du Parc, bord
de l'Aube
1,25 ha (65 empl.) plat, herbeux ♉♉
🗚 🍴 🗐 🚽 – 🔺 – A proximité : 🛒
Tarif : (Prix 1998) ⚑ 5,50 – 🚗 3,30 – 🗐 3,40 – [⚡] 15 (6A) 25 (10A)

Le BAR-SUR-LOUP

06620 Alpes-Mar. **17** – **84** ⑨ G. Côte d'Azur – 2 465 h. alt. 320.
Paris 921 – Cannes 22 – Grasse 10 – Nice 35 – Vence 17.

⚠ **Les Gorges du Loup** 27 mars-3 oct.
✆ 04 93 42 45 06 – NE : 1 km par D 2210 puis 1 km par chemin des Vergers à droite, Accès difficile
aux emplacements (forte pente), mise en place et sortie des caravanes à la demande – ⌂ ≤ vallée
et montagne « Agréable cadre boisé, belle situation dominante » ⌀ ⊕ – **R** conseillée juil.-août –
c✗
1,6 ha (70 empl.) en terrasses, pierreux, herbeux ♉♉
🗚 🍴 🗐 🗚 ☺ 🗐 – 🎣 – 🛒 🔺 🏊
Tarif : 🗐 piscine comprise 2 pers. 145, pers. suppl. 20 – [⚡] 12 à 25 (2 à 10A)

BASSEMBERG

67220 B.-Rhin **8** – **62** ⑧ – 234 h. alt. 280.
Paris 420 – Barr 21 – St-Dié 36 – Sélestat 19 – Strasbourg 60.

⚠⚠ **Le Giessen**
✆ 03 88 58 98 14, Fax 03 88 57 02 33 – sortie Nord-Est sur D 39, rte de Villé, bord du Giessen –
≤ ⌀
4 ha (175 empl.) plat, herbeux 🗔
🏘 ♿ 🗚 🍴 🗐 🚽 🚽 ☺ 🗚 🚐 🗐 – 🍷 – 🔺 – A proximité : 🎾 🗺 🎣 🏊
Location : bungalows toilés

BASSOUES

32320 Gers **14** – **82** ③ – 454 h. alt. 225.
Paris 772 – Aire-sur-l'Adour 48 – Auch 40 – Condom 59 – Mont-de-Marsan 79 – Tarbes 55.

⚠ **Municipal** 15 juin-oct.
E : 0,8 km par D 943, rte de Montesquiou, près du stade et bord du lac de St-Fris – ⌂ – **R** conseillée
juil.-août
1 ha (50 emp.) plat, peu incliné, herbeux
🗚 🍴 🚽 ☺ – 🎾

BASTIA

2B H.-Corse – **90** ③ – voir à Corse.

La BASTIDE DE SÉROU

09240 Ariège **14** – **86** ④ G. Pyrénées Roussillon – 933 h. alt. 410.
🏛 Office de Tourisme rte de St-Girons ✆ 05 61 64 53 53, Fax 05 61 64 50 48.
Paris 776 – Foix 17 – Le Mas-d'Azil 17 – Pamiers 33 – St-Girons 27.

⚠⚠ **L'Arize** mars-oct.
✆ 05 61 65 81 51, Fax 05 61 65 83 34 – sortie Est par D 117, rte de Foix puis 1,5 km par D 15,
rte de Nescus à droite, bord de la rivière – ⌂ ⌀ – **R** conseillée juil.-août – 🅶🅱 c✗
7,5 ha/1,5 campable (70 empl.) plat, herbeux
♿ 🗚 🍴 🗐 🚽 ☺ 🗐 – 🗐 🐎 🏊 – A proximité : ✗ 🏇
Tarif : (Prix 1998) 🗐 élect. (3 ou 6A) et piscine comprises 2 pers. 95, pers. suppl. 29
Location : 🏠 900 à 1650 – bungalows toilés

73540 Savoie **12** – **74** ⑰ – 1 880 h. alt. 360.
Paris 618 – Albertville 9 – Bourg-St-Maurice 47 – Méribel-les-Allues 35 – Moûtiers 19.

▲▲ *Le Tarin* Permanent
      𝒫 04 79 89 60 54 – O : 0,5 km par D 66, rte d'Esserts-Blay, près N 90 (voie express : sortie ㉝) –
      ≼ o⌐ – **R** conseillée été – **GB**
      1 ha (43 empl.) plat, herbeux
      🔥 ﴾ ⇆ 🖫 🖵 ⊙ ⚡ ❤ - 🍺 - 🍷 - 🏖 discothèque
      Tarif : ⚹ *16* – 🅴 *18* – ⦗⚡⦘ *16 (16A)*

► *De gids wordt jaarlijks bijgewerkt.*
  Doe als wij, vervang hem, dan blijf je bij.

44740 Loire-Atl. **4** – **63** ⑭ G. Bretagne – 2 734 h. alt. 12.
Paris 462 – La Baule 7 – Nantes 89 – Redon 62 – Vannes 76.

▲▲ *Les Paludiers* 15 avril-15 sept.
      𝒫 02 40 23 85 84, Fax 02 40 23 75 55 – sortie Ouest par N 171, rte du Croisic et chemin à gauche,
      près de la D 45 et à 150 m de la plage – o⌐ – **R** conseillée juil.-15 août – **GB** ⚲
      8 ha (300 empl.) plat, peu incliné, sablonneux
      🔥 ﴾ ⇆ 🖫 🖵 ⊙ ⚡ – 🍷 – 🕳 🔥 🚲 – A proximité : 🏖
      Tarif : 🅴 *2 pers. 88, pers. suppl. 28* – ⦗⚡⦘ *18 (3 à 10A)*
      Location : *bungalows toilés*

▲ *La Govelle* juin-sept.
      𝒫 02 40 23 91 63 – SE : 2 km par D 45, bord de l'océan – o⌐ – **R** conseillée – ⚲
      0,8 ha (52 empl.) plat, herbeux, sablonneux 🖵
      🔥 ﴾ ⇆ 🖫 🖵 ⊙ ⚡ 🖸 – 🍷 – 🏖 half-court
      Tarif : 🅴 *3 pers. 158* – ⦗⚡⦘ *20 (6A)*

56150 Morbihan **3** – **63** ② G. Bretagne – 4 658 h. alt. 54.
🅱 Syndicat d'Initiative Mairie 𝒫 02 97 51 02 29, Fax 02 97 39 07 22.
Paris 470 – Auray 29 – Locminé 17 – Lorient 35 – Pontivy 26 – Vannes 35.

▲▲ *Municipal de Pont-Augan* avril-sept.
      𝒫 02 97 51 04 74, Fax 02 97 39 07 23 – O : 7 km par D 3 rte de Bubry, bord du Blavet et d'un bassin
      – 🐾 o⌐ juil.-août – **R** – ⚲
      0,9 ha (50 empl.) plat, herbeux, pierreux 🖵
      ﴾ ⇆ 🖫 🖵 ⊙ ⚡🖸 – 🚲
      Tarif : (Prix 1998) ⚹ *10* – �car *10* – 🅴 *10* – ⦗⚡⦘ *12*
      Location : *gîtes*

49150 M.-et-L. **5** – **64** ② ⑫ G. Châteaux de la Loire – 3 748 h. alt. 55.
🅱 Office de Tourisme au Château 𝒫 02 41 89 18 07, Fax 02 41 84 12 19.
Paris 262 – Angers 42 – La Flèche 19 – Le Mans 63 – Saumur 36 – Tours 68.

▲ *Municipal du Pont des Fées* 15 mai-15 sept.
      𝒫 02 41 89 14 79 – E par D 766 rte de Tours et rue à gauche, bord du Couasnon – 🐾 « Cadre
      agréable » o⌐ juil.-août – **R**
      1 ha (65 empl.) plat, herbeux 🖵 ⦿ (0,5 ha)
      ﴾ ⇆ 🖫 🖵 ⊙ 🖸 – A proximité : 🏕 ✂ 🏖
      Tarif : (Prix 1998) ⚹ *11* – 🚗 *8* – 🅴 *8* – ⦗⚡⦘ *13 (4A)*

44500 Loire-Atl. **4** – **63** ⑭ G. Bretagne – 14 845 h. alt. 31.
🅱 Office de Tourisme et Accueil de France 8 pl. Victoire 𝒫 02 40 24 34 44, Fax 02 40 11 08 10.
Paris 453 – Nantes 80 – Rennes 123 – St-Nazaire 18 – Vannes 72.

▲▲▲ *La Roseraie* avril-sept.
      𝒫 02 40 60 46 66, Fax 02 40 60 11 84 – sortie Nord-Est de la Baule-Escoublac « Décoration florale
      et arbustive » o⌐ – **R** conseillée – **GB** ⚲
      4 ha (235 empl.) plat, herbeux, sablonneux 🖵
      🔥 ﴾ ⇆ 🖫 🖵 ⊙ ⚡ ❤ 🖸 – 🍷 snack 🛒 – 🕳 🔥 🏊 🚲 ✂ 🏊 toboggan aquatique half-court
      Tarif : ⚹ *35 piscine comprise* – 🅴 *65* – ⦗⚡⦘ *20 (3A) 30 (6 ou 10A)*
      Location : 🏠 *1350 à 3500* – 🏡 *1500 à 4000*

▲▲ *Les Ajoncs d'Or* avril-sept.
      𝒫 02 40 60 33 29, Fax 02 40 24 44 37 – chemin du Rocher – 🐾 « Décoration arbustive » o⌐ –
      R conseillée – **GB** ⚲
      5,8 ha (222 empl.) plat, peu incliné, herbeux 🖵 ⦿⦿
      🔥 ﴾ ⇆ 🖫 🖵 ⊙ ⚡ 🖸 – 🛒 🍷 🛒 – 🏊
      Tarif : (Prix 1998) 🅴 *piscine comprise 2 pers. 98 (120 avec élect. 6A)*
      Location : 🏠 *1470 à 3500*

▲ **L'Eden** Pâques-sept.
𝒫 02 40 60 03 23 – à 1 km au Nord-Ouest de la Baule-Escoublac, vers Guérande « Cadre agréable » ⊶ – **R** conseillée juil.-août – ⚲
4,5 ha (197 empl.) peu incliné, herbeux, étang ⌕ ⚲
& ⊼ ⇌ ⊟ ⊔ ⊙ ⚘ ∽ ⌱ – ⚴, ⚑ – ⚶ ⤳ toboggan aquatique
Tarif : ✴ 35 *piscine comprise* – ▣ 50 – ⚡ 25 (10A)
Location : ⛺ 2100 à 3400

▲ **Le Bois d'Amour** 15 mars-sept.
𝒫 02 40 60 17 40, Fax 02 40 60 11 48 – av. du Capitaine R. Flandin et allée de Diane, à droite après le pont du chemin de fer « Cadre agréable » ⊶ ⚲ juil.-août – **R** – ⊟ ⚲
5 ha (255 empl.) plat, accidenté et terrasses, sablonneux ⚲ (caravaning) ⚲⚲ (camping)
& ⊼ ⇌ ⊟ ⊔ ∽ ⊙ ⚴ – ⚴ –
A proximité : ⚑
Tarif : (Prix 1998) ▣ 2 pers. 78/110 avec élect. (6A), pers. suppl. 24

à Careil NO : 2 km par D 92 – ✉ 44350 Guérande :

▲ **Trémondec** avril-sept.
𝒫 02 40 60 00 07, Fax 02 40 60 91 10 – ⊶ – **R** conseillée août – ⊟ ⚲
2 ha (100 empl.) peu incliné et en terrasses, herbeux ⌕ ⚲
& ⊼ ⇌ ⊟ ⊔ ∽ ⊙ ⚴ – ⚴ – ⛺ ⚴⚴
Tarif : ✴ 22 – ▣ 32 – ⚡ 14 (6A)
Location : ⛺ 1600 à 2750

▶ *Utilisez les* **cartes MICHELIN** *détaillées à 1/200 000,*
complément indispensable de ce guide.

  ○ *Ce symbole signale la localité sélectionnée*
dans le **guide Michelin « CAMPING CARAVANING FRANCE ».**

La BAUME

74430 H.-Savoie ⬚ – ⬚ ⑰ – 191 h. alt. 730.
Paris 587 – Abondance 22 – Annecy 83 – Évian-les-Bains 25 – Morzine 17 – Thonon-les-Bains 18.

▲ **Municipal de la Vallée de la Baume** juil.-août
𝒫 04 50 72 10 75 – N : 1,2 km, sur D 902, rte de Thonon-les-Bains – ≼ – **R** – ⚲
1 ha (25 empl.) plat, en terrasses, herbeux ⌕
⊼ ∽ ⊙ – ⚴
Tarif : ✴ 15 – ⇌ 5 – ▣ 8/10 – ⚡ 10 (3A) 15 (6A) 20 (9A)

BAVAY

59570 Nord ▮ – ⬚ ⑤ G. Flandres Artois Picardie – 3 751 h. alt. 148.
▯ Office de Tourisme r. Saint-Maur 𝒫 03 27 39 81 65 , Fax 03 27 63 13 42.
Paris 229 – Avesnes-sur-Helpe 23 – Le Cateau-Cambrésis 30 – Lille 78 – Maubeuge 14 – Mons 25.

à Hon-Hergies NE : 4 km par D 84 – 758 h. alt. 140 – ✉ 59570 Bavay :

▲ **La Jonquière** 15 mars-15 oct.
𝒫 03 27 66 95 17 – NO : 2 km, **à Hergies** – Places limitées pour le passage ⊶ – **R** – ⚲
4 ha (140 empl.) plat, herbeux, petit étang ⌕ ⚲
⊼ ⇌ ⊟ ⊔ ⊙ – ⚑ brasserie ⚴ – ⛺ ⚴⚴ ⚴ (piscine pour enfants)
Tarif : (Prix 1998) ✴ 13 – ▣ 18 – ⚡ 8 (2A) 16 (4A)

BAYAS

33230 Gironde ▮ – ⬚ ② – 447 h. alt. 66.
Paris 537 – Bordeaux 49 – Coutras 9 – Libourne 19 – Montendre 35.

▲ **Le Chêne** avril-sept.
𝒫 05 57 69 13 78 – N : 2,2 km par D 247 rte de Laruscade et chemin à droite, par D 133, bord d'un plan d'eau – ⊶ – **R** conseillée – ⚲
2,3 ha (80 empl.) plat, herbeux ⚲
& ⊼ ⇌ ⊟ ∽ ⊙ ⌱ ⚴ – ⚑ ⚴ – ⛺ ⚴⚴ ⚴⚴ ⚴
Tarif : ✴ 20 – ▣ 22 – ⚡ 15 (4A)
Location : ⛺ 945 à 1350 – ⛺ 1295 à 1850

14400 Calvados ▣ – ▣▣ ⑮ G. **Normandie Cotentin** – 14 704 h. alt. 50.
🛈 Office de Tourisme Pont St-Jean 🌫 02 31 51 28 28, Fax 02 31 51 29 29.
Paris 260 – Caen 29 – Cherbourg 95 – Flers 71 – St-Lô 36 – Vire 61.

⚞⚞⚞ **Municipal** 15 mars-oct.
🌫 02 31 92 08 43 – N : sur bd périphérique d'Eindhoven « Décoration arbustive » ⊶ – **R**
2,5 ha (140 empl.) plat, herbeux, goudronné ⌕ ♀
🔗🏕🖂🛆🗑🗊 – 🖪 – ♿ – 🛅 🚣 – A proximité : 🛒 🏊 (découverte l'été)
Tarif : ♦ *17,10* – 🔳 *21* – ⚡ *17,40 (5A)*

▶ *Demandez à votre libraire le catalogue des **publications MICHELIN**.*

64100 Pyr.-Atl. ▣▣ – ▣▣ ⑱ G. **Pyrénées Aquitaine** – 40 051 h. alt. 3.
🛈 Office de Tourisme pl. des Basques 🌫 05 59 46 01 46, Fax 05 59 59 37 55 et (saison) gare SNCF
🌫 05 59 55 20 45.
Paris 769 – Bordeaux 192 – Biarritz 9 – Pamplona 111 – San Sebastiàn 57 – Toulouse 300.

⚞⚞⚞ **La Chêneraie** avril-sept.
🌫 05 59 55 01 31, Fax 05 59 55 11 17 – NE : 4 km par N 117, rte de Pau et rte à droite « Cadre
agréable » ⊶ ⚘ dans locations – **R** conseillée juil.-août – ⚲
10 ha/6 campables (257 empl.) plat et peu incliné, terrasses, herbeux, étang ⚶⚶
🔗🏕🖂🖪🛆🛆🛆🛆🖾🖪 – 🛒 ✗ ♿ – 🛅 ∙⊙ ⚘ 🗊
Tarif : ♦ *26 piscine comprise* – 🔳 *58* – ⚡ *20 (6A)*
Location : 🏚 *1100 à 3000* – *bungalows toilés*

*Voir aussi à **St-Martin-de-Seignanx***

33430 Gironde ▣▣ – ▣▣ ② G. **Pyrénées Aquitaine** – 4 379 h. alt. 70.
🛈 Office de Tourisme 1 pl de la Cathédrale 🌫 o et Fax 05 56 25 25 84.
Paris 639 – Agen 86 – Bergerac 97 – Bordeaux 62 – Langon 17 – Mont-de-Marsan 70.

⚞ **Le Grand Pré** avril-oct.
🌫 05 56 65 13 17, Fax 05 56 25 90 52 – SE : 2,1 km par D 655, rte de Casteljaloux et chemin à
droite, au château d'Arbien – ⚲ ≤ ⊶ – **R** – 🖼 ⚲
70 ha/20 campables (18 empl.) plat, peu incliné, herbeux
🔗🏕🖂🛆🗑🛆🖾🖪 – 🖪 – 🍴 – 🛅 🗊
Tarif : 🔳 *piscine comprise 1 ou 2 pers. 102/120, pers. suppl. 25* – ⚡ *20 (6A) 25 (10A) 30 (16A)*

76340 S.-Mar. ▮ – ▣▣ ⑥ – 335 h. alt. 120.
Paris 162 – Abbeville 33 – Amiens 62 – Blangy-sur-Bresle 9 – Le Tréport 21.

⚞ **Municipal de la Forêt** avril-oct.
sortie Sud-Ouest par D 115 et rte à gauche – **R**
0,4 ha (20 empl.) plat, peu incliné, herbeux ⌕
🎋🏕🖂🖂⊙
Tarif : ♦ *8* – 🚗 *7* – 🔳 *7* – ⚡ *16 (10A)*

28330 E.-et-L. ▣ – ▣▣ ⑯ G. **Châteaux de la Loire** – 1 281 h. alt. 185.
Paris 148 – Brou 18 – Chartres 61 – Châteaudun 34 – La Ferté-Bernard 31 – Vendôme 49.

⚞ **Municipal la Rivière du Gué** avril-15 oct.
🌫 02 37 49 36 49 – SO : 1,5 km par D 927, rte de la Chapelle-Guillaume et chemin à gauche, bord
de l'Yerre et d'étangs – ⚲ « Entrée fleurie » ⊶ – **R** conseillée
1,8 ha (30 empl.) plat, herbeux ⌕
🔗🏕🖂🖂⊙ – 🚣 🗒 (plage)
Tarif : 🔳 *2 pers. 19,90/25,20 avec élect. jusqu'à 4A (4 pers. 40,20), pers. suppl. 10,10* – ⚡ *9,40*
(5 ou 6A) 25,70 (7 à 10A)

58110 Nièvre ▣▣ – ▣▣ ⑮ – 260 h. alt. 260.
Paris 250 – Corbigny 15 – Nevers 44 – Prémery 27 – St-Saulge 10.

⚞ **Base de Plein Air et de Loisirs** avril-oct.
🌫 03 86 38 90 33 – N : 5,5 km par D 958, rte de Corbigny et D 135 à gauche, près de l'étang de
Baye (accès direct) – ⚲ ⊶ – **R** – ⚲
1,5 ha (70 empl.) plat, gravillons ⌕
🏕🖂🖂⊙🖪 – A proximité : 🚴 🛅 🗒 ⚓
Tarif : ♦ *11* – 🔳 *18* – ⚡ *16 (16A)*

BEAUCAIRE

30300 Gard ▮▊ – ▊▋ ⑪ G. Provence – 13 400 h. alt. 18.
🅱 Office de Tourisme 24 cours Gambetta ☎ 04 66 59 26 57, Fax 04 66 59 68 51.
Paris 706 – Alès 72 – Arles 17 – Avignon 25 – Nîmes 25 – St-Rémy-de-Provence 19.

⚠ **Municipal le Rhodanien** 15 juin-15 sept.
☎ 04 66 59 25 50 – au champ de foire, à 50 m du Rhône – ⊶ – **R** conseillée
1,2 ha (80 empl.) plat, gravier, herbeux ▭ ♀
& ℳ ⇄ 🏠 ≋ ⊛ ⚤ ⚡ – ❀ ≋
Tarif : ⚹ 25 piscine et tennis compris – ▣ 25 – ⒢ 15 (10A)

▶ *LESEN SIE DIE ERLÄUTERUNGEN aufmerksam durch,*
damit Sie diesen Camping-Führer mit der Vielfalt der gegebenen
Auskünfte wirklich ausnutzen können.

BEAUCHASTEL

07800 Ardèche ▮▉ – ▋▋ ⑪ – 1 462 h. alt. 105.
Paris 579 – Aubenas 55 – Le Cheylard 46 – Crest 28 – Privas 24 – Valence 16.

⚠ **Municipal les Voiliers** avril-oct.
☎ 04 75 62 24 04, Fax 04 75 62 42 32 – E : 1,5 km par rte de l'usine hydro-électrique, bord du Rhône
– ⚞ ⊶ juil.-août – **R** conseillée juil.-août – ⚲
1,5 ha (114 empl.) plat, herbeux ▭ ♀♀
ℳ ⇄ ⇱ ⊛ ▣ – ⚓ ≋ – A proximité : ❀ ▢ ♦
Tarif : ⚹ 18 piscine comprise – ⇔ 12 – ▣ 14,50 – ⒢ 16 (5A)

BEAUFORT

73 Savoie ▮▉ – ▋▍ ⑰ ⑱ G. Alpes du Nord – 1 996 h. alt. 750 – ✉ 73270 Beaufort-sur-Doron.
🅱 Office de Tourisme pl. Mairie ☎ 04 79 38 37 57, Fax 04 79 38 16 70.
Paris 597 – Albertville 20 – Chambéry 70 – Megève 41.

⚠ **Municipal Domelin** juin-sept.
☎ 04 79 38 33 88 – N : 1,2 km par rte d'Albertville et rte à droite – ⚞ ⩽ ⊶ – **R** conseillée 15 juil.-
15 août – ⚲
2 ha (100 empl.) plat, peu incliné, herbeux ♀
& ℳ ⇄ ⇱ ⇄ ≋ ⊛ ▣
Tarif : ⚹ 17,50 – ⇔ 11 – ▣ 15,50 – ⒢ 14 (4 ou 5A)

⚠ **Les Sources** mai-sept.
☎ 04 79 38 31 77 – SE : 5 km par D 925, rte de Bourg-St-Maurice, bord d'un ruisseau et
près du Doron, alt. 1 000 – ⚞ ⩽ « Dans un site agréable » ⊶ – **R** conseillée juil.-20 août –
⚲
0,9 ha (55 empl.) plat, herbeux
& ℳ ⇄ ⇱ ⊛ ▣
Tarif : ⚹ 17,50 – ⇔ 11 – ▣ 13,50/16,50 – ⒢ 13,50 (4A)

19120 Corrèze ⑩ – ⑦⑤ ⑲ G. Berry Limousin – 1 265 h. alt. 142.
🛈 Office de Tourisme (Pâques-sept.) pl. Marbot 𝒫 05 55 91 09 94.
Paris 521 – Aurillac 70 – Brive-la-Gaillarde 45 – Figeac 60 – Sarlat-la-Canéda 69 – Tulle 44.

    ▲▲ **Les Îles** mai-20 sept.
        𝒫 05 55 91 02 65, Fax 05 55 91 05 19 – à l'Est du centre bourg, par bd St-Rodolphe-de-Turenne
        « Situation agréable dans une île de la Dordogne » ⚓ juil.-août – **R** conseillée juil.-août – ⚡
        4 ha (120 empl.) plat, légèrement accidenté, herbeux ♋♋
        🚿 ♨ ⇄ 🗗 🔥 ⚲ 🔄 – 🍴 🛶 ✎ – A proximité : ※ 🏊
        Tarif : 🕯 22 – 🗐 24 – 🔌 17 (10A)

▶ The Guide changes, so renew your Guide every year.

45630 Loiret ⑥ – ⑥⑤ ⑫ – 1 644 h. alt. 156.
Paris 167 – Aubigny-sur-Nère 36 – Briare 15 – Gien 27 – Cosne-sur-Loire 19.

    ▲ **Municipal Touristique du Canal** Pâques-Toussaint
        sortie Est par D 926, rte de Bonny-sur-Loire, près du canal (halte nautique) – **R**
        0,6 ha (37 empl.) plat, herbeux ♋
        🚿 ♨ ⇄ 🗗 ⚲ 🔥 – 🛶
        Tarif : (Prix 1998) 🕯 13 – 🗐 6,50 – 🔌 10,50 (3A) 21 (6A)

84190 Vaucluse ⑯ – ⑧① ⑫ G. Provence – 1 784 h. alt. 100.
🛈 Office de Tourisme (fermé après-midi hors saison) Cours Jean-Jaurès 𝒫 04 90 62 94 39, Fax 04 90 62 94 39.
Paris 670 – Avignon 33 – Nyons 40 – Orange 23 – Vaison-la-Romaine 25.

    ▲ **Municipal de Roquefiguier** avril-sept.
        𝒫 04 90 62 95 07 – sortie Nord par D 90, rte de Malaucène et à droite, bord de la Salette – ≼ ⚓
        – **R** – ⚡
        1,5 ha (63 empl.) peu incliné et en terrasses, herbeux, pierreux ♋
        🚿 ♨ ⇄ ⚲ ⊕ 🔥 🔄 – A proximité : ※ ≀
        Tarif : (Prix 1998) 🕯 11 – 🚗 7 – 🗐 10 – 🔌 12 (6A)

24440 Dordogne ⑭ – ⑦⑤ ⑮ G. Périgord Quercy – 1 155 h. alt. 160.
🛈 Office de Tourisme pl. Centrale, 𝒫 05 53 22 39 12 Fax 05 53 22 05 35.
Paris 552 – Bergerac 29 – Brive-la-Gaillarde 100 – Cahors 76 – Périgueux 67 – Villeneuve-sur-Lot 46.

    ▲▲ **Les Remparts** mai-sept.
        𝒫 05 53 22 40 86 – sortie Sud-Ouest par D 676 rte de Villeréal, près du stade – ⚓ – **R** conseillée
        juil.-août – ⚡
        1,2 ha (66 empl.) en terrasses, herbeux, pierreux ♋ ♋♋
        ♨ ⇄ 🗗 ♨ ⊕ 🔥 – 🍴 – 🏠 🛶 – A proximité : ※
        Tarif : 🕯 22 piscine comprise – 🗐 28 – 🔌 13 (6A)
        Location : 🏚 1400 à 2900

82500 T.-et-G. ⑭ – ⑧② ⑥ G. Pyrénées Aquitaine – 3 488 h. alt. 400.
🛈 Office de Tourisme 3 r. Fermat 𝒫 05 63 02 42 32, Fax 05 63 02 42 32.
Paris 684 – Agen 60 – Auch 50 – Castelsarrasin 25 – Condom 61 – Montauban 36 – Toulouse 64.

    ▲▲▲ **Le Lac** Pâques-sept.
        𝒫 05 63 65 26 43 – E : 0,8 km, accès par la déviation et chemin, bord d'un plan d'eau – ≼ « Site
        agréable » ⚓ – **R** conseillée – ⚡
        1,5 ha (100 empl.) plat, herbeux ♋
        ♨ ⇄ 🗗 ⊕ ♨ ⚲ 🔥 – snack – 🏠 ⛵ 🛶 🚲 ※ ≀ 🏊 toboggan aquatique ◒ – A proximité :
        parcours de santé
        Tarif : 🕯 18 – 🚗 6 – 🗐 14 – 🔌 14 (6A) 22 (10A)
        Location : gîtes

87120 H.-Vienne ⑩ – ⑦② ⑲ – 129 h. alt. 636.
Paris 430 – Bourganeuf 31 – Eymoutiers 10 – Gentioux 16 – Limoges 54 – Peyrat-le-Château 12.

    ▲ **Beaumont-du-Lac** 15 juin-août
        𝒫 05 55 69 22 40 – NE : 3,5 km par D 43, rte de Royère-de-Vassivière, près du lac de Vassivière
        (accès direct) – ≼ ⚓ – **R** – ⚡
        4 ha (112 empl.) incliné, en terrasses, herbeux ♋ ♋♋ (2 ha)
        🚿 ♨ ⚲ ⊕
        Tarif : 🕯 17 – 🗐 17 – 🔌 13

BEAUMONT-DU-VENTOUX

84340 Vaucluse 🔟🔟 - 🔟🔟 ③ - 260 h. alt. 360.
Paris 679 - Avignon 47 - Carpentras 21 - Nyons 28 - Orange 41 - Vaison-la-Romaine 12.

△ **Mont-Serein** 15 avril-15 sept.
    𝒫 04 90 60 49 16 - E : 20 km par D 153, D 974 et D 164ᴬ, rte du Mont-Ventoux par Malaucène
    - 🔆 ≤ Mont-Ventoux et chaîne des Alpes « Agréable situation dominante » ⚬━ juil.-août -
    R conseillée juil.-août - ⚒
    1,2 ha (60 empl.) plat, pierreux, herbeux ▱
    🔳 🗇 ⚭ 🛁 ☺ 🔥 🖼 - 🔥 - 🔒
    Tarif : ✶ 20 - 🖭 25/30 - 🔋 16 (6A) 26 (10A)

BEAUNE

21200 Côte-d'Or 🔟🔟 - 🔟🔟 ⑨ G. Bourgogne - 21 289 h. alt. 220.
🎫 Office de Tourisme pl. Halle face à l'Hôtel Dieu 𝒫 03 80 26 21 30, Fax 03 80 26 21 39.
Paris 312 - Autun 49 - Auxerre 152 - Chalon-sur-Saône 30 - Dijon 45 - Dole 65.

🔺 **Municipal les Cent Vignes** 15 mars-oct.
    𝒫 03 80 22 03 91 - sortie Nord par r. du Faubourg-St-Nicolas et D 18 à gauche, 10 r. Auguste-Dubois
    « Belle délimitation des emplacements et entrée fleurie » ⚬━ - **R** conseillée - 🇬🇧 ⚒
    2 ha (116 empl.) plat, herbeux, gravillons ▱ ♀
    🔳 ♿ 🗇 ⚭ 🗗 🛁 ☺ 🔁 🖼 - snack 🍴 - 🔒 🔒 terrain omnisports
    Tarif : ✶ 16 - 🖭 23 - 🔋 19

à Savigny-lès-Beaune NO : 6 km par sortie rte de Dijon et D 18 à gauche - 1 392 h. alt. 237 - ✉ 21420
Savigny-lès-Beaune :
🎫 Syndicat d'Initiative (saison) r. Vauchey-Véry 𝒫 03 80 26 12 56, Mairie 𝒫 03 80 21 51 21, Fax 03 80 21 56 63

△ **Municipal les Premiers Prés** mai-sept.
    NO : 1 km par D 2 rte de Bouilland, bord d'un ruisseau - **R**
    1,5 ha (90 empl.) plat et peu incliné, herbeux
    ♿ 🗇 ⚭ 🗗 🛁 ☺ - 🔒
    Tarif : ✶ 10 - 🚐 5 - 🖭 16 - 🔋 19 (4A)

à Vignoles E : 3 km rte de Dole puis D 20 H à gauche - 552 h. alt. 202 - ✉ 21200 Vignoles :

△ **Les Bouleaux** Permanent
    𝒫 03 80 22 26 88 - à Chevignerot, bord d'un ruisseau - ⚬━ - **R** conseillée
    1 ha (40 empl.) plat, herbeux ▱ ♀
    🗗 (🗇 ⚡ avril-1ᵉʳ nov.) ☺ - 🔒 - A proximité : ✂ 🐎
    Tarif : ✶ 20 - 🚐 8 - 🖭 13 - 🔋 3A : 12 (oct.-avril 14) 6A : 20 (oct.-avril 25)

BEAURAINVILLE

62990 P.-de-C. 🔟 - 🔟🔟 ⑫ - 2 093 h. alt. 17.
Paris 226 - Abbeville 46 - Amiens 95 - Berck-sur-Mer 26 - Le Crotoy 37 - Hesdin 14.

△ **Municipal de la Source** Permanent
    𝒫 03 21 81 40 71 - E : 1,5 km par D 130, rte de Loison et chemin à droite après le pont, entre la
    Canche et le Fliez - Places limitées pour le passage 🔆 ⚬━ - **R** juil.-août - ⚒
    2,5 ha (120 empl.) plat, herbeux, étang
    🔳 ♿ 🗇 ⚭ 🗗 🛁 ☺ 🖼 - 🔒 🔒 - A proximité : 🐎
    Tarif : (Prix 1998) ✶ 16,80 - 🖭 16,80 - 🔋 13,40 (4A)

BEAUVAIS

60000 Oise **7** – 🖽 ⑨ ⑩ G. Flandres Artois Picardie – 54 190 h. alt. 67.

🛈 Office de Tourisme r. Beauregard 𝒫 03 44 45 08 18, Fax 03 44 45 63 95.

Paris 83 – Amiens 61 – Arras 131 – Boulogne-sur-Mer 182 – Compiègne 61 – Dieppe 108 – Évreux 97 – Rouen 83.

⚠ **Municipal** 15 mai-15 sept.
𝒫 03 44 02 00 22 – au Sud du centre ville, rte de Paris et à gauche, rue Binet, Accès difficile pour caravanes (forte pente) rue Binet – ⬳ ☛
1,9 ha (75 empl.) peu incliné, herbeux
🖽 🖽 🖽 🖽 ⊛ ⚲ ▾ – 🖽
A proximité : ✂ 🖽 (découverte l'été)
Tarif : ⭑ 12,50 – 🚗 8 – 🗉 8 –
⚡ 6 (3 ou 4A)

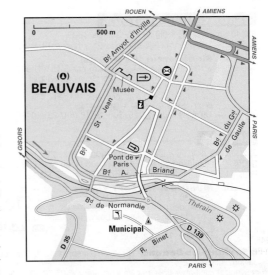

BEAUVILLE

47470 L.-et-G. **14** – 🖽 ⑯ G. Pyrénées Aquitaine – 548 h. alt. 208.

Paris 635 – Agen 26 – Moissac 33 – Montaigu-de-Quercy 16 – Valence 27 – Villeneuve-sur-Lot 28.

⚠ **Les 2 Lacs** Pâques-15 sept.
𝒫 05 53 95 45 41, Fax 05 53 95 45 31 – SE : 0,9 km par D 122, rte de Bourg-de-Visa, chemin d'accès aux emplacements à forte pente - mise en place et sortie des caravanes à la demande – ⚲
« Situation agréable près de deux plans d'eau » ☛ – **R** – ⚲
22 ha/2,5 campables (50 empl.) plat et terrasse, herbeux 🖽 ♀
🖽 🖽 🖽 🖽 ⊛ ⚲ ▾ 🖽 – 🖽 ✂ 🖽
Tarif : ⭑ 20 tennis compris – 🚗 10 – 🗉 12/20 – ⚡ 12 (6A)
Location (permanent) : 🖽 1200 à 2600 – bungalows toilés

▶ *Kataloge der* **MICHELIN–Veröffentlichungen** *erhalten Sie beim Buchhändler und direkt von* **Michelin** *(Karlsruhe).*

BEAUVOIR

50170 Manche **4** – 🖽 ⑦ – 426 h. alt. 91.
Paris 353 – Avranches 22 – Dinan 51 – Fougères 44 – Rennes 67 – St-Lô 80 – St-Malo 54.

⚠ **Sous les Pommiers** 20 mars-20 oct.
𝒫 02 33 60 11 36 – au bourg, par D 976 – ☛ – **R** conseillée – 🖽 ⚲
1,75 ha (107 empl.) plat, herbeux
🖽 🖽 🖽 🖽 ⊛ 🖽 – ▾ – 🖽 (petite piscine)
Tarif : (Prix 1998) ⭑ 15 – 🚗 11,50 – 🗉 11,50/14,50 – ⚡ 13 (5 ou 6A)
Location : bungalows toilés

Le BEC-HELLOUIN

27800 Eure **5** – 🖽 ⑮ G. Normandie Vallée de la Seine – 434 h. alt. 101.
Paris 150 – Bernay 23 – Évreux 48 – Lisieux 47 – Pont-Audemer 24 – Rouen 41.

⚠ **Municipal St-Nicolas** 27 mars-sept.
𝒫 02 32 44 83 55 – E : 2 km par D 39 et D 581, rte de Malleville-sur-le-Bec et chemin à gauche – ⚲ « Cadre fleuri » ☛ – **R** – ⚲
3 ha (90 empl.) plat, herbeux
🖽 🖽 🖽 🖽 ⊛ – 🖽 ✂
Tarif : 🗉 2 pers. 42 – ⚡ 15 (10A)

BÉDOIN

84410 Vaucluse **16** – 🖽 ⑬ G. Provence et Alpes du Sud – 2 215 h. alt. 295.
🛈 Office de Tourisme espace Marie-Louis Gravier 𝒫 04 90 65 63 95, Fax 04 90 12 81 55.
Paris 695 – Avignon 42 – Carpentras 16 – Nyons 37 – Sault 36 – Vaison-la-Romaine 21.

⚠ **Municipal la Pinède** avril-sept.
𝒫 04 90 65 61 03 – sortie Ouest par rte de Crillon-le-Brave et chemin à droite – ⚲ ☛ – **R** – ⚲
6 ha (121 empl.) en terrasses, pierreux 🖽 ♀
🖽 🖽 🖽 ⊛ ⚲ ▾ – 🖽 – A proximité : ✂
Tarif : ⭑ 19,50 piscine comprise – 🚗 12 – 🗉 13 – ⚡ 14

BÉDOUÈS

48400 Lozère **15** – **80** ⑥ – 194 h. alt. 565.
Paris 629 – Alès 71 – Florac 5 – Mende 39.

⚠ *Chon du Tarn* avril-oct.
    ☎ 04 66 45 09 14 – au bourg, bord du Tarn – ⌘ ⚬⊤ ⚗ dans locations – **R** conseillée 15 juil.-
15 août – ⚒
2 ha (100 empl.) plat, peu incliné, herbeux ⌑
  ⚙ ⌂ ⚘ ⎕ ⚌ ⚬ ⚲ ⚑ – ⚓ ⚔ ⚎
Tarif : ⚡ *18 – ▣ 19 – ⚡ 11 (6A)*
Location : ⚏ *1190 à 1540*

BEDOUS

64490 Pyr.-Atl. **13** – **85** ⑯ – 554 h. alt. 410.
Paris 830 – Accous 4 – Oloron-Ste-Marie 25 – Pau 59 – Tardets-Sorholus 39.

⚠ *Municipal de Carolle*
    ☎ 05 59 34 59 19 – sortie Ouest rte d'Osse-en-Aspe et chemin à gauche après le passage à niveau,
à 150 m du Gave d'Aspe – ⌘ ≼
0,7 ha (46 empl.) plat, herbeux ⚘⚘
  ⚑ ⌂ ⚬

BÉDUER

46100 Lot **15** – **79** ⑩ – 596 h. alt. 260.
Paris 574 – Cahors 64 – Figeac 9 – Villefranche-de-Rouergue 30.

⚠ *Pech Ibert* Permanent
    ☎ 05 65 40 05 85, Fax 05 65 40 08 33 – NO : 1 km par D 19, rte de Cajarc et rte à droite – ⌘
≼ « Entrée fleurie » ⚬⊤ – **R** conseillée juil.-août – ⚒ ⚘
1 ha (18 empl.) plat, herbeux, gravillons, pierreux ⌑ ⚘
  ⚙ ⚑ ⚘ ⎕ ⚌ ⚬ ⚏ ⚑ – réfrigérateurs – ⚓ ⚒ – A proximité : ⚔
Tarif : ⚡ *15 piscine comprise – ⚏ 7 – ▣ 15 – ⚡ 15*
Location *(mars-nov.) :* ⚏ *900 à 1600 –* ⚑ *1400 à 2480*

BEG-MEIL

29 Finistère – **58** ⑮ – rattaché à Fouesnant.

BELCAIRE

11340 Aude **15** – **86** ⑥ G. Pyrénées Roussillon – 360 h. alt. 1 002.
Paris 822 – Ax-les-Thermes 26 – Axat 33 – Foix 53 – Font-Romeu-Odeillo-Via 73 – Quillan 29.

⚠ *Municipal la Mousquière* 15 juin-15 sept.
    ☎ 04 68 20 39 47 – sortie Ouest par D 613, rte d'Ax-les-Thermes, à 150 m d'un plan d'eau – ≼
⚬⊤ juil.-août – **R** conseillée – ⚒
0,6 ha (37 empl.) peu incliné, herbeux ⚘
  ⚑ ⚘ ⚬ ⚬ ⚑ – ⚓ – A proximité : ⚔ ⚎
Tarif : ⚡ *15 – ▣ 25 – ⚡ 10 (10A)*

BELFLOU

11410 Aude **15** – **82** ⑲ – 85 h. alt. 234.
Paris 745 – Belpech 21 – Castelnaudary 19 – Foix 58 – Revel 29 – Toulouse 46.

⚠ *Aire Naturelle le Cathare* avril-sept.
    ☎ 04 68 60 32 49, Fax 04 68 60 37 90 – E : 2,5 km par D 33 et chemin à gauche, au château de
la Barthe, à 250 m d'un plan d'eau – ⌘ ≼ « Cadre et situation agréables » ⚬⊤ – **R** conseillée juil.-août
– ⚒
1,2 ha (25 empl.) peu incliné, terrasse, herbeux, pierreux ⚘ (tentes)
  ⚑ ⚬ ⚬ ⚑ – ✗ ⚐ – ⚓ ⚑
Tarif : ⚡ *12 – ▣ 15 – ⚡ 12 (3A)*
Location : ⚏ – ⚑

BELGENTIER

83210 Var **17** – **84** ⑮ – 1 442 h. alt. 152.
Paris 825 – Bandol 40 – Brignoles 28 – Cuers 15 – Hyères 22 – Toulon 25.

⚠ *Les Tomasses* avril-oct.
    ☎ 04 94 48 92 70, Fax 04 94 48 94 73 – SE : 1,5 km par rte de Toulon puis 0,7 km par chemin à
droite, bord du Gapeau – ⚬⊤ – **R** conseillée juil.-août – ⚒
2,5 ha (91 empl.) plat, pierreux, herbeux ⚘
  ⚑ ⚘ ⎕ ⚬ ⚬ ⚌ ⚑ – snack, pizzeria ⚐ – ⚔ ⚔ ⚒ – A proximité : ⚘
Tarif : ⚡ *21 – ▣ 27 – ⚡ 19 (3A) 22 (6A)*
Location : ⚏ *1000 à 1500*

BELLAC

87300 H.-Vienne 10 – 72 ⑦ G. Berry Limousin – 4 924 h. alt. 236.
Office de Tourisme 1 bis r. L.-Jouvet ↪ 05 55 68 12 79.
Paris 377 – Angoulême 99 – Châteauroux 109 – Guéret 74 – Limoges 40 – Poitiers 80.

Municipal les Rochettes Permanent
↪ 05 55 68 13 27 – sortie Nord par D 675 vers le Dorat et à gauche – – **R**
1,2 ha (100 empl.) plat et en terrasses, herbeux
– A proximité : toboggans aquatiques
Tarif : (Prix 1998) *2 pers. 45, pers. suppl. 15 – 15 (6A) 30 (10A)*

BELLEGARDE

45270 Loiret 6 – 65 ① G. Châteaux de la Loire – 1 442 h. alt. 113.
Office de Tourisme pl. Charles-Desvergnes ↪ 02 38 90 25 37, Fax 02 38 90 28 32 à la Mairie ↪ 02 38 90 10 03, Fax 02 38 90 24 95.
Paris 110 – Gien 41 – Montargis 23 – Nemours 40 – Orléans 50 – Pithiviers 30.

Municipal du Donjon juin-début sept.
sortie Sud Ouest par N 60, rte d'Orléans et 0,5 km par rue à gauche (allée du château) – – **R** –
0,5 ha (39 empl.) plat, herbeux
Tarif : *13 – 21 – 20 (6A)*

► ***Ihre Meinung über die von uns empfohlenen Campingplätze interessiert uns. Teilen Sie uns Ihre Erfahrungen mit und schreiben Sie uns auch, wenn Sie eine gute Entdeckung gemacht haben.***

BELLE-ÎLE-EN-MER

56 Morbihan 3 – 63 ⑪ ⑫ G. Bretagne.
- En été réservation indispensable pour le passage des véhicules et des caravanes. Départ de **Quiberon (Port-Maria), arrivée au Palais** – Traversée 45 mn – Renseignements et tarifs : Cie Morbihannaise et Nantaise de Navigation, 56360 Le Palais (Belle-Ile-en-Mer) ↪ 02 97 31 80 01, Fax 02 97 31 56 81.

Bangor

735 h. alt. 45 – ✉ 56360 Bangor.

Municipal de Kernest avril-sept.
↪ 02 97 31 81 20 – O : 1,2 km – – **R** conseillée juil.-août –
4 ha (100 empl.) plat, herbeux, gravillons (1 ha)
Tarif : (Prix 1998) *20 – 8 – 16 – 10*
Location : 🏠 *1400 à 2500*

Municipal 30 juin-sept.
↪ 02 97 31 89 75 – à l'Ouest du bourg – – **R** indispensable juil.-août –
0,8 ha (65 empl.) plat et peu incliné, herbeux
– A proximité :
Tarif : (Prix 1998) *13 – 6 – 10 – 10*

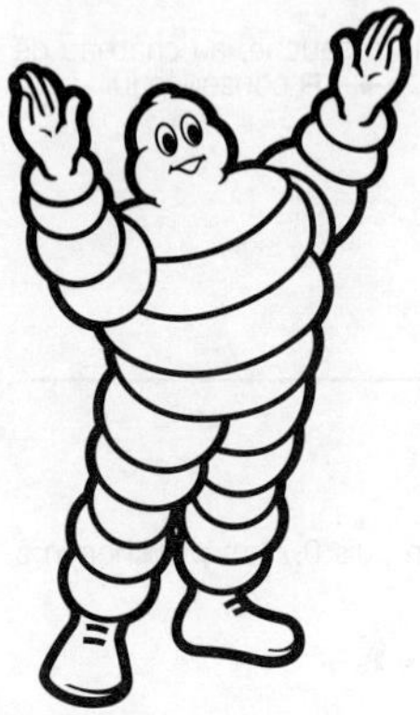

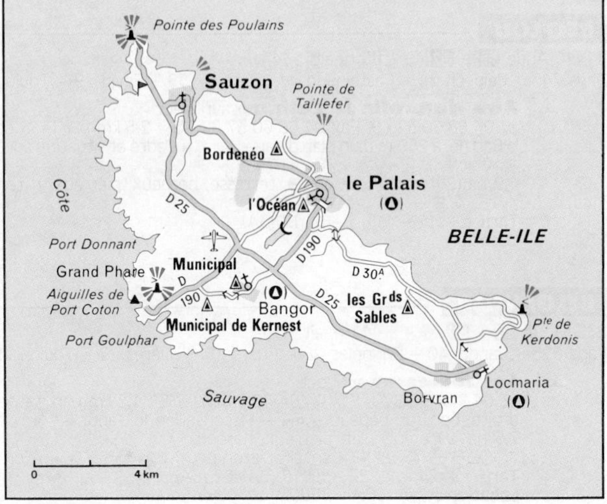

Locmaria 618 h. alt. 15 – ⊠ 56360 Locmaria.

⚑ **Les Grands Sables** juin-15 sept.
   ℘ 02 97 31 84 46 – NO : 3 km par rte des Grands Sables, à 400 m de la plage – ≤ ☛ – **R** indispensable
   15 juil.-15 août – ⚲
   2 ha (30 empl.) peu incliné, pierreux, herbeux
   & 🔥
   Tarif : ✟ 15 – ⇔ 5 – ▣ 8

Le Palais 2 435 h. alt. 7 – ⊠ 56360 le Palais.
🛈 Office de Tourisme quai Bonnelle ℘ 02 97 31 81 93, Fax 02 97 31 56 17.

  ⚑⚑⚑ **Bordenéo** 3 avril-20 sept.
    ℘ 02 97 31 88 96, Fax 02 97 31 87 77 – NO : 1,7 km par rte de Port Fouquet, à 500 m de la mer
    – ⚲ « Décoration florale et arbustive » ☛ ⚲ dans locations – **R** conseillée juil.-août –
    ⊖B ⚲
    3 ha (202 empl.) plat, herbeux ⊡ ♀
    & 🔥 ⇄ 🗊 ♨ ⊙ ▣ – ⌁ ♈ – 🏠 🚣 ஃ ✕
    Tarif : ▣ 2 pers. 83, pers. suppl. 21,50 – [ℓ] 13,50 (5A)
    Location : 🏚 1800 à 2800 – studios

  ⚑ **L'Océan** début mars-fin nov.
    ℘ 02 97 31 83 86, Fax 02 97 31 89 61 – au Sud-Ouest du bourg, à 500 m du port – ⚲ ☛ ⚲
    juil.-août – **R** conseillée saison – ⊖B ⚲
    2,7 ha (125 empl.) plat, peu incliné, herbeux ⊡ ♀♀ pinède
    & 🔥 ⇄ 🗊 ⊙ ♈ ✵ 🖳 ▣ – ✕ snack ஃ – 🏠 ⅃
    Tarif : ✟ 35 piscine comprise – ▣ 50 – [ℓ] 18 (3A)
    Location : 🏠 2250 à 3650 – bungalows toilés

▶ ⌁ ✕   ATTENTION :
    ஃ   these facilities are not necessarily available throughout
       the entire period that the camp is open – some are only
    ⅃ 🏇   available in the summer season.

BELLERIVE-SUR-ALLIER
03 Allier – **73** ⑤ – rattaché à Vichy.

BELMONT-DE-LA-LOIRE
42670 Loire **⑪** – **73** ⑧ – 1 528 h. alt. 525.
Paris 401 – Chauffailles 6 – Roanne 39 – St-Étienne 111 – Tarare 47 – Villefranche-sur-Saône 51.

  ⚑ **Municipal les Écureuils** juin-sept.
    ℘ 04 77 63 72 25 – O : 1,4 km par D 4, rte de Charlieu et chemin à gauche, à 300 m d'un étang
    – ⚲ – **R** – ⚲
    0,6 ha (28 empl.) peu incliné et en terrasses, gravillons, herbeux ⊡
    🔥 ⇄ ⚲ ⊙ ▣ – A proximité : ✕
    Tarif : ✟ 10,25 – ⇔ 4,50 – ▣ 5,70 – [ℓ] 11,70 (5A)
    Location : gîtes

BELMONT-SUR-RANCE
12370 Aveyron **⑮** – **80** ⑬ – 1 021 h. alt. 475.
Paris 692 – Camarès 14 – Lacaune 21 – Millau 50 – St-Sernin-sur-Rance 20.

  ⚑ **Le Val Fleuri** juin-août
    ℘ 05 65 99 95 13, Fax 05 65 99 95 82 – sortie Sud-Ouest par rte de Lacaune et chemin à droite,
    bord du Rance – ≤ ☛ – **R**
    1 ha (49 empl.) plat, herbeux, pierreux ⊡ ♀
    & 🔥 ⇄ 🗊 ⊙ ♨ – 🚣 – A proximité : parcours sportif ✵ ⅃
    Tarif : (Prix 1998) ▣ 1 ou 2 pers. 68, pers. suppl. 30 – [ℓ] 12 (2A) 14 (4A) 16 (6A)

BÉLUS
40300 Landes **⑬** – **78** ⑦ ⑰ – 400 h. alt. 135.
Paris 753 – Bayonne 37 – Dax 19 – Orthez 36 – Peyrehorade 6.

  ⚑⚑⚑ **La Comtesse** vacances scolaires Noël, fév. et Toussaint, 15 mars-15 oct.
    ℘ 05 58 57 69 07 – NO : 2,5 km par D 75 et rte à droite, bord d'un ruisseau et d'un étang – ⚲
    ☛ – **R** conseillée – ⊖B ⚲
    6 ha (115 empl.) plat, herbeux ⊡ ♀♀
    & 🔥 ⇄ 🗊 ⊙ ♨ 🖳 ▣ – 🏠 ✵ ⅃ – A proximité : ♈ ✕ ஃ
    Tarif : (Prix 1998) ▣ piscine comprise 2 pers. 83 – [ℓ] 16 (10A)
    Location : 🏚 1300 à 2850

24170 Dordogne **13** – **75** ⑯ G. Périgord Quercy – 1 553 h. alt. 175.
Paris 542 – Bergerac 51 – Le Bugue 23 – Les Eyzies-de-Tayac 25 – Sarlat-la-Canéda 34 – Villeneuve-sur-Lot 59.

ᐰᐰ **Les Hauts de Ratebout** mai-11 sept.
 📞 05 53 29 02 10, Fax 05 53 29 08 28 – SE : 7 km par D 710 rte de Fumel, D 54 et rte à gauche
 – ⑤ < ⟶ ⟶ – **R** conseillée – GB ⤬
 12 ha/6 campables (200 empl.) plat, incliné, en terrasses, herbeux
 🏛 🛁 🗊 🛒 🖑 ⊙ ♨ ▽ 📷 📺 – 🗒 ✕ ♨ – 🗺 ☼ 🖈 🛶 ⛳ 🖙 🏊 ⛵
 Tarif : ▣ *piscine comprise 2 pers.* 135 – ⓖ 18 (6A)
 Location : 🛖 *1520 à 3200* – *villas*

ᐰᐰ **Le Moulin de la Pique** 24 avril-oct.
 📞 05 53 29 01 15, Fax 05 53 28 29 09 – SE : 3 km par D 710 rte de Fumel, bord de la Nauze, d'un
 étang et d'un bief – ⟶ – **R** conseillée – GB ⤬
 12 ha/6 campables (110 empl.) plat, terrasses, herbeux 🗒 ♨♨ (2 ha)
 🛁 🗊 🛒 🖑 ⊙ ♨ ▽ 📷 – 🗒 ♨ ✕ snack 🖙 – 🗺 🖈 ⛳ 🖙 toboggan aquatique
 Tarif : ✶ 33 *piscine comprise* – ▣ 54,50 – ⓖ 18 (6A)
 Location : 🛖 *1250 à 3940*

ᐰᐰ **Les Nauves** juin-15 sept.
 📞 05 53 29 12 64 – SO : 4,5 km par D 53, rte de Monpazier et rte de Larzac à gauche – ⑤ « Entrée
 fleurie » ⟶ – **R** conseillée juil.-août – ⤬
 40 ha/5 campables (100 empl.) peu incliné, herbeux 🗒 ♨♨
 🛁 🗊 🛒 🗐 🖑 ⊙ ♨ – 🖙 – ✕ snack 🖙 – 🗺 🖈 🖙 🐎 half-court
 Tarif : ✶ 25 *piscine comprise* – ▣ 35 – ⓖ 14 (6A)
 Location : 🛖 *900 à 1600* – 🛖 *1500 à 3000*

▶ *Inclusion in the* **MICHELIN Guide** *cannot be achieved by pulling strings
or by offering favours.*

26 Drôme – **81** ③ – rattaché à Buis-les-Baronnies.

29950 Finistère **3** – **58** ⑮ G. Bretagne – 2 436 h. alt. 20.
🛈 Office de Tourisme 29 av. de la Mer 📞 02 98 57 00 14, Fax 02 98 57 23 00.
Paris 565 – Concarneau 20 – Fouesnant 9 – Pont-l'Abbé 12 – Quimper 18 – Quimperlé 49.

ᐰᐰ **Le Letty** 15 juin-6 sept.
 📞 02 98 57 04 69, Fax 02 98 66 22 56 – ⑤ « Agréable situation en bordure de plage » ⟶ – ℞ –
 ⤬
 10 ha (493 empl.) plat, herbeux ♨
 🛁 🗊 🛒 🗐 🖑 ⊙ ♨ ▽ 🗔 📷 – 🗒 ♨ 🖙 salle d'animation – 🗺 ♫ ≋ bibliothèque 🖈 ⸱⊚
 ⛳ ≋ (plage) squash – A proximité : 🛖 🐎
 Tarif : (Prix 1998) ✶ 25 – 🚐 11 – ▣ 38 – ⓖ 10 à 26 (1 à 10A)

ᐰᐰ **La Pointe St-Gilles** mai-sept.
 📞 02 98 57 05 37, Fax 02 98 57 27 52 – près de la mer – Places limitées pour le passage ⑤ « Entrée
 fleurie » ⟶ ≋ – **R** conseillée
 7 ha (486 empl.) plat, herbeux 🗒 ♨
 🛁 🗊 🛒 🗐 🖑 🗐 ⊙ 📷 – 🗒 ♨ 🖙 – 🗺 salle d'animation 🖈 ⛳ 🖙 toboggans aquatiques,
 mini-tennis – A proximité : parcours sportif 🐎
 Tarif : ✶ 29 *piscine comprise* – 🚐 15 – ▣ 52 – ⓖ 20 (10A)
 Location : 🛖 *1900 à 3300*

ᐰᐰ **Le Poulquer** 15 mai-sept.
 📞 02 98 57 04 19, Fax 02 98 66 20 30 – r. du Poulquer, à 150 m de la mer – ⟶ ≋ dans locations
 – **R** conseillée – ⤬
 3 ha (240 empl.) plat et peu incliné, herbeux 🗒 ♨
 🛁 🗊 🛒 🗐 🖑 ⊙ 📷 – 🗒 ♨ snack – 🗺 🖈 🖙 toboggan aquatique – A proximité : 🛖 🐎
 Tarif : (Prix 1998) ✶ 28 *piscine comprise* – 🚐 13 – ▣ 35 – ⓖ 20 (6A)
 Location : 🛖 *1200 à 3200*

ᐰᐰ **Port de Plaisance** 15 avril-sept.
 📞 02 98 57 02 38, Fax 02 98 57 25 25 – sortie Nord rte de Quimper – ⑤ « Cadre agréable » ⟶
 – **R** conseillée juil.-août – GB ⤬
 5 ha (242 empl.) plat et peu incliné, herbeux 🗒 ♨♨
 🛁 🗊 🛒 🗐 🖑 ⊙ 📷 – 🗒 ♨ ✕ crêperie 🖙 – 🗺 🖈 ⛳ 🖙 toboggan aquatique poneys –
 A proximité : 🛖
 Tarif : ✶ 28 *piscine comprise* – ▣ 67 – ⓖ 13 (3A) 15 (6A) 20 (10A)
 Location : 🛖 *1600 à 3400* – *gîtes*

ᐰᐰ **La Mer Blanche** juil.-23 août
 📞 02 98 57 00 75, Fax 02 98 57 25 04 – E : 2,5 km par D 44, rte de Fouesnant – ⟶ – **R** conseillée
 – ⤬
 6,5 ha (200 empl.) plat, herbeux 🗒 ♨
 🛁 🗊 🛒 🗐 🗐 ⊙ ♨ ▽ 📷 – 🗒 ♨ ✕ 🖙 – 🗺 ♫ ♫ 🖙
 Tarif : ✶ 23 *piscine comprise* – 🚐 11 – ▣ 38 – ⓖ 16,50 (2A) 18,50 (4A) 20,50 (6A)
 Location : 🛖 *1994 à 3194*

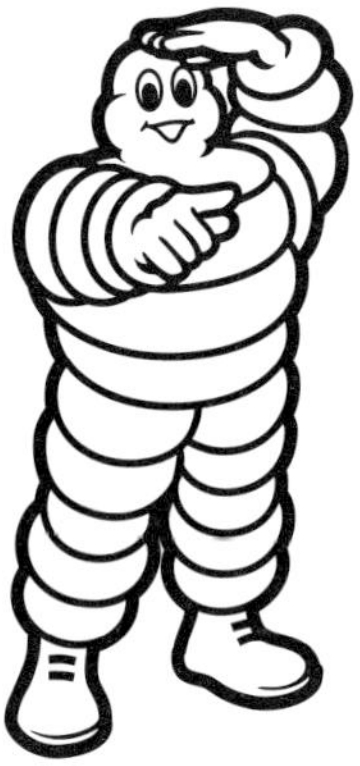

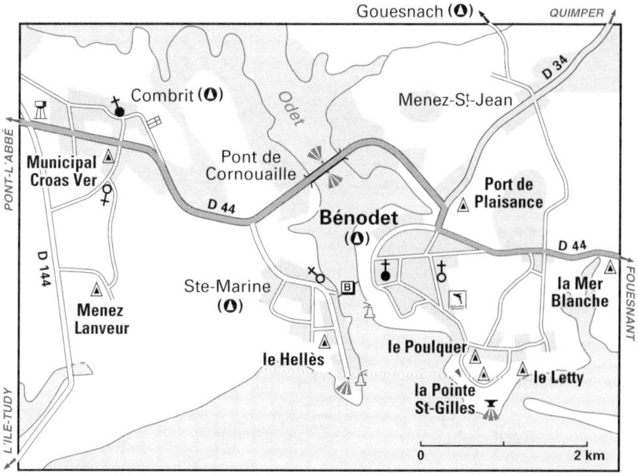

à Gouesnach N : 5 km par D 34 rte de Quimper et rte à gauche (hors schéma) – 1 769 h. alt. 33 – 29950 Gouesnach :

Pors-Kéraign juil.-août
02 98 54 61 37 – O : 2,5 km, à 250 m de l'Odet – **R** conseillée –
1 ha (90 empl.) peu incliné, herbeux
Tarif : *16,30 – 8 – 14 – 15 (10A)*

à Ste-Marine O : 5 km par le pont de Cornouaille – 29120 Pont-l'Abbé :

Le Hellès 15 juin-15 sept.
02 98 56 31 46 – r. du Petit-Bourg, à 400 m de la plage – **R** conseillée –
3 ha (169 empl.) plat et peu incliné, herbeux
Tarif : *16 – 7 – 20 – 15 (6A) 20 (10A)*

Voir aussi à Combrit

BENON

17170 Char.-Mar. 9 – 71 ② – 426 h. alt. 21.
Paris 445 – Fontenay-le-Comte 37 – Niort 37 – La Rochelle 31 – Surgères 16.

Municipal du Château mai-sept.
au bourg « Parc » – **R** 14 juil.-15 août –
1 ha (70 empl.) plat, peu incliné, herbeux
Tarif : (Prix 1998) *13 – 6,50 – 6,50 – 13 (5A)*

BÉNOUVILLE

14970 Calvados 5 – 54 ⑯ **G. Normandie Cotentin** – 1 258 h. alt. 8.
Paris 228 – Bayeux 38 – Cabourg 15 – Caen 11 – Deauville 35 – Ouistreham 4.

Les Hautes Coutures avril-sept.
02 31 44 73 08, Fax 02 31 95 30 80 – sortie Nord rte d'Ouistreham, accès direct au canal maritime – – **R** conseillée juil.-août
5 ha (274 empl.) peu incliné, herbeux

BERCK-SUR-MER

62600 P.-de-C. 1 – 51 ⑪ **G. Flandres Artois Picardie** – 14 167 h.
Office de Tourisme 5 av. Tattegrain 03 21 09 50 00, Fax 03 21 09 15 60.
Paris 230 – Abbeville 50 – Boulogne-sur-Mer 41 – Montreuil 17 – Le Touquet-Paris-Plage 18.

L'Orée du Bois avril-25 oct.
03 21 84 28 51, Fax 03 21 84 28 56 – NE : 2 km, **à Rang-du-Fliers** – Places limitées pour le passage – **R** conseillée 3 juil.-25 août –
18 ha/12 campables (542 empl.) plat, sablonneux, herbeux, bois, étang
– snack – – A proximité :
Tarif : *élect. (5A) et tennis compris 2 pers. 115, pers. suppl. 25*
Location *(5 mars-3 nov.) : 1190 à 2940*

24100 Dordogne 🔟 – 🔢 ⑭ ⑮ G. Périgord Quercy – 26 899 h. alt. 37.
🗓 Office de Tourisme 97 r. Neuve-d'Argenson 🕾 05 53 57 03 11, Fax 05 53 61 11 04.
Paris 537 – Agen 92 – Angoulême 112 – Bordeaux 94 – Pau 218 – Périgueux 48.

⚠ **Municipal la Pelouse** Permanent
🕾 05 53 57 06 67 – r. J.J.-Rousseau, par rte de Bordeaux et r. Boileau à droite, bord de la Dordogne
– ⊶ – **R** – GB ⅔
1,5 ha (70 empl.) plat et peu incliné, herbeux 🟢
🎞 ὼ 🖥 ⇆ 🖵 ⇄ ☺ ⊙ 🔂 📷 – 🏇
Tarif : ☀ 16 – 🚐 7,50 – 🄴 8/11 – 🔋 15 (6A)

27300 Eure 🔢 – 🔢 ⑲ G. Normandie Vallée de la Seine – 10 582 h. alt. 105.
🗓 Office de Tourisme 29 r. Thiers 🕾 02 32 43 32 08, Fax 02 32 45 82 68.
Paris 152 – Argentan 69 – Évreux 50 – Le Havre 69 – Louviers 52 – Rouen 59.

⚠ **Municipal** 15 mai-15 sept.
🕾 02 32 43 30 47 – SO : 2 km par N 138 rte d'Alençon et rue à gauche, Accès conseillé par la
déviation et ZI Malouve – ⊶ – **R** conseillée
1 ha (50 empl.) plat, herbeux
ὼ ⇆ 🖥 ⇄ ☺ ⚲ ⇄ – 🚐 – A proximité : ⚽ ▦ ⤳
Tarif : (Prix 1998) ☀ 14 – 🚐 15 – 🄴 15/25 – 🔋 17 (10A)

44760 Loire-Atl. 🔢 – 🔢 ① ② – 1 828 h. alt. 24.
Paris 432 – Challans 39 – Nantes 45 – St-Nazaire 36.

⚠ **Les Écureuils** mai-sept.
🕾 02 40 82 76 95, Fax 02 40 64 79 52 – sortie Nord-Est rte de Nantes et à gauche après le
passage à niveau, av. Gilbert-Burlot, à 350 m de la mer – ⊶ ⚽ – **R** conseillée juil.-août –
GB ⅔
5,3 ha (325 empl.) plat et peu incliné, herbeux 🟢 (2,5 ha)
ὼ ὼ ⇆ 🖥 ⇄ ☺ ⚲ ⇄ 📷 – ⚑ ⇄ – 🏃 🏊 ⚽ ⤳
Tarif : (Prix 1998) 🄴 piscine et tennis compris 2 pers. 112, pers. suppl. 32 – 🔋 18 (6A)
Location (3 avril-27 sept.) : 🏠 1250 à 2650

14990 Calvados 🔢 – 🔢 ⑮ G. Normandie Cotentin – 1 563 h..
Paris 249 – Bayeux 23 – Cabourg 34 – Caen 20 – St-Lô 59.

⚠ **Le Hâvre de Bernières** avril-15 oct.
🕾 02 31 96 67 09, Fax 02 31 97 31 06 – à l'Ouest de la station, par D 514, à 300 m de la plage –
Places limitées pour le passage ⊶ – **R** conseillée 10 juil.-25 août – ⅔
6 ha (240 empl.) plat, herbeux
🎞 ὼ ὼ ⇆ 🖥 ⇄ 🔂 ☺ 📷 – 🍴 pizzeria 🏋 – ⚑ 🏃 🏊 🚲 ⤳ – A proximité : ⚽
Tarif : ☀ 28 piscine comprise – 🄴 39 – 🔋 23 (6A) 32 (10A)

27 Eure – 🔢 ⑰ – rattaché aux Andelys.

02290 Aisne 🔢 – 🔢 ③ – 528 h. alt. 49.
Paris 105 – Compiègne 24 – Laon 52 – Noyon 28 – Soissons 17.

⚠ **La Croix du Vieux Pont** Permanent
🕾 03 23 55 50 02, Fax 03 23 55 05 13 – S : 1,5 km sur D 91, à l'entrée de Vic-sur-Aisne, bord de
l'Aisne – Places limitées pour le passage ⚲ ⊶ – **R** conseillée 15 juil.-15 août
20 ha (370 empl.) plat et peu incliné, herbeux, étang 🔲 🟢
🎞 ὼ ὼ ⇆ 🖥 ⇄ ☺ ⚲ ⇄ 📷 – ⚲ 🍴 ✗ 🏋 – ⚑ 🏊 🚲 ⚽ ⤳ 🐎 et poneys
Tarif : 🄴 1 à 5 pers. 55 à 175 (60 à 180 avec élect. 6A)

07460 Ardèche 🔢 – 🔢 ⑧ – 541 h. alt. 126.
Paris 670 – Aubenas 39 – Largentière 29 – St-Ambroix 19 – Vallon-Pont-d'Arc 22 – Les Vans 10.

⚠ **La Source** 2 avril-27 sept.
🕾 04 75 39 39 13 – sortie Nord-Est, rte de Casteljau – ⚲ ⊶ saison – **R** conseillée – ⅔
2,5 ha (81 empl.) plat, pierreux, herbeux 🔲 🟢
ὼ ὼ ⇆ 🖥 ⇄ ☺ 📷 – ⚲ pizzeria – ⚑ ⤳
Tarif : 🄴 piscine comprise 2 pers. 72 – 🔋 13 (6A)
Location : 🚙 1200 à 2700

▲▲ Les Cigales avril-1er oct.
℘ 04 75 39 30 33 – NE : 1 km, à la Rouvière – ⚲ ⚮ juil.-août – **R** conseillée juil.-août – ⚴
3 ha (70 empl.) plat et peu incliné, pierreux, herbeux ⚲
⚹ 🔥 ⚶ 🔲 ⚲ ☺ 🖭 – 📠 ⚔ ⚓ ⚓
Tarif : 🔲 *piscine comprise 2 pers. 58* – ⚡ *12 (5A)*
Location : ⚏ *900 à 1400* – ⚑ *1400 à 2500* – *gîtes*

BERTANGLES

80260 Somme **1** – **52** ⑧ G. Flandres Artois Picardie – 700 h. alt. 95.
Paris 149 – Abbeville 44 – Amiens 11 – Bapaume 50 – Doullens 24.

▲ Le Château 23 avril-6 sept.
℘ 03 22 93 37 73, Fax 03 22 93 68 36 – au bourg, près du château – ⚲ « Verger » ⚮ –
R conseillée saison
0,7 ha (33 empl.) plat, herbeux 🔲 ⚲
⚹ 🔥 ⚶ 🔲 ⚘ ☺
Tarif : ✷ *17* – ⚓ *10* – 🔲 *16* – ⚡ *13 (5A)*

▶ *De categorie (1 tot 5 tenten, in **zwart** of rood) die wij aan de geselekteerde
terreinen in deze gids toekennen, is onze eigen indeling.*

Niet te verwarren met de door officiële instanties gebruikte classificatie (1 tot 4 sterren).

BESLÉ

44 Loire-Atl. **4** – **63** ⑥ – ✉ 44290 Guémené Penfao.
Paris 384 – Châteaubriant 42 – Maure-de-Bretagne 26 – Nantes 73 – Redon 21.

▲ Municipal le Port juin-août
℘ 02 40 87 23 18 – sortie Nord par D 15, rte de Pipriac et à droite après le passage à niveau, près
de la Vilaine (halte nautique) – **R** conseillée – ⚴
0,5 ha (35 empl.) plat, herbeux
⚹ 🔥 ⚶ ⚘ ☺ – A proximité : ⚔ ⚓
Tarif : 🔲 *2 pers. 22 (37 avec élect.), pers. suppl. 11*
Location : ⚏ *(sans sanitaires)*

BESSAS

07150 Ardèche **16** – **80** ⑧ – 147 h. alt. 280.
Paris 676 – Alès 35 – Florac 92 – Privas 76 – Vallon-Pont-d'Arc 17.

▲ La Fontinelle juin-sept.
℘ 04 75 38 65 69 – SO : 1 km par D 202 et D 255, rte de St-Sauveur-de-Cruzières – ⚲ ≤ ⚮ –
R conseillée – ⚴
1,5 ha (12 empl.) en terrasses, plat, gravillons, herbeux 🔲
⚹ 🔥 ⚶ 🔲 ⚘ ☺ 🖭 – 📠 ⚓
Tarif : 🔲 *piscine comprise 1 pers. 30* – ⚡ *12*
Location *(mars-nov.)* : *pavillons*

BESSÈGES

30160 Gard **16** – **80** ⑧ – 3 635 h. alt. 170.
🅑 Office de Tourisme 50 r. de la République ℘ 04 66 25 08 60, Fax 04 66 25 17 12.
Paris 658 – Alès 33 – La Grand-Combe 20 – Les Vans 18 – Villefort 34.

▲▲ Les Drouilhèdes avril-1er oct.
℘ 04 66 25 04 80, Fax 04 66 25 10 95 ✉ 30160 Peyremale – O : 2 km par D 17 rte de Génolhac
puis 1 km par D 386 à droite, bord de la Cèze – ⚲ ≤ ⚮ – **R** – ⚴
2 ha (90 empl.) plat, pierreux, herbeux 🔲 ⚲⚲
⚹ 🔥 ⚶ 🔲 ⚑ ⚲ ☺ ⚘ 🖭 – ⚓ – ⚔ ⚓ 🏊
Tarif : 🔲 *2 pers. 90, pers. suppl. 20* – ⚡ *17 (6A)*
Location : ⚑ *2600 à 2900*

BESSENAY

69690 Rhône **11** – **73** ⑲ – 1 611 h. alt. 400.
Paris 465 – Lyon 33 – Montbrison 53 – Roanne 70 – St-Étienne 66.

▲ St-Cry mai-sept.
℘ 04 74 70 83 20 – SE : 3,5 km sur N 89 rte de Montbrison, bord de la Brévenne – ⚮ – **R** conseillée
juil.-15 août
3 ha (110 empl.) plat, herbeux
🔥 🔲 ⚲ ☺ – discothèque 🏊
Tarif : ✷ *10 piscine comprise* – ⚓ *10* – 🔲 *10* – ⚡ *13,50 (3A)*

BESSÉ-SUR-BRAYE

72310 Sarthe 🖪 – 🖾 ⑤ – 2 815 h. alt. 72.
Paris 198 – La Ferté-Bernard 43 – Le Mans 56 – Tours 55 – Vendôme 32.

   ▲▲ **Municipal du Val de Braye** 15 avril-15 sept.
      𝒫 02 43 35 31 13 – Sud-Est par D 303, rte de Pont-de-Braye, bord de la Braye « Cadre agréable »
      o── – ℝ – ⚲
      2 ha (120 empl.) plat, herbeux ⚱ (1 ha)
      🕭 🗂 🍴 🛎 🖐 ⊛ 🖥 – 🖼 🚡 🏖 ⊡ ⚱
      Tarif : 🛉 7,90 piscine comprise – ⊶ 5,30 – 🔳 5,30 – 🔌 7,90 (jusqu'à 4A) 11,60 (5A et
      plus)

BESSINES-SUR-GARTEMPE

87250 H.-Vienne 🔟 – 🞂 ⑧ – 2 988 h. alt. 335.
Paris 358 – Argenton-sur-Creuse 58 – Bellac 30 – Guéret 54 – Limoges 38 – La Souterraine 20.

   ▲ **Municipal de Sagnat** 15 juin-15 sept.
      𝒫 05 55 76 17 69 – SO : 1,5 km par D 220, rte de Limoges, D 27, rte de St-Pardoux à droite et
      rue à gauche, bord de l'étang – ≼ « Situation agréable » o── juil.-août – ℝ conseillée juil.-août
      0,8 ha (50 empl.) en terrasses, plat, peu incliné, herbeux ⚱
      🕭 🗂 🍴 🔌 ⊛ 🖥 – 🖼 🚡 🏊 (plage) – A proximité : parcours de santé
      Tarif : 🔳 2 pers. 58 – 🔌 13

BEYNAC-ET-CAZENAC

24220 Dordogne 🔞 – 🞅 ⑰ G. Périgord Quercy – 498 h. alt. 75.
Paris 540 – Bergerac 62 – Brive-la-Gaillade 63 – Fumel 62 – Gourdon 28 – Périgueux 66 – Sarlat-la-Canéda 11.

Schéma à La Roque Gageac

   ▲▲ **Le Capeyrou** 15 mai-15 sept.
      𝒫 05 53 29 54 95, Fax 05 53 28 36 27 – sortie Est, face à la station-service, bord de la Dordogne
      – ≼ o── – ℝ conseillée juil.-août – 𝔾𝔹 ⚲
      4,5 ha (100 empl.) plat, herbeux ⚱⚱
      🕭 🗂 🍴 🖥 ⊛ 🖽 🖥 – snack 🍴 – 🖼 🚡 🛝 🏊 – A proximité : 🚣 🍸 ✕ ✖
      Tarif : 🛉 24 piscine comprise – 🔳 33

BEYNAT

19190 Corrèze 🔟 – 🞅 ⑨ – 1 068 h. alt. 420.
Paris 502 – Argentat 47 – Beaulieu-sur-Dordogne 27 – Brive-la-Gaillarde 20 – Tulle 22.

   ▲▲ **L'Étang de Miel** Pâques-fin sept.
      𝒫 05 55 85 50 66, Fax 05 55 85 57 96 – E : 4 km par N 121 rte d'Argentat, bord de l'étang – ≼
      « Situation agréable » o── – ℝ conseillée juil.-août – 𝔾𝔹 ⚲
      50 ha/9 campables (180 empl.) vallonné, peu incliné, herbeux ⚱⚱
      🕭 🗂 🍴 🛎 🖥 – 🚣 🖼 🚡 🏊 🏊 (plage) poneys – A proximité : ✕
      Tarif : (Prix 1998) 🛉 24 – 🔳 26 – 🔌 15 (6A)
      Location : gîtes

Le BEZ

81260 Tarn 🔞 – 🞂 ② – 654 h. alt. 644.
Paris 740 – Albi 65 – Anglès 12 – Brassac 5 – Castres 23 – Mazamet 28.

   ▲ **Le Plô** 15 juin-sept.
      𝒫 05 63 74 00 82 – O : 0,9 km par D 30 rte de Castres et chemin à gauche – 🦌 ≼ o── – ℝ conseillée
      2,5 ha (60 empl.) en terrasses, peu accidenté, herbeux, bois ⚱
      🕭 🗂 🍴 🖒 🖥 – 🖼 🚡
      Tarif : 🛉 10 – ⊶ 5 – 🔳 10/15 – 🔌 9 (4 ou 6A)

BÉZAUDUN-SUR-BÎNE

26 Drôme – 🞏 ⑬ – rattaché à Bourdeaux.

BIARRITZ

64200 Pyr.-Atl. 🔞 – 🞂 ⑪ ⑱ G. Pyrénées Aquitaine – 28 742 h. alt. 19.
🇧 Office de Tourisme square d'Ixelles 𝒫 05 59 22 37 10, Fax 05 59 24 14 19, antennes sortie autoroute A 63
et gare de Biarritz.
Paris 776 – Bayonne 9 – Bordeaux 199 – Pau 124 – San Sebastiàn 50.

   ▲▲ **Biarritz-Camping** mai-25 sept.
      𝒫 05 59 23 00 12, Fax 05 59 43 74 67 – 28 rue d'Harcet – o── ⚲ – ℝ indispensable juil.-août –
      𝔾𝔹 ⚲
      3 ha (196 empl.) plat et peu incliné, terrasses, herbeux ⚱
      🕭 🗂 🍴 🖥 🛎 🖒 ⊛ 🖥 – 🚣 🍸 ✕ 🍴 – 🚡 🛝
      Tarif : 🔳 piscine comprise 2 pers. 110, pers. suppl. 22 – 🔌 20 (6A)
      Location : 🚐 1000 à 3000

à Bidart SO : 6,5 km par D 911 et N 10 – 4 123 h. alt. 40 – ⊠ 64210 Bidart :
🛈 Office de Tourisme r. d'Erretegia ✆ 05 59 54 93 85, Fax 05 59 26 56 71

⚠️ **Le Ruisseau** 8 mai-12 sept.
✆ 05 59 41 94 50, Fax 05 59 41 95 73 – E : 2 km sur rte d'Arbonne, bord de l'Ouhabia et d'un ruisseau « Agréable cadre boisé près de deux plans d'eau » ☛ – **R** conseillée juil.-août – ⬛ ⚙
15 ha/7 campables (440 empl.) plat et en terrasses, herbeux ☐ ♡♡ (5 ha)
♿ 🚣 ⛺ 🗟 🛁 ⚲ ⊕ 🖫 – 🔉 ♈ cafétéria, pizzeria ☕ – 🚐 🎣 ⛲ 🚤 🚲 🎯 🔭 ⬚ ⛴ toboggans aquatiques
Tarif : 🔲 piscine comprise 2 pers. 120 – ⚡ 22 (6A)
Location : 🚐 1100 à 3500

⚠️ **Pavillon Royal** 15 mai-24 sept.
✆ 05 59 23 00 54, Fax 05 59 23 44 47 – N : 2 km, av. Prince-de-Galles, bord de la plage – 🏖 ◁ ☛ 🎯 ⊕(tentes) – **R** conseillée – ⬛ ⚙
5 ha (303 empl.) plat et en terrasses, sablonneux, herbeux ☐ ♀ (1,7 ha)
♿ 🚣 ⛺ 🗟 🛁 ⚲ ⊕ 🏖 ⚓ 🖫 – 🔉 ♈ ✗ pizzeria ☕ – 🚐 ⛲ 🚤 ⛴ – A proximité : 🏌 golf (18 trous)
Tarif : 🔲 élect. (5A) et piscine comprises 2 pers. 189, pers. suppl. 30

⚠️ **Résidence des Pins** 22 mai-sept.
✆ 05 59 23 00 29, Fax 05 59 41 24 59 – N : 2 km « Belle décoration florale » ☛ 🎯 dans locations – **R** conseillée, indispensable 10 juil.-20 août – ⬛ ⚙
6 ha (400 empl.) en terrasses, herbeux, sablonneux ☐ ♡♡
♿ 🚣 ⛺ 🗟 🛁 ⚲ ⊕ 🖫 🏖 – 🔉 ♈ snack ☕ – 🚐 🚴 🚤 ✗ ⛴ – A proximité : 🏌
Tarif : 🔲 piscine comprise 2 pers. 128, pers. suppl. 28 – ⚡ 25 (10A)
Location : 🚐 1500 à 3500

⚠️ **Berrua** 4 avril-2 oct.
✆ 05 59 54 96 66, Fax 05 59 54 78 30 – E : 0,5 km rte d'Arbonne « Entrée fleurie » ☛ 🎯 dans locations – **R** conseillée juil.-août – ⬛ ⚙
5 ha (285 empl.) peu incliné et en terrasses, herbeux ☐ ♀ (1,5 ha)
♿ 🚣 ⛺ 🗟 🛁 ⚲ – 🔉 ♈ snack, pizzeria ☕ – 🚐 🚴 🚤 🚲 ⚙ ✗ ⛴
Tarif : 🔲 piscine comprise 1 ou 2 pers. 115 – ⚡ 22 (6A)
Location : 🚐 1200 à 3500 – 🏠 1800 à 4200

⚠️ **Ur-Onéa** Pâques-27 sept.
✆ 05 59 26 53 61, Fax 05 59 26 53 94 – E : 0,3 km, r. de la Chapelle, à 500 m de la plage – ☛ 🎯 dans locations – **R** conseillée juil.-août – ⬛ ⚙
5 ha (280 empl.) peu incliné et en terrasses, herbeux, sablonneux ☐ ♀
♿ 🚣 ⛺ 🗟 🛁 ⚲ ⊕ 🖫 🏖 – ♈ ☕ cases réfrigérées, réfrigérateurs – 🚐 🚤 ⛴ – A proximité : 🎯 poneys
Tarif : (Prix 1998) 🔲 piscine comprise 2 pers. 89 (109 avec élect. 10A), pers. suppl. 18
Location : 🛏 900 à 2300 – 🚐 1400 à 3150 – 🏠 1600 à 3500

△△△ **Oyam** juin-sept.
    🖉 05 59 54 91 61 – E : 1 km par rte d'Arbonne puis rte à droite – ⛬ juil.-août ✹ dans locations
– **R** conseillée – ⚲
5 ha (230 empl.) plat, peu incliné, terrasses, herbeux ⬚ ♋
    👤 ⚙ 🍴 ♨ 🏠 ⚲ ☺ 🍽 – 🍷 snack, pizzeria ⚘ – 🍴 ⛵ 🏕 ☂ half-court
Tarif : 🅴 piscine comprise 2 pers. 110 – 🔌 18 (3A)
Location (Pâques-sept.) : 🏠 1200 à 3000 – 🏠 1400 à 3200 – bungalows toilés

△△ **Le Parc** juin-20 sept.
    🖉 05 59 26 54 71 – S : 1,2 km, à 400 m de la plage – ⛬ ✹ dans locations – **R** conseillée juil.-août
– **GB** ⚲
3 ha (200 empl.) en terrasses, herbeux ♋
    👤 ⚙ 🍴 ♨ ☺ 🍽 – 🍷 – 🍴
Tarif : (Prix 1998) 🅴 2 pers. 65, pers. suppl. 14 – 🔌 14 (4A) 18 (6A) 25 (10A)
Location (mai-sept.) : pavillons

BIAS

40170 Landes 🔢 – 🔢 ⑭ – 505 h. alt. 41.
Paris 706 – Castets 43 – Mimizan 7 – Morcenx 29 – Parentis-en-Born 32.

△△ **Municipal le Tatiou** Pâques-oct.
    🖉 05 58 09 04 76 – O : 2 km par rte de Lespecier – ⚲ ⛬ – **R** – **GB** ⚲
10 ha (505 empl.) plat, sablonneux ♋ pinède
    👤 ⚙ 🍴 ♨ 🏠 ☺ 🍽 – ⚲ 🍷 snack – ⛵ 🏕 🍴 – A proximité : ✹
Tarif : (Prix 1998) 🅴 piscine comprise 1 à 5 pers. 67 à 114 – 🔌 18 (2A) 25 (4A) 30 (10A)

BIDART

64 Pyr.-Atl. – 🔢 ⑪ – rattaché à Biarritz.

BIGANOS

33 Gironde – 🔢 ⑳ – voir à Arcachon (Bassin d').

BILLOM

63160 P.-de-D. 🔢 – 🔢 ⑮ G. Auvergne – 3 968 h. alt. 340.
🅱 Office de Tourisme r. Carnot 🖉 04 73 68 38 91, Fax 04 73 68 38 91.
Paris 442 – Clermont-Ferrand 29 – Cunlhat 30 – Issoire 30 – Thiers 27.

△△ **Municipal le Colombier** 15 mai-15 oct.
    🖉 04 73 68 91 50 – au Nord-Est de la localité par rte de Lezoux et rue des Tennis – ⛬ – **R** conseillée
14 juil.-15 août
1 ha (40 empl.) plat et peu incliné, herbeux ⬚ ♀
    👤 ⚙ 🍴 🏠 ☺ 🍽 – 🍴 ⛵ – A proximité : 🏊 ✹ 🍴 🏕
Tarif : (Prix 1998) ⚹ 13,20 – 🚗 6,50 – 🅴 11,20 – 🔌 11,20 (4A) 22,30 (10A)
Location : 🏠 2100

BINIC

22520 C.-d'Armor 🔢 – 🔢 ③ G. Bretagne –
2 798 h. alt. 35.
🅱 Office de Tourisme av. du Gén.-de-Gaulle
🖉 02 96 73 60 12, Fax 02 96 35 23.
Paris 462 – Guingamp 36 – Lannion 67 – Paimpol
33 – St-Brieuc 15 – St-Quay-Portrieux 8.

△△ **Le Panoramic** avril-sept.
    🖉 02 96 73 60 43 – S : 1 km – ⛬ –
R conseillée 15 juil.-15 août – ⚲
4 ha (150 empl.) plat, peu incliné, en
terrasses, herbeux ⬚ ♀
    ⚙ 🍴 🏠 ☺ 🍽 – 🍷 ⚘ – 🍴 ⛵
Tarif : 🅴 piscine comprise 2 pers.
84, pers. suppl. 20 – 🔌 15 (3A) 19 (6A)
Location : 🏠 1000 à 1650 – 🏠 1600
à 2800

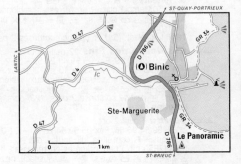

▶ *Ne prenez pas la route au hasard !*

Michelin *vous apporte à domicile*
ses conseils routiers,
touristiques, hôteliers : **36.15 MICHELIN** *sur votre Minitel !*

24540 Dordogne 🝊 – 🝋 ⑯ G. Périgord Quercy – 132 h. alt. 200.
Paris 565 – Beaumont 24 – Bergerac 47 – Fumel 22 – Sarlat-la-Canéda 57 – Villeneuve-sur-Lot 34.

⚞⚟ **Étang du Moulinal** mai-11 sept.
𝒫 05 53 40 84 60, Fax 05 53 40 81 49 – S : 4 km rte de Lacapelle-Biron puis 2 km par rte de Villeréal à droite – ⚲ ≼ « Situation agréable au bord de l'étang » ⚬⚊ – **R** conseillée juil.-août – GB ⚶
10 ha/5 campables (250 empl.) plat, terrasses, herbeux ⬚ ♀
⚒ ⚏ ⚲ 🗆 ⚘ ⚱ ⊚ ⚲ ⚲ ▤ – ⚊ ⚲ ✗ ⚲ – ⚲ ⚲ ⚲ ⚲ ⚲ ⚲ ⚲ ⚲ half-court, poneys
Tarif : ▣ *piscine comprise 2 pers. 140 à 162, pers. suppl. 40* – ⟨⟩ *21 (3A) 26 (6A)*
Location : ⚲ *1250 à 3890* – ⚲ – *bungalows toilés*

▶ *Demandez à votre libraire le catalogue des* **publications MICHELIN.**

40600 Landes 🝈 – 🝋 ⑬ G. Pyrénées Aquitaine – 9 054 h. alt. 22.
🯱 Office de Tourisme 55 pl. de la Fontaine 𝒫 05 58 78 20 96, Fax 05 58 78 23 65.
Paris 658 – Arcachon 40 – Bayonne 130 – Bordeaux 80 – Dax 91 – Mont-de-Marsan 85.

⚞⚟ **Mayotte** Pâques-sept.
𝒫 05 58 78 00 00, Fax 05 58 78 83 91 – N : 6 km par rte de Sanguinet puis, à Goubern, 2,5 km par rte à gauche, à 150 m de l'étang de Cazaux (accès direct) – ⚲ « Cadre agréable » ⚬⚊ ⚶ dans locations – **R** indispensable – GB ⚶
12 ha/7 campables (630 empl.) plat, sablonneux, herbeux ⬚ ♀♀
⚒ ⚏ ⚲ 🗆 ⚘ ⚱ ⊚ ⚲ ⚲ ⚲ ▤ – ⚊ ⚲ ✗ ⚲ – ⚲ ⚲ ⚲ ⚲ discothèque, ⚲ ⚲ ⚲ ⚲
– À proximité : ⚲
Tarif : ▣ *élect. (6 à 10A) et piscine comprises 1 à 6 pers. 150 à 240*
Location : ⚲ *1490 à 3890* – ⚲ *1590 à 4890* – *bungalows toilés*

⚞⚟ **Domaine de la Rive** avril-sept.
𝒫 05 58 78 12 33, Fax 05 58 78 12 92 – NE : 8 km par D 652, rte de Sanguinet, puis 2,2 km par rte à gauche, bord de l'étang de Cazaux – ⚲ « Bel ensemble avec piscines et plantations » ⚬⚊ ⚶ dans locations – **R** conseillée juil.-août – GB ⚶
15 ha (640 empl.) plat, sablonneux, herbeux ♀♀ pinède
⚒ ⚏ ⚲ 🗆 ⚘ ⚱ ⊚ ⚲ ▤ – ⚊ ⚲ ✗ snack, pizzeria ⚲ – cases réfrigérées – ⚲ ⚲ théâtre de plein air ⚲ ⚲ ⚲ ⚲ ⚲ toboggans aquatiques,
Tarif : ▣ *élect. (6A) et piscine comprises 2 pers. 154*
Location : ⚲ *1610 à 3650* – ⚲ *1750 à 3990* – *bungalows toilés*

⚞⚟ **Les Écureuils** avril-sept.
𝒫 05 58 09 80 00, Fax 05 58 09 81 21 – N : 4,2 km par rte de Sanguinet et rte de Navarrosse à gauche, à 400 m de l'étang de Cazaux – Ⓜ « Cadre agréable » ⚬⚊ – **R** conseillée – GB ⚶
6 ha (230 empl.) plat, herbeux, sablonneux ⬚ ♀
⚒ ⚏ ⚲ 🗆 ⚘ ⚱ ⊚ ⚲ ▤ – ⚲ snack – ⚲ ⚲ ⚲ ⚲ ⚲ ⚲ – À proximité : ⚲ ⚲ ⚲
Tarif : (Prix 1998) ⚲ *33 piscine comprise* – ▣ *42* – ⟨⟩ *21 (10A)*

⚞⚟ **Bimbo** avril-sept.
𝒫 05 58 09 82 33, Fax 05 58 09 80 14 – N : 3,5 km par rte de Sanguinet et rte de Navarrosse à gauche – ⚬⚊ – **R** conseillée 15 juil.-20 août – GB ⚶
6 ha (177 empl.) plat, sablonneux, herbeux ⬚ ♀
⚒ ⚏ ⚲ 🗆 ⊚ ⚲ ▤ – ⚲ ⚲ – ⚲ ⚲ ⚲ ⚲ ⚲ – À proximité : ⚲
Tarif : ▣ *piscine et tennis compris 2 pers. 100, pers. suppl. 30* – ⟨⟩ *22 (4A) 33 (6A)*
Location *(permanent) :* ⚲ *900 à 2300* – ⚲ *800 à 3400* – ⚲ *1000 à 4200*

⚞⚟ **Navarrosse** 2 mai-27 sept.
𝒫 05 58 09 84 32, Fax 05 58 09 86 22 – N : 4,5 km par rte de Sanguinet et rte à gauche, bord de l'étang de Cazaux et du canal Transaquitain – ⚬⚊ – **R** conseillée – GB ⚶
16 ha/7 campables (500 empl.) plat, sablonneux ♀
⚒ ⚏ ⚲ 🗆 ⚘ ⚱ ⊚ ▤ – ⚲ ⚲ ⚲ ⚲ – À proximité : ⚊
Tarif : ▣ *2 pers. 100* – ⟨⟩ *18 (6A)*
Location *(15 juin-15 sept.) :* ⚲ *1600 à 3800* – *bungalows toilés*

Biscarrosse-Plage NO : 9,5 km par D 146 – ✉ 40600 Biscarrosse.
🯱 Office de Tourisme 55 pl. de la Fontaine 𝒫 05 58 78 20 96, Fax 05 58 78 23 65.

⚞⚟ **Plage Sud** mai-sept.
𝒫 05 58 78 21 24, Fax 05 58 78 34 23 – au Sud de la station, 230 rue des Bécasses – ⚬⚊ – **R** conseillée juil.-août – GB ⚶
20 ha (1387 empl.) plat, terrasses, sablonneux, herbeux ♀♀
⚒ ⚏ ⚲ 🗆 ⚘ ⊚ ⚲ ▤ – ⚲ ⚲ ⚲ – À proximité : ⚲ ⚲ ✗
Tarif : ▣ *piscine comprise 2 pers. 98, pers. suppl. 35* – ⟨⟩ *18 (6A)*
Location *(avril-oct.) :* ⚲ *1600 à 3800* – *bungalows toilés*

⚞⚟ **Le Vivier** mai-22 sept.
𝒫 05 58 78 25 76, Fax 05 58 78 35 23 – au Nord de la station – ⚲ ⚬⚊ – **R** conseillée juil.-août – GB ⚶
17 ha (830 empl.) plat, vallonné, sablonneux, herbeux ♀♀
⚒ ⚏ ⚲ 🗆 ⊚ ⚲ ▤ – ⚲ ⚲ – ⚲ ⚲ ⚲ ⚲
Tarif : (Prix 1998) ▣ *piscine comprise 2 pers. 98, pers. suppl. 35* – ⟨⟩ *18 (10A)*
Location : ⚲ *1600 à 3800* – *bungalows toilés*

BLAIN

44130 Loire-Atl. **4** – **63** ⑯ G. Bretagne – 7 434 h. alt. 23.
𝐢 Office de Tourisme 2 pl. Jean-Guihard ℘ 02 40 87 15 11, Fax 02 40 79 09 93.
Paris 394 – Nantes 42 – Nort-sur-Erdre 22 – Nozay 15 – St-Nazaire 45.

　　▲　***Municipal le Château*** mai-sept.
　　　℘ 02 40 79 11 00 – sortie Sud-Ouest par N 171 rte de St-Nazaire et chemin à gauche, près du
　　　château (14ᵉ siècle) et à 250 m du canal de Nantes à Brest – **R**
　　　1 ha (44 empl.) plat, herbeux
　　　 🔥 ♨ 🖫 🛁 ⊙ ⚐ – 🏠 🚣

Le BLANC

36300 Indre **10** – **68** ⑯ G. Berry Limousin – 7 361 h. alt. 85.
𝐢 Office de Tourisme pl. de la Libération ℘ 02 54 37 05 13, Fax 02 54 37 31 93.
Paris 329 – Bellac 62 – Châteauroux 61 – Châtellerault 52 – Poitiers 62.

　　▲　***Avant*** 15 mai-15 sept.
　　　℘ 02 54 37 88 22 – E : 2 km sur N 151 rte de Châteauroux, bord de la Creuse – ⚬━ – **R** – ⚲
　　　1 ha (100 empl.) plat, herbeux ⌓ ♀
　　　🔥 🖫 ⚲ ⊙ – 🏠 🚣 – A proximité : 🏊
　　　Tarif : 🖃 2 pers. 61 – 🔌 11 (6A)

BLANDY

77115 S.-et-M. **6** – **61** ② G. Ile de France – 667 h. alt. 86.
Paris 55 – Fontainebleau 22 – Melun 12 – Montereau-Fault-Yonne 31 – Provins 40.

　　▲　***Le Pré de l'Étang*** mars-déc.
　　　℘ 01 60 66 96 34 – sortie Est, rte de St-Méry – ⚲ ⚬━ – **R** – ⚲
　　　1 ha (60 empl.) plat, herbeux, étang
　　　▥ & 🔥 ⇆ 🛁 ⊙
　　　Tarif : 🖃 élect. comprise 2 pers. 75, pers. suppl. 30

BLANGY-LE-CHÂTEAU

14130 Calvados **5** – **54** ⑱ – 618 h. alt. 60.
Paris 195 – Caen 55 – Deauville 22 – Lisieux 14 – Pont-Audemer 26.

　　▲▲　***Le Brévedent*** 15 mai-20 sept.
　　　℘ 02 31 64 72 88, Fax 02 31 64 33 41 – SE : 3 km par D 51, au château, bord d'un étang – ⚲ ◄
　　　⚬━ ⚥ – **R** conseillée juil.-20 août – **GB**
　　　6 ha/3,5 campables (138 empl.) plat et incliné, herbeux ♀♀ verger
　　　🔥 ⇆ 🖫 🛁 ⊙ 🖦 – 🔧 ᲈ ⚲ – 🏠 🚣 ⚲ 🎿 – A proximité : ⚥ 🐴
　　　Tarif : ✶ 30 piscine comprise – 🖃 45 – 🔌 18 (10A)

　　▲▲　***Le Domaine du Lac*** avril-oct.
　　　℘ 02 31 64 62 00, Fax 02 31 64 15 91 – sortie Nord-Ouest par D 140 rte du Mesnil-sur-Blangy, bord
　　　d'un plan d'eau et du Chaussey – ⚬━ – **R** conseillée juil.-août – **GB**
　　　8 ha/3 campables (100 empl.) plat et peu incliné, herbeux ♀
　　　🔥 ⇆ 🖫 🛁 ⊙ 🖦 – ᲈ snack – ⚌ – A proximité : half-court ⚥
　　　Tarif : ✶ 25 – 🖃 25 – 🔌 20 (5A)

BLANGY-SUR-BRESLE

76340 S.-Mar. **1** – **52** ⑥ – 3 447 h. alt. 70.
𝐢 Office de Tourisme 1 r. Chekroun ℘ 02 35 93 52 48, Fax 02 35 94 06 14.
Paris 153 – Abbeville 28 – Amiens 54 – Dieppe 50 – Neufchâtel-en-Bray 32 – Le Tréport 26.

　　▲　***Municipal les Étangs*** 15 mars-15 oct.
　　　℘ 02 35 94 55 65 – à 2,3 km au Sud-Est du centre ville, entre deux étangs et à 200 m de la Bresle,
　　　accès rue du Maréchal-Leclerc, près de l'église et rue des Étangs – ⚬━ – **R** juil.-août
　　　0,6 ha (59 empl.) plat, herbeux
　　　& 🔥 🖫 🛁 ⊙ – A proximité : ⚥ ⚲
　　　Tarif : ✶ 11,75 – 🚗 7,05 – 🖃 9,40 – 🔌 5,90 (5A) 11,75 (10A)

BLAVOZY

43 H.-Loire – **76** ⑦ – rattaché au Puy-en-Velay.

BLAYE

33390 Gironde **9** – **71** ⑧ G. Pyrénées Aquitaine – 4 286 h. alt. 7.
𝐢 Office de Tourisme allées Marines, ℘ 05 57 42 12 09, Fax 05 57 42 91 94.
Paris 554 – Bordeaux 50 – Jonzac 48 – Libourne 45.

　　▲　***Municipal la Citadelle*** mai-sept.
　　　℘ 05 57 42 00 20 – à l'Ouest, dans l'enceinte de la citadelle – ⚲ ◄ ⚬━ saison – **R**
　　　1 ha (47 empl.) plat, peu incliné, terrasses, herbeux ⌓ ♀
　　　🔥 ⇆ 🛁 ⊙
　　　Tarif : (Prix 1998) 🖃 1 ou 2 pers. 37, pers. suppl. 19 – 🔌 10 (6 ou 15A)

BLÉNEAU

89220 Yonne **6** – **65** ③ – 1 585 h. alt. 200.
Paris 151 – Auxerre 51 – Bonny-sur-Loire 20 – Briare 19 – Clamecy 61 – Gien 29 – Montargis 40.

▲ **Municipal la Pépinière** avril-15 oct.
    𝒫 03 86 74 93 73 – sortie Nord par D 64 rte de Champcevrais – **R**
    1,3 ha (50 empl.) plat, herbeux ⌁ ṇṇ
    🔟 ⇆ 🖫 ⚲ ⊛ – ⌂ – A proximité : ✂ ⌁
    Tarif : ⚲ 9,20 – 🔳 10,50 – [t] 11,50

BLÉRÉ

37150 I.-et-L. **5** – **64** ⑯ G. Châteaux de la Loire – 4 388 h. alt. 59.
🅱 Office de Tourisme (15 juin-15 sept.) r. J.-J Rousseau 𝒫 02 47 57 93 00, Fax 02 47 23 57 73.
Paris 232 – Blois 45 – Château-Renault 34 – Loches 24 – Montrichard 17 – Tours 27.

▲▲ **Municipal la Gâtine** Pâques-15 oct.
    𝒫 02 47 57 92 60 – à l'Est de la ville, r. du Commandant-Lemaître, près du Cher « Entrée fleurie »
    ⊶ – **R**
    4 ha (270 empl.) plat, herbeux ♀
    🅰 🔟 ⇆ 🖫 🗞 🗟 ⚲ ⊛ 🗐 – ⌂ – A proximité : ·⊛ ✂ ♫ 🛶 ⌁ ♪
    Tarif : (Prix 1998) 🔳 1 ou 2 pers. 50,65, pers. suppl. 14,80 – [t] 19 (5A) 22,15 (10A) 32,70 (16A)

▶ *Give use your opinion of the camping sites we recommend.*
Let us know of your remarks and discoveries.

BLOT-L'ÉGLISE

63440 P.-de-D. **11** – **73** ③ ④ – 392 h. alt. 640.
Paris 383 – Clermont-Ferrand 48 – Manzat 13 – Pontgibaud 34 – Riom 31 – St-Gervais-d'Auvergne 16.

▲ **Municipal** 15 juin-15 sept.
    𝒫 04 73 97 44 94 – S : 0,5 km par D 50 rte de Manzat – **R** – ⚡
    0,5 ha (50 empl.) plat, herbeux ⌁
    🔟 🛁 ⊛ – ✂
    Tarif : (Prix 1998) 🔳 tennis compris 1 pers. 23, pers. suppl. 12 – [t] 12

BLYE

39130 Jura **12** – **70** ⑭ – 110 h. alt. 473.
Paris 429 – Bourg-en-Bresse 89 – Lons-le-Saunier 18 – Orgelet 15 – St-Claude 47 – St-Laurent-en-Grand-vaux 34.

▲ **Les Claies** 15 juin-15 sept.
    𝒫 03 84 48 30 55 – sortie Sud par D 151 rte de Pont-de-Poitte – ⩽ ⊶ – **R** – ⚡
    1 ha (40 empl.) plat, herbeux
    🅰 🔟 🗟 ⊛
    Tarif : ⚲ 13 – 🚗 6 – 🔳 13 – [t] 10 (5A)

La BOCCA

06 Alpes-Mar. – **84** ⑨ – rattaché à Cannes.

Le BOIS-PLAGE-EN-RÉ

17 Char.-Mar. – **71** ⑫ – voir à Ré (Ile de).

BOISSET-ET-GAUJAC

30 Gard – **80** ⑰ – rattaché à Anduze.

La BOISSIÈRE-DE-MONTAIGU

85600 Vendée **9** – **67** ④ – 1 584 h. alt. 62.
Paris 383 – Cholet 138 – Nantes 50 – La Roche-sur-Yon 49.

▲▲▲ **Domaine de l'Eden** 15 mars-7 nov.
    𝒫 02 51 41 62 32, Fax 02 51 41 56 07 – SO : 2,5 km par D 62, rte de Chavagnes-en-Paillers puis rte
    à droite – ⬩ ⊶ mai-15 sept. – **R** conseillée 15 juil.-20 août – 🇬🇧 ⚡
    15 ha/8 campables (100 empl.) plat, pierreux, herbeux, prairies, étang et sous-bois ṇṇ
    🅰 🔟 ⇆ 🖫 🛁 ⊛ 🗟 ⇶ 🗐 – 🍴 crêperie – ⌂ salle d'animation ✂ ♫ ⌁ 🐴 poneys, piste de bi-cross
    Tarif : 🔳 élect. (4A), piscine et tennis compris 2 pers. 99, pers. suppl. 24 – [t] 10A : 10 (15 du
    15 mars-avril)
    Location : 🛖 1200 à 3450

30 Gard **16** – **80** ⑧ – ⊠ 30500 St-Ambroix.
Paris 684 – Alès 19 – Barjac 15 – La Grand-Combe 29 – Lussan 16 – St-Ambroix 12.

   ▲▲ **Château de Boisson** mai-15 sept.
        ℘ 04 66 24 85 61, Fax 04 66 24 80 14 – au bourg – ⅏ �o━ ⚡ juil.-août – **R** conseillée juil.-août
        – ☙ ⅍
        7,5 ha (155 empl.) plat, herbeux, pierreux ⌕ 並
        ⅃ ዉ ᾶ ⇄ ⓕ 山 ❍ ѫ ▽ ▣ – ❡ ✗ snack ⅊ cases réfrigérées – ⌖ ⚔ ⅋ ⅍ ⚡ ▣ Ꮓ toboggan
        aquatique – A proximité : ⌨.
        Tarif : ☆ 35 piscine comprise – ▣ 55 – ⅚ 15 (5A)
        Location : ⌨ 2240 à 3360 – appartements

84500 Vaucluse **16** – **81** ① G. Provence – 13 907 h. alt. 40.
🛈 Office de Tourisme pl. Reynaud-de-la-Gardette ℘ 04 90 40 51 45, Fax 04 90 40 51 44.
Paris 637 – Avignon 53 – Montélimar 35 – Nyons 35 – Orange 25 – Pont-St-Esprit 10.

   ▲▲ **Le Barry** Permanent
        ℘ 04 90 30 13 20, Fax 04 90 40 48 64 – N : 3,7 km par D 26, rte de Pierrelatte et rte à droite, par
        St-Pierre – ⅏ « Cadre agréable » o━ – **R** conseillée juil.-août – ☙ ⅍
        3 ha (120 empl.) peu incliné et en terrasses, pierreux, herbeux 並
        ⅃ ዉ ᾶ ⇄ ⓕ 山 ❍ ѫ ▽ ▣ – ❡ snack ⅊ – ⌖ ⚔ ⅋ 並
        Tarif : ☆ 27 piscine comprise – ⅚ 27 (6A)
        Location : ⌨ 1620 à 2700 – ⌂ 1860 à 3100

   ▲ **La Simioune** Permanent
        ℘ 04 90 30 44 62 – NE : 5 km par rte de Lambisque (accès sur D 8 par ancienne rte de Suze-la-Rousse
        longeant le Lez) et chemin à gauche – ⅏ « Agréable cadre boisé » o━ – **R** conseillée juil.-août
        1,5 ha (80 empl.) plat et en terrasses, accidenté, sablonneux 並
        ዉ ᾶ ⇄ ⓕ ❍ ѫ ▣ – Ꮓ ⚔ poneys
        Tarif : ☆ 20 piscine comprise – ▣ 20 – ⅚ 15 (6A)
        Location : ⌨ 1700 à 1900

2A Corse-du-Sud – **90** ⑨ – voir à Corse.

39130 Jura **12** – **70** ⑮ G. Jura – 206 h. alt. 785.
Paris 444 – Champagnole 23 – Lons-le-Saunier 33 – Morez 24 – St-Claude 42.

   ▲ **L'Abbaye** mai-sept.
        ℘ 03 84 25 57 04 – E : 1,5 km par N 78, rte de St-Laurent-en-Grandvaux – ≤ o━ – **R** conseillée
        juil.-août – ⅍
        3 ha (112 empl.) incliné et plat, herbeux ⌕
        ዉ ᾶ ⇄ ⓕ 山 ❍ ▣ – ❡ ✗ ⅊ – ⚔ – A proximité : ⚔
        Tarif : ▣ 2 pers. 62, pers. suppl. 20 – ⅚ 14 (6A)

25 Doubs – **66** ⑥ – rattaché à Rougemont.

86300 Vienne **10** – **68** ⑭ – 1 290 h. alt. 70.
Paris 333 – Châtellerault 25 – Chauvigny 7 – Poitiers 24 – La Roche-Posay 33 – St-Savin 25.

   ▲ **Municipal** mai-sept.
        ℘ 05 49 56 44 34 – au Sud du bourg, bord de la Vienne – o━ juil.-août – **R** conseillée – ⅍
        1,2 ha (65 empl.) plat, herbeux
        ዉ ᾶ ⓕ ❍ ѫ ▣ – ⚔ ∵⊙ ⅋ ⅉ ≋
        Tarif : ☆ 17 – ⚔ 6 – ▣ 11 – ⅚ 15 (10A)
        Location (permanent) : gîtes

28800 E.-et-L. **5** – **60** ⑰ G. Châteaux de la Loire – 4 420 h. alt. 128.
🛈 Office de Tourisme pl. de la Mairie ℘ 02 37 47 55 89, Fax 02 37 96 28 62 Mairie ℘ 02 37 47 21 93.
Paris 118 – Ablis 62 – Chartres 31 – Châteaudun 14 – Étampes 93 – Orléans 56.

   ▲▲ **Municipal le Bois Chièvre** mars-nov.
        ℘ 02 37 47 54 01 – S : 1,5 km par rte de Conie et rte de Vouvray à droite, bord du Loir – ⅏ « Cadre
        boisé » o━ – **R** conseillée juil.-août – ⅍
        2,6 ha (130 empl.) plat et peu incliné, herbeux, gravier, bois attenant ੪
        ⅃ ዉ ᾶ ⇄ ⓕ 山 ❍ ѫ ▽ ▣ – ⌖ ⚔ ⅋ ⅍
        Tarif : ▣ 2 pers. 41 (54 avec élect. 6A)

BONNIEUX

84480 Vaucluse 16 – 84 ② G. Provence – 1 422 h. alt. 400.
Office de Tourisme 7 pl. Carnot ✆ 04 90 75 91 90, Fax 04 90 75 92 94.
Paris 724 – Aix-en-Provence 44 – Apt 11 – Cavaillon 26 – Salon-de-Provence 46.

Municipal du Vallon mars-1er nov.
✆ 04 90 75 86 14 – sortie Sud par D 3, rte de Ménerbes et chemin à gauche – ⋞ – R –
1,3 ha (80 empl.) plat et en terrasses, pierreux, herbeux, bois attenant (0,7 ha)
Tarif : *13 – 8,50 – 11/15 – 15 (10A)*

Le BONO

56400 Morbihan 3 – 63 ② – 1 747 h. alt. 10.
Paris 477 – Auray 6 – Lorient 49 – Quiberon 36 – Vannes 17.

Parc-Lann mai-10 oct.
✆ 02 97 57 93 93 – NE : 1,2 km par D 101E, rte de Plougoumelen – juil.-août – R –
2 ha (60 empl.) plat, herbeux
Tarif : *18 – 25 – 12 (6A)*

▶ *Don't get lost, use* ***MICHELIN Maps*** *which are kept up to date.*

BORMES-LES-MIMOSAS

83234 Var 17 – 84 ⑯ G. Côte d'Azur – 5 083 h. alt. 180.
Office de Tourisme pl. Gambetta ✆ 04 94 71 15 17, Fax 04 94 64 79 57 et bd de la Plage La Favière ✆ 04 94 64 82 57, Fax 04 94 64 79 61.
Paris 876 – Fréjus 58 – Hyères 22 – Le Lavandou 4 – St-Tropez 35 – Ste-Maxime 37 – Toulon 42.

Manjastre Permanent
✆ 04 94 71 03 28, Fax 04 94 71 63 62 – NO : 5 km, sur N 98, rte de Cogolin – ⋞ juil.-août juil.-août – R indispensable juil.-août – GB
3,5 ha (120 empl.) en terrasses, pierreux
Tarif : (Prix 1998) *piscine comprise 3 pers. 123 – 15 (2A) 20 (4A) 24 (6A)*

Voir aussi au Lavandou

BORT-LES-ORGUES

19110 Corrèze 10 – 76 ② G. Auvergne – 4 208 h. alt. 430.
Office de Tourisme pl. Marmontel ✆ 05 55 96 02 49, Fax 05 55 96 90 79.
Paris 505 – Aurillac 82 – Clermont-Ferrand 84 – Mauriac 30 – Le Mont-Dore 48 – St-Flour 83 – Tulle 82 – Ussel 31.

Les Aubazines 12 juin-11 sept.
✆ 05 55 96 08 38 – NO : 3,5 km par D 979, rte d'Ussel et chemin à droite, bord du lac – ⋞ monts du Cantal – R conseillée 14 juil.-15 août –
26 ha/4,5 campables (153 empl.) en terrasses, plat, peu incliné, herbeux pierreux, sablonneux (1 ha)
– – A proximité :
Tarif : (Prix 1998) *15 – 9 – 12 – 15 (6A)*
Location : *huttes*

Outre-Val mai-15 oct.
✆ 05 55 96 05 82 – N : 12,3 km par D 979, rte d'Ussel et D 82, rte de Monestier-Port-Dieu à droite, Accès difficile pour caravanes (pente à 17%), mise en place et sortie à la demande – ⋞ « Belle situation au bord du lac » – R conseillée juil.-août – GB
3,2 ha (43 empl.) en terrasses, herbeux, sablonneux, pierreux
Tarif : (Prix 1998) *15 – 20 – 15 (3 à 10A)*

Le Bois d'Enval mai-oct.
✆ 05 55 96 06 62 – N : 11,5 km par D 979, rte d'Ussel et D 82, rte de Monestier-Port-Dieu à droite, alt. 660 – « Belle situation dominante ⋞ monts du Cantal » – R conseillée
2 ha (43 empl.) incliné, plat, herbeux
Tarif : *12 – 7 – 10 – 12 (6A)*

Les BOSSONS

74 H.-Savoie – 74 ⑧ – rattaché à Chamonix-Mont-Blanc.

BOUAFLES

27 Eure – 55 ⑰ – rattaché aux Andelys.

BOUCHEMAINE

49080 M.-et-L. ⁴ – ⁶³ ⑳ – 5 799 h. alt. 25.
🅱 Syndicat d'Initiative Mairie 🖉 02 41 22 20 00, Fax 02 41 22 20 01.
Paris 302 – Angers 9 – Candé 40 – Chenillé 33 – Le Lion-d'Angers 27.

▲ **Municipal le Château** mai-6 sept.
🖉 02 41 77 11 04 – Sud par D 111, rte de Possonnière, près de la Maine « Entrée fleurie » ⊶ –
R 15 juil.-15 août
1 ha (71 empl.) plat, herbeux 🟢🟢
🔺 ⇆ 🔾 ☺ – A proximité : ✂ ⊒
Tarif : ✸ 16 – ⇌ 16 – 🅴 16 – 🔋 15 (6A)

BOULANCOURT

77760 S.-et-M. ⁶ – ⁶¹ ⑪ – 287 h. alt. 79.
Paris 82 – Étampes 34 – Fontainebleau 28 – Melun 43 – Nemours 25 – Pithiviers 21.

▲ **Île de Boulancourt** Permanent
🖉 01 64 24 13 38 – S : par D 103ᴬ, rte d'Angerville-la-Rivière, bord de l'Essonne – 🦢 ⊶ – **R** –
🗶
5 ha (100 empl.) plat, peu incliné, herbeux 🟢
▥ 🔺 ⇆ 🖸 ☺ 🖻 – 🏠 – A proximité : golf, practice de golf ✂
Tarif : ✸ 15 – 🅴 20 – 🔋 10 (3A)

▶ *La catégorie (1 à 5 tentes, **noires** ou rouges) que nous attribuons*
aux terrains sélectionnés dans ce guide est une appréciation qui nous est propre.

Elle ne doit pas être confondue avec le classement (1 à 4 étoiles)
établi par les services officiels.

BOULOGNE-SUR-GESSE

31350 H.-Gar. ¹⁴ – ⁸² ⑮ – 1 531 h. alt. 320.
Paris 756 – Auch 47 – Aurignac 25 – Castelnau-Magnoac 13 – Lannemezan 34 – L'Isle-en-Dodon 21.

▲ **Le Lac** Permanent
🖉 05 61 88 20 54, Fax 05 61 88 62 16 – SE : 1,3 km par D 633 rte de Montréjeau et rte à gauche,
à 300 m du lac – 🦢 ⊶ juil.-août – **R** – 🗶
2 ha (160 empl.) plat et peu incliné, herbeux 🟢
🔺 🖸 ⇆ ☺ 🔾 🖻 – 🏠 – A proximité : 🛒 🍴 ✂ 🔥 ⚓ ⊒ toboggan aquatique
Tarif : ✸ 17,50 – 🅴 20,50/25,50 – 🔋 15 (6 ou 10A)
Location : 🏠 1550 à 3100 – bungalows toilés

BOULOGNE-SUR-MER

62200 P.-de-C. ¹ – ⁵¹ ① G. Flandres Artois Picardie – 43 678 h. alt. 58.
🅱 Office de Tourisme quai de la Poste 🖉 03 21 31 68 38, Fax 03 21 33 81 09 annexe (saison) Parvis de Nausicaa
🖉 03 21 33 92 51.
Paris 259 – Calais 38 – Montreuil 39 – St-Omer 53 – Le Touquet-Paris-Plage 30.

à Isques SE : 4 km par N 1 – 1 171 h. alt. 15 – ✉ 62360 Isques

▲ **Les Cytises** avril-15 oct.
🖉 03 21 31 11 10 – au bourg, accès par N 1, près du stade – ⊶ – **R** juil.-août – 🗶
2,5 ha (51 empl.) plat, terrasse, herbeux 🗒
🔥 🔺 ⇆ 🖸 ⇆ ☺ 🖻 – 🗶 -☺ – A proximité : ✂
Tarif : 🅴 tennis compris 2 pers. 72, pers. suppl. 18 – 🔋 15 (3A) 18 (6A) 20 (10A)

à Wacquinghen NE : 8 km par A 16 – 188 h. alt. 61 – ✉ 62250 Marquise

▲▲ **L'Escale** 15 mars-1ᵉʳ nov.
🖉 03 21 32 00 69 – sortie Nord-Est, par A 16 sortie 4 – Places limitées pour le passage ⊶ – 🍴 –
🇬🇧 🗶
11 ha (198 empl.) plat et peu incliné, herbeux
▥ 🔺 ⇆ 🖸 ⇆ ☺ 🖻 – 🍴 – 🏠 ⚓
Tarif : ✸ 19 – ⇌ 10 – 🅴 13/17 – 🔋 15 (4A)

BOULOIRE

72440 Sarthe ⁵ – ⁶⁴ ④ – 1 829 h. alt. 105.
Paris 187 – La Chartre-sur-le-Loir 34 – Connerré 12 – Le Mans 30 – Vendôme 49.

▲ **Municipal** mai-sept.
🖉 02 43 35 52 09 – sortie Est rte de St-Calais – **R** – 🗶
1,3 ha (30 empl.) plat, peu incliné et terrasse, herbeux 🟢
▥ 🔺 ⇆ 🖸 ⇆ ☺ – A proximité : 🛒
Tarif : (Prix 1998) ✸ 14 – ⇌ 7 – 🅴 7 – 🔋 14 ou 28

Le BOULOU

66160 Pyr.-Or. **15** – **86** ⑲ G. Pyrénées Roussillon – 4 436 h. alt. 90 – ⚓ (fév.- nov.).
🛈 Office de Tourisme, r. des Écoles ℘ 04 68 87 50 95, Fax 04 68 87 50 96.
Paris 877 – Amélie-les-Bains-Palalda 18 – Argelès-sur-Mer 20 – Barcelona 171 – Céret 11 – Perpignan 21.

▲▲ **Le Mas Llinas** fermé janv.-fév.
℘ 04 68 83 25 46 – N : 3 km par N 9 rte de Perpignan et chemin à gauche, devant Intermarché
– ⊱ ≤ Chaîne des Albères « Agréable situation » ⚬—▪ – **R** conseillée juil.-août – ⚸
15 ha/4 campables (100 empl.) en terrasses, gravier, herbeux, bois ▭
▥ ᵯ ⅀ 🗊 ☒ ⚲ ⊙ ⚹ ⚿ ▣ – 🛒 ᓀ 🏊
Tarif : 🛉 *25 piscine comprise* – 🔲 *30* – 📵 *12 (5 ou 6A) 17 (10A)*
Location : 🏚 *1500* – 🛖 *1000 à 2400*

▲ **L'Olivette** 15 mars-1er nov.
℘ 04 68 83 48 08 – S : 2 km par N 9, aux Thermes du Boulou, bord de la Rome – ⚬—▪ – **R** – ▣▣
⚸
2,7 ha (158 empl.) plat et terrasse, herbeux 🞉🞉
⅋ ᵯ ⚲ ⊔ ☒ ⊙ ▣
Tarif : 🔲 *2 pers. 62* – 📵 *11 (6A) 16 (10A)*
Location : 🏚 *950 à 1400* – 🛖 *1200 à 2000*

BOURBON-LANCY

71140 S.-et-L. **11** – **69** ⑯ G. Bourgogne – 6 178 h. alt. 240 – ⚓ (avril-23 oct.).
🛈 Office de Tourisme pl. Aligre ℘ 03 85 89 18 27, Fax 03 85 89 28 38.
Paris 307 – Autun 63 – Mâcon 110 – Montceau-les-Mines 55 – Moulins 36 – Nevers 72.

▲▲ **Le Plan d'Eau** juin-15 sept.
℘ 03 85 89 34 27 – sortie Ouest par rte de Moulins et chemin à gauche, près du plan d'eau – ⚬—
– **R** conseillée – ⚸
1,8 ha (58 empl.) peu incliné, herbeux ▭
⅋ ᵯ ⚲ 🗊 ⊙ ⚿ ▣ – A proximité : 🛒 ⚟ ✕ ⚸ ⛵ ≊ toboggan aquatique
Tarif : 🛉 *13,50* – ⚘ *10,50* – 🔲 *11/12*
Location : 🏠 *1220 à 2840*

▲▲ **Saint-Prix** début avril-fin oct.
℘ 03 85 89 14 85 – vers sortie Sud-Ouest rte de Digoin, à la piscine, à 200 m d'un plan d'eau – ⚬—▪
– **R** conseillée – ▣▣ ⚸
2,5 ha (128 empl.) plat, peu incliné et en terrasses, herbeux ▭ 🞉
ᵯ ⚲ 🗊 ⊔ ⊙ ☒ ⚿ ▣ – 🛖 – A proximité : 🛒 ⚸ ⛵ 🏊 ⚞
Tarif : 🛉 *13,50* – ⚘ *10,50* – 🔲 *11/12*

BOURBON-L'ARCHAMBAULT

03160 Allier **11** – **69** ⑬ G. Auvergne – 2 630 h. alt. 367 – ⚓ (mars- nov.).
🛈 Office de Tourisme (saison) 1 pl. Thermes ℘ et Fax 04 70 67 09 79.
Paris 291 – Montluçon 50 – Moulins 24 – Nevers 53 – St-Amand-Montrond 55.

▲▲ **Municipal Parc Jean Bignon** mars-oct.
℘ 04 70 67 08 83 – sortie Sud-Ouest par rte de Montluçon et rue à droite – ⊱ ⚬—▪ – **R̶** –
⚸
3 ha (157 empl.) plat et peu incliné, herbeux 🞉
⅋ ᵯ ⚲ ⊔ ⊙ ☒ ⚿ ▣ – 🛖 – A proximité : ⚸ ⛵ 🏊
Tarif : (Prix 1998) 🛉 *13* – ⚘ *5* – 🔲 *7,50* – 📵 *12 (moins de 5A) 14 (plus de 5A)*

BOURBONNE-LES-BAINS

52400 H.-Marne **7** – **62** ⑬ G. Alsace Lorraine – 2 764 h. alt. 290 – ⚓ (mars-29 nov.).
🛈 Office de Tourisme Centre Borvo, 34 pl. des Bains ℘ 03 25 90 01 71, Fax 03 25 90 14 12.
Paris 314 – Chaumont 57 – Dijon 125 – Langres 40 – Neufchâteau 53 – Vesoul 59.

▲ **Le Montmorency** avril-oct.
℘ 03 25 90 08 64 – sortie Ouest par rte de Chaumont et rte à droite, à 100 m du stade – ≤ ⚬—▪
– **R** conseillée – ⚸
2 ha (74 empl.) peu incliné, herbeux, gravillons 🞉
ᵯ ⚲ 🗊 ⊔ ⊙ ☒ ⚿ 🔄 – A proximité : ⚸ 🏊 (découverte l'été)
Tarif : 🛉 *15* – 🔲 *14* – 📵 *12 (6A)*
Location : 🏚

La BOURBOULE

63150 P.-de-D. **11** – **73** ⑬ G. Auvergne – 2 113 h. alt. 880 – ⚓ (mai- sept.)..
🛈 Office de Tourisme 15 pl. de la République ℘ 04 73 65 57 71, Fax 04 73 65 50 21.
Paris 472 – Aubusson 84 – Clermont-Ferrand 51 – Mauriac 71 – Ussel 52.

▲▲ **Les Clarines** Permanent
℘ 04 73 81 02 30, Fax 04 73 81 09 34 – E : 1,5 km, par av. du Maréchal Leclerc et D 996 rte du
Mont-Dore – ≤ ⚬—▪ – **R** conseillée juil.-août – ▣▣ ⚸
3 ha (190 empl.) peu incliné et en terrasses, herbeux, gravier 🞉🞉 (2 ha)
▥ ⅋ ᵯ ⚲ 🗊 ⊔ ⊔ ⊙ ☒ ⚿ ▣ – ⚟ – 🛒 ⛵ 🏊 – A proximité : 🛒
Tarif : (Prix 1998) 🔲 *piscine comprise 2 pers. 71, pers. suppl. 22* – 📵 *14 (3A) 23 (6A) 38 (10A)*
Location : 🛖 *1900 à 2500*

    ⚠ **Municipal les Vernières** vacances de printemps-sept.
    ✆ 04 73 81 10 20 – sortie Est par D 130 rte du Mont-Dore, près de la Dordogne – ≤ ⚷ – ℞ –
    ⚒
    1,5 ha (165 empl.) plat et terrasse, herbeux ▭ ♀
    ▥ ⅙ ♨ ⌦ ⏚ ⊕ ▣ – ⌂ – A proximité : ✗ ▨ ⊠
    Tarif : (Prix 1998) ⭑ 16,50 – ▣ 14 – ⌁ 15 (5A) 30 (10A)

à Murat-le-Quaire N : 2,5 km par D 88 – 435 h. alt. 1 050 – ⊠ 63150 Murat-le-Quaire :

    ⚠ **Le Panoramique** vacances de printemps-sept.
    ✆ 04 73 81 18 79, Fax 04 73 65 57 34 – E : 1,4 km par D 219, rte du Mont-Dore et chemin à gauche,
    alt. 1 000 – ⑆ ≤ Les Monts Dore ⚷ – ℞ conseillée juil.-août – ⚒
    3 ha (85 empl.) en terrasses, herbeux ▭
    ▥ ⅙ ♨ ⌦ ⏚ ⊕ ▣ – ⌂ ⚓
    Tarif : (Prix 1998) ▣ 2 pers. 67, pers. suppl. 16 – ⌁ 14 (4A) 22 (6A) 35 (10A)

    ⚠ **Municipal les Couderts** vacances de fév. et Pâques-sept.
    ✆ 04 73 65 54 81 – sortie Nord rte de la Banne d'Ordanche, bord d'un ruisseau, alt. 1 040 – ⑆
    ≤ ⚷ juil.-août – ℞ conseillée juil.-août – ⚒
    1,7 ha (58 empl.) plat, peu incliné, en terrasses, herbeux ▭ ♀
    ▥ ⅙ ♨ ⏛ ⌦ ⏚ ⏜ ⩘ ⊕ ▣
    Tarif : ⭑ 15 – ▣ 12 – ⌁ 10 (3A) 19 (6A) 28 (10A)
    Location : huttes

    ⚠ **Municipal du Plan d'Eau** juil.-août
    ✆ 04 73 81 10 05 – N : 1 km, sur D 609 rte de la Banne-d'Ordanche, bord d'un ruisseau et près
    d'un plan d'eau, alt. 1 050 – ⑆ ≤ ⚷ – ℞ conseillée – ⚒
    0,8 ha (40 empl.) plat, peu incliné, herbeux ▭
    ⅙ ♨ ⏛ ⌦ ⏚ ⊕ ▣ – ⌂ – A proximité : ⚑ ✗ ⊠ (plan d'eau)
    Tarif : ⭑ 15 – ▣ 12 – ⌁ 10 (3A) 19 (6A) 28 (10A)

▶ **Die im MICHELIN-Führer**
verwendeten Zeichen und Symbole haben - **fett** oder dünn
gedruckt, in Rot oder **Schwarz** - jeweils eine andere Bedeutung.

Lesen Sie daher die Erklärungen aufmerksam durch.

BOURCEFRANC-LE-CHAPUS

17560 Char.-Mar. ⑨ – ⑪ ⑭ G. Poitou Vendée Charentes – 2 851 h. alt. 5.
Paris 500 – Le Château-d'Oléron 9 – Marennes 4 – Rochefort 25 – La Rochelle 63.
                        Schéma à Oléron

    ⚠ **Municipal la Giroflée** mai-29 sept.
    ✆ 05 46 85 06 43 – SO : 2 km, près de la plage, Accès sur D 26 – ⑆ ⚷ juil.-août – ℞ conseillée
    15 juil.-15 août – ⚒
    3,2 ha (150 empl.) plat, herbeux, sablonneux ♀ (2 ha)
    ⅙ ♨ ⏛ ⏚ ⊕ ▣ – A proximité : ⚑ crêperie ◑
    Tarif : (Prix 1998) ⭑ 12 – ▣ 11 – ⌁ 16 (5A)

BOURDEAUX

26460 Drôme ⑯ – ⑰ ⑬ – 562 h. alt. 426.
Paris 614 – Crest 24 – Montélimar 41 – Nyons 39 – Pont-St-Esprit 71 – Valence 53.
    ⚠ **Municipal le Gap des Tortelles** 15 avril-sept.
    ✆ 04 75 53 30 45 – sortie Sud-Est par D 70, rte de Nyons et chemin à droite, bord du Roubion –
    ⑆ ≤ ⚷ – ℞ conseillée – ⚒
    0,7 ha (44 empl.) plat et terrasse, herbeux, pierreux ♀♀
    ⅙ ♨ ⌦ ⩘ ⊕ ▣ – ⚓ – A proximité : ✗ ⊠
    Tarif : ▣ 2 pers. 50 – ⌁ 14,50 (3A)

à Bézaudun-sur-Bîne NE : 4 km par D 538 et D 156 – 47 h. alt. 496 – ⊠ 26460 Bézaudun-sur-Bîne :

    ⚠ **Aire Naturelle le Moulin** avril-oct.
    ✆ 04 75 53 37 21 – sortie Ouest rte de Bourdeaux, bord de la Bîne – ⑆ ≤ ⚷ – ℞ – ⚒
    2,5 ha (25 empl.) plat, herbeux
    ♨ ⏛ ⌦ ⏚ ⊕ ▣ – ◑
    Tarif : ⭑ 15 piscine comprise – ⇱ 10 – ▣ 10 – ⌁ 10 (4A)

au Poët-Célard NO : 4 km par D 328 – 142 h. alt. 590 – ⊠ 26460 Bourdeaux :

    ⚠ **Le Couspeau** mai-18 sept.
    ✆ 04 75 53 30 14, Fax 04 75 53 37 23 – SE : 1,3 km par D 328A, alt. 600 – ⑆ ≤ « Site agréable »
    ⚷ – ℞ conseillée – ⊞ ⚒
    2 ha (66 empl.) en terrasses et peu incliné, herbeux ▭
    ▥ ⅙ ♨ ⏛ ⌦ ⏚ ⊕ ▣ – ⏜ ⚑ snack ⦚ – ⚓ ⚲ ✗ ⩘ ⊠ ⊠ (petite piscine couverte)
    Tarif : ▣ piscine comprise 2 pers. 110, pers. suppl. 32 – ⌁ 15 (3A) 18 (6A)
    Location : ⛺ 1500 à 3150 – ⛺ 2000 à 3500 – bungalows toilés

BOURG

52200 H.-Marne **7** – 🖸🖸 ③ – 165 h. alt. 440.
Paris 291 – Auberive 21 – Champlitte 29 – Chaumont 43 – Dijon 65 – Langres 10.

⚠ **La Croix d'Arles** 15 mars-déc.
      ℘ 03 25 88 24 02 – N : 2,5 km par N 74 rte de Langres, au lieu-dit la Croix d'Arles – ⊶ saison – **R** – ⚲
      7 ha (49 empl.) plat, herbeux, pierreux 𝟡𝟡
      ᴧ 🗄 ⇆ 🖫 🖸 ☺ – snack (dîner seulement) – ‗⏊ ⤳
      Tarif : ⚲ *16 piscine comprise* – 🖸 *32* – [∌] *18 (10A)*

▶ Ⓜ *This symbol characterises sites with modern facilities.*

BOURG-ACHARD

27310 Eure **5** – 🖸🖸 ⑤ G. Normandie Vallée de la Seine – 2 255 h. alt. 124.
Paris 138 – Bernay 43 – Évreux 62 – Le Havre 62 – Rouen 28.

⚠ **Le Clos Normand** avril-sept.
      ℘ 02 32 56 34 84 – sortie Ouest, rte de Pont Audemer – ⊶ – **R** – ⚲
      1,4 ha (85 empl.) plat et peu incliné, herbeux, bois attenant ⬚
      🗄 ⇆ 🖫 🖸 ⚲ ☺ – ⛾ – ⤳ ⏊
      Tarif : ⚲ *24 piscine comprise* – ⇔ *8* – 🖸 *19* – [∌] *15 (6A) et 3 par ampère supplémentaire*

BOURGANEUF

23400 Creuse 🔟 – 🖸🖸 ⑨ G. Berry Limousin – 3 385 h. alt. 440.
🖪 Office de Tourisme Tour Lastic ℘ 05 55 64 12 20.
Paris 400 – Aubusson 40 – Guéret 34 – Limoges 49 – Tulle 95 – Uzerche 77.

⚠ **Municipal la Chassagne** 15 juin-15 sept.
      N : 1,5 km par D 912, rte de la Souterraine, bord du Taurion – **R** – ⚲
      0,7 ha (41 empl.) plat, peu incliné, herbeux ⬚
      🗄 🖸 ⚲ ☺ – A proximité : ⋅⊚
      Tarif : (Prix 1998) ⚲ *10* – ⇔ *8* – 🖸 *8* – [∌] *10*

BOURG-ARGENTAL

42220 Loire 🔟🔟 – 🖸🖸 ⑨ G. Vallée du Rhône – 2 877 h. alt. 534.
Paris 532 – Annonay 16 – Condrieu 33 – Montfaucon-en-Velay 31 – St-Étienne 28 – Vienne 45.

⚠ **L'Astrée** Permanent
      ℘ 04 77 39 72 97 – E : 1,7 km par N 82 rte d'Annonay, bord de la Déôme – ≤ ⊶ – **R** – ⚲
      1 ha (67 empl.) plat, peu incliné, herbeux
      🎬 ᴧ 🗄 ⇆ 🖫 🖸 ☺ 🖾 – A proximité : ⏗ ⚲ ‗⏊ ⏊ toboggan aquatique
      Tarif : ⚲ *21* – ⇔ *13* – 🖸 *15/18* – [∌] *16 (4A) 20 (6A)*
      Location : 🏠*1300 à 2400*

Le BOURG-D'ARUD

38 Isère 🔟🔟 – 🖸🖸 ⑥ G. Alpes du Nord – ✉ 38520 Venosc.
Paris 628 – L'Alpe-d'Huez 25 – Le Bourg-d'Oisans 14 – Les Deux-Alpes 28 – Grenoble 64.

⚠ **Le Champ du Moulin** Permanent
      ℘ 04 76 80 07 38, Fax 04 76 80 24 44 – sortie Ouest par D 530, bord du Vénéon – ⏒ ≤ « Site agréable » ⊶ – **R** conseillée 14 juil.-15 août – ⊞ ⚲
      1,5 ha (80 empl.) plat, herbeux, pierreux
      🎬 ᴧ ⇆ 🖫 🖸 ☺ 🖾 – ⚚ ⛾ snack – 🍴 – A proximité : ⤨ ⋅⊚ ⚲ ⏊ toboggan aquatique
      Tarif : 🖸 *2 pers. 102, pers. suppl. 25,50* – [∌] *3A : 12 (hiver 15) 6A : 20 (hiver 25) 10A : 30 (hiver 40,50)*
      Location : *appartements, gîte d'étape*

BOURG-DE-PÉAGE

26300 Drôme 🔟🔟 – 🖸🖸 ② – 9 248 h. alt. 151.
🖪 Office de Tourisme allée Alpes de Provence ℘ 04 75 72 18 36, Fax 04 75 70 95 57.
Paris 560 – Pont-en-Royans 27 – Romans-sur-Isère 2 – Tournon-sur-Rhône 19 – Valence 20.

à Barbières SE : 15 km par D 149 – 583 h. alt. 426 – ✉ 26300 Barbières :

⚠ **Le Gallo-Romain** mai-sept.
      ℘ 04 75 47 44 07 – SE : 1,2 km par D 101, rte du Col de Tourniol, bord de la Barberolle – ≤ ⊶ – **R** conseillée – ⚲
      3 ha (50 empl.) plat et peu incliné, terrasses, herbeux, pierreux ⬚
      🎬 ᴧ 🗄 ⇆ 🖫 🖸 ☺ 🖾 – ⛾ ✕ ⤳ – 🖾 ⏊
      Tarif : ⚲ *18 piscine comprise* – 🖸 *60* – [∌] *15 (6A)*
      Location : 🏚 *1800 à 2600*

35890 I.-et-V. **4** – **63** ⑥ – 1 727 h. alt. 40.
Paris 355 – Châteaubriant 41 – Nozay 45 – Rennes 25 – Vitré 50.

△ **Municipal la Courbe** Pâques-oct.
O : 2 km par rte de Guichen et rte à gauche avant le pont, à 100 m de la Vilaine et d'un étang –
🐾 – **R** conseillée juil.-août
1 ha (50 empl.) plat, herbeux ♀
🗐 🖧 ⊕ – 🚗
Tarif : (Prix 1998) 🏕 8,50 – 🚗 4,70 – 🗉 4,70 – 🗓 9 (3A) et 2 par ampère supplémentaire

23220 Creuse **10** – **72** ⑨ G. Berry Limousin – 278 h. alt. 320.
Paris 336 – Aigurande 21 – Le Grand-Bourg 29 – Guéret 18 – La Souterraine 39.

△ **Municipal** juin-sept.
🕿 05 55 62 84 36 – à 1,7 km à l'Ouest du bourg par D 48 rte de Bussière-Dunoise et chemin à droite,
bord de la Creuse (plan d'eau) – 🐾 ≼ « Site agréable » – **R** conseillée juil.-août – 🗗
0,33 ha (36 empl.) en terrasses, herbeux ♀
🔥 🗐 🖧 🖥 🖆 ⊕ ♨ 🌊 (plage) – A proximité : 🍷
Tarif : (Prix 1998) 🏕 15 – 🗉 20 – 🗓 15 (4A)

38520 Isère **12** – **77** ⑥ G. Alpes du Nord – 2 911 h. alt. 720 – Sports d'hiver : 🎿.
🖪 Office de Tourisme quai Girard 🕿 04 76 80 03 25, Fax 04 76 80 10 38.
Paris 614 – Briançon 68 – Gap 98 – Grenoble 50 – St-Jean-de-Maurienne 73 – Vizille 32.

🔺🔺🔺 **A la Rencontre du Soleil** 25 mai-14 sept.
🕿 04 76 79 12 22, Fax 04 76 80 26 37 – NE : 1,7 km rte de l'Alpe-d'Huez, bord de la Sarennes –
≼ « Entrée fleurie » 🔌 – **R** conseillée juil.-25 août – 🅶🅱 🗗
1,6 ha (73 empl.) plat, herbeux 🗔 ♀♀
🗐 🖧 🖥 🖆 ⊕ 🖩 – 🍴 pizzeria 🐾 – 🏠 🛶 🏊 🌊
Tarif : 🗉 piscine comprise 2 pers. 130, 3 pers. 144, pers. suppl. 32 – 🗓 17 (2A) 22 (6A) 24 (10A)

🔺🔺 **La Cascade** fév.-sept.
🕿 04 76 80 02 42, Fax 04 76 80 22 63 – NE : 1,5 km rte de l'Alpe-d'Huez, près de la Sarennes – ❄
≼ 🔌 – **R** conseillée juil.-août – 🅶🅱 🗗
2,4 ha (140 empl.) plat, herbeux, pierreux
🔥 🗐 🖧 🖥 🖆 ⊕ 🖩 – 🏠 🛶
Tarif : 🗉 piscine comprise 2 pers. 128 – 🗓 16 (6 à 15A)
Location (permanent) : 🕿 2170 à 3220

△ **Le Colporteur** 25 mai-25 sept.
🕿 04 76 79 11 44, Fax 04 76 79 11 49 – au Sud de la localité, accès par rue de la piscine, bord d'une
petite rivière – ≼ 🔌 – **R** conseillée – 🅶🅱 🗗
3,3 ha (150 empl.) plat, herbeux 🗔
🔥 🗐 🖧 🖥 🖆 ⊕ 🖩 – 🏠 🛶 – A proximité : 🏊
Tarif : 🗉 2 pers. 98 – 🗓 19 (6A) 23 (15A)

△ **Caravaneige le Vernis** déc.-1er mai, juin-15 sept.
🕿 04 76 80 02 68 – SE : 2,5 km sur N 91 rte de Briançon, près de la Romanche – ❄ ≼ 🔌 🐾 –
R indispensable hiver **R** été – 🗗
1,2 ha (54 empl.) plat, herbeux, pierreux ♀
🔥 🗐 🖧 🖥 🖆 🕽 ⊕ 🖩 – 🛶 🏊
Tarif : (Prix 1998) 🗉 piscine comprise 1 ou 2 pers. 85

à Rochetaillée N : 7 km par N 91 rte de Grenoble et rte d'Allemont à droite – ⊠ 38520 le Bourg-d'Oisans :

▲▲▲ **Belledonne** juin-5 sept.
    & 04 76 80 07 18, Fax 04 76 79 12 95 – ≼ �o═ – **R** conseillée juil.-15 août – ⊖⊟ ⨍ᵥ
3,5 ha (150 empl.) plat, herbeux ⊙⊙
    占 ᕼ ⇔ 同 ⊟ ⩩ ⊛ 圐 – ⊒, ▼ snack, pizzeria ⧓ – 🏠 ⅎ⅊ ❀ ⊐ parcours de santé
Tarif : 🅴 *piscine comprise 2 pers. 114, 3 pers. 134 –* ⒤ *16 (3A) 22 (6A)*

▲▲▲ **Le Château** 15 juin-20 sept.
    & 04 76 80 21 23 – bord d'une petite rivière – ≼ o═ – **R** conseillée 10 juil.-15 août – ⊖⊟ ⨍ᵥ
2,6 ha (75 empl.) plat, herbeux ⊏ ⊔⊔ (1 ha)
    占 ᕼ ⇔ 同 ⊟ ⩩ ⊛ ⩞ ⩐ 圐 – ▼ snack – 🏠 ⩦ ⅎ⅊ ⌐ ⊐
Tarif : 🅴 *piscine comprise 2 pers. 109, 3 pers. 132, pers. suppl. 26 –* ⒤ *21 (6A)*
Location : ⬚ᵣ *1200 à 3300 – bungalows toilés*

BOURG-DUN

76740 S.-Mar. ❶ – 🖥2 ③ ④ G. Normandie Vallée de la Seine – 481 h. alt. 17.
Paris 186 – Dieppe 20 – Fontaine-le-Dun 7 – Rouen 56 – St-Valery-en-Caux 15.

▲ **Municipal les Garennes** avril-sept.
    & 02 35 83 10 44 – S : 0,8 km par D 237 et D 101, rte de Luneray, au stade – Places limitées pour
le passage ⧓ o═ – **R** 14 juil.-15 août – ⨍ᵥ
1,5 ha (90 empl.) plat, peu incliné, herbeux
    ᕼ ⇔ 同 ⩩ ⊛ – ❀
Tarif : ⚹ *12 tennis compris –* 🅴 *13*

BOURG-EN-BRESSE

01000 Ain 🖥2 – 🖥4 ③ G. Bourgogne – 40 972 h. alt. 251.
🅱 Office de Tourisme 6 av. Alsace-Lorraine *&* 04 74 22 49 40, Fax 04 74 23 06 28, (saison) bd de Brou
& 04 74 22 27 76.
Paris 425 – Annecy 113 – Besançon 150 – Chambéry 121 – Genève 112 – Lyon 68 – Mâcon 37.

▲▲▲ **Municipal de Challes** avril-15 oct.
    & 04 74 45 37 21 – sortie Nord-Est par rte de Lons-le-Saunier, à la piscine « Entrée fleurie » o═
    – **R** – ⨍ᵥ
1,3 ha (120 empl.) plat, peu incliné, goudronné, herbeux ⚲
    🎟 ᕼ ⇔ 同 ⩩ ⊛ ⩞ ⩐ 圐 – ⊒, – A proximité : ⊐
Tarif : ⚹ *17 piscine comprise –* 🅴 *31/37 –* ⒤ *12 (6A)*

BOURGES

18000 Cher 🔟 – 🖥9 ① G. Berry Limousin – 75 609 h. alt. 153.
🅱 Office de Tourisme 21 r. V.-Hugo *&* 02 48 24 75 33, Fax 02 48 65 11 87.
Paris 246 – Châteauroux 66 – Dijon 254 – Nevers 69 – Orléans 123 – Tours 155.

▲▲▲ **Municipal** 15 mars-14 nov.
    & 02 48 20 16 85 – vers sortie Sud par N 144, rte de Montluçon et bd de l'Industrie à gauche, près
de l'Avron « Entrée fleurie » o═ – 🅁 – ⊖⊟
2,2 ha (116 empl.) plat et peu incliné, herbeux, gravier ⊏ ⚲ (1 ha)
    🎟 占 ᕼ ⇔ 同 ⩩ ⊔ ⊛ ⩞ ⩐ 圐 – ⅎ⅊ ⌐ – A proximité : ❀ ⊐
Tarif : (Prix 1998) ⚹ *18 piscine comprise –* 🅴 *18/26 –* ⒤ *14 (6A) 24 (10A)*

BOURG-FIDÈLE

08230 Ardennes ❷ – 🖥3 ⑱ – 732 h. alt. 370.
Paris 246 – Charleville-Mézières 22 – Fumay 20 – Hirson 38 – Rethel 52.

▲▲▲ **La Murée** avril-sept.
    & 03 24 54 24 45 – N : 1 km par D 22 rte de Rocroi, bord de deux étangs – ⧓ o═ – **R**
0,4 ha (23 empl.) peu incliné, herbeux ⚲
    🎟 占 ᕼ ⇔ 同 ⊔ ⊛ ⩞ ⩐ 圐 – ▼ – ⅎ⅊
Tarif : ⚹ *20 –* ⇚ *10 –* 🅴 *30 –* ⒤ *25 (10A)*

BOURG-MADAME

66760 Pyr.-Or. 🖥5 – 🖥6 ⑯ G. Pyrénées Roussillon – 1 238 h. alt. 1 140.
🅱 Syndicat d'Initiative pl. de Catalogne *&* 04 68 04 55 35.
Paris 865 – Andorra-la-Vella 68 – Ax-les-Thermes 45 – Carcassonne 143 – Foix 88 – Font-Romeu-Odeillo-Via
19 – Perpignan 102.

▲▲▲ **La Gare** fermé oct.
    & 04 68 04 80 95 ⊠ 66760 Ur – N : 2,5 km par N 20 – o═ – **R** conseillée juil.-août, indispensable
hiver – ⊖⊟ ⨍ᵥ
1 ha (69 empl.) plat, herbeux ⊏ ⚲
    🎟 占 ᕼ ⇔ 同 ⊔ ⩦ ⩩ ⊛ 圐 – 🏠 ⅎ⅊
Tarif : ⚹ *17 –* 🅴 *16 –* ⒤ *12,50 (2A) 14,50 (3A) 16,50 (4A)*
Location : ⬚ᵣ *1205 –* 🏚 *(sans sanitaires)*

▲▲ *Mas Piques* Permanent
  𝒫 04 68 04 62 11, Fax 04 68 04 68 32 – au Nord de la ville, rue du Train Jaune, près du Rahur (frontière) – Places limitées pour le passage ⬳ o━ – **R** conseillée juil.-août – ⚲
  1,5 ha (103 empl.) plat, herbeux ⚱
  ▥ ♿ ♨ ⇆ 🖳 ⊕ ⚲ ▽ 🗊 – ⟨⟩ – A proximité : terrain omnisports ⛺
  Tarif : 🗐 *2 pers. 69 – 🔌 16 (3A) 20 (6A)*
  Location : 🚐 *1820*

▲ *Le Sègre* Permanent
  𝒫 04 68 04 65 87, Fax 04 68 04 91 82 – sortie Nord par N 20, rte d'Ur, bord du Sègre – o━ –
  R conseillée juil.-août – ⚲
  0,9 ha (49 empl.) plat, herbeux ⚱⚱
  ▥ ♿ ♨ ⇆ 🖳 ⊕ ⚲ ▽ 🗊 – ⟨⟩ ⛷ – A proximité : terrain omnisports ⛺
  Tarif : 🗐 *2 pers. 68, pers. suppl. 19 – 🔌 16 (3A) 20 (6A)*

▶ *Benutzen Sie*
  – zur Wahl der Fahrtroute
  – zur Berechnung der Entfernungen
  – zur exakten Lokalisierung eines Campingplatzes (mit Hilfe der Angaben im Ortstext)
  *die für diesen Führer unentbehrlichen **MICHELIN-Karten** im Maßstab 1 : 200 000.*

BOURG-ST-ANDÉOL

07700 Ardèche 🔟🔟 – 🞐🞐 ⑨ ⑩ G. Vallée du Rhône – 7 795 h. alt. 36.
🇿 Office de Tourisme pl. Champ-de-Mars 𝒫 04 75 54 54 20, Fax 04 75 54 66 49.
Paris 631 – Montélimar 27 – Nyons 50 – Pont-St-Esprit 14 – Privas 56 – Vallon-Pont-d'Arc 30.

▲▲ *Le Lion* avril-15 sept.
  𝒫 04 75 54 53 20 – sortie Nord puis 0,5 km par chemin à droite, près du Rhône (accès direct), Sur N 86 (déviation) prendre direction centre ville – ⚲ « Cadre agréable » o━ – **R** conseillée – GB ⚲
  8 ha (140 empl.) plat, herbeux ⚱⚱
  ♨ 🖳 ⚲ ⊕ ⚲ ▽ 🗊 – ♟ snack – ⚲⚲ ⬟ ☈
  Tarif : 🗐 *piscine comprise 2 pers. 82 – 🔌 16 (6A)*
  Location : 🚐 *1200 à 1550*

BOURG-ST-MAURICE

73700 Savoie 🔟🔟 – 🟊🟊 ⑱ G. Alpes du Nord – 6 056 h. alt. 850 – Sports d'hiver : aux Arcs : 1 600/3 226 m
⛷5 ⛷58 ⚳.
🇿 Office de Tourisme pl. Gare 𝒫 04 79 07 04 92, Fax 04 79 07 24 90.
Paris 663 – Albertville 54 – Aosta 84 – Chambéry 102 – Chamonix-Mont-Blanc 83 – Moûtiers 27 – Val-d'Isère 32.

▲▲ *Le Versoyen* janv.-2 mai et 15 mai-2 nov.
  𝒫 04 79 07 03 45, Fax 04 79 07 25 41 – sortie Nord-Est par N 90 rte de Séez puis 0,5 km par rte des Arcs à droite, près d'un torrent – ❄ ⚲ ⬳ o━ – **R** conseillée hiver et vacances scolaires – GB
  ⚲
  3,5 ha (200 empl.) plat, herbeux, goudronné, bois attenant
  ▥ ♨ ⇆ 🖳 ⊕ 🗟 🗊 – ⟨⟩ – A proximité : parcours sportif ⛺ ✕ ⬟ ☈ ⛷ ☍
  Tarif : 🏕 *25 – 🗐 23,50 – 🔌 22,30 (4A) 27 (6A) - hiver : 26 (4A) 35,60 (6A) 47 (10A)*

BOURGUEIL

37140 I.-et-L. 🗓 – 🞨🞨 ⑬ G. Châteaux de la Loire – 4 001 h. alt. 42.
Paris 283 – Angers 80 – Chinon 17 – Saumur 24 – Tours 47.

▲ *Municipal Parc Capitaine* 15 mai-15 sept.
  𝒫 02 47 97 85 62 – S : 1,5 km par D 749, rte de Chinon, près d'un plan d'eau – o━ – **R** conseillée 14 juil.-15 août – ⚲
  2 ha (80 empl.) plat, herbeux ⬚
  ♿ ♨ ⇆ 🖳 ⚲ ⊕ 🗟 🗊 – ✕ ⬟ – A proximité : ⛺ ♟ ⚲⚲ ⬢
  Tarif : (Prix 1998) 🏕 *9 – 🗐 32 – 🔌 10 (10A)*

BOURISP

65 H.-Pyr. – 🞯🞯 ⑲ – rattaché à St-Lary-Soulan.

BOURNEZEAU

85480 Vendée 🗓 – 🞪🞪 ⑭ – 2 336 h. alt. 73.
Paris 414 – Cholet 64 – Nantes 77 – Niort 69 – La Rochelle 62 – La Roche-sur-Yon 22.

▲ *Municipal les Humeaux* 15 juin-15 sept.
  𝒫 02 51 40 01 31 – sortie Nord par D 7, rte de St-Martin-des-Noyers – **R**
  0,6 ha (15 empl.) plat, herbeux
  ♿ ♨ ⇆ 🖳 ⚲ ⊕ 🗊 – A proximité : ⚲⚲
  Tarif : (Prix 1998) 🏕 *13 – 🗐 13 – 🔌 15 (14A)*

BOUSSAC

23600 Creuse 🔟 – 🔢 ⑳ G. Berry Limousin – 899 h. alt. 423.
🅱 Office de Tourisme pl. de l'Hôtel de Ville ✆ 05 55 65 05 95, Fax 05 55 65 05 28.
Paris 336 – Aubusson 52 – La Châtre 38 – Guéret 44 – Montluçon 33 – St-Amand-Montrond 54.

ᴧᴧᴧ **Le Château de Poinsouze** 30 avril-19 sept.
✆ 05 55 65 02 21, Fax 05 55 65 86 49 – N : 2,8 km par D 917, rte de la Châtre, bord d'un étang
– Ⓜ ⬳ ⬳ « Agréable domaine : parc, bois et prairies » ⚬━ ⚭ dans locations et juil.-août sur le
camping – **R** conseillée – ⏣ ⳣ
150 ha/22 campables (102 empl.) peu incliné, herbeux
⬕ ⧠ ⬱ ⬓ ⬳ ⬲ ⊙ ⬰ ⬲ ⬲ ⬓ ⬒ – 🍷 ⬲ – ⬱ ⬲ ⬲ ⬱ toboggan aquatique
Tarif : ⬓ *piscine comprise 2 pers. 100 (145 à 160 avec élect. 6 ou 10A), pers. suppl. 27*
Location : ⬱ *1800 à 3000*

BOUT-DU-LAC

74 H.-Savoie – 🔢 ⑯ – voir à Annecy (Lac d').

BOUZIGUES

34140 Hérault 🔟 – 🔢 ⑯ – 907 h. alt. 3.
Paris 756 – Agde 25 – Béziers 50 – Montpellier 33 – Pézenas 24 – Sète 14.

ᴧ **Lou Labech** 20 juin-20 sept.
✆ 04 67 78 30 38 – à 0,7 km à l'Est du bourg, chemin du stade, à 100 m du bassin de Thau – ⬳
⬳ ⚬━ **R** conseillée – ⳣ
0,6 ha (45 empl.) peu incliné, en terrasses, pierreux, herbeux ⬲ ⬲
⬕ ⧠ ⬱ ⬓ ⊙ ⬒ – A proximité : ⬲
Tarif : ⬓ *1 pers. 55, 2 pers. 108 –* ⬱ *14 (5A)*

BRAIN-SUR-L'AUTHION

49800 M.-et-L. 🔢 – 🔢 ⑪ – 2 622 h. alt. 22.
Paris 292 – Angers 15 – Baugé 28 – Doué-la-Fontaine 39 – Longué 29 – Saumur 38.

ᴧ **Municipal Caroline** 15 mars-oct.
✆ 02 41 80 42 18 – sortie Sud par D 113 rte de la Bohalle, à 100 m de l'Authion – ⚬━ – **R** – ⳣ
3,5 ha (121 empl.) plat, herbeux ⬲ ⬲
⬘ ⬕ ⧠ ⬱ ⬓ ⬲ ⊙ ⬒ – ⬱ ⬲ – A proximité : ⬲
Tarif : (Prix 1998) ⬲ *12 –* ⬲ *9 –* ⬓ *10 –* ⬱ *14 (6A)*

BRAIZE

03360 Allier 🔟 – 🔢 ⑫ – 254 h. alt. 240.
Paris 304 – Dun-sur-Auron 30 – Cérilly 18 – Culan 34 – Montluçon 39.

ᴧ **Champ de la Chapelle** mai-15 sept.
✆ 04 70 06 15 45 – S : 5,7 km par D 28 rte de Meaulnes et D 978ᴬ à gauche, rte de Tronçais puis
1 km par chemin empierré, à gauche – ⬳ « Situation agréable en forêt » ⚬━ – **R** – ⳣ
5,6 ha (80 empl.) plat et peu incliné, accidenté, herbeux ⬲⬲ pinède
⬕ ⧠ ⬱ ⬓ ⬓ ⊙ ⬰ ⬒ – ⬲ ⬳ (petite piscine) – A proximité : 🍷 ✗
Tarif : ⬓ *1 pers. 46, pers. suppl. 15 –* ⬱ *16 (16A)*
Location : ⬱ *1000 à 1350*

BRANTÔME

24310 Dordogne 🔟 – 🔢 ⑤ G. Périgord Quercy – 2 080 h. alt. 104.
🅱 Syndicat d'Initiative Pavillon Renaissance ✆ et Fax 05 53 05 80 52.
Paris 477 – Angoulême 59 – Limoges 86 – Nontron 23 – Périgueux 27 – Ribérac 37 – Thiviers 26.

ᴧ **Municipal** mai-sept.
✆ 05 53 05 75 24 – E : 1 km par D 78, rte de Thiviers, bord de la Dronne – ⚬━ – **R** conseillée juil.-août
– ⳣ
4 ha (170 empl.) plat, herbeux ⬲
⬕ ⧠ ⬱ ⬓ ⬓ ⬓ ⊙ ⬒ – ⬲ ⬲
Tarif : (Prix 1998) ⬲ *14 –* ⬓ *14 –* ⬱ *10 (6A)*

BRASSAC

81260 Tarn 🔟 – 🔢 ② G. Gorges du Tarn – 1 539 h. alt. 487.
Paris 736 – Albi 67 – Anglès 16 – Castres 25 – Lacaune 21 – Vabre 15.

ᴧ **Municipal de la Lande** avril-oct.
✆ 05 63 74 09 11 – sortie Sud-Ouest vers Castres et à droite après le pont, près de l'Agout et au
bord d'un ruisseau, Pour caravanes, faire demi-tour au rond-point – ⬳ ⚬━ – **R** conseillée juil.-août
0,6 ha (50 empl.) plat, herbeux ⬲
⧠ ⬓ ⊙ ⬒ – ⬲
Tarif : (Prix 1998) ⬲ *9 –* ⬲ *4 –* ⬓ *8 –* ⬱ *9 (5A)*

167

BRAUCOURT

52 H.-Marne **7** – **61** ⑨ – ✉ 52290 Eclaron-Braucourt.
Paris 213 – Bar-sur-Aube 39 – Brienne-le-Château 29 – Châlons-en-Champagne 65 – Joinville 32 – St-Dizier 17.

    ▲▲ ***Presqu'île de Champaubert*** avril-15 oct.
        🅿 03 25 04 13 20, Fax 03 25 94 33 51 – NO : 3 km par D 153 – ≼ « Situation agréable au bord du
        lac du Der-Chantecoq » ⊶ juil.-août – **R** conseillée – **GB** ⚲
        3,5 ha (195 empl.) plat et peu incliné, herbeux ▭ ⚲
         🛁 ⛲ ▤ ⊡ ⊕ ▣ – 🍴 – A proximité : ⚒ ⚞ ⚓ ⟋
        Tarif : ⚹ *26 tennis compris* – ⟾ *20* – 🅴 *26* – ⛽ *22 (5A)*

BRAY-DUNES

59123 Nord **1** – **51** ④ G. Flandres Artois Picardie – 4 755 h. alt. 3.
🅱 Office de Tourisme pl. J.-Rubben 🅿 03 28 26 61 09, Fax 03 28 26 64 09.
Paris 295 – Calais 58 – Dunkerque 14 – Hazebrouck 46 – Lille 76 – St-Omer 58 – Veurne 14.

    ▲▲▲ ***Le Perroquet*** avril-sept.
        🅿 03 28 58 37 37, Fax 03 28 58 37 01 – NE : 3 km par rte de la Panne, avant la douane française,
        bord de plage – Places limitées pour le passage ⊶ – **R** – ⚲
        28 ha (856 empl.) plat et accidenté, dunes ▭
         ⛲ 🛁 ⛲ ▣ ⊕ ▣ – ▦ 🍴 ✗ ⛄ – ▭ ⚞ ⚓ ⟋ ⚒ ⚞ 🏇 ⟋ ⛄ arbalette, practice de
        golf, terrain omnisports
        Tarif : ⚹ *30 tennis compris* – ⟾ *10* – 🅴 *12/15* – ⛽ *20 (4A) 26 (10A)*

BRÉCEY

50370 Manche **4** – **59** ⑧ – 2 029 h. alt. 75.
Paris 323 – Avranches 17 – Granville 42 – St-Hilaire-du-Harcouët 20 – St-Lô 50 – Villedieu-les-Poêles 16 –
Vire 29.

    ▲▲ ***Municipal le Pont Roulland*** juin-sept.
        🅿 02 33 48 60 60 – E : 1,1 km par D 911 rte de Cuves, près d'un plan d'eau – ⊶ – **R**
        1 ha (50 empl.) plat et peu incliné, herbeux ⚲
         🛁 ⛲ ▤ ⊕ ▣ – ▭ ⚓ – A proximité : ⚒ ⚞
        Tarif : (Prix 1998) ⚹ *15 piscine comprise* – 🅴 *14* – ⛽ *12*

La BRÉE-LES-BAINS

17 Char.-Mar. – **71** ⑬ – voir à Oléron (Ile d').

BREIL-SUR-ROYA

06540 Alpes-Mar. **17** – **84** ⑳ G. Côte d'Azur – 2 058 h. alt. 280.
Paris 919 – Menton 35 – Nice 62 – Tende 20 – Ventimiglia 25.

    ▲ ***Azur et Merveilles*** Permanent
        🅿 04 93 04 46 66 – sortie Nord rte de Tende et à droite, à la piscine municipale, bord du Roya –
        Places limitées pour le passage ≼ ⊶ – **R** – ⚲
        1,5 ha (75 empl.) plat, pierreux, herbeux ⚲
         ▥ 🛁 ⛲ ⚲ ⊕ ▣ – ⛄ – A proximité : ⚞ ⚓
        Tarif : ⚹ *24* – ⟾ *12* – 🅴 *16/35* – ⛽ *14 (10A)*
        Location : 🏠 *1250 à 2400*

BREM-SUR-MER

85470 Vendée **9** – **67** ⑫ – 1 709 h. alt. 13.
Paris 450 – Aizenay 26 – Challans 30 – La Roche-sur-Yon 34 – Les Sables-d'Olonne 16.

    ▲▲▲ ***Le Chaponnet*** 15 mai-15 sept.
        🅿 02 51 90 55 56, Fax 02 51 90 91 67 – à l'Ouest du bourg – ⚲ ⊶ juil.-août – **R** conseillée juil.-
        août – **GB** ⚲
        6 ha (340 empl.) plat, herbeux ▭ ⚲⚲ (2 ha)
         🛁 ⛲ ⛲ ▤ ⚲ ⚲ ⊕ ⚲ ⚇ ▣ – 🍴 snack – ▭ ⚞ ⚓ ⚒ ⚓ toboggans aquatiques
        Tarif : 🅴 *piscine comprise 3 pers. 138* – ⛽ *15 (6A)*
        Location : �m *1200 à 3200* – 🏠 *1400 à 3600*

    ▲▲ ***Le Brandais*** mai-sept.
        🅿 02 51 90 55 87, Fax 02 51 20 12 74 – sortie Nord-Ouest par D 38 et rte à gauche – Places limitées
        pour le passage ⚲ ⊶ juil.-août – **R** conseillée 14 juil.-20 août – ⚲
        2,3 ha (172 empl.) plat et peu incliné, herbeux ⚲
         🛁 ⛲ ⛲ ▤ ⚲ ⊕ ▣ – 🍴 – ▭ ⚞ ⚓ – A proximité : ⚒
        Tarif : (Prix 1998) 🅴 *piscine comprise 2 pers. 83, pers. suppl. 17* – ⛽ *15 (4A)*

    ▲▲ ***L'Océan*** juin-15 sept.
        🅿 02 51 90 59 16 – O : 1 km – ⚲ ⊶ – ⚲
        4 ha (210 empl.) plat, herbeux, sablonneux ▭ ⚲
         🛁 ⛲ ⛲ ▤ ⚲ ⚲ ⊕ ▣ – ⛄ 🍴 snack ⛄ – ▭ ⚞ ⚓ – A proximité : ⚒
        Tarif : 🅴 *2 pers. 75* – ⛽ *14 (6A)*

BRENGUES

46320 Lot 🔟🔟 – 🔟🔟 ⑨ G. Périgord Quercy – 159 h. alt. 135.
Paris 568 – Cajarc 15 – Cahors 55 – Figeac 21 – Livernon 10.

▲▲▲ **Le Moulin Vieux** mai-sept.
    𝒫 05 65 40 00 41, Fax 05 65 40 05 65 – N : 1,5 km par D 41, rte de Figeac, bord du Célé – 🌳 ≤
    ⚬⇥ juil.-août – **R** conseillée juil.-août – **GB** 🐾
    3 ha (81 empl.) plat, herbeux, pierreux ⚬⚬ (1 ha)
    🔥 🛁 ⇌ 🏠 🔁 ☺ 🔁 – 🖳 🍹 ✕ 🎿 – ⚓ 🔱 🔁
    Tarif : ✦ 24 piscine comprise – 🔲 25 – 🔋 15 (10A)
    Location : 🚐 1000 à 1800 – 🏚 1200 à 2500 – 🛏

La BRESSE

88250 Vosges 🔟 – 🔟🔟 ⑰ G. Alsace Lorraine – 5 191 h. alt. 636 – Sports d'hiver : 900/1 350 m ⚡29 🎿.
🔲 Office de Tourisme 2a r. des Proyes 𝒫 03 29 25 41 29, Fax 03 29 25 64 61.
Paris 440 – Colmar 54 – Épinal 57 – Gérardmer 14 – Remiremont 32 – Thann 39 – Le Thillot 20.

▲▲ **Municipal le Haut des Bluches** Permanent
    𝒫 03 29 25 64 80 – E : 3,2 km par D 34, rte du Col de la Schlucht et à droite chemin des Planches,
    bord de la Moselotte, alt. 708 – ≤ ⚬⇥ – **R** – **GB** 🐾
    4 ha (90 empl.) en terrasses, herbeux, pierreux, rochers
    🔥 🛁 🛱 ⇌ 🏠 🔁 ☺ 🔁 🔁 – 🍹 🎿 – 🔁 – A proximité : parcours sportif
    Tarif : 🔲 2 pers. 60, pers. suppl. 15 – 🔋 8 (4A) 16 (8A) 24 (13A)
    Location : 🛏

▲▲ **Belle Hutte** Permanent
    𝒫 03 29 25 49 75, Fax 03 29 25 52 63 – NE : 9 km par D 34 rte du col de la Schlucht, bord de la
    Moselotte, alt. 900 – 🌸 ≤ « Dans un site agréable » ⚬⇥ – **R** été, conseillée hiver – **GB** 🐾
    3,2 ha (100 empl.) en terrasses, pierreux, herbeux 🔁
    🔥 🛁 🛱 ⇌ 🏠 🛁 ☺ 🔁 🔁 – 🔁 🔁 (petite piscine) – A proximité : ✕
    Tarif : ✦ 16,50 (hiver 23) – 🚗 8,50 (hiver 9,50) – 🔲 10/11 (hiver 12) – 🔋 2A : 8 (hiver 10) 5A :
    18 (hiver 22) 10A : 32 (hiver 40)

BREST

29200 Finistère 🔟 – 🔟🔟 ④ G. Bretagne – 147 956 h. alt. 35.
🔲 Office de Tourisme 1 pl. Liberté 𝒫 02 98 44 24 96, Fax 02 98 44 53 73.
Paris 596 – Lorient 134 – Quimper 71 – Rennes 245 – St-Brieuc 144.

▲▲ **Le Goulet** Permanent
    𝒫 02 98 45 86 84 – O : 6 km par D 789 rte du Conquet puis à gauche rte de Ste-Anne-du-Portzic,
    au lieu-dit Lanhouarnec – Places limitées pour le passage ⚬⇥ ✂ dans locations – **R** conseillée juil.-août
    – 🐾
    3 ha (100 empl.) en terrasses, herbeux, gravier
    🔥 🛁 🛱 ⇌ 🏠 🛁 ☺ 🔁 🔁 🔁
    Tarif : ✦ 18 – 🚗 7 – 🔲 21 – 🔋 10 (3A) 15 (6A) 20 (10A)
    Location : 🏚 1100 à 2200 – 🛏

BRETENOUX

46130 Lot 🔟🔟 – 🔟🔟 ⑲ G. Périgord Quercy – 1 211 h. alt. 136.
🔲 Office de Tourisme av. Libération 𝒫 05 65 38 59 53, Fax 05 65 39 72 14.
Paris 527 – Brive-la-Gaillarde 45 – Cahors 81 – Figeac 48 – Sarlat-la-Canéda 67 – Tulle 50.

▲▲ **La Bourgnatelle**
    𝒫 05 65 38 44 07 – sortie Nord-Ouest, à gauche après le pont – 🌳 « Situation agréable au bord
    de la Cère » ⚬⇥
    2,3 ha (135 empl.) plat, herbeux ⚬⚬
    🛁 🛱 ⇌ 🏠 🛁 ☺ 🔁 🔁 – 🔁 🔱 🔁 – A proximité : ✕ 🔁

BRÉTIGNOLLES-SUR-MER

85470 Vendée 🔟 – 🔟🔟 ⑫ – 2 165 h. alt. 14.
🔲 Office de Tourisme bd du Nord, 𝒫 02 51 90 12 78, Fax 02 51 22 40 72.
Paris 466 – Challans 30 – La Roche-sur-Yon 36 – Les Sables-d'Olonne 20.

▲▲▲ **Les Dunes** avril-oct.
    𝒫 02 51 90 55 32, Fax 02 51 90 54 85 – S : 2,5 km par D 38 et rte à droite, à 200 m de la plage
    (accès direct) – Places limitées pour le passage ⚬⇥ – **R** conseillée juil.-août – **GB** 🐾
    12 ha (760 empl.) plat, sablonneux 🔁 ⚬⚬ (3 ha)
    🛱 ⇌ 🏠 🛁 ☺ 🔁 🔁 🔁 – 🖳 🍹 ✕ crêperie 🎿 – 🔁 🔱 🔁 ⚓ ✂ 🔁 🔁 toboggan aquatique
    – A proximité : 🔁
    Tarif : ✦ 27 piscine comprise – 🔲 130 avec élect. (10A)
    Location : 🏚 1590 à 3950

▲▲ **La Motine** avril-sept.
    𝒫 02 51 90 04 42, Fax 02 51 33 80 52 – par av. de la Plage et à droite, r. des Morinières « Cadre
    agréable » ⚬⇥ – **R** conseillée juil.-août – 🐾
    1,8 ha (103 empl.) peu incliné, herbeux 🔁 ⚬
    🛁 🛱 ⇌ 🏠 🛁 ☺ 🔁 🔁 🔁 – 🍹 ✕ crêperie 🎿 – 🔁 – A proximité : 🔁
    Tarif : (Prix 1998) ✦ 20 piscine comprise – 🔲 90 avec élect. (6 à 10A)

⚠️ **La Trevillière** mai-15 sept.
  📞 02 51 90 09 65 – sortie Nord par la rte du stade et à gauche – ⚬━ – **R** conseillée 20 juil.-15 août
  – ⚾ ⚡
  3 ha (180 empl.) plat, peu incliné, herbeux ⌂ ⚲
  ⚙ ⚱ ⚒ ⊡ ⚶ ⊙ ⚏ – ⚱ – ⚴ ⚵ ⌢ ⚝ toboggan aquatique
  Tarif : (Prix 1998) ⊞ *piscine comprise 2 pers. 125, pers. suppl. 31* – ⚡ *20 (6A)*
  Location : ⛺ *1300 à 3700* – ⛲ *1400 à 3800*

⚠️ **Les Vagues** avril-sept.
  📞 02 51 90 19 48, Fax 02 40 02 49 88 – au Nord du bourg, sur D 38 vers St-Gilles-Croix-de-Vie –
  ⚬━ saison ⚘ dans locations – **R** conseillée – ⚾ ⚡
  4,5 ha (281 empl.) plat, peu incliné, herbeux ⚶⚶
  ⚙ ⚱ ⚒ ⊡ ⚶ ⊙ ⚶ ⚝ ⚏ – ⚱ – ⚵ ⚶ ⚝ toboggan aquatique
  Tarif : ⊞ *piscine comprise 3 pers. 115* – ⚡ *17 (5A)*
  Location : ⛺ *1400 à 3000*

⚠️ **Le Marina** mai-sept.
  📞 02 51 33 83 17 – sortie Nord-Ouest par D 38, rte de St-Gilles-Croix-de-Vie puis à gauche 1 km
  par rte des Fermes Marines et chemin à droite – ⚬━ – **R** conseillée juil.-août – ⚡
  2,7 ha (131 empl.) plat, herbeux
  ⚙ ⚱ ⚒ ⊡ ⚶ ⊙ ⚶ ⚏ – ⚱ – ⚏ – A proximité : ⚝
  Tarif : ⊞ *piscine comprise 2 pers. 78, pers. suppl. 20* – ⚡ *15 (6A) 21 (10A)*
  Location : ⛺ *1500 à 2800*

⚠️ **Au Bon Accueil** mai-15 sept.
  📞 02 51 90 15 92 – NO : 1,2 km par D 38 rte de St-Gilles-Croix-de-Vie – ⚬━ – **R** conseillée juil.-août
  – ⚡
  3 ha (146 empl.) plat, peu incliné, herbeux ⚶⚶ (1,5 ha)
  ⚙ ⚱ ⚒ ⊡ ⚶ ⚝ ⊙ ⚏ – ⚝
  Tarif : ⊞ *piscine comprise 2 pers. 85, pers. suppl. 20* – ⚡ *15 (6A)*
  Location : ⛺ *1800 à 2600*

▶ *Ne pas confondre :*

  ⚠ ... à ... ⚠⚠⚠ : *appréciation* **MICHELIN**

  et ★ *... à ...* ★★★★ : *classement officiel*

▶ *Do not confuse :*

  ⚠ ... to ... ⚠⚠⚠ : **MICHELIN** *classification*

  and ★ *... to ...* ★★★★ : *official classification*

▶ *Verwechseln Sie bitte nicht :*

  ⚠... *bis* ...⚠⚠⚠ : **MICHELIN**-*Klassifizierung*

  und ★ *... bis ...* ★★★★ : *offizielle Klassifizierung*

BREUILLET

17920 Char.-Mar. ⑨ – ⓬ ⑮ – 1 863 h. alt. 28.
Paris 503 – Rochefort 37 – La Rochelle 75 – Royan 9 – Saintes 36.

⚠ **Le Relax** mai-15 sept.
  📞 05 46 22 75 11 – S : 2,3 km par D 140 et rte à droite, à Taupignac – ⚬━ – **R** conseillée – ⚡
  1,9 ha (100 empl.) plat, herbeux ⌂ ⚶⚶ (0,9 ha)
  ⚙ ⚱ ⊡ ⚝ ⊙ ⚏ – ⚱ – ⚵ ⚶ ⚴ ⚵
  Tarif : ⊞ *piscine comprise 2 pers. 69,50* – ⚡ *15 (3A) 20 (5A) 22 (6A)*

BRÉVILLE-SUR-MER

50 Manche – ⓹⓹ ⑦ – rattaché à Granville.

BRIANÇON

05100 H.-Alpes ⓬ – ⓻⓻ ⑱ G. Alpes du Sud – 11 041 h. alt. 1 321 – Sports d'hiver : 1 200/2 800 m ⚝2 ⚝7 ⚝.
🏢 Office de Tourisme pl. du Temple 📞 04 92 21 08 50, Fax 04 92 20 56 45 Annexe (juil. et août) Central Parc.
Paris 682 – Digne-les-Bains 145 – Gap 90 – Grenoble 118 – Nice 216 – Torino 115.

à Chantemerle   NO : 6 km par N 91 – alt. 1 350 – ✉ 05330 St-Chaffrey :
🏢 Office de Tourisme 📞 04 92 24 98 97, Fax 04 92 24 98 83

⚠⚠⚠ **Caravaneige Serre-Chevalier** 19 déc.-18 avril, 13 juin-5 sept.
  📞 04 92 24 01 14, Fax 04 92 24 18 62 – sortie Nord-Ouest, près de la N 91, bord de la Guisane –
  ⚘ ⚝ « Cadre et site agréables » ⚬━ – **R** conseillée hiver ⚑ été – ⚾ ⚡
  3 ha (170 empl.) plat, herbeux, pierreux, étang ⚲
  ⚏ ⚙ ⚱ ⚒ ⊡ ⚝ ⊙ ⚶ ⚝ ⚏ – ⚱ ✕ pizzeria ⚵ – ⚏ ⚵ ⚶ ⚝ – A proximité : patinoire ⚬
  Tarif : ⊞ *piscine comprise 2 pers. 115* – ⚡ *16 (2 ou 3A) 20 (5A)- hiver : 20 (2 ou 3A) 38 (5A) 50*
  (10A)

BRIENON-SUR-ARMANÇON

89210 Yonne ⬙ – ⬙⬙ ⑮ – 3 088 h. alt. 97.
🛈 Syndicat d'Initiative 9 pl. Emile Blondeau ℘ 03 86 43 00 07.
Paris 162 – Auxerre 31 – Joigny 18 – Sens 42 – Troyes 58.

⚠ *Municipal les Graviers* mai-sept.
℘ 03 86 43 00 67 – S : 1 km par rte d'Auxerre, au carrefour D 84 et D 80, à 60 m de l'Armançon
– ⊶ – **R**
1 ha (40 empl.) plat, herbeux ⊡ ⚲
⅊ ⚲ ⚲ ⊕ – ⚲⚲ ⚲ – A proximité : ≋
Tarif : ⚲ *14 –* ⚲ *8 –* ⬙ *7 –* ⬙ *15*

BRIGNOGAN-PLAGES

29890 Finistère ⬙ – ⬙⬙ ④ G. Bretagne – 836 h. alt. 17.
🛈 Office de Tourisme r. de l'Église ℘ 02 98 83 41 08.
Paris 586 – Brest 35 – Carhaix-Plouguer 84 – Landerneau 27 – Morlaix 48 – St-Pol-de-Léon 30.

⚠ *Les Nymphéas* 15 juin-15 sept.
℘ 02 98 83 52 57 – sortie Sud par D 770 rte de Lesneven – ⊶ – **R** conseillée – ⚲
1,2 ha (52 empl.) plat, herbeux ⊡
⚲ ⬙ ⇔ ⊕ ⬙ – ⊡ ≋ (petite piscine)
Tarif : ⚲ *16 –* ⬙ *28 –* ⬙ *12 (3A) 14 (6A)*
Location : ⬙ *1500 –* ⬙ *1700 à 2300*

BRISON-ST-INNOCENT

73 Savoie – ⬙⬙ ⑮ – rattaché à Aix-les-Bains.

BRISSAC

34190 Hérault ⬙⬙ – ⬙⬙ ⑯ G. Gorges du Tarn – 365 h. alt. 145.
Paris 735 – Ganges 7 – Montpellier 44 – St-Hippolyte-du-Fort 20 – St-Martin-de-Londres 18 – Le Vigan 26.

⚠ *Le Val d'Hérault* 15 mars-sept.
℘ 04 67 73 72 29, Fax 04 67 73 30 81 – S : 4 km par D 4 rte de Causse-de-la-Selle, à 250 m de
l'Hérault (accès direct) – ⚲ ≤ ⊶ – **R** conseillée juil.-août – ⊖⊟ ⚲
4 ha (135 empl.) peu incliné et en terrasses, pierreux ⊡ ⚲⚲
⅊ ⚲ ⇔ ⬙ ⚲ ⊕ ⚲ ⬙ – ⚲ ⬙ snack ⚲ – ⊡ ⚲⚲ – A proximité : ≋ (plage)
Tarif : ⚲ *18 –* ⬙ *46 –* ⬙ *17 (5 ou 6A)*
Location : ⬙ *980 à 1650 –* ⬙ *1400 à 2600*

BRISSAC-QUINCÉ

49320 M.-et-L. **5** – **64** ⑪ – 2 275 h. alt. 65.

🛈 Office de Tourisme (mai-sept.) 8 pl. de la République ℰ 02 41 91 21 50.
Paris 308 – Angers 18 – Cholet 58 – Doué-la-Fontaine 23 – Saumur 39.

   ▲▲ **Domaine de l'Étang** 15 mai-15 sept.
    ℰ 02 41 91 70 61, Fax 02 41 91 72 65 – NE : 2 km par D 55 rte de St-Mathurin et chemin à droite,
    bord de l'Aubance et près d'un étang – ⑤ ⟨ juil.-août – **R** conseillée 15 juil.-15 août – **GB** ⟨
    3,5 ha (50 empl.) plat, herbeux, petit étang ⟨
    Ⅲ ⟨ ⟨ ⟨ ⟨ ⟨ ⟨ ⟨ – ⟨ ⟨ ⟨ – A proximité : ⟨ toboggan aquatique
    Tarif : ⟨ 26,50 piscine comprise – ⟨ 63 – ⟨ 17,50 (6A)
    Location : ⟨ 1800 à 3200

BRIVES-CHARENSAC

43700 H.-Loire **11** – **76** ⑦ – 4 399 h. alt. 607.

🛈 Syndicat d'Initiative Mairie ℰ 04 71 02 12 55, Fax 04 71 09 41 10.
Paris 549 – La Chaise-Dieu 46 – Craponne-sur-Arzon 43 – Le Puy-en-Velay 4 – St-Etienne 73 – Saugues 47.

   ▲ **Municipal d'Audinet** 10 avril-3 oct.
    ℰ 04 71 09 10 18 – S : 0,5 km par D 535 et chemin à droite, bord de la Loire – ⟨ – **R** –
    ⟨
    3 ha (177 empl.) plat, herbeux
    ⟨ ⟨ ⟨ ⟨ ⟨ ⟨ ⟨ – pizzeria – ⟨ – A proximité : ⟨
    Tarif : (Prix 1998) ⟨ 17 – ⟨ 8 – ⟨ 10 – ⟨ 14 (6A)

BROMONT-LAMOTHE

63230 P.-de-D. **11** – **73** ⑬ – 779 h. alt. 750.
Paris 440 – Châtelguyon 32 – Clermont-Ferrand 27 – Pontaumur 15 – Rochefort-Montagne 21.

   ▲ **Municipal Préguda** mai-sept.
    sortie Ouest par D 941 rte de Pontaumur, bord d'un étang – ⟨ – **R** – ⟨
    1 ha (45 empl.) plat et peu incliné, herbeux ⟨ ⟨
    ⟨ ⟨ ⟨
    Tarif : ⟨ 10 – ⟨ 10 – ⟨ 12 (10A)

BROU

28160 E.-et-L. **5** – **60** ⑯ G. Châteaux de la Loire – 3 803 h. alt. 150.

🛈 Office de Tourisme (Pâques-fin oct.) r. de la Chevalerie ℰ 02 37 47 01 12 (hors saison) à la Mairie
ℰ 02 37 47 07 85, Fax 02 37 47 03 90.
Paris 128 – Chartres 38 – Châteaudun 22 – Le Mans 81 – Nogent-le-Rotrou 33.

   ▲▲▲ **Parc de Loisirs** 16 fév.-15 déc.
    ℰ 02 37 47 02 17 – O : 1,5 km par D 13, rte d'Authon-du-Perche, à la Base de Plein Air – Places
    limitées pour le passage ⟨ « Décoration florale et arbustive » ⟨ – **R** conseillée juil.-août –
    ⟨
    63 ha/5 campables (242 empl.) plat, herbeux ⟨ ⟨
    ⟨ ⟨ ⟨ ⟨ ⟨ ⟨ ⟨ ⟨ – ⟨ – ⟨ ⟨ ⟨ ⟨ ⟨ ⟨ (plage) toboggan aquatique ⟨ swin-golf –
    A proximité : ⟨
    Tarif : ⟨ 20 piscine comprise – ⟨ 25 – ⟨ 20 (5A) 35 (10A)

BROUSSES-ET-VILLARET

11390 Aude **15** – **83** ⑪ – 254 h. alt. 412.
Paris 792 – Carcassonne 20 – Castelnaudary 36 – Foix 88 – Mazamet 28 – Revel 31.

   ▲ **Le Martinet-Rouge** avril-oct.
    ℰ 04 68 26 51 98 – S : 0,5 km par D 203 et chemin à droite, à 200 m de la Dure – ⑤ ⟨ – **R** –
    ⟨
    2,5 ha (35 empl.) plat et peu accidenté, herbeux, pierreux, rochers ⟨ ⟨ ⟨
    ⟨ ⟨ ⟨ ⟨ ⟨ ⟨ ⟨ – ⟨ ⟨ – ⟨ ⟨ ⟨ – A proximité : ⟨
    Tarif : ⟨ piscine comprise 2 pers. 65, pers. suppl. 20 – ⟨ 15 (6A)
    Location : ⟨

BRUGES

64 Pyr.-Atl. **13** – **85** ⑦ G. Pyrénées Aquitaine – 833 h. alt. 343 – ✉ 64800 Bruges-Capbis-Mifaget.
Paris 809 – Arudy 17 – Lourdes 27 – Oloron-Ste-Marie 33 – Pau 32.

   ▲ **Landistou** fermé janv. au 14 fév.
    ℰ 05 59 71 06 98 – sortie Sud-Ouest par D 35, rte de Louvie-Juzon, bord de la rivière et d'un étang
    – ⑤ ⟨ ⟨ – **R** conseillée juil.-août – ⟨
    2 ha (25 empl.) plat, herbeux ⟨
    ⟨ ⟨ ⟨ ⟨ ⟨ ⟨ ⟨ – ⟨ ⟨ (petite piscine)
    Tarif : ⟨ 17 – ⟨ 18 – ⟨ 15 (3A) 20 (6A) 28 (10A)
    Location : ⟨ 1050 à 1300 – gîte d'étape

BRÛLON

72350 Sarthe 🖪 – 🖽 ⑫ – 1 296 h. alt. 102.
Paris 235 – Laval 53 – Le Mans 41 – Sablé-sur-Sarthe 17 – Sillé-le-Guillaume 26.

    ▲▲▲ **Brulon le Lac** mai-sept.
      𝒫 02 43 95 68 96, Fax 02 43 92 60 36 – à 1 km au Sud-Est du bourg, bord d'un plan d'eau – ⟲
      ≼ « Agréable situation » o━ saison – **R** – ⚲
      3 ha (53 empl.) plat, herbeux
      🕭 🖫 ⇌ 🖼 🖰 ⊕ ▵ ▽ 🖩 🖻 – 🍷 – 🛶 ⚡ 🍖 ⛵ – A proximité : ♭
      Tarif : 🅴 piscine comprise 2 pers. 70, pers. suppl. 15 – [i] 15 (6A)

▶ *Pas de publicité payée dans ce guide.*

BRUNELLES

28400 E.-et-L. 🖪 – 🖽 ⑮ ⑯ – 468 h. alt. 203.
Paris 153 – Brou 32 – Chartres 55 – La Ferté-Bernard 29 – Nogent-le-Rotrou 8.

    ▲ **Le Bois Jahan** mars-23 déc.
      𝒫 02 37 52 14 73 – E : 2,5 km par D 110 et chemin, sur D 351-7 – Places limitées pour le passage
      ⟲ ≼ o━ – **R** – ⚲
      2 ha (60 empl.) en terrasses, peu incliné, herbeux, bois attenant (5 ha) 🗔
      🕭 🖫 ⇌ 🖼 🖰 ⊕ ☺ ▵ 🖻 – 🛶 🖰
      Tarif : ⚹ 17 – 🅴 15/17 – [i] 15 (6A)

BRUSQUE

12360 Aveyron 🖽 – 🖾 ⑭ – 422 h. alt. 465.
Paris 703 – Albi 90 – Béziers 75 – Lacaune 32 – Lodève 50 – Rodez 108 – St-Affrique 35.

    ▲▲▲ **Val le Ceras** 26 juin-28 août
      𝒫 05 65 49 50 66, Fax 05 65 49 57 17 – S : 1,5 km par D 92, rte d'Arnac, bord du Dourdou et d'un
      petit plan d'eau – ⟲ ≼ « Agréable situation » o━ – **R** conseillée – Adhésion obligatoire pour séjour
      supérieur à une nuit – 🖪🖪 ⚲
      1 ha (45 empl.) plat et peu incliné, herbeux, gravier 🗔 ᴑᴑ (0,5 ha)
      🕭 🖫 ⇌ 🖼 🖰 ⊕ 🖻 – 🛶 ⛵ (plage) – Au Village Vacances : 🍷 ✗ 🍴 🏠 ⛵ 🐎 ⚡
      Tarif : 🅴 tennis compris 4 pers. 133 – [i] 17 (10A)

Le BUGUE

24260 Dordogne 🖽 – 🖽 ⑯ G. Périgord Quercy – 2 764 h. alt. 62.
Paris 525 – Bergerac 47 – Brive-la-Gaillarde 74 – Cahors 84 – Périgueux 43 – Sarlat-la-Canéda 32.

    ▲▲▲ **La Linotte** Pâques-20 oct.
      𝒫 05 53 07 17 61, Fax 05 53 54 16 96 – NE : 3,5 km par D 710, rte de Périgueux, D 32ᴱ à droite,
      rte de Rouffignac et chemin – ⟲ ≼ o━ ⛵ dans locations – **R** conseillée – ⚲
      13 ha/2,5 campables (88 empl.) en terrasses, plat et peu incliné, herbeux 🗔 ᴑ
      🕭 🖫 ⇌ 🖼 🖰 ⊕ ▵ ▽ 🖩 🖻 – 🏠 🛶 🖰
      Tarif : ⚹ 25 piscine comprise – 🅴 34 – [i] 15 (6A)
      Location : 🏚 1650 à 2950 – 🏚 1450 à 2550 – bungalows toilés

BUIS-LES-BARONNIES

26170 Drôme 🖽 – 🖽 ③ G. Alpes du Sud – 2 030 h. alt. 365.
Paris 689 – Carpentras 40 – Nyons 30 – Orange 49 – Sault 37 – Sisteron 72 – Valence 129.

    ▲▲ **Les Éphélides** 15 avril-sept.
      𝒫 04 75 28 10 15, Fax 04 75 28 13 04 – SO : 1,4 km par av. de Rieuchaud, bord de l'Ouvèze – ⟲
      ≼ o━ – **R** conseillée juil.-août – 🖪🖪 ⚲
      2 ha (70 empl.) plat, herbeux, pierreux
      🕭 🖫 ⇌ 🖼 🖰 ⊕ 🖻 – snack – 🖰 – A proximité : ⛵ 🐎
      Tarif : ⚹ 19 piscine comprise – 🚗 13 – 🅴 26 – [i] 14 (3A) 17 (6A) 20 (10A)
      Location : 🏚 1250 à 1650 – 🏚 1295 à 2500 – bungalows toilés

    ▲ **Municipal du Jalinier** mars-11 nov.
      𝒫 04 75 28 04 96 – au Nord-Est du bourg vers rte de Séderon, près de la piscine et à 50 m de
      l'Ouvèze – ≼ – **R**
      1,2 ha (55 empl.) plat, herbeux, gravier ᴑ
      🕭 🖫 ⇌ 🖼 🖰 ⊕ – A proximité : 🖰
      Tarif : ⚹ 14 – 🚗 10 – 🅴 10 – [i] 17 (16A)

à Bénivay-Ollon O : 9 km par D 5, D 147 et D 347 – 74 h. alt. 450 – ✉ 26170 Benivay-Ollon :

    ▲ **L'Écluse** 4 avril-20 sept.
      𝒫 04 75 28 07 32 – S : 1 km sur D 347, bord d'un ruisseau – ⟲ ≼ o━ – **R** conseillée juil.-août –
      ⚲
      2 ha (45 empl.) plat, pierreux, herbeux 🗔 ᴑ
      🖫 🖿 ⊕ 🖻 – 🍷 – 🖰 toboggan aquatique
      Tarif : (Prix 1998) ⚹ 22 piscine comprise – 🅴 35 – [i] 14 (6A)
      Location : 🏚 – 🏚 1000 à 3100

Le BUISSON-CUSSAC

24 Dordogne 🔟🔟 – 🔟🔟 ⑯ – 2 003 h. alt. 63 – ⊠ 24480 le Buisson-de-Cadouin.
Paris 535 – Bergerac 38 – Périgueux 53 – Sarlat-la-Canéda 35 – Villefranche-du-Périgord 35.

▲▲ **Domaine de Fromengal** avril-oct.
  𝒫 05 53 63 11 55, Fax 05 53 73 03 28 – SO : 6,5 km par D 29, rte de Lalinde, D 2 à gauche, rte
  de Cadouin et chemin à droite – ⚲ « Site agréable » ⛔ – **R** conseillée – ⚲
  22 ha/3 campables (56 empl.) en terrasses, herbeux, bois attenant ⌁
  ⚹ ⅏ ⚲ ⌸ ♨ ⊕ ⚹ ⚹ ▣ – ⚹ ⚹ – ⚹ ⚹ ⚹ ⚹
  Tarif : ✳ *26 piscine comprise* – ▣ *42* – ⓖ *13 (5A)*
  Location : ⌂ *1000 à 1600* – ⌂ *1350 à 3200*

▲ **Du Pont de Vicq** mai-sept.
  𝒫 05 53 22 01 73, Fax 05 53 22 06 70 – N : 0,8 km par D 51E rte du Bugue, à droite avant le pont
  de Vicq, bord de la Dordogne – ⛔ saison – **R** conseillée – ⒼⒷ ⚲
  5,5 ha (130 empl.) plat, herbeux ⚌⚌ (1,5 ha)
  ⚹ ⅏ ⚲ ⌸ ♨ ⊕ ▣ – ⚹ – ⚹ – ⚹
  Tarif : ✳ *26* – ▣ *18* – ⓖ *16 (6A)*
  Location : ⌂ *1500 ou 1600*

▶ *In this Guide,*
  a symbol or a character, printed in red or black, in bold or light type,
  does not have the same meaning.

  Please read the explanatory pages carefully.

BUJALEUF

87460 H.-Vienne 🔟🔟 – 🔟🔟 ⑲ G. Berry Limousin – 999 h. alt. 380.
🅱 Office de Tourisme 𝒫 05 55 69 54 54 Mairie 𝒫 05 55 69 50 04, Fax 05 55 69 56 06.
Paris 426 – Bourganeuf 30 – Eymoutiers 13 – Limoges 35 – St-Léonard-de-Noblat 15.

▲ **Municipal du Lac** 15 mai-sept.
  𝒫 05 55 69 54 54 – N : 1 km par D 16 et rte à gauche, près du lac – ⚲ ≤ « Belles terrasses dominant
  le lac » ⛔ juil.-août – **R** – ⚲
  2 ha (110 empl.) en terrasses, herbeux �‌
  ⚹ ⅏ ⚲ ⌸ ⚹ ⊕ ▣ – A proximité : ⚹ snack ⚹ (plage)
  Tarif : ▣ *2 pers. 45, pers. suppl. 10* – ⓖ *11 (5A)*

BULGNÉVILLE

88140 Vosges 🔟 – 🔟🔟 ⑭ G. Alsace Lorraine – 1 260 h. alt. 350.
Paris 331 – Contrexéville 7 – Épinal 53 – Neufchâteau 22 – Vittel 85.

▲ **Porte des Vosges** 14 mai-15 sept.
  𝒫 03 29 09 12 00, Fax 03 29 09 15 71 – SE : 1,3 km par D 164, rte de Contrexéville et D 14, rte
  de Suriauville à droite – ⛔ – **R** – ⒼⒷ ⚲
  2,5 ha (66 empl.) peu incliné, plat, herbeux, gravier et gravillons ⚌ (0,3 ha)
  ⚹ ⅏ ⚲ ⌸ ⚹ ⊕ ⚹
  Tarif : ✳ *29* – ⚹ *10* – ▣ *15/22* – ⓖ *16 (4,5A)*

BUN

65 H.-Pyr. – 🔟🔟 ⑰ – rattaché à Argeles-Gazost.

BUNUS

64120 Pyr.-Atl. 🔟🔟 – 🔟🔟 ④ – 151 h. alt. 186.
Paris 809 – Bayonne 62 – Hasparren 41 – Mauléon-Licharre 21 – St-Jean-Pied-de-Port 22 – St-Palais 21.

▲ **Inxauseta** juil.-août
  𝒫 05 59 37 81 49 – au bourg, près de l'église – ⚲ ≤ ⛔ – **R** – ⚲
  0,8 ha (40 empl.) peu incliné, terrasses, herbeux ⚌
  ⅏ ⚲ ⌸ ⊕ – ⚹
  Tarif : ✳ *18* – ▣ *18* – ⓖ *13 (5A)*

BURNHAUPT-LE-HAUT

68520 H.-Rhin 🔟 – 🔟🔟 ⑲ – 1 426 h. alt. 300.
Paris 455 – Altkirch 16 – Belfort 28 – Mulhouse 18 – Thann 12.

▲▲ **Les Castors** avril-oct.
  𝒫 03 89 48 78 58 – NO : 2,5 km par D 466, rte de Guewenheim, bord de la Doller et d'un étang
  – ⚲ ⛔ – **R** conseillée juil.-août – ⒼⒷ ⚲
  2,5 ha (135 empl.) plat, herbeux ⚌
  ⚹ ⅏ ⚲ ⌸ ⚹ ⌸ ⚹ ⊕ ▣ – ⚹ – ⚹
  Tarif : ✳ *19* – ▣ *20* – ⓖ *15 (3A) 20 (5A)*

BUSSANG

88540 Vosges 🎱 – 🔢 ⑧ G. Alsace Lorraine – 1 809 h. alt. 605.
🅱 Office de Tourisme 7 r. d'Alsace 🕿 03 29 61 50 37, Fax 03 29 61 58 20.
Paris 421 – Belfort 44 – Épinal 60 – Gérardmer 40 – Mulhouse 47 – Thann 27.

    ▲▲ *Domaine de Champé*
    🕿 03 29 61 61 51, Fax 03 29 61 56 90 – au Nord-Est de la localité, accès par rte à gauche de l'église, bord de la Moselle et d'un ruisseau – ⪻ ⊶
    3 ha (75 empl.) plat, herbeux
    🕮 ⅙ 🗟 ⇌ 🗟 ♨ ⊛ 📷 – ▾ – ✗ ⤵

BUSSIÈRE-DUNOISE

23320 Creuse 🔟 – 🔢 ⑨ – 1 139 h. alt. 450.
Paris 341 – Aigurande 25 – Le Grand-Bourg 20 – Guéret 19 – La Souterraine 31.

    ▲ *Municipal de la Vergne* juil.-août
    🕿 05 55 81 68 90 – SE : 1,5 km par D 47, rte de Guéret et chemin à gauche, près d'un plan d'eau – ⅊ ⪻ – **R** conseillée 14 juil.-15 août
    1 ha (35 empl.) plat, herbeux 🖵 ⚮ (0,5 ha)
    🕮 ⇌ ⇌ ⊛ – A proximité : 🐎 ⤙ (plage) ⤵
    Tarif : (Prix 1998) ⚡ 11 – �"⚊ 8 – 🅴 7 – 🔋 10 (10A)

BUSSIÈRE-GALANT

87230 H.-Vienne 🔟 – 🔢 ⑯ – 1 329 h. alt. 410.
Paris 427 – Aixe-sur-Vienne 25 – Châlus 6 – Limoges 36 – Nontron 39 – St-Yrieix-la-Perche 21.

    ▲ *Municipal les Ribières* 15 juin-15 sept.
    🕿 05 55 78 86 47 – SO : 1,7 km par D 20, rte de la Coquille et chemin à droite, près du stade et à 100 m d'un plan d'eau – ⪻ ⊶ – **R** – ✗
    1 ha (25 empl.) en terrasses, peu incliné, herbeux 🖵
    ⅙ 🕮 ⇌ ⇌ ⊛ ⚶ – A proximité : parcours sportif, voiturettes à vélo sur rail ✗ ⤙ ⤙ (plage)
    Tarif : (Prix 1998) ⚡ 12 – 🚊 12 – 🅴 12 – 🔋 12

BUZANÇAIS

36500 Indre 🔟 – 🔢 ⑦ – 4 749 h. alt. 111.
Paris 281 – Le Blanc 46 – Châteauroux 24 – Châtellerault 78 – Tours 91.

    ▲▲ *Municipal la Tête Noire* juin-sept.
    🕿 02 54 84 17 27 – au Nord-Ouest de la ville par la r. des Ponts, bord de l'Indre – ⅊ ⊶ – **R** conseillée juil.-août – ✗
    2,5 ha (134 empl.) plat, herbeux ⚲
    🕮 ⇌ 🗟 ⇌ ⊛ – 🖵 ⤙ – A proximité : terrain omnisports ✗ ⤵
    Tarif : (Prix 1998) ⚡ 15 – 🅴 10 – 🔋 10 (6A) 13 (10A)

Le CABELLOU

29 Finistère – 🔢 ⑮ – rattaché à Concarneau.

CADENET

84160 Vaucluse 🔟 – 🔢 ⑭ G. Provence – 3 232 h. alt. 170.
🅱 Syndicat d'initiative pl. du Tambour d'Arcole 🕿 04 90 68 38 21, Fax 04 90 68 38 21.
Paris 736 – Aix-en-Provence 28 – Apt 23 – Avignon 62 – Digne-les-Bains 108 – Manosque 47 – Salon-de-Provence 34.

    ▲▲ *Val de Durance* 3 avril-10 oct.
    🕿 04 90 68 37 75, Fax 04 90 68 16 34 – SO : 2,7 km par D 943 rte d'Aix, D 59 à droite et chemin à gauche, bord d'un plan d'eau et à 300 m de la Durance – ⅊ ⪻ ⊶ – **R** conseillée – 🅶🅱 ✗
    10 ha/2,4 campables (232 empl.) plat, herbeux, pierreux 🖵 ⚲
    ⅙ 🕮 ⇌ 🗟 ⇌ ⚶ ⚡ 📷 – ⚸ ⅃ ⇌ – 🖵 ⤙ ⤙ (petite piscine et plan d'eau)
    Tarif : ⚡ 27 – 🅴 39 – 🔋 18 (4A) 25 (10A)
    Location : 🏚 1500 à 3100 – bungalows toilés

CADEUIL

17250 Char.-Mar. 🔟 – 🔢 ⑭.
Paris 490 – Marennes 18 – Rochefort 25 – La Rochelle 63 – Royan 21 – Saintes 23.

    ▲ *Lac le Grand Bleu* avril-15 oct.
    🕿 05 46 22 90 99 ✉ 17250 Ste-Gemme – au Nord-Est du hameau, par D 733, rte de Rochefort, bord d'un étang – ⊶ – **R** conseillée – 🅶🅱 ✗
    14 ha/2 campables (100 empl.) plat, herbeux 🖵 ⚮
    🕮 ⇌ 🗟 ⇌ ⊛ 📷 – ▾ snack – ⤙ (plage)
    Tarif : 🅴 2 ou 3 pers. 62 (79 avec élect.), pers. suppl. 19
    Location : 🏚 1200 à 2700 – 🏠 1700 à 2800

La CADIÈRE-D'AZUR

83740 Var **17** – **84** ⑭ G. Côte d'Azur – 3 139 h. alt. 144.
🛈 Office de Tourisme (saison) Rond-Point Roger-Salengro 🖉 04 94 90 12 56.
Paris 817 – Aix-en-Provence 64 – Brignoles 53 – Marseille 44 – Toulon 22.

   ▲▲▲ **La Malissonne** mars-15 nov.
     🖉 04 94 90 10 60, Fax 04 94 90 14 11 – NO : 1,8 km sur D 66, rte de la Ciotat, Accès conseillé par
     St-Cyr-sur-Mer, Croisement difficile pour caravanes – Places limitées pour le passage ⪕ �o━ –
     R conseillée – ⊖⊟ ⚲
     4,5 ha (200 empl.) en terrasses, peu incliné, pierreux, herbeux ⊡ ⚲
     🕭 🗊 🖪 ⊕ 🛋 🖙 🔳 – 🖳 ♈ ✕ pizzeria 🛒 – 🖼 🏖 ✂ 🅜 ☒ half-court
     Tarif : 🎫 *piscine et tennis compris 2 pers. 110 –* 🔌 *23 (10A)*
     Location : 🛖 *1550 à 3000 –* 🏠 *1450 à 4100*

CADOUIN

24 Dordogne **13** – **75** ⑯ G. Périgord Quercy – ✉ 24480 le Buisson-de-Cadouin.
Paris 541 – Bergerac 36 – Le Bugue 16 – Les Eyzies-de-Tayac 27 – Sarlat-la-Canéda 41 – Villeneuve-sur-Lot 57.

   ▲ **Municipal Panoramique** 15 juin-15 sept.
     sortie Sud par D 2, rte de St-Avit-Rivière – **R** conseillée
     1 ha (33 empl.) en terrasses, herbeux ⚲⚲
     🗊 🍽 🖵 ⊕
     Tarif : (Prix 1998) 🧍 *15,40 –* 🎫 *9,20 –* 🔌 *12*

CAGNES-SUR-MER

06800 Alpes-Mar. **17** – **84** ⑨ G. Côte d'Azur – 40 902 h. alt. 20.
🛈 Office de Tourisme 6 bd Mar.-Juin 🖉 04 93 20 61 64, Fax 04 93 20 52 63.
Paris 918 – Antibes 11 – Cannes 21 – Grasse 25 – Nice 14 – Vence 9.

   ▲ **La Rivière** Permanent
     🖉 04 93 20 62 27 – N : 3,5 km par r. J.-Feraud et chemin des Salles, bord de la Cagne – 🦢 o━ –
     R conseillée été – ⊖⊟ ⚲
     1,2 ha (90 empl.) plat, herbeux ⊡ ⚲⚲
     🗊 🍽 🖪 ⊕ 🔳 – 🖳 snack 🛒 – 🖼 ☒
     Tarif : 🎫 *piscine comprise 2 pers. 73, pers. suppl. 16 –* 🔌 *13 (2A) 16 (4A) 18,50 (6A)*
     Location (avril-sept.) : 🛖 *1200 à 1900*

   ▲ **Le Val de Cagnes** Permanent
     🖉 04 93 73 36 53 – N : 3,8 km par rue J-Féraud et chemin des Salles – 🦢 o━ – **R** conseillée juil.-août
     – ⚲
     1,1 ha (34 empl.) en terrasses, herbeux, pierreux ⊡ ⚲
     🗊 🍽 🖪 ⊕ 🛋 🖙 🔳 – 🖼 ☒
     Tarif : 🎫 *piscine comprise 2 pers. 74 à 90 –* 🔌 *12,50 (2A) 15 (3A) 20 (6A)*

à Cros-de-Cagnes SE : 2 km – ✉ 06800 Cagnes-sur-Mer :.
🛈 Syndicat d'Initiative 20 av. des Oliviers 🖉 04 93 07 67 08 (été) sur la Plage

   ▲▲ **Panoramer** 10 mars-oct.
     🖉 04 93 31 16 15 – N : 2,5 km, chemin
     des Gros Buaux – ⪕ Baie des Anges o━
     – **R** conseillée
     1,4 ha (90 empl.) en terrasses, pierreux
     ⊡ ⚲
     🗊 🍽 – 🖼 🗊 ⊕ 🛋 🖙 🖬 🔳 – pizzeria
     🛒 – 🖼 ☒
     Tarif : 🎫 *3 pers. 115/120, pers. suppl.*
     20 – 🔌 *12 (2A) 14 (6A) 17 (10A)*

   ▲ **Le Todos** fév.-fin oct.
     🖉 04 93 31 20 05, Fax 04 92 12 81 66
     – N : 3,8 km, chemin du Vallon des Vaux
     – 🦢 o━ juil.-août – **R** conseillée juil. –
     ⊖⊟ ⚲
     1,6 ha (68 empl.) plat et terrasses,
     herbeux ⚲⚲
     🕭 🗊 🖪 ⊕ 🔳 – snack – ☒
     A proximité : ✂ 🅜
     Tarif : 🎫 *piscine comprise 3 pers. 102,*
     4 pers. 135, pers. suppl. 20 – 🔌 *16,50*
     (3A) 19,50 (5A)
     Location : 🛖 *1600 à 2950 –* 🏠 *1400*
     à 2650

   ▲ **Le Val Fleuri** Permanent
     🖉 04 93 31 21 74 – N : 3,5 km, chemin
     du Vallon des Vaux – 🦢 o━ –
     R conseillée juil.-août – ⚲
     1,5 ha (93 empl.) plat, herbeux,
     pierreux ⚲⚲ (0,4 ha)
     🕭 🗊 🖵 ⊕ – ♈ – ☒
     Tarif : 🎫 *piscine comprise 2 pers. 87 ou*
     97, pers. suppl. 20 – 🔌 *13 (5A)*

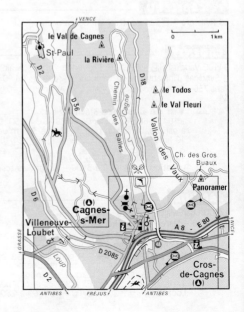

CAHORS

46000 Lot **14** – **79** ⑧ G. Périgord Quercy – 19 735 h. alt. 135.
🛈 Office de Tourisme pl. F.-Mitterand 𝄞 05 65 53 20 65, Fax 05 65 53 20 74.
Paris 582 – Agen 88 – Albi 108 – Bergerac 105 – Brive-la-Gaillarde 103 – Montauban 61 – Périgueux 127.

⚠ **Rivière de Cabessut** avril-oct.
𝄞 05 65 30 06 30, Fax 05 65 23 99 46 – au Nord de la localité, par D 653, rte d'Aurillac, pont Cabessut à droite puis à gauche, 1,6 km par quai Ludo-Rolles, bord du Lot – 💫 ≼ ⌒ – **R** conseillée – ⚿
2 ha (102 empl.) plat, herbeux ▭
♿ 🗊 ⇆ 🗓 ♨ 📺 🔳 – 🍴 🚣 🏊
Tarif : ✹ *12 piscine comprise* – 🔳 *50* – ⁅ᵗ⁆ *12 (10A)*
Location : 🏚 *1200 à 2500*

▶ *Dieser Führer stellt kein vollständiges Verzeichnis aller Campingplätze dar, sondern nur eine Auswahl der besten Plätze jeder Kategorie.*

CAHUZAC

11420 Aude **15** – **86** ⑤ – 32 h. alt. 320.
Paris 764 – Carcassonne 50 – Castelnaudary 24 – Foix 46 – Narbonne 110 – Pamiers 27.

⚠ **Le Lac** Permanent
𝄞 04 68 60 51 65 – au Sud-Est du bourg, bord du plan d'eau – 💫 ≼ ⌒ – **R** – ⚿
3 ha (25 empl.) plat, peu incliné, terrasses, herbeux ♀
♿ 🗊 🗓 ☁ ♨ 🔳 – 🍷 pizzeria – 🏖
Tarif : ✹ *20* – 🔳 *25* – ⁅ᵗ⁆ *10 (10A)*
Location : 🏚 *1000 à 1400*

CAHUZAC-SUR-VÈRE

81140 Tarn **15** – **79** ⑲ – 1 074 h. alt. 240.
Paris 669 – Albi 28 – Bruniquel 31 – Cordes-sur-Ciel 15 – Gaillac 11 – Montauban 59.

⚠ **Municipal** 15 juin-15 sept.
𝄞 05 63 33 91 94 – sortie Nord-Est par D 122, rte de Cordes, près de la Vère – ⌒ juil.-août – **R** conseillée juil.-août
1 ha (42 empl.) plat et peu incliné, herbeux ♀
🗊 ☺ – ✂ – A proximité : 🏊
Tarif : (Prix 1998) ✹ *12 piscine comprise* – 🔳 *8,50* – ⁅ᵗ⁆ *8 (3A)*

CAJARC

46160 Lot **15** – **79** ⑨ G. Périgord Quercy – 1 033 h. alt. 160.
Paris 584 – Cahors 51 – Figeac 25 – Villefranche-de-Rouergue 28.

⚠ **Municipal le Terriol** mai-sept.
𝄞 05 65 40 72 74 – sortie Sud-Ouest par D 662, rte de Cahors et à gauche – ≼ ⌒ saison – **R** conseillée juil.-août – ⚿
0,8 ha (45 empl.) plat, herbeux ▭ ♀
🗊 ⇆ 🗓 ☺ 🔳 – A proximité : ✂ 🚣 🏊
Tarif : (Prix 1998) ✹ *13* – 🔳 *17* – ⁅ᵗ⁆ *14 (6A)*

CALLAC

22 C.-d'Armor **3** – **58** ⑦ G. Bretagne – 2 592 h. alt. 172 – ✉ 22160 Callac-de-Bretagne.
Paris 510 – Carhaix-Plouguer 21 – Guingamp 28 – Morlaix 41 – St-Brieuc 59.

⚠ **Municipal Verte Vallée**
𝄞 02 96 45 58 50 – sortie Ouest par D 28, rte de Morlaix et av. Ernest-Renan à gauche, à 50 m d'un plan d'eau – 💫 ⌒
1 ha (60 empl.) peu incliné, herbeux ▭
♿ 🗊 ⇆ 🗓 ☁ ☺ – ✂ 🎣

CALLAS

83830 Var **17** – **84** ⑦ G. Côte d'Azur – 1 276 h. alt. 398.
Paris 873 – Castellane 52 – Draguignan 16 – Toulon 95.

⚠ **Les Blimouses** 30 mars-15 oct.
𝄞 04 94 47 83 41, Fax 04 94 76 77 76 – S : 3 km par D 25 et D 225 rte de Draguignan – 💫 ⌒ – **R** conseillée juil.-août – ⚿
3 ha (90 empl.) plat à incliné, en terrasses, pierreux, herbeux ♀
♿ 🗊 🗓 ☁ ☺ 🔳 – 🚿 – 🏊
Tarif : (Prix 1998) 🔳 *piscine comprise 2 pers. 65, pers. suppl. 15* – ⁅ᵗ⁆ *15 (5A)*

CALVI

2B H.-Corse – **90** ⑬ – voir à Corse.

CALVIAC

46190 Lot ⑩ – ⑳ – 230 h. alt. 627.

Paris 536 – Argentat 30 – Brive-la-Gaillarde 70 – Cahors 104 – St-Céré 24 – Sousceyrac 8.

   ⋀⋀ **Les 3 Sources** mai-sept.

     𝒫 05 65 33 03 01, Fax 05 65 33 06 45 – N : 2,3 km par D 25, rte de Lamativie, bord de l'Escaumels
     – 🌿 �o─ – **R** conseillée juil.-août – **GB**
     7,5 ha/3,5 campables (150 empl.) peu incliné à incliné, en terrasses, pierreux, herbeux, petit étang
     🔲 ♨️
     🏕️ 🍴 🛢️ 🚰 🔥 ⊙ 🅿️ ☂️ 🚐 ▥ – 🛢️ 🍸 ✕ 🏕️ – 🛖 🎯 🛶 🚲 ⅃ toboggan aquatique
     Tarif : ✶ *32 piscine comprise* – 🅴 *37* – 🔌 *20 (6A) 30 (10A)*
     Location : 🏠 *1320 à 3750*

▶   *Si vous recherchez :*

    un terrain agréable ou très tranquille, ouvert toute l'année,
    avec tennis ou piscine,

  Consultez le tableau des localités citées, classées par départements.

CAMARET-SUR-MER

29570 Finistère ❸ – ⑤⑧ ③ G. Bretagne – 2 933 h. alt. 4.

🅱 Office de Tourisme 15 quai Kléber 𝒫 02 98 27 93 60, Fax 02 98 27 87 22.

Paris 593 – Brest 65 – Châteaulin 41 – Crozon 7 – Morlaix 87 – Quimper 58.

                         Schéma à Crozon

   ⋀⋀ **Lambézen** avril-15 sept.

     𝒫 02 98 27 91 41, Fax 02 98 27 93 72 – NE : 3 km par D 355 et rte à droite, à 400 m de la plage
     – 🌿 ≤ Camaret, mer et côte o─ 🌿 juil.-août dans locations – **R** conseillée – **GB** ⊶
     2,8 ha (123 empl.) plat et peu incliné, herbeux 🔲
     🛁 🏕️ ⇆ 🖂 🛢️ 🚰 ⊙ 🚐 🅿️ ▥ – 🛢️ 🍸 🏕️ – 🛖 ⅃⊙ 🛒 🎯 🛶 ⅃ toboggan aquatique half-court
     Tarif : ✶ *28 piscine comprise* – 🅴 *60* – 🔌 *18 (5A)*
     Location : 🏕️ *1500 à 3200* – 🏠 *1600 à 3300*

   ⋀ **Plage de Trez Rouz** Pâques-fin sept.

     𝒫 02 98 27 93 96 – NE : 3,5 km par D 355, près de la plage – ≤ Anse de Camaret o─ – **R** conseillée
     juil.-août – ⊶
     1 ha (80 empl.) peu incliné, herbeux
     🛁 🏕️ 🖂 🛢️ 🚰 ⊙ 🚐 ▥ – 🛒
     Tarif : ✶ *25* – 🚗 *9* – 🅴 *20* – 🔌 *14 (10A)*

CAMBO-LES-BAINS

64250 Pyr.-Atl. ⑬ – ⑧⑤ ③ G. Pyrénées Aquitaine – 4 128 h. alt. 67 – ♨ (mi-fév.-fin déc.).

🅱 Office de Tourisme parc St-Joseph 𝒫 05 59 29 70 25, Fax 05 59 29 90 77.

Paris 787 – Bayonne 19 – Biarritz 20 – Pau 117 – St-Jean-de-Luz 32 – St-Jean-Pied-de-Port 36 – San Sebastiàn 64.

   ⋀⋀ **Bixta-Eder** 15 avril-15 oct.

     𝒫 05 59 29 94 23, Fax 05 59 29 23 70 – SO : 1,3 km par D 918, rte de St-Jean-de-Luz – Ⓜ o─ saison
     – **R** conseillée – **GB** ⊶
     1 ha (90 empl.) plat et peu incliné, herbeux, gravier 🔲 ♨️
     🛁 🏕️ ⇆ 🖂 🛢️ ⊙ 🛢️ – 🛖 🛒 – A proximité : 🌿 ⅃
     Tarif : 🅴 *2 pers. 75* – 🔌 *15 (6A)*

CAMORS

56330 Morbihan ❸ – ⑥③ ② – 2 375 h. alt. 113.

Paris 474 – Auray 25 – Lorient 37 – Pontivy 30 – Vannes 32.

   ⋀ **Municipal du Petit Bois** 15 juin-15 sept.

     𝒫 02 97 39 18 36 – O : 1,1 km par D 189, rte de Lambel-Camors – 🌿 – **R** – ⊶
     1 ha (30 empl.) peu incliné, en terrasses, plat, forêt et étangs attenants
     🛁 🏕️ ⇆ 🖂 🛢️ 🚰 ⊙ ☂️ 🚐 ▥ – A proximité : parcours sportif 🎯
     Tarif : ✶ *12* – 🚗 *8* – 🅴 *8* – 🔌 *11,50 (6A)*

CAMPAGNE

24260 Dordogne ⑬ – ⑦⑤ ⑯ G. Périgord Quercy – 281 h. alt. 60.

Paris 523 – Bergerac 51 – Belvès 18 – Les Eyzies-de-Tayac 7 – Sarlat-la-Canéda 28.

   ⋀⋀ **Le Val de la Marquise** Pâques-sept.

     𝒫 05 53 54 74 10, Fax 05 53 08 85 38 – E : 0,5 km par D 35, rte de St-Cyprien, bord d'un étang
     – o─ – **R** conseillée juil.-août – ⊶
     4 ha (104 empl.) plat et en terrasses, herbeux 🔲
     🛁 🏕️ ⇆ 🖂 🛢️ ⚆ 🅿️ 🛢️ ▥ – 🏕️ – 🛖
     Tarif : 🅴 *2 pers. 68, pers. suppl. 20* – 🔌 *14 (6A)*
     Location : *bungalows toilés*

CAMPAGNE-SUR-AUDE

11260 Aude 🗓 – 🗓 ⑦ – 641 h. alt. 251.
Paris 814 – Ax-les-Thermes 61 – Carcassonne 46 – Foix 66 – Quillan 6.

△△ **Petit Paradis**
    𝄞 04 68 74 32 02 – NE : 1,2 km par D 118, rte de Limoux et chemin à droite, à Campagne-les-Bains – ⊶
    22 ha/2,5 campables (30 empl.) en terrasses, plat, herbeux, forêt
    占 🗻 ⇔ 🗟 凸 ☺ – 🗻 ⬚ ▣ – 🖞 ✗ ↦ – 🕮 🏊
    Location : 🛏

Le CAMP-DU-CASTELLET

83 Var 🗓 – 🗓 ⑭ – ✉ 83330 le Beausset.
Paris 809 – Aubagne 20 – Bandol 17 – La Ciotat 17 – Marseille 37 – Toulon 30.

△△ **Les Grands Pins** Permanent
    𝄞 04 94 90 71 44, Fax 04 94 32 60 11 – SE : 0,6 km par D 26, rte du Brulat – Places limitées pour le passage ⊶ – **R** conseillée – ⚒
    4,5 ha (200 empl.) plat, pierreux 💯
    占 🗻 ⇔ 🗟 ☺ ▣ – 🗻, snack, pizzeria ↦ – ↰ ⚔ 🏊
    Tarif : ▣ *piscine comprise 2 pers. 70/75* – ⓖ *18 (6A) 20 (10A)*
    Location : 🏚 *1900 à 2550* – 🏠 *1500 à 2000*

CAMPS

19430 Corrèze 🗓 – 🗓 ⑳ – 293 h. alt. 700.
Paris 524 – Argentat 18 – Aurillac 45 – Bretenoux 21 – Sousceyrac 25.

△ **Municipal la Châtaigneraie** 20 mai-sept.
    𝄞 05 55 28 53 15 – à l'Ouest du bourg, par D 13 et chemin à droite, près d'un étang (accès direct) – 🐕 ⊲ ⊶ juil.-août – **R** conseillée juil.-août
    1 ha (18 empl.) peu incliné à incliné, herbeux 💯
    占 🗻 ⇔ 🗟 凸 ☺ ▣ – A proximité : ✗ ↦ 🏊 ↰ ⥆
    Tarif : ⚡ *11* – ▣ *14* – ⓖ *14 (20A)*
    Location : *huttes*

▶ 🗻 ⇔ 凸

Douches, lavabos et lavoirs avec **eau chaude.**

Si ces signes ne figurent pas dans le texte, les installations ci-dessus existent mais fonctionnent à l'eau froide seulement.

CAMURAC

11340 Aude 🗓 – 🗓 ⑥ G. Pyrénées Roussillon – 149 h. alt. 1 200.
Paris 828 – Ax-les-Thermes 20 – Carcassonne 87 – Foix 59 – Font-Romeu-Odeillo-Via 77 – Quillan 35.

△△ **Les Sapins** avril-nov.
    𝄞 04 68 20 38 11, Fax 04 68 20 74 75 – S : 2 km par D 1020, rte de la station de ski et rte à droite, alt. 1 300 – 🐕 ⊲ ⊶ – **R** conseillée juil.-août – ⒼⒷ ⚒
    3,55 ha (69 empl.) plat, peu incliné, terrasses, herbeux, forêt 💯
    占 🗻 ⇔ 🗟 ☺ ▣ – crêperie, snack – 🕮 ↰ 🏊 ↦ – A proximité : discothèque
    Tarif : (Prix 1998) ⚡ *19,50 piscine comprise* – ▣ *22 (38 ou 54 avec élect. 4 ou 8A)*
    Location : 🛏 – *gîte, bungalows toilés*

CANCALE

35260 I.-et-V. 🗓 – 🗓 ⑥ G. Bretagne – 4 910 h. alt. 50.
🅱 Office de Tourisme 44 r. du Port 𝄞 02 99 89 63 72, Fax 02 99 89 75 08 et la Criée (saison et vacances scolaires) Port de la Houle 𝄞 02 99 89 74 80.
Paris 394 – Avranches 63 – Dinan 35 – Fougères 76 – Le Mont-St-Michel 50 – St-Malo 16.

△△ **Le Bois Pastel** avril-26 sept.
    𝄞 02 99 89 66 10, Fax 02 99 89 60 11 – NO : 1,3 km par D 335, puis 1 km par rte à droite après la zone artisanale – 🐕 « Entrée fleurie » ⊶ – **R** conseillée juil.-août – ⒼⒷ ⚒
    2 ha (136 empl.) plat, herbeux ♀
    占 🗻 ⇔ 🗟 凸 ☺ ▣ – 🗻, 🖞 – ↰ 🏊
    Tarif : ▣ *piscine comprise 1 ou 2 pers. 107* – ⓖ *18 (6A)*
    Location : 🏚

△△ **Notre-Dame du Verger** avril-26 sept.
    𝄞 02 99 89 72 84, Fax 02 99 89 60 11 – NO : 6,5 km par D 201, rte côtière, à 500 m de la plage (accès direct par sentier) – 🐕 ⊶ – **R** – ⒼⒷ ⚒
    2,5 ha (56 empl.) en terrasses et peu incliné, herbeux
    🗻 ⇔ 🗟 凸 – 🗻 ▣ – 🗻 🖞
    Tarif : ▣ *1 ou 2 pers. 107* – ⓖ *18 (6A)*

CANDÉ-SUR-BEUVRON

41120 L.-et-C. **5** – **64** ⑰ – 1 134 h. alt. 70.
Paris 198 – Blois 15 – Chaumont-sur-Loire 7 – Montrichard 22 – Orléans 77 – Tours 50.

ᴀᴀᴀ **La Grande Tortue** Pâques-sept.
⚲ 02 54 44 15 20 – S : 0,5 km par D 751, rte de Chaumont-sur-Loire et à gauche rte de la Pieuse,
à proximité du Beuvron – 🐕 o━ – **R** conseillée juil.-août – ⚲
5 ha (208 empl.) plat, peu incliné, herbeux, sablonneux ⊏🏠 ♀
🔥 🕭 🖙 🖥 ☺ 🍴 ☂ – ♀ snack ﹩– 🏠 🏕️ ⚴ mini-tennis
Tarif : ▣ *piscine comprise 2 pers. 97 (113 avec élect. 6A)*
Location : *bungalows toilés*

CANET

34800 Hérault **15** – **83** ⑤ ⑥ – 1 402 h. alt. 42.
Paris 725 – Béziers 44 – Clermont-l'Hérault 6 – Gignac 9 – Montpellier 39 – Sète 38.

ᴀᴀᴀ **Les Rivières** juin-15 sept.
⚲ 04 67 96 75 53 – N : 1,8 km par D 131ᴱ, à la Sablière, près de l'Hérault (accès direct) – 🐕 o━
– **R** conseillée – ⚲
3 ha (90 empl.) plat, pierreux, herbeux ⊏🏠 ♀
🔥 🕭 🖙 🖥 🔊 ☺ 🖨 – snack, pizzeria ﹩– 🏠 🏕️ ⚽ ⛴ ⚴
Tarif : (Prix 1998) ▣ *piscine comprise 2 pers. 78 (96 avec élect. 6A), pers. suppl. 19*
Location : 🏚 *1176 –* 🏠 *1800 à 2400*

CANET-DE-SALARS

12290 Aveyron **15** – **80** ③ – 440 h. alt. 850.
Paris 654 – Pont-de-Salars 10 – Rodez 35 – St-Beauzély 28 – Salles-Curan 8.

ᴀᴀᴀ **Le Caussanel** Permanent
⚲ 05 65 46 85 19, Fax 05 65 46 89 85 – SE : 2,7 km par D 538 et à droite – 🐕 ≼ « Situation
agréable au bord du lac de Pareloup » o━ – **R** conseillée juil.-août – ⚲
10 ha (235 empl.) plat, peu incliné, terrasses, herbeux
🔥 🕭 🖙 🖥 🔊 ☺ ☂ 🕭 🖨 – 🍴 ♀ snack ﹩– 🏠 🏕️ salle d'animation 🏕️ 🚲 ⚽ ⛴ ⚴ –
A proximité : discothèque
Tarif : ▣ *piscine comprise 2 pers. 95, pers. suppl. 22 –* ▣ *18 (5A)*
Location *(avril-oct.) :* 🏠

ᴀᴀᴀ **Soleil Levant** avril-oct.
⚲ 05 65 46 03 65, Fax 05 65 46 03 62 – SE : 3,7 km par D 538 et D 993, rte de Salles-Curan, à gauche,
avant le pont – 🐕 ≼ « Situation agréable au bord du lac de Pareloup » o━ – **R** juil.-août – **GB**
11 ha (206 empl.) plat, en terrasses, peu incliné, herbeux ♀♀
🔥 🕭 🖙 🖥 🖙 ☺ 🖨 – ♀ – 🏠 🏕️
Tarif : ▣ *2 pers. 84 (98 avec élect. 3 à 6A), pers. suppl. 17*

ᴀᴀᴀ **La Retenue de Pareloup** 15 juin-15 sept.
⚲ 05 65 46 33 26, Fax 05 65 46 03 93 – SO : 5 km par D 538 et D 176, à droite avant le barrage,
près du lac – o━ – **R** conseillée – **GB** ⚲
2 ha (80 empl.) non clos, en terrasses, plat, pierreux, herbeux ⊏🏠 ♀♀
🔥 🕭 🖙 ☺ 🖨 – ♀ snack ﹩– A proximité : ⛴ (plage)
Tarif : ▣ *2 pers. 85, pers. suppl. 18 –* ▣ *15 (5A)*
Location : 🏚 *1000 à 3000 –* 🛏️

CANET-PLAGE

66 Pyr.-Or. **15** – **86** ⑳ G. Pyrénées Roussillon – ✉ 66140 Canet-en-Roussillon.
🅱 Office de Tourisme pl. de la Méditerranée ⚲ 04 68 73 61 00, Fax 04 68 73 61 10.
Paris 858 – Argelès-sur-Mer 20 – Le Boulou 33 – Canet-en-Roussillon 3 – Perpignan 13 – St-Laurent-de-la-
Salanque 12.

ᴀᴀᴀᴀ **Le Brasilia** 3 avril-2 oct.
⚲ 04 68 80 23 82, Fax 04 68 73 32 97 – bord de la Têt et accès direct à la plage – o━ – **R** conseillée
juil.-août – **GB** ⚲
15 ha (826 empl.) plat, sablonneux, herbeux ⊏🏠 ♀♀ (6 ha)
🔥 🕭 🖙 🖥 🖙 ☺ ☂ 🖨 🖨 – 🍴 ♀ ✕ self ﹩– 🏠 🏕️ discothèque 🏕️ 🚲 ⚽ ⛴ terrain
omnisports – A proximité : 🐎
Tarif : ▣ *2 pers. 160 –* ▣ *16 (5A)*
Location : 🏚 *1800 à 3300 –* 🏠 *2200 à 3600*

ᴀᴀᴀ **Ma Prairie** 10 mai-20 sept.
⚲ 04 68 73 26 17, Fax 04 68 73 28 82 – O : 2,5 km, à Canet-Village (hors schéma) - sortir par D 11,
rte d'Elne et chemin à droite – o━ juil.-août – **R** conseillée 15 juil.-20 août – **GB** ⚲
4 ha (260 empl.) plat, herbeux ⊏🏠 ♀♀
🔥 🕭 🖙 🖥 ☺ 🖨 – 🍴 ♀ snack ﹩– 🏠 🏕️ 🚲 ⚽ ⛴
Tarif : ▣ *piscine comprise 2 pers. 128, pers. suppl. 30 –* ▣ *17 (3A) 23 (6A)*
Location : 🏚 *1960 à 3280*

ᴀᴀᴀ **Les Peupliers** 15 juin-20 sept.
⚲ 04 68 80 35 87, Fax 04 68 73 38 75 – à 500 m de la mer – o━ – **R** conseillée – **GB** ⚲
4 ha (245 empl.) plat, herbeux ♀♀
🔥 🕭 🖙 🖥 🔊 ☺ 🖨 – 🍴 ♀ snack ﹩– 🏕️ 🏕️ half-court – A proximité : 🐎
Tarif : (Prix 1998) ▣ *1 ou 2 pers. 120, pers. suppl. 26 –* ▣ *16 (5A)*
Location : 🏚 *1750 à 2950 –* 🏠 *1850 à 3100*

▲▲▲ *Mar Estang* 19 avril-24 sept.
🌮 04 68 80 35 53, Fax 04 68 73 32 94 – S : 1,5 km par
D 18A, rte de St-Cyprien-Plage, près de l'étang et de la
plage, accès direct par souterrain (hors schéma) – ⚬━ ⚡
dans locations – **R** conseillée juil.-août – ⬛ ⚲
20 ha (600 empl.) plat, sablonneux ☐
  ᗧ ⚖ ⇌ 🖥 ⇆ ☺ 🖥 – ⚞ ❢ ✕ pizzeria ⚙ – 🛖 ⚐
Ⅰℴ discothèque, théâtre de plein air 🚣 ᪵ ✂ ⚞
Tarif : ⊞ *tennis compris 1 ou 2 pers. 107, pers. suppl. 30*
– ⓔ 16 (5A)
Location : 🚐 *1000 à 3900*

▲▲ *Domino* avril-sept.
🌮 04 68 80 27 25, Fax 04 68 73 47 41 – r. des Palmiers,
à 250 m de la plage et du port – ⚬━ – **R** indispensable
15 juil.-7 août – ⚲
0,7 ha (52 empl.) plat, herbeux ☐ 🞉🞉
  ᗧ 🎇 ⇌ 🖥 ⇆ ☺ ⚞ ⚐ 🖥 – 🛖
Tarif : ⊞ *2 pers. 130, pers. suppl. 25 – ⓔ 15 (3A) 17 (6A)*
21 (10A)
Location : 🚐 *1700 à 3000*

▲ *Le Bosquet* mai-1er oct.
🌮 04 68 80 23 80, Fax 04 68 80 69 53 – bord de la Têt, à 500 m de la mer – ⚬━ – **R** conseillée
juil.-août – ⚲
1,5 ha (125 empl.) plat, herbeux, sablonneux ☐ 🞉🞉
  ᗧ 🎇 ☺ 🖥 – ⚞ ⚙ – 🛖 – A proximité : 🐎
Tarif : ⊞ *2 pers. 85, pers. suppl. 25 – ⓔ 16 (5A)*
Location : 🚐 *1100 à 2000*

▶ *Die Klassifizierung (1 bis 5 Zelte, **schwarz** oder **rot**), mit
der wir die Campingplätze auszeichnen, ist eine Michelin-eigene Klassifizierung.*

*Sie darf nicht mit der staatlich–offiziellen Klassifizierung
(1 bis 4 Sterne) verwechselt werden.*

CANILHAC

48500 Lozère 🄌🄍 – 🄍🄌 ④ – 68 h. alt. 700.
Paris 598 – La Canourgue 8 – Marvejols 25 – Mende 51 – St-Geniez-d'Olt 24 – Sévérac-le-Château 18.

▲ *Municipal la Vallée* juin-15 sept.
🌮 04 66 32 91 14 – N : 12 km par N 9, rte de Marvejols, D 988 à gauche, rte de St-Geniez-d'Olt
et chemin à gauche, bord du Lot, Par A 75, sortie 40 direction St-Laurent-d'Olt puis 5 km par D 988
– ⚲ ⚬━ – **R** conseillée – ⚲
1 ha (50 empl.) plat, herbeux ☐ 🞉
  ᗧ 🎇 ⇌ 🖥 ⇆ ☺ ⚞ 🖥 – 🛖 🚣 ⚑ ⚏ – A proximité : ✂
Tarif : ⊞ *piscine et tennis compris 2 pers. 50*

CANILLO

Principauté d'Andorre – 🄎🄍 ⑭ – voir à Andorre.

CANNES

06400 Alpes-Mar. 🄍🄎 – 🄎🄌 ⑨ G. Côte d'Azur – 68 676 h. alt. 2.
🅱 Office de Tourisme SEMEC Palais des Festivals 🌮 04 93 39 24 53, Fax 04 93 99 84 23   à la Gare SNCF
(1er étage) 🌮 04 93 99 19 77, Fax 04 93 39 40 19.
Paris 903 – Aix-en-Provence 150 – Grenoble 318 – Marseille 163 – Nice 34 – Toulon 125.

à la Bocca O : 3 km – ⊠ 06150 Cannes-la Bocca :

▲▲ *Le Grand Saule* avril-sept.
🌮 04 93 90 55 10, Fax 04 93 47 24 55 ⊠ 06110 Le Cannet – NO : 2 km, par D 9 – ⚬━ – **R** conseillée
– ⬛ ⚲
1 ha (55 empl.) plat, herbeux 🞉🞉
  🎇 🖥 ⇆ ⚲ ☺ ⚑ 🖥 – ❢ snack – 🛖 ⚎ ⚏ – A proximité : ✂
Tarif : ⊞ *piscine comprise 2 pers. 124, 3 pers. 163, 4 pers. 194 – ⓔ 19 (4 à 10A)*
Location : *studios*

▲▲▲ *Ranch-Camping* avril-oct.
🌮 04 93 46 00 11, Fax 04 93 46 44 30 ⊠ 06110 Le Cannet – NO : 1,5 km par D 9 puis bd de l'Esterel
à droite – ⚲ ⚬━ – **R** conseillée juil.-août – ⬛ ⚲
2 ha (130 empl.) peu incliné, en terrasses, herbeux, pierreux ☐ 🞉🞉
  🎇 ⇌ 🖥 ⇆ ☺ 🖥 – ⚞ – 🚣 ⚏ (petite piscine)
Tarif : ⊞ *2 pers. 80 ou 90, 3 pers. 125, pers. suppl. 35 – ⓔ 15 (5A)*
Location : 🚐 *1600 à 2900 – ⊨*

CAPBRETON

40130 Landes 🔟🔢 - 🔢🔢 ⑰ G. Pyrénées Aquitaine - 5 089 h. alt. 6.
🏢 Office de Tourisme av. G.-Pompidou ℘ 05 58 72 12 11, Fax 05 58 41 00 29.
Paris 752 - Bayonne 18 - Biarritz 26 - Mont-de-Marsan 87 - St-Vincent-de-Tyrosse 12 - Soustons 25.

⚠️ **La Civelle**
℘ 05 58 72 15 11 - sortie Sud et r. des Biches à droite, à 50 m du Boudigau - ⚓
6 ha (600 empl.) plat, peu incliné, sablonneux, pierreux, herbeux 🌿🌿
🏕️ 🍴 🖼️ 🌊 ⊙ 🖼️ - 🛒, pizzeria 🍴 - 🏠 🏃 salle d'animation 🏊 - A proximité : ✂️ 🎾 half-court

⚠️ **La Pointe** mai-sept.
℘ 05 58 72 14 98 - S : 2 km par D 652 rte de Labenne et av. Lartigau à droite, bord du Boudigau
- 🏞️ ⚓ - **R** - **GB** ⚡
3 ha (283 empl.) plat, sablonneux, herbeux 🌿🌿
🏕️ 🍴 🌊 ⊙ 🖼️ 🖼️ - 🛒 🍸 ✕ 🍴 - 🏠 🖼️ m
Tarif : 👤 28 - 🚐 10 - 🔲 35 - 🔌 18 (6A)

⚠️ **Municipal Bel Air** Permanent
℘ 05 58 72 12 04 - sortie Nord par D 152, rte d'Hossegor, près du Parc des Sports - ⚓ -
R conseillée - **GB** ⚡
1,5 ha (119 empl.) plat, sablonneux 🏞️ 🌿
♿ 🏕️ 🍴 🖼️ 🌊 ⊙ 🖼️ - A proximité : ✂️
Tarif : (Prix 1998) 👤 25 - 🔲 29 - 🔌 17

▶ *Donnez-nous votre avis*
sur les terrains que nous recommandons.

Faites-nous connaître vos observations et vos découvertes.

CAP-COZ

29 Finistère - 🔢🔢 ⑮ - rattaché à Fouesnant.

CAPDENAC-GARE

12700 Aveyron 🔟🔢 - 🔢🔢 ⑩ - 4 818 h. alt. 175.
🏢 Office de Tourisme 14 r. Carnot ℘ 05 65 64 74 87, Fax 05 65 80 88 15.
Paris 579 - Decazeville 20 - Figeac 9 - Maurs 25 - Rodez 59.

⚠️ **Municipal les Rives d'Olt** vacances de printemps-sept.
℘ 05 65 80 88 87 - sortie Ouest par D 994 rte de Figeac et bd P.-Ramadier à gauche avant le pont,
près du Lot, jardin public attenant - ⚓ - **R** - ⚡
1,3 ha (60 empl.) plat, herbeux 🏞️ 🌿🌿
🏕️ ♿ 🏕️ 🖼️ 🖼️ ⊙ ⚓ - A proximité : parcours sportif 🍸 snack ✂️ 🍴
Tarif : (Prix 1998) 👤 14 - 🚐 9 - 🔲 9/14 - 🔌 14 (9A)
Location (permanent) : huttes

⚠️ **La Diège** avril-1er nov.
℘ 05 65 64 61 25 - S : par D 86 rte de Cajarc puis à gauche 7 km par D 558, bord de la Diège -
⚓ - **R** conseillée 15 juil.-10 août - ⚡
2,5 ha (50 empl.) plat et terrasse, herbeux 🌿🌿
🏕️ 🖼️ 🌊 ⊙ 🖼️ - 🛒 🍸 🍴 - A proximité : 🛒
Tarif : (Prix 1998) 👤 18 - 🔲 29 - 🔌 12 (4A) 18 (6A) 30 (10A)
Location : 🏠 750 à 1500

CAPPY

80340 Somme 🔢 - 🔢🔢 ⑫ - 484 h. alt. 43.
Paris 139 - Amiens 42 - Bapaume 28 - Péronne 16 - Roye 34.

⚠️ **Municipal les Charmilles**
℘ 03 22 76 14 50 - O : 1,3 km par D 1, rte de Bray-sur-Somme et chemin à gauche, bord d'un
ruisseau - Places limitées pour le passage 🏞️
2 ha (60 empl.) plat, herbeux 🏞️
🏕️ ♿ 🏕️ 🍴 🖼️ 🖼️ ⊙

CAPVERN-LES-BAINS

65130 H.-Pyr. 🔢🔢 - 🔢🔢 ⑨ - alt. 450 - ♨ (18 avril-18 oct.).
🏢 Office de Tourisme r. Thermes ℘ 05 62 39 00 46, Fax 05 62 39 08 14.
Paris 826 - Arreau 32 - Bagnères-de-Bigorre 18 - Bagnères-de-Luchon 64 - Lannemezan 9 - Tarbes 34.

⚠️ **Les Craoues** mai-15 oct.
℘ 05 62 39 02 54 - SE : 2,5 km, au carrefour des N 117 et D 938, alt. 606 - ⚓ - **R** conseillée
juil.-20 août - ⚡
1,5 ha (78 empl.) peu incliné, herbeux 🌿
♿ 🏕️ 🍴 🖼️ 🌊 ⊙ 🖼️ 🖼️ - 🏠
Tarif : 👤 19,50 - 🔲 22,50 - 🔌 16 (3A) 25 (6A)

CARAMAN

31460 H.-Gar. 🔢 – 🔢 ⑲ – 1 765 h. alt. 285.
Paris 724 – Lavaur 25 – Puylaurens 28 – Revel 23 – Toulouse 28 – Villefranche-de-Lauragais 18.

⚠ **Municipal de l'Orme Blanc** 15 juin-15 sept.
  𝒫 05 62 18 96 64 – SO : 1,5 km par D 11, rte de Villefranche-de-Lauragais et rte de Labastide-Beauvoir, près d'un lac – ⌂ ℗(tentes) – **R**
  0,4 ha (30 empl.) plat, peu incliné, herbeux ⌲ ⅏
  ♿ ⅏ ⇄ 🗓 ⛺ ⊙ ⚡ ⥾ – A proximité : parcours sportif ✗
  Tarif : ⚹ 11 tennis compris – ⛟ 5 – 🔳 12 – ⚡ 10 (15A)

CARANTEC

29660 Finistère 🔢 – 🔢 ⑥ G. Bretagne – 2 609 h. alt. 37.
🔲 Office de Tourisme 4 r. Pasteur 𝒫 02 98 67 00 43, Fax 02 98 67 07 44.
Paris 553 – Brest 68 – Lannion 54 – Morlaix 15 – Quimper 90 – St-Pol-de-Léon 10.

⚠ **Les Mouettes** 30 avril-20 sept.
  𝒫 02 98 67 02 46, Fax 02 98 78 31 46 – SO : 1,5 km par rte de St-Pol-de-Léon et rte à droite, à la Grande Grève, près de la mer – ⌂ « Cadre agréable » ⚡ – **R** conseillée – **GB** ⚡
  7 ha (275 empl.) plat, herbeux, étang ⌲ ⅏
  ♿ ⅏ ⇄ 🗓 ⛺ ⛽ ⚿ ⊙ ⚡ ⥾ ⛱ 🔳 – ⚑ 🍸 pizzeria ⟰ – 🍴 ⛵ ⋅⊙ ⅏ 🏊 toboggans aquatiques, half-court
  Tarif : ⚹ 31 piscine comprise – 🔳 87 – ⚡ 19
  Location (Pâques-20 sept.) : 🏚 1600 à 3400

CARCANS

33121 Gironde 🔢 – 🔢 ⑱ – 1 503 h. alt. 22.
Paris 627 – Andernos-les-Bains 43 – Bordeaux 50 – Lesparre-Médoc 29 – Soulac-sur-Mer 56.

⚠ **Le Chêne Vert** 20 juin-10 sept.
  𝒫 05 56 03 37 12 – S : 1 km par D 3 rte de Lacanau – ⚡ – **R** – ⚡
  2 ha (100 empl.) plat, sablonneux, herbeux ⅏ pinède
  ♿ ⅏ ⚿ ⊙ 🔳 – 🍴
  Tarif : ⚹ 14 – 🔳 20 – ⚡ 12 (6A)
  Location : 🏚

⚠ **Les Arbousiers** juin-15 sept.
  𝒫 05 56 03 35 04 – O : 2,3 km par D 207, rte de Carcans-plage et à droite – ⚡ – **R** conseillée – ⚡
  2,3 ha (63 empl.) plat, sablonneux, herbeux ⅏
  ♿ ⅏ ⚿ ⊙ 🔳
  Tarif : 🔳 2 pers. 53, 3 pers. 63

⚠ **Le Cap de Ville** mai-oct.
  𝒫 05 56 03 33 74 – O : 2,3 km par D 207, rte de Carcans-Plage – ⚡ – **R** conseillée – ⚡
  2 ha (78 empl.) plat, herbeux, sablonneux ⅏
  ♿ ⅏ 🗓 ⚿ ⊙ 🔳
  Tarif : (Prix 1998) 🔳 1 pers. 35, 2 pers. 60, pers. suppl. 10 – ⚡ 12 (3 ou 5A)

⚠ **Les Mimosas** mai-20 sept.
  𝒫 05 56 03 39 05, Fax 05 56 03 37 25 – NO : 2,2 km par D 3, rte d'Hourtin et rte de Barrade à gauche – ⌂ ⚡ – **R** conseillée 1ᵉʳ au 15 août – **GB** ⚡
  4,7 ha (100 empl.) plat, herbeux, sablonneux, forêt attenante ⅑
  ♿ ⅏ ⛽ ⚿ ⊙ 🔳 – snack ⟰ – 🍴 🚲 🏊
  Tarif : (Prix 1998) 🔳 piscine comprise 1 pers. 50, 2 pers. 70, pers. suppl. 30 – ⚡ 15 (6A)
  Location : 🏚 1550 à 1770 – 🏚 2400 à 2600 – bungalows toilés

à Bombannes O : 12 km par D 207, rte de Carcans-Plage et RF à droite – ✉ 33121 Carcans :

⚠ **Domaine de Bombannes** mars-oct.
  𝒫 05 56 03 84 84, Fax 05 56 03 84 82 – en 3 camps distincts, bord du lac d'Hourtin-Carcans – ⚡
  – **R** conseillée – **GB** ⚡
  200 ha/30 campables (550 empl.) plat, accidenté, sablonneux ⅑ pinède
  ♿ ⅏ ⇄ 🗓 ⛺ ⊙ ⛽ 🔳 – 🍴 🍸 ✗ snack ⟰ – 🚶 ⛳ ⛵ 🍴 🚲 ⋅⊙ ✗ 🔳 🏊 ⛵ ⚓ terrain omnisports
  Tarif : ⚹ 34 piscine comprise – 🔳 75/95 avec élect.

CARCASSONNE

11000 Aude 🔢 – 🔢 ⑪ G. Pyrénées Roussillon – 43 470 h. alt. 110.
🔲 Office de Tourisme et Accueil de France 15 bd Camille-Pelletan 𝒫 04 68 10 24 30, Fax 04 68 47 34 96 et (Pâques-nov.) Porte Narbonnaise 𝒫 04 68 25 68 81.
Paris 790 – Albi 109 – Béziers 90 – Narbonne 61 – Perpignan 114 – Toulouse 92.

⚠ **La Cité** mars-8 oct.
  𝒫 04 68 25 11 77, Fax 04 68 47 33 13 – sortie Est par N 113, rte de Narbonne puis 1,8 km par D 104, rte de Cavérac, près d'un bras de l'Aude – ≼ ⚡ – **R** – **GB** ⚡
  7 ha (200 empl.) plat, herbeux, verger ⌲
  ♿ ⅏ ⇄ 🗓 ⛺ ⛽ ⊙ 🔳 – 🍴 snack – 🍴 ✗ 🏊
  Tarif : 🔳 piscine comprise 2 pers. 90 – ⚡ 18 (10A)
  Location : bungalows toilés

⚠ **Aire Naturelle la Bastide de Madame** juil.-
août
𝄞 04 68 26 80 06,
Fax 04 68 26 91 65
✉ 11090 Carcassonne – SO :
6 km par D 118 rte de Limoux
et chemin à droite après le
passage à niveau – ⬳ ⛛–
R conseillée 15 juil.-15 août –
⚭
1 ha (25 empl.) plat, en
terrasses et peu incliné,
herbeux ⵌ
♿ 🏕 ⌂ 🗒 ⚘ ⊛ 🗗 – ⚲
Tarif : ▣ *piscine comprise*
2 pers. 70, pers. suppl. 23 –
[⚡] *20 (15A)*

à Preixan SO : 9 km par D 118, rte
de Limoux - Par A 61 sortie Carcassonne
Ouest – 431 h. alt. 165 – ✉ 11250
Preixan :

⚠ **Air Hôtel Grand Sud**
15 avril-15 sept.
𝄞 04 68 26 88 18,
Fax 04 68 26 85 07 – NE :
1 km par D 118, rte de Carcassonne, bord d'un plan
d'eau – ⛛– **R** juil.-août –
🅖🅑 ⚭
11 ha/5 campables (100
empl.) plat, herbeux ⬛ ⵌⵌ
(1,5 ha)
♿ 🏕 ⤸ 🗒 ⌂ ⊛ ⚘ ♈ 🗗 🗒
– 🍴 pizzeria – ⚒ ✂ ⚏
Tarif : ▣ *piscine et tennis*
compris 2 pers. 98 – [⚡] *10 (3A)*
20 (6A)
Location : 🏠 *1400 à 3000 –*
bungalows toilés

à Villemoustaussou N : 5 km par
D 118, rte de Mazamet – 2 729 h. alt. 114
– ✉ 11620 Villemoustaussou

⚠ **Das Pinhiers** avril-sept.
𝄞 04 68 47 81 90, Fax 04 68 71 43 49 – à 1 km au Nord du bourg – ⬳ « Cadre agréable et fleuri »
⛛– **R** conseillée – ⚭
2 ha (72 empl.) plat à incliné, en terrasses, sous-bois attenant ⬛ ⵌ
♿ 🏕 ⤸ 🗒 ⌂ ⊛ ⚘ ⊛ ♈ 🗗 🗒 – 🏠 🚣 ✶ 🚲 ⚏ – A proximité : ✂
Tarif : ⚹ *20 piscine comprise –* ▣ *21 –* [⚡] *18 (10A)*
Location : 🏠 *1520 à 2300 – bungalows toilés*

▶ *Les localités possédant des ressources sélectionnées dans ce guide*
sont signalées sur les **cartes MICHELIN** *détaillées à 1/200 000.*

CAREIL ▬▬▬▬▬▬▬▬▬▬▬▬▬▬▬

44 Loire-Atl. – 𝟨𝟥 ⑭ – rattaché à la Baule.

CARENTAN ▬▬▬▬▬▬▬▬▬▬▬

50500 Manche 𝟦 – 𝟧𝟦 ⑬ G. Normandie Cotentin – 6 300 h. alt. 18.
🅑 Office de Tourisme bd Verdun 𝄞 02 33 42 74 01, Fax 02 33 42 74 29.
Paris 303 – Avranches 86 – Caen 72 – Cherbourg 52 – Coutances 36 – St-Lô 29.

⚠ **Municipal le Haut Dyck** Permanent
𝄞 02 33 42 16 89 – au bord du canal, près de la piscine – ⚘ « Plantations décoratives » ⛛– **R** –
⚭
2,5 ha (120 empl.) plat, herbeux ⬛ ⵌ
♿ 🏕 ⤸ 🗒 ⌂ – 🏠 🚣 ✶ ⥿ – A proximité : ⚲
Tarif : ⚹ *13 –* 🚗 *7 –* ▣ *16/17 –* [⚡] *16 (6A)*

CARGÈSE ▬▬▬▬▬▬▬▬▬▬▬

2A Corse-du-Sud – 𝟫𝟢 ⑯ – voir à Corse.

29270 Finistère **3** – **58** ⑰ G. Bretagne – 8 198 h. alt. 138.
🛈 Office de Tourisme r. Brizeux 🖉 02 98 93 04 42, Fax 02 98 93 23 83.
Paris 506 – Brest 83 – Concarneau 61 – Guingamp 48 – Lorient 73 – Morlaix 46 – Pontivy 59 – Quimper 58 – St-Brieuc 79.

⚑ **Municipal de la Vallée de l'Hyères** juin-15 sept.
🖉 02 98 99 10 58 – O : 2,3 km en direction de Morlaix et rte devant la gendarmerie, bord de l'Hyères et d'étangs – 🦢 ⊶ – **R** 15 juil.-15 août
1 ha (62 empl.) plat, herbeux ⚲
🗗 ⇄ 🖾 ☺ – ⚑ – 🍴 – 🚡 🚲 – À proximité : parcours de santé 🏇 (centre équestre)
Tarif : 🧍 9,20 – 🚗 6,70 – 🖹 8,20 – [½] 10,30 (16A)

▶ *Keine bezahlte Reklame im* **MICHELIN**-*Führer.*

46500 Lot **13** – **79** ⑧ G. Périgord Quercy – 168 h. alt. 322.
Paris 550 – Cahors 45 – Gourdon 25 – Labastide-Murat 12 – Rocamadour 14.

⚑⚑⚑ **Château de Lacomté** fermé fév.-5 mars
🖉 05 65 38 75 46, Fax 05 65 33 17 68 – à 1,8 km au Nord-Ouest du bourg, au château – 🦢 ⊶ – **R** conseillée été – ⊖ 🚲
12 ha/4 campables (100 empl.) plat et terrasse, peu incliné, pierreux, herbeux, bois
🖾 🗗 ⇄ 🖾 ☺ ⚑ ☂ ⛺ 🖾 – 🍴 ✕ 🦢 – 🗗 🚲 ✳ 🏊
Tarif : 🧍 30 – 🖹 40 – [½] 20 (10A)
Location : 🏚 1500 à 3200

56340 Morbihan **3** – **63** ⑫ G. Bretagne – 4 243 h. alt. 16.
🛈 Office de Tourisme 74 av. des Druides (Carnac-Plage) 🖉 02 97 52 13 52, Fax 02 97 52 86 10 et pl. de l'Église.
Paris 490 – Auray 13 – Lorient 36 – Quiberon 18 – Quimperlé 57 – Vannes 31.

⚑⚑⚑ **La Grande Métairie** 27 mars-18 sept.
🖉 02 97 52 24 01, Fax 02 97 52 83 58 – NE : 2,5 km, bord de l'étang de Kerloquet « Site et cadre agréables » ⊶ – **R** conseillée juil.-août – ⊖ 🚲
15 ha/11 campables (575 empl.) plat et peu incliné, herbeux, rocheux 🗀 ⚲
🖾 🗗 ⇄ 🖾 🖾 ☺ ⚑ ☂ 🖾 – 🦺 🍴 ✕ pizzeria 🦢 – 🗗 🏕 🛶 🚲 ✳ 🏊 🏊 poneys, théâtre de plein air
Tarif : 🧍 30 piscine comprise – 🖹 128 – [½] 18 (6A)
Location : 🏚 1400 à 4300

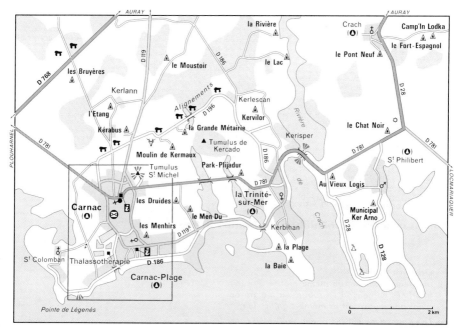

△△△ **Moulin de Kermaux** 3 avril-15 sept.
℘ 02 97 52 15 90, Fax 02 97 52 83 85 – NE : 2,5 km – ⌘ ⊶ – **R** indispensable 20 juil.-15 août
– GB ⌀
3 ha (150 empl.) plat et peu incliné, herbeux ⊡ ⚲
🍴 ⚴ 🗟 ⚎ ⚐ ⚘ ⚛ ⚒ 🖾 – ⚬ ▼ ☂ – – 🏠 ⚟ ⚡ m 🏊
Tarif : (Prix 1998) ⚤ 23 piscine comprise – ▣ 70 – ⓑ 15 (3A) 17 (6A) 20 (10A)
Location : 🛏 1200 à 3300

△△△ **Le Moustoir** avril-15 sept.
℘ 02 97 52 16 18, Fax 02 97 52 88 37 – NE : 3 km – ⌘ ⊶ – **R** conseillée juil.-août – GB ⌀
5 ha (165 empl.) peu incliné, plat, herbeux ⊡ ⚲⚲ pinède
🍴 ⚴ 🗟 ⚎ ⚐ ⚘ ⚛ ⚒ 🖾 ▣ – ▼ ☂ – – 🏠 ⚟ ⚡ ⚡ ⚡ toboggan aquatique
Tarif : ⚤ 24 piscine comprise – ▣ 60 – ⓑ 17 (6 ou 10A)
Location : 🛏 1200 à 3300

△△ **Le Lac** avril-20 sept.
℘ 02 97 55 78 78, Fax 02 97 55 86 03 – NE : 6,3 km – ⌘ « Cadre et site agréables » ⊶ juil.-août
– **R** conseillée juil.-août – GB ⌀
2,5 ha (140 empl.) vallonné, herbeux ⚲
⚒ 🍴 ⚴ 🗟 ⚎ ⚐ ⚘ ⚛ 🖾 ▣ – ⚬ – 🏠 ⚟
Tarif : ⚤ 24 – ▣ 40 – ⓑ 13 (6A)

△ **Les Bruyères** 3 avril-15 oct.
℘ 02 97 52 30 57 – N : 3 km – ⚪ ⊶ – **R** conseillée 10 juil.-20 août – GB ⌀
2 ha (112 empl.) plat, herbeux
🍴 ⚴ 🗟 ⚎ – ⚬ – ⚟ ⚡
Tarif : ⚤ 17,50 – ▣ 35 – ⓑ 12,50 (4A) 15,50 (6A) 21,50 (10A)
Location : 🏠 850 à 1750 – 🛏 1200 à 2700

△△ **L'Étang** avril-oct.
℘ 02 97 52 14 06 – N : 2 km, à Kerlann, à 50 m de l'étang – ⌘ ⊶ – **R**
2,5 ha (165 empl.) plat, herbeux ⊡
🍴 ⚴ 🗟 ⚎ ⚐ ⚘ 🖾 – ⚬ ▼ – ⚟ ⚡ ⚡ toboggan aquatique
Tarif : ⚤ 22 piscine comprise – ▣ 38 – ⓑ 14 (6A)
Location : 🛏 1500 à 2900

△ **Kérabus** mai-15 sept.
℘ 02 97 52 24 90 – NE : 2 km – ⌘ ⊶ – **R** conseillée juil.-15 août – ⌀
0,8 ha (73 empl.) plat, herbeux ⚲
🍴 ⚴ 🗟 ⚎ ⚐ ⚘ 🖾 – ⚬ ⚟ – A proximité : ⚡
Tarif : ⚤ 16,50 – ▣ 22 – ⓑ 12,50 (4A) 14,50 (6A)

△ **La Rivière** avril-sept.
℘ 02 97 55 78 29 – NE : 6,5 km – ⌘ « Cadre agréable » – **R̶**
0,5 ha (33 empl.) plat, herbeux ⊡ ⚲
🍴 ⚴ 🗟 ⚎ ⚐
Tarif : (Prix 1998) ⚤ 14,50 – 🚗 8 – ▣ 9 – ⓑ 12 (6A)

à Carnac-Plage S : 1,5 km : – ✉ 56340 Carnac-Plage.
🅱 Office de Tourisme 74 av. des Druides ℘ 02 97 52 13 52

△△△ **Les Menhirs** mai-sept.
℘ 02 97 52 94 67, Fax 02 97 52 25 38 – allée St-Michel, à 400 m de la plage – ⊶ – **R** conseillée
– GB ⌀
6 ha (360 empl.) plat, herbeux ⊡ ⚲
⚒ 🍴 ⚴ 🗟 ⚎ ⚐ ⚘ ⚛ ⚒ 🖾 – ⚬ ▼ ✗ ⚬ – – 🏠 ⚴ ⚟ ⚡ salle d'animation ⚟ ⚡ ⚡ toboggan
aquatique ⚡
Tarif : ⚤ 41 piscine comprise – ▣ 161 – ⓑ 21 (6A)
Location : 🛏 1600 à 3950

△△△ **Les Druides** 12 mai-10 sept.
℘ 02 97 52 08 18 – E : quartier Beaumer, à 500 m de la plage – ⊶ – **R** – GB ⌀
2,5 ha (110 empl.) plat, peu incliné, herbeux ⊡ ⚲
⚒ 🍴 ⚴ 🗟 ⚎ ⚐ ⚘ ⚛ ⚒ 🖾 – ⚬ – 🏠 ⚟ terrain omnisports
Tarif : (Prix 1998) ▣ 3 pers. 139, pers. suppl. 23 – ⓑ 19 (6A)

△ **Le Men-Du** avril-fin sept.
℘ 02 97 52 04 23 – quartier le Men-Du, à 300 m de la plage – ⊶ – **R** conseillée – ⌀
1,2 ha (100 empl.) plat, peu incliné, herbeux ⊡ ⚲
🍴 ⚴ 🗟 ⚎ ⚘ 🖾 – ⚬ – ⚟ – A proximité : ⚡
Tarif : ▣ 2 pers. 100 – ⓑ 16 (3A) 18 (6A)
Location : 🛏 1300 à 3000

Voir aussi à Crach, St-Philibert, la Trinité-sur-Mer

▶ *Dans ce guide*
un même symbole, un même mot,
imprimés en noir ou en rouge, en maigre ou en gras,
n'ont pas tout à fait la même signification.

Lisez attentivement les pages explicatives.

CARNON-PLAGE

34 Hérault 🔢 – 🔢 ⑦ G. Gorges du Tarn – ✉ 34280 la Grande-Motte.
Paris 762 – Aigues-Mortes 19 – Montpellier 19 – Nîmes 57 – Sète 35.

⚠ *Intercommunal les Saladelles* avril-15 sept.
✆ 04 67 68 23 71 – par D 59, Carnon Est, à 100 m de la plage – ⊶ – **R** indispensable juil.-août
– **GB** ⚗
7,6 ha (384 empl.) plat, sablonneux
♿ 🍴 ⚑ 🗟 ⊕ ⚤ 🏊
Tarif : (Prix 1998) 🅴 *2 pers. 64 (81 ou 89 avec élect.), pers. suppl. 19*

CAROMB

84330 Vaucluse 🔢 – 🔢 ⑬ – 2 640 h. alt. 95.
Paris 679 – Avignon 36 – Carpentras 10 – Malaucène 10 – Orange 29 – Vaison-la-Romaine 19.

⚠ *Municipal le Bouquier* avril-15 oct.
✆ 04 90 62 30 13 – N : 1,5 km par D 13, rte de Malaucène – ⊶ 🅿(tentes) – **R**
0,6 ha (35 empl.) en terrasses, plat, gravier, pierreux 🔲
♿ 🍴 ⚑ 🗟 ⚬ ⊕ ⚤ 🏊
Tarif : (Prix 1998) 👤 *13* – 🚗 *10* – 🅴 *10/12* – ⚡ *15 (10A)*

CARPENTRAS

84200 Vaucluse 🔢 – 🔢 ⑫ G. Provence – 24 212 h. alt. 102.
🚩 Office de Tourisme 170 av. J.-Jaurès ✆ 04 90 63 00 78, Fax 04 90 60 41 02.
Paris 682 – Avignon 28 – Cavaillon 26 – Orange 25.

⚠ *Lou Comtadou* 30 mars-2 nov.
✆ 04 90 67 03 16, Fax 04 90 86 62 95 – SE : 1,5 km par D 4, rte de St-Didier et rte à droite, près
du complexe sportif – ⊶ – **R** – **GB** ⚗
1 ha (99 empl.) plat, pierreux, herbeux 🔲
♿ 🍴 ⚑ 🗟 ⚄ ⊕ ⚤ 🚗 🔲 – ⚒ – 🔲 🔫 – A proximité : ✗ ⚓ toboggan aquatique
Tarif : 🅴 *élect. comprise 2 pers. 96, pers. suppl. 22*

CARQUEIRANNE

83320 Var 🔢 – 🔢 ⑮ – 7 118 h. alt. 30.
🚩 Syndicat d'Initiative pl. Libération ✆ 04 94 58 72 06.
Paris 850 – Draguignan 81 – Hyères 9 – Toulon 17.

Schéma au Pradet

⚠ *Le Beau-Vezé* 15 mai-20 sept.
✆ 04 94 57 65 30 – NO : 2,5 km par D 559, rte de Toulon puis 1 km par D 76 à droite – ⚑ « Cadre
agréable » ⊶ – **R** conseillée – ⚗
7 ha (150 empl.) plat, peu incliné, en terrasses, pierreux 🔲 ♁♁ pinède
🍴 ⚑ 🗟 ⚄ ⚤ ⚬ ⊕ 🔲 – ⚒ – ⚓ – 🔲 ✗ ⚓
Tarif : 🅴 *piscine comprise 2 pers. 130, pers. suppl. 39* – ⚡ *22 (6 ou 10A)*
Location : 🏠*2970 à 3300*

CARROUGES

61320 Orne 🔢 – 🔢 ② G. Normandie Cotentin – 760 h. alt. 335.
Paris 215 – Alençon 29 – Argentan 23 – Domfront 40 – La Ferté-Macé 18 – Mayenne 53 – Sées 27.

⚠ *Municipal* juil.-15 sept.
NE : 0,5 km par rte de St-Sauveur-de-Carrouges, au stade – ⚑ – **R**
0,5 ha (10 empl.) plat, terrasse, herbeux 🔲
♿ 🍴 ⚑ ⚬ ⊕ – 🔲
Tarif : 👤 *12* – 🚗 *6* – 🅴 *6* – ⚡ *12*

CARSAC-AILLAC

24200 Dordogne 🔢 – 🔢 ⑰ G. Périgord Quercy – 1 219 h. alt. 80.
Paris 536 – Brive-la-Gaillarde 57 – Gourdon 20 – Sarlat-la-Canéda 12.

Schéma à la Roque-Gageac

⚠ *Le Plein Air des Bories* juin-15 sept.
✆ 05 53 28 15 67 – S : 1,3 km par D 703, rte de Vitrac et chemin à gauche, bord de la Dordogne
– ⚑ ⊶ – **R** conseillée juil.-août
2,8 ha (110 empl.) plat, sablonneux, herbeux 🔲 ♀
♿ 🍴 ⚑ 🗟 ⚄ ⚬ ⊕ 🔲 – ♗ – 🔲 🔫 ⚓ ⚓
Tarif : (Prix 1998) 🅴 *piscine comprise 2 pers. 84, pers. suppl. 25* – ⚡ *16 (6A)*

CARTERET

50 Manche – 🔢 ① – rattaché à Barneville-Carteret.

CASSAGNABÈRE-TOURNAS

31420 H.-Gar. **14** – **82** ⑮ – 426 h. alt. 380.
Paris 781 – Auch 63 – Bagnères-de-Luchon 64 – Pamiers 101 – St-Gaudens 20 – St-Girons 49 – Toulouse 86.

   ▲▲ **Pré Fixe** fermé déc.-janv.
      𝒫 05 61 98 71 00 – au Sud-Ouest du bourg – ⅗ ≤ « Entrée fleurie » o━ juil.-août ⚒ – **R** conseillée
      – ⚲
      1,2 ha (43 empl.) terrasses, plat, herbeux ☍
      ₭ ⅗ ⇆ 📁 ⊕ 📧 – ☖ ⅃ – A proximité : ⚒
      Tarif : 🅴 piscine comprise 1 pers. 38, 2 pers. 76, pers. suppl. 20 – [₿] 15 (6A)

CASSAGNES

46700 Lot **14** – **79** ⑦ – 212 h. alt. 185.
Paris 583 – Cahors 35 – Cazals 16 – Fumel 19 – Puy-l'Évêque 7 – Villefranche-du-Périgord 15.

   ▲ **Le Carbet** mai-10 sept.
      𝒫 05 65 36 61 79 – NO : 1,5 km par D 673, rte de Fumel, près d'un lac – o━ – **R** conseillée – GB
      ⚲
      3 ha (25 empl.) non clos, accidenté et en terrasses, pierreux, herbeux ᛸᛸ
      ⅗ ⩙ ⊕ – ⬗ ⅛ – ☖ ⅃
      Tarif : (Prix 1998) ⚹ 22 piscine comprise – 🅴 27 – [₿] 15 (20A)
      Location : ⌂⌂ 1600 à 2300

CASSANIOUZE

15340 Cantal **15** – **76** ⑪ – 587 h. alt. 638.
Paris 593 – Aurillac 36 – Entraygues-sur-Truyère 31 – Montsalvy 18 – Rodez 54.

   ▲ **Coursavy** 20 avril-sept.
      𝒫 04 71 49 97 70 – SO : 10 km par D 601, rte de Conques et D 141 à gauche, rte d'Entraygues,
      bord du Lot et d'un ruisseau – ⅗ ≤ o━ – **R** conseillée juil.-août – ⚲
      2 ha (50 empl.) plat, terrasse, herbeux
      ₭ ⅗ ⇆ ⩙ ⊕ 📧 – ☵ (petite piscine)
      Tarif : ⚹ 15 – 🅴 30 – [₿] 14 (5A)
      Location : huttes

CASTEIL

66 Pyr.-Or. – **86** ⑰ – rattaché à Vernet-les-Bains.

CASTELJALOUX

47700 L.-et-G. **14** – **79** ⑬ G. Pyrénées Aquitaine – 5 048 h. alt. 52.
🄱 Office de Tourisme Maison du Roy 𝒫 05 53 93 00 00, Fax 05 53 20 74 32.
Paris 677 – Agen 55 – Langon 55 – Marmande 23 – Mont-de-Marsan 74 – Nérac 30.

   ▲ **Lac de Clarens** avril-sept.
      𝒫 05 53 93 07 45, Fax 05 53 93 93 09 – SO : 2,5 km par D 933, rte de Mont-de-Marsan, bord du
      lac et près de la Base de Loisirs – o━ juil.-août – **R** conseillée – GB ⚲
      4 ha (100 empl.) plat et accidenté, herbeux ᛸᛸ (3 ha)
      ⅗ ⩙ ⊕ 📧 – ☵ (plage) – A proximité : golf, parcours de santé ⚡ ✗ snack ☖ ⚒ ⅛ ⤚ toboggan
      aquatique ⬗
      Tarif : 🅴 1 pers. 26, pers. suppl. 23 – [₿] 13 (3A)
      Location : ⌂1790 à 2990

   ▲ **Municipal de la Piscine** 27 mars-oct.
      𝒫 05 53 93 54 68 – sortie Nord-Est par D 933, rte de Marmande, bord d'un ruisseau – o━ –
      R conseillée juil.-août – ⚲
      0,5 ha (45 empl.) plat, herbeux ᛸᛸ
      ₭ ⅗ 📁 ⇆ ⊕ – ⅃
      Tarif : ⚹ 12,50 – 🅴 11,50/11,50 ou 23 – [₿] 14 (6A)

CASTELJAU

07 Ardèche **16** – **80** ⑧ – ✉ 07460 Berrias-et-Casteljau.
Paris 667 – Aubenas 38 – Largentière 28 – Privas 68 – St-Ambroix 30 – Vallon-Pont-d'Arc 34.

   ▲▲ **La Rouveyrolle** avril-sept.
      𝒫 04 75 39 00 67, Fax 04 75 39 07 28 – à l'Est du bourg, à 100 m du Chassezac – ⅗ o━ juil.-août
      – **R** conseillée juil.-août – GB ⚲
      3 ha (100 empl.) plat, herbeux, pierreux ☍ ᛸᛸ
      ₭ ⅗ ⇆ 📁 ⇴ ⊕ 📧 – ⬗ ✗ ⤚ – ☖ ⅀ ⅛ ⅃ – A proximité : ⚒ ☵
      Tarif : 🅴 piscine et tennis compris 2 pers. 122 – [₿] 20 (5A)
      Location : ⌂⌂ 1300 à 2850

   ▲▲ **Mazet-Plage** avril-oct.
      𝒫 04 75 39 32 56 – SO : 1 km par rte du Bois de Païolive, bord du Chassezac – ⅗ ≤ o━ – **R** conseillée
      juil.-août – GB ⚲
      3 ha (100 empl.) plat, en terrasses, herbeux, pierreux ᛸᛸ
      ₭ ⅗ ⇆ 📁 ⇴ ⊕ 📧 – ⬗ ⚡ snack ⤚ – ⅛ ⚒ ☵
      Tarif : 🅴 2 pers. 80, pers. suppl. 15 – [₿] 15 (10A)
      Location : ⌂ 1200 à 1900

▲▲ **Les Tournayres** avril-sept.
  ℰ 04 75 39 36 39 – N : 0,5 km rte de Chaulet plage – ⊶ – **R** conseillée – ⚲
  1,3 ha (30 empl.) peu incliné et plat, herbeux
  ❧ ♒ ⛺ ⇆ ⊙ ▣ – ▼ snack – ▭ ⌇ – A proximité : ✗
  Tarif : ▣ *piscine comprise 2 pers. 90* – ⓐ *16 (5A)*
  Location : ⚏ *1400 à 2600*

▲▲ **La Vignasse-Chaulet Plage** avril-1ᵉʳ nov.
  ℰ 04 75 39 30 27, Fax 04 75 39 35 42 – N : 0,6 km, rte de Chaulet-Plage, accès direct au Chassezac
  – ⚘ « Site agréable » – ⊶ – **R** conseillée – ⊖⊟ ⚲
  3 ha (104 empl.) en terrasses, pierreux, herbeux ⚮⚮
  ❧ ♒ ⛺ ↔ ⊙ ▣ – ⚱ ▼ snack – ⌇ – A proximité : ✗
  Tarif : ▣ *2 pers. 65* – ⓐ *15 (6A)*
  Location : ⚏ *1200 à 1800* – ⛺ *(gîtes)*

▲ **Les Blaches** avril-1ᵉʳ nov.
  ℰ 04 75 39 05 26 – N : 0,7 km, rte de Chaulet-Plage, accès direct au Chassezac « Site agréable et
  cadre sauvage » ⊶ mai-août – **R** conseillée juil.-août – ⊖⊟ ⚲
  2 ha (80 empl.) en terrasses, accidenté, rocheux, pierreux, herbeux ⚮⚮
  ❧ ♒ ▣ ⛺ ⚲ ⊙ ▣ – snack, pizzeria ⚱ – ▭ ⛵ ⌇ – A proximité : ⚱ ▼ ✗
  Tarif : ▣ *2 pers. 65, pers. suppl. 16* – ⓐ *14 (5A)*
  Location : ⚏ *1600 à 2350* – ⛺ *1600 à 2350*

▶ *In deze « Guide » komt geen betaalde reclame voor.*

CASTELLANE

04120 Alpes-de-H.-Pr. **17** – **81** ⑱ G. Alpes du Sud – 1 349 h. alt. 730.
🛈 Office de Tourisme r. Nationale ℰ 04 92 83 61 14, Fax 04 92 83 76 89.
Paris 792 – Digne-les-Bains 55 – Draguignan 59 – Grasse 63 – Manosque 92.

▲▲▲ **Le Verdon** 15 mai-15 sept.
  ℰ 04 92 83 61 29, Fax 04 92 83 69 37 – Domaine de la Salaou, SO : 2 km par D 952, rte de Moustiers-
  Ste-Marie, bord du Verdon (petits plans d'eau) – ⚘ ≼ « Cadre et situation agréables » ⊶ –
  R conseillée juil.-25 août – ⊖⊟ ⚲
  14 ha/9 campables (500 empl.) plat, herbeux, pierreux ⌕ ⚮⚮
  ❧ ♒ ▣ ⛺ ⇆ ⊙ ⚱ ⇄ ▣ ▣ – ⚱ ▼ ✗ pizzeria ⚱ cases réfrigérées – ▭ ♨ ⛵ ⊹ ⌇ ⛱
  Tarif : (Prix 1998) ▣ *piscine comprise 3 pers. 130 (160 à 180 avec élect. 6A), pers.
  suppl. 38*
  Location : ⚏ *1100 à 2700* – ⚏ *1750 à 3500*

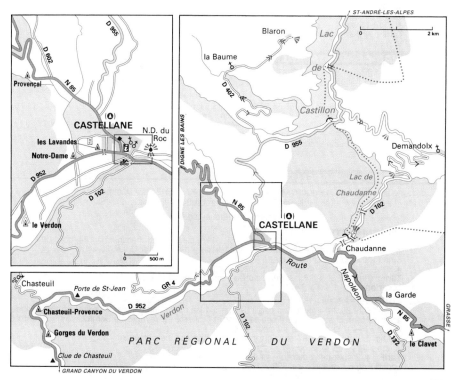

⚠ **Le Clavet** 15 mai-15 sept.
  🅟 04 92 83 68 96, Fax 04 92 83 75 40 – à **La Garde,** SE : 7 km par N 85, rte de Grasse, Accès aux emplacements par pente à 12%, mise en place et sortie des caravanes à la demande, alt. 1 000 –
  🕭 ≤ ⊶ – **R** conseillée saison – **GB** ⅍
  7 ha (200 empl.) en terrasses, peu incliné, pierreux, herbeux, bois attenant ⌷
  👫 🎄 🖙 🗗 😊 ⊙ ⌧ – 🛄 🖳 ▾ snack 🛒– 🛌 🚣 ※ 🏊 – A proximité : 🐎
  Tarif : 🔲 élect. (10A) et piscine comprises 2 pers. 110
  Location : �</⃝ 1500 à 3400 – bungalows toilés

⚠ **Gorges du Verdon** mai-15 sept.
  🅟 04 92 83 63 64, Fax 04 92 83 74 72 – SO : 9,5 km par D 952, rte de Moustiers-Ste-Marie, bord du Verdon, alt. 666 – ≤ « Site et cadre agréables » ⊶ – **R** conseillée juil.-août – ⅍
  7 ha (235 empl.) plat et peu incliné, en terrasses, accidenté, pierreux, herbeux ♀♀ pinède
  👫 🎄 🗗 🖳 😊 ⊙ ⌧ – 🖳 ▾ snack 🛒– 🛌 🚣 🏊
  Tarif : 🔲 piscine comprise 3 pers. 110, pers. suppl. 24 – [¿] 23 (6A)
  Location (15 avril-19 sept.) : 🚐 1780 à 3480 – 🚍 1700 à 4000 – studios

⚠ **Chasteuil-Provence** avril-20 sept.
  🅟 04 92 83 61 21, Fax 04 92 83 75 62 – SO : 8 km par D 952, rte de Moustiers-Ste-Marie, bord du Verdon, alt. 650 – ≤ « Site agréable » ⊶ juil.-août – **R** conseillée juil.-15 août – ⅍
  7,5 ha (210 empl.) plat, peu incliné, en terrasses, pierreux, herbeux ♀♀
  👫 🎄 🗗 🖳 😊 ⊙ ⌧ 🛒– cases réfrigérées – 🚣 🏊
  Tarif : 🔲 piscine comprise 3 pers. 111, pers. suppl. 25 – [¿] 17 (3A) 24 (6A)
  Location : 🚍 1990 à 3700

⚠ **Les Lavandes** avril-10 oct.
  🅟 04 92 83 68 78, Fax 04 92 83 69 92 – SO : 0,3 km par D 952, rte de Moustiers-Ste-Marie – ≤ ⊶
  – **R** conseillée juil.-août – **GB** ⅍
  0,6 ha (60 empl.) plat, herbeux ♀
  🖳 👫 🎄 🗗 🖙 😊 ⊙ 🗔 🛒– 🛌 ⎚
  Tarif : ✚ 19 – 🚗 9 – 🔲 18 – [¿] 16 (3A) 18 (6A) 20 (10A)
  Location : 🚐 1425 à 2750

⚠ **Notre-Dame** avril-15 oct.
  🅟 04 92 83 63 02 – SO : 0,5 km par D 952, rte de Moustiers-Ste-Marie, bord d'un ruisseau – ≤ ⊶
  ※ dans locations – **R** conseillée juil.-août – ⅍
  0,6 ha (44 empl.) plat, herbeux ♀♀
  👫 🎄 🖙 🗗 🖳 😊 ⌧ 🖳 – 🚣
  Tarif : (Prix 1998) 🔲 3 pers. 80, pers. suppl. 18,50 – [¿] 17 (3A) 21 (6A)
  Location : 🚐 1280 à 1850

⚠ **Provençal** mai-15 sept.
  🅟 04 92 83 65 50 – NO : 2 km par N 85, rte de Digne, près d'un petit torrent – ≤ ⊶ – **R** conseillée juil.-août – **GB** ⅍
  0,8 ha (45 empl.) plat et peu incliné, herbeux, pierreux ♀
  👫 🎄 🗗 🖳 😊 ⌧ 🖳 – 🚣
  Tarif : 🔲 2 pers. 62 – [¿] 15 (3A) 20 (6A)

CASTELNAU-DE-MONTMIRAL

81140 Tarn 🔟🇸 – 🟫🇾 ⑲ – 910 h. alt. 287.
Paris 659 – Albi 32 – Bruniquel 21 – Cordes-sur-Ciel 24 – Gaillac 12 – Montauban 47.

⚠ **Le Rieutort** juin-15 sept.
  🅟 05 63 33 16 10, Fax 05 63 33 20 80 – NO : 3,5 km par D 964, rte de Caussade, D 1 et D 87, rte de Penne, à gauche – 🕭 ≤ « Agréable chênaie » ⊶ – **R** conseillée – ⅍
  10 ha/2 campables (45 empl.) peu accidenté, plat et peu incliné, en terrasses, herbeux ⌷ ♀♀
  👫 🎄 🗗 🖳 😊 ⊙ ⌧ – ⎚ – A la Base de Loisirs (800 m) : ▾ snack ※ 🚣 ⚓ ⚲ ⛵
  Tarif : ✚ 19 piscine comprise – 🔲 26 – [¿] 17 (10A)
  Location : 🚍 – bungalows toilés

CASTELNAUD-LA-CHAPELLE

24 Dordogne 🔟🇪 – 🟫🇸 ⑰ G. Périgord Quercy – 408 h. alt. 140 – ✉ 24250 Domme.
Paris 541 – Le Bugue 27 – Les Eyzies-de-Tayac 25 – Gourdon 24 – Périgueux 69 – Sarlat-la-Canéda 12.

Schéma à la Roque-Gageac

⚠ **Maisonneuve** avril-15 oct.
  🅟 05 53 29 51 29, Fax 05 53 30 27 06 – SE : 1 km par D 57 et chemin à gauche, bord du Céou –
  🕭 ≤ « Ancienne ferme restaurée et fleurie » ⊶ – **R** conseillée 5 juil.-20 août – **GB** ⅍
  3 ha (140 empl.) plat, herbeux ♀♀
  👫 🎄 🖙 🗗 🖙 🗗 🖳 😊 ⌧ 🖳 – 🖳 ▾ snack – 🛌 🚣 ⚓ ⚲ ⛵
  Tarif : (Prix 1998) ✚ 24 piscine comprise – 🔲 38 – [¿] 15 (6A) 20 (10A)
  Location : 🚐 1200 à 2700

⚠ **Lou Castel** 3 avril-15 oct.
  🅟 05 53 29 89 24 – sortie Sud par D 57 puis 3,4 km par rte du château à droite, pour caravanes, accès fortement conseillé par Pont-de-Cause et D 50, rte de Veyrines-de-Domme – Ⓜ 🕭 « Entrée fleurie » ⊶ – **R** conseillée juil.-août – ⅍
  5,5 ha/2,5 campables (67 empl.) plat, herbeux, pierreux, bois attenant ⌷ ♀
  👫 🎄 🗗 🖙 🗗 😊 ⚲ 🗗 🏊 – 🚣 🏊
  Tarif : ✚ 21 piscine comprise – 🔲 29 – [¿] 15 (16A)
  Location (permanent) : 🚐 850 à 1500 – 🚐 1100 à 2400 – 🚍 1400 à 2800

CASTELNAU-MONTRATIER

46170 Lot **14** – **79** ⑰ ⑱ G. Périgord Quercy – 1 820 h. alt. 240.
Paris 613 – Cahors 30 – Caussade 27 – Lauzerte 22 – Montauban 37.

▲ **Municipal des 3 Moulins** juin-sept.
sortie Nord-Ouest par D 19, rte de Lauzette – ⩴ – **R** juil.-août
1 ha (50 empl.) en terrasses, herbeux, pierreux ⚲
🗟 ⇌ 🖮 ☺ – A proximité : ✗ ⚊
Tarif : ⚹ *12* – 🖹 *13* – ⚡ *7,50 (20A)*

▶ *Benutzen Sie die Grünen MICHELIN-Reiseführer,*
wenn Sie eine Stadt oder Region kennenlernen wollen.

CASTÉRA-VERDUZAN

32410 Gers **14** – **82** ④ – 794 h. alt. 114.
🚩 Office de Tourisme av. des Thermes ✆ 05 62 68 10 66, Fax 05 62 68 14 58.
Paris 750 – Agen 61 – Auch 26 – Condom 20.

▲▲ **La Plage de Verduzan** avril-oct.
✆ 05 62 68 12 23, Fax 05 62 68 10 49 – au Nord du bourg, bord de l'Aulone et d'un plan d'eau –
⚬━ – **R** conseillée – ⊞ ⚸
2 ha (100 empl.) plat, herbeux ⌑
⚹ 🗟 ⇌ 🖥 ⚲ ☺ 🖾 – �"⚊ 👬 – A proximité : ≋ toboggan aquatique
Tarif : 🖹 *élect.(3A) comprise 2 ou 3 pers. 105, pers. suppl. 19*
Location : 🚐 *1325 à 2650* – *bungalows toilés*

CASTETS

40260 Landes **13** – **78** ⑯ – 1 719 h. alt. 48.
🚩 Office de Tourisme ✆ 05 58 89 44 79.
Paris 711 – Dax 22 – Mimizan 40 – Mont-de-Marsan 62 – St-Vincent-de-Tyrosse 30.

▲ **Municipal de Galan** 15 juin-15 sept.
✆ 05 58 89 43 52 – E : 1 km par D 42, rte de Taller et rte à droite – ⚬━ – **R** conseillée – ⚸
4 ha (200 empl.) plat, peu incliné, sablonneux, herbeux ⚲
⚹ 🗟 ⇌ 🖥 🖮 ☺ ⚌ ⚐ 🖾 – 🚐 – A proximité : ✗
Tarif : (Prix 1998) ⚹ *16* – 🚗 *3* – 🖹 *élect. comprise 26/34*
Location : 🚐 *1100 ou 1200*

CASTILLON LA BATAILLE

33350 Gironde **9** – **75** ⑬ G. Pyrénées Aquitaine – 3 020 h. alt. 17.
Paris 553 – Bergerac 46 – Libourne 18 – Montpon-Ménestérol 27 – Sauveterre-de-Guyenne 21.

▲ **Municipal la Pelouse** mai-5 sept.
✆ 05 57 40 04 22 – à l'Est du bourg, bord de la Dordogne – ⚬━ – ⚸
1,5 ha (38 empl.) plat, herbeux ⚲⚲
🗟 ⇌ 🖥 🖮 ☺ – A proximité : 👟
Tarif : 🖹 *2 pers. 52 (56 avec élect. 16A), pers. suppl. 14*
Location (permanent) : *gîtes*

CASTILLONNÈS

47330 L.-et-G. **14** – **79** ⑤ G. Pyrénées Aquitaine – 1 424 h. alt. 119.
Paris 565 – Agen 64 – Bergerac 28 – Marmande 44 – Périgueux 76.

▲ **Municipal la Ferrette** juin-sept.
✆ 05 53 36 94 68 – sortie Nord par N 21, rte de Bergerac – ⚬━ – **R** – ⚸
1 ha (32 empl.) plat et peu incliné, herbeux ⌑
⚹ 🗟 ⇌ 🖥 🖮 ☺ 🖾 – A proximité : ✗ ⚊
Tarif : (Prix 1998) ⚹ *14* – 🖹 *14* – ⚡ *12 (6A)*

CASTRES

81100 Tarn **15** – **83** ① G. Gorges du Tarn – 44 812 h. alt. 170.
🚩 Office de Tourisme 3 r. Milhau-Ducommun ✆ 05 63 62 63 62, Fax 05 63 62 63 60.
Paris 738 – Albi 43 – Béziers 107 – Carcassonne 69 – Toulouse 72.

▲▲ **Parc de Loisirs de Gourjade** avril-sept.
✆ 05 63 59 72 30 – NE : 2 km par D 89, rte de Roquecourbe, bord de l'Agout – ⚲ ⚬━ – **R** – ⊞
⚸
53 ha/4 campables (80 empl.) plat et terrasse, herbeux ⌑ ⚲ (1 ha)
⚹ 🗟 ⇌ 🖥 🖮 ☺ 🖾 – ⚌ – 🚐 👬 – A proximité : golf, practice de golf, patinoire ✗ 🚴 ⚬⚊ 🏊
🏊 ⚊ toboggan aquatique
Tarif : (Prix 1998) 🖹 *2 pers. 26/34, pers. suppl. 9,50* – ⚡ *14 (6A)*
Location : *bungalows toilés*

CASTRIES

34160 Hérault 🔟 – 🔞 ⑦ G. Gorges du Tarn – 3 992 h. alt. 70.
Paris 748 – Lunel 14 – Montpellier 17 – Nîmes 44.

   ▲▲ **Fondespierre** Permanent
      𝒫 04 67 91 20 03 – NE : 2,5 km par N 110, rte de Sommières et rte à gauche, mise en place des
      caravanes à la demande – ⭲ ⟞ – **R** conseillée juil.-août – **GB** ⚲
      1,1 ha (66 empl.) en terrasses, plat et peu incliné, herbeux, pierreux, forêt attenante ▭ ♀
      & ♒ ⇌ 🖪 ♨ ⊕ 🖩 – réfrigérateurs 🝪 – A proximité : ✗
      Tarif : 🔲 *piscine comprise 3 pers. 113* – (ϟ) *15 (10A)*
      Location : �House *500 à 1800*

CAUDAN

56850 Morbihan 🔟 – 🔞 ① – 6 674 h. alt. 54.
Paris 501 – Auray 38 – Lorient 10 – Quiberon 50 – Quimperlé 21.

   ▲ **Municipal de Kergoff** mai-sept.
      𝒫 02 97 05 73 87 – à l'Ouest du bourg, près du stade, à 200 m d'un plan d'eau – ⭲ ⟞ – **R** – ⚲
      0,6 ha (55 empl.) plat et peu incliné, herbeux
      & ♒ ♒ ⊕ 🖩 – A proximité : ✗ ⚴
      Tarif : ✶ *7,50 tennis compris* – 🚗 *4,20* – 🔲 *7,50* – (ϟ) *11 (10A)*

CAUREL

22530 C.-d'Armor 🔟 – 🔞 ⑲ – 384 h. alt. 188.
Paris 461 – Carhaix-Plouguer 45 – Guingamp 47 – Loudéac 24 – Pontivy 21 – St-Brieuc 47.

   ▲▲▲ **Nautic International** mai-25 sept.
      𝒫 02 96 28 57 94, Fax 02 96 26 02 00 – SO : 2 km, au lieu-dit Beau-Rivage, bord du lac de Guerlédan
      – ⭲ « Situation et cadre agréables » ⟞ – **R** conseillée – **GB** ⚲
      3,6 ha (120 empl.) peu incliné et plat, en terrasses, herbeux
      & ♒ ⇌ 🖪 ♨ ⊕ ☀ ⛝ 🖩 – ⚡ – 🚣 ⛵ ⚓ ✗ 🝪 ⚓ – A proximité : ☖ ✗ crêperie 🎯
      Tarif : ✶ *28 piscine et tennis compris* – 🚗 *10* – 🔲 *45* – (ϟ) *20 (6A) 25 (10A)*

CAUSSADE

82300 T.-et-G. 🔟 – 🔞 ⑱ G. Périgord Quercy – 6 009 h. alt. 109.
🇧 Office de Tourisme, r. de la République 𝒫 05 63 26 04 04.
Paris 622 – Albi 69 – Cahors 39 – Montauban 25 – Villefranche-de-Rouergue 52.

   ▲ **Municipal la Piboulette** mai-oct.
      𝒫 05 63 93 09 07 – NE : 1 km par D 17, rte de Puylaroque et à gauche, au stade, à 200 m d'un
      étang – ⭲ ⟞ – **R** conseillée juil.-août
      1,5 ha (100 empl.) plat, herbeux ♀
      & ♒ 🖪 ♨ ⊕ 🖩 🖩 – 🚣 – A proximité : 🎯 ✗ ⚴
      Tarif : (Prix 1998) ✶ *11,60* – 🔲 *7,95* – (ϟ) *7,95 (3A) 15,90 (6A)*

CAUTERETS

65110 H.-Pyr. 🔟 – 🔞 ⑰ G. Pyrénées Aquitaine – 1 201 h. alt. 932 – ⚕ – Sports d'hiver : 1 000/2 350 m
⚡2 ⚡15 ⚑.
🇧 Office de Tourisme pl. du Mar.-Foch 𝒫 05 62 92 50 27, Fax 05 62 92 59 12.
Paris 842 – Argelès-Gazost 17 – Lourdes 30 – Pau 75 – Tarbes 48.

   ▲ **Aire Naturelle GR 10** juil.-août
      𝒫 05 62 92 54 02, Fax 05 62 92 00 49 – N : 2,8 km par D 920, rte de Lourdes, à Concé, près du
      Gave de Pau – ⭲ ⭻ ⟞ – **R** – ⚲
      1,5 ha (25 empl.) plat et peu incliné, terrasses, herbeux
      ⍰ & ♒ ⇌ 🖪 ♨ ⊕ 🖩 – 🚣 ⚓ ✗ 🝪
      Tarif : ✶ *23 piscine comprise* – 🔲 *25* – (ϟ) *15 (6A)*
      Location : *gîtes*

   ▲ **Les Glères** fermé du 21 oct. au 30 nov.
      𝒫 05 62 92 55 34, Fax 05 62 92 03 53 – sortie Nord par D 920, bord du Gave – ❄ ⭻ ⟞ –
      R indispensable juil.-août – ⚲
      1,2 ha (80 empl.) plat, herbeux, gravillons ▭ ♀
      ⍰ & ♒ ⇌ 🖪 ♨ ♒ ⊕ ☀ ⛝ 🖩 – 🚣 ⚓ patinoire – A proximité : ✗
      Tarif : 🔲 *élect. (2A) comprise 1 pers. 42 (hiver 46), pers. suppl. 15 (hiver 16)* – (ϟ) *6 par ampère*
      supplémentaire
      Location : �House *980 à 1400* – 🚐 *1715 à 2450* – 🏠 *1155 à 1650*

   ▲ **Le Cabaliros** juin-sept.
      𝒫 05 62 92 55 36 – N : 1,6 km par rte de Lourdes et au pont à gauche, bord du Gave de Pau –
      ⭻ ⟞ – **R** conseillée juil.-août – **GB** ⚲
      2 ha (100 empl.) peu incliné, accidenté, herbeux
      & ♒ ⇌ 🖪 ♨ ♒ ⊕ ☀ ⛝ 🖩 – 🚣
      Tarif : 🔲 *2 pers. 54, pers. suppl. 19* – (ϟ) *11 (2A) 14 (4A) 16 (6A)*

   ▲ **Le Péguère** 8 avril-28 sept.
      𝒫 05 62 92 52 91 – N : 1,5 km par rte de Lourdes, bord du Gave de Pau – ⭻ ⟞ juil.-août –
      R conseillée 14 juil.-15 août – **GB** ⚲
      3,5 ha (195 empl.) peu incliné, herbeux ♀ (1,5 ha)
      & ♒ ⇌ 🖪 ♨ ♒ ⊕ ☀ ⛝ 🖩 – 🚣
      Tarif : ✶ *19* – 🔲 *16,20* – (ϟ) *11,50 (2 à 6A)*

83240 Var **17** – **84** ⑰ G. Côte d'Azur – 4 188 h. alt. 2.

₫ Office de Tourisme à la Maison de la Mer, square de Lattre-de-Tassigny *&* 04 94 01 92 10, Fax 04 94 05 49 89.
Paris 881 – Draguignan 56 – Fréjus 42 – Le Lavandou 22 – St-Tropez 19 – Ste-Maxime 22 – Toulon 63.

▲▲▲ **La Baie** 15 mars-15 nov.
& 04 94 64 08 15, Fax 04 94 64 66 10 – sortie Sud-Ouest par rte du Lavandou et à gauche, à 400 m de la plage – o━ – **R** conseillée juil.-août – **GB** ⚡
5,5 ha (440 empl.) plat, peu incliné et en terrasses, herbeux ▭ ꝙꝙ
⛴ ⏶ ⇆ ⊡ ♨ ⏱ ⊙ ⛽ ▦ – ⬛ ▾ ✕ snack, pizzeria ⚘ – ▭ ⬈ ⬳ – A proximité : ✕
Tarif : ▣ *piscine comprise 3 pers. 163, pers. suppl. 39,50* – ⚡ *26 (10A)*
Location : ⬛ *1800 à 3100* – ⬛ *2200 à 3500*

▲▲ **Cros de Mouton** 15 mars-oct.
& 04 94 64 10 87, Fax 04 94 05 46 38 – NO : 1,5 km, Certains emplacements difficiles d'accès (forte pente). Mise en place et sortie des caravanes à la demande – ⬒ ⬳ o━ – **R** conseillée saison – **GB** ⚡
5 ha (199 empl.) en terrasses, pierreux ▭ ꝙꝙ
⏶ ⇆ ⊡ ⏱ ♨ ⊙ ⏱ ▾ ▦ – ⬛ ▾ – ▭ ⬈
Tarif : ✶ *36 piscine comprise* – ▣ *36* – ⚡ *20 (10A)*
Location : ⬛ *1820 à 2500* – ⬛ *2100 à 3300* – ⬛ *2100 à 3300*

▲▲ **Bonporteau** 16 mars-15 oct.
& 04 94 64 03 24, Fax 04 94 64 18 62 – SO : 1 km par rte du Lavandou, à 200 m de la plage – ⬒ o━ – **R**
3 ha (240 empl.) incliné et en terrasses, vallonné, pierreux ꝙꝙ
⏶ ⇆ ⊡ ♨ ⊙ ▦ – ⬛ snack, pizzeria ⚘ cases réfrigérées – ▭ ⬈ ⚲
Tarif : ▣ *3 pers. 149* – ⚡ *26 (10A)*
Location : ⬛ *2200 à 3400*

▲▲ **Roux** 15 mars-sept.
& 04 94 64 05 47, Fax 04 94 05 46 59 – NE : 3 km par D 559, rte de la Croix-Valmer et à gauche, rte du cimetière – ⬒ « Entrée fleurie » o━ juil.-août – **R** conseillée juil.-août – **GB** ⚡
4 ha (245 empl.) peu incliné, en terrasses, pierreux ꝙꝙ
⏶ ⇆ ⊡ ⏱ ♨ ⊙ ▦ – ⬛ snack ⚘ – ▭ ⬈ ⚲
Tarif : ▣ *2 pers. 94* – ⚡ *19 (10A)*
Location : *studios, appartements*

▲ **La Pinède** 15 mars-15 oct.
& 04 94 64 11 14, Fax 05 94 64 19 25 – sortie Sud-Ouest par rte du Lavandou et rte à droite –
o━ – **R** conseillée juil.-août – **GB** ⚡
2 ha (165 empl.) plat, herbeux ▭ ꝙꝙ
⏶ ⇆ ⊡ ♨ ▦ – ▭ ⬈
Tarif : ▣ *2 pers. 105, pers. suppl. 25* – ⚡ *19 (5A)*

▶ *Bonne route avec* **36.15 MICHELIN** !

Économies en temps, en argent, en sécurité.

CAYEUX-SUR-MER

80410 Somme 🛈 – 🗺️ ⑤ G. Flandres Artois Picardie – 2 856 h. alt. 2.
Paris 213 – Abbeville 29 – Amiens 82 – Le Crotoy 26 – Dieppe 50.

⚠️ **Municipal de Brighton les Pins** Permanent
    📞 03 22 26 71 04 –, réservé aux caravanes, NE : 2 km par D 102 rte littorale, à Brighton, à 500 m
de la mer – Places limitées pour le passage ⚬━ – **R** conseillée juil.-août – ⚡
4 ha (163 empl.) plat, herbeux ⌨️
🔌   👥 🍴 🗑️ 🛁   ⚫ ⚡ ⚐ 📶 📻 – ⛱️ – ♟️ – 🚲
Tarif : (Prix 1998) 🔲 *2 pers. 90 – [₫] 4A : 11,50 (hiver 17,50) 6A : 16,50 (hiver 23,50) 10A : 23,50
(hiver 35)*

CAYLUS

82160 T.-et-G. 🔢 – 🗺️ ⑲ G. Périgord Quercy – 1 308 h. alt. 228.
Paris 631 – Albi 60 – Cahors 61 – Montauban 47 – Villefranche-de-Rouergue 30.

⚠️ **Vallée de la Bonnette** mai-sept.
    📞 05 63 65 70 20 – sortie Nord-Est par D 926, rte de Villefranche-de-Rouergue et D 97 à droite,
rte de St-Antonin-Noble-Val, bord de la Bonnette et à prox. d'un plan d'eau – ⚬━ – **R** conseillée
juil.-août – ⚡
1,5 ha (60 empl.) plat, herbeux ⌨️
🔌   🔥 👥 🛁 ⚫ 📶 🔲 – A proximité : 🏊 (plan d'eau)
Tarif : ⚡ *17 – 🔲 17/26 – [₫] 18 (6A)*

CAYRIECH

82240 T.-et-G. 🔢 – 🗺️ ⑱ – 132 h. alt. 140.
Paris 622 – Cahors 39 – Caussade 11 – Caylus 16 – Montauban 36.

⚠️ **Le Clos de la Lère** Permanent
    📞 05 63 31 20 41 – sortie Sud-Est par D 9, rte de Septfonds – 🐕 ⚬━ – **R** conseillée juil.-août – ⚡
1 ha (49 empl.) plat, herbeux ⌨️
🔌 🔥 👥 🛁 🗑️ 🛁 ⚫ 🔲 – 🏊
Tarif : ⚡ *18 piscine comprise – 🔲 22 – [₫] 12 (6A) 15 (10A)*

CAZAUX

33260 Gironde 🔢 – 🗺️ ②.
Paris 652 – Arcachon 18 – Belin-Béliet 52 – Biscarrosse 136 – Bordeaux 75.

⚠️ **Municipal du Lac** avril-sept.
    📞 05 56 22 22 33 – SO : 1,3 km par rte du lac, à 100 m du canal des Landes et à proximité de l'Etang
de Cazaux – ⚬━ – **R** conseillée 14 juil.-15 août – ⚡
1,5 ha (84 empl.) plat, herbeux, sablonneux
🔌 🔥 👥 🛁 ⚫ 🔲 – A proximité : 🍴 🍽️ 🏊
Tarif : ⚡ *17,30 – 🚗 1 – 🔲 28,80/34,40 – [₫] 15,60 (6A)*

CAZÈRES

31220 H.-Gar. 🔢 – 🗺️ ⑯ ⑰ G. Pyrénées Roussillon – 3 155 h. alt. 240.
🅱️ Office de Tourisme 13 r. de la Case 📞 05 61 90 06 81, Fax 05 61 90 16 43.
Paris 754 – Aurignac 21 – Le Fousseret 10 – Montesquieu-Volvestre 18 – St-Gaudens 37 – St-Girons 38.

⚠️ **Municipal le Plantaurel** Permanent
    📞 05 61 97 03 71, Fax 05 61 90 62 04 – SO : 2,8 km par D 6, D 7 et D 62 rte de Mauran, près de
la Garonne – Places limitées pour le passage 🐕 « Cadre agréable, entrée fleurie » ⚬━ – **R** – ⚡
3,5 ha (160 empl.) plat, herbeux ⌨️ ♣♣
🔥 👥 ⚫ ⚡ ⚐ 🔲 – 🛒 🚲 🚲
Tarif : (Prix 1998) 🔲 *piscine comprise 1 à 4 pers. 31 à 91 (37 à 108 avec élect. 10A), pers. suppl. 15*

CAZOULÈS

24370 Dordogne 🔢 – 🗺️ ⑱ – 397 h. alt. 101.
Paris 523 – Brive-la-Gaillarde 44 – Gourdon 26 – Sarlat-la-Canéda 24 – Souillac 5.

⚠️ **Municipal la Borgne** 15 juin-août
    📞 05 53 29 81 64 – à 1,5 km au Sud-Ouest du bourg, bord de la Dordogne – ⚬━ – **R** – ⚡
5 ha (100 empl.) plat, herbeux 🌳
🔌 🔥 👥 🗑️ 🛁 📻 ⚫ 🔲 – 🛒 🏊 🏊
Tarif : ⚡ *24 piscine comprise – 🚗 11 – 🔲 16 – [₫] 15 (10 ou 16A)*

CEAUCÉ

61330 Orne 🔢 – 🗺️ ⑳ – 1 244 h. alt. 150.
Paris 252 – Alençon 61 – Domfront 12 – Fougères 57 – Laval 52 – Mayenne 23 – Mortain 34.

⚠️ **Municipal la Veillotière** mai-15 sept.
    📞 02 33 38 06 14 – au Nord du bourg – 🐕 – **R**
1 ha (10 empl.) plat, herbeux, étang ⌨️
🔌 🔥 👥 🛁 ⚫ – 🚲
Tarif : 🔲 *jusqu'à 3 pers. 30, pers. suppl. 5 – [₫] 7 (6A)*

CEAUX-D'ALLEGRE

43270 H.-Loire ⅠⅠ – ⅦⅥ ⑥ – 428 h. alt. 905.
Paris 530 – Allègre 5 – La Chaise-Dieu 21 – Craponne-sur-Arzon 23 – Le Puy-en-Velay 27 – Retournac 36.

    ▲ **Municipal** juil.-août
       🖉 04 71 00 79 66 – NE : 1,1 km par D 134, rte de Bellevue-la-Montagne et chemin à gauche, bord
de la Borne et près d'un petit plan d'eau – ⅏ ⌂ – **R**
0,5 ha (35 empl.) plat, herbeux, pierreux ⌷
   ♿ ⚥ ⇆ 🚿 ⊕ ⚲ ⌁ – 🚗 – A proximité : ✖ ⚓
Tarif : (Prix 1998) ♱ 13 – 🚗 8 – ⊟ 12/15 – 🔌 10 (5A) 15 (10A)

▶ *Deze gids is geen overzicht van alle kampeerterreinen maar een selektie
van de beste terreinen in iedere categorie.*

CEILLAC

05600 H.-Alpes ⅠⅦ – ⅦⅦ ⑱ ⑲ G. Alpes du Sud – 289 h. alt. 1 640 – Sports d'hiver : 1 700/2 495 m
⚡8 🎿.
🄵 Office de Tourisme à la Mairie 🖉 04 92 45 05 74, Fax 04 92 45 47 00.
Paris 730 – Briançon 51 – Gap 76 – Guillestre 14.

    ▲ **Les Mélèzes** juin-5 sept.
       🖉 04 92 45 21 93, Fax 04 92 45 01 83 – SE : 1,8 km, bord du Mélezet – ⅏ ⌕ « Site agréable » ⛲
– **R** – **GB** 🅰
3 ha (100 empl.) peu incliné, accidenté et terrasses, pierreux, herbeux �‿
⚥ ⇆ ⌗ ♿ 🚿 ⊕ ⌧ – ⛵
Tarif : ♱ 27 – 🚗 16 – ⊟ 16 – 🔌 13 (2A) 15 (4A) 18 (6A)

La CELLE-DUNOISE

23800 Creuse ⅠⅠ – ⅥⅧ ⑱ – 589 h. alt. 230.
Paris 333 – Aigurande 18 – Aubusson 69 – Dun-le-Palestel 10 – Guéret 26.

    ▲ **Municipal de la Baignade** avril-oct.
       à l'Est du bourg, par D 48ᴬ rte du Bourg d'Hem, près de la Creuse (accès direct) – **R** –
🅰
1,4 ha (30 empl.) plat, terrasse, herbeux
⚥ ⇆ 🚿 ⊕ ⚲ – 🚗 ✖ – A proximité : ⚓ 🐎 poneys
Tarif : ♱ 15 – 🚗 10 – ⊟ 10 – 🔌 15 (16A)

CELLES-SUR-BELLE

79370 Deux Sèvres ⑨ – ⅦⅡ ② G. Poitou Vendée Charentes – 3 425 h. alt. 117.
🄵 Office de Tourisme (15 avril- 15 oct.) Les Halles 🖉 05 49 32 92 28.
Paris 408 – Couhé 36 – Niort 22 – Poitiers 76 – St-Jean-d'Angély 52.

    ▲ **Municipal la Boissière** Permanent
       🖉 05 49 32 95 57 – sortie Sud par rte de Melle – **R** – 🅰
1,2 ha (40 empl.) peu incliné, plat, herbeux ⚘⚘
♿ ⚥ 🚿 ⊕ – A proximité : parcours de santé ✖ ⚊
Tarif : ⊟ 2 pers. 35,50 – 🔌 11,20 (6A)

CELLES-SUR-PLAINE

88110 Vosges ⑧ – ⅥⅡ ⑦ – 843 h. alt. 318.
Paris 383 – Baccarat 20 – Blâmont 25 – Lunéville 47 – Raon-l'Étape 11.

    ▲▲ **Les Lacs** avril-sept.
       🖉 03 29 41 19 25, Fax 03 29 41 18 69 – au Sud-Ouest du bourg, bord de rivière et à proximité d'un
lac – ⌕ ⛲ – **R** conseillée juil.-août – **GB** 🅰
4 ha (135 empl.) plat, herbeux, gravillons, pierreux ⌷
▥ ♿ ⚥ ⌗ 🚿 ⊕ ⚲ ⌁ ⌧ – 🚗 ⛵ ⚊ – A proximité : parcours sportif ✖ ⚊ - Au lac : ⚓
⚘
Tarif : ♱ 28 piscine comprise – ⊟ 28 – 🔌 16 (4A) 24 (10A)
Location : 🏠*(sans sanitaires)*

CELLETTES

41120 Loir-et-Cher ⑤ – ⅥⅣ ⑰ – 1 922 h. alt. 78.
Paris 190 – Blois 9 – Montrichard 31 – Romorantin-Lanthenay 35 – St-Aignan 32.

    ▲ **Municipal** juin-sept.
       🖉 02 54 70 48 41 – sortie Sud-Est par rte de Contres et D 77 à gauche, rte de Cour-Cheverny, près
du Beuvron – ⛲ – **R**
1 ha (60 empl.) plat, herbeux
⚥ ⇆ ⊕ – ✖
Tarif : (Prix 1998) ♱ 15,50 – ⊟ 11 – 🔌 11 (6A)

CÉNAC-ET-ST-JULIEN

24250 Dordogne 🔢 – 🔢 ⑰ G. Périgord Quercy – 993 h. alt. 70.
Paris 541 – Le Bugue 32 – Gourdon 20 – Sarlat-la-Canéda 12 – Souillac 32.

Schéma à la Roque-Gageac

⚠ **Le Pech de Caumont** avril-sept.
    𝒸 05 53 28 21 63 – S : 2 km – ⚲ ≤ « Situation agréable » ⊶ – **R** conseillée juil.-août – ⊞ ⋋
    2,2 ha (100 empl.) en terrasses, peu incliné, herbeux ▭ ♀
    ⅃ ▦ ⇆ ⬚ ⬜ ⬠ ⊙ ⚇ ▽ ▤ – ▼ – ⌂ ⊿
    Tarif : ▣ piscine comprise 2 pers. 85, pers. suppl. 25,50 – ⒤ 13 (6A)
    Location : ⌸ 900 à 1600 – ⌸ 1250 à 2850

▶ *There is no paid publicity in this guide.*

CENDRAS

30 Gard – 🔢 ⑱ – rattaché à Alès.

CENTRON

73 Savoie – 🔢 ⑱ – rattaché à Aime.

CÉRET

66400 Pyr.-Or. 🔢 – 🔢 ⑲ G. Pyrénées Roussillon – 7 285 h. alt. 153.
🛈 Office de Tourisme 1 av. G.-Clemenceau 𝒸 04 68 87 00 53, Fax 04 68 87 32 43.
Paris 883 – Gerona 80 – Perpignan 32 – Port-Vendres 37 – Prades 55.

⚠ **Municipal Bosquet de Nogarède** avril-oct.
    𝒸 04 68 87 26 72 – E : 0,5 km par D 618, rte de Maureillas-las-Illas, bord d'un ruisseau – ⊶ – ℝ –
    ⋋
    3 ha (95 empl.) plat et accidenté, pierreux, herbeux ♀♀
    ⅃ ▦ ⇆ ⬚ ⬜ ⊙ ▤ – 🚸
    Tarif : ✝ 12 – ⇆ 7 – ▣ 12 – ⒤ 15 (6A)

CERNAY

68700 H.-Rhin 🔢 – 🔢 ⑨ G. Alsace Lorraine – 10 313 h. alt. 275.
🛈 Office de Tourisme 1 r. Latouche 𝒸 03 89 75 50 35, Fax 03 89 75 49 24.
Paris 461 – Altkirch 26 – Belfort 37 – Colmar 36 – Guebwiller 16 – Mulhouse 18 – Thann 6.

⚠ **Municipal les Acacias** avril-sept.
    𝒸 03 89 75 56 97, Fax 03 89 39 72 29 – sortie rte de Belfort puis à droite après le pont, r. René-
    Guibert, bord de la Thur – ⊶ – **R** conseillée juil.-août – ⊞ ⋋
    3,5 ha (204 empl.) plat, herbeux ♀
    ⅃ ▦ ⇆ ⬚ ⬜ ▤ – ⌂ – A proximité : ▼ snack ✕ ▦ ▣ (découverte l'été) 🚸
    Tarif : ✝ 19 – ▣ 22 – ⒤ 20 (5A)

CEYRAT

63122 P.-de-D. 🔢 – 🔢 ⑭ G. Auvergne – 5 283 h. alt. 560.
🛈 Syndicat d'Initiative à la Mairie 𝒸 04 73 61 42 55.
Paris 427 – Clermont-Ferrand 6 – Issoire 37 – Le Mont-Dore 42 – Royat 6.

⚠ **Le Chanset (Municipal Clermont Ceyrat)** Permanent
    𝒸 04 73 61 30 73 – av. J.-B. Marrou, alt. 600 – ≤ ⊶ – **R** indispensable 15 juil.-15 août – ⊞
    ⋋
    5 ha (140 empl.) plat et incliné, herbeux ♀
    ▦ ⅃ ▦ ⇆ ⬚ ⬜ ⊙ ⚇ ▽ ▤ – ▿ snack 🚸 – ⌂
    Tarif : ▣ 2 pers. 56 (73 ou 79 avec élect.), pers. suppl. 14,80
    Location : ⌸ 950 à 2000

CEYRESTE

13600 B.-du-R. 🔢 – 🔢 ⑭ – 3 004 h. alt. 60.
🛈 Syndicat d'Initiative pl. Gén.-de-Gaulle 𝒸 04 42 71 53 17.
Paris 807 – Aubagne 18 – Bandol 19 – La Ciotat 5 – Marseille 34 – Toulon 37.

⚠ **Ceyreste** Pâques-oct.
    𝒸 04 42 83 07 68, Fax 04 42 83 19 92 – N : 1 km par av. Eugène-Julien – Places limitées pour le
    passage ⚲ « Cadre agréable » ⊶ – **R** conseillée – ⋋
    3 ha (150 empl.) en terrasses, pierreux ♀ ♀♀ pinède
    ▦ ⅃ ▦ ⇆ ⬚ ⬜ ⊙ ⚇ ▽ ⊞ ▤ – 🚸 – cases réfrigérées 🚣 ⚐
    Tarif : ✝ 28 – ▣ 29 – ⒤ 14 (2A) 20 (6A)
    Location (permanent) : ⌸ 1600 à 1900 – ⌸ 1800 à 2400

CÉZAN

32410 Gers **14** - **82** ④ - 158 h. alt. 207.
Paris 752 - Auch 28 - Fleurance 17 - Lectoure 21 - Valence-sur-Baïse 15 - Vic-Fézensac 22.

▲▲ **Les Angeles** avril-15 sept.
𝒫 05 62 65 29 80 - SE : 2,5 km par D 303, rte de Réjaumont, à droite rte de Préhac puis 0,9 km par chemin empierré - ⊰ **o⇁** - **R** conseillée juil.-août - ⵗ
3 ha (62 empl.) incliné à peu incliné, terrasses, herbeux ⌇
⌇ ⇌ ⑂ ⌂ ⊛ 圖 - 屴, ⇝ - ⌷ ⤋
Tarif : 🅴 *piscine comprise 2 pers. 85, 3 pers. 109* - [𝟜] *15 (6A) 25 (10A)*
Location : 🚐 *1390 à 2490* - 🏠 *1390 à 2350*

CÉZY

89410 Yonne **6** - **61** ⑭ - 1 085 h. alt. 82.
Paris 144 - Auxerre 34 - Joigny 6 - Montargis 52 - Sens 28.

▲ **Municipal** mai-sept.
𝒫 03 86 63 17 87 - sortie Nord-Est sur D 134, rte de St-Aubin sur-Yonne après le pont suspendu, près de l'Yonne et à 250 m du canal, Pour caravanes accès conseillé par St-Aubin-sur-Yonne - **o⇁** - **R** conseillée juil.-août - ⵗ
1 ha (70 empl.) plat, herbeux
⌷ ⌇ ⇌ ⑂ ⌔ ⊛ 圖 - A proximité : ✗ ⪢
Tarif : ⚹ *14* - ⇌ *7* - 🅴 *7* - [𝟜] *12 (6A)*

CHABEUIL

26120 Drôme **12** - **77** ⑫ - 4 790 h. alt. 212.
🄑 Office de Tourisme, pl. Genissieu *𝒫* 04 75 59 28 67, Fax 04 75 59 28 60.
Paris 577 - Crest 22 - Die 60 - Romans-sur-Isère 17 - Valence 12.

▲▲▲ **Le Grand Lierne** avril-29 sept.
𝒫 04 75 59 83 14, Fax 04 75 59 87 95 - NE : 5 km par D 68, rte de Peyrus, D 125 à gauche et D 143 à droite - Par A 7 sortie Valence Sud et direction Grenoble - ⊰ « Cadre agréable » **o⇁** ✗ dans locations et juil.-23 août au camping - **R** conseillée saison - ⊖🅱 ⵗ
3,6 ha (134 empl.) plat, pierreux, herbeux ⌇ ⓨⓨ
⌷ ⌇ ⇌ ⑂ ⌔ ⊛ 圖 - 屴, 🍷 snack ⇝ cases réfrigérées - 🛶 ⤋ ✗ ♟ ⌸ ⪢ (petite piscine couverte) toboggan aquatique mini-tennis
Tarif : 🅴 *piscine comprise 2 pers. 134, pers. suppl. 30* - [𝟜] *22 (6A) 32 (10A)*
Location : 🚐 *1500 à 3690* - 🏠 *1700 à 4190* - *bungalows toilés*

CHAGNY

71150 S.-et-L. **11** - **69** ⑨ G. Bourgogne - 5 346 h. alt. 215.
🄑 Office de Tourisme 2 r. Halles *𝒫* 03 85 87 25 95, Fax 03 85 87 14 44.
Paris 328 - Autun 45 - Beaune 16 - Chalon-sur-Saône 19 - Mâcon 77 - Montceau 46.

▲▲ **Municipal du Pâquier Fané** juin-sept.
𝒫 03 85 87 21 42 - à l'Ouest de la ville, rue Pâquier Fané, bord de la Dheune « Cadre agréable »
o⇁ - **R** - ⊖🅱 ⵗ
1,8 ha (85 empl.) plat, herbeux ⌇ ⓨ
⌷ ⌇ ⑂ ⌔ ⊛ - snack ⇝ - A proximité : ✗ ⌸
Tarif : ⚹ *15* - ⇌ *10* - 🅴 *24* - [𝟜] *18,50 (5 ou 6A)*

CHAILLAC

36310 Indre **10** - **68** ⑰ - 1 246 h. alt. 180.
Paris 329 - Argenton-sur-Creuse 29 - Le Blanc 34 - Magnac-Laval 35 - La Trimouille 23.

▲ **Municipal les Vieux Chênes** Permanent
𝒫 02 54 25 61 39 - au Sud-Ouest du bourg, au terrain de sports, bord d'un étang et à 500 m d'un plan d'eau « Cadre agréable » **o⇁** - **R** conseillée mai-sept. - ⵗ
2 ha (40 empl.) incliné à peu incliné, herbeux ⌇
⫿ ⌇ ⇌ ⑂ ⌔ ⊛ 屴 - 🛶 ⤋ - A proximité : ✗ ⪢ toboggan aquatique
Tarif : (Prix 1998) ⚹ *10* - 🅴 *10/15* - [𝟜] *10*

CHAILLÉ-LES-MARAIS

85450 Vendée **9** - **71** ⑪ G. Poitou Vendée Charentes - 1 553 h. alt. 16.
🄑 Office de Tourisme *𝒫* 02 51 56 71 17.
Paris 444 - Fontenay-le-Comte 26 - Niort 54 - La Rochelle 34 - La Roche-sur-Yon 48.

▲ **Municipal l'Île Cariot** 15 juin-15 sept.
𝒫 02 51 56 75 27 - au Sud du bourg, rue du 8-mai-1945, bord de petits ruisseaux et près du stade
- Ⓜ **o⇁** - **R** - ⵗ
1 ha (45 empl.) plat, herbeux ⌇
⌷ ⌇ ⇌ ⑂ ⌔ ⊛ ⬚ 圖 - ⌷ ⤋ - A proximité : ✗
Tarif : ⚹ *15* - ⇌ *10* - 🅴 *14* - [𝟜] *12 (5A)*

La CHAISE-DIEU

43160 H.-Loire **11** – **76** ⑥ G. Auvergne – 778 h. alt. 1 080.
🛈 Office de Tourisme pl. Mairie ℘ 04 71 00 01 16, Fax 04 71 00 03 45.
Paris 508 – Ambert 29 – Brioude 41 – Issoire 58 – Le Puy-en-Velay 42 – St-Étienne 80 – Yssingeaux 59.

▲ **Municipal les Prades** juin-sept.
℘ 04 71 00 07 88 – NE : 2 km par D 906, rte d'Ambert, près du plan d'eau de la Tour (accès direct) – ⊶ – **R** conseillée juil.-août – ⚡
3 ha (100 empl.) peu incliné et accidenté, herbeux 🌳🌳 sapinière
  ⅁ 🗊 ⇔ 🗟 ⇔ ☺ 🖻 – 🚗 – A proximité : 💥 ≊ 🐎
Tarif : (Prix 1998) ✶ *18* – 🗉 *17* – ⒢ *18*
Location : *huttes*

▶ **Michelinkaarten** en *-gidsen* zijn te koop in de meeste boekhandels.

CHALLAIN-LA-POTHERIE

49440 M.-et-L. **4** – **63** ⑲ – 873 h. alt. 58.
Paris 340 – Ancenis 35 – Angers 47 – Château-Gontier 42.

▲ **Aire Naturelle Municipale de l'Argos** mai-sept.
au Nord-Est du bourg par D 73, rte de Loiré – ≼ « Agréable situation près d'un étang » – **R**
0,8 ha (20 empl.) plat, herbeux 🛏
  ⅁ 🗊 ⇔ ⇔ ☺
Tarif : (Prix 1998) ✶ *7* – 🚗 *3* – 🗉 *5* – ⒢ *10 (7A)*

CHALLES-LES-EAUX

73190 Savoie **12** – **74** ⑮ G. Alpes du Nord – 2 801 h. alt. 310 – ⚕ (avril- oct.).
🛈 Office de Tourisme av. Chambéry ℘ 04 79 72 86 19.
Paris 567 – Albertville 48 – Chambéry 6 – Grenoble 54 – St-Jean-de-Maurienne 70.

▲▲ **Municipal le Savoy** mai-sept.
℘ 04 79 72 97 31 – par r. Denarié, à 100 m de la N 6 – ≼ « Belle entrée fleurie » ⊶ – **R** conseillée 10 juil.-20 août – **GB** ⚡
2,8 ha (88 empl.) plat, herbeux, gravillons 🛏
  🗊 ⇔ 🗟 ⇔ ☺ ⚘ ✈ – 🖳 – A proximité : 💥 ≊ (plan d'eau)
Tarif : ✶ *20* – 🚗 *8* – 🗉 *15/17* – ⒢ *16 ou 28 (5A) 35 (10A)*

CHALMAZEL

42920 Loire **11** – **73** ⑰ G. Vallée du Rhône – 597 h. alt. 867 – Sports d'hiver : 1 130/1 600 m ⚡1 ⚡7 ⚡.
🛈 Syndicat d'Initiative Pl de l'Eglise ℘ 04 77 24 84 92 et Mairie ℘ 04 77 24 80 27 Fax 04 77 24 80 49.
Paris 499 – Ambert 38 – Boën 21 – Noirétable 24 – St-Étienne 80 – Thiers 48.

▲ **Les Epilobes**
℘ 04 77 24 80 03, Fax 04 77 24 84 75 – SO : 3,5 km par D 6, rte du col du Béal puis à gauche 2,5 km par rte de la station, alt. 1 150 – ❄ ⌾ ≼ « Situation agréable »
1,7 ha (58 empl.) en terrasses, peu incliné, herbeux
  ▥ 🗊 ⇔ 🗟 ⇔ ☺ – ≊ (piscine pour enfants) – A proximité : 🍴 ✕ 🚲 ⋅🕯 💥 🐎

CHALONNES-SUR-LOIRE

49290 M.-et-L. **4** – **63** ⑲ ⑳ G. Châteaux de la Loire – 5 354 h. alt. 25.
🛈 Syndicat d'Initiative ℘ 02 41 78 26 21, Fax 02 41 74 91 54.
Paris 319 – Ancenis 38 – Angers 24 – Châteaubriant 63 – Château-Gontier 62 – Cholet 40.

▲ **Municipal le Candais** mai-3 oct.
℘ 02 41 78 02 27 – E : 1 km par D 751, rte des Ponts-de-Cé, bord de la Loire et près d'un plan d'eau – ⊶ juil.-août – **R** – ⚡
3 ha (210 empl.) plat, herbeux ⚘
  ⅁ 🗊 🗟 ⚘ ☺ 🖻 – 🍴 – A proximité : 🛒 💥 ↗ ⅃
Tarif : 🗉 *2 pers. 48* – ⒢ *13 (5A)*

CHÂLONS-EN-CHAMPAGNE

51000 Marne **7** – **56** ⑰ G. Champagne – 48 423 h. alt. 83.
🛈 Office de Tourisme 3 quai des Arts ℘ 03 26 65 17 89, Fax 03 26 21 72 92.
Paris 165 – Charleville-Mézières 103 – Dijon 257 – Metz 158 – Nancy 160 – Orléans 282 – Reims 48 – Troyes 82.

▲▲ **Municipal** Rameaux-oct.
℘ 03 26 68 38 00 – sortie Sud-Est par N 44, rte de Vitry-le-François et D 60, rte de Sarry, bord d'un plan d'eau « Entrée fleurie et cadre agréable » ⊶ – **R** conseillée juil.-août – ⚡
3,5 ha (131 empl.) plat, herbeux, gravier 🛏 ⚘ (1,5 ha)
  ▥ ⅁ 🗊 ⇔ 🗟 ⇔ ☺ ⚘ ✈ 🖻 – 🖳 💥
Tarif : (Prix 1998) ✶ *25* – 🚗 *16* – 🗉 *23* – ⒢ *18 (5A)*

CHAMBERET

19370 Corrèze ⑩ – ⑫ ⑲ – 1 376 h. alt. 450.

🛈 Syndicat d'Initiative à la Mairie 𝒫 05 55 98 30 12, Fax 05 55 97 90 66.

Paris 448 – Guéret 84 – Limoges 57 – Tulle 45 – Ussel 64.

⚊ **Municipal** 15 juin-15 sept.
SO : 1,3 km par D 132, rte de Meilhards et chemin à droite, à 100 m d'un petit plan d'eau et d'un étang – 🛁 ⬳ – 🛋
1 ha (34 empl.) en terrasses et peu incliné, pierreux, herbeux, bois attenant ▭ ᎐᎐
🛠 ⛺ 🍽 ⬳ ⊕ – A proximité : 🎯 ⛷
Tarif : (Prix 1998) ⚡ 10 – 🔲 12 – ⚡ 8

▶ *Ce guide n'est pas un répertoire de tous les terrains de camping*
mais une sélection des meilleurs camps dans chaque catégorie.

CHAMBILLY

71110 S.-et-L. ⑪ – ⑬ ⑦ – 516 h. alt. 249.

Paris 362 – Chauffailles 29 – Digoin 27 – Dompierre-sur-Besbre 53 – Lapalisse 36 – Roanne 32.

⚊ *Aire Naturelle la Motte aux Merles* avril-15 oct.
𝒫 03 85 25 19 84 – SO : 5 km par D 990, rte de Lapalisse et chemin à gauche – 🛁 ⬳ ⛽ –
R conseillée – 🐴
1 ha (25 empl.) peu incliné, plat, herbeux
🛠 ⛺ 🍽 ⬲ ⊕ 🔲 – 🎯 🚲 ⛷ (petite piscine)
Tarif : ⚡ 16 – 🔲 21/23 – ⚡ 15

CHAMBON

30450 Gard ⑯ – ⑧⓪ ⑦ – 196 h. alt. 260.

Paris 652 – Alès 32 – Florac 61 – Génolhac 12 – La Grand-Combe 20 – St-Ambroix 25.

⚊ *Municipal le Luech* juil.-août
NO : 0,6 km par D 29, rte de Chamborigaud, en deux parties, bord du Luech – **R** conseillée – 🐴
0,4 ha (30 empl.) non clos, plat, peu incliné et en terrasses, pierreux, herbeux ᎐᎐
🛠 ⛺ 🍽 🔲 🍽 ⊕
Tarif : (Prix 1998) ⚡ 11 – 🚗 8 – 🔲 13 – ⚡ 15 (4A)

⚊ *Aire Naturelle* mai-1er oct.
𝒫 04 66 61 45 11 – E : 3,9 km par D 29, rte de Peyremale et chemin à gauche, au lieu-dit le
Chamboredon, bord du Luech, Accès difficile pour caravanes – 🛁 ⬳ ⛽ – **R** conseillée août – 🐴
3 ha (25 empl.) peu incliné et en terrasses, herbeux, pierreux
⛺ 🍽 🔲 ⊕ – 🔲 ⛷
Tarif : 🔲 2 pers. 40, pers. suppl. 18 – ⚡ 10 (16A)
Location : gîtes

CHAMBON (Lac)

63790 P.-de-D. ⑪ – ⑬ ⑬ G. Auvergne – Sports d'hiver : : 1 150/1 760 m ⚡9 ⚡.

Paris 462 – Clermont-Ferrand 37 – Condat 39 – Issoire 33 – Le Mont-Dore 19.

⚊⚊⚊ *La Plage* mai-sept.
𝒫 04 73 88 60 27 – E : 3 km par D 996, rte de Murol et chemin à droite – ⬳ « Site et cadre agréables
au bord du lac » ⛽ saison – **R** conseillée 10 juil.-15 août – 🌐 🐴
7 ha (372 empl.) plat, incliné et en terrasses, herbeux, pierreux ▭ ᎐᎐
🛠 ⛺ 🍽 🔲 🍽 ⛱ ⬲ ⊕ 🔲 – 🛋 🍽 ✕ 🎣 – 🏚 salle de spectacles et d'animation 🎯 ⛳ 🎳 ⛷
(plage)
Tarif : ⚡ 25 – 🚗 10 – 🔲 30 – ⚡ 16 (6A) 22 (10A)
Location : 🏠 1600 à 2800

⚊⚊ *Le Pré Bas* mai-sept.
𝒫 04 73 88 63 04 – à Varennes, près du lac (accès direct) – ⬳ ⛽ saison – **R** – 🐴
3,8 ha (180 empl.) plat et peu incliné, herbeux ▭ ᎐ (1,5 ha)
🛠 ⛺ 🍽 🔲 🍽 ⛱ ⬲ ⊕ 🔲 – 🔲 🏚
🎯 ⛷ – A proximité : 🛋 ⛷
Tarif : 🔲 piscine comprise 2 pers.
85, pers. suppl. 23,50 – ⚡ 18 (4A)
Location : 🏠 1250 à 3000

⚊⚊ *Serrette* juin-15 sept.
𝒫 04 73 88 67 67 – O : 2,5 km par
D 996, rte du Mont-Dore et D 636 (à
gauche) rte de Chambon des Neiges
(hors schéma), alt. 1 000 – 🛁 ⬳ lac et
montagnes ⛽ – **R** conseillée – 🐴
2 ha (75 empl.) en terrasses, incliné,
herbeux, pierreux ᎐
🛠 ⛺ 🍽 🔲 🍽 ⊕ 🔲 – 🔲 🏚
(découverte l'été)
Tarif : ⚡ 25 – 🔲 26 – ⚡ 16 (3A) 22 (6A)
Location : 🏠 1000 à 1900

CHAMBON (Lac)

⚠ **Municipal les Bombes** 15 juin-15 sept.
    𝄐 04 73 88 64 03 – à l'Est de Chambon-sur-Lac vers rte de Murol et à droite, bord de la Couze de Chambon (hors schéma) – ≼vallée de Chaudefour ⊶ – **R** – ⊖B ⚲
    2,4 ha (150 empl.) plat, herbeux ♀ (1 ha)
    🖧 ⌗ ⇄ 🗗 🛆 ⊕ 🖾 – ▱ ⚌ – A proximité : 🖭 ☍
    Tarif : (Prix 1998) ⚲ 20 – 🖻 26 – 🔌 17 (3A) 32 (6A)

Voir aussi à Murol

<hr>

▮ Le CHAMBON-SUR-LIGNON

43400 H.-Loire 🆄🆄 – 🆄🆄 ⑧ G. Vallée du Rhône – 2 854 h. alt. 967.
🅱 Office de Tourisme r. des Quatre Saisons 𝄐 04 71 59 71 56, Fax 04 71 65 88 78.
Paris 578 – Annonay 48 – Lamastre 33 – Le Puy-en-Velay 46 – Privas 81 – St-Étienne 63 – Yssingeaux 25.

⚠ **Les Hirondelles** 19 juin-août
    𝄐 04 71 59 73 84 – S : 1 km par D 151 et D 7 à gauche, rte de la Suchère, alt. 1 000 – ⚘ ≼ « Cadre agréable » ⊶ ⚲ dans locations – **R** conseillée 14 juil.-15 août – ⊖B ⚲
    1 ha (45 empl.) plat, en terrasses, herbeux ▱ ♀
    🖧 ⌗ ⇄ 🗗 ⊕ 🖾 – ☍ ⚌ – ▱ ⚌
    Tarif : (Prix 1998) 🖻 2 pers. 87, pers. suppl. 23 – 🔌 14 (2A) 18 (4A) 22 (7A)
    Location (27 mars-15 oct.) : 🏠1600 à 2300 – ⊨

⚠ **Municipal le Lignon** mai-15 oct.
    𝄐 04 71 59 72 86, Fax 04 71 65 95 35 – sortie Ouest, rte de Mazet-sur-Voy et à droite avant le pont, près de la rivière, alt. 1 000 – ⊶ – **R** conseillée 25 juil.-15 août – ⚲
    2 ha (130 empl.) plat, herbeux ♀
    🖩 ⌗ ⇄ 🗗 🛆 ⊕ 🖾 – ⚌ – ▱ ⚌ – A proximité : ⚲
    Tarif : (Prix 1998) ⚲ 11,40 – ⚘ 7,50 – 🖻 13,70 – 🔌 15,90 (6A)

<hr>

▮ CHAMBON-SUR-VOUEIZE

23170 Creuse 🆄🆄 – 🆄🆄 ② G. Berry Limousin – 1 105 h. alt. 333.
Paris 359 – Aubusson 39 – Guéret 49 – Marcillat-en-Combraille 21 – Montluçon 25.

⚠ **Municipal la Pouge** avril-oct.
    𝄐 05 55 82 13 21 – SE : 0,8 km par D 915, rte d'Evaux-les-Bains et chemin à gauche, longeant Écomarché, attenant au stade et bord de la Tardes – ⊶ – **R** conseillée
    1 ha (50 empl.) plat, herbeux ♀
    ⌗ ⇄ 🗗 🛆 ⊕ – ▱ ⚲ – A proximité : ⊨
    Tarif : (Prix 1998) ⚲ 10 – ⚘ 6 – 🖻 6 – 🔌 10A : 8 (hors saison 13,50)

<hr>

▮ CHAMBORIGAUD

30530 Gard 🆄🆄 – 🆄🆄 ⑦ – 716 h. alt. 297.
Paris 647 – Alès 31 – Florac 52 – Génalhac 7 – La Grand-Combe 19 – St-Ambroix 30.

⚠ **La Châtaigneraie** mai-15 sept.
    𝄐 04 66 61 44 29 – N : 0,5 km par D 906, rte de Génolhac, bord du Luech – Places limitées pour le passage ⊶ – **R** conseillée juil.-août – ⚲
    0,7 ha (53 empl.) en terrasses, pierreux, herbeux ♀♀
    ⌗ ⚏ ⊕ 🖾 – ⚌
    Tarif : ⚲ 13 – ⚘ 7 – 🖻 11 – 🔌 12 (3A)

<hr>

▮ CHAMONIX-MONT-BLANC

74400 H.-Savoie 🆄🆄 – 🆄🆄 ⑧ G. Alpes du Nord – 9 701 h. alt. 1 040 – Sports d'hiver : 1 035/3 840 m ⚲13 ⚲36 ⚲.
Tunnel du Mont-Blanc : péage en 1998, aller simple : autos 100 à 200 F, camions 480 à 970 F - Tarifs spéciaux AR pour autos et camions.
🅱 Office de Tourisme pl. Triangle-de-l'Amitié 𝄐 04 50 53 00 24, Fax 04 50 53 58 90.
Paris 613 – Albertville 68 – Annecy 95 – Aosta 59 – Genève 82 – Lausanne 111.

⚠ **Les Rosières** fermé 16 oct.-16 déc.
    𝄐 04 50 53 10 42, Fax 04 50 53 29 55 – NE : 1,2 km par N 506, à 50 m de l'Arve – ≼ vallée et massif du Mont-Blanc ⊶ – **R** conseillée hiver – ⚲
    1,6 ha (147 empl.) plat, herbeux
    🖩 🖧 ⌗ ⇄ 🗗 🛆 ⇄ ⊕ 🖾
    Tarif : 🖻 2 pers. 91 (hiver 95), pers. suppl. 30 (hiver 36) – 🔌 16 (4A) 18 (5A) 20 (10A)
    Location : 🚚 1900 à 3200

aux Bossons SO : 3,5 km – alt. 1 005 – ✉ 74400 Chamonix-Mont-Blanc :

⚠ **Les Deux Glaciers** fermé 16 nov.-14 déc.
    𝄐 04 50 53 15 84 – rte du tremplin olympique – ❄ ≼ « Cadre agréable » ⊶ – **R** conseillée hiver
    🅁 été – ⚲
    1,6 ha (130 empl.) en terrasses, herbeux ♀♀
    🖩 🖧 ⌗ ⇄ 🗗 🛆 ⊕ 🖾
    Tarif : 🖻 2 pers. 70, pers. suppl. 26 – 🔌 14 (2A) 18 (4A) 20 (5A)

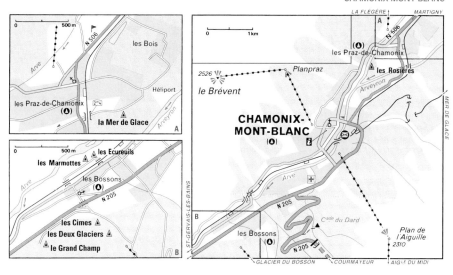

▲ **Les Marmottes** 15 juin-sept.
    & 04 50 53 61 24 – au bourg, bord de l'Arve – ≤ massif du Mont-Blanc et glaciers ⚬━ – **R** – ⚡
    1,3 ha (100 empl.) plat, herbeux, pierreux
    & 🔥 ⇌ 🗟 🚿 ⊕ 🛢 – ▭
    Tarif : ♦ *24* – 🔳 *21* – 🔋 *12 (3A) 16 (6A) 20 (10A)*

▲ **Les Ecureuils** avril-sept.
    & 04 50 53 83 11 – au bourg, bord du torrent et à 100 m de l'Arve – ≤ massif du Mont-Blanc et
    glaciers ⚬━ – **R** conseillée 14 juil.-15 août – ⚡
    0,6 ha (45 empl.) plat et peu incliné, herbeux 🍃🍃
    🎚 🔥 ⇌ 🗟 🚿 ⊕ 🛢
    Tarif : ♦ *21* – 🔳 *19* – 🔋 *16 (6A)*

▲ **Les Cimes** juin-sept.
    & 04 50 53 58 93 – rte du tremplin olympique – ≤ ⚬━ – **R** – ⚡
    1 ha (100 empl.) peu incliné, herbeux 🍃🍃
    🔥 ⇌ 🗟 🚿 ⊕ 🛢
    Tarif : ♦ *25* – 🚗 *10* – 🔳 *10* – 🔋 *14 (3A)*

▲ **Le Grand Champ** mai-10 oct.
    & 04 50 53 04 83 – SO : 1,5 km par rte de-Vers-le-Nant, derrière le Novotel, alt. 1 030 – ≤ ⚬━ –
    R 10 juil.-10 août – ⚡
    1,7 ha (100 empl.) en terrasses, herbeux 🍃
    & 🔥 🚿 ⊕ 🛢 ▭ – A proximité : 🍴 ✕
    Tarif : 🔳 *2 pers. 66, pers. suppl. 23* – 🔋 *11 (3A) 15 (6A) 18 (10A)*

aux Praz-de-Chamonix NE : 2,5 km – ✉ 74400 Chamonix-Mont-Blanc :

▲ **La Mer de Glace** 24 avril-sept.
    & 04 50 53 08 63, Fax 04 50 53 60 83 – aux Bois, à 80 m de l'Arveyron (accès direct) – 🦢 ≤ vallée
    et massif du Mont-Blanc « Dans une clairière » ⚬━ – **R**
    2 ha (150 empl.) plat et peu accidenté, herbeux, pierreux 🔲 🍃
    & 🔥 ⇌ 🗟 🔥 🚿 ⊕ 🏪 🛢
    Tarif : 🔳 *2 pers. 104, pers. suppl. 33* – 🔋 *15 (3A) 19 (6A) 23 (10A)*

▶ *Pour une meilleure utilisation de cet ouvrage,*
   LISEZ ATTENTIVEMENT LE CHAPITRE EXPLICATIF.

CHAMOUILLE

02860 Aisne 🄶 – 🄵🄵 ⑤ – 147 h. alt. 112.
Paris 138 – Fère-en-Tardenois 44 – Laon 14 – Reims 44 – Soissons 34.

▲▲ **Le Parc de l'Ailette** avril-sept.
    & 03 23 24 66 86 – SE : 2 km par D 19, à la Base de Plein Air et de Loisirs, à 200 m du plan d'eau
    (accès direct) ⚬━ – « Site et cadre agréables » ⚬━ – **R** conseillée – 🄶🄱 ⚡
    4,5 ha (201 empl.) peu incliné, plat, en terrasses 🔲
    & 🔥 ⇌ 🗟 🏊 ⊕ 🏪 🛢 – 🏖 – 🛶 – A proximité : toboggan aquatique ✖ 👟 🚴 🛶 ≃ (plage)
    Tarif : 🔳 *2 pers. 98* – 🔋 *17 (10A)*

CHAMPAGNAC-LE-VIEUX

43440 H.-Loire 11 – 76 ⑤ G. Auvergne – 301 h. alt. 880.
Paris 494 – Brioude 16 – La Chaise-Dieu 25 – Clermont-Ferrand 80 – Le Puy-en-Velay 67.

Le Chanterelle avril-oct.
✆ 04 71 76 34 00 – N : 1 km par D 5, rte d'Auzon, près d'un plan d'eau – – **R** conseillée juil.-août –
4 ha (90 empl.) en terrasses, plat, herbeux, gravillons
– – A proximité :
Tarif : (Prix 1998) *15 – 8 – 25 – 15 (10 ou 16A)*
Location : *bungalows toilés*

▶ ***Consultez le tableau des localités citées, classées par départements, avec indication éventuelle des caractéristiques particulières des terrains sélectionnés.***

CHAMPAGNEY

70290 H.-Saône 8 – 66 ⑦ – 3 283 h. alt. 370.
Office de Tourisme Mairie, ✆ 03 84 23 13 98, Fax 03 84 23 21 19.
Paris 403 – Belfort 20 – Giromagny 14 – Lure 16 – Montbéliard 28.

Base de Plein Air de Champagney - Les Ballastières Permanent
✆ 03 84 23 11 22 – sortie Ouest par D 4, rte de Ronchamp, bord d'un lac et d'une rivière – –
R conseillée juil.-août –
10 ha (200 empl.) plat, herbeux, pierreux (3,5 ha)
– A proximité :
Tarif : *12 – 11,30 – 5A : 16 (hiver 30)*

CHAMPAGNOLE

39300 Jura 12 – 70 ⑤ G. Jura – 9 250 h. alt. 541.
Office de Tourisme Annexe Hôtel-de-Ville ✆ 03 84 52 43 67, Fax 03 84 52 54 57.
Paris 421 – Besançon 67 – Dole 61 – Genève 83 – Lons-le-Saunier 37 – Pontarlier 47 – St-Claude 53.

Municipal de Boyse 15 juin-15 sept.
✆ 03 84 52 00 32, Fax 03 84 52 01 16 – sortie Nord-Ouest par D 5, rte de Lons-le-Saunier et rue Georges Vallerey à gauche, accès direct à l'Ain – – **R** conseillée – GB
7 ha (240 empl.) plat, incliné, herbeux
– snack – – A proximité : parcours sportif
Tarif : *24 piscine comprise – 14 – 14 – 17 (5 ou 10A)*

CHAMPANGES

74500 H.-Savoie 12 – 70 ⑰ – 706 h. alt. 719.
Paris 579 – Annecy 83 – Évian-les-Bains 10 – Genève 43 – Thonon-les-Bains 9.

La Prairie Permanent
✆ 04 50 73 40 68, Fax 04 50 73 48 46 – au Sud du bourg – – **R** conseillée août
1 ha (53 empl.) plat, peu incliné, herbeux
Tarif : *12 – 5 – 15 – 6,50 (2A) 10 (4A) 13 (6A)*

CHAMPDOR

01110 Ain 12 – 74 ④ – 459 h. alt. 833.
Paris 488 – Ambérieu-en-Bugey 38 – Bourg-en-Bresse 62 – Hauteville-Lompnes 7 – Nantua 26.

Municipal le Vieux Moulin Permanent
✆ 04 74 36 01 72 – NO : 0,8 km par D 57A, rte de Corcelles, près de deux plans d'eau – juil.-août – **R** –
1,6 ha (60 empl.) plat, herbeux
– – A proximité :
Tarif : *16 – 6 – 7 – 4A : 8 (hiver 16) 8A : 16 (hiver 32) 16A : 32 (hiver 64)*
Location : *gîte d'étape*

CHAMPFROMIER

01410 Ain 12 – 74 ⑤ – 440 h. alt. 640.
Paris 500 – Bellegarde-sur-Valserine 15 – Mijoux 27 – Nantua 25 – Oyonnax 32.

Municipal les Georennes 15 juin-15 sept.
SE : 0,6 km par D 14, rte de Nantua et chemin à gauche – – **R** –
0,67 ha (30 empl.) plat et terrasse, herbeux, pierreux
Tarif : (Prix 1998) *11 – 10 – 10 – 12 (16A)*

CHAMPS-SUR-TARENTAINE

15270 Cantal **11** – **76** ② G. Auvergne – 1 088 h. alt. 450.
₿ Office de Tourisme (juil.-août) Antenne ℰ 04 71 78 76 33.
Paris 505 – Aurillac 88 – Clermont-Ferrand 83 – Condat 24 – Mauriac 36 – Ussel 38.

△△ **Municipal de la Tarentaine** 15 juin-15 sept.
ℰ 04 71 78 71 25 – SO : 1 km par D 679 et D 22, rte de Bort-les-Orgues et rte de Saignes, bord de la Tarentaine – ⚬⇥ – **R** – ⊖⊟ ⨍
4 ha (126 empl.) plat, herbeux ⌕
ᵫ 🝘 ⇆ 🗟 ⇌ ⚲ ⊕ ⩙ 🖾 – ⟅🖾 – A proximité : ⚒ 🕇 ⛵ 🏊
Tarif : 🛉 *13* – ⛟ *8* – 🗉 *9* – [🔋] *12,50 (5 ou 6A)*
Location : ⛺ *1000 à 1300*

CHANAS

38150 Isère **12** – **77** ① – 1 727 h. alt. 150.
Paris 515 – Grenoble 88 – Lyon 57 – St-Étienne 74 – Valence 51.

△ **Les Guyots** avril-oct.
ℰ 04 74 84 25 36 – sortie Nord-Est rte d'Agnin, rue des Guyots, bord d'un ruisseau – Places limitées pour le passage ⚬⇥ saison – **R** juil.-août
1,7 ha (75 empl.) plat, herbeux
🝘 🗟 ⩙ ⚲ ⊕ ⩙ 🖾 – 🍴 – ⛵ ⚒ 🏊
Tarif : 🛉 *19 piscine et tennis compris* – 🗉 *20* – [🔋] *10 (3A) 12 (6A)*

△ **Beauséjour** Pâques-sept.
ℰ 04 74 84 31 01 – au Sud du bourg, sur D 519, à 300 m du Dolon – ⚬⇥ – **R**
0,9 ha (50 empl.) plat, herbeux, gravier ⌕
🝘 🗟 ⩙ ⚲ – ⛴ (petite piscine) – A proximité : ⚒
Tarif : 🛉 *16,90* – ⛟ *9,50* – 🗉 *10,30/11,80* – [🔋] *15,80 (5A)*

CHANAZ

73310 Savoie **12** – **74** ⑮ – 416 h. alt. 232.
Paris 522 – Aix-les-Bains 23 – Annecy 43 – Bellegarde-sur-Valserine 43 – Belley 18 – Chambéry 37.

△△ **Municipal des Îles**
ℰ 04 79 54 58 51 – O : 1 km par D 921, rte de Culoz et chemin à gauche après le pont, près d'un canal et à 300 m du Rhône (plan d'eau) – Places limitées pour le passage ⩾ ⚬⇥
1,5 ha (103 empl.) plat, gravier, herbeux ⌕ ♒♒ (0,5 ha)
▥ ⅘ 🝘 ⇆ 🗟 ⇌ ⊕ ⩙ ⇜ 🖾 – 🖾 ⚒ – A proximité : 🍸 snack

CHANCIA

39 Jura **12** – **70** ⑭ – 87 h. alt. 320 – ✉ 01590 Dortan.
Paris 456 – Bourg-en-Bresse 47 – Lons-le-Saunier 46 – Nantua 30 – Oyonnax 14 – St-Claude 29.

△ **Municipal les Cyclamens** mai-sept.
ℰ 04 74 75 82 14 – SO : 1,5 km par D 60E et chemin à gauche, au confluent de l'Ain et de la Bienne, près du lac de Coiselet – Places limitées pour le passage ⩘ ⩽ ⚬⇥ – **R** – ⨍
2 ha (160 empl.) plat, herbeux
⅘ 🝘 🗟 ⩙ ⚲ ⩙ – A proximité : ⛴ ♦
Tarif : (Prix 1998) 🛉 *12* – ⛟ *12* – 🗉 *12* – [🔋] *12 (5A)*

Le CHANGE

24640 Dordogne **10** – **75** ⑥ – 516 h. alt. 110.
Paris 486 – Brive-la-Gaillarde 63 – Excideuil 27 – Périgueux 17 – Thiviers 35.

△ **Auberoche** 15 juin-15 sept.
ℰ 05 53 06 04 19, Fax 05 53 35 09 51 – N : 1,8 km par D 5, rte de Cubjac, bord de l'Auvézère – ⚬⇥ – **R** conseillée – ⨍
3 ha (50 empl.) plat, herbeux ⌕ ♦
⅘ 🝘 ⇆ 🗟 ⩙ 🖾 – 🖾 ⚒ ⛵
Tarif : (Prix 1998) 🛉 *19 piscine et tennis compris* – 🗉 *30* – [🔋] *16 (6A)*
Location : ⛺ *1600* – gîtes

CHANGIS-SUR-MARNE

77660 S.-et-M. **6** – **56** ⑬ – 939 h. alt. 64.
Paris 62 – Château-Thierry 38 – Meaux 12 – Melun 64 – Senlis 50 – Soissons 70.

△ **Les Îlettes** avril-oct.
ℰ 01 64 35 76 36 – au Sud du bourg, près de la Marne – ⚬⇥ – **R** conseillée juil.-août – ⨍
0,4 ha (24 empl.) plat, herbeux ♦
🝘 ⇆ 🗟 ⇌ ⊕ 🖾
Tarif : 🗉 *élect. comprise 1 pers. 80, pers. suppl. 30*

CHANTEMERLE

05 H.-Alpes – **77** ⑱ – rattaché à Briançon.

La CHAPELLE-AUBAREIL

24290 Dordogne **13** – **75** ⑰ – 330 h. alt. 230.
Paris 501 – Brive-la-Gaillarde 45 – Les Eyzies-de-Tayac 20 – Montignac 9 – Sarlat-la-Canéda 17.

▲▲ **La Fage** mai-24 sept.
    𝒫 05 53 50 76 50, Fax 05 53 50 79 19 – NO : 1,2 km par rte de St-Amand-de-Coly (vers D 704) et chemin à gauche –   « Cadre agréable » ⚡ ⚞ juil.-août dans locations – **R** conseillée – ⅁Ⅾ
5 ha (60 empl.) en terrasses, peu incliné, herbeux ⌂ ♀
  ᗢ ⛁ ♻ ⛼ ☺ ⚲ ➿ ▣ – ⚓ ▼ ♣ – ⛲ ⚞
Tarif : ⭐ 31 piscine comprise – ▣ 42 – [⚡] 16 (6A)
Location : ⛺ 1550 à 2990

La CHAPELLE-AUX-FILTZMÉENS

35190 I.-et-V. **4** – **59** ⑯ – 314 h. alt. 40.
Paris 385 – Combourg 6 – Dinan 23 – Dol-de-Bretagne 23 – Rennes 40.

▲▲▲ **Le Château** Permanent
    𝒫 02 99 45 21 55, Fax 02 99 45 27 00 – SO : 0,8 km par D 13, rte de St-Domineuc et à droite –   « Dans les dépendances d'un château du 17ᵉ siècle » ⚡ – **R** conseillée juil.-août – ⅁Ⅾ
20 ha (200 empl.) plat, herbeux
  ⛁ ♻ ⛼ ☺ ➿ ▣ – ⚓ ▼ snack ⚞ – ⛲ discothèque ⚞ ⚞
Tarif : ⭐ 29 piscine comprise – ⚓ 10 – ▣ 50 – [⚡] 18 (6A) 25 (10A)
Location : ⛺ 1000 à 3000

La CHAPELLE-D'ANGILLON

18380 Cher **6** – **65** ⑪ G. Berry Limousin – 687 h. alt. 195.
Paris 194 – Aubigny-sur-Nère 14 – Bourges 35 – Salbris 35 – Sancerre 35 – Vierzon 34.

▲ **Municipal des Murailles** mai-sept.
    SE : 0,8 km par D 12 rte d'Henrichemont et chemin à droite, près de la petite Sauldre et d'un plan d'eau –   – **R** –
2 ha (49 empl.) plat, herbeux ♀
  ⛁ ♻ ⚞ ☺ – A proximité : ⚞ ⚞ (plage)
Tarif : (Prix 1998) ⭐ 9,70 – ▣ 15,40 – [⚡] 16,50

La CHAPELLE-DEVANT-BRUYÈRES

88600 Vosges **8** – **62** ⑰ – 633 h. alt. 457.
Paris 417 – Épinal 33 – Gérardmer 22 – Rambervillers 27 – Remiremont 30 – St-Dié 28.

▲▲ **Les Pinasses** 15 avril-15 sept.
    𝒫 03 29 58 51 10, Fax 03 29 58 54 21 – NO : 1,2 km sur D 60, rte de Bruyères – ⚡ juil.-août – **R** conseillée juil.-août – ⅁Ⅾ
3 ha (139 empl.) plat, herbeux, pierreux, petit étang ⌂ ♀♀
  ⛁ ♻ ⛼ ☺ ⚲ ➿ ▣ – ⚓ ⚞ ⚞ ⚞
Tarif : ▣ piscine et tennis compris 2 pers. 92, pers. suppl. 26 – [⚡] 17 (4A) 22 (6A)
Location (permanent) : studios

La CHAPELLE-HERMIER

85220 Vendée **9** – **67** ⑫ – 563 h. alt. 58.
Paris 454 – Aizenay 13 – Challans 26 – La Roche-sur-Yon 26 – Les Sables-d'Olonne 23 – St-Gilles-Croix-de-Vie 21.

▲▲ **Pin Parasol** mai-sept.
    𝒫 02 51 34 64 72, Fax 02 51 34 64 62 – SO : 3,3 km par D 42, rte de l'Aiguillon-sur-Vie puis 1 km par rte à gauche, près du lac du Jaunay (accès direct) –   ⚡ – **R** indispensable 25 juil.-11 août – ⅁Ⅾ
5 ha (125 empl.) plat, peu incliné, terrasses, herbeux ⌂
  ᗢ ⛁ ♻ ⛼ ⛁ ☺ ➿ ▣ – ▼ ⚞ ⚞ – ⚞
Tarif : ▣ piscine comprise 2 pers. 92 – [⚡] 14 (4A) 18 (6A)
Location : ⛺ 1300 à 2800

La CHAPELLE-MONTLIGEON

61400 Orne **5** – **60** ⑤ – 786 h. alt. 215.
Paris 164 – L'Aigle 36 – Alençon 50 – Mortagne-au-Perche 11 – Nogent-le-Rotrou 29 – Verneuil-sur-Avre 40.

▲ **Municipal les Bruyères** 15 mai-15 sept.
    𝒫 02 33 83 90 43 – S : 1,7 km, à l'embranchement de la D 628 par la D 213 – **R**
1,1 ha (34 empl.) en terrasses, sablonneux, pierreux, forêt attenante ⌂ ♀
  ᗢ ⛁ ♻ ☺ – ⚞ – A proximité : ⚞
Tarif : ⭐ 10 – ⚓ 4 – ▣ 4/6 – [⚡] 10
Location : gîte d'étape

CHARLIEU

42190 Loire ⑪ – ⑬ ⑧ G. Vallée du Rhône – 3 727 h. alt. 265.
🛈 Office de Tourisme pl. St-Philibert 𝒫 04 77 60 12 42, Fax 04 77 60 16 91.
Paris 383 – Digoin 48 – Lapalisse 57 – Mâcon 78 – Roanne 20 – St-Étienne 105.

▲ *Municipal*
𝒫 04 77 69 01 70 – à l'Est de la ville, au stade, bord du Sornin – ⊶
2,7 ha (100 empl.) plat, herbeux ⌧
🏕 ⇄ 😊 ⊕ 🔥 ⊽ 🖪 – A proximité : ✗ ⌇

CHARLY

02310 Aisne ⑥ – ⑤⑥ ⑭ – 2 475 h. alt. 63.
Paris 84 – Château-Thierry 14 – Coulommiers 33 – La Ferté-sous-Jouarre 16 – Montmirail 27 – Soissons 55.

▲ *Municipal des illettes* avril-sept.
𝒫 03 23 82 12 11 – au Sud du bourg, à 200 m du D 82 (accès conseillé) – ⊶ – **R** – ⾗
1,2 ha (43 empl.) plat, herbeux ⌧
🏢 🏕 ⇄ 😊 ⊕ 🔥 ⊽ 🖪 – 🔄 – A proximité : ⍬ ✗
Tarif : (Prix 1998) 🖲 *1 pers. 35, pers. suppl. 15* – 🔌 *10 (5 ou 10A)*

CHARMES-SUR-L'HERBASSE

26260 Drôme ⑮ – ⑦⑦ ② – 631 h. alt. 251.
Paris 554 – Annonay 46 – Beaurepaire 27 – Romans-sur-Isère 16 – Tournon-sur-Rhône 22 – Valence 32.

▲ *Municipal les Falquets* mai-sept.
𝒫 04 75 45 75 57 – sortie Sud-Est, par D 121, rte de Margès, bord de l'Herbasse – 🐟 ⊶ juil.-août
– **R** conseillée – ⾗
1 ha (75 empl.) plat, herbeux ⍾⍾ (0,4 ha)
🏕 🗐 ⇄ ⊕ – 🚗 ⍆
Tarif : (Prix 1998) ⋆ *13* – 🚗 *10* – 🖲 *11* – 🔌 *10 (6A)*

CHAROLLES

71120 S.-et-L. ⑪ – ⑥⑨ ⑰ G. Bourgogne – 3 048 h. alt. 279.
🛈 Office de Tourisme Couvent des Clarisses, r. Baudinot 𝒫 et Fax 03 85 24 05 95.
Paris 362 – Autun 76 – Chalon-sur-Saône 65 – Mâcon 54 – Moulins 81 – Roanne 61.

▲ *Municipal* avril-5 oct.
𝒫 03 85 24 04 90 – sortie Nord-Est, rte de Mâcon et D 33 rte de Viry à gauche, bord de l'Arconce
« Cadre agréable » ⊶ – **R** conseillée – ⾗
1 ha (60 empl.) plat, herbeux, gravillons ⌧ ⍾
🏕 ⇄ 😊 ⊕ 🔥 🖪 – 🔄 ⍆
Tarif : (Prix 1998) ⋆ *12* – 🚗 *7,50* – 🖲 *11* – 🔌 *7 (10A)*

CHARRON

17230 Char.-Mar. ⑨ – ⑦⑪ ⑫ – 1 512 h. alt. 4.
Paris 470 – Fontenay-le-Comte 36 – Luçon 24 – La Rochelle 17 – La Roche-sur-Yon 59.

▲ *Municipal les Prés de Charron* 15 juin-1er sept.
𝒫 05 46 01 53 09 – sortie Nord-Est par D 105, rte de Marans et à gauche, rue du 19-mars-1962
– ⊶ – **R** – ⾗
1,2 ha (50 empl.) plat, herbeux
⅚ 🏕 ⇄ 😊 ⊕ 🔥 – A proximité : ✗
Tarif : ⋆ *12,60* – 🚗 *3,80* – 🖲 *6,40/7,60* – 🔌 *8,70*

CHARTRES

28000 E.-et-L. ⑤ – ⑥⑩ ⑧ G. Ile de France – 39 595 h. alt. 142.
🛈 Office de Tourisme pl. Cathédrale 𝒫 02 37 21 50 00, Fax 02 37 21 51 91.
Paris 89 – Évreux 78 – Le Mans 115 – Orléans 76 – Tours 141.

▲ *Municipal des Bords de l'Eure* vacances de printemps-5 sept.
𝒫 02 37 28 79 43 – au Sud-Est de la ville, près de l'Eure – ⊶ – **R** – ⾗
3,5 ha (97 empl.) plat, herbeux ⌧ ⍾
🏢 ⅚ 🏕 🗐 ⇄ ⊕ – 🔄 🚗
Tarif : (Prix 1998) 🖲 *2 pers. 49 ou 71* – 🔌 *18 (5A)*

CHARTRE-SUR-LE-LOIR

72340 Sarthe ⑤ – ⑥④ ④ G. Châteaux de la Loire – 1 669 h. alt. 55.
🛈 Syndicat d'Initiative (mi-juin-mi-sept.) 𝒫 02 43 44 40 04, Fax (Mairie) 02 43 44 27 40.
Paris 217 – La Flèche 57 – Le Mans 50 – St-Calais 30 – Tours 42 – Vendôme 44.

▲▲ *Municipal le Vieux Moulin*
𝒫 02 43 44 41 18 – à l'Ouest du bourg, bord du Loir – ⊶
2,5 ha (140 empl.) plat, herbeux,
⅚ 🏕 ⇄ 🗐 ⇲ 😊 ⊕ 🖪 – 🔄 🚗 ⍆

CHASSAGNES

07 Ardèche – 80 ⑧ – rattaché aux Vans.

CHASSIERS

07110 Ardèche 16 – 80 ⑧ – 930 h. alt. 340.
Paris 646 – Aubenas 17 – Largentière 3 – Privas 47 – Valgorge 26 – Vallon-Pont-d'Arc 24.

Les Ranchisses 3 avril-4 oct.
℘ 04 75 88 31 97, Fax 04 75 88 32 73 – NO : 1,6 km, bord de la Ligne, accès par D 5, rte de Valgorge – dans locations – **R** conseillée, indispensable 10 juil.-15 août – GB
4 ha (130 empl.) plat, peu incliné, herbeux (2 ha)
– pizzeria –
Tarif : *piscine et tennis compris 2 pers. 110, pers. suppl. 26 – 18 (6 à 10A)*
Location : *1400 à 3100 – bungalows toilés*

CHASTANIER

48300 Lozère 16 – 76 ⑯ – 113 h. alt. 1 090.
Paris 575 – Langogne 10 – Châteauneuf-de-Randon 17 – Marvejols 74 – Mende 46 – Saugues 42.

Pont de Braye 15 mai-15 sept.
℘ 04 66 69 53 04 – O : 1 km, carrefour D 988 et D 34, bord du Chapeauroux – – **R** conseillée –
1,5 ha (35 empl.) en terrasses, pierreux, herbeux
– – A proximité :
Tarif : *2 pers. 59, pers. suppl. 18 – 11 (3A) 15 (5A)*

CHÂTEAU-ARNOUX-ST-AUBAN

04160 Alpes-de-H.-Pr. 17 – 81 ⑯ **G. Alpes du Sud** – 5 109 h. alt. 440.
Office de Tourisme La Ferme de Font-Robert ℘ 04 92 64 02 64, Fax 04 92 62 60 67.
Paris 721 – Digne-les-Bains 25 – Forcalquier 30 – Manosque 41 – Sault 69 – Sisteron 14.

Les Salettes Permanent
℘ 04 92 64 02 40, Fax 04 92 64 25 06 – E : 1 km, au lac – – **R** conseillée juil.-août – GB
4 ha (300 empl.) plat, herbeux
– snack –
Tarif : *22,50 piscine comprise – 22,50 – 14,60 (4A) 22 (6A)*

CHÂTEAU-CHINON

58120 Nièvre 11 – 69 ⑥ **G. Bourgogne** – 2 502 h. alt. 510.
Office de Tourisme 8 r. des Fontaines ℘ 03 86 85 06 58, Fax 03 86 85 06 85.
Paris 281 – Autun 40 – Avallon 62 – Clamecy 68 – Moulins 89 – Nevers 65 – Saulieu 46.

Municipal du Pertuy d'Oiseau
℘ 03 86 85 08 17 – sortie Sud par D 27 rte de Luzy et à droite –
1,8 ha (100 empl.) peu incliné à incliné, herbeux
–

à St-Léger-de-Fougeret SO : 9,5 km par D 27 rte de St-Léger-sous-Beuvray et D 157 à droite – 280 h. alt. 500 – ✉ 58120 St-Léger-de-Fougeret :

L'Etang de Fougeraie mai-1er oct.
℘ 03 86 85 11 85, Fax 03 86 79 45 72 – SE : 2,4 km par D 157 rte d'Onlay, bord d'un étang – – **R** conseillée juil.-août –
3 ha (60 empl.) plat et vallonné, herbeux
– –
Tarif : (Prix 1998) *2 pers. 50, pers. suppl. 15 – 10 (1A)*

Le CHÂTEAU-D'OLÉRON

17 Char.-Mar. – **71** ⑭ – voir à Oléron (Ile d').

CHÂTEAUGIRON

35410 I.-et-V. **4** – **63** ⑦ G. Bretagne – 4 166 h. alt. 45.
Paris 337 – Angers 112 – Châteaubriant 45 – Fougères 49 – Nozay 67 – Rennes 17 – Vitré 28.

▲ **Municipal les Grands Bosquets** avril-sept.
sortie Est par D 34, rte d'Ossé, bord d'un plan d'eau – **R**
0,6 ha (33 empl.) plat, herbeux
🗄 🍽 🛁 ☺ – ☕
Tarif : (Prix 1998) 🏕 *8,20 – 🅴 13,40 – 🔌 10,90*

CHÂTEAU-GONTIER

53200 Mayenne **4** – **63** ⑩ G. Châteaux de la Loire – 11 085 h. alt. 33.
🅱 Office de Tourisme Péniche L'Elan quai Alsace 🕾 02 43 70 42 74, Fax 02 43 70 95 62.
Paris 279 – Angers 49 – Châteaubriant 56 – Laval 30 – Le Mans 85 – Rennes 105.

▲▲ **Le Parc** mai-sept.
🕾 02 43 07 35 60 – N : 0,8 km par N 162 rte de Laval, près du complexe sportif, bord de la Mayenne
– 🔔 – **R** conseillée juil.-août – 🖼 ⚲
2 ha (55 empl.) plat et peu incliné, herbeux 🔲
🖠 🗄 🍽 🗃 🛁 ☺ 🛒 🖼 – 🏠 🚣 – A proximité : 🍴 🏊
Tarif : (Prix 1998) 🅴 *piscine comprise 1 ou 2 pers. 44,50, pers. suppl. 19 – 🔌 11,20*
Location : 🚐 *1200 à 1600*

CHÂTEAULIN

29150 Finistère **3** – **58** ⑮ G. Bretagne – 4 965 h. alt. 10.
🅱 Office de Tourisme quai Cosmao 🕾 02 98 86 02 11, Fax 02 98 86 31 03, (hors saison) Mairie
🕾 02 98 86 10 05.
Paris 548 – Brest 47 – Châteauneuf-du-Faou 23 – Douarnenez 28 – Quimper 29.

▲▲ **Municipal Rodaven** début mars-fin oct.
🕾 02 98 86 32 93 – au Sud de la ville, bord de l'Aulne (rive droite) – 🔔 juil.-août – **R** – ⚲
2 ha (100 empl.) plat, herbeux
🖠 🗄 🍽 🗃 ⚲ ☺ – 🚣 – A proximité : 🍴 🖼 🏊
Tarif : 🅴 *1 pers. 34,60, 2 pers. 55,60*

CHÂTEAUMEILLANT

18370 Cher **10** – **68** ⑳ – 2 081 h. alt. 247.
🅱 Office de Tourisme r. de la Victoire 🕾 02 48 61 39 89, Fax 02 48 61 32 98.
Paris 304 – Aubusson 79 – Bourges 66 – La Châtre 19 – Guéret 60 – Montluçon 45 – St-Amand-Montrond 39.

▲ **Municipal l'Étang Merlin** mai-sept.
🕾 02 48 61 31 38 – NO : 1 km par D 70, rte de Beddes, D 80 à gauche rte de Vicq-Exemplet et
chemin, attenant au stade et près d'un étang – 🔔 – **R** conseillée
1,5 ha (30 empl.) plat, herbeux 🔲
🖠 🗄 🍽 🗃 🛁 ☺ 🦯 🗞 🖼 – 🚣 🚲 – A proximité : 🍴 ☕
Tarif : (Prix 1998) 🅴 *3 pers. 60, pers. suppl. 15 – 🔌 13 (5A) 25 (10A)*

CHÂTEAUNEUF-DE-GALAURE

26330 Drôme **12** – **77** ② – 1 246 h. alt. 253.
Paris 536 – Annonay 32 – Beaurepaire 19 – Romans-sur-Isère 27 – St-Marcellin 41 – Tournon-sur-Rhône 30
– Valence 41.

▲▲ **Château de Galaure** avril-1er oct.
🕾 04 75 68 65 22, Fax 04 75 68 60 60 – SO : 0,8 km par D 51, rte de St-Vallier – Places limitées
pour le passage 🔔 – **R** – 🖼
12 ha (120 empl.) plat, herbeux
🗄 🍽 🗃 ⚲ ☺ 🖼 – 🏠 🚣 🏊 – A proximité : 🍴
Tarif : 🅴 *piscine et tennis compris 2 pers. 90, pers. suppl. 18 – 🔌 18 (5A)*
Location : 🏠 *1200 à 2600*

CHÂTEAUNEUF-DU-RHÔNE

26780 Drôme **16** – **81** ① G. Vallée du Rhône – 2 094 h. alt. 80.
Paris 618 – Aubenas 42 – Grignan 23 – Montélimar 9 – Pierrelatte 15 – Valence 58.

▲ **Municipal la Graveline** 5 juin-29 août
🕾 04 75 90 80 96 – sortie Nord par D 73, rte de Montélimar puis chemin à droite – 🏖 ⬅ – **R**
0,6 ha (66 empl.) plat et peu incliné, herbeux �‍
🗄 🍽 🗃 🛁 ☺ – A proximité : 🍴 🏊
Tarif : 🏕 *9 – 🚗 6 – 🅴 6 – 🔌 9*

CHÂTEAUNEUF-LA-FORÊT

87130 H.-Vienne **10** – **72** ⑱ ⑲ – 1 805 h. alt. 376.
Paris 428 – Eymoutiers 14 – Limoges 37 – St-Léonard-de-Noblat 21 – Treignac 34.

⚠ **Municipal du Lac** juin-15 sept.
    ℰ 05 55 69 39 29 – à 0,8 km à l'Ouest du centre bourg, rte du stade, à 100 m d'un plan d'eau –
R conseillée 14 juil.-15 août – *℀*
1,5 ha (65 empl.) plat, herbeux ⚲ (0,7 ha)
 ⅙ 🛖 ⚞ ⊕ 🖪 – ℀ – A proximité : ⛵ ≗ (plage)
Tarif : 🔲 *tennis compris 2 pers. 69* – 🔋 *18 (6A)*
Location : 🚐 *1370 à 2050 – gîtes*

▶ *Ihre Meinung über die von uns empfohlenen Campingplätze interessiert uns.*
Teilen Sie uns Ihre Erfahrungen mit und schreiben Sie uns auch,
wenn Sie eine gute Entdeckung gemacht haben.

CHÂTEAUNEUF-LES-BAINS

63390 P.-de-D. **11** – **73** ③ G. Auvergne – 330 h. alt. 390 – ♨ (2 mai-sept.).
🅱 Office de Tourisme (mai-sept.) *ℰ* 04 73 86 67 86.
Paris 383 – Aubusson 85 – Clermont-Ferrand 49 – Montluçon 55 – Riom 33 – Ussel 95.

⚠ **Municipal les Prés Dimanches** 2 mai-sept.
    ℰ 04 73 86 41 50 – sortie Est du bourg par D 109, près de la Sioule – ⋐ �ⓜ – **R** – *℀*
0,5 ha (45 empl.) plat, herbeux, pierreux ▭
🌊 ⅙ 🛖 ⚞ 🖫 ⊔ ⊕ 🖪 – A proximité : ▭ ℀
Tarif : 🔲 *élect. (6A) comprise 2 ou 3 pers. 55, pers. suppl. 5*

CHÂTEAUNEUF-SUR-SARTHE

49330 M.-et-L. **4** – **64** ① – 2 370 h. alt. 20.
Paris 278 – Angers 31 – Château-Gontier 25 – La Flèche 33.

⚠ **Municipal du Port** mai-15 oct.
    ℰ 02 41 69 82 02 – sortie Sud-Est par D 859 rte de Durtal et 2ème chemin à droite après le pont,
bord de la Sarthe (halte nautique) « Décoration arbustive » ⌐orⓜ saison – **R**
1 ha (60 empl.) plat, herbeux ▭ ⚲ (0,3 ha)
⅙ 🛖 🖫 ⚞ ⊕ 🖪
Tarif : (Prix 1998) 🚶 *8* – 🚗 *3,60* – 🔲 *3,60* – 🔋 *9,90 (10A)*

CHÂTEAUPONSAC

87290 H.-Vienne **10** – **72** ⑦ G. Berry Limousin – 2 409 h. alt. 290.
Paris 363 – Bélâbre 55 – Limoges 48 – Rellac 22 – St-Junien 46.

⚠ **Municipal la Gartempe** avril-oct.
    ℰ 05 55 76 55 33 – sortie Sud-Ouest par D 711 rte de Nantiat, à 200 m de la rivière – ⌐orⓜ
R conseillée juil.-août
1,5 ha (43 empl.) plat, peu incliné et terrasses, herbeux
⅙ 🛖 ⚞ 🖫 ⊔ ⊕ 🖪 – ₹ snack – ▭ ᚛ – A proximité : 🚲 ⊕ ▯ ▭
Tarif : (Prix 1998) 🔲 *piscine comprise 2 pers. 60, pers. suppl. 15* – 🔋 *15 (6A)*
Location : 🏠 *1850 à 2750*

CHÂTEAU-QUEYRAS

05350 H.-Alpes **17** – **77** ⑲ G. Alpes du Sud – alt. 1 380.
Paris 716 – Briançon 37 – Gap 80 – Guillestre 19 – St-Véran 14.

⚠ **Municipal de l'Iscle** 15 juin-10 sept.
    ℰ 04 92 46 76 21 – sortie Est par D 947, rte d'Aiguilles, à 50 m du Guil – ⋐ ⌐orⓜ – **R** – *℀*
2 ha (75 empl.) plat, pierreux, herbeux ⚲
⅙ 🛖 ⚞ ⊔ – ℀
Tarif : (Prix 1998) 🚶 *11,50* – 🚗 *5,30* – 🔲 *8,80*

CHÂTEAURENARD

13160 B.-du-R. **16** – **84** ① G. Provence – 11 790 h. alt. 37.
🅱 Office de Tourisme 1 r. R.-Salengro *ℰ* 04 90 94 23 27, Fax 04 90 94 14 97.
Paris 695 – Avignon 11 – Carpentras 31 – Cavaillon 21 – Marseille 95 – Nîmes 45 – Orange 39.

⚠ **La Roquette** Permanent
    ℰ 04 90 94 46 81 – E : 1,5 km par D 28 rte de Noves à droite, près de la piscine, Par A 7 sortie
Avignon-Sud – ⌐orⓜ – **R** conseillée juil.-août – 🇬🇧
2 ha (75 empl.) plat, herbeux
🌊 ⅙ 🛖 ⚞ 🖫 ⚞ ⊕ ⚞ ℀ 🖪 – 🚲 – A proximité : ▭
Tarif : 🚶 *19* – 🔲 *19* – 🔋 *15 (5A)*

37110 I.-et-L. **5** – **64** ⑤ ⑥ G. Châteaux de la Loire – 5 787 h. alt. 92.
🛈 Office de Tourisme 32 pl. J.-Jaurès *℘* 02 47 56 22 22.
Paris 216 – Angers 122 – Blois 33 – Loches 60 – Le Mans 89 – Tours 32 – Vendôme 27.

▲ *Municipal du Parc de Vauchevrier* mai-sept.
℘ 02 47 29 54 43 – vers sortie Ouest par D 766, rte d'Angers et rue à droite, à la piscine, bord de la Brenne – ⊶ – **R** conseillée
3,5 ha (110 empl.) plat, herbeux
⚒ 🗑 ♻ 🗟 ⚄ ☺ – ⚡ ⚔ 🎾 🛖 ⛵
Tarif : (Prix 1998) ⚹ *9,70* – 🚗 *5,40* – 🔲 *9,70* – [⚡] *10,50 (6A)*

36000 Indre **10** – **68** ⑧ G. Berry Limousin – 50 969 h. alt. 155.
🛈 Office de Tourisme pl. de la Gare *℘* 02 54 34 10 74, Fax 02 54 27 57 97.
Paris 267 – Blois 101 – Bourges 66 – Châtellerault 99 – Guéret 89 – Limoges 125 – Montluçon 98 – Tours 115.

▲▲ *Municipal de Rochat Belle-Isle* avril-oct.
℘ 02 54 34 26 56, Fax 02 54 60 85 20 – Nord par av. de Paris et rue à gauche, bord de l'Indre et à 100 m d'un plan d'eau – ⊶ – **R** juil.-août – ⚄
4 ha (205 empl.) plat, herbeux, gravillons ⛲ 🟡🟡
⚒ ⚓ 🗑 ♻ 🗟 ⚄ ☺ ⚄ ⚘ ⛺ 🛢 – 🛖 – A proximité : bowling, toboggan aquatique ⚡ ✕ 🎾 ⛵
Tarif : (Prix 1998) ⚹ *12,70* – 🚗 *10,70* – 🔲 *15,80* – [⚡] *6,60 (3A) 12,70 (6A) 17,80 (10A)*

74390 H.-Savoie **12** – **70** ⑱ G. Alpes du Nord – 1 255 h. alt. 1 180 – Sports d'hiver : 1 200/2 200 m ⚡2 ⚡36 ⚡.
🛈 Office de Tourisme *℘* 04 50 73 22 44, Fax 04 50 73 22 87.
Paris 578 – Annecy 113 – Évian-les-Bains 42 – Morzine 38 – Thonon-les-Bains 39.

▲▲▲ *L'Oustalet* déc.-avril, 20 juin-août
℘ 04 50 73 21 97, Fax 04 50 73 37 46 – SO : 2 km par la rte du col de Bassachaux, bord de la Dranse, alt. 1 110 – ❄ ≼ « Site agréable » ⊶ – **R** conseillée été, indispensable hiver – en hiver, séjour minimum 1 semaine – 🆖 ⚄
3 ha (100 empl.) plat et peu incliné, herbeux, pierreux, gravillons
⚒ ⚓ 🗑 ♻ 🗟 ⚄ ☺ ⛺ 🛢 – 🛖 ⚡ 🎾 ⛵ (découverte l'été) – A proximité : practice de golf
⚓ ⚡ ✕ 🛖 ⚄ 🛖
Tarif : 🔲 *piscine comprise 3 pers. 125* – [⚡] *20 (2A) 24 (3A) 32 (6A)*

▶ *Ask your bookseller for the catalogue of* **MICHELIN** *publications.*

17340 Char.-Mar. **9** – **71** ⑬ G. Poitou Vendée Charentes – 4 993 h. alt. 3.
🛈 Office de Tourisme av. de Strasbourg *℘* 05 46 56 26 97, Fax 05 46 56 09 49.
Paris 471 – Niort 63 – Rochefort 23 – La Rochelle 18 – Surgères 28.

▲▲ *Le Clos des Rivages* 15 juin-10 sept.
℘ 05 46 56 26 09 – S : av. des Boucholeurs – ⊶ – **R** conseillée – ⚄
3 ha (150 empl.) plat, herbeux, étang ⛲ 🟡
⚓ ♻ 🗟 ♻ ⚄ 🛢 – 🛖 ⚡⚔
Tarif : (Prix 1998) 🔲 *2 pers. 92, pers. suppl. 19* – [⚡] *17 (3A) 22 (6A) 27 (10A)*

▲ *L'Océan* 15 juin-15 sept.
℘ 05 46 56 87 97 – N : 1,3 km par D 202, rte de la Rochelle et à droite – ⊶ – **R** conseillée juil.-août – 🆖 ⚄
1,8 ha (94 empl.) plat, herbeux, pierreux
⚓ ⚓ ♻ 🗟 ⚄ ☺ 🛢
Tarif : 🔲 *2 pers. 79* – [⚡] *20 (10A)*

▲ *Les Sables* 15 juin-15 sept.
℘ 05 46 56 86 37 – N : 2,2 km par D 202, rte de la Rochelle et à droite – ⊶ – **R** conseillée – ⚄
0,7 ha (50 empl.) plat, herbeux 🟡 (0,3 ha)
⚓ ⚓ 🗟 ♻ – ⚡⚔
Tarif : ⚹ *16* – 🔲 *32* – [⚡] *15 (3A) 18 (5A) 22 (10A)*

73630 Savoie **12** – **74** ⑯ G. Alpes du Nord – 491 h. alt. 750.
Paris 565 – Aix-les-Bains 30 – Annecy 30 – Chambéry 34 – Montmélian 35 – Rumilly 32.

▲ *Les Cyclamens* 15 mai-15 sept.
℘ 04 79 54 80 19 – vers sortie Nord-Ouest et chemin à gauche, rte du Champet – ⚑ ≼ ⊶ – **R** conseillée juil.-août – ⚄
0,6 ha (33 empl.) plat, herbeux 🟡
⚓ ♻ 🗟 ♻ ⚄ 🛢 – 🛖 ⚡⚔
Tarif : ⚹ *20* – 🔲 *21* – [⚡] *13 (2A) 15 (3A) 18 (4A)*

CHÂTELAUDREN

22170 C.-d'Armor **3** – **58** ⑨ – 947 h. alt. 105.
Paris 470 – Guingamp 15 – Lannion 46 – St-Brieuc 19 – St-Quay-Portrieux 21.

▲ **Municipal de l'Etang** mai-sept.
  ℰ 02 96 74 17 71 – au bourg, rue de la gare, bord d'un étang – ⬥ – ℞ – ⚲
  0,2 ha (17 empl.) plat, herbeux ▭
  ⬥ ♨ ⬧ 🖼 ⊟ ⊕ – ⚏
  Tarif : ⚹ 15 – ⚘ 5 – 🗐 15 – 🔌 15

CHÂTEL-DE-NEUVRE

03500 Allier **11** – **69** ⑭ G. Auvergne – 512 h. alt. 224.
Paris 312 – Montmarault 37 – Moulins 20 – St-Pourçain-sur-Sioule 13 – Vichy 39.

▲ **Deneuvre** avril-1er oct.
  ℰ 04 70 42 04 51 – N : 0,5 km par N 9 puis chemin à droite, bord de l'Allier – ⊶ – ℞ conseillée
  – ⚲
  1,3 ha (75 empl.) plat, herbeux
  ⬥ ♨ ⬧ 🖼 ⊟ ⊕ 🖼 – snack – 🚲 ⚏
  Tarif : ⚹ 22 – 🗐 22 – 🔌 14 (4A)

CHÂTELGUYON

63140 P.-de-D. **11** – **73** ④ G. Auvergne – 4 743 h. alt. 430 – ♨ (mai-sept.).
🛈 Office de Tourisme Parc E.-Clémentel ℰ 04 73 86 01 17, Fax 04 73 86 27 03.
Paris 415 – Aubusson 94 – Clermont-Ferrand 21 – Gannat 30 – Vichy 44 – Volvic 11.

▲▲▲ **Clos de Balanède** 10 avril-5 oct.
  ℰ 04 73 86 02 47 – sortie Sud-Est par D 985, rte de Riom – ⊶ – ℞ conseillée 15 juil.-15 août –
  GB ⚲
  4 ha (285 empl.) plat et peu incliné, herbeux 🟢🟢
  ⬥ ♨ ⬧ 🖼 ♨ ⊟ ⊕ ⚷ ▽ 🖼 – 🍴 🛒 – 🏪 🚣 🎣 ⚄ half-court
  Tarif : (Prix 1998) ⚹ 20 piscine comprise – ⚘ 7 – 🗐 15 – 🔌 12 (3A) 18 (5A) 25 (10A)
  Location : 🏠 1100 à 2000 – 🏚 1600 à 2900

à St-Hippolyte SO : 1,5 km – ✉ 63140 Châtelguyon :

▲ **Municipal de la Croze** mai-5 oct.
  ℰ 04 73 86 08 27 – SE : 1 km par D 227, rte de Riom – ⬥ ⊶ – ℞ – ⚲
  3,7 ha (150 empl.) plat, peu incliné et en terrasses, herbeux, pierreux ⚲
  ♨ ⚷ ⊕ 🖼 – 🚣
  Tarif : ⚹ 13,35 – ⚘ 7,50 – 🗐 7,50/12,30 – 🔌 12 (4A) 18 (6A) 30 (10A)

Voir aussi à Loubeyrat

CHÂTELLERAULT

86100 Vienne **10** – **68** ④ G. Poitou Vendée Charentes – 34 678 h. alt. 52.
🛈 Office de Tourisme 2 av. Treuille ℰ 05 49 21 05 47, Fax 05 49 02 03 26.
Paris 306 – Châteauroux 102 – Cholet 134 – Poitiers 37 – Tours 72.

▲▲ **Relais du Miel** mai-sept.
  ℰ 05 49 02 06 27, Fax 05 49 93 25 76 – sortie Nord, par N 10 rte de Paris, puis, rocade à gauche
  en direction du péage de l'A 10 et à droite par D 1 rte d'Antran, près de la Vienne (accès direct) –
  Par A 10, sortie ㉘ Châtellerault-Nord et D 1 à gauche, rte d'Antran – ⬥ « Dans les dépendances
  d'une demeure du 18e siècle » ⊶ – ℞ conseillée juil.-août – GB ⚲
  7 ha/4 campables (80 empl.) plat, terrasses, peu incliné, herbeux, pierreux ▭
  ⬥ ♨ ⬧ 🖼 ⊟ ⊕ ⚷ ▽ 🖼 – 🍴 – 🚣
  Tarif : 🗐 élect. et piscine comprises 2 pers. 130, pers. suppl. 20

CHÂTELUS-MALVALEIX

23270 Creuse **10** – **68** ⑲ – 558 h. alt. 410.
Paris 335 – Aigurande 28 – Aubusson 46 – Boussac 19 – Guéret 25.

▲ **Municipal la Roussille** juin-sept.
  ℰ 05 55 80 52 71 – à l'Ouest du bourg, près d'un étang – ⬥ – ℞
  0,5 ha (33 empl.) peu incliné, plat, herbeux
  ♨ ⚷ – ⚲ – A proximité : ⚏ (plage)
  Tarif : (Prix 1998) ⚹ 6 – ⚘ 3 – 🗐 4

CHÂTILLON-COLIGNY

45230 Loiret **6** – **65** ② G. Bourgogne – 1 903 h. alt. 130.
Paris 133 – Auxerre 70 – Gien 27 – Joigny 48 – Montargis 22.

▲ **Municipal de la Lancière** avril-sept.
  ℰ 02 38 92 54 73 – au Sud du bourg, entre le Loing et le canal de Briare (halte fluviale) – Places
  limitées pour le passage ⊶ saison – ℞ conseillée juil.-août – ⚲
  1,9 ha (55 empl.) plat, herbeux 🟢🟢 (1 ha)
  ♨ ⚷ ⊕ – cases réfrigérées – 🎣
  Tarif : (Prix 1998) ⚹ 10,30 – ⚘ 5,50 – 🗐 8,10 – 🔌 10 (3A) 16,70 (6A)

35210 I.-et-V. **4** – **59** ⑱ – 1 526 h. alt. 133.
Paris 311 – Fougères 18 – Rennes 49 – Vitré 13.

    ▲▲ *Municipal du Lac* 15 mai-sept.
       ✆ 02 99 76 06 32 – N : 0,5 km par D 108, bord de l'étang de Châtillon – ⏸ ≤ « Site et cadre
       agréables » ↻ juil.-août – **R**
       0,6 ha (50 empl.) peu incliné, herbeux ▭ ♀
       🔨 ⇆ 🗓 ⇓ ⊕ – ⊇ – A proximité : ▼ crêperie ✗
       Tarif : ✸ *10,70 –* ⇔ *4,85 –* 🄴 *8,60 –* 🔌 *15 (6A)*

01400 Ain **12** – **74** ② G. Vallée du Rhône – 3 786 h. alt. 177.
🄱 Office de Tourisme pl. Champ-de-Foire ✆ 04 74 55 02 27, Fax 04 74 55 34 78.
Paris 418 – Bourg-en-Bresse 28 – Lyon 53 – Mâcon 27 – Meximieux 35 – Villefranche-sur-Saône 29.

    ▲▲ *Municipal du Vieux Moulin* mai-sept.
       ✆ 04 74 55 04 79, Fax 04 74 55 13 11 – sortie Sud-Est par D 7 rte de Chalamont, bord de la Cha-
       laronne – Places limitées pour le passage ⏸ ↻ – **R** conseillée juil.-août – ⚥
       3 ha (140 empl.) plat, herbeux ♀ (1,5 ha)
       � 🔨 ⇆ 🗓 ⇓ ⊕ 🔳 – ⊇ ⚓ – A proximité : ⏦ ▼ snack ✗ 🌊 toboggan aquatique
       Tarif : *(Prix 1998)* ✸ *22 –* ⇔ *10 –* 🄴 *18 –* 🔌 *16 (15A)*

36700 Indre **10** – **68** ⑥ G. Berry Limousin – 3 262 h. alt. 115.
🄱 Office de Tourisme pl. du Champ-de-Foire ✆ 02 54 38 74 19 ✆ 02 54 38 81 16.
Paris 257 – Le Blanc 42 – Blois 76 – Châteauroux 48 – Châtellerault 64 – Loches 24 – Tours 68.

    ▲ *Municipal de la Ménétrie* 15 mai-15 sept.
       au Nord de la localité, en direction de Loches puis à droite vers la gare, rue du Moulin la Grange,
       bord d'un ruisseau – **R** – ⚥
       0,8 ha (55 empl.) plat, herbeux ♀
       � 🔨 ⇆ 🗓 ⚥ ⊕ – ⊇ – A proximité : parcours sportif ⚓ 🔳 toboggan aquatique
       Tarif : ✸ *12 –* 🄴 *15 –* 🔌 *12 (6A)*

21400 Côte-d'Or **7** – **65** ⑧ G. Bourgogne – 6 862 h. alt. 219.
🄱 Office de Tourisme pl. Marmont ✆ 03 80 91 13 19.
Paris 232 – Auxerre 85 – Avallon 73 – Chaumont 59 – Dijon 84 – Langres 73 – Saulieu 80 – Troyes 68.

    ▲ *Municipal* mai-sept.
       ✆ 03 80 91 03 05 – esplanade St-Vorles par rte de Langres – ⏸ ↻ – **R** conseillée – ⚥
       0,8 ha (54 empl.) peu incliné, plat, herbeux, goudronné ▭ ♀
       � 🔨 ⇆ ⇓ ⊕ 🔳 – A proximité : ▼ ✗ 🔳 🌊
       Tarif : ✸ *15 –* ⇔ *7 –* 🄴 *12 –* 🔌 *11 (5A) 22 (10A)*

36400 Indre **10** – **68** ⑲ G. Berry Limousin – 4 623 h. alt. 210.
🄱 Office de Tourisme square G.-Sand ✆ 02 54 48 22 64, Fax 02 54 06 09 15.
Paris 300 – Bourges 71 – Châteauroux 36 – Guéret 54 – Montluçon 64 – Poitiers 139 – St-Amand-Montrond
52.

    ▲ *Intercommunal le Val Vert* juin-sept.
       ✆ 02 54 48 32 42, Fax 02 54 48 32 87 – sortie Sud-Est par D 943, rte de Montluçon puis 2 km par
       D 83ᴬ, rte de Briante à droite et chemin, à proximité de l'Indre – ⏸ ↻ – **R** conseillée
       2 ha (77 empl.) en terrasses, plat, herbeux ▭
       � 🔨 ⇆ 🗓 ⇓ ⊕ ⚓ ⟆ 🔳
       Tarif : 🄴 *2 pers. 50 –* 🔌 *15 (5A)*

à Montgivray N : 2,5 km – 1 661 h. alt. 210 – ✉ 36400 Montgivray :

    ▲ *Municipal Solange Sand* Pâques-15 oct..
       ✆ 02 54 06 10 34 – au château Solange-Sand, bord de l'Indre – ⏸ « Cadre agréable » – **R** 5 juil.
       17 août
       1 ha (70 empl.) plat, herbeux, parc attenant
       🔨 ⇆ 🗓 ⇓ ⊕ – ⚓
       Tarif : ✸ *11,90 –* ⇔ *6,25 –* 🄴 *10,80 –* 🔌 *9,40 (3A) 14,45 (6A) 26,45 (10A)*

41320 L.-et-Ch. **6** – **64** ⑲ – 1 074 h. alt. 70.
Paris 209 – Bourges 53 – Romorantin-Lanthenay 21 – Selles-sur-Cher 30 – Vierzon 13.

    ▲ *Municipal des Saules* mai-août
       ✆ 02 54 98 04 55 – au bourg, près du pont, bord du Cher (plan d'eau) – ↻ saison – **R** – ⚥
       1 ha (80 empl.) plat, herbeux, sablonneux ♀
       🔨 ⚥ ⊕ – A proximité : ✗ ⚓
       Tarif : 🄴 *1 pers. 24, 2 pers. 38, pers. suppl. 8 –* 🔌 *10,50 (3A)*

CHAUDES-AIGUES

15110 Cantal 🔟 – 🔟 ⑭ G. Auvergne – 1 110 h. alt. 750 – ♨ (4 mai- 24 oct.).
🛈 Office de Tourisme 1 av. G.-Pompidou ℘ 04 71 23 52 75.
Paris 546 – Aurillac 100 – Entraygues-sur-Truyère 63 – Espalion 54 – St-Chély-d'Apcher 30 – St-Flour 29.

⚠ **Municipal le Couffour** mai-20 oct.
℘ 04 71 23 57 08 – S : 2 km par D 921, rte de Laguiole puis chemin à droite, au stade, alt. 900 –
⛺ ⬿ ⟲ – ℞ – ✂
2,5 ha (170 empl.) plat, peu incliné, terrasses, herbeux 🗔 ♀ (0,5 ha)
▦ ♿ ⛺ ⬭ ⬯ ☺ ▣ – 🏠 ⛴ ✄
Tarif : (Prix 1998) ♦ 11 – ⛐ 5 – ▣ 5 – 🔌 12 (6A)

▶ *Teneinde deze gids beter te kunnen gebruiken,*
DIENT U DE VERKLARENDE TEKST AANDACHTIG TE LEZEN.

CHAUFFAILLES

71170 S.-et-L. 🔟 – 🔟 ⑧ – 4 485 h. alt. 405.
🛈 Office de Tourisme 1 r. Gambetta ℘ 03 85 26 07 06, Fax 03 85 84 62 94.
Paris 396 – Charolles 34 – Lyon 80 – Mâcon 63 – Roanne 35.

⚠ **Municipal les Feuilles** mai-sept.
℘ 03 85 26 48 12 – au Sud-Ouest de la ville, par r. du Chatillon, bord du Botoret – ⟲ juil.-août
– ℞ conseillée – ✂
4 ha (75 empl.) plat et peu incliné, herbeux, gravillons 🗔 ♀ (1 ha)
♿ ⛺ ⬯ ⬭ ⬯ ☺ ⬭ ▣ – 🏠 ⛴ ✄ – A proximité : ⚓
Tarif : (Prix 1998) ▣ 2 pers. 38, pers. suppl. 12,50 – 🔌 14,50 (5A)
Location : huttes

CHAUFFOUR-SUR-VELL

19500 Corrèze 🔟 – 🔟 ⑲ – 325 h. alt. 160.
Paris 510 – Beaulieu-sur-Dordogne 22 – Brive-la-Gaillarde 28 – Rocamadour 32 – Souillac 27.

⚠ **Feneyrolles** 15 avril-sept.
℘ 05 55 84 09 58 – à 2,2 km à l'Est de la commune par chemin, au lieu-dit Feneyrolles – ⛺ « Cadre
boisé » ⟲ juil.-août – ℞ conseillée – 🅶🅱 ✂
3 ha (90 empl.) en terrasses et peu incliné, pierreux, herbeux ♀♀
♿ ⛺ ⬯ ⬭ ☺ ▣ – ▼ – 🏠 ⛴ ⚓
Tarif : ♦ 20 piscine comprise – ▣ 20 – 🔌 14 (6A)
Location : 🛖 800 à 1200 – 🏚 1200 à 2200

CHAUMONT-D'ANJOU

49140 M.-et-L. ⑤ – 🔟 ① – 261 h. alt. 54.
Paris 279 – Angers 30 – Baugé 15 – Châteauneuf-sur-Sarthe 25 – La Flèche 32.

⚠ **Municipal de Malagué** 15 mai-15 sept.
NO : 1,5 km par rte de Seiches-sur-le-Loir et chemin à droite – ⛺ « En forêt, près d'un étang » ⟲
juil.-août – ℞ conseillée juil.-août
1 ha (50 empl.) plat ♀♀
⛺ ⬯ ⬭ ⬯ ☺ – A proximité : ⚓
Tarif : (Prix 1998) ▣ élect. (10A) comprise 2 pers. 55/65, pers. suppl. 10

CHAUMONT-SUR-LOIRE

41150 L.-et-Ch. ⑤ – 🔟 ⑯ G. Châteaux de la Loire – 876 h. alt. 69.
Paris 202 – Amboise 21 – Blois 18 – Contres 23 – Montrichard 19 – St-Aignan 33.

⚠ **Municipal Grosse Grève** 15 mai-sept.
℘ 02 54 20 95 22 – sortie Est par D 751, rte de Blois et rue à gauche, avant le pont, bord de la
Loire – ⟲ – ℞ – ✂
4 ha (150 empl.) plat et peu accidenté, herbeux, sablonneux ♀
♿ ⛺ ⬯ ⬭ ⬯ ☺ ▣
Tarif : ♦ 14 – ⛐ 5 – ▣ 10 – 🔌 8 (5 ou 7A)

CHAUNY

02300 Aisne ⑥ – 🔟 ③ ④ – 12 926 h. alt. 50.
🛈 Office de Tourisme pl. du Marché Couvert ℘ 03 23 52 10 79, Fax 03 23 39 38 77.
Paris 122 – Compiègne 40 – Laon 36 – Noyon 17 – St-Quentin 30 – Soissons 32.

⚠ **Municipal** avril-sept.
℘ 03 23 52 09 96 – NO : 1,5 km par rte de Noyon et D 56 à droite, près N 32 « Décoration florale
et arbustive » ⟲ – 🅶🅱
2,7 ha (35 empl.) plat et peu incliné, gravier, herbeux 🗔
♿ ⛺ ⬯ ⬭ ☺ – ⛴
Tarif : (Prix 1998) ♦ 11 – ⛐ 7 – ▣ 7 – 🔌 14 (4A) 20 (6A) 32 (10A)

CHAUVIGNY

86300 Vienne **10** – **68** ⑭ G. Poitou Vendée Charentes – 6 665 h. alt. 65.
🛈 Office de Tourisme 5 r. Saint-Pierre 𝒫 05 49 46 39 01 et Mairie 𝒫 05 49 45 99 10.
Paris 337 – Bellac 64 – Le Blanc 37 – Châtellerault 30 – Montmorillon 27 – Ruffec 75.

⚐ **Municipal de la Fontaine** Permanent
𝒫 05 49 46 31 94 – sortie Nord par D 2, rte de la Puge et à droite, rue de la Fontaine – ⩽ « Jardin public attenant, pièces d'eau » o━ – **R** conseillée saison – 🆖
2,8 ha (120 empl.) plat, herbeux, gravillons ♀
🕭 🗟 🖾 🗓 🛒 🗑 ⊙ 🖄 ╤ 🖻 – ➔
Tarif : ⋆ 9,40 – 🚗 6 – 🗉 6 – 🔌 15A : 11,40 (hiver 16,60)

CHAUX-DES-CROTENAY

39150 Jura **12** – **70** ⑮ G. Jura – 362 h. alt. 735.
Paris 435 – Champagnole 14 – Lons-le-Saunier 46 – Mouthe 23 – St-Laurent-en-Grandvaux 13.

⚐ **Municipal** juil.-août
𝒫 03 84 51 50 00 – N : 0,7 km, à la piscine – 🛥 ⩽ o━ – **R** – 🗡
1,2 ha (62 empl.) plat et peu incliné, herbeux
🕭 🖾 🗓 ⊙ – 🖳 🗓 – A proximité : 🖋
Tarif : ⋆ 10,50 – 🗉 16,50 – 🔌 10,50 (10A)

CHAUZON

07 Ardèche – **80** ⑨ – voir à Ardèche (Gorges de l').

CHAVANNES-SUR-SURAN

01250 Ain **12** – **70** ⑬ – 419 h. alt. 312.
Paris 447 – Bourg-en-Bresse 20 – Lons-le-Saunier 51 – Mâcon 59 – Nantua 37 – Pont-d'Ain 28.

⚐ **Municipal** mai-oct.
sortie Est par D 3 rte d'Arnans, bord du Suran – 🛥 – **⋔**
1 ha (25 empl.) plat, herbeux 🖾
🕭 🖒 🗟 ⊙
Tarif : (Prix 1998) ⋆ 7,50 – 🚗 4 – 🗉 6 – 🔌 11,50

CHEFFES

49125 M.-et-L. **5** – **64** ① – 857 h. alt. 19.
Paris 282 – Angers 24 – Château-Gontier 33 – La Flèche 37.

⚐ **Municipal de l'Écluse** 15 juin-15 sept.
𝒫 02 41 42 85 52 – sortie Est par D 74 rte de Tiercé, près de la Sarthe – **⋔** – 🗡
2 ha (70 empl.) plat, herbeux ♀
🕭 🖒 🗟 🗓 ⊙
Tarif : (Prix 1998) ⋆ 8,50 – 🗉 10,60 – 🔌 11,20 (4A) 17 (6A) 32 (10A)

CHÉMERY

41700 L.-et-Ch. **5** – **64** ⑰ – 875 h. alt. 90.
Paris 213 – Blois 32 – Montrichard 26 – Romorantin-Lanthenay 29 – St-Aignan 14 – Selles-sur-Cher 11.

⚐ **Municipal le Gué** avril-sept.
𝒫 02 54 71 37 11 – à l'Ouest du bourg par rte de Couddes, bord d'un ruisseau – 🛥 o━ – **R** – 🗡
1,2 ha (50 empl.) plat, herbeux
🕭 🖒 🗓 ⊙
Tarif : (Prix 1998) ⋆ 10 – 🗉 15 – 🔌 14 (16A)

CHEMILLÉ-SUR-INDROIS

37460 I.-et-L. **10** – **64** ⑯ – 207 h. alt. 97.
Paris 243 – Châtillon-sur-Indre 26 – Loches 15 – Montrichard 25 – St-Aignan 22 – Tours 57.

⚐ **Municipal du Lac** Pâques-15 oct.
𝒫 02 47 92 77 83 – au Sud-Ouest du bourg – ⩽ « Agréable situation près d'un plan d'eau » o━
juil.-août – **R** conseillée juil.-août – 🗡
1 ha (72 empl.) plat et peu incliné, herbeux
🕭 🖒 🗓 ⊙ – A proximité : 🍷 brasserie 🖋 ⇴ ⩲ poneys
Tarif : ⋆ 10 – 🚗 7 – 🗉 10 – 🔌 11 (5A)

CHÊNE-EN-SEMINE

74270 H.-Savoie **12** – **74** ⑤ – 234 h. alt. 500.
Paris 507 – Annecy 35 – Bellegarde-sur-Valserine 10 – Genève 39 – Nantua 35 – Rumilly 29.

⚐ **La Croisée**
𝒫 04 50 77 90 06 – au Centre de Loisirs de la Semine, N : 2 km, à l'intersection des N 508 et D 14
– 🛥 « Cadre boisé » o━ juil.-août
2,9 ha (160 empl.) plat, herbeux, pierreux ♀♀
🕭 🖒 🗟 🗓 ⊙ 🖄 ╤ 🗑 – ⇴ 🖋 – A proximité : 🍺 🍷 ✕ 🖳 🗓

CHÉNÉRAILLES

23130 Creuse ⑩ – ⑱ ① G. Berry Limousin – 794 h. alt. 537.
Paris 373 – Aubusson 19 – La Châtre 63 – Guéret 34 – Montluçon 46.

⚠ *Municipal la Forêt* 15 juin-15 sept.
    ℘ 05 55 62 38 26 – SO : 1,3 km par D 55 rte d'Ahun – ≼ « Cadre boisé près d'un étang » – **R** juil.-août
    – ⚲
    0,5 ha (33 empl.) peu incliné, plat, pierreux, herbeux ♀♀ sapinière
    ⅚ 🗂 ⇆ 🍴 ☺ � – A proximité : ♠ 🚣 ≃ (plage)
    Tarif : ✸ *9 – ⇔ 8 – ▣ 8 – [ƒ] 12 (16A)*

▶ ⚓ ✕   HINWEIS :
    🍴   *Diese Einrichtungen sind im allgemeinen nur während*
    🛶 ➹   *der Saison in Betrieb – unabhängig von den Öffnungszeiten des Platzes.*

CHENONCEAUX

37150 I.-et-L. ⑤ – ⑭ ⑯ G. Châteaux de la Loire – 313 h. alt. 62.
🅱 Office de Tourisme (mai-sept.) 3 pl. de la Mairie ℘ 02 47 23 94 45.
Paris 234 – Amboise 12 – Château-Renault 36 – Loches 33 – Montrichard 10 – Tours 32.

⚠⚠ *Le Moulin Fort*
    ℘ 02 47 23 86 22, Fax 02 47 23 80 93 ✉ 37150 Francueil – SE : 2 km par D 40, rte de Montrichard,
    D 80 rte de Francueil à droite et chemin à gauche après le pont, bord du Cher – ⚓
    3 ha (137 empl.) plat, herbeux, sablonneux ♀
    ⅚ 🗂 ⇆ 🔲 🛁 🍴 ☺ 🔲 – ♦ snack ⚲ – 🔲 ♠ 🗓 ≃

CHERRUEIX

35120 I.-et-V. ④ – ⑲ ⑦ – 983 h. alt. 3.
Paris 370 – Cancale 21 – Dinard 31 – Dol-de-Bretagne 10 – Rennes 67 – St-Malo 25.

⚠ *L'Aumône* avril-sept.
    ℘ 02 99 48 97 28 – S : 0,5 km, sur D 797 – ⚓ – **R** conseillée juil.-août – ⚲
    1,6 ha (70 empl.) plat, herbeux ⊏⊐
    🗂 🔲 ⚲ ☺ 🔲 – ♦ – ⚲
    Tarif : (Prix 1998) ✸ *16 – ⇔ 8 – ▣ 8 – [ƒ] 13 (6A)*
    Location : gîte d'étape

Le CHESNE

08390 Ardennes ⑦ – ⑤⑥ ⑨ G. Champagne – 974 h. alt. 164.
Paris 217 – Buzancy 19 – Charleville-Mézières 38 – Rethel 32 – Vouziers 18.

⚠⚠ *Départemental Lac de Bairon* Permanent
    ℘ 03 24 30 11 66 – NE : 2,8 km par D 991, rte de Charleville-Mézières et rte de Sauville, à droite,
    bord du lac, Pour caravanes : accès conseillé par D 977, rte de Sedan et D 12 à gauche – ⚲ ≼
    « Situation agréable » ⚓ – **R** conseillée juil.-août – ⊞ ⚲
    6,8 ha (170 empl.) plat et en terrasses, herbeux, gravillons ♀♀ (0,5 ha)
    ▥ 🗂 ⇆ 🔲 🍴 ☺ – 🔲 🚣 ♻ – A proximité : ✖ ≃ ♨
    Tarif : ✸ *15,20 – ⇔ 8 – ▣ 8 – [ƒ] 11,50 (3A) 14,80 (5A) 24,60 (10A)*

CHEVANCEAUX

17210 Char.-Mar. ⑨ – ⑦① ⑦ – 1 008 h. alt. 140.
Paris 500 – Barbezieux 20 – Blaye 47 – Bordeaux 66 – Libourne 49.

⚠ *Municipal Bellevue* 15 mars-15 oct.
    au bourg, près de la poste – **R**
    0,6 ha (20 empl.) peu incliné, herbeux, pierreux ♀
    🗂 ⇆ 🍴 ☺ – ≃
    Tarif : (Prix 1998) ✸ *10 – ▣ 20 – [ƒ] 13,50 (2A)*

CHEVERNY

41700 L.-et-Ch. ⑤ – ⑭ ⑰ G. Châteaux de la Loire – 900 h. alt. 110.
Paris 196 – Blois 15 – Romorantin-Lanthenay 29 – St-Aignan 27 – Tours 78.

⚠⚠ *Les Saules* Pâques-22 sept.
    ℘ 02 54 79 90 01, Fax 02 54 79 28 34 – S : 2,5 km par D 102, rte de Contres – ⚓ – **R** conseillée
    – ⊞ ⚲
    10 ha/6 campables (169 empl.) plat, herbeux ⊏⊐ ♀♀ (2 ha)
    ⅚ 🗂 ⇆ 🔲 🛁 ☺ 🛁 🔲 🔲 – ⚓ ♦ ⚲ – 🔲 🚣 ♠ ♻ – A proximité : golf
    Tarif : ✸ *30 piscine comprise – ▣ 38/44 – [ƒ] 16 (2A) 22 (5A)*
    Location : 🏠 1150 à 2800

Le CHEYLARD

07160 Ardèche **11** – **76** ⑲ – 3 833 h. alt. 450.
⨁ Office de Tourisme r. de la Poste ℘ 04 75 29 18 71, Fax 04 75 29 46 75.
Paris 595 – Aubenas 50 – Lamastre 22 – Privas 47 – Le Puy-en-Velay 62 – St-Agrève 24 – Valence 60.

▲ *Municipal la Chèze* avril-sept.
℘ 04 75 29 09 53 – sortie Nord-Est par D 120, rte de la Voulte puis à droite, 1 km par D 204 et D 264, rte de St-Christol, au château – ⟲ ≤ le Cheylard et montagnes « Belle situation dominante et cadre agréable » **o━** – **R** conseillée juil.-août – ⚲
3 ha (96 empl.) plat et en terrasses ΩΩ
ᵭ ⌂ 🖼 ⇌ ☺ 🖼 – ♿ parcours de santé
Tarif : 🄴 *2 pers. 53 – [ƒ] 15 (10A)*

CHINDRIEUX

73310 Savoie **12** – **74** ⑮ – 1 059 h. alt. 300.
Paris 521 – Aix-les-Bains 16 – Annecy 37 – Bellegarde-sur-Valserine 39 – Bourg-en-Bresse 91 – Chambéry 34.

▲ *Les Peupliers* 15 avril-oct.
℘ 04 79 54 52 36 – S · 1 km par D 991 rte d'Aix-les-Bains et chemin à droite, à Chaudieu – Ⓜ ≤
o━ – **R** – **GB** ⚲
1,5 ha (65 empl.) plat, herbeux, gravier ⊡ Ω
ᵭ ⌂ ⇌ 🖼 ⇌ ☺ ⚘ ᐁ 🖼 – A proximité : ⚞
Tarif : ⚡ *19 – 🄴 24 – [ƒ] 15 (10A)*

CHINON

37500 I.-et-L. **9** – **64** ⑬ G. Châteaux de la Loire – 8 627 h. alt. 40.
⨁ Office de Tourisme 12 r. Voltaire ℘ 02 47 93 17 85, Fax 02 47 93 93 05 et (juil.-août) rte de Tours.
Paris 286 – Châtellerault 51 – Poitiers 95 – Saumur 30 – Thouars 44 – Tours 47.

▲ *Municipal de l'Île Auger* 15 mars-15 oct.
℘ 02 47 93 08 35 – quai Danton, bord de la Vienne – ≤ ville et château **o━** – **R** – **GB** ⚲
3 ha (277 empl.) plat, herbeux
ᵭ ⌂ ⇌ ⇌ ☺ 🖼 – ♿ – A proximité : ⚞ ⧫ ⊠ ⇌
Tarif : (Prix 1998) ⚡ *10,60 – ⛟ 11 – 🄴 11 – [ƒ] 10,30 (6A)*

CHISSEAUX

37150 I.-et-L. **5** – **64** ⑯ – 522 h. alt. 58.
Paris 225 – Amboise 14 – Chenonceaux 2 – Montbazon 35 – Montrichard 8 – Tours 34.

▲ *Municipal de l'Écluse* mai-15 sept.
℘ 02 47 23 87 10 – au Sud du bourg, près du Cher – **o━** – **R** conseillée 10 juil.-15 août – ⚲
1,2 ha (80 empl.) plat, herbeux Ω
ᵭ ⌂ ⇌ 🖼 ⇌ ☺ 🖼 🖼 – ⚞
Tarif : ⚡ *16 – 🄴 16 – [ƒ] 16 (6A)*

CHOISY

74330 H.-Savoie **12** – **74** ⑥ – 1 068 h. alt. 626.
Paris 528 – Annecy 17 – Bellegarde-sur-Valserine 32 – Bonneville 35 – Genève 37.

▲ *Aire Naturelle Chez Langin* 15 avril-15 oct.
℘ 04 50 77 41 65, Fax 04 50 77 45 01 – NE : 1,3 km par D 3, rte d'Allonzier-la-Caille puis 1,3 km par rte des Mégevands à gauche et chemin - Par autoroute A 41 : sortie Cruseilles et D 3 – ⟲ ≤ « A l'orée d'un bois » **o━** – **R** conseillée – ⚲
2 ha (25 empl.) peu incliné, herbeux
⌂ 🖼 ⇌ ᐁ ☺ 🖼 – 🏊 (petite piscine)
Tarif : 🄴 *2 pers. 80, pers. suppl. 30 – [ƒ] 20 (3A)*

CHOLET

49300 M.-et-L. **9** – **67** ⑤ ⑥ G. Châteaux de la Loire – 55 132 h. alt. 91.
⨁ Office de Tourisme pl. Rougé ℘ 02 41 62 22 35, Fax 02 41 62 80 99 et (juil.-août) Bureau d'Accueil rte d'Angers ℘ 02 41 58 66 66.
Paris 350 – Ancenis 49 – Angers 61 – Nantes 58 – Niort 128 – La Roche-sur-Yon 65.

▲▲▲ *S.I. Lac de Ribou* avril-oct.
℘ 02 41 49 74 30, Fax 02 41 58 21 22 – SE : 5 km par D 20, rte de Maulevrier et D 600 à droite, à 100 m du lac – ⟲ « Décoration florale et arbustive » **o━** ⚲ juil.-août dans locations – **R** conseillée juil.-août – **GB** ⚲
5 ha (178 empl.) plat et peu incliné, herbeux ⊡
🎭 ⌂ ⇌ 🖼 ⇌ ☺ 🖼 – ⚟ ✗ ⛽ – 🖼 ⇌ ♿ ♿ ⚞ ⇌ toboggan aquatique – A proximité : practice de golf -🟢 🖼 🐴 ⚞
Tarif : (Prix 1998) 🄴 *piscine et tennis compris 1 ou 2 pers. 86, pers. suppl. 21 – [ƒ] 20 (10A)*
Location : 🛖 *1395 à 2795 – 🛖 1980 à 3195*

CHORANCHE

38680 Isère 🖽 – 🗍🗍 ③ ④ – 132 h. alt. 280.
Paris 602 – La Chapelle-en-Vercors 24 – Grenoble 69 – Romans-sur-Isère 31 – St-Marcellin 20 – Villard-de-Lans 20.

⚊ **Municipal les Millières** mars-oct.
au Sud-Est du bourg, près de la Bourne – ⩽ – **R** conseillée – ⚲
0,4 ha (26 empl.) plat et terrasse, herbeux, pierreux ▭
🖽 🏕 ⊙ 🌣 🎇
Tarif : ⚲ 14 – 🚗 5 – 🗉 8

CHORGES

05230 H.-Alpes 🖽 – 🗍🗍 ⑰ – 1 561 h. alt. 864.
Paris 679 – Embrun 23 – Gap 18 – Savines-le-Lac 11.

⚊ **Le Serre du Lac** Permanent
𝄞 04 92 50 67 57, Fax 04 92 50 64 56 – SE : 4,5 km par N 94 rte de Briançon et rte de la baie de
St-Michel – ⩽ ⚊ – **R** conseillée – ⚲
2,5 ha (91 empl.) en terrasses, pierreux, herbeux ▭
🔲 🖽 🏕 🍽 🖽 🖽 🖾 ⊙ 🌣 🎇 🖾 – 🛒 🛶
Tarif : ⚲ 28 piscine comprise – 🗉 16 – 🔌 18 (15A)
Location : 🛏 1500 à 2500

CHOUVIGNY

03450 Allier 🖽 – 🗍🗍 ④ G. Auvergne – 240 h. alt. 525.
Paris 372 – Châtelguyon 36 – Gannat 19 – Montmarault 34 – Vichy 39.

⚊ **Municipal le Bel** Pâques-15 sept.
𝄞 04 70 90 90 48 – SE : 3 km par D 915 rte d'Ébreuil puis 0,6 km par chemin à droite, à Péraclos,
bord de la Sioule – 🌲 ⚊ – **R** juil.-août
1,2 ha (33 empl.) plat et en terrasses, herbeux, pierreux ⚘
🏕 🖽 🖽 🖾 ⊙ – 🛶
Tarif : 🗉 2 pers. 40/45 – 🔌 13

La CIOTAT

13600 B.-du-R. 🖽 – 🗍🗍 ⑭ G. Provence – 30 620 h.
🅱 Office de Tourisme bd A.-France 𝄞 04 42 08 61 32, Fax 04 42 08 17 88.
Paris 804 – Aix-en-Provence 51 – Brignoles 63 – Marseille 31 – Toulon 40.

⚊ **St-Jean** 27 mars-1er oct.
𝄞 04 42 83 13 01, Fax 04 42 71 46 41 – NE : 2 km, av. de St-Jean, vers Toulon, bord de mer – ⚊
– 🏕 – 🆎
1 ha (80 empl.) plat, pierreux, herbeux ⚘⚘
🖽 🏕 🍽 🖽 🖾 ⊙ 🌣 🎇
Tarif : (Prix 1998) 🗉 3 pers. 125 ou 150, pers. suppl. 30 – 🔌 17 (2A) 19 (3A) 26 (6A)
Location : studios

⚊ **Le Soleil** Pâques-oct.
𝄞 04 42 71 55 32 – sortie Nord-Ouest rte de Cassis par av. Émile Bodin, après le centre commercial
Intermarché – ⚊ – **R** conseillée juil.-août – ⚲
0,5 ha (33 empl.) plat, herbeux ⚘⚘
🏕 🖽 🖾 ⊙ 🖾 – 🛒 – A proximité : 🥤 ✕ pizzeria
Tarif : 🗉 3 pers. 105, pers. suppl. 26 – 🔌 15 (2A) 18 (6A)
Location : huttes

CIVRAY-DE-TOURAINE

37150 I.-et-L. 🖽 – 🗍🗍 ⑯ – 1 377 h. alt. 60.
Paris 233 – Amboise 11 – Chenonceaux 1 – Montbazon 32 – Montrichard 11 – Tours 31.

⚊ **Municipal de l'Isle** 12 juin-29 août
S : 0,6 km par D 81 rte de Bléré, près du Cher – 🏕
1,2 ha (50 empl.) plat, herbeux ⚘⚘ (0,6 ha)
🖽 🏕 🖽 🖾 ⊙ – A proximité : ✂
Tarif : (Prix 1998) ⚲ 12 – 🚗 10 – 🗉 12 – 🔌 12

CLAIRVAUX-LES-LACS

39130 Jura 🖽 – 🗍🗍 ⑭ G. Jura – 1 361 h. alt. 540.
Paris 432 – Bourg-en-Bresse 92 – Champagnole 35 – Lons-le-Saunier 21 – St-Claude 33 – St-Laurent-en-Grandvaux 25.

⚊⚊⚊ **Le Fayolan** mai-19 sept.
𝄞 03 84 25 26 19, Fax 03 84 25 26 20 – SE : 1,2 km par D 118 rte de Châtel-de-Joux et chemin
à droite, bord du lac, pinède attenante – ⩽ ⚊ – **R** conseillée – 🆎 ⚲
13 ha (516 empl.) peu incliné, plat et en terrasses, herbeux, gravillons ⚘ (3 ha)
🖽 🏕 🍽 🖽 🖽 🖾 ⊙ 🌣 🎇 🖾 – 🛒 🍴 snack 🛶 – 🛒 🏃 🛝 🛶 ⚓ – A proximité : parcours de
santé
Tarif : 🗉 piscine comprise 2 pers. 120 – 🔌 18 (6A)

CLAMECY

58500 Nièvre **6** – **65** ⑮ G. Bourgogne – 5 284 h. alt. 144.
7 Office de Tourisme r. Grand Marché *℘* 03 86 27 02 51.
Paris 207 – Auxerre 42 – Avallon 38 – Bourges 104 – Cosne-sur-Loire 52 – Dijon 144 – Nevers 69.

▲ **S.I. Pont Picot** mai-sept.
℘ 03 86 27 05 97 – S : bord de l'Yonne et du canal du Nivernais, Accès conseillé pour caravanes par Beaugy – ⚘ « Situation agréable » ⊶ juil.-août – **R** juil.-août – ⚲
1 ha (90 empl.) plat, herbeux ⚲ (0,5 ha)
🔲 🕂 🛁 ☺
Tarif : ☀ 16 – ⛟ 12 – 🗐 12 – [⚡] 16 (5A)

▶ *Bonne route avec* **36.15 MICHELIN !**
Economies en temps, en argent, en sécurité.

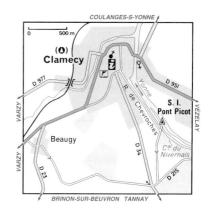

CLAOUEY

33 Gironde – **71** ⑲ – voir à Arcachon (Bassin d').

CLAPIERS

34 Hérault – **83** ⑦ – rattaché à Montpellier.

La CLAYETTE

71800 S.-et-L. **11** – **69** ⑰ ⑱ G. Bourgogne – 2 307 h. alt. 369.
7 Office de Tourisme 3 rte. de Charolles *℘* 03 85 28 16 35, Fax 03 85 26 87 25.
Paris 382 – Charolles 20 – Lapalisse 63 – Lyon 89 – Mâcon 56 – Roanne 41.

▲▲ **Les Bruyères** Permanent
℘ 03 85 28 09 15 – E : sur D 79 rte de St-Bonnet-de-Joux, à 100 m d'un lac – ⊶ – **R** conseillée – ⚲
2,2 ha (100 empl.) plat, peu incliné, herbeux, gravier ⚲
🔲 🔲 🕂 🗐 🛁 ☺ 🔲 – 🔲 ≃ (petite piscine) – A proximité : toboggan aquatique ⚔ ⌐ₘ

Tarif : 🗐 *élect. et piscine comprises 2 pers. 82*
Location : 🏠*1900 à 2200*

CLÉDEN-CAP-SIZUN

29770 Finistère **3** – **58** ⑬ – 1 181 h. alt. 30.
Paris 613 – Audierne 10 – Douarnenez 28 – Quimper 47.

▲ **La Baie** Permanent
℘ 02 98 70 64 28 – O : 2,5 km, à Lescleden – ≤ ⊶ – **R**
0,4 ha (27 empl.) peu incliné et terrasse, herbeux
🔲 🕂 ☺ – 🔲 ⛾ ✗ (dîner seulement)
Tarif : (Prix 1998) ☀ 15 – ⛟ 6 – 🗐 14 – [⚡] 12 (3 ou 6A)

CLÉDER

29233 Finistère **3** – **58** ⑤ – 3 801 h. alt. 51.
7 Office de Tourisme 2 r. de Plouescat *℘* 02 98 69 43 01, Fax 02 98 69 43 01.
Paris 565 – Brest 54 – Brignogan-Plages 21 – Morlaix 27 – St-Pol-de-Léon 9.

▲▲ **Camping Village de Roguennic** avril-sept.
℘ 02 98 69 63 88 – N : 5 km – ⚘ « Au bord d'une belle plage de sable fin » ⊶ – **R** conseillée – 🅶🅱 ⚲
8 ha (300 empl.) plat et accidenté, sablonneux, herbeux, dunes, bois attenant
🔲 🗐 🛁 ☺ 🔲 – 🔲 snack, crêperie – 🔲 🔧 🔲 parcours sportif – A proximité : au Centre de Loisirs : ⚔ ⌐ₘ
Tarif : 🗐 *piscine comprise 1 pers. 43,50, pers. suppl. 16* – [⚡] 12 (4A)
Location (permanent) : 🏠*1300 à 2950*

CLÉMENSAT

63320 P.-de-D. **11** – **73** ⑭ – 69 h. alt. 600.
Paris 451 – Clermont-Ferrand 37 – Issoire 14 – Pontgibaud 53 – Rochefort-Montagne 47 – St-Nectaire 13.

▲ **La Gazelle** 15 juin-15 sept.
℘ 04 73 71 14 79 – sortie Sud-Est, rte de St-Floret – ⚘ ⊶ – **R̶** – 🅶🅱 ⚲
0,7 ha (30 empl.) peu incliné, herbeux
🔲 🛁 ☺ – 🔲 🔧
Tarif : (Prix 1998) ☀ 12 – ⛟ 7 – 🗐 10 – [⚡] 12 (6A)

CLERMONT-L'HÉRAULT

34800 Hérault 🔢 – 🔢 ⑤ G. Gorges du Tarn – 6 041 h. alt. 92.
Paris 719 – Béziers 47 – Lodève 19 – Montpellier 42 – Pézenas 22 – Sète 44.

   ▲ **Municipal du Lac du Salagou** Permanent
     ℰ 04 67 96 13 13 – NO : 5 km par D 156^{E4}, à 300 m du lac – ≼ « Site agréable » ⊶ – **R** conseillée
     – 🅶🅱 ⚿
     7,5 ha (400 empl.) plat et en terrasses, peu incliné, pierreux, gravier, herbeux. ⌂ ♀ (4 ha)
     ♿ 🛖 🔥 ⊕ 🔳 – cases réfrigérées – 🍴 🏊 – A proximité : ♟ ✗ pizzeria 🛝 🚲 ⛵
     🛥
     Tarif : (Prix 1998) ✶ 12 – 🔲 46 – 🔋 15 (5A) 20 (10A)
     Location : gîtes

CLISSON

44190 Loire-Atl. 🔢 – 🔢 ④ G. Poitou Vendée Charentes – 5 495 h. alt. 34.
🅱 Office de Tourisme 6 pl. Trinité ℰ 02 40 54 02 95, Fax 02 40 54 07 77 et (mai-sept.) pl. du Minage
ℰ 02 40 54 39 56.
Paris 384 – Ancenis 37 – Cholet 34 – Nantes 29 – La Roche-sur-Yon 53.

   ▲ **Municipal le Moulin** avril-oct.
     ℰ 02 40 54 44 48 – sortie Nord par N 149, rte de Nantes, à proximité de la Sèvre Nantaise avec
     accès direct – ⊶ – **R** conseillée mai-15 août – ⚿
     1,6 ha (47 empl.) plat, peu incliné, herbeux ⌂
     ♿ 🛖 ⇆ 🔳 🔥 ⊕ – 🍴 – A proximité : 🍴
     Tarif : (Prix 1998) 🔲 élect. (10A) comprise 1 pers. 48,50, pers. suppl. 14,80

CLONAS-SUR-VARÈZE

38550 Isère 🔢 – 🔢 ① – 1 056 h. alt. 180.
Paris 506 – Annonay 31 – Beaurepaire 35 – Condrieu 8 – Roussillon 10 – Vienne 17.

   ▲ **Les Nations** Permanent
     ℰ 04 74 84 95 13 – E : 2,7 km, sur N 7 – ⊶ – **R** – ⚿
     1 ha (40 empl.) plat, herbeux ♀
     ▥ ♿ 🛖 ⇆ 🔳 🔥 ⊕ – ♟ – 🍴 ⛏ – A proximité : ✗
     Tarif : 🔲 élect. (5A) et piscine comprises 2 pers. 80
     Location : studios

CLOYES-SUR-LE-LOIR

28220 E.-et-L. 🔢 – 🔢 ⑰ G. Châteaux de la Loire – 2 593 h. alt. 97.
Paris 143 – Blois 54 – Chartres 56 – Châteaudun 12 – Le Mans 92 – Orléans 63.

   ▲▲ **Parc de Loisirs** 16 mars-14 nov.
     ℰ 02 37 98 50 53, Fax 02 37 98 33 84 – sortie Nord par N 10 rte de Chartres puis D 23 à gauche,
     bord du Loir – Places limitées pour le passage ⊶ – **R** – 🅶🅱 ⚿
     5 ha (196 empl.) plat, herbeux ⌂ ♀
     ♿ 🛖 ⇆ 🔳 🔥 ⊕ 🔁 ▨ – 🏊 crêperie, snack 🛝 – 🍴 🏊 🚲 🎣 ⛵ (petite piscine) toboggan
     aquatique poneys – A proximité : ✗
     Tarif : ✶ 25 – 🔲 40 – 🔋 20 (5A)

CLUNY

71250 S.-et-L. 🔢 – 🔢 ⑲ G. Bourgogne – 4 430 h. alt. 248.
🅱 Office de Tourisme (fermé dim. de nov. à mars) 6 r. Mercière ℰ 03 85 59 05 34, Fax 03 85 59 06 95.
Paris 384 – Chalon-sur-Saône 48 – Charolles 42 – Mâcon 26 – Montceau-les-Mines 44 – Roanne 84 – Tournus 33.

   ▲▲ **Municipal St-Vital** Pâques-sept.
     ℰ 03 85 59 08 34 – sortie Est par D 15, rte d'Azé – ≼ ⊶ – **R** conseillée – 🅶🅱 ⚿
     3 ha (174 empl.) peu incliné, plat, herbeux
     🛖 ⇆ 🔳 🔥 ⊕ – A proximité : ✗ ▨ 🏊 🐎
     Tarif : (Prix 1998) ✶ 17 piscine comprise – 🚗 9,50 – 🔲 9,50 – 🔋 15 (6A)

La CLUSAZ

74220 H.-Savoie 🔢 – 🔢 ⑦ G. Alpes du Nord – 1 845 h. alt. 1 040 – Sports d'hiver : 1 100/2 600 m ⛷5
⛷51 ⚡.
🅱 Office de Tourisme ℰ 04 50 32 65 00, Fax 04 50 32 65 01.
Paris 580 – Albertville 39 – Annecy 32 – Bonneville 25 – Chamonix-Mont-Blanc 64 – Megève 28 – Morzine 64.

   ▲▲ **Le Plan du Fernuy** vacances de noël à vacances de printemps, juin-15 sept.
     ℰ 04 50 02 44 75, Fax 04 50 32 67 02 – E : 1,5 km par rte des Confins – ❄ 🐕 ≼ ⊶ – **R** conseillée
     – 🅶🅱 ⚿
     1,3 ha (80 empl.) en terrasses, peu incliné, gravier, herbeux
     ▥ ♿ 🛖 ⇆ 🔳 🔥 ⊕ 🔁 ▨ 🔳 – ♟ – 🍴 ⛏
     Tarif : (Prix 1998) 🔲 piscine comprise 2 pers. 99 (hiver 118) – 🔋 19 (2A) 26 (4A) 35 (8A)
     Location : appartements

COGNAC

16100 Charente 🗎 – 🗎 ⑤ G. Poitou Vendée Charentes – 19 528 h. alt. 25.
🗎 Office de Tourisme 16 r. du 14-Juillet ℘ 05 45 82 10 71, Fax 05 45 82 34 47.
Paris 479 – Angoulême 43 – Bordeaux 120 – Libourne 116 – Niort 82 – La Roche-sur-Yon 171 – Saintes 26.

🛆🛆 **Municipal** mai-15 oct.
℘ 05 45 32 13 32 – N : 2,3 km par D 24 rte de Boutiers, entre la Charente et le Solençon – ⊶
– **R** conseillée juil.-août – ⅁⅁ ⚲
2 ha (170 empl.) plat, herbeux 🖙 ΩΩ (1 ha)
🖕 🗎 ⇆ 🗎 ⚲ ⊕ 🖾 🖾 – 🚣 🛴 – A proximité : 🍷 ✕
Tarif : (Prix 1998) 🖾 *piscine comprise 2 pers. 67/78 avec élect. (6A)*

▶ *Informieren Sie sich über die gültigen Gebühren,*
bevor Sie Ihren Platz beziehen. Die Gebührensätze
müssen am Eingang des Campingplatzes angeschlagen sein.
Erkundigen Sie sich auch nach den Sonderleistungen.
Die im vorliegenden Band gemachten Angaben
können sich seit der Überarbeitung geändert haben.

COGNAC-LA-FORÊT

87310 H.-Vienne 🗎 – 🗎 ⑯ – 893 h. alt. 410.
Paris 418 – Bellac 41 – Châlus 27 – Limoges 24 – Rochechouart 17 – St-Junien 13.

🛆 **Les Alouettes** avril-1ᵉʳ oct.
℘ 05 55 03 80 86 – SO : 1,5 km par D 10, rte de Rochechouart et chemin à gauche – ⚲ ⊶ –
R – ⚲
3 ha (100 empl.) peu incliné, plat, herbeux, bois attenant
🖕 🗎 ⇆ 🗎 ⚲ 🛴 ⚲ – 🖾 🛴 – A proximité : (1 km) : plan d'eau ⚲ 🖾 (plage) 🐎
Tarif : 🖖 *15,50 – 🚗 8,50 – 🖾 8,50 – 🗎 8 (2,5A)*

La COLLE-SUR-LOUP

06480 Alpes-Mar. 🗎 – 🗎 ⑨ G. Côte d'Azur – 6 025 h. alt. 90.
🗎 Syndicat d'Initiative (juil.-août) à la mairie ℘ 04 93 32 68 36, Fax 04 93 32 05 07.
Paris 922 – Antibes 15 – Cagnes-sur-Mer 6 – Cannes 25 – Grasse 19 – Nice 19 – Vence 8.

🛆🛆🛆 **Les Pinèdes** mars-15 oct.
℘ 04 93 32 98 94, Fax 04 93 32 50 20 – O : 1,5 km par D 6 rte de Grasse, à 50 m du Loup – ⊶
– **R** conseillée juil.-août – ⅁⅁ ⚲
3,2 ha (164 empl.) en terrasses, pierreux, herbeux 🖙 ΩΩ
🎬 🗎 ⇆ 🗎 ⊕ 🛴 ⚲ 🖾 🖾 – 🍷 ✕ ⚲ – cases réfrigérées – 🖾 🛴 🛴 ⊕ 🛴
Tarif : 🖾 *piscine comprise 3 pers. 134/140*
Location : 🚐 *1100 à 2500 – 🚐 1500 à 3200 – 🏠 1700 à 3500*

🛆🛆 **Le Vallon Rouge** avril-sept.
℘ 04 93 32 86 12, Fax 04 93 32 80 09 – O : 3,5 km par D 6, rte de Grasse, bord du Loup – ⊶ –
R conseillée juil.-août – ⅁⅁ ⚲
3 ha (103 empl.) plat, herbeux, pierreux ΩΩ
🖕 🗎 🗎 ⚲ ⊕ 🛴 🖾 – 🛴, pizzeria, snack 🛴 – 🖾 🛴
Tarif : 🖾 *piscine comprise 2 pers. 145 – 🗎 15 (3A) 21 (6A) 25 (10A)*
Location : 🚐 *1400 à 3280 – 🏠 1400 à 3280*

COLLEVILLE-SUR-MER

14710 Calvados 🗎 – 🗎 ⑭ – 146 h. alt. 42.
Paris 277 – Bayeux 17 – Caen 46 – Carentan 35 – St-Lô 42.

🛆 **Le Robinson** avril-oct.
℘ 02 31 22 45 19 – NE : 0,8 km par D 514 rte de Port-en-Bessin – **R** conseillée – ⅁⅁ ⚲
1 ha (53 empl.) plat, herbeux
🖕 🗎 ⇆ 🗎 🛴 ⊕
Tarif : (Prix 1998) 🖖 *25 – 🖾 25 – 🗎 15 (3A) 20 (6A)*

COLLIAS

30210 Gard 🗎 – 🗎 ⑲ – 756 h. alt. 45.
Paris 698 – Alès 44 – Avignon 32 – Bagnols-sur-Cèze 35 – Nîmes 25 – Pont-du-Gard 8.

🛆🛆 **Le Barralet** avril- 25 sept.
℘ 04 66 22 84 52, Fax 04 66 22 89 17 – NE : 1 km par D 3 rte d'Uzès et chemin à droite – ⚲ ≼
⊶ – **R** conseillée – ⅁⅁ ⚲
2 ha (90 empl.) plat et peu incliné, herbeux
🖕 🗎 ⇆ 🗎 🛴 ⊕ 🖾 – 🍷 pizzeria 🛴 – 🛴
Tarif : 🖾 *piscine comprise 2 pers. 72 – 🗎 15*
Location : 🚐 *900 à 1600*

COLLIOURE

66190 Pyr.-Or. 15 – 86 20 G. Pyrénées Roussillon – 2 726 h. alt. 2.
🅱 Office de Tourisme pl. 18-Juin ☎ 04 68 82 15 47, Fax 04 68 82 46 29.
Paris 889 – Argelès-sur-Mer 7 – Céret 36 – Perpignan 29 – Port-Vendres 2 – Prades 71.

Schéma à Argelès-sur-Mer

⚠ **Les Amandiers** avril-sept.
☎ 04 68 81 14 69 – NO : 1,5 km rte d'Argelès-sur-Mer et chemin à droite, à 300 m de la mer (accès direct), Accès par rampe à 12% – ⊶ 🚫 🅿 – ℝ
1,7 ha (85 empl.) plat et en terrasses, pierreux ⛱ ▦
👥 🛖 🏕 ⊙ 🖥 – ▦
Tarif : 🛉 30 – 🚐 16 – 🅔 22 – 🔌 18 (6A)

COLMAR

68000 H.-Rhin 8 – 62 19 G. Alsace Lorraine – 63 498 h. alt. 194.
🅱 Office de Tourisme 4 r. des Unterlinden ☎ 03 89 20 68 92, Fax 03 89 41 34 13.
Paris 447 – Basel 68 – Freiburg 51 – Nancy 143 – Strasbourg 73.

⚠ **Intercommunal de l'ill**
☎ 03 89 41 15 94 – E : 2 km par N 415, rte de Fribourg, à Horbourg, bord de l'ill – ⊶
2,2 ha (200 empl.) plat et terrasses, herbeux ▦
▦ 👥 🛖 🌡 🖥 🛁 🏕 ⊙ 🖥 – 🚿 🍵 snack 🍴 – 🛖 🎠

COLY

24120 Dordogne 10 – 75 ⑦ – 193 h. alt. 113.
Paris 493 – Brive-la-Gaillarde 34 – Montignac 13 – Sarlat-la-Canéda 25.

⚠ **La Grande Prade** Pâques-sept.
☎ 05 53 51 66 13, Fax 05 53 50 83 11 – SE : 2 km par D 62, rte de la Cassagne, près d'un étang et d'un plan d'eau – 🏊 ⊶ – ℝ conseillée – 🚗
3,5 ha (100 empl.) peu incliné, herbeux, pierreux 🌳
👥 🛖 🌡 🖥 ⊙ 🖥 – 🍵 – 🏐 🏊 – A proximité : 🎾 🏊
Tarif : (Prix 1998) 🛉 20 piscine comprise – 🅔 26 – 🔌 15 (5A) 18 (10A)
Location : 🏠 – 🚐 1600 à 2600

COMBRIT

29120 Finistère 3 – 58 ⑮ G. Bretagne – 2 673 h. alt. 35.
Paris 569 – Audierne 37 – Bénodet 6 – Douarnenez 32 – Quimper 19.

Schéma à Bénodet

⚠ **Menez Lanveur** Pâques-sept.
☎ 02 98 56 47 62 – S : 2 km par rte d'Ile-Tudy et rte à gauche – 🏊 ⊶ saison – ℝ conseillée – 🚗
1,8 ha (80 empl.) plat, herbeux
👥 🛖 🌡 ⊙ 🖥 – 🚐 🎣 🎠
Tarif : (Prix 1998) 🛉 16 – 🚐 9 – 🅔 20 – 🔌 15 (2A)
Location : 🏠 – 🚐 800 à 1900

⚠ **Municipal Croas Ver**
☎ 02 98 56 38 88 – au Sud du bourg, près de la D 44 et du stade
1,5 ha (80 empl.) plat et terrasse, herbeux ⛱
🛖 🛁

COMMEQUIERS

85220 Vendée 9 – 67 ⑫ – 2 053 h. alt. 19.
Paris 445 – Challans 13 – Nantes 63 – La Roche-sur-Yon 38 – Les Sables-d'Olonne 34 – St-Gilles-Croix-de-Vie 12.

⚠ **La Vie** 15 avril-sept.
☎ 02 51 54 90 04, Fax 02 51 54 36 63 – SE : 1,3 km par D 82 rte de Coëx et chemin à gauche – 🏊 ⊶ – ℝ conseillée – 🅖🅑 🚗
3 ha (50 empl.) plat, herbeux, petit étang
👥 🛖 🌡 🖥 🛁 🛁 ⊙ 🖥 – 🚐
Tarif : (Prix 1998) 🛉 18 – 🚐 8 – 🅔 16,50 – 🔌 16,80 (6A)

COMPS-SUR-ARTUBY

83840 Var 17 – 84 ⑦ G. Alpes du Sud – 272 h. alt. 898.
Paris 829 – Castellane 28 – Digne-les-Bains 83 – Draguignan 31 – Grasse 61 – Manosque 96.

⚠ **Aire Naturelle l'Iscloun** avril-sept.
☎ 04 94 85 68 59 – à Jabron, N : 5 km par D 955, rte de Castellane, bord du Jabron, alt. 760 –
≤ ⊶ – ℝ conseillée 14 juill.-15 août – 🅖🅑
0,7 ha (20 empl.) plat, herbeux, pierreux
👥 🛖 🌡 🛁 ⊙ – snack
Tarif : 🅔 2 pers. 60, pers. suppl. 15 – 🔌 8 (4A) 12 (6A) 20 (10A)

CONCARNEAU

29900 Finistère **3** – **58** ⑪ ⑮ G. Bretagne – 18 630 h. alt. 4.

🛈 Office de Tourisme quai d'Aiguillon ℰ 02 98 97 01 44, Fax 02 98 50 88 81.

Paris 548 – Brest 93 – Lorient 51 – Quimper 22 – St-Brieuc 131 – Vannes 103.

ᴬᴬᴬ **Les Prés Verts** mai-11 sept.
ℰ 02 98 97 09 74, Fax 02 98 50 72 34 – NO : 3 km par rte du bord de mer et à gauche, à 250 m de la plage (accès direct) – ⚶ « Décoration florale et arbustive » ⚬╼ – **R** conseillée 15 juil.-20 août – ⊖⊟ ⚲
2,5 ha (150 empl.) plat et peu incliné, herbeux
⛺ 😊 🗟 ⛲ ⊕ 🔊 – ▼ – ⚮ 🟰
Tarif : ⊟ piscine comprise 2 pers. 130, pers. suppl. 38 – ⚡ 19 à 29 (2 à 6A)

ᴬ **Lochrist** Pâques-sept.
ℰ 02 98 97 25 95 – N : 3,5 km par D 783 rte de Quimper et chemin à gauche – ⚬╼ – **R** conseillée – ⚲
1,5 ha (100 empl.) plat, herbeux ♀ (1 ha)
⛺ 😊 ⛳ ⊕ 🔊 – ▼ – ⚮ 🚣
Tarif : ⚹ 19 – ⚗ 8 – ⊟ 22 – ⚡ 17 (10A)
Location : 🛖 1200 à 2400

au Cabellou S : 5 km par rte de Quimperlé et rte à droite – ✉ 29110 Concarneau :

ᴬ **Kersaux** 15 juin-15 sept.
ℰ 02 98 97 37 41 – près de la plage – ⚶ ⚬╼ juil.-août – **R** – ⚲
4 ha (200 empl.) plat et peu incliné, herbeux
⛺ 😊 ⛳ ⛲ ⊕ – A proximité : ⚱
Tarif : ⚹ 24 – ⚗ 9 – ⊟ 13 – ⚡ 15 (3A)

Les CONCHES

85 Vendée – **67** ⑫ – rattaché à Longeville-sur-Mer.

▶ Ⓜ *Campingplatz mit Ausstattung moderner Sanitärer.*

CONCORÈS

46310 Lot **18** – **75** ⑱ – 287 h. alt. 312.

Paris 559 – Cahors 30 – Gourdon 12 – Rocamadour 40 – Labastide-Murat 20.

ᴬᴬ **Moulin des Donnes** Pâques-sept.
ℰ 05 65 31 03 90, Fax 05 65 24 51 45 – O : 0,9 km par D 12 rte de Gourdon et chemin à gauche, bord du Céou – ⚶ ⚬╼ saison – **R** conseillée juil.-août – ⊖⊟ ⚲
1,5 ha (65 empl.) plat, herbeux ⊏⊐ ♀
⛺ 😊 ⛳ ⛲ ⊕ 🔊 – ▼ – ⚮ 🟰
Tarif : ⚹ 23 piscine comprise – ⊟ 23 – ⚡ 14 (6A) 16 (10A)
Location : 🛖 1400 à 1800 – 🛖(sans sanitaires)

CONDÉ-SUR-NOIREAU

14110 Calvados **4** – **55** ⑪ G. Normandie Cotentin – 6 309 h. alt. 85.
🏢 Office de Tourisme 🖉 02 31 69 27 64.
Paris 274 – Argentan 53 – Caen 48 – Falaise 33 – Flers 13 – Vire 26.

⚠ **Municipal** mai-sept.
🖉 02 31 69 45 24 – sortie Ouest, r. de Vire, à la piscine, près d'une rivière et d'un plan d'eau – ⚬━
– **R**
0,5 ha (33 empl.) plat, herbeux, jardin public attenant
🍴 ⇌ 🗄 ⏱ ⊛ – A proximité : ✖ 🔊 ⚡ ≊ parcours sportif
Tarif : (Prix 1998) ☀ 15 – 🔲 10 – ⑤ 9,50 (15A)

CONDETTE

62360 P.-de-C. **1** – **51** ⑪ – 2 392 h. alt. 35.
Paris 249 – Boulogne-sur-Mer 9 – Calais 49 – Desvres 20 – Montreuil 30 – Le Touquet-Paris-Plage 21.

⚠ **Caravaning du Château** avril-oct.
🖉 03 21 87 59 59 – sortie Sud, sur D 119 – ⚬━ – **R** conseillée juil.-août – 🚲
1,2 ha (35 empl.) plat, herbeux, gravillons 🖵
⚒ 🍴 ⇌ 🗄 🛁 ⊛ 🖹 – ⚡
Tarif : 🔲 2 pers. 88, pers. suppl. 25 – ⑤ 18 (6A)

CONDOM

32100 Gers **14** – **79** ⑭ G. Pyrénées Aquitaine – 7 717 h. alt. 81.
🏢 Office de Tourisme pl. Bossuet 🖉 et Fax 05 62 28 00 80.
Paris 730 – Agen 41 – Auch 46 – Mont-de-Marsan 80 – Toulouse 123.

⚠ **Municipal** avril-sept.
🖉 05 62 28 17 32, Fax 05 62 28 45 86 – sortie Sud par D 931 rte d'Eauze, près de la Baïse – ⚬━
– **R** – 🚲
0,8 ha (75 empl.) plat, herbeux 🖵 ⏣⏣
🍴 ⇌ ⏱ ⊛ 🛁 ⌁ 🖹 – A proximité : practice de golf ☂ ✖ -⊛ ✖ 🏊
Tarif : ☀ 18,20 piscine comprise – 🔲 19,50/26 – ⑤ 19,50 (6A)
Location : 🏠 1070 à 2568

CONDRIEU

69420 Rhône **11** – **74** ⑪ G. Vallée du Rhône – 3 093 h. alt. 150.
🏢 Office de Tourisme pl. du Séquoïa, N 86, 🖉 et Fax 04 74 56 62 83.
Paris 500 – Annonay 34 – Lyon 42 – Rive-de-Gier 22 – Tournon-sur-Rhône 54 – Vienne 13.

⚠ **Belle-Rive** avril-sept.
🖉 04 74 59 51 08 – sortie Nord-Est par N 86 rte de Vienne et chemin à droite, bord du Rhône –
Places limitées pour le passage ≤ « Cadre agréable » – ⚬━ – **R** conseillée juil.-août – 🚲
5 ha (200 empl.) plat, herbeux, pierreux 🖵 ☿
⚒ 🍴 ⇌ 🗄 ⌁ ⊛ 🖹 – ☂ – 🖵 ✖ 🛁 🏊 – A proximité : ✖
Tarif : ☀ 17 piscine comprise – 🚗 10 – 🔲 23 – ⑤ 13 (3A)

CONLIE

72240 Sarthe **5** – **60** ⑫ – 1 642 h. alt. 129.
Paris 219 – Alençon 45 – Laval 73 – Le Mans 23 – Sablé-sur-Sarthe 45 – Sillé-le-Guillaume 11.

⚠ **Municipal La Gironde**
🖉 02 43 20 81 07 – au bourg, près d'un étang – 🦢 ⚬━ saison
0,8 ha (35 empl.) plat, herbeux 🖵
⚒ 🍴 ⇌ 🗄 ⊛ ⌁ ⌁ 🖹 – ⚡ ≊ (petite piscine) – A proximité : 🚴

CONNAUX

30330 Gard **16** – **80** ⑲ – 1 450 h. alt. 86.
Paris 665 – Alès 51 – Avignon 33 – Nîmes 45 – Orange 29 – Pont-St-Esprit 20 – Uzès 20.

⚠ **Le Vieux Verger** Permanent
🖉 04 66 82 91 62 – au Sud-Ouest du bourg par D 449 – ⚬━ – **R** conseillée – 🕮 🚲
2,2 ha (60 empl.) en terrasses, plat, pierreux, herbeux 🖵 ⏣⏣ (1 ha)
⚒ 🍴 ⇌ 🗄 ⏱ ⊛ ⌁ 🖹 – snack ⌁ – ⌁ 🏊 – A proximité : ✖
Tarif : 🔲 piscine comprise 1 pers. 57 – ⑤ 17 (6A)
Location : 🚐 1000 à 2500

CONNERRÉ

72160 Sarthe **5** – **60** ⑭ G. Châteaux de la Loire – 2 545 h. alt. 80.
Paris 182 – Bonnétable 20 – Bouloire 12 – La Ferté-Bernard 20 – Le Mans 25.

⚠ **Municipal la Plage aux Champs**
🖉 02 43 89 13 64 – r. de la Gare, sortie Nord par D 33, bord de l'Huisne et d'un ruisseau – ⚬━ saison
1,2 ha (100 empl.) plat, herbeux ☿
🍴 ⇌ 🗄 ⏱ ⌁ ⊛ – ⚡ – A proximité : ✖

CONQUES

12320 Aveyron 🗓 – 🗓 ① G. Gorges du Tarn – 362 h. alt. 350.
🅱 Office de Tourisme pl. de L'Abbatiale ☞ 05 65 72 85 00, Fax 05 65 72 87 03.
Paris 610 – Aurillac 53 – Decazeville 26 – Espalion 51 – Figeac 45 – Rodez 37.

△ *Beau Rivage* avril-sept.
☞ 05 65 69 82 23 – à l'Ouest du bourg, par D 901, bord du Dourdou – ☁ saison – **R** conseillée
– ⊖ ⚐
1 ha (60 empl.) plat, herbeux ☐ ⚋
ᕃ ᜔ ⇄ ᜕ ⇆ ☺ ᔕ ᔖ – snack – ᕁ
Tarif : (Prix 1998) ⚹ 20 – ⇌ 11 – 🗐 16 – ⑭ 14 (6 ou 10A)

Le CONQUET

29217 Finistère 🗓 – 🗓 ③ G. Bretagne – 2 149 h. alt. 30.
🅱 Office de Tourisme Parc de Beauséjour ☞ 02 98 89 11 31, Fax 02 98 89 08 20.
Paris 617 – Brest 24 – Brignogan-Plages 56 – St-Pol-de-Léon 83.

▲▲ *Municipal le Théven* avril-sept.
☞ 02 98 89 06 90 – NE : 5 km par rte de la plage des Blancs Sablons, à 400 m de la plage – Chemin
et passerelle pour piétons reliant le camp à la ville – ᔕ ☁ juil.-août – **R** conseillée juil.-août – ⚒
12 ha (384 empl.) plat et peu accidenté, sablonneux, herbeux ☐
᜔ ⇄ ᜕ ☺ ᔖ – ᕁ ᔿ – A proximité : ⚒
Tarif : (Prix 1998) ⚹ 15,70 – 🗐 15,80 – ⑭ 14,80 (16A)

CONTAMINE-SARZIN

74270 H.-Savoie 🗓 – 🗓 ⑤ – 293 h. alt. 450.
Paris 521 – Annecy 25 – Bellegarde-sur-Valserine 24 – Bonneville 45 – Genève 32.

△ *Le Chamaloup* mai-15 sept.
☞ 04 50 77 88 28 ⊠ 74270 Frangy – S : 2,8 km par D 123, près de la N 508 et de la rivière les
Usses – ☁ – **R** conseillée 15 juil.-15 août – ⚒
1,5 ha (80 empl.) plat, herbeux ⚋
ᕃ ᜔ ⇄ ᜕ ☺ ᔖ – ᕁ ᔿ
Tarif : ⚹ 23 piscine comprise – ⇌ 5 – 🗐 15/20 – ⑭ 14 (10A)

Les CONTAMINES-MONTJOIE

74170 H.-Savoie 🗓 – 🗓 ⑧ G. Alpes du Nord – 994 h. alt. 1 164 – Sports d'hiver : : 1 165/2 500 m ⚐3 ⚐23
⚐.
🅱 Office de Tourisme pl. Mairie ☞ 04 50 47 01 58, Fax 04 50 47 09 54.
Paris 608 – Annecy 91 – Bonneville 50 – Chamonix-Mont-Blanc 33 – Megève 20 – St-Gervais-les-Bains 9.

▲▲ *Le Pontet* déc.-sept.
☞ 04 50 47 04 04, Fax 04 50 47 18 10 – S : 2 km par D 902, bord du Bon Nant – ❄ ≤ « Site
agréable » ☁ – **R** conseillée Noël, fév., juil.-août – ⊖ ⚒
2,8 ha (157 empl.) plat, gravillons, herbeux
▥ ᕃ ᜔ ⇄ ᜕ ⇆ ☺ ᔖ – ᔿ – A proximité : practice de golf ⚐ ✕ snack ·☺ ⚒ ᜕ ᕁ
Tarif : 🗐 3 pers. 98 (hiver 105) – ⑭ 14 (2A) 25 (4A) 32 (6A)
Location : gîte d'étape

CONTIS-PLAGE

40170 Landes 🗓 – 🗓 ⑮ –
Paris 713 – Bayonne 89 – Castets 32 – Dax 58 – Mimizan 24 – Mont-de-Marsan 75.·

▲▲▲ *Lou Serrots* avril-sept.
☞ 05 58 42 85 82, Fax 05 58 42 49 11 – sortie Sud-Est par D 41, près du Courant de Contis – ☁
juil.-août – **R** conseillée – ⊖ ⚒
14 ha (540 empl.) plat et vallonné, sablonneux ⚋ pinède
▥ ᕃ ᜔ ⇄ ᜕ ᜕ ☺ ⇆ ᔖ – ᕁ ⚐ ✕ ᕁ – ᔿ ᕁ ᕁ ⚐ ·☺ ⚒ ᔿ théâtre de plein air –
A proximité : ᕁ
Tarif : (Prix 1998) 🗐 2 pers. 128, pers. suppl. 25 – ⑭ 21 (6A)
Location : ᔿ 2760 à 3690 – ᔿ 3490 à 3940

CONTREXÉVILLE

88140 Vosges 🗓 – 🗓 ⑭ G. Alsace Lorraine – 3 945 h. alt. 342 – ⚕ (fin mars-12 oct.).
🅱 Office de Tourisme r. du Shah-de-Perse ☞ 03 29 08 08 68, Fax 03 29 08 25 40.
Paris 337 – Épinal 47 – Langres 68 – Luxeuil 70 – Nancy 81 – Neufchâteau 28.

△ *Municipal Tir aux Pigeons* courant avril - courant oct. (se renseigner)
☞ 03 29 08 15 06 – SO : 1 km par D 13 rte de Suriauville – ᔕ « A l'orée d'un bois » ☁ – **R** conseillée
1,8 ha (80 empl.) plat, herbeux, gravillons ⚋
ᕃ ᜔ ⇄ ᜕ ⇆ ☺ ᔖ – ᔿ
Tarif : (Prix 1998) ⚹ 12 – 🗐 15 - Redevance pour une seule nuit : ⚹ 25 🗐 30 – ⑭ 15 (5A)

58120 Nièvre **11** – **69** ⑥ G. Bourgogne – 404 h. alt. 368.
Paris 276 – Château-Chinon 7 – Corbigny 38 – Decize 59 – Nevers 69 – St-Honoré-les-Bains 32.

⚑ *Municipal les Soulins* 15 juin-15 sept.
    ℘ 03 86 78 01 62 – NO : 3,5 km par D 12, D 161 rte de Montigny-en-Morvan et D 230 à gauche
    après le pont, à 100 m de l'Yonne – •━• – **R** 15 juil.-15 août – ⚲
    1,2 ha (42 empl.) plat et peu incliné, herbeux
    ⅊ ⏚ ⇪ ⌷ ⇲ ⊛ ▨ – ▱ ⚗
    Tarif : (Prix 1998) ⚶ *15* – ▣ *25* – [₰] *12 (3A)*

30 Gard – **80** ⑰ – rattaché à Anduze.

88430 Vosges **8** – **62** ⑰ – 1 718 h. alt. 534.
Paris 424 – Épinal 41 – Gérardmer 17 – Remiremont 39 – St-Dié 18.

⚑⚑ *Domaine des Bans et la Tour* mai-sept. (La Tour : permanent)
    ℘ 03 29 51 64 67, Fax 03 29 51 64 65 – en deux camps distincts (Domaine des Bans : 600 empl.
    et la Tour : 34 empl.), pl. Notre-Dame, bord d'un plan d'eau – ≼ « Cadre agréable » •━• – **R** conseillée
    juil.-août – **GB** ⚲
    15,7 ha (634 empl.) plat, herbeux, pierreux ▭ ♀
    ⅏ ⏚ ⇲ ⌷ ⇪ ⇲ ⊽ ▨ – ▱ ⊤ ✗ snack ⚗ – ▱ discothèque ⚗ ✗ ▥ ⅃
    Tarif : ▣ élect. (6A) et piscine comprises 3 pers. 174, pers. suppl. 32
    Location : ⌂ 1700 à 3800 – appartements

42123 Loire **11** – **73** ⑦ – 749 h. alt. 450.
Paris 412 – Feurs 35 – Roanne 15 – St-Just-en-Chevalet 29 – Tarare 42.

⚑ *Le Mars* 3 avril-sept.
    ℘ 04 77 64 94 42 – S : 4,5 km par D 56 et chemin à droite – ⚲ ≼ gorges de la Loire « Agréable
    situation dominante » •━• – **R** conseillée – ⚲
    1,2 ha (65 empl.) plat et en terrasses, peu incliné, herbeux ▭
    ⅏ ⌷ ⇲ ⊛ ⇪ ⊽ ▨ – ⊤ – ▱ ⚗
    Tarif : ⚶ 20 piscine comprise – ▣ 23 – [₰] 16 (6A)

81170 Tarn **15** – **79** ⑳ G. Pyrénées Roussillon – 932 h. alt. 279.
🄱 Office de Tourisme ℘ 05 63 56 00 52, Fax 05 63 56 19 52 et (saison) pl. Bouteillerie ℘ 05 63 56 14 11.
Paris 657 – Albi 26 – Montauban 58 – Rodez 87 – Toulouse 82 – Villefranche-de-Rouergue 48.

⚑ *Moulin de Julien* avril-sept.
    ℘ 05 63 56 01 42 – SE : 1,5 km par D 922 rte de Gaillac, bord d'un ruisseau « Décoration originale »
    •━• – **R** conseillée – ⚲
    9 ha (130 empl.) plat, incliné et en terrasses, herbeux, étang ♀
    ⏚ ⅏ ⇪ ⌷ ⊛ ▨ – ⊤ – ▱ ⚗ ⅃ ⅃ toboggan aquatique
    Tarif : ▣ piscine comprise 2 pers. 80 – [₰] 10 (2A) 16 (5A)
    Location (15 juin-sept.) : ⌂ 2100 à 2700

⚑ *Camp Redon* avril-26 oct.
    ℘ 05 63 56 14 64 ✉ 81170 Livers-Cazelles – SE : 5 km par D 600 rte d'Albi puis 0,8 km par D 107
    rte de Virac à gauche – ⚲ •━• ✗ dans locations – **R** conseillée
    2 ha (40 empl.) plat, peu incliné, herbeux ▭ ♀
    ⅏ ⇪ ⌷ ⊛ ▨ – ▱ ⅃
    Tarif : ▣ piscine comprise 2 pers. 60, pers. suppl. 20 – [₰] 10 (6A)
    Location : ⌂ 1600

01290 Ain **11** – **74** ① – 780 h. alt. 172.
Paris 403 – Bourg-en-Bresse 41 – Châtillon-sur-Chalaronne 23 – Mâcon 8 – Villefranche-sur-Saône 34.

⚑ *Intercommunal du Plan d'Eau* mai-sept.
    ℘ 03 85 31 70 23 – à la Base de Loisirs : sortie Ouest par D 51ᴬ et 1,2 km par rte à droite, près
    d'un plan d'eau – •━• – **R** indispensable juil.-août – ⚲
    4,5 ha (117 empl.) plat, herbeux, sablonneux ▭
    ⏚ ⅏ ⇪ ⌷ ⇲ ⊛ ⊽ ▨ – ⊤ ⊤ – ⚗ ⚓ ⅃ ⚌ (plage) ◊
    Tarif : (Prix 1998) ⚶ 26 – ▣ 29/40 avec élect. (6A)
    Location (permanent) : ⌂ 800 à 2000

66 Pyr.-Or. – **86** ⑰ – rattaché à Vernet-les-Bains.

CORNY-SUR-MOSELLE

57680 Moselle **7** – **57** ⑬ – 1 490 h. alt. 180.
Paris 328 – Metz 15 – Nancy 44 – Pont-à-Mousson 15 – Verdun 60.

⚑ *Le Paquis*
℘ 03 87 52 03 59 – N : 0,7 km par N 57 rte de Metz, puis Ouest, 5 km par chemin à gauche, près de la Moselle et d'étangs – ⊶
1,7 ha (102 empl.) plat, herbeux ♀♀
🔥 ⇄ ⇌ ⊙ 🅰 – 🍸 – 🚗 – A proximité : halte fluviale 🍴

CORRÈZE

19800 Corrèze **10** – **76** ⑨ G. Berry Limousin – 1 145 h. alt. 455.
Paris 482 – Argentat 46 – Brive-la-Gaillarde 46 – Égletons 22 – Tulle 18 – Uzerche 35.

⚑ *Muncipal la Chapelle* 15 juin-15 sept.
℘ 05 55 21 29 30 – sortie Est par D 143, rte d'Egletons et à droite, rte de Bouysse – ⑤ « Situation agréable en bordure de la Corrèze et près d'une chapelle » ⊶
3 ha (54 empl.) plat, terrasse, peu incliné, herbeux, forêt attenante ♀ (1 ha)
⚭ 🔥 ⇄ 🗒 ⇌ ⊙ 🅰 – 🏠 🚗 – A proximité : 🏊
Tarif : (Prix 1998) ⚹ 15 – 🚗 7 – 🅴 14 – 🔌 12 (5A)
Location : gîtes

CORSE

17 – 90 G. Corse
Relations avec le continent : 50 mn environ par avion, 5 à 10 h par bateau.
🛥 Par Société Nationale Corse-Méditerrannée (S.N.C.M.) – Départ de **Marseille** : 61 bd des Dames (2ᵉ)
℘ 04 91 56 62 05, Fax 04 91 56 35 86 – Départ de **Nice** : (Ferryterranée) quai du Commerce
℘ 04 93 13 66 66 – Départ de **Toulon** : 21 et 49 av. Infanterie de Marine ℘ 04 94 16 66 66.

Ajaccio Corse-du-Sud, pli ⑰ – 58 315 h. – ✉ 20000 Ajaccio.
🅱 Office de Tourisme Hôtel-de-Ville av. Serafini ℘ 04 95 51 53 03, Fax 04 95 51 53 01.
Bastia 146 – Bonifacio 136 – Calvi 164 – Corte 78 – L'Ile-Rousse 140.

⚑ *Les Mimosas* avril-15 oct.
℘ 04 95 20 99 85, Fax 04 95 10 01 77 – sortie Nord par D 61, rte d'Alata et à gauche, rte des Milelli – ⑤ ⊶ – **R** conseillée août – ✗
2,5 ha (70 empl.) plat et en terrasses ♀
⚭ 🔥 🗒 🌲 ⊙ 🅰 – snack
Tarif : ⚹ 30 – 🚗 12 – 🅴 12/25 – 🔌 14 (16A)
Location : 🚐 1400 à 1800

Aléria H.-Corse, pli ⑥ – 2 022 h. alt. 20 – ✉ 20270 Aléria.
Bastia 71 – Corte 51 – Vescovato 52.

⚑ *Marina d'Aléria* Pâques-oct.
℘ 04 95 57 01 42, Fax 04 95 57 04 29 – à 3 km à l'Est de Cateraggio par N 200, à la plage de Padulone, bord du Tavignano – ⑤ « Décoration florale » ⊶ – **R** conseillée juil.-août – 🆖 ✗
17 ha/7 campables (220 empl.) plat, sablonneux, herbeux ♀♀ (4 ha)
⚭ 🔥 ⇄ 🗒 🌲 ⊙ 😊 🅰 – 🍖 grill, pizzeria 🚲 cases réfrigérées – 🏠 🚗 🚴 🍴 ♫
Tarif : ⚹ 38 – 🚗 12 – 🅴 10/13 – 🔌 18 (9A)
Location : 🏠 1000 à 4200 – bungalows toilés

Algajola H.-Corse, pli ⑬ – 211 h. alt. 2 – ⊠ 20220 Algajola.
Bastia 76 – Calvi 16 – L'Ile-Rousse 9.

⚠ ***A Marina*** mai-sept.
    ℰ 04 95 60 75 41, Fax 04 95 60 63 88 ⊠ 20220 Aregno – E : 0,5 km par N 197 rte de l'Ile-Rousse,
à 200 m de la plage (accès direct) – ⚬━ – ℞ – ⅁Ⓑ
5,5 ha (187 empl.) plat, herbeux, sablonneux ᎕᎕
  �& (🔥 juin-août) ☺ ⚴ 🖼 – ⚚ – 🏚
Tarif : ⚲ *28* – ⚗ *8* – ▣ *13/15* – ⅋ *16 (16A)*

⚠ ***Cala di Sole*** avril-sept.
    ℰ 04 95 60 73 98, Fax 04 95 60 75 10 – au Sud du bourg, accès sur N 195 rte de l'Ile-Rousse – ⩘
⚬━ – ℞ – ⚸
5 ha (100 empl.) plat, incliné et en terrasses, pierreux, herbeux ᎕
🔥 ☺ ⚴
Tarif : ⚲ *23* – ⚗ *5* – ▣ *16/20* – ⅋ *16*
Location *(avril-oct.) : studios*

Bastia H.-Corse, pli ③ – 37 845 h. alt. 3 – ⊠ 20200 Bastia.
🄱 Office de Tourisme pl. Saint-Nicolas ℰ 04 95 55 96 37, Fax 04 95 55 96 00.
Ajaccio 147 – Bonifacio 169 – Calvi 91 – Corte 70 – Porto 135.

⚠ ***Le Bois de San Damiano*** avril-oct.
    ℰ 04 95 33 68 02, Fax 04 95 30 84 10 ⊠ 20620 Biguglia – SE : 9 km par N 193 et rte du cordon
lagunaire à gauche, à 100 m de la plage (accès direct) « Situation agréable » ⚬━ – ℞ – ⅁Ⓑ
⚸
12 ha (280 empl.) plat, sablonneux ᎕ pinède
🔥 🖼 ☺ 🖼 – ⚚ – 🍽 ⛱ ✗ – �"➿ ⚲
Tarif : ⚲ *30* – ⚗ *12* – ▣ *12/16* – ⅋ *18 (10A)*

Bonifacio Corse-du-Sud, pli ⑨ – 2 683 h. alt. 55 – ⊠ 20169 Bonifacio.
🄱 Syndicat d'Initiative pl. de l'Europe ℰ 04 95 73 11 88, Fax 04 95 73 14 97.
Ajaccio 137 – Corte 149 – Sartène 53.

⚠ ***Rondinara*** 15 mai-sept.
    ℰ 04 95 70 43 15, Fax 04 95 70 56 79 – NE : 18 km par N 198, rte de Porto-Vecchio et D 158 à
droite, rte de la pointe de la Rondinara, à 400 m de la plage – ⚲ ⩘ « Belle décoration florale et
site agréable » ⚬━ ⚸ dans locations et juil.-août sur le camping – ℞ – ⅁Ⓑ ⚸
5 ha (120 empl.) peu incliné et en terrasses, pierreux
�& 🔥 ⚱ 🖼 🖸 ☺ 🖼 🖼 – ⚚ ⛱ snack, crêperie ⛱ – 🛶 ⚘
Tarif : ⚲ *36 piscine comprise* – ⚗ *17* – ▣ *17/20* – ⅋ *20*
Location : ⌂ *2600 à 4000*

⚠ ***Les Iles*** Pâques-15 oct.
    ℰ 04 95 73 11 89, Fax 04 95 73 18 77 – E : 4,5 km rte de Piantarella, vers l'embarcadère de Cavallo
– ⩘ la Sardaigne et les îles ⚬━ – ℞ – ⅁Ⓑ ⚸
8 ha (100 empl.) peu incliné, vallonné, pierreux
�& 🔥 ⚱ 🖸 🖸 ☺ 🖼 🖼 – ⚚ snack ⛱ – 🛶 ⚘ ✗ ➿ ⚘ half-court
Tarif : ⚲ *43 piscine comprise* – ⚗ *14* – ▣ *16/22* – ⅋ *16*
Location : ⌂ *1400 à 1950* – ⌂ *2200 à 4200*

▲▲▲ **U Farniente** Pâques-15 oct.
  🅟 04 95 73 05 47, Fax 04 95 73 11 42 – NE : 5 km par N 198 rte de Bastia, à Pertamina Village –
  🕲 « Agréable domaine » o━━ – **R** – ⊖B ⊘
  15 ha/3 campables (150 empl.) plat, peu incliné, pierreux ⊏⊐ 99
  🖬 ⇄ 🖫 ♨ ☺ 🖼 – ⚖ ✗ pizzeria ⸬ cases réfrigérées – 🕺 ✖ ▨ toboggan aquatique
  Tarif : 🖭 *piscine comprise 2 pers. 125*
  Location : ⟦⟧ *1750 à 4300* – ⟨⟩*2200 à 4800* – *bungalows toilés*

▲▲ **Pian del Fosse** Pâques-oct.
  🅟 04 95 73 16 34 – NE : 3,8 km sur D 58 rte de Santa-Manza – ≼ o━━ – **R** conseillée 1er au 25 août
  – ⊖B ⊘
  5,5 ha (52 empl.) peu incliné et incliné, en terrasses, pierreux, oliveraie ⊏⊐ 99 (2 ha)
  ♿ 🖬 ⇄ 🖫 ♨ ☺ 🖽 🖼 – ⚖
  Tarif : ✳ *36* – ⇶ *13* – 🖭 *14/20* – 🖪 *16 (4A) 20 (10A) 25 (16A)*
  Location : ⟨⟩*2000 à 4500* – *bungalows toilés*

▲▲ **La Trinité** avril-10 oct.
  🅟 04 95 73 10 91, Fax 04 95 73 16 90 – NO : 4,5 km par N 196 rte de Sartène – ≼ o━━ – ▮R – ⊖B
  ⊘
  4 ha (100 empl.) accidenté, plat et peu incliné, sablonneux, herbeux, rocheux
  ♿ 🖬 ⇄ ▱ ☺ 🖼 – ⚖, snack – ⟦⟧ ⸸ – A proximité : ✖ ⸸m ▨
  Tarif : (Prix 1998) ✳ *29* – ⇶ *11* – 🖭 *11/13* – 🖪 *13 (10A)*
  Location : ⟦⟧ *1300 à 1800*

Calvi H.-Corse, pli ⑬ – 4 815 h. alt. 29 – ✉ 20260 Calvi.
🅱 Office du Tourisme Port de Plaisance 🅟 04 95 65 16 67, Fax 04 95 65 14 09 et (juin-sept.) à l'entrée de la
Citadelle 🅟 04 95 65 36 74.
Bastia 91 – Corte 88 – L'Île-Rousse 24 – Porto 71.

▲▲ **Paduella** mai-oct.
  🅟 04 95 65 06 16, Fax 04 95 65 17 50 – SE : 1,8 km par N 197 rte de l'Île-Rousse, à 400 m de la
  plage « Cadre agréable » o━━ – **R** – ⊘
  4 ha (130 empl.) plat et en terrasses, sablonneux 99
  ♿ 🖬 🖫 ▨ ☺ 🖼 – ⚖, ⛾ snack – A proximité : ⟨⟩
  Tarif : ✳ *30* – ⇶ *13* – 🖭 *13* – 🖪 *16 (6A)*
  Location : ⟦⟧ – *bungalows toilés*

▲▲ **Bella Vista** Pâques-début oct.
  🅟 04 95 65 11 76, Fax 04 95 65 03 03 – S : 1,5 km par N 197 et rte de Pietra-Major à droite – 🕲
  ≼ « Cadre fleuri » o━━ 🅟 – **R** – ⊖B ⊘
  6 ha/4 campables (156 empl.) plat et peu incliné 99
  ♿ 🖬 ☺ ☀ ▽ 🖼 – ⚖, snack ⸬ – ⸸
  Tarif : ✳ *38* – ⇶ *5* – 🖭 *15/20* – 🖪 *20 (15A)*

▲▲ **Dolce Vita** mai-sept.
  🅟 04 95 65 05 99, Fax 04 95 65 31 25 – SE : 4,5 km par N 197 rte de l'Île-Rousse, à l'embouchure
  de la Figarella, à 200 m de la mer – o━━ – ▮R – ⊘
  6 ha (200 empl.) plat, herbeux, sablonneux 99
  🖬 🖫 ☺ ▱ 🖼 – ⚖, snack – ⸸ ✖
  Tarif : ✳ *39* – ⇶ *16* – 🖭 *16/18* – 🖪 *10 (10A)*
  Location : ⟦⟧

▲ **Paradella** 15 juin-sept.
  🅟 04 95 65 00 97, Fax 04 95 65 11 11 ✉ 20214 Calenzana – SE : 9,5 km par N 197 rte de l'Île-
  Rousse et D 81 à droite rte de l'aéroport – o━━ – **R** – ⊘
  5 ha (150 empl.) plat, sablonneux, herbeux 99
  ♿ 🖬 ☺ 🖼 – ⚖ – ♻ ✖ ▨
  Tarif : (Prix 1998) ✳ *32 piscine comprise* – ⇶ *12* – 🖭 *14* – 🖪 *15 (3A)*
  Location : ⟦⟧ *1600 à 2000* – ⟨⟩*2600 à 3500*

à Lumio NE : 10 km par N 197 – 895 h. alt. 150 – ✉ 20260 Lumio :

▲ **Le Panoramic** juin-15 sept.
  🅟 04 95 60 73 13 – NE : 2 km sur D 71, rte de Belgodère – 🕲 ≼ « Belles terrasses ombragées »
  o━━ – **R** – ⊘
  2 ha (100 empl.) en terrasses, pierreux, sablonneux 99
  🖬 ☺ – ⚖, – ▨
  Tarif : ✳ *31 piscine comprise* – ⇶ *9* – 🖭 *13/21* – 🖪 *19*

Cargèse Corse-du-Sud, pli ⑯ – 915 h. alt. 75 – ✉ 20130 Cargèse.
🅱 Syndicat d'Initiative r. du Dr.-Dragacci 🅟 04 95 26 41 31, Fax 04 95 26 48 80.
Ajaccio 52 – Calvi 104 – Corte 117 – Piana 21 – Porto 33.

▲ **Torraccia** 15 mai-sept.
  🅟 04 95 26 42 39, Fax 04 95 20 40 21 – N : 4,5 km par D 81 rte de Porto – ≼ vallée, montagne
  et la côte o━━ – ▮R – ⊖B ⊘
  3 ha (66 empl.) en terrasses, accidenté, pierreux ⚲
  ♿ 🖬 ☺ ▱ 🖼 – ⸬ – ✖
  Tarif : (Prix 1998) ✳ *34* – ⇶ *14* – 🖭 *14*
  Location : ⟨⟩*1500 à 2800*

Évisa Corse-du-Sud, pli ⑮ – 257 h. alt. 850
⊠ 20126 Évisa.
Ajaccio 72 – Calvi 94 – Corte 64 – Piana 33 – Porto 23.

  ⚠ **L'Acciola** juin-sept.
       𝒫 04 95 26 23 01 – E : 2 km par D 84 rte de Calacuccia et D 70 à droite, rte de Vico, à proximité de la forêt d'Aitone, alt. 920 – ≤ montagne et golfe de Porto ⊶ – **R** – ⅁ℬ
       2,5 ha (70 empl.) incliné, en terrasses, pierreux, herbeux ♀
       ⌂ ⊡ – ✕
       Tarif : ⚡ 26 – ⇛ 12 – ▣ 12/18

Farinole (Marine de) H.-Corse, plis ② ③ – 176 h. alt. 250
⊠ 20253 Farinole.
Bastia 21 – Rogliano 59 – St-Florent 13.

  ⚠ **A Stella** mai-15 oct.
       𝒫 04 95 37 14 37, Fax 04 95 37 13 84 – par D 80, bord de mer – ⌇ ≤ ⊶ – **R** – ⅍
       3 ha (100 empl.) plat, peu incliné et en terrasses, pierreux ♀ (1,5 ha)
       ⌂ ⊛ ⊡ – ☕ – ⌗
       Tarif : ⚡ 25 – ⇛ 15 – ▣ 20/35 – ⚡ 20

Favone Corse-du-Sud, pli ⑦
⊠ 20144 Ste-Lucie-de-Porto-Vecchio.
Ajaccio 125 – Bonifacio 57.

  ⚠ **Bon'Anno** juin-sept.
       𝒫 04 95 73 21 35 – à 500 m de la plage – ⌇ ⊶ – **R** conseillée 15 juil.-15 août – ⌗
       3 ha (150 empl.) plat, peu incliné, terrasses, pierreux, herbeux ♀♀
       ⌂ ⚞ ⊟ ⊛ ⊡ – ☕ – A proximité : ⛺
       Tarif : ⚡ 32 – ⇛ 10 – ▣ 11/15 – ⚡ 16

Figareto H.-Corse pli ④
⊠ 20230 Talasani.
Bastia 35 – Aléria 36 – Piedicroce 27 – Vescovato 16.

  ⚠ **Valle Longhe** juin-sept.
       𝒫 04 95 36 96 45 – sortie Nord par N 198 rte de Bastia et 0,5 km par chemin à gauche – ⌇ ⊶ – **R** conseillée juil.-août – ⌗
       1 ha (50 empl.) en terrasses, pierreux
       ⅋ ⌂ ⊟ ⊛
       Tarif : ▣ 2 pers. 80 – ⚡ 18 (5 à 10A)

Galéria H.-Corse, pli ⑭ – 305 h. alt. 30
⊠ 20245 Galéria.
Bastia 117 – Calvi 33 – Porto 46.

  ⚠ **Les Deux Torrents** juin-sept.
       𝒫 04 95 62 00 67 – E : 5 km par D 81 rte de Calenzana, bord du Fango et du Marsolino – ⌇ ≤ ⊶ – **R** – ⌗
       4,5 ha (150 empl.) plat, herbeux, sablonneux ♀
       ⌂ ⊡ – ☒ snack half-court
       Tarif : (Prix 1998) ⚡ 27 – ⇛ 14 – ▣ 14/16
       Location : ⌂ 2000 à 3350

Ghisonaccia H.-Corse, pli ⑥ – 3 270 h. alt. 25 ⊠ 20240 Ghisonaccia.
🅑 Office de Tourisme rte Nationale 198 𝒫 04 95 56 12 38, Fax 04 95 56 06 47.
Bastia 85 – Aléria 14 – Ghisoni 27 – Venaco 57.

  ⚠⚠⚠ **Marina d'Erba Rossa** 15 mai-sept.
       𝒫 04 95 56 25 14, Fax 04 95 56 27 23 – E : 4 km par D 144, bord de plage « Bel ensemble résidentiel » ⊶ – **R** conseillée juil.-août – ⅁ℬ ⌗
       12 ha/8 campables (160 empl.) plat, herbeux ⌁ ♀♀ (2 ha)
       ⅋ ⌂ ⚞ ⊟ ⊛ ⚞ ⊟ ⊡ – ☒ ♊ ✕ pizzeria ☕ cases réfrigérées – ⌂ ⚡ ⚡ ⚡ ⛏ ☒ parc animalier – A proximité : discothèque ⛺
       Tarif : ⚡ 31 – ▣ 73 – ⚡ 19 (5A)
       Location : ⌂ 1290 à 5090

  ⚠⚠ **Arinella-Bianca** Pâques-15 oct.
       𝒫 04 95 56 04 78, Fax 04 95 56 12 54 – E : 3,5 km par D 144 puis 0,7 km par chemin à droite, bord de plage et d'étangs « Cadre agréable » ⊶ – **R** conseillée – ⅁ℬ ⌗
       10 ha (300 empl.) plat, herbeux, sablonneux ♀♀ (7 ha)
       ⅋ ⌂ ⚞ ⊟ ⊛ ⊡ – ☒ ♊ ✕ pizzeria ☕ cases réfrigérées – ⌂ ⚡ ⚡ ☒ ☒ – A proximité : discothèque ⛺
       Tarif : ▣ 2 pers. 134 – ⚡ 20 (6A)
       Location : ⌂ 1490 à 3990 – ⌂ 1990 à 4790

L'Île-Rousse H.-Corse, pli ⑬ – 2 288 h. alt. 6
⊠ 20220 l'Ile-Rousse.
🏢 Office de Tourisme 7 pl. Paoli 𝒫 04 95 60 04 35, Fax 04 95 60 24 74.
Bastia 67 – Calvi 24 – Corte 64.

▲ **Le Bodri** 15 juin-15 sept.
𝒫 04 95 60 10 86 ⊠ 20256 Corbara – SO : 2,5 km rte de Calvi, à 300 m de la plage – ≤ ⊶ – ℝ –
🐄
6 ha (333 empl.) plat, peu incliné à incliné, pierreux ♀
🗟 ⏚ ⊕ 📷 – 🖳 snack
Tarif : 👤 26 – 🚗 13 – 🆔 24/30 – ⚡ 18
Location : 🏠2200 à 3000

La Liscia (Golfe de) Corse-du-Sud, pli ⑯
⊠ 20111 Calcatoggio.
Ajaccio 28 – Calvi 128 – Corte 93 – Vico 24.

▲▲ **La Liscia** mai-10 oct.
𝒫 04 95 52 20 65, Fax 04 95 52 50 24 – par D 81, à 5 km au Nord Ouest de Calcatoggio, bord de
la Liscia – ⊶ – ℝ juil.-août – ⒼⒷ
3 ha (100 empl.) plat et en terrasses, herbeux ♀♀
🗟 🔊 ⊕ 📷 – 🖳 ♈ snack, pizzeria – 🔲 discothèque
Tarif : 👤 32 – 🚗 13 – 🆔 14/15 – ⚡ 15 (5A) 20 (10A)

Lozari H.-Corse, pli ⑬ – ⊠ 20226 Belgodère.
Bastia 61 – Belgodère 9 – Calvi 31 – L'Ile-Rousse 7.

▲▲ **Le Clos des Chênes** avril-3 oct.
𝒫 04 95 60 15 13, Fax 04 95 60 21 16 – S : 1,5 km par N 197 rte de Belgodère – 🐾 ≤ ⊶ –
ℝ conseillée – 🐄
5 ha (235 empl.) plat, peu incliné, pierreux ♀
🔥 🗟 ⏚ 🗓 ⏚ ⊕ 📷 – 🖳 snack 🍴 – 🏊 🎾 🔊 – A proximité : 🐎
Tarif : (Prix 1998) 👤 35 piscine comprise – 🆔 28/31 – ⚡ 18 (4A) 23 (6A)
Location : 🏕 1050 à 2310 – 🏚 1617 à 3640 – 🏠 1876 à 3696

▲ **Le Belgodère**
𝒫 04 95 60 20 20, Fax 04 95 60 22 58 – NE : 0,6 km par N 1197 rte de St-Florent, à 400 m de la
plage – 🐾 ≤ ⊶
2 ha (150 empl.) plat et peu incliné, pierreux ♀
🔥 🗟 ⏚ 🗓 ⏚ ⊕ 📷 – snack – 🔲
Location : 🏚 – bungalows toilés

Moriani-Plage H.-Corse, pli ④ ⊠ 20230 San Nicolao.
Bastia 39 – Corte 69 – Vescovato 20.

▲▲ **Merendella** 30 mai-1er oct.
𝒫 04 95 38 53 47, Fax 04 95 38 44 01 – S : 1,2 km par N 198 rte de Porto-Vecchio, bord de plage
« Agréable chênaie » ⊶ 🎾 juil.-août – ℝ conseillée – ⒼⒷ 🐄
7 ha (133 empl.) plat, herbeux, sablonneux 🔲 ♀♀
🗟 ⏚ 🗓 ⏚ ⊕ 📷 – 🖳 – 🔲 – A proximité : ✖
Tarif : (Prix 1998) 🆔 2 pers. 95/97,50, pers. suppl. 33 – ⚡ 16 (2A) 18 (5A)
Location : 🏠(sans sanitaires)

Olmeto Corse-du-Sud, pli ⑱ – 1 019 h. alt. 320
⊠ 20113 Olmeto.
Ajaccio 65 – Propriano 8 – Sartène 20.

à la Plage SO : 3 km par N 196 et 7 km par D 157 – ⊠ 20113 Olmeto :
▲▲ **Village Club du Ras L'Bol** avril-sept.
𝒫 04 95 74 04 25, Fax 04 95 74 01 30 – par D 157, à 50 m de la plage – ⊶ – ℝ conseillée juil.-août
– ⒼⒷ 🐄
6 ha (150 empl.) plat, peu incliné et en terrasses, herbeux, rochers ♀
🗟 🗓 ⊕ 📷 – 🖳 ♈ ✖ snack, pizzeria – 🏊 – A proximité : discothèque 🐎
Tarif : (Prix 1998) 👤 35 – 🆔 30/38 – ⚡ 18 (16A)
Location : 🏠1890 à 4340

Osani Corse-du-Sud, pli ⑮ – 103 h. alt. 180
⊠ 20147 Osani.
Ajaccio 106 – Calvi 52 – Porto 22.

▲ **E Gradelle** juin-sept.
𝒫 04 95 27 32 01 – SE : 3 km par D 424, à 400 m de la plage – 🐾 ≤ golfe de Porto et montagne
⊶ saison 🅿 – ℝ conseillée juil.-août – ⒼⒷ
2,2 ha (90 empl.) incliné, accidenté, en terrasses, pierreux 🔲 ♀
🗟 – 🖳 snack
Tarif : 👤 25 – 🚗 6 – 🆔 8/22

Piana Corse-du-Sud, pli ⑮ – 500 h. alt. 420
✉ 20115 Piana.
Ajaccio 72 – Calvi 83 – Évisa 33 – Porto 12.

⚠ **Plage d'Arone** juin-sept.
    ℘ 04 95 20 64 54 – SO : 11,5 km par D 824, à 500 m de la plage – ⟋⟍ ≤ o━ – ℟ – ☖
3,8 ha (125 empl.) plat, sablonneux, pierreux
    Ⳁ ⌂ ⇔ ⊟ ▦
    Tarif : ⚹ 34 – ⟋⟍ 12 – ▣ 12/24

Pietracorbara H.-Corse, pli ② – 363 h. alt. 150 ✉ 20233 Pietracorbara :
Bastia 23.

⚠ **La Pietra** 20 mars-oct.
    ℘ 04 95 35 27 49, Fax 04 95 35 28 57 – SE : 4 km par D 232 et chemin à gauche, à 500 m de la
plage – ≤ o━ juil.-août – ℟ – ⟋⟍
3,3 ha (33 empl.) plat, herbeux ▭ ⵏⵏ
    Ⳁ ⌂ ▤ ⇔ ⊛ ▦ – ⟍ – ⌂ ✗
    Tarif : ⚹ 32 tennis compris – ⟋⟍ 15 – ▣ 23/26 – ⒣ 18 (20A)

Pinarellu Corse-du-Sud, pli ⑧ – ✉ 20144 Ste-Lucie-de-Porto-Vecchio.
Ajaccio 142 – Bonifacio 44 – Porto-Vecchio 16.

⛰ **California** 15 mai-15 oct.
    ℘ 04 95 71 49 24 – S : 0,8 km par D 468 et 1,5 km par chemin à gauche, à 50 m de la plage (accès
direct) – ⟋⟍ o━ ℗(saison) – ℟ – ⟋⟍
7 ha/5 campables (100 empl.) peu accidenté et plat, sablonneux, étang ⵏ
    Ⳁ ⌂ ▤ ⵥ ⊛ ▤ ▦ – pizzeria, snack – ✗
    Tarif : ⚹ 34 – ⟋⟍ 9 – ▣ 15/26 – ⒣ 16 (4A)

⚠ **Le Pinarello** 15 mai-sept.
    ℘ 04 95 71 43 98 – sortie Nord-Ouest par D 168ᴬ – ⟋⟍ o━ – ℟ conseillée pour caravanes juil.-août
5 ha (83 empl.) plat et peu incliné, herbeux ⵏ
    ⌂ ⇔ ⊛ ▦ – ❢ snack – ✗ ⟍
    Tarif : ⚹ 28 piscine comprise – ⟋⟍ 12 – ▣ 12/20 – ⒣ 13 (2A)

Porticcio Corse-du-Sud, pli ⑰ – ✉ 20166 Porticcio.
Ajaccio 19 – Sartène 68.

⛰ **Benista** avril-oct.
    ℘ 04 95 25 19 30, Fax 04 95 25 93 70 – NE : 3 km par D 55 rte d'Ajaccio, à la station Mobil, bord
du Prunelli – o━ juil.-août – ℟ conseillée 10 juil.-25 août – ⟋⟍
4,5 ha (200 empl.) plat, sablonneux, herbeux ▭ ⵏⵏ (3,5 ha)
    Ⳁ ⌂ ⇔ ▤ ⇔ ⊛ ⵥ ⵤ ▤ ▦ – ❢ snack ⟍ – ⵦ ✗ ⟍ practice de golf - A l'entrée :
⯊
    Tarif : ▣ piscine comprise 2 pers. 105 – ⒣ 15 (5A)
    Location : ⌂ 1700 à 2100 – ⌂ 2000 à 2900

Portigliolo Corse-du-Sud, pli ⑱ – ✉ 20110 Propriano.
Ajaccio 80 – Propriano 9 – Sartène 15.

⛰ **Lecci e Murta** avril-15 oct.
    ℘ 04 95 76 02 67, Fax 04 95 77 03 38 – à 500 m de la plage – ⟋⟍ ≤ « Site sauvage » o━ ⵦ dans
locations ℗ – ℟ conseillée juil.-août – ☖ ⟋⟍
4 ha (150 empl.) en terrasses, plat, pierreux, herbeux ⵏ
    ⌂ ⵥ ⊛ ▦ – ⟍ pizzeria – ✗
    Tarif : ⚹ 35 – ⟋⟍ 15 – ▣ 15/25 – ⒣ 16 (10A)
    Location : ⌂ 1200 à 4000

Porto Corse-du-Sud, pli ⑮
✉ 20150 Ota.
🛈 Office de Tourisme Golfe de Porto ℘ 04 95 26 10 55, Fax 04 95 26 14 25.
Ajaccio 84 – Calvi 71 – Corte 87 – Évisa 23.

⛰ **Les Oliviers** 28 mars-oct.
    ℘ 04 95 26 14 49, Fax 04 95 26 12 49 – par D 81, au pont, bord du Porto – ⟋⟍ ≤ o━ ℗(juil.-août)
– ℟ conseillée juil.-août – ☖ ⟋⟍
5,4 ha (180 empl.) en terrasses ▭ ⵏⵏ
    ⌂ ▤ ⇔ ⵥ ⊛ ▦ – snack ⟍ cases réfrigérées – ⵦ half-court – A proximité : ⯊
⬚
    Tarif : ⚹ 36 – ⟋⟍ 14 – ▣ 14/22 – ⒣ 15 (10A)
    Location : ⌂ 1550 à 4150

⚠ **Funtana al Oro** 20 avril-sept.
    ℘ 04 95 26 11 65, Fax 04 95 26 10 83 – SE : 1,4 km par D 84 rte d'Evisa, à 200 m du Porto – ⟋⟍
≤ « Cadre sauvage » o━ – ⟋⟍
2 ha (70 empl.) en terrasses, rochers ▭ ⵏⵏ
    Ⳁ ⌂ ▤ ⵥ ⊛ ▦ – ⌂
    Tarif : ⚹ 30 – ⟋⟍ 12 – ▣ 12/14 – ⒣ 14 (10A)

⚴ **Porto** 20 juin-20 sept.
    ℘ 04 95 26 13 67, Fax 04 95 26 10 79 – sortie Ouest par D 81 rte de Piana, à 200 m du Porto –
    ≤ �o━ – **R** – ⚲
    2 ha (60 empl.) en terrasses, herbeux ♀
    ⅃ ⌂ ⚲ ⊕ ▣ – A proximité : ⚑
    Tarif : ✵ 30 – ⇍ 10 – ▣ 10/14 – ⒤ 15 (5A)

⚴ **Sole e Vista** avril-15 nov.
    ℘ 04 95 26 15 71, Fax 04 95 26 10 79 – accès principal par parking du super marché, accès
    secondaire E : 1 km par D 124, rte d'Ota, à 150 m du Porto, (rampe à 18 %) - Pour emplacements
    d'accès difficile, mise en place et sortie des caravanes à la demande – ⛿ ≤ « Belle situation » o━
    🄿 – **R** conseillée – ⚲
    3,5 ha (150 empl.) en terrasses, rochers ⊏⊐ ♀
    ⅃ ▣ – A proximité : ⬚ ⚑
    Tarif : ✵ 31 – ⇍ 11 – ▣ 11/14

Corse-du-Sud, pli ⑧ – 9 307 h. alt. 40 – ⊠ 20137 Porto-Vecchio.
🮱 Office de Tourisme pl. Hôtel-de-Ville ℘ 04 95 70 09 58, Fax 04 95 70 03 72.
Ajaccio 145 – Bonifacio 27 – Corte 121 – Sartène 61.

⚶ **U Pirellu** avril-sept.
    ℘ 04 95 70 23 44, Fax 04 95 70 60 22
    – E : 9 km, à **Piccovagia**, Certains
    emplacements difficiles d'accès (forte
    pente) – ≤ « Agréable chênaie » o━
    dans locations 🄿(tentes) – **R** juil.-août
    pour caravanes 🅁 pour tentes – ⅁⅃ ⚲
    5 ha (150 empl.) incliné et en terrasses,
    pierreux ⊏⊐ ♀♀
    ⅃ ⌂ ⊕ ▣ – ⚏ 🍸 grill, pizzeria ⚘ – ⚏s
    🛆 🝓 half-court
    Tarif : (Prix 1998) ✵ 30 ou 38 piscine
    comprise – ⇍ 13 ou 15 – ▣ 13 ou
    15/20 ou 25 – ⒤ 16 (6A)
    Location (mai-sept.) : 🏠 1000 à 4000 –
    appartements

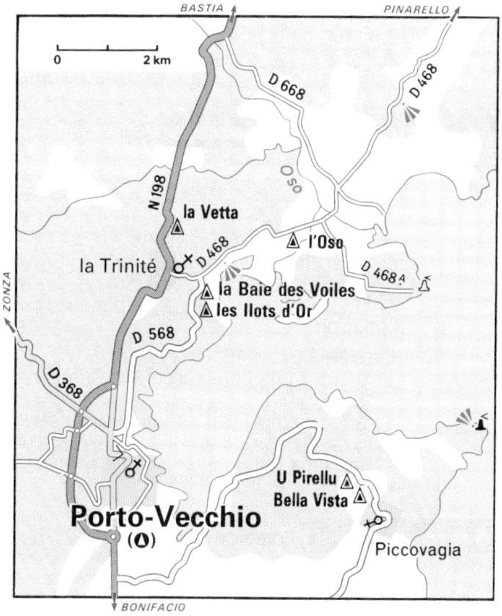

⚶ **La Vetta** juin-25 sept.
    ℘ 04 95 70 09 86, Fax 04 95 70 43 21
    – N : 5,5 km « Cadre agréable » o━ –
    R – ⚲
    4,8 ha (100 empl.) incliné, en terrasses,
    pierreux, herbeux, rochers ♀
    ⅃ ⌂ 🗄 ⌂ ⊕ ▣ – snack – ⚡⚵ ⚒
    Tarif : ✵ 36 piscine comprise – ⇍ 12
    – ▣ 12 – ⒤ 15 (16A)

⚶ **L'Oso** 15 juin-15 sept.
    ℘ 04 95 71 60 99 – NE : 8 km, bord de
    l'Oso – o━ – **R** juil. – ⚲
    3,2 ha (90 empl.) plat, herbeux ♀
    ⅁ ⅃ 🗄 ⚲ ⊕ ▣ – ⚏
    Tarif : ✵ 30 piscine comprise – ⇍ 9
    – ▣ 9/10 – ⒤ 12
    Location : ⊑ 1540 – 🏠 2000 à 2500

⚶ **Les Ilots d'Or** 20 avril-10 oct.
    ℘ 04 95 70 01 30 – NE : 6 km, bord de plage – o━ – **R** – ⚲
    4 ha (180 empl.) plat et en terrasses, sablonneux, herbeux, rochers ♀♀
    ⅁ ⅃ ⌂ ⌂ ⚲ ⊕ ▣
    Tarif : ✵ 30 – ⇍ 10 – ▣ 10/15 – ⒤ 13 (6A)

⚶ **La Baie des Voiles** mai-sept.
    ℘ 04 95 70 01 23 – NE : 6 km, bord de la plage – o━ – 🅁
    3 ha (180 empl.) plat et en terrasses, sablonneux, herbeux, rochers ♀♀
    ⅁ ⅃ ⌂ ⚲ ⊕ ▣ – ⚏
    Tarif : ✵ 30 – ⇍ 10 – ▣ 10/15 – ⒤ 15

⚶ **Bella Vista** 15 juin-15 sept.
    ℘ 04 95 70 58 01 – E : 9,3 km, à Piccovagia – ≤ ⚵ – 🅁 – ⚲
    2,5 ha (100 empl.) en terrasses, herbeux, pierreux
    ⅁ ⅃ ⊕ ▣ – grill, pizzeria
    Tarif : ✵ 30 – ⇍ 12 – ▣ 12/20 – ⒤ 15 (10A)

Corse-du-Sud, pli ⑰ – ⊠ 20166 Porticcio.
Ajaccio 28 – Propriano 47 – Sartène 59.

⚶ **Le Sud** Pâques-sept.
    ℘ 04 95 25 40 51, Fax 04 95 25 47 39 – par D 55, à 100 m de la plage – ≤ o━ – 🅁 – ⅁⅃ ⚲
    4 ha (200 empl.) en terrasses et accidenté ♀
    ⅁ ⅃ 🗄 ⚲ ⊕ ▣ – pizzeria – ⬚ – A proximité : ⬚
    Tarif : ✵ 33 – ⇍ 13 – ▣ 13/16 – ⒤ 15
    Location : 🏠 2000 à 3300

St-Florent
H.-Corse, pli ③ – 1 350 h. alt. 10 – ✉ 20217 St-Florent.
🗗 Office de Tourisme Centre Administratif ℘ 04 95 37 06 04.
Bastia 22 – Calvi 69 – Corte 81 – L'Île-Rousse 45.

⚠ **La Pinède** mai-sept.
℘ 04 95 37 07 26, Fax 04 95 37 17 73 – S : 1,8 km par rte de l'Île-Rousse et chemin empierré à gauche après le pont, bord de l'Aliso – 🌊 ⚬— – **R** – ⒼⒷ ⊄
3 ha (80 empl.) plat, incliné et en terrasses, pierreux, herbeux 🔱
🔥 🎪 ⇌ 🖵 🛁 ⊕ 🗒 – 🖳 pizzeria – 🔟
Tarif : 🚶 28 piscine comprise – 🚐 18 – 🔲 16/22 – 🔌 21 (4A) 24 (10A) 28 (16A)
Location : 🚐 1400 à 2200

⚠ **Kalliste** avril-oct.
℘ 04 95 37 03 08, Fax 04 95 37 19 77 – S : 1,2 km par D 81, rte de l'Île Rousse et chemin à droite après le pont, bord de l'Aliso et à 500 m de la plage (accès direct) – ⚬— – **R** conseillée
3,5 ha (166 empl.) plat, sablonneux, herbeux 🔲 Q
🎪 🔥 ⊕ 🗒 🖵 – 🖳 ✕ 🔥 – 🖳
Tarif : 🚶 30 – 🚐 17 – 🔲 16/23 – 🔌 20 (10A)
Location : appartements

⚠ **Olzo** avril-sept.
℘ 04 95 37 03 34, Fax 04 95 37 09 55 – NE : 2,3 km par D 81 rte de Bastia – ⚬— ⚉ – **R** juil.-août – ⒼⒷ ⊄
2 ha (60 empl.) plat, herbeux 🔱
🎪 🔥 ⊕ – 🖳 snack
Tarif : 🚶 29 – 🚐 16 – 🔲 16/22 – 🔌 20

Ste-Lucie-de-Porto-Vecchio
Corse-du-Sud, pli ⑧
✉ 20144 Ste-Lucie-de-Porto-Vecchio.
Ajaccio 138 – Porto-Vecchio 16.

🏔 **Acqua e Sole**
℘ 04 95 71 57 07, Fax 04 95 71 54 13 ✉ 20135 Conca – sortie Nord-Est par N 198, rte de Bastia et à gauche après le pont, bord du Cavo – ⚪ ⚬—
4,5 ha (100 empl.) plat et terrasse, pierreux, herbeux 🔲
🔥 🎪 ⇌ 🖵 🛁 ⊕ 🗒 🖵 – pizzeria 🔥 – 🔟
Location : 🏠

🏔 **Santa-Lucia** 15 avril-15 oct.
℘ 04 95 71 45 28 – sortie Sud-Ouest, rte de Porto-Vecchio – ⚬— 15 mai-15 sept. – **R** conseillée – ⒼⒷ ⊄
3 ha (135 empl.) plat et peu incliné, sablonneux, pierreux, rochers 🔱
🎪 🖵 ⊕ 🖵 – snack 🔥 – 🔟 🔟 – A proximité : 🐎
Tarif : (Prix 1998) 🚶 34 piscine comprise – 🚐 12 – 🔲 18/35 avec élect.
Location : 🏠 1495 à 3690

Serra-di-Ferro
Corse-du-Sud, pli ⑱ – 327 h. alt. 140
✉ 20140 Serra-di-Ferro.
Ajaccio 46 – Propriano 20 – Sartène 32.

⚠ **Alfonsi U Casellu**
℘ 04 95 74 01 80, Fax 04 95 74 07 67 – S : 5 km par D 155, rte de Propriano et D 757 à droite, à l'entrée de Porto-Pollo, bord de mer – ⚬—
3,5 ha (100 empl.) plat, peu incliné, sablonneux, herbeux Q (1,5 ha)
🔥 🎪 🖵 ⊕ 🖵 – 🍴 snack

Sotta
Corse-du-Sud, pli ⑧ – 762 h. alt. 80
✉ 20146 Sotta.
Ajaccio 135 – Bonifacio 28 – Porto-Vecchio 10 – Sartène 51.

⚠ **U Moru** Pâques-sept.
℘ 04 95 71 23 40, Fax 04 95 71 26 19 – SO : 3 km par D 859 rte de Figari – 🌊 ⚪ ⚬— – **R** conseillée août – ⒼⒷ ⊄
6 ha (120 empl.) peu incliné et plat, herbeux, sablonneux 🔱
🎪 ⊕ 🖵 – 🖳 – 🔲 🔥
Tarif : 🚶 30 – 🚐 10 – 🔲 12/18 – 🔌 15 (6A)
Location : 🚐 1400 à 2000

Tiuccia
Corse-du-Sud, pli ⑯ – ✉ 20111 Calcatoggio.
Ajaccio 31 – Cargèse 21 – Vico 21.

🏔 **Les Couchants** Permanent
℘ 04 95 52 26 60, Fax 04 95 52 31 77 ✉ 20111 Casaglione – N : 4,9 km par D 81 et D 25 à droite, rte de Casaglione – 🌊 ⚪ ⚬— – **R** – ⒼⒷ
5 ha (120 empl.) en terrasses, peu incliné, herbeux Q
🎪 ⇌ 🖵 🛁 ⊕ 🛁 🖵 – ✕ 🔥
Tarif : (Prix 1998) 🚶 25 – 🚐 12 – 🔲 12/20 – 🔌 25 (16A)
Location : 🚐 1200 à 1700 – 🏠 2200 à 3000

Vivario H.-Corse pli ⑤ – 493 h. alt. 850 – ✉ 20219 Vivario.
Bastia 90 – Aléria 50 – Corte 22 – Bocognano 18.

⚠ **Aire Naturelle le Soleil** mai-oct.
    ℰ 04 95 47 21 16 – SO : 6 km par N 193, rte d'Ajaccio, à Tattone, près de la gare, alt. 800 – ⌂
    ≤ ⚬⊸ – **R** conseillée juil.-août
    1 ha (25 empl.) en terrasses, peu incliné et plat, herbeux ♀
    🍴 ☺ – ♟
    Tarif : ⚹ 23 – ⇔ 10 – 🄴 10/15 – 🅖 10

COS

09000 Ariège 🄸🄴 – 🄶🄶 ④ – 236 h. alt. 486.
Paris 783 – La Bastide-de-Sérou 14 – Foix 4 – Pamiers 24 – St-Girons 41 – Tarascon-sur-Ariège 19.

⚠ **Municipal** Permanent
    SO : 0,7 km sur D 61, bord d'un ruisseau – ⚬⊸ été – **R** conseillée juil.-août – ⚒
    0,7 ha (32 empl.) plat, peu incliné, herbeux ♀♀
    🔥 🍴 ⇔ 🄵 🖐 ☺ 🎈 ☂ – 🛒 ✗ – A proximité : 🏊
    Tarif : 🄴 piscine et tennis compris 2 pers. 45 – 🅖 10 (5A) 15 (10A) 20 (15A)

La COTINIÈRE

17 Char.-Mar. – 🄷🄸 ⑬ ⑭ – voir à Oléron (Ile d').

La COUARDE-SUR-MER

17 Char.-Mar. – 🄷🄸 ⑫ – voir à Ré (Ile de).

COUBON

43 H.-Loire – 🄷🄶 ⑰ – rattaché au Puy-en-Velay.

COUCHES

71490 S.-et-L. 🄸🄸 – 🄶🄾 ⑧ G. Bourgogne – 1 457 h. alt. 320.
Paris 312 – Autun 25 – Beaune 32 – Le Creusot 16 – Chalon-sur-Saône 28.

⚠ **Municipal La Gabrelle**
    ℰ 03 85 45 59 49 – NO : 1,7 km par D 978 rte d'Autun, près d'un petit plan d'eau – Ⓜ ⚬⊸
    1 ha (50 empl.) en terrasses, herbeux ⛺
    🔥 🔥 ⇔ 🄵 ☺ 🎈 – ♟ – 🛒 ✗

COUDEKERQUE

59380 Nord 🄸 – 🄵🄸 ④ – 903 h. alt. 1.
Paris 289 – Calais 48 – Dunkerque 6 – Hazebrouck 40 – Lille 70 – St-Omer 37.

⚠⚠ **le Bois des Forts** Permanent
    ℰ 03 28 61 04 41 –, réservé aux caravanes, à 0,7 km au Nord-Ouest de Coudekerque-Village, sur
    le D 72 – Places limitées pour le passage ⚬⊸ – **R** conseillée – ⚒
    3,25 ha (130 empl.) plat, herbeux ⛺
    🔥 🔥 ⇔ 🄵 ☺ 🎈 ☂ – ♟ – ✗
    Tarif : ⚹ 10 – ⇔ 12 – 🄴 25 – 🅖 10 (10A)

COUHÉ

86700 Vienne 🄶 – 🄶🄸 ⑬ – 1 706 h. alt. 140.
Paris 371 – Confolens 57 – Montmorillon 62 – Niort 58 – Poitiers 36 – Ruffec 32.

⚠⚠⚠ **Les Peupliers** 2 mai-sept.
    ℰ 05 49 59 21 16, Fax 05 49 37 92 09 – N : 1 km rte de Poitiers, à Valence – ⌂ « Cadre boisé
    traversé par une rivière pittoresque » ⚬⊸ – **R** conseillée juil.-août – 🄶🄱 ⚒
    8 ha/2 campables (120 empl.) plat, herbeux, étang ⛺ ♀
    🔥 🔥 ⇔ 🄵 🖐 ☺ 🎈 ☂ 🖐 – ⚖, ♟ snack ✗ – 🛒 ✗ 🏊 toboggan aquatique
    Tarif : (Prix 1998) ⚹ 29 piscine comprise – 🄴 39 – 🅖 15 (10A)

COULEUVRE

03320 Allier 🄸🄸 – 🄶🄾 ⑬ – 716 h. alt. 267.
Paris 289 – Bourbon-l'Archambault 18 – Cérilly 9 – Cosne-d'Allier 28 – Moulins 42.

⚠ **Municipal la Font St-Julien** avril-sept.
    ℰ 04 70 66 13 54 – sortie Sud-Ouest par D 3, rte de Cérilly et à droite, bord d'un étang – ⌂ –
    R – ⚒
    2 ha (50 empl.) peu incliné, herbeux ♀
    🔥 ⇔ 🄵 ☺ – ✗ 🏊 parc animalier
    Tarif : (Prix 1998) ⚹ 9 – ⇔ 6 – 🄴 7 – 🅖 13 (6A) 20 (16A)

COULLONS

45720 Loiret 🔲 – 🔳 ① – 2 258 h. alt. 166.
Paris 165 – Aubigny-sur-Nère 18 – Gien 15 – Orléans 60 – Sancerre 50 – Sully-sur-Loire 22.

   ⚠ *Municipal Plancherotte*
      𝒫 02 38 29 20 42 – O : 1 km par D 51, rte de Cerdon et rte des Brosses à gauche, à 50 m d'un
      plan d'eau (accès direct) – ⟳ « Entrée fleurie » ⊶
      1,85 ha (80 empl.) plat, herbeux ⊏⊐
      ᵴ 🗟 ⇌ 🖮 ⊕ ⚲ ⇥ – A proximité : ⚞ 🚣 ⚊

COULON

79510 Deux-Sèvres 🔲 – 🔳 ② G. Poitou Vendée Charentes – 1 870 h. alt. 6.
🅱 Office de Tourisme pl. Église 𝒫 05 49 35 99 29, Fax 05 49 35 84 31.
Paris 418 – Fontenay-le-Comte 25 – Niort 11 – La Rochelle 62 – St-Jean-d'Angély 55.

   ⚠⚠ *La Venise Verte* avril-15 oct.
      𝒫 05 49 35 90 36, Fax 05 49 35 84 69 – SO : 2,2 km par D 123, rte de Vanneau, bord d'un canal
      et près de la Sèvre Niortaise – ⊶ – R conseillée – ⚲
      2,2 ha (150 empl.) plat, herbeux ♀ (1 ha)
      ᵴ 🗟 ⇌ 🗟 🖮 ⊕ ⚲ ⇥ 🖾 – ⍆ – ⚲ 🚣 ⚙ ⚊
      Tarif : 🔲 élect. (10A) et piscine comprises 2 pers. 110
      Location : ⌂ 1800 à 3250 – bungalows toilés

   ⚠ *Municipal la Niquière* avril-sept.
      𝒫 05 49 35 81 19 – sortie Nord par D 1, rte de Benet et chemin à droite – ⊶ – R
      1 ha (40 empl.) plat, herbeux ♀♀ (0,3 ha)
      🗟 ⚲ ⊕ – ⚲
      Tarif : (Prix 1998) ⚲ 10 – ⚗ 4,50 – 🔲 6,50 – 🔋 15
      Location : ⌂

COULONGES-SUR-L'AUTIZE

79160 Deux Sèvres 🔲 – 🔳 ① – 2 021 h. alt. 80.
Paris 420 – Bressuire 17 – Fontenay-le-Comte 23 – Niort 36 – Parthenay 67 – La Rochelle 67.

   ⚠ *Municipal le Parc*
      𝒫 05 49 06 19 52 – S : 0,5 km par D 1, rte de St-Pompain et rue à gauche, près de la piscine et
      à 100 m d'un jardin public « Belle délimitation des emplacements »
      0,5 ha (30 empl.) plat, herbeux ⊏⊐ ♀♀
      ᵴ 🗟 ⇌ 🖮 ⊕ – A proximité : ⚲ ⚊

COURBIAC

47 L.-et-G. – 🔳 ⑥ – rattaché à Tournon-d'Agenais.

COURDEMANCHE

72150 Sarthe 🔲 – 🔳 ④ – 628 h. alt. 80.
Paris 214 – La Flèche 58 – Le Mans 41 – St-Calais 24 – Tours 53 – Vendôme 48.

   ⚠ *Municipal de l'Étangsort* 15 avril-15 oct.
      au bourg, bord du ruisseau – ⟳ – R
      0,5 ha (13 empl.) plat, herbeux
      ᵴ 🗟 ⇌ 🗟 🖮 ⊕
      Tarif : (Prix 1998) ⚲ 8 – ⚗ 4 – 🔲 4/6 – 🔋 10 (6A)

COURNON-D'AUVERGNE

63800 P.-de-D. 🔲🔲 – 🔳 ⑭ G. Auvergne – 19 156 h. alt. 380.
Paris 425 – Clermont-Ferrand 15 – Issoire 32 – Le Mont-Dore 56 – Thiers 42 – Vichy 54.

   ⚠⚠⚠ *Municipal* Permanent
      𝒫 04 73 84 81 30 – E : 1,5 km par rte de Billom et rte de la plage à gauche, à la Base de Loisirs,
      bord de l'Allier et d'un plan d'eau – ⊶ – R – ⊝⊟ ⚲
      5 ha (150 empl.) plat, herbeux, pierreux, gravier ♀♀
      ⬛ ᵴ 🗟 ⇌ 🗟 🗄 🖮 ⊕ 🖾 – 🛒 ⚲ – 🚣 ⚲ – A proximité : ⯃ ⚊ (couverte l'hiver) ⚊
      Tarif : (Prix 1998) ⚲ 19 tennis compris – 🔲 26,50 – 🔋 18 (5A) 26,50 (10A)
      Location : ⌂ 882 à 1890

La COURONNE

13 B.-du-R. 🔲🔲 – 🔳 ⑫ – ✉ 13500 Martigues.
Paris 777 – Istres 23 – Marignane 21 – Marseille 42 – Martigues 9 – Port-de-Bouc 14.

   ⚠ *Le Cap*
      𝒫 04 42 80 73 02 – S : 0,8 km par chemin du phare, à 200 m de la plage – ⟳ « Cadre agréable »
      ⊶
      2,5 ha (150 empl.) plat et en terrasses, pierreux ♀♀
      ᵴ 🗟 ⇌ 🗟 ⚲ ⊕ ⚲ ⇥ 🖾 – A proximité : ⚲
      Location : ⌂ – ⌂⌂

▲ **Municipal l'Arquet** 5 mars-sept.
  ℰ 04 42 42 81 00 – S : 1 km, chemin de la Batterie, à 200 m de la mer – Places limitées pour le passage ৯ < ⊶ – **R** conseillée saison – **GB** ⵋ
  6 ha (401 empl.) peu incliné, accidenté, pierreux
  க ⵎ ⇔ ⅁ ⚆ ⊕ ⊠
  Tarif : (Prix 1998) ⅁ *1 à 4 pers. 62 à 122, pers. suppl. 21* – (ᵻ) *16 (10A)*

COURPIÈRE

63120 P.-de-D. **11** – **73** ⑯ G. Auvergne – 4 674 h. alt. 320.
⛨ Office de Tourisme pl. de la Cité Administrative *ℰ* 04 73 51 20 27.
Paris 457 – Ambert 41 – Clermont-Ferrand 50 – Issoire 54 – Lezoux 18 – Thiers 15.

▲ **Municipal les Taillades** 15 juin-15 sept.
  ℰ 04 73 51 22 80 – sortie Sud par D 906, rte d'Ambert, D 7 à gauche, rte d'Aubusson-d'Auvergne et chemin à droite, à la piscine et près d'un ruisseau – ৯ ⊶ – **R** – ⵋ
  0,5 ha (40 empl.) plat, herbeux ⊡
  க ⵎ ⅁ ⇔ ⊕ ⊠ – ⅃
  Tarif : (Prix 1998) ⯅ *10* – ⇦ *6,50* – ⅁ *7,60* (ᵻ) *15 (3A) 35 (5A)*

COURSEULLES-SUR-MER

14470 Calvados **5** – **54** ⑮ G. Normandie Cotentin – 3 182 h. alt. 4.
⛨ Office de Tourisme 54 r. Mer *ℰ* 02 31 37 46 80, Fax 02 31 36 17 18.
Paris 249 – Arromanches-les-Bains 14 – Bayeux 21 – Cabourg 34 – Caen 20.

▲▲ **Municipal le Champ de Course** Pâques-sept.
  ℰ 02 31 37 99 26 – N : av. de la Libération, près de la plage – ⊶ – **R** indispensable juil.-août – ⵋ
  3,5 ha (310 empl.) plat, herbeux ⊡
  க ⵎ ⇔ ⅁ ⇔ ⚆ ⅁ ⊠ – ⅁ ⚌ – A proximité : ⯅ ⅃
  Tarif : (Prix 1998) ⯅ *18,80* – ⅁ *19,80* – (ᵻ) *18 (6A) 27 (9A et plus)*
  Location : *bungalows toilés*

|M| *Met dit teken worden bepaalde terreinen met moderne uitrusting aangeduid, waarvan de algemene indruk, stijl en de installaties praktisch en modern zijn.*

COURTAVON

68480 H.-Rhin **8** – **87** ⑳ – 290 h. alt. 480.
Paris 463 – Altkirch 24 – Basel 38 – Belfort 48 – Delémont 29 – Montbéliard 46.

▲ **Plan d'Eau de Courtavon** mai-sept.
  ℰ 03 89 08 12 50 – NE : 1,2 km par D 473, rte de Liebsdorf, près du plan d'eau – ⊶ – **R** conseillée – ⵋ
  2 ha (69 empl.) peu incliné, herbeux
  க ⵎ ⇔ ⅁ ⇔ ⚆ – A proximité : ⊠
  Tarif : ⯅ *17* – ⅁ *17* – (ᵻ) *16 (10A)*

COURTILS

50220 Manche **4** – **59** ⑧ – 271 h. alt. 35.
Paris 343 – Avranches 12 – Fougères 38 – Pontorson 14 – St-Hilaire-du-Harcouët 26 – St-Lô 70.

▲▲ **St-Michel** 15 mars-15 nov.
  ℰ 02 33 70 96 90, Fax 02 33 70 99 09 – sortie Ouest par D 43, rte du Mont-St-Michel – ⊶ – **R** conseillée juil.-août – **GB** ⵋ
  2,5 ha (100 empl.) plat et peu incliné, herbeux ⊡ ⵛ
  ⵔ ⵎ ⇔ ⇔ ⚆ ⊠ – pizzeria ⯈ – ⯅ ⅃
  Tarif : ⯅ *19 piscine comprise* – ⅁ *19/25* – (ᵻ) *14 (6A)*
  Location : ⌘ *1000 à 1400* – ⌘ *1500 à 2100*

COUSSAC-BONNEVAL

87500 H.-Vienne **10** – **72** ⑰ ⑱ G. Berry Limousin – 1 447 h. alt. 376.
⛨ Office de Tourisme Mairie *ℰ* et Fax 05 55 75 28 46.
Paris 434 – Brive-la-Gaillarde 70 – Limoges 43 – St-Yrieix-la-Perche 11 – Uzerche 30.

▲ **Municipal les Allées** 15 juin-15 sept.
  ℰ 05 55 75 28 72 – N : 0,7 km par D 17, rte de la Roche l'Abeille, au stade – **ℝ**
  1 ha (26 empl.) peu incliné, gravillons, pierreux ⊡
  க ⵎ ⇔ ⇔ ⚆ – A proximité : ⯅ ⅏
  Tarif : (Prix 1998) ⯅ *5,50* – ⇦ *4,50* – ⅁ *4,50* – (ᵻ) *8*

COUTANCES

50200 Manche **4** – **54** ⑫ G. Normandie Cotentin – 9 715 h. alt. 91.
🛈 Office de Tourisme pl. Georges-Leclerc 𝄞 02 33 45 17 79, Fax 02 33 45 25 42.
Paris 322 – Avranches 50 – Cherbourg 77 – St-Lô 29 – Vire 56.

⚠ **Municipal les Vignettes** Permanent
𝄞 02 33 45 43 13 – O : 1,2 km sur D 44 rte de Coutainville – ⋜ �o━ été – **R** conseillée juil.-août –
✗
1,3 ha (82 empl.) plat et en terrasses, herbeux, gravillons ⌁
& 🕭 ⇄ 🗑 ⊛ – ⚏ – A proximité : parcours de santé et parcours sportif ✗ ✼ 🖼 ⚓ 🏊
Tarif : (Prix 1998) ✶ 15,50 piscine comprise – 🅴 15,50 – 🚱 11,50 (3A)

COUTRAS

33230 Gironde **9** – **75** ② – 6 689 h. alt. 15.
🛈 Office de Tourisme pl. du Château 𝄞 05 57 69 36 53, Fax 05 57 49 07 09 et Mairie 𝄞 05 57 56 09 09,
Fax 05 57 56 09 04.
Paris 531 – Bergerac 65 – Blaye 51 – Bordeaux 48 – Jonzac 59 – Libourne 18 – Périgueux 80.

⚠ **Municipal Frais Rivage** mai-oct.
𝄞 05 57 49 12 00 – sortie Ouest par D 10, rte de Guîtres et rte à droite, bord de la Dronne – o━
– **R**
1 ha (25 empl.) plat, herbeux ଦ
& 🕭 ⇄ 🗑 ⊛
Tarif : (Prix 1998) 🅴 1 pers. 36, 2 pers. 46, pers. suppl. 16 – 🚱 11,50

COUTURES

49320 M.-et-L. **5** – **64** ⑪ – 481 h. alt. 81.
Paris 305 – Angers 25 – Baugé 38 – Doué-la-Fontaine 25 – Longué 22 – Saumur 29.

⚠ **L'Européen** mai-sept.
𝄞 02 41 57 91 63 – NE : 1,5 km, près du château de Montsabert – ⅏ « Cadre agréable » o━ –
R conseillée 15 juil.-15 août – ⊛ᴮ ✗
5 ha (159 empl.) plat et peu incliné, herbeux, pierreux, sous bois ⌁ ଦ
▥ & 🕭 ⇄ 🗑 ⚏ ⚰ ⊛ ☇ 🖥 – snack – ⚏ ⚓ ✼ 🏊 ⚟ swin golf
Tarif : 🅴 piscine et tennis compris 1 à 3 pers. 95, pers. suppl. 25 – 🚱 15 (5A)
Location : 🛏 1400 à 2400

COUX-ET-BIGAROQUE

24220 Dordogne **13** – **75** ⑯ – 708 h. alt. 85.
Paris 532 – Bergerac 44 – Le Bugue 14 – Les Eyzies-de-Tayac 17 – Sarlat-la-Canéda 31 – Villeneuve-sur-Lot 72.

⚠ **Les Valades** mars-nov.
𝄞 05 53 29 14 27, Fax 05 53 28 19 28 – à 4 km au Nord-Ouest du bourg, au lieu-dit les Valades,
croisement peu facile pour caravanes – Ⓜ ⅏ ⋜ o━ – **R** conseillée – ✗
11 ha/2,5 campables (45 empl.) en terrasses et vallonné, herbeux, étang, sous-bois ⌁ ଦ (0,5 ha)
& 🕭 ⇄ 🗑 🗄 ⊛ 🖥 – 🚰 ⚓ 🏊 ⚟
Tarif : ✶ 21 – 🅴 29 – 🚱 16,50 (5A)

⚠ **La Faval** avril-sept.
𝄞 05 53 31 60 44, Fax 05 53 28 39 71 – E : 1 km, près du carrefour des D 703 et 710, vers Siorac-
en-Périgord « Décoration florale et arbustive » o━ – **R** conseillée juil.-août – ✗
2,2 ha (100 empl.) plat, herbeux ⌁ ଦ
& 🕭 ⇄ 🗑 ⊛ 🖥 – ⚴ 🍴 ⚏ ⚓ 🏊 – A proximité : ✗
Tarif : (Prix 1998) ✶ 29 piscine comprise – 🅴 29/39 – 🚱 17 (3A) 19 (6A)
Location : 🛏 1250 à 2850 – 🏠 1350 à 3200

COUZE-ET-ST-FRONT

24150 Dordogne **10** – **75** ⑮ – 781 h. alt. 45.
Paris 547 – Bergerac 20 – Lalinde 4 – Mussidan 47 – Périgueux 58.

⚠ **Les Moulins** Pâques-15 oct.
𝄞 05 53 61 18 36, Fax 05 53 24 99 72 – sortie Sud-Est par D 660 rte de Beaumont et à droite, près
du terrain de sports, bord de la Couze – o━ – **R** conseillée juil.-août – ✗
2,5 ha (42 empl.) plat et peu incliné, herbeux
& 🕭 ⇄ 🗑 ⊛ 🖼 – ⚏ ⚓ ⊛ ✼ ⚟ (petite piscine)
Tarif : ✶ 22 tennis compris – 🅴 22 – 🚱 15 (10A)

COZES

17120 Char.-Mar. **9** – **71** ⑮ – 1 730 h. alt. 43.
Paris 495 – Marennes 42 – Mirambeau 34 – Pons 25 – Royan 18 – Saintes 27.

⚠ **Municipal le Sorlut** avril-15 oct.
𝄞 05 46 90 75 99 – au Nord de la ville, près de l'ancienne gare – ⅏ o━ – **R** conseillée – ✗
1,4 ha (120 empl.) plat, herbeux ଦ
🕭 🗑 ⚏ ⊛ 🖼 – A proximité : toboggan aquatique ⚏ ✼ 🏊 ⚟
Tarif : (Prix 1998) ✶ 12,50 – 🅴 13,50 – 🚱 13,70 (5A)

CRACH

56950 Morbihan **3** – **63** ② – 2 762 h. alt. 35.
Paris 483 – Auray 6 – Lorient 44 – Quiberon 28 – Vannes 25.

Schéma à Carnac

▲▲▲ *Le Fort Espagnol* avril-sept.
     🌀 02 97 55 14 88, Fax 02 97 30 01 04 – E : 0,8 km par rte de la Rivière d'Auray – ⚲ ⊶ –
     R conseillée – **GB** ⚲
     4,4 ha (190 empl.) peu incliné et plat, herbeux ⊐ ♀ pinède (1,5 ha)
     & ⚲ ❄ 🖾 ☺ ⚲ ☺ 📾 – 🖾 ♈ ⚲ – ⚲⚲ ⚲ toboggan aquatique half-court
     Tarif : ☆ 27 *piscine comprise* – 🖾 53 – (½) 20 (10A)
     Location : 🛏 1200 à 2400 – 🛏 1300 à 3400 – *bungalows toilés*

▲▲ *Camp'In Lodka*
     🌀 02 97 55 03 97 – E : 0,9 km par rte de la rivière d'Auray – Places limitées pour le passage ⊶
     1,5 ha (25 empl.) peu incliné, herbeux ⊐
     & ⚲ ❄ ⚲ ☺ ☺ ⚲ 📾 – ⚲⚲ ⚲⚲ (petite piscine)
     Location : 🛏

▲ *Le Pont Neuf* 26 juin-5 sept.
     🌀 02 97 55 14 83 – au Sud du bourg, 6 r. des Écoles – ⊶ – **R** conseillée 20 juil.-15 août –
     ⚲
     1 ha (68 empl.) peu incliné, herbeux ⊐ ♀
     ⚲ 🖾 ⚲ ☺ 📾 – ⚲⚲
     Tarif : ☆ 20 – 🖾 24 – (½) 10 (6A)

CRAYSSAC

46150 Lot **14** – **79** ⑦ – 413 h. alt. 300.
Paris 577 – Cahors 13 – Fumel 37 – Gourdon 31 – Labastide-Murat 34.

▲▲▲ *Les Reflets du Quercy* avril-sept.
     🌀 05 65 30 91 48, Fax 05 65 30 97 87 – NO : 1,8 km par D 23 rte de Catus et rte à gauche, Accès
     conseillé par D 911 – ⚲ ≼ ⊶ – **R** conseillée – **GB** ⚲
     7,5 ha/3 campables (95 empl.) en terrasses, plat, pierreux, gravier, herbeux ⊐ ♀
     ⚲ ❄ 🖾 ☺ ⚲ ☺ ⚲ ♈ ✗ ⚲ – ⚲⚲ ⚲⚲ ⚲
     Tarif : ☆ 20 *piscine comprise* – 🖾 70/100 *avec élect.* (10A)
     Location : 🛏 1500 à 3400 – *bungalows toilés*

CRÊCHES-SUR-SAÔNE

71680 S.-et-L. **11** – **74** ① – 2 531 h. alt. 180.
Paris 399 – Bourg-en-Bresse 44 – Mâcon 8 – Villefranche-sur-Saône 30.

▲▲ *Municipal Port d'Arciat* mai-sept.
     🌀 03 85 37 11 83 – E : 1,5 km par D 31, rte de Pont de Veyle, près d'un plan d'eau (accès direct)
     – ⊶ – **R** – **GB** ⚲
     5 ha (160 empl.) plat, herbeux ♀
     & ⚲ ❄ 🖾 ☺ ☺ 📾 – ⚲⚲ – A proximité : ♈ snack ⚲ ⚲⚲ toboggan aquatique
     Tarif : (Prix 1998) 🖾 1 *pers.* 34, *pers. suppl.* 16 – (½) 19 (6A)

CREISSAN

34370 Hérault **15** – **83** ⑭ – 861 h. alt. 90.
Paris 783 – Béziers 21 – Murviel-lès-Béziers 20 – Narbonne 27 – Olonzac 30 – St-Chinian 11.

▲ *Municipal les Oliviers* avril-sept.
     🌀 04 67 93 81 85 – au Nord-Ouest du bourg – ⊶ – **R** conseillée – ⚲
     0,4 ha (20 empl.) plat, herbeux ⊐ ♀
     & ⚲ ☺ ☺ ⚲ 📾 – ✗ ⚲
     Tarif : (Prix 1998) ☆ 10 – 🖾 25 – (½) 15 (20A)
     Location (permanent) : 🛏 875 à 1295

CREISSELS

12100 Aveyron – **80** ⑭ – rattaché à Millau.

CRESPIAN

30260 Gard **16** – **80** ⑱ – 159 h. alt. 80.
Paris 735 – Alès 32 – Anduze 27 – Nîmes 24 – Quissac 11 – Sommières 12.

▲▲ *Mas de Reilhe* juin-sept.
     🌀 04 66 77 82 12 – sortie Sud par N 110, rte de Sommières – ⊶ – **R** conseillée juil.-août –
     ⚲
     2 ha (90 empl.) plat, accidenté et en terrasses, herbeux, pierreux ⊐ ♀♀ pinède
     ⚲ ❄ 🖾 ☺ ⚲ ☺ ⚲ ⚲ 📾 – ♈ – 🛏 ⚲⚲ ⚲⚲ ⚲⚲ ⚲
     Tarif : ☆ 31 *piscine comprise* – 🖾 50 – (½) 20 (6A) 25 (10A)
     Location : *bungalows toilés*

237

CREULLY

14480 Calvados **5** – **54** ⑮ G. Normandie Cotentin – 1 396 h. alt. 27.
Paris 250 – Bayeux 14 – Caen 19 – Deauville 64.

⚠ **Intercommunal des 3 Rivières** Pâques-sept.
    ℏ 02 31 80 12 00 – NE : 0,8 km, rte de Tierceville, bord de la Seulles – ⛱ ⪕ o━ – **R** – ⊖⊟
    2 ha (82 empl.) plat et peu incliné, herbeux ⌑
    ▥ ⌂ ⇆ ◰ ⌕ ⊚ ⟑ ⬨ – ⌂ ⬙ ✗ – A proximité : parcours de santé ⚐
    Tarif : (Prix 1998) ⚤ *12,80* – ▣ *15,40*

CREYSSE

46600 Lot **13** – **75** ⑱ G. Périgord Quercy – 227 h. alt. 110.
Paris 520 – Brive-la-Gaillarde 41 – Cahors 69 – Gourdon 37 – Rocamadour 20 – Souillac 15.

⚠ **Le Port** mai-sept.
    ℏ 05 65 32 27 59, Fax 05 65 38 78 21 – au Sud du bourg, près du château, bord de la Dordogne
    – ⛱ ⪕ « Entrée fleurie » o━ – **R** – ⊖⊟ ✗
    3,5 ha (100 empl.) peu incliné et plat, herbeux ⚬⚬ (1 ha)
    ⌂ ◰ ⬙ ⊚ – ⬙ ⬙ – ⌂ ⬙ ⚍
    Tarif : ⚤ *20 piscine comprise* – ▣ *20* – ⊕ *13 (5A)*

Le CROISIC

44490 Loire-Atl. **4** – **63** ⑬ ⑭ G. Bretagne – 4 428 h. alt. 6.
🛈 Office de Tourisme pl. 18-Juin-1940 ℏ 02 40 23 00 70, Fax 02 40 62 96 60.
Paris 464 – La Baule 9 – Guérande 12 – Nantes 91 – Le Pouliguen 8 – Redon 64 – Vannes 78.

⚠ **L'Océan** avril-sept.
    ℏ 02 40 23 07 69, Fax 02 40 15 70 63 – NO : 1,5 km par D 45, rte de la Pointe, à 200 m de l'océan
    – ⛱ o━ – **R** conseillée juil.-août – ⊖⊟ ✗
    7,5 ha (400 empl.) plat, herbeux ⌑
    ⬙ ⌂ ⇆ ◰ ⬙ ⊚ ⟑ ⬨ ▣ – ⬙ ⬙ ⬙ – ⌂ ⚐ ✗ ☷ toboggan aquatique
    Tarif : ▣ *piscine comprise 3 pers. 135, pers. suppl. 24* – ⊕ *16 (4A) 24 (6A) 32 (10A)*
    Location : ⌸ *650 à 1200* – ⌸ *1300 à 2300*

⚠ **La Pierre Longue** Permanent
    ℏ 02 40 23 13 44, Fax 02 40 23 23 13 – sortie Ouest vers la Pointe du Croisic par av. Henri-Dunant,
    à 500 m de la mer – o━ – **R** conseillée juil.-août – ⊖⊟ ✗
    3 ha (139 empl.) plat, herbeux
    ⬙ ⌂ ⇆ ⊚ ▣ – ⬙ ⬙ ✗ ⚍
    Tarif : (Prix 1998) ▣ *1 ou 2 pers. 80, pers. suppl. 25* – ⊕ *17 (3A) 22 (6A)*
    Location : ⌸ *1200 à 2900*

CROIX-EN-TERNOIS

62130 P.-de-C. **1** – **51** ⑬ – 218 h. alt. 125.
Paris 218 – Arras 39 – Béthune 35 – Hesdin 17 – St-Pol-sur-Ternoise 5.

⚠ **Le Ternois** avril-oct.
    ℏ 03 21 03 39 87 – au bourg – o━ – ✗
    0,3 ha (19 empl.) plat, herbeux ⌑
    ⌂ ⇆ ⬙ ⬨ ⟑ ⬨ – ⌂ ⚍ – A proximité : ⬙
    Tarif : ▣ *élect. (3 à 6A) comprise 2 pers. 80, pers. suppl. 20*

La CROIX-VALMER

83420 Var **17** – **84** ⑦ G. Côte d'Azur – 2 634 h. alt. 120.
🛈 Office de Tourisme Jardin de la Gare ℏ 04 94 79 66 44, Fax 04 94 54 22 26.
Paris 875 – Brignoles 68 – Draguignan 50 – Fréjus 36 – Le Lavandou 28 – Ste-Maxime 16 – Toulon 69.

Schéma à Grimaud

⚠ **Sélection Camping** 15 mars-oct.
    ℏ 04 94 55 10 30, Fax 04 94 55 10 39 – SO : 2,5 km par D 559, rte de Cavalaire et au rond-point
    chemin à droite – ⛱ o━ juil.-août ✗ dans locations – **R** conseillée – ⊖⊟ ✗
    4 ha (215 empl.) en terrasses, pierreux, herbeux ⌑ ⚬⚬
    ⬙ ⌂ ⇆ ◰ ⬙ ⊚ ⬙ ▣ – ⬙ ⬙ snack ⚍ – ⚐ ⚍
    Tarif : ▣ *3 pers. 140* – ⊕ *25 (10A)*
    Location : ⌸ *1500 à 3300 – studios, appartements*

à Gassin NE : 6 km par D 559 et D 89 – 2 622 h. alt. 200 – ✉ 83580 Gassin :

⚠ **Parc Montana** fermé 16 nov.-déc.
    ℏ 04 94 55 20 20, Fax 04 94 56 34 77 – NO : 3 km par D 89, rte du Bourrian, accès conseillé par
    D 559 – ⛱ « Agréable parc boisé » o━ – **R** conseillée été – ⊖⊟ ✗
    33 ha/23 campables (650 empl.) plat et en terrasses, accidenté, pierreux, herbeux ⌑ ⚬⚬
    ⬙ ⌂ ⇆ ◰ ⬙ ⊚ ⬙ ▣ – ⬙ ⬙ ✗ pizzeria ⚍ cases réfrigérées – ⚐ ⚐ ✗ ☷ terrain omnisports
    Tarif : ▣ *piscine comprise 1 ou 2 pers. 150 (175 avec élect. 6A), pers. suppl. 25*
    Location : ⌸ *1170 à 3800 – bungalows toilés*

CROMARY

70190 H.-Saône 🎱 – 66 ⑮ – 171 h. alt. 219.
Paris 417 – Belfort 91 – Besançon 20 – Gray 49 – Montbéliard 75 – Vesoul 35.

▲ **L'Esplanade** mai-15 sept.
  𝒫 03 84 91 82 00 – au Sud du bourg par D 276, accès direct à l'Ognon – ⋞ �o━ juil.-août – **R** conseillée
  15 juil.-15 août – ⚿
  2 ha (44 empl.) plat, herbeux ▭
  ⚹ 🗊 ⇔ ⊟ ⊙ ▣ – 🔲
  Tarif : ⚹ *12* – ⇔ *6* – ▣ *8/10* – ⓖ *12 (4A) 20 (8A)*

CROS-DE-CAGNES

06 Alpes-Mar. – 84 ⑨ – rattaché à Cagnes-sur-Mer.

Le CROTOY

80550 Somme ❶ – 52 ⑥ G. Flandres Artois Picardie – 2 440 h. alt. 1.
🛈 Office de Tourisme r. Carnot 𝒫 03 22 27 05 25, Fax 03 22 27 90 58.
Paris 205 – Abbeville 22 – Amiens 74 – Berck-sur-Mer 29 – Montreuil 36.

▲ **Les Aubépines** avril-oct.
  𝒫 03 22 27 01 34 – N : 4 km par rte de St-Quentin-en-Tourmont et chemin à gauche – Places limitées
  pour le passage o━ – **R** conseillée – ⚿
  2,5 ha (150 empl.) plat, herbeux, sablonneux ▭
  ⚹ 🗊 ⇔ ⊟ 🖼 ⊙ ⚏ ▣
  Tarif : ⚹ *17* – ⇔ *10,50* – ▣ *15* – ⓖ *12 (3A) 16 (5A)*

CROUY-SUR-COSSON

41220 L.-et-C. 🎱 – 64 ⑧ – 471 h. alt. 86.
Paris 171 – Beaugency 19 – Blois 28 – Chambord 10 – Vendôme 60.

▲ **Municipal le Cosson** mai-oct.
  sortie Sud par D 33, rte de Chambourd et rte à gauche, près de la rivière – ⚮ – **R** conseillée juil.-août
  – ⚿
  1,5 ha (60 empl.) plat, herbeux, pierreux ꕤꕤ (0,5 ha)
  ⚹ 🗊 ⇔ ⊟ ⊙ ▣ – A proximité : ⚹⚹ ▭
  Tarif : (Prix 1998) ⚹ *11* – ▣ *17,55/17,75* – ⓖ *11 (5A)*

CROZANT

23160 Creuse ❿ – 68 ⑱ G. Berry Limousin – 636 h. alt. 263.
Paris 333 – Argenton-sur-Creuse 32 – La Châtre 50 – Guéret 39 – Montmorillon 71 – La Souterraine 25.

▲ **Municipal la Fontbonne** mai-sept.
  au Sud du bourg, par rte de Dun-le-Palestel et rue à droite, après la poste, à 300 m de la Sédelle
  – ⚮ – **R**
  1 ha (33 empl.) plat et peu incliné, herbeux ꕤ
  ⚹ 🗊 ⇔ ⊟ ⊙
  Tarif : (Prix 1998) ⚹ *12* – ⇔ *8* – ▣ *8/9* – ⓖ *12 (6A)*

CROZON

29160 Finistère 🎱 – 58 ④ G. Bretagne – 7 705 h. alt. 85.
🛈 Office de Tourisme bd Pralognan 𝒫 02 98 27 07 92, Fax 02 98 27 24 89.
Paris 586 – Brest 58 – Châteaulin 34 – Douarnenez 43 – Morlaix 80 – Quimper 51.

▲▲▲ **Les Pins** 10 juin-20 sept.
  𝒫 02 98 27 21 95 – SO : 2 km par D 308 rte de la Pointe de Dinan – ⚮ « Agréable pinède » o━
  juil.-août – **R** conseillée juil.-août – ⚿
  2,5 ha (130 empl.) plat, peu incliné, herbeux ▭ ꕤꕤ
  🗊 ⇔ ⊟ 🖼 ⊙ ▣ – ⚏ half-court
  Tarif : ⚹ *20,50* – ⇔ *10,50* – ▣ *20,50* – ⓖ *17 (5A)*
  Location (permanent) : 🛏 *1650 à 2650* – 🏠 *1800 à 2750*

▲ **Les Pieds dans l'Eau** 15 juin-15 sept.
  𝒫 02 98 27 62 43 – NO : 6 km par rte de Roscanvel et à droite, à St-Fiacre, bord de mer – ⚮ ⋞
  o━ – **R** conseillée – ⚿
  1,8 ha (118 empl.) peu incliné, herbeux
  🗊 ⇔ ⊟ ⚏ ▣ – ⚏
  Tarif : ⚹ *20,50* – ⇔ *9,50* – ▣ *20,50* – ⓖ *17,50 (3A) 20,50 (6A)*
  Location : 🛏 *1700 à 1800*

▲ **Plage de Goulien** 10 juin-20 sept.
  𝒫 02 98 27 17 10 – O : 5 km par D 308 rte de la Pointe de Dinan et rte à droite, à 200 m de la
  plage – ⚮ o━ – **R** conseillée juil.-août – ⚿
  1,8 ha (90 empl.) plat et incliné, herbeux ▭ ꕤ
  ⚹ 🗊 ⇔ ⊟ ▣ – A proximité : ♥ crêperie
  Tarif : ⚹ *21,50* – ⇔ *11* – ▣ *21,50* – ⓖ *17 (5A)*
  Location : 🛏 *2350 à 2750*

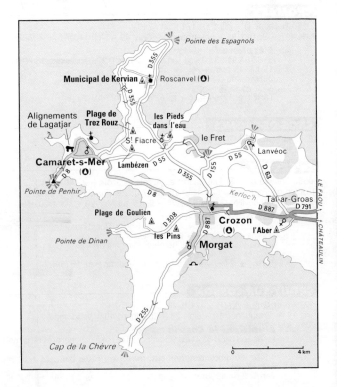

⚠ **L'Aber** Permanent
📞 02 98 27 02 96 – E : 5 km par D 887, rte de Châteaulin, puis à Tal-ar-Groas, 1 km à droite, rte de l'Aber – ⚓ ⬅ – **R** conseillée 15 juil.-15 août – 🔲 ⚙
1,6 ha (100 empl.) en terrasses, plat, peu incliné, herbeux
🏕 ⬥ 🖼 🔂 🖲 – 🍴 – 🛁
Tarif : ⚹ 17 – 🚗 8 – 🗐 15,50 – 🔌 13 (5A)

Voir aussi à Camaret-sur-Mer et à Roscanvel

CRUAS

07350 Ardèche **16** – **76** ⑳ G. Vallée du Rhône – 2 200 h. alt. 83.
Paris 597 – Aubenas 48 – Montélimar 17 – Privas 23 – Valence 38.
⚠ **Les Ilons** mars-nov.
📞 04 75 49 55 43 – E : 1,4 km rte du Port, près d'un plan d'eau, à 300 m du Rhône – ⚓ 🔑 ⚙
dans locations – **R** conseillée mai-août – 🔲 ⚙
2,5 ha (80 empl.) plat, herbeux, gravillons 🌳
🔲 🏕 ⬥ 🖼 🔂 ⚒ 🖲 – 🛖 🎠 🚲 🛶 – A proximité : 🎾 🏊
Tarif : 🗐 élect. (6A) comprise 1 pers. 58
Location : 🚐 1800 à 2300 – 🏚 (sans sanitaires)

▶ *Benutzen Sie die Grünen MICHELIN-Reiseführer,*
wenn Sie eine Stadt oder Region kennenlernen wollen.

CRUX-LA-VILLE

58330 Nièvre **11** – **65** ⑮ – 413 h. alt. 319.
Paris 245 – Autun 85 – Avallon 137 – La Charité-sur-Loire 44 – Clamecy 38 – Nevers 41.
⚠ **L'Étang du Merle** mai-sept.
📞 03 86 58 38 42 – SO : 4,5 km par D 34 rte de St-Saulge et D 181 à droite, rte de Ste-Marie, bord de l'étang – ⚓ « Cadre boisé dans un site agréable » 🔑 – **R** conseillée juil.-août – ⚙
2,6 ha (100 empl.) plat, peu incliné, herbeux 🌳🌳
🔲 🏕 ⬥ 🔂 ⚒ 🖲 – 🛖 – A proximité : 🏊
Tarif : 🗐 2 pers. 65, pers. suppl. 18 – 🔌 18 (6A)

CUBLIZE

69550 Rhône **11** – **73** ⑧ ⑨ – 984 h. alt. 452.
Paris 468 – Amplepuis 8 – Chauffailles 30 – Roanne 31 – Villefranche-sur-Saône 42.

⚠ *Intercommunal du Lac des Sapins*
    ☎ 04 74 89 52 83 – S : 0,8 km, bord du Reins et à 300 m du lac (accès direct) – Places limitées pour le passage ⚓ ≤ o━┓
    4 ha (155 empl.) plat, herbeux, pierreux ▭
    & ⌂ ⇆ ▤ ♒ ⊕ ⚘ �轮 ▣ – ✖ terrain omnisports - A la Base de Loisirs : ⌇ 🚤 ≊ (plage) toboggan aquatique
    Location : ⌂

CUCURON

84160 Vaucluse **16** – **84** ③ G. Provence – 1 624 h. alt. 350.
Paris 744 – Aix-en-Provence 35 – Apt 25 – Cadenet 8 – Manosque 36.

⚠ *Le Moulin à Vent* vacances de printemps-sept.
    ☎ 04 90 77 25 77 – S : 1,5 km par D 182, rte de Villelaure puis 0,8 km par rte à gauche – ⚓ ≤
    o━┓ ✖ dans locations – **R** conseillée – ⚒
    2,2 ha (50 empl.) plat et peu incliné, en terrasses, pierreux ▭ ⚏
    & ⌂ ⇆ ▤ ♒ ⊕ ▣ – ⚯ – ▱ 🚤
    Tarif : ▣ *2 pers. 52, pers. suppl. 17* – ⚡ *11 (2 ou 3A) 15 (4 ou 5A) 18 (6A)*
    Location : ⛺ *1950 à 2250*

CULOZ

01350 Ain **12** – **74** ⑤ – 2 639 h. alt. 248.
🛈 Syndicat d'Initiative 6 r. de la Mairie ☎ 04 79 87 00 30, Fax 04 79 87 09 73.
Paris 513 – Aix-les-Bains 24 – Annecy 45 – Bourg-en-Bresse 84 – Chambéry 42 – Genève 69 – Nantua 65.

⚠ *Le Colombier* 23 avril-26 sept.
    ☎ 04 79 87 19 00 – E : 1,3 km, au carrefour du D 904 et D 992, bord d'un ruisseau – Ⓜ ≤ « Cadre agréable » o━┓ – **R** conseillée – **GB** ⚒
    1,5 ha (85 empl.) plat, gravillons ▭ ⚏
    & ⌂ ⇆ ▤ ▱ ⊡ ⊕ ⚘ ⍲ ▣ – ⚯ – A proximité : ✖ ▧ ⌇ ≊ (petit plan d'eau)
    Tarif : ▣ *2 pers. 65, pers. suppl. 22* – ⚡ *19 (10A)*

CUSY

74540 H.-Savoie **12** – **74** ⑮ ⑯ – 969 h. alt. 560.
Paris 547 – Annecy 22 – Belley 50 – Chambéry 34 – Rumilly 15.

⚠ *Le Chéran* avril-sept.
    ☎ 04 50 52 52 06, Fax 04 50 52 50 68 – sortie Est par D 911, rte de Lescheraines puis 1,4 km par chemin à gauche, bord de la rivière, Accès par chemin à forte pente - sortie des caravanes à la demande – ⚓ ≤ o━┓ – **R** conseillée 15 juil.-15 août – **GB** ⚒
    1 ha (31 empl.) plat, herbeux
    ⌂ ⇆ ⊡ ⊕ – ✖
    Tarif : ⚘ *24* – ⇶ *10* – ▣ *20* – ⚡ *14 (3A) 19 (6A)*

DABO

57850 Moselle **8** – **62** ⑧ G. Alsace Lorraine – 2 789 h. alt. 500.
Paris 453 – Baccarat 66 – Metz 125 – Phalsbourg 18 – Sarrebourg 21.

⚠ *Le Rocher* Pâques-oct.
    SE : 1,5 km par D 45, au carrefour de la route du Rocher – **R** conseillée juil.-août – ⚒
    0,5 ha (42 empl.) plat et peu incliné, herbeux ⚲
    ▥ ⌂ ▤ ⊡ ⊕ – 🚤
    Tarif : (Prix 1998) ⚘ *11* – ⇶ *6* – ▣ *6/14* – ⚡ *7,50 (6A) 13 (10A)*
    Location (permanent) : gîte d'étape

DAGLAN

24250 Dordogne **18** – **75** ⑰ – 477 h. alt. 101.
Paris 552 – Cahors 49 – Fumel 45 – Gourdon 18 – Périgueux 80 – Sarlat-la-Canéda 23.

⚠ *Le Moulin de Paulhiac* 22 mai-18 sept.
    ☎ 05 53 28 20 88, Fax 05 53 29 33 45 – NO : 4 km par D 57, rte de St-Cybranet, bord du Céou – ⚓ « Cadre agréable » o━┓ – **R** conseillée 14 juil.-15 août – **GB** ⚒
    5 ha (150 empl.) plat, herbeux ▭ ⚏ (3 ha)
    & ⌂ ⇆ ▤ ⊡ ⊕ ⚘ ⍲ ▣ – ⚯ – ▱ ⚑ snack ⚯ – ▱ 🚤 ✖ ⌑ ≊
    Tarif : ⚘ *30 piscine comprise* – ▣ *43* – ⚡ *18 (6A)*
    Location : ⛺ *1650 à 3500*

⚠ *Le Daguet* mai-15 sept.
    ☎ 05 53 28 29 55, Fax 05 53 59 61 81 – sortie Nord par D 57, rte de St-Cybranet puis 3,5 km par chemin du Mas-de-Causse, à gauche, croisement peu facile pour caravanes – ⚓ ≤ o━┓ – **R** conseillée juil.-août – **GB** ⚒
    3 ha (45 empl.) plat et peu incliné, herbeux, pierreux ▭ ⚲ (0,5 ha)
    & ⌂ ⇆ ▤ ⊕ ⚘ ▣ – 🚤 ⚲ ⌑
    Tarif : ⚘ *24 piscine comprise* – ▣ *34* – ⚡ *15 (3A) 18 (6A) 24 (10A)*

DAGLAN

  ▲ **La Peyrugue** Permanent
      ⌕ 05 53 28 40 26, Fax 05 53 28 86 14 – N : 1,5 km par D 57, rte de St-Cybranet, à 150 m du Céou
      – 🏊 ⭓ ⌁ avril-oct. – **R** conseillée juil.-août – ⚡
      2,6 ha (50 empl.) peu incliné à incliné, herbeux, pierreux
      🔥 🗠 ❖ 🗊 🛅 🔊 ☺ 🖼 – 🔲 🏓 🏊
      Tarif : ⚊ 20 piscine comprise – 🅴 19 – 🅶 14 (4A) 18 (8A)
      Location : 🛖 825 à 1650 – 🛖 1250 à 2500

DAMAZAN

47160 L.-et-G. **14** – **79** ⑭ – 1 164 h. alt. 45.
Paris 683 – Agen 38 – Aiguillon 6 – Casteljaloux 19 – Marmande 31 – Nérac 23.

  ▲ **Intercommunal le Lac** 15 juin-15 sept.
      ⌕ 05 53 79 42 98 – S : 1 km par D 108, rte de Buzet-sur-Baïse puis chemin à droite, bord du lac
      – **R** – ⚡
      1 ha (66 empl.) plat et peu incliné, herbeux 🌳🌳
      🗠 ❖ 🗊 🛅 ☺ 🖼 – 🏓 – A proximité : 🚴 ⋅☺ ✂ ♣ ≋
      Tarif : ⚊ 12 – 🅴 9 – 🅶 12 (8A)
      Location (permanent) : gîtes

DAMBACH-LA-VILLE

67650 B.-Rhin **8** – **87** ⑯ G. Alsace Lorraine – 1 800 h. alt. 210.
🛈 Office de Tourisme Mairie ⌕ 03 88 92 61 00, Fax 03 88 92 60 09.
Paris 507 – Barr 12 – Obernai 24 – Saverne 59 – Sélestat 9 – Strasbourg 48.

  ▲ **Municipal** mi-mai-fin sept.
      ⌕ 03 88 92 48 60 – E : 1,2 km par D 210 rte d'Ebersheim et chemin à gauche – ⌁ – **R** conseillée
      juil.-août – ⚡
      1,8 ha (120 empl.) plat, herbeux 🌳
      🔥 🗠 ❖ 🛅 ☺ 🔊 🏓 – A proximité : ✂
      Tarif : (Prix 1998) ⚊ 14 – 🚗 7 – 🅴 10/12 – 🅶 11 (3A)

▶ *Si vous recherchez un terrain avec tennis ou piscine,*
consultez le tableau des localités citées, classées par départements.

DAMGAN

56750 Morbihan **4** – **63** ⑬ – 1 032 h..
Paris 472 – Muzillac 10 – Redon 46 – La Roche-Bernard 25 – Vannes 27.

à Kervoyal E : 2,5 km – ✉ 56750 Damgan :

  ▲▲ **Mar-Atlantis** 15 juin-15 sept.
      ⌕ 02 97 41 01 49, Fax 02 97 41 11 39 – à 450 m de la plage – 🏊 ⌁ – **R** conseillée –
      ⚡
      4 ha (100 empl.) plat, herbeux 🔲
      🔥 🗠 ❖ 🗊 🛅 ☺ 🔊 🖼 – 🏊 – 🔲 🏓
      Tarif : ⚊ 15 – 🅴 89 avec élect. (6A)

  ▲▲ **Oasis-Camping** avril-20 oct.
      ⌕ 02 97 41 10 52 – à 100 m de la plage – 🏊 ⌁ – **R** – ⚡
      2 ha (150 empl.) plat, herbeux 🌳
      🗠 ❖ 🗊 🛅 🔊 ☺ 🔊 🖼
      Tarif : 🅴 1 ou 2 pers. 75, pers. suppl. 15,50 – 🅶 15 (4A) 16 (6A)
      Location : 🛖 1200 à 3090

  ▲ **Côte d'Amour** avril-15 oct.
      ⌕ 02 97 41 01 49, Fax 02 97 41 11 39 – au bourg – Places limitées pour le passage – **R** indispensable
      juil.-août – ⚡
      1,3 ha (100 empl.) plat, herbeux 🔲 🌳
      🔥 🗠 ❖ 🛅 ☺ 🖼 – A proximité : 🍴 crêperie
      Tarif : ⚊ 15 – 🅴 89 avec élect. (6A)
      Location : 🛖 895 à 2695 – 🛖 1295 à 3795

DAMIATTE

81220 Tarn **15** – **82** ⑩ – 746 h. alt. 148.
Paris 719 – Castres 25 – Graulhet 16 – Lautrec 18 – Lavaur 15 – Puylaurens 11.

  ▲▲ **Le Plan d'Eau St-Charles** 15 juin-15 sept.
      ⌕ 05 63 70 66 07, Fax 05 63 70 52 14 – sortie rte de Graulhet puis 1,2 km par rte à gauche
      avant le passage à niveau, bord d'un plan d'eau – 🏊 ⭓ « Cadre agréable » ⌁ – **R** conseillée – ⚡
      7,5 ha/2 campables (82 empl.) plat, pierreux, herbeux 🔲 🌳🌳 (1 ha)
      🔥 🗠 ❖ 🗊 🛅 ☺ 🔊 ♣ 🖼 – 🍴 – 🔲 🚴 ≋ toboggan aquatique
      Tarif : 🅴 2 pers. 75 – 🅶 18 (4A)
      Location (mai-oct.) : 🛖 – 🛖 1400 à 2460 – 🛖 1700 à 2940 – bungalows toilés

17470 Char.-Mar. **9** – **71** ③ G. Poitou Vendée Charentes – 335 h. alt. 60.
Paris 425 – Beauvoir-sur-Niort 21 – Niort 36 – La Rochelle 67 – Ruffec 55 – St-Jean-d'Angély 19.

▲ *Municipal* mai-sept.
au bourg, derrière la salle municipale, bord de la Boutonne – ⌂ – **R**
0,6 ha (16 empl.) plat, herbeux ⊡ ♒♒ (0,3 ha)
& ♒ ⇄ ⌸ ⛺ ⊕ ⚡ ⚐
Tarif : (Prix 1998) ⚹ 9 – ⇚ 4 – 🅴 8/10 – [⚡] 12 (6A)

▶ *Michelinkaarten en -gidsen zijn te koop in de meeste boekhandels.*

86220 Vienne **10** – **68** ④ – 3 150 h. alt. 50.
🛈 Office de Tourisme Mairie 🕿 05 49 86 40 01, Fax 05 49 86 47 14.
Paris 293 – Le Blanc 55 – Châtellerault 15 – Chinon 51 – Loches 44 – Poitiers 50 – Tours 59.

▲ *Municipal* Ascension-15 sept.
sortie Ouest par D 22, rte de Vellèches, près de la Vienne – **R** – ⚘
0,2 ha (17 empl.) plat et peu incliné, herbeux ♀
& ♒ ⌸ ⚘ ⊕ ⚐ ⚐
Tarif : ⚹ 14 – ⇚ 10,80 – 🅴 14 – [⚡] 14 (5A)

53200 Mayenne **4** – **63** ⑩ G. Châteaux de la Loire – 408 h. alt. 42.
Paris 282 – Angers 39 – Château-Gontier 11 – Châteauneuf-sur-Sarthe 15 – Segré 23.

▲▲ *Municipal* avril-sept.
🕿 02 43 06 94 78 – sortie Ouest par D 213 rte de la Ricoullière et à droite avant le pont, près de
la Mayenne – ⌂ ☛ – **R** conseillée juil.-août – ⚘
1,8 ha (98 empl.) plat, herbeux
& ♒ ⇄ ⌸ ⛺ ⊕ ⚐ – ⌗ – A proximité : ⌗ ⚗ ⚊ toboggan aquatique
Tarif : 🅴 2 pers. 35, pers. suppl. 12 – [⚡] 12 (10A)
Location : ⌂ 1113

07170 Ardèche **16** – **76** ⑲ – 213 h. alt. 450.
Paris 620 – Aubenas 18 – Montélimar 34 – Privas 21 – Villeneuve-de-Berg 15.

▲▲ *Les Lavandes* 15 avril-15 oct.
🕿 04 75 94 20 65 – au bourg – ⟨ ☛ – **R** conseillée juil.-août – ⊞ ⚘
1,5 ha (70 empl.) plat, en terrasses, herbeux, pierreux ♀♀
♒ ⌸ ⛺ ⊕ ⌗ – ⚗ ⚶ snack – ⚊ – [⚡] 22 (6 à 8A)
Tarif : 🅴 piscine comprise 2 pers. 98 – [⚡] 22 (6 à 8A)
Location : ⌂ 1300 à 2900

40100 Landes **13** – **78** ⑥ ⑦ G. Pyrénées Aquitaine – 19 309 h. alt. 12 – ♨.
🛈 Office de Tourisme pl. Thiers 🕿 05 58 56 86 86, Fax 05 58 56 86 80.
Paris 731 – Bayonne 52 – Biarritz 59 – Bordeaux 153 – Mont-de-Marsan 54 – Pau 88.

▲▲▲ *Les Chênes* 20 mars-6 nov.
🕿 05 58 90 05 53, Fax 05 58 56 18 77 – à 1,8 km à l'Ouest du centre ville, au Bois de Boulogne,
à 200 m de l'Adour – ☛ – **R** – ⊞ ⚘
5 ha (230 empl.) plat, herbeux, sablonneux, gravillons ⊡ (caravaning) ♀♀
🎬 & ♒ ⇄ ⌸ ⛺ ⌸ ⊕ ⚐ ⚐ ⌗ – ⚗ – ⚊ ⚊ ⚊ – A proximité : practice de golf, parcours de
santé ⚶ ✗ ⚵
Tarif : (Prix 1998) 🅴 élect. (5A) et piscine comprises 2 pers. 95 ou 111, pers. suppl. 18
Location : ⌂ 1600 à 2200 – pavillons

▲▲ *Les Pins du Soleil* 3 avril-oct.
🕿 05 58 91 37 91, Fax 05 58 91 00 24 ⊠ 40990 St-Paul-lès-Dax – NO : 5,8 km par N 124, rte de
Bayonne et à gauche par D 459 – ☛ – **R** conseillée juil.-août – ⊞ ⚘
6 ha (145 empl.) plat et peu incliné, herbeux, sablonneux ⊡ ♀
& ♒ ⇄ ⌸ ⛺ ⌸ ⊕ ⚐ ⚐ ⌗ – ⚗ – ⚊
Tarif : (Prix 1998) 🅴 piscine comprise 1 ou 2 pers. 87 ou 95 (121 ou 130 avec élect. 5A), pers. suppl.
35
Location : ⌂ 1512 à 2975 – ⌂ 1834 à 3311

▲▲ *L'Étang d'Ardy* avril-16 oct.
🕿 05 58 97 57 74, Fax 05 58 97 52 82 ⊠ 40990 St-Paul-lès-Dax – NO : 5,5 km par N 124, rte de
Bayonne puis avant la bretelle de raccordement, 1,7 km par chemin à gauche, bord d'un étang –
⌂ ☛ – **R** conseillée – ⊞ ⚘
3 ha (90 empl.) plat, herbeux, sablonneux ⊡ ♀
& ♒ ⇄ ⌸ ⛺ ⌸ - 60 sanitaires individuels (♒ ⇄ ⌸ wc) ⊕ ⚐ ⚐ ⌗ – ⌗ ⚊
Tarif : ⚹ 20 piscine comprise – 🅴 30 (43 avec sanitaires individuels) – [⚡] 13 (5A) 18,50 (10A)
Location : ⌂ 1300 à 2000 – ⌂ 1450 à 2400

⚲⚲⚲ **Christus** 14 mars-7 nov.
  ✆ 05 58 91 65 34 – ⊠ 40990 St-Paul-lès-Dax – NO : 7,5 km par rte de Bayonne, D 16 à droite et chemin d'Abesse – ⚲ ⊶ – **R** conseillée – ⚒ ⚒
  4 ha (100 empl.) plat, herbeux, sablonneux ⚒
  ⚒ ⚒ ⚒ ⚒ ⚒ ⚒ ⚒ ⚒ ⚒ ⚒ – ⚒ – ⚒ ⚒
  Tarif : ⚒ *18 tennis compris* – ⚒ 25 – ⚒ *13,80*
  Location : ⚒ – ⚒ – *studios*

⚲⚲⚲ **Le Bascat** 15 mars-oct.
  ✆ 05 58 56 16 68, Fax 05 58 56 20 56 – à 2,8 km à l'Ouest du centre ville par le Bois de Boulogne, rue de Jouandin, Accès à partir du Vieux Pont (rive gauche) et avenue longeant les berges de l'Adour – ⚒ ⊶ – **R** conseillée – ⚒
  3,5 ha (129 empl.) plat et en terrasses, gravier, herbeux ⚒
  ⚒ ⚒ ⚒ ⚒ ⚒ ⚒ ⚒ ⚒ ⚒ – ⚒ – ⚒ ⚒
  Tarif : ⚒ 16 – ⚒ 6 – ⚒ *25/30 (40 avec élect. 6A)*
  Location : ⚒ *1200 à 1600*

⚲⚲ **St-Vincent-de-Paul** avril-oct.
  ✆ 05 58 89 99 60 ⊠ 40990 St-Vincent-de-Paul – à **St-Vincent-de-Paul**, NE : 6 km, par rte de Mont-de-Marsan, à 200 m de la N 124, r. du stade – ⊶ – **R** conseillée juil.-août – ⚒
  1,8 ha (97 empl.) plat et peu incliné, herbeux ⚒
  ⚒ ⚒ ⚒ ⚒ ⚒ – ⚒ – A proximité : ⚒
  Tarif : ⚒ *14,50* – ⚒ 20 – ⚒ 13 *(5 ou 6A)*
  Location : ⚒ *1100 à 1950*

à Rivière-Saas-et-Gourby SO : 9,5 km par N 124, rte de Bayonne et D 13 à gauche – 809 h. alt. 50 – ⊠ 40180 Rivière-Saas-et-Gourby :

⚲ **Lou Bascou** Permanent
  ✆ 05 58 97 57 29, Fax 05 58 97 59 52 – au Nord-Est du bourg – ⚒ ⊶ – **R** – ⚒
  1 ha (60 empl.) plat, herbeux
  ⚒ ⚒ ⚒ ⚒ ⚒ ⚒ ⚒ – A proximité : ⚒
  Tarif : ⚒ 15 – ⚒ 25 – ⚒ 13 *(6A)* 18 *(10A)* 20 *(12A)*
  Location : ⚒ *(sans sanitaires)*

▶ *Verwechseln Sie bitte nicht :*

  ⚲ ... *bis* ... ⚲⚲⚲⚲ : **MICHELIN**-*Klassifizierung*

und

  ★ ... *bis* ... ★★★★ : *offizielle Klassifizierung*

DEAUVILLE ───

14800 Calvados ⬛ – ⬛ ⑰ G. Normandie Vallée de la Seine – 4 261 h. alt. 2.
⬛ Office de Tourisme pl. Mairie ✆ 02 31 14 40 00, Fax 02 31 88 78 88.
Paris 199 – Caen 47 – Évreux 101 – Le Havre 41 – Lisieux 30 – Rouen 90.

à St-Arnoult S : 3 km par D 278 – 766 h. alt. 4 – ⊠ 14800 St-Arnoult :

⚲⚲⚲ **La Vallée** Pâques-oct.
  ✆ 02 31 88 58 17, Fax 02 31 88 11 57 – S : 1 km par D 27, rte de Varaville et D 275, rte de Beaumont-en-Auge à gauche, bord d'un ruisseau et près d'un plan d'eau « Cadre agréable » ⊶ – **R** conseillée juil.-août – ⚒ ⚒
  3 ha (267 empl.) plat, herbeux ⚒ (2 ha)
  ⚒ ⚒ ⚒ ⚒ ⚒ ⚒ ⚒ ⚒ – ⚒ ⚒ *cafétéria* ⚒ – ⚒ ⚒ ⚒ *toboggan aquatique*
  Tarif : ⚒ *32,50 piscine comprise* – ⚒ *36,20/36,50* – ⚒ *31,50 (5A) 42,50 (10A)*
  Location : ⚒ *1205 à 1625* – ⚒ *2185 à 2998* – ⚒ *(sans sanitaires)*

à Touques SE : 3 km – 3 070 h. alt. 10 – ⊠ 14800 Touques :

⚲⚲⚲ **Les Haras**
  ✆ 02 31 88 44 84, Fax 02 31 88 97 08 – sortie Nord-Est par D 62, rte d'Honfleur et à gauche, chemin du calvaire – ⚒ « Cadre agréable » ⊶
  4 ha (250 empl.) plat et peu incliné, herbeux ⚒ ⚒
  ⚒ ⚒ ⚒ ⚒ ⚒ ⚒ ⚒ – ⚒ ⚒ – ⚒ ⚒

DECAZEVILLE ───────────────────────────────────────

12300 Aveyron ⬛ – ⬛ ① G. Gorges du Tarn – 7 754 h. alt. 230.
⬛ Office de Tourisme square J.-Ségalat ✆ 05 65 43 18 36, Fax 05 65 43 19 89.
Paris 597 – Aurillac 66 – Figeac 27 – Rodez 39 – Villefranche-de-Rouergue 40.

⚲⚲ **Le Roquelongue** mars-déc.
  ✆ 05 65 63 39 67 – NO : 4,5 km par D 963, D 21 et D 42, rte de Boisse-Penchot, bord du Lot – ⚒
  ⊶ – **R** conseillée 15 juil.-15 août – ⚒
  3,5 ha (66 empl.) plat, pierreux, herbeux ⚒ ⚒
  ⚒ ⚒ ⚒ ⚒ ⚒ ⚒ – ⚒ *snack* – Centre de documentation touristique ⚒
  Tarif : ⚒ *15 tennis compris* – ⚒ 30 – ⚒ 15

DENNEVILLE

50580 Manche ④ – 🔢 ⑪ – 442 h. alt. 5.
Paris 340 – Barneville-Carteret 14 – Carentan 34 – St-Lô 54.

▲▲ L'Espérance avril-sept.
℘ 02 33 07 12 71, Fax 02 33 07 58 32 – O : 3,5 km par D 137, à 500 m de la plage – Places limitées pour le passage 🦶 ⌐ – **R** conseillée août – **GB** ⊘
3 ha (103 empl.) plat, herbeux, sablonneux ♀ (1 ha)
🛆 ⇌ 🗓 🗄 ☺ 🖃 – 🖎 – 🛖 ⚔ ♬ – A proximité : ✻
Tarif : ★ 21 – 🖃 26 – [⅃] 17 (4A) 21 (6A)
Location (avril-oct.) : 🚐 1400 à 2500

DESCARTES

37160 I.-et-L. ⑩ – 🔢 ⑤ G. Poitou Vendée Charentes – 4 120 h. alt. 50.
🚩 Office de Tourisme à la Mairie ℘ 02 47 59 70 50.
Paris 292 – Châteauroux 93 – Châtellerault 25 – Chinon 50 – Loches 32 – Tours 58.

▲ Municipal la Grosse Motte 28 mars-oct.
℘ 02 47 59 85 90 – sortie Sud par D 750, rte du Blanc et allée Léo-Lagrange à droite, jardin public attenant, près dc la Creuse – 🦶 « Parc » ⌐ juil.-août – **R** conseillée juil.-août – ⊘
1 ha (50 empl.) plat et vallonné, herbeux ⌂ ♀♀
🛆 ⇌ 🗓 🗄 🗄 ☺ – A proximité : ✻ ♬ ⚔ 🛝 toboggan aquatique
Tarif : ★ 10,50 – 🚗 10,50 – 🖃 10,50 – [⅃] 10,50 (10A)
Location (permanent) : gîte d'étape

Les DEUX-ALPES

38860 Isère ⑫ – 🔢 ⑥ G. Alpes du Nord – alt. 1 660 – Sports d'hiver : : 1 650/3 600 m ⩋8 ⩘54 ⩍.
🚩 Office de Tourisme ℘ 04 76 79 22 00, Fax 04 76 79 01 38.
Paris 640 – Le Bourg-d'Oisans 26 – La Grave 26 – Grenoble 76 – Col du Lautaret 37.

▲ Caravaneige des 2 Alpes 20 oct.-1ᵉʳ mai, juil.-août
℘ 04 76 79 20 47 – sortie Nord – ✲ ≼ ⌐ – **R** conseillée vacances scolaires – **GB**
0,6 ha (87 empl.) plat et peu incliné, terrasse, herbeux, pierreux
▥ 🛆 ⇌ 🗄 ☺ 🖃 – A proximité : ♨ ♈ ✕ ✻
Tarif : (Prix 1998) ★ 28 (hiver 29) – 🚗 13 (hiver 14) – 🖃 16/17 (hiver 18) – [⅃] 18 (2A) 37 (5A) 42 (10A)
Location : 🛏

DÉVILLE-LES-ROUEN

76 S.-Mar. – 🔢 ⑥ – rattaché à Rouen.

DIE

26150 Drôme ⑯ – 🔢 ⑬ G. Alpes du Sud – 4 230 h. alt. 415.
🚩 Office de Tourisme pl. St-Pierre ℘ 04 75 22 03 03, Fax 04 75 22 40 46.
Paris 628 – Gap 93 – Grenoble 97 – Montélimar 73 – Nyons 84 – Sisteron 101 – Valence 67.

▲▲ La Pinède mai-19 sept.
℘ 04 75 22 17 77, Fax 04 75 22 22 73 – O : 1,7 km par D 93, rte de Crest puis 1 km par chemin à gauche, bord de la Drôme, Accès par chemin et pont étroits – 🦶 ≼ « Cadre agréable » ⌐ –
R conseillée juil.-août – ⊘
8 ha/2,5 campables (110 empl.) plat et en terrasses, pierreux, herbeux ⌂ ♀
🛆 🛆 ⇌ 🗓 🗄 ☺ 🖃 – ♨ ♈ ✕ pizzeria 🖎 – ⚔ ✻ ♬ 🛝
Tarif : 🖃 piscine comprise 2 pers. 90, pers. suppl. 34 – [⅃] 20 (5A) 30 (10A)
Location : 🚐 1650 à 3455 – 🏠 1950 à 3990

▲▲ Le Glandasse 20 avril-15 sept.
℘ 04 75 22 02 50, Fax 04 75 22 04 91 – SE : 1 km par D 93, rte de Gap puis chemin à droite, bord de la Drôme – 🦶 ≼ ⌐ – **R** conseillée
3,5 ha (90 empl.) peu incliné et plat, herbeux, pierreux ⌂ ♀♀ (1 ha)
🛆 🗓 🗄 🗄 ☺ 🖃 – snack – 🛖 ⚔ 🛝 🏊
Tarif : 🖃 piscine comprise 2 pers. 82, pers. suppl. 24 – [⅃] 17 (3A) 22 (6A) 28 (10A)
Location : 🚐 1530 à 1910

DIENVILLE

10500 Aube ⑦ – 🔢 ⑱ – 796 h. alt. 128.
Paris 221 – Bar-sur-Aube 20 – Bar-sur-Seine 32 – Brienne-le-Château 6 – Troyes 38.

▲▲ Le Tertre 25 mars-15 oct.
℘ 03 25 92 26 50 – sortie Ouest sur D 11, rte de Radonvilliers, face à la Station Nautique et à la Base de Loisirs – ⌐ juil.-août – **R** conseillée juil.-août – **GB** ⊘
3,5 ha (158 empl.) plat, herbeux ⌂
🛆 🛆 ⇌ 🗓 🗄 ☺ 🗄 ♨ 🖙 🖃 🖃 ⚔ – A proximité : practice de golf ♈ brasserie, crêperie ✻ ⚔
🖎
Tarif : ★ 20 – 🖃 30 – [⅃] 14 (4A)
Location (permanent) : 🏠 800 à 2400

DIEPPE

76200 S.-Mar. **1** – **52** ④ G. Normandie Vallée de la Seine – 35 894 h. alt. 6.
🛈 Office de Tourisme Pont d'Ango ℘ 02 35 84 11 77, Fax 02 35 06 27 66.
Paris 194 – Abbeville 68 – Beauvais 107 – Caen 172 – Le Havre 110 – Rouen 65.

⏶ La Source 15 mars-15 oct.
℘ 02 35 84 27 04 ✉ 76550 Offranville – SO : 3 km par D 925, rte du Havre puis D 153 à gauche, à **Petit-Appeville**, bord de la Scie – Places limitées pour le passage « Cadre agréable » ⚷– **R** – ⚷
2,5 ha (120 empl.) plat, herbeux ♀ (1 ha)
🛆 🗄 ⏚ 🗟 ⏚ ⊛ 🗟 🖾 – ♈ – 🏠 🚣
Tarif : ⚡ 20 – 🚗 6 – 🗟 25/34 – 🔌 16 (6A)

⏶ Vitamin' 30 mars-1er nov.
℘ 02 35 82 11 11 – S : 3 km par N 27, rte de Rouen et à droite, chemin des Vertus – Places limitées pour le passage ⚷– **R** conseillée – ⊞
5,3 ha (103 empl.) plat, herbeux ⛶
▥ 🛆 🗄 ⏚ 🗟 ⏚ ⊛ 🖾 – 🚣 🏊 – A proximité : 🚗, squash, 🎿 🐎 ♈ ✗ 🍴 🖾 🏊
Tarif : ⚡ 24 piscine comprise – 🗟 42 avec élect. (10A)

▶ Pour choisir et suivre un itinéraire
Pour calculer un kilométrage
Pour situer exactement un terrain (en fonction des indications fournies dans le texte) :

Utilisez les **cartes MICHELIN** détaillées à 1/200 000, compléments indispensables de cet ouvrage.

DIEULEFIT

26220 Drôme **16** – **81** ② G. Vallée du Rhône – 2 924 h. alt. 366.
Paris 626 – Crest 31 – Montélimar 28 – Nyons 30 – Orange 58 – Pont-St-Esprit 58 – Valence 60.

⏶ Municipal les Grands Prés mars-15 oct.
℘ 04 75 46 87 50 – sortie Ouest par D 540, rte de Montélimar, près du Jabron, Chemin piétons reliant directement le camping au bourg – ⚶ ⚷– **R** conseillée juil.-août – ⊞ ⚷
1,8 ha (101 empl.) plat, herbeux ♀♀ (1 ha)
🛆 🗄 ⚶ ⊛ 🖾 – 🏠 – A proximité : 🐎 🍴 🏊
Tarif : (Prix 1998) ⚡ 11 – 🗟 22 – 🔌 12 (3 à 10A)

⏶ La Source du Jabron mai-15 sept.
℘ 04 75 90 61 30 ✉ 26220 Comps – NE : 3,5 km par D 538, rte de Bourdeaux et chemin à droite, bord du Jabron – ⚶ ⚷– **R** conseillée – ⚷
4 ha (50 empl.) plat, peu incliné et en terrasses, herbeux, pierreux ♀
🗄 🗟 ⚶ ⊛ 🖾 – ⚶ – 🏊
Tarif : ⚡ piscine comprise – 🚗 10 – 🗟 24 – 🔌 17 (6A)
Location : 🏠 1000 à 1300

DIGNE-LES-BAINS

04000 Alpes-de-H.-Pr. **17** – **81** ⑰ G. Alpes du Sud – 16 087 h. alt. 608 – ♨ (fév.-déc.).
🛈 Office de Tourisme le Rond-Point ℘ 04 92 31 42 73, Fax 04 92 32 27 24.
Paris 745 – Aix-en-Provence 107 – Antibes 140 – Avignon 165 – Cannes 135 – Gap 88 – Nice 154.

⏶ Les Eaux Chaudes avril-oct.
℘ 04 92 32 31 04, Fax 04 92 33 50 49 – SE : 1,5 km par D 20, rte des thermes, bord d'un ruisseau – ⚶ ⚷– **R** conseillée saison – ⚷
3,7 ha (153 empl.) plat et peu incliné, herbeux
▥ 🛆 🗄 ⏚ 🗟 ⏚ ⊛ 🌲 🏁 🖾 – 🏠 – A proximité : 🍴
Tarif : 🗟 2 pers. 75 – 🔌 14 (4A) 18 (6A) 28 (10A)
Location : 🏠 2030

DIGOIN

71160 S.-et-L. **11** – **69** ⑯ G. Bourgogne – 10 032 h. alt. 232.
🛈 Office de Tourisme 8 r. Guilleminot ℘ 03 85 53 00 81, Fax 03 85 53 27 54 et (saison) pl. de la Grève ℘ 03 85 88 56 12.
Paris 336 – Autun 68 – Charolles 26 – Moulins 55 – Roanne 57 – Vichy 68.

⏶ Municipal de la Chevrette avril-oct.
℘ 03 85 53 11 49 – sortie Ouest en direction de Moulins, vers le stade municipal, près de la Loire – ⚷– **R** – ⚷
1,6 ha (100 empl.) plat et terrasse, herbeux, gravillons ⛶
▥ 🛆 🗄 ⚶ ⏚ ⊛ 🌲 🏁 🖾 – 🏠 – A proximité : 🏊
Tarif : ⚡ 16 piscine comprise – 🗟 32 – 🔌 18 (10A)

DINAN

22100 C.-d'Armor **4** – **59** ⑮ G. Bretagne –
11 591 h. alt. 92.
🏢 Office de Tourisme 6 r. de l'Horloge
℘ 02 96 39 75 40, Fax 02 96 39 01 64.
Paris 400 – Avranches 67 – Fougères 73 – Rennes
55 – St-Brieuc 59 – St-Malo 32 – Vannes 120.

à St-Samson-sur-Rance N : 4,5 km par
D 766 rte de Dinard et D 57 à droite – 1 180 h. alt.
64 – ⊠ 22100 St-Samson-sur-Rance :

🏔 **Municipal Beauséjour** Pente-
côte-sept.
℘ 02 96 39 53 27 – E : 3 km, par D 12
– 🏊 o━ saison – **R** conseillée 1er au 20
août – 🚲
3 ha (120 empl.) plat, herbeux
🚿 🏠 🤽 🗄 🚽 ☺ 🍴 – 🛖 ⛱ m –
A proximité : 🍷 🎣
Tarif : ✣ 15 – 🅴 19 – 🔌 15 (10A)

à Taden NE : 3,5 km par rte de Dol-de-Bretagne et D 2 à droite avant le pont – 1 698 h. alt.
46 – ⊠ 22100 Taden :

🏔 **Municipal de la Hallerais**
℘ 02 96 39 15 93, Fax 02 96 39 94 64
– au Sud-Ouest du bourg, accès direct
à la Rance – 🏊 « Cadre agréable » o━
5 ha (228 empl.) plat, peu incliné et en
terrasses, herbeux 🔲 🌳
🎱 ♿ 🏠 🤽 🗄 🚽 ☺ 🔍 🌾 🍴 🍽 – 🚣 🍷 🎣 – 🛖 ⛱⛷ ✂ m 🔍

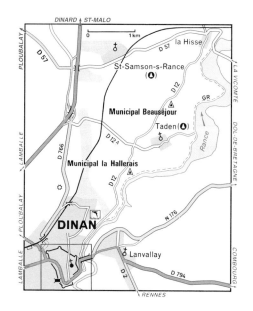

DISNEYLAND PARIS

77 S.-et-M. – **56** ⑫ – voir à Marne-la-Vallée.

DIVES-SUR-MER

14160 Calvados **5** – **54** ⑰ G. Normandie Vallée de la Seine – 5 344 h. alt. 3.
🏢 Syndicat d'Initiative (15 juin-15 sept.) r. du Gén.-de-Gaulle ℘ 02 31 91 24 66, Fax 02 31 24 42 28.
Paris 217 – Cabourg 2 – Caen 30 – Deauville 17 – Lisieux 34.

🏔 **Municipal les Tilleuls** Pâques-mi-sept.
℘ 02 31 91 25 21 – sortie Est, rte de Lisieux – ≼ « Entrée fleurie » o━ – **R** – ⊟ 🚲
4 ha (250 empl.) vallonné, prairie
♿ 🏠 🤽 🚽 ☺
Tarif : ✣ 12,50 – 🚗 9 – 🅴 10 – 🔌 12 (4A) 14,50 (6A) 19,50 (9A)

DIVONNE-LES-BAINS

01220 Ain **12** – **70** ⑯ G. Jura – 5 580 h. alt. 486.
🏢 Office de Tourisme r. des Bains ℘ 04 50 20 01 22, Fax 04 50 20 32 12.
Paris 491 – Bourg-en-Bresse 129 – Genève 18 – Gex 10 – Lausanne 48 – Nyon 13 – Les Rousses 29 – Thonon-les-Bains 51.

🏔 **Le Fleutron** 3 avril-oct.
℘ 04 50 20 01 95, Fax 04 50 20 34 39 – N : 3 km, après Villard – 🏊 o━ – **R** conseillée – ⊟
🚲
8 ha (253 empl.) incliné, en terrasses, pierreux, herbeux 🌳🌳 (3 ha)
🎱 🤽 🗄 🚽 ☺ 🌾 🍴 – 🚣 🍷 🎣 – 🛖 ⛱⛷
Tarif : ✣ 27 piscine comprise – 🅴 39 – 🔌 18 (4A) 25 (10A)
Location : 🏠 1250 à 2450 – 🏠 1500 à 3250 – bungalows toilés

DOL-DE-BRETAGNE

35120 I.-et-V. **4** – **59** ⑥ G. Bretagne – 4 629 h. alt. 20.
🏢 Office de Tourisme 3 Grande Rue ℘ 02 99 48 15 37, Fax (Mairie) 02 99 48 19 63.
Paris 372 – Alençon 153 – Dinan 26 – Fougères 53 – Rennes 58 – St-Malo 27.

🏔 **Les Ormes** 20 mai-10 sept.
℘ 02 99 73 53 00, Fax 02 99 73 53 55 ⊠ 35120 Epiniac – S : 7,5 km par D 795, rte de Combourg
puis chemin à gauche – 🏊 ≼ « Beau château du 16e siècle entouré de bois et d'étangs » o━ –
R conseillée – ⊟
160 ha/40 campables (600 empl.) plat et peu incliné, herbeux 🌳🌳 (5 ha)
♿ 🏠 🤽 🗄 🚽 ☺ 🌾 🔍 – 🚣 🍷 🍴✗ 🎣 – 🛖 🚴 discothèque ⛱⛷ 🚵·☺ ✂ m 🔍 toboggan aquatique
🐎 poneys, golf, parc animalier
Tarif : ✣ 32 piscine comprise – 🅴 95 – 🔌 18 (3A) 20 (6A)
Location (permanent) : 🛏 (hôtel) – gîtes

▲▲▲ **Vieux Chêne** 3 avril-18 sept.
    ☎ 02 99 48 09 55, Fax 02 99 48 13 37 ⊠ 35120 Baguer-Pican – E : 5 km, par N 176, rte de Pontorson, à Baguer-Pican, bord d'étangs, Accès conseillé par la déviation, sortie Dol-Bretagne-Est et D 80 « Cadre agréable » ⊶ ⌘ dans locations – **R** conseillée juil.-août – ⊞ ⅍
4 ha/2 campables (199 empl.) plat, peu incliné, herbeux ⌂ ♋
⌖ ⅍ ⏚ ⌸ ⌷ ⊕ ⌺ ▣ – ⧗ snack, crêperie ⌁ – ▱ ⤒ ⊗ ⚲ ⌇ toboggan aquatique poneys
Tarif : ✱ 28 piscine et tennis compris – ▣ 75 – ⅟ 19 (6 à 10A)
Location (avril-fin oct.) : gîtes

▶ *Pas de publicité payée dans ce guide.*

39100 Jura ⑫ – ⑳ ③ G. Jura – 26 577 h. alt. 220.
🛈 Office de Tourisme 6 pl. Grévy ☎ 03 84 72 11 22, Fax 03 84 82 49 27.
Paris 364 – Besançon 51 – Chalon-sur-Saône 66 – Dijon 50 – Genève 144 – Lons-le-Saunier 52.

▲ **Le Pasquier** 15 mars-15 oct.
    ☎ 03 84 72 02 61, Fax 03 84 79 23 44 – Sud-Est par av. Jean-Jaurès, près du Doubs – ⊶ – **R** juil.-août – ⊞ ⅍
2 ha (120 empl.) plat, herbeux ♀
⌖ ⅍ ⌸ ⌷ ⊕ ⌁ ⊽ ⌺ ▣ – ⤒ – A proximité : ⚲
Tarif : (Prix 1998) ▣ 2 pers. 68 – ⅟ 15 (6A) 30 (10A)

à Nenon NE : 10 km par N 73 et D 76 à droite – ⊠ 39100 Nenon :

▲▲▲ **Les Marronniers** avril-oct.
    ☎ 03 84 70 50 37, Fax 03 84 70 55 05 ⊠ 39700 Rochefort-sur-Nenon – au Nord du bourg, sur D 76, bord d'un ruisseau – ⊶ – **R** – ⅍
3,8 ha (130 empl.) plat, herbeux ⌂ ♋
⌖ ⅍ ⏚ ⌸ ⌷ ⊕ ⌁ ▣ – ⧗ ⌁ – ⤒ ⊙ ⌇ ⚲ (petite piscine) – A proximité : discothèque
Tarif : ✱ 24 – ⊞ 8 – ▣ 14/24 – ⅟ 16 (6 à 10A)
Location : ⊞ 1340 à 1540 – ⊡ 2200 à 2600

à Parcey S : 8 km par D 405 – 818 h. alt. 197 – ⊠ 39100 Parcey :

▲▲▲ **Les Bords de Loue** 15 avril-15 sept.
    ☎ 03 84 71 03 82, Fax 03 84 71 03 42 – au Sud-Ouest du bourg, bord de la Loue – ⚓ ⊶ – **R** conseillée – ⅍
18 ha/10 campables (240 empl.) plat, herbeux ♀
⌖ ⅍ ⏚ ⌸ ⌷ ⊕ ▣ – ⧗ – ⤒ ⊙ ⚲ ⌇ ⚲
Tarif : ▣ piscine comprise 2 pers. 70, pers. suppl. 22 – ⅟ 13 (3A)
Location : ⊞ 1100 à 2800 – ⊡ 1100 à 2800

17 Char.-Mar. – ⑦⑦ ⑭ – voir à Oléron (Ile d').

DOMAZAN

30390 Gard 🗓 – 🗓 ⑳ – 671 h. alt. 52.
Paris 686 – Alès 59 – Avignon 17 – Nîmes 34 – Orange 33 – Pont-St-Esprit 47.

▲ **Le Bois des Ecureuils** Permanent
    ℰ 04 66 57 10 03 – NE : 4 km, sur N 100, rte d'Avignon – ⌫ – **R** conseillée juil.-août –
    ⚸
    1,4 ha (46 empl.) plat, herbeux, gravillons, gravier 🖵 ♋ chênaie
    ⚲ 🗟 ⇌ 🖵 ⊛ 🗔 – 🛒 🏊
    Tarif : ⚽ *18 piscine comprise* – 🚗 *10* – 🔲 *35/45* – ⚡ *15 (6A)*
    Location : 🚐 *900 à 1400* – 🚎 *1600 à 2200*

DOMFRONT

61700 Orne 🗓 – 🗓 ⑩ G. Normandie Cotentin – 4 410 h. alt. 185.
🏢 Office de Tourisme 21 r. St-Julien ℰ 02 33 38 53 97, Fax 02 33 37 40 27.
Paris 253 – Alençon 61 – Argentan 54 – Avranches 66 – Fougères 56 – Mayenne 34 – Vire 40.

⚠ **Municipal le Champ Passais** Rameaux-15 oct.
    ℰ 02 33 37 37 66 – au Sud de la ville par rue de la gare et à gauche, rue du Champ-Passais –
    R juil.-août
    1,5 ha (33 empl.) en terrasses, plat, herbeux 🖵
    ⚲ 🗟 ⇌ 🖵 🛁 ⊛ 🏖 🗮 🗔 – 🛒 🚤 – A proximité : ⚽ 🎣
    Tarif : (Prix 1998) ⚽ *12* – 🔲 *13/24* – ⚡ *12 (5A)*

▶ *Les* **cartes MICHELIN** *sont constamment tenues à jour.*

DOMME

24250 Dordogne 🗓 – 🗓 ⑰ G. Périgord Quercy – 1 030 h. alt. 250.
🏢 Office de Tourisme pl. de la Halle ℰ 05 53 28 37 09, Fax 05 53 29 34 62.
Paris 170 – Cahors 52 – Fumel 57 – Gourdon 22 – Périgueux 76 – Sarlat-la-Canéda 12.

Schéma à la Roque-Gageac

▲ **Le Moulin de Caudon** juin-15 sept.
    ℰ 05 53 31 03 69 – NE : 6 km par D 46ᴱ et D 50, rte de Groléjac, près de la Dordogne,
    pour les caravanes, accès conseillé par Vitrac-Port – ⌫ – **R** conseillée 14 juil.-15 août –
    ⚸
    2 ha (60 empl.) plat, herbeux 🖵
    ⚲ 🗟 ⇌ 🖵 🛁 🛁 ⊛ – 🛒 – A proximité : 🌊
    Tarif : ⚽ *15* – 🔲 *13* – ⚡ *15 (10A)*

DOMPIERRE-LES-ORMES

71520 S.-et-L. 🗓 – 🗓 ⑱ – 833 h. alt. 480.
Paris 405 – Chauffailles 34 – Cluny 24 – Mâcon 36 – Montceau-les-Mines 51 – Paray-le-Monial 35.

⚠ **Municipal le Village des Meuniers** 7 mai-2 oct.
    ℰ 03 85 50 29 43 – sortie Nord-Ouest par D 41, rte de la Clayette et chemin à droite, près du stade
    – Ⓜ ⚶ ◁ ⌫ – **R** conseillée – 🇬🇧 ⚸
    3 ha (113 empl.) en terrasses, plat et peu incliné, herbeux 🖵
    ⚲ 🗟 ⇌ 🖵 🛁 🛁 ⊛ 🏖 🗮 🗟 🗔 – 🍴 🍽 – 🛒 🚤 🎣 🏊 toboggan aquatique – A proximité :
    ⚽
    Tarif : ⚽ *35 piscine comprise* – 🔲 *35* – ⚡ *15 (15A)*
    Location : *gîtes*

DOMPIERRE-SUR-BESBRE

03290 Allier 🗓 – 🗓 ⑮ – 3 807 h. alt. 234.
Paris 324 – Bourbon-Lancy 18 – Decize 52 – Digoin 26 – Lapalisse 36 – Moulins 30.

▲ **Municipal** mai-sept.
    ℰ 04 70 34 55 57 – sortie Sud-Est par N 79, rte de Digoin, près de la Besbre – ⚶ « Décoration
    arbustive et florale » ⌫ – **R** conseillée juil.-août
    2 ha (70 empl.) plat, herbeux 🖵 ♀
    🗮 🗟 ⇌ 🖵 🛁 ⊛ 🏖 🗮 🗔 – 🚤 🚲 – A proximité : ⚽ 🏊
    Tarif : (Prix 1998) ⚽ *10,50* – 🚗 *4* – 🔲 *4* – ⚡ *9,50 (10A)*

DOMPIERRE-SUR-CHARENTE

17610 Charente 🗓 – 🗓 ⑤ – 398 h. alt. 14.
Paris 484 – Cognac 14 – Pons 21 – St-Jean-d'Angély 33 – Saintes 14.

▲ **Municipal la Fontaine du Pré St-Jean** 15 juin-15 sept.
    au Sud du bourg, près de la Charente – ⌫
    1 ha (100 empl.) plat, herbeux
    🗟 🛁 ⊛ – A proximité : ⚽
    Tarif : (Prix 1998) 🔲 *2 pers. 32, pers. suppl. 12* – ⚡ *12 (10A)*

DOMPIERRE-SUR-VEYLE

01240 Ain **12** – **74** ③ – 828 h. alt. 285.
Paris 440 – Belley 70 – Bourg-en-Bresse 20 – Lyon 57 – Mâcon 53 – Nantua 46 – Villefranche-sur-Saône 45.

▲ **Municipal** avril-sept.
sortie Ouest par D 17 et à gauche, bord de la Veyle et à 150 m d'un étang – Places limitées pour
le passage ⌂ – **R**
1,2 ha (50 empl.) plat, herbeux ☐ ♀
🔥 ⛲ 🛁 – A proximité : 🎾 🏊
Tarif : (Prix 1998) ✳ 9 – 🚐 5 – 🗐 8 – [½] 8 (10A)

Le DONJON

03130 Allier **11** – **69** ⑯ – 1 258 h. alt. 300.
Paris 346 – Digoin 24 – Dompierre-sur-Besbre 24 – Lapalisse 22 – Moulins 49 – Vichy 45.

▲ **Municipal** juin-15 sept.
sortie Nord par D 166, rte de Monétay-sur-Loire – ⌂ ⚷
0,5 ha (40 empl.) peu incliné, herbeux
🔥 ⛲ 🗐 🛁 ⊕ 🅿 ☷ – 🏕 🏊
Tarif : (Prix 1998) ✳ 8 – 🚐 4 – 🗐 8

DONVILLE-LES-BAINS

50 Manche – **59** ⑦ – rattaché à Granville.

DONZENAC

19270 Corrèze **10** – **75** ⑧ G. Périgord Quercy – 2 050 h. alt. 204.
Paris 472 – Brive-la-Gaillarde 11 – Limoges 81 – Tulle 30 – Uzerche 26.

▲▲ **La Rivière** avril-15 oct.
🕾 05 55 85 63 95, Fax 05 55 98 16 47 – à 1,6 km au Sud du bourg par rte de Brive et chemin, bord
du Maumont – ⚷ – **R** conseillée juil.-août – 🗡
1,2 ha (77 empl.) plat, herbeux ☐ ♀
⛲ 🔥 ⛲ 🗐 🛁 ⊕ 🅱 – 🏊 🚲 🎾 🏊 – A proximité : ⛴
Tarif : ✳ 17 piscine et tennis compris – 🗐 16 – [½] 15 (8A)

DORDIVES

45680 Loiret **6** – **61** ⑫ – 2 388 h. alt. 80.
Paris 94 – Fontainebleau 35 – Montargis 18 – Nemours 19 – Orléans 86 – Sens 43.

▲▲ **La Garenne** 15 fév.-nov.
🕾 02 38 92 72 11 – sortie Est par D 62, rte d'Egreville et rue à gauche, près du Betz – Places limitées
pour le passage ⚷ – **R** conseillée
7 ha/3 campables (110 empl.) en terrasses, plat, herbeux, gravillons ☐
🏕 ⛲ 🔥 ⛲ 🗐 🅴 ⊕ ☷ ☷ 🅱 – 🏕 🏊 🚲 🏊
Tarif : (Prix 1998) ✳ 18 – 🚐 12 – 🗐 12 – [½] 17 (5A)

DORNES

58390 Nièvre **11** – **69** ⑭ – 1 257 h. alt. 232.
Paris 279 – Bourbon-l'Archambault 30 – Decize 18 – Dompierre-sur-Besbre 39 – Moulins 19 – Nevers 40.

▲ **Municipal des Baillys** juin-15 sept.
🕾 03 86 50 64 55 – O : 2,3 km par D 13 et D 22, rte de Chantenay puis 0,5 km par chemin à gauche,
près d'un étang – ⌂ – **R** conseillée
0,7 ha (20 empl.) plat, herbeux
⛲ 🔥 ⛲ 🛁 ⊕ ☷
Tarif : ✳ 8,50 – 🚐 4 – 🗐 4 – [½] 12,50

DOUARNENEZ

29100 Finistère **3** – **58** ⑭ G. Bretagne – 16 457 h. alt. 25.
🅱 Office de Tourisme 2 r. Dr-Mével 🕾 02 98 92 13 35, Fax 02 98 92 70 47.
Paris 588 – Brest 76 – Châteaulin 28 – Lorient 91 – Quimper 24 – Vannes 143.

à Tréboul O par bd Jean-Moulin et rue du Commandant-Fernand – ✉ 29100 Douarnenez :

▲▲ **Kerleyou** avril-sept.
🕾 02 98 74 13 03, Fax 02 98 74 09 61 – O : 1 km par r. du Préfet-Collignon – ⌂ ⚷ – **R** conseillée
– 🔲 🗡
3,5 ha (100 empl.) plat et peu incliné, herbeux ☐ ♀ (2 ha)
⛲ 🔥 ⛲ 🗐 🛁 ⊕ 🅱 – 🍽 – 🏊
Tarif : ✳ 22 piscine comprise – 🚐 10 – 🗐 36 – [½] 16 (10A)
Location : 🚐 1200 à 2800

▲ **Trézulien** avril-15 sept.
🕾 02 98 74 12 30 – par r. Frédéric-Le-Guyader – ⌂ ≤ ⚷ saison – **R** conseillée – 🗡
3 ha (150 empl.) en terrasses, peu incliné, herbeux ♀
⛲ 🔥 ⛲ 🗐 🛁 ☷ ⊕ 🅱 – 🍽
Tarif : (Prix 1998) ✳ 16 – 🚐 8 – 🗐 17 – [½] 12 (6A) 14 (10A)

à Poullan-sur-Mer O : 7,5 km par D 7 – 1 627 h. alt. 79 – ⊠ 29100 Poullan-sur-Mer :

    ▲▲▲ **Le Pil Koad** mai-15 sept.
            ℰ 02 98 74 26 39, Fax 02 98 74 55 97 – à 0,6 km à l'Est de la localité de Poullan-sur-Mer – ⅏
            « Cadre agréable » ⚬ₜ – **R** – **GB** ⋏
            5,7 ha/4,2 campables (110 empl.) plat, herbeux ⌑ ⚲ (2 ha)
            ᴦ ⌂ ᴉ ⇆ ⬚ ♨ ⬭ ☺ ᴥ ❤ ⅊ ▣ – ⬛ ❢ ᶳ – ⌂ ⣀₊ ⋏⋏ discothèque, salle d'animation ⼛₊ ·☻ ❀
            Tarif : ♣ *29 piscine et tennis compris* – ▣ *79* – ₪ *22 (10A)*
            Location *(avril-sept.)* : ᴥ *1490 à 3390* – ⌂ *1590 à 3790*

▶ **In deze gids**
     heeft een zelfde letter of teken, **zwart** of **rood,** dun of **dik** gedrukt niet helemaal dezelfde
     betekenis.
     Lees aandachtig de bladzijden met verklarende tekst.

DOUCIER

39130 Jura 🔢 – 🔢 ⑭ ⑮ G. Jura – 231 h. alt. 526.
Paris 430 – Champagnole 20 – Lons-le-Saunier 25.

    ▲▲▲ **Domaine de Chalain** mai-23 sept.
            ℰ 03 84 24 29 00, Fax 03 84 24 94 07 – NE : 3 km, bord du lac – ≼ « Site agréable » ⚬ₜ ❀ dans
            locations – **R** indispensable 10 juil.-15 août – **GB** ⋏
            30 ha/18 campables (804 empl.) plat, herbeux, pierreux ⚲
            ▥ ᴦ ⌂ ᴉ ⇆ ⬚ ♨ ⬭ ☺ ᴥ ❤ ⅊ ▣ – ⬛ ❢ ✕ ᶳ – ⌂ ⼛₊ ⬤ᵒ ❀ ⼛ ⋈
            Tarif : ▣ *3 pers. 125* – ₪ *16 (7A)*
            Location : *huttes*

DOUÉ-LA-FONTAINE

49700 M.-et-L. 🔢 – 🔢 ⑪ G. Châteaux de la Loire – 7 260 h. alt. 75.
🅱 Office de Tourisme pl. du Champ-de-Foire ℰ 02 41 59 20 49, Fax 02 41 59 93 85.
Paris 322 – Angers 41 – Châtellerault 86 – Cholet 51 – Saumur 18 – Thouars 30.

    ▲ **Municipal le Douet** avril-sept.
            ℰ 02 41 59 14 47 – sortie Nord-Ouest par D 761 rte d'Angers et chemin à droite attenant au parc
            des sports, bord du Doué – ⚬ₜ – **Ṛ** – ⋏
            2 ha (148 empl.) plat, herbeux ⚲⚲ (0,8 ha)
            ᴦ ᴉ ⬚ ⬭ ☺ – ⌂ ▨ – A proximité : ❀ ▨ ⼛₊ ⋈
            Tarif : ♣ *12* – ▣ *13* – ₪ *11 (6A) 16 (10A)*

DOUSSARD

74 H.-Savoie – 🔢 ⑯ – voir à Annecy (Lac d').

DUCEY

50220 Manche 🔢 – 🔢 ⑧ G. Normandie Cotentin – 2 069 h. alt. 15.
Paris 343 – Avranches 12 – Fougères 38 – Rennes 76 – St-Hilaire-du-Harcouët 16 – St-Lô 70.

    ▲ **Municipal la Sélune** avril-sept.
            ℰ 02 33 48 46 49 – sortie Ouest par N 176 et D 178, rte de St-Aubin-de-Terregatte à gauche, au
            stade – **R** – ⋏
            0,42 ha (40 empl.) plat, herbeux ⌑
            ᴦ ᴉ ⬭ ⬚ ☺ – ⌂ – A proximité : ❀
            Tarif : ♣ *13,50* – ⤳ *3,50* – ▣ *6* – ₪ *8,50 (6A)*

DUINGT

74 H.-Savoie – 🔢 ⑥ – voir à Annecy (Lac d').

DUN-LE-PALESTEL

23800 Creuse 🔢 – 🔢 ⑱ – 1 203 h. alt. 370.
🅱 Office de Tourisme (saison) r. des Sabots ℰ 05 55 89 24 61 et à la Mairie ℰ 05 55 89 01 30.
Paris 341 – Aigurande 22 – Argenton-sur-Creuse 40 – La Châtre 49 – Guéret 28 – La Souterraine 19.

    ▲ **Municipal de la Forêt** 15 juin-15 sept.
            N : 1,5 km par D 913, rte d'Éguzon et chemin à droite – ≼ – **Ṛ** – ⋏
            2 ha (40 empl.) plat, peu incliné, herbeux
            ᴉ ⬭ ⬚ ☺
            Tarif : (Prix 1998) ♣ *6 et 15 pour eau chaude et élect.* – ⤳ *3* – ▣ *3/4*

DURFORT

09130 Ariège **14** – **82** ⑱ – 111 h. alt. 294.
Paris 753 – Auterive 23 – Foix 45 – Montesquieu-Volvestre 28 – Pamiers 25 – Saverdun 12.

▲ *Le Bourdieu* Permanent
  𝒫 05 61 67 30 17, Fax 05 61 60 00 89 – S : 2 km par D 14, rte du Fossat et chemin à gauche, à 300 m du Latou (accès direct) – ⚲ ≤ o┳ – **R** conseillée juil.-août – **GB** ⚙
  16 ha/2,5 campables (24 empl.) en terrasses, herbeux, pierreux ⚧⚧
  ▦▦ 㖪 ⇆ 📶 ⊛ 🅱 – 🍴 ✗ 🛖– 🏕 🍺 🌳 🎠
  Tarif : (Prix 1998) ⚡ *14 piscine comprise* – 🅴 *40* – [⚡] *14 (6A)*
  Location : 🚐 *1336 à 1670*

▶ *Michelinkaarten worden voortdurend bijgewerkt.*

DURTAL

49430 M.-et-L. **5** – **64** ② G. Châteaux de la Loire – 3 195 h. alt. 39.
🛈 Syndicat d'Initiative à la Mairie 𝒫 02 41 76 30 24, Fax 02 41 76 06 10.
Paris 261 – Angers 38 – La Flèche 14 – Laval 67 – Le Mans 63 – Saumur 65.

▲▲ *International* Pâques-sept.
  𝒫 02 41 76 31 80 – sortie Nord-Est par rte de la Flèche et rue à droite, bord du Loir – ⚲ « Situation et cadre agréables » o┳ – **R** conseillée juil.-août – ⚙
  3,5 ha (125 empl.) plat, herbeux ⚧
  ⚲ 㖪 ⇆ 📶 ⇆ ⚌ ⊛ 🅱 – 🏕 – À proximité : 🏊 parcours sportif
  Tarif : 🅴 *élect. comprise 2 pers. 50, pers. suppl. 15*

ECLASSAN

07370 Ardèche **11** – **76** ⑩ – 633 h. alt. 420.
Paris 538 – Annonay 22 – Beaurepaire 42 – Condrieu 43 – Privas 80 – Tournon-sur-Rhône 22.

▲▲ *L'Oasis* avril-15 oct.
  𝒫 04 75 34 56 23, Fax 04 75 34 47 94 – NO : 4,5 km par rte de Fourany et chemin à gauche, près de l'Ay – Accès aux emplacements par forte pente, mise en place et sortie des caravanes à la demande – ⚲ ≤ « Cadre agréable » o┳ – **R** indispensable 10 juil.-10 août – ⚙
  4 ha (39 empl.) en terrasses, pierreux, herbeux 🗔
  ⚲ 㖪 ⇆ 📶 ⇆ ⚌ ⊛ ☒ ☸ 🅱 – snack, pizzeria – 🏕 🍴 🎠 •⊛ 🎣 🏊
  Tarif : 🅴 *piscine comprise 2 pers. 78* – [⚡] *15 (3A) 19 (6A)*
  Location : 🚐 *1100 à 1600*

ÉCOMMOY

72220 Sarthe **5** – **64** ③ – 4 235 h. alt. 85.
🛈 Office de Tourisme Mairie 𝒫 02 43 42 10 14.
Paris 219 – Château-du-Loir 19 – La Flèche 35 – Le Grand-Lucé 19 – Le Mans 23.

▲ *Municipal les Vaugeons* 30 avril-sept.
  𝒫 02 43 42 14 14 – sortie Nord-Est, rte du stade – **R**
  1 ha (60 empl.) plat et peu incliné, sablonneux ⚧
  㖪 ⇆ 📶 ⇆ ⚌ – 🎠 – À proximité : ✂
  Tarif : 🅴 *tennis compris 1 pers. 16,80/18,60, pers. suppl. 10* – [⚡] *12 (6A)*

EGAT

66120 Pyr.-Or. **15** – **86** ⑯ G. Pyrénées Roussillon – 419 h. alt. 1 650.
Paris 874 – Andorra-la-Vella 76 – Ax-les-Thermes 55 – Bourg-Madame 17 – Font-Romeu-Odeillo-Via 3 – Saillagouse 12.

▲ *Las Clotes* Permanent
  𝒫 04 68 30 26 90 – à 400 m au Nord du bourg, bord d'un petit ruisseau – ⚲ ≤Sierra del Cadi et Puigmal o┳ juil.-août – **R** conseillée – ⚙
  2 ha (80 empl.) plat et en terrasses, accidenté, herbeux
  ▦▦ ⚲ 㖪 ⇆ ⊛ 🅱 – 🏕
  Tarif : 🅴 *2 pers. 62, pers. suppl. 16* – [⚡] *21 (6A) 35 (10A)*

ÉGUISHEIM

68420 H.-Rhin **8** – **62** ⑲ G. Alsace Lorraine – 1 530 h. alt. 210.
Paris 450 – Belfort 66 – Colmar 7 – Gérardmer 52 – Guebwiller 21 – Mulhouse 41 – Rouffach 10.

▲ *Municipal des Trois Châteaux* Pâques-15 oct.
  𝒫 03 89 23 19 39, Fax 03 89 24 10 19 – à l'Ouest du bourg – ⚲ ≤ « Situation agréable près du vignoble » o┳ – **R** – ⚙
  2 ha (128 empl.) plat et peu incliné, herbeux ⚧
  ⚲ 㖪 ⇆ ⚌ ⊛ 🏕 🅱
  Tarif : ⚡ *18* – 🅴 *18* – [⚡] *16 (4A) 21 (6A)*

ÉGUZON

36270 Indre **10** – **68** ⑱ G. Berry Limousin – 1 384 h. alt. 243.

🅸 Office de Tourisme 2, r. Jules-Ferry ℰ 02 54 47 43 69, Fax 02 54 47 35 60.

Paris 321 – Argenton-sur-Creuse 20 – La Châtre 47 – Guéret 48 – Montmorillon 64 – La Souterraine 28.

▲ **Municipal du Lac Les Nugiras** Permanent

ℰ 02 54 47 45 22 – SE : 3 km par D 36, rte du lac de Chambon puis 0,5 km par rte à droite, à 450 m du lac – ≼ o━▪ – **R** conseillée juil.-août – ⚡

4 ha (180 empl.) plat et en terrasses, peu incliné, herbeux, pierreux

🅱 🗟 ⇔ 🗟 🙭 ⊙ 🙏 ⛱ 🖬 – 🍽, ❰ – 🖾 – A proximité : 🏊 (plage) toboggan aquatique 🅰

Tarif : (Prix 1998) 🗉 *2 pers. 36, pers. suppl. 13* – [⚡] *18 (10A)*

ELLIANT

29370 Finistère **3** – **58** ⑯ – 2 591 h. alt. 120.

Paris 552 – Carhaix-Plouguer 47 – Concarneau 19 – Quimper 17 – Rosporden 7.

▲ **Municipal de Keryannic** juil.-août

ℰ 02 98 94 19 84 – sortie Sud-Est rte de Rosporden et à gauche devant le supermarché, rte de Tourch puis à droite – ⮥ « Beaux emplacements délimités » o━▪ – **R** – ⚡

1 ha (40 empl.) plat, herbeux 🖾

🗟 ⇔ 🖴 ⊙ 🙏 – A proximité : 🍽

Tarif : (Prix 1998) 🛉 *9,30* – 🚗 *4,10* – 🗉 *15,50* – [⚡] *10,80*

ELNE

66200 Pyr.-Or. **15** – **86** ⑳ G. Pyrénées Roussillon – 6 262 h. alt. 30.

🅸 Office de Tourisme 2 r. Pdt-Bolte ℰ 04 68 22 05 07, Fax 04 68 37 95 05.

Paris 874 – Argelès-sur-Mer 8 – Céret 29 – Perpignan 14 – Port-Vendres 17 – Prades 51.

▲▲ **Municipal Al Mouly** juin-sept.

ℰ 04 68 22 08 46, Fax 04 68 37 80 62 – NE : 1,8 km par D 40, rte de St-Cyprien, D 11 rte de Canet à gauche et rue Gustave-Eiffel à droite – o━▪ – **R** conseillée août – 🅶🅱 ⚡

5 ha (285 empl.) plat, herbeux, sablonneux 🖓

🅱 🗟 ⇔ 🗟 🙭 🖴 ⊙ 🙏 ⛱ 🖬 – ❰ snack 🍴 – 🛝 🏓 🖾

Tarif : (Prix 1998) 🛉 *25 piscine et tennis compris* – 🗉 *35* – [⚡] *15,50 (3A)*

EMBRUN

05200 H.-Alpes **17** – **77** ⑰ ⑱ G. Alpes du Sud – 5 793 h. alt. 871.

🅸 Office de Tourisme pl. Gén.-Dosse ℰ 04 92 43 72 72, Fax 04 92 43 54 06.

Paris 702 – Barcelonnette 58 – Briançon 50 – Digne-les-Bains 95 – Gap 40 – Guillestre 22 – Sisteron 85.

▲▲ **Municipal de la Clapière** mai-sept.

ℰ 04 92 43 01 83, Fax 04 92 43 50 22 – SO : 2,5 km par N 94, rte de Gap et à droite, près d'un plan d'eau – o━▪ – **R** – 🅶🅱 ⚡

6,5 ha (367 empl.) plat, accidenté et en terrasses, pierreux, herbeux 🖓🖓

🎬 🅱 🗟 ⇔ 🗟 🙭 🖴 ⊙ 🖬 – A proximité : parcours sportif 🛝 ❰ 🗶 🍴 🏓 🖾 (découverte l'été) 🏊 toboggan aquatique 🅰

Tarif : (Prix 1998) 🗉 *piscine comprise 1 pers. 56, 2 pers. 71, pers. suppl. 20* – [⚡] *16 (5A) 26 (plus de 5A)*

▲ **Le Moulin** juin-15 sept.

ℰ 04 92 43 00 41 – SO : 2,6 km par N 94, rte de Gap et rte à gauche après le pont – ≼ o━▪ – **R** juil. – ⚡

2 ha (70 empl.) peu incliné, herbeux, verger 🖓

🅱 🗟 🗟 🖴 ⊙ 🖬

Tarif : 🛉 *20* – 🗉 *23* – [⚡] *11 (3A) 15 (5A)*

▲ **La Tour** 20 juin-1er sept.

ℰ 04 92 43 17 66 – SE : 3 km par D 994D et D 340 à droite après le pont, près de la Durance – ⮥ ≼ o━▪ – **R** – ⚡

1,5 ha (100 empl.) peu incliné, herbeux 🖓🖓 verger

🗟 🗟 🔊 ⊙ 🖬 – 🖾

Tarif : 🗉 *2 pers. 63* – [⚡] *10 (2A) 13,50 (3A) 16,50 (6A)*

à Baratier S : 4 km par N 94 et D 40 – 356 h. alt. 855 – ✉ 05200 Baratier :

▲▲ **Le Verger** Permanent

ℰ 04 92 43 15 87, Fax 04 92 43 49 81 – sortie Ouest, Pour caravanes, accès conseillé par le village – ⮥ ≼ « Entrée fleurie et site agréable » o━▪ – **R** – ⚡

4,3 ha/2,5 campables (110 empl.) peu incliné, en terrasses, herbeux, pierreux 🖾 🖓

🎬 🗟 ⇔ 🗟 🙭 🖴 ⊙ 🖬 – 🖾 🖾 – A proximité : 🏓 🖾

Tarif : 🗉 *piscine comprise 2 pers. 80, pers. suppl. 27* – [⚡] *13 (2A) 20 (5A) 30 (10A)*

Location : *pavillons*

▲ **Les Grillons** 15 mai-15 sept.

ℰ 04 92 43 32 75 – N : 1 km par D 40, D 340 et chemin à gauche – ⮥ ≼ o━▪ – **R** conseillée juil.-août – ⚡

1,5 ha (95 empl.) peu incliné, herbeux 🖓

🗟 🗟 🖴 🔊 ⊙ 🖬 – 🏓 🖾

Tarif : 🗉 *piscine comprise 2 pers. 84* – [⚡] *16 (3A) 20 (6A) 26 (10A)*

⚠ **Les Esparons** 15 juin-août
  ✆ 04 92 43 02 73 – sortie Nord par D 40 et D 340, près d'un torrent – ⏀ ≼ « Agréable verger »
  ⊶ – **R** conseillée juil.-15 août – ⚲
  1,5 ha (83 empl.) plat et peu incliné, herbeux ⚲
  & ⚏ ⬚ ⚘ ⊕ 🖩 – ⚡ ⬧
  Tarif : ⚹ *21 piscine comprise* – 🔳 *24* – [⚡] *10 (2A) 14 (4A)*

⚠ **Les Airelles** 15 juin-15 sept.
  ✆ 04 92 43 11 57, Fax 04 92 43 69 07 – SE : 1,2 km par D 40, rte des Orres et rte à droite, Accès
  direct au village par chemin forestier – ⏀ ≼ ⊶ – **R** conseillée juil.-août – ⊖ ⚲
  4 ha (130 empl.) peu incliné à incliné, terrasses, plat, pierreux, herbeux ⚲⚲ (2 ha)
  & ⚏ ⚙ ⬚ ⚘ ⊕ – snack – 🔲 ⚡
  Tarif : ⚹ *23* – 🔳 *23* – [⚡] *12 (2A) 16 (6A)*

ENTRAUNES
06470 Alpes-Mar. **17** – **81** ⑧ **G. Alpes du Sud** – 127 h. alt. 1 260.
Paris 777 – Annot 45 – Barcelonnette 44 – Guillaumes 18.

⚠ **Municipal le Tellier** 15 juin-15 sept.
  ✆ 04 93 05 55 60 – au Nord-Est du bourg par chemin de Castel, près du Bourdoux – ⏀ ≼ « Situation
  agréable » – **R** août
  0,4 ha (24 empl.) peu incliné, herbeux, pierreux 🔲
  & ⚏ ⚙ ⊕ 🖩
  Tarif : (Prix 1998) ⚹ *12* – 🔳 *12/24* – [⚡] *12 (3A) 24 (6A)*

ENTRAYGUES-SUR-TRUYÈRE
12140 Aveyron **15** – **76** ⑫ **G. Gorges du Tarn** – 1 495 h. alt. 236.
🅱 Office de Tourisme 30 Tour-de-Ville ✆ 05 65 44 56 10.
Paris 601 – Aurillac 44 – Figeac 59 – Mende 135 – Rodez 46 – St-Flour 84.

⚠ **Le Lauradiol** (Municipal de Campouriez) 20 juin-10 sept.
  ✆ 05 65 44 53 95 ✉ 12460 Campouriez – NE : 5 km par D 34, rte de St-Amans-des-Cots, bord de
  la Selves – ⏀ ≼ « Situation agréable » ⊶ – **R** conseillée 14 juil.-15 août – ⚲
  1 ha (34 empl.) plat, herbeux 🔲 ⚲
  & ⚏ ⚙ ⊕ ⚗ ▽ 🖩 – 🔲 ⚼ ⚡
  Tarif : (Prix 1998) 🔳 *piscine et tennis compris 1 à 6 pers. 60 à 80/80 à 110 avec élect. (5A)*

▶ *Terrains agréables :*
  ces terrains sortent de l'ordinaire par leur situation,
  leur tranquillité, leur cadre et le style de leurs aménagements.

  Leur catégorie est indiquée dans le texte par les signes habituels
  mais en rouge (⚠⚠⚠ ... ⚠).

38380 Isère 🗓️ – 🗓️ ⑮ G. Alpes du Nord – 1 544 h. alt. 380.
Paris 541 – Les Abrets 24 – Chambéry 24 – Grenoble 38 – Le Pont-de-Beauvoisin 16 – St-Laurent-du-Pont 5.

  ▲ **L'Arc-en-Ciel** mars-oct.
    𝒫 04 76 66 06 97 – au bourg par rue piétonne vers les Echelles, près du vieux pont, bord du Guiers
    – ≼ o━ – **R** conseillée – ᴳᴮ ♂
    1 ha (50 empl.) plat, herbeux 🔟
    🞮 🕭 🛏 🗓 🛆 ↤ ⚲ ⊛ 🖵 🖼 – 🍽 – A proximité : 🎾 🏓 🏊
    Tarif : ✱ 16 – ⊯ 8 – 🔲 13,50 – 🔋 9,90 (2A) 15,90 (4A)
    Location : �bungalow 900 à 1400

73670 Savoie 🗓️ – 🗓️ ⑮ – 444 h. alt. 816.
Paris 556 – Aix-les-Bains 38 – Chambéry 21 – Le Pont-de-Beauvoisin 31 – St-Laurent-du-Pont 19 – La Tour-du-Pin 53.

  ▲▲ **L'Ourson** Permanent
    𝒫 04 79 65 82 50 – sortie Ouest par D 7, rte du Désert d'Entremont, bord du Cozon, alt 841 –
    ≼ o━ – **R** juil.-août
    1 ha (38 empl.) peu incliné, herbeux, gravillons 🖵
    🞮 ♿ 🛏 ↤ 🗓 ↤ ⊛ 🖼 – 🍽 – A proximité : 🍷 🍽 🎾
    Tarif : ✱ 17 – ⊯ 6 – 🔲 15 – 🔋 13,50 (3A) 27 (6A) 45 (10A)

66760 Pyr.-Or. 🗓️ – 🗓️ ⑯ – 545 h. alt. 1 260.
Paris 856 – Andorra-La-Vella 60 – Ax-les-Thermes 38 – Font-Romeu-Odeillo Via 19 – Perpignan 106.

  ▲▲ **Robinson** Permanent
    𝒫 04 68 04 80 38, Fax 04 68 04 87 43 – au Sud du bourg, face à la mairie, accès conseillé par N
    20 et D 34, rte de la gare et rte à gauche – ⊰ o━ – **R** conseillée – ᴳᴮ ♂
    2,7 ha (165 empl.) plat et peu incliné, herbeux 🔟
    🞮 ♿ 🛏 🖵 🛆 ↤ ⊛ ⚲ 🗗 🖼 – 🖵 🐴 🏊
    Tarif : 🔲 piscine comprise 2 pers. 88, pers. suppl. 26 – 🔋 18 (4A) 36 (8A) 54 (13A)
    Location : bungalows toilés

85590 Vendée 🗓️ – 🗓️ ⑮ – 2 107 h. alt. 214.
Paris 372 – Bressuire 38 – Chantonnay 32 – Cholet 24 – Clisson 43 – La Roche-sur-Yon 50.

  ▲▲ **La Bretèche** mai-sept.
    𝒫 02 51 57 33 34, Fax 02 51 57 39 76 – sortie Nord par D 752, rte de Cholet et chemin à droite,
    près d'un étang « Décoration arbustive » o━ – **R** conseillée juil.-août – ᴳᴮ ♂
    3 ha (95 empl.) peu incliné, plat, herbeux 🖵
    ♿ 🛏 ↤ 🗓 ↤ ⊛ 🖼 – 🍷 – 🏊
    Tarif : (Prix 1998) 🔲 piscine comprise 2 pers. 85, pers. suppl. 20 – 🔋 15 (10A)
    Location : 🛖 1500 à 2500

71360 S.-et-L. 🗓️ – 🗓️ ⑧ – 2 569 h. alt. 340.
Paris 304 – Arnay-le-Duc 19 – Autun 20 – Chagny 30 – Beaune 35.

  ▲▲ **Municipal le Pont Vert** mai-sept.
    𝒫 03 85 82 00 26 – sortie Sud par D 43 et chemin à droite, – ⊰ o━ – **R** conseillée – ᴳᴮ
    ♂
    2,9 ha (71 empl.) plat, herbeux 🖵 🍸
    ♿ 🛏 ↤ 🗓 ↤ ⊛ 🖼 – 🖵 – A proximité : 🍷 snack 🏓 🐴 🏊
    Tarif : ✱ 12 – 🔲 23 – 🔋 15 (6A)
    Location : huttes

88000 Vosges 🗓️ – 🗓️ ⑯ G. Alsace Lorraine – 36 732 h. alt. 324.
🅱 Office de Tourisme 13 r. Comédie 𝒫 03 29 82 53 32, Fax 03 29 35 26 16.
Paris 384 – Belfort 96 – Colmar 92 – Mulhouse 107 – Nancy 71 – Vesoul 88.

à Sanchey O : 8 km par rte de Darney – 668 h. alt. 368 – ✉ 88390 Sanchey :

  ▲▲▲ **Lac de Bouzey** Permanent
    𝒫 03 29 82 49 41, Fax 03 29 64 28 03 – S : par D 41, à 50 m du lac – ⊰ o━ – **R** conseillée
    14 juil.-15 août – ᴳᴮ ♂
    3 ha (160 empl.) plat et peu incliné, en terrasses, herbeux 🖵 🔟 (2 ha)
    🞮 ♿ 🛏 🗓 🛆 ↤ ⊛ ⚲ 🗗 ↤ – 🛆 🍷 🞮 🗗 – salle d'animation, discothèque 🚲 ⊛ 🏊
    Tarif : 🔲 piscine comprise 2 pers. 110 – 🔋 22 (4A) 26 (6A) 30 (8A)
    Location : 🛏 1000 à 1900 – 🛖 1700 à 3200

56410 Morbihan **3** – **63** ① – 2 352 h. alt. 18.

Paris 496 – Auray 19 – Carnac 9 – Lorient 27 – Quiberon 20 – Quimperlé 48 – Vannes 37.

△△△ **Les Sept Saints** 15 mai-15 sept.
  ℘ 02 97 55 52 65, Fax 02 97 55 22 67 – NO : 2 km par D 781, rte de Plouhinec et rte à gauche –
  �o⊶ – **R** conseillée juil.-août – **GB** ⚒
  7 ha/5 campables (200 empl.) plat et peu incliné, herbeux, pinède ⊡ ♀ (1 ha)
  ᕯ ᕲ ᖷ ᖱ ᕹ ᕲ ⊡ ᔿ – ᕿ ᕥ ⊸ – ᖱ ⚸ ᕘ
  Tarif : ⚡ 28 piscine comprise – 回 79 – ⓖ 20 (6A)
  Location (avril-oct.) : ᓬ 1500 à 3500

△△ **Les Mégalithes** avril-1ᵉʳ oct.
  ℘ 02 97 55 68 76 – S : 1,5 km par D 781, rte de Carnac et rte à droite – o⊶ – **R** conseillée – ⚒
  4,3 ha (100 empl.) plat, herbeux ⊡
  ᕯ ᕲ ᖷ ᖱ ᕹ ᖱ ⊙ ᔿ
  Tarif : ⚡ 20 – ᕲ 10 – 回 30 – ⓖ 15 (6 ou 10A)

△△ **La Croëz-Villieu** mai-sept.
  ℘ 02 97 55 90 43, Fax 02 97 55 64 83 – SO : 1 km par rte de Kerhillio – Places limitées pour le
  passage o⊶ – **R** conseillée – ⚒
  3 ha (115 empl.) plat, herbeux ⊡
  ᕲ ᖷ ᖱ ᕹ ⊙ ᔿ – ᕿ – ᕥ ᕘ
  Tarif : ⚡ 22 piscine comprise – ᕲ 9 – 回 9/19,20 – ⓖ 17 (2 ou 3A) 19 (6A) 20 (10A)
  Location : ᓬ 1800 – ᓬ 1300 à 2800

△ **Idéal Camping**
  ℘ 02 97 55 67 66 – SO : 2,2 km rte de Kerhillio, à Lisveur – o⊶
  0,5 ha (35 empl.) plat, herbeux ⊡
  ᕯ ᕲ ᖷ ᖱ ᕹ ⊙ ᔿ – ᕿ snack ᖱ – ᓬ
  Location : ᓬ – appartements

22430 C.-d'Armor **4** – **59** ④ G. Bretagne – 3 568 h. alt. 12.
⊟ Office de Tourisme bd de la Mer ℘ 02 96 72 30 12, Fax 02 96 72 02 88.
Paris 453 – Dinan 48 – Dinard 41 – Lamballe 22 – Rennes 103 – St-Brieuc 34.

△△△ **Le Vieux Moulin** mai-20 sept.
  ℘ 02 96 72 34 23, Fax 02 96 72 36 63 – E :
  2 km « Cadre agréable » o⊶ – **R** conseillée – ⚒
  2,5 ha (173 empl.) plat et peu incliné, herbeux
  ⊡ ♀
  ᕯ ᕲ ᖷ ᖱ ᕹ ᖱ ᕲ ᕹ ᕲ ᖷ ᔿ – ᕥ ᕿ
  crêperie ᖱ – ᓬ ᖱ discothèque ᕘ ᕘ –
  toboggan aquatique half-court
  Tarif : ⚡ 29 piscine comprise – ᕲ 22 – 回 55
  – ⓖ 19 (3A) 26 (6A) 29 (10A)
  Location : ᓬ 1900 à 3400

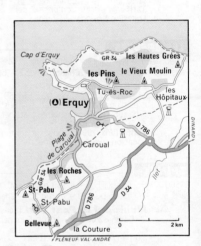

△△△ **Les Pins** Pâques-15 sept.
  ℘ 02 96 72 31 12, Fax 02 96 28 65 91 – N :
  1 km – ᕹ o⊶ – **R** conseillée – **GB** ⚒
  10 ha (385 empl.) peu incliné et plat, herbeux ♀
  (1,5 ha)
  ᕯ ᕲ ᖷ ᖱ ᕹ ⊙ ᔿ – ᕥ ᕿ ✕ ᖱ – ᓬ ᕘ ᓬ
  ᕘ ᕘ ✂ ᖱ – A proximité : ᖱ
  Tarif : ⚡ 25 piscine comprise – ᕲ 18 – 回 40
  – ⓖ 21 (6A)
  Location : ᓬ 1575 à 3150 – bungalows toilés

△△ **Bellevue** 3 avril-sept.
  ℘ 02 96 72 33 04, Fax 02 96 72 48 03 – SO :
  5,5 km – o⊶ ⚒ juil.-août dans locations –
  R conseillée juil.-août – **GB** ⚒
  2 ha (140 empl.) plat, herbeux ⊡ ♀
  ᕯ ᕲ ᖷ ᖱ ᕹ ⊙ ᔿ – ᕥ ᕿ ᕘ ᖱ ᓬ –
  A proximité : crêperie
  Tarif : ⚡ 23 piscine comprise – 回 36 – ⓖ 16 (6A) 20 (10A)
  Location : ᓬ 1500 à 2800 – ᓬ 1200 à 2900

△△ **Les Roches** avril-sept.
  ℘ 02 96 72 32 90 – SO : 3 km – ᕹ ≼ o⊶ ⚒ dans locations – **R** conseillée juil.-août – ⚒
  3 ha (160 empl.) plat et peu incliné, herbeux
  ᕯ ᕲ ᖷ ᖱ ᕹ ᕲ ᔿ – ᕥ – ᓬ ᕘ ᖱ
  Tarif : ⚡ 16 – ᕲ 11 – 回 15 – ⓖ 13 (3A) 14 (4A) 16 (6A)
  Location : ᓬ 1600 à 2300

△△ **St-Pabu** avril-10 oct.
  ℘ 02 96 72 24 65, Fax 02 96 72 87 17 – SO : 4 km, près de la plage – ᕹ ≼ o⊶ – **R** conseillée 10
  juil.-18 août – **GB** ⚒
  5,5 ha (409 empl.) plat, peu incliné et en terrasses, herbeux
  ᕯ ᕲ ᖷ ᖱ ᕹ ⊙ ᖷ ᔿ – ᕥ ᕿ – ᓬ ᕘ
  Tarif : ⚡ 20 – 回 40 – ⓖ 16 (6A)
  Location : ᓬ 1500 à 2900

▲ **Les Hautes Grées** 15 avril-15 sept.
📞 02 96 72 34 78, Fax 02 96 72 30 15 – NE : 3,5 km, à 400 m de la plage St-Michel – ∢ ≤ •─ –
R conseillée juil.-août – **GB** ˇ
2,5 ha (148 empl.) plat et peu incliné, herbeux
♿ 刀 ♿ 十 ⊔ ⊙ ▒ – ▒ – ↔
Tarif : (Prix 1998) † 19 – 🅑 34 – Ⓙ 15 (4A)
Location : 🛏 1500 à 2700

ERR

66800 Pyr.-Or. 15 – 86 ⑯ – 398 h. alt. 1 350 – Sports d'hiver : 1 850/2 520 m ↟8 🎿.
Paris 872 – Andorra-la-Vella 77 – Ax-les-Thermes 52 – Bourg-Madame 9 – Font-Romeu-Odeillo-Via 15 – Saillagouse 2.

▲▲ **Le Puigmal** Permanent
📞 04 68 04 71 83, Fax 04 68 04 04 88 – par D 33B, à Err-Bas, bord d'un ruisseau – ∢ ≤ •─ –
R conseillée juil.-août – **GB** ˇ
3,2 ha (125 empl.) peu incliné, herbeux 🌿🌿
▓ ♿ ♿ 刀 十 ⊔ ⊙ ▒ ▒ – A proximité · ▒ ⊙ ▒ toboggan aquatique
Tarif : 🅑 2 pers. 65, pers. suppl. 22 – Ⓙ 18 (3A) 30 (6A)
Location : 🛏 1600 à 2200

▲▲ **Las Closas** Permanent
📞 04 68 04 71 42, Fax 04 68 04 07 20 – par D 33B, à Err-Bas – ≤ •─ – **R** conseillée –
GB ˇ
2 ha (114 empl.) plat et peu incliné, herbeux 🌿🌿
▓ ♿ 刀 ♿ 十 ⊔ ⊙ ▒ ▒ – 🍽 – ▒ ↔ – A proximité : ▒ ⊙ ▒ toboggan aquatique
Tarif : 🅑 2 pers. 68, pers. suppl. 22 – Ⓙ 19 (3A) 29 (6A) 39 (10A)

ERSTEIN

67150 B.-Rhin 8 – 87 ⑤ G. Alsace Lorraine – 8 600 h. alt. 150.
🛈 Office de Tourisme 2 r. du Couvent 📞 03 88 98 14 33, Fax 03 88 98 04 39.
Paris 497 – Colmar 49 – Molsheim 22 – St-Dié 69 – Sélestat 26 – Strasbourg 25.

▲ **Municipal** avril-sept.
📞 03 88 98 09 88 – sortie Sud-Est par D 426, rte de Gerstheim et rue à gauche, près d'un plan d'eau
– Places limitées pour le passage •─ juil.-août – **R** – ˇ
8,6 ha (290 empl.) plat, herbeux
♿ 刀 ♿ 十 ⊔ ⊙ ▒ ▒ ▒ – 🍽 – ▒ ≈ – A proximité : ▒ ✂ ▒ ▒ toboggan
aquatique
Tarif : † 20 – 🚘 10 – 🅑 10 – Ⓙ 19 (16A)

ERVY-LE-CHÂTEL

10130 Aube 7 – 61 ⑯ G. Champagne – 1 221 h. alt. 160.
Paris 169 – Auxerre 48 – St-Florentin 18 – Sens 62 – Tonnerre 24 – Troyes 39.

▲ **Municipal les Mottes** 15 mai-15 sept.
📞 03 25 70 07 96 – E : 1,8 km par D 374, rte d'Auxon, D 92 et chemin à droite après le passage
à niveau, bord de l'Armance – Ⓜ ∢ – **R**
0,7 ha (53 empl.) plat, herbeux
♿ 刀 ♿ 十 ▒ ⊙
Tarif : † 10 – 🚘 7 – 🅑 8 – Ⓙ 12 (5A)

ESCALLES

62179 P.-de-C. 1 – 51 ① – 320 h. alt. 46.
Paris 284 – Arras 122 – Boulogne-sur-Mer 31 – Calais 14 – Marquise 15 – St-Omer 53.

▲ **Cap Blanc-Nez** avril-10 nov.
📞 03 21 85 27 38 – au Sud du bourg, à 500 m de la plage – Places limitées pour le passage •─
avril-sept. ✂ dans locations – **R** – **GB** ˇ
1,25 ha (85 empl.) plat et peu incliné, herbeux 🌿
♿ 刀 十 ▒ ⊙ ▒ – ▒ ✖ →
Tarif : † 14,50 – 🅑 14,50
Location (permanent) : 🛏

ESLOURENTIES-DABAN

64420 Pyr.-Atl. 13 – 82 ⑫ – 185 h. alt. 385.
Paris 778 – Aire-sur-l'Adour 54 – Auch 24 – Mirande 61 – Pau 24 – Tarbes 24.

▲ **Municipal les Noisetiers** mai-sept.
au Nord-Ouest du bourg – ∢ •─ – **R** – ˇ
1 ha (20 empl.) plat, herbeux 🌿
♿ 刀 ♿ 十 ⊔ – ▒ ✂
Tarif : (Prix 1998) † 10 – 🅑 20 – Ⓙ 10 (10A)

ESPALION

12500 Aveyron 🔢 – 🔢 ③ G. Gorges du Tarn – 4 614 h. alt. 342.
🅱 Office de Tourisme 2 r. Saint-Antoine ℰ 05 65 44 10 63, Fax 05 65 48 02 57.
Paris 599 – Aurillac 70 – Figeac 93 – Mende 108 – Millau 82 – Rodez 31 – St-Flour 82.

    ⚠ **Roc de l'Arche** 15 avril-15 oct.
      ℰ 05 65 44 06 79 – E : rue du Foirail par avenue de la Gare et à gauche, après le terrain des sports,
      bord du Lot – ⛽ – **R** conseillée juil.-20 août – ✗
      2,5 ha (95 empl.) plat, herbeux 🔲 ΩΩ
      🔣 🔣 🔣 🔣 🔣 🔣 🔣 🔣 🔣 – 🔣 – 🔣🔣🔣 🔣 – A proximité : ✗
      Tarif : 🔲 *piscine et tennis compris 1 ou 2 pers. 65/70 ou avec élect. 70/75 pers. suppl. 15*
      Location : 🔣 *1000 à 1300*

ESPARRON-DE-VERDON

04800 Alpes-de-H.-Pr. 🔢 – 🔢 ⑯ G. Alpes du Sud – 290 h. alt. 397.
Paris 776 – Barjols 33 – Digne-les-Bains 58 – Gréoux-les-Bains 12 – Moustiers-Ste-Marie 32 – Riez 17.

    ⚠ **Le Soleil** Pâques-sept.
      ℰ 04 92 77 13 78 – sortie Sud par D 82, rte de Quinson, puis 1 km par rte à droite, bord du lac
      – 🔣 ≤ « Cadre et situation agréables » ⛽ 🔣 🅿(tentes) – **R** conseillée – **GB** ✗
      2 ha (100 empl.) en terrasses, pierreux, gravillons 🔲 Ω
      🔣 🔣 🔣 🔣 🔣 🔣 🔣 🔣 🔣 ❣ snack 🔣 – 🔣
      Tarif : ✗ *25 –* 🔲 *30/34 –* 🔣 *16 (6A)*

    ⚠ **La Grangeonne** 19 juin-29 août
      ℰ 04 92 77 16 87 – SE : 1 km par D 82, rte de Quinson et rte à droite – 🔣 ⛽ – **R** conseillée –
      ✗
      1 ha (57 empl.) plat, peu incliné et en terrasses, pierreux, herbeux Ω
      🔣 🔣 🔣 🔣 🔣
      Tarif : ✗ *18 –* 🔲 *18 –* 🔣 *14 (4A) 19 (6A)*

ESPINASSES

05190 H.-Alpes 🔢 – 🔢 ⑦ – 505 h. alt. 630.
Paris 694 – Chorges 18 – Gap 26 – Le Lauzet-Ubaye 22 – Savines-le-Lac 29 – Turriers 15.

    ⚠ **La Viste** 15 mai-15 sept.
      ℰ 04 92 54 43 39, Fax 04 92 54 42 45 ✉ 05190 Rousset – NE : 5,5 km par D 900ᴮ, D 3 rte de
      Chorges et D 103 à gauche rte de Rousset, alt. 900 – 🔣 ≤ lac de Serre-Ponçon, montagnes et
      barrage ⛽ – **R** – **GB** ✗
      4,5 ha/2,5 campables (160 empl.) plat, terrasse, peu incliné, accidenté, herbeux, pierreux Ω (1 ha)
      🔣 🔣 🔣 🔣 🔣 🔣 🔣 – 🔣 ❣ snack – 🔣 🔣
      Tarif : ✗ *29 piscine comprise –* 🔲 *32 –* 🔣 *16 (5A)*
      Location : 🔣 *1750 à 3300*

Les ESSARTS

85140 Vendée 🔢 – 🔢 ⑭ G. Poitou Vendée Charentes – 3 907 h. alt. 78.
🅱 Syndicat d'Initiative 1 r. Armand-de-Rougé ℰ 02 51 62 85 96.
Paris 395 – Cholet 45 – Nantes 60 – Niort 90 – La Roche-sur-Yon 20.

    ⚠ **Municipal le Pâtis** 15 juin-15 sept.
      ℰ 02 51 62 95 83 – O : 0,8 km par rte de Chauché et à gauche, près de la piscine – 🔣 – **R**
      1 ha (50 empl.) plat, herbeux Ω
      🔣 🔣 🔣 🔣 🔣 – A proximité : ✗ 🔣 🔣
      Tarif : ✗ *12 –* 🔣 *7 –* 🔲 *10 –* 🔣 *10*

ESSAY

61500 Orne 🔢 – 🔢 ③ – 516 h. alt. 180.
Paris 181 – Alençon 19 – Argentan 34 – Mortagne-au-Perche 27 – Sées 10.

    ⚠ **Les Charmilles** avril-sept.
      sortie Sud, par D 326, rte du Ménil-Broût – 🔣 🔣 – **R** conseillée – ✗
      0,5 ha (23 empl.) plat, herbeux 🔲
      🔣 🔣 🔣
      Tarif : ✗ *8 –* 🔣 *6 –* 🔲 *7,50*

ESTAING

65400 H.-Pyr. 🔢 – 🔢 ⑰ G. Pyrénées Aquitaine – 86 h. alt. 970.
Paris 837 – Argelès-Gazost 12 – Arrens 7 – Laruns 44 – Lourdes 24 – Pau 69 – Tarbes 42.

    ⚠ **Pyrénées Natura** mai-sept.
      ℰ 05 62 97 45 44 – au Nord du bourg – Ⓜ 🔣 ≤ « Grange du 19ᵉ siècle » ⛽ – **R** conseillée juil.-
      20 août – **GB** ✗
      3 ha (60 empl.) plat et peu incliné, terrasses, herbeux 🔲
      🔣 🔣 🔣 🔣 🔣 🔣 🔣 🔣 🔣 🔣 – 🔣 ❣ – 🔣
      Tarif : 🔲 *élect. (6A) comprise 2 pers. 110*

⚠ **Le Vieux Moulin** Permanent
      ℰ 05 62 97 43 23 – sortie Sud par D 103, rte du lac, bord du Gave et d'un ruisseau – ⌘ ≤ ⊶
      – **R** – ♻
      1 ha (50 empl.) peu incliné, herbeux ⚲
      ▥ ♿ 🔥 ⌘ 🖤 ☺ ▨ – ⌒ (petite piscine)
      Tarif : ♦ 14 – 🖻 14 – 🔌 12 (3A) 24 (6A) 40 (10A)

⚠ **Aire Naturelle la Pose** Permanent
      ℰ 05 62 97 43 10 – SO : 2,2 km par D 103, près du Gave de Bun – ⌘ ≤ ⊶ – **R** conseillée – ♻
      2 ha (25 empl.) plat et peu incliné, en terrasses, herbeux
      🔥 ⌘ 🖤 ☺
      Tarif : ♦ 12 – ⌂ 6 – 🖻 12 – 🔌 15 (10A)

ESTANG

32240 Gers 🔢 – 🔢 ② – 724 h. alt. 120.
Paris 715 – Aire-sur-l'Adour 25 – Eauze 17 – Mont-de-Marsan 37 – Nérac 57 – Nogaro 17.

⚠ **Les Lacs de Courtès** Pâques-sept.
      ℰ 05 62 09 61 98, Fax 05 62 09 63 13 – au Sud du bourg par D 152, près de l'église et au bord
      d'un lac – ⌘ ⊶ – **R** conseillée juil.-août – ⊖⊟ ♻
      4 ha (114 empl.) en terrasses, peu incliné, plat, herbeux ⚲
      ♿ 🔥 ⌘ 🖤 ☺ ♻ ☺ 🖻 ☘ 🎿 ⌒
      Tarif : ♦ 25 – ⌂ 15 – 🖻 40 – 🔌 15 (6A) 25 (10A)
      Location (permanent) : ⌂ 1200 à 1900 – ⌂ 1900 à 2800 – ⌂ 1900 à 2800 – gîtes

---

ESTAVAR

66 Pyr.-Or. – 🔢 ⑯ – rattaché à Saillagouse.

ÉTABLES-SUR-MER

22680 C.-d'Armor 🔢 – 🔢 ③ G. Bretagne – 2 121 h. alt. 65.
Paris 467 – Guingamp 30 – Lannion 55 – St-Brieuc 20 – St-Quay-Portrieux 3.

⚠ **L'Abri-Côtier** 6 mai-20 sept.
      ℰ 02 96 70 61 57, Fax 02 96 70 65 23 – N : 1 km par rte de St-Quay-Portrieux et à gauche, rue
      de la Ville-es-Rouxel – ⌘ « Entrée fleurie » ⊶ – **R** conseillée – ⊖⊟ ♻
      2 ha (140 empl.) plat et peu incliné, herbeux
      ▥ ♿ 🔥 ⌘ 🖻 🖤 ☺ ♻ ☺ ☘ – ⌒ ♻ 🍴 snack – ⌒
      Tarif : ♦ 30 piscine comprise – 🖻 46 – 🔌 20 (6A) 32 (10A)

ÉTAMPES

91150 Essonne 🔢 – 🔢 ⑩ G. Ile de France – 21 457 h. alt. 80.
Paris 51 – Chartres 61 – Évry 36 – Fontainebleau 46 – Melun 45 – Orléans 72 – Versailles 57.

⚠ **Le Vauvert** 15 janv.-15 déc.
      ℰ 01 64 94 21 39, Fax 01 69 92 72 59 ✉ 91150 Ormoy-la-Rivière – S : 2,3 km par D 49 rte de Saclas,
      bord de la Juine – Places limitées pour le passage « Cadre agréable » ⊶ – **R**
      8 ha (288 empl.) plat, herbeux ⌒ ⚲
      ▥ ♿ 🔥 🖤 🖻 ☺ ☺ ☘ ♻ – 🍴 – ⌒ ♻
      Tarif : ♦ 21 – 🖻 26 – 🔌 15 (10A)

ÉTRÉHAM

14400 Calvados 🔢 – 🔢 ⑭ – 236 h. alt. 30.
Paris 270 – Bayeux 10 – Caen 39 – Carentan 38 – St-Lô 40.

⚠ **Reine Mathilde** avril-sept.
      ℰ 02 31 21 76 55, Fax 02 31 22 18 33 – O : 1 km par D 123 et chemin à droite – ⌘ « Entrée
      fleurie » ⊶ – **R** conseillée – ♻
      4 ha (115 empl.) plat, herbeux ⌒
      ♿ 🔥 🖤 🖻 ☺ ☺ ▨ – 🍴 snack ♻ – ⌒ ♻ 🚲 ⌒
      Tarif : ♦ 23 piscine comprise – 🖻 24 – 🔌 20 (6A)
      Location : ⌂ 1900 à 2480 – bungalows toilés

ÉTRETAT

76790 S.-Mar. 🔢 – 🔢 ⑪ G. Normandie Vallée de la Seine – 1 565 h. alt. 8.
🅱 Office de Tourisme pl. M.-Guillard ℰ 02 35 27 05 21, Fax 02 35 28 87 20.
Paris 205 – Bolbec 28 – Fécamp 17 – Le Havre 29 – Rouen 87.

⚠ **Municipal** 20 mars-10 oct.
      ℰ 02 35 27 07 67 – SE : 1 km par D 39, rte de Criquetot-l'Esneval – ⊶ – **R** – ♻
      1,2 ha (93 empl.) plat, herbeux, gravier
      🔥 ⌘ 🖻 🖤 ☺ – ⌒ – A proximité : ☘ ▨
      Tarif : (Prix 1998) ♦ 12,50 – 🖻 13/15

ÉVAUX-LES-BAINS

23110 Creuse 🔟 – 🔢 ② G. Berry Limousin – 1 716 h. alt. 469 – ♣ (avril-fin oct.).
Paris 356 – Aubusson 44 – Guéret 54 – Marcillat-en-Combraille 16 – Montluçon 26.

   ▲ **Municipal** avril-oct.
      ℰ 05 55 65 55 82 – au Nord du bourg, derrière le château – ⟳ ⚡ – ℝ – ✗
      1 ha (49 empl.) plat et peu incliné, herbeux ▱
      ᵫ 📶 ⇔ 📅 🖐 ☺ – 🔂 – A proximité : ✗ 🏸 🖼
      Tarif : (Prix 1998) ✳ *8,10* – 🚗 *5,40* – 🅔 *4,40/6,40* – (☘) *9,10 (3A) 19,30 (6A)*
      Location : *huttes*

ÉVISA

2A Corse-du-Sud – 🟤 ⑮ – voir à Corse.

ÉVRON

53600 Mayenne 🟦 – 🔢 ⑪ G. Normandie Cotentin – 6 904 h. alt. 114.
🅱 Office de Tourisme pl. de la Basilique *ℰ* 02 43 01 63 75.
Paris 261 – Alençon 56 – La Ferté-Bernard 109 – La Flèche 69 – Laval 35 – Le Mans 55 – Mayenne 25.

   ▲▲▲ **Municipal du Parc des Loisirs** Permanent
      ℰ 02 43 01 65 36, Fax 02 43 37 46 20 – sortie Ouest, bd du Maréchal-Juin « Décoration arbustive »
      ⚡ – ℝ juil.-août – ✗
      3 ha (92 empl.) plat et peu incliné, herbeux ▱ ⚲ (1 ha)
      ᵫ 📶 ⇔ 📅 🖐 ☺ ⚘ ↻ 🖼 – 🔂 🏃 parcours sportif – A proximité : ✗ 🖼 🛶 🖼 🏊
      Tarif : 🅔 *1 pers. 26,70/35,60* – (☘) *9,40 (6A) 17,40 (10A)*
      Location : 🏠 *1245 à 1493*

EXCENEVEX

74140 H.-Savoie 🔢 – 🔢 ⑰ G. Alpes du Nord – 657 h. alt. 375.
🅱 Office de Tourisme *ℰ* 04 50 72 89 92.
Paris 568 – Annecy 73 – Bonneville 43 – Douvaine 11 – Genève 28 – Thonon-les-Bains 13.

   ▲▲ **Municipal la Pinède** mars-oct.
      ℰ 04 50 72 85 05, Fax 04 50 72 93 00 – SE : 1 km par D 25, à la plage, bord du lac Léman « Cadre
      agréable » ⚡ juil.-août – ℝ juil.-août – 🆖 ✗
      12 ha (619 empl.) plat et accidenté, sablonneux ⚲⚲
      ᵫ 🔥 📶 📅 ⚳ ☺ 🔲 🖼 – 🍸 – 🔂 🏊 – A proximité : 🍸 ✗ ⚲ ✗
      Tarif : ✳ *16* – 🅔 *40* – (☘) *10 (6A) 15 (10A) 25 (15A)*

EYMET

24500 Dordogne 🔢 – 🔢 ④ G. Périgord Quercy – 2 769 h. alt. 54.
Paris 561 – Bergerac 24 – Castillonnès 19 – Duras 21 – Marmande 33 – Ste-Foy-la-Grande 30.

   ▲ **Municipal** mai-sept.
      ℰ 05 53 23 80 28 – r. de la Sole, derrière le château, bord du Dropt – Ⓜ « Cadre agréable » ⚡
      – ℝ juil.-août
      1,5 ha (66 empl.) plat, herbeux, jardin public attenant ⚲⚲ (0,5 ha)
      ᵫ 📶 ⇔ 📅 🖐 ☺ – A proximité : 🛶
      Tarif : (Prix 1998) ✳ *17* – 🅔 *14* – (☘) *13 (5A)*

EYMEUX

26730 Drôme 🔢 – 🔢 ③ – 510 h. alt. 243.
Paris 573 – Pont-en-Royans 17 – Romans-sur-Isère 12 – Tournon-sur-Rhône 31 – Valence 34.

   ▲ **Municipal la Source Ombragée**
      ℰ 04 75 48 91 63 – au Sud du bourg, près du terrain de sports – ⟳ ⚡
      2 ha (43 empl.) plat, herbeux ▱
      ᵫ 📶 🖐 ☺ ⚘ – ✗

EYMOUTIERS

87120 H.-Vienne 🔟 – 🔢 ⑲ G. Berry Limousin – 2 441 h. alt. 417.
Paris 435 – Aubusson 54 – Guéret 62 – Limoges 44 – Tulle 67 – Ussel 70.

   ▲ **Municipal** juin-sept.
      ℰ 05 55 69 13 98 – SE : 2 km par D 940, rte de Tulle et chemin à gauche, à St-Pierre – ⟳ – ℝ –
      ✗
      1 ha (33 empl.) plat, incliné à peu incliné, terrasses, herbeux ▱ ⚲
      ᵫ 📶 ⇔ 📅 🖐 📶 ☺
      Tarif : (Prix 1998) 🅔 *2 pers. 40* – (☘) *12 (16A)*

▶ *Use this year's Guide.*

Les EYZIES-DE-TAYAC

24 Dordogne 13 - 75 ⑯ G. Périgord Quercy - 853 h. alt. 70 - ✉ 24620 les Eyzies-de-Tayac-Sireuil.
Office de Tourisme pl. Mairie ✆ 05 53 06 97 05, Fax 05 53 06 90 79.
Paris 516 - Brive-la-Gaillarde 63 - Fumel 64 - Lalinde 36 - Périgueux 47 - Sarlat-la-Canéda 21.

La Rivière 3 avril-sept.
✆ 05 53 06 97 14, Fax 05 53 35 20 85 - NO : 1 km par D 47, rte de Périgueux et rte à gauche après le pont, à 200 m de la Vézère - ⋞ - **R** conseillée juil.-août - GB
3 ha (120 empl.) plat, herbeux (2 ha)
- A proximité : half-court
Tarif : 26 *piscine comprise* - 38 - 18 (6A)
Location : *1500 à 3200* -

Le Mas 15 mai-15 sept.
✆ 05 53 29 68 06, Fax 05 53 31 12 73 - E : 7 km par D 47 rte de Sarlat-la-Canéda puis 2,5 km par rte de Sireuil à gauche - ⋞ juil.-août - **R** conseillée juil.-20 août - GB
3 ha (136 empl.) plat et peu incliné, en terrasses, herbeux
- A proximité :
Tarif : 26 *piscine comprise* - 45 - 17 (5A)
Location : *2200 à 3700* -

La Ferme du Pelou 15 mars-11 nov.
✆ 05 53 06 98 17 ✉ 24620 Tursac - NE : 4 km par D 706, rte de Montignac puis rte à droite - ⋞ - **R** conseillée -
1 ha (65 empl.) plat et peu incliné, herbeux
Tarif : *16* - *17* - *14 (6A)*
Location :

à Tursac NE : 5,5 km par D 706 - 316 h. alt. 75 - ✉ 24620 Tursac :

Le Vézère Périgord Pâques-sept.
✆ 05 53 06 96 31, Fax 05 53 50 78 96 - NE : 0,8 km par D 706 rte de Montignac et chemin à droite - « Cadre agréable » - **R** conseillée juil.-août -
3,5 ha (103 empl.) en terrasses et peu incliné, herbeux, pierreux
- crêperie - piste de bi-cross
Tarif : (Prix 1998) *25 piscine comprise* - *40* - *15 (10A)*
Location : *1600 à 3200*

Le Pigeonnier juin-sept.
✆ 05 53 06 96 90 - accès par rte face à l'église et chemin à droite - - **R** conseillée 15 juil.-août
1 ha (25 empl.) peu incliné, herbeux
Tarif : (Prix 1998) *20* - *20* - *13 (10A)*

► ***Om een reisroute uit te stippelen en te volgen,
om het aantal kilometers te berekenen,
om precies de ligging van een terrein te bepalen
(aan de hand van de inlichtingen in de tekst),
gebruikt u de Michelinkaarten schaal 1 : 200 000 ;
een onmisbare aanvulling op deze gids.***

FALAISE

14700 Calvados 🖪 – 🖽 ⑫ G. Normandie Cotentin – 8 119 h. alt. 132.
🛈 Office de Tourisme bd de la Libération ℘ 02 31 90 17 26, Fax 02 31 40 13 00.
Paris 261 – Argentan 23 – Caen 36 – Flers 40 – Lisieux 46 – St-Lô 106.

   ▲▲ *Municipal du Château* Rameaux-sept.
       ℘ 02 31 90 16 55 – à l'Ouest de la ville, au val d'Ante – ⋖ château ⚓ – **R** conseillée juil.-août – ⚡
       2 ha (66 empl.) plat et peu incliné, herbeux ♀
       🏛 🕭 🏕 🥤 🖫 💧 ☺ – 🚗 🚣 ✖ – A proximité : ⟂
       Tarif : 🕴 *16,50* – 🗉 *14,50* – 🔌 *13,50 (5A)*

Le FAOUËT

56320 Morbihan 🖪 – 🖽 ⑰ G. Bretagne – 2 869 h. alt. 68.
🛈 Office de Tourisme (juin-sept.) 1 r. de Quimper ℘ 02 97 23 23 23, Fax 02 97 23 11 66.
Paris 516 – Carhaix-Plouguer 34 – Lorient 39 – Pontivy 47 – Quimperlé 22.

   ▲▲ *Municipal Beg er Roch* 15 mars-20 sept.
       ℘ 02 97 23 15 11 – SE : 2 km par D 769 rte de Lorient, bord de l'Ellé « Cadre agréable, entrée
       fleurie » ⚓ saison – **R** – ⚡
       3 ha (65 empl.) plat, herbeux
       🏛 🕭 🏕 🥤 🖫 💧 ⚲ 🖾 🖫 – 🚣 ✥ half-court
       Tarif : 🕴 *20* – 🚲 *12* – 🗉 *18* – 🔌 *3A : 12 (hors saison 15) 5A : 20 (hors saison 25)*
       Location : *bungalows toilés*

FARAMANS

38260 Isère 🖽 – 🖽 ③ – 679 h. alt. 375.
Paris 525 – Beaurepaire 12 – Bourgoin-Jallieu 32 – Grenoble 58 – Romans-sur-Isère 49 – Vienne 33.

   ▲ *Municipal des Eydoches* avril-oct.
       ℘ 04 74 54 21 78 – sortie Est par D 37 rte de la Côte-St-André, bord d'une rivière et près d'un
       étang – ⚓ – **R** – ⚡
       1 ha (60 empl.) plat, herbeux ♀♀ (0,5 ha)
       🕭 🏕 🥤 💧 ☺ ⚲ 🖙 🖫 – A proximité : golf, practice de golf ✖ 🚣
       Tarif : 🕴 *18,50* – 🗉 *23/27* – 🔌 *18 (5A)*

FARINOLE (Marine de)

2B H.-Corse – 🖽 ② ③ – voir à Corse.

La FAUTE-SUR-MER

85460 Vendée 🖪 – 🖽 ⑪ – 885 h. alt. 4.
Paris 454 – Luçon 22 – Niort 85 – La Rochelle 51 – La Roche-sur-Yon 47 – Les Sables-d'Olonne 48.

Schéma à la Tranche-sur-Mer

   ▲▲ *Le Grand R* avril-sept.
       ℘ 02 51 56 42 87 – NO : 1,6 km rte de la Tranche-sur-Mer – ⚓ juil.-août – **R** conseillée juil.-août
       – ⚡
       2,5 ha (172 empl.) plat, herbeux ♀ (1 ha)
       🕭 🖫 🏕 ⚲ 🖫 – 🛝 🍸 – 🚣 ✖
       Tarif : 🗉 *piscine comprise 2 pers. 90* – 🔌 *26 (6A)*
       Location : 🛏 *2300 à 3000*

   ▲ *Les Flots Bleus* 30 avril-8 sept.
       ℘ 02 51 27 11 11, Fax 02 51 29 40 76 – SE : 1 km par rte de la pointe d'Arçay, à 200 m de la plage
       – ⚓ ✖ dans locations – **R** conseillée – ⚡
       1,5 ha (124 empl.) plat, sablonneux, herbeux 🖙 ♀♀
       🕭 🏕 🖫 🥤 💧 ☺ 🖫 – 🚣 – A proximité : 🍸
       Tarif : 🗉 *1 à 3 pers. 106* – 🔌 *21 (6A) 26 (10A)*
       Location : 🛏 *1300 à 2800*

   ▲ *Le Pavillon Bleu* juin-sept.
       ℘ 02 51 27 15 01 – NO : 2,4 km par rte de la Tranche-sur-Mer et chemin à droite – ⚓ juil.-août
       – **R** – ⚡
       1,3 ha (85 empl.) plat, sablonneux, herbeux 🖙
       🕭 🏕 🥤 💧 ☺ ⚲ 🖫 – ⚟ (petite piscine)
       Tarif : 🗉 *2 pers. 76, pers. suppl. 22* – 🔌 *20 (3A) 22 (6A)*

FAVEROLLES

15320 Cantal 🖽 – 🖽 ⑭ – 378 h. alt. 950.
Paris 531 – Chaudes-Aigues 25 – Langeac 60 – St-Chély-d'Apcher 27 – St-Flour 19.

   ▲▲ *Municipal* 15 juin-15 sept.
       ℘ 04 71 23 49 91 – au Sud du village – ⚲ ⚓ – **R** conseillée juil.-août – ⚡
       1 ha (33 empl.) en terrasses, plat, herbeux 🖙
       🕭 🏕 🥤 💧 ⚲ ⚲ 🖫 – 🚗 🚣 ✖
       Tarif : 🗉 *élect. comprise 2 pers. 53, pers. suppl. 14*

La FAVIÈRE

83 Var – **84** ⑯ – rattaché au Lavandou.

FAVONE

2A Corse-du-Sud – **90** ⑦ – voir à Corse.

FAYENCE

83440 Var **17** – **84** ⑦ G. Côte d'Azur – 3 502 h. alt. 350.
🛈 Office de Tourisme pl. L.-Roux ℰ 04 94 76 20 08, Fax 04 94 84 71 86.
Paris 889 – Castellane 55 – Draguignan 35 – Fréjus 36 – Grasse 27 – St-Raphaël 37.

  △△ **Lou Cantaïre** mai-sept.
    ℰ 04 94 76 23 77 – SO : 7 km par D 563 et D 562 rte de Draguignan – Places limitées pour le passage
    o━ – **R** conseillée juil.-août
    3 ha (110 empl.) en terrasses et peu incliné, pierreux, herbeux ⌑ ♀♀
    க் 洌 ⇆ 🖥 台 ⊕ 🖪 – snack ⚄ – ⌷ ✗ ⌐
    Tarif : ✱ *26 piscine comprise* – ⇎ *10* – 🅴 *22* – ㈑ *10 (3A) 12 (6A)*
    Location : ⌸

LE FEL

12140 Aveyron **15** – **76** ⑫ – 186 h. alt. 530.
Paris 608 – Aurillac 51 – Entraygues-sur-Truyère 12 – Montsalvy 20 – Mur-de-Barrez 38 – Rodez 58.

  △ **Municipal le Fel** juin-sept.
    ℰ 05 65 48 61 12 – au bourg – ⅗ « Belle situation dominante sur la vallée du Lot » – **R**
    0,4 ha (23 empl.) non clos, plat, herbeux, pierreux ⌑
    க் 洌 ⇆ 台 ⊕ ⚄ – ⌷ ⚓ ✗ – A proximité : ♀ ✗
    Tarif : (Prix 1998) 🅴 *2 pers. 41/51, pers. suppl. 13,50* – ㈑ *13,50 (10A)*

FÉLINES

07340 Ardèche **11** – **77** ① – 876 h. alt. 380.
Paris 524 – Annonay 13 – Beaurepaire 33 – Condrieu 24 – Tournon-sur-Rhône 45 – Vienne 35.

  △△ **Bas-Larin** avril-sept.
    ℰ 04 75 34 87 93 – SE : 2 km, par N 82 rte de Serrières et chemin à droite – o━ – **R** conseillée
    juil.-août – **GB** ✗
    1,5 ha (67 empl.) incliné à peu incliné, en terrasses, herbeux ⌑ ♀
    க் 洌 ⇆ 🖥 台 ⊕ ⚄ ☴ 🖪 – ⌷ ⚓ ⌐ ⌐
    Tarif : 🅴 *piscine comprise 2 pers. 65* – ㈑ *13 (4A) 18 (10A)*
    Location : ⌸ *700 à 1500*

FELLERIES

59740 Nord **2** – **53** ⑥ G. Flandres Artois Picardie – 1 621 h. alt. 175.
Paris 215 – Avesnes-sur-Helpe 9 – Charleroi 47 – Lille 111 – Maubeuge 23 – St-Quentin 73.

  △ **Municipal la Boissellerie** 15 avril-sept.
    ℰ 03 27 59 06 50 – au bourg, par D 80, rte de Ramousies, rue de la Place, dans l'ancienne gare –
    Places limitées pour le passage ⅗ o━ – **R** – ✗
    1 ha (60 empl.) plat, herbeux
    洌 ⇆ 台 ⊕ – ⌷ ⚓
    Tarif : (Prix 1998) ✱ *11* – ⇎ *4,50* – 🅴 *4,50* – ㈑ *12 (6A)*

▶ *Ne pas confondre :*

  △ *... à ...* △△△ *: appréciation* **MICHELIN**
  et ★ *... à ...* ★★★★ *: classement officiel*

▶ *Do not confuse :*

  △ *... to ...* △△△ *:* **MICHELIN** *classification*
  and ★ *... to ...* ★★★★ *: official classification*

▶ *Verwechseln Sie bitte nicht :*

  △ *... bis ...* △△△ *:* **MICHELIN***-Klassifizierung*
  und ★ *... bis ...* ★★★★ *: offizielle Klassfizierung*

FELLETIN

23500 Creuse ⑩ – ⑫ ① G. Berry Limousin – 1 985 h. alt. 580.
Paris 401 – Aubusson 10 – Auzances 38 – Bourganeuf 44 – La Courtine 28 – Ussel 48.

⚠ **Les Combes** avril-oct.
    ℘ 05 55 66 16 43, Fax 05 55 83 88 64 – sortie Nord rte d'Aubusson puis 5 km par rte du barrage
des Combes à gauche, après le passage à niveau, bord de la Creuse (plan d'eau) – ⛵ ⦚ « Site
agréable » ⊶ – **R** conseillée juil.-août – ⚲
2 ha (30 empl.) en terrasses, herbeux, pierreux ▭ ♀
🔥 ⇆ 🗒 ⚌ ⊛ 🅱 – 🛝
Tarif : ⭐ 13,50 piscine comprise – 🚗 9,50 – 🅴 13,50 – ⚡ 13,50 (10A)

Le FENOUILLER

85 Vendée – ⑥⑦ ⑫ – rattaché à St-Gilles-Croix-de-Vie.

La FÈRE

02800 Aisne ⑥ – ⑤⑥ ④ G. Flandres Artois Picardie – 2 930 h. alt. 54.
Paris 137 – Compiègne 55 – Laon 24 – Noyon 32 – St-Quentin 23 – Soissons 42.

⚠ **Municipal du Marais** avril-sept.
    ℘ 03 23 56 82 94 – par centre ville vers Tergnier et av. Auguste Dromas, à droite, au complexe
sportif, près d'un bras de l'Oise – ⊶ – **R**
0,7 ha (26 empl.) plat, herbeux ▭
♿ 🔥 ⇆ 🌊 ⊛ – A proximité : 🍴
Tarif : ⭐ 10,70 – 🚗 8,80 – 🅴 8,80 – ⚡ 16

La FERRIÈRE

38 Isère – ⑦⑦ ⑥ – rattaché à Allevard.

La FERRIÈRE-AUX-ÉTANGS

61450 Orne ⑤ – ⑥⓪ ① – 1 727 h. alt. 304.
Paris 234 – Alençon 62 – Caen 71 – Laval 78 – St-Malo 134.

⚠ **Municipal le Lac** mai-sept.
    ℘ 02 33 66 70 67 – Sud par D 21, bord du lac « Situation agréable » – **R**
0,9 ha (33 empl.) plat, herbeux
🏕 🔥 ⇆ 🌊 ⊛ 🅿 – 🚣 🍴 – A proximité : 🍷 crêperie, snack 🎿
Tarif : (Prix 1998) 🅴 tennis compris 1 pers. 28, pers. suppl. 11 – ⚡ 16 (3A) 20 (6A) 25 (10A)

FERRIÈRES-ST-MARY

15170 Cantal ⑪ – ⑦⑥ ④ – 402 h. alt. 660.
Paris 504 – Allanche 23 – Blesle 24 – Massiac 16 – Murat 20 – St-Flour 24.

⚠ **Municipal les Vigeaires** 15 juin-août
    ℘ 04 71 20 61 47 – SO : 0,5 km par N 122 rte de Murat, bord de l'Alagnon – ⦚ ⊶ – **R** conseillée
– ⚲
0,6 ha (62 empl.) non clos, plat, herbeux ▭ ♀
🔥 ⇆ 🗒 ⚌ ⊛ 🅱 – 🚣 🍴
Tarif : (Prix 1998) ⭐ 9 – 🚗 5 – 🅴 5/6 – ⚡ 10 (10A)

264

FERRIÈRES-SUR-SICHON

03 Allier **11** - **73** ⑥ - 632 h. alt. 545 - ⊠ 03250 Le Mayet-de-Montagne.
Paris 375 - Lapalisse 30 - Roanne 55 - Thiers 35 - Vichy 26.

⚠ **Municipal** juin-sept.
à 0,7 km au Sud-Est du bourg par D 122, rte Thiers et chemin à gauche après le petit pont, près du Sichon – ⅏ – **R**
0,7 ha (32 empl.) plat, herbeux, pierreux ⚲
⟐ ⇪ ⬚ ⊙ - ⚒
Tarif : 🕇 8,50 – ⇌ 2,60 – ▣ 3,70 – ⓕ 8,50 (10A)

LA FERTE-BERNARD

72400 Sarthe **5** - **60** ⑮ G. Châteaux de la Loire – 9 355 h. alt. 90.
🛈 Office de Tourisme 15 pl. de la Lice ⌀ 02 43 71 21 21, Fax 02 43 93 25 85.
Paris 165 – Brou 44 – Châteauroux 66 – Le Mans 49 – Nogent-le-Rotrou 22 – St-Calais 33.

⚠ **Municipal le Valmer** mai-sept.
⌀ 02 43 71 70 03 – SO : 1,5 km par N 23, à la Base de Loisirs, bord de l'Huisne – ⅏ ⟓ – **R** – ⚸
3 ha (90 empl.) plat, herbeux ⟁
⚿ ⟐ ⇪ ⬚ ⊙ ⚹ ⟟ ⚏ ▦ – ⬚ ⁃⊙ – A proximité : ≊ (plage) ⚱
Tarif : (Prix 1998) ▣ 1 pers. 30, pers. suppl. 16 – ⓕ 12 (6A)

La FERTÉ-GAUCHER

77320 S.-et-M. **6** - **61** ④ – 3 924 h. alt. 116.
🛈 Syndicat d'Initiative 2 bis r. E.-Delbet ⌀ 01 64 20 25 69.
Paris 80 – Coulommiers 20 – Meaux 43 – Melun 63 – Provins 28 – Sézanne 34.

⚠ **Municipal Joël Teinturier**
⌀ 01 64 20 20 40 – sortie Est par D 14, bord du Grand Morin – Places limitées pour le passage ⟓
4,5 ha (200 empl.) plat, herbeux ⚲
▦ ⚿ ⟐ ⇪ ⬚ ⊙ ⚏ – ⬚ ⚟ – A proximité : ⚒ ⤢

▶ *Pour choisir et suivre un itinéraire*
Pour calculer un kilométrage
Pour situer exactement un terrain (en fonction des
indications fournies dans le texte) :

Utilisez les **cartes MICHELIN** *détaillées à 1/200 000,*
compléments indispensables de cet ouvrage.

La FERTÉ-MACÉ

61600 Orne **5** - **60** ① G. Normandie Cotentin – 6 913 h. alt. 250.
🛈 Office de Tourisme 13 r. Victoire ⌀ 02 33 37 10 97, Fax 02 33 37 13 37.
Paris 232 – Alençon 46 – Argentan 32 – Domfront 23 – Falaise 42 – Flers 26 – Mayenne 40.

⚠ **Municipal la Saulaie** 15 avril-1er oct.
⌀ 02 33 37 44 15 – sortie Nord rte de Briouze, près du stade – ⟓ – **R** indispensable
0,7 ha (33 empl.) plat, herbeux
⚿ ⟐ ⇪ ⬚ ⊙ – A proximité : ⚒ ⤢
Tarif : 🕇 10,40 – ⇌ 3,60 – ▣ 4,60 – ⓕ 10,40 (6A)

La FERTÉ-SOUS-JOUARRE

77260 S.-et-M. **6** - **56** ⑬ – 8 236 h. alt. 58.
🛈 Office de Tourisme 26 pl. de l'Hôtel de Ville ⌀ 01 60 22 63 43, Fax 01 60 22 19 73.
Paris 66 – Melun 68 – Reims 85 – Troyes 122.

⚠ **Les Bondons** Permanent
⌀ 01 60 22 00 98, Fax 01 60 22 97 01 –, réservé aux caravanes, E : 2 km par D 407 et D 70, rte de Montmenard puis 1,4 km rue des Bondons, dans le parc du château – Places limitées pour le passage ⅏ ⟓ – **R** conseillée – ⒼⒷ
30 ha/10 campables (247 empl.) plat et peu incliné, herbeux, étang ⟁ ⚱⚱ (5 ha)
▦ ⟐ ⇪ ⬚ ⊙ ⚸ ⚟ – ⬚
Tarif : 🕇 40 – ▣ 60 avec élect.
Location : ⊨ (hôtel)

à St-Cyr-sur-Morin SE : 8 km par D 204 rte de Rebais et D 31 à gauche – 1 467 h. alt. 62 – ⊠ 77750 St-Cyr-sur-Morin :

⚠ **Le Choisel** mars-nov.
⌀ 01 60 23 84 93, Fax 01 60 24 81 74 – O : 2 km par D 31, à Courcelles-la-Roue – Places limitées pour le passage ⅏ « Cadre agréable » ⟓ – **R** conseillée – ⚸
3,5 ha (85 empl.) plat, herbeux ⟁
▦ ⟐ ⇪ ⬚ ⊙ – ⚟ – ⬚ ⚟ ⚒
Tarif : 🕇 25 tennis compris – ▣ 38/45 avec élect. (4A)

FEURS

42110 Loire **11** – **73** ⑱ G. Vallée du Rhône – 7 803 h. alt. 343.
🛈 Office de Tourisme pl. du Forum ℘ 04 77 26 05 27, Fax 04 77 26 00 55.
Paris 515 – Lyon 64 – Montbrison 26 – Roanne 38 – St-Étienne 42 – Thiers 69 – Vienne 89.

   ▲▲ *Municipal du Palais* mars-nov.
     ℘ 04 77 26 43 41 – sortie Nord par N 82 rte de Roanne et à droite rte de Civens – Places limitées
     pour le passage ⚬┳ – ℞
     9 ha (385 empl.) plat, herbeux ♉♉ (2 ha)
     & ⌂ ⌄ ⚲ ⊙ ⚶ ⚑ – ⛴ – À proximité : ✄ ⊿
     Tarif : (Prix 1998) ⚹ 10 – ⬤ 5,50 – ▣ 6 – 〔₴〕 12 (6A) 25 (10A) 40 (16A)

FIGARETO

2B H.-Corse – **90** ④ – voir à Corse.

FIGEAC

46100 Lot **15** – **79** ⑩ G. Périgord Quercy – 9 549 h. alt. 214.
🛈 Office de Tourisme pl. Vival ℘ 05 65 34 06 25, Fax 05 65 50 04 58.
Paris 570 – Aurillac 67 – Brive-la-Gaillarde 91 – Cahors 69 – Rodez 66 – Villefranche-de-Rouergue 36.

   ▲▲ *Les Rives du Célé* avril-sept.
     ℘ 05 65 34 59 00, Fax 05 65 34 83 83 – à la Base de Loisirs, E : 1,2 km par N 140, rte de Rodez
     et chemin du Domaine de Surgié, bord de la rivière et d'un plan d'eau – ⚬┳ juil.-août – ℞ conseillée
     – ☲☲ ⚲
     14 ha/3 campables (103 empl.) plat, terrasse, herbeux ♀ (1,5 ha)
     & ⌂ ⇌ ⌾ ⛻ ⊙ ⚶ ⚑ ▣ – ⛲ – À proximité : toboggan aquatique ▼ grill ⛷ ⚱ ⊿ ≋
     Tarif : ▣ élect. (10A) et piscine comprises 1 ou 2 pers. 95, 3 ou 4 pers. 130, pers. suppl. 18
     Location : ⛺ 1350 à 3100 – gîtes

FILLIÈVRES

62770 P.-de-C. **1** – **51** ⑬ – 536 h. alt. 46.
Paris 201 – Arras 52 – Béthune 48 – Hesdin 13 – St-Pol-sur-Ternoise 18.

   ▲ *Les Trois Tilleuls* avril-sept.
     ℘ 03 21 47 94 15 – sortie Sud-Est, sur D 340, rte de Frévent – Places limitées pour le passage ⚬┳
     – ℞ conseillée juil.-août – ⚲
     1 ha (61 empl.) plat et peu incliné, herbeux
     & ⌂ ☲ ⚲ ⊙ ▣ – ⛲
     Tarif : ⚹ 10 – ⬤ 10 – ▣ 10 – 〔₴〕 20 (4A)

FISMES

51170 Marne **6** – **56** ⑤ G. Champagne – 5 286 h. alt. 70.
🛈 Office de Tourisme 28 r. René-Letilly ℘ 03 26 48 81 28, Fax 03 26 48 12 09.
Paris 129 – Fère-en-Tardenois 20 – Laon 37 – Reims 28 – Soissons 28.

   ▲ *Municipal* mai-15 sept.
     ℘ 03 26 48 10 26 – Nord-Ouest par N 31, près du stade – ⚬┳ – ℞ conseillée
     0,5 ha (33 empl.) plat, herbeux, gravillons
     ⌂ ⇌ ⌄ ⊙ – ⛴ ⛲ – À proximité : ⛷
     Tarif : (Prix 1998) ⚹ 6,80 – ⬤ 6,80 – ▣ 6,80 – 〔₴〕 13,40

La FLÈCHE

72200 Sarthe **5** – **64** ② G. Châteaux de la Loire – 14 953 h. alt. 33.
🛈 Office de Tourisme Bd de Montréal ℘ 02 43 94 02 53, Fax 02 43 94 33 78.
Paris 243 – Angers 52 – Châteaubriant 105 – Laval 71 – Le Mans 44 – Tours 71.

   ▲▲ *Municipal de la Route d'Or* 15 fév.-15 nov.
     ℘ 02 43 94 55 90 – sortie Sud vers rte de Saumur et à droite, allée de la Providence, bord du Loir
     – ⚬┳ – ℞ conseillée été – ⚲
     4 ha (230 empl.) plat, herbeux ☲ ♀
     ⚶ & ⌂ ⇌ ⌾ ⚲ ⊙ ⛻ ▣ – ⛲ ⛴ ✄ ⊿
     Tarif : (Prix 1998) ⚹ 17 piscine comprise – ⬤ 4,40 – ▣ 4,80/7,30 – 〔₴〕 6A : 7,90 (hiver 16,10)
     plus de 6A : 18,60 (hiver 37,30)

FLERS

61100 Orne **5** – **60** ① G. Normandie Cotentin – 17 888 h. alt. 270.
🛈 Office de Tourisme pl. Gén.-de-Gaulle ℘ 02 33 65 06 75.
Paris 237 – Alençon 72 – Argentan 43 – Caen 60 – Fougères 77 – Laval 85 – Lisieux 85 – St-Lô 69 – Vire 31.

   ▲ *Municipal la Fouquerie* avril-15 oct.
     ℘ 02 33 65 35 00 – E : 1,7 km par D 924, rte d'Argentan et chemin à gauche – ⚲ ⚬┳ – ℞ conseillée
     1,5 ha (50 empl.) peu incliné, herbeux ☲
     ⚑ & ⌂ ⇌ ⌄ ⊙ ⚶ – ⛴ ⛲
     Tarif : ⚹ 13 – ▣ 13 – 〔₴〕 8 (3A) 13,40 (6A) 26,80 (10A)

FLEURIE

69820 Rhône **11** – **74** ① G. Vallée du Rhône – 1 105 h. alt. 320.
Paris 413 – Bourg-en-Bresse 46 – Chauffailles 45 – Lyon 62 – Mâcon 22 – Villefranche-sur-Saône 28.

ᴍ **Municipal la Grappe Fleurie** 13 mars-23 oct.
β 04 74 69 80 07 – à 0,6 km au Sud du bourg par D 119E et à droite – ⚘ ≤ « Au coeur du vignoble »
⊶ – **R** conseillée saison – **GB**
2,5 ha (96 empl.) en terrasses, herbeux ⌂
க் இ ↔ 〒 ⇆ ஃ ⚘ ⇲ ⊽ ▣ – ᛉ‾ ⚞
Tarif : (Prix 1998) ⭑ *19 tennis compris* – ▣ *18/31 avec élect. (10A)*

FLORAC

48400 Lozère **15** – **80** ⑥ G. Gorges du Tarn – 2 065 h. alt. 542.
🅱 Office de Tourisme Château de Florac *β* 04 66 45 01 14, Fax 04 66 45 25 80.
Paris 628 – Alès 67 – Mende 38 – Millau 78 – Rodez 122 – Le Vigan 65.

ᴀ **Municipal le Pont du Tarn** avril-15 oct.
β 04 66 45 18 26, Fax 04 66 45 26 43 – N : 2 km par N 106 rte de Mende et D 998 à droite, accès
direct au Tarn – < ⊶ – **R** conseillée juil.-août – ᡐ̌
3 ha (181 empl.) plat, terrasse, herbeux, pierreux ᛩ
க் இ ↔ 〒 ⇲ ⚘ ஃ ⊽ 🖷 ▣ – centre de documentation touristique ᛉ‾ ⚞ ⤢ – A proximité :
⚞ ᛉ‾
Tarif : ▣ *piscine comprise 2 pers. 58 (74 avec élect. 6A), pers. suppl. 15*
Location : 🛖 *1400 à 2100*

La FLOTTE

17 Char.-Mar. – **71** ⑫ – voir à Ré (Ile de).

FOIX

09000 Ariège **14** – **86** ④ G. Pyrénées Roussillon – 9 964 h. alt. 375.
🅱 Office de Tourisme 45 cours G.-Fauré *β* 05 61 65 12 12, Fax 05 61 65 64 63.
Paris 780 – Andorra la Vella 104 – Carcassonne 89 – Perpignan 139 – St-Girons 44 – Toulouse 85.

ᴍ **Le Lac de Labarre** avril-oct.
β 05 61 65 11 58, Fax 05 61 05 32 62 – N : 3,3 km par N 20, rte de Pamiers, près de l'Ariège et
d'un plan d'eau – ⊶ – **R** – **GB** ᡐ̌
5 ha (144 empl.) plat, herbeux ⌂ – ᛩ
🎦 க் இ ↔ 〒 ⇲ ⊕ ஃ ⊽ 🖷 – ᡩ – 🛖 ᛉ‾ ⚞ ᛉ‾
Tarif : (Prix 1998) ▣ *piscine et tennis compris 1 ou 2 pers. 65, pers. suppl. 18* – [𝄐] *15 (4A) 25 (8A)*
35 (13A)

FONCINE-LE-HAUT

39460 Jura **12** – **70** ⑯ G. Jura – 855 h. alt. 790.
Paris 445 – Champagnole 24 – Clairvaux-les-Lacs 35 – Lons-le-Saunier 56 – Mouthe 13.

ᴀ **Municipal Val de Saine** juin-15 sept.
β 03 84 51 92 76 – sortie Sud-Ouest par D 437, rte de St-Laurent-en-Grandvaux et à gauche, au
stade, bord de la Saine – ⊶ – **R** conseillée 15 juil.-15 août – ᡐ̌
1 ha (72 empl.) non clos, plat, herbeux ᛩ
க் இ ↔ 〒 ⇲ ⊕ ஃ ⊽ ▣ – ᛉ‾ ⚞ – A proximité : parcours de santé
Tarif : (Prix 1998) ⭑ *15* – 🚐 *8* – ▣ *16/19* – [𝄐] *10 (6A)*

FONTAINE-SIMON

28240 E.-et-L. **5** – **60** ⑥ – 760 h. alt. 200.
Paris 120 – Dreux 39 – Chartres 39 – Évreux 66 – Mortagne-au-Perche 42 – Nogent-le-Rotrou 29.

ᴍ **Municipal** Pâques-Toussaint
N : 1,2 km par rte de Senonches et rte de la Ferrière à gauche, bord de l'Eure et d'un plan d'eau
– ⊶ juil.-août – **R** – ᡐ̌
4 ha (112 empl.) plat, herbeux
க் இ ↔ 〒 ⇲ ⊕ ஃ ▣ – ᛉ‾ ᡩ – A proximité : ⚞ ᛉ‾ toboggan aquatique
Tarif : (Prix 1998) ⭑ *12* – 🚐 *5* – ▣ *9* – [𝄐] *14 (6A)*

FONTANGES

15140 Cantal **10** – **76** ② G. Auvergne – 292 h. alt. 692.
Paris 524 – Aurillac 42 – Mauriac 29 – Murat 50 – Salers 6.

ᴀ **Municipal la Pierre Plate** 20 juin-10 sept.
au bourg, bord de rivière – **R** – ᡐ̌
0,4 ha (40 empl.) plat, herbeux ᛩ
இ ⇲ ⊕ – A proximité : ⚞
Tarif : (Prix 1998) ⭑ *10* – 🚐 *5,50* – ▣ *5,50* – [𝄐] *10*

FONTENAY-LE-COMTE

85200 Vendée 🟦 – 🟥 ① G. Poitou Vendée Charentes – 14 456 h. alt. 21.
🅱 Office de Tourisme Quai Poey-d'Avant 🕿 02 51 69 44 99, Fax 02 51 50 00 90.
Paris 437 – Cholet 77 – La Rochelle 50 – La Roche-sur-Yon 63.

▲ **Le Pilorge** 15 juin-15 sept.
🕿 02 51 69 24 27 – sortie Nord par D 938ter rte de Bressuire puis 2,2 km par rue à droite et rte
d'Orbrie à gauche, bord de la Vendée – 🔊 « Situation agréable » – **R**
0,4 ha (15 empl.) plat, herbeux 🔾
👪 ⌁ ♨ 🖫 📇 ☺
Tarif : 🛉 15 – 🖹 20 – 🕪 14 (6A)

FONTENOY-LE-CHÂTEAU

88240 Vosges 🟦 – 🟥 ⑮ – 729 h. alt. 258.
Paris 360 – Bains-les-Bains 7 – Épinal 24 – Plombières-les-Bains 31 – Vittel 46.

▲ **Le Fontenoy** 15 avril-sept.
🕿 03 29 36 34 74 – S : 2,2 km par D 40 rte de St-Loup-sur-Semouse – ⊶ saison – **R** conseillée
15 juil.-15 août – ⚲
1,5 ha (69 empl.) peu incliné, herbeux
⌁ ♨ 🖫 📇 ☺ 🖫 – 🛉 – ⬦⬦ – A proximité : ✖
Tarif : 🛉 14 – 🚗 12 – 🖹 13 – 🕪 13 (4A) 13,50 (5A) 14 (6A)

FONTVIEILLE

13990 B.-du-R. 🟥 – 🟥 ⑩ G. Provence – 3 642 h. alt. 20.
🅱 Office de Tourisme pl. Honorat 🕿 04 90 54 67 49, Fax 04 90 54 69 82.
Paris 715 – Arles 10 – Avignon 30 – Marseille 90 – St-Rémy-de-Provence 18 – Salon-de-Provence 37.

▲▲ **Municipal les Pins** avril-14 oct.
🕿 04 90 54 78 69 – sortie Est par D 17, rte de Maussane-les-Alpilles puis à droite 0,9 km par rue
Michelet et chemin – 🔊 ⊶ – **R** conseillée juil.-août
3,5 ha (166 empl.) plat et peu incliné, pierreux, herbeux ⬛ 🎱 (2,5 ha)
👪 ⌁ ♨ 📇 ☺ 🏸 ♨ 🖫 – 🏠 🛶 – A proximité : parcours sportif ⛷
Tarif : (Prix 1998) 🖹 1 pers. 45, pers. suppl. 15 – 🕪 15 (6A)

FORCALQUIER

04300 Alpes-de-H.-Pr. 🟥 – 🟥 ⑮ G. Alpes du Sud – 3 993 h. alt. 550.
🅱 Office de Tourisme pl. Bourguet 🕿 04 92 75 10 02, Fax 04 92 75 26 76.
Paris 750 – Aix-en-Provence 78 – Apt 43 – Digne-les-Bains 50 – Manosque 23 – Sisteron 43.

▲ **St-Promasse** avril-oct.
🕿 04 92 75 27 94, Fax 04 92 75 18 10 – sortie Est sur D 16, rte de Sigonce – ⊶ – **R** conseillée
– 🅶🅱 ⚲
2,9 ha (115 empl.) plat, peu incliné, terrasses, pierreux, herbeux 🔾 (1 ha)
🏛 👪 ⌁ ♨ ☺ 🏸 🖫 – A proximité : ✖
Tarif : 🛉 19 – 🚗 10 – 🖹 16 – 🕪 12 (4A) 20 (10A)

La FORÊT-FOUESNANT

29940 Finistère 🟦 – 🟥 ⑮ G. Bretagne – 2 369 h. alt. 19.
🅱 Office de Tourisme 2 r. du Vieux Port 🕿 02 98 56 94 09, Fax 02 98 51 42 07.
Paris 553 – Carhaix-Plouguer 61 – Concarneau 8 – Pont-l'Abbé 23 – Quimper 17 – Quimperlé 36.

▲▲▲ **Manoir de Pen ar Steir** Permanent
🕿 02 98 56 97 75, Fax 02 98 51 40 34
– sortie Nord-Est, rte de Quimper et à
gauche – 🔊 « Entrée fleurie » ⊶ –
R conseillée 15 juil.-15 août – ⚲
3 ha (105 empl.) plat, peu incliné et en
terrasses, herbeux ⬛ 🔾
🏛 👪 ⌁ ♨ 📇 ♨ ☺ 🏸 🖫 – 🛶
🕏 ⛱
Tarif : 🛉 27 – 🖹 46 – 🕪 13 (3A) 17 (6A)
20 (10A)
Location : 🏠 1500 à 2800

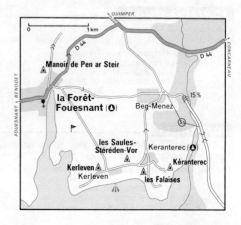

▲▲ **Kéranterec** 10 avril-sept.
🕿 02 98 56 98 11, Fax 02 98 56 81 73
– SE : 2,8 km, bord de mer – 🔊 ⊶ –
R conseillée 15 juil.-15 août – 🅶🅱 ⚲
6,5 ha (265 empl.) plat, peu incliné et en
terrasses, herbeux ⬛ 🔾
👪 ⌁ ♨ 📇 ☺ ☺ 🏸 🖫 – 🛉 pizzeria
– 🏠 🕏 🛶 ✖ ⛷
Tarif : 🛉 30 piscine et tennis compris
– 🚗 10 – 🖹 38 – 🕪 15 (3A) 18 (6A)
Location : 🏠 1500 à 3200 – 🏚 1800
à 3400

▲▲▲ **Les Saules - Stéréden-Vor** 15 mai-sept.
    ℘ 02 98 56 98 57, Fax 02 98 56 86 60 – SE : 2,5 km, à 150 m de la plage de Kerleven – ⊶ –
    R conseillée juil.-août – ⅁ℬ ⚒
    3,5 ha (177 empl.) plat et peu incliné, herbeux ▭ ⚲
    🍳 ⇌ 🗇 🔊 ☺ 🅱 – ⟟ ⟋
    Tarif : 🖃 piscine comprise 2 pers. 98 – (½) 15 (6A)
    Location : 🚐 1200 à 3100

▲▲▲ **Kerleven** 15 juin-sept.
    ℘ 02 98 56 98 83, Fax 02 98 56 82 22 – SE : 2 km, à 150 m de la plage – ⊶ – **R** conseillée juil.,
    indispensable 1er au 15 août – ⚒
    4 ha (185 empl.) plat et en terrasses, herbeux ▭ ⚲
    🍳 🔊 ⇌ 🗇 🔊 🅱 – 🍴 crêperie, snack – ▱ ⟟ ⎌ – toboggan aquatique half-court
    Tarif : ✶ 29 piscine comprise – ⇔ 14 – 🖃 35 – (½) 16 (3A) 18 (5A) 26 (10A)

▲ **Les Falaises** avril-sept.
    ℘ 02 98 56 91 26 – SE : 2,5 km, accès direct à la mer – ⋞ ⊶ – **R** conseillée – ⚒
    1,5 ha (100 empl.) peu incliné, en terrasses, herbeux ▭ ⚲
    🍳 🔊 ⇌ 🗇 🔊 ☺
    Tarif : ✶ 19 – ⇔ 7 – 🖃 25 – (½) 14 (6A)
    Location : 🚐 2000 à 2700 – bungalows toilés

▶ *Ne pas confondre :*

  ▲ ... à ... ▲▲▲ : appréciation **MICHELIN**

et

  ★ ... à ... ★★★★ : *classement officiel*

FORT-MAHON-PLAGE

80790 Somme 🄵 – 🗗🗗 ⑪ G. Flandres Artois Picardie – 1 042 h. alt. 2.
Paris 222 – Abbeville 42 – Amiens 90 – Berck-sur-Mer 19 – Calais 92 – Étaples 34 – Montreuil 26.

▲▲▲ **Le Royon** mars-oct.
    ℘ 03 22 23 40 30, Fax 03 22 23 65 15 – S : 1 km rte de Quend – Places limitées pour le passage
    ⊶ – **R** conseillée juil.-août – ⅁ℬ ⚒
    4 ha (280 empl.) plat, herbeux, sablonneux ▭ ⚲
    ▥ 🔊 🍳 🗇 🔊 ☺ 🅱 – 🍴 – ⟟ ⟋
    Tarif : 🖃 élect. (6A) et piscine comprises 3 pers. 126

FOSSEMAGNE

24210 Dordogne 🔟 – 🗗🗗 ⑥ – 535 h. alt. 70.
Paris 495 – Brive-la-Gaillarde 48 – Excideuil 30 – Les Eyzies-de-Tayac 29 – Périgueux 26.

▲ **Municipal le Manoire** 15 juin-15 sept.
    ℘ 05 53 04 43 46 – au Sud-Ouest du bourg, près d'un plan d'eau – ⊶ – **R** conseillée –
    ⅁ℬ ⚒
    1 ha (35 empl.) plat, herbeux ▭ ⚲
    🔊 🔊 ⇌ ⇌ ☺ 🔊 – A proximité : ⚇ 🏊
    Tarif : ✶ 14 tennis compris – 🖃 13 – (½) 13

FOUESNANT

29170 Finistère 🄷 – 🗗🗗 ⑮ G. Bretagne – 6 524 h. alt. 30.
🅱 Office de Tourisme 5 r. Armor ℘ 02 98 56 00 93, Fax 02 98 56 64 02.
Paris 557 – Carhaix-Plouguer 65 – Concarneau 12 – Quimper 17 – Quimperlé 40 – Rosporden 18.

▲▲▲ **L'Atlantique** mai-14 sept.
    ℘ 02 98 56 14 44, Fax 02 98 56 18 67 – S : 4,5 km, à 400 m de la plage (accès direct) – ⚄ « Entrée
    fleurie » ⚄ – **R** conseillée – ⅁ℬ ⚒
    9 ha (284 empl.) plat, herbeux
    🔊 🔊 ⇌ 🗇 🔊 ⇌ 🔊 ☺ 🔊 ⚀ 🖽 🅱 – ⚂ 🍴 snack – ▱ 🚴 ⟟ ⚇ ⟋ ⎌ toboggan
    aquatique
    Tarif : 🖃 élect. (6 ou 10 A) et piscine comprises 2 pers. 170, pers. suppl. 30
    Location : 🚐 1700 à 3500 – 🏠 1700 à 3600

▲▲▲ **Cleut Rouz** avril-sept.
    ℘ 02 98 56 53 19, Fax 02 98 56 65 49 – SO : 4,8 km, à 400 m de la plage – ⚄ ⊶ – **R** conseillée
    – ⅁ℬ ⚒
    4 ha (143 empl.) plat, herbeux ▭ ⚲ verger (0,5 ha)
    🔊 🔊 ⇌ 🗇 🔊 ⚄ ⇌ 🔊 🔊 – ⟟ ⟋ - A proximité : ✗ discothèque
    Tarif : ✶ 19,50 – ⇔ 13 – 🖃 25 – (½) 14 (3A) 20 (6A) 26 (10A)
    Location : 🚐 1000 à 1900 – 🚐 1200 à 3000

▲ **La Grande Allée** 15 juin-15 sept.
    ℘ 02 98 56 52 95 – S : 1,5 km – ⚄ « Cadre agréable » ⊶ juil.-août – **R** – ⚒
    2 ha (120 empl.) plat et peu incliné, herbeux ▭
    🔊 ⇌ 🗇 🔊 ☺ 🅱 – ⟟
    Tarif : ✶ 16,50 – ⇔ 8,25 – 🖃 16,50

à Beg-Meil SE : 5,5 km – ✉ 29170 Fouesnant :.
Office de Tourisme (15 juin-15 sept.) ✆ 02 98 94 97 47

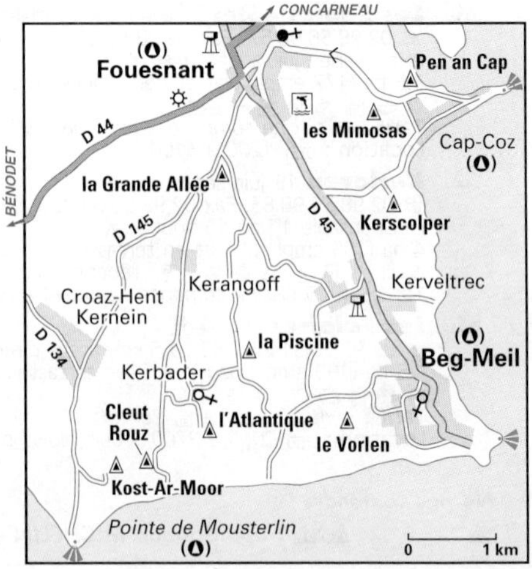

La Piscine 15 mai-15 sept.
✆ 02 98 56 56 06, Fax 02 98 56 57 64 – NO : 4 km – dans locations – **R** conseillée juil.-août – GB
3,8 ha (185 empl.) plat, herbeux
– toboggan aquatique mini-tennis, piste e bi-cross
Tarif : *25 piscine comprise – 49,50 – 15 (3A) 18 (6A) 23 (10A)*
Location : *1600 à 3150*

Le Vorlen 20 mai-20 sept.
✆ 02 98 94 97 36 – à 300 m de la plage de Kerambigorn – dans locations – **R** conseillée juil.-août – GB
10 ha (600 empl.) plat, herbeux (3 ha)
– –
Tarif : (Prix 1998) *24 piscine comprise – 8 – 47 – 15 (6A) 20 (10A)*
Location *(Pâques-20 sept.)* : *1300 à 3050*

à Cap-Coz SE : 3 km – ✉ 29170 Fouesnant :

Kerscolper 10 avril-12 sept.
✆ 02 98 56 09 48 – SO : 1 km, à 500 m de la plage – « Entrée fleurie » – **R** conseillée juil.-août –
2 ha (160 empl.) plat et peu incliné, herbeux, verger
– – A proximité :
Tarif : *16 piscine comprise – 10 – 18 – 13 (3A) 16 (6A)*

Les Mimosas juin-15 sept.
✆ 02 98 56 55 81 – NO : 1 km « Entrée fleurie » – **R** conseillée –
1,2 ha (95 empl.) plat et peu incliné, terrasses, herbeux
–
Tarif : *16 – 8 – 18 – 12 (4 ou 6A)*

Pen an Cap mai-15 sept.
✆ 02 98 56 09 23 – au Nord de la station, à 300 m de la mer – – **R** conseillée –
1,3 ha (100 empl.) peu incliné, herbeux, verger
–
Tarif : *17 – 9 – 19 – 12 (2A) 15 (6A)*

à la Pointe de Mousterlin SO : 6,5 km – ✉ 29170 Fouesnant :

Kost-Ar-Moor avril-sept.
✆ 02 98 56 04 16, Fax 02 98 56 65 02 – à 500 m de la plage – – **R** conseillée – GB
4 ha (360 empl.) plat, herbeux
– – –
Tarif : *21,50 – 12 – 25 – 14 (6A) 18 (10A)*
Location *(permanent)* : *1500 à 2800 – appartements, gîtes*

FOUGÈRES

36 Indre 10 – 68 ⑱ – ✉ 36190 Orsennes.
Paris 324 – Aigurande 18 – Argenton-sur-Creuse 25 – Crozant 9 – Guéret 48.

Municipal de Fougères avril-oct.
✆ 02 54 47 20 01, Fax 02 54 47 34 41 – au bord du **lac de Chambon** – « Site agréable » – **R** – GB
4,5 ha (150 empl.) en terrasses, plat, peu incliné, herbeux, pierreux (0,5 ha)
– – – A proximité : snack
Tarif : *2 pers. 40, pers. suppl. 14 – 19*
Location : *1230 à 2200 – bungalows toilés*

FOURAS

17450 Char.-Mar. 9 – 71 ⑬ G. **Poitou Vendée Charentes** – 3 238 h. alt. 5.
Office de Tourisme Fort Vauban ✆ 05 46 84 60 69, Fax 05 46 84 28 04.
Paris 480 – Châtelaillon-Plage 18 – Rochefort 16 – La Rochelle 34.

Municipal le Cadoret Permanent
✆ 05 46 82 19 19, Fax 05 46 84 51 59 – côte Nord, bord de l'Anse de Fouras – – **R** été – GB
7,5 ha (519 empl.) plat, sablonneux, herbeux
– – – A proximité :
Tarif : *piscine comprise 2 pers. 92/110 – 18 (6A) 30 (10A)*

FRAYSSINET

46310 Lot **13** – **79** ⑧ – 251 h. alt. 247.
Paris 552 – Cahors 31 – Cazals 26 – Fumel 64 – Puy-l'Évêque 46 – Villefranche-du-Périgord 38.

▲ **Plage du Relais** 15 juin-5 sept.
  ℘ 05 65 31 00 16, Fax 05 65 31 09 60 – à Pont-de-Rhodes, N : 1 km sur N 20, bord du Céou – o━
  – **R** conseillée – **GB** ⚲
  2 ha (50 empl.) plat, herbeux ⚲
  🏕 ⚱ 🖬 ⚬ 🅰 🔳 – 🚗 ✘ – À proximité : ♥ ✗ ▰▰ ⚓
  Tarif : ✹ 18 piscine et tennis compris – 🔳 18 – 🔌 12 (6A)
  Location : 🏚 1500 à 3100 – 🛏 (hôtel)

FREISSINIÈRES

05310 H.-Alpes **17** – **77** ⑧ G. Alpes du Sud – 167 h. alt. 1 150.
Paris 707 – Briançon 27 – Gap 75 – Embrun 35 – Mont-Dauphin 18 – Savines-le-Lac 47.

▲ **Municipal des Allouviers** mai-15 sept.
  ℘ 04 92 20 93 24 · SE : 3 km par D 238 et chemin à droite après le pont, bord de la Braisse – ⚶
  ≼ o━ juil.-août – **R** conseillée 14 juil.-15 août – ⚲
  3,2 ha (160 empl.) plat, pierreux, herbeux ⚲⚲
  🏕 ⚱ 🖬 ⚒ ⚬ 🔳 – ⚘ – 🚗 ▰▰ ⚓ ⚓
  Tarif : ✹ 16 tennis compris – ⛺ 11,50 – 🔳 12,60/13,60

FRÉJUS

83600 Var **17** – **84** ⑧ G. Côte d'Azur – 41 486 h. alt. 20.
🗗 Office de Tourisme 325 r. J.-Jaurès ℘ 04 94 51 83 83, Fax 04 94 51 00 26.
Paris 872 – Brignoles 64 – Cannes 39 – Draguignan 31 – Hyères 91.

⚠⚠⚠ **La Baume** 27 mars-sept.
  ℘ 04 94 19 88 88, Fax 04 94 19 83 50 – N : 4,5 km par D 4, rte de Bagnols-en-Forêt « Bel ensemble
  avec piscines, palmiers et plantations » o━ – **R** indispensable juil.-août, conseillée mai, juin et sept.
  – **GB** ⚲
  26 ha/20 campables (780 empl.) plat et peu incliné, herbeux, pierreux ⛶ ⚲⚲
  🎦 ⚱ 🏕 ⚱ 🖬 ⚒ ⚒ ⚬ ⚘ ⚡ 🔳 – ⚘ ♥ ✗ snack, pizzeria ⚘ – 🚗 discothèque, théâtre de plein
  air ·⚬ ⚓ ⚓ toboggans aquatiques
  Tarif : 🔳 élect. (6A), piscine et tennis compris 3 pers. 216
  Location : bastidons (studios)

⚠⚠ **Holiday Green** 3 avril-24 oct.
  ℘ 04 94 19 88 30, Fax 04 94 19 88 31 – N : 6,7 km par D 4, rte de Bagnols-en-Forêt – Places limitées
  pour le passage « Agréable ensemble résidentiel » o━ – **R** conseillée – **GB** ⚲
  15 ha (690 empl.) plat et en terrasses, pierreux, gravier, herbeux ⛶ ⚲⚲
  ⚒ ⚱ ⚱ 🖬 ⚒ ⚬ 🔳 – ⚘ ♥ ✗ ⚘ – 🚗 ⚓ discothèque ·⚬ ⚓ ⚓ toboggan aquatique terrain
  omnisports
  Tarif : ✹ 40 piscine comprise – 🔳 65/110 avec élect. (3A)
  Location : 🚐 2145 à 4485

⚠⚠ **Les Pins Parasols** Pâques-sept.
  ℘ 04 94 40 88 43, Fax 04 94 40 81 99 – N : 4 km par D 4, rte de Bagnols-en-Forêt – o━ –
  R conseillée juil.-août
  4,5 ha (189 empl.) plat et en terrasses, herbeux, pierreux ⛶ ⚲⚲
  🏕 ⚱ ⚱ · 48 empl. avec sanitaires individuels (⚱ ⚱ wc) ⚬ 🔳 – ⚘ ✗ ⚘ – 🚗 ⚓ ⚓
  toboggan aquatique half-court
  Tarif : (Prix 1998) 🔳 élect. (4A) et piscine comprises 2 pers. 129 (163 avec sanitaires individuels), pers.
  suppl. 34

⚠⚠ **Le Colombier** 27 mars-sept.
  ℘ 04 94 51 56 01, Fax 04 94 51 55 57 – N : 2 km par D 4, rte de Bagnols-en-Forêt « Cadre agréable »
  o━ – **R** indispensable juil.-août – **GB** ⚲
  10 ha (470 empl.) en terrasses, plat, herbeux ⛶ ⚲
  🏕 ⚱ ⚱ 🖬 ⚒ ⚬ ⚘ ⚡ 🔳 – ⚘ ♥ ✗ snack ⚘ – 🚗 ⚓ discothèque ▰▰ ⚓ toboggan aquatique
  half-court
  Tarif : 🔳 piscine comprise 1 à 3 pers. 173 (199 avec élect. 10A), pers. suppl. 37
  Location : 🚐 1500 à 4100

⚠⚠ **La Pierre Verte** avril-sept.
  ℘ 04 94 40 88 30, Fax 04 94 40 75 41 – N : 6,5 km par D4, rte de Bagnols-en-Forêt et chemin à
  droite – ⚶ ≼ « Cadre sauvage » o━ – **R** indispensable juil.-août – **GB** ⚲
  28 ha (440 empl.) plat et en terrasses, accidenté, pierreux, rochers ⛶ ⚲
  🏕 ⚱ ⚱ 🖬 ⚒ ⚬ ⚘ ⚡ 🔳 – ⚘ ♥ snack ⚘ – ⚓ ⚓ ·⚬ ⚓ ⚓ toboggan aquatique
  Tarif : (Prix 1998) 🔳 piscine comprise 2 pers. 115, pers. suppl. 31 – 🔌 24 (6A)
  Location : 🏚 1300 à 2400 – 🚐 1100 à 3500

⚠⚠ **Le Dattier** avril-sept.
  ℘ 04 94 40 88 93, Fax 04 94 40 89 01 – N : 2,5 km par D 4, rte de Bagnols-en-Forêt – ⚶ « Entrée
  fleurie » o━ – **R** conseillée juil.-août – ⚲
  3,5 ha (181 empl.) en terrasses, plat, herbeux ⛶ ⚲⚲ (3 ha)
  🏕 ⚱ ⚱ 🖬 ⚒ ⚬ ⚘ ⚡ 🔳 – ⚘ ✗ ⚘ – 🚗 discothèque ⚓ ⚓ ⚓
  Tarif : (Prix 1998) 🔳 piscine comprise 2 pers. 126 (173 avec élect.), pers. suppl. 30

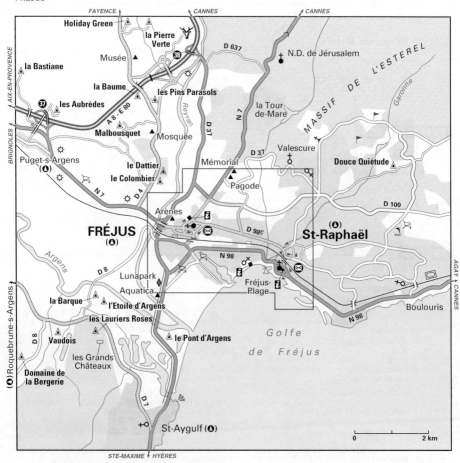

🏕 **Le Pont d'Argens** avril-15 oct.
 𝒫 04 94 51 14 97, Fax 04 94 51 29 44 – S : 3 km par N 98, rte de Ste-Maxime, bord de l'Argens
 – ⚬━ – **R** conseillée juil.-août – ☒ ⚒
 7 ha (500 empl.) plat, herbeux ⚘⚘
 ⅙ 🔥 🖥 ⚄ ⚑ 🖭 – ⚎ 🍴 snack ⚌ – ⚌ ⚄ – A proximité : (1,2 km) parc de loisirs aquatiques
 Tarif : ▣ *piscine comprise 2 pers. 140, pers. suppl. 40* – ⒢ *17 (5A)*
 Location : 🚐 *2050 à 3650*

🏕 **Malbousquet** avril-sept.
 𝒫 04 94 40 87 30 – N : 4,5 km par D 4, rte de Bagnols-en-Forêt et chemin à gauche – ⚒ ⚬━
 R conseillée juil.-août – ⚒
 3 ha (75 empl.) plat et peu incliné, terrasses, herbeux, pierreux ⟋ ⚘⚘
 ⅙ 🔥 🖥 ⚄ ⚘ – ⚄🖭
 Tarif : ☘ *27 piscine comprise* – ▣ *32* – ⒢ *22 (6A)*
 Location : 🚐 *1000 à 1800 – studios*

Voir aussi à Puget-sur-Argent, St-Aygulf, Roquebrune-sur-Argens et à St-Raphaël

---

FRÉLAND

68240 H.-Rhin 🔟 – 🖸🖸 ⑱ – 1 134 h. alt. 425.
Paris 432 – Colmar 19 – Gérardmer 46 – St-Dié 41 – Ste-Marie-aux-Mines 21 – Sélestat 34.

🏕 **Municipal les Verts Bois** 15 avril-oct.
 𝒫 03 89 47 57 25 – sortie Nord-Ouest par rte d'Aubure et à gauche rue de la Fonderie, bord d'un
 ruisseau – ⚞ ⚬━ saison – **R** conseillée juil.-15 août – ☒
 0,6 ha (33 empl.) en terrasses, herbeux ⚘
 ⚄ (🛁 15 juin-sept.) ⚘ 🖭 – 🍴 – ⚄🖭
 Tarif : ☘ *14* – ⚎ *7* – ▣ *14* – ⒢ *12*

Le FRENEY-D'OISANS

38142 Isère 🔢 – 🔢 ⑥ – 177 h. alt. 926.
Paris 626 – Bourg-d'Oisans 12 – La Grave 17 – Grenoble 62.

▲ **Le Traversant** 15 juin-15 sept.
  𝓟 04 76 80 18 84, Fax 04 76 80 18 59 – S : 0,5 km par N 91 rte de Briançon – ⩽ ⊶ – **R** juil.-15 août – 𝒜
  1,5 ha (67 empl.) en terrasses, plat, gravillons, herbeux
  🔲 🍴 🗓 ⊕ ☂ 🔲 – 🍴 – 🔲
  Tarif : (Prix 1998) 🔲 2 pers. 80, pers. suppl. 20 – 🔧 16 (6A)

FRESNAY-SUR-SARTHE

72130 Sarthe 🔢 – 🔢 ⑬ G. Normandie Cotentin – 2 452 h. alt. 95.
🅱 Office de Tourisme pl. du Dr.-Riant 𝓟 02 43 33 28 04, Fax 02 43 34 19 62.
Paris 234 – Alençon 22 – Laval 73 – Mamers 30 – Le Mans 38 – Mayenne 53.

▲▲ **Municipal Sans Souci** avril-sept.
  𝓟 02 43 97 32 87 – O : 1 km par D 310 rte de Sillé-le-Guillaume, bord de la Sarthe – 🦢 ⩽ ⊶ – **R** conseillée – 𝒜
  2 ha (90 empl.) plat, en terrasses, herbeux 🔲
  ⅙ 🔲 🍴 🗓 ⊕ 🔲 ☂ 🔲 – 🔲 – 🔲 🔲 – A proximité : 🔲 🔲
  Tarif : 🔲 2 pers. 43 – 🔧 12,40 (6A)

FRESSE

70270 H.-Saône 🔢 – 🔢 ⑦ – 686 h. alt. 472.
Paris 405 – Belfort 30 – Épinal 71 – Luxeuil-les-Bains 29 – Vesoul 49.

▲ **Aire Naturelle la Broche** avril-1er oct.
  𝓟 03 84 63 31 40 – sortie Ouest, rte de Melesey et chemin à gauche, bord d'un petit étang – 🦢 ⩽ – **R** conseillée juil.-août – 𝒜
  2 ha (25 empl.) peu incliné, plat, terrasse, herbeux
  🔲 🍴 ⊕
  Tarif : 🔲 15 – 🔲 5 – 🔲 5 – 🔧 10 (10A)

FRESSE-SUR-MOSELLE

88 Vosges – 🔢 ⑧ – rattaché au Thillot.

FRÉTEVAL

41160 L.-et-C. 🔢 – 🔢 ⑦ G. Châteaux de la Loire – 848 h. alt. 89.
Paris 157 – Beaugency 40 – Blois 39 – Cloyes-sur-le-Loir 16 – Vendôme 19.

▲ **La Maladrerie** Permanent
  𝓟 02 54 82 62 75 – au Nord-Ouest du bourg par rte du Plessis et chemin à gauche après le passage à niveau, bord de deux étangs – ⊶ – **R** conseillée – 𝒜
  16 ha/1,5 campable (50 empl.) plat, pierreux, herbeux 🔲🔲 (0,3 ha)
  ⅙ 🔲 🍴 🗓 ⊕ 🔲 – 🍴 – 🔲 🔲 🔲 poneys
  Tarif : (Prix 1998) 🔲 15 piscine comprise – 🔲 10/15 – 🔧 10 (4A) 15 (6A)
  Location : 🔲

FRÉVENT

62270 P.-de-C. 🔢 – 🔢 ⑬ G. Flandres Artois Picardie – 4 121 h. alt. 86.
🅱 Office de Tourisme 12 r. Wilson 𝓟 03 21 47 18 55, Fax (Mairie) 03 21 41 99 96.
Paris 190 – Abbeville 42 – Amiens 48 – Arras 39 – St-Pol-sur-Ternoise 13.

▲▲ **Les Longuigneules** avril-oct.
  𝓟 03 21 03 78 79 – sortie Sud-Est par D 339 vers Arras, bord d'un petit cours d'eau – Places limitées pour le passage 🦢 ⊶ – **R** – 🔲 𝒜
  5,5 ha (110 empl.) plat, herbeux 🔲
  🔲 🍴 🗓 ⊕ ☂ 🔲 – 🔲 🔲 – A proximité : 🔲 🔲
  Tarif : 🔲 élect., piscine et tennis compris 2 pers. 80, pers. suppl. 15

FRIAUCOURT

80460 Somme 🔢 – 🔢 ⑤ – 708 h. alt. 95.
Paris 175 – Abbeville 30 – Amiens 83 – Le Crotoy 31 – Dieppe 39.

▲ **Municipal Au Chant des Oiseaux** 31 mars-15 oct.
  𝓟 03 22 26 49 54 – sortie Nord-Est par D 63, rte de Bourseville et rue à droite – Places limitées pour le passage 🦢 ⊶ – **R** conseillée juil.-août – 𝒜
  1,4 ha (125 empl.) plat, herbeux 🔲
  🔲 🗓 🔲 ⊕ – A proximité : half-court 🔲
  Tarif : 🔲 10 – 🔲 6 – 🔲 7/8 – 🔧 15 (6A)
  Location : 🔲 1500

FROMENTINE

85 Vendée – 🔢 ① – rattaché à St-Jean-de-Monts.

FRONCLES-BUXIÈRES

52320 H.-Marne **7** – **61** ⑳ – 2 026 h. alt. 226.
Paris 273 – Bar-sur-Aube 40 – Chaumont 24 – Joinville 21 – Rimaucourt 22.

⚑ **Municipal les Deux Ponts** 15 mars-15 oct.
sortie Nord par D 253 rte de Doulaincourt, bord de la Marne et près du canal de la Marne à la Saône
– 🏕 ⚬▀ – **R**
0,3 ha (23 empl.) plat, herbeux ⌷
🔥 ⊕ – A proximité : ✀
Tarif : (Prix 1998) 🏃 7 – 🔲 10,60 – 🔌 13,50 (6A)

FRONTIGNAN

34110 Hérault **16** – **83** ⑯ ⑰ G. Gorges du Tarn – 16 245 h. alt. 2.
🅱 Office de Tourisme r. de la Raffinerie ☎ 04 67 48 33 94, Fax 04 67 43 26 34.
Paris 780 – Lodève 60 – Montpellier 26 – Sète 7.

à Frontignan-Plage S : 1 km – ✉
34110 Frontignan

⚑⚑ **Les Tamaris** 1er avril-sept.
☎ 04 67 43 44 77, Fax 04 67 51
20 29 – NE par D 60, bord de
plage « Cadre agréable » ⚬▀ – ✀
dans locations – **R** conseillée – ⏚
🚲
4 ha (250 empl.) plat, herbeux,
pierreux ⌷ ♀ (2 ha)
♿ 🔥 ⏧ 🔲 ♨ 🚿 ⊕ ⚐ 🌳 ⌦ 🏪 –
🍷 ✗ pizzeria 🍴 cases
réfrigérées – ⚡ 🎣 ⛵ 🏊
Tarif : (Prix 1998) 🔲 élect. (6A) et
piscine comprises 2 pers. 160 ou
180, pers. suppl. 35
Location : 🏠 – 🚐 1800 à 3500

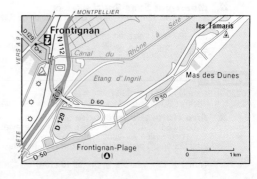

FUILLA

66820 Pyr.-Or. **15** – **86** ⑰ – 297 h. alt. 547.
Paris 910 – Font-Romeu-Odeillo-Via 42 – Perpignan 55 – Prades 10 – Vernet-les-Bains 10.

⚑ **Le Rotja** juin-sept.
☎ 04 68 96 52 75 – au bourg – 🏕 ≤ ⚬▀ – **R** conseillée juil.-20 août – 🚲
1,2 ha (50 empl.) plat, peu incliné, herbeux, pierreux, verger ⌷ ♀
♿ 🔥 🔲 ⊕ 🏪 – ⚡ – A proximité : 🍺 ♀ snack ✀
Tarif : 🏃 15 – 🔲 15 – 🔌 12 (4A)
Location : 🏠 1100 à 1300

Les FUMADES

30 Gard **16** – **80** ⑧ – ✉ 30500 St-Ambroix.
Paris 702 – Alès 11 – Barjare 23 – La Grand-Combe 25 – St-Ambroix 14.

⚑⚑ **Domaine des Fumades** 15 mai-12 sept.
☎ 04 66 24 80 78, Fax 04 66 24 82 42 – accès par D 241, à proximité de l'Établissement Thermal,
bord de l'Alauzène – 🏕 ⚬▀ – **R** indispensable juil.-août – 🚲
15 ha/6 campables (178 empl.) plat et peu incliné, herbeux, pierreux ⌷ ♀
♿ 🔥 ⏧ 🔲 🚿 ⊕ 🏪 – ⚡ ♀ ✗ pizzeria, crêperie 🍴 – 🏪 ⚡ salle d'animation 🎣 🚲 ✀ 🏑
🏊 half-court – A proximité : 🐎
Tarif : 🔲 piscine comprise 2 pers. 134 (154 avec élect. 4A), pers. suppl. 30
Location : 🚐 2090 à 3690 – 🏠 1990 à 3790

FUMEL

47500 L.-et-G. **14** – **79** ⑥ G. Pyrénées Aquitaine – 5 882 h. alt. 70.
🅱 Office de Tourisme pl. G.-Escande ☎ 05 53 71 13 70, Fax 05 53 71 40 91.
Paris 599 – Agen 55 – Bergerac 68 – Cahors 48 – Montauban 77 – Villeneuve-sur-Lot 27.

⚑ **Condat** Permanent
☎ 05 53 71 11 99, Fax 05 53 71 36 69 – E : 2 km par D 911 rte de Cahors puis, à la sortie de Condat,
1,2 km par rte à droite, bord du Lot – 🏕 ⚬▀ – **R** conseillée – 🚲
2,3 ha (50 empl.) plat, herbeux, goudronné 👥 (0,5 ha)
🔥 ⏧ ⏚ ⊕ 🏪 – 🏊
Tarif : 🏃 17 – 🔲 33 – 🔌 13 (10A)

FUTUROSCOPE

86 Vienne – **67** ⑳ – voir à Poitiers.

GABARRET

40310 Landes ⅛ – 79 ⑬ – 1 335 h. alt. 153.
🛈 Office de Tourisme pl. de la Mairie ℰ 05 58 44 35 77.
Paris 717 – Agen 66 – Auch 77 – Bordeaux 140 – Mont-de-Marsan 47 – Pau 97.

△ **Parc Municipal Touristique la Chêneraie** mars-oct.
ℰ 05 58 44 92 62 – sortie Est par D 35 rte de Castelnau-d'Auzan et chemin à droite – ⌂ ⚬┬ saison
– **R** conseillée – ⚒
0,7 ha (36 empl.) peu incliné, herbeux ⌂ ⚲
⚍ 🗊 ⇆ ⚐ ⚲ ⚙ 📷 – A proximité : ⊥
Tarif : ⚹ 11,40 piscine comprise – ⚓ 4 – 🗉 5,70/10,10
Location (permanent) : gîtes

GACÉ

61230 Orne ⅚ – 60 ④ – 2 247 h. alt. 210.
Paris 168 – L'Aigle 28 – Alençon 48 – Argentan 28 – Bernay 41.

△ **Municipal le Pressoir** juin-3 sept.
à l'Est du bourg par N 138 – ⚘
0,8 ha (24 empl.) peu incliné à incliné, herbeux
🗊 ⚙ – ⚒⚐ – A proximité : ⚜ 📷 ⊥
Tarif : ⚹ 8 – 🗉 8 – ⅙ 10

GAILLAC

81600 Tarn ⅖ – 82 ⑨ ⑩ G. Pyrénées Roussillon – 10 378 h. alt. 143.
🛈 Office de Tourisme Abbaye de St-Michel, pl. St-Michel ℰ 05 63 57 14 65.
Paris 671 – Albi 26 – Cahors 89 – Castres 51 – Montauban 49 – Toulouse 58.

△ **Municipal le Lido** juin-15 sept.
ℰ 05 63 57 18 30 – sortie Sud-Est par D 964 rte de Graulhet et r. St-Roch à droite, bord du Tarn
« Près d'un parc » ⚬┬ – ⚘
1 ha (20 empl.) plat, herbeux ⚲⚲
⚍ 🗊 ⇆ 🗐 ⚐ ⚙ ⚒ – A proximité : ⊥
Tarif : (Prix 1998) ⚹ 15 – 🗉 22/28 – ⅙ 10

GALÉRIA

2B H.-Corse – 90 ⑭ – voir à Corse.

GALLARGUES-LE-MONTUEUX

30660 Gard ⅙ – 83 ⑧ – 1 988 h. alt. 55.
Paris 732 – Aigues-Mortes 21 – Montpellier 37 – Nîmes 26 – Sommières 11.

△△ **Les Amandiers** mai-12 sept.
ℰ 04 66 35 28 02 – sortie Sud-Ouest, rte de Lunel et rue du stade, à droite – ⚬┬ – **R** conseillée
14 juil.-15 août – GB ⚒
3 ha (150 empl.) plat, pierreux, herbeux ⌂
⚍ 🗊 🗐 ⚐ ⚐ ⚲ ⚙ 📷 – ⚋ ⚑ ⚐ – ⚒ ⚒⚐ ⚜ ⊥ – A proximité : ⦿
Tarif : 🗉 piscine comprise 2 pers. 75 (90 ou 120 avec élect.)
Location : ⌘ 1036 ou 2989

GANGES

34190 Hérault ⅖ – 80 ⑯ G. Gorges du Tarn – 3 343 h. alt. 175.
Paris 729 – Lodève 49 – Montpellier 45 – Le Vigan 19.

△ **Le Tivoli** juin-août
ℰ 04 67 73 97 28 ✉ 34190 Laroque – SE : 1 km par D 986 rte de Montpellier, accès direct à l'Hérault
– ⚬┬ – **R** conseillée
1,2 ha (61 empl.) plat, herbeux ⚲⚲
⚍ 🗊 ⚙ 📷 – ⚑⚐ – A proximité : ⚖
Tarif : ⚹ 18 – 🗉 15/19 – ⅙ 12 (3 ou 4A)

GAP

05000 H.-Alpes ⅗ – 77 ⑯ G. Alpes du Sud – 33 444 h. alt. 735.
🛈 Office de Tourisme 12 r. Faure du Serre ℰ 04 92 52 56 56, Fax 04 92 52 56 57.
Paris 668 – Avignon 169 – Grenoble 105 – Sisteron 51 – Valence 161.

△△ **Alpes-Dauphiné** Permanent
ℰ 04 92 51 29 95, Fax 04 92 53 58 42 – N : 3 km sur N 85 rte de Grenoble, alt. 850 – ≤ ⚬┬ –
R conseillée juil.-août – GB ⚒
5 ha (180 empl.) incliné, en terrasses, herbeux ⚲
🏢 ⚍ 🗊 ⇆ 🗐 ⚐ ⚐ ⚐ ⚙ ⚒ ⚑ 📷 – ⚋ ⚐ ⚏ ✗ pizzeria ⚐ – ⚍ ⚒⚐ ⊥
Tarif : ⚹ 30 piscine comprise – 🗉 32 – ⅙ 16 (3A) 25 (6A)
Location : ⌘ 1350 à 2100 – ⌘ 1600 à 2900 – gîtes

à la Rochette NE : 9 km par N 94 rte d'Embrun, D 314 et D 14 – 397 h. alt. 1 100 – ⊠ 05000 la Rochette :

⚠ **Le Chapeau de Napoléon** juin-sept.
𝒫 04 92 51 28 80 – alt. 1 130 – ⑤ ≤ ⛺ – **R** conseillée – ⚲
1 ha (25 empl.) peu incliné et plat, herbeux
⛺ ⌂ ⌧ ⊕ ▣ – ☗ snack ⚌ – ⌂
Tarif : ⚹ 20 – ▣ 20 – ⑭ 15 (6A)
Location : 🏠 1000

▶ *To make the best possible use of this Guide,*
READ CAREFULLY THE EXPLANATORY NOTES.

GARIN

31 H.-Gar. – 85 ⑳ – rattaché à Bagnères-de-Luchon.

GASSIN

83 Var – 84 ⑰ – rattaché à la Croix-Valmer.

GASTES

40160 Landes 13 – 78 ⑬ ⑭ – 368 h. alt. 24.
Paris 668 – Arcachon 50 – Biscarrosse 18 – Mimizan 18 – Parentis-en-Born 9.

🔺 **La Réserve** 15 avril-18 sept.
𝒫 05 58 09 75 96, Fax 05 58 09 76 13 – SO : 3 km par D 652 rte de Mimizan et chemin à droite,
à 100 m de l'étang (accès direct) « Bel ensemble de piscines » ⛺ – **R** conseillée – ⊞ ⚲
27 ha (628 empl.) plat, herbeux, sablonneux ▱ ♫♫
♿ ⛺ ⌂ ⌧ ⌧ ⊕ ⊘ ☂ ☗ ☗ ✗ cafétéria ⚌ – ⌂ ⚎ centre de documentation touristique
🎿 ♿ ·⊕ ⚒ 🎣 ◲ 🏊 practice de golf
Tarif : ▣ élect. (6A) et piscine comprises 2 pers. 168
Location : 🏠 1330 à 3920

GATTEVILLE-LE-PHARE

50760 Manche ④ – 54 ③ G. Normandie Cotentin – 556 h. alt. 22.
Paris 353 – Caen 122 – Carentan 51 – Cherbourg 28 – St-Lô 79 – Valognes 28.

⚠ **La Ferme du Bord de Mer** mars-nov.
𝒫 02 33 54 01 77 – S : 1 km par D 116 rte de Barfleur, près de la mer – ⑤ ⛺ – **R** juil.-20 août
– ⚲
2 ha (50 empl.) peu incliné, herbeux
♿ ⛺ ⌂ ⌧ ⊕ ▣ – ⌂ 🎿 ♿ ⚒
Tarif : ⚹ 14 – ⚗ 7,50 – ▣ 15,50 – ⑭ 10,50 (3A) 14,50 (6A) 20 (10A)
Location : 🏠 700 à 1350 – 🏠 1200 à 2200

GAVARNIE

65120 H.-Pyr. **14** – **85** ⑱ G. Pyrénées Aquitaine – 177 h. alt. 1 350 – Sports d'hiver : 1 350/2 400 m ⧸11 ⟨.
🛈 Office de Tourisme ℰ 05 62 92 49 10, Fax 05 62 92 46 12.
Paris 864 – Lourdes 51 – Luz-St-Sauveur 20 – Pau 96 – Tarbes 69.

⚠ **Le Pain de Sucre** 15 déc.-15 avril, juin-sept.
ℰ 05 62 92 47 55 – N : 3 km par D 921 rte de Luz-St-Sauveur, bord du Gave de Gavarnie, alt. 1 273
– ≼ ●━ – **R** – ⊝━ ⨯⟍
1,5 ha (50 empl.) plat, herbeux
▥ 🔊 ⇆ ⚲ ⊕
Tarif : 💥 15 – 🔳 15 – 🔋 10 (2A) 27 (6A) 35 (10A)
Location : 🚃 700 ou 1000

Le GÂVRE

44130 Loire-Atl. **4** – **63** ⑯ G. Bretagne – 995 h. alt. 30.
Paris 400 – Châteaubriant 40 – Nantes 48 – Redon 36 – St-Nazaire 51.

⚠ **Municipal de la Forêt** Pâques-oct.
ℰ 02 40 51 20 62 – sortie Sud rte de Blain et à droite, bord d'un plan d'eau – **R** – ⨯⟍
2,5 ha (82 empl.) plat, herbeux, forêt attenante
♿ 🔊 ⇆ ⚲ 🖪 – A proximité : ⨯⟍ 🏃
Tarif : (Prix 1998) 💥 10 tennis compris – ⚗ 5 – 🔳 9 – 🔋 12

GÈDRE

65120 H.-Pyr. **14** – **85** ⑱ G. Pyrénées Aquitaine – 317 h. alt. 1 000.
Paris 855 – Lourdes 43 – Luz-St-Sauveur 12 – Pau 88 – Tarbes 61.

⚠ **Le Mousca** juil.-août
ℰ 05 62 92 47 53 – N : 0,7 km par D 921 rte de Luz-St-Sauveur et chemin à gauche, bord du Gave de Gavarnie – 🏊 ≼ ●━ – **R** – ⨯⟍
1 ha (50 empl.) plat, herbeux
♿ 🔊 ⇆ 🖥 ⛺ ⚲ ⊕ 🖪 – � – A proximité : toboggan aquatique ⨯⟍ ⟍
Tarif : 🔳 3 pers. 62, pers. suppl. 15 – 🔋 12 (2A) 15 (3A) 24 (6A)

⚠ **Le Relais d'Espagne** Permanent
ℰ 05 62 92 47 70 – N : 2,8 km par D 921 rte de Luz-St-Sauveur, à la station service, bord du Gave de Gavarnie – ≼ ●━ – **R** conseillée juil.-août – ⨯⟍
2 ha (34 empl.) plat, pierreux, herbeux ♀
▥ 🔊 ⇆ 🖥 ⚲ ⊕ 🖪 – ▾ snack
Tarif : 🔳 2 pers. 56, pers. suppl. 20 – 🔋 13 (2A) 24 (4A) 32 (6A)
Location : 🚃 1000 à 1400 – 🛏 – gîte

⚠ **Le Soumaoute** 25 juin-15 sept.
ℰ 05 62 92 48 70 – vers sortie Sud par D 921, rte de Gavarnie, accès par petite place de l'église
– ≼ montagnes ●━ – **R** – ⨯⟍
0,3 ha (22 empl.) plat et en terrasses, herbeux ⊏⊐ ♀
🔊 ⚲ ⊕ 🖪 – 🚃 🛝 – A proximité : toboggan aquatique ▾ ⨯⟍ ⟍
Tarif : 💥 13 – ⚗ 13 – 🔳 13 – 🔋 12 (2A)
Location (fin janv.-15 mai et 15 juin-fin oct.) : gîte d'étape, appartements

GEMAINGOUTTE

88520 Vosges **8** – **62** ⑱ – 123 h. alt. 446.
Paris 405 – Colmar 44 – Ribeauvillé 30 – St-Dié 14 – Ste-Marie-aux-Mines 12 – Sélestat 34.

⚠ **Municipal le Violu** mai-sept.
sortie Ouest par N 59 rte de St-Dié, bord d'un ruisseau – **R** conseillée – ⨯⟍
1 ha (48 empl.) plat, herbeux
♿ 🔊 ⚲ ⊕ 🖪
Tarif : (Prix 1998) 💥 12 – ⚗ 10 – 🔳 10 – 🔋 12 (5A)

GÉMENOS

13420 B.-du-R. **16** – **84** ⑭ G. Provence – 5 025 h. alt. 150.
🛈 Office de Tourisme cours Pasteur ℰ 04 42 32 18 44.
Paris 791 – Aix-en-Provence 38 – Brignoles 50 – Marseille 24 – Toulon 51.

⚠ **Le Clos** avril-20 sept.
ℰ 04 42 32 18 24, Fax 04 42 32 03 56 – sortie Sud rte de Toulon – ≼ ●━ – **R** conseillée – ⨯⟍
1,7 ha (81 empl.) plat, herbeux ⊏⊐ ♀♀
🔊 ⇆ 🖥 ⛺ ⚲ ⊕ 🖪 – ✗ cases réfrigérées – 🚃 ⨯⟍ – A proximité : ⟍
Tarif : 🔳 2 pers. 75, 3 pers. 110, 4 pers. 140, pers. suppl. 25 – 🔋 14 (4A)

▶ 🔊 ⇆ 🖥

*Showers, wash basins and laundry with running **hot water**.*

If no symbols are included in the text, the facilities exist but with cold water supplies only.

GÉMOZAC

17260 Char.-Mar. **9** – **71** ⑤ – 2 333 h. alt. 39.
Paris 496 – Cognac 34 – Jonzac 27 – Royan 31 – Saintes 22.

⚠ **Municipal** fin juin-début sept.
🅿 05 46 94 50 16 – sortie Ouest, rte de Royan, près de la piscine – ⌐ – **R**
1 ha (40 empl.) plat, herbeux ⚬⚬
🗗 🗟 ⊕ 📷 – A proximité : 🎾 📺 🛝
Tarif : (Prix 1998) 🅴 *piscine comprise 1 pers. 31, 2 pers. 52, 3 pers. 58, pers. suppl. 16 –* ⚡ *12 (5A)*
22 (10A)

GENÊTS

50530 Manche **4** – **59** ⑦ G. Normandie Cotentin – 481 h. alt. 2.
Paris 340 – Avranches 10 – Granville 24 – Le Mont-St-Michel 32 – St-Lô 67 – Villedieu-les-Poêles 30.

⚠ **Les Coques d'Or** avril.-sept.
🅿 02 33 70 82 57, Fax 02 33 70 86 83 – NO : 0,7 km par D 35E1 rte du Bec d'Andaine – 🔆 « Entrée
fleurie » ⌐ – **R** conseillée – ⮕ ✗
4,7 ha (225 empl.) plat, herbeux 🟡 🟡
🖑 🗗 🖕 🗟 🖮 ⊕ 📷 – 🍽 ✗ – 🏪 👫 🚴
Tarif : ⭑ *24 piscine comprise –* 🚗 *11 –* 🅴 *12 –* ⚡ *13 (3A) 16 (6A) 22 (10A)*
Location : 🛏 *1470 à 2700*

GÉNOLHAC

30450 Gard **16** – **80** ⑦ G. Gorges du Tarn – 827 h. alt. 490.
🅱 Office de Tourisme 🅿 04 66 61 18 32, Fax 04 66 61 12 69.
Paris 641 – Alès 38 – Florac 49 – La Grand-Combe 25 – Nîmes 80 – Villefort 17.

⚠ **Les Esparnettes** avril.-sept.
🅿 04 66 61 44 50 – S : 4,5 km par D 906, rte de Chamborigaud puis 0,4 km par D 278 à droite, à
Pont-de-Rastel, bord du Luech – 🔆 ⌐ – **R** conseillée juil.-août – ✗
1,5 ha (63 empl.) plat, herbeux 🟡
🖑 🗗 🖕 🗟 🖮 ⊕ 📷 – 🏪 – A proximité : 🎾
Tarif : ⭑ *14 –* 🚗 *10 –* 🅴 *14 –* ⚡ *14 (4A)*

GENOUILLÉ

17430 Char.-Mar. **9** – **71** ③ – 533 h. alt. 38.
Paris 455 – Rochefort 20 – La Rochelle 42 – St-Jean-d'Angély 26 – Surgères 12 – Tonnay-Boutonne 9.

⚠ **Municipal l'Étang des Rosées** 21 juin-12 sept.
🅿 05 46 27 70 01 – S : 1 km, à 50 m de l'étang – 🔆 ⌐ – **R**
1 ha (33 empl.) plat, peu incliné, herbeux
🗗 🖕 🖮 ⊕ – A proximité : 🚴
Tarif : (Prix 1998) ⭑ *13 –* 🚗 *7 –* 🅴 *7 –* ⚡ *11*

▶ **In this Guide,**
*a symbol or a character, printed in red or **black**, in **bold** or light type,
does not have the same meaning.*

Please read the explanatory pages carefully.

GÉRARDMER

88400 Vosges **8** – **62** ⑰ G. Alsace Lorraine – 8 951 h. alt.
669 – Sports d'hiver : 750/1 150 m ⚡20 ✗.
🅱 Office de Tourisme pl. des Déportés 🅿 03 29 27 27 27,
Fax 03 29 26 23 25.
Paris 424 – Belfort 79 – Colmar 52 – Épinal 41 – St-Dié 28
– Thann 51.

⚠ **Les Granges-Bas** 15 mai-15 sept.
🅿 03 29 63 12 03 – O : 4 km par D 417 puis, à
Costet-Beillard, 1 km par chemin à gauche (hors
schéma) – 🔆 ⌐ – **R** conseillée – ✗
2 ha (100 empl.) peu incliné et plat, herbeux
🗗 🖕 🗟 ⊕ – 🏪 🚴 🎾
Tarif : ⭑ *16 –* 🚗 *8 –* 🅴 *8 –* ⚡ *10 (2A) 17 (5A)*
20 (6A)

⚠ **Les Sapins** 10 avril.-sept.
🅿 03 29 63 15 01, Fax 03 29 60 03 30 – SO :
1,5 km, à 200 m du lac – ⌐ – **R** conseillée 14
juil.-15 août – ✗
1,3 ha (70 empl.) plat, herbeux 🛏 🟡
🗗 🖕 🗟 🖮 ⊕ – 🍽 – A proximité : 🚴
Tarif : ⭑ *20,50 –* 🚗 *11 –* 🅴 *14 –* ⚡ *15 (4A)*
28 (6A)

88400 Vosges
Lac de Gérardmer
les Sapins
Gérardmer (O)
Col du Haut
de la Côte
Saut de la
Bourrique
Bas-Rupts
LA BRESSE

10220 Aube **7** – **61** ⑰ G. Champagne – 274 h. alt. 146.
Paris 195 – Bar-sur-Aube 37 – Bar-sur-Seine 28 – Brienne-le-Château 23 – Troyes 22.

⚲ *L'Épine aux Moines* 15 avril-15 oct.
     ℘ 03 25 41 24 36 – SE : 1,3 km par D 43, à 200 m du lac de la Forêt d'Orient – ⅋ ⊶ – **R** conseillée
juil.-août – **GB** ⤳
2,8 ha (186 empl.) plat et peu incliné, herbeux ♀ (1 ha)
& ⎅ ⊛ 🖾 – A proximité : ♨ ≌ ♨
Tarif : 🔲 *2 pers. 48, pers. suppl. 17 –* (2) *14 (4A) 22 (8A)*

71590 S.-et-L. **12** – **70** ② – 2 017 h. alt. 190.
Paris 329 – Beaune 22 – Besançon 101 – Chalon-sur-Saône 16 – Dole 55.

⚲ *La Saône* mai-sept.
     ℘ 03 85 91 76 59 – sortie Nord par N 5, rte d'Alleray et chemin à droite, près de la Saône – ⅋
⊶ – **R** – **GB**
1 ha (32 empl.) plat, herbeux ⌑
& ⎅ ⤳ 🖾 ⊟ – ☗ snack – ♨ – A proximité : ⚞
Tarif : ⚲ *15 –* 🔲 *15 –* (2) *15 (6A)*

67150 B.-Rhin **8** – **62** ⑩ G. Alsace Lorraine – 2 808 h. alt. 154.
Paris 516 – Marckolsheim 31 – Obernai 22 – Sélestat 28 – Strasbourg 29.

⚲ *Municipal Au Clair Ruisseau* 15 avril-sept.
     ℘ 03 88 98 30 04 – sortie Nord-Est par D 924 vers le Rhin et chemin à gauche, bord d'un étang
et d'un cours d'eau – ⅋ ⊶ juil.-août – **R** conseillée – ⤳
3 ha (70 empl.) plat, herbeux ♀ (0,8 ha)
⎅ ⤳ 🖾 ⟍ ⊛ – ♨
Tarif : ⚲ *14 –* 🔲 *16 –* (2) *17 (6A)*

49600 M.-et-L. **9** – **67** ⑤ – 2 447 h. alt. 88.
Paris 358 – Ancenis 28 – Beaugreau 12 – Cholet 29 – Nantes 39.

⚲ *La Thévinière* 15 juin-15 sept.
     ℘ 02 41 56 69 46 – SE : 3 km par D 67 rte de St-Germain-sur-Moine et chemin à gauche, à la Base
de Loisirs – ⅋ « Agréable cadre boisé près d'un étang » ⊶ – **R** – ⤳
22 ha/1 campable (28 empl.) plat, herbeux ⌑ ▨
& ⎅ ⤳ 🖾 ⊟ ⊛ 🖾 – A proximité : ≌ 🐎
Tarif : 🔲 *2 pers. 50 –* (2) *13 (10A)*

74260 H.-Savoie **12** – **74** ⑧ G. Alpes du Nord – 1 287 h. alt. 1 170 – Sports d'hiver : : 1 170/2 002 m ⚡5 ⚡54 ⚡.
🛈 Office de Tourisme ℘ 04 50 75 80 80, Fax 04 50 79 76 90.
Paris 585 – Annecy 72 – Bonneville 32 – Chamonix-Mont-Blanc 63 – Cluses 22 – Morzine 8 – Thonon-les-Bains
37.

⚲ *Le Frêne* 15 juin-16 sept.
     ℘ 04 50 75 80 60 – sortie Sud-Ouest par D 902 rte de Taninges puis 2,3 km par rte des Platons
à droite, alt. 1 315 – ⅋ ≤ massif du Mt-Blanc « Belle situation dominante » ⊶ – **R** conseillée –
GB ⤳
0,3 ha (19 empl.) non clos, en terrasses, peu incliné, herbeux ⌑
& ⎅ ⤳ 🖾 ⊟ ⊛ ⤳ ☶ – ⚞
Tarif : 🔲 *3 pers. 85 –* (2) *10 (2A) 20 (4A)*

65 H.-Pyr. – **85** ⑱ – rattaché à Lourdes.

01170 Ain **12** – **70** ⑮ ⑯ G. Jura – 6 615 h. alt. 626.
🛈 Office de Tourisme sq. Jean-Clerc, ℘ 04 50 41 53 85, Fax 04 50 41 81 00.
Paris 492 – Genève 21 – Lons-le-Saunier 95 – Pontarlier 93 – St-Claude 43.

⚲ *Municipal les Genêts* 31 mai-19 sept.
     ℘ 04 50 41 61 46 – E : 1 km par D 984c rte de Divonne-les-Bains et chemin à droite – ≤ ⊶ –
R conseillée juil.-août – ⤳
3,3 ha (140 empl.) peu incliné et plat, goudronné, gravillons, herbeux ⌑
& ⎅ ⤳ 🖾 ⊟ ⊛ ⤳ ☶ 🖾 – ⚞ – A proximité : ✄ ≌
Tarif : ⚲ *18 –* 🔲 *22/28 –* (2) *16 (16A)*

2B H.-Corse – **90** ⑥ – voir à Corse.

GHYVELDE

59254 Nord **1** – **51** ④ – 2 973 h. alt. 4.
Paris 292 – Calais 58 – Dunkerque 15 – Hazebrouck 43 – Lille 73 – St-Omer 58 – Veurne 14.

▲ **La Hooghe Moote** 15 mars-1er nov.
℘ 03 28 26 02 32, Fax 03 28 26 94 12 – SO : 3 km par D 2, rte d'Uxem – Places limitées pour le passage — – ᴚ – ⴳⴱ ⵚ
3 ha (122 empl.) plat, herbeux, étangs
♿ ᵰ ⵚ ᵷ ᵺ ᵹ ⵚ ᵷ – ᵻ – ᵹᵺ
Tarif : ᵻ 15 – ⵚ 10 – ᵷ 20 – ᵷ 15 (16A)

GIBLES

71800 S.-et-L. **11** – **69** ⑱ – 604 h. alt. 463.
Paris 379 – Charlieu 30 – Charolles 17 – Cluny 36 – Mâcon 48 – Paray-le-Monial 30.

▲▲ **Château de Montrouant** juin-7 sept.
℘ 03 85 84 51 13, Fax 03 85 84 52 80 – sortie Nord-Ouest par D 25, rte de Charolles puis 1,5 km par chemin à droite – ⵚ « Parc au bord d'un étang » — – ᴚ indispensable juil.-août – ⴳⴱ ⵚ
11 ha/1 campable (45 empl.) plat en terrasses, gravillons, herbeux ᵺ ᵹ
♿ ᵰ ⵚ ᵷ ᵺ ᵹ ᵹ ᵷ – ᵻ ᵺ poneys, half-court
Tarif : ᵻ 25,50 piscine comprise – ⵚ 22,50 – ᵷ 22,50 – ᵷ 21,50 (6A)

GIEN

45500 Loiret **6** – **65** ② G. Châteaux de la Loire – 16 477 h. alt. 162.
🛈 Office de Tourisme Centre Anne-de-Beaujeu ℘ 02 38 67 25 28, Fax 02 38 38 23 16.
Paris 151 – Auxerre 87 – Bourges 78 – Cosne-sur-Loire 43 – Orléans 70 – Vierzon 73.

▲▲▲ **Les Bois du Bardelet** avril-29 sept.
℘ 02 38 67 47 39, Fax 02 38 38 27 16 – SO : 5 km par D 940 rte de Bourges et 2 km par rte à gauche, Pour les usagers venant de Gien, accès conseillé par D 53 rte de Poilly-lez-Gien et 1ère rte à droite – ⵚ « Cadre agréable, belle piscine d'intérieur » — ⵚ dans locations – ᴚ conseillée juil.-15 août – ⴳⴱ ⵚ
12 ha/6 campables (260 empl.) plat, herbeux, étang ᵺ ᵹᵹ
ᵰ ♿ ᵰ ⵚ ᵷ ᵺ ᵹ ⵚ ᵹ ᵷ ᵷ ᵺ ᵷ – ᵻ ᵅ ᵷ ᵺ – ᵻ ᵰ ᵹᵷ ᵹᵹ ·ᵷ ⵚ ᵻ ᵺ ᵺ toboggan aquatique ᵺ
Tarif : ᵷ piscine comprise 2 à 5 pers. 120 à 204 (145 à 229 avec élect. 10A) – ᵷ 25 (10A)
Location : ᵹᵷ 1220 à 3370 – ᵺ 1560 à 3730

GIENS

83 Var **17** – **84** ⑯ G. Côte d'Azur – ✉ 83400 Hyères.
Paris 860 – Carqueiranne 10 – Draguignan 89 – Hyères 10 – Toulon 27.

Schéma à Hyères

▲ **La Bergerie** fermé 11 janv.-28 fév.
℘ 04 94 58 91 75, Fax 04 94 58 14 28 – NE : 1,5 km sur D 97, à 200 m de la plage (accès direct) – — ⵚ dans locations – ᴚ – ⴳⴱ
0,8 ha (60 empl.) plat, herbeux, pierreux ᵹ
ᵰ ♿ ᵷ ᵺ ᵹ ᵷ – snack
Tarif : ᵷ 1 ou 2 pers. 95, pers. suppl. 22 – ᵷ 23 (3A) 32 (5A)
Location : ᵹᵷ 2000 à 3200

GIGEAN

34770 Hérault **15** – **83** ⑯ – 2 529 h. alt. 44.
Paris 776 – Agde 32 – Gignac 33 – Frontignan 11 – Pézenas 31.

▲ **Municipal** juil.-15 sept.
℘ 04 67 78 69 12 – vers sortie Sud-Ouest et 0,5 km par chemin du stade à droite, bord de la N 113 – — – ᴚ conseillée
1 ha (63 empl.) plat, pierreux, herbeux ᵹ
♿ ᵰ ⵚ ᵷ – A proximité : ⵚ
Tarif : (Prix 1998) ᵷ 1 ou 2 pers. 45,50, 3 pers. 53,50, pers. suppl. 13 – ᵷ 16

GIGNAC

34150 Hérault **15** – **83** ⑥ G. Gorges du Tarn – 3 652 h. alt. 53.
🛈 Office de Tourisme pl. Gén.-Claparède ℘ 04 67 57 58 83, Fax 04 67 57 67 95.
Paris 726 – Béziers 52 – Clermont-l'Hérault 12 – Lodève 26 – Montpellier 30 – Sète 46.

▲ **Municipal la Meuse** juin-sept.
℘ 04 67 57 92 97 – NE : 1,2 km par D 32, rte d'Aniane puis chemin à gauche, à 200 m de l'Hérault et d'une Base Nautique – ⵚ — – ᴚ conseillée 15 juil.-15 août – ⵚ
3,4 ha (61 empl.) plat, herbeux ᵺ
♿ ᵰ ᵷ ᵹ ᵷ ᵹᵷ ᵷ – ᵻ – ⵚ parcours sportif – A proximité : ·ᵷ ᵺ
Tarif : (Prix 1998) ᵻ 10 tennis compris – ᵷ 45 – ᵷ 12 (6A)

⚴ **Moulin de Siau** 15 juin-15 sept.
    🕿 04 67 57 51 08 ✉ 34150 Aniane – NE : 2,2 km par D 32 rte d'Aniane puis chemin à gauche, bord
d'un ruisseau et à 200 m de l'Hérault (accès direct) – 🦌 ⊶ – **R** – ⊖🄱 ⚲
2,8 ha (115 empl.) plat, pierreux, herbeux ⌒ ⚏
 ⅊ 🗟 ⇔ 🖫 ⚲ ☺ 🖩 – A proximité : ⌖
Tarif : (Prix 1998) 🅴 *2 pers. 56, pers. suppl. 15 –* 🔌 *14 (5A)*

GIGNY-SUR-SAÔNE

71240 S.-et-L. 🄸🄸 – 🄻🄾 ⑫ – 401 h. alt. 178.
Paris 359 – Chalon-sur-Saône 27 – Le Creusot 54 – Louhans 30 – Mâcon 46 – Tournus 13.

⣿ **Château de l'Épervière** 4 avril-sept.
    🕿 03 85 94 16 90, Fax 03 85 94 16 93 – S : 1 km, à l'Épervière – Places limitées pour le passage
🦌 « agréable parc boisé au bord d'un étang » ⊶ – **R** conseillée saison – ⊖🄱
7 ha (100 empl.) plat, herbeux ⌒ ⚏
 ⅊ 🗟 ⇔ 🖫 ♨ ⇌ ☺ 🖩 – 🛒 ⛾ ✕ ⚲ – 🏠 ⚓ 🔲 ⚊ – A proximité : ⌖
Tarif : ♠ *32 piscine comprise –* 🅴 *48 –* 🔌 *21 (6A)*
Location : *gîtes*

GILETTE

06830 Alpes-Mar. 🄸🄸 – 🄱🄸 ⑱ ⑲ G. Côte d'Azur – 1 024 h. alt. 420.
Paris 950 – Antibes 43 – Nice 37 – St-Martin-Vésubie 44.

⣿ **Moulin No**
    🕿 04 93 08 92 40, Fax 04 93 08 44 77 – par D 2209, rte de Carros, à 1,8 km au Sud-Ouest de Pont
Charles-Albert (N 202), bord de l'Estéron – 🦌 ⋜ « Site et cadre agréables » ⊶
3 ha (172 empl.) plat, pierreux ⌒ ⚲ (1 ha)
 ⅊ 🗟 ⇔ 🖫 ♨ ⇌ ☺ ⚲ ▽ 🖩 – 🛒 ⛾ ✕ ⚲ – 🏠 ⚓ ⌖ 🔲 ⚊

GIRAC

46130 Lot 🄸🄾 – 🄷🄵 ⑲ – 329 h. alt. 123.
Paris 527 – Beaulieu-sur-Dordogne 12 – Brive-la-Gaillarde 44 – Gramat 28 – St-Céré 12 – Souillac 37.

⣿ **Les Chalets sur Dordogne** mai-15 sept.
    🕿 05 65 10 93 33, Fax 05 65 10 93 34 – NO : 1 km par D 703, rte de Vayrac et chemin à gauche,
bord de la Dordogne – Ⓜ ⊶ – **R** conseillée juil.-août – ⊖🄱 ⚲
2 ha (39 empl.) plat, herbeux, sablonneux ⚲
 ⅊ 🗟 ⇔ ☺ 🖩 – ⛾ grill ⚲ – 🔲 ⚊ – A proximité : 🛈
Tarif : ♠ *22 piscine comprise –* 🅴 *27 –* 🔌 *16 (3 à 9A)*
Location (permanent) : 🏠 *1000 à 3200*

GIROUSSENS

81500 Tarn 🄸🄵 – 🄱🄸 ⑨ – 1 051 h. alt. 204.
Paris 694 – Albi 41 – Castelnaudary 100 – Castres 50 – Montauban 51 – Toulouse 42.

⣿ **Aire Naturelle la Rigaudié** avril-nov.
    🕿 05 63 41 67 20 – SE : 4 km par D 631, rte de Lavaur et chemin à gauche – 🦌 ⊶ – **R** conseillée
juil.-août
3 ha/1 campable (24 empl.) plat, herbeux ⚏
 ⅊ 🗟 ⇔ 🖫 ☺ ▽ 🖩 – 🏠
Tarif : (Prix 1998) 🅴 *1 pers. 25 –* 🔌 *12 (6A)*

LE GIVRE

85540 Vendée 🄰 – 🄷🄸 ⑪ – 265 h. alt. 20.
Paris 444 – Luçon 19 – La Mothe-Achard 35 – Niort 81 – La Rochelle 59 – La Roche-sur-Yon 29 – Les Sables-d'Olonne 35.

⣿ **Aire Naturelle la Grisse** 15 avril-15 oct.
    🕿 02 51 30 83 03 – S : 2,5 km par rte reliant la D 949 et la D 747 – 🦌 ⊶ – **R** conseillée – ⚲
1 ha (25 empl.) plat, herbeux
 ⅊ 🗟 ⇔ ☺ 🖩
Tarif : (Prix 1998) 🅴 *1 pers. 25 –* 🔌 *15 (5A)*

GLÈRE

25190 Doubs 🄱 – 🄶🄶 ⑱ – 187 h. alt. 411.
Paris 505 – Besançon 104 – La Chaux-de-Fonds 52 – Montbéliard 49 – Porrentruy 20 – St-Hippolyte 19.

⣿ **Municipal** mars-oct.
    🕿 03 81 93 97 28 – E : 1,9 km par ancienne rte de Brémoncourt (rive droite du Doubs) – Places
limitées pour le passage 🦌 ⋜ ⊶ – **R**
3 ha (80 empl.) plat, peu incliné et en terrasses, gravillons
 ▥ 🗟 ⇔ 🖫 ☺ 🖩 – 🔲 ⚊ (petite piscine)
Tarif : (Prix 1998) ♠ *7 –* ⛺ *6 –* 🅴 *6 –* 🔌 *10 (6A) 12 (10A)*
Location : *huttes*

GOLINHAC

12140 Aveyron 🆖 – 🕉 ② G. Gorges du Tarn – 458 h. alt. 630.
Paris 611 – Conques 28 – Entraygues-sur-Truyère 10 – Espalion 23 – Rodez 37.

⚠️ **Municipal Bellevue** mai-sept.
  𝒫 05 65 44 50 73 – au Sud-Ouest du bourg – 🅢 ≤ �o⊷ – **R** – ⚲
  2 ha (58 empl.) incliné, en terrasses, plat, herbeux ⬚ 𝘘𝘘
  ▥ 🖩 ❖ 🗟 ⊟ ⊙ 🚲 ⌵ 📷 – 🏠 ⚙ 🚲 ⚓ – A proximité : 🖩
  Tarif : (Prix 1998) 🅴 *piscine comprise 1 pers. 32, 2 pers. 54, pers. suppl. 18 –* [₺] *15 (6A) 25 (10A) 50 (20A)*
  Location *(permanent)* : 🏠 *1800 à 2500 – gîte d'étape*

GONDRIN

32330 Gers 🆔 – 🕮 ③ – 1 042 h. alt. 174.
🖪 Syndicat d'Initiative av.Jean Moulin 𝒫 05 62 29 15 89.
Paris 741 – Agen 58 – Auch 50 – Condom 17 – Mont-de-Marsan 66 – Nérac 38.

⚠️ **Le Pardailhan** 3 avril-25 sept.
  𝒫 05 62 29 16 69 – à l'Est du bourg « Entrée fleurie » o⊷ – **R** été – ⊖🄱 ⚲
  2,5 ha (100 empl.) plat, terrasses, herbeux, gravillons ⬚ 𝘘𝘘
  ⚙ 🖩 ❖ 🗟 ⊟ ⊙ 🚲 ⌵ 📦 📷 – ⛨ pizzeria, crêperie ⚱ – 🏠 ⚓ ⚓ – A proximité : 🖩 🛝 toboggan aquatique
  Tarif : 🅴 *élect. (6A) et piscine comprises, 2 ou 3 pers. 100, 4 pers. 130, pers. suppl. 20 –* [₺] *6 (10A)*
  Location : 🚐 *1400 à 2750 –* 🏠 *1575 à 3200*

GONNEVILLE-EN-AUGE

14 Calvados – 🕖 ⑯ – rattaché à Merville-Franceville-Plage.

GOUAUX

65240 H.-Pyr. 🆔 – 🕭 ⑲ – 62 h. alt. 923.
Paris 847 – Arreau 6 – Bagnères-de-Bigorre 43 – Bagnères-de-Luchon 38 – Lannemezan 33 – Tarbes 65.

⚠️ **Le Ruisseau** Permanent
  𝒫 05 62 39 95 49 – au bourg, par D 25, Accès conseillé par D 19 – Places limitées pour le passage
  🅢 ≤ – **R** – ⚲
  2 ha (125 empl.) peu incliné, en terrasses, herbeux
  ▥ 🖩 ❖ ⊟ ⊙ – 🏠
  Tarif : (Prix 1998) ⚹ *16 –* 🅴 *16 –* [₺] *20 (4A) 27 (6A)*

GOUDARGUES

30630 Gard 🆖 – 🕉 ⑨ G. Provence – 788 h. alt. 77.
Paris 670 – Alès 50 – Bagnols-sur-Cèze 17 – Barjac 21 – Lussan 17 – Pont-St-Esprit 25.

⚠️ **Les Amarines** avril-15 oct.
  𝒫 04 66 82 24 92, Fax 04 66 82 38 64 – NE : 1 km par D 23, bord de la Cèze – ≤ o⊷ – **R** conseillée – ⊖🄱 ⚲
  3,7 ha (90 empl.) plat, herbeux ⬚ 𝘘𝘘
  ⚙ 🖩 ❖ 🗟 ⊟ ⊙ 🚲 ⌵ 📷 – ⚱ – 🏠 ⚓ 🚲 🛝
  Tarif : 🅴 *piscine comprise 2 pers. 88 –* [₺] *20 (6A)*
  Location : 🚐 *1300 à 2600*

⚠️ **St-Michelet** avril-sept.
  𝒫 04 66 82 24 99, Fax 04 66 82 34 43 – NO : 1 km par D 371, rte de Frigoulet, bord de la Cèze – 🅢 o⊷ – **R** conseillée juil.-20 août – ⊖🄱 ⚲
  4 ha (140 empl.) plat et peu incliné, terrasse, herbeux 𝘘𝘘 (1 ha)
  ⚙ 🖩 ❖ 🗟 ⊟ ⊙ 🚲 ⌵ 📷 – ⛨ – ⚓ 🛝
  Tarif : 🅴 *1 pers. 53, 2 pers. 68, pers. suppl. 16 –* [₺] *12 (3A) 18 (6A)*
  Location : 🚐 *875 à 1200 –* 🚐 *1500 à 2000*

⚠️ **La Grenouille** avril-1er oct.
  𝒫 04 66 82 21 36, Fax 04 66 82 27 77 – au bourg, près de la Cèze (accès direct) et bord d'un ruisseau – 🅢 o⊷ – **R** indispensable juil.-août – ⚲
  0,8 ha (50 empl.) plat, herbeux ⬚ 𝘘𝘘
  ⚙ 🖩 🗟 ⊟ 🚲 ⊙ 📷 – 🛝 – A proximité : 🖩
  Tarif : 🅴 *piscine comprise 2 pers. 80, pers. suppl. 16 –* [₺] *16 (4A)*

⚠️ **Le Mas de Rome**
  𝒫 04 66 82 25 24 – S : 0,5 km par D 23, rte d'Uzès puis 1,5 km par chemin à gauche, bord de la Cèze – 🅢 o⊷
  8 ha (130 empl.) plat et accidenté, en terrasses, pierreux, herbeux ⬚ 𝘘𝘘
  ⚙ 🖩 🗟 ⊟ ⊙ 📷 – ⚓ 🛝

GOUESNACH

29 Finistère – 🕥 ⑮ – rattaché à Bénodet.

282

GOUJOUNAC

46250 Lot 🔟4️⃣ – 7️⃣9️⃣ ⑦ G. Périgord Quercy – 174 h. alt. 250.
Paris 578 – Cahors 28 – Fumel 24 – Gourdon 31 – Villeneuve-sur-Lot 52.

   ▲ *La Pinède* 15 juin-15 sept.
      𝒫 05 65 36 61 84 – sortie Ouest par D 660, rte de Villefranche-du-Périgord – o╍ – **R** conseillée
      14 juil.-15 août – ⚡
      0,5 ha (16 empl.) en terrasses, herbeux ⚑
      🗚 ⇆ ⌦ ⊡ ⊙ – ✖ 🛝
      Tarif : ⚡ *20 piscine et tennis compris* – 🔲 *20* – ⚡ *10 (10A)*

GOURDON

46300 Lot 🔟3️⃣ – 7️⃣5️⃣ ⑱ G. Périgord Quercy – 4 851 h. alt. 250.
🅱 Office de Tourisme 24 r. du Majou 𝒫 05 65 27 52 50, Fax 05 65 27 52 52.
Paris 547 – Bergerac 90 – Brive-la-Gaillarde 68 – Cahors 45 – Figeac 64 – Périgueux 94 – Sarlat-la-Canéda 26.

   ▲ *Municipal Écoute s'il Pleut* juin-sept.
      𝒫 05 65 41 06 19 – NO : 1,6 km par D 704 rte de Sarlat-la-Canéda et chemin à gauche, près d'un
      plan d'eau – ⚥ o╍ – **R** – ⚡
      5 ha (160 empl.) en terrasses, peu incliné, pierreux, gravier ▭ ⚑⚑
      🗚 🗚 ⇆ ⌦ ♨ ⊡ ⊙ ⊡ – ⛝ – ✖ 🛝 – A proximité : ⚽ ◪
      Tarif : ⚡ *20 piscine et tennis compris* – 🔲 *22* – ⚡ *15 (6A)*
      Location : 🏠 *1600 à 3100* – *gîtes, bungalows toilés*

   ▲ *Aire Naturelle le Paradis* juin-15 sept.
      𝒫 05 65 41 65 01 – SO : 2 km par D 673, rte de Fumel et chemin à gauche, près du parking Inter-
      marché – ⚥ o╍ – **R** conseillée 15 juil.-15 août – ⚡
      1 ha (25 empl.) plat et en terrasses, herbeux ⚑ (0,5 ha)
      🗚 🗚 ⇆ ⊡ ⊙ ⊡ – 🛝 – A proximité : 🍴
      Tarif : 🔲 *piscine comprise 1 pers. 27* – ⚡ *10 (10A)*
      Location : 🚐 *1200 à 1400* – 🛏

GOURETTE

64 Pyr.-Atl. 🔟3️⃣ – 8️⃣5️⃣ ⑰ G. Pyrénées Aquitaine – alt. 1 400 – Sports d'hiver : 1 400/2 400 m ✳3 ✖23 –
✉ 64440 Eaux-Bonnes.
🅱 Office de Tourisme pl. Sarrière 𝒫 05 59 05 12 17, Fax 05 59 05 12 56 et à Eaux-Bonnes 𝒫 05 59 05 33 08,
Fax 05 59 05 32 58.
Paris 830 – Argelès-Gazost 36 – Eaux-Bonnes 8 – Laruns 14 – Lourdes 48 – Pau 53.

   ▲ *Le Ley* week-ends à partir du 28 nov., vacances de Noël, fév. et printemps, juil.-15 sept.
      𝒫 05 59 05 11 47 – O : 2 km rte d'Eaux-Bonnes, bord du Valentin, alt. 1 175 – ❄ ⚥ ⚘ o╍ –
      R conseillée hiver – ⚡
      1,5 ha (50 empl.) plat, en terrasses, goudronné
      ▥ 🗚 🗚 ⇆ ⌦ ⊡ ⊙ – 🍴 ✖ ⛝
      Tarif : (Prix 1998) 🔲 *1 pers. 30, pers. suppl. 20* – ⚡ *18 à 43 (2 à 16A)*

GRAMAT

46500 Lot 🔟3️⃣ – 7️⃣5️⃣ ⑲ G. Périgord Quercy – 3 526 h. alt. 305.
🅱 Office de Tourisme (hors saison de 14h à 18h) pl. de la République 𝒫 05 65 38 73 60, Fax 05 65 33 46 38.
Paris 536 – Brive-la-Gaillarde 57 – Cahors 56 – Figeac 34 – Gourdon 38 – St-Céré 22.

   ▲ *Municipal les Ségalières* juin-sept.
      𝒫 05 65 38 76 92, Fax 05 65 33 16 48 – sortie Sud-Ouest par D 677 rte de Cahors et à gauche,
      2 km par D 14 rte de Reilhac – o╍ – **R** conseillée 15 juil.-15 août – ⚡
      7 ha (100 empl.) peu incliné, pierreux, herbeux ⚑⚑ (4 ha)
      🗚 🗚 ⇆ ⌦ ⊡ ⊙ ♨ ⊡ – 🚐 ✖ 🍴 – A proximité : parc animalier
      Tarif : ⚡ *17 piscine et tennis compris* – 🔲 *19* – ⚡ *13 (6A)*
      Location (permanent) : 🏠 *1170 à 2460*

Le GRAND-BORNAND

74450 H.-Savoie 🔟2️⃣ – 7️⃣4️⃣ ⑦ G. Alpes du Nord – 1 925 h. alt. 934 – Sports d'hiver : : 1 000/2 100 m ✳2 ✖37 ⚡.
🅱 Office de Tourisme pl. Église 𝒫 04 50 02 78 00, Fax 04 50 02 78 01 et (saison) annexe du Chinaillon
𝒫 04 50 02 78 02.
Paris 578 – Albertville 46 – Annecy 32 – Bonneville 23 – Chamonix-Mont-Blanc 78 – Megève 34.

   ▲ *L'Escale* déc.-sept.
      𝒫 04 50 02 20 69, Fax 04 50 02 36 04 – près de l'église, bord du Borne – ❄ ⚥ ⚘ o╍ – **R** conseillée
      en hiver – ⚡
      2,8 ha (149 empl.) plat et peu incliné, terrasse, herbeux, pierreux
      ▥ 🗚 🗚 ⇆ ⌦ ⊡ ⊙ ♨ ▽ 🖩 ⊡ – 🚐 ✖ – A proximité : parcours sportif ⦾ 🍴 🛝 toboggan
      aquatique
      Tarif : (Prix 1998) 🔲 *tennis compris 1 ou 2 pers. 69, pers. suppl. 19,50* (hiver : 🔲 *1 à 3 pers. 79,50*
      ou 89,50, pers. suppl. 21 ou 22) – ⚡ *2 à 10A : 18 à 38 (hiver 19 à 48)*
      Location : 🛏 – *studios et appartements*

Le GRAND-BORNAND

△ **Le Clos du Pin** déc.-10 mai, 15 juin-20 sept.
℘ 04 50 02 27 61 – E : 1,3 km par rte du Bouchet, bord du Borne, alt. 1 015 – ❄ Ⓜ ⅏ ∉ chaîne des Aravis ⚬ – **R** conseillée hiver et été – ♂
1,3 ha (61 empl.) peu incliné, herbeux
▥ ⅋ ⌂ ⇌ ▣ ⌕ ☺ ▦ – ▭
Tarif : ▣ 2 pers. 67, pers. suppl. 19 (hiver : 3 pers. 85, pers. suppl. 20) – [⚡] 17 (2A) 20 (6A) 26 (10A)

GRANDCAMP-MAISY

14450 Calvados ❹ – 🔢 ③ G. Normandie Cotentin – 1 881 h. alt. 5.
Paris 291 – Caen 60 – Cherbourg 73 – St-Lô 42.

△ **Joncal** avril-sept.
℘ 02 31 22 61 44 – au port, par le quai Ouest, bord de mer – Places limitées pour le passage ⚬ – **R**
4 ha (300 empl.) plat, terrasse, herbeux, sablonneux
⅋ ⌂ ⇌ ⚲ ☺ ▦ ▣ – ▭
Tarif : ✱ 20 – ⛃ 10 – ▣ 10 – [⚡] 15 (3A) 18 (5A) 25 (6A)

La GRANDE-MOTTE

34280 Hérault 🔟 – 🔢 ⑧ G. Gorges du Tarn – 5 016 h. alt. 1.
🅱 Office de Tourisme av. J.-Bene ℘ 04 67 56 40 50, Fax 04 67 56 78 30, pl. de la Mairie ℘ 04 67 29 03 37, Fax 04 67 29 03 45 et Pavillon d'Accueil ℘ 04 67 56 00 61 et (saison) espace Levant et Roxin.
Paris 751 – Aigues-Mortes 11 – Lunel 16 – Montpellier 26 – Nîmes 45 – Palavas-les-Flots 15 – Sète 50.

△△ **Le Garden** mars-oct.
℘ 04 67 56 50 09, Fax 04 67 56 25 69 – sortie Ouest par D 59, à 300 m de la plage – ⚬ juin-oct. ✾ dans locations – **R** juil.-août – ⊞
3,5 ha (222 empl.) plat, sablonneux, herbeux ▭ ♤♤
⅋ ⌂ ⇌ ▣ ⚲ ☺ ⚓ ▦ – ▤ ♨ ▼ ✕ self, pizzeria ⚄ – ▭ ⚒ – A proximité : ⚞ et poneys
Tarif : (Prix 1998) ▣ piscine comprise 1 à 3 pers. 149/185 avec élect. (6A), pers. suppl. 30/32
Location : ▦ 1800 à 4100

△△ **Municipal Lou Gardian** 2 avril-3 oct.
℘ 04 67 56 14 14, Fax 04 67 56 31 03 – sortie Ouest par D 59 – ⚬ – **R** conseillée juil.-août – ⊞ ♂
2,6 ha (160 empl.) plat, sablonneux, herbeux ▭ ♤♤
⅋ ⌂ ⇌ ▣ ⚲ ☺ ⚓ ▦ – ⚒ – ▭ ⚞ – A proximité : ⚞ et poneys
Tarif : ▣ 3 pers. 150 (170 avec élect. 6A)

△△ **Lous Pibols** avril-sept.
℘ 04 67 56 50 08, Fax 04 67 56 23 13 – sortie Ouest par D 59, à 400 m de la plage – ⚬ – **R** – ♂
3 ha (231 empl.) plat, sablonneux ▭ ♤♤
⅋ ⇌ ▣ ⚲ ☺ ⚓ ▦ – cases réfrigérées – ▭ ⚒ – A proximité : ⚞ et poneys
Tarif : ▣ piscine comprise 3 pers. 145 (185 avec élect. 6A), pers. suppl. 30 ou 35
Location : ▦ 1800 à 3600 – bungalows toilés

△ **Intercommunal les Cigales** Pâques-sept.
℘ 04 67 56 50 85 – sortie Ouest par D 59 – ⚬ – **R** indispensable juil.-août – ⊞ ♂
2,5 ha (200 empl.) plat, sablonneux ♤♤
⌂ ▣ ☺ ⚲ ⚓ ▦ – ⚞ – A proximité : ⚞ et poneys
Tarif : (Prix 1998) ▣ 1 ou 2 pers. 76 (93 ou 99 avec élect.), pers. suppl. 23

GRAND-FORT-PHILIPPE

59153 Nord ❶ – 🔢 ③ – 6 477 h. alt. 5.
🅱 Office de Tourisme à Gravelines 11 r. de la République ℘ 03 28 51 94 00.
Paris 291 – Calais 23 – Cassel 40 – Dunkerque 25 – St-Omer 39.

△△ **Municipal de la Plage** avril-oct.
℘ 03 28 65 31 95 – au Nord-Ouest de la localité, rue du Maréchal Foch – ⚬ – **R** conseillée – ♂
1,5 ha (84 empl.) plat, herbeux
▥ ⅋ ⌂ ⇌ ▣ ⚲ ⚲ ☺ ⚓ ▦
Tarif : ✱ 23,20 – ⛃ 9,10 – ▣ 18,20

GRAND'LANDES

85670 Vendée 🔟 – 🔢 ⑬ – 407 h. alt. 52.
Paris 434 – Aizenay 12 – Challans 21 – Nantes 52 – La Roche-sur-Yon 29 – St-Gilles-Croix-de-Vie 30.

⚐ **Municipal les Blés d'Or** Permanent
au bourg, par D 94, rte de St-Etienne-du-Bois, à 100 m d'un étang – **R** conseillée
1 ha (40 empl.) peu incliné, plat, herbeux ⌑
க 🔕 ⇔ 🖵 ⊕ 🛱 ⊽ – A proximité : 🏊
Tarif : (Prix 1998) ⚹ 12 – ⬅ 5 – 🔲 7 – ⚡ 10

GRANDRIEU

48600 Lozère 🔟🔟 – 🔢🔢 ⑯ – 844 h. alt. 1 160.
Paris 559 – Langogne 28 – Châteauneuf-de-Randon 19 – Marvejols 60 – Mende 48 – Saugues 26.

⚐ **Municipal** 15 juin-15 sept.
℘ 04 66 46 31 39 – au Sud du bourg, accès par rue devant la poste, à 100 m du Grandrieu et d'un
plan d'eau, alt. 1 200 – ≼ – **R** – 🚴
1 ha (33 empl.) plat et en terrasses, incliné, pierreux, herbeux
க 🔕 ⇔ 🖵 ⇔ ⊕ – A proximité : 🏒 🏊
Tarif : (Prix 1998) ⚹ 10 – ⬅ 5 – 🔲 10 – ⚡ 10 ou 20

⚐ **Le Vieux Moulin** mai-oct.
℘ 04 66 46 40 37 – NE : 5 km par D 5, rte de Laval-Atger puis chemin à droite, bord de rivière, alt.
1 000 – ⬙ ≼ ⚓ – **R** juil.-août – 🚴
1 ha (50 empl.) plat et peu incliné, herbeux
🔕 ⇔ 🖵 ⊕ 🔲 – 🍽 – 🚲
Tarif : 🔲 2 pers. 46, pers. suppl. 13 – ⚡ 11 (4A)
Location : 🚃 800 à 1200

GRANGES-SUR-VOLOGNE

88640 Vosges 🔟 – 🔢🔢 ⑰ G. Alsace Lorraine – 2 485 h. alt. 502.
Paris 419 – Bruyères 10 – Épinal 35 – Gérardmer 14 – Remiremont 30 – St-Dié 28.

⚐ **Gina-Park** Permanent
℘ 03 29 51 41 95, Fax 03 29 57 59 52 – sortie Sud-Ouest rte de Gérardmer puis 1,5 km par D 31
rte du Tholy à droite et chemin, bord d'un étang – ⬙ ⚓ – **R** conseillée – **GB** 🚴
4,5 ha (68 empl.) plat, peu incliné, herbeux ⌑
🎦 🔕 ⇔ 🖵 ⇔ ⇔ ⊕ 🛱 ⊽ 🔲 – 🍽 🎯 🏊
Tarif : ⚹ 18 piscine comprise – 🔲 20 – ⚡ 19 (6A) 28 (10A)
Location : 🏠 1320 à 1900

⚐ **Les Peupliers** mai-sept.
℘ 03 29 57 51 04 – par centre bourg vers Gérardmer et chemin à droite après le pont, bord de
la Vologne et d'un ruisseau – ⬙ ≼ ⚓ – **R** juil.-août
2 ha (32 empl.) plat, herbeux, pierreux
க 🔕 ⇔ 🖵 ⊕ – 🔲 – A proximité : 🏊
Tarif : ⚹ 12 – 🔲 16 – ⚡ 16 (6 ou 8A)

GRANVILLE

50400 Manche 🔟 – 🔢🔢 ⑦ G. Normandie Cotentin – 12 413 h. alt. 10.
🄱 Office de Tourisme 4 cours Jonville ℘ 02 33 91 30 03, Fax 02 33 91 30 19.
Paris 338 – Avranches 26 – Caen 108 – Cherbourg 105 – Coutances 28 – St-Lô 57 – St-Malo 93 –
Vire 55.

⚐⚐ **La Vague** Pâques-fin sept.
℘ 02 33 50 29 97 – SE : 2,5 km par D 911, rte de St-Pair et D 572 à gauche, quartier St-Nicolas,
à 150 m de la plage – ⚓ – **R** – **GB** 🚴
2 ha (145 empl.) plat, herbeux, sablonneux ⌑
க 🔕 ⇔ 🖵 ⇔ ⊕ 🛱 ⊽ 🔲 – 🔲 🎯 🏊
Tarif : (Prix 1998) ⚹ 22 – 🔲 25 – ⚡ 17 (4A) 23 (6A) 27 (10A)

à Bréville-sur-Mer NE : 4,5 km par rte de Coutances – 530 h. alt. 70 – ✉ 50290 Bréville-sur-
Mer :

⚐ **La Route Blanche** mai-sept.
℘ 02 33 50 23 31 – NO : 1 km par rte de la plage, près du golf – ⚓ – **R** – **GB** 🚴
3,5 ha (226 empl.) plat, herbeux, sablonneux ⬙
🔕 ⇔ 🖵 ⇔ ⊕ – A proximité : golf 🏊
Tarif : (Prix 1998) ⚹ 12,50 – ⬅ 6,50 – 🔲 12 (23 avec élect.)

à Donville-les-Bains NE : 3 km rte de Coutances – 3 199 h. alt. 40 – ✉ 50350 Donville-les-
Bains :

⚐⚐ **Intercommunal de l'Ermitage** Rameaux-Toussaint
℘ 02 33 50 09 01 – N : 1 km par r. du Champ de Courses, à 50 m de la plage – ⚓ – **R** conseillée
– **GB** 🚴
5,5 ha (350 empl.) plat et peu incliné, herbeux, sablonneux
க 🔕 ⇔ 🖵 ⇔ ⊕ 🛱 ⊽ 🔲 – 🔲 – A proximité : bowling 🎱 🍽 ✕ 🛝 🏊
Tarif : ⚹ 20 – 🔲 22/37 avec élect.

ᏁᏁᏁ **L'Oasis de la Plage** avril-15 nov.
℘ 02 33 50 52 01, Fax 02 33 51 81 01 – N : 1, 5 km par r. du Champ de Courses, près de l'hippodrome, bord de plage – Places limitées pour le passage ⚬⚊ – **R** conseillée juil.-août – ⊞ ⚲
2 ha (131 empl.) plat, herbeux, sablonneux ⊡
♿ ♨ ⇄ ⊟ ⊟ ⊙ ▨ – ☂ – ▼ – ⌂ ✵ – A proximité : ☇
Tarif : ⚹ 29 – 🗔 33 – 🔌 11 (2A)
Location : ⛫ 1680 à 2600

au SE : 7 km par D 973 rte d'Avranches – ✉ 50380 St-Pair-sur-Mer :

ᏁᏁᏁ **Lez-Eaux** mai-15 sept.
℘ 02 33 51 66 09, Fax 02 33 51 92 02 – ⚲ « Parc agréable » ⚬⚊ – **R** conseillée juil.-août –
⊞
12 ha/5 campables (229 empl.) plat et peu incliné, herbeux ᎗᎗
♿ ♨ ⇄ ⊟ ⊟ ⊙ ⚲ ▽ ⊞ ▨ – ☂ ▼ – ⌂ ⛵ ⚲ ☱ toboggan aquatique
Tarif : 🗔 piscine comprise 2 pers. 125 (150 ou 160 avec élect. 5 ou 10A), pers. suppl. 38
Location (avril-15 sept.) : ⛫ 1600 à 3400

Le GRAU-DU-ROI

30240 Gard 🆖 – 🎱 ⑧ G. Provence – 5 253 h. alt. 2.
🅱 Office de Tourisme r. M.-Rédares ℘ 04 66 51 67 70, Fax 04 66 51 06 80 et (saison) Maison des Services, Nouveau Port de Pêche ℘ 04 66 53 14 06.
Paris 754 – Aigues-Mortes 6 – Arles 55 – Lunel 22 – Montpellier 32 – Nîmes 48 – Sète 56.

ᏁᏁᏁ **Le Boucanet** mai-25 sept.
℘ 04 66 51 41 48, Fax 04 66 51 41 87 – NO : 1 km, rte de la Grande Motte, au lieu-dit le Boucanet, bord de mer (hors schéma) – ⚬⚊ ⚲ – **R** conseillée – ⊞ ⚲
7,5 ha (458 empl.) plat, sablonneux ⊡ ᎐
♿ ♨ ⇄ ⊟ ⊟ ⊙ ⊞ ▨ – ☂ ▼ ✕ ⚬ cases réfrigérées – 🏃 ⛵ ⚲ ☱ – A proximité :
Tarif : 🗔 piscine et tennis compris 2 pers. 129 – 🔌 18 (10A)
Location : ⛫ 2000 à 3800 – bungalows toilés

à Port-Camargue S : 3,5 km – ✉
30240 le Grau-du-Roi :.
🅱 Office de Tourisme, Carrefour 2000 (Pâques-sept.) ℘ 04 66 51 71 68

ᏁᏁᏁ **La Marine** avril-15 oct.
℘ 04 66 53 36 90, Fax 04 66 51 50 45 – rte de l'Espiguette –
⚬⚊ ⚲ dans locations –
R conseillée juil., indispensable 1er au 17 août – ⚲
4,2 ha (287 empl.) plat, sablonneux, herbeux ⊡ ᎐
♿ ♨ ⇄ ⊟ ⊟ ⊙ ⚲ ▽ ⊞ ▨ – ☂
▼ ✕ ⚬ cases réfrigérées – 🏃
⛵ ☱ – A proximité : ☇
Tarif : 🗔 élect. (8A) et piscine comprises 4 pers. 220
Location : ⛫ 1300 à 3600 – bungalows toilés

ᏁᏁᏁ **L'Abri de Camargue** avril-oct.
℘ 04 66 51 54 83, Fax 04 66 51 76 42 – rte de l'Espiguette – ⚬⚊
– **R** conseillée juil.-août – ⊞ ⚲
4 ha (277 empl.) plat, sablonneux, herbeux ⊡ ᎗᎗
♨ ⇄ ⊟ ⊟ ⊙ ⚲ ▽ ⊞ ▨ – ☂
▼ ✕ ⚬ – 🏃 ⛵ ☱ ⛵
A proximité :
Tarif : 🗔 élect. (5A) et piscine comprises 4 pers. 134 à 254
Location : ⛫ 1820 à 3640

ᏁᏁᏁ **L'Eden** 4 avril-4 oct.
℘ 04 66 51 49 81, Fax 04 66 53 13 20 – rte de l'Espiguette, près du rond-point de Port-Camargue –
⚬⚊ – **R** conseillée – ⊞ ⚲
5,25 ha (377 empl.) plat, sablonneux, herbeux ⊡ ᎗᎗
♿ ♨ ⇄ ⊟ ⊟ ⊙ ⚲ ▽ ⊞ ▨ – ☂ ▼ ✕ ⚬ – ⌂ 🏃 ⛷ ⛴ ⛵ ⛵ ·⊙ ᛗ ☱ toboggan aquatique, half-court – A proximité : ☇
Tarif : 🗔 élect. et piscine comprises 2 pers. 189
Location : ⛫ 1140 à 3990 – ⛫ 1490 à 4690 – bungalows toilés

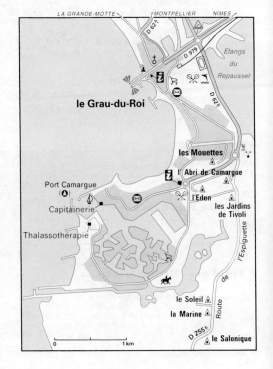

LA GRANDE-MOTTE ⬈ | MONTPELLIER ⬈ | NIMES ⬈
D 62⁶
D 979
Etangs du Repausset
D 62⁶
le Grau-du-Roi
les Mouettes
l' Abri de Camargue
Port Camargue (O)
Capitainerie
l'Eden
les Jardins de Tivoli
Thalassothérapie
l'Espiguette
le Soleil
la Marine
Route de
D 255⁶
le Salonique
0   1 km

▲▲▲ **Les Jardins de Tivoli** avril-sept.
  ℰ 04 66 53 97 00, Fax 04 66 51 09 81 – rte de l'Espiguette – Places limitées pour le passage ⚬━
  – **R** conseillée juil.-août – ⚯
  7 ha (400 empl.) plat, sablonneux ▭ ♋♋ Sanitaires individuels (🖅 lavabo et évier eau froide, wc)
  ☺ 🖳 🖻 – 🍴 snack, pizzeria ⚲ réfrigérateurs – 🖵 discothèque ⚓ ♂♀ ⚽ ⛴ – À proximité :
  ⚞, ⚲ 🐴
  Tarif : 🖃 élect. (10A), piscine et tennis compris 4 pers. 245
  Location : 🏠1500 à 3700

▲▲ **Le Salonique** 25 avril-26 sept.
  ℰ 04 66 53 11 63, Fax 04 66 53 20 26 – rte de l'Espiguette – ⚬━ ⚯ dans locations – **R** conseillée
  10 juil.-20 août – ⚌⚍ ⚯
  3,5 ha (202 empl.) plat, sablonneux, herbeux ▭ ♋♋
  ⚬ 🗚 ⚬ 🖻 ⚬ 🖻 – ⚞, 🍴 snack ⚲ – ⚬ ⛴ – À proximité : 🐴
  Tarif : 🖃 piscine comprise 2 pers. 115 (137 avec élect. 6 à 10A)
  Location : 🖵 500 à 2100 – 🖵 770 à 3180

▲ **Le Soleil** avril-29 sept.
  ℰ 04 66 51 50 07, Fax 04 66 51 74 74 – rte de l'Espiguette, bord d'un plan d'eau – Places limitées
  pour le passage ⚬━ ⚯ – **R** conseillé juil.-août – ⚯
  3 ha (247 empl.) plat, sablonneux, herbeux ♋♋
  ⚬ 🗚 🖻 ⚬ ⚬ 🖻 – ⚞, 🍴 ✕ ⚲ – À proximité : 🐴
  Tarif : ✝ 19 – ⚍ 6 – 🖃 16 – 🔋 16 (6A)
  Location : 🖵 1000 à 2700

▲ **Les Mouettes** 28 avril-26 sept.
  ℰ 04 66 51 44 00 – Nord-Est, rte du Grau-du-Roi, près du rond-point de Port-Camargue – ⚬━ –
  R conseillée – ⚯
  1,2 ha (82 empl.) plat, sablonneux, herbeux ▭ ♋♋
  ⚬ 🗚 🖻 ⚬ ⚬ 🖻 – ⚞ – 🍴 – ⚬ – À proximité : 🏇
  Tarif : (Prix 1998) 🖃 élect. (6A) comprise 1 à 3 pers. 120 ou 140, pers. suppl. 20

▶ **Si vous recherchez, dans une région déterminée :**
  - un terrain agréable (▲ ... ▲▲▲▲)
  - un terrain ouvert toute l'année (Permanent)
  - ou simplement un camp d'étape ou de séjour

Consultez le tableau des localités dans le chapitre explicatif.

La GRAVE

05320 H.-Alpes 🗓 – 🗓 ⑦ G. Alpes du Nord – 455 h. alt. 1 526 – Sports d'hiver : 1 400/3 550 m 🎿2 🎿2 🎿.
🏢 Office de Tourisme ℰ 04 76 79 90 05, Fax 04 76 79 91 65.
Paris 643 – Briançon 39 – Gap 127 – Grenoble 79 – Col du Lautaret 11 – St-Jean-de-Maurienne 68.

▲ **Le Gravelotte** 20 juin-15 sept.
  ℰ 04 76 79 93 14, Fax 04 76 79 95 62 – O : 1,2 km par N 91 rte de Grenoble et chemin à gauche,
  bord de la Romanche – ≤ ⚬━ juil.-août – **R** – ⚯
  4 ha (50 empl.) plat, herbeux
  ⚬ 🗚 ⚬ 🖻 ⚬ ☺ 🖻 – 🍴
  Tarif : 🖃 2 pers. 61, pers. suppl. 20

GRAVESON

13690 B.-du-R. 🗓 – 🗓 ⑩ G. Provence – 2 752 h. alt. 14.
Paris 701 – Arles 25 – Avignon 14 – Cavaillon 27 – Nîmes 38 – Tarascon 11.

▲ **Micocouliers** 15 mars-15 oct.
  ℰ 04 90 95 81 49 – SE : 1,2 km par D 28, rte de Châteaurenard et D 5 à droite, rte de Maillane
  – ⚬━ – **R** conseillée juil.-août – ⚯
  3,5 ha/2 campables (60 empl.) plat, pierreux, herbeux ▭
  ⚬ 🗚 ⚬ 🖻 ⚬ ☺ 🖻
  Tarif : (Prix 1998) ✝ 22 – 🖃 22 – 🔋 15 (4A) 22 (8A) 30 (12A)

GRAVIÈRES

07 Ardèche – 🗓 ⑧ – rattaché aux Vans.

GRAYAN-ET-L'HÔPITAL

33590 Gironde 🗓 – 🗓 ⑯ – 617 h. alt. 6.
Paris 522 – Bordeaux 89 – Lesparre-Médoc 23 – Soulac-sur-Mer 11.

▲ **Municipal du Gurp** juin-15 sept.
  ℰ 05 56 09 44 53, Fax 05 56 09 59 78 – O : 5 km, à 300 m de la plage – 🏖 ⚬━ – **R** – ⚌⚍ ⚯
  24 ha/10 campables (1000 empl.) plat, légèrement accidenté, dunes ♋♋ pinède
  ⚬ 🗚 🖻 ⚬ – À proximité : ⚞, 🍴 ✕ ⚽ ⚲
  Tarif : ✝ 15 – 🖃 40

GRÉOUX-LES-BAINS

04800 Alpes-de-H.-Pr. **17** – **81** ⑮ G. Alpes du Sud – 1 718 h. alt. 386 – ♨ (23 fév.-19 déc.).
🛈 Office de Tourisme 5 av. Marronniers 🕿 04 92 78 01 08, Fax 04 92 78 13 00.
Paris 765 – Aix-en-Provence 54 – Brignoles 56 – Digne-les-Bains 66 – Manosque 14 – Salernes 51.

⚠ **La Pinède** mars-nov.
🕿 04 92 78 05 47, Fax 04 92 77 69 05 – S : 1,5 km par D 8, rte de St-Pierre, à 200 m du Verdon
– ⚲ ≤ ☛ – **R** conseillée juil.-août – ⚒
3 ha (110 empl.) peu incliné et en terrasses, pierreux, gravillons ⚲
🏢 ♿ 🍳 ♻ 🗄 ⚒ ⊛ 🗑 – 🍴 – ⛱ ⚒ 🏖 – ⚒ 🐾
Tarif : ⊟ *élect. (3A), piscine et tennis compris 2 pers. 70, pers. suppl. 20 –* ⚡ *5 (6A) 10 (10A)*
Location : ⛺ *1500 à 2000*

⚠ **Regain** avril-20 oct.
🕿 04 92 78 09 23 – S : 2 km par D 8, rte de St-Pierre, bord du Verdon – ⚲ ≤ ☛ – **R** conseillée – ⚒
3 ha (83 empl.) plat et terrasse, pierreux, herbeux
♿ 🍳 ♻ 🗄 🗑 ⊛ 🚿 🐾
Tarif : 👤 *18 –* ⊟ *25 –* ⚡ *10 (3A) 15 (6A) 20 (9A)*

GRESSE-EN-VERCORS

38650 Isère **12** – **77** ⑭ G. Alpes du Nord – 265 h. alt. 1 205 – Sports d'hiver : : 1 300/1 700 m
⚡16 ⚒.
🛈 Office de Tourisme 🕿 04 76 34 33 40, Fax 04 76 34 31 26.
Paris 613 – Clelles 21 – Grenoble 49 – Monestier-de-Clermont 14 – Vizille 43.

⚠ **Les 4 Saisons** 26 déc.-15 mars, 22 mai-12 sept.
🕿 04 76 34 30 27 – SO : 1,3 km, au lieu-dit la Ville – ❄ ⚲ ≤ massif du Vercors « Situation agréable »
☛ – **R** conseillée juil. – **GB** ⚒
2,2 ha (90 empl.) en terrasses, plat, pierreux, gravillons, herbeux
🏢 ♿ 🍳 ♻ 🗄 🗑 ⊛ 🗑 – ⛱ ⚒ 🚲 🎿 – A proximité : parcours sportif 🍴 snack 🍺 discothèque
🐾 ⚒
Tarif : ⊟ *piscine comprise 2 pers. 71 –* ⚡ *2A : 16 (hiver 22) 6A : 22 (hiver 45) 10A : 28 (hiver 55)*

GRÉSY-SUR-AIX

73 Savoie – **74** ⑮ – rattaché à Aix-les-Bains.

GREZ-NEUVILLE

49220 M.-et-L. **4** – **63** ⑳ G. Châteaux de la Loire – 1 040 h. alt. 15.
Paris 296 – Angers 24 – Candé 30 – Château-Gontier 29 – La Flèche 51.

⚠ **Municipal** mai-sept.
🕿 02 41 95 61 19 – parc de la mairie, bord de la Mayenne – ☛ juil.-août – **R** – **GB** ⚒
1,5 ha (70 empl.) plat, peu incliné, herbeux ⚲
♿ 🍳 ♻ 🗄 🗑 ⊛ – ⛱ ⚒ 🐾
Tarif : 👤 *7,80 –* 🚗 *4,40 –* ⊟ *4,90 –* ⚡ *10 (6A)*

GRIGNAN

26230 Drôme **16** – **81** ② – 1 300 h. alt. 198.
Paris 632 – Crest 48 – Montélimar 24 – Nyons 24 – Orange 49 – Pont-St-Esprit 34 – Valence 72.

⚠ **Les Truffières** avril-sept.
🕿 04 75 46 93 62 – SO : 2 km par D 541, rte de Donzère, D 71, rte de Chamaret à gauche et chemin
– ⚲ « Cadre boisé » ☛ ⚒ – **R** conseillée juil.-août – **GB**
1 ha (35 empl.) plat, herbeux, pierreux, bois attenant ⛺ ⚲⚲
♿ 🍳 ♻ 🗄 🗑 ⊛ 🗑 🍴 – ⛱ 🐾
Tarif : ⊟ *piscine comprise 2 pers. 85 –* ⚡ *22 (10A)*
Location : ⛺ *1000 à 1800*

▶ *Si vous recherchez :*
   un terrain agréable ou très tranquille
   un terrain ouvert toute l'année
   un terrain effectuant la location de caravanes,
       de mobile homes, de bungalows ou de chalets
   un terrain avec tennis ou piscine
   un terrain possédant une aire de services pour camping-cars

Consultez le tableau des localités citées, classées par
départements.

83310 Var **17** – **84** ⑰ G. Côte d'Azur – 3 322 h. alt. 105.

🅱 Office de Tourisme bd des Aliziers 🖉 04 94 43 26 98, Fax 04 94 43 32 40 et annexe (saison) St-Pons-les-Mures.

Paris 864 – Brignoles 57 – Fréjus 32 – Le Lavandou 33 – St-Tropez 11 – Ste-Maxime 11 – Toulon 65.

🔺 **Charlemagne** Permanent

🖉 04 94 43 22 90, Fax 04 94 43 37 13 – O : 2 km par D 558 et D 14, rte de Collobrières, (hors schéma) – ⑱ « Agréable cadre boisé » ⚬━ – **R** conseillée juil.-août – **GB** ⚩

2 ha (100 empl.) plat, peu incliné et en terrasses, pierreux, herbeux ⚏

🎗 🗇 ⇘ 🗂 ⚏ ⊕ 🖳 – 🕴 ✕ 🏖 – 🏕

Tarif : (Prix 1998) 🔳 piscine comprise 2 pers. 88, pers. suppl. 16 – ⅍ 19 (4A)

Location : 🏚 1750 à 3000

🔺 **La Pinède** 22 mars-10 oct.

🖉 04 94 56 04 36, Fax 04 94 56 30 86 – E : 3,5 km par D 558 et D 14, rte de Ste-Maxime – ⚬━ – **R** conseillée 10 juil.-15 août – **GB** ⚩

4,3 ha (204 empl.) plat, peu incliné, herbeux ⚏

⅍ 🎗 🗇 ⚏ ⊕ 🖳 – 🕴 ✕ snack, pizzeria 🏖 – 🏕

Tarif : 🔳 2 pers. 102, pers. suppl. 22 – ⅍ 20 (4A) 22 (6A) 25 (10A)

Location : 🏚 1800 à 2800

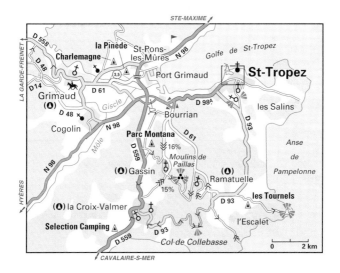

Voir aussi à la Croix-Valmer et à Ramatuelle

▶ Utilisez les **cartes MICHELIN** détaillées n°ˢ **51** à **90** :
les localités possédant des terrains sélectionnés y sont signalées par le signe (**O**).

Elles sont le complément indispensable de ce guide.

24250 Dordogne **18** – **75** ⑰ – 545 h. alt. 67.

Paris 542 – Gourdon 14 – Périgueux 79 – Sarlat-la-Canéda 12.

Schéma à la Roque-Gageac

🔺🔺🔺 **Les Granges** 2 mai-26 sept.

🖉 05 53 28 11 15, Fax 05 53 28 57 13 – au bourg – ⑱ ⚬━ – **R** conseillée juil.-août – ⚩

6 ha (173 empl.) plat, incliné et en terrasses, herbeux ⏥ ⚏

⅍ 🎗 ⇘ 🗇 ⇗ 🗂 ⊕ ⚏ ✳ 🖳 – 🕴 ✕ 🏖 – 🔲 🏊 🚴 ⚙ 🎣 ☂ toboggan aquatique – A proximité : 🛶

Tarif : 🔳 piscine comprise 4 pers. 189 – ⅍ 20 (6A)

Location : 🏚 1285 à 3600 – 🏚 1285 à 4100

🔺 **Municipal le Roc Percé** 15 juin-15 sept.

🖉 05 53 59 48 70 – S : 2 km par D 704, D 50 rte de Domme et rte de Nabirat à gauche, bord d'un plan d'eau – Ⓜ ⑱ ⚖ ⚬━ – **R** conseillée – ⚩

2 ha (92 empl.) plat, herbeux ☂

⅍ 🎗 ⇘ 🗇 🗂 ⊕ ⚏ 🖳 – ⚓

Tarif : ⚲ 18 – 🔳 23 – ⅍ 12 (10A)

GROSBREUIL

85440 Vendée **9** – **67** ⑬ – 1 091 h. alt. 39.
Paris 440 – Aizenay 25 – Challans 50 – La Roche-sur-Yon 25 – Les Sables-d'Olonne 16 – Talmont-St-Hilaire 10.

   ▲ **La Vertonne** avril-sept.
     🅿 02 51 22 65 74 – E : 1,3 km par D 36, rte de Nieul-le-Dolent et D 45 à droite – ⊶ – **R** conseillée
     juil.-août – ⊞ ⚲
     2,5 ha (84 empl.) plat, herbeux
     🕭 🗟 🗇 🖳 💍 🖴 ⊕ 🖎 🖙 🖃 ♨ 🏊 ⚓
     Tarif : 🄴 *piscine comprise 2 pers. 68 –* ⚡ *15 (4A) 18 (6A) 21 (8A)*

GROSPIERRES

07120 Ardèche **16** – **80** ⑧ – 507 h. alt. 124.
Paris 662 – Aubenas 35 – Largentière 22 – Privas 65 – St-Ambroix 27 – Vallon-Pont-d'Arc 14.

   ▲ **Aire Naturelle les Chadenèdes** avril-1er oct.
     🅿 04 75 39 09 19 – au Sud du bourg – ⚲ ⇐ – **R** – ⚲
     1 ha (25 empl.) en terrasses, plat, peu incliné, herbeux ♀
     🕭 🗟 🗇 🖎 ⊕ 🖃 – 🛻 ⚓
     Tarif : 🄴 *piscine comprise 2 pers. 58 –* ⚡ *14 (5A)*

Le GROS-THEIL

27370 Eure **5** – **54** ⑳ – 925 h. alt. 145.
Paris 132 – Bernay 30 – Elbeuf 16 – Évreux 35 – Pont-Audemer 32.

   ▲▲ **Salverte** Permanent
     🅿 02 32 35 51 34, Fax 02 32 35 92 79 – SO : 3 km par D 26, rte de Brionne et chemin à gauche
     – Places limitées pour le passage ⚲ « Agréable cadre boisé » ⊶ – **R** conseillée – ⊞
     17 ha/10 campables (300 empl.) plat, herbeux 🗔 ♀♀
     🏮 🗟 😋 🗇 💍 💍 🖴 – 🍴 snack 🛒 – 🏠 salle d'animation 🏋 ·⊛ 🖎 ♨ 🏊 (découverte l'été)
     Tarif : 🄴 *élect. (3A) et piscine comprises 2 pers. 78, pers. suppl. 27 –* ⚡ *15 (4A) 20 (6A)*

GUÉMENÉ-PENFAO

44290 Loire-Atl. **4** – **63** ⑯ – 4 464 h. alt. 37.
Paris 389 – Bain-de-Bretagne 32 – Châteaubriant 39 – Nantes 61 – Redon 20 – St-Nazaire 58.

   ▲▲ **L'Hermitage** avril-oct.
     🅿 02 40 79 23 48, Fax 02 40 51 11 87 – E : 1,2 km par rte de Châteaubriant et chemin à droite,
     près de la piscine municipale – ⊶ – **R** conseillée juil.-août – ⊞ ⚲
     2,5 ha (83 empl.) plat, et peu incliné, herbeux ♀♀
     🕭 🗟 😋 🗇 💍 🏊 🚲 🎣 (petite piscine) – A proximité : 🎾 🏊
     Tarif : 🄴 *2 pers. 52, pers. suppl. 15 –* ⚡ *13 (6A)*
     Location *(juin-sept.) gîte d'étape, bungalows toilés*

GUÉMENÉ-SUR-SCORFF

56160 Morbihan **3** – **58** ⑪ – 1 332 h. alt. 180.
Paris 483 – Concarneau 71 – Lorient 45 – Pontivy 21 – Rennes 136 – St-Brieuc 69 – Vannes 66.

   ▲ **Municipal le Palévart** 15 juin-15 sept.
     sortie Ouest par D 131, rte de St-Caradec-trégomel, bord du Scorff – **R**
     0,2 ha (19 empl.) plat, herbeux
     🕭 (🗟 juil.-août) ⊕
     Tarif : 🚶 *7,45 –* 🚗 *5,10 –* 🄴 *5 –* ⚡ *10,10 (6A)*

GUÉRANDE

44350 Loire-Atl. **4** – **63** ⑭ G. Bretagne – 11 665 h. alt. 54.
🚩 Office de Tourisme 1 pl. Marché aux Bois 🅿 02 40 24 96 71, Fax 02 40 62 04 24.
Paris 456 – La Baule 7 – Nantes 83 – St-Nazaire 21 – Vannes 67.

   ▲▲▲ **Parc de Lévéno** mai-25 sept.
     🅿 02 40 24 79 30, Fax 02 40 62 01 23 – E : 3 km par D 247, rte de St-André-des-Eaux, à gauche
     au rond point, direction Etang de Sandun – Places limitées pour le passage ⚲ ⊶ – **R** conseillée
     – ⊞ ⚲
     5 ha (237 empl.) plat, herbeux 🗔 ♀
     🕭 🗟 😋 🗇 💍 🖴 ⊕ 💍 🖃 – 🛒 🍴 🗙 🛒 – 🏠 🏋 🎾 ♨ 🏊 toboggan aquatique
     Tarif : 🚶 *25 piscine comprise –* 🚗 *10 –* 🄴 *64/81 ou 86 avec élect. (6 ou 10A)*
     Location : 🏚 *1370 à 3470*

   ▲▲ **Le Bréhadour** 3 avril-26 sept.
     🅿 02 40 24 93 12, Fax 02 40 62 10 47 – NE : 2 km par D 51, rte de St-Lyphard et rte à gauche,
     accès conseillé par D 99ᴱ – ⚲ ⊶ – **R** conseillée – ⊞ ⚲
     7 ha (271 empl.) plat et vallonné, herbeux 🗔 ♀ (2 ha)
     🕭 🗟 😋 🗇 💍 🖴 ⊕ 🏬 🖃 – 🛻 🍴 🛒 – 🚲 🎾 ♨ – A proximité : ·⊛ 🖎
     Tarif : 🚶 *27 piscine comprise –* 🄴 *39 –* ⚡ *18 (4A) 25 (10A)*
     Location : 🏚 *1250 à 2400 –* 🏠 *1500 à 3000*

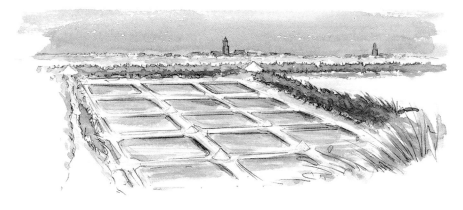

▲▲ **L'Étang** juin-15 sept.
℘ 02 40 61 93 51, Fax 02 40 61 96 21 – NE : 5 km par rte de St-Lyphard puis 3 km par D 48 à droite et rte à gauche, près de l'étang – ⚲ ⚬━ – **R** conseillée 14 juil.-20 août – ☎ ⚘
2 ha (109 empl.) plat, herbeux ▭ ♀
⚒ ⚏ ⚮ ▯ ⚑ ⚫ ⚫ ▣ – ☞ – ⚓
Tarif : ⚓ 22,50 – ⚎ 11 – ▣ 28,50 – ⚡ 16,50 (4A) 20,50 (10A)
Location : ⚏ 1500 à 3300 – bungalows toilés

La GUERCHE-SUR-L'AUBOIS

18150 Cher ⓫ – ⓺⓹ ③ – 3 219 h. alt. 184.
🅱 Office de Tourisme 1 pl. Auguste-Fournier ℘ 02 48 74 25 60, Fax 02 48 74 25 60.
Paris 242 – Bourges 47 – La Charité-sur-Loire 31 – Nevers 22 – Sancoins 15.

▲ **Municipal le Robinson** 15 mars-sept.
℘ 02 48 74 18 86 – SE : 1,4 km par D 200, rte d'Apremont puis à droite, 0,6 km par D 218 et chemin à gauche, près d'un plan d'eau « Situation agréable » ⚬━ – **R** conseillée saison – ⚘
1,5 ha (33 empl.) plat et peu incliné, herbeux ▭
⚒ ⚏ ⚮ ▯ ⚑ ⚫ ▣ – ⚏ – A proximité : ⚑ ⚓ ≋
Tarif : (Prix 1998) ⚓ 11 – ⚎ 10 – ▣ 11 – ⚡ 16 (10A)
Location (permanent) : ⚏ 1375 à 1985

GUÉRET

23000 Creuse ⓫ – ⓻⓶ ⑨ G. Berry Limousin – 14 706 h. alt. 457.
🅱 Office de Tourisme 1 av. Ch.-de-Gaulle ℘ 05 55 52 14 29, Fax 05 55 41 19 38.
Paris 354 – Bourges 125 – Châteauroux 90 – Clermont-Ferrand 135 – Limoges 90 – Montluçon 66 – Tulle 129.

▲▲ **Municipal du Plan d'Eau de Courtille** juin-sept.
℘ 05 55 81 92 24 – SO : 2,5 km par D 914, rte de Benevent et chemin à gauche, près d'un plan d'eau (accès direct) – ⚲ ≼ « Situation agréable » ⚬━ – **R** conseillée – ⚘
2,4 ha (70 empl.) incliné à peu incliné, plat, herbeux ▭
⚒ ⚏ ⚮ ▯ ⚑ ⚫ ⚏ ▣ – A proximité : ≋ (plage)
Tarif : (Prix 1998) ⚓ 11 – ⚎ 7 – ▣ 34 avec élect. (3 ou 10A)

LA GUÉRINIÈRE

85 Vendée – ⓺⓻ ① – voir à Noirmoutier (Île de).

Le GUERNO

56190 Morbihan ❹ – ⓺⓷ ⑭ G. Bretagne – 580 h. alt. 60.
Paris 456 – Muzillac 9 – Redon 31 – La Roche-Bernard 15 – Sarzeau 34 – Vannes 34.

▲ **Municipal de Borg-Néhué** avril-1ᵉʳ nov.
NO : 0,5 km par rte de Noyal-Muzillac – ⚲ – **R** – ⚘
1,4 ha (50 empl.) plat, herbeux ▭
⚒ ⚏ ⚮ ▯ ⚑ ⚫ ⚫ ⚏ ▣
Tarif : (Prix 1998) ▣ 2 pers. 38,05 – ⚡ 9,65 (10A)

▶ *Ga niet vandaag op reis met kaarten van gisteren.*

GUEUGNON

71130 S.-et-L. **11** – **69** ⑰ – 9 697 h. alt. 243.
Paris 340 – Autun 52 – Bourbon-Lancy 26 – Digoin 16 – Mâcon 87 – Montceau-les-Mines 29 – Moulins 62.

△ *Municipal de Chazey* juin-sept.
  ℰ 03 85 85 23 11 – S : 4 km par D 994, rte de Digoin et chemin à droite, près d'un petit canal et de deux plans d'eau – ⑤ ⊶ – **R**
  1 ha (20 empl.) plat, herbeux ⌥
  ⬡ ⌂ ⇌ ⬓ ⇄ ☺ ⚲ – ◻ ⬚ – A proximité : ⚲ ≊ (plage)
  Tarif : (Prix 1998) ⚹ *12* – ⇛ *7* – ▣ *12/22,50* – ⑼ *12 (4A) 27 (10A)*

GUEWENHEIM

68116 H.-Rhin **8** – **66** ⑨ – 1 140 h. alt. 323.
Paris 443 – Altkirch 22 – Belfort 25 – Mulhouse 21 – Thann 9.

△ *La Doller* avril-1ᵉʳ oct.
  ℰ 03 89 82 56 90, Fax 03 89 82 82 31 – N : 1 km par D 34 rte de Thann et chemin à droite, bord de la Doller – ⑤ ⊶ – **R** conseillée juil.15 août – Adhésion FFCC obligatoire – ✗
  0,8 ha (40 empl.) plat, herbeux
  ⬡ ⌂ ⇌ ⬓ ⬚ ⚲ ◻ – ▼ – ◻ ⬚ ▢ – A proximité : half-court ✗ ⚲
  Tarif : ⚹ *22 piscine comprise* – ▣ *18* – ⑼ *18 (6A)*

GUIDEL

56520 Morbihan **3** – **58** ⑫ – 8 241 h. alt. 38.
Paris 510 – Concarneau 42 – Lorient 11 – Moëlan-sur-Mer 13 – Quimperlé 12 – Vannes 65.

△ *Kergal* avril-sept.
  ℰ 02 97 05 98 18 – SO : 3 km par D 306 rte de Guidel-Plages et chemin à gauche – ⑤ ⊶ – **R** conseillée août – ✗
  5 ha/3 campables (132 empl.) plat, herbeux ⌥ ⚲
  ⬡ ⌂ ⇌ ⬓ ⬚ ☺ ▢ – ⬚ ⟲ ✗ ⚲
  Tarif : ⚹ *22* – ▣ *32* – ⑼ *16 (10A)*
  Location : ⌂ *900 à 1800*

GUIGNICOURT

02190 Aisne **7** – **56** ⑥ – 2 008 h. alt. 67.
Paris 165 – Laon 40 – Reims 31 – Rethel 38 – Soissons 54.

△ *Municipal* avril-sept.
  ℰ 03 23 79 74 58 – sortie Sud-Est par D 925 et rue à droite, bord de l'Aisne – Places limitées pour le passage ⊶ – **R** – ✗
  1,5 ha (100 empl.) plat, herbeux ⚲
  ▥ ⌂ ⬚ ☺ – ⬚ ✗
  Tarif : (Prix 1998) ⚹ *8,60* – ▣ *8,80* – ⑼ *3,10 par ampère (6A)*

GUILLAUMES

06470 Alpes-Mar. **17** – **81** ⑲ – 533 h. alt. 800.
🛈 Office de Tourisme Mairie *ℰ* 04 93 05 52 23.
Paris 798 – Annot 28 – Barcelonnette 61 – Puget-Théniers 32.

△ *Aire Naturelle du Pont de la Mariée* avril-sept.
  ℰ 04 93 05 53 50 – SE : 1,6 km par D 2202, rte de Daluis puis 1 km à gauche avant le pont du Var – ⑤ ≼ ⊶ – **R** conseillée 15 juil.-15 août – ✗
  2,5 ha (25 empl.) peu incliné à incliné, terrasses, herbeux, pierreux
  ⌂
  Tarif : ▣ *2 pers. 50*

GUILLESTRE

05600 H.-Alpes **17** – **77** ⑱ G. Alpes du Sud – 2 000 h. alt. 1 000.
🛈 Office de Tourisme pl. Salva *ℰ* 04 92 45 04 37, Fax 04 92 45 09 19.
Paris 716 – Barcelonnette 53 – Briançon 37 – Digne-les-Bains 117 – Gap 62.

△ *Le Villard* Permanent
  ℰ 04 92 45 06 54, Fax 04 92 45 00 52 – O : 2 km par D 902ᴬ, rte de Gap, bord du Chagne – ❄ ≼ ⊶ ✗ juil.-août dans locations – **R** conseillée – ✗
  3,2 ha (120 empl.) plat et peu incliné, herbeux, pierreux ⚲
  ▥ ⬡ ⌂ ⇌ ⬓ ☺ ▢ – ⬚ – ◻ ✗ ⚲ ▢ half-court
  Tarif : ▣ *piscine comprise 2 pers. 105* – ⑼ *9 (2A) 14 (6A) 18 (10A)*
  Location : ⌂ *1500 à 2900* – *gîte d'étape*

△ *St-James-les-Pins* Permanent
  ℰ 04 92 45 08 24 – O : 1,5 km par rte de Risoul et rte à droite, bord du Chagne – ❄ ≼ « Agréable pinède » ⊶ – **R** conseillée juil.-août – ✗
  2,5 ha (105 empl.) plat et peu incliné, pierreux, herbeux ⚲⚲ pinède
  ▥ ⬡ ⌂ ⇌ ⬓ ☺ ▢ – ⬚ – ◻ ✗ – A proximité : ✗ ▢
  Tarif : ▣ *2 pers. 75* – ⑼ *9 (3A) 15 (5A)*
  Location : ⌂ *1700 à 3000* – ⬒

▲ **La Ribière** 12 juin-12 sept.
  ℰ 04 92 45 25 54 – au Sud du bourg, accès par chemin près du carrefour D 902ᴬ et D 86,
  rte de Risoul, bord de la Chagne – ⌂ ⪉ �o━ ⚡ dans locations – **R** conseillée 14 juil.-15 août –
  ⚘
  5 ha/2 campables (50 empl.) peu incliné, plat, terrasses, herbeux, pierreux ☯
  ⌂ ⚘ ☺ ▦
  Tarif : (Prix 1998) ☗ *19* – ⚎ *8* – ▣ *9/11* – ⒧ *11 (3A) 15 (6A) 20(10A)*
  Location : ⌂ *1450*

29730 Finistère **3** – 58 ⑭ G. Bretagne – 3 365 h. alt. 5.
B Office de Tourisme 62 r. de la Marine *ℰ* 02 98 58 29 29, Fax 02 98 58 34 05.
Paris 587 – Douarnenez 40 – Pont-l'Abbé 12 – Quimper 32.

▲▲▲ **Grand Camping de la Plage** mai-15 sept.
  ℰ 02 98 58 61 90, Fax 02 98 58 89 06 – O : 2 km, rte de la Corniche vers Penmarch, à 100 m de
  la plage (accès direct) – o━ – **R** conseillée 15 juil.-15 août – **GB** ⚘
  7 ha (410 empl.) plat, herbeux, sablonneux
  ⚒ ⌂ ⇄ ▦ ☖ ☺ ⚘ ☺ ⚘ ⚐ ▦ – ⚏, ☗ crêperie ⚍ – ⛺ ⚶ ⇶ ⚐ ☆ ⚡ ♫ ⚒ toboggan
  aquatique
  Tarif : ☗ *29 piscine comprise* – ▣ *96* – ⒧ *10 (2A) 16 (6A) 20 (10A)*
  Location : ⌂ *1500 à 3600 – bungalows toilés*

29620 Finistère **3** – 58 ⑥ – 880 h. alt. 110.
Paris 539 – Brest 74 – Lannion 28 – Morlaix 17.

▲ **Municipal de Pont-Pren** 15 juin-15 sept.
  ℰ 02 98 78 80 77 – NO : 0,5 km par rte de St-Jean-du-Doigt, au stade – ⌂ o━ – **R**
  1,4 ha (50 empl.) plat, herbeux
  ⌂ ⇄ ☺ ⚘ ☺ ⛺ – ⚶ ⚡
  Tarif : ☗ *8,35 et 2,75 pour eau chaude* – ⚎ *5,10* – ▣ *5,10* – ⒧ *8,35 (2A) 10,50 (4A) 15,15 (6A)*

62340 P.-de-C. **1** – 51 ② G. Flandres Artois Picardie – 5 105 h. alt. 5.
Paris 284 – Arras 105 – Boulogne-sur-Mer 31 – Calais 12 – St-Omer 34.

▲▲▲ **La Bien-Assise** 25 avril-25 sept.
  ℰ 03 21 35 20 77, Fax 03 21 36 79 20 – sortie Sud-Ouest par D 231 rte de Marquise – ⌂ « Cadre
  agréable » o━ – **R** conseillée juil.-août – **GB** ⚘
  20 ha/12 campables (176 empl.) plat, peu incliné, herbeux, petit étang ☯☯ (0,4 ha)
  ⚒ ⌂ ⇄ ▦ ☖ ☺ ⚘ ☺ – ⚏, ☗ ✗ snack – ⛺ ⚶ ⚐ ☆ ♫ ⚒ toboggan aquatique
  Tarif : ☗ *25 piscine comprise* – ▣ *59* – ⒧ *19 (6A)*
  Location : ⌂ *1550 à 2250 – ⊨ (hôtel)*

---

33 Gironde – 78 ② – voir à Arcachon (Bassin d').

40290 Landes **13** – 78 ⑦ – 1 310 h. alt. 105.
Paris 756 – Bayonne 57 – Dax 22 – Orthez 22 – Salies-de-Béarn 16.

▲ **Aire Naturelle les Tilleuls** Pâques-Toussaint
  ℰ 05 58 98 04 21 – N : 1,2 km par D 3 et chemin à gauche – ⌂ o━ – **R** conseillée saison
  0,5 ha (12 empl.) peu incliné, herbeux ⚐ ☯
  ⌂ ⇄ ☺ ⚘ – ⚡
  Tarif : ☗ *20* – ⒧ *10*
  Location : ⌂ *850 à 1000*

40700 Landes **13** – 78 ⑦ G. Pyrénées Aquitaine – 4 449 h. alt. 96.
B Office de Tourisme pl. de la République *ℰ* 05 58 79 38 26, Fax 05 58 79 47 27.
Paris 739 – Aire-sur-l'Adour 34 – Dax 47 – Mont-de-Marsan 29 – Orthez 25 – Pau 56 – Tartas 30.

▲▲ **Municipal de la Cité Verte** juin-sept.
  ℰ 05 58 05 77 59 – au Sud de la ville par av. du Dr-Edouard-Castera, près des arènes et de la piscine,
  bord d'une rivière – ⌂ o━ **P** – **R** conseillée 15 juil.-20 août – ⚘
  0,4 ha (24 empl.) plat, herbeux ⚐ Sanitaires individuels : ⌂ ⇄ ☺ (évier) wc, ☺ ⚘ ⚐ – ⛺ –
  A proximité : parcours sportif, golf, ⇶, ♫ self service ✗ ⚡ ⚒
  Tarif : (Prix 1998) ▣ *élect. comprise 90 sans limitation du nombre de pers.*

HANVEC

29224 Finistère **3** – **58** ⑤ – 1 474 h. alt. 103.
Paris 585 – Brest 32 – Carhaix-Plouguer 57 – Châteaulin 22 – Landernau 24 – Morlaix 48 – Quimper 46.

▲ **Municipal de Kerliver** 15 juin-15 sept.
    ⌀ 02 98 20 03 14 – O : 4 km par D 47 et rte d'Hôpital-Camfrout à gauche – ⅏ ⌷ – **R** conseillée 15 juil.-20 août – ⚥
    1,25 ha (75 empl.) peu incliné, herbeux, verger et sous-bois ⏢ (0,5 ha)
    ⚏ ⇪ ⏚ ⊛
    Tarif : ✶ *13,40* – ⇔ *4,10* – ▣ *2,50/4,10* – ⚡ *6,70 (10A)*

HASPARREN

64240 Pyr.-Atl. **13** – **85** ③ G. Pyrénées Aquitaine – 5 399 h. alt. 50.
🛈 Office de Tourisme 2 pl. Saint-Jean ⌀ 05 59 29 62 02, Fax 05 59 29 13 80.
Paris 787 – Bayonne 23 – Biarritz 34 – Cambo-les-Bains 9 – Pau 108 – Peyrehorade 36 – St-Jean-Pied-de-Port 34.

▲ **Chapital** mai-15 oct.
    ⌀ 05 59 29 62 94 – O : 0,5 km par D 22 rte de Cambo-les-Bains (en deux parties distinctes) – ⌷ juil.-août – **R** conseillée juil.-août – ⚥
    2,5 ha (138 empl.) plat, en terrasses, peu incliné, herbeux ⏢ (1 ha)
    ⚊ ⚏ ⇪ ⌷ ⏚ ⊛ ⚶ ⚝ ▣ – ⛺ – A proximité : ⛟ ✗ ⤳
    Tarif : ✶ *19* – ⇔ *5* – ▣ *17* – ⚡ *18*
    Location *(avril-oct.) :* ⌂*1200 à 3000*

HAULMÉ

08800 Ardennes **2** – **53** ⑲ – 86 h. alt. 175.
Paris 262 – Charleville-Mézières 22 – Dinant 64 – Namur 94 – Sedan 46.

▲ **Base de Loisirs Départementale** Permanent
    ⌀ 03 24 32 81 61 – sortie Nord-Est, puis 0,8 km par chemin à droite après le pont, bord de la Semoy – ⌷ – **R** conseillée juil.-août – ⊕**B** ⚥
    15 ha (405 empl.) plat, herbeux ♀
    ⚊ ⚏ ⇪ ⌷ ⏚ ⊛ ▣ – ⛺ ✗ – A proximité : parcours sportif ⤳
    Tarif : ✶ *15,50* – ⇔ *8,50* – ▣ *8,60* – ⚡ *11,50 (3A) 14,80 (5A) 24,60 (10A)*

HAUTECOURT-ROMANÈCHE

01250 Ain **12** – **74** ③ – 588 h. alt. 370.
Paris 444 – Bourg-en-Bresse 19 – Nantua 23 – Oyonnax 32 – Pont-d'Ain 19.

▲ **Municipal de Chambod** Pâques-sept.
    ⌀ 04 74 37 25 41 – SE : 4,5 km par D 59 rte de Poncin puis rte à gauche, à 300 m de l'Ain (plan d'eau) – ≼ ⌷ – **R** conseillée juil.-août – ⚥
    2,4 ha (110 empl.) plat, herbeux
    ⚊ ⚏ ⇪ ⌷ ⏚ ⊛ ▣ – A proximité : parcours sportif ⌘ ⤳
    Tarif : ▣ *2 pers. 57 (67 avec élect.), pers. suppl. 17* – ⚡ *10 (4A) 18 (8A)*

HAUTEFORT

24390 Dordogne **10** – **75** ⑦ G. Périgord Quercy – 1 048 h. alt. 160.
Paris 466 – Brive-la-Gaillarde 48 – Juillac 29 – Périgueux 43 – Sarlat-la-Canéda 53.

▲ **Le Moulin des Loisirs** Pâques-sept.
    ⌀ 05 53 50 46 55 – SO : 2 km par D 72 et D 71 puis chemin à droite, à 100 m de l'étang du Coucou – ⅏ ⌷ – **R** conseillée juil.-août – ⊕**B** ⚥
    4 ha (50 empl.) plat, incliné, en terrasses, herbeux, bois attenant ⟦⟧ ♀ (1 ha)
    ⚊ ⚏ ⇪ ⌷ ⏚ ⊛ – ✗ ⤳ – ⛺ ⤳ poneys – A proximité : parcours sportif
    Tarif : ▣ *piscine comprise 2 pers. 72, pers. suppl. 17* – ⚡ *18 (6A)*
    Location : ⟐ *800 à 1550*

Le HAVRE

76600 S.-Mar. **5** – **52** ⑪ G. Normandie Vallée de la Seine – 195 854 h. alt. 4.
Env. Pont de Normandie en 1998 Péage : 33 F pour autos, 41 à 82 F pour autocars et gratuit pour motos.
🛈 Office de Tourisme, Forum Hôtel-de-Ville ⌀ 02 32 74 04 04, Fax 02 35 42 38 39 et 186 bd Clemenceau.
Paris 198 – Amiens 182 – Caen 86 – Lille 291 – Nantes 372 – Rouen 88.

▲ **La Forêt de Montgeon**
    ⌀ 02 35 46 52 39 ✉ 76620 Le Havre – Nord par D 32 rte de Montvilliers et rte à gauche, dans la forêt de Montgeon – ⅏ ⌷
    3,8 ha (202 empl.) plat, peu incliné, herbeux ⏢
    ⚊ ⚏ ⇪ ⌷ ⏚ ⇪ ⊛ ⚶ ⚝ ▣ – ⛺ – ⛺

65250 H.-Pyr. **14** – **85** ⑲ – 553 h. alt. 690.
Paris 828 – Arreau 14 – Bagnères-de-Bigorre 35 – Bagnères-de-Luchon 47 – Lannemezan 14 – Tarbes 45.

△ *La Bourie* Permanent
  𝒫 05 62 98 73 19, Fax 05 62 98 73 44 – S : 2 km par D 929, rte d'Arreau et à Rebouc D 26 à gauche, bord de la Neste d'Aure – ≤ ⊶ – **R** juil.-août
  2 ha (100 empl.) plat, peu incliné, terrasse, herbeux
  ⅊ 🎐 ⇌ 🗇 🖰 ⊙ 🖳 🖫
  Tarif : ⚲ *17* – ▣ *20* – 🔌 *10 à 35 (2 à 10A)*

68990 H.-Rhin **8** – **66** ⑨ – 1 098 h. alt. 280.
Paris 456 – Altkirch 14 – Basel 49 – Belfort 32 – Mulhouse 11 – Thann 17.

△ *Parc la Chaumière* Permanent
  𝒫 03 89 81 93 43 – sortie Sud par D 19, rte d'Altkirch – ⑤ ⊶ ⚡ – **R** indispensable hiver – 🗗
  1 ha (66 empl.) plat, herbeux, gravillons ⌑ ♀
  🎺 🎐 ⇌ 🗇 ⇄ ⊙
  Tarif : ⚲ *17* – 🚗 *12* – ▣ *élect. (2A) et piscine comprises 109*

64640 Pyr.-Atl. **13** – **85** ③ G. Pyrénées Aquitaine – 588 h. alt. 271.
Paris 799 – Bayonne 35 – Cambo-les-Bains 19 – Hasparren 14 – St-Jean-Pied-de-Port 22 – St-Palais 23.

△ *Aire Naturelle Ospitalia* juil.-août
  𝒫 05 59 37 64 88 – SE : 3 km par D 245, rte d'Amendarits et chemin à droite – ⑤ ≤ montagnes
  ⊶ – **R** – ⊖ɓ 🗗
  1 ha (22 empl.) peu incliné, terrasses, herbeux ♀
  🎐 ⇌ 🗇 ⊙ – 🖼
  Tarif : ▣ *2 pers. 50, pers. suppl. 8* – 🔌 *10 (6A)*

64700 Pyr.-Atl. **13** – **85** ① G. Pyrénées Aquitaine – 11 578 h. alt. 30.
🅱 Office de Tourisme 12 r. Aubépines 𝒫 05 59 20 00 34, Fax 05 59 20 79 17.
Paris 803 – Biarritz 31 – Pau 145 – St-Jean-de-Luz 15 – San Sebastiàn 19.

à la Plage N : 1 km – ⊠ 64700 Hendaye :

△△△ *Ametza* juin-sept.
  𝒫 05 59 20 07 05, Fax 05 59 20 32 16
  – E : 1 km, rue de l'Empereur – ⊶
  R conseillée – ⊖ɓ 🗗
  4,5 ha (300 empl.) plat, peu incliné, en terrasses, herbeux ♀♀
  ⅊ 🎐 ⇌ 🗇 🖰 ⊙ 🕾 🖫 – 🖳 🍸
  ✕ 🍴 – 🖼 ⚼ 🏊 – A proximité : 🐎
  Tarif : ▣ *élect. (2A) et piscine comprises 109* – 🔌 *23 (10A)*
  Location : 🚐 *1600 à 3100*

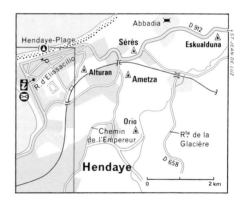

△△ *La Corniche* 15 juin-15 sept.
  𝒫 05 59 20 06 87, Fax 05 59 20 59 83
  ⊠ 64122 Urrugne – NE : 3 km (hors schéma) – ⑤ ⊶ – **R** conseillée – ⊖ɓ
  🗗
  5 ha (268 empl.) en terrasses, plat et peu incliné, herbeux, bois attenant ♀
  ⅊ 🎐 ⇌ 🗇 🖰 ⊙ 🕾 – 🖳 🍸 snack, pizzeria 🖼 – ✕ 🏊
  Tarif : ▣ *piscine comprise 2 pers. 95* –
  🔌 *15 (6A) 17 (10A)*

△△△ *Alturan* juin-sept.
  𝒫 05 59 20 04 55 – rue de la Côte, à 100 m de la plage – ⊶ – ℝ – 🗗
  4 ha (299 empl.) en terrasses, herbeux ♀♀
  🎐 🗇 🖰 🖰 ⊙ 🕾 🖫 – 🖳 🍸 snack 🖼 – 🖼
  Tarif : (Prix 1998) ▣ *2 pers. 96,70, pers. suppl. 26,50* – 🔌 *22 (10A)*

△△ *Eskualduna* 15 juin-sept.
  𝒫 05 59 20 04 64 – E : 2 km, bord d'un ruisseau – ⊶ – **R** conseillée 10 juil.-16 août – ⊖ɓ 🗗
  10 ha (285 empl.) plat, incliné et en terrasses, herbeux ♀♀♀ (6 ha)
  🎐 🗇 🖰 🖰 ⊙ ⚼ 🖫 🖳 🖼 – 🖼 ⚡
  Tarif : ▣ *2 pers. 108, pers. suppl. 29,50* – 🔌 *20*

△△ *Sérès* 15 juin-10 sept.
  𝒫 05 59 20 05 43 – E : 1,5 km, à 350 m de la plage – ⊶ – **R** conseillée – ⊖ɓ 🗗
  2,5 ha (160 empl.) peu incliné, herbeux ♀♀
  ⅊ 🎐 ⇌ 🗇 🖰 ⊙ 🕾 🖫 – 🍸 🖼 – 🖼
  Tarif : ▣ *2 pers. 98* – 🔌 *22 (10A)*

⚠️ **Orio** juil.-1er sept.
📞 05 59 20 30 30 ✉️ 64122 Urrugne – SE : 3 km – 🌿 ⚓ ⌐ – **R** – ⚄
2,5 ha (133 empl.) en terrasses et peu incliné, herbeux ♀
🏮 ⛲ 🏕 ⊕ 🖭 – 🔲
Tarif : 🔲 2 pers. 80, pers. suppl. 23 – [⚡] 13 (6 à 10A)

─────────────────────────

18250 Cher 🖪 – 🖸🖸 ⑪ G. Berry Limousin – 1 845 h. alt. 282.
🚩 Office de Tourisme pl. Mairie 📞 02 48 26 74 13.
Paris 201 – Aubigny-sur-Nère 25 – Bourges 30 – Gien 55 – Salbris 42 – Sancerre 27.

⚠️ **Municipal du Petit Bois** mai-oct.
📞 02 48 26 94 71 – SE : 1,5 km par D 12 rte des Aix-d'Angillon, près d'un étang – 🌿 – **R**
1,6 ha (38 empl.) peu incliné, herbeux ♀
🏮 ⛲ 🏕 🛁 ⊕ – A proximité : 🏊
Tarif : 🔲 1 pers. 28, pers. suppl. 15,50 – [⚡] 8 (10A)

─────────────────────────

29670 Finistère 🖪 – 🖸🖸 ⑥ – 1 265 h. alt. 72.
Paris 549 – Brest 58 – Morlaix 12 – St-Pol-de-Léon 9.

⚠️ **Municipal de Kérilis** juil.-août
📞 02 98 62 82 10 – sortie Nord, rte de Carantec, au stade – ⌐ – **R** – ⚄
1 ha (50 empl.) plat, herbeux
🏮 ⛲ 🏕 🛁 ⊕ – A proximité : 🏓 🔲
Tarif : 👤 9,80 – 🚗 7,60 – 🔲 16,30/18,40 – [⚡] 9,80

─────────────────────────

44410 Loire-Atl. 🖪 – 🖸🖸 ⑭ – 4 175 h. alt. 18.
Paris 452 – La Baule 22 – Nantes 79 – La Roche-Bernard 9 – St-Nazaire 29 – Vannes 50.

⚠️ **Municipal de Ranrouet** 10 avril-sept.
📞 02 40 88 96 23 – sortie Est par D 33, rte de Pontchâteau et à droite, rue René-Guy-Cadou – ⌐
– **R** – ⚄
1,5 ha (83 empl.) plat, herbeux 🌳🌳 (0,5 ha)
♿ 🏮 ⛲ 🏕 🛁 ⊕ 🌿 🖭 🖭 – 🔲 – A proximité : 🛒
Tarif : (Prix 1998) 👤 17 – 🚗 10 – 🔲 13 – [⚡] 13

─────────────────────────

44810 Loire-Atl. 🖪 – 🖸🖸 ⑯ ⑰ – 3 378 h. alt. 25.
Paris 384 – Nantes 28 – Nort-sur-Erdre 13 – Nozay 19 – St-Nazaire 51.

⚠️ **La Pindière** Permanent
📞 02 40 57 65 41 – O : 1,3 km par D 16 rte de Bouvron et à gauche – ⌐ – **R** – GB ⚄
1,5 ha (56 empl.) plat, herbeux 🔲
♿ 🏮 ⛲ 🏕 🛁 ⊕ ⚙ 🖭 🖭 – ✂️ 🛁 – 🎿 – A proximité : 🐎 (centre équestre)
Tarif : (Prix 1998) 👤 16 piscine comprise – 🔲 25 – [⚡] 10 (3A) 14 (6A) 21 (10A)
Location : 🏠 300 à 500

─────────────────────────

77114 S.-et-M. 🖪 – 🖸🖸 ④ – 450 h. alt. 70.
Paris 99 – Melun 58 – Montereau-Fault-Yonne 36 – Nogent-sur-Seine 15 – Provins 12.

⚠️⚠️ **Les Prés de la Fontaine** Permanent
📞 01 64 01 86 08, Fax 01 64 01 89 10 – SO : 5 km par rte de Noyen-sur-Seine et D 49 à droite –
Places limitées pour le passage 🌿 « Situation agréable au bord des étangs » ⌐ – **R**
65 ha/17 campables (350 empl.) plat, herbeux 🔲 ♀
🏛 🏮 ⛲ 🏕 🛁 ⊕ ⚙ 🌿 🖭 – 🛁 🍴 ✕ 🛁 – 🔲 🏊 🔲 (plan d'eau)
Tarif : 👤 26 – 🚗 16 – 🔲 26 – [⚡] 16 (2A) 20 (4A) 24 (6A)

─────────────────────────

88600 Vosges 🖪 – 🖸🖸 ⑰ – 263 h. alt. 480.
Paris 412 – Épinal 28 – Gérardmer 21 – Remiremont 26 – St-Dié 32.

⚠️⚠️ **Domaine des Messires** mai- 15 sept.
📞 03 29 58 56 29 – à 1,5 km au Nord du bourg – 🌿 « Situation et cadre agréables au bord d'un
lac » ⌐ – **R** conseillée juil.-août – GB ⚄
11 ha/2 campables (100 empl.) plat, pierreux, herbeux 🔲 🌳🌳
♿ 🏮 ⛲ 🏕 🛁 ⊕ ⚙ 🌿 🖭 – 🛁 🍴 ✕ 🛁 – 🔲 🛶
Tarif : 🔲 élect. (6A) comprise 3 pers. 174, pers. suppl. 32

67140 B.-Rhin 🎱 – 🔢 ⑨ G. Alsace Lorraine – 360 h. alt. 570 – Sports d'hiver : 600/1 100 m ⚡3 ⚡.
🅱 Office de Tourisme 📞 03 88 08 33 92, Fax 03 88 08 32 05.
Paris 425 – Lunéville 89 – Molsheim 30 – St-Dié 44 – Sélestat 25 – Strasbourg 51.

△△ *Municipal* Permanent
📞 03 88 08 30 90 – sortie Ouest par D 425 rte de Villé, alt. 615 « Site boisé » 🔑 –
R conseillée
2 ha (100 empl.) accidenté, en terrasses, herbeux, gravillons 〰
🏛 🔝 ⇆ 📁 ⇄ ☺ 🅿 – 🏠 🚣 – A proximité : parcours sportif
Tarif : ⚹ *16 – 🚗 8 – 🅴 10 – ⚡ 5 à 26,80 (1 à 7,5A)*

▶ *Si vous recherchez :*
un terrain agréable ou très tranquille
un terrain ouvert toute l'année
un terrain effectuant la location de caravanes,
de mobile homes, de bungalows ou de chalets
un terrain avec tennis ou piscine
un terrain possédant une aire de services pour camping-cars

Consultez le tableau des localités citées, classées par
départements.

14600 Calvados 🖐 – 🔢 ⑧ G. Normandie Vallée de la Seine – 8 272 h. alt. 5.
Env. Pont de Normandie. Péage en 1998 : 33 F pour autos, 41 à 82 F pour autocars et gratuit pour
motos.
🅱 Office de Tourisme pl. A.-Boudin 📞 02 31 89 23 30, Fax 02 31 89 31 82.
Paris 184 – Caen 66 – Le Havre 23 – Lisieux 36 – Rouen 75.

△△△ *La Briquerie* avril-sept.
📞 02 31 89 28 32, Fax 02 31 89 08 52 – SO : 3,5 km par rte de Pont-l'Évêque et D 62 à droite, à
Equemauville – Places limitées pour le passage 🔑 – **R** conseillée juil.-août – ✂
8 ha (430 empl.) plat, herbeux 🔲
🏛 🔝 ⇆ 📁 ⇄ ☺ 🌊 〰 📺 🅿 – 🍴 ✗ self 🥤 – 🏠 🚣 🌊 toboggan aquatique – A proximité :
🔖 ✂
Tarif : ⚹ *30 piscine comprise – 🅴 30/36 – ⚡ 26 (5A) 33 (10A)*
Location : 🏠 *1700 à 2600*

59 Nord – 🔢 ⑤ – rattaché à Bavay.

25370 Doubs 🔢 – 🔢 ⑥ ⑦ G. Jura – 369 h. alt. 1 000 – Sports d'hiver : relié à Métabief - 980/1 460 m
⚡30 ⚡.
🅱 Office de Tourisme 📞 03 81 49 13 81, Fax 03 81 49 09 27.
Paris 462 – Besançon 77 – Champagnole 48 – Morez 49 – Mouthe 18 – Pontarlier 18.

△ *Municipal le Miroir* 15 oct.-2 mai et juin-15 sept.
📞 03 81 49 10 64 – sortie Ouest, rte de Métabief, au pied des pistes – ❄ 🔑 – **R** conseillée été,
indispensable hiver
1,5 ha (70 empl.) plat et peu incliné, goudronné, herbeux
🏛 🔝 ⇆ 📁 ⇄ ☺ 〰 〰 – 🏠 ✂
Tarif : 🅴 *2 pers. 63 (hiver 55), pers. suppl. 18 – ⚡ 14 (3A) 21 (6A) 32 (10A)*

46 Lot – 🔢 ⑱ – rattaché à Rocamadour.

09390 Ariège 🔢 – 🔢 ⑮ – 146 h. alt. 1 446.
Paris 838 – Andorra-la-Vella 42 – Ax-les-Thermes 19 – Bourg-Madame 27 – Foix 62 – Font-Romeu-Odeillo-
Via 49.

△ *Municipal* mai-oct.
📞 05 61 05 21 10 – N : 0,6 km par N 20, rte d'Ax-les-Thermes et rte à droite – ⋞ « Belle entrée
fleurie » 🔑 – **R** indispensable juil.-août – ✂
1,5 ha (62 empl.) plat, herbeux, gravillons
🏛 🔝 ⇆ 📁 ☺ 〰 〰 🅿 – Centre de Documentation Touristique ✂
Tarif : (Prix 1998) ⚹ *15 – 🅴 12/16 – ⚡ 15 (5A)*

HOSSEGOR

40150 Landes 🔢 – 🔢 ⑰ G. Pyrénées Aquitaine.
🅱 Office de Tourisme pl. des Halles 𝒫 05 58 41 79 00, Fax 05 58 41 79 09.
Paris 755 – Bayonne 21 – Biarritz 29 – Bordeaux 177 – Dax 37 – Mont-de-Marsan 90.

△ **Municipal la Forêt** avril-oct.
𝒫 05 58 43 75 92 – E : 1 km, av. de Bordeaux – o⟶ – **R** conseillée juil.-août – ⨯𝓋
1,6 ha (72 empl.) plat et terrasse, sablonneux, herbeux ⏁
🔝 ⇌ 🗑 📺 ⊕ – 🔲 – A proximité : ✗ 🔲
Tarif : (Prix 1998) ⚊ 24 – ⚊ 7 – 🔲 24 avec élect. (5A)

HOULGATE

14510 Calvados 🔢 – 🔢 ⑰ G. Normandie Vallée de la Seine – 1 654 h. alt. 11.
🅱 Office de Tourisme bd Belges 𝒫 02 31 24 34 79, Fax 02 31 24 42 27.
Paris 211 – Caen 33 – Deauville 14 – Lisieux 33 – Pont-l'Évêque 24.

△△ **La Vallée** avril-sept.
𝒫 02 31 24 40 69, Fax 02 31 28 08 29 – S : 1 km par D 24ᴬ rte de Lisieux et D 24 à droite, 88 r.
de la Vallée – ≼ « Entrée fleurie » o⟶ – **R** conseillée juil.-août – 𝗚𝗕 ⨯𝓋
11 ha (278 empl.) peu incliné, herbeux ⏁
⚹ 🔝 ⇌ 🗑 📺 ⊕ 🅰 ⛲ 🚰 – 🗲 🚻 🍴 ⚊ – 🔲 ⛱ 🚲 ✗ 🗳
Tarif : 🔲 piscine comprise 2 pers. 109, pers. suppl. 30 – 🔋 18 (2A) 20 (4A) 25 (6A)

△△ **Les Falaises** avril-oct.
𝒫 02 31 24 81 09, Fax 02 31 28 04 11 – NE : 3 km par D 163 rte de la Corniche, accès piétons à
la plage par sentier escarpé et escalier abrupt – 🚞 ≼ « Situation dominante » o⟶ – **ℝ** – ⨯𝓋
12 ha (450 empl.) plat, incliné et en terrasses, prairies, verger ⏁
⚹ 🔝 ⇌ 🗑 📺 ⊕ 🅰 🚰 – 🗲 🚻 🍴 self ⚊ – 🔲 ⛱ 🗳
Tarif : (Prix 1998) ⚊ 23 ou 27 piscine comprise – 🔲 27 ou 29 – 🔋 18,50 (2A) 21,50 (4A) 25,50 (6A)

L'HOUMEAU

17 Char.-Mar. – 🔢 ⑫ – rattaché à la Rochelle.

HOURTIN

33990 Gironde 🔢 – 🔢 ⑰ G. Pyrénées Aquitaine – 2 072 h. alt. 18.
🅱 Office de Tourisme Maison de la Station de Hourtin 𝒫 05 56 09 19 00, Fax 05 56 09 22 23.
Paris 556 – Andernos-les-Bains 55 – Bordeaux 62 – Lesparre-Médoc 17 – Pauillac 26.

△△ **La Mariflaude** 15 mai-15 sept.
𝒫 05 56 09 11 97, Fax 05 56 09 24 01 – E : 1,2 km par D 4 rte de Pauillac – o⟶ – **R** conseillée 10
juil.-10 août – ⨯𝓋
6,2 ha (199 empl.) plat, herbeux, sablonneux ♀ pinède (2 ha)
⚹ 🔝 ⇌ 🗑 📺 ⊕ 📺 – 🗲 🚻 snack ⚊ – 🔲 ⛱ 🚲 -⊙ ✗ m 🗳
Tarif : ⚊ 20 piscine comprise – ⚊ 10 – 🔲 50 – 🔋 20 (4A) 30 (10A)
Location : 🚐 1200 à 3000 – 🏠 1700 à 3300

△△ **Les Ourmes** avril-sept.
𝒫 05 56 09 12 76, Fax 05 56 09 23 90 – O : 1,5 km par av. du Lac – 🚞 o⟶ saison ✗ dans locations
– **R** conseillée juil.-août – ⨯𝓋
7 ha (270 empl.) plat, herbeux, sablonneux ♀♀
⚹ 🔝 ⇌ 🗑 📺 🅰 ⊕ 📺 📺 – 🗲 🚻 🍴 ⚊ – 🔲 ⛱ 🗳 – A proximité : ✗ 🗳 🐎 (centre équestre)
Tarif : 🔲 piscine comprise 2 pers. 92, pers. suppl. 18 – 🔋 18 (6A)
Location : 🚐 1800 à 2900

▲▲ **La Rotonde** avril-sept.
    ⌀ 05 56 09 10 60 – O : 1,5 km par av. du lac et chemin à gauche, à 500 m du lac (accès direct)
    – 🐕 ⊶ juil.-août – **R** conseillée – **GB** ⚲
    10 ha (300 empl.) plat, herbeux, sablonneux ♉♉ pinède
    ⌖ ⟐ ⬚ ⊕ 圆 – ⊒ ▾ �ṧ – ☍ – A proximité : ▾ (centre équestre) ✕ 🎣
    Tarif : (Prix 1998) 🅴 *piscine comprise 1 ou 2 pers. 73, pers. suppl. 18 –* (ᵻ) *18 (4 ou 6A)*

▲▲ **L'Orée du Bois** juin-15 sept.
    ⌀ 05 56 09 15 88 – S : 1,3 km, rte de Carcans – ⊶ – **R** conseillée – ⚲
    2 ha (90 empl.) plat, sablonneux ♉♉
    ⌖ ⟐ ⬚ ⊚ ⊕ 圆 – snack – ☍
    Tarif : (Prix 1998) 🅴 *piscine comprise 2 pers. 65, 3 pers. 75, pers. suppl. 15 –* (ᵻ) *18*
    Location : 🛖 *2400*

▲ **Aire Naturelle l'Acacia** 15 juin-15 sept.
    ⌀ 05 56 73 80 80 – SO : 7 km par D 3, rte de Carcans et chemin à droite, au lieu-dit Ste-Hélène-
    de-Hourtin – 🐕 ⊶ – **R** conseillée 1ᵉʳ au 15 août – ⚲
    4 ha (25 empl.) plat, herbeux, sablonneux ♉ (1 ha)
    ⟐ ⇆ ⊕ – 🚲
    Tarif : 🜨 *20 –* 🅴 *17 –* (ᵻ) *12 (3A)*
    Location : 🛖 *1363*

HOURTIN-PLAGE

33990 Gironde 🄈 – 🟨🟥 ⑰.
Paris 556 – Andernos-les-Bains 66 – Bordeaux 74 – Lesparre-Médoc 29 – Soulac-sur-Mer 44.

▲▲▲ **La Côte d'Argent** 15 mai-14 sept.
    ⌀ 05 56 09 10 25, Fax 05 56 09 24 96 – à 500 m de la plage – 🐕 ⊶ ✂ dans locations –
    R conseillée – **GB** ⚲
    20 ha (750 empl.) plat, accidenté et en terrasses, sablonneux ♉♉ pinède
    ⌖ ⟐ ⇆ ⬚ ⬚ ⇆ ⊕ ⇳ 🔲 圆 – ⊒ ▾ ✕ pizzeria ṧ – ☍ 🛶 🚲 ✕
    Tarif : 🅴 *2 pers. 131/144, pers. suppl. 26 –* (ᵻ) *22 (10A)*
    Location : 🛖 *1250 à 2100 –* 🛖 *2000 à 3200*

HUANNE-MONTMARTIN

25680 Doubs 🄇 – 🟨🟨 ⑯ – 70 h. alt. 310.
Paris 392 – Baume-les-Dames 17 – Besançon 45 – Montbéliard 55 – Vesoul 34.

▲▲▲ **Le Bois de Reveuge** 26 avril-sept.
    ⌀ 03 81 84 38 60, Fax 03 81 84 44 04 – N : 1,1 km par D 113, rte de Rougemont, bord d'étangs
    – 🐕 ⊶ – **R** conseillée juil.-août – **GB** ⚲
    20 ha/8 campables (281 empl.) en terrasses, gravier, herbeux, sous-bois attenant ⌑ ♉♉ (3 ha)
    ⌖ ⟐ ⇆ ⊕ ⇲ ⇳ 🔲 – snack ṧ – 🛶 🚲 ⊙ ⛾ ☍
    Tarif : 🅴 *élect. (6A) et piscine comprises 2 pers. 160, pers. suppl. 30*
    Location : 🛖 *1300 à 3300*

HUELGOAT

29690 Finistère 🄃 – 🟨🟨 ⑥ G. Bretagne – 1 742 h. alt. 149.
🄱 Office de Tourisme pl. de la Mairie ⌀ 02 98 99 72 32, Fax 02 98 99 75 72.
Paris 523 – Brest 66 – Carhaix-Plouguer 17 – Châteaulin 37 – Landerneau 47 – Morlaix 29 – Quimper 56.

▲▲▲ **La Rivière d'Argent** mai-15 sept.
    ⌀ 02 98 99 72 50 – E : 3 km par rte de Poullaouen, bord de rivière – 🐕 ⊶ juil.-août – **R** conseillée
    14 juil.-15 août – ⚲
    1,3 ha (84 empl.) plat, herbeux ⌑ ♉
    ⌖ ⟐ ⇆ ⬚ ⇆ ⇲ ⊕ 圆 – ▾ snack (dîner seulement) – ☍
    Tarif : 🜨 *16 piscine comprise –* 🅴 *22*

▲ **Municipal du Lac** 15 juin-15 sept.
    ⌀ 02 98 99 78 80 – O : 0,8 km par rte de Brest, bord d'une rivière et d'un étang – ⊶ – **R** – ⚲
    1 ha (85 empl.) plat, herbeux ⌑
    ⌖ ⟐ ⇆ ⊕ – ✕ – A proximité : ☍
    Tarif : 🜨 *17 piscine comprise –* 🅴 *19 –* (ᵻ) *10,50 (7A)*

La HUME

33 Gironde – 🟨🟨 ② – voir à Arcachon (Bassin d') - Gujan-Mestras.

▶ *If in a given area you are looking for*
    a pleasant camping site (▲ ... ▲▲▲),
    one that is open all year (Permanent)
    or simply a place to stay or break your journey,

    consult the table of localities in the explanatory chapter.

83400 Var **17** – **84** ⑮ ⑯ G. Côte d'Azur –
48 043 h. alt. 40.
7 Office de Tourisme Rotonde J.-Salusse, av.
Belgique ℘ 04 94 65 18 55, Fax 04 94 35 85 05.
Paris 854 – Aix-en-Provence 100 – Cannes 122 –
Draguignan 79 – Toulon 20.

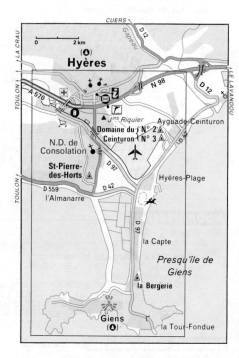

   ⚠ *St-Pierre-des-Horts* Permanent
     ℘ 04 94 38 93 38 – à l'Almanarre, S :
     5 km – ⚓ – **R** conseillée juil.-août
     1,6 ha (130 empl.) plat, herbeux ⚲
     🏕 🗄 ⛲ 🚽 👁 🔭 – ⚖ ♈ snack, piz-
     zeria ⚙ – 🏊
     Location : *studios*

   ⚠ *Domaine du Ceinturon-
   Camp n° 3* fin mars-sept.
     ℘ 04 94 66 32 65, Fax 04 94 66 48 43
     – à Ayguade-Ceinturon, SE : 5 km, à
     100 m de la mer – ⚓ – ⚡ dans
     locations – **R**
     2,5 ha (200 empl.) plat, herbeux ⚲⚲
     🔥 🗄 ⚽ 🚽 🌊 👁 🔭 – ⚖ ♈ snack
     ⚙ – 🏊 – A proximité : ⚡
     Tarif : ♦ 27 – 🔲 34 – 🔋 13 (2A) 19 (6A)
     23 (10A)
     Location : 🏠 1250 à 3065

   ⚠ *Domaine du Ceinturon-
   Camp n° 2* juin-août
     ℘ 04 94 66 39 66, Fax 04 94 66 47 30
     – à Ayguade-Ceinturon, SE : 5 km, à
     400 m de la mer – ⚓ – **R** – ⚏
     4,5 ha (345 empl.) plat, herbeux ⚲
     🔥 🗄 🚽 👁 🔭 – ⚖ ♈ ⚙ –
     Tarif : 🔲 2 pers. 80 – 🔋 15,10 (3A)
     19,40 (6A) 24,70 (10A)

Voir aussi à Giens

▶ *Campeurs...*

   N'oubliez pas que le feu est le plus terrible ennemi de la forêt.

   Soyez prudents !

64 Pyr.-Atl. – **78** ⑫ ⑱ – rattaché à St-Pée-sur-Nivelle.

64640 Pyr.-Atl. **13** – **85** ③ G. Pyrénées Aquitaine – 527 h. alt. 135.
Paris 804 – Bayonne 40 – Cambo-les-Bains 28 – Hasparren 19 – St-Jean-Pied-de-Port 21 – St-Palais 19.

   ⚠ *Municipal*
     sortie Est, rte de St-Palais et chemin à droite, bord d'un plan d'eau – ≼
     1,5 ha (47 empl.) plat et peu incliné, herbeux ⚲
     🔥 ⚽ 🚽 👁 🌊 – A proximité : ⚡

56780 Morbihan **3** – **63** ⑫ G. Bretagne – 617 h. alt. 16.
🛳 Transports maritimes. Depuis **Port-Blanc. Traversée 5 mn - Renseignements et tarifs** : IZENAH S.A.R.L
℘ 02 97 26 31 45, Fax 02 97 26 31 01. – Depuis **Vannes - Service saisonnier - Traversée 30 mn -
Renseignements et tarifs : Navix Bretagne - Gare maritime** ℘ 02 97 46 60 00, Fax 02 97 46 60 29.

   ⚠ *Municipal du Vieux Moulin* 15 juin-15 sept.
     ℘ 02 97 26 30 68 –, réservé aux tentes, sortie Sud-Est du bourg, rte de la Pointe de Brouel – ⚘
     ⚓ – **R** conseillée
     1 ha (44 empl.) plat et peu incliné, herbeux
     🔥 ⚽ 🌊 – 🏊 – A proximité : ⚡
     Tarif : 🔲 1 pers. 26, 2 ou 3 pers. 50, pers. suppl. 15

L'ÎLE-BOUCHARD

37220 I.-et-L. ⑩ – ⑱ ④ G. Châteaux de la Loire – 1 800 h. alt. 41.
Paris 285 – Châteauroux 119 – Chinon 18 – Châtellerault 49 – Saumur 43 – Tours 51.

▲ **Municipal les Bords de Vienne** juin-5 sept.
    🏕 02 47 95 23 59 – près du quartier St-Gilles, en amont du pont sur la Vienne, près de la rivière
    – ⊶ – **R** – ⤫
    1 ha (90 empl.) plat, herbeux ♀
    🕁 🗊 🔄 ⊕ 🗟 – 🚲 – A proximité : 🏐
    Tarif : ⚲ 8,50 – 🖃 11 – 🗲 10 (3A) 12 (6A)
    Location : gîte d'étape

ÎLE-D'ARZ

56840 Morbihan ❸ – ⑱ ⑬ G. Bretagne – 256 h. alt. 25.
Transports maritimes. Depuis **Conleau. Traversée 15 mn - Renseignements et tarifs** 🏕 02 97 66 92 06.
Depuis **Vannes, Service saisonnier - Traversée 30 mn - Renseignements et tarifs : Navix Bretagne, Gare**
maritime 🏕 02 97 46 60 00 (Vannes).

▲ **Les Tamaris**
    🏕 02 97 44 33 97 – N : 1,3 km, à 0,7 km du débarcadère (réservation obligatoire pour les caravanes)
    – Places limitées pour le passage 🐾
    1,5 ha (70 empl.) plat, herbeux
    🗊 🔄 ⊕ – 🚲

ÎLE-GRANDE

22 C.-d'Armor – ⑲ ① – rattaché à Pleumeur-Bodou.

L'ÎLE-ROUSSE

2B H.-Corse – ⑳ ⑬ – voir à Corse.

ILLIERS-COMBRAY

28120 E.-et-L. ❺ – ⑳ ⑰ G. Châteaux de la Loire – 3 329 h. alt. 160.
🟦 Syndicat d'Initiative 5 r. Henri-Germond 🏕 02 37 24 21 79.
Paris 116 – Chartres 26 – Châteaudun 29 – Le Mans 94 – Nogent-le-Rotrou 37.

▲▲ **Municipal de Montjouvin** avril-oct.
    🏕 02 37 24 03 04 – SO : 1,8 km par D 921, rte de Brou, bord de la Thironne – ⊶ – **R**
    2,5 ha (89 empl.) plat et peu incliné, herbeux, sous-bois (1 ha) 🗔
    🍴 🕁 🗊 🔄 🗟 🔄 ⊕ 🗟 🖃 – 🗒 🚲 🚲 – A proximité : ⛸
    Tarif : (Prix 1998) ⚲ 12 – 🖃 16,50 – 🗲 14 (6 à 8A)
    Location : gîte d'étape

INCHEVILLE

76117 S.-Mar. ❶ – ⑤⑫ ⑤ – 1 484 h. alt. 19.
Paris 166 – Abbeville 31 – Amiens 65 – Blangy-sur-Bresle 15 – Le Crotoy 36 – Le Tréport 10.

▲▲ **Municipal**
    🏕 02 35 50 30 17 – sortie Nord-Est rte de Beauchamps et r. Mozart à droite, près d'un étang –
    Places limitées pour le passage ⊶
    2 ha (190 empl.) plat, herbeux
    🕁 🗊 🔄 🗟 🔄 ⊕ 🗟 🖃 – 🗒

INGRANDES

86220 Vienne ⑩ – ⑱ ④ – 1 765 h. alt. 50.
Paris 308 – Châtellerault 7 – Descartes 18 – Poitiers 42 – Richelieu 28 – La Roche-Posay 29.

▲▲ **Le Petit Trianon** 15 mai-20 sept.
    🏕 05 49 02 61 47, Fax 05 49 02 68 81 – à St-Ustre, NE : 3 km – 🐾 ⩽ « Cadre agréable autour d'un
    petit château » ⊶ – **R** conseillée juil.-août – 🅶🅱 ⤫
    4 ha (95 empl.) peu incliné et plat, herbeux ♀
    🕁 🗊 🔄 🗟 🔄 ⊕ 🗟 – ⤫ – 🗒 🚲 🚲
    Tarif : ⚲ 36 piscine comprise – 🚗 20 – 🖃 22 – 🗲 22 (6A) 24 (10A)

ISIGNY-SUR-MER

14230 Calvados ❹ – ⑤④ ⑬ G. Normandie Cotentin – 3 018 h. alt. 4.
🟦 Office de Tourisme 1 r. V.-Hugo 🏕 02 31 21 46 00, Fax 02 31 22 90 21.
Paris 294 – Bayeux 34 – Caen 63 – Carentan 11 – Cherbourg 62 – St-Lô 31.

▲▲▲ **Municipal le Fanal** avril-15 oct.
    🏕 02 31 21 33 20, Fax 02 31 22 12 00 – O : accès par le centre ville, près du terrain de sports, bord
    d'un plan d'eau – 🐾 ⊶ – **R** – ⤫
    11 ha/8 campables (80 empl.) plat, herbeux 🗔
    🕁 🗊 🔄 🗟 🔄 ⊕ 🗟 🗟 🖃 – 🗒 🚲 🗗 ⚓ (petite piscine)
    Tarif : (Prix 1998) ⚲ 22 – 🖃 30 – 🗲 20 (10A)
    Location : 🛏 1700 à 2200 – bungalows toilés

ISLE-ET-BARDAIS

03360 Allier 🖽 – 🖾 ⑫ – 355 h. alt. 285.
Paris 312 – Bourges 59 – Cérilly 9 – Montluçon 49 – St-Amand-Montrond 26 – Sancoins 22.

    ▲▲ **Les Écossais** avril-sept.
      ℰ 04 70 66 62 57, Fax 04 70 66 63 99 – S : 1 km par rte des Chamignoux, bord de l'étang de Pirot
      – ⅏ « Site agréable » ⊶ – **R** conseillée juil.-août – ⊖🅱 ⅋
      2 ha (70 empl.) plat, peu incliné, accidenté, herbeux ⌂ ⚲⚲ (1 ha)
      🗊 ⏚ 🗄 🖒 ▤ – 🍴 – 🏠 🚴 ⚒ ♨ – ⚌ (plage)
      Tarif : (Prix 1998) ✶ 14 – ⇌ 7 – 🄴 7 – 🗲 16 (16A)
      Location : gîtes, huttes

L'ISLE-SUR-LA-SORGUE

84800 Vaucluse 🖽🖸 – 🖾🖽 ⑫ ⑬ G. **Provence** – 15 564 h. alt. 57.
🖪 Office de Tourisme pl. Église ℰ 04 90 38 04 78, Fax 04 90 38 35 43.
Paris 696 – Apt 34 – Avignon 23 – Carpentras 17 – Cavaillon 11 – Orange 40.

    ▲▲▲ **La Sorguette** 15 mars-24 oct.
      ℰ 04 90 38 05 71, Fax 04 90 20 84 61 – SE : 1,5 km par N 100, rte d'Apt, près de la Sorgue – ⊶
      – **R** conseillée Pâques et été – ⊖🅱 ⅋
      2,5 ha (164 empl.) plat, herbeux, pierreux ⚲
      🕭 🗊 ⏚ 🗄 ⊛ ▨ ▤ – 🖳 cases réfrigérées – 🏠 ⚐ 🚴 half-court
      Tarif : 🄴 2 pers. 78, pers. suppl. 27 – 🗲 18 (4A)
      Location : 🚐 1960 à 2800 – 🏠 2450 à 3200

L'ISLE-SUR-LE-DOUBS

25250 Doubs 🖸 – 🖾🖾 ⑰ G. **Jura** – 3 203 h. alt. 292.
Paris 405 – Baume-les-Dames 28 – Besançon 56 – Montbéliard 24 – Porrentruy 47 – St-Hyppolyte 37.

    ▲ **Municipal les Lumes** 15 mai-15 sept.
      ℰ 03 81 92 73 05 – sortie Nord par N 83, rte de Belfort et chemin à droite avant le pont, bord
      du Doubs – ⊶ – **R** conseillée juil., indispensable août – ⊖🅱 ⅋
      1,2 ha (76 empl.) plat, herbeux, pierreux ⚲
      🗊 ⏚ ⅏ ⊛ – ⚗ – A proximité : ⚒ ⅋
      Tarif : ✶ 17 – ⇌ 10 – 🄴 12/14 – 🗲 13 (6A)

L'ISLE-SUR-SEREIN

89440 Yonne **7** – **65** ⑥ – 533 h. alt. 190.
Paris 210 – Auxerre 50 – Avallon 16 – Montbard 32 – Tonnerre 40.

⚲ **Municipal le Parc du Château** juin-15 sept.
⌀ 03 86 33 93 50 – S : 0,8 km par D 86, rte d'Avallon, au stade, à 150 m du Serein (accès direct)
– ⌑☞ – **R** – ⚸
1 ha (40 empl.) plat, herbeux ⚲
🎣 ⛲ 🗒 🛁 ☺ 🅰 🚣 parcours sportif – A proximité : ✂
Tarif : ⚹ *10* – ⛺ *8* – 🅴 *8* – ⚡ *14*

ISPAGNAC

48320 Lozère **15** – **80** ⑥ G. Gorges du Tarn – 630 h. alt. 518.
Paris 618 – Florac 11 – Mende 27 – Meyrueis 45 – Ste-Enimie 17.

⚲ **Municipal du Pré Morjal** avril-oct.
⌀ 04 66 44 23 77 – sortie Ouest par D 907bis, rte de Millau et chemin à gauche, près du Tarn –
🏊 ≼ ⌑☞ – **R** conseillée juil.-août – **GB** ⚸
2 ha (130 empl.) plat, herbeux 🌲 ⚲⚲
🎞 ⛱ 🎣 ⛲ 🅰 ☺ 🅰 ☇ 🗒 📷 – 🔦 🛶 – A proximité : ✂ 🚣
Tarif : (Prix 1998) 🅴 *piscine comprise 1 pers. 50, 2 pers. 70, pers. suppl. 21* – ⚡ *15 (10
ou 16A)*
Location *(permanent)* : 🏠 *1200 à 2500*

ISQUES

62 P.-de-C. – **51** ① – rattaché à Boulogne-sur-Mer.

ISSARLÈS (Lac d')

07 Ardèche **11** – **76** ⑰ G. Vallée du Rhône – 217 h. alt. 946 – ✉ 07470 Coucouron.
Paris 580 – Coucouron 16 – Langogne 36 – Le Monastier-sur-Gazeille 17 – Montpezat-sous-Bauzon 35 –
Privas 70.

⚲ **La Plaine de la Loire** 15 juin-5 sept.
⌀ 04 66 46 25 77 – O : 3 km par D 16, rte de Coucouron et chemin à gauche avant le pont, bord
de la Loire, alt. 900 – 🏊 ≼ ⌑☞ – **R** conseillée – ⚸
1 ha (55 empl.) plat, herbeux
🎣 ⛲ 🛁 ☺ – 🛶 – 🚣
Tarif : 🅴 *2 pers. 54, pers. suppl. 15* – ⚡ *17 (6 ou 8A)*

ISSENDOLUS

46500 Lot **14** – **76** ⑲ – 365 h. alt. 350.
Paris 543 – Cahors 63 – Figeac 29 – Labastide-Murat 29 – Rocamadour 18.

⚲ **Le Teulières** Permanent
⌀ 05 65 40 86 71, Fax 05 65 33 40 89 – NE : 1,5 km, sur N 140, rte de Figeac, au lieu-dit l'Hôpital
– ⌑☞ – **R** conseillée juil.-août – ⚸
2 ha (33 empl.) incliné, plat, herbeux
🛆 🎣 🗒 ☺ 📷 – snack – 🔦 🛶
Tarif : ⚹ *15 piscine comprise* – 🅴 *15* – ⚡ *10 (20A)*
Location : 🏠 *1000 à 2500* – 🏚

ISSOIRE

63500 P.-de-D. **11** – **73** ⑭ ⑮ G. Auvergne – 13 559 h. alt. 400.
🏢 Office de Tourisme pl. Gén.-de-Gaulle ⌀ 04 73 89 15 90 et (saison) Aire de Veyre et du Lembron.
Paris 452 – Aurillac 123 – Clermont-Ferrand 38 – Le Puy-en-Velay 94 – Rodez 179 – St-Étienne 178 – Thiers
57 – Tulle 172.

⚲ **La Grange Fort** mars-1er nov.
⌀ 04 73 71 05 93, Fax 04 73 71 07 69 ✉ 63500 Les Pradeaux – SE : 4 km par D 996, rte de
la Chaise-Dieu puis à droite, 3 km par D 34, rte d'Auzat-sur-Allier, A 75 sortie 13 direction
Parentignat – 🏊 ≼ « Autour d'un château dominant l'Allier » ⌑☞ 🅿 – **R** conseillée juil.-
25 août
23 ha/4 campables (40 empl.) plat, peu incliné, herbeux 🌲 ⚲
🎞 🛆 🎣 ⛲ 🗒 🛁 🅰 ☺ 📷 – 🍸 ⚸ – 🔦 🚟 ✂ 🎱 🛶
Tarif : ⚹ *23 piscine comprise* – 🅴 *43* – ⚡ *16,50 (4A)*
Location : 🏚 – *appartements*

⚲ **Municipal du Mas** avril-oct.
⌀ 04 73 89 03 59 – E : 2,5 km par D 9, rte d'Orbeil et à droite, à 50 m d'un plan d'eau et à 300 m
de l'Allier – ≼ ⌑☞ – **R** conseillée – **GB** ⚸
3 ha (140 empl.) plat, herbeux
🎞 🎣 🗒 🛁 ☺ 🅰 ☇ 📷 – 🛶 🚣 – A proximité : 🚲 🎯 ✂
Tarif : (Prix 1998) ⚹ *13,60* – ⛺ *6,90* – 🅴 *6,90/9* – ⚡ *9 (8A)*

36100 Indre ⑩ – ⑥⑧ ⑨ G. Berry Limousin – 13 859 h. alt. 130.
🛈 Office de Tourisme pl. St-Cyr 𝒫 02 54 21 74 02, Fax 02 54 03 03 36.
Paris 245 – Bourges 37 – Châteauroux 29 – Tours 131 – Vierzon 34.

▲ **Municipal les Taupeaux** fin mai-fin août
𝒫 02 54 03 13 46 – sortie Nord par D 918, rte de Vierzon, à 150 m d'une rivière – **R** –
&
0,6 ha (50 empl.) plat, herbeux ⌑
🗐 🖰 ⊛ ᴢ
Tarif : ⚡ *13* – 🖪 *13* – ⓗ *13 (15A)*

71760 S.-et-L. ⑪ – ⑥⑨ ⑯ – 1 012 h. alt. 310.
Paris 335 – Bourbon-Lancy 25 – Gueugnon 17 – Luzy 12 – Montceau-les-Mines 38 – Paray-le-Monial 41.

▲ **Municipal de l'Étang Neuf** mai-15 sept.
𝒫 03 85 24 96 05 – O : 1 km par D 42, rte de Grury et chemin à droite – ⌑ ≼ « Situation agréable
en bordure d'un étang » ⊶ – **R** conseillée juil.-août – &
3 ha (71 empl.) plat, peu incliné, herbeux, gravier, bois attenant ⌑
🔥 🗐 🖰 🖰 ⊛ 🖪 – 🍴 – 🔜 🌊 – A proximité : 🔫 🗲
Tarif : (Prix 1998) ⚡ *16 piscine comprise* – 🚗 *9* – 🖪 *16* – ⓗ *16 (5A)*

64250 Pyr.-Atl. ⑬ – ⑧⑤ ③ G. Pyrénées Aquitaine – 1 563 h. alt. 39.
Paris 791 – Bayonne 23 – Biarritz 24 – Cambo-les-Bains 5 – Pau 121 – St-Jean-de-Luz 34 – St-Jean-Pied-de-Port 33.

▲ **Hiriberria** 15 fév.-15 déc.
𝒫 05 59 29 98 09, Fax 05 59 29 20 88 – NO : 1 km par D 918, rte de Cambo-les-Bains et chemin
à droite – ≼ ⊶ – **R** conseillée juil.-août – **GB** &
4 ha (180 empl.) plat, en terrasses, peu incliné, herbeux ⑨⑨ (0,5 ha)
🔥 🗐 ⇆ 🖰 🖰 ⊛ ᴢ ⨂ 🖪 – ⛽ 🍴 – A proximité : ⚡ *piscine comprise 2 pers. 74, pers. suppl. 23* – ⓗ *10 (5A) 15 (10A)*
Location : 🏠 *1200 à 2500*

77450 S.-et-M. ⑥ – ⑤⑥ ⑫ G. Ile de France – 333 h. alt. 46.
Paris 43 – Meaux 15 – Melun 56.

▲ **Base de Loisirs de Jablines-Annet** Permanent
𝒫 01 60 26 09 37, Fax 01 60 26 52 43 – SO : 2 km par D 45, rte d'Annet-sur-Marne, à 300 m d'un
plan d'eau « Situation agréable dans une boucle de la Marne » ⊶ – **R** conseillée avril-sept. –
Conditions d'admission : se renseigner – **GB** &
300 ha/4 campables (150 empl.) plat, herbeux ⌑
🔥 🔥 🗐 ⇆ 🖰 🖰 ⊛ ᴢ ⨂ 🖪 – 🚣 – A proximité : practice de golf, poneys, 🐎 🍴 cafétéria
🔜 🚲 🗲 🌊 🌊 ⚓
Tarif : (Prix 1998) ⚡ *28* – 🖪 *60 ou 65 avec élect. (10A)*

15200 Cantal ⑩ – ⑦⑥ ① – 347 h. alt. 450.
Paris 530 – Aurillac 62 – Bort-les-Orgues 26 – Mauriac 10 – Salers 23 – Ussel 57.

▲ **Municipal le Lac de Lavaurs** saison
𝒫 04 71 69 73 65 – SO : 7 km par D 138, D 922 et D 38, rte de Sourniac, à 200 m du lac, accès
conseillé par D 922, rte de Mauriac et D 38 à droite – ⌑ ⊶ – **R**
1 ha (20 empl.) plat, herbeux ⌑
🔥 🗐 🖰 ⊛ 🖪 – A proximité : ✗ 🗲
Tarif : (Prix 1998) ⚡ *10,50* – 🚗 *7,30* – 🖪 *8,40* – ⓗ *13,60*
Location : *huttes*

85520 Vendée ⑨ – ⑥⑦ ⑪ – 1 817 h. alt. 14.
Paris 450 – Challans 62 – Luçon 35 – La Roche-sur-Yon 35 – Les Sables-d'Olonne 22.

▲▲ **Les Écureuils** 21 mai-12 sept.
𝒫 02 51 33 42 74, Fax 02 51 33 91 14 – rte des Goffineaux, à 300 m de l'océan – ⌑ ⊶ 🚫 –
R indispensable juil.-août
4 ha (261 empl.) plat, sablonneux ⌑ ⑨⑨
🔥 🗐 ⇆ 🖰 🖰 ⊛ ᴢ ⨂ 🖪 – 🌊 🍴 🍴 – 🔜 🗲 🌊 🌊 🔫 🌊 – A proximité : 🗲
Tarif : ⚡ *30 piscine comprise* – 🖪 *66* – ⓗ *20 (10A)*
Location : 🏠 *1750 à 3300*

△△△ **Le Curtys** 3 avril-12 sept.
℘ 02 51 33 63 42, Fax 02 51 33 91 31 – au Nord de la station – Places limitées pour le passage ⚬┳
– **R** conseillée juil.-août – ⚒
8 ha (360 empl.) plat, herbeux ▭
⚒ toboggan aquatique terrain omnisports
– A proximité : ⛺ ♣
Tarif : ⅇ *piscine comprise 2 pers. 120 (140 avec élect. 6A), pers. suppl. 30*
Location : ⚏ *850 à 2800 –* ⚏ *930 à 3800 –* ⚏ *1900 à 3900 – bungalows toilés*

△△△ **L'Océano d'Or** 5 avril-20 sept.
℘ 02 51 33 65 08 – au Nord-Est de la station, sur D 21 – ⚬┳ – **R** conseillée 25 juil.-15 août – ⏺⏺
⚒
8 ha (431 empl.) plat, herbeux ▭
⚒ salle d'animation ⚒ ⚒ ⚒ ⚒ toboggan aquatique
Tarif : ⅇ *piscine comprise 2 pers. 125 –* ⚏ *20 (6A)*
Location : ⚏ *1300 à 3700*

△△ **La Pomme de Pin** 5 avril-20 sept.
℘ 02 51 33 43 85 – SE : r. Vincent-Auriol, à 150 m de la plage de Boisvinet – Places limitées pour
le passage ⚬┳ – **R** conseillée 10 juil.-20 août – ⏺⏺ ⚒
2 ha (150 empl.) plat, sablonneux ▭ ⚒ pinède
⚒ toboggan aquatique
Tarif : ⅇ *piscine comprise 2 pers. 128 –* ⚏ *20 (6A)*
Location : ⚏ *1200 à 3700 –* ⚏ *1400 à 4000*

△ **La Mouette Cendrée** 15 mai-15 sept.
℘ 02 51 33 59 04 – sortie Nord-Est par D 19, rte de St-Hilaire-la-Forêt – ⚬┳ – **R** conseillée juil.-août
– ⚒
1,2 ha (72 empl.) plat, herbeux ▭
⚒ (petite piscine) toboggan aquatique
Tarif : ⅇ *2 pers. 93 –* ⚏ *18 (6A)*
Location (avril-sept.) : ⚏ *1000 à 3000 – bungalows toilés*

△ **Municipal Bosquet de la Maison Forestière** Pâques-sept.
℘ 02 51 33 56 57 – au Sud-Ouest de la station, à 150 m de la plage – ⚬┳ – **R** conseillée – ⏺⏺ ⚒
1 ha (62 empl.) plat et accidenté, herbeux, sablonneux ⚒
⚒ – A proximité : ⚒ ♣
Tarif : (Prix 1998) ⅇ *2 pers. 57, pers. suppl. 19 –* ⚏ *19 (10 ou 16A)*

Voir aussi à St-Vincent-sur-Jard

JARS

18260 Cher ⑥ – ⑥⑤ ⑫ G. Berry Limousin – 522 h. alt. 285.
Paris 187 – Aubigny-sur-Nère 26 – Bourges 47 – Cosne-sur-Loire 21 – Gien 45 – Sancerre 17.

△ **S.I. le Noyer** mai-sept.
℘ 02 48 58 74 50 – SO : 0,8 km par D 74 et chemin à droite, près d'un plan d'eau « Situation
agréable » – **R**
0,9 ha (25 empl.) peu incliné, plat, herbeux
⚒ – A proximité : ⚒ ⚒ ♣ ⚒
Tarif : (Prix 1998) ⚒ *9 –* ⚒ *5 –* ⅇ *7/9 –* ⚏ *9*
Location : *gîte d'étape*

▶ *Participez à notre effort permanent*
de mise à jour.
Adressez-nous vos remarques et
vos suggestions.
Cartes et Guides MICHELIN
46, avenue de Breteuil – 75324 Paris Cedex 07.

JAULNY

54470 M.-et-M. **7** – **57** ⑬ G. Alsace Lorraine – 169 h. alt. 230.
Paris 312 – Commercy 39 – Metz 33 – Nancy 51 – Toul 41.

⚠ *La Pelouse* avril-sept.
  ℘ 03 83 81 91 67 – à 0,5 km au Sud du bourg, accès près du pont sur le Rupt de Mad – Places limitées pour le passage ⚏ « Cadre boisé » ⚬╼ – **R** – ⊖⊟ ⚒
  2,9 ha (100 empl.) plat et incliné, herbeux ♈♈ (2 ha)
  🏕 📻 ⚏ ⊛ 🗟 – snack – 🏚 – A proximité : 🏊 🚣
  Tarif : ⚹ 12 – 🚐 10,50 – 🔲 10,50 – ⓰ 12 (4A) 16 (6A)
  Location *(permanent)* : 🏠 1100 à 1600

JAUNAY-CLAN

86 Vienne – **68** ⑭ – rattaché à Poitiers.

JENZAT

03800 Allier **11** – **73** ④ G. Auvergne – 439 h. alt. 312.
Paris 393 – Aigueperse 17 – Montmarault 33 – St-Éloy-les-Mines 38 – St-Pourçain-sur-Sioule 24 – Vichy 28.

⚠ *Municipal Champ de Sioule* 29 avril-26 sept.
  ℘ 04 70 56 86 35 – sortie Nord-Ouest par D 42, rte de Chantelle, près de la Sioule – ⚬╼ – **R**
  1 ha (51 empl.) plat, herbeux
  🏕 ⚶ 🛁 ⚏ ⊛ 🗟
  Tarif : (Prix 1998) ⚹ 10,50 – 🚐 4,50 – 🔲 4,50 – ⓰ 9,50 (6A)

JOANNAS

07110 Ardèche **16** – **80** ⑧ – 224 h. alt. 430.
Paris 655 – Aubenas 26 – Largentière 9 – Privas 56 – Valgorge 17 – Vallon-Pont-d'Arc 30.

⚠ *Le Roubreau* Pâques-15 sept.
  ℘ 04 75 88 32 07, Fax 04 75 88 31 44 – O : 1,4 km par D 24, rte de Valgorge et chemin à gauche, bord du Roubreau – ⚏ ≼ ⚬╼ – **R** conseillée – ⊖⊟ ⚒
  3 ha (100 empl.) plat et peu incliné à incliné, herbeux, pierreux 🖵 ♈♈
  ⚒ 🏕 ⚶ 🗟 🛁 ⚏ ⊛ 🗟 – ⓧ snack 🍴 – 🏚 ⚒ 🚴
  Tarif : 🔲 piscine comprise 2 pers. 98 – ⓰ 20 (4A)
  Location : 🏠 1500 à 2700

⚠ *La Marette* Pâques-15 sept.
  ℘ 04 75 88 38 88 – O : 2,4 km par D 24, rte de Valgorge – ⚏ ≼ ⚬╼ – **R** indispensable – ⚒
  4 ha (55 empl.) en terrasses et accidenté, pierreux, bois 🖵 ♈
  ⚒ 🏕 ⚶ 🗟 🛁 ⊛ 🗟 – 🏚 🚣 🚴 🛝
  Tarif : 🔲 piscine comprise 2 pers. 95 – ⓰ 20 (6A)

JONQUIÈRES

84150 Vaucluse **16** – **81** ⑫ – 3 780 h. alt. 56.
Paris 666 – Avignon 30 – Carpentras 15 – Orange 9 – Vaison-la-Romaine 24.

⚠ *Municipal les Peupliers* 15 mai-sept.
  ℘ 04 90 70 67 09 – sortie Est, rte de Carpentras, derrière la piscine – ⚬╼ – **R** conseillée juil.-août – ⚒
  1 ha (78 empl.) plat, herbeux ♈♈
  🏕 ⚶ 🛁 ⊛ 🗟 – cases réfrigérées – A proximité : ⚒ 🛝
  Tarif : 🔲 élect. comprise 2 pers. 60

JONZAC

17500 Char.-Mar. **9** – **71** ⑥ G. Poitou Vendée Charentes – 3 998 h. alt. 40 – ♨ (23 fév.-29 nov.).
🅱 Office de Tourisme pl. du Château *℘* 05 46 48 49 29, Fax 05 46 48 51 07.
Paris 513 – Angoulême 57 – Bordeaux 86 – Cognac 36 – Libourne 82 – Royan 59 – Saintes 44.

⚠ *Les Castors* 20 avril-5 oct.
  ℘ 05 46 48 25 65 – SO : 1,5 km par D 19, rte de Montendre et chemin à droite – ⚬╼ – **R** conseillée – ⚒
  1 ha (45 empl.) peu incliné, herbeux, gravier 🖵 ♈
  ▥ ⚒ 🏕 ⚶ 🗟 🛁 ⊛ 🗟 – ⓧ – 🏚 🚴
  Tarif : (Prix 1998) ⚹ 21 – 🚐 25 – 🔲 25 – ⓰ 17 (4A) 22 (6A) 26 (10A)

⚠ *Municipal* 15 mars-oct.
  ℘ 05 46 48 51 20 – au Sud de la localité en direction de Montendre et à gauche vers rte d'Ozillac, près du Lycée Jean-Hyppolite, bord de la Seugne – ⚬╼ mai-15 oct. – **R** indispensable – ⚒
  0,6 ha (28 empl.) plat, gravillons 🖵 ♈♈
  🏕 ⚶ 🗟 🛁 ⊛ 🗟 – A proximité : 🛝
  Tarif : ⚹ 13,50 – 🚐 8,50 – 🔲 11,50 – ⓰ 20,50 (6A) 25,50 (10A) 30,50 (16A)

56120 Morbihan **4** – 🗟🗟 ④ G. Bretagne – 2 338 h. alt. 58.
🛈 Office de Tourisme pl. Congrégation 🕾 02 97 22 36 43, Fax 02 97 22 20 44.
Paris 428 – Dinan 84 – Lorient 74 – Pontivy 34 – Rennes 80 – St-Brieuc 77 – Vannes 44.

  ▲▲ **Le Bas de la Lande** mai-sept.
    🕾 02 97 22 22 20, Fax 02 97 73 93 85 – O : 2,5 km par N 24 rocade Josselin rte de Lorient et rte
    à droite après le pont, à 50 m de l'Oust – ⊶ – **R** – ⚲
    2 ha (60 empl.) plat, peu incliné et en terrasses, herbeux ⌒
    🕭 🖩 ↩ 🖫 ♨ ☺ ⊕ 🖾 🖳 – 🍴 – 🔲 ♣♣ – A proximité : 🚴
    Tarif : (Prix 1998) 🕈 20 – ⇋ 13 – 🗉 18 – 🕃 20 (5A)

07260 Ardèche **16** – 🗟🗟 ⑧ G. Vallée du Rhône – 1 411 h. alt. 180.
🛈 Office de Tourisme D 104 🕾 04 75 39 56 76, Fax 04 75 39 58 87.
Paris 652 – Alès 54 – Mende 95 – Privas 53.

  ▲▲ **La Nouzarède** avril-sept.
    🕾 04 75 39 92 01, Fax 04 75 39 43 27 – au Nord du bourg par rte du stade, à 150 m de la Beaume
    (accès direct) – ⊶ – **R** conseillée – ⚲
    2 ha (105 empl.) plat, herbeux, pierreux ♀
    🕭 🖩 ↩ 🖫 ♨ ☺ 🖾 🖳 ♣♣ 🚴 – A proximité : ⚒ 🏊
    Tarif : (Prix 1998) 🗉 piscine comprise 2 pers. 95/120, pers. suppl. 22 – 🕃 20 (5A)
    Location : 🛏 1000 à 2900 – bungalows toilés

  ▲▲ **Le Bois Simonet** Pâques-fin sept.
    🕾 04 75 39 58 60, Fax 04 75 39 46 79 – N : 3,8 km par D 203, rte de Valgorge – 🐾 ≼ ⊶ –
    R conseillée juil.-août – ⊞ ⚲
    2,5 ha (70 empl.) en terrasses, pierreux ⌒ ♀ pinède
    🖩 ↩ 🖫 ♨ ☺ – 🍴 – 🔲 ♣♣ 🚴
    Tarif : 🗉 piscine comprise 2 pers. 106,80 – 🕃 19,50 (3A)
    Location : 🛏 1430 à 2200 – 🛏 1340 à 3350

22270 C.-d'Armor **4** – 🗟🗟 ⑭ ⑮ G. Bretagne – 1 283 h. alt. 29.
Paris 417 – Lamballe 19 – Plancoët 16 – St-Brieuc 56 – St-Méen-le-Grand 35.

  ▲▲ **Municipal le Bocage** mai-sept.
    🕾 02 96 31 60 16 – SE : 1 km par D 52 rte de Mégrit, bord du Grand Étang de Jugon – ⊶ –
    R conseillée – ⊞ ⚲
    4 ha (180 empl.) plat et peu incliné, herbeux ♀
    🕭 🖩 ↩ 🖫 ♨ ☺ 🖳 – 🍴 – 🔲 ♣♣ ⚒ 🗎 ◊
    Tarif : (Prix 1998) 🕈 18 piscine comprise – 🗉 25 – 🕃 16 (5A)
    Location (avril-sept.) : 🛏 1200 à 2200 – 🛏 1200 à 2600 – bungalows toilés, gîtes

50610 Manche **4** – 🗟🗟 ⑦ G. Normandie Cotentin
– 2 046 h. alt. 60.
🛈 Office de Tourisme (juil.-août) av. Mar.-Leclerc
🕾 02 33 61 82 48, Fax 02 33 61 52 99.
Paris 342 – Avranches 23 – Granville 9 – St-Lô 64
– St-Malo 90.

  ▲▲ **La Chaussée** 3 avril-19 sept.
    🕾 02 33 61 80 18, Fax 02 33 61 45 26
    – sortie Nord rte de Granville, à 100 m
    de la plage – ⊶ – **R** conseillée juil.-
    août
    6 ha/4,7 campables (265 empl.) plat,
    peu incliné, sablonneux, herbeux
    ♀♀
    🖩 ↩ 🖫 ☺ 🖾 🖳 – ⚓ 🍴 – 🔲 ♣♣
    🕀⊙
    Tarif : (Prix 1998) 🗉 2 pers.
    95, pers. suppl. 24 – 🕃 18 (6A)
    24 (10A)

  ▲ **Domaine du Hamel** 15 juin-
    15 sept.
    🕾 02 33 61 84 48 – E : 2 km, à la
    sortie de Bouillon par rte de Groussey
    – 🐾 ⊶ – **R** conseillée août –
    ⚲
    1,5 ha (70 empl.) plat, herbeux
    🖩 ↩ 🖫 ☺ 🖳 – ♣♣
    Tarif : 🗉 1 pers. 39, 2 pers. 58 – 🕃 16
    (3A) 24 (6A)

Voir aussi à St-Pair-sur-Mer

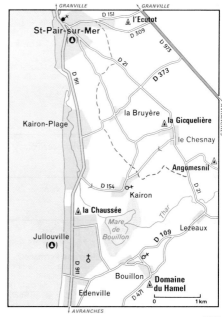

JUMIÈGES

76480 S.-Mar. ⑤ – ⑤⑤ ⑤ G. Normandie Vallée de la Seine – 1 641 h. alt. 25.
Paris 157 – Caudebec-en-Caux 16 – Deauville 99 – Le Havre 70 – Rouen 27.

   ▲▲ **Municipal de la Forêt** 15 mars-15 nov.
        𝒫 02 35 37 93 43, Fax 02 35 37 76 48 – au Nord-Est du bourg, près du stade – ⚷ – **R**
        2 ha (90 empl.) plat, herbeux ♀ (0,5 ha)
        🛁 🗞 ⏚ 🖚 ⊕ ⏛ ▽ 🖼 – 🛒 ☕ (petite piscine) – A proximité : parcours sportif
        Tarif : ♣ 17 – ▣ 36 – ⓰ 16 (6A) 20 (10A)
        Location (permanent) : ⌂ 1450 à 1750

JUNAS

30250 Gard ⓰ – ⑧⓿ ⑱ – 648 h. alt. 75.
Paris 734 – Aigues-Mortes 30 – Aimargues 16 – Montpellier 40 – Nîmes 26 – Sommières 5.

   ▲ **Les Chênes** Pâques-15 oct.
        𝒫 04 66 80 99 07 – S : 1,3 km par D 140, rte de Sommières et chemin à gauche, au lieu-dit les
        Tuileries Basses – 🐾 ⚷ saison – **R** conseillée juil.-août – ⊖B ⚬
        1,7 ha (90 empl.) plat et peu incliné, pierreux, herbeux ♀
        🗞 ⏚ ⊕ 🖼 – 🛒 🏊
        Tarif : ▣ piscine comprise 1 à 4 pers. 33,70 à 67,30 – ⓰ 11 (3A) 13 (6A) 16 (10A)

JUNIVILLE

08310 Ardennes ⑦ – ⑤⑥ ⑦ – 829 h. alt. 80.
Paris 180 – Reims 36 – Rethel 15 – Vouziers 24.

   ▲ **Le Moulin de la Chut** 15 avril-sept.
        𝒫 03 24 72 72 22 – E : 1,8 km par D 925 rte de Bignicourt et chemin à droite, près d'étangs et
        à 80 m de la Retourne – 🐾 ⚷ – **R** juil.-août – ⚬
        1 ha (50 empl.) plat et peu incliné, herbeux, pierreux ♀♀ (0,3 ha)
        ⏚ 🗞 🖚 ⊕ 🖼 – 🛒 – A proximité : ☕ snack
        Tarif : ♣ 14 piscine comprise – 🚐 8 – ▣ 10/15 – ⓰ 10 (4A) 14 (6A) 22 (10A)

JUSSAC

15250 Cantal ⓾ – ⑦⑥ ⑫ – 1 865 h. alt. 630.
Paris 562 – Aurillac 12 – Laroquebrou 29 – Mauriac 43 – Vic-sur-Cère 31.

   ▲ **Municipal du Moulin** 15 juin-15 sept.
        𝒫 04 71 46 69 85 – à l'Ouest du bourg par D 922 vers Mauriac et chemin près du pont, bord de
        l'Authre – ⚷ – **R** – ⚬
        1 ha (52 empl.) plat, herbeux ▭
        ⏚ 🗞 🖚 ⊕ ⏛ – 🛒 – A proximité : ✁ 🐎
        Tarif : (Prix 1998) ♣ 9,50 – 🚐 6 – ▣ 8,50 – ⓰ 12 (5A) 20 (10A)

KAYSERSBERG

68240 H.-Rhin ⑧ – ⑥② ⑱ G. Alsace Lorraine – 2 755 h. alt. 242.
🅱 Office du Tourisme 39 r. du Gén.-de-Gaulle 𝒫 03 89 78 22 78, Fax 03 89 78 11 12.
Paris 436 – Colmar 12 – Gérardmer 50 – Guebwiller 35 – Munster 23 – St-Dié 45 – Sélestat 26.

   ▲▲ **Municipal** avril-sept.
        𝒫 03 89 47 14 47 – sortie Nord-Ouest par N 415 rte de St-Dié et rue des Acacias à droite, bord
        de la Weiss – ⟨ ⚷ ✁ juil.-août – **R** – ⊖B ⚬
        1,6 ha (120 empl.) plat, herbeux ♀
        🗞 🖚 🗄 ⏚ ⊕ 🖼 – ✁
        Tarif : (Prix 1998) ♣ 20 – 🚐 10 – ▣ 14 – ⓰ 12 à 30 (2 à 6A)

KERVEL

29 Finistère – ⑤⑧ ⑭ – rattaché à Plonévez-Porzay.

KERVOYAL

56 Morbihan – ⑥③ ⑬ – rattaché à Damgan.

KESKASTEL

67260 B.-Rhin ⑧ – ⑧⑦ ⑬ – 1 362 h. alt. 215.
Paris 405 – Lunéville 77 – Metz 77 – Nancy 83 – St-Avold 33 – Sarreguemines 18 – Strasbourg 88.

   ▲▲ **Municipal les Sapins** Permanent
        𝒫 03 88 00 19 25 – au Nord-Est de la commune, bord d'un plan d'eau – Places limitées pour le
        passage ⚷ – **R** conseillée juil.-août
        6,5 ha/2,5 campables (150 empl.) plat, herbeux ♀♀ (0,5 ha)
        🏛 ⏚ 🗞 🗄 ⏚ ⊕ 🖼 – ☕ – ☕ (plage) – A proximité : ✁
        Tarif : ♣ 24 – 🚐 6 – ▣ 21

68820 H.-Rhin ⑧ – ⑥② ⑰ ⑱ G. Alsace Lorraine – 976 h. alt. 498.
Paris 449 – Colmar 61 – Épinal 65 – Gérardmer 32 – Mulhouse 39 – Thann 19 – Le Thillot 26.

⚠ **Le Schlossberg** Pâques-sept.
  ℰ 03 89 82 26 76, Fax 03 89 82 20 17 – NO : 2,3 km par D 13B, rte de La Bresse et rte à gauche,
  bord de la Bourbach – ⑤ ≤ ⚪╾ – **R** conseillée juil.-août – **GB** ⚹
  5,2 ha (200 empl.) peu incliné, terrasse, herbeux ⚲ (1 ha)
  ▥ ⚐ ⚑ ⇆ ⚏ ♨ ⊖ ▣ – **R** ⚹
  Tarif : ⚹ *21* – ▣ *18* – ⚡ *12 (2A) 20 (6A)*

64390 Pyr.-Atl. ⑬ – ⑧⑤ ⑤ G. Pyrénées Aquitaine – 135 h. alt. 75.
Paris 792 – Oloron-Ste-Marie 31 – Orthez 18 – Pau 52 – St-Jean-Pied de-Port 56 – Sauveterre-de-Béarn 9.

⚠ **St-Jacques** Permanent
  ℰ 05 59 66 19 45 – à l'Ouest du bourg – Ⓜ ⑤ ⚪╾ – **R** – ⚹
  1 ha (20 empl.) plat, herbeux ⚲
  ⚐ ⚑ ⇆ ⚏ ⊖ – ⚹
  Tarif : ⚹ *20* – ▣ *20 avec élect.*

68910 H.-Rhin ⑧ – ⑥② ⑱ – 1 676 h. alt. 750.
Paris 440 – Colmar 17 – Gérardmer 50 – Munster 23 – St-Dié 49.

⚠ **Municipal des 2 Hohnack** 20 avril-oct.
  ℰ 03 89 49 83 72 – S : 4,5 km par D 11[1] et D 11, rte des Trois-Epis puis rte du Linge à droite –
  ⑤ « Cadre agréable » ⚪╾ – **R** conseillée – ⚹
  1,3 ha (66 empl.) plat et en terrasses, herbeux, forêt attenante ⚲ ⚲
  ⚐ ⇆ ⚏ ⊖ ▣ – ⚑
  Tarif : (Prix 1998) ⚹ *14* – ⚘ *7* – ▣ *12* – ⚡ *15 (6A)*

81270 Tarn ⑮ – ⑧③ ⑫ – 2 027 h. alt. 393.
Paris 758 – Anglès 21 – Castres 42 – Mazamet 24 – Peyriac-Minervois 35 – St-Pons-de-Thomières 12.

⚠ **Municipal Cabanès** 15 juin-15 sept.
  ℰ 05 63 98 49 74 – sortie Est par N 112, rte de St-Pons-de-Thomières et chemin à gauche – ≤
  – **R** – ⚹
  0,3 ha (20 empl.) en terrasses, herbeux ⚲ ⚲
  ⚐ ⚏ ⊖
  Tarif : (Prix 1998) ⚹ *10* – ▣ *15/20* – ⚡ *10*

---

07 Ardèche – ⑧⓪ ⑧ – voir à Ardèche (Gorges de l') - Ruoms.

40530 Landes ⑬ – ⑦⑧ ⑰ – 2 884 h. alt. 12.
Paris 753 – Bayonne 12 – Capbreton 6 – Dax 35 – Hasparren 35 – Peyrehorade 37.

⚠ **Sylvamar** avril-26 sept.
  ℰ 05 59 45 75 16, Fax 05 59 45 46 39 – par D 126, rte de la Plage, près du Boudigau – ⑤ ⚪╾ ⚹
  dans locations – **R** indispensable 17 juil.-21 août – **GB** ⚹
  15 ha/8 campables (400 empl.) plat, sablonneux, herbeux ⚲ ⚲
  ⚐ ⚑ ⇆ ⚏ ⊖ ▣ – snack ⚙ cases réfrigérées – ⚅ ⚶ ⚮ ⚐ ⚵ ⚹ ⚘ toboggan
  aquatique – A proximité : ⚷ ⚲
  Tarif : ▣ *piscine comprise 2 pers. 128* – ⚡ *30 (10A)*
  Location : ⚕ *1200 à 3500* – ⚕ *1500 à 3800*

⚠ **Côte d'Argent** avril-oct.
  ℰ 05 59 45 42 02, Fax 05 59 45 73 31 – par D 126 rte de la plage – ⚪╾ – **R** conseillée juil.-août
  – **GB** ⚹
  4 ha (215 empl.) plat, herbeux, sablonneux ⚲ ⚲
  ▥ ⚐ ⚑ ⇆ ⚏ ⊖ (⚐ juil.-août) ⊖ ⚵ ⚮ ⚅ ▣ – ⚑ ⚷ ⚙ – ⚘ ⚹ ⊖ ⚲ ⚘
  Tarif : (Prix 1998) ▣ *piscine comprise 2 pers. 101, pers. suppl. 23* – ⚡ *20 (6A)*
  Location : ⚕ *1500 à 2990* – ⚕ *1000 à 3100* – studios

⚠ **Le Boudigau** 15 mai-15 sept.
  ℰ 05 59 45 42 07, Fax 05 59 45 77 76 – par D 126 rte de la plage, bord du Boudigau – ⚪╾ –
  R conseillée juil.-août – ⚹
  5 ha (308 empl.) plat, herbeux, sablonneux ⚲ ⚲
  ⚐ ⚑ ⇆ ⚏ ⊖ ▣ – ⚐ ⚑ ⚷ ⚙ – ⚘ ⚘ – A proximité : ⚷ ⚲
  Tarif : ▣ *piscine comprise 2 pers. 145* – ⚡ *20 (5A)*
  Location : ⚕ *1200 à 2950* – ⚕ *1700 à 3800* – ⚕ *1700 à 4000*

LABERGEMENT-STE-MARIE

25160 Doubs 12 – 70 ⑥ – 864 h. alt. 859.
Paris 455 – Champagnole 41 – Pontarlier 19 – St-Laurent-en-Grandvaux 40 – Salins-les-Bains 49 – Yverdon-les-Bains 41.

⚠️ **Le Lac** mai-sept.
  🔥 03 81 69 31 24, Fax 03 81 69 33 44 – sortie Sud-Ouest par D 437, rte de Mouthe et rue du lac à droite, à 300 m du lac de Remoray – ≤ ⚬ – **R** – GB ↗
  1,3 ha (70 empl.) plat, peu incliné et en terrasses, herbeux
  ♿ 🛠 ⏚ 🗒 🛁 ⏛ ⊕ 🖽 – 🍴 ✗ – 🔲 – A proximité : ✗ ≋
  Tarif : 🔲 2 pers.77 – 🔌 15 (10A)

LABESSETTE

63690 P.-de-D. 10 – 73 ⑫ – 104 h. alt. 780.
Paris 494 – Bort-les-Orgues 14 – La Bourboule 30 – Bourg-Lastic 31 – Clermont-Ferrand 72.

⚠️ **Municipal la Chomette** juin-sept.
  sortie Sud par D 72 – 🐕 – **R** août
  1,2 ha (50 empl.) plat et peu incliné, herbeux, pierreux ♀
  ♿ 🛠 ⊕ ⚘
  Tarif : 🚶 12 – 🔲 12 – 🔌 12 (3A)

LABLACHÈRE

07230 Ardèche 16 – 80 ⑧ – 1 562 h. alt. 182.
Paris 655 – Aubenas 26 – Largentière 16 – Privas 56 – St-Ambroix 31 – Vallon-Pont-d'Arc 22.

⚠️ **Le Franoi**
  🔥 04 75 36 64 09 – NO : 4,3 km par D 4 rte de Planzolles – 🐕 ≤ ⚬
  2,8 ha (40 empl.) plat et peu incliné, terrasses, pierreux, herbeux 🔲
  ♿ 🛠 ⏚ 🗒 🔊 ⊕ ⚘ 🖽 – 🍴 – 🚲 ✗ 🏋 ⤓
  Location : 🚐

LAC voir au nom propre du lac

▶ *Do not confuse :*
  ⚠️ ... to ... ⚠️⚠️⚠️ : **MICHELIN** *classification*
  and
  ★ ... to ... ★★★★ : *official classification*

LACAM-D'OURCET

46190 Lot 10 – 75 ⑳ – 115 h. alt. 520.
Paris 552 – Aurillac 56 – Cahors 90 – Figeac 38 – Lacapelle-Marival 27 – St-Céré 13 – Sousceyrac 6.

⚠️ **Les Teuillères** mars-mi-déc.
  🔥 05 65 11 90 55 – SE : 4,8 km par D 25, rte de Sousceyrac et rte de Sénaillac-Latronquière, vers le lac de Tolerme – 🐕 ≤ ⚬ 🅿️(tentes) – **R** conseillée juil.-15 août
  3 ha (30 empl.) plat et peu incliné, herbeux 🔲 ♀ (1 ha)
  ♿ 🛠 ⏚ ⏛ ⊕ 🖽
  Tarif : 🚶 18 – 🔲 20 – 🔌 12 (4A) 15 (6A)
  Location : ⇌ – gîtes

LACANAU (Étang de)

33 Gironde 9 – 71 ⑱ G. **Pyrénées Aquitaine** – 2 405 h. alt. 17.
Paris 624 – Andernos-les-Bains 31 – Bordeaux 48 – Lesparre-Médoc 41 – Soulac-sur-Mer 68.

au Moutchic 5,5 km à l'Est de Lacanau-Océan – ✉️ 33680 Lacanau :

⚠️⚠️⚠️ **Talaris** juin-15 sept.
  🔥 05 56 03 04 15, Fax 05 56 26 21 56 – E : 2 km sur rte de Lacanau « Cadre agréable » ⚬ –
  R conseillée 15 juil.-15 août – GB ↗
  6,3 ha (200 empl.) plat, herbeux, petit étang ♀♀
  ♿ 🛠 ⏚ 🗒 🛁 ⏛ ⊕ ⚘ 🚉 🖽 – 🍴 🎣 – 🔲 🏊 🚲 ✗ 🏋 ⤓
  Tarif : 🔲 piscine comprise 2 pers. 140, pers. suppl. 30 – 🔌 25 (6A)
  Location : 🚐 1500 à 3500 – bungalows toilés

⚠️ **Tedey** 30 avril-19 sept.
  🔥 05 56 03 00 15, Fax 05 56 03 01 90 – S : 3 km par rte de Longarisse et chemin à gauche, bord de l'étang – 🐕 « Situation agréable » ⚬ – **R** conseillée juil.-15 août – GB ↗
  14 ha (700 empl.) plat, sablonneux, dunes boisées attenantes 🔲 ♀♀ pinède
  ♿ 🛠 🗒 🛁 🔊 ⊕ 🖽 – 🍴 🎣 – 🏊 🏋 ≋ – A proximité : ♪
  Tarif : 🔲 1 ou 2 pers. 104, 3 pers. 119, 4 pers. 134 – 🔌 21 (10A)

LACANAU-DE-MIOS

33380 Gironde **13** – **71** ⑳.
Paris 618 – Arcachon 33 – Belin-Béliet 25 – Bordeaux 40.

⚠ **Samba** Permanent
    ℘ 05 57 71 18 81 – SO : 0,8 km par D 216, rte de Mios – ⌶ – **R** – ⚸
    1,5 ha (63 empl.) plat, sablonneux, herbeux ০০
    ▥ ᕼ ⌨ ⌷ ⟋ ☺ ☲ ⊞ – A proximité : ⚐
    Tarif : (Prix 1998) ⋆ *15* – ▣ *13* – [₺] *16 (10A)*

LACANAU-OCÉAN

33 Gironde **9** – **71** ⑱ G. Pyrénées Aquitaine – ✉ 33680 Lacanau.
Paris 637 – Andernos-les-Bains 44 – Arcachon 87 – Bordeaux 61 – Lesparre-Médoc 52.

⚠⚠⚠ **L'Océan** mai-26 sept.
    ℘ 05 56 03 24 45, Fax 05 57 70 01 87 – au Nord de la station, rue du Repos – ⌶ – **R** conseillée
    – ⅁ℬ ⚸
    9 ha (550 empl.) plat et en terrasses, accidenté, sablonneux ০০ pinède
    ᕼ ᕼ ⌨ ⌷ ⟋ ☲ ░ – ⌗ �ϒ ✗ ⌱ – ⌂ discothèque ⛝ ⊶ ⁃◉ ⚐ ⌇ toboggan aquatique
    Tarif : (Prix 1998) ▣ *piscine comprise 2 pers. 140/150 (155/165 avec élect. 15A), pers. suppl. 30*
    Location : ⌂⌂ *1400 à 3800 – bungalows toilés*

⚠⚠⚠ **Les Grands Pins** mai-15 sept.
    ℘ 05 56 03 20 77, Fax 05 57 70 03 89 – au Nord de la station, avenue des Grands Pins, à 500 m
    de la plage (accès direct) – ⚘ ⌶ ℗(saison) – **R** conseillée juil.-août – ⅁ℬ
    11 ha (560 empl.) accidenté et en terrasses, sablonneux ▭ ০০
    ᕼ ᕼ ⌵ ⌷ ⟋ ░ – ⌗ ϒ ✗ pizzeria ⌱ – ⌂ ⛝ ⊶ ⚐ ⌇
    Tarif : ▣ *piscine comprise 2 pers. 142/169 avec élect. (10A)*
    Location : ⌂⌂ *2490 à 3700* – ⌂ *2490 à 3700*

LACAPELLE-MARIVAL

46120 Lot **15** – **75** ⑲ ⑳ G. Périgord Quercy – 1 201 h. alt. 375.
🛈 Office de Tourisme (hors saison de 10h à 12h) pl. Halle ℘ 05 65 40 81 11.
Paris 556 – Aurillac 68 – Cahors 63 – Figeac 20 – Gramat 20 – Rocamadour 31 – Tulle 80.

⚠ **Municipal Bois de Sophie** 15 mai-sept.
    ℘ 05 65 40 82 59 – NO : 1 km par D 940, rte de St-Céré « Cadre agréable » ⌶ – **R** conseillée 15
    juil.-25 août – ⚸
    1 ha (66 empl.) peu incliné et plat, herbeux ০০
    ᕼ ᕼ ⌵ ⌷ ⟋ ☺ – ⌂ ⛝ ⚐ – A proximité : ⌇
    Tarif : (Prix 1998) ⋆ *11* – ▣ *16* – [₺] *13 (10A)*
    Location : ⌂ *480 à 750 – bungalows toilés*

LACAPELLE-VIESCAMP

15150 Cantal **10** – **76** ⑪ – 438 h. alt. 550.
Paris 550 – Aurillac 19 – Figeac 60 – Laroquebrou 11 – St-Céré 51.

⚠ **Le Puech des Ouilhes** 15 juin-10 sept.
    ℘ 04 71 46 42 38 – SO : 3 km par D 18, rte d'Aurillac et rte à droite, à 150 m du lac de St-Étienne-
    Cantalès – ⚘ ⋜ « Dans un site agréable » ⌶ juil.-août ⚐ juil.-20 août – **R** conseillée –
    ⅁ℬ ⚸
    2 ha (100 empl.) peu incliné à incliné, pierreux, herbeux ০০ pinède
    ᕼ ᕼ ⌵ ⌷ ⟋ ☺ ░ – ⚐ – A proximité : ⌗ ϒ snack
    Tarif : ▣ *1 pers. 49, pers. suppl. 20* – [₺] *12 (10A)*
    Location : ⌂ *1600 à 2600 – huttes*

───────────────────────────

46200 Lot **13** – **75** ⑱ G. Périgord Quercy – 241 h. alt. 130.
Paris 532 – Brive-la-Gaillarde 52 – Cahors 58 – Gourdon 26 – Rocamadour 12 – Sarlat-la-Canéda 42.

    ▲▲ *La Rivière* 15 mai-15 sept.
      ℘ 05 65 37 02 04 – NE : 2,5 km par D 23, rte de Martel et chemin à gauche, bord de la Dordogne
      – ⚲ ⚬┳ juil.-août – **R** conseillée – ↗↙
      2,5 ha (110 empl.) plat, peu incliné, herbeux ♀♀
      ♿ ♨ ⇌ ⬚ ♁ ◎ ▥ – ▨ ♥ snack – 🛝 ⛭ ⚖ 🌊
      Tarif : ⚘ *26 piscine comprise* – ▣ *26* – ⑸ *16,50 (4A) 21,50 (6A)*
      Location : 🛖 *1200 à 2650*

──────────────────────

39150 Jura **12** – **70** ⑯ – 294 h. alt. 950.
Paris 446 – Champagnole 25 – Clairvaux-les-Lacs 33 – Lons-le-Saunier 54 – Mouthe 24.

    ▲ *Le Lac des Rouges Truites* 15 mai-sept.
      ℘ 03 84 60 20 21 – SE : 0,7 km – ⚲ – **R** – ↗↙
      0,7 ha (40 empl.) non clos, peu incliné et en terrasses, herbeux, pierreux ♀
      ♿ ♨ ⇌ ⬚ ◎ – A proximité : 🚲 ╳
      Tarif : ⚘ *15* – ▣ *15* – ⑸ *10 (3A)*

────────────────────────────────

26560 Drôme **16** – **81** ⑤ – 190 h. alt. 715.
Paris 715 – Laragne-Montéglin 25 – Sault 34 – Séderon 9 – Sisteron 36.

    ▲ *Aire Naturelle la Dondelle* mai-sept.
      ℘ 04 75 28 40 04 – sortie Est sur D 201, rte d'Eourres, à 100 m de l'Auzanée – ⚲ ≼ – **R** juil.-août
      – ↗↙
      1 ha (25 empl.) plat, herbeux ♀
      ♨ ◎
      Tarif : ▣ *1 pers. 27* – ⑸ *18 (6A)*

─────────────────────────

87500 H.-Vienne **10** – **72** ⑰ – 1 190 h. alt. 334.
Paris 428 – Brive-la-Gaillarde 75 – Limoges 37 – Nontron 48 – Périgueux 65 – St-Yrieix-la-Perche 12.

    ▲▲ *Municipal le Bel Air* mai-oct.
      ℘ 05 55 09 39 82 – N : 1,5 km par D 11, rte de Nexon et chemin à gauche, près d'un plan d'eau
      – ⚲ ≼ « Cadre et situation agréables » ⚬┳ – **R** – ↗↙
      2,5 ha (100 empl.) en terrasses, herbeux ⌁ ♀ (1 ha)
      ♿ ♨ ⇌ ⬚ ♁ ◎ ▥ – 🛒 ╳ – A proximité : 🌊 (plage)
      Tarif : ⚘ *15* – ⇌ *7* – ▣ *50* – ⑸ *15 (10A)*
      Location *(permanent) :* 🛖 *1400 à 1950*

────────────────────────────

82130 T.-et-G. **14** – **79** ⑰ G. Pyrénées Roussillon – 2 651 h. alt. 183.
Paris 639 – Castelsarrasin 18 – Caussade 32 – Lauzerte 22 – Montauban 18.

    ▲ *Municipal de la Vallée des Loisirs* 15 juin-15 sept.
      ℘ 05 63 65 89 69 – sortie Sud-Est par D 40, rte de Montastruc et à gauche, à 250 m d'un plan d'eau
      (accès direct) – ⚲ ⚬┳ – **R** indispensable – ↗↙
      0,9 ha (34 empl.) peu incliné, terrasses, pierreux, herbeux, bois attenant ⌁ ♀
      ♨ ⇌ ⬚ ♁ ▥ – A proximité : toboggan aquatique snack ╳ 🛝 ⚖ 🌊
      Tarif : (Prix 1998) ⚘ *11 piscine et tennis compris* – ▣ *11/12* – ⑸ *9 (12A)*

───────────────────────────────

07 Ardèche – **80** ⑨ – voir à Ardèche (Gorges de l').

────────────────────────────────

17 Char.-Mar. – **71** ⑫ – rattaché à la Rochelle.

──────────────────────────────

11220 Aude **15** – **86** ⑧ G. Pyrénées Roussillon – 704 h. alt. 108.
🛈 Syndicat d'initiative 6 bd de la Promenade ℘ 04 68 43 11 56, Fax 04 68 43 16 34.
Paris 835 – Carcassonne 36 – Narbonne 44 – Perpignan 86 – Quillan 67.

    ▲ *Municipal de Boucocers* mars-oct.
      ℘ 04 68 43 15 18 – N : 1,3 km par D 212, rte de Fabrezan, demi-tour obligatoire, 500 m après le
      camping – ⚲ ≼village et vallée – **R** juil.-août
      1,3 ha (40 empl.) plat, peu incliné, terrasses, pierreux, herbeux
      ♨ ⇌ ⬚ ⬚ ◎
      Tarif : ▣ *1 pers. 26* – ⑸ *18 (16A)*

19 Corrèze – 🔲🔲 ⑨ – rattaché à Tulle.

LAGUÉPIE

82250 T.-et-G. 🔲🔲 – 🔲🔲 ⑳ – 787 h. alt. 149.
🅱 Office de Tourisme pl. du Foirail ℘ 05 63 30 20 34.
Paris 640 – Albi 38 – Carmaux 26 – Cordes-sur-Ciel 14 – St-Antonin-Noble-Val 26.

   ▲ **Municipal les Tilleuls** Pâques-Toussaint
     ℘ 05 63 30 22 32 – E : 1 km par D 922 rte de Villefranche-de-Rouergue et chemin à droite,
     Croisement difficile pour caravanes « Agréable situation au bord du Viaur » ⚬⟶ – **R** conseillée juil.-
     août
     1 ha (54 empl.) plat et terrasses, herbeux, pierreux 🌳
     🔲🔲🔲🔲🔲🔲 – 🔲🔲 🔲🔲 🔲 🔲
     Tarif : ★ 13 – 🔲 6,30 – 🔲 9,40
     Location (permanent) : 🔲 1200 à 1500

LAGUIOLE

12210 Aveyron 🔲🔲 – 🔲🔲 ⑬ G. Gorges du Tarn – 1 264 h. alt. 1 004 – Sports d'hiver : : 1 100/1 400 ⚡12 ⚡.
🅱 Office de Tourisme pl. du Foirail ℘ 05 65 44 35 94, Fax 05 65 54 10 29.
Paris 578 – Aurillac 78 – Espalion 22 – Mende 84 – Rodez 53 – St-Flour 61.

   ▲ **Municipal les Monts d'Aubrac** 15 juin-15 sept.
     ℘ 05 65 44 39 72 – sortie Sud par D 921, rte de Rodez puis 0,6 km par rte à gauche, au stade, alt.
     1 050 – 🔲 ⚬⟶ – **R** conseillée – **GB** ⚡
     1,2 ha (57 empl.) non clos, plat et peu incliné, herbeux 🔲
     🔲🔲🔲🔲🔲🔲 – A proximité : 🔲
     Tarif : 🔲 élect. comprise 2 pers. 54, pers. suppl. 13

LAIVES

71240 S.-et-L. 🔲🔲 – 🔲🔲 ⑪ – 771 h. alt. 198.
Paris 355 – Chalon-sur-Saône 20 – Mâcon 47 – Montceau-les-Mines 48 – Tournus 14.

   ▲ **La Héronnière** 15 mai-15 sept.
     ℘ 03 85 44 98 85 – N : 4,2 km par D 18 rte de Buxy et rte à droite, près des lacs de Laives – 🔲
     ⚬⟶ – **R** conseillée 15 juil.-15 août – ⚡
     1,5 ha (80 empl.) plat, herbeux
     🔲🔲🔲🔲🔲🔲 – A proximité : 🍴 snack 🔲
     Tarif : ★ 18 – 🔲 15 – 🔲 20 – 🔲 16 (6A)

LALINDE

24150 Dordogne 🔲🔲 – 🔲🔲 ⑮ – 3 029 h. alt. 46.
🅱 Syndicat d'Initiative Jardin Public ℘ 05 53 61 08 55, Fax 05 53 73 30 60.
Paris 542 – Bergerac 22 – Brive-la-Gaillarde 99 – Cahors 90 – Périgueux 60 – Villeneuve-sur-Lot 59.

   ▲ **Municipal du Moulin de la Guillou** mai-sept.
     ℘ 05 53 61 02 91 – E : 2 km par D 703 rte du Bugue et chemin à droite, bord de la Dordogne et
     à 100 m du canal – ⚬⟶ – **R** conseillée juil.-août – ⚡
     1,7 ha (100 empl.) plat, herbeux 🌳🌳
     🔲🔲🔲🔲 – A proximité : 🔲 🔲 🔲
     Tarif : ★ 15 – 🔲 5 – 🔲 16 – 🔲 10 (5A)

LALLEY

38930 Isère 🔲🔲 – 🔲🔲 ⑮ – 191 h. alt. 850.
🅱 Syndicat d'Initiative Mairie ℘ 04 76 34 70 39, Fax 04 76 34 75 02.
Paris 629 – Grenoble 65 – La Mure 32 – Sisteron 80.

   ▲▲ **Belle Roche** avril-sept.
     ℘ 04 76 34 75 33 – au Sud du bourg par rte de Mens et chemin à droite, alt. 860 – 🔲 ⚬ « Entrée
     fleurie » ⚬⟶ – **R** conseillée – ⚡
     4 ha (60 empl.) plat, terrasse, pierreux, herbeux 🔲
     🔲🔲🔲🔲🔲🔲🔲 – 🍴 snack – 🔲 – A proximité : 🔲
     Tarif : (Prix 1998) 🔲 piscine comprise 2 pers. 71 – 🔲 16 (10A)

LALOUVESC

07520 Ardèche 🔲🔲 – 🔲🔲 ⑨ G. Vallée du Rhône – 514 h. alt. 1 050.
Paris 557 – Annonay 24 – Lamastre 25 – Privas 80 – St-Agrève 26 – Tournon-sur-Rhône 39 – Valence 56 –
Yssingeaux 43.

   ▲▲ **Municipal le Pré du Moulin** 15 mai-3 oct.
     ℘ 04 75 67 84 86 – au Nord de la localité – 🔲 ⚬⟶ – **R** conseillée juil.-août – ⚡
     2,5 ha (70 empl.) en terrasses, peu incliné, herbeux
     🔲🔲🔲🔲🔲🔲🔲 – 🔲 🔲 🔲
     Tarif : ★ 13 – 🔲 9 – 🔲 10/13 – 🔲 17 (6A)
     Location : huttes

LAMALOU-LES-BAINS

34240 Hérault 🔟🔸 – 🔠🔠 ④ G. Gorges du Tarn – 2 194 h. alt. 200 – ⚓ (fév.-mi-déc.).
🅱 Office de Tourisme 2 av. Dr-Ménard ℘ 04 67 95 70 91, Fax 04 67 95 64 52.
Paris 737 – Béziers 38 – Lacaune 51 – Lodève 37 – Montpellier 81 – St-Affrique 76 – St-Pons-de-Thomières 38.

⛺ **Municipal Verdale** 15 mars-oct.
℘ 04 67 95 86 89 – au Nord-Est de la localité, près du stade, bord d'un ruisseau – ⚓ ⚑ ⚓ –
R conseillée – ⚒
1,7 ha (80 empl.) plat, gravier, herbeux
⚒ ⚒ ⚒ ☺ ⚒ ⚒
Tarif : ⚒ 12,50 – ⚒ 7 – ⚒ 8,50 – ⚒ 16 (6A)

aux Aires SE : 3,4 km par D 22 et D 160 – 537 h. alt. 198 – ✉ 34600 Les Aires

⛺ **Le Gatinié** mars-nov.
℘ 04 67 95 71 95 – O : 4 km par D 160, rte de Plaussenous, près de l'Orb, rive gauche « Cadre boisé »
⚓ – **R** conseillée – ⚒
50 ha/2 campables (103 empl.) en terrasses, plat et peu incliné, pierreux, herbeux ⚒ ⚒
⚒ ⚒ ⚒ ⚒ ⚒ ⚒ ☺ ⚒ – ⚑ snack ⚒ – A proximité : ⚒
Tarif : ⚒ élect. (6A) comprise 2 pers. 90
Location : ⚒ 1800 à 2300 – gîtes

▶ ⚒ ✗ *LET OP :*
⚒ *deze gegevens gelden in het algemeen alleen in het seizoen,*
⚒ *wat de openingstijden van het terrein ook zijn.*

LAMPAUL-PLOUDALMEZEAU

29830 Finistère 🔠 – 🔠🔠 ③ – 595 h. alt. 24.
Paris 613 – Brest 28 – Brignogan-Plages 38 – Ploudalmézeau 3.

⛺ **Municipal des Dunes** 15 juin-15 sept.
℘ 02 98 48 14 29 – à 0,7 km au Nord du bourg, à côté du terrain de sports et à 100 m de la plage
(accès direct) – ⚓ ⚓ juil.-août – **R** – ⚒
1,5 ha (150 empl.) non clos, accidenté et plat, sablonneux, herbeux
⚒ ⚒ ⚒ ⚒ ⚒ ☺ ⚒ – ⚒
Tarif : (Prix 1998) ⚒ 11,50 – ⚒ 4,60 – ⚒ 5,80 – ⚒ 10 (16A)

22770 C.-d'Armor **4** – **59** ⑤ G. Bretagne – 1 245 h. alt. 24.
Paris 425 – Dinan 21 – Dol-de-Bretagne 35 – Lamballe 39 – St-Brieuc 59 – St-Malo 17.

▲▲ **Municipal des Mielles** avril-sept.
  & 02 96 86 22 98 – au Sud-Ouest du bourg, rue Jules-Jeunet, à 300 m de la plage – 🛶 ⚓ – 🏤 –
  🕳
  2,5 ha (153 empl.) plat à peu incliné, herbeux
  ♿ 🍴 🗄 🐟 ⊙ 🔳 – A proximité : 💥
  Tarif : ✦ 15 – 🚗 7,50 – 🔲 14 – 🔌 17 (6A)

29870 Finistère **3** – **58** ④ – 2 666 h. alt. 52.
Paris 606 – Brest 27 – Brignogan-Plages 28 – Ploudalmézeau 17.

▲▲ **Les Abers** avril-sept.
  & 02 98 04 93 35, Fax 02 98 04 84 35 – NO : 2,5 km, aux dunes de Ste-Marguerite, bord de plage
  – 🛶 ≼ « Entrée fleurie, site agréable » ⚓ – **R** conseillée 14 juil.-15 août – **GB** 🕳
  4,5 ha (180 empl.) plat, en terrasses, sablonneux, herbeux
  ♿ 🍴 🕯 🗄 🐟 ⊙ 🖥 🔳 – 🔳, 🛶 🛶 ⚗ – A proximité : 💡 ✗
  Tarif : ✦ 19 – 🚗 6 – 🔲 25 – 🔌 13 (5A)
  Location : 🏠 1500 à 2400

▲ **Fort Cezon** juil.-août
  & 02 98 04 93 46 – NO : 3 km, à 300 m de la plage (accès direct) – 🛶 ⚓ – **R** conseillée
  0,6 ha (36 empl.) plat, herbeux
  🍴 🐟 ⊙ – 🛶
  Tarif : ✦ 9,60 – 🔲 11,50 – 🔌 11 (10A)

29800 Finistère **3** – **58** ⑤ G. Bretagne – 14 269 h. alt. 10.
🛈 Office de Tourisme Pont de Rohan *&* 02 98 85 13 09, Fax 02 98 21 39 27.
Paris 575 – Brest 22 – Carhaix-Plouguer 60 – Morlaix 39 – Quimper 64.

▲ **Municipal** 15 mai-15 oct.
  & 02 98 21 66 59 – au Sud-Ouest de la ville, rte de Quimper près du stade et de la piscine, bord
  de l'Elorn (rive gauche) – ⚓ – **R** conseillée 10 juil.-20 août – 🕳
  0,5 ha (42 empl.) plat, herbeux 🔳
  ♿ 🍴 🕯 🏠 ⊙ 🔳 – 🛶 💥 – A proximité : 🔳 toboggan aquatique
  Tarif : 🔲 tennis compris 2 pers. 51, pers. suppl. 15 – 🔌 17,50 (6A)

85220 Vendée **9** – **67** ⑫ – 646 h. alt. 37.
Paris 462 – Challans 25 – Nantes 80 – La Roche-sur-Yon 32 – Les Sables-d'Olonne 18 – St-Gilles-Croix-de-Vie 14.

▲▲ **Pong** Pâques-sept.
  & 02 51 22 92 63, Fax 02 51 22 99 25 – sortie Nord-Est, chemin du stade – 🛶 ⚓ – **R** conseillée
  juil.-août – **GB** 🕳
  3 ha (185 empl.) plat et peu incliné, herbeux, terrasses, petit étang 🔳 💧
  ♿ 🍴 🕯 🗄 🏠 🏀 🐟 ⊙ 🔳 🔳 – 🔳 🛶 🔳 toboggan aquatique – A proximité : 💥
  Tarif : 🔲 piscine comprise 2 pers. 89 – 🔌 17 (4A) 21 (6A) 26 (10A)
  Location : 🏠 1050 à 3050

▲▲ **Le Lac** mai-sept.
  & 02 51 22 91 61, Fax 02 51 22 90 41 – NE : 2 km par D 12, rte de la Mothe-Achard puis 2 km par
  rte à gauche, bord du lac du Jaunay – 🛶 ⚓ dans locations – **R** conseillée – **GB** 🕳
  4,7 ha (128 empl.) plat et peu incliné, en terrasses, herbeux 🔳 💧 (2 ha)
  ♿ 🍴 🕯 🗄 🏠 🏀 ⊙ 🔳 🔳 – 💡 crêperie – 🔳 🔳
  Tarif : 🔲 piscine comprise 2 pers. 110 – 🔌 16 (6A)
  Location : 🏠 1700 à 3300 – bungalows toilés

▲ **Municipal Orée de l'Océan** 15 juin-15 sept.
  & 02 51 22 96 36 – sortie Ouest, rte de Brétignolles-sur-Mer, à proximité d'un étang – ⚓ –
  R conseillée juil.-août – 🕳
  2,8 ha (140 empl.) plat et peu incliné, herbeux 🔳
  ♿ 🍴 🕯 🗄 🏠 ⊙ 🔳 – 🔳 – A proximité : 💥
  Tarif : (Prix 1998) 🔲 piscine comprise 2 pers. 65, pers. suppl. 15 – 🔌 15 (10A)

17290 Char.-Mar. **9** – **71** ⑬ – 474 h. alt. 12.
Paris 456 – Niort 48 – Rochefort 22 – La Rochelle 32 – Surgères 14.

▲ **Aire Naturelle de Plaine d'Aunis** 15 juin-15 oct.
  & 05 46 27 87 29 – sortie Nord-Ouest par D 112, rte d'Aigrefeuille-d'Aunis et chemin à gauche, à
  120 m d'un étang – 🛶 ⚓ – **R** conseillée
  0,6 ha (25 empl.) plat, herbeux, pierreux
  ♿ 🍴 🕯 🏠
  Tarif : ✦ 10 – 🚗 7 – 🔲 12

LANDRETHUN-LES-ARDRES

62610 P.-de-C. **1** – **51** ② – 568 h. alt. 85.
Paris 279 – Arras 99 – Boulogne-sur-Mer 35 – Calais 21 – Dunkerque 47 – St-Omer 28.

   ▲ **L'Orée du Bois** avril-sept.
     🏕 03 21 82 67 15 – SE : 2,3 km, au lieu-dit Le Val – Places limitées pour le passage ♋ 🔑 juil.-août
     – **R** conseillée – ✓
     2,2 ha (88 empl.) peu incliné, herbeux ▭
     ♿ 刀 ↻ 固 B ☻ – 🚶
     Tarif : ★ 16 – 📆 17 – 🚿 10 (5A)

LANDRY

73210 Savoie **12** – **74** ⑱ – 490 h. alt. 800.
Paris 659 – Albertville 50 – Bourg-St-Maurice 7 – Moûtiers 23.

   ▲ **L'Eden** 18 déc.-25 avril, 21 mai-15 sept.
     🏕 04 79 07 61 81, Fax 04 79 07 62 17 – NO : 0,7 km par D 87^E, après le passage à niveau, près de
     l'Isère, alt. 740 – ❄ Ⓜ ≤ 🔑 – **R** conseillée hiver, juil.-août – **GB** ✓
     2,5 ha (133 empl.) peu incliné, en terrasses, plat, herbeux, gravillons ▭
     🎦 ♿ 刀 ↻ 固 ☻ B ♨ ⛲ 🂡 – 🍽 – 🚘 🏊
     Tarif : 📆 piscine comprise 2 pers. 96, pers. suppl. 28 – 🚿 10A : 18 (hiver 28)

LANDUDEC

29710 Finistère **3** – **58** ⑭ – 1 183 h. alt. 105.
Paris 583 – Audierne 18 – Douarnenez 11 – Pont-l'Abbé 21 – Quimper 20.

   ▲▲▲ **Bel-Air** 15 juin-15 sept.
     🏕 02 98 91 50 27, Fax 02 98 91 55 82 – O : 1,3 km rte de Plozévet puis 1 km par rte à gauche –
     ♋ « Décoration florale » 🔑 – **R** conseillée juil.-août – **GB** ✓
     5 ha (197 empl.) plat, en terrasses, prairies, étang ▭ 🂡
     刀 ↻ 固 ☻ ▦ ☻ B ♨ 🂡 – 🍽 crêperie ☻ – 🚘 🛠 ⛲ 🚶 🎾 🏊 toboggan aquatique
     parc de jeux
     Tarif : ★ 20 piscine et tennis compris – 🚘 10 – 📆 35 – 🚿 16 (4A)
     Location : 🛏 1260 à 2960 – 🏠 1700 à 3200

LANGEAC

43300 H.-Loire **11** – **76** ⑤ G. Auvergne – 4 195 h. alt. 505.
🛈 Office de Tourisme pl. A.-Briand 🏕 04 71 77 05 41, Fax 04 71 77 19 93.
Paris 513 – Brioude 30 – Mende 92 – Le Puy-en-Velay 45 – St-Chély-d'Apcher 60 – St-Flour 54.

   ▲ **Municipal le Prado** vacances de printemps-Toussaint
     🏕 04 71 77 05 01 – r. de Lille, au Nord par D 585 rte de Brioude, bord de l'Allier – ♋ 🔑 –
     R conseillée juil.août – **GB** ✓
     15 ha (200 empl.) plat, herbeux, pierreux, sablonneux 🂡 (8 ha)
     🎦 ♿ 刀 ↻ 固 ☻ ☻ B – 🚘 🚶 🏊
     Tarif : 📆 1 pers. 30, 2 pers. 50 – 🚿 11 (3A) 13 (6A) 15 (10A)
     Location : 🏠 1440 à 2750 – gîte d'étape, bungalows toilés

LANILDUT

29840 Finistère **3** – **58** ③ – 733 h. alt. 10.
Paris 618 – Brest 28 – Brignogan-Plages 46 – Ploudalmézeau 11.

   ▲▲ **Municipal du Tromeur** 15 juin-15 sept.
     🏕 02 98 04 31 13 – sortie Ouest par D 27 puis 1,5 km par rte à droite, Chemin piétons direct reliant
     le camp au bourg – ♋ 🔑 – **R** – ✓
     2,7 ha (70 empl.) plat, peu incliné, herbeux, bois attenant
     ♿ 刀 ↻ 固 ☻ B – 🚘 – A proximité : terrain omnisports 🎾
     Tarif : (Prix 1998) ★ 13,50 – 🚘 5 – 📆 7,50 – 🚿 13

LANLOUP

22580 C.-d'Armor **3** – **59** ② G. Bretagne – 195 h. alt. 58.
Paris 484 – Guingamp 29 – Lannion 44 – St-Brieuc 37 – St-Quay-Portrieux 15.

   ▲▲ **Le Neptune** 15 mai-15 sept.
     🏕 02 96 22 33 35 – sortie Ouest du bourg – 🔑 – **R** conseillée juil.-août – ✓
     2 ha (84 empl.) plat, peu incliné, herbeux ▭
     ♿ 刀 ↻ 固 ♿ ☻ B – 🍽 – 🚘 ⛲ 🏊 – A proximité : 🎾
     Tarif : ★ 20 piscine et tennis compris – 🚘 10 – 📆 20 – 🚿 20 (6A)
     Location : 🛏 1400 à 1800 – 🏠 2200 à 2700

LANNE

65 H.-Pyr. – **85** ⑧ – rattaché à Lourdes.

22300 C.-d'Armor 🖪 – 🖽 ① G. Bretagne – 16 958 h. alt. 12.
🖪 Office de Tourisme quai d'Aiguillon ℰ 02 96 46 41 00, Fax 02 96 37 19 64.
Paris 514 – Brest 96 – Morlaix 39 – St-Brieuc 63.

▲▲ **Municipal des 2 Rives** Pâques-15 sept.
   ℰ 02 96 46 31 40, Fax 02 96 37 17 03 – SE : 2 km par D 767, rte de Guingamp et rte à droite après le Centre Commercial Leclerc, bord du Léguer – 🐾 ⚭ – **R** conseillée – ⚙
   2,3 ha (105 empl.) plat, herbeux ☐
   ⚒ ♨ ⇔ 🖺 ♨ ⊕ 🛒 ☶ 🖼 ▦ – ⓣ – 🛶
   Tarif : ⚹ *15,50* – 🚗 *10* – ▣ *15,60/25* – ⁅ *12,50 (16A)*
   Location *(permanent)* : ⛺*1600 à 2100*

▲ **Aire Naturelle Bel Air** 15 juin-15 sept.
   ℰ 02 96 37 66 43 – SO : 3 km par D 786, rte de Morlaix et à droite rte de Kernégues – ⚭ – **R** conseillée 15 juil.-15 août – ⚙
   1 ha (25 empl.) plat, herbeux ☐
   ♨ ⇔ 🖺 ⊕ 🛒 ▦ – 🖼 – A proximité : 🐎
   Tarif : ⚹ *13* – 🚗 *8* – ▣ *8/12* – ⁅ *10 (4A)*
   Location : 🛖 *700*

▶ *Avant de prendre la route, consultez* **36.15 MICHELIN** *sur votre Minitel :*

votre meilleur itinéraire, le choix de votre hôtel, restaurant, camping,

des propositions de visites touristiques.

15270 Cantal 🖽 – 🖽 ② G. Auvergne – 1 473 h. alt. 650.
Paris 498 – Bort-les-Orgues 8 – La Bourboule 34 – Condat 31 – Mauriac 38 – Ussel 33.

▲▲ **Municipal de la Siauve** juin-15 sept.
   ℰ 04 71 40 31 85, Fax 04 71 40 34 33 – SO : 3 km par D 922, rte de Bort-les-Orgues et rte à droite, à 200 m du lac (accès direct), alt. 660 – 🐾 ⩽ ⚭ juil.-août – **R** conseillée juil.-août – ⚙
   8 ha (220 empl.) en terrasses, herbeux ☐ ♨
   ⚒ ♨ ⇔ 🖺 ♨ ⊕ ☶ 🖼 ▦ – 🖼 🛶 ⚓ – A proximité : 🏊 (plage)
   Tarif : ▣ *2 pers. 62, pers. suppl. 18* – ⁅ *16 (6 à 10A)*
   Location *(3 avril-14 nov.)* : ⛺*1400 à 2600 – huttes*

38250 Isère 🖽 – 🖽 ④ – 1 451 h. alt. 1 120 – Sports d'hiver : : 1 020/1 880 m ⚡16 ⚘.
🖪 Office de Tourisme pl. Église ℰ 04 76 95 42 62, Fax 04 76 95 49 70.
Paris 580 – Grenoble 25 – Villard-de-Lans 9 – Voiron 40.

▲ **Le Bois Sigu** Permanent
   ℰ 04 76 95 47 02 – S : 2,8 km par D 106, D 531, rte de Villard-de-Lans et rte à gauche, au hameau le Peuil – ❄ 🐾 – ⚙ – **R** conseillée juil.-août – ⚙
   1 ha (70 empl.) plat et terrasse, peu incliné, herbeux, pierreux
   ⚒ ♨ ♨ ⇔ 🖺 ♨ ⊕ ▦ – 🖼 🛶
   Tarif : ▣ *1 ou 2 pers. 68, pers. suppl. 21* – ⁅ *9 (5A)*

73480 Savoie 🖽 – 🖽 ⑨ G. Alpes du Nord – 647 h. alt. 1 399 – Sports d'hiver : : 1 400/2 100 m ⚡1 ⚡21 ⚘.
Paris 688 – Albertville 115 – Briançon 85 – Chambéry 126 – St-Jean-de-Maurienne 56 – Torino 97 – Val-d'Isère 50.

▲ **Les Balmasses** juin-sept.
   ℰ 04 79 05 82 83 – sortie Ouest par N 6, rte de Modane et chemin à gauche, bord de l'Arc – ⩽ ⚭ 10 juil.-20 août – **R** conseillée 10 juil.-20 août – ⚙
   1,2 ha (67 empl.) plat, terrasse, herbeux
   ♨ ♨ 🖺 ♨ ⊕ ▦ – 🛶 – A proximité : 🛒
   Tarif : ⚹ *13,50* – 🚗 *6,50* – ▣ *13* – ⁅ *16,50 (5A) 22 (10A)*

73480 Savoie 🖽 – 🖽 ⑨ G. Alpes du Nord – 392 h. alt. 1 500 – Sports d'hiver : (voir à Lanslebourg-Mont-Cenis).
🖪 Office de Tourisme, r. Sous-l'Église ℰ 04 79 05 99 10, Fax 04 79 05 82 17.
Paris 691 – Albertville 118 – Briançon 91 – Chambéry 129 – Val-d'Isère 47.

▲▲ **Caravaneige Municipal** 20 déc.-1er mai, 15 juin-15 sept.
   ℰ 04 79 05 90 52 – sortie Sud-Ouest rte de Lanslebourg, bord d'un torrent – ❄ ⩽ ⚭ – **R** hiver et été – ⚙
   3 ha (100 empl.) plat, herbeux, pierreux
   ⚒ ♨ ♨ ⇔ 🖺 ♨ ⊕ ▦ – ⓣ ✗ ⚓ – 🖼 – A proximité : ✂
   Tarif : ⚹ *13,50* – ▣ *17,50* – ⁅ *33 (6A) 45 (10A)*

LANTIC

22410 C.-d'Armor **3** – 🔢 ③ G. Bretagne – 1 075 h. alt. 50.
Paris 473 – Guingamp 26 – Lannion 52 – Paimpol 27 – St-Brieuc 25 – St-Quay-Portrieux 8.

   ⚠ **Les Étangs** mai-15 sept.
      ℰ 02 96 71 95 47 – E : 2 km par D 4, rte de Binic, près des étangs – ⚬ᴡ 🚫 dans locations –
      R conseillée juil.-août – ✂
      1,5 ha (90 empl.) plat, peu incliné, terrasses, herbeux ♀ (0,7 ha)
      🗇 ⏚ ⟋ ⊕ 🖥 – 🏠 ⚌ 🔝
      Tarif : 🗉 *piscine comprise 2 pers. 55, pers. suppl. 17* – 🔌 *12 (4A) 16 (6A)*
      Location : 🏚*(sans sanitaires)*

LANTOSQUE

06450 Alpes-Mar. **17** – 🔢 ⑲ G. Côte d'Azur – 972 h. alt. 550.
Paris 888 – L'Escarène 30 – Nice 51 – Sospel 37 – St-Martin-Vésubie 16.

   ⚠ **Camping des Merveilles** juil.-15 sept.
      ℰ 04 93 03 15 73 – **au Suquet**, SO : 5 km, carrefour D 2565 et D 373, à 200 m de la Vésubie –
      ≼ ⚬ᴡ – **R** conseillée
      0,6 ha (44 empl.) plat, peu incliné, pierreux, herbeux ♀
      🗇 🗂 ⟋ ⊕ ⚴ ⟟ 🖥 – 🏠 – A proximité : 🍴 ✗
      Tarif : 🗉 *1 à 4 pers. 30 à 88, 2 à 4 pers. 62 à 88, pers. suppl. 20* – 🔌 *16 (3A) 26 (6A)*

LANUÉJOLS

30750 Gard **15** – 🔢 ⑮ – 304 h. alt. 905.
Paris 654 – Alès 100 – Mende 67 – Millau 35 – Nîmes 112 – Le Vigan 42.

   ⚠ **Domaine de Pradines** avril-oct.
      ℰ 04 67 82 73 85 – O : 3,5 km par D 28, rte de Roujarie et chemin à gauche, alt. 800 – 🐌 ≼ « Cadre
      sauvage » ⚬ᴡ – **R** conseillée – ⊞ ✂
      30 ha (75 empl.) plat, peu incliné, herbeux ♀
      ⚿ 🗇 ⏚ 🗂 ⚌ ⊕ 🖥 – ⚏ ✗ ⚲ – 🏠 ⚌ 🎾 🔝 🏇
      Tarif : 🗉 *piscine comprise 1 pers. 36* – 🔌 *16 (15A)*
      Location : 🛏 *1740 à 2900*

02000 Aisne 🖪 – 🗗🗗 ⑤ G. Flandres Artois Picardie – 26 490 h. alt. 181.
🖪 Office de Tourisme pl. du Parvis de la Cathédrale 🖉 03 23 20 28 62, Fax 03 23 20 68 11.
Paris 141 – Amiens 123 – Charleville-Mézières 93 – Compiègne 74 – Reims 61 – St-Quentin 48 – Soissons 37.

⚠ **Municipal la Chênaie** avril-oct.
🖉 03 23 20 25 56 – de la gare Sud-Ouest : 4 km, accès par chemin près de la Caserne Foch, à l'entrée du faubourg Semilly, à 100 m d'un étang – ⊶ – **R** – ⚸
1 ha (35 empl.) plat, herbeux, chênaie ⌷
🕭 🕭 🕭 🕭 🕭 ⓐ
Tarif : (Prix 1998) ⚹ 14,50 – ⚌ 9 – 🗉 9 – 🖫 16 (10A)

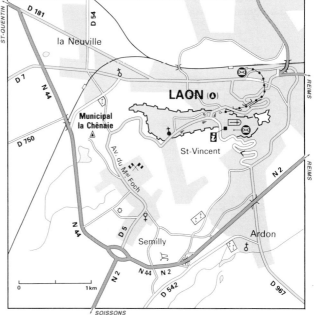

03120 Allier 🗓🗓 – 🏭🏭 ⑥ G. Auvergne – 3 603 h. alt. 280.
🖪 Office de Tourisme 3 r. du Prés.-Roosevelt 🖉 04 70 99 08 39, Fax 04 70 99 28 09.
Paris 346 – Digoin 45 – Mâcon 123 – Moulins 50 – Roanne 49 – St-Pourçain-sur-Sioule 30.

⚠ **Municipal** 30 avril-15 sept.
🖉 04 70 99 26 31 – sortie Sud-Est par N 7, rte de Roanne, bord de la Besbre – ⊶ – **R** 15 juil.-15 août
0,8 ha (66 empl.) plat, herbeux ⚲
🕭 🕭 🕭 ⓐ 🖫 – ⚊⚊ parcours de santé – A proximité : ⚏
Tarif : (Prix 1998) ⚹ 11 – ⚌ 8 – 🗉 8 – 🖫 11 (6 ou 9A)

▶ *Jährlich eine neue Ausgabe.*
Aktuellste Informationen, jährlich für Sie.

63700 P.-de-D. 🗓🗓 – 🏭🏭 ③ – 575 h. alt. 510.
Paris 353 – Clermont-Ferrand 73 – Commentry 14 – Montmarault 14 – St-Éloy-les-Mines 13 – Vichy 55.

⚠⚠ **Municipal les Marins** 15 juin-1er sept.
🖉 04 73 52 02 73 – E : 2 km par D 998, rte d'Echassières et D 100 à droite, rte de Durmignat, près d'un plan d'eau – ⚮ ⊶ – **R** – ⚸
2 ha (68 empl.) plat, herbeux ⌷
🕭 🕭 🕭 🕭 🕭 ⓐ 🖫 – 🖫 ⚊⚊ 🚲 🖫 (plage) – A proximité : 🍷 ⚏
Tarif : 🗉 élect. comprise 3 pers. 60, pers. suppl. 10
Location (permanent) : 🖫 1600 à 2400

LARCHAMP

61800 Orne **4** – **59** ⑩ – 296 h. alt. 270.
Paris 250 – Alençon 77 – Domfront 16 – Flers 13 – Mortain 22 – Vire 29.

⚠ **Municipal de la Cour** juin-sept.
    𝒫 02 33 64 20 05 – sortie Nord-Est – **R**
    2 ha (60 empl.) plat, herbeux, étang
    ♿ 🔔 ⏚ 🚽 ☺ – 🚣
    Tarif : ♦ 10 – 🚐 4 – 🔲 8/10 – [⚡] 10 (5A)

LARCHE

04530 Alpes-de-H.-Pr. **17** – **81** ⑨ G. Alpes du Sud – 71 h. alt. 1 691.
Paris 764 – Barcelonnette 27 – Briançon 84 – Cuneo 70.

⚠ **Domaine des Marmottes** 15 juin-15 sept.
    𝒫 04 92 84 33 64 – SE : 0,8 km par rte à droite après la douane française, bord de l'Ubayette et
    d'un petit étang – ⊗ ≤ « Situation agréable » ⊶ – **R** conseillée 10 juil.-20 sept. – ✂
    2 ha (50 empl.) plat, herbeux, pierreux ▭ ♀ (0,5 ha)
    ♿ 🔔 ⏚ 🖫 ⚲ ☺ – crêperie
    Tarif : 🔲 1 pers. 28 – [⚡] 12 (3A) 18 (6A)

LE LARDIN-ST-LAZARE

24570 Dordogne **10** – **75** ⑦ – 2 047 h. alt. 86.
Paris 486 – Brive-la-Gaillarde 27 – Lanouaille 38 – Périgueux 47 – Sarlat-la-Canéda 32.

⚠ **La Nuelle** 15 avril-15 sept.
    𝒫 05 53 51 24 00 – NO : 3 km par N 89, rte de Périgueux et chemin à droite – ⊗ ⊶ juil.-août
    – **R** conseillée – ✂
    2 ha (50 empl.) plat, herbeux, étang ▭ ♀
    ♿ 🔔 ⏚ 🖫 ⊚ ⚲ ☗ 🖫 – snack 🍴 – ⛱
    Tarif : (Prix 1998) ♦ 19 piscine comprise – 🔲 24 – [⚡] 14 (5A)
    Location : 🏠 2000 à 2600

LARMOR-PLAGE

56260 Morbihan **3** – **63** ① G. Bretagne – 8 078 h. alt. 4.
Paris 509 – Lorient 6 – Quimper 71 – Vannes 64.

⚠ **La Fontaine**
    𝒫 02 97 33 71 28, Fax 02 97 33 70 32 – à l'Ouest de la station, à 300 m du D 152 (accès conseillé)
    et à 1,2 km de la Base de Loisirs – Ⓜ ⊗ ⊶
    1 ha (93 empl.) plat, peu incliné, herbeux ▭
    ▥ ♿ 🔔 ⏚ 🖫 🚽 ⊚ ⚲ 🖫 – 🍴 👪 🚣 – A proximité : 🎣 ✗ 🎿

⚠ **Municipal les Algues** 15 juin-15 sept.
    𝒫 02 97 65 55 47 – au Sud du bourg, près de la plage – ⊶ – **R** conseillée – ✂
    2 ha (148 empl.) plat, peu incliné, herbeux
    ♿ 🔔 ⏚ 🖫 🚽 ☺ ☗ 🖫
    Tarif : (Prix 1998) ♦ 16,20 – 🔲 32,50 – [⚡] 15 (10A)

LARNAGOL

46160 Lot **15** – **79** ⑨ – 159 h. alt. 146.
Paris 584 – Cahors 41 – Cajarc 9 – Figeac 33 – Livernon 26 – Villefranche-de-Rouergue 30.

⚠ **Le Ruisseau de Treil** Pâques-1ᵉʳ oct.
    𝒫 05 65 31 23 39 – E : 0,6 km par D 662, rte de Cajarc et à gauche, bord d'un ruisseau – ⊗ ⊶
    – **R** conseillée – ✂
    4 ha (49 empl.) plat, herbeux ♀
    ♿ 🔔 ⏚ 🖫 🚽 ☺ 🖫 – ⛱ 🍷 – ⛱ 👪 ⊙ 🏹 stand de tir (air comprimé)
    Tarif : ♦ 29 piscine comprise – 🔲 39 – [⚡] 19 (5 ou 6A)

LAROQUE-DES-ALBÈRES

66740 Pyr.-Or. **15** – **86** ⑲ – 1 508 h. alt. 100.
Paris 888 – Argelès-sur-Mer 9 – Le Boulou 14 – Collioure 16 – La Jonquera 27 – Perpignan 26.

⚠ **Les Albères**
    𝒫 04 68 89 23 64, Fax 04 68 89 14 30 – sortie Nord-Est par D 2, rte d'Argelès-sur-Mer puis 0,4 km
    par chemin à droite – ⊗ ≤ « agréable cadre boisé » ⊶
    5 ha (211 empl.) peu incliné et en terrasses, pierreux, herbeux ▭ ♀♀
    ♿ 🔔 ⏚ 🖫 ⊚ 🖫 – ⛱ 🍷 snack 🍴 – ⛱ 👪 ✗ 🎿
    Location : 🏠 – 🏠

⚠ **Mas Manyères** Pâques-sept.
    𝒫 04 68 89 33 11, Fax 04 68 89 38 11 – sortie Nord-Est par D 2, rte d'Argelès-sur-Mer puis 0,8 km
    par rte à droite – ⊗ ≤ ⊶ – **R** conseillée saison – ✂
    2 ha (84 empl.) plat, peu incliné, terrasses, pierreux, herbeux ▭ ♀♀ (1,2 ha)
    ♿ 🔔 ⏚ 🖫 🚽 ⊚ 🖫 – snack 🍴 – ⛱ 👪 🎿 toboggan aquatique – A proximité : ✗
    Tarif : 🔲 élect. (5A), piscine et tennis compris 3 pers. 125
    Location : 🏕 900 à 1800 – 🏠 1375 à 2750

LARRAU

64560 Pyr.-Atl. **13** – **85** ⑭ – 241 h. alt. 636.
Paris 834 – Oloron-Ste-Marie 43 – Pau 77 – St-Jean-Pied-de-Port 47 – Sauveterre-de-Béarn 56.

▲ **Iraty** mai-oct.
    ℐ 05 59 28 51 29, Fax 05 59 28 72 38 – NO : 14,8 km par D 19, rte du Col de Hégui-Zouri – ⑤
    ●━ juil.-août – **R** – ⚒
    2 ha (70 empl.) plat, peu incliné, herbeux, accidenté, rochers, forêt 00
    ⅃ ⅃ ⅃ A proximité : à 3 km : ⚒ ♟ ✕ ⅊ ⅊ ⅊
    Tarif : ⭑ 15 – ⟷ 12 – ⬛ 15/25
    Location : ⌂ 1550 à 1900 – gîtes

LARUNS

64440 Pyr.-Atl. **13** – **85** ⑯ – 1 466 h. alt. 523.
Paris 816 – Argelès-Gazost 50 – Lourdes 52 – Oloron-Ste-Marie 33 – Pau 39.

▲▲ **Les Gaves** Permanent
    ℐ 05 59 05 32 37, Fax 05 59 05 47 14 – SE : 1,5 km par rte du col d'Aubisque et chemin à gauche,
    bord du Gave d'Ossau – Places limitées pour le passage ❄ ⑤ ≼ « Belle entrée » ●━ ℗(chalets)
    – **R** conseillée vacances scolaires – ⚒
    2,4 ha (101 empl.) plat, herbeux, gravier ▭ 00
    ⅃ ⅃ ⅃ ⅃ ⅃ ⅃ – ♟ – ⌂ ⚒
    Tarif : (Prix 1998) ⭑ 21 (hiver 16) – ⬛ 52/56 (hiver 45) – ⚡ 15 (3A) 20 (6A) 25 (10A)
    Location : ⌂⌂ 1850 à 2900 – ⌂ 2100 à 3800 – appartements

▲ **Pont Lauguère** Permanent
    ℐ 05 59 05 35 99 – S : 1 km par rte du col d'Aubisque et chemin à gauche, à 100 m du Gave d'Ossau
    – ≼ ●━ **R** été
    1 ha (50 empl.) plat, herbeux 0
    ⅃ ⅃ ⅃ ⅃ ⅃ ⅃
    Tarif : ⭑ 16 (hiver 14) – ⬛ 30 (hiver 31) – ⚡ 12 (2A) 23 (4A)
    Location : ⌂⌂ 1505 à 2300

▲ **Geteu** vacances d'hiver et mai-15 sept.
    ℐ 05 59 05 37 15 ✉ 64440 Louvie-Soubiron – N : 1,8 km par rte de Pau, à 100 m du Gave d'Ossau
    – ≼ ●━ **R** conseillée – ⚒
    1 ha (45 empl.) plat, herbeux 0
    ⅃ ⅃ ⅃ ⅃ ⅃ ⅃
    Tarif : ⭑ 14 – ⬛ 22 – ⚡ 12 (2A) 15 (4A) 18 (6A)

LARUSCADE

33620 Gironde **9** – **71** ⑧ – 1 679 h. alt. 85.
Paris 525 – Blaye 29 – Bordeaux 44 – Guîtres 16 – Libourne 28 – Montendre 26.

▲▲ **Relais du Chavan** 15 mai-15 sept.
    ℐ 05 57 68 63 05 – N : 7 km sur N 10 - Par A 10 sens Nord-Sud : sortie 38 Blaye - sens Sud-Nord :
    sortie 40ᵃ St-André-de-Cubzac – ●━ **R** conseillée juil.-août – ⊟ ⚒
    3,6 ha (100 empl.) plat, herbeux, sablonneux ▭ 00 (1 ha)
    ⅃ ⅃ ⅃ ⅃ ⅃ ⅃ ⅃ – ⌂ ⚒ ⅃ ⅃
    Tarif : ⭑ 18 piscine comprise – ⬛ 20 – ⚡ 15 (5A) 25 (10A)
    Location : ⌂ 1300 à 1800

LASALLE

30460 Gard **16** – **80** ⑰ – 1 007 h. alt. 280.
Paris 686 – Alès 31 – Florac 58 – Lodève 74 – Montpellier 64 – Nîmes 61 – Le Vigan 42.

▲▲▲ **La Pommeraie** mai-sept.
    ℐ 04 66 85 20 52, Fax 04 66 85 20 53 ✉ 30140 Thoiras – E : 3 km par D 39 et D 57, rte d'Anduze,
    bord de la Salendrinque – ⑤ « Entrée fleurie » ●━ **R** conseillée saison – ⚒
    7 ha (200 empl.) plat, herbeux ▭ 00
    ⅃ ⅃ ⅃ ⅃ ⅃ ⅃ ⅃ ⅃ – ⚒ ♟ snack, pizzeria ⅃ – ⅃ ⅃ ⅃ ⅃ ⅃ ⅃
    Tarif : ⬛ élect. (6A) et piscine comprises 2 pers. 115
    Location (10 avril-sept.) : ⌂ 900 à 1800 – ⌂⌂ 1300 à 2600 – ⌂ 1450 à 2900

LATHUILE

74 H.-Savoie – **74** ⑯ – voir à Annecy (Lac d').

LATILLÉ

86190 Vienne **9** – **68** ⑬ – 1 305 h. alt. 150.
Paris 353 – Châtellerault 53 – Parthenay 30 – Poitiers 25 – St-Maixent-l'École 39 – Saumur 88.

▲ **Aire Naturelle la Raudière** mai-sept.
    ℐ 05 49 54 81 36 – sortie Sud-Ouest par D 93 rte de Vasles et chemin à droite – ⑤ – **R** – ⚒
    1 ha (25 empl.) en terrasses, herbeux ▭
    ⅃ ⅃ ⅃ ⅃ ⅃ ⅃ – ⌂
    Tarif : ⭑ 11 – ⟷ 6 – ⬛ 6 – ⚡ 11 (4A)

LATTES

34 Hérault – 🗺️ ⑦ – rattaché à Montpellier.

LAU-BALAGNAS

65 H.-Pyr. – 🗺️ ⑰ – rattaché à Argelès-Gazost.

LAUBERT

48170 Lozère 🗺️ – 🗺️ ⑥ – 128 h. alt. 1 200 – Sports d'hiver : 1 200/1 264 m ✤1 ✤.
Paris 590 – Langogne 28 – Marvejols 48 – Mende 20.

  ▲ **Municipal** Permanent
    ✆ 04 66 47 72 09 – SO : 0,5 km par N 88 et D 6, rte de Rieutort-de-Randon à droite – ≼ ⚬⛽ –
    R conseillée juil.-août – ⚲
    2 ha (33 empl.) peu incliné et accidenté, pierreux, rochers, herbeux ♀
    🏕️ ⚹ 🗟 ⇄ 👄 ⊙ 🖳 – snack 🦯 – 🏠 ⚷ •⑧
    Tarif : 🔲 *élect. comprise 1 pers. 30, 2 pers. 57, pers. suppl. 7*
    Location : *gîte d'étape*

LAURENS

34480 Hérault 🗺️ – 🗺️ ⑭ – 1 009 h. alt. 140.
Paris 741 – Bédarieux 14 – Béziers 22 – Clermont-l'Hérault 41 – Montpellier 78 – Sète 59.

  ▲▲ **L'Oliveraie** Permanent
    ✆ 04 67 90 24 36, Fax 04 67 90 11 20 – N : 2 km par rte de Bédarieux et chemin à droite – ⚬⛽
    – **R** conseillée saison – ⚲
    7 ha (116 empl.) plat, terrasse, pierreux, herbeux ▭ ♀
    ⚹ 🗟 ⇄ 🗟 👄 ⚲ ⊙ ⚷ ⛄ 🖳 – pizzeria – ✤ 🏊 ⚷ 👟 ✂ 🏃 🏊 🔭 poneys – A proximité :
    •⑧
    Tarif : (Prix 1998) 🔲 *élect. (6A) et piscine comprises 1 ou 2 pers. 100, 3 ou 4 pers. 130, 5 ou 6 pers.*
    160, pers. suppl. 20 – 🗐 *20 (6A)*
    Location : 🛏️ *1045 à 1850* – 🛏️ *1460 à 2650*

  ▶ 🏊 ✗ **ATTENTION...**
    🏊   *ces éléments ne fonctionnent généralement qu'en saison,*
    🏊 🐎   *quelles que soient les dates d'ouverture du terrain.*

LAURIÈRE

87370 H.-Vienne 🗺️ – 🗺️ ⑧ – 601 h. alt. 404.
Paris 370 – Bellac 42 – Bourganeuf 38 – Guéret 40 – Limoges 44 – La Souterraine 22.

  ▲ **Intercommunal du Lac** 15 avril-15 oct.
    ✆ 05 55 71 42 62 – N : 2,4 km par D 63 rte de Folles et rte à droite, bord du lac (plage) – ⚲ ⚬⛽
    – **R** conseillée juil.-août – ⚲
    3,6 ha (152 empl.) en terrasses ⚿⚿
    ⚹ ⇄ ⚲ ⊙ 🖳 – ⚷ ⛱ – A proximité : 🏊
    Tarif : ✤ *18* – ⇌ *7* – 🔲 *10* – 🗐 *14 (10A)*
    Location : *huttes*

LAUTENBACH-ZELL

68610 H.-Rhin 🗺️ – 🗺️ ⑱ – 912 h. alt. 400.
Paris 478 – Belfort 58 – Colmar 32 – Guebwiller 7 – Mulhouse 30 – Thann 28.

  ▲ **Municipal Vert Vallon** Permanent
    ✆ 03 89 74 01 80 – au bourg, près de l'église – ≼ ⚬⛽ – **R** conseillée été
    0,5 ha (34 empl.) peu incliné à incliné, herbeux
    🏕️ ⇄ 👄 ⊙ – A proximité : ✂
    Tarif : (Prix 1998) ✤ *15* – ⇌ *8* – 🔲 *15* – 🗐 *2A : 5 (hiver 10) 6A : 10 (hiver 25) 10A : 20 (hiver 50)*
    Location : 🛏️

LAUTERBOURG

67630 B.-Rhin 🗺️ – 🗺️ ② – 2 372 h. alt. 115.
Paris 530 – Haguenau 40 – Karlsruhe 22 – Strasbourg 59 – Wissembourg 20.

  ▲▲ **Municipal des Mouettes** mars-15 déc.
    ✆ 03 88 54 68 60 – SO : 1,5 km par D 3 et chemin à gauche, à 100 m d'un plan d'eau (accès direct)
    « Entrée fleurie » ⚬⛽ ✂ 15 juin-août – **R** conseillée juil.-août
    2,7 ha (136 empl.) plat, herbeux
    🏕️ ⚹ ⇄ 👄 🗟 ⊙ ⚲ ⛄ 🖳 – ▼ – 🏠 – A proximité : ⚷ ⛱
    Tarif : ✤ *20* – ⇌ *10* – 🔲 *17/21* – 🗐 *17 (6A)*

LAVAL

53000 Mayenne **4** – **68** ⑩ G. Normandie Cotentin – 50 473 h. alt. 65.
Ø Office de Tourisme 1 r. du Vieux Saint-Louis ℰ 02 43 49 46 46, Fax 02 43 49 46 21 et Halte Fluviale 100 r. Vieux St-Louis ℰ 02 43 53 31 01.
Paris 279 – Angers 79 – Caen 146 – Le Havre 225 – Le Mans 85 – Nantes 137 – Rennes 74 – St-Nazaire 153.

▲▲ **S.I. le Potier** avril-sept.
ℰ 02 43 53 68 86 – S : 4,5 km par rte d'Angers et à droite après Thévalles, accès direct à la Mayenne – ≤ « Beaux emplacements, décoration florale et arbustive » ⊶ – **R** conseillée juil.-août – ⚲
1 ha (42 empl.) plat et en terrasses, herbeux, verger ombragé attenant ⊏⊐ ᳉
  & ⌂ ⇔ ⊟ ⊕ ⊞ – ⌂ ≛
Tarif : ⚹ 15,50 – ⇔ 6,50 – ⊟ 6,50

Le LAVANDOU

83980 Var **17** – **84** ⑯ G. Côte d'Azur – 5 212 h. alt. 1.
Ø Office de Tourisme quai G.-Péri ℰ 04 94 71 00 61, Fax 04 94 64 73 79.
Paris 876 – Cannes 102 – Draguignan 77 – Fréjus 63 – Ste-Maxime 43 – Toulon 42.

▲ **Clau Mar Jo** avril-sept.
ℰ 04 94 71 53 39 ⊠ 83230 Bormes-les-Mimosas Cedex – SO : 2 km – ⚘ ⊶ – **R** conseillée – ⊞
1 ha (71 empl.) plat, herbeux ⊏⊐ ᳉᳉
  & ⌂ ⇔ ⊟ ⊕ ⊞ ⚲ ⋎ ᳉
Tarif : ⊟ élect. (6A) comprise 2 pers. 107
Location : ⟤ 1680 à 2800

▲ **Beau Séjour** Pâques-sept.
ℰ 04 94 71 25 30 – SO : 1,5 km – ⊶ – **R**
1,5 ha (135 empl.) plat, pierreux, herbeux ⊏⊐ ᳉
  & ⌂ ⇔ ⊟ ⚲ ⊕ – snack ⊾
Tarif : ⚹ 23 – ⊟ 24 – ⒜ 16 (3A) 20 (6A)

à la Favière S : 2,5 km – ⊠ 83230 Bormes-les-Mimosas :

▲▲▲ **Le Domaine** 26 mars-oct.
ℰ 04 94 71 03 12, Fax 04 94 15 18 67 – S : 2 km, bord de plage – ≤ « Site agréable » ⊶ – **R** conseillée saison – ⊞
38 ha (1 200 empl.) plat, accidenté et en terrasses, pierreux, rocheux ⊏⊐ ᳉᳉ pinède
  & ⌂ ⇔ ⊟ ⊕ ⚲ ⋎ ᳉ ⊞ – ⬚ ⵌ ⋎ ✗ pizzeria, snack ⊾ cases réfrigérées – ⟤ terrain omnisports ≛

Tarif : ⚹ 30 – ⊟ 47/93 avec élect. (10A)

à St-Clair NE : 2 km par D 559, rte de Cavalière (hors schéma) – ⊠ 83980 le Lavandou :

▲ **St-Clair** 20 mars-oct.
ℰ 04 94 71 03 38, Fax 04 94 71 43 64 –, réservé aux caravanes, sortie Est, à 150 m de la plage, (hors schéma) – ⊶ – **R** conseillée saison – ⚲
1,2 ha (54 empl.) plat ⊏⊐ ᳉᳉
  ▥ & ⌂ ⇔ ⊟ ⊕ ⚲ ⊟ – ⟤ – A proximité : ✗ ⵌ
Tarif : ⊟ 3 pers. 135, pers. suppl. 20 – ⒜ 16 (3A) 19 (6A) 22 (10A)
Location : studios

le Lavandou

LAVARÉ

72390 Sarthe **5** – **60** ⑮ – 712 h. alt. 122.
Paris 173 – Bonnétable 28 – Bouloire 15 – La Ferté-Bernard 19 – Le Mans 38.

▲ **Municipal du Lac** 15 juin-15 sept.
sortie Est par D 302, rte de Vibraye, près d'un plan d'eau – ≤ – **R**
0,3 ha (20 empl.) plat, herbeux
  ⌂ ⇔ ⊕ ⚲ – A proximité : piste de bi-cross ✗ ≛ ⵌ ᳉
Tarif : (Prix 1998) ⚹ 8,50 – ⇔ 5 – ⊟ 4/5 – ⒜ 12

LAVELANET

09300 Ariège **15** – **86** ⑤ – 7 740 h. alt. 512.
Ø Office de Tourisme Maison de Lavelanet ℰ 05 61 01 22 20, Fax 05 61 03 06 39.
Paris 796 – Carcassonne 71 – Castelnaudary 53 – Foix 27 – Limoux 47 – Pamiers 42.

▲▲ **Municipal** 15 juin-août
ℰ 05 61 01 55 54 – au Sud-Ouest de la ville par rte de Foix et r. des Pyrénées à gauche, près de la piscine – ⊶ – **R** conseillée 15 juil.-15 août – ⚲
2 ha (100 empl.) plat, herbeux ⊏⊐ ᳉
  & ⌂ ⇔ ⊟ ⊕ ⚲ ⊟ – ⟤ – A proximité : ⌖ ᳉
Tarif : (Prix 1998) ⚹ 23 – ⊟ 10/23 – ⒜ 15 (15A)
Location (juil.-août) : bungalows toilés

LAVILLATTE

07660 Ardèche 🔟 – 🔟 ⑰ – 98 h. alt. 1 180.
Paris 580 – Coucouron 10 – Langogne 15 – Mende 62 – Privas 78 – Thueyts 31.

⚖ **Le Moulin du Rayol** juin-sept.
⌕ 04 66 69 47 56 – SE : 2 km, carrefour D 300 et D 108, rte de Langogne, bord de l'Espezonnette,
alt. 1 050 – Places limitées pour le passage ⚊ – **R**
1,4 ha (50 empl.) plat, peu incliné et en terrasses, herbeux
♿ ⛺ ➡ ⌗ ⛲ ⊛ 🖾 – 🍴 – 🕋
Tarif : (Prix 1998) 🏕 16 – 🚗 6 – 🅴 7 – 🔌 12 (2A) 16 (4A) 20 (6A)

LAVIT-DE-LOMAGNE

82120 T.-et-G. 🔟 – 🔟 ⑯ – 1 612 h. alt. 217.
Paris 670 – Agen 49 – Beaumont-de-Lomagne 12 – Castelsarrasin 22 – Lectoure 36 – Montauban 41.

⚖ **Municipal de Bertranon** juin-sept.
⌕ 05 63 94 04 70 – au Nord-Est du bourg par rte d'Asques, près du stade et d'un petit plan d'eau
– **R**
0,5 ha (33 empl.) peu incliné, herbeux 🖾
♿ ⛺ ➡ ⌗ ⛲ ⊛ – 🏃 parcours sportif
Tarif : (Prix 1998) 🏕 13 – 🅴 5/9 – 🔌 9 (6A)

LAVOÛTE-SUR-LOIRE

43800 H.-Loire 🔟 – 🔟 ⑦ – 697 h. alt. 561.
🖪 Office de Tourisme ⌕ 04 71 77 46 57.
Paris 543 – La Chaise-Dieu 36 – Craponne-sur-Arzon 28 – Le Puy-en-Velay 14 – St-Etienne 73 – Saugues 57.

⚖ **Municipal les Longes** juin-15 sept.
E : 1 km par D 7, rte de Rosières puis 0,4 km par rue à gauche, près de la Loire (accès direct) – ⚊
– **R** conseillée juil.-août – ⚲
1 ha (57 empl.) plat, herbeux 🖾
♿ ⛺ ➡ ⌗ ⛲ ⊛ – A proximité : ✂ 🏊
Tarif : (Prix 1998) 🏕 13,50 – 🚗 9 – 🅴 12,50 – 🔌 11 (6A)

LECTOURE

32700 Gers 🔟 – 🔟 ⑤ G. Pyrénées Aquitaine – 4 034 h. alt. 155.
🖪 Office de Tourisme cours Hôtel-de-Ville ⌕ 05 62 68 76 98, Fax 05 62 68 79 30.
Paris 689 – Agen 39 – Auch 35 – Condom 26 – Montauban 72 – Toulouse 96.

⚖ **Lac des 3 Vallées** 4 avril-12 sept.
⌕ 05 62 68 82 33, Fax 05 62 68 88 82 – SE : 2,4 km par N 21, rte d'Auch, puis 2,3 km par rte à
gauche, au Parc de Loisirs, bord du lac – ⚲ ≤ « Cadre agréable » ⚊ – **R** conseillée juil.-25 août
– 🆚 ⚲
8,5 ha (450 empl.) plat et peu incliné, en terrasses, herbeux, étang 🖾 ♨
♿ ⛺ ➡ ⌗ 🛁 ⛲ ⚒ ⊛ ⎘ ☇ 🖾 🖲 – 🍴 🍴 ✕ snack 🍖 – 🕋 🏃 🏃 ☀ ✂ 🎣 🏊 avec toboggans
aquatiques
Tarif : 🅴 piscine comprise 1 à 3 pers. 168 (189 avec élect. 10A)
Location : 🏠 1790 à 3790 – bungalows toilés

LEFFRINCKOUCKE

59495 Nord 🔟 – 🔟 ④ – 4 641 h. alt. 5.
Paris 298 – Calais 52 – Dunkerque 8 – Hazebrouck 49 – Lille 79 – St-Omer 52 – Veurne 20.

⚖ **Municipal les Argousiers** avril-oct.
⌕ 03 28 20 17 32 – au Nord-Est de la localité par bd J.B.-Trystram, à 100 m de la plage (accès direct)
– ⚲ ⚊ – **R** conseillée saison – ⚲
2 ha (93 empl.) plat, peu incliné, sablonneux, herbeux, dunes attenantes 🖾
🖃 ♿ ⛺ ➡ ⌗ ⛲ ⊛ ⚒ ☇ 🖲 – 🕋 – A proximité : terrain omnisports ✂ 🖾
Tarif : (Prix 1998) 🏕 25,50 – 🅴 21,40 – 🔌 9,70 (6A) 21,40 (10A)

LÈGE-CAP-FERRET

33 Gironde – 🔟 ⑲ – voir à Arcachon (Bassin d').

LELIN-LAPUJOLLE

32400 Gers 🔟 – 🔟 ② – 205 h. alt. 107.
Paris 733 – Agen 103 – Auch 78 – Mont-de-Marsan 40 – Pau 63 – Tarbes 66.

⚖ **Lahount** Permanent
⌕ 05 62 69 64 09 – S : 2,2 km par D 169, rte de St-Germé et rte à gauche – ⚲ ≤ ⚊ – **R** conseillée
– ⚲
10 ha/3 campables (86 empl.) en terrasses, herbeux, étang, bois attenant
♿ ⛺ ➡ ⌗ ⛲ ⊛ 🖲 – snack 🍖 – 🏃 🏊
Tarif : 🅴 piscine comprise 2 pers. 68, pers. suppl. 19 – 🔌 16 (10A)
Location : 🏠

26210 Drôme ⚂ – ⚄ ② – 629 h. alt. 310.
Paris 528 – Annonay 39 – Beaurepaire 7 – Grenoble 69 – Romans-sur-Isère 33 – Valence 53.

   ▲ **Municipal le Regrimet** mai-sept.
     🖉 04 75 31 82 97 – sortie Nord par D 538, rte de Beaurepaire et à gauche, près d'un ruisseau –
     ⊶ – **R** – ⚲
     2,5 ha (58 empl.) plat et peu incliné, herbeux 🔲 ♀
     ⚼ ⛺ ⇌ 🖼 ⚲ ⊙ ⚱ ⚐ – A proximité : ✕
     Tarif : 🔲 2 pers. 53, pers. suppl. 14 – 🔌 14 (6A)

40550 Landes ⚀⚂ – ⚆⚇ ⑯ G. Pyrénées Aquitaine – 1 330 h. alt. 9.
🅱 Office de Tourisme Grand Rue 🖉 05 58 48 76 03 et (hors saison) Mairie 🖉 05 58 49 20 00.
Paris 725 – Castets 14 – Dax 29 – Mimizan 42 – Mont-de-Marsan 81 – St-Vincent-de-Tyrosse 31.

   ▲▲▲ **Lou Puntaou** 15 avril-sept.
     🖉 05 58 48 74 30, Fax 05 58 48 70 42 – NO : 1,5 km sur D 142, à 100 m de l'étang de Léon – ⊶
     – **R** conseillée – ⚇⚅ ⚲
     14 ha (720 empl.) plat, herbeux, sablonneux 🔲 ♀♀
     ⚼ ⛺ ⇌ 🖼 ♨ ⚱ ⊙ ⚱ ⚐ 🖼 🖼 – ⚱ 🍽 ⚓ – 🖼 ⚓ ⚲ 🚲 ✕ ⊒ toboggan aquatique –
     A proximité : ✕ ⚓ ⚓ ⚱
     Tarif : 🔲 piscine comprise 2 pers. 106, pers. suppl. 30 – 🔌 18 (5A)
     Location : 🛖 2390 à 3590 – 🏠 2790 à 4290

   ▲ **Aire Naturelle Petit Jean** mai-sept.
     🖉 05 58 48 73 80 – sortie Est par D 142, rte de Castets puis 2,7 km à droite, par petite rte du
     Quartier Laguain et chemin à gauche – ⚲ ⊶ – **R** conseillée juil.-août – ⚲
     1,6 ha (25 empl.) plat, herbeux, sablonneux, bois attenant
     ⚼ ⛺ ⇌ ♨ ⊙
     Tarif : 🔲 2 pers. 54, pers. suppl. 23 – 🔌 15 (6A)

73 Savoie – ⚅⚅ ⑮ – voir à Aiguebelette (Lac d').

09600 Ariège ⚀⚃ – ⚆⚅ ⑥ – 595 h. alt. 395.
Paris 791 – Foix 36 – Lavelanet 10 – Mirepoix 15 – Pamiers 37 – Quillan 36.

   ▲▲ **La Régate** Permanent
     🖉 05 61 01 92 69 – E : 2,4 km par D 28, à la Base Nautique et de Loisirs, près du lac de Montbel
     – ⚲ ⊶ – **R** conseillée juil.-août – ⚇⚅ ⚲
     3,5 ha (60 empl.) en terrasses, herbeux, pierreux ♀
     🎱 ⚼ ⛺ ⇌ 🖼 ♨ ⚱ ⊙ 🖼 – ⚓ – A proximité : 🍽 ✕ ⚓ 🖼 ⚱ (petite piscine) ⚱
     Tarif : ⚲ 20 – 🔲 20 – 🔌 15 (6A)
     Location : 🏠 990 à 1850 – bungalows toilés

73340 Savoie ⚀⚁ – ⚄⚃ ⑯ – 495 h. alt. 649.
Paris 560 – Aix-les-Bains 26 – Annecy 26 – Chambéry 28 – Montmélian 37 – Rumilly 28.

   ▲ **Municipal l'Île** 3 avril-26 sept.
     🖉 04 79 63 80 00 – SE : 2,5 km par D 912, rte d'Annecy et rte à droite, bord d'un plan d'eau et
     à 200 m du Chéran – ⚲ ≪ ⊶ – **R** conseillée – ⚲
     7,5 ha (250 empl.) plat, herbeux
     ⚼ ⛺ ⊙ 🖼 – A proximité : à la Base de Loisirs : 🍽 ✕ 🖼 ⚱ 🐎 et poneys, toboggan aquatique
     Tarif : 🔲 2 pers. 67 – 🔌 10 (6A) 15 (10A)

29740 Finistère ⚂ – ⚄⚇ ⑭ G. Bretagne.
Paris 583 – Douarnenez 41 – Guilvinec 7 – Loctudy 7 – Pont-l'Abbé 9 – Quimper 28.

   ▲▲▲ **Les Dunes** 22 mai-15 sept.
     🖉 02 98 87 81 78, Fax 02 98 82 27 05 – O : 1 km par rte de Guilvinec, à 150 m de la plage (accès
     direct) « Entrée fleurie » ⊶ – **R** – ⚲
     2,8 ha (120 empl.) plat, herbeux 🔲
     ⚼ ⛺ ⇌ 🖼 ⚱ ⚲ ⊙ 🖼 – 🖼 ⚓
     Tarif : 🔲 2 pers. 98,30, pers. suppl. 24,90 – 🔌 18 (6A)

   ▲ **Les Sables Blancs** Pâques-15 sept.
     🖉 02 98 87 84 79 – E : 1,5 km par rte de Loctudy et rte à gauche – ⚲ ⊶ 15 mai-15 sept. –
     R conseillée juil.-août – ⚲
     2,2 ha (60 empl.) plat, herbeux
     ⛺ ⇌ 🖼 ⚲ ⊙ 🖼
     Tarif : ⚲ 14 – ⚘ 8,50 – 🔲 17,50 – 🔌 11,50 à 18,50 (2 à 10A)
     Location : 🛖

   ▲ **Keralouet** mai-15 oct.
     & 02 98 82 23 05 – E : 1 km sur rte de Loctudy – o━ juil.-août – **R** conseillée juil.-août – ⚡
     0,5 ha (45 empl.) plat, herbeux
     &. ⚄ ⬚ ⤢ ⊙ ▦ – 🛶
     Tarif : ▣ *2 pers. 57, pers. suppl. 15* – [½] *14 (4A) 18 (6A) 22 (10A)*
     Location : 🚐 *1100 à 1650*

LESCUN

64490 Pyr-Atl. **13** – **85** ⑮ G. Pyrénées Aquitaine – 198 h. alt. 900.
Paris 841 – Lourdes 89 – Oloron-Ste-Marie 36 – Pau 70.

   ▲▲▲ **Municipal le Lauzart** 15 avril-15 sept.
     & 05 59 34 51 77 – SO : 1,5 km par D 340 – ⟋ ≼ o━ – **R** conseillée – ⚡
     1 ha (50 empl.) plat et peu incliné, en terrasses, pierreux, herbeux ♀
     ░ &. ⚄ ⬚ ⤢ ⊙ ▦ – ⬛
     Tarif : ▣ *2 pers. 57, pers. suppl.12* – [½] *16 (6A)*
     Location : *gîte d'étape*

LÉSIGNY

86270 Vienne **10** – **68** ⑤ – 516 h. alt. 70.
🄱 Syndicat d'Initiative Mairie, *&* 05 49 86 23 15, Fax 05 49 86 68 88.
Paris 307 – Le Blanc 36 – Châteauroux 86 – Châtellerault 20 – Loches 45 – Poitiers 58 – Tours 74.

   ▲ **Municipal le Bout du Pont** 15 juin-15 sept.
     & 02 47 91 04 14 – sortie Nord-Est par D 5ᶜ, rte de Barrou, à gauche après le pont, bord de la rivière
     – **R** conseillée – ⚡
     0,5 ha (15 empl.) plat, herbeux, sablonneux ⌓
     &. ⚄ ⤢ ⤢ – A proximité : ≊
     Tarif : (Prix 1998) ♣ *9* – ⊞ *10* – ▣ *10* – [½] *10 (10A)*

LESPERON

40260 Landes **13** – **78** ⑤ – 996 h. alt. 75.
Paris 702 – Castets 12 – Mimizan 34 – Mont-de-Marsan 58 – Sabres 43 – Tartas 30.

   ▲ **Parc de Couchoy** avril-sept.
     & 05 58 89 60 15 – O : 3 km par D 331, rte de Linxe – ⟋ o━ – **R** juil.-août – ⊟❸ ⚡
     1,3 ha (71 empl.) plat, herbeux, sablonneux ♀♀
     ⚄ ⤵ ⬚ ⤢ ⊙ ⤢ ↻ ▦ – ♀ – ⬛
     Tarif : ♣ *22 piscine comprise* – ▣ *38* – [½] *13 (6A)*
     Location : 🚐 *1500 à 2650*

LEUBRINGHEN

62250 P.-de-C. **1** – **51** ① – 207 h. alt. 96.
Paris 277 – Arras 124 – Boulogne-sur-Mer 24 – Calais 16 – St-Omer 55.

   ▲ **Les Primevères** avril-oct.
     & 03 21 87 13 33 – au Nord du bourg – ⟋ ≼ o━ – **R** indispensable juil.-août
     1 ha (63 empl.) peu incliné, herbeux ⌓
     &. ⚄ ⤵ ⬚ ⤢ ⊙ – ♀
     Tarif : ♣ *15* – ▣ *17* – [½] *14 (3A) 20 (5A)*

LEVIER

25270 Doubs **12** – **70** ⑥ – 1 785 h. alt. 719.
Paris 426 – Besançon 44 – Champagnole 37 – Pontarlier 23 – Salins-les-Bains 23.

   ▲▲▲ **La Forêt** 15 mai-15 sept.
     & 03 81 89 53 46 – NE : 1 km par D 41, rte de Septfontaines et chemin – ⟋ o━ – **R** conseillée
     juil.-août – ⊟❸ ⚡
     1,5 ha (70 empl.) peu incliné et terrasse, plat, herbeux ♀♀ (0,7 ha)
     &. ⚄ ⤵ ⬚ ⤢ ⊙ ⤢ ▦ – 🖼 🛶 ⬛ – A proximité : parcours sportif
     Tarif : (Prix 1998) ▣ *piscine comprise 2 pers. 65, pers. suppl. 16* – [½] *14 (6A)*

LEYME

46120 Lot **15** – **75** ⑲ ⑳ – 1 489 h. alt. 450.
Paris 551 – Cahors 73 – Figeac 30 – Gramat 17 – St-Céré 12 – Sousceyrac 26.

   ▲▲▲ **Municipal** 15 juin-15 sept.
     & 05 65 38 98 73, Fax 05 65 11 20 62 – à l'Ouest du bourg, accès par rte à droite de l'église, au
     Village de Vacances – o━ – **R** – ⚡
     2 ha (29 empl.) plat, gravillons, herbeux
     &. ⚄ ⤵ ⬚ ⤢ ⊙ ⤢ ↻ ▦ – ♀ – salle d'animation 🛶 🚲 – A proximité : ❀ ⬛
     Tarif : (Prix 1998) ♣ *18 piscine comprise* – ▣ *13* – [½] *13*
     Location (permanent) : *gîtes*

LÉZIGNAN-CORBIÈRES

11200 Aude 🔟🔟 – 🔟🔟 ⑬ – 7 881 h. alt. 51.
🛈 Office de Tourisme 9 cours de la République ℰ 04 68 27 05 42.
Paris 816 – Carcassonne 40 – Narbonne 22 – Perpignan 82 – Prades 127.

▲▲ **Municipal la Pinède** mars-oct.
ℰ 04 68 27 05 08 – Nord-Ouest par N 113, rte de Carcassonne – ≪ « Décoration arbustive » ⚬━
– **R** conseillée juil.-août – ⚲
3,5 ha (90 empl.) peu incliné et en terrasses, gravillons ⊏⊐ ⚲
🛉 😊 🗓 ᗙ ⊙ 🖳 – 🖳 ⚓ – A proximité : ✗ discothèque ⚞ ⚏
Tarif : *↟ 20 piscine comprise* – 🗉 *37 avec élect. (6A)*
Location : 🛏 *1800 à 2100*

▶ *Vermelding in deze gids gebeurt geheel*
kosteloos en is in geen geval te danken aan het betalen van een premie of aan een gunst.

LIANCOURT

60140 Oise 🔟 – 🔟🔟 ① – 6 178 h. alt. 59.
Paris 73 – Beauvais 36 – Chantilly 21 – Compiègne 34 – Creil 12 – Senlis 22.

▲ **La Faloise** Permanent
ℰ 03 44 73 10 99 – SE : 2,5 km par D 29, rte de Pont-Ste-Maxence et rte à droite – Places limitées
pour le passage ⚲ ⚬━ **R**
2 ha (88 empl.) plat, herbeux ⊏⊐ ⚲⚲
🎔 ᗧ 🛉 😊 🗓 ᗙ ⊙ ᗣ ⚐ 🖳 – 🖳
Tarif : (Prix 1998) *↟ 14,70* – 🗉 *22* – 🔌 *9 (3A)*

LICQUES

62850 P.-de-Calais 🔟 – 🔟🔟 ② G. Flandres Artois Picardie – 1 351 h. alt. 81.
Paris 273 – Arras 93 – Boulogne-sur-Mer 29 – Calais 23 – Dunkerque 53 – St-Omer 28.

▲ **Le Canchy** 15 mars-oct.
ℰ 03 21 82 63 41 – O : 2,3 km par D 191, rte de St-Omer et rue de Canchy à gauche – ⚲ ⚬━
– **R** conseillée juil.-août – ⚲
1 ha (72 empl.) plat, herbeux ⊏⊐
🗓 ᗧ ⊙ 🖳
Tarif : *↟ 17* – 🗉 *17* – 🔌 *10 (3A) 16 (5A)*

LIGINIAC

19160 Corrèze 🔟🔟 – 🔟🔟 ① – 603 h. alt. 665.
Paris 465 – Aurillac 88 – Bort-les-Orgues 26 – Clermont-Ferrand 101 – Mauriac 34 – Ussel 17.

▲▲ **Municipal le Maury** 15 juin-15 sept.
ℰ 05 55 95 85 61 – SO : 4,6 km par rte de la plage, bord du lac de Triouzoune, Accès conseillé par
D 20, rte de Neuvic – ⚲ « Cadre boisé » ⚬━ – **R**
2 ha (56 empl.) plat et peu incliné, terrasses, herbeux, forêt ⊏⊐ ⚲⚲
🗓 🖳 – 🖳 ⚓ ⚞ ≋ (plage) – A proximité : ▾ ✗ ᗣ
Tarif : *↟ 13* – 🗉 *16*
Location : *gîtes, huttes*

LIGNY-LE-CHÂTEL

89144 Yonne 🔟 – 🔟🔟 ⑤ G. Bourgogne – 1 122 h. alt. 130.
Paris 182 – Auxerre 22 – Sens 59 – Tonnerre 29 – Troyes 64.

▲ **Municipal la Noue Marou** 2 avril-sept.
ℰ 03 86 47 56 99 – sortie Sud-Ouest par D 8, rte d'Auxerre et chemin à gauche, bord du Serein
– ⚲ ⚬━ – **R**
2 ha (42 empl.) plat, herbeux
ᗧ 🗓 😊 🗓 ᗙ ⊙ 🖳 – A proximité : ⚞ ⚓ ≋
Tarif : *↟ 14* – 🚗 *9,50* – 🗉 *9,60/15* – 🔌 *15 (8A)*

LIMERAY

37530 I.-et-L. 🔟 – 🔟🔟 ⑯ – 972 h. alt. 70.
Paris 214 – Amboise 10 – Blois 30 – Château-Renault 19 – Chenonceaux 21 – Tours 33.

▲ **Le Jardin Botanique de Launay** avril-sept.
ℰ 02 47 30 13 50, Fax 02 47 30 17 32 – à 1,6 km au Sud-Est du bourg, r. de la Rivière, à 50 m de
la N 152 – ⚲ – **R** conseillée juil.-août – 🅶🅱 ⚲
1,5 ha (74 empl.) plat, herbeux ⊏⊐ ⚲
ᗧ 🗓 😊 🗓 ᗙ 😊 ⊙ ᗣ ⚐ 🖳 – ⚓ ≋ (petite piscine) half-court – A proximité : ✗
Tarif : (Prix 1998) 🗉 *1 à 4 pers. 59 à 109, pers. suppl. 21* – 🔌 *18 (10A)*

LIMEUIL

24510 Dordogne 🔢 – 🔢 ⑯ G. Périgord Quercy – 335 h. alt. 65.
🔹 Syndicat d'Initiative ℘ 05 53 63 38 90.
Paris 530 – Bergerac 42 – Brive-la-Gaillarde 79 – Périgueux 48 – Sarlat-la-Canéda 40.

▲ *La Ferme des Poutiroux* avril-15 oct.
℘ 05 53 63 31 62 – sortie Nord-Ouest par D 31, rte de Trémolat puis 1 km par chemin de Paunat
à droite – ⚲ ⇐ ⊶ – **R** conseillée juil.-août – ⚸
1,5 ha (25 empl.) plat, en terrasses, peu incliné, herbeux
♿ 🛁 ⚙ 🍴 ⊙ 🔲 – 🏊
Tarif : ⚑ 20 *piscine comprise* – 🔲 18 – 🔋 13 (6A)

LIMOGES

87000 H.-Vienne 🔟 – 🔢 ⑰ G. Berry Limousin – 133 464 h. alt. 300.
🔹 Office de Tourisme bd Fleurus ℘ 05 55 34 46 87, Fax 05 55 34 19 12.
Paris 393 – Angoulême 104 – Brive-la-Gaillarde 92 – Châteauroux 125 – Clermont-Ferrand 178 – Périgueux 94.

▲▲ *Municipal d'Uzurat* Permanent
℘ 05 55 38 49 43, Fax 05 55 37 32 78 – N : 4,5 km par N 20, rte de Paris, quartier Uzurat, bord
d'un plan d'eau et près de l'Aurence, par voie express sens Sud-Nord : sortie Poitiers « Décoration
florale » ⊶ – **R** – 🅖🅑
2,5 ha (188 empl.) plat, gravier, herbeux
🎱 ♿ 🛁 ⚙ 🎮 🍴 ⊙ 🎴 ⚐ – 🔲 – A proximité : ✂ ⚲ 🏇
Tarif : 🔲 2 pers. 69, pers. suppl. 18 – 🔋 21 (6A) 25 (10A)

LIMOGNE-EN-QUERCY

46260 Lot 🔢 – 🔢 ⑨ – 618 h. alt. 300.
Paris 599 – Cahors 37 – Cajarc 14 – Figeac 39 – Villefranche-de-Rouergue 24.

▲ *Bel-Air* avril-1er oct.
℘ 05 65 31 51 27 – O : 0,5 km par D 911, rte de Cahors et chemin à droite – ⊶ juil.-août –
R conseillée juil.-août – ⚸
1,5 ha (50 empl.) plat, peu incliné, pierreux, herbeux ⚹⚹
🛁 ⚙ 🎮 🍴 ⊙ 🏊 – A proximité : ✂ 🏊
Tarif : ⚑ 17 *piscine comprise* – 🔲 17 – 🔋 12 (6A)

Le LINDOIS

16310 Charente 🔟 – 🔢 ⑮ – 311 h. alt. 270.
Paris 455 – Angoulême 39 – Confolens 37 – Montbron 12 – Rochechouart 25.

▲ *L'Étang* Permanent
℘ 05 45 65 02 67, Fax 05 45 65 08 96 – SO : 0,5 km par D 112, rte de Rouzède – ⚲ « Agréable
sous-bois en bordure d'un étang » ⊶ – **R** conseillée été
10 ha/1,5 campable (25 empl.) plat et peu incliné, herbeux 🔲 ⚹⚹⚹
♿ 🛁 ⚙ 🎮 🍴 ⊙ 🔲 – ⚑ snack
Tarif : (Prix 1998) ⚑ 22 – 🔲 40 – 🔋 19 (16A)

LINXE

40260 Landes 🔳 – 🔳 ⑮ – 980 h. alt. 33.
Paris 721 – Castets 10 – Dax 32 – Mimizan 38 – Soustons 31.

Municipal le Grandjean 27 juin-5 sept.
🖉 05 58 42 90 00 – NO : 1,5 km par D 42, rte de St-Girons et D 397, rte de Mixe à droite « Entrée fleurie » o━ – **R** conseillée 14 juil.-15 août – ⚲
2 ha (100 empl.) plat, sablonneux, gravillons ⚘ pinède
&. 🔳 ⇄ 🔳 🔳 ⊙ ⚘ 🔳 – 🔳 🔳
Tarif : (Prix 1998) 🔳 16 – 🔳 19/32 avec élect.(4A)

▶ To select the best route and follow it with ease,
To calculate distances,
To position a site precisely from details given in the text :

Get the appropriate **MICHELIN regional map**, 1 : 200 000
(1 inch : 3.15 miles).

Le LION-D'ANGERS

49220 M.-et-L. 🔳 – 🔳 ⑳ G. Châteaux de la Loire – 3 095 h. alt. 45.
🅱 Office de Tourisme 🖉 02 41 95 83 19.
Paris 296 – Angers 27 – Candé 26 – Château-Gontier 23 – La Flèche 51.

Municipal les Frênes 15 mai-sept.
🖉 02 41 95 31 56 – sortie Nord-Est par N 162, rte de Château-Gontier, bord de l'Oudon « Entrée fleurie » o━ – **R** – ⚲
2 ha (94 empl.) plat, herbeux ⚘
&. 🔳 ⇄ 🔳 🔳 – A proximité : 🔳
Tarif : 🔳 10 – 🔳 11 – 🔳 13,50 (10A)

La LISCIA (Golfe de)

2A Corse-du-Sud – 🔳 ⑯ – voir à Corse.

LISSAC-SUR-COUZE

19600 Corrèze 🔳 – 🔳 ⑧ G. Périgord Quercy – 475 h. alt. 170.
Paris 490 – Brive-la-Gaillarde 12 – Périgueux 68 – Sarlat-la-Canéda 43 – Souillac 30.

Intercommunal la Prairie 29 mai-11 sept.
🖉 05 55 85 37 97 – SO : 1,4 km par D 59 et chemin à gauche, près du lac du Causse – ≼ « Belle situation dominante » o━ – **R** conseillée 14 juil.-15 août – ⚲
5 ha (133 empl.) en terrasses, herbeux, gravier, sablonneux 🔳 ⚘
&. 🔳 ⇄ 🔳 🔳 ⊙ ⚘ 🔳 – ⚲ – A proximité : parc aquatique, snack 🔳 🔳 🔳
Tarif : (Prix 1998) 🔳 2 pers. 55 (70 avec élect. 10A), pers. suppl. 16
Location (permanent) : huttes, gîtes

LIT-ET-MIXE

40170 Landes 🔳 – 🔳 ⑮ – 1 408 h. alt. 13.
Paris 712 – Castets 26 – Dax 49 – Mimizan 22 – Tartas 46.

Les Vignes avril-oct.
🖉 05 58 42 85 60, Fax 05 58 42 74 36 – SO : 2,7 km par D 652 et D 88, à droite, rte du Cap de l'Homy – 🅼 « Bel ensemble de piscines et plantations » o━ – **R** conseillée juil.-août – 🅶🅱 ⚲
15 ha (420 empl.) plat, sablonneux, herbeux ⚘ pinède
&. 🔳 ⇄ 🔳 🔳 ⊙ 🔳 🔳 – 🔳 🔳 X 🔳 – 🔳 🔳 🔳 🔳 ⚲ 🔳 🔳 🔳 toboggans aquatiques, terrain omnisports
Tarif : 🔳 élect. (10A) et piscine comprises 2 pers. 130/145, pers. suppl. 28
Location : 🔳 1590 à 3790 – 🔳 2090 à 4090 – bungalows toilés

Univers-Camping 15 mai-sept.
🖉 05 58 42 83 37, Fax 05 58 42 41 28 – sortie Sud, rte de St-Girons, bord d'un ruisseau – 🔳 « Parc boisé » o━ – **R** conseillée – 🅶🅱 ⚲
10 ha (300 empl.) plat, sablonneux, herbeux 🔳 ⚘⚘
&. 🔳 ⇄ 🔳 🔳 ⊙ 🔳 – 🔳 X pizzeria 🔳 – 🔳 🔳 🔳 ⚲ 🔳 🔳
Tarif : 🔳 piscine comprise, 1 pers. 70, pers. suppl. 24 – 🔳 14 (5A)
Location : 🔳 1600 à 3050 – 🔳 900 à 2400

Municipal du Cap de l'Homy mai-sept.
🖉 05 58 42 83 47 – O : 8 km par D 652 et D 88 à droite, à Cap-de-l'Homy, à 300 m de la plage (accès direct) o━ – **R** – 🅶🅱
10 ha (444 empl.) accidenté et plat, sablonneux ⚘⚘ pinède
&. 🔳 ⇄ 🔳 🔳 ⊙ 🔳 🔳 – 🔳 🔳 – A proximité : 🔳 🔳 X
Tarif : (Prix 1998) 🔳 21,65 – 🔳 26,80/53,30 avec élect.

LOCHES

37600 I.-et-L. **10** – **58** ⑥ G. Châteaux de la Loire – 6 544 h. alt. 80.
🄓 Office de Tourisme du Pays pl. Wermelskirchen ✆ 02 47 59 07 98, Fax 02 47 91 61 50.
Paris 258 – Blois 71 – Châteauroux 72 – Châtellerault 56 – Tours 42.

    ⚠ **La Citadelle** 15 mars-15 nov.
      ✆ 02 47 59 05 91, Fax 02 47 59 00 35 – sortie Est par D 760, rte de Valencay et rue Quintefol à droite (rte de Perusson) près de la piscine et à proximité du stade Gal-Leclerc, bord de l'Indre – ⚓ – **R** conseillée juil.-août – **GB** ⚲
      3 ha (126 empl.) plat, herbeux
      🏢 & 🗐 ⇆ 🗐 🛎 🖽 ☺ 🔎 🗤 🗽 🖾 – 🖾 – A proximité : 🍴 🔲 🏊
      Tarif : 🔲 *piscine comprise 2 pers. 65, pers. suppl. 15* – ⚡ *17 (10A)*
      Location : �門 *1190 à 2380*

▶ *We recommend that you consult the up to date price list posted at the entrance of the site.*
Inquire about possible restrictions.
The information in this Guide may have been modified since going to press.

LOCMARIA

56 Morbihan – **63** ⑫ – voir à Belle-Ile-en-Mer.

LOCMARIA-PLOUZANÉ

29280 Finistère **3** – **58** ③ – 3 589 h. alt. 65.
Paris 610 – Brest 14 – Brignogan-Plages 49 – Ploudalmézeau 22.

    ⚠⚠ **Municipal de Portez** 15 mai-15 sept.
      ✆ 02 98 48 49 85 – SO : 3,5 km par D 789 et rte de la plage de Trégana, à 200 m de la plage – ⩽ ⚓ – **R** conseillée – ⚲
      2 ha (110 empl.) en terrasses, herbeux 🗔
      & 🗐 ⇆ 🗐 🖽 ☺ 🖾 – 🖾
      Tarif : ⚹ *15,50* – 🔲 *21,40* – ⚡ *13,15 (10A)*

LOCMARIAQUER

56740 Morbihan **3** – **63** ⑫ G. Bretagne – 1 309 h. alt. 5.
Paris 490 – Auray 13 – Quiberon 31 – La Trinité-sur-Mer 10 – Vannes 31.

    ⚠ **Lann-Brick** mai-15 sept.
      ✆ 02 97 57 32 79 – NO : 2,5 km par rte de Kérinis, à 200 m de la mer – ⚓ – **R** conseillée – ⚲
      1,2 ha (98 empl.) plat, herbeux 🗔 ⚱
      🗐 ⇆ 🗐 🖽 ☺ 🖾 – 🖾
      Tarif : ⚹ *19* – 🚗 *13* – 🔲 *15* – ⚡ *14 (6A) 20 (10A)*
      Location : 🚐 *1600*

    ⚠ **La Ferme Fleurie** fermé janv.
      ✆ 02 97 57 34 06 – NO : 1 km par rte de Kérinis – ⚘ « Décoration florale » ⚓ – **R** conseillée saison – ⚲
      0,5 ha (30 empl.) plat, herbeux 🗔
      🗐 🔎 ☺ 🖾 – A proximité : 🍴
      Tarif : (Prix 1998) ⚹ *16* – 🔲 *22* – ⚡ *13 (10A)*

LOCMIQUÉLIC

56570 Morbihan **3** – **63** ① – 4 094 h. alt. 10.
Paris 500 – Auray 30 – Lorient 15 – Quiberon 38 – Quimperlé 36.

    ⚠ **Municipal du Blavet** juil.-août
      ✆ 02 97 33 91 73 – N : par D 111, rte du port de Pen-Mané, près d'un plan d'eau et à 250 m du Blavet (mer) – ⚓ – **R** indispensable – ⚲
      1 ha (50 empl.) plat, herbeux
      🗐 ⇆ 🖽 ☺ 🖾
      Tarif : ⚹ *9,70* – 🚗 *3,25* – 🔲 *3,25* – ⚡ *9 (10 ou 15A)*

LOCRONAN

29180 Finistère **3** – **58** ⑮ G. Bretagne – 796 h. alt. 105.
Paris 579 – Brest 65 – Briec 20 – Châteaulin 17 – Crozon 34 – Douarnenez 11 – Quimper 17.

    ⚠ **Municipal** juin-sept.
      ✆ 02 98 91 87 76 – E : 0,7 km par D 7, rte de Châteaulin et rte à droite, Accès conseillé par D 63 – ⚘ ⩽ Baie de Douarnenez et Monts d'Arrée ⚓ – **R** – ⚲
      2,5 ha (125 empl.) en terrasses, herbeux
      & 🗐 ⇆ 🖽 ☺
      Tarif : ⚹ *13* – 🚗 *8,30* – 🔲 *11* – ⚡ *12,50 (3A) 19 (5A)*

29750 Finistère **3** – **58** ⑮ G. Bretagne – 3 622 h. alt. 8.

🛈 Office de Tourisme pl. des Anciens Combattants ℰ 02 98 87 53 78, Fax 02 98 87 57 07.

Paris 580 – Bénodet 17 – Concarneau 35 – Pont-l'Abbé 5 – Quimper 24.

△△ **Kergall** 11 avril-sept.
ℰ 02 98 87 45 93 – à 1 km au Sud de la localité, près de la plage de Langoz – ⌗ saison –
⌐V
1,3 ha (99 empl.) plat, sablonneux, herbeux
🛉 🗟 ⚲ ⊕ ⚐ ⚘ 🖳 – 🍷 – A proximité : ✖ 🎇 ♨
Tarif : 🟊 16 – 🗉 1 ou 2 pers. 60, pers. suppl. 16 – 🔋 14 (3A) 17 (6A) 21 (10A)

△△ **Les Hortensias** juil.-5 sept.
ℰ 02 98 87 46 64 – SO : 3 km par rte de Larvor – ⌗ – **R** – ⌐V
1,5 ha (100 empl.) plat, herbeux
🛦 🗟 ⚲ ⊕ – A proximité : 🍷
Tarif : 🟊 16 – 🚗 8 – 🗉 18 – 🔋 10 (3A) 15 (6A)

△△ **Le Cosquer** juil.-août
ℰ 02 98 87 52 92 – SO : 5 km par rte de Larvor, à la Palud du Cosquer, à 400 m de la mer – ⌗⌇
⌗ – **R** – ⌐V
0,4 ha (30 empl.) plat, herbeux
🗟 ⚲ ⊕ 🖳
Tarif : 🟊 15,50 – 🚗 9,60 – 🗉 17,50 – 🔋 12,40 (3 ou 6A)

34700 Hérault **15** – **83** ⑤ G. Gorges du Tarn – 7 602 h. alt. 165.

🛈 Office de Tourisme 7 pl. République ℰ 04 67 88 86 44, Fax 04 67 44 01 84.

Paris 700 – Alès 96 – Béziers 65 – Millau 59 – Montpellier 56 – Pézenas 40.

△△△ **Les Vals** fermé fév.
ℰ 04 67 44 36 57 – S : 3 km par D 148, rte du Puech, près de la Lergue – ≼ ⌗ – **R** conseillée
– 🆑 ⌐V
2,8 ha (54 empl.) en terrasses et peu incliné à incliné, herbeux, pierreux ⌑
🛦 🗟 ⚲ 🗟 🗁 ⊕ ⚐ 🖳 – ✖ crêperie 🛒 – 🏛 🎇 🛆 ☄
Tarif : (Prix 1998) 🗉 élect. et piscine comprises 2 pers. 81, pers. suppl. 21
Location : 🏠 1500 à 2400

△△△ **Les Rials** juin-1er sept.
ℰ 04 67 44 15 53 ✉ 34700 Soubès – N : 3 km par N 9, rte de Millau puis D 25 à droite et 2 km
à gauche par rte de Poujols – ⌗⌇ ≼ ⌗ – **R** conseillée
4,5 ha (100 empl.) plat et en terrasses, herbeux ⌑ ᵒᵒ
🗟 🗟 ⚲ ⊕ 🖳 – réfrigérateurs – ⚌ – A proximité : ✖
Tarif : 🟊 23 – 🗉 29 – 🔋 18 (4A)

△△ **Municipal les Vailhès** avril-sept.
ℰ 04 67 44 25 98 – S : 7 km par N 9, rte de Montpellier puis 2 km par D 148, rte d'Octon
et chemin à gauche – ⌗⌇ ≼ « Belle situation au bord du lac du Salagou » ⌗ – **R** –
⌐V
4 ha (246 empl.) en terrasses, herbeux ⌑
🛦 🗟 🗁 ⊕ 🖳 – ⚌ ♨
Tarif : (Prix 1998) 🟊 15,50 – 🗉 18/22 – 🔋 12 (15A)

△△ **Les Peupliers** Permanent
ℰ 04 67 44 38 08 – SE : 6,5 km par N 9, rte de Montpellier puis à droite en direction de Le Bosc,
sortie 54 par la voie rapide – ⌗ – **R** conseillée – ⌐V
1,5 ha (54 empl.) plat, peu incliné, herbeux, pierreux ♀
🛦 🗟 🗁 ⊕ – 🕳 ☄
Tarif : 🟊 18 piscine comprise – 🗉 27 – 🔋 17 (5A)
Location : 🛖 1200 à 1600

à Soubès N : 5 km par N 9 et D 25 – 616 h. alt. 239 – ✉ 34700 Soubès

△△ **Les Sources** mai-15 sept.
ℰ 04 67 44 32 02 – SE : 2,5 km par D 25, rte de Lodève, D 149, rte de Fozières à gauche et D 149ᴱ⁵,
bord de la Brèze, accès direct au village par chemin piétonnier – ⌗⌇ ≼ ⌗ 🎇 juil.-août – **R** conseillée
– ⌐V
1 ha (35 empl.) plat, peu incliné, terrasses, herbeux ⌑ ♀
🛦 🗟 🗁 ⚲ ⊕ – 🏊 ⚌
Tarif : 🗉 2 pers. 80, pers. suppl. 20 – 🔋 15 (6A)

76790 S.-Mar. **5** – **52** ⑪ ⑫ – 1 015 h. alt. 92.

Paris 203 – Bolbec 23 – Étretat 6 – Fécamp 11 – Le Havre 32 – Rouen 82.

△△ **L'Aiguille Creuse** 2 avril-8 oct.
ℰ 02 35 29 52 10 – sortie Ouest par D 940, rte d'Étretat et à gauche – ⌗ – **R** conseillée juil.-août
– ⌐V
3,8 ha (55 empl.) peu incliné et plat, herbeux ⌑
🛦 🗟 🗁 🗟 🗁 ⊕ 🖳 – 🕳 🏊 – A proximité : ✖
Tarif : 🟊 12 – 🗉 18 – 🔋 10 (10A)

LOGONNA-DAOULAS

29460 Finistère **3** – **58** ④ G. Bretagne – 1 429 h. alt. 45.
Paris 599 – Brest 28 – Camaret-sur-Mer 49 – Le Faou 14 – Landerneau 20.

△ **Municipal du Roz** 15 juin-15 sept.
📞 02 98 20 67 86 – O : 2 km par rte de la Pointe du Bindy, à 50 m de la plage – ⅋ ⊶ – **R** – ⚲
1,3 ha (80 empl.) plat, peu incliné, herbeux ⌂
♿ ⟐ ⇆ ⊞ ⟋ ⊙ ☕ ⊻ ⌗ 📥
Tarif : ⚹ *14* – ⛐ *7* – ▣ *15* – ⚡ *11*

LOIX-EN-RÉ

17 Char.-Mar. – **71** ⑫ – voir à Ré (Île de).

La LONDE-LES-MAURES

83250 Var **17** – **84** ⑯ – 7 151 h. alt. 24.
🛈 Office de Tourisme av. Albert-Roux
📞 04 94 01 53 10, Fax 04 94 01 53 19.
Paris 864 – Bormes-les-Mimosas 12 – Cuers 27 –
Hyères 11 – Le Lavandou 12 – Toulon 31.

⋙ **Les Moulières** juin-15 sept.
📞 04 94 01 53 21, Fax 04 94 01 53 22
– S : 2,5 km par rte de Port-de-Miramar
et rte à droite – ⅋ ⊶ – **R** conseillée
– ⚲
3 ha (250 empl.) plat, herbeux ⊙⊙
♿ ⟐ ⇆ ⊞ ⊛ ⊙ ☕ ▣ – ⍖ ⍾ snack ⌂
– ⛐ ⨯
Tarif : ▣ *tennis compris 1 à 3 pers.*
102, pers. suppl. 22 – ⚡ *22 (6A)*

⋙ **La Pascalinette** juin-15 sept.
📞 04 94 66 82 72 – O : 1,5 km par
N 98, rte d'Hyères – ⊶ – **R** conseillée
5 ha (269 empl.) plat, herbeux, pierreux ⌂ ⊙⊙
♿ ⟐ ⇆ ⊞ ⊟ ⊙ ▣ – ⍖ snack ⌂ – ⌷
Tarif : ▣ *2 pers. 86, 3 pers. 96, pers. suppl. 22* – ⚡ *21 (6A)*
Location : ⌷ *1450 à 2100* – ⌷ *1750 à 2760*

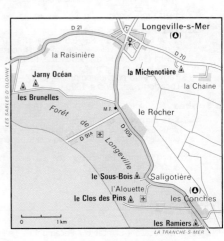

LONGEVILLES-MONT-D'OR

25370 Doubs **12** – **70** ⑥ – 323 h. alt. 912.
Paris 462 – Champagnole 48 – Pontarlier 21 – St-Laurent-en-Grandvaux 40 – Salins-les-Bains 55 – Yverdon-
les-Bains 38.

△ **Le Mont d'Or**
📞 03 81 49 95 04 – à l'Ouest du bourg, près du Doubs – ≼ ⊶ saison
1,1 ha (66 empl.) plat, goudronné, gravier
⊪ ⟐ ⇆ ⊟ ⊙

LONGEVILLE-SUR-MER

85560 Vendée **9** – **67** ⑫ – 1 979 h. alt. 10.
Paris 446 – Challans 68 – Luçon 28 – La Roche-
sur-Yon 31 – Les Sables-d'Olonne 28.

⋙⋙ **Jarny Océan** mai-sept.
📞 02 51 33 42 21, Fax 02 51 33 95 37
– SO : 1,5 km par rte de la Tranche-sur-
Mer puis 2 km par rte à droite – ⅋ ⊶
⨯ dans locations – **R** conseillée 14
juil.-15 août – ⚲
7,5 ha (307 empl.) plat et peu incliné,
herbeux ⌂ ⊙⊙ (3 ha)
♿ ⟐ ⇆ ⊞ ⊟ ⊙ ☕ ⊻ ▣ – ⍾ snack ⌂
– ⌷ ⛐ ⚲ ⨯ ⍽ half-court –
A proximité : ⚘
Tarif : (Prix 1998) ▣ *piscine comprise*
2 pers. 116 (134 avec élect. 6A), pers.
suppl. 20
Location (avril-1ᵉʳ oct.) : ⌷ *1500 à*
3000

⋙⋙ **Les Brunelles** Pâques-sept.
📞 02 51 33 50 75, Fax 02 51 33 98 21
– SO : 1,5 km par rte de la Tranche-sur-
Mer puis 2,2 km par rte à droite – ⅋
⊶ – **R** conseillée – ⌸ ⚲
3,5 ha (200 empl.) plat, peu incliné, pierreux ⌂ ⊙ (1,5 ha)
♿ ⟐ ⇆ ⊞ ⊟ ⊙ ☕ ⊻ ▣ – ⍖ ⍾ – ⌷ ⛐ ⚲ ⍽ – A proximité : ⚘
Tarif : (Prix 1998) ▣ *piscine comprise 2 pers. 96 (120 avec élect. 10A)*
Location : ⌷ *1000 à 3300*

▲ **La Michenotière** avril-oct.
 ℰ 02 51 33 38 85, Fax 02 51 33 28 09 – SE : 1,5 km par D 70, rte d'Angles et chemin à droite –
 ⅁ ⚭ – **R** conseillée juil.-août – ⅁⅁ ⚭
 3,5 ha (120 empl.) plat, herbeux
 ⅁ ⚮ ⚭ ⚮ ⚭ ⊙ ⚮ – ⚮ ⚮ ⚮ (petite piscine)
 Tarif : ⚮ 2 pers. 75 – ⚮ 17 (6 ou 10A)
 Location : ⚮ 1100 à 3500

aux Conches S : 5 km par D 105 – ✉ 85560 Longeville-sur-Mer :

▲▲ **Le Sous-bois** juin-15 sept.
 ℰ 02 51 33 36 90, Fax 02 51 33 32 73 – au lieu-dit la Saligotière – ⚭ ⚭ – **R** conseillée
 1,7 ha (120 empl.) plat, sablonneux ⚮ ⚮
 ⅁ ⚮ ⚭ ⚮ ⚭ ⊙ ⚮ ⚮ ⚮ – ⚮ ⚮
 Tarif : ⚮ 2 pers. 77 – ⚮ 18 (6A)
 Location : ⚮ 1000 à 2700

▲▲ **Le Clos des Pins** 19 juin-11 sept.
 ℰ 02 51 90 31 69 – r. du Dr-Joussemet, à 500 m de la plage – ⚭ – **R** conseillée juil.-août – ⅁⅁
 ⚭
 1,6 ha (100 empl.) plat et peu accidenté, sablonneux ⚮ ⚮ ⚮
 ⅁ ⚮ ⚭ ⚮ ⚭ ⊙ ⚮ – ⚮ – ⚮ ⚮ toboggan aquatique
 Tarif : ⚮ piscine comprise 2 pers. 120 (140 avec élect. 6A), pers. suppl. 30
 Location : ⚮ 850 à 2800 – ⚮ 930 à 3300 – bungalows toilés

▲ **Les Ramiers** Pâques-sept.
 ℰ 02 51 33 32 21 – ⚭ – **R** conseillée – ⚭
 1,4 ha (80 empl.) plat et peu accidenté, en terrasses, sablonneux ⚮ ⚮ ⚮
 ⅁ ⚮ ⚭ ⚮ ⊙
 Tarif : (Prix 1998) ⚮ 2 pers. 70, pers. suppl. 20 – ⚮ 16 (5A)
 Location : ⚮

▶ Ⓜ *Ce signe distingue certains terrains*
 d'équipement sanitaire moderne.

LONS-LE-SAUNIER

39000 Jura ⚮ – ⚮ ④ ⑭ G. Jura – 19 144 h. alt. 255 – ⚮ (avril-fin oct.).
🛈 Office de Tourisme pl. du 11-Novembre ℰ 03 84 24 65 01, Fax 03 84 43 22 59.
Paris 412 – Besançon 84 – Bourg-en-Bresse 71 – Chalon-sur-Saône 63 – Dijon 98 – Dole 51 – Mâcon 97 –
Pontarlier 82.

▲▲ **La Marjorie** avril-15 oct.
 ℰ 03 84 24 26 94, Fax 03 84 24 08 40 – au Nord-Est de la localité en direction de Besançon par
 bd de Ceinture, au bord d'un ruisseau – ⚭ – **R** conseillée – ⅁⅁ ⚭
 2,2 ha (204 empl.) plat, herbeux, goudronné ⚮
 ⚮ ⅁ ⚮ ⚭ ⚮ ⚭ ⚮ ⚮ ⚮ – ⚮ – ⚮ – A proximité : ⚮ ⚮ ⚮
 Tarif : (Prix 1998) ⚮ 2 pers. 64/70 (84 avec élect. 6A), pers. suppl. 17

LORRIS

45260 Loiret ⚮ – ⚮ ① G. Châteaux de la Loire – 2 620 h. alt. 126.
🛈 Office de Tourisme 2 pl. des Halles ℰ 02 38 94 81 42, Fax 02 38 94 88 00.
Paris 124 – Gien 27 – Montargis 23 – Orléans 54 – Pithiviers 44 – Sully-sur-Loire 18.

▲▲ **L'étang des Bois** avril-1er nov.
 ℰ 02 38 92 32 00 – O : 6 km par D 88, rte de Châteauneuf-sur-Loire, près de l'étang des Bois – Places
 limitées pour le passage « Cadre boisé dans un site agréable » ⚭ – **R** – ⚭
 3 ha (150 empl.) plat, gravillons ⚮ ⚮ ⚮
 ⚮ ⅁ ⚭ ⚭ ⊙ ⚮ ⚮ ⚮ – ⚮ ⚮ – A proximité : ⚮ (plage)
 Tarif : (Prix 1998) ⚮ 12,50 – ⚮ 24 – ⚮ 20 (10A)

LOUANNEC

22 C.-d'Armor – ⚮ ① – rattaché à Perros-Guirec.

LOUBEYRAT

63410 P.-de-D. ⚮ – ⚮ ④ – 777 h. alt. 700.
Paris 413 – Châtelguyon 7 – Clermont-Ferrand 28 – Gannat 31 – Pontaumur 38 – St-Gervais-d'Auvergne 28.

▲ **Aire Naturelle le Colombier** avril-15 oct.
 ℰ 04 73 86 66 94 – S : 1,5 km par D 16, rte de Charbonnières-les-Varennes et chemin à gauche –
 ⚭ – **R** conseillée juil.-août – ⚭
 0,8 ha (25 empl.) peu incliné, herbeux
 ⚮ ⚮ ⚭ ⚮ – ⚮ ⚮ – A proximité : ⚮ ⚮
 Tarif : ⚮ 12 piscine comprise – ⚮ 7 – ⚮ 7 – ⚮ 13 (3A)
 Location : ⚮ 1100 à 2500

LOUBRESSAC

46130 Lot **10** – **75** ⑲ G. Périgord Quercy – 449 h. alt. 320.
Paris 531 – Brive-la-Gaillarde 49 – Cahors 73 – Figeac 46 – Gourdon 55 – Gramat 17 – St-Céré 9.

   ▲▲ *La Garrigue* avril-sept.
      𝄘 05 65 38 34 88 – à 200 m au Sud du bourg – ⌂ ๏━ – **R** juil.-août – ⚸
      1,6 ha (38 empl.) en terrasses, plat, herbeux ☐ ♀ (0,6 ha)
      ᕃ ♒ ⇆ ⌾ ⊡ ⊕ ♨ ▦ – ⊡ ♣ ⌘ – A proximité : ✗
      Tarif : ✶ *23 piscine comprise* – ▣ *25* – [⚡] *15 (6A)*
      Location : ⌂ *960 à 1600*

LOUDENVIELLE

65510 H.-Pyr. **14** – **85** ⑲ – 219 h. alt. 987.
Paris 856 – Arreau 15 – Bagnères-de-Luchon 26 – La Mongie 53 – Taches 74.

   ▲ *Pène Blanche* Permanent
      𝄘 05 62 99 68 85 – sortie Nord-Ouest par D 25, rte de Génos, près de la Neste de Louron et à
      proximité d'un plan d'eau – ⌂ ⇐ ๏━ juil.-août – **R** conseillée – ⚸
      4 ha (120 empl.) en terrasses, peu incliné, herbeux ♀
      ▦ ♒ ⇆ – A proximité : poneys, toboggan aquatique ✗ ⚞ ♣ ⚘
      Tarif : ✶ *16,50* – ▣ *14,50* – [⚡] *15,50 (3A) 33,50 (6A)*

LOUER

40380 Landes **13** – **78** ⑥ – 160 h. alt. 38.
Paris 732 – Dax 20 – Hagetmau 32 – Mont-de-Marsan 42 – St-Sever 31 – Tartas 17.

   ▲ *Municipal de Laubanere* avril-oct.
      𝄘 05 58 57 25 53 – NO : 0,9 km par D 107, bord d'un petit étang – **R** indispensable saison
      1 ha (30 empl.) plat et peu incliné, herbeux, sablonneux, forêt attenante ♀ pinède
      ᕃ ♒ ⇆ ⌾ ⊕ ▦
      Tarif : ✶ *8,60* – ⇔ *5* – ▣ *5/8,60* – [⚡] *12*

LOUGRATTE

47290 L.-et-G. **14** – **79** ⑤ – 404 h. alt. 120.
Paris 573 – Agen 55 – Castillonnès 9 – Marmande 44 – Monflanquin 18 – Villeneuve-sur-Lot 25.

   ▲ *Municipal St-Chavit* 15 juin-15 sept.
      SE : 1 km, bord d'un plan d'eau – **R** – ⚸
      3 ha (100 empl.) non clos, plat à peu incliné, herbeux ♀
      ᕃ ♒ ⇆ ⌾ ♒ ⇆ – ⊡ ♣ ⚏ (plage) – A proximité : ✗
      Tarif : ✶ *11* – ▣ *12* – [⚡] *10*

LOUHANS

71500 S.-et-L. **12** – **70** ⑬ G. Bourgogne – 6 140 h. alt. 179.
🛈 Office de Tourisme Arcade St-Jean 𝄘 03 85 75 05 02, Fax 03 85 76 01 69.
Paris 377 – Bourg-en-Bresse 58 – Chalon-sur-Saône 37 – Dijon 84 – Dole 76 – Tournus 31.

   ▲ *Municipal* avril-sept.
      𝄘 03 85 75 19 02 – SO : 1 km par D 971 rte de Tournus et D 12 rte de Romenay, à gauche après
      le stade, bord du Solnan – ๏━ juil.-août – **R** conseillée – ⚸
      1 ha (60 empl.) plat, herbeux, gravier ☐ ♀♀
      ᕃ ♒ ⇆ ⌾ ⊕ – ♣ – A proximité : ✗ ⚏
      Tarif : (Prix 1998) ✶ *10* – ⇔ *9* – ▣ *9* – [⚡] *21 (15A)*

LOUPIAC

46350 Lot **13** – **75** ⑱ – 210 h. alt. 230.
Paris 530 – Brive-la-Gaillarde 50 – Cahors 54 – Gourdon 17 – Rocamadour 29 – Sarlat-la-Canéda 30.

   ▲▲▲ *Les Hirondelles* avril-oct.
      𝄘 05 65 37 66 25, Fax 05 65 41 91 58 – N : 3 km par rte de Souillac et chemin à gauche, à 200
      m de la N 20 « Cadre boisé » ๏━ – **R** conseillée – ⊖ ⚸
      2,5 ha (70 empl.) peu incliné, plat, herbeux, pierreux ☐ ♀♀
      ᕃ ♒ ⇆ ⌾ ⊡ ⇆ ⌾ ⊕ ▦ – ⚏ ♟ ✗ snack ⚏ – ⊡ ♣ ⚏
      Tarif : ✶ *23 piscine comprise* – ▣ *39 avec élect. (6A)*
      Location : ⌂ *1400 à 2700* – ⌂ *1400 à 2700*

LOUPIAN

34140 Hérault **15** – **83** ⑯ G. Gorges du Tarn – 1 289 h. alt. 8.
Paris 748 – Agde 21 – Balaruc-les-Bains 10 – Mèze 5 – Pézenas 20 – Sète 17.

   ▲ *Municipal* mai-sept.
      𝄘 04 67 43 57 67 – sortie Sud, rte de Mèze – ⌂ ๏━ – **R** conseillée 15 juil.-15 août – ⚸
      1,7 ha (115 empl.) plat, herbeux ☐
      ♒ ⊕ – A proximité : ✗
      Tarif : (Prix 1998) ✶ *19* – ▣ *23* – [⚡] *8 (5A) 13 (10A)*

65100 H.-Pyr. **14** – **85** ⑱ G. Pyrénées Aquitaine – 16 300 h. alt. 420.
🛈 Office de Tourisme pl. Peyramale 𝄞 05 62 42 77 40, Fax 05 62 94 60 95.
Paris 807 – Bayonne 148 – Pau 46 – St-Gaudens 84 – Tarbes 18.

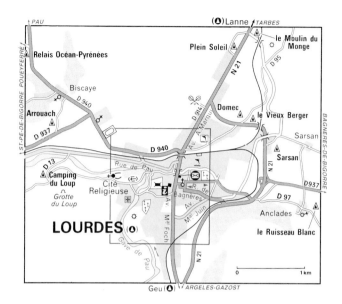

▲ Le Moulin du Monge Permanent
𝄞 05 62 94 28 15, Fax 05 62 42 20 54 – N : 1,3 km – �o🚐 – **R** – ⊖B ⚲
1 ha (67 empl.) plat et peu incliné, en terrasses, herbeux ᴖᴖ
🏛 🔥 ⇌ 🖪 📞 ⊙ 🕶 🔳 – 🏖 – 🔳 🏊
Tarif : *❋ 24 piscine comprise* – 🔳 *24* – [₺] *12 (2A)*
Location : 🚃 *1400 à 3000*

▲ Plein Soleil Pâques-15 oct.
𝄞 05 62 94 40 93 – N : 1 km – ≼ o🚐 – **R** – ⊖B ⚲
0,5 ha (35 empl.) en terrasses, pierreux, gravillons ᴖ
🏛 🔥 ⇌ 🖪 📞 ⊙ ⚲ ᴠ 🔳 – 🔳 🏊
Tarif : 🔳 *élect. (4A) et piscine comprises 2 pers. 95* – [₺] *20 (8A) 45 (13A)*

▲ Sarsan 15 juin-sept.
𝄞 05 62 94 43 09 – E : 1,5 km par déviation et av. Jean-Moulin – ≼ o🚐 – **R** conseillée juil.-août –
⚲
1,8 ha (66 empl.) plat et peu incliné, herbeux ᴖ
🔥 🔥 ⇌ 🖪 🐾 ⊙ 🔳 – 🔳 🏊
Tarif : *❋ 19 piscine comprise* – 🔳 *19* – [₺] *10 (2A) 15 (3A) 25 (6A)*

▲ Arrouach Permanent
𝄞 05 62 42 11 43, Fax 05 62 42 05 27 – NO : quartier de Biscaye – ≼ o🚐 – **R** conseillée juil.-août
– ⚲
13 ha/3 campables (67 empl.) plat, peu incliné et en terrasses, herbeux ᴖ
🔥 ⇌ 🖳 📞 🕶 – 🔳
Tarif : *❋ 19* – 🔳 *22* – [₺] *17 (3A)*
Location : 🛏

▲ Le Ruisseau Blanc mars-oct.
𝄞 05 62 42 94 83 – E : 1,5 km, à Anclades par D 97, rte de Jarret, Pour caravanes, accès
conseillé par la D 937 en direction de Bagnères-de-Bigorre – ⚘ ≼ « Cadre agréable » o🚐 – **R** –
⚲
1,8 ha (110 empl.) plat, herbeux ᴖᴖ
🔥 ⇌ 🖪 ⚲ ⊙ 🕶 🔳 – 🏛 🛶
Tarif : *❋ 15* – 🔳 *14* – [₺] *10 (2A) 15 (3A) 20 (4A)*
Location : 🚃 *1400 à 1890*

▲ Domec Pâques-oct.
𝄞 05 62 94 08 79 – NE : rte de Julos (D 95) – ⚘ ≼ o━ – **R** conseillée juil.-août –
⚲
2 ha (100 empl.) plat, incliné et terrasse, herbeux ᴖᴖ
🔥 🖪 ⚲ ⊙ 🔳
Tarif : *(Prix 1998)* *❋ 13* – 🔳 *14* – [₺] *11 (2A) 16,50 (3A) 27 (6A)*

▲ **Camping du Loup** avril-oct.
    🖉 05 62 94 23 60 – O : 2,3 km, Accès conseillé par rue de Pau et D 13 à gauche – ≪ ⊶ juil.-oct.
    – 🛉 – ⚲
    1,5 ha (60 empl.) plat, peu incliné, herbeux ⚲
    🔥 🞈 🗟 🞋 ⊕ 🞎 – 🏠
    Tarif : ⚹ *16* – ⊟ *16* – 🔌 *15 (10A)*

▲ **Le Vieux Berger**
    🖉 05 62 94 60 57 – NE : 2 rte de Julos – ≪ ⊶
    1,5 ha (60 empl.) peu incliné à incliné, plat, herbeux ⚲
    🔥 🞈 ⊕

à Geu   S : 8 km par N 21, D 13 à gauche et D 813 – 116 h. alt. 400 – ⊠ 65100 Geu :

▲ **Aire Naturelle Et-Bayet** avril-sept.
    🖉 05 62 94 02 80 – à 0,6 km à l'Ouest du bourg, sur D 13, à 350 m du Gave de Pau (hors schéma)
    – 🞖 ≪ ⊶ 🞆 juil.-sept. dans locations – 🛉 – ⚲
    1,4 ha (25 empl.) plat, terrasse, herbeux ⚲
    🔥 🞋 🞌 ⊕ – 🚗
    Tarif : ⚹ *15* – 🚐 *9* – ⊟ *12* – 🔌 *11 (2A) 15 (5A) 20 (6A)*
    Location : *gîtes*

à Lanne   NE : 10 km par N 21, rte de Tarbes puis D 216 – 448 h. alt. 310 – ⊠ 65380 Lanne :

▲▲ **La Bergerie** Permanent
    🖉 05 62 45 40 05 – NO : 1,3 km par D 16, près du stade – ⊶ – **R** conseillée hiver, juil.-août
    – ⚲
    4 ha (100 empl.) plat, herbeux ⚲
    🔥 🗟 🞈 ⊕ 🞎 – 🍷 – 🚗 🞆 🞊 🞌
    Tarif : (Prix 1998) ⚹ *17 piscine et tennis compris* – ⊟ *13* – 🔌 *12 (6A)*
    Location : 🛏 *1000 à 2200*

à Poueyferré   NO : 4,5 km par D 174, rte de Pau et à gauche – 675 h. alt. 360 ⊠ 65100 Poueyferré :

▲▲ **Relais Océan-Pyrénées** 25 mars-15 oct.
    🖉 05 62 94 57 22 – S : 0,8 km, à l'intersection des D 940 et D 174 – ≪ ⊶ – 🛉
    1,2 ha (90 empl.) en terrasses, peu incliné, herbeux 🖵 ⚲
    🎳 🞋 🔥 🗟 🞌 ⊕ 🞆 🞃 🞎 – 🞎 🞊
    Tarif : ⚹ *22 piscine comprise* – 🚐 *11* – ⊟ *11* – 🔌 *13 (4A) 19 (6A) 28 (10A)*

▶ *Pour visiter une ville ou une région : utilisez les guides Verts MICHELIN.*

LOUROUX-DE-BOUBLE

03330 Allier **11** – **73** ④ – 268 h. alt. 502.
Paris 365 – Clermont-Ferrand 70 – Commentry 25 – Montmarault 15 – St-Éloy-les-Mines 21 – Vichy 51.

▲ **Municipal** avril-oct.
    à 2 km au Nord-Est du bourg, par D 129, rte de Target, à l'orée de la forêt de Boismal – **R** juil.-août
    0,5 ha (33 empl.) plat, herbeux ⚲
    🔥 🞋 🞌 ⊕
    Tarif : (Prix 1998) ⚹ *5* – 🚐 *3* – ⊟ *3 et 3 ou 5 pour eau chaude (jusqu'à 4 pers. ou plus de 4 pers.)*
    – 🔌 *7*

LOUVEMONT

52130 Marne **7** – **61** ⑨ – 737 h. alt. 158.
Paris 213 – Bar-sur-Aube 49 – Chaumont 67 – St-Dizier 12 – Vitry-le-François 36.

▲ **Le Buisson** 15 juin-15 sept.
    🖉 03 25 04 14 29 – S : 1,2 km par D 192, rte de Pont-Varin et chemin à gauche, bord de la Blaise
    – 🞖 – **R** conseillée
    1 ha (25 empl.) plat, herbeux, bois attenant
    🞋 🔥 🞌 🗟 🞃 ⊕ 🞊
    Tarif : ⚹ *13* – 🚐 *11* – ⊟ *12* – 🔌 *15 (3A)*

LOUVIE-JUZON

64260 Pyr.-Atl. **13** – **85** ⑯ G. Pyrénées Aquitaine – 1 014 h. alt. 425.
Paris 803 – Laruns 12 – Lourdes 41 – Oloron-Ste-Marie 22 – Pau 28.

▲ **Le Rey** janv.-sept.
    🖉 05 59 05 78 52 – E : 1 km par D 35, rte de Lourdes – ≪ ⊶ été – **R** conseillée juil.-août –
    ⚲
    2,5 (52 empl.) plat et incliné, herbeux ⚲
    🞋 🔥 🞌 ⊕ 🞎 – 🞊 (piscine pour enfants)
    Tarif : ⚹ *17* – ⊟ *17* – 🔌 *12 (4A)*
    Location : 🛏 *1400 à 2200*

LOUVIERS

27400 Eure 🖪 – 🔠 ⑯ ⑰ G. Normandie Vallée de la Seine – 18 658 h. alt. 15.
🄱 Office de Tourisme 10 r. Mar.-Foch 🌮 02 32 40 04 41.
Paris 101 – Les Andelys 22 – Bernay 52 – Lisieux 75 – Mantes 49 – Rouen 32.

△△△ **Le Bel Air** mars-oct.
🌮 02 32 40 10 77 – O : 3 km par D 81, rte de la Haye-Malherbe – Places limitées pour le passage
🖙 🛇 dans locations – **R** conseillée – ⚡
2,5 ha (92 empl.) plat, herbeux 🖵 ⚲
▦ 🗊 ⇆ 🖸 ⛊ ⊙ ▣ – 🔄 🛶 🦺 🏊
Tarif : 🚶 23 piscine comprise – 🖻 28 – 🔋 16 (6A)
Location : 🚐 1300 à 1600

▶ *Ce guide n'est pas un répertoire de tous les terrains de camping
mais une sélection des meilleurs camps dans chaque catégorie.*

LOYAT

56800 Morbihan 🄌 – 🔠 ④ G. Morbihan – 1 465 h. alt. 82.
Paris 416 – Josselin 19 – Redon 53 – La Trinité-Porhoët 20 – Vannes 55.

△ **Merlin l'Enchanteur** Rameaux-sept.
🌮 02 97 93 05 52 – au Sud du bourg, bord de l'Yvel et d'un étang – 🖙 – **R** – ⚡
3 ha (80 empl.) plat, herbeux 🖵
⛟ 🗊 ⇆ 🍴 ⊙ 🔄 ▣ – 🛇 – A proximité : 🍸 ✕
Tarif : 🖻 2 pers. 50 – 🔋 10 (2A) 12 (4A) 14 (6A)

LOZARI

2B H.-Corse – 🔟 ⑬ – voir à Corse.

LUÇAY-LE-MÂLE

36360 Indre 🔟 – 🔠 ⑦ G. Berry Limousin – 2 160 h. alt. 160.
Paris 242 – Le Blanc 72 – Blois 61 – Châteauroux 46 – Châtellerault 94 – Loches 38 – Tours 78.

△ **Municipal la Foulquetière** mai-15 oct.
🌮 02 54 40 52 88 – SO : 3,8 km par D 960, rte de Loches, D 13, rte d'Ecueillé à gauche et chemin
à droite, à 80 m d'un plan d'eau (accès direct) – 🖙 – **R** – ⚡
1,5 ha (30 empl.) plat, peu incliné, herbeux 🖵
⛟ 🗊 ⇆ 🖻 ⊙ 🔄 ▣ – 🛶 – A proximité : 🍸 ✕ 🛇 🏊 🏊
Tarif : 🚶 12 – 🖻 12/15 – 🔋 8 (6A)

LUCHÉ-PRINGÉ

72800 Sarthe 🖪 – 🔠 ③ G. Châteaux de la Loire – 1 486 h. alt. 34.
Paris 238 – Château-du-Loir 31 – Écommoy 24 – La Flèche 14 – Le Lude 10 – Le Mans 39.

△△ **Municipal la Chabotière** avril-15 oct.
🌮 02 43 45 10 00 – à l'Ouest du bourg, à la Base de Loisirs, bord du Loir – 🛇 « Cadre agréable »
🖙 🅿 – **R** conseillée juil.-août – ⚡
1,7 ha (75 empl.) en terrasses, herbeux 🖵
⛟ 🗊 ⇆ 🖸 ⚖ 🖻 ⊙ 🔄 ▣ – 🔄 🛶 🚲 – A proximité : 🛇 🏊 🏊
Tarif : (Prix 1998) 🚶 15 piscine comprise – 🚗 7 – 🖻 10 – 🔋 10 (10A)
Location : bungalows toilés

LUCHON

31 H.-Gar. 🔢 – 🔠 ⑳ Voir Bagnères-de-Luchon.

LUÇON

85400 Vendée 🖲 – 🔠 ⑪ G. Poitou Vendée Charentes – 9 099 h. alt. 8.
🄱 Office de Tourisme square E.-Herriot 🌮 02 51 56 36 52, Fax 02 51 56 03 56.
Paris 436 – Cholet 86 – Fontenay-le-Comte 32 – La Rochelle 41 – La Roche-sur-Yon 33.

△△ **Base de Loisirs les Guifettes** avril-oct.
🌮 02 51 27 90 55, Fax 02 51 56 93 81 – S : 2 km par rte de l'Aiguillon-sur-Mer et rte à droite, à
150 m d'un plan d'eau (plage) – 🖙 – **R** conseillée – Adhésion obligatoire pour séjour à partir de
3 jours ou 3 nuits – 🆎 ⚡
0,9 ha (90 empl.) plat, herbeux 🖵
⛟ 🗊 ⇆ 🖸 ⇆ ⊙ ▣ – A proximité : half-court, poneys, 🎯 🍸 ✕ 🛇 salle d'animation 🚲 🔘 🛇
🦺 ⚓ 🐎 🏊
Tarif : 🖻 2 pers. 95, pers. suppl. 22 – 🔋 15 (6A)
Location : 🚐 1200 à 3100 – 🏠 1710 à 3600 – gîtes

Les LUCS-SUR-BOULOGNE

85170 Vendée **9** – **67** ⑬ – 2 629 h. alt. 70.
Paris 427 – Aizenay 18 – Les Essarts 24 – Nantes 45 – La Roche-sur-Yon 22.

ᐃ **Municipal Val de Boulogne** 15 juin-15 sept.
℘ 02 51 46 59 00 – sortie Nord-Est par D 18, rte de St-Sulpice-le-Verdon et chemin à droite, près
d'un étang – **R** – ⨯
0,3 ha (19 empl.) plat et peu incliné, herbeux ⌒ ♀
🍴 ⛲ 🚻 ☺ – A proximité : ? ✗
Tarif : ☀ 10 – ⇔ 7 – 🗉 7 – 🔌 12 (3A)

▶ *LESEN SIE DIE ERLÄUTERUNGEN aufmerksam durch,*
damit Sie diesen Camping-Führer mit der Vielfalt der gegebenen
Auskünfte wirklich ausnutzen können.

LUC-SUR-MER

14530 Calvados **5** – **54** ⑯ G. Normandie Cotentin – 2 902 h..
Paris 247 – Arromanches-les-Bains 22 – Bayeux 30 – Cabourg 30 – Caen 18.

ᗰ **Municipal la Capricieuse** avril-sept.
℘ 02 31 97 34 43, Fax 02 31 97 43 64 – à l'Ouest de la localité, allée Brummel, à 200 m de la plage
– ⊶ ⅋ dans locations – **R** conseillée – **GB** ⨯
4,6 ha (232 empl.) plat, peu incliné, herbeux ⌒
⅚ 🍴 ⛲ 🗗 🚻 ☺ ♤ ⅋ ⌨ 🗉 – ⚓ ⅋ – A proximité : ⛱ ⅏ ⛖
Tarif : ☀ 22 tennis compris – 🗉 26,50 – 🔌 20 (6A) 28,50 (10A)
Location : 🏠 1370 à 2520

Le LUDE

72800 Sarthe **5** – **64** ③ G. Châteaux de la Loire – 4 424 h. alt. 48.
🛈 Office de Tourisme pl. F.-de-Nicolay ℘ 02 43 94 62 20, Fax 02 43 94 48 46.
Paris 244 – Angers 65 – Chinon 62 – La Flèche 20 – Le Mans 45 – Saumur 51 – Tours 51.

ᗰ **Municipal** avril-sept.
℘ 02 43 94 67 70 – NE : 0,8 km par D 307, rte du Mans, bord du Loir « Entrée fleurie » ⊶ –
R conseillée juil.-août – ⨯
4,5 ha (133 empl.) plat, herbeux ♀
⅚ 🍴 ⛲ 🗗 🚻 ☺ ♤ ⅋ 🗉 – ⊏⊐ ⚓ ⅋ – A proximité : toboggan aquatique ⇌ ⅋
⌨ ⌂
Tarif : ☀ 16 piscine comprise – ⇔ 7,50 – 🗉 8 – 🔌 10 (5A)
Location : bungalows toilés

LUGRIN

74500 H.-Savoie **12** – **70** ⑱ G. Alpes du Nord – 2 025 h. alt. 413.
Paris 586 – Annecy 91 – Évian-les-Bains 7 – St-Gingolph 11 – Thonon-les-Bains 17.

ᐃ **Vieille Église** avril-20 oct.
℘ 04 50 76 01 95, Fax 04 50 76 13 12 – O : 2 km – ≼ ⊶ – **R** conseillée – **GB** ⨯
1,6 ha (100 empl.) plat et peu incliné, terrasses, herbeux ♀ (0,5 ha)
⅚ 🍴 ⛲ 🗗 🚻 ☺ ♤ ⅋ 🗉 – ⛱
Tarif : 🗉 piscine comprise 2 pers. 80, pers. suppl. 24 – 🔌 13 (3A) 16 (4A) 20 (6A)
Location : 🚐 950 à 1950

ᐃ **Les Myosotis** 30 avril-25 sept.
℘ 04 50 76 07 59 – S : 0,6 km – ⦸ ≼ ⊶ juil.-août – **R** conseillée juil.-août – ⨯
1 ha (58 empl.) incliné et en terrasses, herbeux ♀
🍴 ⛲ 🗗 🐟 ☺ 🗉
Tarif : 🗉 2 pers. 57 – 🔌 10 (2A) 15 (4A) 19 (6A)

LUMIO

2B H.-Corse – **90** ⑬ – voir à Corse - Calvi.

LUNAY

41360 L.-et-Ch. **5** – **64** ⑥ G. Châteaux de la Loire – 1 213 h. alt. 75.
Paris 182 – La Ferté-Bernard 54 – Le Grand-Lucé 89 – Montoire-sur-le-Loir 9 – Vendôme 14.

ᐃ **Municipal la Montellière** 31 mai-août
℘ 02 54 72 04 54 – N : 0,8 km par D 53, rte de Savigny-sur-Braye, près d'un château et à 100 m
d'un plan d'eau – ♀ – **R** – ⨯
1 ha (50 empl.) plat, herbeux
🍴 ⛲ 🚻 ☺ 🗉 – A proximité : ⅋
Tarif : (Prix 1998) 🗉 2 ou 3 pers. 40 ou 43 – 🔌 12 (6A)

LUNEL

34400 Hérault 🔟🔟 – 🔟🔟 ⑧ – 18 404 h. alt. 6.
🅱 Office de Tourisme, pl. Martyrs-de-la-Résistance 𝒫 04 67 71 01 37, Fax 04 67 71 26 67.
Paris 737 – Aigues-Mortes 16 – Alès 58 – Arles 57 – Montpellier 29 – Nîmes 31.

ᐯᐯ **Mas de l'Isle** avril-10 sept.
𝒫 04 67 83 26 52, Fax 04 67 71 13 88 – SE : 1,5 km par D 34, rte de Marsillargues, au carrefour avec D 61 « Cadre fleuri » ⊶ – **R** conseillée – ⊘
3 ha (180 empl.) plat, pierreux, herbeux ⊏⊐ ⚲
⅚ ⌁ ⊡ ⤫ ⊛ ⊟ – snack ⤴ – ⬳ ⚲⚲
Tarif : (Prix 1998) ▣ 1 à 4 pers. 47 à 102 (63 à 118 avec élect.)
Location : ⊞ 1100 à 2600

LURE

70200 H.-Saône ⑧ – 🔟🔟 ⑦ G. Jura – 8 843 h. alt. 290.
🅱 Office de Tourisme 35 r. Carnot 𝒫 03 84 62 80 52, Fax 03 84 62 74 61.
Paris 386 – Belfort 34 – Besançon 77 – Épinal 76 – Montbéliard 35 – Vesoul 30.

ᐱ **Municipal les Écuyers** mai-sept.
𝒫 03 84 30 43 40 – SE : 1,4 km par D 64 vers rte de Belfort puis 0,8 km par D 18 à droite, rte de l'Isle-sur-le-Doubs, à 50 m de l'Ognon (accès direct) – ⊶ – **R**
1 ha (45 empl.) plat, herbeux
⅚ ⌁ ⇆ ⊡ ⤫ ⊛ ⊟ – ⊏⊐ – A proximité : ⦿ ⛷
Tarif : (Prix 1998) ⳨ 18 – ▣ 10 – ⫚ 13 (5A)

LUS-LA-CROIX-HAUTE

26620 Drôme 🔟🔟 – 🔟🔟 ⑮ G. Alpes du Sud – 428 h. alt. 1 050.
🅱 Office de Tourisme r. Principale 𝒫 04 92 58 51 85.
Paris 641 – Alès 206 – Die 45 – Gap 49 – Grenoble 77.

ᐯᐯ **Champ la Chèvre** 15 mars-oct.
𝒫 04 92 58 50 14, Fax 04 92 58 55 92 – au Sud-Est du bourg, près de la piscine – ⤫ ≤ ⊶ –
R conseillée juil.-août – ⊘
3,6 ha (100 empl.) plat, peu incliné, incliné, herbeux ⚲
⌁ ⊡ ⊛ ⊟ – ⊏⊐ – A proximité : ⬳
Tarif : ⳨ 15 – ⬳ 13 – ▣ 13 – ⫚ 15 (6A)

LUYNES

37230 I.-et-L. ⑤ – 🔟🔟 ⑭ G. Châteaux de la Loire – 4 128 h. alt. 60.
🅱 Office de Tourisme Maison du XVᵉ 𝒫 02 47 55 77 14, Fax (Mairie) 02 47 55 52 56.
Paris 249 – Angers 111 – Château-La-Vallière 29 – Chinon 42 – Langeais 16 – Saumur 57 – Tours 12.

ᐯᐯ **Municipal les Granges** 8 mai-12 sept.
𝒫 02 47 55 60 85 – sortie Sud par D 49, rte de Tours – ⤫ ⊶ – **R** conseillée
0,8 ha (63 empl.) plat, herbeux ⊏⊐ ⚲ (0,4 ha)
⅚ ⌁ ⇆ ⊡ ⤫ ⊛ ⤢ ⊟ – ⊏⊐ ⬳ – A proximité : parcours sportif ⬳
Tarif : ⳨ 12,50 – ▣ 12,50 – ⫚ 15 (10A)

LUZ-ST-SAUVEUR

65120 H.-Pyr. 🔟🔟 – 🔟🔟 ⑱ G. Pyrénées Aquitaine – 1 173 h. alt. 710 – ⳨ (mai-oct.) – Sports d'hiver : 710/
2 450 m ⳨19.
🅱 Office de Tourisme pl. 8-Mai 𝒫 05 62 92 81 60, Fax 05 62 92 87 19.
Paris 844 – Argelès-Gazost 19 – Cauterets 23 – Lourdes 32 – Pau 77 – Tarbes 50.

ᐯᐯ **Airotel Pyrénées** fermé 11 oct.-29 nov.
𝒫 05 62 92 89 18, Fax 05 62 92 96 50 – NO : 1 km par D 921, rte de Lourdes – ❄ Ⓜ ≤ ⊶ –
R conseillée – ⒼⒷ ⊘
2,5 ha (165 empl.) peu incliné et incliné, plat et en terrasses, herbeux
▥ ⅚ ⌁ ⇆ ⊡ ⤫ ⊛ ⊟ – ▯⚲ ⨳ ⬳ ⊠ ⬳ half-court, mur d'escalade
Tarif : ▣ piscine comprise 2 pers. 92 (hiver 80), pers. suppl. 23 – ⫚ 18 (3A) 20 (4A) 30 (6A)
Location : ⊞ 1500 à 2700

ᐯᐯ **International** 15 déc.-15 avril, juin-sept.
𝒫 05 62 92 82 02, Fax 05 62 92 96 87 – NO : 1,3 km par D 921, rte de Lourdes – ❄ Ⓜ ≤ ⊶ –
R conseillée juil.-août – ⒼⒷ ⊘
4 ha (133 empl.) plat, peu incliné, en terrasses, herbeux ⚲
▥ ⅚ ⌁ ⇆ ⊡ ⤫ ⊛ ⊟ – ▯ ⬳ ⚲ ✕ snack ⤴ – ⬳ ⊠ half-court
Tarif : (Prix 1998) ▣ piscine comprise 2 pers. 81, 3 pers. 95, pers. suppl. 23,50 – ⫚ 12 (2A) 18 (3A)
31 (6A)

ᐯᐯ **Pyrénévasion** Permanent
𝒫 05 62 92 91 54, Fax 05 62 92 98 34 – à **Sazos**, NO : 3,4 km par D 921, rte de Gavarnie, et D 12
rte de Luz-Ardiden, alt. 834 – Ⓜ ≤ vallées de Barèges et de Gavarnie ⊶ – **R** conseillée juil.-août
– ⒼⒷ ⊘
2,8 ha (75 empl.) en terrasses, peu incliné, herbeux, gravier
▥ ⅚ ⌁ ⇆ ⊡ ⤫ ⊛ ⤢ ⊟ – ⚲ – ⬳
Tarif : ▣ 2 pers. 60 – ⫚ 15 (3A) 30 (6A) 45 (10A)
Location : ⊞ 1000 à 2000

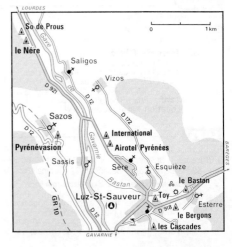

⚠ **Les Cascades** déc.-sept.
℘ 05 62 92 85 85, Fax 05 62 92 96 95
– au Sud de la localité, rue Ste-Barbe, bord de torrents, Accès conseillé par rte de Gavarnie – ≤ ⊶ – **R** conseillée hiver – ⊖B ⚸
1,5 ha (77 empl.) peu incliné et en terrasses, herbeux, pierreux ♀
▥ & ♒ ⇌ ⌼ ⌣ ☺ ▣ – ▾ ✕ ♨ – ⅏
– A proximité : ⟋
Tarif : ▣ 2 pers. 65 – ⓖ 18 (3A) 24 (4A) 32 (6A)

⚠ **So de Prous** fermé nov.-19 déc.
℘ 05 62 92 82 41 – NO : 3 km par D 921, rte de Lourdes, à 80 m du Gave de Gavarnie – ≤ ⊶ – **R** conseillée juil.-août – ⚸
2 ha (80 empl.) plat, peu incliné, en terrasses, herbeux ♀
▥ & ♒ ⇌ ⌼ ⚞ ☺ ▣ – ▾ – ⌂ ♨
≃ (petite piscine)
Tarif : ⚦ 22 – ▣ 22 – ⓖ 10 (2A) 20 (4A) 30 (6A)
Location : ⟐ 1800 à 2500 – ⊨

⚠ **Le Bergons** Permanent
℘ 05 62 92 90 77 – **à Esterre**, E :
0,5 km par D 918, rte de Barèges – ≤ ⊶ juil.-août – **R** conseillée 14 juil.-15 août – ⚸
1 ha (78 empl.) plat, peu incliné et terrasses, herbeux ♀
▥ & ♒ ⇌ ♨ ⚞ ☺ ▣ – ⌂
Tarif : ⚦ 17 (hiver 18) – ▣ 16,50 (hiver 17,50) – ⓖ 12 à 31 (2 à 6A)

⚠ **Le Bastan** Permanent
℘ 05 62 92 94 27 – à **Esterre**, E : 0,8 km par D 918, rte de Barèges, bord du Bastan – ❋ ≤ ⊶ – **R** conseillée 14 juil.-15 août – ⚸
1 ha (35 empl.) peu incliné et plat, herbeux, pierreux ♀
▥ & ♒ ⇌ ⌼ ⚞ ☺ ▣ – ⌂ ♨
Tarif : ⚦ 16 (hiver 17) – ▣ 16 (hiver 17) – ⓖ 15 (3A) 30 (6A)

⚠ **Le Nére** 15 mai-15 sept.
℘ 05 62 92 81 30 – NO : 2,8 km par D 921, rte de Lourdes, à 100 m du Gave de Gavarnie – ≤ ⊶ – **R** – ⊖B ⚸
1,2 ha (67 empl.) plat, herbeux ♀
♒ ⌼ ⌣ ☺ ▣ – ⌂ ♨ ⟋
Tarif : ⚦ 16 piscine comprise – ▣ 16

⚠ **Toy** 5 déc.-25 avril, 29 mai-24 sept.
℘ 05 62 92 86 85 – centre bourg, pl. du 8-Mai, bord du Bastan – ⑤ ≤ « Entrée fleurie » ⊶ – **R** conseillée
1,2 ha (100 empl.) peu incliné et en terrasses, herbeux, pierreux ♀
▥ ♒ ⇌ ⌣ ⚞ ☺ ☉ – A proximité : ⟋
Tarif : (Prix 1998) ⚦ 18 (hiver 19,50) – ▣ 18 (hiver 19,50) – ⓖ 12 à 31 (2 à 6A)

⚠ **Saint-Bazerque** 15 juin-sept.
℘ 05 62 92 49 93 – S : 6 km par D 921, rte de Gavarnie (hors schéma), alt. 900 – ⑤ ≤ ⊶ – **R**
1,5 ha (65 empl.) plat et peu incliné, terrasses, herbeux
▥ ♒ ⚞ ☺ – ▾
Tarif : ⚦ 14 – ▣ 14 – ⓖ 12 (2A)

LUZY

58170 Nièvre ⓫ – ⑥⑨ ⑥ G. Bourgogne – 2 422 h. alt. 275.
Paris 324 – Autun 35 – Château-Chinon 39 – Moulins 63 – Nevers 78.

⚠⚠ **Château de Chigy** avril-sept.
℘ 03 86 30 10 80, Fax 03 86 30 09 22 ✉ 58170 Tazilly – SO : 4 km par D 973, rte de Bourbon-Lancy puis chemin à gauche – ⑤ ≤ « Agréable domaine : prairies, bois, étangs » ⊶ – **R** conseillée juil.-15 août – ⊖B ⚸
70 ha/4,8 campables (200 empl.) plat, peu incliné et en terrasses, herbeux
& ♒ ⇌ ⌼ ⚞ ☺ ▣ – ▾ ✕ – ⌂ ⌒ ⟋ ≃
Tarif : ⚦ 31,50 piscine comprise – ▣ 39 – ⓖ 20 (4 à 6A)
Location : ⟐ 1300 à 2820 – appartements

▶ *Die Klassifizierung (1 bis 5 Zelte, **schwarz** oder rot), mit der wir die Campingplätze auszeichnen, ist eine Michelin-eigene Klassifizierung.*

Sie darf nicht mit der staatlich–offiziellen Klassifizierung (1 bis 4 Sterne) verwechselt werden.

LYON

69000 Rhône **11** – **74** ⑪ ⑫ G. Vallée du Rhône – 415 487 h. alt. 175.

🛈 Office de Tourisme pl. Bellecour 𝄡 04 72 77 69 69, Fax 04 78 42 04 32.

Paris 461 – Genève 152 – Grenoble 107 – Marseille 315 – St-Étienne 61 – Torino 310.

⚠⚠ **Municipal Porte de Lyon** Permanent

𝄡 04 78 35 64 55, Fax 04 72 17 04 26 ⊠ 69570 Dardilly – à **Dardilly**, NO : 10 km par N 6, rte de Mâcon, Par A 6 : sortie Limonest – o━ – **R** – ⊖⊞

6 ha (150 empl.) plat, peu incliné, herbeux, gravillons ▭ ◊

🏛 🔊 🖭 🌣 🗓 💧 ☉ 🔥 – 🍴 snack – 🔧 ◆ 🕳

Tarif : (Prix 1998) 🛉 *17 piscine comprise* – 🅴 *35/45* – 🔌 *10A : 15 (hiver 22)*

Location : 🚐 *1564*

▶ *Si vous recherchez, dans une région déterminée :*

- *un terrain agréable (⚠ ... ⚠⚠⚠)*
- *un terrain ouvert toute l'année (Permanent)*
- *ou simplement un camp d'étape ou de séjour*

Consultez le tableau des localités dans le chapitre explicatif.

LYONS-LA-FORÊT

27480 Eure **5** – **55** ⑧ G. Normandie Vallée de la Seine – 701 h. alt. 88.

Paris 105 – Les Andelys 20 – Forges-les-Eaux 30 – Gisors 30 – Gournay-en-Bray 25 – Rouen 35.

⚠ **Municipal St-Paul** Permanent

𝄡 02 32 49 42 02 – au Nord-Est du bourg, par D 321, au stade, bord de la Lieure – o━ – **R**

3 ha (100 empl.) plat, herbeux ▭

🏛 ♿ 🔊 🌣 🗓 💧 ☉ 🔥 – 🔧 – A proximité : 🍴

Tarif : (Prix 1998) 🛉 *20* – 🚐 *10* – 🅴 *10/20 avec élect.*

MACHECOUL

44270 Loire-Atl. **9** – **67** ② G. Poitou Vendée Charentes – 5 072 h. alt. 5.

🛈 Office de Tourisme 14 pl. des Halles 𝄡 02 40 31 42 87, Fax 02 40 02 31 28.

Paris 423 – Beauvoir-sur-Mer 23 – Nantes 37 – La Roche-sur-Yon 53 – St-Nazaire 56.

⚠ **La Rabine** mai-12 sept.

𝄡 02 40 02 30 48 – sortie Sud par D 95 rte de Challans, bord de rivière – o━ – **R** conseillée juil.-août – 🚶

2,8 ha (131 empl.) plat, herbeux 🌳🌳 (1 ha)

♿ 🔊 🌣 🗓 💧 ☉ 🖭 – 🔧 – A proximité : 🍴 🏊 (découverte l'été)

Tarif : (Prix 1998) 🛉 *10* – 🚐 *6* – 🅴 *6/8* – 🔌 *10 (4A) 15 (8A) 20 (13A)*

MÂCON

71000 S.-et-L. **11** – **69** ⑲ G. Bourgogne – 37 275 h. alt. 175.

🛈 Office de Tourisme 187 r. Carnot 𝄡 03 85 39 71 37, Fax 03 85 39 72 19.

Paris 392 – Bourg-en-Bresse 37 – Chalon-sur-Saône 59 – Lyon 74 – Roanne 97.

⚠⚠ **Municipal** 15 mars-oct.

𝄡 03 85 38 16 22, Fax 03 85 39 39 18 – N : 3 km sur N 6 « Entrée fleurie » o━ – **R** – ⊖⊞

5 ha (275 empl.) plat, herbeux ◊

🏛 ♿ 🔊 🌣 🗓 💧 ☉ 🖭 🔥 – 🛒 🍴 ✕ 🚶 – 🕳 🛶 🕳

Tarif : (Prix 1998) 🅴 *piscine comprise 2 pers. 58/82 avec élect.*

MADIC

15210 Cantal **10** – **76** ② – 239 h. alt. 430.

Paris 509 – Aurillac 82 – Bort-les-Orgues 5 – Condat 37 – Mauriac 30 – Neuvic 30.

⚠ **Municipal du Bourg** 15 mai-15 sept.

à l'Ouest du bourg, au stade – 🐾 ≼ – **R**

1 ha (33 empl.) plat, peu incliné, herbeux

🏛 🔊 🌣 ☉

Tarif : 🛉 *6,60* – 🚐 *2,20* – 🅴 *3,30* – 🔌 *8,80 (5A)*

MAGNAC-BOURG

87 H.-Vienne **13** – **72** ⑱ – 857 h. alt. 444 – ⊠ 87380 St-Germain-les-Belles.

Paris 421 – Limoges 30 – St-Yrieix-la-Perche 27 – Uzerche 28.

⚠ **Municipal des Écureuils** avril-sept.

𝄡 05 55 00 80 28 – sortie Nord-Ouest, rte de Limoges – o━ – **R**

1,3 ha (30 empl.) plat, peu incliné, herbeux ▭ 🌳🌳 (0,5 ha)

🔊 🌣 ☉

Tarif : (Prix 1998) 🛉 *12* – 🅴 *15* – 🔌 *15 (5A)*

54129 M.-et-M. 🎱 – 🔢 ⑥ – 333 h. alt. 250.
Paris 356 – Baccarat 16 – Épinal 40 – Lunéville 23 – Nancy 52.

  ▲ *Municipal le Pré Fleuri* mai-sept.
      𝓟 03 83 72 34 73 – O : 0,5 km par D 22 rte de Bayon, à l'ancienne gare, bord d'un étang et à
      200 m de la Mortagne – ⛺ ⛓️ – **R** – ⚒️
      1 ha (34 empl.) plat et peu incliné, gravillons, herbeux, pierreux ⌂
      ⚒ 🍽 ⛲ 🔄 📮 ☺ ⚓ – – A l'entrée : ✖ (wagon-restaurant) – ⌂ 🚿 🚲 voiturettes à vélos sur
      rail (draisines)
      Tarif : ✚ *10* – 🔲 *25* – [½] *10 (4A) 15 (10A)*

▶ *The classification (1 to 5 tents, **black** or **red**) that we award to*
  selected sites in this Guide is a system that is our own.

  It should not be confused with the classification (1 to 4 stars) of official organisations.

25120 Doubs 🎱 – 🔢 ⑱ G. Jura – 4 168 h. alt. 777.
🎫 Office de Tourisme pl. de la Mairie 𝓟 03 81 64 11 88, Fax 03 81 64 02 30.
Paris 480 – Baume-les-Dames 55 – Besançon 75 – Montbéliard 42 – Morteau 29 – Pontarlier 60.

  ▲ *Municipal St-Michel* mai-oct.
      𝓟 03 81 64 12 56 – S : 1,3 km, sur D 422 reliant le D 464, rte de Charquemont et le D 437, rte
      de Pontarlier, Accès conseillé par D 437, rte de Pontarlier – ⛓️ – **R** conseillée 15 juil.-15 août
      2 ha (70 empl.) peu incliné, en terrasses, herbeux, bois attenant ♀
      ⚒ ⛲ 🍽 🔄 📮 ☺ ⚓ – 🚿
      Tarif : ✚ *13,85* – 🔲 *18,85* – [½] *10 (2 à 5A) 19,35 (plus de 5A)*
      Location : *gîte d'étape*

85420 Vendée 🎱 – 🔢 ① G. Poitou Vendée Charentes – 930 h. alt. 6.
Paris 432 – Fontenay-le-Comte 15 – Niort 26 – La Rochelle 45 – La Roche-sur-Yon 72.

  ▲ *Municipal de l'Autize* avril-sept.
      𝓟 02 51 00 70 79 – sortie Sud, rte de Courçon – ⛓️ – **R** conseillée – ⚒️
      1 ha (38 empl.) plat, herbeux ⌂
      ⛲ 🔄 📮 ☺ ⚓ – A proximité : ✖
      Tarif : 🔲 *2 pers. 40, pers. suppl. 10* – [½] *14 (5A)*

28130 E.-et-L. 🎱 – 🔢 ⑧ G. Ile de France – 4 161 h. alt. 109.
Paris 88 – Chartres 19 – Dreux 30 – Houdan 28 – Rambouillet 23 – Versailles 55.

  ▲▲ *Les Ilots de St-Val* 16 janv.-14 déc.
      𝓟 02 37 82 71 30, Fax 02 37 82 77 67 – NO : 4,5 km par D 983, rte de Nogent-le-roi puis 1 km par
      D 101³, rte de Neron à gauche – Places limitées pour le passage ⛺ ≤ ⛓️ – **R** – ⚒️
      3 ha (100 empl.) plat et incliné, herbeux, pierreux
      ⚒ ⛲ 🍽 🔄 📮 ☺ ⚓ – 🚿 ✖
      Tarif : ✚ *24* – 🔲 *24* – [½] *8 (2A) 16 (4A) 24 (6A)*

39260 Jura 🔢 – 🔢 ⑭ G. Jura – 203 h. alt. 520.
Paris 440 – Lons-le-Saunier 30 – Oyonnax 33 – St-Claude 29.

  ▲▲ *Trelachaume* 19 juin-29 août
      𝓟 03 84 42 03 26, Fax 03 84 42 60 17 – S : 2,2 km par D 301 et rte à droite – ⛺ « Site agréable »
      ⛓️ – **R** conseillée – 🅶🅱 ⚒️
      3 ha (180 empl.) plat, peu incliné à incliné, herbeux, pierreux
      ⛲ 🍽 🔄 📮 ☺ ⚓ – ⌂ 🚿
      Tarif : 🔲 *2 pers. 67* – [½] *16 (5A)*

24 Dordogne 🔢 – 🔢 ⑤ ⑮ – ✉ 24140 Villamblard.
Paris 509 – Bergerac 24 – Périgueux 25 – Vergt 11.

  ▲▲ *Orphéo-Négro* 26 juin-août
      𝓟 05 53 82 96 58, Fax 05 53 80 45 50 – NE : par N 21 au lieu-dit les Trois Frères, près de l'hôtel
      Tropicana – ⛺ ≤ « Agréable situation au bord d'un étang » ⛓️ – **R**
      7 ha/2 campables (100 empl.) peu incliné à incliné, plat, terrasse, herbeux, pierreux ⌂ ♀♀
      ⚒ ⛲ 🔄 📮 ☺ ⚓ – ⛾ – 🚿 ≋ ⛱ toboggans aquatiques – A proximité : ✖
      Tarif : ✚ *24 piscine comprise* – 🔲 *27* – [½] *16 (6A)*

MAISON-NEUVE

07 Ardèche 🔟 – 🔟 ⑧
✉ 07230 Lablachère.
Paris 664 – Aubenas 35 – Largentière 24 – Privas 65 – St-Ambroix 22 – Vallon-Pont-d'Arc 21.

⚠ **Pont de Maisonneuve** avril-sept.
🏕 04 75 39 39 25 ✉ 07460 Beaulieu – sortie Sud par D 104 rte d'Alès et à droite, rte de Casteljau, après le pont, bord du Chassezac – ⚓ – **R** conseillée juil.-août – 🇬🇧 ⚒
3 ha (100 empl.) plat, herbeux 🟢🟢
🅰 🏕 ⚑ 📺 🛁 ⊕ 🖥 – 🍴 – 🏛 🚣 ✕ 🏊
Tarif : 🖥 piscine comprise 2 pers. 65 – 🔌 13 (3A)
Location : 🏠 1500 à 2500 – gîtes

MALARCE-SUR-LA-THINES

07140 Ardèche 🔟 – 🔟 ⑧ – 244 h. alt. 340.
Paris 633 – Aubenas 49 – Largentière 38 – Privas 79 – Vallon-Pont-d'Arc 42 – Villefort 22.

⚠ **Les Gorges du Chassezac** 3 avril-12 sept.
🏕 04 75 39 45 12 – SE : 4 km par D 113, rte des Vans, lieu-dit Champ d'Eynès, accès direct au Chassezac – 🐟 ≼ ⚓ juil.-août – **R** conseillée juil.-août – ⚒
2,5 ha (80 empl.) plat, peu incliné et en terrasses, pierreux, herbeux 🟢🟢
🏕 📺 🛁 ⊕ 🖥 – 🚣 🚲 – 🍴
Tarif : 🖥 2 pers. 59 – 🔌 12 (6A)
Location (juil.-août) : 🏠 1000 ou 1200

MALBOSC

07140 Ardèche 🔟 – 🔟 ⑧ – 146 h. alt. 450.
Paris 651 – Alès 46 – La Grand-Combe 28 – Les Vans 19 – Villefort 27.

⚠ **Municipal du Moulin de Gournier** 2 juil.-août
🏕 04 75 37 35 50 – NE : 7 km par D 216 rte des Vans, bord de la Ganière – 🐟 ⚓ – **R** conseillée
– ⚒
1 ha (29 empl.) en terrasses, pierreux, herbeux ⛱ 🟢
🅰 🏕 ⚑ 📺 🛁 ⊕ 🖥 – snack 🚣 – 🚲 🍴
Tarif : 🖥 2 pers. 80 – 🔌 20 (10A)

MALBUISSON

25160 Doubs 🔟 – 🔟 ⑥ G. Jura – 366 h. alt. 900.
🛈 Office de Tourisme Lac St-Point 🏕 03 81 69 31 21, Fax 03 81 69 71 94.
Paris 456 – Besançon 74 – Champagnole 42 – Pontarlier 16 – St-Claude 73 – Salins-les-Bains 50.

⚠ **Les Fuvettes** vacances scolaires hiver, avril-15 oct.
🏕 03 81 69 31 50, Fax 03 81 69 70 46 – SO : 1 km, bord du lac de St-Point – ≼ ⚓ juil.-août –
R conseillée hiver, juil.-août – 🇬🇧 ⚒
6 ha (320 empl.) plat et peu incliné, herbeux, pierreux
🎦 🅰 🏕 ⚑ 📺 🛁 ⊕ 🖥 🖥 – 🍴 🍽 snack 🚣 – 🏛 🚣 🎯 🍴 🍴
Tarif : 🖥 2 pers. 82 – 🔌 18 (4A) 21 (10A)
Location : 🏠 980 à 2700

MALEMORT-DU-COMTAT

84570 Vaucluse 🔟 – 🔟 ⑬ – 985 h. alt. 208.
Paris 693 – Avignon 34 – Carpentras 12 – Malaucène 24 – Orange 36 – Sault 36.

⚠ **Font Neuve** mai-sept.
🏕 04 90 69 90 00 – SE : 1,6 km par D 5, rte de Méthanis et chemin à gauche – 🐟 ≼ ⚓ – **R** conseillée
– ⚒
1,5 ha (54 empl.) plat et peu incliné, terrasses, herbeux, pierreux ⛱ 🟢 (0,5 ha)
🅰 🏕 ⚑ 📺 🛁 🛁 ⊕ 🚣 🕊 🖥 – ✕ 🚣 – ✕ 🏊
Tarif : 👤 17 piscine comprise – 🖥 21 – 🔌 15 (6A)
Location : 🏠

MALESHERBES

45330 Loiret 🔟 – 🔟 ⑪ G. Ile de France – 5 778 h. alt. 108.
🛈 Office de Tourisme 2 r. de la Pilonne 🏕 02 38 34 81 94.
Paris 81 – Étampes 27 – Fontainebleau 27 – Montargis 62 – Orléans 62 – Pithiviers 18.

⚠ **La Vallée Doudemont** Permanent
🏕 02 38 34 85 63 – sortie Nord par D 132, rte de Boigneville et rue à droite – Places limitées pour le passage 🐟 « Cadre agréable » ⚓ – **R**
2 ha (110 empl.) plat et peu incliné, gravier ⛱ 🟢🟢
🎦 🅰 🏕 ⚑ 🔥 ⊕ 🖥 – 🚣
Tarif : 👤 12 – 🖥 12 – 🔌 12 (6A) 24 (10A)

MALLEVAL

38470 Isère 🔢 – 🔢 ④ G. Alpes du Nord – 18 h. alt. 940.
Paris 587 – Grenoble 121 – Romans-sur-Isère 45 – Villard-de-Lans 43.

⚠️ **Municipal**
    📞 04 76 64 01 89, Fax 04 76 38 45 12 – au bourg, Pour caravanes : accès conseillé par la D 31, rte
de St-Pierre-de-Chérennes, Fortement déconseillé par les Gorges du Nan, rte étroite, croisement
impossible – ⟡ ⟨
0,5 ha (50 empl.) plat, peu incliné, herbeux
♿ 🔥 ⟲ ⟲ ⊚ – A proximité : 🍴 ✗

▶ *Don't get lost, use MICHELIN Maps which are kept up to date.*

MAMERS

72600 Sarthe 🖬 – 🔢 ⑭ G. Normandie Vallée de la Seine – 6 071 h. alt. 128.
🅱 Office de Tourisme 29 pl. Carnot 📞 02 43 97 60 63, Fax 02 43 97 38 65.
Paris 194 – Alençon 25 – Le Mans 44 – Mortagne-au-Perche 24 – Nogent-le-Rotrou 39.

⚠️ **Municipal la Grille** Permanent
    📞 02 43 97 68 30 – N : 1 km par rte de Mortagne-au-Perche et D 113 à gauche rte de Contilly, près
de deux plans d'eau – o⟶ – **R** – ⟨
1,5 ha (50 empl.) peu incliné et en terrasses, herbeux
🔥 ⟲ 🗟 🗂 ⊚ – A proximité : parcours de santé, 🔲 ✗ 🏂 🚣 🔲 ⟳ 🐎
Tarif : ✶ 10,10 – 🚗 6,90 – 🔲 7,40 – (⅃) 10,80 (10 ou 16A)

MANDELIEU-LA-NAPOULE

06 Alpes-Mar. 🔢 – 🔢 ⑧ G. Côte d'Azur – 16 493 h. alt. 4 – ✉ 06210 Mandelieu.
🅱 Office de Tourisme av. Cannes 📞 04 92 97 86 46, Fax 04 92 97 67 79, bd H.-Clews 📞 04 93 49 95 31, sortie
autoroute 📞 04 92 97 99 27, r. J.-Monnet 📞 04 93 49 14 39.
Paris 894 – Brignoles 87 – Cannes 9 – Draguignan 54 – Fréjus 30 – Nice 37 – St-Raphaël 32.

⚠️ **Les Pruniers** mars-oct.
    📞 04 92 97 00 44, Fax 04 93 49 37 45 – à Mandelieu, par av. de la Mer, bord de la Siagne – o⟶
– **R** indispensable juil.-août – ⟨
0,8 ha (28 empl.) plat, herbeux, gravier ⟤ ⟂⟂
🔥 ⟲ 🗟 ⟲ ⊚ 🔲 – A proximité : golf 🔲
Tarif : ✶ 20 – 🚗 20 – 🔲 60/90 – (⅃) 20 (3 à 10A)
Location : 🏠 1500 à 2800

MANDEURE

25350 Doubs 🖬 – 🔢 ⑱ G. Jura – 5 402 h. alt. 336.
Paris 426 – Baume-les-Dames 52 – Montbéliard 12 – Porrentruy 28 – St-Hippolyte 22.

⚠️ **Les Grands Ansanges** avril-oct.
    📞 03 81 35 23 79, Fax 03 81 30 09 26 – NO : sortie vers Pont-de-Roide et rue à droite, près du
Doubs – o⟶ – **R** conseillée saison – 🔲 ⟨
1,9 ha (96 empl.) plat, herbeux
🔥 🗟 ⟲ ⊚ ⟰ ⟱ 🔲 – 🍴 – 🔲 🔲
Tarif : ✶ 17 – 🔲 16/18 – (⅃) 15 (4A) 25 (10A)

MANE

31260 H.-Gar. 🔢 – 🔢 ② – 1 054 h. alt. 297.
Paris 776 – Aspet 19 – St-Gaudens 21 – St-Girons 22 – Ste-Croix-Volvestre 25 – Toulouse 81.

⚠️ **Municipal de la Justale** mai-sept.
    📞 05 61 90 68 18 – à 0,5 km au Sud-Ouest du bourg par rue près de la mairie, bord de l'Arbas et
d'un ruisseau – ⟡ o⟶ – **R** conseillée – ⟨
3 ha (23 empl.) plat, herbeux ⟤ ⟂
♿ 🔥 ⟲ 🗟 🗂 ⊚ 🔲 – 🔲 🚣 🔲 🔲 – A proximité : ✗ 🐎
Tarif : ✶ 12 piscine comprise – 🚗 11 – 🔲 14 – (⅃) 11 (6A) 15 (10A)
Location (permanent) : gîtes

MANOSQUE

04100 Alpes-de-H.-P. 🔢 – 🔢 ⑮ G. Alpes du Sud – 19 107 h. alt. 387.
🅱 Office de Tourisme pl. Dr. P.-Joubert 📞 04 92 72 16 00, Fax 04 92 72 58 98.
Paris 758 – Aix-en-Provence 56 – Avignon 93 – Digne-les-Bains 59 – Grenoble 195 – Marseille 87.

⚠️ **Les Ubacs** avril-sept.
    📞 04 92 72 28 08, Fax 04 92 87 75 29 – O : 1,5 km par D 907 rte d'Apt et à gauche av. de la Repasse
– ⟨ o⟶ – **R** conseillée juil.-août – 🔲 ⟨
4 ha (110 empl.) plat et peu incliné, en terrasses, herbeux, gravier ⟤ ⟂
🔥 ⟲ 🗟 🗂 ⊚ ⟰ ⟱ – 🔲 (petite piscine)
Tarif : ✶ 18 – 🔲 22 – (⅃) 15 (3A) 20 (6A) 25 (9A)

MANSIGNÉ

72510 Sarthe 5 - 64 ③ - 1 255 h. alt. 80.
Paris 231 - Château-du-Loir 29 - La Flèche 21 - Le Lude 17 - Le Mans 32.

▲▲▲ **Municipal de la Plage** Pâques-oct.
✆ 02 43 46 14 17 - sortie Nord par D 31 rte de la Suze-sur-Sarthe, à 100 m d'un plan d'eau (plage) - ⊶ - **R** conseillée - ✂
3 ha (175 empl.) plat, herbeux
♿ 🚿 ⊕ ⊟ ⊔ ⊙ ▣ - ⌂ centre de documentation touristique 🚲 ✕ ⚑ ≋ - A proximité : 🍷 ⚘ ≈ ⛵
Tarif : (Prix 1998) 🚶 *19 piscine comprise* - 🚗 *8* - ▤ *8* - ⚡ *12 (6A)*
Location : *bungalows toilés*

► ***De categorie (1 tot 5 tenten, in zwart of rood) die wij aan de geselekteerde terreinen in deze gids toekennen, is onze eigen indeling.***

Niet te verwarren met de door officiële instanties gebruikte classificatie (1 tot 4 sterren).

MANSLE

16230 Charente 9 - 72 ③ - 1 601 h. alt. 65.
Paris 421 - Angoulême 26 - Cognac 53 - Limoges 93 - Poitiers 87 - St-Jean-d'Angély 62.

▲ **Municipal le Champion** 15 mai-15 sept.
✆ 05 45 20 31 41 - sortie Nord-Est par D 18, rte de Ruffec et à droite, près de l'hippodrome, bord de la Charente - ⊶ - **R**
2 ha (120 empl.) plat, herbeux ⊏⊐
♿ 🚿 ⊟ ⊔ ⊙ ⚠ ⊞ ▣ - ⚑
Tarif : 🚶 *10* - 🚗 *10* - ▤ *10* - ⚡ *15 (16A)*

MANTENAY-MONTLIN

01560 Ain 12 - 70 ⑫ - 256 h. alt. 192.
Paris 386 - Bourg-en-Bresse 28 - Louhans 30 - Mâcon 30 - Pont-de-Vaux 17 - St-Amour 24.

▲ **Municipal** 15 juin-15 sept.
✆ 04 74 52 66 91 - à 0,5 km à l'Ouest du bourg, bord de la Reyssouze - ⛟ ⊶ juil.-août - **R**
1,3 ha (30 empl.) plat, herbeux
🚿 ⊕ ⚠ ⊙ - ⚘ ✕
Tarif : 🚶 *12* - ▤ *13* - ⚡ *12*

MARANS

17230 Char.-Mar. 9 - 71 ⑫ G. Poitou Vendée Charentes - 4 170 h. alt. 1.
ℹ Office de Tourisme 62 r. d'Aligre ✆ 05 46 01 12 87.
Paris 461 - Fontenay-le-Comte 27 - Niort 55 - La Rochelle 23 - La Roche-sur-Yon 59.

▲ **Municipal du Bois Dinot** avril-1er nov.
✆ 05 46 01 10 51 - N : 0,5 km par N 137, rte de Nantes, à 80 m du canal de Marans à la Rochelle « Parc boisé attenant » ⊶ - **R** - GB ✂
7 ha/3 campables (170 empl.) plat, herbeux ⊏⊐ ♀
♿ 🚿 ⊕ ⊟ ⊔ ⊙ ▣ - ⚘ ✕ ≋ vélodrome
Tarif : (Prix 1998) 🚶 *17* - 🚗 *10* - ▤ *10* - ⚡ *10 (5A)*

MARCENAY

21330 Côte-d'Or 7 - 65 ⑧ - 130 h. alt. 220.
Paris 233 - Auxerre 72 - Chaumont 73 - Dijon 98 - Montbard 35 - Troyes 67.

▲▲ **Les Grèbes** avril-15 sept.
✆ 03 80 81 61 72, Fax 03 80 81 61 99 - N : 0,8 km, près du lac (accès direct) - ⛟ ⊶ - **R** conseillée juil.-août - GB ✂
2,4 ha (90 empl.) plat, herbeux ⊏⊐
▥ ♿ 🚿 ⊕ ⊟ ⊔ ⊙ ⚠ ▣ - ⌂ - A proximité : 🍷 ✕ ⚑ ≈ (plage)
Tarif : (Prix 1998) 🚶 *12* - 🚗 *9* - ▤ *12* - ⚡ *13 (5A)*

MARCHAINVILLE

61290 Orne 5 - 60 ⑤ - 197 h. alt. 235.
Paris 128 - L'Aigle 28 - Alençon 64 - Mortagne-au-Perche 26 - Nogent-le-Rotrou 38 - Verneuil-sur-Avre 23.

▲ **Municipal les Fossés** avril-oct.
au Nord-Ouest du bourg - ⛟ - **R**
1 ha (17 empl.) plat, herbeux ⊏⊐
♿ 🚿 ⊕ ⊔ ⊙ ⚠ - ✕
Tarif : 🚶 *7* - ▤ *5* - ⚡ *14*

Les MARCHES

73800 Savoie 🔲 – 🔲 ⑮ ⑯ – 1 416 h. alt. 328.
Paris 573 – Albertville 43 – Chambéry 12 – Grenoble 46 – Montmélian 6.

⚠ **La Ferme du Lac** 15 avril-sept.
    x 04 79 28 13 48 – SO : 1 km par N 90, rte de Pontcharra et D 12 à droite – ≤ ⊶ – **R** conseillée
juil.-août – ⟋√
2,6 ha (100 empl.) plat, herbeux ⊏⊐ ⚐⚐
    🛁 🗐 🗒 ⟍ ☺ – 🔲
Tarif : ⭐ 15 – 🚐 8 – 🔲 13 – ⚡ 14 (6 à 10A)
Location : 🚐 600 à 800

▶ **Die im MICHELIN-Führer**
*verwendeten Zeichen und Symbole haben - **fett** oder dünn*
*gedruckt, in Rot oder **Schwarz** - jeweils eine andere Bedeutung.*

Lesen Sie daher die Erklärungen aufmerksam durch.

MARCILHAC-SUR-CÉLÉ

46160 Lot 🔲 – 🔲 ⑨ G. Périgord Quercy – 196 h. alt. 156.
Paris 572 – Cahors 46 – Cajarc 14 – Figeac 33 – Livernon 14.

⚠ *Municipal*
    x 05 65 40 77 88 – sortie Nord par D 41 rte de Figeac, bord du Célé – ≤ ⊶
1 ha (53 empl.) plat, herbeux
🗐 ⟍ ⟍ ☺ 🗒 – 🍴 🏊

MARCILLAC-LA-CROISILLE

19320 Corrèze 🔟 – 🔲 ⑩ G. Berry Limousin – 787 h. alt. 550.
Paris 503 – Argentat 26 – Égletons 17 – Mauriac 41 – Tulle 27.

⚠⚠ *Municipal du Lac* juin-1ᵉʳ oct.
    x 05 55 27 81 38 – SO : 2 km par D 131ᴱ², rte de St-Pardoux-la-Croisille, près du lac – ⟍ ⊶ –
R – ⟋√
3,5 ha (236 empl.) peu incliné à incliné, herbeux ⚐⚐
🛁 🗐 ⟍ 🗒 ⟍ ☺ 🗒 – 🔲 Centre de Documentation Touristique 🛶 – A proximité : 🍴 🏊
Tarif : ⭐ 19 – 🚐 9 – 🔲 15
Location : huttes

MARCILLAC-ST-QUENTIN

24200 Dordogne 🔲 – 🔲 ⑰ – 598 h. alt. 235.
Paris 526 – Brive-la-Gaillarde 49 – Les Eyzies-de-Tayac 18 – Montignac 16 – Périgueux 63 – Sarlat-la-Canéda 10.

⚠⚠ **Les Tailladis** 15 mars-oct.
    x 05 53 59 10 95, Fax 05 53 29 47 56 – N : 2 km, à proximité de la D 48, bord de la Beune et d'un
petit étang – ⟍ ≤ ⊶ – **R** conseillée juil.-août – ⟋√
25 ha/8 campables (83 empl.) plat, en terrasses et incliné, herbeux, pierreux ⊏⊐ ⚐⚐
🛁 🗐 🗒 ⟍ ☺ 🗒 – ⟍ 🗙 – 🛶 🏊 🐴
Tarif : ⭐ 27 piscine comprise – 🔲 36,50 – ⚡ 19,50 (6A)
Location : 🚐 1500 à 2800

MARCILLÉ-ROBERT

35240 I.-et-V. ④ – 🔲 ⑧ – 837 h. alt. 65.
Paris 334 – Bain-de-Bretagne 33 – Châteaubriant 30 – La Guerche-de-Bretagne 11 – Rennes 35 – Vitré 29.

⚠ **Municipal de l'Étang** 15 avril-oct.
sortie Sud par D 32 rte d'Arbrissel, bord de rivière et d'un étang – ⟍ ≤ – **R** conseillée 15 juil.-15 août
– ⟋√
0,5 ha (22 empl.) plat, peu incliné, en terrasses, herbeux ⊏⊐
🛁 🗐 ⟍ ⟍ ☺
Tarif : ⭐ 14,50 – 🔲 10 – ⚡ 10,50 (8A)

MARCILLY-SUR-VIENNE

37800 I.-et-L. 🔟 – 🔲 ④ – 526 h. alt. 60.
Paris 280 – Azay-le-Rideau 30 – Châtellerault 30 – Chinon 30 – Descartes 20 – Richelieu 21 – Tours 47.

⚠ *Intercommunal la Croix de la Motte* 15 juin-14 sept.
    x 02 47 65 20 38 – N : 1,2 km par D 18, rte de l'Ile-Bouchard et rue à droite, près de la Vienne
– ⟍ ≤ – **R** conseillée 14 juil.-15 août – ⟋√
1,5 ha (61 empl.) plat, herbeux ⊏⊐ ⚐
🛁 🗐 ⟍ 🖾 🗒 ☺ 🗒 – A proximité : 🏊 (plage)
Tarif : (Prix 1998) ⭐ 12 – 🔲 16 – ⚡ 15 (6A)

MARCOLS-LES-EAUX

07190 Ardèche **11** – **76** ⑲ – 300 h. alt. 730.
Paris 620 – Aubenas 36 – Le Cheylard 24 – Le Monastier-sur-Gazeille 49 – Privas 35.

▲ **Municipal de Gourjatoux** juil.-août
à 0,5 km au Sud du bourg, près de la Glueyre, Accès difficile pour véhicules venant de Mézilhac –
⅏ ≤ – **R** – ⚲
0,7 ha (28 empl.) en terrasses, herbeux ♀
🔊 ⛺ ⊕ – 🔲 ✕
Tarif : ⚹ 7,50 – 🚐 5 – 回 5/6 – [4] 10

MARÇON

72340 Sarthe **5** – **64** ④ – 912 h. alt. 59.
Paris 223 – Château-du-Loir 10 – Le Grand-Lucé 51 – Le Mans 52 – Tours 45.

▲▲▲ **Lac de Varennes** 25 mars-20 oct.
ℰ 02 43 44 13 72, Fax 02 43 44 54 31 – O : 1 km par D 61 rte du Port Gautier, près de l'espace
de loisirs, bord du Loir et du lac de Varennes – ⚲ – **R** conseillée saison – ⊞ ⚲
5,5 ha (250 empl.) plat, herbeux ♀ (1 ha)
&🔊⛺🔲⅏⛺⊕🔲 – ⚱ ⚲ – 🔲 🚴 ➳ 🔲 (plage) – A proximité : ✕ 👙 ⚲ ⚱
Tarif : ⚹ 22 – 回 18 – [4] 13 (6A)
Location (mai-18 sept.) : bungalows toilés

MAREUIL

24340 Dordogne **10** – **72** ⑭ G. Périgord Quercy – 1 194 h. alt. 124.
Paris 485 – Angoulême 39 – Nontron 23 – Périgueux 48 – Ribérac 27.

▲ **Les Graulges** mars-oct.
ℰ 05 53 60 74 73 – N : 5,5 km par D 99, rte de Charras et chemin à droite, bord d'un étang et
d'un ruisseau – ⅏ ⚲ – **R** conseillée juil.-août
7 ha/2 campables (50 empl.) peu incliné, pierreux, herbeux ♀♀
&🔊⛺⚲⊕ – ⚱ ⚲ – ⚱
Tarif : ⚹ 16 piscine comprise – 回 27 – [4] 13 (5A)

▲ **Municipal du Vieux Moulin** juin-sept.
ℰ 05 53 60 99 80 – sortie Sud-Ouest par D 708, rte de Ribérac et 99 à gauche, rte de la Tour-
Blanche, bord d'un ruisseau – ⅏ « Entrée fleurie » ⚲ – **R**
0,6 ha (20 empl.) plat, herbeux ♀
🔊 🔲 ⛺ ⚲ ⊕ – ⚱ – A proximité : ✕
Tarif : ⚹ 14 – 回 7,50 – [4] 8 (5A)

MAREUIL-SUR-CHER

41110 L.-et-Ch. **5** – **64** ⑰ – 977 h. alt. 63.
Paris 225 – Blois 45 – Châtillon-sur-Indre 41 – Montrichard 15 – St-Aignan 5.

▲ **Municipal le Port** Pâques-sept.
ℰ 02 54 32 79 51 – au bourg, près de l'église et du château, bord du Cher – ⅏ « Décoration
arbustive » ⚲ saison – **R** conseillée – ⚲
1 ha (40 empl.) plat, herbeux 🔲 ♀
&🔊⛺⊕⚲⚵ – ⚱ 🚴 ✕
Tarif : (Prix 1998) 回 1 pers. 30, 2 pers. 40, pers. suppl. 12 – [4] 15 (5A)
Location : gîte d'étape

MAREUIL-SUR-LAY-DISSAIS

85320 Vendée **9** – **67** ⑭ G. Poitou Vendée Charentes – alt. 20.
🅱 Office de Tourisme ℰ 02 51 97 30 26 Mairie ℰ 02 51 30 51 05.
Paris 426 – Cholet 76 – Nantes 89 – Niort 69 – La Rochelle 54 – La Roche-sur-Yon 23.

▲ **Municipal la Prée** 15 juin-15 sept.
ℰ 02 51 97 27 26 – au Sud du bourg, près de la rivière, du stade et de la piscine – ⚲ juil.-août
– **R** – ⚲
1,5 ha (41 empl.) plat, herbeux 🔲
🔊 🔲 ⛺ ⊕ 🔲 – A proximité : ✕ 👙 🔲
Tarif : (Prix 1998) ⚹ 12,30 – 🚐 8 – 回 8 – [4] 12,50 (3 ou 5A)

MARIGNY

39130 Jura **12** – **70** ④ ⑤ – 153 h. alt. 519.
Paris 426 – Arbois 32 – Champagnole 16 – Doucier 4 – Lons-le-Saunier 27 – Poligny 29.

▲▲▲ **La Pergola** mai-sept.
ℰ 03 84 25 70 03, Fax 03 84 25 75 96 – S : 0,8 km, bord du lac de Chalain – ≤ « Site agréable »
⚲ – **R** conseillée – ⊞ ⚲
6 ha (350 empl.) en terrasses, herbeux, pierreux 🔲 ♀ (3ha)
&🔊⛺🔲⛺⊕ – ⚲ ⚵ 🔲 – ⚱ ⚱ brasserie ⚱ – 🔲 ⚱ 🚴 ·⊕ 🔲 ➳ ⚱
Tarif : 回 élect. et piscine comprises 2 pers. 228
Location : 🔲 1400 à 3584

MARIOL

03270 Allier **11** – **73** ⑤ – 714 h. alt. 280.
Paris 422 – Le Mayet-de-Montagne 24 – Riom 40 – Thiers 23 – Vichy 14.

  ⚠ Les Marrants mai-sept.
    ℰ 04 70 59 44 70 – NO : 1,3 km sur D 260, à 300 m du D 906 et à 120 m d'un étang (accès direct)
    – ⌒ – **R** conseillée juil.-août – ⚒
    1,5 ha (45 empl.) plat, herbeux ⚲
    ⚒ ⚒ ⚒ ⚒ ⚒ ⚒ ⚒ – ⚒ ⚒ ⚒
    Tarif : ⚒ élect. (6A), piscine et tennis compris 2 pers. 60, 3 à 6 pers. 80
    Location : ⚒ 500 à 1000

MARNE-LA-VALLÉE

77206 S.-et-M. **6** – **56** ⑫ G. Ile de France
Paris 27 – Meaux 28 – Melun 39.

à Disneyland Paris : 38 km à l'Est de Paris par A⁴ – ✉ 77777 B.P. 117 Marne-la-Vallée Cedex 4

  ⚠⚠ Davy Crockett Ranch mars-oct.
    ℰ 01 60 45 69 00, Fax 01 60 45 69 33 – par A4 sortie N 13 et rte Ranch Davy Crockett, ani-
    maux interdits (chenil à disposition) – ⚒ « Agréable cadre boisé » ⌒ – **R** conseillé juil.-août – **GB**
    ⚒
    57 ha camping : 97 empl. plat, sablonneux et plates-formes aménagées pour caravanes
    ⚲⚲
    ⚒ ⚒ ⚒ ⚒ ⚒ ⚒ ⚒ ⚒ – ⚒ ⚒ self – ⚒ théâtre de plein air ⚒ ⚒ ⚒ – ⚒ toboggan aquatique
    poneys, parc animalier
    Tarif : ⚒ camping : élect., piscine et tennis compris jusqu'à 6 pers. 400
    Location : ⚒ 485 à 910, la nuitée

MARSEILLAN

34340 Hérault **15** – **83** ⑯ G. Gorges du Tarn – 4 950 h. alt. 3.
Paris 759 – Agde 7 – Béziers 31 – Montpellier 51 – Pézenas 21 – Sète 24.

à Marseillan-Plage S : 6 km par D 51ᴱ – ✉ 34340 Marseillan :

  ⚠⚠ Nouvelle Floride 27 mars-sept.
    ℰ 04 67 21 94 49, Fax 04 67 21 81 05 – bord de mer – ⌒ – **R** conseillée saison – ⚒
    6,5 ha (459 empl.) plat, herbeux, sablonneux ⚒ ⚲⚲
    ⚒ ⚒ ⚒ ⚒ ⚒ ⚒ ⚒ ⚒ ⚒ ⚒ – ⚒ ⚒ pizzeria, snack ⚒ – ⚒ ⚒ salle d'animation ⚒
    ⚒
    Tarif : ⚒ élect. (6A) et piscine comprises 1 à 3 pers. 212, pers. suppl. 38
    Location : ⚒ 1500 à 3800

  ⚠⚠ Charlemagne 26 mars-3 oct.
    ℰ 04 67 21 92 49, Fax 04 67 21 86 11 – à 250 m de la plage – ⌒ – **R** conseillée saison –
    ⚒
    6,7 ha (480 empl.) plat, sablonneux, herbeux ⚒ ⚲⚲
    ⚒ ⚒ ⚒ ⚒ ⚒ ⚒ ⚒ ⚒ ⚒ – ⚒ ⚒ ⚒ – A proximité : ⚒ discothèque ⚒ ⚒ ⚒ pizzeria ⚒
    ⚒
    Tarif : ⚒ élect. (6A) et piscine comprises 1 à 3 pers. 195, pers. suppl. 35
    Location : ⚒ 1400 à 3600

  ⚠ La Créole 25 avril-sept.
    ℰ 04 67 21 92 69 – bord de plage – ⌒ – **R** indispensable juil.-août – **GB** ⚒
    1,5 ha (110 empl.) plat, sablonneux, herbeux ⚒ ⚲⚲
    ⚒ ⚒ ⚒ ⚒ ⚒ ⚒ ⚒
    Tarif : ⚒ 2 pers. 127, pers. suppl. 20 – ⚒ 16 (4A)

  ⚠ Le Galet avril-sept.
    ℰ 04 67 21 95 61, Fax 04 67 21 87 23 – à 250 m de la plage – ⌒ – **R** conseillée – **GB**
    ⚒
    3 ha (275 empl.) plat, sablonneux, herbeux ⚒ ⚲
    ⚒ ⚒ ⚒ ⚒ ⚒ ⚒ – A proximité : ⚒ ⚒ ⚒
    Tarif : (Prix 1998) ⚒ élect. (10A) comprise 2 pers. 130, pers. suppl. 20
    Location : ⚒ 1350 à 3100

MARTEL

46600 Lot **13** – **75** ⑱ G. Périgord Quercy – 1 462 h. alt. 225.
🚩 Office de Tourisme Palais de la Raymondie *ℰ* 05 65 37 43 44, Fax 05 65 37 37 27.
Paris 512 – Brive-la-Gaillarde 33 – Cahors 80 – Figeac 58 – Gourdon 44 – St-Céré 32 – Sarlat-la-
Canéda 44.

  ⚠ Les Falaises mai-sept.
    ℰ 05 65 37 37 78 – SE : 5 km par N 140, rte de Figeac, à Gluges, près de la Dordogne – ≤ ⌒ –
    R conseillée 7 juil.-20 août – ⚒
    0,8 ha (47 empl.) plat et peu incliné, herbeux ⚒ ⚲
    ⚒ ⚒ ⚒ ⚒ ⚒ – ⚒ – A proximité : ⚒
    Tarif : ⚒ 20 – ⚒ 20 – ⚒ 14 (6A)

MARTHOD

73400 Savoie 12 – 74 ⑰ – 1 293 h. alt. 520.
🚩 Syndicat d'Initiative Mairie 𝒫 04 79 37 62 07, Fax 04 79 37 63 09.
Paris 582 – Albertville 7 – Annecy 44 – Bourg-Saint-Maurice 62 – Megève 30.

   ▲ **Municipal du Lac** juil.-août
     𝒫 04 79 37 65 64 – SE : 2,2 km par D 103 et chemin à gauche avant le passage à niveau, bord d'un
     ruisseau et à 100 m d'un petit lac – ≤ – **R** – ♂
     1,5 ha (85 empl.) plat, herbeux
     ♿ 🔥 ❄ 🖵 🔥 ⊕ – A proximité : ✗
     Tarif : ▣ *2 pers. 50 –* ⓖ *11 (6A) 18 (10A)*

▶ 🚤 ✗   ATTENTION :
    ⛵   *these facilities are not necessarily available throughout*
       the entire period that the camp is open – some are only
  🎣 🐎 *available in the summer season.*

MARTIEL

12200 Aveyron 15 – 79 ⑳ – 798 h. alt. 400.
Paris 612 – Albi 75 – Cahors 51 – Montauban 70 – Villefranche-de-Rouergue 10.

   ▲▲ **Lac du Moulin de Bannac** mi avril-mi sept.
     𝒫 05 65 29 44 52 – NO : 3,5 km par D 911, rte de Limogne-en-Quercy et rte à gauche, près d'un
     lac – ≤ « Site agréable » ☂ – **R** conseillée – ♂
     35 ha/2 campables (56 empl.) plat et peu incliné, terrasses, herbeux, gravillons ▭
     ♿ 🔥 ❄ 🖵 ⊕ 🛒 ⟟ ⟀ – ▾ – 🐟 🎋 🎣 – A proximité : 🏇
     Tarif : ▣ *élect. (6A) et piscine comprises 2 pers. 60, pers. suppl. 16*
     Location : 🚎 *800 à 1000*

MARTIGNÉ-FERCHAUD

35640 I.-et-V. 4 – 63 ⑧ – 2 920 h. alt. 90.
Paris 341 – Bain-de-Bretagne 30 – Châteaubriant 15 – La Guerche-de-Bretagne 16 – Rennes 46.

   ▲▲ **Municipal du Bois Feuillet** juin-sept.
     𝒫 02 99 47 84 38 – Nord-Est du bourg, accès direct à l'étang de la Forge « Entrée fleurie » ☂
     juil.-août – **R** – ♂
     1,7 ha (50 empl.) en terrasses, herbeux
     ♿ 🔥 ❄ 🖵 ⟟ ⊕ 🛒 – 🐟 🏇 – A proximité : ≏ ♨
     Tarif : ✶ *16 –* ▣ *11 –* ⓖ *11 (16A)*

MARTIGNY

76880 S.-Mar. 1 – 52 ④ – 512 h. alt. 24.
Paris 163 – Dieppe 10 – Fontaine-le-Dun 29 – Rouen 63 – St-Valery-en-Caux 39.

   ▲▲ **Municipal** 27 mars-10 oct.
     𝒫 02 35 85 60 82 – NO : 0,7 km rte de Dieppe, bord de la Varenne et de plans d'eau – Places limitées
     pour le passage ☂ – **R** conseillée – ⊞ ♂
     3 ha (110 empl.) plat, herbeux
     ♿ 🔥 ❄ 🖵 ⟟ ⊕ 🖥 – 🚤 – 🐟 🏇 – A proximité : 🏊 (découverte l'été) ♨
     Tarif : (Prix 1998) ▣ *3 pers. 67 (81 avec élect.)*

LE MARTINET

30960 Gard 16 – 80 ⑧ – 844 h. alt. 252.
Paris 664 – Alès 22 – Aubenas 68 – Florac 65 – Nîmes 65 – Vallon-Pont-d'Arc 42.

   ▲ **Municipal** juil.-août
     𝒫 04 66 24 95 00 – sortie Nord-Ouest, rte de la Grand'Combe, à l'intersection D 59 et D 162, bord
     de l'Auzonnet – 🚤 ☂ – **R** – ♂
     1 ha (27 empl.) plat, herbeux ▭
     ♿ 🔥 ❄ 🖵 ⟟ ⊕ ⟀ 🖥 – 🐟 – A proximité : ✗ 🎋
     Tarif : (Prix 1998) ✶ *14 –* 🚗 *8 –* ▣ *12 –* ⓖ *16 (10A)*

MARTRAGNY

14740 Calvados 4 – 54 ⑮ – 310 h. alt. 70.
Paris 255 – Bayeux 11 – Caen 24 – St-Lô 46.

   ▲▲▲ **Château de Martragny** mai-15 sept.
     𝒫 02 31 80 21 40, Fax 02 31 08 14 91 – sur l'ancienne N 13, par le centre bourg – 🚤 ≤ « Cadre
     agréable » ☂ – **R** conseillée 10 juil.-août – ⊞ ♂
     13 ha/4 campables (160 empl.) plat, herbeux ♀ verger
     ♿ 🔥 ❄ 🖵 ⟟ ⟀ ⊕ 🖥 – 🚤 🍴 🏇 – 🐟 🏇 🚲 🎋 🎣
     Tarif : ✶ *28 piscine comprise –* ▣ *57/62 –* ⓖ *18 (6A)*

Les MARTRES-DE-VEYRE

63730 P.-de-D. **11** – **73** ⑭ – 3 151 h. alt. 332.
Paris 431 – Billom 18 – Clermont-Ferrand 17 – Issoire 22 – Rochefort-Montagne 45 – St-Nectaire 28.

⚠ **La Font de Bleix** Permanent
    𝒫 04 73 39 26 49, Fax 04 73 69 40 27 – sortie Sud-Est par D 225, rte de Vic-le-Comte puis 0,9 km
par chemin à gauche, près de l'Allier (accès direct) – ≪ ⊶ – **R** – ⚸
3,5 ha (39 empl.) plat et peu incliné, herbeux
▥ 🛁 🗊 🖧 🛱 ☺ – ⛵ – A proximité : ✖
Tarif : ⚹ *12* – 🚗 *10* – 🗉 *10* – 🔌 *20 (15A)*
Location : ⛺ – *gîtes*

MARTRES-TOLOSANE

31220 H.-Gar. **14** – **82** ⑯ G. Pyrénées Roussillon – 1 929 h. alt. 268.
Paris 758 – Auch 80 – Auterive 48 – Bagnères-de-Luchon 76 – Pamiers 78 – St-Gaudens 31 – St-Girons 40.

⚠ **Le Moulin** 15 mai-15 oct.
    𝒫 05 61 98 86 40, Fax 05 61 98 66 90 – SE : 1,5 km par rte du stade, av. de St-Vidian et chemin
à gauche après le pont, bord d'un ruisseau et d'un canal, près de la Garonne (accès direct) – ⚲
« Agréable domaine rural, ancien moulin » ⊶ – **R** conseillée 15 juil.-15 août – ⚸
6 ha/1 campable (57 empl.) plat, herbeux ♀♀ (0,5 ha)
🗊 🗺 ⚲ ☺ 🗙 ▼ 🖭 🖧 – 🗂 ✖ 🛝
Tarif : ⚹ *18 piscine comprise* – 🗉 *40* – 🔌 *18 (6A) 30 (10A) 45 (16A)*
Location *(fermé du 15 nov.-15 janv.) :* ⛺ *600 à 1900* – 🏠*1200 à 2950*

MARVEJOLS

48100 Lozère **15** – **80** ⑤ G. Gorges du Tarn – 5 476 h. alt. 650.
🏢 Office de Tourisme pl. du Soubeyran 𝒫 04 66 33 02 14, Fax (Mairie) 04 66 32 33 50.
Paris 578 – Espalion 63 – Florac 50 – Mende 28 – St-Chély-d'Apcher 33.

⚠ **Municipal l'Europe** juin-sept.
    𝒫 04 66 32 03 69, Fax 04 66 32 43 56 – E : 1,3 km par D 999, D 1 rte de Montrodat et chemin
à droite, bord du Colagnet, Par A75, sortie 38 – ⊶ ⚲ – **R** conseillée – ⚸
0,9 ha (57 empl.) plat, herbeux 🗂 ♀
🖧 🗊 🖧 🛱 ☺ ⚲ ▼ 🖭 – 🗂 🛝 ⛵ – A proximité : ✖
Tarif : (Prix 1998) 🗉 *1 pers. 55, 2 pers. 60, pers. suppl. 22* – 🔌 *17 (5A)*

MAS-CABARDÈS

11380 Aude **15** – **83** ⑪ G. Gorges du Tarn – 235 h. alt. 309.
Paris 813 – Carcassonne 26 – Castelnaudary 52 – Foix 111 – Lézignan-Corbières 51 – Mazamet 25.

⚠ **Les Eaux Vives**
    𝒫 04 68 26 31 05 – E : 1 km par D 101 et rte de Roquefère à gauche, bord d'un ruisseau – ⚲ ≪
⊶
0,6 ha (30 empl.) plat, herbeux ♀ verger
🖧 🗊 ☺ 🖭 🖭 – A proximité : ✖
Location : ⛺ – *gîte*

MASEVAUX

68290 H.-Rhin **8** – **66** ⑧ G. Alsace Lorraine – 3 267 h. alt. 425.
🏢 Office de Tourisme Fossé Flagellants 𝒫 03 89 82 41 99, Fax 03 89 82 49 44.
Paris 439 – Altkirch 31 – Belfort 23 – Colmar 56 – Mulhouse 30 – Thann 16 – Le Thillot 39.

⚠ **Municipal** Pâques-sept.
    𝒫 03 89 82 42 29 – rue du stade, bord de la Doller – ⚲ ⊶ – **R** conseillée juil.-août – ⚸
3,5 ha (149 empl.) plat, herbeux ♀
▥ 🖧 🗊 🖧 🛁 🛱 ☺ 🖭 – 🗂 – A proximité : ✖ 🎣 🖼
Tarif : (Prix 1998) ⚹ *15,30* – 🚗 *7,40* – 🗉 *15,30* – 🔌 *15,30 (3A) 28,80 (6A)*

La MASSANA

Principauté d'Andorre – **86** ⑭ – voir à Andorre.

MASSERET

19510 Corrèze **10** – **72** ⑱ G. Berry Limousin – 669 h. alt. 380.
Paris 433 – Guéret 129 – Limoges 42 – Tulle 48 – Ussel 87.

⚠ **Intercommunal** avril-sept.
    𝒫 05 55 73 44 57 – E : 3 km par D 20 rte des Meilhards, à la sortie de Masseret-Gare – ⚲ ≪
« Agréable situation près d'un plan d'eau et d'un bois » ⊶ – **R** conseillée – ⚸
100 ha/2 campables (100 empl.) plat et incliné, herbeux, gravillons ♀♀
🖧 🗊 🖧 🛱 🖭 – 🗂 – A proximité : ♟ ✖ 🎣 ⚓
Tarif : (Prix 1998) ⚹ *14* – 🚗 *5 ou 10* – 🗉 *12/15 ou 20* – 🔌 *12 (12A)*
Location : *huttes*

32140 Gers 🄸🄴 – 🄱🄰 ⑮ – 1 453 h. alt. 220.
Paris 758 – Auch 26 – Castelnau-Magnoac 17 – L'Isle-en-Dodon 24 – Miélan 25 – Mirande 21.

▲ *Municipal Julie Moignard* 15 juin-15 sept.
🅟 05 62 66 01 75 – sortie Est par D 2, rte de Simorre, bord du Gers – ⚲ « Allée fleurie » ⚬━
juil.-août – **R** – ⚓
4 ha (133 empl.) plat, herbeux ⚏⚏
⬤ ⚒ ⬆ 🄶 ⬗ ⬈ ⊙ ▦ – 🄻🄰 ⚡ – A proximité : ♟ ✗ ♒ ⚒
Tarif : (Prix 1998) 🄴 *piscine comprise 2 pers. 50, 4 pers. 80 –* ⚡ *15*

15500 Cantal 🄸🄸 – 🄷🄶 ④ G. Auvergne – 1 881 h. alt. 534.
🄱 Office de Tourisme 97 av. du Gén.-de-Gaulle 🅟 04 71 23 07 76, Fax 04 71 23 08 50 et (saison) pl. des Pupilles de la Nation 🅟 04 71 23 11 38.
Paris 488 – Aurillac 87 – Brioude 23 – Issoire 37 – Murat 36 – St-Flour 29.

▲ *Municipal de l'Alagnon* mai-sept.
🅟 04 71 23 03 93 – O : 0,8 km par N 122, rte de Murat, bord de la rivière – ⚬━ juil.-août – **R** juil.-août
– ⚓
2,5 ha (90 empl.) plat, terrasse, herbeux ⚏⚏
⬤ ⚒ 🄶 ⬗ ⊙ ▦ – A proximité : ✗ ⚡ ☕ ⚒ ⚡
Tarif : (Prix 1998) ⚲ *10 –* 🚗 *7,50 –* 🄴 *10 –* ⚡ *11 (6A)*

01300 Ain 🄸🄲 – 🄷🄴 ⑮ – 412 h. alt. 295.
Paris 517 – Aix-les-Bains 29 – Belley 9 – Morestel 37 – Ruffieux 16 – La Tour-du-Pin 41.

▲▲ *Municipal le Lit au Roi*
🅟 04 79 42 11 75 – N : 2,5 km par rte de Belley et chemin à droite, bord du Rhône (plan d'eau) –
⚲ ⪦ lac et collines « Site agréable » ⚬━
2 ha (120 empl.) en terrasses, herbeux ⚐ (1 ha)
⬤ ⚒ ⬆ 🄶 ⬗ ⊙ ⚿ ⚐ ▦ – 🄻🄰 ⚿ – A proximité : ♟ ⚒

30 Gard – 🄱🄾 ⑰ – rattaché à Anduze.

66210 Pyr.-Or. 🄸🄶 – 🄱🄶 ⑯ – 222 h. alt. 1 514.
🄱 Office de Tourisme Maison de la Montagne et de l'Artisanat 🅟 04 68 04 34 07, Fax 04 68 04 34 07.
Paris 876 – Font-Romeu-Odeillo-Via 19 – Perpignan 92 – Prades 47.

▲ *Le Lac* week-ends, vac. Toussaint, Noël, fév., printemps, juin-sept.
🅟 04 68 30 94 49 – SO : 1,7 km par D 52, rte des Angles et rte à gauche, près du lac de Matemale –
Accès direct au village par chemin piéton, alt. 1 540 – ⚲ ⚬━ – **R** conseillée 10 juil.-25 août – ⊞⊟
⚓
3,5 ha (50 empl.) plat, peu incliné, herbeux, forêt attenante ⚏⚏
▦ ⬤ ⚒ ⬆ ⬈ ⊙ 🄶 ▦ – ⚡ – A proximité : ♒ ⛊ snack ⚬ ⚡ ⚿ ⪦ ⚮
Tarif : (Prix 1998) 🄴 *2 pers. 60, pers. suppl. 20 –* ⚡ *12 (3A) 25 (6A)*

17570 Char.-Mar. 🄹 – 🄷🄸 ⑭ ⑮ – 1 205 h. alt. 10.
Paris 515 – Marennes 17 – Rochefort 38 – La Rochelle 76 – Royan 20 – Saintes 48.

▲▲▲ *L'Orée du Bois* 15 mai-10 sept.
🅟 05 46 22 42 43, Fax 05 46 22 54 76 – NO : 3,5 km, à la Fouasse – ⚬━ – **R** conseillée juil.-août
– ⚓
6 ha (388 empl.) plat, sablonneux ⚏ ⚏⚏
⬤ ⚒ ⬆ 🄶 ⬆ empl. avec sanitaires individuels (⚒ ⬆ ⬆ wc) ⊙ ▦ – ⚡ ♟ snack ⚬ – 🄻🄰 ⚡
⚲ ⚮ ⚿ toboggan aquatique terrain omnisports
Tarif : 🄴 *élect. (6A) et piscine comprises 2 pers. 160 (210 avec sanitaires individuels)*
Location : 🛏 *1500 à 3500*

▲▲▲ *L'Estanquet* 15 mai-15 sept.
🅟 05 46 22 47 32, Fax 05 46 22 51 46 – NO : 3,5 km, à la Fouasse « Entrée fleurie » ⚬━ –
R conseillée – ⚓
5 ha (320 empl.) plat, sablonneux ⚏⚏
⬤ ⚒ ⬆ 🄶 ⬆ ⬈ ⊙ ⚮ ▦ – ⚡ ♟ snack ⚬ – ⚮ ⚿ ⚿ toboggan aquatique
Tarif : 🄴 *piscine comprise 2 pers. 130, pers. suppl. 26 –* ⚡ *26 (6A)*

▲▲▲ *La Pinède* avril-sept.
🅟 05 46 22 45 13, Fax 05 46 22 50 21 – NO : 3 km, à la Fouasse – ⚲ « Belle piscine couverte et
ludique » ⚬━ – **R** conseillée – ⊞⊟ ⚓
8 ha (285 empl.) plat, sablonneux ⚏ ⚏⚏
⬤ ⚒ ⬆ 🄶 ⬆ ⬈ ⊙ ⚮ ▦ – ⚡ ♟ ✗ ⚬ – 🄻🄰 ⪦ ⚿ ⚮ ⚮⚬ ⚿ ⚿ ⚿ toboggans aquatiques
– A proximité : ⚘
Tarif : 🄴 *piscine comprise 2 ou 3 pers. 200, pers. suppl. 44 –* ⚡ *30 (3 à 6A)*
Location : 🛏 *1500 à 4000 –* 🏠 *1500 à 3800*

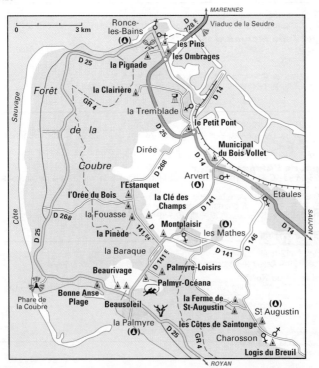

△△ **Monplaisir** avril-1er oct.
  𝒫 05 46 22 50 31 – sortie Sud-Ouest – ⊶ – ⚲
  2 ha (114 empl.) plat, herbeux, sablonneux ⚲⚲
  ᴴ ⊡ ⊹ ⊟ ♨ ⊟ ⊙ ⊠ – ⊞ ⚓ ♬ ⌨ ⊐ – A proximité : ↘
  Tarif : ⊞ *piscine comprise 1 ou 2 pers. 86, 3 pers. 99, pers. suppl. 23* – ⊠ *18 (4 ou 6A)*
  Location : *studios*

△△ **La Clé des Champs** juin-15 sept.
  𝒫 05 46 22 40 53, Fax 05 46 22 56 96 – NO : 2,5 km rte de la Fouasse – ⊶ – **R** conseillée –
  ⚲
  4 ha (300 empl.) plat, sablonneux, herbeux ⚲
  ᴴ ⊡ ⊹ ⊟ ⩘ ⊙ ⊠ – ⊒ – ⊞ ⚲ ⊐ – A proximité : ↾ ⌁
  Tarif : ⊞ *piscine comprise 2 pers. 82, 3 pers. 92, 4 pers. 108* – ⊠ *18 (6A)*

à la Palmyre SO : 4 km par D 141E1
✉ 17570 les Mathes :

△△△ **Bonne Anse Plage** 22 mai-5 sept.
  𝒫 05 46 22 40 90, Fax 05 46 22 42 30 – O : 2 km, à 400 m de la plage « Cadre et situation
  agréables » ⊶ ⚲ – ⋒ – ⊞⊟
  17 ha (850 empl.) plat et accidenté, sablonneux, herbeux ⊏ ⚲⚲ pinède
  ᴴ ⊡ ⊹ ⊟ ♨ ⊟ ⊙ ⊡ ⊠ – ⊒ ❢ ✕ ⋧ – ⊞ ♬ ⌨ ⊐ toboggans aquatiques
  Tarif : ⊞ *piscine comprise 2 pers. 136, 3 pers. 163* – ⊠ *26 (6A)*

△△ **Palmyre Loisirs** 15 mai-11 sept.
  𝒫 05 46 23 67 66, Fax 05 46 22 48 81 – NE : 2,7 km par D 141E1 et chemin à droite – ⚲ ⊶ –
  R conseillée – ⚲
  16 ha (300 empl.) plat et accidenté, herbeux, sablonneux ⚲⚲
  ᴴ ⊡ ⊹ ⊟ ⊙ ⊠ – ⊒ ❢ snack ⋧ – ⊞ ♯ ♬ ⚲ ✕ ⌨ ⊐ toboggan aquatique parcours
  de santé
  Tarif : ⊞ *piscine comprise 3 pers. 170* – ⊠ *30 (10A)*
  Location : ⊡ *1000 à 3000* – ⊡ *1600 à 4000*

△△ **Palmyr-Océana** avril-sept.
  𝒫 05 46 22 40 35, Fax 05 46 23 64 76 – NE : 1,6 km par D 141E1 – ⊶ – **R** conseillée juil.-août
  – ⊞⊟
  17 ha/12 campables (420 empl.) plat, peu accidenté, herbeux, sablonneux ⚲⚲
  ᴴ ⊡ ⊹ ⊟ ♨ ⊙ ⊠ – ⊒ ❢ ⋧ – ⊞ ♬ ⚲ ⊐
  Tarif : ⊞ *piscine comprise 2 pers. 105, pers. suppl. 23* – ⊠ *24 (6A)*

⚠ **Beausoleil** avril-15 sept.
  ✆ 05 46 22 30 03, Fax 05 46 22 30 04 – sortie Nord-Ouest, à 500 m de la plage – ⊶ – **R** conseillée
  – ⊞ ⚷
  4 ha (244 empl.) plat, peu accidenté, sablonneux, herbeux ꭇꭇ
  ᕃ ⓚ ⇄ ▤ ♨ ⬕ ☺ ▣ – ⌂ ⚓ ≊ (petite piscine)
  Tarif : ▣ *3 pers. 105* – ⅏ *20 (4A) 23 (6A) 27 (10A)*

⚠ **Beaurivage** avril-29 sept.
  ✆ 05 46 22 30 96 – sortie Nord-Ouest, à 500 m de la plage – ⊶ – **R** conseillée juil.-août – ⚷
  3,7 ha (200 empl.) plat, peu accidenté, sablonneux, herbeux ꭇꭇ
  ᕃ ⓚ ▤ ⇄ ♨ ▣ – ⚑ ⚷
  Tarif : ▣ *3 pers. 92* – ⅏ *20 (3A) 23 (6A) 29 (10A)*

Voir aussi à Arvert, Ronce-les-Bains, St-Augustin

MATIGNON

22550 C.-d'Armor ❹ – 🗓🗓 ⑤ – 1 613 h. alt. 70.
Paris 431 – Dinan 32 – Dinard 25 – Lamballe 23 – St-Brieuc 43 – St-Cast-le-Guildo 7.

⚠ **Municipal le Vallon aux Merlettes** 15 juin-15 sept.
  ✆ 02 96 41 11 61 – SO : par D 13, rte de Lamballe, au stade – ⊶ – **R** conseillé – ⚷
  3 ha (120 empl.) plat, peu incliné, herbeux
  ᕃ ⓚ ▤ ⚶ ⬕ ▤⬚ ▣ – ⚓ ✕ ▨
  Tarif : ⚹ *12,50* – ⅏ *8* – ▣ *10* – ⅏ *12 (6A)*

▶ ⓚ ⇄ ⇋
  Douches, wastafels en washuizen met **warm water.**

  Indien deze symbolen niet in de tekst voorkomen,
  zijn bovengenoemde installaties wel aanwezig doch uitsluitend met koud water.

MATOUR

71520 S.-et-L. ⓫ – 🗓🗓 ⑱ G. Bourgogne – 1 003 h. alt. 500.
Paris 407 – Chauffailles 23 – Cluny 25 – Mâcon 37 – Paray-le-Monial 42.

⚠ **Municipal le Paluet** avril-sept.
  ✆ 03 85 59 70 58 – O : rte de la Clayette et à gauche bord d'un étang – ⚶ « Entrée fleurie » ⊶
  – **R** – ⚷
  1,5 ha (70 empl.) plat et peu incliné, herbeux, gravillons ⌑ ♀
  ᕃ ⓚ ⇄ ⇋ ⬕ ☺ ⤳ ▣ – ⌂ ⚓ ✕ ♁ ⌇ toboggan aquatique
  Tarif : ⚹ *14* – ▣ *20* – ⅏ *14 (12A)*

MAUBEUGE

59600 Nord ❷ – 🗓🗓 ⑥ G. Flandres Artois Picardie – 34 989 h. alt. 134.
🅑 Office de Tourisme Porte de Mons ✆ 03 27 62 11 93, Fax 03 27 64 10 23.
Paris 243 – Charleville-Mézières 96 – Mons 22 – St-Quentin 77 – Valenciennes 39.

⚠ **Municipal** Permanent
  ✆ 03 27 62 25 48 – N : 1,5 km par N 2, rte de Bruxelles « Décoration florale et arbustive » ⊶ –
  R conseillée été
  2 ha (92 empl.) plat, herbeux ⌑ ♀
  ▥ ⓚ ⇄ ⇋ – 8 sanitaires individuels (lavabo eau froide, wc) ☺ ⚶ ⤳ ▣ – ⚓
  Tarif : ⚹ *20* – ▣ *20 (27,50 avec sanitaires individuels)* – ⅏ *17 (3A) 27 (6A) 32,50 (10A)*

MAULÉON-LICHARRE

64 Pyr.-Atl. ⓭ – 🗓🗓 ⑤ G. Pyrénées Aquitaine – 3 533 h. alt. 140 – ✉ 64130 Mauléon-Soule.
🅑 Office de Tourisme de Soule 10 r. J.-Baptiste-Heugas ✆ 05 59 28 02 37, Fax 05 59 28 02 21.
Paris 804 – Oloron-Ste-Marie 30 – Orthez 40 – Pau 60 – St-Jean-Pied-de-Port 41 – Sauveterre-de-Béarn 26.

⚠ **Uhaitza le Saison** Pâques-sept.
  ✆ 05 59 28 18 79 – S : 1,5 km par D 918 rte de Tardets-Sorholus, bord du Saison – ⚶ ⊶ –
  R conseillée – ⚷
  1 ha (50 empl.) plat, herbeux ⌑ ꭇꭇ
  ᕃ ⓚ ⇄ ▤ ⇋ ⚶ ☺ ⚶ ⤳ ▣ – ♟ – ⌂ ≊
  Tarif : ⚹ *19* – ⅏ *7* – ▣ *22* – ⅏ *14 (4A) 18 (6A)*

⚠ **Aire Naturelle Landran** Pâques-sept.
  ✆ 05 59 28 19 55, Fax 05 59 28 23 20 – SO : 4,5 km par D 918, rte de St-Jean-Pied-de-Port puis
  1,5 km par chemin de Lambarre à droite – ⚶ ≼ ⊶ – **R** conseillée juil.-août – ⚷
  1 ha (25 empl.) incliné et en terrasses, herbeux ♀
  ᕃ ⓚ ⇄ ▤ ⇋ ☺ ▣
  Tarif : ▣ *1 à 4 pers. 29 à 68* – ⅏ *12 (3A) 15 (6A)*
  Location (permanent) : ⌂ *1200 à 1600* – gîte d'étape

MAUPERTUS-SUR-MER

50840 Manche 🄘 – 🄘 ② – 242 h. alt. 119.
Paris 356 – Barfleur 21 – Cherbourg 13 – St-Lô 81 – Valognes 22.

⚠ **L'Anse du Brick** avril-15 sept.
 𝒫 02 33 54 33 57, Fax 02 33 54 49 66 – NO : sur D 116, à 200 m de la plage, accès direct par passerelle – ⅏ ≤ « Cadre sauvage » ⚬ – **R** conseillée – ⊞ ⚲
 17 ha/7 campables (180 empl.) accidenté et en terrasses, pierreux, herbeux, bois attenant ⊡ ♀♀
 ⅋ 🕾 ⇆ ⊟ 🖆 ⊙ 🖳 – ♨ – ⌂ 🚣 🚴 ⚬ 🍽 ⊒ toboggan aquatique – A proximité :
 ⛾ ✗
 Tarif : ⸸ 26 piscine comprise – 🖭 47 – ⒟ 20 (10A)
 Location (27 fév.-27 nov.) : 🚏 1638 à 4354

MAUREILLAS-LAS-ILLAS

66480 Pyr.-Or. 🄘 – 🄘 ⑲ – 2 037 h. alt. 130.
Paris 880 – Gerona 71 – Perpignan 28 – Port-Vendres 31 – Prades 56.

⚠ **Les Bruyères** mai-15 oct.
 𝒫 04 68 83 26 64 – O : 1,2 km par D 618 rte de Céret – ≤ ⚬ – **R** conseillée juil.-août – ⚲
 4 ha (95 empl.) en terrasses, herbeux, pierreux ⊡ ♀♀
 ⅋ 🕾 ⇆ ⊟ 🖆 ⊙ ♨ ⚲ 🖳 – ⊒
 Tarif : ⸸ 36 piscine comprise – 🖭 39 – ⒟ 25 (4A) 28 (6A) 33 (10A)
 Location : 🚏 1400 à 2900

MAURIAC

15200 Cantal 🄘 – 🄘 ① G. Auvergne – 4 224 h. alt. 722.
🄑 Office de Tourisme r. Chappe d'Haute-Roche 𝒫 04 71 67 30 26, Fax 04 71 68 12 39.
Paris 495 – Aurillac 54 – Le Mont-Dore 78 – Riom-és-Montagnes 36 – Salers 19 – Tulle 67.

⚠ **Val St-Jean** 15 mai-11 sept.
 𝒫 04 71 67 31 13 – O : 2,2 km par D 681, rte de Pleaux et D 682 à droite, accès direct à un plan d'eau – ⅏ ≤ ⚬ – **R** conseillée 14 juil.-15 août – ⚲
 3,5 ha (93 empl.) en terrasses, peu incliné, herbeux ⊡ ♀
 ⅋ 🕾 ⇆ ⊟ 🖆 ⊙ ♨ ⚲ 🖳 – ⌂ 🚣 ⊒ toboggan aquatique – A proximité : golf, snack 🚴 ⚬
 ⚓ (plage)
 Tarif : (Prix 1998) ⸸ 16 – ⛟ 11 – 🖭 12 – ⒟ 15 (10A)
 Location (permanent) : ⛺ 1400 à 3040 – huttes

MAURS

15600 Cantal 🄘 – 🄘 ⑪ G. Auvergne – 2 350 h. alt. 290.
🄑 Office de Tourisme pl. Champ-de-Foire 𝒫 04 71 46 73 72.
Paris 572 – Aurillac 45 – Entraygues-sur-Truyère 48 – Figeac 22 – Rodez 61 – Tulle 95.

⚠ **Municipal le Vert** avril-sept.
 𝒫 04 71 49 04 15 – SE : 0,8 km par D 663, rte de Décazeville, bord de la Rance – ⚬ – **R** conseillée
 1,2 ha (58 empl.) plat, herbeux ⊡ ♀♀ (0,6 ha)
 ⅋ 🕾 ⇆ ⊟ 🖆 ⊙ ⚲ ♨ ⚲ 🖳 – ⌂ 🚣 🍽 ⊒
 Tarif : (Prix 1998) ⸸ 13,50 piscine et tennis compris – ⛟ 7 – 🖭 24,80 avec élect.

MAUSSANE-LES-ALPILLES

13520 B.-du-R. 🄘 – 🄘 ⑩ – 1 886 h. alt. 32.
Paris 714 – Arles 19 – Avignon 29 – Marseille 82 – Martigues 44 – St-Rémy-de-Provence 10 – Salon-de-Provence 28.

⚠ **Municipal les Romarins** 15 mars-15 oct.
 𝒫 04 90 54 33 60, Fax 04 90 54 41 22 – sortie Nord par D 5, rte de St-Rémy-de-Provence – ⚬
 – **R** conseillée – ⊞ ⚲
 3 ha (144 empl.) plat, herbeux, pierreux ⊡ ♀♀
 ⅋ 🕾 ⇆ ⊟ 🖆 ⊙ ♨ ⚲ 🖳 – ⌂ 🚣 🍽 – A proximité : ⊒
 Tarif : (Prix 1998) 🖭 tennis compris 1 ou 2 pers. 77, pers. suppl. 17,50 – ⒟ 15 ou 18,50 (6A)

MAUVEZIN-DE-PRAT

09160 Ariège 🄘 – 🄘 ② – 52 h. alt. 372.
Paris 784 – Aspet 20 – Foix 59 – St-Gaudens 29 – St-Girons 15 – Ste-Croix-Volvestre 28.

⚠ **L'Estelas** 15 mars-15 oct.
 𝒫 05 61 96 65 80 – à l'Est du bourg par D 133 – ≤ ⚬ – **R** conseillée juil.-août – ⚲
 0,6 ha (20 empl.) plat et peu incliné, herbeux ♀
 ⅋ 🕾 ⇆ ⊟ 🖆 ⊙ ⚲ 🖳 – ⌂ 🚣
 Tarif : ⸸ 15 – 🖭 20 – ⒟ 10 (16A)

79210 Deux-Sèvres **9** – **71** ② – 2 378 h. alt. 30.
Paris 430 – Niort 23 – Rochefort 40 – La Rochelle 42.

   ⚠ *Municipal le Gué de la Rivière* juin-15 sept.
NO : 1 km par D 101 rte de St-Hilaire-la-Palud et à gauche, entre le Mignon et le canal – ⚬⇒ juil.-août
– **R** 14 juil.-15 août – ⚡
1,5 ha (75 empl.) plat, herbeux ♀
🎣 🏠 ☺
Tarif : ⚫ 11 – ⇔ 3,60 – ▣ 4,50 – [⚡] 8,80 (2A) 17,60 (10A)

▶ *Kataloge der* **MICHELIN–Veröffentlichungen** *erhalten Sie beim Buchhändler
und direkt von* **Michelin** *(Karlsruhe).*

74500 H.-Savoie **12** – **70** ⑰ ⑱ – 945 h. alt. 450.
Paris 583 – Abondance 28 – Annecy 88 – Évian-les-Bains 6 – Montreux 33 – Thonon-les-Bains 14.

   ⚠ *Le Clos Savoyard* avril-sept.
🕿 04 50 75 25 84 – S : 1,2 km – ⚘ ≤ ⚬⇒ – **R** conseillée juil.-août – ⚡
2 ha (100 empl.) incliné et en terrasses, herbeux ♀
▥ 🎣 ⇔ 🏠 ☺ 🏠 – 🍴
Tarif : ▣ 2 pers. 55, pers. suppl. 20 – [⚡] 10 (2A) 13 (3A) 16 (4A)
Location : 🏠 800 à 1800 – studios

53100 Mayenne **4** – **59** ⑳ G. Normandie Cotentin – 13 549 h. alt. 124.
🛈 Office de Tourisme (fermé après-midi hors saison) quai de Waiblingen 🕿 02 43 04 19 37, Fax 02 43 30 21 10.
Paris 283 – Alençon 60 – Flers 56 – Fougères 47 – Laval 30 – Le Mans 88.

   ⚠ *Municipal du Gué St-Léonard* 15 mars-sept.
🕿 02 43 04 57 14 – au Nord de la ville, par av. de Loré et rue à droite, bord de la Mayenne – ⚬⇒
– **R** juil.-août – ⚡
1,8 ha (100 empl.) plat, herbeux ♀
▥ 🎣 ⚿ (🎣 ⇔ 🏠 15 mai-sept.) ☺ – 🏠 ⚏
Tarif : ▣ piscine comprise 3 pers. 53, pers. suppl. 10 – [⚡] 10 ou 16 (10A)

72360 Sarthe **5** – **64** ③ – 2 877 h. alt. 74.
Paris 227 – Château-la-Vallière 27 – La Flèche 32 – Le Mans 31 – Tours 58 – Vendôme 75.

   ⚠ *Municipal du Fort des Salles* 4 avril-20 sept.
🕿 02 43 46 68 72 – sortie Est par D 13, rte de St-Calais et rue du Petit-Moulin à droite, bord d'un
plan d'eau – ⚘ ⚬⇒ juil.-15 sept. – **R** conseillée
1,5 ha (56 empl.) plat, herbeux
⚿ 🎣 ⇔ 🏠 ☺ 🏠 – 🚣
Tarif : ▣ 2 pers. 35 – [⚡] 12,50 (10A)

03250 Allier **11** – **73** ⑥ G. Auvergne – 1 609 h. alt. 535.
Paris 369 – Clermont-Ferrand 75 – Lapalisse 23 – Moulins 73 – Roanne 49 – Thiers 42 – Vichy 27.

   ⚠ *Municipal du Lac* 15 mars-oct.
S : 1,2 km par D 7 rte de Laprugne et chemin de Fumouse, près du lac des Moines – ⚘ – **R** conseillée
1 ha (50 empl.) peu incliné, plat, herbeux ♀
⚿ 🎣 ⇔ 🏠 ☺ – 🏠 🚣 ⚙
Tarif : ⚫ 11 – ⇔ 2,50 – ▣ 4,50/8 – [⚡] 11 (10A)
Location : huttes

81200 Tarn **15** – **83** ⑪ ⑫ G. Gorges du Tarn – 11 481 h. alt. 241.
🛈 Office de Tourisme r. des Casernes 🕿 05 63 61 27 07, Fax 05 63 98 24 16 et (juil.-août) Le Plô de La Bise
🕿 05 63 61 25 54.
Paris 758 – Albi 62 – Béziers 89 – Carcassonne 49 – Castres 20 – Toulouse 83.

   ⚠ *Municipal de la Lauze* 2 mai-oct.
🕿 05 63 61 24 69 – sortie Est par N 112, rte de Béziers et à droite – Places limitées pour le passage
⚬⇒ – **R** conseillée – **GB** ⚡
1,7 ha (65 empl.) peu incliné et plat, herbeux ⌂ ♀
⚿ 🎣 ⇔ 🏠 ☺ ⚘ ☺ ⚙ 🏠 – 🏠 🚣 ⚿ – A proximité : ✂ 🏓 ⚏ 🏊
Tarif : (Prix 1998) ▣ piscine et tennis compris 1 pers. 46, 2 pers. 68, 3 ou 4 pers. 86, pers. suppl.
17 – [⚡] 15 (6A) 20 (10A)

MAZAN

84380 Vaucluse **16** – **81** ⑬ **G. Provence** – 4 459 h. alt. 100.
ℹ Office de Tourisme pl. du-8-Mai ✆ 04 90 69 74 27, Fax 04 90 69 66 31.
Paris 688 – Avignon 33 – Carpentras 8 – Cavaillon 30 – Sault 34.

⛺ **Le Ventoux** Permanent
✆ 04 90 69 70 94 – N : 3 km par D 70, rte de Caromb puis chemin à gauche, De Carpentras, itinéraire conseillé par D 974, rte de Bédoin – ☘ ≤ « Cadre agréable » 🔑 – **R** conseillée juil.-août
0,7 ha (49 empl.) plat, pierreux, herbeux ♀♀
♿ 🚿 ⊡ ⚗ ⊙ – ⚑ ☕ – 🏊
Tarif : 🚶 *20 piscine comprise* – 🚗 *12* – ▣ *12* – ⚡ *13 (3A) 15 (6A)*

Le MAZEAU

85420 Vendée **9** – **71** ① ② – 463 h. alt. 8.
Paris 426 – Fontenay-le-Comte 22 – Niort 21 – La Rochelle 49 – Surgères 35.

⛺ **Municipal le Relais du Pêcheur** avril-15 oct.
✆ 02 51 52 93 23 – à 0,7 km au Sud du bourg, près de canaux – ☘ 🔑 juil.-août – **R** conseillée 14 juil.-15 août – ✂
1 ha (54 empl.) plat, herbeux ⊏⊐ ♀
♿ 🚿 ⇔ ⊡ ⊟ ⊙ ▣ – 🏠
Tarif : 🚶 *14* – ▣ *15* – ⚡ *10 (10A)*

MAZÈRES

09270 Ariège **14** – **82** ⑲ **G. Pyrénées Aquitaine** – 2 519 h. alt. 240.
Paris 754 – Auterive 26 – Castelnaudary 32 – Foix 39 – Pamiers 18 – Saverdun 11.

⛺ **Municipal la Plage** juin-sept.
✆ 05 61 69 38 82 – au Sud-Est du bourg par D 11 rte de Belpech puis chemin à gauche, près de l'Hers – 🔑 juil.-août – **R** conseillée – GB ✂
5 ha (107 empl.) plat, terrasses, herbeux ♀
♿ 🚿 ⊡ ⚗ ⊙ ⛟ ▣ – 🍸 – ⛹ 🎾 🏊 parcours sportif
Tarif : (Prix 1998) ▣ *élect. (10A), piscine et tennis compris 4 pers. 60, pers. suppl. 10*
Location : *bungalows toilés*

Les MAZES

07 Ardèche – **80** ⑨ – voir à Ardèche (Gorges de l') - Vallon-Pont-d'Arc.

MAZET-ST-VOY

43520 H.-Loire **11** – **76** ⑧ – 1 077 h. alt. 1 060.
Paris 581 – Lamastre 37 – Le Puy-en-Velay 39 – St-Étienne 65 – Yssingeaux 18.

⛺ **Municipal de Surnette** Pâques-Toussaint
✆ 04 71 65 05 69 – sortie Est vers le Chambon-sur-Lignon puis 1 km par rte à gauche – ☘ 🔑 juil.-août – **R** conseillée juil.-août – ✂
1 ha (56 empl.) plat et peu incliné, herbeux
▥ ♿ 🚿 ⇔ ⊟ ⊙ ▣ – 🏠 🎾
Tarif : 🚶 *8,60* – 🚗 *4,30* – ▣ *4,30* – ⚡ *9,70 (3A) 12,80 (4A) 19 (6A)*

Les MAZURES

08500 Ardennes **2** – **53** ⑱ – 738 h. alt. 330.
Paris 249 – Charleville-Mézières 17 – Fumay 16 – Hirson 44 – Rethel 55.

⛺ **Départemental Lac des Vieilles Forges** Permanent
✆ 03 24 40 17 31 – S : 2 km par D 40, rte de Renwez puis 2 km par rte à droite, à 100 m du lac – ☘ « Cadre boisé » 🔑 – **R** conseillée juil.-août – GB ✂
12 ha/3 campables (300 empl.) en terrasses, gravillons ⊏⊐ ♀♀
▥ ♿ 🚿 ⇔ ⊡ ⊟ ⊙ ▣ – 🏠 ⛹ 🚲 – A proximité : 🎾 ≈ ⛵
Tarif : 🚶 *17,20* – 🚗 *8* – ▣ *9,50* – ⚡ *11,50 (3A) 14,80 (5A) 24,60 (10A)*
Location : *gîtes*

MÉAUDRE

38112 Isère **12** – **77** ④ **G. Alpes du Nord** – 840 h. alt. 1 012 – Sports d'hiver : 1 000/1 600 m ⛷10 ⛷.
ℹ Office de Tourisme ✆ 04 76 95 20 68, Fax 04 76 95 25 93.
Paris 590 – Grenoble 39 – Pont-en-Royans 26 – Tullins 38 – Villard-de-Lans 10.

⛺ **Caravaneige les Buissonnets** Permanent
✆ 04 76 95 21 04, Fax 04 76 95 26 14 – NE : 0,5 km par D 106 et rte à droite, à 200 m du Méaudret – ❄ ☘ ≤ 🔑 – **R** conseillée – GB ✂
2 ha (80 empl.) peu incliné, herbeux
▥ ♿ 🚿 ⇔ ⊡ ♨ ⊟ ⊙ ▣ – 🏠 – A proximité : 🎾 🏊
Tarif : ▣ *piscine comprise 2 pers. 62, pers. suppl. 18,50* – ⚡ *13 (2A) 24,50 (6A) 32 (10A)*

▲ **Les Eymes** Permanent
ℰ 04 76 95 24 85 – N : 3,8 km par D 106ᶜ, rte d'Autrans et rte à gauche – ⚥ ⟡ ⊶ 🅟 – **R** conseillée été – ⚘
1,3 ha (40 empl.) en terrasses et peu incliné, herbeux, pierreux, bois attenant
Ⅲ ♿ �🁢 ⇆ 🗟 ⏱ ⊕ 🗟 – 🌣 snack ⊱ – 🗟 🏊
Tarif : 🎟 *piscine comprise 2 pers. 63, pers suppl. 16 – [1] 14*
Location : 🛖 *1350 à 1500*

MÉDIS ───

17600 Char.-Mar. 🖪 – 🔞 ⑮ – 1 965 h. alt. 29.
Paris 497 – Marennes 28 – Mirambeau 47 – Pons 38 – Royan 6 – Saintes 30.

Schéma à Royan

▲▲▲ **Le Clos Fleuri** juin-15 sept.
ℰ 05 46 05 62 17, Fax 05 46 06 75 61 – SE : 2 km sur D 117ᴱ³ – ⚥ « Entrée fleurie » ⊶ ⚘ dans les locations – **R** conseillée juil.-août – ⚘
3 ha (140 empl.) plat et peu incliné, herbeux 🗍 ♀
♿ �🁢 🗟 ⇆ 🗟 🗟 ⊕ 🗟 – 🌧 🌣 snack ⊱ – 🗟 🍴 🏊 ⊚ 🏊 🏊
Tarif : 🎟 *piscine comprise 2 pers. 121, 3 pers. 143, pers. suppl. 36 – [1] 24 (5A) 29 (10A)*
Location : 🛖 *1300 à 2200 – 🏠 1800 à 3600*

▲ **Le Bois Roland** mai-sept.
ℰ 05 46 05 47 58 – NE : 0,6 km rte de Saujon – ⊶ ⚘ dans locations – **R** conseillée août – ⚘
2,35 ha (131 empl.) plat, herbeux ♀ (1 ha)
♿ �🁢 🗟 ⇆ ⚲ ⊕ 🗟 – 🗟 🏊
Tarif : 🎟 *piscine comprise 2 pers. 80*
Location : 🛖 *1400 à 2980 – 🏠 1500 à 3200*

Les MÉES ───

04190 Alpes-de-H.-Pr. 🔟 – 🔞 ⑯ G. Alpes du Sud – 2 601 h. alt. 410.
Paris 728 – Digne-les-Bains 25 – Forcalquier 25 – Gréaux-les-Bains 41 – Mézel 26 – Sisteron 21.

▲ **Municipal de la Pinède** 15 juin-10 sept.
ℰ 04 92 34 33 89 – à l'Est du bourg – ⚥ ⊶ 🅟 – 🅑
1 ha (50 empl.) en terrasses, herbeux ♀
♿ �🁢 🗟 ⚲ ⊕ – A proximité : 🌣 🏊
Tarif : 🌣 *19 – 🎟 19 – [1] 19 (5A)*

MEGÈVE ──

74120 H.-Savoie 🔢 – 🔞 ⑧ G. Alpes du Nord – 4 750 h. alt. 1 113 – Sports d'hiver : : 1 040/2 350 m ⚡4 ⚡33 ⚡.
🅑 Office de Tourisme Maison des Frères ℰ 04 50 21 27 28, Fax 04 50 93 03 09.
Paris 601 – Albertville 31 – Annecy 61 – Chamonix-Mont-Blanc 36 – Genève 71.

▲▲ **La Ripaille**
ℰ 04 50 21 47 24, Fax 04 50 21 02 47 – NE : 1 km par N 212 rte de St Gervais, puis à Demi-Quartier, 0,8 km par chemin à gauche, pour certains emplacements d'accès peu facile, mise en place et sortie des caravanes à la demande – ⚘ ⟡ ⊶
1 ha (44 empl.) en terrasses, herbeux, pierreux 🗍
Ⅲ �🁢 ⇆ 🗟 ⏱ ⊕ ⚲ 🌧 🗟 🗟 – 🌣 snack ⊱ – 🗟 🏊

▲ **Bornand** 15 juin-1ᵉʳ sept.
ℰ 04 50 93 00 86, Fax 04 50 93 02 48 – NE : 3 km par N 212 rte de Sallanches et rte du télécabine à droite, alt. 1 060 – ⟡ ⊶ – **R** conseillée 10 juil.-20 août – ⚘
1,5 ha (80 empl.) non clos, incliné et en terrasses, herbeux
♿ �🁢 🗟 ⇆ ⊕ 🗟 – 🗟
Tarif : 🌣 *20 – 🎟 21 – [1] 17 (2 ou 3A)*

▲ **Gai-Séjour** 20 mai-15 sept.
ℰ 04 50 21 22 58 – SO : 3,5 km par N 212, rte d'Albertville, à Cassioz, bord d'un ruisseau, alt. 1 040 – ⟡ ⊶ – **R** – ⊝🗟 ⚘
1,2 ha (60 empl.) plat, peu incliné, herbeux, pierreux
�🁢 ⇆ ⏱ ⊕
Tarif : 🎟 *2 pers. 56, pers. suppl. 15 – [1] 13 (4A)*

Le MEIX-ST-EPOING ──

51120 Marne 🖪 – 🔞 ⑤ – 217 h. alt. 154.
Paris 109 – La Ferté-Gaucher 30 – Nogent-sur-Seine 37 – Romilly-sur-Seine 26 – Troyes 65.

▲ **Aire de Loisirs de la Traconne** Permanent
ℰ 03 26 80 70 76 – N : 0,6 km par D 239ᴱ rte de Launat et chemin à droite, près d'un étang et à 100 m du Grand Morin – ⚥ ⊶ – **R** juil.-août
3 ha (60 empl.) plat, herbeux 🗍
Ⅲ �🁢 🗟 ⇆ ⊕ ⚲ 🌧 🗟 – 🗟
Tarif : 🎟 *2 pers. 50, pers. suppl. 12 – [1] 10 (3A) 15 (5A) 20 (10A)*
Location *(permanent) : gîte d'étape*

MÉLISEY

70270 H.-Saône 🎱 – 🎰 ⑦ – 1 805 h. alt. 330.
Paris 397 – Belfort 33 – Épinal 63 – Luxeuil-les-Bains 21 – Vesoul 41.

▲ **La Pierre** 15 mai-15 sept.
  & 03 84 63 23 08 – N : 2,7 km sur D 293, rte de Mélay – Places limitées pour le passage ⌆ –
  R conseillée juil.-août – ⚒
  0,8 ha (40 empl.) plat, peu incliné, herbeux
  ⛺ ⇌ ⌁ ☺ – 🍴 🛝
  Tarif : ⚡ 15 – 🚗 5 – 🅴 15 – 🔌 10 (4A)

MELRAND

56310 Morbihan 🎲 – 🎰 ② – 1 584 h. alt. 112.
Paris 483 – Lorient 42 – Pontivy 17 – Quimperlé 37 – Vannes 51.

▲ **Municipal** juin-15 sept.
  SO : 0,7 km par D 2 rte de Bubry, bord d'un étang et d'un ruisseau – ⌲ juil.-août – **R** conseillée
  – ⚒
  0,2 ha (12 empl.) plat, herbeux 🗔
  ⛺ ⇌ ⌁ ☺ – 🛝
  Tarif : ⚡ 5,60 – 🚗 5,60 – 🅴 5,60 – 🔌 10,80 (6A)

MELUN

77000 S.-et-M. 🎲 – 🎰 ② G. Ile de France – 35 319 h. alt. 43.
🅱 Office de tourisme, 2 av. Gallieni *&* 01 64 37 11 31, Fax 01 64 10 03 25.
Paris 48 – Chartres 102 – Fontainebleau 17 – Meaux 55 – Orléans 103 – Reims 146 – Sens 73.

▲▲▲ **La Belle Étoile** avril-oct.
  & 01 64 39 48 12, Fax 01 64 37 25 55 – SE par N 6, rte de Fontainebleau, av. de la Seine et quai
  Joffre (rive gauche), près du fleuve – ⌲ – **R** conseillée juil.-août – ⒼⒷ
  3,5 ha (190 empl.) plat, herbeux 🗔
  ⛺ ⌁ ⛲ 🖥 ⇌ ⌁ ☺ ⚂ – ⛱ 🗔 🛝 ⛵ (petite piscine) – A proximité : ⛳ ✂ ▨ 🎯 ⛸ ♨
  Tarif : ⚡ 24 – 🚗 8 – 🅴 17 – 🔌 18 (5A)

La MEMBROLLE-SUR-CHOISILLE

37 I.-et-L. – 🎰 ⑮ – rattaché à Tours.

MENDE

48000 Lozère 🎰 – 🎰 ⑤ G. Gorges du Tarn – 11 286 h. alt. 731.
🅱 Office de Tourisme bd Henri-Bourrillon *&* et Fax 04 66 65 02 69.
Paris 592 – Clermont-Ferrand 178 – Florac 38 – Langogne 47 – Millau 97 – Le Puy-en-Velay 90.

▲ **Tivoli** Permanent
  & 04 66 65 00 38 – SO : en direction des Gorges du Tarn, bord du Lot – ⌲ ✂ dans locations –
  R 14 juil.-20 août
  1,8 ha (100 empl.) plat, herbeux ♀
  ⛺ ⌁ ⛲ 🖥 ⇌ ☺ – ♟ – 🗔 – A proximité : ⛳ ·⦿ ✂ ▨ toboggan aquatique
  Tarif : 🅴 piscine comprise 2 pers. 72, pers. suppl. 23 – 🔌 14 (3A) 20 (6A)
  Location : 🏠 1800 à 2200

MÉNESPLET

24700 Dordogne 🎲 – 🎰 ③ – 1 328 h. alt. 43.
Paris 537 – Bergerac 46 – Bordeaux 65 – Libourne 34 – Montpon-Ménestérol 6 – Périgueux 60.

▲ **Camp'Gîte** mai-sept.
  & 05 53 81 84 39 – à 3,8 km au Sud-Ouest du bourg, au lieu-dit Les Loges par rte de Laser – ⌆
  ⌲ – **R** conseillée – ⚒
  1 ha (10 empl.) plat, herbeux 🗔
  ⛲ ⛺ ⇌ 🖥 ⌁ ☺ 🗔 – 🍴
  Tarif : ⚡ 20 – 🅴 15 – 🔌 20 (6A)
  Location : 🏠

MENGLON

26410 Drôme 🎰 – 🎰 ⑭ – 332 h. alt. 550.
Paris 642 – Aspres-sur-Buëch 49 – Châtillon-en-Diois 6 – Die 14 – Rémuzat 46 – Valence 81.

▲▲ **L'Hirondelle de St-Ferreol** avril-sept.
  & 04 75 21 82 08 – NO : 2,8 km par D 214 et D 140, rte de Die, près du D 539 (accès conseillé),
  bord du Bez – ⌆ ⌲ – **R** conseillée saison – ⒼⒷ ⚒
  7,5 ha/4 campables (100 empl.) plat et peu accidenté, herbeux 🗔 🌳 (sous bois)
  ⛲ ⛺ ⇌ 🖥 ⌁ ☺ 🗔 – ♟ crêperie ⛱ – 🍴 🛝 🚲 🛝 – A proximité : ⛵ (plan d'eau)
  Tarif : ⚡ 23 piscine comprise – 🅴 35 à 45 – 🔌 15 (3A) 20 (6A)
  Location : 🏠 1400 à 2500 – 🏡 1900 à 3350

MÉNIL

53200 Mayenne 🲪 – 🖽 ⑩ – 747 h. alt. 32.
Paris 286 – Angers 44 – Château-Gontier 8 – Châteauneuf-sur-Sarthe 22 – Laval 37 – Segré 21.

⚠ **Municipal** 19 avril-sept.
    𝄞 02 43 70 24 54 – à l'Est du bourg, près de la Mayenne – 🏕 « Cadre et situation agréables » ⊶
    – **R** conseillée – ⚲
    0,5 ha (39 empl.) plat, herbeux ⬚ ♀ verger
    🕭 🗔 ⇄ 🖩 ⛴ ☺ – 🚲
    Tarif : (Prix 1998) 🔲 *2 pers. 28, pers. suppl. 11* – [½] *9*

MENNETOU-SUR-CHER

41320 L.-et-Ch. 🔟 – 🖾 ⑲ G. Berry Limousin – 827 h. alt. 100.
Paris 212 – Bourges 56 – Romorantin-Lanthenay 18 – Selles-sur-Cher 27 – Vierzon 16.

⚠ **Municipal Val Rose** 6 mai-6 sept.
    𝄞 02 54 98 11 02 – au Sud du bourg, à droite après le pont sur le canal, à 100 m du Cher – ⊶
    – **R** – ⚲
    0,8 ha (50 empl.) plat, herbeux ♀ (0,4 ha)
    🕭 🗔 ⇄ 🖩 ⛴ ☺ – 🚲 – A proximité : 🍽 ⛴
    Tarif : ⭑ *7,50* – 🔲 *10* – [½] *10*

MENTHON-ST-BERNARD

74 H.-Savoie – 🔢 ⑥ – voir à Annecy (Lac d').

MERDRIGNAC

22230 C.-d'Armor 🲪 – 🖾 ⑭ – 2 791 h. alt. 140.
Paris 410 – Dinan 47 – Josselin 33 – Lamballe 38 – Loudéac 29 – St-Brieuc 67.

⚠⚠ **Le Val de Landrouët** juin-15 sept.
    𝄞 02 96 28 47 98, Fax 02 96 26 55 44 – N : 0,8 km, près de la piscine et de deux plans d'eau –
    R conseillée – ⚲
    2 ha (58 empl.) plat et peu incliné, herbeux ⬚ ♀
    🕭 🗔 ⇄ 🖩 ⛴ ☺ 🔲 🖩 – 🍽 – centre de documentation 🚲 🖾 – A proximité : parcours sportif
    🚴 ⚲ 🏖 ⛴ 🚣
    Tarif : ⭑ *18* – 🔲 *20* – [½] *14 (5A)*
    Location : *gîtes*

MÉRENS-LES-VALS

09110 Ariège 🖽 – 🖾 ⑮ G. Pyrénées Roussillon – 149 h. alt. 1 055.
Paris 831 – Axat 61 – Ax-les-Thermes 9 – Belcaire 35 – Foix 52 – Font-Romeu-Odeillo-Via 48.

⚠⚠ **Municipal de Ville de Bau** mai-oct.
    𝄞 05 61 02 85 40 – SO : 1,5 km par N 20, rte d'Andorre et chemin à droite, bord de l'Ariège, alt.
    1 100 – Ⓜ ⬳ ⊶ – **R** conseillée juil.-août – ⚲
    2 ha (70 empl.) plat, herbeux, pierreux ⬚
    🕮 🕭 🗔 ⇄ 🖩 ⛴ ☺ ♨ 🕱 🖩 – 🗕 – 🖾
    Tarif : ⭑ *14* – 🔲 *15* – [½] *9 (3A) 20 (6A) 26 (10A)*

MERVANS

71310 S.-et-L. 🔟 – 🖾 ② – 1 231 h. alt. 195.
Paris 351 – Chalon-sur-Saône 35 – Lons-le-Saunier 39 – Louhans 21 – Poligny 51 – Tournus 43.

⚠ **Municipal** 15 mai-15 sept.
    sortie Nord-Est par D 313, rte de Pierre-de-Bresse, près d'un étang – **R** – ⚲
    0,8 ha (46 empl.) plat, herbeux
    🗔 ⇄ 🚲 – A proximité : 🍽
    Tarif : ⭑ *8* – 🔲 *10*

MERVENT

85200 Vendée 🲫 – 🖾 ⑯ G. Poitou Vendée Charentes – 1 023 h. alt. 85.
Paris 417 – Bressuire 50 – Fontenay-le-Comte 12 – Parthenay 50 – La Roche-sur-Yon 61.

⚠⚠ **La Joletière** Pâques-Toussaint
    𝄞 02 51 00 26 87, Fax 02 51 00 27 55 – O : 0,7 km par D 99 – ⊶ juil.-août ⚲ dans locations –
    R conseillée – 🖼 ⚲
    1,3 ha (73 empl.) peu incliné, herbeux ⬚ ♀ (0,5 ha)
    🕭 🗔 ⇄ 🖩 ⛴ ☺ ♨ 🕱 🖩 – snack – 🚲 🚴 🚣 – A proximité : 🍽 ✕
    Tarif : (Prix 1998) ⭑ *18 piscine comprise* – 🔲 *23* – [½] *16 (5A)*
    Location : 🏠 *1600 à 2600*

⚠ **Le Chêne Tord** Permanent
    𝄞 02 51 00 20 63, Fax 02 51 00 27 94 – sortie Ouest par D 99 et chemin à droite, au calvaire, à
    200 m d'un plan d'eau – 🏕 « Agréable sous-bois » ⊶ – **R** conseillée – ⚲
    4 ha (110 empl.) plat, gravillons ♀♀
    🕭 🗔 ⇄ 🖩 🚴 ☺ 🖩 – A proximité : 🍽 ✕
    Tarif : ⭑ *16* – 🚗 *10* – 🔲 *26* – [½] *15 (5A) 20 (10A)*

MERVILLE-FRANCEVILLE-PLAGE

14810 Calvados 5 – 54 ⑯ G. Normandie Vallée de la Seine – 1 317 h. alt. 2.
Paris 224 – Arromanches-les-Bains 40 – Cabourg 7 – Caen 19.

Municipal le Point du Jour début fév.-fin nov.
02 31 24 23 34, Fax 02 31 24 15 54 – sortie Est par D 514 rte de Cabourg, bord de plage – – R conseillée saison –
2,7 ha (142 empl.) plat, sablonneux, herbeux
Tarif : *24,50 – 25 – 21 (10A)*

à Gonneville-en-Auge S : 3 km – 310 h. alt. 16 – 14810 Gonneville-en-Auge :

Le Clos Tranquille 2 avril-25 sept.
02 31 24 21 36, Fax 02 31 24 28 80 – S : 0,8 km par D 95A – « Verger » – R –
1,3 ha (78 empl.) plat, herbeux
Tarif : *20,50 – 24 – 13,50 (4A) 19 (6A) 29 (10A)*
Location : *– appartements*

MESCHERS-SUR-GIRONDE

17132 Char.-Mar. 9 – 71 ⑮ G. Poitou Vendée Charentes – 1 862 h. alt. 5.
Office de Tourisme pl. de Verdun 05 46 02 70 39, Fax 05 46 02 51 65.
Paris 509 – Blaye 74 – Jonzac 50 – Pons 37 – La Rochelle 90 – Royan 12 – Saintes 42.

L'Escale 27 mars-2 nov.
05 46 02 71 53, Fax 05 46 02 58 30 – NE : 0,5 km par D 117 rte de Semussac – –
R conseillée juil.-août – GB
6 ha (300 empl.) plat, herbeux
Tarif : *piscine comprise 3 pers. 86 – 20 (6A)*
Location : *1900 – 1750 à 2800*

Les Chênes Verts 26 juin-août
05 46 02 58 00 – au Nord de la station, sur D 25, rte de Royan – – R conseillée –
1,5 ha (125 empl.) plat et peu incliné, sablonneux
(petite piscine)
Tarif : *3 pers. 65 à 78, pers. suppl. 21 – 23 (8 à 10A)*

MESLAND

41150 L.-et-Ch. 5 – 64 ⑯ – 483 h. alt. 79.
Paris 205 – Amboise 19 – Blois 21 – Château-Renault 19 – Montrichard 26 – Tours 43.

Parc du Val de Loire mai-15 sept.
02 54 70 27 18, Fax 02 54 70 21 71 – O : 1,5 km rte de Fleuray – « Cadre boisé et entrée fleurie » – R conseillée saison – GB
15 ha (300 empl.) plat et peu incliné, herbeux (8 ha)
snack – toboggan aquatique
Tarif : *piscine comprise 2 pers. 145 ou 155, pers. suppl. 35 – 20 (6A)*
Location : *1550 à 3300 – 2450 à 3500*

MESLAY-DU-MAINE

53170 Mayenne 4 – 63 ⑩ – 2 418 h. alt. 90.
Paris 268 – Angers 64 – Château-Gontier 24 – Châteauneuf-sur-Sarthe 34 – Laval 23 – Segré 46.

Districal de la Chesnaie Pâques-sept.
02 43 98 48 08 – NE : 2,5 km par D 152, rte de St-Denis-du-Maine – « Bord d'un beau plan d'eau » – R conseillée juil.-août –
7 ha/0,8 campable (66 empl.) plat, herbeux (0,4 ha)
– A proximité : swin-golf
Tarif : *2 pers. 33 – 12 (16A)*
Location *(permanent) : 800 à 1850*

MESNOIS

39 Jura – 70 ⑭ – rattaché à Pont-de-Poitte.

MESQUER

44420 Loire-Atl. 4 – 63 ⑭ – 1 372 h. alt. 6.
Paris 463 – La Baule 15 – Muzillac 32 – Pontchâteau 36 – St-Nazaire 28.

Soir d'Été 3 avril-oct.
02 40 42 57 26 – NO : 2 km par D 352 et rte à gauche – – R conseillée juil.-août – GB
1,5 ha (92 empl.) plat et peu incliné, herbeux, sablonneux
Tarif : *piscine comprise 2 pers. 87, pers. suppl. 25 – 20 (6A)*
Location : *1000 à 3000*

△ *Le Praderoi* 15 juin-15 sept.
℘ 02 40 42 66 72 – NO : 2,5 km, à Quimiac, à 100 m de la plage – ⌘ ⚬━ – ℞
0,4 ha (30 empl.) plat, sablonneux, herbeux ⚲
&. ➔ ◲ ⏚ ⌂ ⚲ ◎ ◲ ⬛ – ⚓
Tarif : ▣ *2 pers. 86, pers. suppl. 16 –* [≴] *18 (5A)*
Location : ⌂ *1360 à 2460*

MESSANGES

40660 Landes 🔢 – 🔢 ⑯ – 521 h. alt. 8.
Paris 735 – Bayonne 41 – Castets 24 – Dax 32 – Soustons 13.

⋀⋀⋀ *Le Vieux Port* avril-sept.
℘ 05 58 48 22 00, Fax 05 58 48 01 69 – SO : 2,5 km par D 652 rte de Vieux-Boucau-les-Bains puis
0,8 km par chemin à droite, à 500 m de la plage (accès direct) – ⚬━ ⚤ dans locations – **R** conseillée
juil.-août – ᴳᴮ ⚶
35 ha/30 campables (1406 empl.) plat, sablonneux, herbeux ⚇⚇ pinède
&. ➔ ⇆ ◲ ⏚ ⌂ ◎ ⚶ ⚡ ◲ ⬛ – ⬛ ⚏ ✗ pizzeria et cafétéria ⚐ – ⌂ ⚐ ⚓ ⚓ ⚲ ⚲ ·⦿ ⚤ ⌗
⬛ ⚲ ⚲ toboggans aquatiques, poneys
Tarif : (Prix 1998) ▣ *piscine comprise 3 pers. 153/168 (199 avec élect. 4A)*
Location : ⌂ *1500 à 3000 –* ⌂ *1900 à 3960 –* ⌂ *2200 à 5200*

⋀⋀⋀ *Lou Pignada* 15 mai-sept.
℘ 05 58 48 03 76, Fax 05 58 48 26 53 – S : 2 km par D 652 puis 0,5 km par rte à gauche – ⚬━ ⚤
dans locations – **R** conseillée juil.-août – ᴳᴮ ⚶
8 ha (430 empl.) plat, sablonneux, herbeux ⚇⚇ pinède
&. ➔ ⇆ ◲ ⏚ ⌂ ◎ ⚶ ⚡ ◲ ⬛ – ⬛ ⚏ ✗ pizzeria ⚐ – ⌿ ⚑ ⚓ ⚲ ⌗ ⬛ ⚲ toboggans
aquatiques
Tarif : (Prix 1998) ▣ *piscine comprise 3 pers. 138 (185 avec élect. 4A)*
Location : ⌂ *1400 à 2850 –* ⌂ *1800 à 3770 –* ⌂ *2100 à 5000*

⋀⋀ *La Côte* avril-sept.
℘ 05 58 48 94 94, Fax 05 58 48 94 44 – SO : 2,3 km par D 652, rte de Vieux-Boucau-les-Bains et
chemin à droite – ⌘ – **R** conseillée juil.-août – ⚶
3,5 ha (143 empl.) plat, herbeux, sablonneux ⚇⚇ (0,4 ha)
&. ➔ ⇆ ◲ ⏚ ⌂ ◎ ◲ ⬛ – ⌂ ⚓
Tarif : ▣ *2 pers. 60, pers. suppl. 17 –* [≴] *15 (6A) 23 (10A)*
Location : ⌂ *900 à 2600*

△ *Les Acacias* avril-oct.
℘ 05 58 48 01 78, Fax 05 58 48 23 12 – S : 2 km par D 652, rte de Vieux-Boucau-les-Bains puis 1 km
par rte à gauche – ⌘ ⚬━ – **R** conseillée juil.-août – ⚶
1,7 ha (128 empl.) plat, herbeux, sablonneux
&. ➔ ⇆ ◲ ⌂ ◎ ⬛ – ⚓
Tarif : (Prix 1998) ▣ *2 pers. 52, pers. suppl. 16 –* [≴] *15 (6A)*
Location : ⌂ *1600 à 2800*

△ *Le Moussaillon* Pâques-fin oct.
℘ 05 58 48 92 89 – sortie Sud par D 652, rte de Vieux-Boucau-les-Bains – ⚬━ – **R** conseillée
14 juil.-15 août – ⚶
2,4 ha (134 empl.) plat, herbeux, sablonneux
&. ➔ ⇆ ⌂ ◎ ⚶ ⚡ ⬛ – ⌂
Tarif : ⚲ *20 –* ▣ *22 –* [≴] *11 (3A) 16 (6A) 25 (10A)*

METZ

57000 Moselle 🔢 – 🔢 ⑭ G. Alsace Lorraine – 119 594 h. alt. 173.
🅱 Office de Tourisme pl. d'Armes ℘ 03 87 55 53 76, Fax 03 87 36 59 43 et Bureaux Gare et Autoroutier de
l'Est de la France.
Paris 332 – Longuyon 81 – Pont-à-Mousson 31 – St-Avold 44 – Thionville 30 – Verdun 80.

△ *Municipal Metz-Plage* 5 mai-sept.
℘ 03 87 32 05 58 – au Nord du centre ville, entre le pont des Morts et le pont de Thionville, bord de la Moselle, par A 31 : sortie Metz-Nord Pontiffroy – ⚬━ – **R** – ᴳᴮ
⚶
2,5 ha (150 empl.) plat, herbeux ⚇⚇
&. ➔ ⇆ ◲ ⌂ ◎ ⚶ ⚡ ⬛ – ⌂ – A proximité : ⬛
Tarif : ⚲ *15 –* ⇆ *10 –* ▣ *15/35 ou 40 avec élect. (10A)*

MEURSAULT

21190 Côte-d'Or 🔢 – 🔢 ① G. Bourgogne – 1 538 h. alt. 243.
Paris 320 – Beaune 8 – Chagny 11 – Chalon-sur-Saône 29 – Le Creusot 41.

⋀⋀ *La Grappe d'Or* 27 mars-1ᵉʳ nov.
℘ 03 80 21 22 48, Fax 03 80 21 65 74 – sortie Nord par D 111ᴮ rte de Beaune – ⚮ ⚬━ mai-1ᵉʳ oct.
– **R** conseillée – ᴳᴮ ⚶
4,5 ha (155 empl.) plat et peu incliné, terrasses, herbeux, pierreux ⚇⚇
&. ➔ ⇆ ◲ ⌂ ◎ ⬛ – ⬛ ✗ ⚐ – ⌂ ⚲ ⚤ ⚲ toboggan aquatique
Tarif : ▣ *piscine comprise 2 pers. 84,50 –* [≴] *19,50 (15A)*

MEUZAC

87380 H.-Vienne ⑩ – ⑫ ⑱ – 753 h. alt. 391.
Paris 430 – Eymoutiers 41 – Limoges 39 – Lubersac 15 – St-Léonard-de-Noblat 41 – St-Yrieix-la-Perche 24.

⚠ **Municipal des Bouvreuils** 15 juin-15 sept.
à l'Ouest du bourg, à 450 m d'un plan d'eau – ⅏ – **R** conseillée 15 juil.-20 août
1 ha (60 empl.) plat, herbeux ⌂ ⚲
⛺ ⇌ ⇱ ⊕ ▥ – ⌂ – A proximité : ⚒ ⸚ ⩥ (plage)
Tarif : ⚹ 11 – ⇌ 8 – ▣ 8 – ⓖ 14 (16A)

MEYMAC

19250 Corrèze ⑩ – ⑬ ⑪ G. Berry Limousin – 2 796 h. alt. 702.
🛈 Office de Tourisme pl. Hôtel-de-Ville ✆ 05 55 95 18 43, Fax 05 55 46 19 99.
Paris 447 – Aubusson 57 – Limoges 97 – Neuvic 30 – Tulle 50 – Ussel 17.

⚠ **La Garenne** 15 mai-11 sept.
✆ 05 55 95 22 80 – sortie Nord-Est par D 30 rte de Sornac, près d'un plan d'eau – ⅏ ≼ ⊶
R conseillée 14 juil.-15 août – ⚲
4,5 ha (120 empl.) incliné et en terrasses, herbeux ⚲ (1 ha)
⛺ ⇌ ⇱ ⚲ ⊕ ▥ – ⸚ – A proximité : ⸚
Tarif : (Prix 1998) ⚹ 14 – ⇌ 9 – ▣ 10 – ⓖ 14 (6A)
Location : huttes

MEYRAS

07380 Ardèche ⑯ – ⑯ ⑱ – 729 h. alt. 450.
Paris 616 – Aubenas 17 – Le Cheylard 52 – Langogne 49 – Privas 45.

⚠ **Le Ventadour** avril-sept.
✆ 04 75 94 18 15, Fax 04 75 94 11 88 – SE : 3,5 km, par N 102 rte d'Aubenas, bord de l'Ardèche
– ≼ ⊶ – **R** conseillée – ⊞ ⚲
3 ha (142 empl.) plat et peu incliné, herbeux ⌂
⛲ ⚲ ⛺ ⇌ ⇱ ⊕ ▥ – ⸚ snack, pizzeria ⸚ – ⸚ ⸚
Tarif : ▣ 2 pers. 82, pers. suppl. 19,50 – ⓖ 12 (3A) 14 (6A) 19 (9A)
Location : ⸚ 800 à 1500 – ⸚ 1650 à 2600

⚠ **La Plage** avril-oct.
✆ 04 75 36 40 59, Fax 04 75 94 46 78 – à **Neyrac-les-Bains**, SO : 3 km par N 102 rte du Puy-en-Velay, bord de l'Ardèche – ≼ ⊶ – **R** conseillée – ⚲
0,8 ha (45 empl.) en terrasses et plat, herbeux, pierreux ⌂ ⚲
⛲ ⚲ ⛺ ⇌ ⇱ ⚲ ⊕ ▥ – ⸚ – ⸚ – ⌂ salle d'animation ⸚ ⸚
Tarif : ▣ 2 pers. 85 – ⓖ 12 (4 ou 6A) 16 (10A)
Location : ⸚ 1000 à 1500 – ⸚ 1250 à 2300 – appartements

MEYRIEU-LES-ÉTANGS

38440 Isère ⑫ – ⑭ ⑬ – 551 h. alt. 430.
Paris 516 – Beaurepaire 33 – Bourgoin-Jallieu 12 – Grenoble 76 – Lyon 55 – Vienne 29.

⚠ **Base de Loisirs du Moulin** 3 avril-17 oct.
✆ 04 74 59 30 34, Fax 04 74 58 36 12 – SE : 0,8 km par D 56^B, rte de Châtonnoy et rte de Ste-Anne à gauche, à la Base de Loisirs, près d'un plan d'eau – ⅏ ⊶ saison – **R** conseillée juil.-août
– ⚲
1 ha (75 empl.) plat, peu incliné, en terrasses, herbeux ⌂
⚲ ⛺ ⇌ ⇱ ⊕ ⚲ ⚐ ▥ – ⌂ – A proximité : ⸚ snack ⸚ ⸚ ⸚ ⸚
Tarif : (Prix 1998) ▣ 2 pers. 76, pers. suppl. 22 – ⓖ 17 (4A) 20 (6A) 28 (10A)

MEYRUEIS

48150 Lozère ⑮ – ⑳ ⑤ ⑮ G. Gorges du Tarn – 907 h. alt. 698.
🛈 Office de Tourisme Tour de l'Horloge ✆ 04 66 45 60 33, Fax 04 66 45 65 27.
Paris 640 – Florac 35 – Mende 57 – Millau 43 – Rodez 93 – Sévérac-le-Château 50 – Le Vigan 49.

⚠ **Capelan** mai-19 sept.
✆ 04 66 45 60 50 – NO : 1 km sur D 996 rte du Rozier, bord de la Jonte – ≼ « Site agréable » ⊶
⚒ juil.-août dans locations – **R** conseillée juil.-août – ⊞ ⚲
2,8 ha (100 empl.) plat, herbeux ⌂ ⚲
⚲ ⛺ ⇌ ⇱ ⚲ ⊕ ⚲ ⚐ ⌂ ▥ – ⸚ ⸚ – ⌂ ⸚ ⸚ ⸚
Tarif : ▣ piscine comprise 2 pers. 79, pers. suppl. 20 – ⓖ 16 (4A) 18 (6A) 20 (10A)
Location : ⸚ 1450 à 2750

⚠ **Le Champ d'Ayres** avril-15 sept.
✆ 04 66 45 60 51 – E : 0,5 km par D 57 rte de Campis, près de la Brèze – ⅏ ≼ ⊶ juil.-août ⚒
dans locations – **R** conseillée juil.-août – ⚲
1,5 ha (85 empl.) incliné, herbeux ⌂ ⚲
⚲ ⛺ ⇌ ⇱ ⚲ ⊕ ▥ – ⸚ – ⌂ ⸚ ⸚ – A proximité : ⚒ ⸚
Tarif : ▣ piscine comprise 2 pers. 79, pers. suppl. 20 – ⓖ 15 (10A)
Location : ⸚ 1400 à 2300 – ⸚ 1600 à 2600

362

⚠ **Aire Naturelle la Cascade** Pâques-sept.
  🕿 04 66 45 61 36 – NE : 3,8 km par D 996, rte de Florac et chemin à droite, au lieu-dit Salvensac, près de la Jonte et d'une cascade – 🏊 ≤ ⊶ saison – **R** – 🏇
  1 ha (25 empl.) plat, peu incliné, en terrasses, herbeux
  🚿 🏠 😊 🗗 🛏 🏊 ☺ 📷 – 🛒 🚗 – A proximité : 🐎
  Tarif : 📧 2 pers. 62 – 🔌 16 (6A)
  Location : gîte d'étape

⚠ **Le Pré de Charlet** mai-sept.
  🕿 04 66 45 63 65 – NE : 1 km par D 996 rte de Florac, bord de la Jonte – 🏊 ≤ ⊶ – **R** conseillée – 🏇
  2 ha (70 empl.) plat, peu incliné et en terrasses, herbeux 🔲 ⚱⚱
  🚿 🏠 😊 🗗 🛏 🏊 ☺ 📷🗗 🛏 – 🛒 🚗
  Tarif : (Prix 1998) 📧 2 pers. 60, pers. suppl. 16 – 🔌 15

⚠ **Aire Naturelle le Pré des Amarines** 21 juin-4 sept.
  🕿 04 66 45 61 65 – NE : 5,7 km par D 996, rte de Florac et chemin à droite, au Castel, près du lieu-dit Gatuzières, bord de la Jonte, alt. 750 – 🏊 ≤ ⊶ 5 juil.-25 août – **R**
  2 ha (25 empl.) plat et peu incliné, terrasses, herbeux
  🚿 🏠 😊 🗗 🛏 🏊 ☺ 📷
  Tarif : 🚶 14 – 📧 30/50 – 🔌 15 (4A) 20 (6A)

MEYSSAC

19500 Corrèze 🔟 – 🔢 ⑨ G. Périgord Quercy – 1 124 h. alt. 220.
Paris 511 – Argentat 65 – Beaulieu-sur-Dordogne 21 – Brive-la-Gaillarde 25 – Tulle 39.

⚠ **Intercommunal Moulin de Valane** 15 avril-sept.
  🕿 05 55 25 41 59 – NO : 1 km rte de Collonges-la-Rouge, bord d'un ruisseau – ⊶ saison – **R** conseillée 14 juil.-15 août – 🏇
  4 ha (120 empl.) plat et peu incliné, terrasses, herbeux 🔲 ⚱
  🚿 🏠 😊 🗗 🛏 ☺ 📷 – 🛒 🚗 ✂ 🛝 toboggan aquatique
  Tarif : 📧 piscine et tennis compris 2 pers. 60, pers. suppl. 18 – 🔌 15 (10A)
  Location : huttes

MÈZE

34140 Hérault 🔢 – 🔢 ⑯ G. Gorges du Tarn – 6 502 h. alt. 20.
🅱 Office de Tourisme r. A.-Massaloup 🕿 04 67 43 93 08.
Paris 751 – Agde 20 – Béziers 40 – Lodève 51 – Montpellier 38 – Pézenas 19 – Sète 18.

⚠ **Beau Rivage** avril-sept.
  🕿 04 67 43 81 48, Fax 04 67 43 66 70 – au Nord-Ouest, rte de Montpellier et rte à droite, avant la station Esso, près du Bassin de Thau (accès direct) « Entrée fleurie » ⊶ – **R** conseillée – 🄶🄱 🏇
  3,5 ha (234 empl.) plat, herbeux
  🚿 🏠 🗗 🛏 ☺ 📷 – 🍴 🚗 🛝 – A proximité : 🎣
  Tarif : 📧 piscine comprise 1 ou 2 pers.100 (118 avec élect. 3A), pers. suppl. 32 – 🔌 20 (6A)
  Location : 🛖 1500 à 3300

▶ Wilt u een stad of streek bezichtigen ?
  Raadpleed de groene Michelingidsen.

MÉZEL

04270 Alpes-de-H.-Pr. 🔟 – 🔠 ⑰ – 423 h. alt. 585.
Paris 747 – Barrême 21 – Castellane 45 – Digne-les-Bains 15 – Forcalquier 51 – Sisteron 40.

   ▲ **La Célestine** 15 avril-15 sept.
      🖉 04 92 35 52 54 ⊠ 04270 Beynes – S : 3 km par D 907, rte de Manosque, bord de l'Asse – ⟋
      ⟋ dans locations – **R** conseillée juil.-août – ⟋
      2,4 ha (100 empl.) plat, herbeux
      ⟋ ⟋ ⟋ ⟋ ⟋ ⟋ ⟋ ⟋ – ⟋ ⟋ (bassin 1 000 m²)
      Tarif : ⟋ 22 – ⟋ 4 – 回 18/20 – [�] 12 (2A) 18 (4A) 24 (6A)
      Location : ⟋ 2375 à 2500

MÉZIÈRES-EN-BRENNE

36290 Indre 🔟 – 🔠 ⑥ G. Berry Limousin – 1 194 h. alt. 88.
🅱 Office de Tourisme Le Moulin 1 r. du Nord 🖉 02 54 38 12 24, Fax 02 54 38 09 83.
Paris 305 – Le Blanc 27 – Châteauroux 43 – Châtellerault 59 – Poitiers 81 – Tours 88.

   ▲▲ **Base de Loisirs de Bellebouche** mars-oct.
      🖉 02 54 38 32 36, Fax 02 54 38 32 96 – SE : 8,6 km par D 925, rte de Châteauroux et chemin à
      droite, à 80 m de l'étang – ⟋ ⟋ « Site agréable » ⟋ ⟋ – **R** conseillée – ⟋ ⟋
      310 ha/1,8 campable (100 empl.) plat et peu incliné, herbeux
      ⟋ ⟋ ⟋ ⟋ ⟋ ⟋ – A proximité : parcours sportif ⟋ ⟋ brasserie ⟋ ⟋ ⟋ (plage)
      Tarif : (Prix 1998) 回 2 pers. 48, pers. suppl. 16 – [�] 18
      Location : huttes

   ▲ **Municipal la Caillauderie** Pâques-Toussaint
      🖉 02 54 38 09 23 – E : 0,8 km par D 925 rte de Châteauroux et chemin du stade à droite, bord
      de la Claise – **R**
      0,35 ha (16 empl.) plat, pierreux, herbeux
      ⟋ ⟋ ⟋ ⟋ ⟋ ⟋ ⟋ – A proximité : ⟋
      Tarif : 回 2 pers. 35, pers. suppl. 9 – [�] 16,50 (20A)

MÉZOS

40170 Landes 🔢 – 🔠 ⑮ – 851 h. alt. 23.
Paris 700 – Bordeaux 123 – Castets 24 – Mimizan 16 – Mont-de-Marsan 62 – Tartas 47.

   ▲▲▲ **Sen Yan** 15 juin-15 sept.
      🖉 05 58 42 60 05, Fax 05 58 42 64 56 – E : 1 km par rte du Cout – Ⓜ ⟋ « Bel ensemble avec
      piscines, palmiers et plantations » ⟋ – **R** conseillée – ⟋ ⟋
      8 ha (310 empl.) plat, sablonneux ⟋ ⟋ pinède
      ⟋ ⟋ ⟋ ⟋ ⟋ ⟋ ⟋ ⟋ ⟋ ⟋ – ⟋ ⟋ ⟋ ⟋ – ⟋ ⟋ ⟋ ⟋ ⟋ ⟋ ⟋ ⟋ ⟋ ⟋ ⟋ ⟋ terrain omnisports
      Tarif : 回 piscine comprise 1 ou 2 pers. 135 – [�] 20 (3A) 30 (6 à 10A)
      Location (15 mai-20 sept.) : ⟋ 1790 à 3790 – ⟋ 1990 à 4090

MIERS

46500 Lot 🔢 – 🔟 ⑲ – 347 h. alt. 302.
Paris 528 – Brive-la-Gaillarde 49 – Cahors 67 – Rocamadour 13 – St-Céré 21 – Souillac 24.

   ▲ **Le Pigeonnier** Pâques-sept.
      🖉 05 65 33 71 95 – E : 0,7 km par D 91, rte de Padirac et chemin à droite – ⟋ ⟋ ⟋ – **R** conseillée
      15 juil.-15 août – ⟋
      1 ha (45 empl.) peu incliné, en terrasses, plat, herbeux ⟋
      ⟋ ⟋ ⟋ ⟋ ⟋ ⟋ – ⟋ ⟋ ⟋
      Tarif : ⟋ 19 piscine comprise – 回 19 – [�] 13 (6 à 10A)
      Location : ⟋ 900 à 1650

MIGNÉ

36800 Indre 🔟 – 🔠 ⑰ – 321 h. alt. 112.
Paris 301 – Argenton-sur-Creuse 23 – Le Blanc 24 – Buzançais 24 – Châteauroux 36.

   ▲ **Municipal**
      sortie Ouest par D 27 rte de Rosnay
      0,4 ha (23 empl.) plat, herbeux
      ⟋ ⟋ ⟋ ⟋ ⟋

MILLAU

12100 Aveyron 🔢 – 🔠 ⑭ G. Gorges du Tarn – 21 788 h. alt. 372.
🅱 Office de Tourisme 1 av. A.-Merle 🖉 05 65 60 02 42, Fax 05 65 61 36 08.
Paris 643 – Albi 108 – Alès 134 – Béziers 124 – Mende 97 – Montpellier 115 – Rodez 66.

   ▲▲▲ **Les Rivages** mai-sept.
      🖉 05 65 61 01 07, Fax 05 65 59 03 56 – E : 1,7 km par D 991 rte de Nant, bord de la Dourbie –
      ⟋ ⟋ – **R** conseillée juil.-août – ⟋ ⟋
      7 ha (314 empl.) plat, herbeux, pierreux ⟋ ⟋ (6 ha)
      ⟋ ⟋ ⟋ ⟋ ⟋ ⟋ ⟋ ⟋ ⟋ – ⟋ ⟋ ⟋ snack ⟋ bureau de documentation touristique – ⟋ squash
      ⟋ ⟋ ⟋ – ⟋ ⟋
      Tarif : 回 piscine comprise 2 pers. 111, pers. suppl. 21 – [�] 19 (6A)
      Location : ⟋ 1800 à 3000 – bungalows toilés

▲▲▲ **Cureplat** Pâques-sept.
    𝒫 05 65 60 15 75, Fax 05 65 61 36 51 – NE : 0,8 km par D 991 rte de Nant et D 187 à gauche rte de Paulhe, bord du Tarn – ⚬☛ – **R** conseillée juil.-20 août – ⅁⒝ ⤳
4 ha (237 empl.) plat, herbeux ⊏⊐ ⚱⚱
🏛 ⅋ ♒ ⇌ 🗍 ⛺ ⊕ ⩩ ⫛ – ⬰ ⏚ snack ⛴ – ⌂ 🏃 🏄 ⛹ ⩲
Tarif : (Prix 1998) ▣ *piscine comprise 2 pers. 105, pers. suppl. 22 –* [⨝] *17 (6A)*
Location : ⛛ *1500 à 2600*

▲▲▲ **Municipal Millau-Plage** avril-sept.
    𝒫 05 65 60 10 97, Fax 05 65 60 16 88 – sortie Est par rte de Nant puis 1,2 km par D 187 à gauche, bord du Tarn – ⚬☛ – **R** conseillée – ⅁⒝ ⤳
5 ha (251 empl.) plat, herbeux ⚱⚱
⅋ ♒ ⇌ 🗍 ⛺ ⊕ ⫛ – ⬰ ⏚ ⛴ – ⌂ 🏄 ⛹ ⩲ – A proximité : ⩨
Tarif : ▣ *piscine comprise 2 pers. 80 –* [⨝] *16 (5A)*

▲▲ **Les Érables** avril-sept.
    𝒫 05 65 59 15 13, Fax 05 65 59 06 59 – sortie Est par D 991, rte de Nant et D 187 à gauche, rte de Paulhe, bord du Tarn – ⤙ ⚬☛ – **R** conseillée – ⅁⒝ ⤳
1,4 ha (78 empl.) plat, herbeux ⊏⊐ ⚱ (0,3 ha)
⅋ ♒ ⇌ 🗍 ⛺ ⊕ ⫛ – ⬰
Tarif : (Prix 1998) ▣ *2 pers. 70, pers. suppl. 15 –* [⨝] *15 (6A)*

à Creissels SO : 3 km par D 992, rte d'Albi – 1 401 h. alt. 330 – ✉ 12100 Creissels

  ▲ **St-Martin** avril-sept.
      𝒫 05 65 60 31 83 – SO : 1,3 km par D 992, rte d'Albi puis au rond-point rte à gauche, près du stade – ⚐ ⚬☛ juil.-août – **R** conseillée juil.-15 août – ⤳
1,5 ha (90 empl.) plat et peu incliné, herbeux ⚱⚱
⅋ ♒ ⇌ 🗍 ⩩ ⊕ ⫛ – A proximité : practice de golf ⅌
Tarif : ▣ *piscine comprise 2 pers. 55, pers. suppl. 15 –* [⨝] *13 (6 à 10A)*
Location : ⛛ *1800 à 2000*

▶ *In deze « Guide » komt geen betaalde reclame voor.*

MILLY-LA-FORÊT

91490 Essonne ⑥ – ⑥⒈ ⑪ G. Ile de France – 4 307 h. alt. 68.
🛈 Office de Tourisme 60 r. Jean-Cocteau, 𝒫 01 64 98 83 17, Fax 01 64 98 94 80.
Paris 61 – Étampes 26 – Évry 32 – Fontainebleau 19 – Melun 24 – Nemours 27.

▲▲ **La Musardière** fermé 16 déc.-14 fév.
    𝒫 01 64 98 91 91 – SE : 4 km par D 141ᴱ, D 16 et rte de la Croix-St-Jérôme à gauche – Places limitées pour le passage ⚐ « Cadre agréable » ⚬☛ – **R** conseillée mai – ⤳
8 ha (200 empl.) plat et accidenté, sablonneux, rochers ⊏⊐ ⚳⚳
🏛 ⅋ ♒ ⇌ (⩩ sauf hiver) ⊕ ⛺ – ⛻ – A proximité : ⛿
Tarif : ⭐ *30 piscine comprise –* ⛛ *17 –* ▣ *15/30 avec élect. (6A)*

MIMIZAN

40200 Landes ⒔ – ⑦⑧ ⑭ G. Pyrénées Aquitaine – 6 710 h. alt. 13.
Paris 684 – Arcachon 66 – Bayonne 101 – Bordeaux 107 – Dax 71 – Langon 104 – Mont-de-Marsan 77.

▲ **Municipal du Lac** avril-10 oct.
    𝒫 05 58 09 01 21 – N : 2 km par D 87, rte de Gastes, bord de l'étang d'Aureilhan – ⚬☛ – **R**
8 ha (480 empl.) plat et légèrement accidenté, sablonneux ⚱⚱ (3 ha)
⅋ ♒ ⇌ 🗍 ⛺ ⊕ ⫛ – ⬰ – A proximité : ◗
Tarif : (Prix 1998) ▣ *1 à 3 pers. 60 (72,50 avec élect), pers. suppl. 15*

à Mimizan-Plage O : 6 km – ✉ 40200 Mimizan :

▲▲▲ **Club Marina** 15 mai-15 sept.
    𝒫 05 58 09 12 66, Fax 05 58 09 16 40 – à 500 m de la plage Sud – ⚬☛ – **R** conseillée 15 juil.-15 août – ⅁⒝ ⤳
9 ha (583 empl.) plat, sablonneux ⊏⊐ ⚱⚱ pinède
⅋ ♒ ⇌ 🗍 ⛺ ⩩ ⊕ ⫛ – ⬰ ⏚ ⫛ self ⛴ – ⌂ 🏃 salle d'animation, discothèque 🏄 🚲 ⅌
⩨ ⛹ – A proximité : ⛿ ⛴ 🐎
Tarif : (Prix 1998) ▣ *piscine comprise 3 pers. 145 ou 150/160 ou 165 (170 ou 175/185 ou 190 avec élect. 6A), pers. suppl. 26/30 –* [⨝] *10 (10A)*
Location : ⛛ *1300 à 3950 –* ⛛ *1500 à 5100 – studios, bungalows toilés*

▲ **Municipal la Plage** 15 avril-15 sept.
    𝒫 05 58 09 00 32, Fax 05 58 09 44 94 – quartier Nord, bd de l'Atlantique – ⚬☛ saison – **R** conseillée – ⅁⒝ ⤳
16 ha (787 empl.) plat, vallonné, sablonneux, herbeux ⚱ pinède
⅋ ♒ ⇌ 🗍 ⛺ ⊕ ⫛
Tarif : (Prix 1998) ▣ *3 pers. 84 (96,50 avec élect.), pers. suppl. 23*

MIOS

33 Gironde – ⑦⒈ ⑳ – voir à Arcachon (Bassin d').

MIRABEL-ET-BLACONS

26400 Drôme 🅖 – 🗌 ⑫ – 728 h. alt. 225.
Paris 596 – Crest 7 – Die 30 – Dieulefit 35 – Grignan 55 – Valence 35.

⚠ **Gervanne** avril-oct.
𝄢 04 75 40 00 20, Fax 04 75 40 03 97 – à Blacons, au confluent de la Drôme et de la Gervanne –
➤ – ⚒
3,7 ha (150 empl.) plat et peu incliné, herbeux 🔾🔾
& 🗇 ⇌ 🗒 🖩 🖴 🔊 ⊙ 🖪 – 🖩 🍴 🖦 – 🖿 ≊ (plan d'eau)
Tarif : ⚡ 23 – 🚗 17 – 🖺 14 – 🔋 16 (4A) 20 (6A)

MIRAMONT-DE-GUYENNE

47800 L.-et-G. 🅭 – 🗌 ⑭ – 3 450 h. alt. 51.
🅱 Office de Tourisme 1 r. Pasteur 𝄢 05 53 93 38 94, Fax 05 53 93 49 56.
Paris 571 – Agen 62 – Bergerac 34 – Duras 18 – Marmande 23 – Ste-Foy-la-Grande 31.

⚠ **Intercommunal le Saut du Loup** 15 mars-14 nov.
𝄢 05 53 93 22 35, Fax 05 53 93 55 33 – E : 2 km par D 227 rte de Cancon et chemin à droite, bord
du lac – Ⓜ ⇆ ➤ – **R** conseillée juil.-août – ⚒
40 ha/5 campables (150 empl.) plat et peu incliné, herbeux 🖾 🔾🔾 (3 ha)
& 🗇 ⇌ 🗒 🖩 🖴 🔊 ⊙ 🖪 – 🍴 🗙 🖦 – 🖿 🛖 🚣 🟊⊛ ≋ 🖩 ≊
Tarif : ⚡ 25 piscine comprise – 🖺 25 – 🔋 17 (6A) 24 (10A)
Location (permanent) : 🏠 900 à 3000 – gîtes

MIRANDE

32300 Gers 🅭 – 🗌 ⑭ G. Pyrénées Aquitaine – 3 565 h. alt. 173.
🅱 Office de Tourisme r. de l'Évêché 𝄢 05 62 66 68 10, Fax 05 62 66 78 89.
Paris 757 – Auch 25 – Mont-de-Marsan 99 – Tarbes 50 – Toulouse 102.

⚠ **Municipal l'Île du Pont** avril-oct.
𝄢 05 62 66 64 11, Fax 05 62 66 69 86 – à l'Est de la ville, dans une île de la Grande Baïse – ⇆ « Site
agréable » ➤ – **R** indispensable 15 juil.-15 août – ⚒
10 ha/5 campables (140 empl.) plat, herbeux 🖾 🔾
🕮 & 🗇 ⇌ 🗒 🖴 ⊙ 🖦 🗗 🖪 – 🍴 snack – 🖿 🛖 salle d'animation 🚣 – A proximité : parcours
de santé 🖩
Tarif : 🖺 élect. (6A) et piscine comprises, 2 pers. 70, pers. suppl. 20
Location (permanent) : 🏠 1100 à 2800

MIRANDOL-BOURGNOUNAC

81190 Tarn 🅭 – 🗌 ⑪ – 1 110 h. alt. 393.
Paris 645 – Albi 29 – Carmaux 13 – Cordes-sur-Ciel 23 – Rodez 55.

⚠ **Les Clots** Pâques-sept.
𝄢 05 63 76 92 78 – N : 5,5 km par D 905 rte de Rieupeyroux et chemin sur la gauche, à 500 m du
Viaur (accès direct) – ⇆ ⇆ ➤ – **R** conseillée juil.-août – ⚒
7 ha/4 campables (59 empl.) en terrasses, pierreux, herbeux 🔾🔾
🗇 ⇌ 🗒 🖴 ⊙ 🖪 – 🖿 🛖 🖩
Tarif : (Prix 1998) 🖺 piscine comprise 3 pers. 96, pers. suppl. 24 – 🔋 15 (6A)
Location : 🚐 1200 à 1500

MIREMONT

63380 P.-de-D. 🅫 – 🗌 ③ G. Auvergne – 370 h. alt. 550.
Paris 393 – Clermont-Ferrand 44 – Pontaumur 9 – Pontgibaud 22 – Riom 44 – St-Gervais-d'Auvergne 24.

⚠ **Intercommunal Plage de Confolant** juin-10 sept.
𝄢 04 73 79 92 76 – NE : 7 km par D 19 et D 19ᴱ à droite, près du lac (accès direct) – ⇆ ⇆ « Dans
un site agréable » ➤ – **R** conseillée – ⚒
2,8 ha (90 empl.) en terrasses et incliné, herbeux, pierreux 🖾 🔾🔾
& 🗇 🗒 🖴 🔊 ⇌ 🖪 – 🖩 🍴 🖦 – 🖿 ≋ – A proximité : 🗙 ≊ (plage) 🛶
Tarif : ⚡ 19 – 🖺 24 – 🔋 15 (5A)

⚠ **Municipal la Rivière** mai-sept.
au bourg, bord de la Chancelade – ⇆ – **R** – ⚒
0,4 ha (36 empl.) plat, herbeux, pierreux 🖾 🔾
🗇 ⊙ 🖪
Tarif : ⚡ 10 – 🖺 15 – 🔋 16 (10A)

MIREPEISSET

11120 Aude 🅭 – 🗌 ⑬ – 410 h. alt. 39.
Paris 802 – Béziers 31 – Carcassonne 50 – Narbonne 16 – St-Chinian 26.

⚠ **Val de Cesse** avril-sept.
𝄢 04 68 46 14 94 – à 1 km à l'Ouest du bourg, bord de la Cesse – ⇆ ➤ – **R** conseillée juil.-août
– ⚒
2,5 ha (121 empl.) plat, herbeux 🖾 🔾
& 🗇 ⇌ 🗒 🖩 🖴 ⊙ 🖦 🖪 – 🖿 🖩 – A proximité : 🍴 🗙 ≋ 🚣 ≊
Tarif : (Prix 1998) 🖺 piscine comprise 1 ou 2 pers. 66, pers. suppl. 16 – 🔋 15 (6A)
Location : 🚐 950 à 1550 – 🚐 1400 à 2300 – 🏠 1500 à 2500

MIREPOIX

32390 Gers **14** – **82** ⑤ – 162 h. alt. 150.
Paris 718 – Auch 18 – Fleurance 16 – Gimont 26 – Mauvezin 20 – Vic-Fézensac 32.

⚠ **Aire Naturelle les Mousquetaires** 15 juin-15 sept.
🏕 05 62 64 33 66, Fax 05 62 64 32 63 – à 2 km au Sud-Est du bourg – 🌿 ⬅ ⊶ – **R** conseillée
– 🗶
1 ha (25 empl.) non clos, plat et peu incliné, herbeux
🗗 🕏 🕸 ⊕ 🅿 – 🕏 🖄
Tarif : (Prix 1998) 🅴 *élect. et piscine comprises 2 pers. 75, pers. suppl. 20*
Location *(permanent) :* 🏠 *1540 à 2850*

MISCON

26310 Drôme **16** – **77** ⑭ – 38 h. alt. 812.
Paris 656 – Aspres-sur-Buëch 45 – Châtillon-en-Diois 15 – Die 28 – Rémuzat 48 – Valence 95.

⚠ **Municipal les Thibauds** 15 juin-15 sept.
au bourg – 🌿 ⬅ – **R** – 🗶
0,4 ha (25 empl.) plat et en terrasses, pierreux, herbeux ⚲ (0,2 ha)
🖆 🗗 🕸 ⊕ – 🛋
Tarif : ✸ *10 –* 🚗 *5 –* 🅴 *5 –* 🔌 *10 (10A)*

MISSILLAC

44780 Loire-Atl. **4** – **63** ⑮ G. Bretagne – 3 915 h. alt. 44.
Paris 438 – Nantes 65 – Redon 25 – St-Nazaire 37 – Vannes 54.

⚠ **Municipal les Platanes** juil.-août
🏕 02 40 88 38 88 – O : 1,5 km par D 2, à 50 m d'un étang – ⊶ – **R** – 🗶
1,5 ha (60 empl.) peu incliné, herbeux 🖵
🖆 🗗 🖴 ⊕ 🅿 – 🔩 – A proximité : golf, 🖼
Tarif : 🅴 *2 pers. 37, pers. suppl. 12 –* 🔌 *16 (15A)*

MITTLACH

68380 H.-Rhin **8** – **62** ⑱ – 291 h. alt. 550.
Paris 466 – Colmar 28 – Gérardmer 42 – Guebwiller 33 – Thann 47.

⚠ **Municipal Langenwasen** mai-sept.
🏕 03 89 77 63 77 – SO : 3 km, bord d'un ruisseau, alt. 620 – 🌿 ⬅ « Site agréable » ⊶ – **R** conseillée
10 juil.-15 août pour caravanes – 🗶
3 ha (150 empl.) peu incliné, plat et terrasses, herbeux, gravier 🖵 ⚲
🗗 🖴 ⊕ 🅿 – 🛋
Tarif : ✸ *15 –* 🚗 *6 –* 🅴 *8/14 –* 🔌 *7,20 (2A) 14,40 (4A)*

MODANE

73500 Savoie **12** – **77** ⑧ G. Alpes du Nord – 4 250 h. alt. 1 057 – Sports d'hiver : La Norma : 1 350/2 750
m ⬍1 ⬍15 🎿.
Tunnel du Fréjus : Péage en 1998 aller simple : autos 99, 150 ou 196 F, P.L. 472, 718 ou 950 F - Tarifs spéciaux
AR (validité limitée).
🅱 Office de Tourisme pl. Replaton 🏕 04 79 05 22 35, Fax 04 79 05 27 69.
Paris 665 – Albertville 92 – Chambéry 103 – Lanslebourg-Mont-Cenis 24 – Col du Lautaret 59 – St-Jean-de-
Maurienne 33.

⚠ **Les Combes** mai-15 oct.
🏕 04 79 05 00 23 – sur bretelle d'accès au tunnel routier du Fréjus, à 0,8 km au Sud-Ouest de
Modane-ville – ⬅ ⊶ saison – **R** 14 juil.-20 août – 🗶
3 ha (55 empl.) peu incliné, herbeux, pierreux
🎏 🗗 🕏 🖴 ⊕ 🛋 – A proximité : 🎯
Tarif : 🅴 *2 pers. 50, pers. suppl. 23 –* 🔌 *15 (4A)*

MOËLAN-SUR-MER

29350 Finistère **3** – **58** ⑪ ⑫ G. Bretagne – 6 596 h. alt. 58.
🅱 Office de Tourisme r. des Moulins 🏕 02 98 39 67 28, Fax 02 98 96 50 11.
Paris 523 – Carhaix-Plouguer 68 – Concarneau 28 – Lorient 24 – Quimper 46 – Quimperlé 10.

⚠⚠ **La Grande Lande** Pâques-sept.
🏕 02 98 71 00 39, Fax 02 98 71 00 19 – O : 5 km par D 116 rte de Kerfany-les-Pins, à Kergroës –
🌿 ⊶ – **R** conseillée juil.-août – 🗶
3 ha (100 empl.) plat et peu incliné, herbeux, bois attenant
🖆 🗗 🕏 🖻 🕸 ⊕ 🅿 – 🍴 – 🛋 🔩 🖄
Tarif : ✸ *23 piscine comprise –* 🚗 *9 –* 🅴 *26 –* 🔌 *14 (3A) 18 (6A) 22 (10A)*
Location : 🚐 *1150 à 1600 –* 🚍 *1700 à 2300*

⚠ **L'Île Percée** Pâques-19 sept.
🏕 02 98 71 16 25 – O : 5,8 km par D 116, rte de Kerfany-les-Pins, puis 1,7 km à gauche, à la plage
de Trenez, bord de mer – 🌿 ⬅ ⊶ – **R** conseillée – 🗶
1 ha (65 empl.) plat, herbeux
🗗 🕏 🖻 🕸 🕸 ⊕ 🅿 – 🍴 – 🛋 – A proximité : snack
Tarif : ✸ *20 –* 🅴 *30 –* 🔌 *12 (2A) 15 (4A) 18 (6A)*

367

MOISSAC

82200 T.-et-G. **14** – **79** ⑯ G. Pyrénées Roussillon – 11 971 h. alt. 76.
🛈 Office de Tourisme 6 pl. Durand-de-Bredon *ℰ* 05 63 04 01 85, Fax 05 63 04 27 10.
Paris 645 – Agen 42 – Auch 86 – Cahors 63 – Montauban 31 – Toulouse 74.

    ⚠️ **Municipal l'Île de Bidounet** avril-sept.
      ℰ 05 63 32 52 52 – S : 1 km par N 113, rte de Castelsarrasin et D 72 à gauche, sur une île du Tarn
      – ⚲ ≤ « Site agréable » ⊶ – **R** conseillée saison – ⚡
      4,5 ha/2,5 campables (100 empl.) plat, herbeux ⌂ ♀
      &♿ ⚲ 🚻 ⊡ 😊 ⊙ ▣ – 🏓 Centre de Documentation Touristique ⚓ ⚑
      Tarif : ⚹ 20 piscine comprise – ▣ 20 – [≥] 15 (6A)
      Location (juin-sept.) : bungalows toilés

MOLIÈRES

24480 Dordogne **13** – **75** ⑯ G. Périgord Quercy – 315 h. alt. 150.
Paris 546 – Bergerac 31 – Le Bugue 21 – Les Eyzies-de-Tayac 32 – Sarlat-la-Canéda 46 – Villeneuve-sur-Lot
55.

    ⚠️ **La Grande Veyière** avril-5 nov.
      ℰ 05 53 63 25 84 – SE : 2,2 km par D 27, rte de Cadouin et chemin à droite – ⚲ ⊶ – **R** conseillée
      15 juil.-15 août – ⚡
      4 ha (64 empl.) peu incliné à incliné, en terrasses, herbeux ⌂ ♀ (2 ha)
      &♿ ⚲ 🚻 ⊡ 😊 ▣ – 🏊 ♟ 🍴 – 🏕 ⚓ ⚑
      Tarif : ⚹ 22 piscine comprise – ▣ 32 – [≥] 15 (6A)
      Location : 🏠 1590 à 2100 – 🏚 2100 à 2770

MOLIETS-ET-MAA

40660 Landes **13** – **78** ⑯ – 420 h. alt. 15.
Paris 730 – Bayonne 45 – Castets 19 – Dax 34 – Soustons 17.

à Moliets-Plage O : 3 km par D 117 – ✉ 40660 Moliets-et-Maa :

    ⚠️ **Airotel Saint-Martin** Pâques-8 oct.
      ℰ 05 58 48 52 30, Fax 05 58 48 50 73 – sur D 117, accès direct à la plage – ⊶ juil.-août –
      R conseillée juil.-août – ⊟ ⚡
      18,5 ha (660 empl.) plat et vallonné, en terrasses, sablonneux ♀♀ pinède (7 ha)
      &♿ ⚲ 🚻 ⊡ 🔁 😊 ⊙ ▣ 🔌 ▣ – 🏊 ♟ ✗ snack ⚓ cases réfrigérées – ⚑
      Tarif : ▣ piscine comprise 1 à 3 pers. 132 (153 avec élect. 5A)
      Location : 🏠 2200 à 3800 – 🏚 – bungalows toilés

MOLITG-LES-BAINS

66500 Pyr.-Or. **15** – **86** ⑰ G. Pyrénées Roussillon – 185 h. alt. 607 – ♨ (avril-2 nov.).
🛈 Syndicat d'Initiative Mairie *ℰ* 04 68 05 03 28, Fax 04 68 05 02 12 et 2ème Fax 04 68 05 02 40.
Paris 907 – Perpignan 52 – Prades 8 – Quillan 55.

    ⚠️ **Municipal Guy Malé** avril-oct.
      ℰ 04 68 05 04 71 – N : 1,3 km, au Sud-Est du village de Molitg, alt. 607 – ⚲ ≤ – **R** conseillée –
      ⚡
      0,3 ha (19 empl.) peu incliné, herbeux ⌂ ♀
      &♿ ⚲ ⊡ 😊 ⊙ – A proximité : parcours sportif ✗
      Tarif : (Prix 1998) ⚹ 10 – ▣ 10 – [≥] 10

Le MONASTIER-SUR-GAZEILLE

43150 H.-Loire **11** – **76** ⑰ G. Vallée du Rhône – 1 828 h. alt. 950.
Paris 566 – Coucouron 27 – Langogne 43 – Le Puy-en-Velay 8 – Salignac-sur-Loire 14.

    ⚠️ **Municipal le Moulin de Savin** juin-sept.
      ℰ 04 71 03 82 24 – à 1 km au Sud-Ouest du bourg, bord de la Gazeille, alt. 820 – ⚲ ≤ – **R** conseillée
      15 juil.-15 août – ⚡
      1,2 ha (55 empl.) plat, peu incliné, herbeux ⌂
      &♿ ⚲ 🚻 ⊡ 😊 ⊙ ▣ ✗ ⚓ – A proximité : ♟ ✗ ⚑
      Tarif : ⚹ 13 – 🚗 8 – ▣ 25 – [≥] 15

MONDRAGON

84430 Vaucluse **16** – **81** ① – 3 118 h. alt. 40.
Paris 643 – Avignon 45 – Montélimar 42 – Nyons 41 – Orange 17.

    ⚠️ **Municipal la Pinède** Permanent
      ℰ 04 90 40 82 98 – NE : 1,5 km par D 26, rte de Bollène et deux fois à droite – ⚲ ⊶ – **R** conseillée
      juil.-août
      3 ha (134 empl.) plat et peu incliné, en terrasses, herbeux, pierreux, sablonneux ♀♀
      ▥ ⚲ ⊡ 😊 ⊙ ☔ ▽ – 🏕 ⚓
      Tarif : ⚹ 14,70 – 🚗 4,40 – ▣ 4,75/5,80 – [≥] 15,75 (5A) 34 (10A) 47,25 (15A)

MONESTIER-DE-CLERMONT

38650 Isère 🔢 – 🔢 ⑭ G. Alpes du Nord – 905 h. alt. 825.
🅱 Syndicat d'Initiative (en saison, matin seul.) Parc Municipal ℰ 04 76 34 15 99.
Paris 599 – Grenoble 35 – La Mure 30 – Serres 74 – Sisteron 108.

⚠ *Municipal les Portes du Trièves* mai-sept.
  ℰ 04 76 34 01 24, Fax 04 76 34 19 75 – à 0,7 km à l'Ouest de la localité, par chemin des Chambons, derrière la piscine – ⛲ ≤ ⛌ – **R** 15 juil.-15 août – ⚒
  1 ha (50 empl.) plat et en terrasses, peu incliné, gravillons, herbeux
  ♿ 🏠 ♻ 🛄 🚽 ⊕ 🖼 – 🔲 – A proximité : ✗ 🏊
  Tarif : ⚡ 20 – 🔲 20 – 🔋 15 (6A)

▶ *Donnez-nous votre avis*
  sur les terrains que nous recommandons.

  Faites-nous connaître vos observations et vos découvertes.

MONFAUCON

24130 Dordogne 🔢 – 🔢 ⑭ – 233 h. alt. 106.
Paris 549 – Bergerac 26 – Libourne 50 – Montpon-Ménestérol 19 – Ste-Foy-la-Grande 11.

⚠ *Étang de Bazange* juin-sept.
  ℰ 05 53 24 64 79 – NE : 1 km, bord de l'étang – ⛲ ⛌ – **R** conseillée juil.-août – ⚒
  10 ha/2,5 campables (50 empl.) incliné et en terrasses, herbeux ⚥ pinède
  ♿ 🏠 ♻ ⊕ 🖼 – 🍴 snack 🍧 – 🔲 🏊
  Tarif : (Prix 1998) ⚡ 15 piscine comprise – 🔲 18 – 🔋 12 (5A)
  Location : 🏚 810 à 1600 – 🚐 1350 à 2400

MONFORT

32120 Gers 🔢 – 🔢 ⑥ G. Pyrénées Aquitaine – 416 h. alt. 164.
Paris 702 – Auch 39 – Fleurance 16 – Gimont 22 – L'Isle-Jourdain 34.

⚠ *Municipal* mai-oct.
  au bourg – ⛲ – 🅁
  0,2 ha (20 empl.) plat, herbeux 🔲 ⚥
  🏠 🚽 ⊕
  Tarif : ⚡ 12 – 🔲 5 – 🔋 10

MONISTROL-D'ALLIER

43580 H.-Loire 🔢 – 🔢 ⑯ G. Auvergne – 312 h. alt. 590.
Paris 542 – Brioude 59 – Langogne 57 – Le Puy-en-Velay 28 – St-Chély-d'Apcher 58 – Saugues 15.

⚠ *Municipal* avril-15 sept.
  ℰ 04 71 57 24 14 – au bourg, près de l'Allier (accès direct) – ⛌ – **R** conseillée 15 juil.-15 août – ⚒
  1 ha (50 empl.) plat, pierreux, herbeux 🔲 ⚥
  ♿ 🏠 ♻ 🛄 🚽 ⊕ – 🔲 – A proximité : ✗
  Tarif : ⚡ 13 – � 6 – 🔲 6/11 – 🔋 11 (10A)

MONISTROL-SUR-LOIRE

43120 H.-Loire 🔢 – 🔢 ⑧ G. Vallée du Rhône – 6 180 h. alt. 653.
🅱 Office de Tourisme 4 bis r. du Château ℰ 04 71 66 03 14.
Paris 547 – Annonay 67 – Craponne-sur-Arzon 41 – Le Puy-en-Velay 50 – St-Étienne 31.

⚠ *Municipal Beau Séjour* avril-oct.
  ℰ 04 71 66 53 90 – O : 1 km par D 12 rte de Bas-en-Basset et à droite – Places limitées pour le passage ≤ ⛌ – **R** conseillée – ⚒
  1,5 ha (100 empl.) plat et incliné, herbeux 🔲 ⚥
  ♿ 🏠 ♻ 🗞 ⊕ 🖼 – 🔲 🏊 – A proximité : 🅿 ✗ 🏊
  Tarif : (Prix 1998) 🔲 piscine comprise 2 pers. 64, pers. suppl. 11 – 🔋 16 (6A)

MONNERVILLE

91930 Essonne 🔢 – 🔢 ⑲ – 375 h. alt. 141.
Paris 64 – Ablis 29 – Chartres 49 – Étampes 15 – Évry 50.

⚠ *Le Bois de la Justice* mars-nov.
  ℰ 01 64 95 05 34, Fax 01 64 95 17 31 – à 1,8 km au Sud du bourg – Places limitées pour le passage ⛲ ⛌ – **R** conseillée 9 juil.-15 août – ⚒
  5 ha (150 empl.) plat et peu incliné 🔲 ⚥⚥
  🍽 ♿ 🏠 ♻ 🛄 🚽 ⊕ ♨ 🖼 – 🍴 – 🏊 🏊
  Tarif : ⚡ 30 piscine comprise – � 15 – 🔲 15/30 – 🔋 15 (6A)

MONNET-LA-VILLE

39300 Jura 🔲 – 🔲 ⑤ – 305 h. alt. 550.
Paris 422 – Arbois 27 – Champagnole 11 – Doucier 10 – Lons-le-Saunier 25 – Poligny 25.

▲ **Sous Doriat** mai-sept.
  🌳 03 84 51 21 43 – sortie Nord par D 27E rte de Champagnole – ≼ ⚬⊸ – **R** conseillée 15 juil.-15 août
  – ⚬ᵥ
  2,5 ha (130 empl.) plat, herbeux
  🚹 🗻 ⇔ 🖳 ♨ ⊙ 🖳 – 🗺 ⚓
  Tarif : ✶ *18,50 – ⚘ 10,40 – 🅴 12,60 – [⚡] 14,50 (10A)*
  Location : 🛖 *1200 à 1600*

▲ **Le Gît** 15 mai-15 sept.
  🌳 03 84 51 21 17 ✉ 39300 Montigny-sur-l'Ain – à Monnet-le-Bourg, Sud-Est : 1 km par D 40 – ⑤
  ≼ ⚬⊸ – **R** conseillée 14 juil.-15 août – ⚬ᵥ
  4,5 ha (100 empl.) plat, peu incliné, herbeux
  🚹 🗻 ⇔ 🖳 ⇔ ⊙ 🖳 – 🗺
  Tarif : ✶ *19 – ⚘ 10 – 🅴 10 – [⚡] 15 (5A)*

MONPAZIER

24540 Dordogne 🔲 – 🔲 ⑯ G. Périgord Quercy – 531 h. alt. 180.
🔁 Syndicat d'Initiative pl. des Cornières 🌳 05 53 22 68 59, Fax 05 53 74 30 08.
Paris 557 – Bergerac 45 – Fumel 29 – Périgueux 75 – Sarlat-la-Canéda 49 – Villeneuve-sur-Lot 44.

▲▲▲ **Le Moulin de David** 13 mai-11 sept.
  🌳 05 53 22 65 25, Fax 05 53 23 99 76 ✉ 24540 Gaugeac – SO : 3 km par D 2 rte de Villeréal et
  chemin à gauche, bord d'un ruisseau – ⑤ ⚬⊸ – **R** conseillée 10 juil.-20 août – ⒼⒷ ⚬ᵥ
  3 ha (100 empl.) plat, terrasse, herbeux ⛱ 🌿🌿
  🚹 🗻 ⇔ 🖳 ⇔ ⊙ ♨ ⚙ 🖳 – 🍷 ▼ ✗ 🍴 – 🗺 ⚓ 🚴 ⤢ ≋ (petite piscine) half-court
  Tarif : ✶ *34 piscine comprise – 🅴 46 – [⚡] 19 (3A) 23 (6A) 27 (10A)*
  Location : 🛖 *1070 à 2890 – 🛏 1275 à 3490*

MONPLAISANT

24170 Dordogne 🔲 – 🔲 ⑯ – 216 h. alt. 190.
Paris 540 – Belvès 3 – Bergerac 50 – Le Bugue 22 – Les Eyzies-de-Tayac 24 – Sarlat-la-Canéda 33.

▲ **La Lénotte** avril-oct.
  🌳 05 53 30 25 80 – NE : 2,3 km sur D 710, rte de Soriac-en-Périgord, bord de la Nauze – ⚬⊸ –
  R conseillée juil.-août – ⚬ᵥ
  3,2 ha (69 empl.) plat, herbeux ⛱
  🚹 🗻 ⇔ 🖳 ⇔ ⊙ 🖳 – ⚓
  Tarif : (Prix 1998) 🅴 *2 pers. 55 – [⚡] 15 (6A)*

MONTAGNEY

25680 Doubs 🔳 – 🔲 ⑯ – 130 h. alt. 255.
Paris 386 – Baume-les-Dames 26 – Besançon 41 – Montbéliard 65 – Vesoul 28.

▲ **La Forge** mai-sept.
  🌳 03 81 86 05 11 – au Nord du bourg, près de L'Ognon – ⚬⊸ – **R**
  1,2 ha (56 empl.) plat, herbeux
  🚹 🗻 ⇔ 🖳 ⇔ ⊙ 🖳
  Tarif : (Prix 1998) ✶ *15 – ⚘ 10 – 🅴 12/15 – [⚡] 12 (6A)*

MONTAIGUT-LE-BLANC

63320 P.-de-D. 🔲 – 🔲 ⑭ G. Auvergne – 568 h. alt. 500.
Paris 448 – Clermont-Ferrand 34 – Issoire 17 – Pontgibaud 50 – Rochefort-Montagne 44 – St-Nectaire 10.

▲ **Municipal** mai-sept.
  🌳 04 73 96 75 07 – au bourg, près de la poste, bord de la Couze de Chambon – ≼ ⚬⊸ juil.-août
  – **R** conseillée juil.-août – ⚬ᵥ
  3 ha (100 empl.) plat, herbeux ⛱ 🌿
  🚹 🗻 🖳 ♨ ⊙ 🖳 – 🗺 ⚓ – A proximité : ✗ 🍴 ≋
  Tarif : ✶ *22 piscine et tennis compris – 🅴 18 – [⚡] 17 (6A)*

MONTALIEU-VERCIEU

38390 Isère 🔲 – 🔲 ⑬ – 2 076 h. alt. 213.
Paris 481 – Belley 41 – Bourg-en-Bresse 55 – Crémieu 22 – Nantua 65 – La Tour-du-Pin 33.

▲ **Vallée Bleue** mai-sept.
  🌳 04 74 88 63 67, Fax 04 74 88 62 11 – sortie Nord par N 75 rte de Bourg-en-Bresse puis 1,3 km
  par D 52ᶠ à droite, à la Base de Plein Air et de Loisirs, bord du Rhône rive gauche (plan d'eau) – ⑤
  ≼ ⚬⊸ – **R** conseillée juil.-août – ⒼⒷ ⚬ᵥ
  120 ha/1,8 campable (119 empl.) plat, peu incliné, herbeux, gravier 🌿 (0,5 ha)
  🚹 🗻 ⇔ 🖳 🌲 ♨ ⊙ 🖳 – A proximité : ▼ ✗ snack 🍴 ⚓ ≋ ⤢ toboggan aquatique
  Tarif : (Prix 1998) ✶ *33 piscine et tennis compris – 🅴 25 (35 avec élect. 6A)*

370

MONTALIVET-LES-BAINS

33 Gironde 9 – 71 ⑯ – ✉ 33930 Vendays-Montalivet.
Paris 533 – Bordeaux 87 – Lesparre-Médoc 21 – Soulac-sur-Mer 19.

Municipal mai-sept.
℘ 05 56 09 33 45 – S : 0,8 km – **R** indispensable pour caravanes – GB
26 ha (905 empl.) plat, sablonneux pinède
Tarif : (Prix 1998) *21,15* – *30,85/47,45 avec élect.*

MONTBARD

21500 Côte-d'Or 7 – 65 ⑦ G. **Bourgogne** – 7 108 h. alt. 221.
Office de Tourisme r. Carnot ℘ 03 80 92 03 75, Fax 03 80 92 03 75.
Paris 235 – Autun 90 – Auxerre 76 – Dijon 81 – Troyes 100.

Municipal fév.-oct.
℘ 03 80 92 21 60 – par D 980 déviation Nord-Ouest de la ville, près de la piscine – « Cadre agréable » – **R** – GB
2,5 ha (80 empl.) plat, herbeux, gravillons (1 ha)
– A proximité :
Tarif : *15* – *28* – *18 (10A)*
Location : *huttes*

MONTBAZON

37250 I.-et-L. 10 – 64 ⑮ G. **Châteaux de la Loire** – 3 354 h. alt. 59.
Office de Tourisme La Grange Rouge - N10 - ℘ 02 47 26 97 87, Fax 02 47 34 01 78.
Paris 248 – Châtellerault 58 – Chinon 41 – Loches 33 – Montrichard 42 – Saumur 67 – Tours 14.

La Grange Rouge mai-15 sept.
℘ 02 47 26 06 43, Fax 02 47 26 03 13 – rte de Tours, après le pont sur l'Indre, bord de la rivière – **R** conseillée 14 juil.-15 août – GB
2 ha (108 empl.) plat, herbeux
– snack – – A proximité : parcours sportif
Tarif : (Prix 1998) *17* – *17* – *17 (3A) 21 (6A)*
Location : *900 à 1400*

MONTBRISON

42600 Loire 11 – 73 ⑰ G. **Vallée du Rhône** – 14 064 h. alt. 391.
Office de Tourisme Cloître des Cordeliers ℘ 04 77 96 08 69, Fax 04 77 58 00 16.
Paris 515 – Lyon 76 – Le Puy-en-Velay 102 – Roanne 67 – St-Étienne 37 – Thiers 69.

Le Bigi 15 avril-15 oct.
℘ 04 77 58 06 39 ✉ 42600 Bard – SO : 2 km par D 113 rte de Lérigneux – Places limitées pour le passage « Décoration arbustive » – **R** conseillée –
1,5 ha (46 empl.) en terrasses et peu incliné, herbeux, gravillons
Tarif : (Prix 1998) *piscine et tennis compris 2 pers. 50, pers. suppl. 15* – *11 (3A) 13 (5A)*

Municipal le Surizet
℘ 04 77 58 08 30 – à Moingt, S : 3 km par D 8 rte de St-Étienne et rte à droite, bord du Moingt – Places limitées pour le passage
2,5 ha (96 empl.) plat, herbeux
– – A proximité :

MONTBRON

16220 Charente 10 – 72 ⑮ G. **Poitou Vendée Charentes** – 2 422 h. alt. 141.
Paris 461 – Angoulême 30 – Nontron 23 – Rochechouart 37 – La Rochefoucauld 14.

Les Gorges du Chambon 15 mai-15 sept.
℘ 05 45 70 71 70, Fax 05 45 70 80 02 ✉ 16220 Eymouthiers – E : 4,4 km par D 6, rte de Piégut-Pluviers, puis à gauche 3,2 km par D 163, rte d'Ecuras et chemin à droite, à 80 m de la Tardoir (accès direct) – « Site agréable » juil.-août – **R** conseillée juil.-août – GB
7 ha (120 empl.) peu incliné, incliné, herbeux
– – – A proximité :
Tarif : *30 piscine comprise* – *12* – *38* – *20 (6A)*

MONTBRUN

46160 Lot 15 – 79 ⑨ G. **Périgord Quercy** – 95 h. alt. 157.
Paris 581 – Cajarc 8 – Cahors 58 – Figeac 22 – Livernon 24 – Villefranche-de-Rouergue 34.

Municipal juin-sept.
sortie Ouest par D 662 rte de Cajarc et chemin près du passage à niveau, bord du Lot – **R** –
1 ha (40 empl.) plat, herbeux
–
Tarif : *13* – *15* – *14 (10A)*

MONTCABRIER

46700 Lot **14** – **79** ⑦ G. Périgord Quercy – 403 h. alt. 191.
Paris 589 – Cahors 41 – Fumel 11 – Tournon-d'Agenais 23.

▲▲▲ **Moulin de Laborde** mai-14 sept.
     ℰ 05 65 24 62 06, Fax 05 65 36 51 33 – NE : 2 km sur D 673, rte de Gourdon, bord de la Thèze
– ⌂ « Cadre agréable autour d'un moulin restauré » �o┳ ℅ – **R** conseillée juil.-août
4 ha (90 empl.) plat, herbeux, petit étang ♀
     🔗 ⬚ ⇆ 🖥 ⇌ ⊕ – ⬛ ✗ ⛴ – 🛒 🏕 🚲 🏊
Tarif : ⚹ *30 piscine comprise* – 🅴 *35* – 🔋 *14 (4A)*

MONTCLAR

11250 Aude **15** – **83** ⑪ – 159 h. alt. 210.
Paris 790 – Carcassonne 20 – Castelnaudary 41 – Limoux 15 – St-Hilaire 9.

▲▲▲ **Au Pin d'Arnauteille** avril-1er oct.
     ℰ 04 68 26 84 53, Fax 04 68 26 91 10 – SE : 2,2 km par D 43 – ⌂ ≼ « Cadre sauvage » o┳ –
R conseillée juil.-août – ⊞ ℅
115 ha/7 campables (120 empl.) peu incliné, accidenté et terrasses 🟥 ♀♀ (1 ha)
     🔗 ⬚ ⇆ 🖥 ⇌ ⊕ ⬛ – ✗ ⛴ – 🏕 🏊 🐎
Tarif : 🅴 *piscine comprise 2 pers. 97, pers. suppl. 25* – 🔋 *18 (5A) 25 (10A)*
Location : 🚐 *1300 à 2900* – 🏠 *1700 à 3500* – *bungalows toilés*

MONTDIDIER

80500 Somme **6** – **56** ① G. Flandres Artois Picardie – 6 262 h. alt. 82.
🅱 Syndicat d'Initiative 4 r. Jean-Dupuy ℰ 03 22 78 92 00, Fax 03 22 78 00 88.
Paris 108 – Amiens 41 – Beauvais 50 – Compiègne 36 – Péronne 48 – St-Quentin 64.

▲ **Le Pré Fleuri** Pâques-15 oct.
     ℰ 03 22 78 93 22 – sortie Ouest par D 930 rte de Breteuil et à droite, 0,8 km par D 26 rte d'Ailly-
sur-Noye – o┳ saison – **R** conseillée juil.-août – ℅
0,8 ha (24 empl.) plat et peu incliné, herbeux 🟥 ♀ (0,3 ha)
     🔗 ⬚ ⇆ 🖥 ⬚ ⊕ ⇌ ▽ 🖼
Tarif : 🅴 *2 pers. 60, pers. suppl. 20* – 🔋 *20 (6A)*
Location : 🚐 *700 à 1500*

Le MONT-DORE

63240 P.-de-D. **11** – **73** ⑬ G. Auvergne – 1 975 h. alt. 1 050 – ♨ (15 mai-10 oct.) – Sports d'hiver : 1 070/
1 840 m ⍗2 ≰18 ⌀.
🅱 Office de Tourisme av. Libération ℰ 04 73 65 20 21, Fax 04 73 65 05 71.
Paris 472 – Aubusson 89 – Clermont-Ferrand 48 – Issoire 52 – Mauriac 78 – Ussel 57.

▲▲ **Municipal l'Esquiladou** 10 mai-15 oct.
     ℰ 04 73 65 23 74 – à Queureuilh, par D 996, rte de Murat-le-Quaire et rte des cascades à droite,
alt. 1 010 – ≼ o┳ – **R** – ⊞ ℅
1,8 ha (100 empl.) en terrasses, gravillons 🟥
     ▥ 🔗 ⬚ ⇆ 🖥 ⬚ ⊕ ⬛ – 🛒
Tarif : ⚹ *16* – 🅴 *15* – 🔋 *11 (3A) 21 (6A) 31 (10A)*

MONTEUX

84170 Vaucluse **16** – **81** ⑫ – 8 157 h. alt. 42.
🅱 Office de Tourisme Parc du Château d'Eau ℰ 04 90 66 97 18, Fax 04 90 66 97 19.
Paris 680 – Avignon 21 – Carpentras 5 – Cavaillon 24 – Orange 23.

▲ **Municipal Bellerive** avril-oct.
     ℰ 04 90 66 81 88 – au Nord du bourg par rte de Loriol-du-Comtat et à droite après le pont, bord
de l'Auzon – o┳ – **R**
1 ha (52 empl.) plat, herbeux, jardin public attenant 🟥 ♀
     🔗 ⇆ 🖥 ⬚ ⊕
Tarif : ⚹ *15* – 🅴 *15* – 🔋 *10 (6A)*

MONTFARVILLE

50760 Manche **4** – **54** ③ – 866 h. alt. 12.
Paris 350 – Barfleur 4 – Cherbourg 32 – St-Lô 75 – Valognes 24.

▲ **La Haye** juin-sept.
     ℰ 02 33 54 30 31 – à 1,5 km au Sud-Est du bourg – o┳ – **R** conseillée
4 ha (50 empl.) peu incliné, herbeux
     🔗 ⬚ ⇆ 🖥 ⬚ ⊕
Tarif : ⚹ *12* – 🚗 *8* – 🅴 *14* – 🔋 *11 (3A) 14 (6A)*

MONTGIVRAY

36 Indre – **68** ⑲ – rattaché à la Châtre.

MONTIGNY-EN-MORVAN

58120 Nièvre **11** – **65** ⑯ – 339 h. alt. 350.
Paris 263 – Château-Chinon 13 – Corbigny 26 – Nevers 62 – Prémery 53 – St-Saulge 36.

▲ **Municipal le Plat** mai-sept.
ℊ 03 86 84 71 77 – NE : 2,3 km par D 944, D 303 rte du barrage de Pannecière-Chaumard et chemin à droite, au Nord-Est du lieu-dit Bonin, près du lac (accès direct) – ₨ « Site agréable » ⚬— – **R**
2 ha (59 empl.) plat et peu accidenté, pierreux, herbeux ♀
♻ 🗺 📷 ∾ ☉ – A proximité : ∾
Tarif : ★ 15 – 🚘 10 – ∮ 12/15 – ⚗ 12 (10A)

▶ *En juin et septembre les camps sont plus calmes, moins fréquentés*
et pratiquent souvent des tarifs « hors saison ».

MONTIGNY-LE-ROI

52140 H.-Marne **7** – **62** ⑬ – 2 167 h. alt. 404.
Paris 296 – Bourbonne-les-Bains 22 – Chaumont 36 – Langres 24 – Neufchâteau 59 – Vittel 50.

▲ **Municipal le Château** 15 avril-15 oct.
ℊ 03 25 87 38 93 – accès par centre bourg et rue Hubert-Collot – ₮ « Dans un parc boisé dominant la vallée de la Meuse » ⚬— saison – **R** saison – ℳ
6 ha/2 campables (55 empl.) plat, en terrasses, herbeux
♻ 🗺 📷 ∾ ☉ – 🗺 🚘 – A proximité : ℳ
Tarif : ★ 23 tennis compris – ∮ 18/23 – ⚗ 12 (5A)

Les MONTILS

41120 L.-et-C. **5** – **64** ⑰ – 1 196 h. alt. 92.
Paris 197 – Amboise 30 – Blois 14 – Montrichard 21 – St-Aignan 32.

▲ **Municipal de l'Hermitage** 29 mai-5 sept.
ℊ 02 54 44 07 29 – SE : 0,5 km par D 77, rte de Seur, près du Beuvron – ₨ ⚬— – **R** – ℳ
1 ha (33 empl.) plat, herbeux ♀
🗺 ☕ 📷 ☉ ∾ 🚘 📽 – 🚘 – A proximité : ◪
Tarif : ★ 11 – 🚘 6 – ∮ 10/16 – ⚗ 10 (10A)

MONTLOUIS-SUR-LOIRE

37270 I.-et-L. **5** – **64** ⑮ G. Châteaux de la Loire – 8 309 h. alt. 60.
🅿 Office de Tourisme ℊ 02 47 45 00 16, Mairie ℊ 02 47 45 85 85.
Paris 234 – Amboise 13 – Blois 47 – Château-Renault 32 – Loches 41 – Montrichard 30 – Tours 11.

▲ **Municipal les Peupliers** 15 mars-15 oct.
ℊ 02 47 50 81 90 – O : 1,5 km par D 751, rte de Tours, à 100 m de la Loire – ⚬— – **R** conseillée
14 juil.-15 août – ℳ
6 ha (252 empl.) plat, herbeux 🚰 ♀♀
♻ 🗺 ☕ 📷 📽 ∾ ☉ ∾ 📽 📽 – 📷 🚘 📽 – 🚘 🚘 – A proximité : ◪ ◫
Tarif : (Prix 1998) ∮ piscine comprise 1 ou 2 pers. 43,25, pers. suppl. 11,85 – ⚗ 16,20 (6A) 29,20 (16A)

MONTMARTIN-SUR-MER

50590 Manche **4** – **54** ⑫ – 880 h. alt. 49.
Paris 334 – Coutances 11 – Granville 22 – Lessay 29 – St-Lô 41.

▲ **Municipal les Gravelets** mars-15 nov.
ℊ 02 33 47 70 20 – sortie Nord-Ouest par D 249, rte de Grimouville – ₨ ⚬— saison – **R** juil.-août
– ℳ
1 ha (94 empl.) plat et en terrasses, herbeux 🚰 ♀
📷 ☕ 📽 ☉ 📽 – 🚘 – A proximité : ◪ parcours sportif
Tarif : ★ 13,50 – ∮ 16,50 – ⚗ 11,50 (5A)
Location : *bungalows toilés*

MONTMÉLIAN

73800 Savoie **12** – **74** ⑯ G. Alpes du Nord – 3 930 h. alt. 307.
🅿 Syndicat d'Initiative Mairie ℊ 04 79 84 07 31, Fax 04 79 84 08 20.
Paris 577 – Albertville 40 – Allevard 25 – Chambéry 15 – Grenoble 51 – St-Jean-de-Maurienne 63.

▲ **Municipal le Manoir** 30 avril-20 sept.
ℊ 04 79 65 22 38 – sortie Nord-Est par N 6, rte d'Albertville et à gauche, D 201ᵉ rte d'Arbin, devant le centre commercial Intermarché, près de l'Isère – Ⓜ ₮ « Entrée fleurie » ⚬— – **R** – ℳ
2,8 ha (90 empl.) plat, herbeux, gravillons 🚰 ♀♀
⚏ ♻ 🗺 ☕ 📷 📽 ☉ ∾ 📽 – 🚘 – A proximité : 🚘
Tarif : ★ 15 – 🚘 5 – ∮ 20 – ⚗ 12 (5A) 25 (10A)

MONTMORILLON

86500 Vienne ⓾ – 🔢 ⑮ G. Poitou Vendée Charentes – 6 667 h. alt. 100.
🅱 Office de Tourisme 𝒫 et Fax 05 49 91 11 96.
Paris 358 – Bellac 43 – Le Blanc 33 – Chauvigny 27 – Poitiers 51 – La Trimouille 15.

△ **Municipal** Permanent
  𝒫 05 49 91 02 33 – sortie Sud-Est par D 54, rte du Dorat, à 50 m de la Gartempe et bord d'un
  ruisseau – ⊶ **R** conseillée juil.-août
  0,9 ha (80 empl.) plat, en terrasses, herbeux
  ▥ 🗂 ⇆ 🗟 🛁 ⊛ 🖼 – 🛒 ⚡ – A proximité : 🎾 🏊
  Tarif : (Prix 1998) ✶ 6,50 – 🚗 3,85 – 🗐 3,85 – 🔌 8,55 (6A) 14,40 (10A)

▶ *Les indications d'accès à un terrain sont généralement indiquées,*
  dans notre guide, à partir du centre de la localité.

MONTOIRE-SUR-LE-LOIR

41800 L.-et-Ch. 🔢 – 🔢 ⑤ G. Châteaux de la Loire – 4 065 h. alt. 65.
🅱 Syndicat d'Initiative 16 pl. Clemenceau 𝒫 02 54 85 23 30, Fax 02 54 85 23 87.
Paris 188 – Blois 44 – Château-Renault 21 – La Flèche 81 – Le Mans 69 – St-Calais 24 – Vendôme 20.

△ **Municipal les Reclusages** 15 mai-15 sept.
  𝒫 02 54 85 02 53 – sortie Sud-Ouest, rte de Tours et rte de Lavardin à gauche après le pont, près
  du Loir – ⊶ **R** – ⚷
  2 ha (133 empl.) plat, herbeux ⚇
  ♿ 🗂 ⇆ 🗟 🛁 ⊛ 🖼 – ☂ – A proximité : 🏒 ⚡ 🎾 🏊
  Tarif : ✶ 14,50 piscine comprise – 🗐 9 – 🔌 14 (6A) 18 (10A)

MONTPELLIER

34000 Hérault ⓰ – 🔢 ⑦ G. Gorges du Tarn – 207 996 h. alt. 27.
🅱 Office de Tourisme, Triangle Comédie allée du Tourisme 𝒫 04 67 58 67 58, Fax 04 67 58 67 59 et 78 av.
du Pirée 𝒫 04 67 22 06 16, Fax 04 67 22 38 10, Annexe (saison) Gare SNCF r. J.-Ferry 𝒫 04 67 92 90 03.
Paris 758 – Marseille 171 – Nice 328 – Nîmes 52 – Toulouse 242.

△ **Le Floréal** Permanent
  𝒫 04 67 92 93 05 ✉ 34970 Lattes – Sortie Sud Est par D 986 rte de Palavas-les-Flots et rte à gauche
  après le pont de l'autoroute, Par A9 sortie 30 Palavas « Décoration florale » ⊶ ⚷ dans locations
  – **R** conseillée juil.-août – 🆎 ⚷
  1,5 ha (134 empl.) plat, sablonneux 🌳 ⚇⚇
  ♿ 🗂 🗟 🛁 🚿 ⊛ 🖼 – 🚤
  Tarif : 🗐 1 ou 2 pers. 75, pers. suppl. 20 – 🔌 20 (4A) 25 (8A)
  Location : 🏠

à Clapiers N : 6,5 km par N 113 et D 21 – 3 478 h. alt. 25 – ✉ 34830 Clapiers

△△ **Le Plein Air des Chênes** Permanent
  𝒫 04 67 02 02 53, Fax 04 67 59 42 19 – SE : 1 km par 112 « Agréable chênaie » ⊶ – **R** conseillée
  – ⚷
  8 ha (283 empl.) en terrasses, plat, peu incliné, pierreux, herbeux ⚇⚇ (3 ha)
  ♿ 🗂 ⇆ 🗟 🛁 – 40 sanitaires individuels (🗂 ⇆ ⌨ WC) ⊛ ⚐ ⚡ 🖼 – ☂ 🍴 🗙 snack 🛒 – 🏒 discothèque
  🚤 🚲 ⚷ 🏊 terrain omnisports
  Tarif : 🗐 élect. (10A) et piscine comprises 2 pers. 160 (210 avec sanitaires individuels)
  Location : 🏠 2000 à 3700 – 🏡 2000 à 3700

à Lattes SE : 5 km par D 986 et D 132 à gauche – 10 203 h. alt. 3 – ✉ 34970 Lattes :

△△ **Eden Camping** avril-août
  𝒫 04 67 15 11 05, Fax 04 67 15 11 31 – SO : 2,7 km par D 986, rte de Palavas-les-Flots – ⊶
  R conseillée juil.-août – 🆎 ⚷
  6 ha (302 empl.) plat, herbeux 🌳 ⚇⚇
  ▥ ♿ 🗂 🗟 🛁 ⊛ 🖼 – 🛒 🍴 snack, pizzeria cases réfrigérées – 🛒 🏒 🚤 ⚷ 🏊
  Tarif : 🗐 élect. (6 ou 10A) et piscine comprises 2 pers. 130, 3 pers. 160, 4 pers. 190, pers. suppl. 20
  Location : 🏠 1860 à 3100 – 🏡 1860 à 3100

△ **L'Oasis Palavasienne** avril-oct.
  𝒫 04 67 15 11 61, Fax 04 67 15 10 62 – SO : 2,5 km par D 986, rte de Palavas-les-Flots – ⊶ –
  R conseillée – 🆎 ⚷
  4 ha (228 empl.) plat, herbeux ⚇⚇
  🗂 ⇆ 🗟 🛁 ⊛ ⚐ ⚡ 🖼 – 🚤 🍴 🗙 🛒 cases réfrigérées – 🛒 🏒 🚲 🏊
  Tarif : 🗐 élect. et piscine comprises 2 pers. 128, pers. suppl. 26
  Location : 🏠 1960 à 3480 – 🏡 2280 à 3730

△ **Le Parc** 31 mai-sept.
  𝒫 04 67 65 85 67, Fax 04 67 20 20 58 – NE : 2 km par D 172 – ⊶ ⚷ dans locations – **R** conseillée
  10 juil.-20 août – ⚷
  1,6 ha (100 empl.) plat, herbeux, pierreux ⚇⚇
  ♿ 🗂 🗟 ⊛ 🖼 – ☂ 🏊 – A proximité : 🏒
  Tarif : 🗐 piscine comprise 2 pers.96 – 🔌 18,50 (3 à 5A)
  Location : 🏠 1900 à 3100

MONTPEZAT

04 Alpes-de-H.-Pr. **17** – **81** ⑯ – ✉ 04730 Montagnac-Montpezat.
Paris 788 – Digne-les-Bains 54 – Gréoux-les-Bains 24 – Manosque 38 – Montmeyan 20 – Moustiers-Ste-Marie 22.

▲▲ *Coteau de la Marine* mai-15 sept.
   𝒫 04 92 77 53 33, Fax 04 92 77 59 34 – SE : 2 km par rte de Baudinard, bord du Verdon – ⊛ ≤
« Agréable situation » �o⌐ – **R** conseillée juil.-août – ⊖⊟ ⨍
10 ha (247 empl.) en terrasses, pierreux, gravier ⊏⊐ ᫄
&⚎ ⇆ ⥱ ᵴ ⊕ ⚏ ⩍ ᵚ – ⚎ ♈ snack ᶅ – ✦ ⅏
Tarif : (Prix 1998) ▣ *piscine comprise 3 pers. 125, pers. suppl. 20* – ᵺ *15 (6A)*
Location : ⟐ *1500 à 2900*

MONTPEZAT-DE-QUERCY

82270 T.-et-G. **14** – **79** ⑱ G. Périgord Quercy – 1 411 h. alt. 275.
Paris 612 – Cahors 29 – Caussade 12 – Castelnau-Montratier 12 – Caylus 34 – Montauban 36.

▲▲ *Municipal du Faillal* Permanent
   𝒫 05 63 02 07 08 – sortie Nord par D 20, rte de Cahors et à gauche – ≤ o⌐ – **R** – ⨍
0,9 ha (47 empl.) en terrasses, herbeux, pierreux
⫿ & ⚎ ⇆ ⥱ ᵴ ⊕ ⚏ ᵚ – ⚎⚎ ᶅ   ∧ proximité : ✦ ⅏
Tarif : ▣ *tennis compris 1 ou 2 pers. 65, 3 pers. 70, 4 pers. 75, pers. suppl. 10* – ᵺ *15 (10A)*
Location : *gîtes*

MONTPEZAT-SOUS-BAUZON

07560 Ardèche **16** – **76** ⑱ G. Vallée du Rhône – 698 h. alt. 575.
Paris 609 – Aubenas 24 – Le Cheylard 56 – Langogne 47 – Privas 52.

▲ *Municipal Pré Bonnefoy* 15 juin-15 sept.
   𝒫 04 75 94 42 55 – SE : 0,5 km par centre bourg, bord d'un ruisseau – ⊛ ≤ o⌐ – **R** – ⨍
1,5 ha (101 empl.) plat et peu incliné, herbeux, pierreux ᫄
⥱ ⚎ ⊕ ⥱ ᵚ ⩍ – ᷂ ⚎ (petit plan d'eau aménagé) – A proximité : ✦ ᶅ
Tarif : ✶ *15,50* – ⫸ *10,50* – ▣ *10,50* – ᵺ *12 (5A)*
Location : ⟐ *1040 à 1610*

MONTPON-MÉNESTÉROL

24700 Dordogne **9** – **75** ③ – 5 481 h. alt. 93.
🄱 Syndicat d'Initiative Maison du Tourisme de la Double et du Landais, pl. Clemenceau 𝒫 05 53 82 23 77.
Paris 536 – Bergerac 40 – Bordeaux 69 – Libourne 38 – Périgueux 55 – Ste-Foy-la-Grande 24.

▲▲ *Municipal le Port Vieux* mai-sept.
   𝒫 05 53 80 30 98 – sortie Nord par D 708, rte de Ribérac et à gauche avant le pont, bord de l'Isle
– o⌐ – **R** conseillée – ⨍
2 ha (120 empl.) plat, herbeux ⊏⊐ ᫄᫄ (0,5 ha)
& ⚎ ⇆ ⥱ ⩍ ⊕ ⥱ ᵚ ⩍ – ᷂ – ⚏ – A proximité : ✦✦ ᷂
Tarif : (Prix 1998) ✶ *17* – ⫸ *8* – ▣ *18* – ᵺ *15 (10A)*

MONTRÉAL

07 Ardèche – **80** ⑧ – voir à Ardèche (Gorges de l').

MONTREUIL

62170 P.-de-C. **1** – **51** ⑫ G. Flandres Artois Picardie – 2 450 h. alt. 54.
🄱 Office de Tourisme 21 r. Carnot 𝒫 et Fax 03 21 06 04 27.
Paris 228 – Abbeville 49 – Arras 80 – Boulogne-sur-Mer 39 – Calais 72 – Lille 116 – St-Omer 55.

▲ *Municipal la Fontaine des Clercs* Permanent
   𝒫 03 21 06 07 28 – sortie Nord et rte d'accès près du passage à niveau, bord de la Canche – ⊛
« Site agréable » o⌐ – **R** conseillée juil.-août
2 ha (76 empl.) plat et en terrasses, herbeux, pierreux ⊏⊐ ᫄
⫿ ⥱ ⚎ ⥱ ⇆ ⊕
Tarif : (Prix 1998) ▣ *2 pers. 44/45* – ᵺ *13 (2A) 18 (4A)*

MONTREUIL-BELLAY

49260 M.-et-L. **9** – **67** ⑧ G. Châteaux de la Loire – 4 041 h. alt. 50.
🄱 Office de Tourisme (avril-sept.) pl. de la Concorde 𝒫 02 41 52 32 39, Fax 02 41 52 32 35.
Paris 335 – Angers 52 – Châtellerault 74 – Chinon 40 – Cholet 61 – Poitiers 81 – Saumur 16.

▲▲ *Les Nobis* avril-sept.
   𝒫 02 41 52 33 66, Fax 02 41 38 72 88 – sortie Nord-Ouest, rte d'Angers et chemin à gauche avant
le pont, bord du Thouet « Situation agréable au pied des remparts du château » o⌐ – **R** conseillée
juil.-août – ⊖⊟ ⨍
4 ha (165 empl.) plat, terrasse, herbeux ᫄᫄
& ⥱ ⇆ ᵴ ⥱ ⚎ ⊕ ⥱ ᵚ – ♈ grill – ᷂ ⚏ (petite piscine) – A proximité : ᶅ ⅏
Tarif : ✶ *20 piscine comprise* – ▣ *29* – ᵺ *16 (16A)*
Location : ⟐ *1450 à 2000*

01340 Ain 🔳 – 🔳 ⑫ – 1 973 h. alt. 215.
Paris 396 – Bourg-en-Bresse 18 – Mâcon 24 – Pont-de-Vaux 22 – St-Amour 25 – Tournus 36.

⚠ **La Plaine Tonique** 10 avril-25 sept.
℘ 04 74 30 80 52, Fax 04 74 30 80 77 – E : 0,5 km par D 28, à la Base de plein Air, bord d'un lac (plage) – ⚬⚊ – **R** conseillée juil.-août – GB ⚹
27 ha/15 campables (548 empl.) plat, herbeux, pierreux ☐ ♀
& ⛁ ⇆ 🗟 ⊟ ⌁ ⊙ ⚘ ⤚ 🖙 📷 – 🚂 ♉ ✗ snack ⚒ – ☐ 🚣 ✗ ☴ 🔲 (découverte l'été) ☐
☷ (plage) toboggan aquatique ◊
Tarif : ⭍ 22 tennis compris – 🔲 55 avec élect. (10A)
Location : gîtes

▶ ⛁ ⇆ ⊟

Duschen und Waschbecken mit **Warmwasser**.

Wenn diese Zeichen im Text nicht aufgeführt sind,
sind die obengenannten Einrichtungen nur mit **Kaltwasser vorhanden**.

26350 Drôme 🔳 – 🔳 ③ – 432 h. alt. 462.
Paris 547 – Annonay 58 – Grenoble 71 – Romans-sur-Isère 26 – Valence 46 – Vienne 58.

⚠ **La Grivelière** avril-sept.
℘ 04 75 71 70 71 – E : 3 km par D 228, rte de Roybon et rte à droite, bord de la Verne – ⚘ ⚬⚊
– **R** conseillée – ⚹
1,5 ha (40 empl.) plat, peu incliné, herbeux ☐
& ⛁ 🗟 ⊟ ⊙ 📷 – pizzeria – ☐ 🚣 ☐
Tarif : ⭍ 15 piscine comprise – ⬅ 7 – 🔲 20 – ⚡ 13 (4A)

15120 Cantal 🔳 – 🔳 ⑫ G. Auvergne – 970 h. alt. 800.
🅱 Office de Tourisme ℘ 04 71 49 21 43.
Paris 588 – Aurillac 31 – Entraygues-sur-Truyère 13 – Figeac 57 – Rodez 59.

⚠ **Municipal la Grangeotte** juin-15 sept.
℘ 04 71 49 26 00 – SE : 1 km par D 920, rte d'Entraygues-sur-Truyère et à droite – ⚔ – **R** – ⚹
1 ha (50 empl.) plat, peu incliné et accidenté, herbeux, pierreux ☐ ♀
⛁ ⇆ ⊟ ⊙ ⚘ 📷 – ✗ ☐
Tarif : (Prix 1998) ⭍ 13 – ⬅ 5 – 🔲 9/13,50 – ⚡ 13,50 (3A)

49730 M.-et-L. 🔳 – 🔳 ⑬ G. Châteaux de la Loire – 561 h. alt. 77.
Paris 295 – Angers 74 – Châtellerault 66 – Chinon 19 – Poitiers 82 – Saumur 12 – Tours 59.

⚠ **L'Isle Verte** mai-sept.
℘ 02 41 51 76 60 – sortie Nord-Ouest par D 947, rte de Saumur, bord de la Loire – ⚬⚊ – **R** conseillée juil.-août – GB ⚹
2,5 ha (105 empl.) plat, herbeux ♀♀
& ⛁ ⇆ 🗟 ⚖ ⊟ ⊙ 📷 – ⚒ – ☐ 🚣 ✗ ☐
Tarif : 🔲 piscine et tennis compris 2 pers. 72, pers. suppl. 16 – ⚡ 16 (16A)

50530 Manche 🔳 – 🔳 ⑧ – 255 h. alt. 91.
Paris 330 – Avranches 9 – Cherbourg 121 – Granville 20 – Fougères 50 – St-Lô 57.

⚠ **Le Mont-Viron** Pâques-sept.
℘ 02 33 60 43 26 – N : 0,7 km par D 61, rte de Sartilly – ⚬⚊ – **R** conseillée 14 juil.-août – ⚹
0,6 ha (42 empl.) plat, herbeux ☐ ♀
⛁ ⇆ ⊟ ⊙ 📷 – ☐ 🚣
Tarif : ⭍ 16 – 🔲 16 – ⚡ 12 (5A)

68690 H.-Rhin 🔳 – 🔳 ⑧ ⑨ G. Alsace Lorraine – 1 906 h. alt. 390.
Paris 440 – Colmar 50 – Gérardmer 43 – Mulhouse 28 – Thann 8 – Le Thillot 30.

⚠ **La Mine d'Argent** mai-sept.
℘ 03 89 82 30 66 – SO : 1,5 km par r. de la Mairie et r. de la Mine-d'Argent, bord d'un ruisseau –
Places limitées pour le passage ⚘ ⚔ – ⚬⚊ – **R** juil.-15 août
2 ha (75 empl.) peu incliné, plat, en terrasses, herbeux ♀ (0,5 ha)
⛁ ⇆ ⊟ ⊙ 📷 – ☐ 🚣
Tarif : ⭍ 14 – 🔲 14 – ⚡ 15 (4A) 20 (6A)

MORANNES

49640 M.-et-L. **5** – **64** ① – 1 534 h. alt. 25.
Paris 264 – Angers 38 – Châteauneuf-sur-Sarthe 12 – La Flèche 30 – Sablé-sur-Sarthe 17.

▲▲ **La Péniche** Pâques-oct.
    📞 02 41 42 20 32, Fax 02 41 42 22 66 – sortie Ouest par D 26, rte de Chemiré et à droite avant le pont, bord de la Sarthe (halte nautique) – ! o━ – **R** conseillée – GB 🎣
2,5 ha (103 empl.) plat, herbeux ♀
♿ 🎠 🥄 🛁 🍲 ⊕ 🌱 🕴 📺 – 🍽 snack – 🏠 🏊
Tarif : 🧍 17 *piscine comprise* – ⚌ 10 – 📺 17 – [💡] 13 (8A)
Location : *bungalows toilés*

MORHANGE

57340 Moselle **8** – **57** ⑮ – 4 460 h. alt. 255.
🛈 Office de Tourisme (fermé sam.-dim.) 📞 03 87 86 21 58.
Paris 376 – Lunéville 51 – Metz 44 – St-Avold 30 – Sarreguemines 43.

▲▲ **Centre de Loisirs de la Mutche** avril-oct.
    📞 03 87 86 21 58, Fax 03 87 86 24 88 – N : 6,5 km par rte de Sarreguemines, D 78 rte d'Arprich à gauche et chemin du site touristique, bord de l'étang de la Mutche – ! o━ – **R** conseillée juil.-août – GB 🎣
5,5 ha (77 empl.) plat et peu incliné, gravillons, herbeux, sapinière 📦
🎦 🎠 🥄 🖳 ⊕ 🕴 📺 – !, – 🏠 🚲 🚴 terrain omnisports – A proximité : 🍽 🍴 🚣 🏊 ≈ 🚰 -Ⓒ
Tarif : 📺 *piscine comprise 2 pers.* 60 – [💡] 17 (20A)
Location *(permanent)* : 🛖1700 à 2300 – *huttes*

MORIANI-PLAGE

2B H.-Corse – **90** ④ – voir à Corse.

MORIEZ

04170 Alpes-de-H.-Pr. **17** – **81** ⑱ – 160 h. alt. 974.
Paris 778 – Castellane 24 – Digne-les-Bains 40 – Moustiers-Ste-Marie 64 – St-André-les-Alpes 4.

▲ **Municipal le Pré Long**
    📞 04 92 89 04 77 – SE : 0,5 km par N 202, rte de Barrême, après le viaduc, bord de l'Asse de Moriez – o━
1 ha (61 empl.) plat, peu incliné, herbeux, pierreux ♀
🎠 🖳 ⊕

MORNANT

69440 Rhône **11** – **74** ⑪ G. **Vallée du Rhône** – 3 900 h. alt. 380.
🛈 Syndicat d'Initiative Mairie 📞 et Fax 04 78 44 10 63.
Paris 479 – Givors 12 – Lyon 25 – Rive-de-Gier 14 – St-Étienne 37 – Vienne 24.

▲ **Municipal de la Trillonière** mai-sept.
    📞 04 78 44 16 47 – sortie Sud, carrefour D 30 et D 34, près d'un ruisseau – ! – **R**
1,5 ha (60 empl.) peu incliné et plat, herbeux
♿ 🎠 🥄 🛁 ⊕ – A proximité : 🏓 🖳 🏊
Tarif : *(Prix 1998)* 🧍 16 – 📺 17 – [💡] 16 (5 ou 8A)

MORNAS

84550 Vaucluse **16** – **81** ① – 2 087 h. alt. 37.
Paris 649 – Avignon 41 – Bollène 11 – Montélimar 47 – Nyons 45 – Orange 13 – Pont-St-Esprit 11.

▲▲ **Beauregard** Permanent
    📞 04 90 37 02 08, Fax 04 90 37 07 23 – sortie Nord par N 7, rte de Montélimar puis 1,6 km par D 74 à droite – Places limitées pour le passage ! « Cadre agréable » o━ – **R** conseillée – GB 🎣
15 ha (251 empl.) plat et accidenté, sablonneux ♀♀ pinède
♿ 🎠 🥄 🖳 ⊕ 🕴 📷 🏠 – !, 🍴 🚣 – 🏠 🚣 🏊 toboggan aquatique
Tarif : 📺 *élect., piscine et tennis compris 2 pers.* 105
Location : 🚍 850 à 1850 – 🚕 1400 à 3200 – 🛖1500 à 3500

MORTEAU

25500 Doubs **12** – **70** ⑦ G. **Jura** – 6 458 h. alt. 780.
🛈 Office de Tourisme pl. Gare 📞 03 81 67 18 53.
Paris 469 – Basel 122 – Belfort 90 – Besançon 64 – Montbéliard 70 – Neuchâtel 40 – Pontarlier 32.

▲ **Le Cul de la Lune** Pâques-sept.
    📞 03 81 67 17 52 – sortie Sud-Ouest par D 437, rte de Pontarlier et D 48 à gauche, rte de Montlebon, bord du Doubs – ≺ o━ saison – **R** conseillée 10 juil.-20 août – 🎣
0,5 ha (42 empl.) plat, herbeux ♀
🎠 🥄 🖳 🛁 ⊕ – 🏠 – A proximité : 🏓
Tarif : 🧍 20 – 📺 18 – [💡] 10 (6A)

MORTEROLLES-SUR-SEMME

87 H.-Vienne ⑩ – ⑫ ⑧ – ⊠ 87250 Bessines-sur-Gartempe.
Paris 353 – Bellac 32 – Bourganeuf 51 – Guéret 50 – Limoges 42 – La Souterraine 16.

⚠ *Municipal* Permanent
🅟 05 55 76 60 18 – au bourg – **R**
0,8 ha (33 empl.) plat, herbeux
▥ ⬚ ⇆ ⬚ ⬚ ⊛
Tarif : ▣ *2 pers. 35 – ⓰ 11 (5A)*

MORZINE

74110 H.-Savoie ⑫ – ⑭ ⑧ G. Alpes du Nord – 2 967 h. alt. 960 – Sports d'hiver : : 1 000/2 460 m ⛷ 8 ⛷ 89 ⛷.
🅱 Office de Tourisme pl. de la Crusaz 🅟 04 50 74 72 72, Fax 04 50 79 03 48.
Paris 592 – Annecy 79 – Chamonix-Mont-Blanc 70 – Cluses 29 – Genève 62 – Thonon-les-Bains 33.

⚠ *Les Marmottes* 15 déc.-avril, juin-sept.
🅟 04 50 75 74 44 – à **Essert-Romand**, NO : 3,7 km par D 902, rte de Thonon-les-Bains et D 329
à gauche, alt. 938 – ❄ Ⓜ ⇔ ☛ – **R** conseillée 15 juil.-15 août – ⬚
0,5 ha (26 empl.) plat, gravier
▥ ⬚ ⇆ ⬚ ⬚ ⬚ ⊛ ⬚ ▽ ▣ – ⬚
Tarif : ▣ *2 pers. 70/85 (hiver 88) – ⓰ 3A : 19 6A : 25 (hiver 30) 10A : 36 (hiver 38)*

MOSNAC

17240 Char.-Mar. ⑨ – ⑫ ⑪ – 431 h. alt. 23.
Paris 503 – Cognac 33 – Gémozac 19 – Jonzac 12 – Saintes 33.

⚠ *Municipal les Bords de la Seugne* mars-nov.
🅟 05 46 70 48 45 – au bourg, bord de la rivière – ⬚ – **R**
0,9 ha (33 empl.) plat, herbeux ⬚
⬚ ⬚ ⊛
Tarif : ⚲ *10 – ▣ 11 – ⓰ 11*

MOSTUÉJOULS

12 Aveyron ⑮ – ⑧⓪ ④ G. Gorges du Tarn – 249 h. alt. 500 – ⊠ 12720 Peyreleau.
Paris 638 – Meyrueis 25 – Millau 22 – Rodez 72 – Le Rozier 3 – Sévérac-le-Château 27.

⚠ *L'Aubigue* avril-sept.
🅟 05 65 62 63 67 – SE : 1,3 km par D 907, rte de Peyreleau, bord du Tarn – ⇔ ☛ juil.-août –
R conseillée 15 juil.-15 août – ⬚
2 ha (50 empl.) plat, herbeux, pierreux ⬚⬚
⬚ ⬚ ⇆ ⬚ ⬚ ⬚ ⊛ ▣ – ⬚
Tarif : ▣ *2 pers. 50, pers. suppl. 10 – ⓰ 10 (6A)*

La MOTHE-ACHARD

85150 Vendée ⑨ – ⑥⑦ ⑬ – 1 918 h. alt. 20.
Paris 435 – Aizenay 15 – Challans 40 – La Roche-sur-Yon 19 – Les Sables-d'Olonne 18 – St-Gilles-Croix-de-Vie
26.

⚠ *Le Pavillon* 3 avril-sept.
🅟 02 51 05 63 46 – SO : 1,5 km, rte des Sables-d'Olonne – ☛ – **R** conseillée juil.-août – ⒼⒷ ⬚
3,6 ha (90 empl.) plat, herbeux, étang ⬚⬚
⬚ ⬚ ⇆ ⬚ ⬚ ⬚ ⊛ ▣ – ⓨ – ⬚ ⬚ ⬚
Tarif : ▣ *piscine comprise 2 pers. 74, pers. suppl. 21 – ⓰ 16 (6A) 19 (10A)*
Location : ⬚ *900 à 2200 – ⬚ 1000 à 3000*

La MOTTE-CHALANCON

26470 Drôme ⑯ – ⑧① ④ – 382 h. alt. 547.
Paris 649 – Aspres-sur-Buech 49 – Die 48 – Nyons 36 – Rémuzat 9 – Serres 38.

⚠ *Le Moulin* avril-sept.
🅟 04 75 27 24 06 – sortie Sud par D 61, rte de Rémuzat et à droite après le pont, bord de l'Aygue-
belle – ⬚ ☛ saison – **R** conseillée juil.-août – ⬚
1,2 ha (36 empl.) plat, herbeux ⬚
⬚ ⬚ ⇆ ⬚ ⊛ ▣ – ⬚ ⬚
Tarif : ⚲ *14 – ⬚ 8 – ▣ 15 – ⓰ 8 (2A) 12 (5A) 20 (10A)*

La MOTTE-FEUILLY

36160 Indre ⑩ – ⑥⑧ ⑲ G. Berry Limousin – 44 h. alt. 235.
Paris 311 – Aigurande 27 – Boussac 31 – Châteaumeillant 9 – La Châtre 12 – Guéret 55.

⚠ *Municipal* mai-15 oct.
à l'Ouest du bourg – ⬚ « Dans le parc du château »
0,4 ha (23 empl.) plat et peu incliné, herbeux
⬚ ⬚ ⇆ ⬚ ⊛
Tarif : ⚲ *9 – ⬚ 9 – ▣ 9 – ⓰ 12,50 (9A)*

MOUCHAMPS

85640 Vendée 🟨 – 🔳 ⑮ G. Poitou Vendée Charentes – 2 398 h. alt. 81.
Paris 387 – Cholet 37 – Fontenay-le-Comte 53 – Nantes 69 – La Roche-sur-Yon 35.

⚠ **Municipal** juin-sept.
   𝒫 02 51 66 25 72 – S : 0,6 km par D 113, rte de St-Prouant, bord d'un ruisseau – ⌐ – **R** conseillée
   – ⚲
   0,4 ha (23 empl.) plat, herbeux ⊏⊐ 🍃
   🗂 🛁 ⊛ – 🔥
   Tarif : (Prix 1998) ⚡ 12,50 piscine comprise – �car 4 – 🅴 7 – ⚡ 9
   Location : 🏠 980 à 2540

MOULEYDIER

24520 Dordogne 🔟 – 🔳 ⑮ – 1 049 h. alt. 30.
Paris 537 – Bergerac 10 – Castillonnès 28 – Lalinde 12 – Périgueux 48.

⚠ **Municipal la Gravière** 20 juin-4 sept.
   𝒫 05 53 23 22 38 – E : 1,5 km par D 660, rte de Lalinde et à droite, au stade, près de la Dordogne
   – ⌐ – **R** juil.-août – ⚲
   1,5 ha (72 empl.) peu incliné, herbeux 🟢🟢 (0,5 ha)
   ♿ 🗂 ⇆ 🛁 ⊛ 🅱 – ✂ 🏊
   Tarif : 🅴 1 à 7 pers. 25 à 75 (38 à 90 avec élect. 2A)

MOULINS-ENGILBERT

58290 Nièvre 🔟🔟 – 🔳 ⑥ G. Bourgogne – 1 711 h. alt. 215.
Paris 276 – Autun 50 – Château-Chinon 17 – Corbigny 40 – Moulins 73 – Nevers 57.

⚠ **Municipal de l'Escame** juin-1er sept.
   𝒫 03 86 84 26 12 – N : 1,5 km par D 37, rte de Château-Chinon, près d'un ruisseau et d'un plan
   d'eau – ⌐ – **R** – ⚲
   1 ha (20 empl.) peu incliné et en terrasses, gravier, herbeux ⊏⊐
   🗂 ⇆ 🛁 ⊛ ♨ ⇶ – A proximité : ✂ 🏊
   Tarif : (Prix 1998) ⚡ 8 – 🅴 8

MOURIÈS

13890 B.-du-R. 🔟🔢 – 🔳 ① – 2 505 h. alt. 13.
Paris 716 – Arles 25 – Les Baux-de-Provence 11 – Cavaillon 25 – Istres 24 – Salon-de-Provence 22.

⚠⚠ **Le Devenson** 15 mars-15 sept.
   𝒫 04 90 47 52 01 – NO : 2 km par D 17 et D 5 à droite – 🏊 ≤ ⌐ – **R** conseillée juil.-août – Séjour
   minimum 1 semaine
   12 ha/3,5 campables (60 empl.) en terrasses, pierreux, rocheux, oliveraie ⊏⊐ 🟢🟢 pinède
   🗂 ⇆ 🅸 🏔 ⊛ 🅱 – cases réfrigérées – 🏠 🏊
   Tarif : ⚡ 28 piscine comprise – 🅴 32 – ⚡ 19 (5A)

MOUSTERLIN (Pointe de)

29 Finistère – 🔳 ⑮ – rattaché à Fouesnant.

MOUSTIERS-STE-MARIE

04360 Alpes-de-H.-Pr. 🔟🔢 – 🔳 ⑰ G. Alpes du Sud – 580 h. alt. 631.
🅱 Office de Tourisme (fermé matin hors saison) 𝒫 04 92 74 67 84, Fax 04 92 74 60 65.
Paris 771 – Aix-en-Provence 90 – Castellane 45 – Digne-les-Bains 48 – Draguignan 62 – Manosque 50.

⚠ **St-Clair** avril-sept.
   𝒫 04 92 74 67 15 – S : 2,5 km, carrefour des D 952 et D 957, bord de la Maïre et de l'Anguire –
   ≤ ⌐ – **R** – ⚲
   3 ha (215 empl.) peu incliné, en terrasses, pierreux, herbeux 🟢🟢
   ♿ 🗂 ⇆ 🅸 🏔 ⊛ 🅱 – 🏊 pizzeria, cases réfrigérées – 🏠 – A proximité : ✗
   Tarif : ⚡ 21 – 🅴 22 – ⚡ 18 (6A)

⚠ **Le Vieux Colombier** avril-sept.
   𝒫 04 92 74 61 89 – S : 0,8 km – ≤ ⌐ saison – **R** conseillée – 🅶🅱 ⚲
   2,7 ha (70 empl.) en terrasses, peu incliné, incliné, pierreux, herbeux
   ♿ 🗂 ⇆ 🅸 🛁 🏔 ⊛ 🗂 🅱 – 🏠
   Tarif : ⚡ 21 – 🅴 23 – ⚡ 15 (3A) 19 (6A)

⚠ **St-Jean** mai-20 sept.
   𝒫 04 92 74 66 85 – SO : 1 km par D 952, rte de Riez, bord de la Maïre – ≤ ⌐ – **R** conseillée juil.-août
   – ⚲
   1,6 ha (125 empl.) plat, peu incliné, herbeux 🟢🟢
   ♿ 🗂 ⇆ 🅸 🏔 ⊛ ♨ ⇶ 🗂 🅱 – 🏠
   Tarif : ⚡ 20 – 🅴 22 – ⚡ 14 (3A) 19 (6A)

⚠ **Manaysse** avril-2 nov.
   𝒫 04 92 74 66 71, Fax 04 92 74 62 28 – SO : 0,9 km par D 952, rte de Riez – ≤ ⌐ – **R** conseillée
   1,6 ha (60 empl.) incliné, terrasses, herbeux
   ♿ 🗂 ⇆ 🅸 🏔 ⊛ 🅱
   Tarif : ⚡ 17 – 🅴 17 – ⚡ 14 (5A) 18 (10A)

Le MOUTCHIC

33 Gironde – **71** ⑱ – rattaché à Lacanau (Étang de).

Les MOUTIERS-EN-RETZ

44580 Loire-Atl. **9** – **67** ② G. Poitou Vendée Charentes – 739 h. alt. 5.
Paris 431 – Challans 35 – Nantes 44 – St-Nazaire 41.

  ⚠ *Domaine du Collet* juin-sept.
    📞 02 40 21 40 92, Fax 02 40 21 45 12 : SE : 3,5 km, à 150 m de la mer, bord d'un étang – 🐕 ⚓
    – **R** conseillée – ⚒
    12 ha (270 empl.) plat, sablonneux, herbeux ☷ ⚥⚥ (2 ha)
    🕭 🖧 🍴 ⚑ 🚻 ⊕ 🖳 – 🍷 snack 🍺 – 🎣 🏌 ※ 🏊 🚣 poneys
    Tarif : ☒ *piscine et tennis compris 2 pers. 100, pers. suppl. 25* – 🔌 *15 (6A)*
    Location : 🛖 – 🚐 *1200 à 3000*

  ⚠ *La Mer - Le Marqueval*
    📞 02 40 64 65 90, Fax 02 51 74 63 17 – au bourg par sortie Est – ⚓
    5 ha (176 empl.) plat, herbeux ☷
    🕭 🖧 🍴 ⚑ 🚻 ⊕ 🏊 🚿 🖳 – 🍷 – 🚗 🚲 🎿 half-court
    Location : 🚐

380

△△ **La Plage** avril-1er oct.
  𝒸 02 40 82 71 43, Fax 02 40 82 72 46 – NO : 0,8 km par D 97, rte de la Bernerie-en-Retz, bord de
  la plage – ⚬━ – **R** conseillée – ⒼⒷ ⚷
  5 ha (62 empl.) plat, peu incliné, herbeux, sablonneux ⟆ ⚲
  ⚖ ⛌ ⛫ ⛶ ⚬ ⚒ ⛵ ⛟ – ⚡ ⚲ ⚱ – ⚓ ⛲ ⛰
  Tarif : ⒺⒺ *piscine comprise 2 pers. 107, pers. suppl. 29* – Ⓘ *19 (16A)*
  Location : ⊞ *1450 à 3000* – ⛺ *1550 à 3450*

△ **Les Brillas** juin-sept.
  𝒸 02 40 82 79 78 – NO : 1,5 km – ⚘ ⚬━ – **R** conseillée 14 juil.-15 août – ⚷
  1,2 ha (96 empl.) peu incliné, herbeux ⟆
  ⚿ ⚖ ⛌ ⛫ ⛶ ⚬ ⚒ ⛰ – ⚓
  Tarif : (Prix 1998) Ⓔ *1 à 3 pers. 62, pers. suppl. 10* – Ⓘ *17 (6A) 25 (10A)*
  Location : ⊞ *1150 à 1450*

▶ *Consultez le tableau des localités citées,*
  classées par départements, avec indication éventuelle
  des caractéristiques particulières des terrains sélectionnés.

MOUZON

08210 Ardennes ⓥ – ⑤⑥ ⑩ G. Champagne – 2 637 h. alt. 160.
Paris 245 – Carignan 7 – Charleville-Mézières 40 – Longwy 63 – Sedan 18 – Verdun 64.

△ **Municipal la Tour St-Jérôme** 15 mai-15 sept.
  𝒸 03 24 26 28 02 – sortie Sud-Est par r. Porte de Bourgogne et chemin à droite après le pont, près
  du stade – ⚬━ – **R** conseillée
  0,5 ha (32 empl.) plat, herbeux
  ⚿ ⚖ ⛌ ⛫ ⛶ ⚬ – A proximité : toboggan aquatique ⚲ ⛰ ⛰ ⛲
  Tarif : (Prix 1998) ⚹ *16* – ⛲ *7* – Ⓔ *11* – Ⓘ *13 (5 ou 6A)*

MOYAUX

14590 Calvados ⑤ – ⑤⑤ ⑭ – 1 185 h. alt. 160.
Paris 170 – Caen 62 – Deauville 29 – Lisieux 13 – Pont-Audemer 24.

△△△ **Le Colombier** mai-15 sept.
  𝒸 02 31 63 63 08, Fax 02 31 63 15 97 – NE : 3 km par D 143, rte de Lieurey – ⚘ ⚬━ – **R** conseillée
  15 juil.-20 août – ⒼⒷ ⚷
  15 ha/6 campables (180 empl.) plat, herbeux ⚲
  ⚿ ⚖ ⛌ ⛫ ⚖ ⛶ ⚬ ⚒ ⛰ – ⚖ ⚡ crêperie ⚱ – ⚓ bibliothèque ⛰ ⛸ ⚲ ⛰ ⛲
  Tarif : ⚹ *33 piscine comprise* – Ⓔ *69* – Ⓘ *15 (12A)*

MOYENNEVILLE

80870 Somme ① – ⑤② ⑥ – 565 h. alt. 92.
Paris 196 – Abbeville 9 – Amiens 65 – Blangy-sur-Bresle 24 – Dieppe 61 – Le Tréport 31.

△ **Le Val de Trie** avril-oct.
  𝒸 03 22 31 48 88, Fax 03 22 31 35 33 – NO : 3 km, sur D 86 à Bouillancourt-sous-Miannay, bord
  d'un ruisseau – ⚘ ⚬━ – **R** conseillée juil.-août – ⚷
  1,5 ha (50 empl.) plat, herbeux ⟆ ⚲ peupleraie
  ⚖ ⛌ ⛫ ⛶ ⚬ ⛰ – ⚱
  Tarif : Ⓔ *piscine comprise 2 pers. 69 (87 avec élect. 6A), pers. suppl. 20*

MUIDES-SUR-LOIRE

41500 L.-et-Ch. ⑤ – ⑥④ ⑧ – 1 115 h. alt. 82.
Paris 169 – Beaugency 16 – Blois 21 – Chambord 7 – Vendôme 53.

△△△ **Château des Marais** 15 mai-15 sept.
  𝒸 02 54 87 05 42, Fax 02 54 87 05 43 – au Sud-Est du bourg par D 103, rte de Crouy-sur-Cosson,
  Pour caravanes : accès par D 112, rte de Chambord et D 103 à droite – ⚘ « Dans l'agréable parc
  boisé du château » ⚬━ – **R** indispensable juil.-août – ⒼⒷ ⚷
  8 ha (198 empl.) plat, herbeux ⚲⚲
  ⚿ ⚖ ⛌ ⛫ ⚖ ⛶ ⚬ ⚒ ⛵ ⛟ ⛰ – ⚖ ⚡ ✗ ⚱ – ⚓ ⛰ ⛸ ⚲ ⛲ toboggan aquatique
  Tarif : Ⓔ *piscine et tennis compris 2 pers. 140, pers. suppl. 33* – Ⓘ *20 (6A)*
  Location : ⛬ *(hôtel)*

△ **Municipal Bellevue** Rameaux-1er sept.
  𝒸 02 54 87 01 56 – au Nord du bourg par D 112, rte de Mer et à gauche avant le pont, près de
  la Loire – ⚬━ juil.-août – **R** – ⚷
  2,5 ha (100 empl.) plat, herbeux, sablonneux
  ⚿ ⚖ ⛌ ⛫ ⚬ ⛰ – A proximité : ⚲ ⛰
  Tarif : ⚹ *14* – Ⓔ *8,10* – Ⓘ *5A : 8,60 (hors saison 12,95)*

MULHOUSE

68100 H.-Rhin 🎱 – 🖸🖸 ⑨ ⑩ G. Alsace Lorraine – 108 357 h. alt. 240.

🛈 Office de Tourisme 9 av. Mar.-Foch ℘ 03 89 45 68 31, Fax 03 89 45 66 16.

Paris 464 – Basel 40 – Belfort 41 – Besançon 130 – Colmar 43 – Dijon 218 – Freiburg 58 – Nancy 176 – Reims 367.

   🏕 **F.F.C.C. L'ill** avril-sept.

       ℘ 03 89 06 20 66, Fax 03 89 61 18 34 – au Sud-Ouest de la ville, r. Pierre-de-Coubertin, Par autoroute A 36, sortie Dornach « Décoration arbustive » ⊶ – **R** conseillée – 🆖
       ⚓
       5 ha (210 empl.) plat, herbeux ♉♉
       🕭 ⇆ 🗐 🖾 ⊕ 🖳 – 🍴 – 🏊 – A proximité : patinoire, piste de bi-cross ✂ ♁ 🖾 🏊
       Tarif : ⚹ *19 –* 🗉 *19 –* 🔌 *19 (5A)*

MUNSTER

68140 H.-Rhin 🎱 – 🖸🖸 ⑱ G. Alsace Lorraine – 4 657 h. alt. 400.

🛈 Office de Tourisme pl. du Marché ℘ 03 89 77 31 80, Fax 03 89 77 07 17.

Paris 457 – Colmar 20 – Gérardmer 33 – Guebwiller 29 – Mulhouse 60 – St-Dié 53 – Strasbourg 91.

   🏕 **Municipal du Parc de la Fecht** Pâques-sept.

       ℘ 03 89 77 31 08 – E : 1 km par D 10, rte de Turckheim, bord de la Fecht – ⊶ juil.-août –
       R conseillée – ⚹
       4 ha (260 empl.) plat, herbeux ♉♉
       🕭 ⇆ 🗐 🖾 🖳 ⊕ – 🍴 – A proximité : 🏊
       Tarif : (Prix 1998) ⚹ *14,20 –* 🗉 *20,60 –* 🔌 *15 (6A)*

MURAT

15300 Cantal 🔢 – 🔢🔢 ③ G. Auvergne – 2 409 h. alt. 930.

🛈 Office de Tourisme 2 r. du Fg Notre-Dame ℘ 04 71 20 09 47, Fax 04 71 71 20 21 94.

Paris 524 – Aurillac 52 – Brioude 58 – Issoire 72 – St-Flour 23.

   🏕 **Municipal de Stalapos** juin-sept.

       ℘ 04 71 20 01 83 – sortie Sud rte de St-Flour puis 1 km par chemin à droite, bord de l'Alagnon
       – 🐦 ⇇ ⊶ – ⚹
       3,8 ha (250 empl.) plat et peu incliné, herbeux
       🕭 ⇆ 🖾 ⊕ – 🍴
       Tarif : (Prix 1998) ⚹ *9 –* 🗉 *9 –* 🔌 *15 (6A) 23 (10A)*

MURAT-LE-QUAIRE

63 P.-de-D. – 🔢🔢 ⑬ – rattaché à la Bourboule.

MUR-DE-BRETAGNE

22530 C.- d'Armor 🎱 – 🖸🖸 ⑲ G. Bretagne – 2 049 h. alt. 225.

🛈 Office de Tourisme (Pâques-sept.) pl. de l'Église ℘ 02 96 28 51 41, Fax 02 96 26 09 12.

Paris 457 – Carhaix-Plouguer 50 – Guingamp 46 – Loudéac 20 – Pontivy 17 – Quimper 100 – St-Brieuc 43.

   🏕 **Municipal du Rond Point du Lac** 15 juin-15 sept.

       ℘ 02 96 26 01 90 – O : 2,4 km par D 18, près de la Base de Loisirs du Lac de Guerlédan – 🐦 ⊶
       juil.-août – ⚹ – ⚹
       1,7 ha (133 empl.) plat, peu incliné, incliné, herbeux ♉
       🕭 🗐 ⇆ 🖾 ⊕ – A proximité : parcours sportif ♟ brasserie 🚲 ♨
       Tarif : (Prix 1998) ⚹ *11,55 –* 🚗 *3,80 –* 🗉 *3,90 –* 🔌 *10,20*

MUROL

63790 P.-de-D. 🔢 – 🔢🔢 ⑬ G. Auvergne – 606 h. alt. 830.

🛈 Office de Tourisme r. de Jassaguet ℘ 04 73 88 62 62, Fax 04 73 88 60 23.

Paris 462 – Besse-en-Chandesse 10 – Clermont-Ferrand 38 – Condat 38 – Issoire 32 – Le Mont-Dore 21.

       Schéma à Chambon (Lac)

   🏕 **La Ribeyre** mai-15 sept.

       ℘ 04 73 88 64 29, Fax 04 73 88 68 41 – S : 1,2 km rte de Jassat, bord d'un ruisseau – 🐦 ⇇ « Plan
       d'eau privé avec plage aménagée » ⊶ ✨ dans locations – **R** conseillée juil.-août – ⚹
       10 ha/7 campables (300 empl.) plat, herbeux
       🕭 🗐 ⇆ 🖾 🖳 ⊕ 🖾 🗗 – pizzeria – 🍴 🏖 ✨ 🏊 🏊 (plan d'eau)
       Tarif : (Prix 1998) 🗉 *piscine comprise 2 pers. 84, pers. suppl. 24 –* 🔌 *15 (3A) 25 (6A)*
       Location : 🏠 *950 à 2300 –* 🛖 *1200 à 3500 – huttes*

   🏕 **Le Repos du Baladin** mai-12 sept.

       ℘ 04 73 88 61 93, Fax 04 73 88 66 41 – E : 1,5 km par D 146, rte de St-Diéry, **à Groire** « Cadre
       agréable » ⊶ – **R** juil.-août – ⚹
       1,6 ha (62 empl.) plat et peu incliné, terrasses, herbeux 🗔 ♉♉
       🕭 🗐 ⇆ 🗐 🖾 ⇆ ⊕ 🖳 – ♟ ✕ 🖳 – 🍴 🛒 🏖
       Tarif : (Prix 1998) 🗉 *2 pers. 69, pers. suppl. 18 –* 🔌 *16 (5A) 25 (15A)*
       Location : 🛖 *1400 à 2900 –* 🏠

🏕 **Les Fougères** mai-sept.
  ℘ 04 73 88 67 08, Fax 04 73 88 64 63 – sortie Ouest par D 996, rte de Chambon-Lac, près d'un ruisseau – ≼ ⊶ – **R** conseillée – ⚲
1,7 ha (70 empl.) en terrasses, plat, herbeux
  ᕼ ⬛ ⬛ ⬛ ⬛ ⊕ ⬛ – ⚲ – A proximité : ≈
Tarif : 🔲 *piscine comprise 1 ou 2 pers. 76* – [g] *15 (4 à 8A)*
Location : 🏠 *1800 à 3000*

🏕 **Lou Gravêroux** 15 juin-15 sept.
  ℘ 04 73 88 63 95 – S : 1,4 km rte de Jassat, bord d'un ruisseau – ≈ ≼ ⊶ – **R** conseillée 14 juil.-15 août – **GB** ⚲
2,5 ha (90 empl.) plat, herbeux ⚲ verger
  ᕼ ⬛ ⬛ ⬛ ⬛ ⬛ ⊕ ⬛ – ⬛
Tarif : 🔲 *2 pers. 60, pers. suppl. 18* – [g] *13 (3A) 20 (6A) 30 (10A)*
Location : 🏠 *1400*

MURS

84220 Vaucluse 16 – 81 ⑬ G. Provence – 391 h. alt. 510.
Paris 708 – Apt 17 – Avignon 48 – Carpentras 26 – Cavaillon 27 – Sault 33.

🏕 **Municipal des Chalottes** Pâques-14 sept.
  ℘ 04 90 72 60 84 – sortie Sud par D 4, rte d'Apt puis 1,8 km à droite par rte et chemin, après le V.V.F. – ≈ ≼ « Cadre boisé et situation agréable » – **R** conseillée juil.-août
4 ha (50 empl.) peu incliné à incliné et accidenté, pierreux ⚲
  ᕼ ⬛ ⬛ ⬛ ⬛ ⊕ – ⬛
Tarif : ✶ *15* – 🔲 *22* – [g] *12 (12A)*

MURS-ET-GELIGNIEUX

01300 Ain 12 – 74 ⑭ – 188 h. alt. 232.
Paris 511 – Aix-les-Bains 37 – Belley 16 – Chambéry 41 – Crémieu 42 – La Tour-du-Pin 25.

🏕 **Île de la Comtesse** 28 mars-oct.
  ℘ 04 79 87 23 33 – SO : 1 km sur D 992, rte des Abrets, près du Rhône (plan d'eau) – ≼ ⊶ ≋ dans locations – **R** conseillée juil.-15 août – **GB** ⚲
3 ha (100 empl.) plat, pierreux, herbeux ⬛
  ᕼ ⬛ ⬛ ⬛ ⬛ ⬛ ⊕ ⬛ – ⬛ ☂ – ⬛ ⬛
Tarif : ✶ *24,50 piscine comprise* – 🔲 *38,50* – [g] *16 (6A) 21 (10A)*
Location : 🏠 *1800 à 3200*

Le MUY

83490 Var 17 – 84 ⑦ – 7 248 h. alt. 27.
🛈 Office de Tourisme rte de la Bourgade ℘ 04 94 45 12 79, Fax 04 94 45 06 67.
Paris 856 – Les Arcs 11 – Draguignan 14 – Fréjus 17 – Le Luc 26 – Ste-Maxime 25.

🏕 **Les Cigales** avril-15 oct.
  ℘ 04 94 45 12 08, Fax 04 94 45 92 80 – SO : 3 km, accès par l'échangeur de l'autoroute A 8 et chemin à droite avant le péage « Cadre agréable » ⊶ – **R** conseillée juil.-août – **GB** ⚲
10 ha/3,8 campables (180 empl.) en terrasses, accidenté, pierreux, herbeux ⬛ ⚲⚲ pinède
  ᕼ ⬛ ⬛ ⬛ ⬛ ⊕ ⬛ – ☂ ☂ – réfrigérateurs ⬛ ⬛ ⬛
Tarif : 🔲 *piscine et tennis compris 2 pers. 120, pers. suppl 30* – [g] *21 (6A) 29 (10A)*
Location : 🏠 *1600 à 4200*

🏕 **La Noquière**
  ℘ 04 94 45 13 78, Fax 04 94 45 92 95 – E : 2 km par N 7, rte de St-Raphaël – ≼ ⊶
14 ha (349 empl.) plat, accidenté, pierreux, herbeux ⚲⚲
  ᕼ ⬛ ⬛ ⬛ ⬛ ⊕ – ⬛ – ⬛ ⬛ ⬛

MUZILLAC

56190 Morbihan 4 – 63 ⑭ – 3 471 h. alt. 20.
🛈 Office de Tourisme, pl. de l'Hôtel-de-Ville ℘ 02 97 41 53 04.
Paris 463 – Nantes 89 – Redon 37 – La Roche-Bernard 16 – Vannes 25.

🏕 **Le Relais de l'Océan** avril-sept.
  ℘ 02 97 41 66 48 – O : 3 km par D 20, rte d'Ambon et rte de Damgan à gauche « Entrée fleurie » ⊶ – **R** conseillée juil.-août – ⚲
1,7 ha (90 empl.) plat, herbeux
  ᕼ ⬛ ⬛ ⬛ ⬛ ⬛ ⊕ ⬛ – ⬛ ⬛ ⬛ ⬛ – A proximité : ⬛
Tarif : 🔲 *piscine comprise 2 pers. 72,50, pers. suppl. 19,50* – [g] *14,50 (6A) 20 (10A)*
Location : 🏠 *1150 à 1950 – appartements*

🏕 **Municipal**
  ℘ 02 97 41 67 01 – E : par rte de Péaule et chemin, près du stade – ⊶
1 ha (100 empl.) plat, herbeux
  ᕼ ⬛ ⬛ ⬛ ⬛ ⊕ – ⬛

à Noyal-Muzillac NE : 5 km par D 5 – 1 864 h. alt. 52 – ⊠ 56190 Noyal-Muzillac :

   ⵑ **Moulin de Cadillac** mai-sept.
     ℰ 02 97 67 03 47, Fax 02 97 67 00 02 – NO : 4,5 km par rte de Berric, bord du Kervily – ⅋ « Entrée fleurie et cadre agréable » �o— – **R** conseillée 15 juil.-15 août – ⅁⅀ ⅄
     2,5 ha (75 empl.) plat, herbeux, petit étang ⌸ ⚲
     ⅊ 🛆 ⇆ 🗔 ⅊ 🛆 ⚲ ⊙ 🖥 – ⅊ – ⌂ ⚐ ⅀ ⅃ toboggan aquatique
     Tarif : (Prix 1998) 🛆 *18 piscine et tennis compris* – 🖽 *26* – 🔌 *12 (10A)*
     Location *(15 mars-sept.) :* ⌂ *1500 à 2700 – bungalows toilés*

▶ *Si vous recherchez un terrain avec tennis ou piscine,
consultez le tableau des localités citées, classées par départements.*

NABIRAT

24250 Dordogne 🔢 – 🔢 ⑰ – 275 h. alt. 175.
Paris 550 – Cahors 42 – Fumel 50 – Gourdon 9 – Périgueux 86 – Sarlat-la-Canéda 20.

Schéma à la Roque-Gageac

   ⵑ **L'Étang** mai-sept.
     ℰ 05 53 28 52 28 – N : 4 km par rte de Groléjac et chemin à gauche, à Liaubou-Bas – ⅋ « Entrée fleurie » �o— – **R** conseillée
     3 ha (75 empl.) en terrasses et peu incliné, herbeux, petit étang ⌸ ⚲⚲ (1 ha)
     ⅊ 🛆 ⇆ 🗔 ⅊ ⊙ ⚲ 🖥 – ⅊ – ⅊ – ⌂ ⚐ ⅀ ⅃
     Location : ⌸ – ⌂ – *gîtes*

NAGES

81320 Tarn 🔢 – 🔢 ③ – 321 h. alt. 800.
Paris 724 – Brassac 35 – Lacaune 14 – Lamalou-les-Bains 48 – Olargues 35 – St-Pons-de-Thomières 35.

   ⵑ **Rieu-Montagné** juin-15 sept.
     ℰ 05 63 37 15 42, Fax 05 63 37 24 71 – S : 4,5 km par D 62 et rte à gauche, à 50 m du lac de Laouzas – ⅋ ⩽ lac et montagnes boisées « Agréable situation » ⊶ – **R** conseillée – ⅁⅀ ⅄
     8,5 ha (171 empl.) en terrasses, herbeux, pierreux ⌸ ⚲ (4 ha)
     🛆 ⇆ 🗔 ⅊ ⊙ ⅊ ⚐ 🖥 – ⅊ ⅊ ⨯ ⅊ – ⌂ ⅃ – A proximité : 🚲 ⅊ ⅊ ⅊ ⅊ ⅊ ⅊ ⅊ ⅊
     Tarif : 🖽 *élect. et piscine comprises 1 à 3 pers. 130, pers. suppl. 15*
     Location : ⌸ *1800 à 3000 – * ⌂ *2000 à 3500*

NAILLOUX

31560 H.-Gar. 🔢 – 🔢 ⑱ – 1 026 h. alt. 285.
Paris 741 – Auterive 15 – Castelnaudary 33 – Foix 51 – Pamiers 30 – Toulouse 43.

   ⵑ **Le Parc de la Thésauque** mars-nov.
     ℰ 05 61 81 34 67 – E : 3,4 km par D 622, rte de Villefranche-de-Lauragais, D 25 à gauche et chemin, à 100 m du lac – ⅋ ⩽ ⊶ – **R** indispensable juil.-août – ⅁⅀ ⅄
     2 ha (60 empl.) en terrasses, herbeux
     🏛 ⅊ 🛆 ⇆ 🗔 ⅊ ⊙ ⅊ ⚐ 🖥 – A proximité : ⅊ ⨯ 🚲 ⅊ ⅊ ⅊
     Tarif : (Prix 1998) 🖽 *2 pers. 78, pers. suppl. 22 – * 🔌 *20 (6A) 25 (10A)*
     Location : ⌂ *1600 à 2100*

NAJAC

12270 Aveyron 🔢 – 🔢 ⑳ G. Gorges du Tarn – 766 h. alt. 315.
🛈 Office de Tourisme pl. Faubourg ℰ 05 65 29 72 05, Fax 05 65 29 79 29.
Paris 625 – Albi 50 – Cahors 86 – Gaillac 49 – Montauban 72 – Rodez 76 – Villefranche-de-Rouergue 19.

   ⵑ **Municipal le Païsserou** 20 mai-9 sept.
     ℰ 05 65 29 73 96 – NO : 1,5 km par D 39, rte de Parisot, bord de l'Aveyron – ⅋ ⊶ – **R** conseillée 20 juil.-15 août – ⅄
     4 ha (100 empl.) plat, herbeux ⌸ ⚲⚲
     ⅊ 🛆 ⇆ 🗔 ⊙ ⅊ 🖥 – snack ⅊ – ⌂ ⅊ – A proximité : ⅊ ⅃
     Tarif : 🖽 *élect. (10A) comprise 2 pers. 69, pers. suppl. 30*
     Location : ⌂ *995 à 1570 – gîte d'étape*

NALLIERS

85370 Vendée 🔢 – 🔢 ⑪ – 1 763 h. alt. 9.
Paris 433 – Fontenay-le-Comte 20 – Luçon 12 – Niort 52 – La Rochelle 44 – La Roche-sur-Yon 44.

   ⵑ **Municipal le Vieux Chêne** 15 mai-15 sept.
     ℰ 02 51 30 90 71 – au Sud du bourg – **R** conseillée
     1 ha (25 empl.) plat, herbeux ⌸
     ⅊ 🛆 ⇆ 🗔 ⊙ – A proximité : ⅊
     Tarif : 🛆 *10 – * 🚗 *5 – * 🖽 *5 – * 🔌 *15*

80120 Somme **1** – **51** ⑫ G. Flandres Artois Picardie – 242 h. alt. 10.
Paris 210 – Abbeville 31 – Amiens 79 – Boulogne-sur-Mer 53 – Hesdin 27 – Le Touquet-Paris-Plage 29.

⚠️ **La Ferme des Aulnes** avril-1er nov.
   𝒫 03 22 29 22 69 – SO : 3 km par D 85ᴱ, rte de Villier-sur-Authie, à Fresne – 🛇 o━ – **R** conseillée
   – 🚲
   4 ha (55 empl.) peu incliné, herbeux 🖵
   ᕒ ⛌ ⛺ ⬚ 🍴 – 🍽 – 🍷 – ☷ 🚣 🛝
   Tarif : (Prix 1998) 🅔 piscine comprise 2 pers. 100, pers. suppl. 30 – 🔋 28 (6A)

▶ Utilisez les **cartes MICHELIN** détaillées à 1/200 000,
   complément indispensable de ce guide.

   o Ce symbole signale la localité sélectionnée
   dans le **guide Michelin** « **CAMPING CARAVANING FRANCE** ».

18330 Cher **6** – **64** ㉑ G. Berry Limousin – 784 h. alt. 140.
Paris 203 – Aubigny-sur-Nère 27 – Bourges 36 – La Chapelle-d'Angillon 21 – Salbris 14 – Vierzon 23.

⚠️ **Municipal les Pins** Permanent
   𝒫 02 48 51 81 80 – NO : 0,8 km par D 944 rte de Salbris – Places limitées pour le passage « Agréable
   cadre boisé » o━ – **R**
   4 ha (100 empl.) plat, sablonneux 🌳🌳
   ▥ ⛌ 🍴 ⬚ ☷ 🅔 – ☷ 🚴 – A proximité : 🎿
   Tarif : (Prix 1998) 🛉 6,80 – 🅔 7,40/11 – 🔋 11,60 (5A) 23,50 (10A)

54000 M.-et-M. **8** – **62** ⑤ G. Alsace Lorraine – 99 351 h. alt. 206.
🛈 Office de Tourisme 14 pl. Stanislas 𝒫 03 83 35 22 41, Fax 03 83 35 90 10.
Paris 307 – Metz 57 – Pont-à-Mousson 29 – Toul 23.

⚠️ **International de Nancy-Brabois** avril-15 oct.
   𝒫 03 83 27 18 28, Fax 03 83 40 06 43 ✉ 54600 Villers-les-Nancy – SO : au parc de Brabois, Par
   A 33 sortie Nancy-Brabois – o━ – **R** – **GB**
   6 ha (190 empl.) plat, peu incliné, herbeux 🖵 🌳🌳
   ▥ ⛌ 🍴 ⬚ 🍴 ⬚ ☷ ↻ 🅔 – bureau d'information touristique – ☷
   Tarif : 🅔 2 pers. 55 – 🔋 15 (5A) 30 (15A)

83860 Var **17** – **84** ⑭ – 2 485 h. alt. 380.
Paris 798 – Aix-en-Provence 44 – Brignoles 27 – Marseille 43 – Rians 35 – Toulon 71.

⚠️ **International de la Ste-Baume** mai-5 sept.
   𝒫 04 94 78 92 68, Fax 04 94 78 67 37 – N : 0,9 km par D 80 et à droite, Par A 8 : sortie St-Maximin-
   la-Ste-Baume – 🛇 « Cadre agréable en forêt » o━ 🎿 dans locations – **R** conseillée 5 juil.-20 août
   – 🚲
   5 ha (160 empl.) plat, peu accidenté, pierreux, gravier 🖵 🌳🌳
   ᕒ ⛌ ⛺ 🍴 ⬚ ⬚ 🍴 – ☷ 🚣 ▣ 🎿 🛝 poneys
   Tarif : 🅔 piscine et tennis compris 2 pers. 129 – 🔋 23 (6A) 29 (10A)
   Location : ⛺ 1990 à 3490 – 🏠 2590 à 3990 – bungalows toilés

⚠️ **Municipal la Petite Colle** Permanent
   𝒫 04 94 78 65 98 – S : 1,5 km par D 80, rte de la Ste-Baume et chemin à gauche – 🛇 « Cadre
   sauvage » o━ – **R** conseillée juil.-août – 🚲
   1,1 ha (50 empl.) plat et peu accidenté, pierreux, rochers 🌳🌳
   ⛌ ⛺ ⬚ ☷ 🅔
   Tarif : 🛉 19 – 🅔 19 – 🔋 15 (15A)

12230 Aveyron **15** – **80** ⑮ G. Gorges du Tarn – 773 h. alt. 490.
Paris 675 – Le Caylar 21 – Millau 33 – Montpellier 95 – St-Affrique 41 – Le Vigan 42.

⚠️ **Val de Cantobre** 15 mai-14 sept.
   𝒫 05 65 58 43 00, Fax 05 65 62 10 36 – Domaine de Vellas, N : 4,5 km par D 991, rte de Millau et
   chemin à droite, bord de la Dourbie – 🛇 ↤ « Vieille ferme caussenarde du XVᵉ siècle » o━ –
   R conseillée – **GB** 🚲
   6 ha (200 empl.) en terrasses, rocailleux, herbeux 🖵 🌳
   ᕒ ⛌ ⛺ 🍴 ⬚ ⬚ ☷ 🍴 ▣ – 🍽 🍷 ✕ pizzeria ⬚ cases réfrigérées – ☷ 🏕 🚣 🎿
   ᵐ
   Tarif : 🅔 élect. et piscine comprises 2 pers. 148
   Location : ⛺ 1500 à 3100 – 🏠 1800 à 3500

▲ **Le Roc qui parle** avril-sept.
  & 05 65 62 22 05 – NO : 2,4 km par D 991, rte de Millau, au lieu-dit les Cuns, bord de la Dourbie
  – 🐕 ≤ « Site agréable » ⚬– **R** conseillée 14 juil.-15 août – ⚡
  4,5 ha (88 empl.) plat, en terrasses et incliné, herbeux, pierreux ▭
  ♿ 🛎 ⏚ 🍴 🏪 ⊕ 🛒 🏧 🗄 🖳 – 🔲 🚣
  Tarif : (Prix 1998) 🅴 *2 pers. 65, pers. suppl. 20 –* [⚡] *15 (6A)*
  Location : 🚐

▲ **Vialaret** mai-15 sept.
  & 05 65 62 13 66 – sortie Nord-Ouest par D 991, rte de Millau et chemin à droite, bord de la Dourbie
  – ≤ ⚬– juil.-août – **R** conseillée août – ⚡
  2 ha (50 empl.) plat, herbeux ▭
  ♿ 🛎 ⏚ 🍴 🏪 ⊕ 🖳
  Tarif : 🅴 *2 pers. 60, pers. suppl. 15 –* [⚡] *10 (5A)*

NANTES

44000 Loire-Atl. 🇳 – 🗗🗗 ③ G. Bretagne – 244 995 h. alt. 8.
🅱 Office de Tourisme, pl. du Commerce *&* 02 40 20 60 00, Fax 02 40 89 11 99, (dim.) Château des Ducs de
Bretagne.
Paris 384 – Angers 91 – Bordeaux 320 – Lyon 635 – Quimper 234 – Rennes 110.

▲▲ **Petit Port** Permanent
  & 02 40 74 47 94, Fax 02 40 74 23 06 ⊠ 44300 Nantes – bd du Petit-Port, bord du Cens « Cadre
  agréable, décoration florale et arbustive » ⚬– **R** conseillée – ⊖🅱 ⚡
  8 ha (200 empl.) plat, peu incliné, herbeux, gravillons ▭
  🎦 🛎 ⏚ 🍴 🏪 ⊕ 🛒 🏧 🗄 🖳 – A proximité : patinoire, bowling ✕ crêperie ▭
  Tarif : (Prix 1998) ✸ *18 tennis compris –* 🅴 *35/46 –* [⚡] *18 (10A)*

à Ste-Luce-sur-Loire NE : 6 km par D 68 – 9 648 h. alt. 9 – ⊠ 44980 Ste-Luce-sur-Loire :

▲ **Belle Rivière** Permanent
  & 02 40 25 85 81 – NE : 2 km par D 68, rte de Thouaré puis, au lieu-dit la Gicquelière, 1 km par
  rte à droite, accès direct à un bras de la Loire « Entrée fleurie » ⚬– saison – **R** conseillée,
  indispensable hiver – ⚡
  3 ha (100 empl.) plat, herbeux 🚣
  🎦 ♿ 🛎 ⏚ 🍴 ⊕ 🛒 🖳 – 🚣 – A proximité : 🏇 (centre équestre)
  Tarif : 🅴 *2 pers. 65, pers. suppl. 20 –* [⚡] *16 (3A) 18 (5A) 23 (10A)*

à Vertou SE : 10 km par D 59 – 18 235 h. alt. 32 – ⊠ 44120 Vertou :

▲▲ **Municipal le Loiry** mai-sept.
  & 02 40 80 07 10 – au Sud du bourg, sur D 115, rte de Rezé, près de la Sèvre Nantaise et d'un
  plan d'eau – ⚬– **R** – ⚡
  2 ha (73 empl.) plat, herbeux ▭
  ♿ 🛎 ⏚ 🍴 🏪 ⊕ 🖳 – 🔲 - Au Parc de Loisirs attenant : ♟ brasserie 🎿 🚣 parcours sportif –
  A proximité : ✕ ▭
  Tarif : ✸ *14 –* 🅴 *23 –* [⚡] *13 (6A) 22 (10A)*

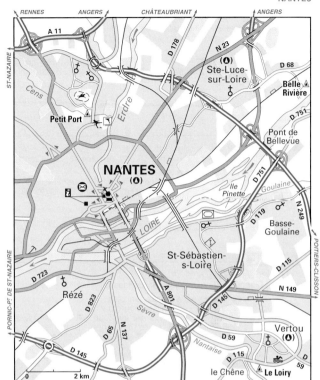

NARBONNE

11100 Aude 15 – 83 ⑭ G. Pyrénées Roussillon – 45 849 h. alt. 13.
🛈 Office de Tourisme pl. Roger-Salengro 𝒫 04 68 65 15 60, Fax 04 68 65 59 12.
Paris 795 – Béziers 28 – Carcassonne 61 – Montpellier 97 – Perpignan 65.

    Le Relais de la Nautique mars-15 nov.
𝒫 04 68 90 48 19, Fax 04 68 90 73 39 – S : 4,5 km, près de l'étang de Bages, Par A9 sortie 38
Narbonne-Sud – ← o—₊ – **R** conseillée juil.-août – **GB**
16 ha (390 empl.) plat et peu incliné, gravillons ☷ ♀
& ⧖ ⊕ ⚲ ⵯ 🖳 – ⚌ ♀ ✗ snack ⵚ – ⛫ ⵮ discothèque ⛟ ⚵ ⚲ ⍑ toboggan aquatique
– A proximité : ◊
Tarif : ▣ élect. (10A) piscine et tennis compris 2 pers. 130
Location : 🛏 1365 à 2485

    Les Mimosas 28 mars-oct.
𝒫 04 68 49 03 72, Fax 04 68 49 39 45 – SE : 6 km, à Mandirac, Par A 9 : sortie 38 Narbonne-Sud
« Cadre agréable et fleuri » o—₊ – **R** conseillée juil.-août – **GB** ⵯ
9 ha (250 empl.) plat, pierreux, herbeux ☷ ♀
& ⧖ ⊕ 🖳 ⚲ ⊕ ⚲ ⵯ 🖳 – ⚌ ♀ ✗ ⵚ – ⛫ ⵮ ⎗ ⛾ salle d'animation ⛟ ⚵ ⚲ ⍑ ⍑
– A proximité : ⵦ
Tarif : ▣ piscine comprise 2 pers. 88, pers. suppl. 22 – [₤] 16 (6A)
Location : 🛏 900 à 1800 – 🛏 1400 à 3100 – 🛖 1400 à 3300 – bungalows toilés

à Narbonne-Plage E : 15 km par D 168 – ⊠ 11100 Narbonne.
🛈 Office de Tourisme (saison) av. du Théâtre 𝒫 04 68 49 84 86

    La Falaise avril-sept.
𝒫 04 68 49 80 77, Fax 04 68 49 40 44 – sortie Ouest, rte de Narbonne, à 500 m de la plage – o—₊
– **R** conseillée juil., indispensable août – **GB** ⵯ
7 ha (382 empl.) plat, pierreux ☷ ♀
& ⧖ ⊕ 🖳 ⚲ ⊕ 🖳 ▣ – ⚌ ♀ snack ⵚ – ⛫ ⛟ – A proximité : ⚲ ⍑
Tarif : (Prix 1998) ▣ 2 pers. 83 (108 avec élect. 5A), pers. suppl. 30

NASBINALS

48260 Lozère **15** – **76** ⑭ – 503 h. alt. 1 180.
🛈 Office de Tourisme ℰ 04 66 32 55 73.
Paris 578 – Aumont-Aubrac 23 – Chaudes-Aigues 27 – Espalion 34 – Mende 58 – Rodez 65 – St-Flour 56.

  ▲ **Municipal**
    ℰ 04 66 32 51 87 – N : 1 km par D 12, rte de St-Urcize, alt. 1 100 – ⚬ ⚬━
    2 ha (75 empl.) plat, peu incliné, herbeux
    🛁 ♒ ⇌ 🖥 ⊡ ☺ – A proximité : 🐎

▶ *Ne voyagez pas aujourd'hui avec une carte d'hier.*

NAUCELLE

12800 Aveyron **15** – **80** ① – 1 929 h. alt. 490.
Paris 644 – Albi 48 – Millau 89 – Rodez 35 – St-Affrique 76 – Villefranche-de-Rouergue 50.

  ▲▲ **Lac de Bonnefon** juin-sept.
    ℰ 05 65 47 00 67 – sortie Sud-Est par D 997, rte de Naucelle-Gare puis 1,5 km par rte de Crespin
    et rte de St-Just à gauche, à 100 m de l'étang (accès direct) – ⚬ ⚬━ – **R** conseillée juil.-août –
    ⚲
    3 ha (90 empl.) peu incliné, en terrasses, herbeux ⟋ ♀
    🛁 ♒ ⇌ 🖥 ⊡ ☺ 🖥 – 🍷 snack – 🛒 ⚒ ≊ (petite piscine)
    Tarif : (Prix 1998) 🅔 *2 pers. 60, pers. suppl. 18* – (ฅ) *20 (10A)*

NAUSSAC

48300 Lozère **15** – **76** ⑰ – 117 h. alt. 920.
Paris 582 – Grandrieu 25 – Langogne 3 – Mende 48 – Le Puy-en-Velay 54 – Thueyts 45.

  ▲ **Intercommunal du Lac** avril-sept.
    ℰ 04 66 69 23 15 – au Nord du bourg par D 26, rte de Sauges et à gauche, à 200 m du lac (accès
    direct) – ≼ « Belle situation » ⚬━ juil.-août – **R** conseillée juil.-août – **GB** ⚲
    4,8 ha (198 empl.) incliné, en terrasses, herbeux, pierreux
    🕮 🛁 ♒ ⇌ 🖥 ⊡ ☺ 🖥 – 🛒 ⚒ ⤧ – A proximité : toboggan aquatique, golf 🍷 ✕ ⚓ ⚒ ⚒ ≊
    ⚙ 🐎
    Tarif : (Prix 1998) ⚲ *19 piscine comprise* – 🚗 *12* – 🅔 *12* – (ฅ) *15 (6A)*
    Location : 🛖*(sans sanitaires)*

NAVARRENX

64190 Pyr.-Atl. **13** – **85** ⑤ G. Pyrénées Aquitaine – 1 036 h. alt. 125.
🛈 Office de Tourisme (hors saison) Porte St-Antoine ℰ 05 59 66 10 22 (juil.-août) ℰ 05 59 66 14 93,
Fax 05 59 66 11 01.
Paris 785 – Oloron-Ste-Marie 22 – Orthez 22 – Pau 42 – St-Jean-Pied-de-Port 62 – Sauveterre-de-Béarn 21.

  ▲ **Municipal Beau Rivage** avril-15 sept.
    ℰ 05 59 66 10 00 – à l'Ouest du bourg, entre le Gave d'Oloron et les remparts du village – ≼ ⚬━
    – **R**
    2 ha (60 empl.) en terrasses, plat, herbeux ⟋
    🛁 ♒ ⇌ 🖥 ⊡ ☺ 🖥 – ⚒ – A proximité : ✕ ⚒
    Tarif : ⚲ *14* – 🚗 *11* – 🅔 *17/20* – (ฅ) *15 (20A)*
    Location : *huttes*

Le NAYRAC

12190 Aveyron **15** – **76** ⑫ ⑬ – 581 h. alt. 707.
Paris 604 – Aurillac 60 – Entraygues-sur-Truyère 17 – Espalion 19 – Rodez 49.

  ▲ **La Planque** juil.-août
    ℰ 05 65 44 44 50 – S : 1,4 km par D 97, rte d'Estaing puis chemin à gauche, bord d'un étang – ⚬
    ≼ ⚬━ – **R** – ⚲
    3 ha (45 empl.) en terrasses, plat, herbeux ⟋ ♀
    ♒ ⇌ ⊡ ☺ 🖥 – 🛒 ⚒ ⤧ ✕ ≊
    Tarif : ⚲ *14* – 🅔 *14* – (ฅ) *9 (3A) 13 (6A)*

NÉBIAS

11500 Aude **15** – **86** ⑥ – 247 h. alt. 581.
Paris 813 – Belcaire 27 – Carcassonne 59 – Lavelanet 27 – Quillan 10.

  ▲ **Le Fontaulié-Sud** Pâques-sept.
    ℰ 04 68 20 17 62 – sortie Nord-Ouest par D 117 puis 0,6 km par chemin à gauche – ⚬ ≼ ⚬━ –
    R conseillée juil.-août – ⚲
    3,5 ha (69 empl.) plat et incliné, herbeux, pinède ⟋
    ♒ ⇌ ⊡ ☺ 🖥 – ⚓ – 🛒 ⤧ ≊
    Tarif : 🅔 *piscine comprise 2 pers. 59* – (ฅ) *13 (4A)*
    Location : 🛏 *1000 à 1400* – �carav *1300 à 2000*

63210 P.-de-D. **11** – **73** ⑬ – 658 h. alt. 860.
Paris 444 – La Bourboule 34 – Clermont-Ferrand 21 – Pontgibaud 22 – St-Nectaire 25.

   ▲▲ **Les Dômes** 15 mai-15 sept.
     ℘ 04 73 87 14 06, Fax 04 73 87 18 81 – aux 4 Routes, par D 216, rte de Rochefort-Montagne, alt.
     815 – ← « Entrée fleurie » ⚬━ – **R** conseillée – ⚲
     1 ha (65 empl.) plat, herbeux 🖵 ♀
     🗟 ⚮ 🖵 🛦 🖴 ⚴ ⊚ 🖳 ⚡ 🖾 🖪 – 🏠 ⚓ 🖳 (découverte l'été)
     Tarif : 🖪 *piscine comprise 1 pers. 45,50, pers. suppl. 31* – ⒔ *19,50 (10A)*
     Location : 🖾 – 🏚

66170 Pyr.-Or. **15** – **86** ⑱ – 835 h. alt. 101.
Paris 875 – Millas 3 – Perpignan 21 – Prades 25 – Tautavel 26 – Thuir 13.

   ▲ **La Garenne** permanent
     ℘ 04 68 57 15 76 – O : 0,7 km par D 916, rte d'Ille-sur-Têt – ⚬━ – **R** conseillée – ⚲
     1,5 ha (73 empl.) plat, herbeux, pierreux 🖵 ♀♀
     🛦 🗟 ⚮ ⚴ ⊚ 🖪 🖴 – 🖳 🖵
     Tarif : 🖪 *piscine comprise 2 pers. 60, pers. suppl. 18* – ⒔ *10A : 17 (hiver 30)*
     Location : 🖾

82800 T.-et-G. **14** – **79** ⑱ – 3 326 h. alt. 87.
🅱 Office de Tourisme D115 Ancienne Gare ℘ 05 63 64 23 47.
Paris 634 – Bruniquel 14 – Caussade 12 – Gaillac 46 – Montauban 18.

   ▲ **Municipal le Colombier** juin-sept.
     ℘ 05 63 64 20 34 – au Sud-Ouest de la ville, près du D 115 – ⚬━ – **R** conseillée juil.-août – ⚲
     1 ha (53 empl.) plat, en terrasses, herbeux, pierreux ♀
     🗟 🖴 ⊚ 🖳 🖪 – À proximité : 🛒 ⚓ 🖳
     Tarif : ⚹ *12 piscine comprise* – 🖪 *22* – ⒔ *12 (10A)*

39 Jura – **70** ③ – rattaché à Dole.

03310 Allier **11** – **73** ② ③ G. Auvergne – 2 831 h. alt. 364.
🅱 Office de Tourisme carr. des Arènes ℘ et Fax 04 70 03 11 03.
Paris 340 – Clermont-Ferrand 83 – Montluçon 9 – Moulins 74 – St-Pourçain-sur-Sioule 57.

   ▲▲ **Municipal du Lac** avril-oct.
     ℘ 04 70 03 24 70 – au Sud-Ouest de la ville, par D 155, rte de Villebret, à l'ancienne gare, bord de
     la rivière et accès direct à un lac – ⚬━ – **R** – ⚲
     3,5 ha (135 empl.) plat et peu incliné, terrasse, herbeux, gravillons 🖵
     🛦 🗟 ⚮ 🖵 🖴 ⊚ ⚴ ⚡ 🖪 – 🍴 snack – 🖾 ⚓ – À proximité : ✕ 🖳
     Tarif : (Prix 1998) 🖪 *élect. (10A) comprise 1 pers. 53,50, pers. suppl. 20,40*
     Location : 🏚 *1722 à 2072 – studios, huttes*

41210 L.-et-Ch. **6** – **64** ⑱ ⑲ – 1 152 h. alt. 102.
Paris 184 – Beaugency 32 – Blois 40 – Lamotte-Beuvron 20 – Romorantin-Lanthenay 21 – Salbris 26.

   ▲ **Municipal de la Varenne** Pâques-sept.
     ℘ 02 54 83 68 52 – NE : 1 km, accès par rue à gauche de l'église, près du Beuvron – ⚶ « Cadre
     agréable » ⚬━ – **R** – ⚲
     4 ha (73 empl.) plat, peu incliné, herbeux, sablonneux 🖵 ♀♀ chênaie
     🛦 🗟 ⚮ ⚴ ⊚ 🖪 – ⚓ 🚲 ✕
     Tarif : ⚹ *11,60* – 🖪 *10,55/15,80* – ⒔ *14,70*

15260 Cantal **11** – **76** ⑭ G. Auvergne – 1 078 h. alt. 938.
🅱 Office de Tourisme le Bourg ℘ 04 71 23 85 43, Fax 04 71 23 86 40.
Paris 535 – Aurillac 77 – Entraygues-sur-Truyère 70 – Espalion 68 – St-Chély-d'Apcher 44 – St-Flour 18.

   ▲▲ **Le Belvédère du Pont de Lanau** avril-15 nov.
     ℘ 04 71 23 50 50, Fax 04 71 23 58 93 – S : 6,5 km par D 48, D 921, rte de Chaudes-Aigues et chemin
     de Gros à droite, alt. 670 – ⚶ ←gorges de la Truyère « Dans un site agréable » ⚬━ – **R** conseillée
     saison – ⊞ ⚲
     5 ha (120 empl.) en terrasses, herbeux, pierreux 🖵 ♀
     🛦 🗟 ⚮ 🖵 🛦 🖴 ⚴ ⊚ ⚴ ⚡ 🖳 🖪 – 🍴 – 🖾 🖴 🛁 – 🖳
     Tarif : 🖪 *piscine comprise 2 pers. 100* – ⒔ *15 (6A)*
     Location : 🖾 *1850 à 2850*

△ **Municipal Fontbielle** juin-sept.
    ✆ 04 71 23 84 08 – à 500 m au Sud du bourg – ⑤ ← – **R** conseillée 14 juil.-15 août – ⚡
    1 ha (41 empl.) en terrasses, herbeux, pierreux ♀♀ (0,4 ha)
    ⅍ ⌘ ⇆ ⌷ ☺ ⚒ ☇ ▨ – 🛒 🚿 – A proximité : ✗
    Tarif : ▣ 1 pers. 20, 2 pers. 30, pers. suppl. 12 – ⓗ 10 (10A)
    Location : huttes

NEUVIC

19160 Corrèze ⑩ – ⑦⑥ ① G. Berry Limousin – 1 829 h. alt. 620.
☷ Office de Tourisme r.de la Poste ✆ 05 55 95 88 78 et (juil.août) r.de la Tour-Cinq-Pierre.
Paris 469 – Aurillac 80 – Mauriac 26 – Tulle 58 – Ussel 21.

⚠ **Municipal de la Plage** juil.-août
    ✆ 05 55 95 85 48 – E : 2,3 km par D 20, rte de Bort-les-Orgues et rte de la plage à gauche, bord
    du lac de Triouzoune – ⑤ « Site agréable » ☛ – **R** conseillée – ⚡
    5 ha (100 empl.) en terrasses et accidenté, herbeux, gravillons ▭ ♀♀
    ⌘ ⇆ ⌷ ☺ ⚒ – 🛒 🚿 – A proximité : ☕ ✗ ✗ 🏓 🚣 ♨
    Tarif : (Prix 1998) ⚹ 14 – 🚗 7 – ▣ 9 – ⓗ 9 (10A)
    Location (avril-oct.) : gîtes

▶ *Reisen Sie nicht heute mit einer Karte von gestern.*

NEUVIC

24190 Dordogne ⑩ – ⑦⑤ ④ – 2 737 h. alt. 80.
Paris 517 – Bergerac 36 – Mussidan 12 – Périgueux 28 – Ribérac 23.

⚠ **Municipal Plein Air Neuvicois** juin-sept.
    ✆ 05 53 81 50 77, Fax 05 53 82 10 44 – N : 0,7 km par D 39, rte de St-Astier, sur les deux rives
    de l'Isle – ☛ – **R** conseillée juil.-août – ⒼⒷ ⚡
    2,5 ha (121 empl.) plat, herbeux ♀♀
    ⅍ ⌘ ⇆ ⌷ ☺ ☺ – ☕ – 🛒 – A proximité : ✗ 🏊 ≋
    Tarif : (Prix 1998) ▣ 2 pers. 55 – ⓗ 14 (5A)

NEUVILLE-DE-POITOU

86 Vienne – ⑥⑧ ⑬ – rattaché à Poitiers.

NEUVILLE SUR SARTHE

72190 Sarthe ⑤ – ⑥⓪ ⑬ – 2 121 h. alt. 60.
Paris 207 – Beaumont-sur-Sarthe 20 – Conlie 19 – Le Mans 8 – Mamers 39.

⚠ **Le Vieux Moulin** mai-sept.
    ✆ 02 43 25 31 82, Fax 02 43 25 38 11 – sortie Ouest par rue du Vieux Moulin et chemin à gauche
    avant le pont, près de la Sarthe – ⑤ ☛ – **R** – ⒼⒷ ⚡
    4,8 ha (100 empl.) plat, herbeux ▭ ♀
    ▥ ⅍ ⇆ ⌷ ☺ ☺ ⊞ 🛒 – 🚿 ✗ 🏓 ≋ (petite piscine) – A proximité : ✗
    Tarif : ▣ 2 pers. 65 – ⓗ 19,50 (10A)

NEUVY-ST-SÉPULCHRE

36230 Indre ⑩ – ⑥⑧ ⑲ G. Berry Limousin – 1 722 h. alt. 186.
Paris 296 – Argenton-sur-Creuse 24 – Châteauroux 28 – La Châtre 16 – Guéret 60 – La Souterraine 69.

△ **Municipal les Frênes** 15 juin-août
    ✆ 02 54 30 82 51 – sortie Ouest par D 927, rte d'Argenton-sur-Creuse puis 0,6 km par rue
    à gauche et chemin à droite, à 100 m d'un étang et de la Bouzanne – ⑤ ☛ ✗ – **R**
    1 ha (35 empl.) plat, herbeux ▭
    ⅍ ⇆ ⌷ ☺ ⚒ ☇ ▨ – 🏊 – A proximité : ☕ snack ✗
    Tarif : ▣ piscine comprise 2 pers. 40, pers. suppl. 12 – ⓗ 10 (6A) 20 (10A)

NÉVACHE

05100 H.-Alpes ⑫ – ⑦⑦ ⑧ G. Alpes du Sud – 245 h. alt. 1 640 – Sports d'hiver : 1 600/1 800 m ⚡ 2 ⚡.
Paris 702 – Bardonècchia 62 – Briançon 21.

△ **Municipal** 10 juin-20 sept.
    ✆ 04 92 21 38 21 – NO : 6,2 km par D 301ᵀ, aux Chalets de Fontcouverte, bord d'un torrent et
    près de la Clarée, croisement difficile pour caravanes, alt. 1 860 – ⑤ ← « Site agréable » ☛ – ℞ –
    ⚡
    2 ha (100 empl.) plat, peu incliné, terrasses, pierreux, herbeux ♀
    ⅍ ⌘ – A proximité : ✗
    Tarif : ⚹ 10 – 🚗 7 – ▣ 13/15

NÉVEZ

29920 Finistère **3** – 58 ⑪ G. Bretagne – 2 574 h. alt. 40.
Paris 542 – Concarneau 14 – Pont-Aven 8 – Quimper 38 – Quimperlé 26.

▲ **Les Chaumières** 15 mai-15 sept.
    🅿 02 98 06 73 06, Fax 02 98 06 78 34 – S : 3 km par D 77 et rte à droite, à Kérascoët – 🦢 o━
    juil.-août – **R** conseillée 15 juil.-15 août – ⨉
    2 ha (93 empl.) plat, herbeux ⚲ verger (0,3 ha)
    🕭 🏠 ⚄ 🖭 🖾 – 🏕 – A proximité : ▼ crêperie
    Tarif : ✸ 19,50 – 🚗 9 – 🗉 18 – ⦿ 13,60 (4A) 17 (6A) 22 (10A)

NEXON

87800 H.-Vienne 10 – 72 ⑰ G. Berry Limousin – 2 297 h. alt. 359.
Paris 415 – Châlus 19 – Limoges 24 – Nontron 52 – Rochechouart 38 – St-Yrieix-la-Perche 21.

▲ **Municipal de l'Étang de la Lande** juin-sept.
    🅿 05 55 58 35 44 – S : 1 km par rte de St-Hilaire, accès près de la pl. de l'Hôtel de ville, près d'un
    plan d'eau – o━ – **R** conseillée – ⨉
    2 ha (53 empl.) peu incliné, terrasse, herbeux ▭ ⚲⚲ (0,3 ha)
    🕭 🏠 ⚄ 🖭 🖾 – 🛖 ⚲⚲ – A proximité : ≅ (plage)
    Tarif : 🗉 élect. comprise 2 pers. 59
    Location : 🏚1200 à 2840 – huttes

NEYDENS

74160 H.-Savoie 12 – 74 ⑥ – 957 h. alt. 560.
Paris 531 – Annecy 31 – Bellegarde-sur-Valserine 36 – Bonneville 34 – Genève 17 – St-Julien-en-Genevois 8.

▲▲ **La Colombière** avril-oct.
    🅿 04 50 35 13 14, Fax 04 50 35 13 40 – à l'Est du bourg – ≼ o━ – **R** conseillée – 🇬🇧
    ⨉
    2,2 ha (100 empl.) plat, herbeux ▭ ⚲
    🕭 🏠 ⚄ 🖭 ⚄ ⚄ 🖾 🖭 – ▼ ✕ ⨟ – 🛖 🏕 ⅃
    Tarif : 🗉 piscine comprise 2 pers. 90, pers. suppl. 22 – ⦿ 20 (5A)
    Location : 🏚 1100 à 1900

NIBELLE

45340 Loiret **6** – 60 ⑳ – 697 h. alt. 123.
Paris 102 – Chartres 91 – Châteauneuf-sur-Loire 24 – Neuville-aux-Bois 27 – Pithiviers 20.

▲▲ **Nibelle** mars-nov.
    🅿 02 38 32 23 55, Fax 02 38 32 03 87 – E : 2 km par D 230, rte de Boiscommun puis D 9 à droite
    – Places limitées pour le passage 🦢 o━ – **R** conseillée – ⨉
    6 ha (120 empl.) plat, pierreux, herbeux ▭ ⚲
    🏠 ⚄ 🖭 ⚄ ✕ 🛖 ⅃ – A proximité : ✕
    Tarif : (Prix 1998) ✸ 50 piscine comprise – 🚗 10 – 🗉 10/20 avec élect. (2A)
    Location : 🏚1400 à 3650

NIEDERBRONN-LES-BAINS

67110 B.-Rhin **8** – 57 ⑱ ⑲ G. Alsace Lorraine – 4 372 h. alt. 190 – ⚕ (mars-déc.).
🅸 Office de Tourisme 2 pl. Hôtel-de-Ville 🅿 03 88 80 89 70, Fax 03 88 80 37 01.
Paris 458 – Haguenau 22 – Sarreguemines 56 – Saverne 39 – Strasbourg 54 – Wissembourg 39.

▲ **Heidenkopf** Permanent
    🅿 03 88 09 08 46 – N : 3,5 km par rte de Bitche et RF à droite – Places limitées pour le passage
    🦢 ≼ « A l'orée de la forêt » o━ – **R** conseillée 15 juil.-15 août – 🇬🇧 ⨉
    1,5 ha (70 empl.) en terrasses et peu incliné, herbeux ⚲⚲ (1 ha)
    ▥ 🕭 🏠 🖭 ⚄ ⚄ 🖭 – 🖾 – A proximité : ✕ 🖾 (découverte l'été)
    Tarif : ✸ 14,50 – 🗉 15,50 – ⦿ 13 (3A) 25 (5A)

NIEUL-SUR-MER

17 Char.-Mar. – 71 ⑫ – rattaché à la Rochelle.

NIÉVROZ

01120 Ain 12 – 74 ⑫ – 1 061 h. alt. 165.
Paris 473 – Heyrieux 27 – Lyon 26 – Montluel 6 – Pont-de-Chéruy 18 – St-Priest 26.

▲ **Le Rhône** avril-sept.
    🅿 04 72 25 04 99 – SE : 1,2 km sur D 61, rte du pont de Jons, à 300 m du Rhône – Places limitées
    pour le passage o━ – **R** conseillée juil.-août – ⨉
    3 ha (144 empl.) plat, pierreux, herbeux ⚲ (1 ha)
    🏠 ⚄ 🖭 ⚄ ⚄ 🖭 – ▼ ⅃
    Tarif : (Prix 1998) ✸ 15 piscine comprise – 🚗 7 – 🗉 14 – ⦿ 15 (6A) 25 (10A)

NIORT

79000 Deux-Sèvres **9** – **71** ② G. Poitou Vendée Charentes – 57 012 h. alt. 24.
B Office de Tourisme pl. de la Poste *&* 05 49 24 18 79, Fax 05 49 24 98 90.
Paris 409 – Angoulême 115 – Bordeaux 184 – Limoges 162 – Nantes 141 – Poitiers 76 – Rochefort 62 –
La Rochelle 64.

   ⚠ **Municipal Niort-Noron** avril-sept.
      & 05 49 79 05 06 – Ouest par bd de l'Atlantique, derrière le Parc des Expositions et des Loisirs, bord
      de la Sèvre Niortaise « Décoration arbustive » o⊸ – **R** conseillée juil.-août – **GB** ⚲
      1,9 ha (138 empl.) plat, herbeux, gravillons ⊏⊐ ♀
      🍴 ⇌ 🗓 📛 ⊕ ⚲ ⊽ ▨ – ⬲ – A proximité : ♨
      Tarif : (Prix 1998) ♣ 17 – ⇔ 7 – ▣ 7 à 9 ou 14 à 16 – 🔌 15 (3A) 26,50 (8A) 32,50 (13A)

NIOZELLES

04300 Alpes-de-H.-Pr. **17** – **81** ⑮ – 170 h. alt. 450.
Paris 746 – Digne-les-Bains 47 – Forcalquier 7 – Gréoux-les-Bains 30 – Manosque 21 – Les Mées 23.

   ⚠⚠ **Lac du Moulin de Ventre** 25 mars-25 oct.
      & 04 92 78 63 31, Fax 04 92 79 86 92 – E : 2,5 km par N 100, rte de la Brillanne, bord du Lauzon
      et près d'un plan d'eau – ⚲ « Cadre agréable » o⊸ – **R** conseillée – ⚲
      28 ha/3 campables (100 empl.) plat, en terrasses, peu incliné, herbeux, pierreux ♀
      🔥 🍴 ⇌ 🗓 📛 ⊕ ▨ – ⬲ – ⬲ ⚓ ⊿ ≅
      Tarif : ▣ piscine comprise 2 pers. 105 (avec élect.(6A) 133), pers. suppl. 33
      Location (permanent) : 🏠 1750 à 3500 – appartements

La NOCLE-MAULAIX

58250 Nièvre **11** – **69** ⑥ – 376 h. alt. 330.
Paris 301 – Bourbon-Lancy 20 – Decize 31 – Gueugnon 38 – Luzy 19 – Nevers 66.

   ⚠ **Municipal de l'Etang Marnant**
      sortie Ouest, par D 30, bord de l'étang
      1 ha (15 empl.) peu incliné, herbeux
      🍴 ⇌ 📛 ⊕ ⚲ ▨ – A proximité : ≅

NOGENT-LE-ROTROU

28400 E.-et-L. **5** – **60** ⑮ G. Normandie Vallée de la Seine – 11 591 h. alt. 116.
B Office de Tourisme 4 r. Villette-Gaté *&* 02 37 29 68 86, Fax 02 37 29 68 69.
Paris 155 – Alençon 64 – Chartres 55 – Châteaudun 55 – Le Mans 71 – Mortagne-au-Perche 35.

   ⚠⚠ **Municipal des Viennes**
      & 02 37 52 80 51 – au Nord de la ville par av. des Prés (D 103) et rue des Viennes, bord de l'Huisne
      – o⊸
      0,3 ha (30 empl.) plat, herbeux ⊏⊐ ♀
      🍴 ⇌ 🗓 📛 ⊕ ⚲ ⊽ – ⬲ – A proximité : 🛒 ♟ ⊿

NOIRÉTABLE

42440 Loire **11** – **73** ⑯ G. Auvergne – 1 719 h. alt. 720.
B Syndicat d'Initiative pl. de la Condamine *&* 04 77 24 93 04.
Paris 474 – Ambert 48 – Lyon 115 – Montbrison 44 – Roanne 47 – St-Étienne 91 – Thiers 24.

   ⚠ **Municipal de la Roche** avril-oct.
      & 04 77 24 72 68 – S : 1 km par N 89 et D 110 à droite, bord d'un plan d'eau – ⚲ o⊸ – **R** conseillée
      – ⚲
      0,6 ha (40 empl.) plat et en terrasses, peu incliné, herbeux ⊏⊐ ♀
      🔥 🍴 ⇌ 📛 ⊕ – ⚲ ≅
      Tarif : (Prix 1998) ♣ 9 – ⇔ 5 – ▣ 5 – 🔌 12

NOIRMOUTIER (Île de)

85 Vendée **9** – **67** ① G. Poitou Vendée Charentes.
Accès : - par le pont routier au départ de Fromentine : gratuit - par le passage du Gois à basse mer (4,5 km)
- se renseigner à la subdivision de l'Équipement *&* 02 51 68 70 07 (Beauvoir-sur-Mer).

Barbâtre 1 269 h. alt. 5 – ✉ 85630 Barbâtre.
B Office de Tourisme rte du Pont *&* 02 51 39 80 71, Fax 02 51 39 53 16.
Paris 463 – Challans 33 – Nantes 75 – Noirmoutier-en-l'Île 11 – St-Nazaire 79.

   ⚠⚠ **Municipal du Midi** 3 avril-19 sept.
      & 02 51 39 63 74, Fax 02 51 39 58 63 – NO : 1 km par D 948 et chemin à gauche, bord de la plage
      (accès direct) – o⊸ – **R** – **GB** ⚲
      13 ha (630 empl.) accidenté, sablonneux, herbeux ♀ (5 ha)
      🔥 🍴 ⇌ 🗓 📛 ⚲ ⊕ ▨ – 🎰 ⚲ ♟ ⊿ – A proximité : ⬲ ▼ self ⚲
      Tarif : (Prix 1998) ▣ piscine et tennis compris 3 pers. 111/135 avec élect., pers. suppl. 21,50
      Location : 🚐 1390 à 3990

La Guérinière 1 402 h. alt. 5 – ⊠ 85680 La Guérinière.
Paris 470 – Challans 40 – Nantes 82 – Noirmoutier-en-l'Île 4 – La Roche-sur-Yon 83 – St-Nazaire 85.

ᐯᐯ **Le Caravan'Île** mars-oct.
℘ 02 51 39 50 29, Fax 02 51 35 86 85 – sortie Est par D 948 et à droite avant le rond-point, bord de la plage (accès direct par escalier) – ⚬━ – **R** conseillée – **GB** ⚲
8,5 ha (385 empl.) plat, peu incliné, dunes attenantes, sablonneux, herbeux
& ⟅ ⌂ 🖩 🔥 ⚬ ⚐ 🖲 – 🍴 – ▭ 🔥 ⎏ toboggan aquatique – A proximité : 🐎
Tarif : (Prix 1998) 🖩 *piscine comprise 2 pers. 86 (103 avec élect. 5A), pers. suppl. 19*
Location : 🚐 *1400 à 3300*

NOLAY

21340 Côte-d'Or 📗📗 – 📙📗 ⑨ G. Bourgogne – 1 551 h. alt. 299.
Paris 316 – Autun 29 – Beaune 20 – Chalon-sur-Saône 33 – Dijon 65.

ᐯ **Municipal les Chaumes du Mont** mai-15 sept.
℘ 03 80 21 79 61 – sortie Sud-Ouest par D 33ᴬ, rte de Couches, près d'un plan d'eau – ⚬━ juil.-août
– **R** 15 juil.-15 août – ⚲
1,5 ha (70 empl.) en terrasses et peu incliné, herbeux
& ⟅ ⌂ 🖩 🔥 ⚬ 🖲 – ▭ – A proximité : 🍴 ⎏
Tarif : 🛉 *15 – 🖩 30 – 🔌 14(6A)*

NONETTE

63340 P.-de-D. 📗📗 – 📙📗 ⑮ G. Auvergne – 275 h. alt. 480.
Paris 462 – Ambert 59 – Brioude 28 – Clermont-Ferrand 48 – St-Flour 61.

ᐯᐯ **Les Loges** Pâques-15 sept.
℘ 04 73 71 65 82, Fax 04 73 71 67 23 – S : 2 km par D 722 rte du Breuil-s-Couze puis 1 km par chemin près du pont, bord de l'Allier – ⚭ « Cadre boisé » ⚬━ ⚲ dans locations – **R** conseillée –
⚲
3 ha (126 empl.) plat, herbeux ⛺ ⚬⚬
& ⟅ ⌂ 🖩 🔥 🔥 ⚬ 🖲 – ▭ 🍴 – 🔥 ⎏ ⎏
Tarif : (Prix 1998) 🛉 *19 piscine comprise – 🖩 30 – 🔌 15 (6 à 10A)*
Location : 🚐 *1000 à 1850 – 🚐 1300 à 2550*

NONTRON

24300 Dordogne 📗📗 – 📙📗 ⑮ G. Berry Limousin – 3 558 h. alt. 260.
🛈 Office de Tourisme 5 r. de Verdun ℘ 05 53 56 25 50, Fax 05 53 60 92 62.
Paris 456 – Angoulême 44 – Libourne 116 – Limoges 65 – Périgueux 50 – Rochechouart 42.

ᐯ **Municipal Masviconteaux** juin-15 sept.
℘ 05 53 56 02 04 – sortie Sud-Ouest par D 675, au stade, bord du Bandiat – ⚬━ – **R**
1,8 ha (70 empl.) plat, herbeux ⛺ ⚬
⟅ ⌂ ⚬ – ▭ – A proximité : 🔥 ⎏
Tarif : (Prix 1998) 🛉 *12 – 🖩 10 – 🔌 10 (16A)*

NORT-SUR-ERDRE

44390 Loire-Atl. 📗 – 📙📗 ⑰ – 5 362 h. alt. 13.
Paris 372 – Ancenis 26 – Châteaubriant 37 – Nantes 32 – Rennes 82 – St-Nazaire 63.

ᐯ **Municipal du Port-Mulon** mars-oct.
℘ 02 40 72 23 57 – S : 1,5 km par rte de l'hippodrome et à gauche, à 100 m de l'Erdre – ⚭
« Situation et cadre agréables » ⚬━ – **R** – ⚲
1,8 ha (70 empl.) plat, herbeux ⛺ ⚬⚬ (1 ha)
⟅ ⚐ 🔥 ⚬ ⚐ ⚐ 🖲 – 🔥 – A proximité : ⚲
Tarif : (Prix 1998) 🖩 *1 pers. 30,30, 2 ou 3 pers. 45,50, pers. suppl. 10,10 – 🔌 8,10 (8A)*

NOTRE-DAME-DE-MONTS

85 Vendée – 📙📗 ⑪ – rattaché à ST-Jean-de-Monts.

NOUAN-LE-FUZELIER

41600 L.-et-Ch. 📗 – 📙📗 ⑲ – 2 274 h. alt. 113.
🛈 Office de Tourisme pl. de la Gare ℘ 02 54 88 76 75, Fax 02 54 88 19 91.
Paris 178 – Blois 59 – Cosne-sur-Loire 72 – Gien 55 – Lamotte-Beuvron 8 – Orléans 45 – Salbris 13.

ᐯ **La Grande Sologne** avril-10 oct.
℘ 02 54 88 70 22 – sortie Sud par N 20 puis chemin à gauche en face de la gare, bord d'un étang
« Cadre boisé au bord d'un étang » ⚬━ – **R** – ⚲
10 ha/4 campables (180 empl.) plat, herbeux ⚬⚬
& ⟅ ⌂ 🔥 🔥 ⚬ 🖲 – ▭ 🐎 🐎 – A proximité : 🍴 ✕ ⚲ ⎏
Tarif : 🖩 *2 pers. 49, pers. suppl. 18 – 🔌 17 (6A)*

Le NOUVION-EN-THIÉRACHE

02170 Aisne ② – 53 ⑮ – 2 905 h. alt. 185.
Paris 196 – Avesnes-sur-Helpe 20 – Le Cateau-Cambrésis 19 – Guise 21 – Hirson 27 – Laon 60 – Vervins 28.

▲ *L'Astrée*
S : 1,5 km par D 26 rte de Guise et chemin à gauche, près d'un plan d'eau – ⑤ ⊶ saison
1,3 ha (56 empl.) plat et peu incliné, herbeux ▭
& 渦 ⇆ 🗟 ⚫ ⚙ – 🚐 – A proximité : au Parc de Loisirs : ♀ pizzeria ⓡ 🚣 ⬛ swin golf, bowling

NOVALAISE

73 Savoie – 74 ⑮ – voir à Aiguebelette (Lac d').

NOYAL-MUZILLAC

56 Morbihan – 63 ⑭ – rattaché à Muzillac.

NOZAY

44170 Loire-Atl. ④ – 63 ⑰ – 3 050 h. alt. 50.
🛈 Office de Tourisme (mi-juin-sept.) 21 r. Alexis-Letourneau ℘ 02 40 79 31 64.
Paris 387 – Bain-de-Bretagne 33 – Nantes 45 – Pontchâteau 45.

▲ *Municipal Henri Dubourg* 15 mai-15 sept.
℘ 02 40 87 94 33 – sortie Nord par D 121, rte de Châteaubriant « Entrée fleurie » – **R**
1 ha (25 empl.) plat, herbeux ▭
& 渦 ⇆ ⚫ ⚙
Tarif : ★ 11 – 🚐 9 – 🗉 11 – 🔌 11 (6A)

NYOISEAU

49500 M.-et-L. ④ – 63 ⑨ G. Châteaux de la Loire – 1 233 h. alt. 40.
Paris 315 – Ancenis 50 – Angers 47 – Châteaubriant 40 – Laval 47 – Rennes 87 – Vitré 57.

▲ *La Rivière* 15 juin-15 sept.
℘ 02 41 92 26 77 – SE : 1,2 km par D 71, rte de Segré et rte à gauche, bord de l'Oudon – ⑤ « Cadre
agréable » ⊶ – **R** – 🖊
1 ha (25 empl.) plat, herbeux 🙶🙶
& 渦 ⇆ 🗟 ⚫ ⚙ – 🚐 – A proximité : piste de bi-cross ⓡ 🚣
Tarif : ★ 15 – 🗉 12 – 🔌 15

NYONS

26110 Drôme 16 – 81 ③ G. Provence – 6 353 h. alt. 271.
🛈 Office de Tourisme. pl. Libération ℘ 04 75 26 10 35, Fax 04 75 26 01 57.
Paris 655 – Alès 108 – Gap 105 – Orange 42 – Sisteron 99 – Valence 96.

▲ *L'Or Vert* avril-15 oct.
℘ 04 75 26 24 85 ✉ 26110 Aubres – **à Aubres**, NE : 3 km par D 94, rte de Serres, bord de l'Eygues
– ≼ « Entrée fleurie » ⊶ – **R** conseillée saison
1 ha (79 empl.) plat et en terrasses, pierreux et petit verger 🙶🙶
渦 🗟 ⚫ ⚙ 🖳 – réfrigérateurs – 🔲 ⚃
Tarif : ★ 19 – 🗉 20 – 🔌 15 (3A) 20 (6A)

OBERBRONN

67110 B.-Rhin ⑧ – 57 ⑱ G. Alsace Lorraine – 2 075 h. alt. 260.
Paris 461 – Bitche 26 – Haguenau 24 – Saverne 35 – Strasbourg 55 – Wissembourg 42.

▲▲ *Municipal Eichelgarten* 16 mars-14 nov.
℘ 03 88 09 71 96 – S : 1,5 km par D 28, rte d'Ingwiller et chemin à gauche, à l'orée d'un bois – ⑤
≼ ⊶ – **R** conseillée saison – 🖊
2,5 ha (148 empl.) plat et peu incliné, herbeux, pierreux
▥ & 渦 ⇆ 🗟 ⚫ ⚙ 🖳 – 🚐 – A proximité : parcours sportif ✂ ⓡ ⚃
Tarif : ★ 17,40 piscine comprise – 🚐 8,20 – 🗉 11,20 – 🔌 4,40 par ampère
Location (fermé janv.) : gîte d'étape, huttes

OCTON

34800 Hérault 15 – 83 ⑤ – 350 h. alt. 185.
Paris 715 – Béziers 57 – Lodève 14 – Montpellier 57.

▲ *Le Mas de Carles* Permanent
℘ 04 67 96 32 33 – au Sud du bourg – ⑤ « Agréable cadre fleuri » ⊶ – **R** conseillée – 🖊
1 ha (40 empl.) plat, terrasses, herbeux, gravillons ▭ 🙶🙶
渦 ⚫ ⚙ – ⚃
Tarif : 🗉 piscine comprise 2 pers. 73 (87 avec élect. 6A), pers. suppl. 19
Location : gîtes

OFFRANVILLE

76550 S.-Mar. 1 – 52 ④ G. Normandie Vallée de la Seine – 3 059 h. alt. 80.
Paris 191 – Abbeville 76 – Beauvais 107 – Caen 160 – Le Havre 99 – Rouen 61.

Municipal du Colombier avril-14 oct.
℘ 02 35 85 21 14 – au bourg, par la r. Loucheur – Places limitées pour le passage « Cadre agréable et beau parc floral attenant » – R conseillée juil.-août –
1,2 ha (103 empl.) plat, herbeux
– A proximité : et poneys
Tarif : *17,50 – 11 – 19,50 – 12,50 (6A) 15,50 (10A)*
Location : *980 à 1530*

OIZON

18700 Cher 6 – 65 ⑪ – 776 h. alt. 230.
Paris 179 – Aubigny-sur-Nère 6 – Bourges 51 – Salbris 38 – Sancerre 36 – Sully-sur-Loire 40.

Municipal de Nohant mai-sept.
℘ 02 48 58 06 20 – E : 0,9 km par D 923, D 213, rte de Concressault et chemin à gauche, bord de l'Oizenotte et près d'un étang – – R – GB
1 ha (55 empl.) plat, herbeux
– –
Tarif : *10 – 10/15 – 20 (6A)*

OLÉRON (Île d')

17 Char.-Mar. 9 – 71 ⑬ ⑭ G. Poitou Vendée Charentes.
Accès par le pont viaduc : Passage gratuit.

La Brée-les-Bains

644 h. alt. 5 – ✉ 17840 la Brée-les-Bains :.
Paris 529 – Marennes 32 – Rochefort 54 – La Rochelle 92 – Saintes 72.

Pertuis d'Antioche avril-sept.
℘ 05 46 47 92 00, Fax 05 46 47 82 22 – NO : 1 km par D 273 et à droite, chemin des Proirres, à 150 m de la plage – – R conseillée – GB
2 ha (130 empl.) plat, herbeux
– – – A proximité :
Tarif : *3 pers. 111 – 21 (5A) 23 (10A)*
Location : *1100 à 2100 – 1600 à 2950*

Le Château-d'Oléron

3 544 h. alt. 9 – ✉ 17480 le Château-d'Oléron.
Office de Tourisme pl. République ℘ 05 46 47 60 51, Fax 05 46 47 73 65.
Paris 509 – Marennes 12 – Rochefort 34 – La Rochelle 72 – Royan 40 – Saintes 53.

La Brande 15 mars-15 nov.
℘ 05 46 47 62 37, Fax 05 46 47 71 70 – NO : 2,5 km, à 250 m de la mer – dans locations – R conseillée – GB
4 ha (199 empl.) plat, herbeux, sablonneux
– – toboggan aquatique – A proximité :
Tarif : *piscine comprise 2 pers. 119, pers. suppl. 35 – 20 (6A) 24 (10A)*
Location : *1500 à 3200 – 1600 à 3800*

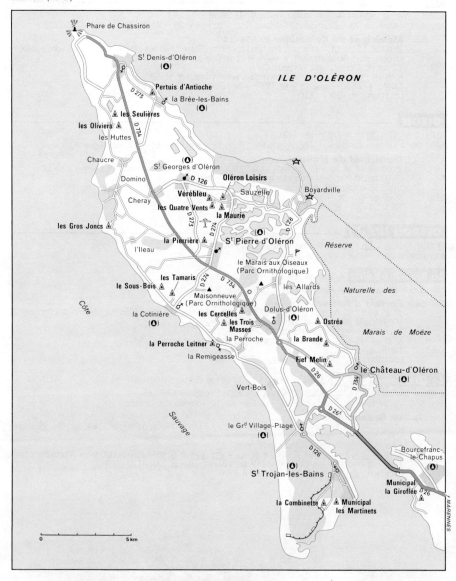

    Fief-Melin vacances de printemps-Toussaint
       ℘ 05 46 47 60 85 – O : 1,7 km par rte de St-Pierre-d'Oléron puis 0,6 km par r. des Alizés à droite
       – ⑤ ⊶ – **R** indispensable juil.-août – ⚲
       2,2 ha (110 empl.) plat, herbeux
       🛁 🍽 🖫 💪 ⊕ 🍴 – 🛖 🏇 🏊
       Tarif : ▣ *piscine comprise 2 pers. 95, 3 pers. 104* – ⚡ *20 (5A) 26 (10A)*

La Cotinière ⊠ 17310 St-Pierre-d'Oléron :
Paris 514 – Marennes 23 – Rochefort 45 – La Rochelle 83 – Royan 51 – Saintes 64.

    Les Tamaris 15 mars-15 nov.
       ℘ 05 46 47 10 51, Fax 05 46 47 27 96 – à 150 m de la plage « Cadre agréable » ⊶ – **R** conseillée
       juil.-août – ⚲
       5 ha (285 empl.) plat, sablonneux, herbeux 🖵 ⚪⚪
       🚿 🛁 🍽 🖽 💪 ⊕ 🏕 🍴 – 🗙 🍸 – 🏇 🏊
       Tarif : ▣ *piscine comprise 3 pers. 139, pers. suppl. 26* – ⚡ *28 (6A)*

⚠ **Le Sous Bois** Pâques-fin sept.
  𝄢 05 46 47 22 46 – NO : 0,5 km, à 150 m de la plage – ⛬ – **R** conseillée juil., indispensable
  1ᵉʳ au 15 août – ⚡
  2 ha (169 empl.) plat, sablonneux ००
  ⛨ 🍴 ⛺ 🏕 ⛲ ⊙ – A proximité : ⚓ ♥ ✕ ⚓
  Tarif : ▣ *1 à 3 pers. 75 –* (ᶠ) *17,50 (3A) 21,50 (6A)*

Dolus-d'Oléron 2 440 h. alt. 7 – ✉ 17550 Dolus-d'Oléron.
🅱 Office de Tourisme pl. Hôtel-de-Ville 𝄢 05 46 75 32 84, Fax 05 46 75 63 60.
Paris 515 – Marennes 18 – Rochefort 40 – La Rochelle 78 – Saintes 58.

⚠ **Ostréa** avril-sept.
  𝄢 05 46 47 62 36, Fax 05 46 75 20 01 – E : 3,5 km, près de la mer – Ⓜ ⚓ ⛬ ✂ juil.-août dans
  locations – **R** conseillée juil.-août – ⚡
  2 ha (108 empl.) plat, peu incliné, sablonneux, herbeux ००
  ⛨ 🍴 ⛺ 🏕 ⛲ ⚓ ⊙ 🐾 – ⚓ ⚓ – ⚡
  Tarif : ▣ *2 pers. 90, pers. suppl. 24 –* (ᶠ) *21 (3A) 25 (6A)*
  Location : 🚐 *1250 à 1700 –* 🚐 *1900 à 2900*

⚠ **La Perroche Leitner** Pâques-sept.
  𝄢 05 46 75 37 33 – SO : 4 km à la Perroche, bord de mer – ⚓ ⛬ – **R** conseillée 14 juil.-25 août
  – ⒼⒷ ⚡
  1,5 ha (100 empl.) plat, sablonneux ०० (0,7 ha)
  ⛨ 🍴 ⛺ 🏕 ⊙ ⚓ – ⚓ – A proximité : ♥ snack
  Tarif : ▣ *1 ou 2 pers. 100, pers. suppl. 28 –* (ᶠ) *23 (5A)*

St-Denis-d'Oléron 1 107 h. alt. 9 – ✉ 17650 St-Denis-d'Oléron.
Paris 524 – Marennes 34 – Rochefort 55 – La Rochelle 93 – Saintes 74.

⚠ **Les Oliviers** Pâques-sept.
  𝄢 05 46 47 93 42, Fax 05 46 75 90 66 – SO : 3,5 km, rte de Chaucre, à 300 m de la plage – ⚓ ⛬
  – **R** conseillée – ⚡
  4 ha (200 empl.) plat, herbeux, sablonneux ००
  ⛨ 🍴 ⛺ 🏕 ⛲ ⊙ ⚓ – ⚓ ♥ snack ⚓ – ⚓ ✂
  Tarif : ▣ *2 pers. 90, pers. suppl. 30 –* (ᶠ) *25 (6A)*
  Location : 🚐 *1500 à 2000 –* 🚐 *1750 à 3000*

⚠ **Les Seulières** avril-15 sept.
  𝄢 05 46 47 90 51 – SO : 3,5 km, rte de Chaucre, à 400 m de la plage – ⚓ ⛬ juil.-août – **R** conseillée
  juil.-août – ⚡
  1,6 ha (100 empl.) plat, herbeux, sablonneux
  ⛨ 🍴 ⛺ ⊙ ⚓ – ⚓ – A proximité : ✂
  Tarif : ▣ *3 pers. 83 –* (ᶠ) *21 (5A)*
  Location : 🚐 *1000 à 1800*

St-Georges-d'Oléron 3 144 h. alt. 10 – ✉ 17190 St-Georges-d'Oléron.
🅱 Office de Tourisme pl. de l'Église 𝄢 05 46 76 63 75.
Paris 524 – Marennes 27 – Rochefort 49 – La Rochelle 87 – Saintes 67.

⚠ **Verébleu** 2 avril-19 sept.
  𝄢 05 46 76 57 70, Fax 05 46 76 70 56 – SE : 1,7 km par D 273 et rte de Sauzelle à gauche – ⚓
  ⛬ ✂ 14 juil.-août dans locations – **R** indispensable 14 juil.-20 août – ⒼⒷ ⚡
  7,5 ha (360 empl.) plat, herbeux, sablonneux ▱ ♀ (4 ha)
  ⛨ 🍴 ⛺ 🏕 ⛲ ⊙ ⚒ ⚓ ⚓ 🐾 ⚓ – ⚓ ⚓ – ⚓ 🚲 ✂ 🏓 ⛵ (couverte hors-saison) toboggan
  aquatique
  Tarif : (Prix 1998) ▣ *piscine comprise 2 pers. 94 à 125, pers. suppl. 26 ou 29 –* (ᶠ) *22 (5 à 16A)*
  Location : 🚐 *1100 à 3600 –* 🚐 *1300 à 3850*

⚠ **Oléron Loisirs** 3 avril-18 sept.
  𝄢 05 46 76 50 20, Fax 05 46 76 80 71 – SE : 1,9 km par D 273 et rte de Sauzelle à gauche – ⚓
  ⛬ – **R** conseillée – ⚡
  7 ha (330 empl.) plat, herbeux ▱
  ⛨ 🍴 ⛺ 🏕 ⛲ ⊙ ⚓ – ♥ – ⚓ 🏓 ⚓ 🚲 ✂ ⛵ toboggan aquatique terrain omnisports
  Tarif : ▣ *piscine comprise 2 pers. 120, pers. suppl. 30 –* (ᶠ) *20 (6A)*
  Location : 🚐 *850 à 2900 –* 🚐 *990 à 3700 –* 🏠 *1900 à 3900 – bungalows toilés*

⚠ **Les Quatre Vents** Pâques-15 sept.
  𝄢 05 46 76 65 47, Fax 05 46 76 62 57 – SE : 2 km par D 273 et rte de Sauzelle à gauche – Places
  limitées pour le passage ⚓ ⛬ – **R** conseillée – ⚡
  1,2 ha (66 empl.) plat, herbeux ▱
  ⛨ 🍴 ⛺ 🏕 ⛲ ⊙ ⚓ – ⚓ 🚲
  Tarif : (Prix 1998) ▣ *2 pers. 86, pers. suppl. 22 –* (ᶠ) *21,50 (6A)*
  Location : 🚐 *1000 à 2100 –* 🚐 *1400 à 2950*

⚠ **La Maurie** 15 juin-15 sept.
  𝄢 05 46 76 61 69 – SE : 2,3 km par D 273 et rte de Sauzelle à gauche – ⚓ ⛬ – **R** conseillée –
  ⚡
  1,5 ha (70 empl.) plat, herbeux ♀
  ⛨ 🍴 ⛺ 🏕 🐾 ⊙ ⚓ – ⚓ ⛵ (petite piscine)
  Tarif : ▣ *2 pers. 85, pers. suppl. 22 –* (ᶠ) *20 (4A)*
  Location : 🚐 *900 à 2200 –* 🚐 *1200 à 3200*

Côte Ouest :

ᐱᐱᐱ **Les Gros Joncs** 15 mars-15 oct.
⚲ 05 46 76 52 29, Fax 05 46 76 67 74 – SO : 5 km, à 300 m de la mer – ⌕ « Décoration florale »
◦━ – **R** conseillée – ⊡ ⤳
3 ha (253 empl.) plat, accidenté et en terrasses, sablonneux ⌑ ⓠ
& ᵰ ⇆ ⌗ ♨ ⊟ – ♨ ⚲ ♈ ✗ ⤳ – ◻ ⓔs ⤒ ⬲ –
Tarif : ⊡ *piscine comprise 2 ou 3 pers. 185, pers. suppl. 45* – ⒝ *13 à 22 (3 à 16A)*
Location *(permanent)* : ⌨ *1300 à 4200* – ⌂ *1300 à 4450*

St-Pierre-d'Oléron 5 365 h. alt. 8 – ✉ 17310 St-Pierre-d'Oléron.
🛈 Office de Tourisme pl. Gambetta ⚲ 05 46 47 11 39, Fax 05 46 47 10 41 et (Pâques-août) à la Cotinière
⚲ 05 46 47 09 08.
Paris 518 – Marennes 22 – Rochefort 43 – La Rochelle 81 – Royan 50 – Saintes 62.

ᐱᐱᐱ **La Pierrière** 7 mai-26 sept.
⚲ 05 46 47 08 29, Fax 05 46 75 12 82 – sortie Nord-Ouest par rte de St-Georges-d'Oléron « Cadre agréable » ◦━ – **R** conseillée juil.-août – ⤳
2,5 ha (140 empl.) plat, herbeux, petit étang ⌑ ⓠ
& ᵰ ⇆ ⌗ ♨ ⊡ ♨ ⊟ – snack ⤳ – ⤒ ⌇ terrain omnisports – A proximité : half-court ⌹ ⌇
ᵐ
Tarif : ⊡ *piscine comprise 2 pers. 115, pers. suppl. 32* – ⒝ *21 (4A)*

ᐱᐱᐱ **Les Trois Masses** vacances de printemps-sept.
⚲ 05 46 47 23 96, Fax 05 46 75 15 54 – SE : 4,3 km, au lieu-dit le Marais-Doux – ⌕ ◦━ – **R** conseillée
– ⊡ ⤳
3 ha (130 empl.) plat, herbeux, sablonneux ⓠ
& ᵰ ⇆ ⌗ ♨ ⊟ ⌨ ⊟ – ◻ ⬲ –
Tarif : ⊡ *piscine comprise 2 pers. 90* – ⒝ *20 (10A)*
Location : ⌨ *900 à 2100* – ⌨ *1300 à 2900* – ⌂ *1500 à 3700*

ᐱ **Les Cercelles** Permanent
⚲ 05 46 47 19 24, Fax 05 46 75 04 96 – SE : 4 km, au lieu-dit le Marais Doux – Places limitées pour
le passage ⌕ ◦━ – **R** conseillée – ⊡ ⤳
1,2 ha (87 empl.) plat, herbeux ⓠⓠ
ᵰ ⇆ ⌗ ♨ ⊟ – ✗ ⤳ – ◻ ⌇ (petite piscine)
Tarif : ⊡ *3 pers. 104, pers. suppl. 30* – ⒝ *22 (15A)*
Location : ⌨ *1990 à 3180*

St-Trojan-les-Bains 1 490 h. alt. 5 – ✉ 17370 St-Trojan-les-Bains.
🛈 Office de Tourisme carrefour du Port ⚲ 05 46 76 00 86, Fax 05 46 76 17 64.
Paris 513 – Marennes 16 – Rochefort 38 – La Rochelle 76 – Royan 44 – Saintes 57.

ᐱᐱᐱ **La Combinette** avril-oct.
⚲ 05 46 76 00 47, Fax 05 46 76 16 96 – SO : 1,5 km – ⌕ ◦━ – **R** conseillée juil.-août – ⤳
4 ha (225 empl.) plat et peu accidenté, sablonneux, herbeux ⓠⓠ pinède
& ᵰ ⇆ ⌗ ♨ ⊟ ⌨ ⊟ – ♨ ⚲ snack ⤳ – ⤒ ᵐ – A proximité : ⌇
Tarif : (Prix 1998) ⊡ *2 pers. 61, 3 pers. 79,50, pers. suppl. 20* – ⒝ *17 (5A) 20 (10A)*
Location : *studios*

ᐱ **Municipal les Martinets** avril-sept.
⚲ 05 46 76 02 39 – SO : 1,3 km – ⌕ ◦━ – **R** – ⤳
5 ha (300 empl.) accidenté, sablonneux ⓠⓠ pinède
ᵰ ⇆ ⌗ ♨ ♨ ⊟ – ⤒ – A proximité : ⌹ ⌇ parcours sportif
Tarif : ⊡ *2 pers. 55* – ⒝ *18 (6A)*

Voir aussi à Bourcefranc-le-Chapus

OLIVET _____

45 Loiret – ⬚⬚ ⑨ – rattaché à Orléans.

Les OLLIÈRES-SUR-EYRIEUX _____

07360 Ardèche ⬚⬚ – ⬚⬚ ⑲ – 769 h. alt. 200.
Paris 597 – Le Cheylard 28 – Lamastre 33 – Montélimar 53 – Privas 19 – Valence 34.

ᐱᐱᐱ **Le Mas de Champel** 30 avril-sept.
⚲ 04 75 66 23 23, Fax 04 75 66 23 16 – au Nord du bourg par D 120, rte de la Voulte-sur-Rhône
et chemin à gauche, près de l'Eyrieux – ≤ ◦━ – **R** – ⊡ ⤳
4 ha (95 empl.) en terrasses, herbeux
& ᵰ ⇆ ⌗ ♨ ⊟ – ⚲ snack ⤳ – ◻ ⌲ ⬲ ⦁⊙ ⌇
Tarif : ⊡ *piscine comprise 2 pers. 108 (127 avec élect.)*
Location : *bungalows toilés*

ᐱᐱᐱ **Domaine des Plantas** 17 avril-20 sept.
⚲ 04 75 66 21 53, Fax 04 75 66 23 65 – à 3 km à l'Est du bourg par rte étroite, accès près du pont,
bord de l'Eyrieux – ≤ ◦━ – **R** conseillée – ⊡ ⤳
27 ha/7 campables (100 empl.) en terrasses, pierreux, herbeux ⌑ ⓠⓠ
ᵰ ⇆ ⌗ ♨ ♨ ⊟ – ♨ ⚲ ✗ pizzeria ⤳ – ◻ discothèque ⤒ ⬲ ⌇
Tarif : ⊡ *2 pers. 110* – ⒝ *20 (5A)*
Location : ⌨ *1600 à 2900*

OLMETO

2A Corse-du-Sud – 🔢 ⑱ – voir à Corse.

OLONNE-SUR-MER

85 Vendée – 🔢 ⑫ – rattaché aux Sables-d'Olonne.

OLORON-STE-MARIE

64400 Pyr.-Atl. 🔢 – 🔢 ⑥ G. Pyrénées Aquitaine – 11 067 h. alt. 224.
🅱 Office de Tourisme pl. Résistance ℰ 05 59 39 98 00, Fax 05 59 39 43 97.
Paris 806 – Bayonne 95 – Dax 81 – Lourdes 59 – Mont-de-Marsan 96 – Pau 35.

⚠ **Le Stade** avril-oct.
ℰ 05 59 39 11 26, Fax 05 59 36 12 01 – SO : 2 km par rte de Tardets-Sorholus, Bd du Lycée à gauche (rocade) et chemin de Lagravette à droite – 🌄 �o━ – **R** conseillée – ⨯
5 ha (170 empl.) plat, herbeux ♀ (3 ha)
🍴 ⓑ 🏠 ⚙ 🔲 ♨ ⌧ 🖼 – 🍴 ⚡ ⌧ 🏠 🚣 – A proximité : ⚒ 🏊
Tarif : 🔲 2 pers. 57/60 – ⚡ 17 (6A) 32 (10A)
Location (permanent) : 🏠 800 à 1600 – gîtes

ONDRES

40440 Landes 🔢 – 🔢 ⑰ – 3 100 h. alt. 37.
🅱 Office de Tourisme Mairie ℰ 05 59 45 35 80, Fax 05 59 45 27 73.
Paris 757 – Bayonne 8 – Capbreton 10 – Dax 39 – Hasparren 31 – Peyrehorade 31.

⚠ **Lou Pignada** avril-20 sept.
ℰ 05 59 45 30 65, Fax 05 59 45 25 79 – NO : 1,5 km par D 26, rte de la plage « Entrée fleurie, cadre agréable » o━ – **R** – 🆖 ⨯
2 ha (135 empl.) plat, herbeux 🔲 ♀♀
ⓑ 🔲 🏠 ⚙ ⚒ ⌧ 🖼 – 🌄 ♨ snack ⚱ – ⚡ 🚲 🏊 (petite piscine) – A proximité : ⚒
Tarif : (Prix 1998) 🔲 2 pers. 93, pers. 23
Location : 🏠 1175 à 3400 – 🏠 1250 à 3660

ONESSE-ET-LAHARIE

40110 Landes 🔢 – 🔢 ⑤ – 981 h. alt. 45.
Paris 691 – Castets 28 – Mimizan 23 – Mont-de-Marsan 52 – Morcenx 14 – Sabres 32.

⚠ **Municipal Bienvenu** 15 juin-15 sept.
ℰ 05 58 07 30 49 – à Onesse, sortie Nord-Ouest, rte de Mimizan – o━ – **R** – ⨯
1,2 ha (70 empl.) plat, herbeux, sablonneux ♀
🍴 ⚒ ⌧ 🏠 ⚙ ⌧ 🖼 – 🏠
Tarif : (Prix 1998) 🔲 14,50 – ⚡ 8 – 🔲 13 – ⚡ 15

ONZAIN

41150 L.-et-Ch. 🔢 – 🔢 ⑯ G. Châteaux de la Loire – 3 080 h. alt. 69.
🅱 Syndicat d'Initiative r. Gustave-Marc ℰ 02 54 20 78 52.
Paris 201 – Amboise 22 – Blois 17 – Château-Renault 23 – Montrichard 22 – Tours 47.

⚠ **Le Dugny** Permanent
ℰ 02 54 20 70 66, Fax 02 54 33 71 69 – NE : 4,3 km par D 58, rte de Chouzy-sur-Cisse, D 45 rte de Chambon-sur-Cisse et chemin à gauche, bord d'un étang – 🌄 o━ – **R** indispensable 15 juil.-15 août – 🆖 ⨯
8 ha (250 empl.) peu incliné, herbeux, pierreux ♀ (1 ha)
🍴 ⓑ 🔲 🏠 ⚱ ⚙ ⚒ ⌧ 🖼 – ♨ snack ⚱ – 🏠 🚲 🏊 ⌧
Tarif : 🔲 piscine comprise 1 pers. 42 – ⚡ 10A : 17 (hiver 26)
Location : 🏠 1500 à 3000

⚠ **Municipal** 12 mai-août
ℰ 02 54 20 85 15 – SE : 1,5 km par D 1, rte de Chaumont-sur-Loire, à 300 m de la Loire – o━ – 🅁
1,4 ha (70 empl.) plat, herbeux ♀
ⓑ 🔲 ⚱ ⚙ 🖼 – 🏠 – A proximité : ⚒
Tarif : (Prix 1998) 🔲 12,50 – 🔲 11,50 – ⚡ 10,50 (10A)

ORANGE

84100 Vaucluse 🔢 – 🔢 ⑪ ⑫ G. Provence – 26 964 h. alt. 97.
🅱 Office de Tourisme Cours A.-Briand ℰ 04 90 34 70 88, Fax 04 90 34 99 62 et (avril-sept.) pl. Frères Mounet.
Paris 658 – Alès 84 – Avignon 31 – Carpentras 24 – Montélimar 56 – Nîmes 57.

⚠ **Le Jonquier** avril-sept.
ℰ 04 90 34 19 83, Fax 04 90 34 86 54 – NO : par N 7 rte de Montélimar et rue à gauche passant devant la piscine, quartier du Jonquier, rue Alexis Carrel, Par A 7 : sortie Nord, D 17 rte de Caderousse et chemin à droite – 🌄 o━ – **R** conseillée 15 juin-15 août – 🆖 ⨯
2,5 ha (100 empl.) plat, herbeux 🔲
ⓑ 🔲 ⚱ ⚙ 🏠 🖼 – cases réfrigérées – 🏠 ⚡ 🚲 ⨀ ⚒ 🏊 (petite piscine) 🐎 poneys
Tarif : 🔲 tennis compris 1 ou 2 pers. 90 (107 ou 112 avec élect. 3 ou 6A), pers. suppl. 20
Location (14 mars-24 oct.) : 🏠 2500 à 4000 – 🏠 3000 à 4500

ORBEC

14290 Calvados ⑤ – ⑤⑤ ⑭ G. Normandie Vallée de la Seine – 2 642 h. alt. 110.
Paris 169 – L'Aigle 39 – Alençon 80 – Argentan 52 – Bernay 17 – Caen 84 – Lisieux 22.
△ **Les Capucins** 24 mai-sept.
  ℘ 02 31 32 76 22 – NE : 1,5 km par D 4 rte de Bernay et chemin à gauche, au stade – ⬢ �o-ⁿ –
  R – ⤬
  1 ha (42 empl.) plat, herbeux
  ⚡ ⇆ 🔲 ⇄ ⊕ ⩜ ⤵ – ⚷ – A proximité : ⚳ 🎿 🐎
  Tarif : ⚡ 13 – ⤵ 7 – 🔲 9 – 🔋 10 (10A)

ORBEY

68370 H.-Rhin ⑧ – ⑥② ⑱ G. Alsace Lorraine – 3 282 h. alt. 550.
🅱 Office de Tourisme ℘ 03 89 71 30 11, Fax 03 89 71 34 11 et (mi-juin-mi-sept.) Wagon d'Accueil
℘ 03 89 47 53 11.
Paris 431 – Colmar 22 – Gérardmer 42 – Munster 20 – Ribeauvillé 22 – St-Dié 40 – Sélestat 37.
△ **Les Moraines** Permanent
  ℘ 03 89 71 25 19 – SO : 3,5 km rte des lacs, à Pairis, bord d'un ruisseau, alt. 700 – ⩤ o-ⁿ –
  R indispensable juil.-août – ⤬
  1 ha (46 empl.) plat et peu incliné, herbeux, gravier ⬚ ℚ
  ⚡ ⚞ ⇆ 🔲 ⇄ – ⚷ – A proximité : ⚳
  Tarif : ⚡ 21 – ⤵ 7 – 🔲 12 – 🔋 20 (3 ou 6A) - hiver : 20 (3A) 36 (6A)
△ **Municipal Lefébure** mai-sept.
  ℘ 03 89 71 27 69 – sortie Nord-Est par D 48 puis 1,2 km à gauche par rue Lefébure et rue du stade,
  chemin direct reliant le camping au village, alt. 550 – ⬢ ⩤ o-ⁿ – **R** – ⤬
  3 ha (100 empl.) en terrasses, herbeux ℚℚ
  ⚡ ⇆ 🔲 ⤲ ⊕ – A proximité : ⚳
  Tarif : ⚡ 16 – ⤵ 7 – 🔲 10 – 🔋 14 (5A)

ORCET

63670 P.-de-D. ⑪ – ⑦③ ⑭ – 2 522 h. alt. 400.
Paris 430 – Billom 18 – Clermont-Ferrand 16 – Issoire 24 – St-Nectaire 30.
▲▲ **Clos Auroy** Permanent
  ℘ 04 73 84 26 97 – à 200 m au Sud du bourg « Entrée fleurie » o-ⁿ – **R** conseillée juil.-août – ⤬
  3 ha (91 empl.) plat et en terrasses, herbeux ℚ
  ⚡ ⚞ ⚡ ⇆ 🔲 ⇄ ⊕ ⩜ ⤵ – 🔲 – ⚲ – ⟐ ⤵ ⤫ – A proximité : ⚳
  Tarif : (Prix 1998) ⚡ 18 piscine comprise – 🔲 35 – 🔋 15 (5A) 22 (10A)

ORCIÈRES

05170 H.-Alpes ⑰ – ⑦⑦ ⑰ G. Alpes du Nord – 841 h. alt. 1 446 – Sports d'hiver : à Orcières-Merlette : 1 450/
2 650 m ⚡2 ⚡25 ⚡.
🅱 Office de Tourisme ℘ 04 92 55 89 89, Fax 04 92 55 89 75.
Paris 680 – Briançon 112 – Gap 33 – Grenoble 116 – La Mure 76 – St-Bonnet-en-Champsaur 27.
△ **Base de Loisirs** 10 déc.-10 mai, 30 mai-sept.
  ℘ 04 92 55 76 67, Fax 04 92 55 79 46 – à 3,4 km au Sud-Ouest d'Orcières, à la Base de Loisirs, à
  100 m du Drac Noir et près d'un petit plan d'eau, alt. 1 280 – ⬢ ⩤ montagnes « Site agréable »
  o-ⁿ – **R** indispensable hiver et été – ⚏ ⤬
  1,2 ha (48 empl.) non clos, plat, pierreux, gravillons ℚ
  ⚞ ⚡ ⇆ ⊕ 🔲 – ⚧ snack – A proximité : parcours de santé ⚡ ⤵ ⤫
  Tarif : ⚡ 19 (hiver 26) – ⤵ 15 (hiver 18) – 🔲 12/17 (hiver 27) – 🔋 6A : 18 (hiver 30)
  Location : gîte d'étape

ORCIVAL

63210 P.-de-D. ⑪ – ⑦③ ⑬ G. Auvergne – 283 h. alt. 840.
Paris 449 – Aubusson 85 – Clermont-Ferrand 27 – Le Mont-Dore 18 – Rochefort-Montagne 6 – Ussel 57.
▲▲ **L'Étang de Fléchat** mai-sept.
  ℘ 04 73 65 82 96 – S : 1,5 km par D 27, rte du Mont-Dore puis 2,5 km par D 74, rte de Rochefort-
  Montagne et chemin à droite, bord d'un étang, alt. 920 – ⬢ ⩤ « Cadre et situation agréables »
  o-ⁿ ⚳ dans locations – **R** conseillée juil.-août – ⤬
  3 ha (83 empl.) plat, peu incliné et en terrasses, herbeux ⬚ ℚℚ
  ⚡ ⇆ 🔲 ⤲ ⊕ ⊕ 🔲 – ⚧ snack – ⟐ ⤵ ⤫
  Tarif : ⚡ 24 – 🔲 37
  Location : ⬚ 1400 à 1900

ORDINO

Principauté d'Andorre – ⑧⑥ ⑭ – voir à Andorre.

ORGNAC-L'AVEN

07 Ardèche – ⑧⓪ ⑨ – voir à Ardèche (Gorges de l').

400

65380 H.-Pyr. **14** – **85** ⑧ – 236 h. alt. 360.
Paris 808 – Bagnères-de-Bigorre 16 – Lourdes 11 – Pau 49 – Tarbes 13.

▲ ***Aire Naturelle le Cerf Volant*** 15 mai-15 oct.
   ℰ 05 62 42 99 32 – S : 2,2 km par D 407 et chemin en face, à 300 m du D 937, bord d'un ruisseau
   – ≤ **o—** – **R** conseillée juil.-août – ⚡
   1 ha (23 empl.) plat et terrasse, herbeux
   & 🔲 ⇌ ⊙ – ▱
   Tarif : ⚹ *12 –* ⇌ *5 –* 🅴 *5/8 –* ⚡ *12 (15A)*

▶ *Si vous désirez réserver un emplacement pour vos vacances,*
 faites-vous préciser au préalable les conditions particulières de séjour,
 les modalités de réservation, les tarifs en vigueur et les conditions de paiement.

45000 Loiret **6** – **64** ⑨ G. Châteaux de la Loire – 105 111 h. alt. 100.
🛈 Office de Tourisme et Accueil de France, pl. Albert-1er *ℰ* 02 38 24 05 05, Fax 02 38 54 49 84.
Paris 131 – Caen 272 – Clermont-Ferrand 298 – Dijon 300 – Limoges 269 – Le Mans 142 – Reims 267 –
Rouen 207.

à Olivet S : 4 km par rte de Vierzon – 17 572 h. alt. 100 – ✉ 45160 Olivet.
🛈 Office de Tourisme, 226 r. Paul-Génain *ℰ* 02 38 63 49 68

▲ ***Municipal*** avril-15 oct.
   ℰ 02 38 63 53 94 – SE : 2 km par D 14, rte de St-Cyr-en-Val « Situation agréable au confluent du
   Loiret et du Dhuy » **o—** – **R**
   1 ha (80 empl.) plat, herbeux ▱ ⊙⊙
   ▥ & 🔲 ⇌ 🖥 ⊕ ⊙ ⚡ ▾ 🔳
   Tarif : (Prix 1998) ⚹ *15,50 –* ⇌ *10 –* 🅴 *11 avec élect.*

63 P.-de-D. **73** ⑮ – rattaché à Thiers.

25290 Doubs **12** – **66** ⑯ G. Jura – 4 016 h. alt. 355.
🛈 Office de Tourisme (avril-sept.) r. P.-Vernier *ℰ* 03 81 62 21 50.
Paris 429 – Baume-les-Dames 43 – Besançon 25 – Morteau 53 – Pontarlier 35 – Salins-les-Bains 37.

▲ ***Le Chanet*** mars-15 nov.
   ℰ 03 81 62 23 44, Fax 03 81 62 13 97 – SO : 1,5 km par D 241, rte de Chassagne-St-Denis et chemin
   à droite, à 100 m de la Loue – ⚲ ≤ **o—** – **R** conseillée 14 juil.-15 août – ⚡
   1,4 ha (95 empl.) incliné et peu incliné, herbeux ⊙⊙
   ▥ & 🔲 ⇌ 🖥 ⊕ ⊙ ☒ – A proximité : ⚔ ⍩
   Tarif : ⚹ *20 –* ⇌ *4 –* 🅴 *13 ou 16/22 –* ⚡ *10 (2 ou 3A) 15 (5 ou 6A) 20 (9 ou 10A)*
   Location : 🛏 – *gîte d'étape*

09400 Ariège **14** – **86** ⑤ G. Pyrénées Roussillon – 215 h. alt. 500.
Paris 801 – Ax-les-Thermes 25 – Foix 22 – Lavelanet 37 – Vicdessos 18.

▲ ***Ariège Evasion*** Permanent
   ℰ 05 61 05 11 11 – à 1 km au Sud-Est du bourg, bord de l'Ariège (rive droite) – ≤ **o—** été – **R** –
   GB ⚡
   1 ha (90 empl.) plat, herbeux, pierreux ▱
   & 🔲 🖥 ⊕ ⊙ 🔳 – snack
   Tarif : (Prix 1998) ⚹ *22 –* 🅴 *22 –* ⚡ *12 (3A) 18 (6A) 25 (10A)*
   Location : 🛏

05700 H.-Alpes **16** – **81** ⑤ G. Alpes du Sud – 335 h. alt. 682.
Paris 692 – Château-Arnoux 46 – Digne-les-Bains 71 – Gap 56 – Serres 20 – Sisteron 32.

▲▲ ***Les Princes d'Orange*** Pâques-Toussaint
   ℰ 04 92 66 22 53, Fax 04 92 66 31 08 – à 300 m au Sud du bourg, à 150 m du Céans, Accès à
   certains emplacements par rampe à 12 %, Mise en place et sortie des caravanes à la demande –
   ⚲ ≤ Orpierre et montagnes « Site agréable » **o—** – **R** conseillée juil.-août – ⚡
   20 ha/4 campables (100 empl.) plat et peu incliné, en terrasses, pierreux, herbeux ⚲ (2 ha)
   🔲 ⇌ 🖥 ⊙ 🔳 – ⏣ 🚤 toboggan aquatique – A proximité : ⚔ ⍩
   Tarif : 🅴 *piscine comprise 2 pers. 98, 3 pers. 105 –* ⚡ *14 (4A)*
   Location : 🛖 *1400 à 2800 –* 🏠 *1600 à 3200*

ORTHEZ

64300 Pyr.-Atl. **13** – **78** ⑧ G. Pyrénées Aquitaine – 10 159 h. alt. 55.
⊟ Office de Tourisme Maison Jeanne-d'Albret 🖉 05 59 69 02 75, Fax 05 59 69 12 00.
Paris 764 – Bayonne 74 – Dax 39 – Mont-de-Marsan 54 – Pau 48.

▲ *La Source* avril-5 oct.
🖉 05 59 67 04 81 – à 1,5 km à l'Est de la ville sur la route reliant N 117 (accès conseillé) et D 933, bord d'un ruisseau – ⊶ – **R** – ⚲
2 ha (28 empl.) plat et peu incliné, herbeux ♀
♿ 🗊 ⇌ ⊕ ⵣ ⛛ – Centre de Documentation Touristique – A proximité : 🖾
Tarif : ⚹ 16 – ⚗ 6 – 🗉 8/12 – ⚡ 8 (10A)

OSANI

2A Corse-du-Sud – **90** ⑮ – voir à Corse.

OSSAS-SUHARE

64470 Pyr.-Atl. **13** – **85** ⑤ – 100 h. alt. 203.
Paris 814 – Mauléon-Licharre 11 – Oloron-Ste-Marie 33 – Pau 67 – St-Jean-Pied-de-Port 46.

▲ *Elizanburu* Permanent
🖉 05 59 28 42 77 – O : 3,4 km, à Suhare – ⚲ ⩽ ⊶ – **R** – ⚲
0,5 ha (26 empl.) peu incliné, herbeux ♀
🗊 ⇌ 🗊 ⇌ ⊕ – ⚏ – Centre de Documentation Touristique
Tarif : ⚹ 25 – 🗉 30 – ⚡ 14 (2 à 7,5A)

OSSÈS

64780 Pyr.-Atl. **13** – **85** ③ – 692 h. alt. 102.
Paris 809 – Biarritz 42 – Cambo-les-Bains 23 – Pau 131 – St-Étienne-de-Baïgorry 11 – St-Jean-Pied-de-Port 15.

▲ *Aire Naturelle Mendikoa* juil.-août
🖉 05 59 37 70 29 – sortie Sud par D 918, rte de St-Jean-Pied-de-Port puis 1,7 km par chemin à gauche, Croisement difficile pour caravanes – ⚲ ⩽ ⊶ – **R** conseillée juil.-août – ⚲
1 ha (25 empl.) plat, peu incliné, herbeux ♀
🗊 ⇌ 🗊 ⊕ – 🖾
Tarif : 🗉 1 à 5 pers. 20 à 58 – ⚡ 10 (3A)

OUISTREHAM

14150 Calvados **5** – **54** ⑯ G. Normandie Cotentin – 6 709 h.
⊟ Office de Tourisme Jardin du Casino 🖉 02 31 97 18 63, Fax 02 31 96 87 33.
Paris 232 – Arromanches-les-Bains 33 – Bayeux 42 – Cabourg 19 – Caen 15.

▲▲ *Parc Municipal des Pommiers* 15 fév.-déc.
🖉 02 31 97 12 66 – S : 0,6 km par D 84, rte de Caen, accès direct au canal – Places limitées pour le passage ⊶ – **R** – ⚲
4,5 ha (428 empl.) plat, herbeux, sablonneux ♀ (2 ha)
▥ ♿ 🗊 ⇌ 🗊 ⇌ ⵧ ⊕ ⵣ ⛛ 🗟 🖩 – ⚒
Tarif : (Prix 1998) ⚹ 19,70 – 🗉 19,70 – ⚡ 7,20 à 39,20 (2 à 20A)

OUNANS

39380 Jura **12** – **70** ④ – 323 h. alt. 230.
Paris 383 – Arbois 16 – Arc-et-Senans 13 – Dole 24 – Poligny 25 – Salins-les-Bains 21.

▲▲ *La Plage Blanche* 15 mars-oct.
🖉 03 84 37 69 63, Fax 03 84 37 60 21 – N : 1,5 km par D 71, rte de Montbarey et chemin à gauche, bord de la Loue – ⚲ ⊶ – **R** conseillée juil.-15 août – ⴳ🅱 ⚲
5 ha (220 empl.) plat, herbeux
♿ 🗊 ⇌ 🗊 ⊕ 🖩 – ⚏ snack ⵣ – 🖾 ⵤ – A proximité : ⛷
Tarif : ⚹ 25 – 🗉 31 – ⚡ 19 (6A)

OUST

09140 Ariège **14** – **86** ③ – 449 h. alt. 500.
Paris 814 – Aulus-les-Bains 16 – Castillon-en-Couserans 31 – Foix 60 – St-Girons 17 – Tarascon-sur-Ariège 50.

▲▲ *Les Quatre Saisons* Permanent
🖉 05 61 96 55 55 – sortie Sud-Est par D 32, rte d'Aulus-les-Bains, près du Garbet – ⩽ ⊶ – **R** conseillée juil.-août – ⴳ🅱 ⚲
3 ha (108 empl.) plat, herbeux ⌷
▥ ♿ 🗊 ⇌ 🗊 ⇌ ⊕ ⵧ 🖩 – ⚏ – 🖾 ⵤ – A proximité : ⚒
Tarif : 🗉 élect. (5A) et piscine comprises 2 pers. 80
Location : ⇱

▲ *La Côte* 15 mai-sept.
🖉 05 61 96 50 53 – SO : 0,6 km sur D 3, rte de Seix – ⩽ ⊶ – **R** – ⚲
1 ha (50 empl.) plat, herbeux ♀
♿ 🗊 ⇌ 🗊 ⇌ ⊕ 🖩 – 🖾
Tarif : ⚹ 12 – ⚗ 12 – 🗉 10/15 – ⚡ 10 (6A) 20 (10A) 25 (15A)

65 H.Pyr. – 🔠 ⑰ – rattaché à Argelès-Gazost.

62215 P.-de-C. 🔲 – 🔢 ② – 5 678 h. alt. 4.
Paris 297 – Calais 16 – Cassel 44 – Dunkerque 29 – St-Omer 34.

🔺 **Les Oyats** mai-sept.
   ℘ 03 21 85 15 40, Fax 03 28 60 38 33 – NO : 4,5 km, 272 Digue Verte, à 100 m de la plage (accès direct) – Places limitées pour le passage ⑤ ⛔ – **R** conseillée juil.-août – ⚒
   3 ha (120 empl.) plat, herbeux, sablonneux ⛱
   ⛺ ⚒ 🗄 ⛲ ⊕ 🗐 – ⛱ 🚗 ✂
   Tarif : ⚹ 25 – 🅴 35 – 🔌 17 (2A)

▶ *Benutzen Sie*
   – zur Wahl der Fahrtroute
   – zur Berechnung der Entfernungen
   – zur exakten Lokalisierung eines Campingplatzes (mit Hilfe der Angaben im Ortstext)
   die für diesen Führer unentbehrlichen **MICHELIN-Karten** *im Maßstab 1 : 200 000.*

42310 Loire 🔟 – 🔢 ⑦ – 1 182 h. alt. 363.
Paris 371 – Lapalisse 25 – Marcigny 23 – Roanne 25 – Thiers 80 – Vichy 48.

🔺 **Municipal Beausoleil** 15 mai-sept.
   ℘ 04 77 64 11 50 – E : 0,7 km par D 35 rte de Vivans et à droite, près du terrain de sports et du collège – ⛔ – **R** – ⚒
   1 ha (35 empl.) peu incliné, herbeux ⛱
   ⚒ ⛺ 🗄 ⚒ ⊕ ⚒ ⚒ 🗐 – ⛱ ✂ 🔗 🏊
   Tarif : ⚹ 12 – 🚗 7 – 🅴 8 – 🔌 13

46500 Lot 🔢 – 🔢 ⑲ – 160 h. alt. 360.
Paris 533 – Brive-la-Gaillarde 54 – Cahors 67 – Figeac 39 – Gourdon 44 – Gramat 11 – St-Céré 16.

🔺 **Les Chênes** mai-sept.
   ℘ 05 65 33 65 54, Fax 05 65 33 71 55 – NE : 1,5 km par D 90, rte du Gouffre – ⑤ ⛔ – **R** conseillée juil.-août – **GB** ⚒
   5 ha (120 empl.) peu incliné et incliné, en terrasses, pierreux, herbeux 🌲🌲
   ⚒ ⛺ ⛲ ⛺ ⚒ ⊕ 🗐 🗐 – ⛱ ⚒ 🍴 snack, pizzeria ⚒ – 🚶 salle d'animation ⚒ ⛸ 🔗 🏊 –
   A proximité : Parc de Loisirs : 🏊 (1100 m²) toboggans aquatiques
   Tarif : (Prix 1998) ⚹ 32 piscine comprise – 🅴 48 – 🔌 15 (6A) 20 (10A)
   Location : 🛏 1200 à 3200 – 🏠 1500 à 3450 – bungalows toilés

22500 C.-d'Armor 🔢 – 🔢 ② G. Bretagne – 7 856 h. alt. 15.
🅱 Syndicat d'Initiative r. St-Vincent ℘ 02 96 20 83 16, Fax 02 96 55 11 12.
Paris 494 – Guingamp 29 – Lannion 33 – St-Brieuc 47.

🔺 **Municipal de Cruckin-Kérity** Pâques-sept.
   ℘ 02 96 20 78 47 – **à Kérity**, SE : 2 km par D 786, rte de St-Quay-Portrieux, attenant au stade, à 100 m de la plage de Cruckin – **R** conseillée – ⚒
   2 ha (155 empl.) plat, herbeux ⛱
   ⚒ ⛺ ⛲ ⊕ – A proximité : crêperie
   Tarif : (Prix 1998) 🅴 1 pers. 41, 2 ou 3 pers. 67, pers. suppl. 15,50 – 🔌 13,50 (6A) 16,50 (12A)

56 Morbihan – 🔢 ⑪ – voir à Belle-Ile-en-Mer.

66690 Pyr.-Or. 🔢 – 🔢 ⑲ – 2 004 h. alt. 26.
Paris 879 – Argelès-sur-Mer 7 – Le Boulou 16 – Collioure 14 – La Jonquera 29 – Perpignan 19.

🔺 **Le Haras** Permanent
   ℘ 04 68 22 14 50, Fax 04 68 37 98 93 – sortie Nord-Est par D 11 « Cadre agréable » ⛔ –
   R conseillée – **GB** ⚒
   2,3 ha (75 empl.) plat, herbeux ⛱ 🌲🌲
   ⚒ ⛺ ⛲ 🗄 ⛺ ⊕ ⚒ ⚒ 🗐 – ⛱ 🍴 ⚒ – ⛱ ⚒ ⚒ 🏊 🐎
   Tarif : 🅴 piscine comprise 2 pers. 108 – 🔌 20 ou 24 (3 à 10A)
   Location : 🛏 1500 à 3200

PALAVAS-LES-FLOTS

34250 Hérault 🔟🟨 – 🟨🟨 ⑦ G. Gorges du Tarn – 4 748 h. alt. 1.
🅱 Office de Tourisme 1 bd Joffre ℰ 04 67 07 73 34, Fax 04 67 07 73 58.
Paris 765 – Aigues-Mortes 25 – Montpellier 17 – Nîmes 59 – Sète 30.

⛰ **Les Roquilles** 10 avril-11 sept.
℘ 04 67 68 03 47, Fax 04 67 68 54 98 – 267 bis av. St-Maurice, rte de Carnon-Plage, à 100 m de la plage – ⚬➤ ⚡ – **R** conseillée – ⊖⊟ ⚭
15 ha (792 empl.) plat, sablonneux, herbeux ⚲ (7 ha)
🔧 🏠 🗇 🖰 🛋 ⊛ 🖾 – 🏊 🍸 pizzeria 🍴 – 🛶 ⚓
Tarif : ⊞ piscine et tennis compris 2 pers. 104,60, pers. suppl. 18,90 – ⦗⚡⦘ 17,75 (4A)
Location : 🛏 1500 à 3500 – 🏠 2100 à 4000

PALISSE

19160 Corrèze 🔟 – 🗇🔟 ① – 256 h. alt. 650.
Paris 467 – Aurillac 89 – Clermont-Ferrand 109 – Mauriac 35 – Le Mont-Dore 78 – St-Flour 115 – Tulle 52 – Ussel 22.

⛰ **Le Vianon** 5 avril-15 oct.
℘ 05 55 95 87 22 – N : 1,1 km par D 47, rte de Combressol et rte à droite – ⚬ ⚬➤ ⚡ dans locations – **R** conseillée juil.-août – ⊖⊟ ⚭
4 ha (60 empl.) plat et peu incliné, terrasses, herbeux, gravillons, étang, forêt ⊠ ⚲⚲
🔧 🏠 🖰 🖾 – 🖾 🎣 🛶 ⚓ ⚓
Tarif : ⚡ 27 piscine comprise – 🚗 13 – ⊞ 17 – ⦗⚡⦘ 16 (6A)
Location : 🛏 1600 à 2900 – 🏠 1300 à 2600 – bungalows toilés

La PALMYRE

17 Char.-Mar. – 🗇🔟 ⑮ – rattaché aux Mathes.

PAMIERS

09100 Ariège 🔟🟨 – 🟨🟨 ⑤ G. Pyrénées Roussillon – 12 965 h. alt. 280.
🅱 Office de Tourisme bd Delcassé ℰ 05 61 67 52 52, Fax 05 61 67 22 40.
Paris 759 – Auch 132 – Carcassonne 77 – Castres 98 – Foix 20 – Toulouse 64.

⛰ **Les Ombrages** Permanent
℘ 05 61 67 12 24 – sortie Nord-Ouest par D 119, rte de St-Girons, bord de l'Ariège – ⚬➤ ⚡ dans locations – **R** conseillée juil.-août – ⊖⊟ ⚭
2 ha (100 empl.) plat, herbeux ⚲⚲
🔧 🏠 🖰 ⊛ 🖾 🖾 – 🎣 🛶 ⚓
Tarif : ⚡ 10 – 🚗 6 – ⊞ 10 – ⦗⚡⦘ 14 (6A) 23 (10A)
Location : 🛏 1100

PAMPELONNE

81190 Tarn 🔟🟨 – 🟨🟨 ⑪ – 715 h. alt. 430.
Paris 655 – Albi 30 – Baraqueville 35 – Cordes-sur-Ciel 30 – Rieupeyroux 35.

⛰ **Municipal de Thuriès** 15 juin-1ᵉʳ sept.
℘ 05 63 76 44 01 – NE : 2 km par D 78, bord du Viaur – ⚬ « Site agréable » ⚬➤ – **R** – ⚭
1 ha (35 empl.) plat, herbeux ⚲⚲
🏠 🖰 🖰 ⊛ – 🖾
Tarif : (Prix 1998) ⚡ 16 – ⊞ 20 – ⦗⚡⦘ 10

PARAMÉ

35 I.-et-V. – 🗇🔟 ⑥ – voir à St-Malo.

PARAY-LE-MONIAL

71600 S.-et-L. 🔟🟨 – 🗇🔟 ⑰ G. Bourgogne – 9 859 h. alt. 245.
🅱 Office de Tourisme av. Jean-Paul-II ℰ 03 85 81 10 92, Fax 03 85 81 36 61.
Paris 363 – Autun 76 – Mâcon 67 – Montceau-les-Mines 36 – Moulins 67 – Roanne 55.

⛰ **Mambré** 15 avril-oct.
℘ 03 85 88 89 20, Fax 03 85 88 87 81 – sortie Nord-Ouest par N 79 rte de Digoin et rte à droite avant le passage à niveau – ⚬➤ – **R** conseillée 15 juil.-20 août – ⊖⊟ ⚭
3,8 ha (198 empl.) plat, herbeux
🔧 🏠 🖰 🖰 ⊛ 🖾 🖾 🖾 – 🖾 🛶 ⚓
Tarif : ⚡ 20 piscine comprise – ⊞ 38 – ⦗⚡⦘ 18 (10A)
Location : bungalows toilés

PARCEY

39 Jura – 🗇🔟 ③ – rattaché à Dole.

404

24410 Dordogne 🟨 – 🔢 ③ G. Périgord Quercy – 363 h. alt. 70.
Paris 506 – Bergerac 70 – Blaye 72 – Bordeaux 73 – Périgueux 67.

▲▲▲ **Le Paradou** 15 mai-15 sept.
      ℘ 05 53 91 42 78 – SO : 2 km par D 674 rte de La Roche-Chalais, au Parc de Loisirs – ⊶
      R conseillée – **GB** ✗
      20 ha/4 campables (100 empl.) plat, herbeux, pierreux ⊏⊐ ♀
      & ⅏ ⇔ 🖵 ↤ ⊛ ⚁ – ⊿ – ⚓ – A proximité : Au Parc de Loisirs : ♈ cafétéria ⇲ 🖃 discothèque
      ⚔ ⌕ 🛝 ⚓ (étang) toboggan aquatique
      Tarif : (Prix 1998) 🅴 élect. (10A) et piscine comprises 70, pers. suppl. 18
      Location : ⌂ 830 à 1580 – 🚐 1510 à 2680 – 🏠 1260 à 2330

40160 Landes 🔢 – 🔢 ③ G. Pyrénées Aquitaine – 4 056 h. alt. 32.
🅱 Office de Tourisme pl. Gén.-de-Gaulle ℘ 05 58 78 43 60.
Paris 660 – Arcachon 42 – Bordeaux 82 – Mimizan 25 – Mont-de-Marsan 76.

▲▲ **Municipal Pipiou**
      ℘ 05 58 78 57 25 – O : 2,5 km par D 43 et rte à droite, à 100 m de l'étang – ⊶
      3 ha (200 empl.) plat, sablonneux
      ⚏ & ⅏ ⇔ 🖵 ↤ ⊛ ⚁ ⚡ ⊽ 🗵 ▣ – ⊿ ♈ snack, pizzeria – ⚓ – A proximité : ⚓ ⚓ ♪

▲▲ **L'Arbre d'Or** avril-oct.
      ℘ 05 58 78 41 56, Fax 05 58 78 49 62 – O : 1,5 km par D 43 rte de l'étang – ⊶ saison –
      R indispensable juil.-août – **GB** ✗
      4 ha (200 empl.) plat, sablonneux, herbeux ♀♀ pinède
      & ⅏ ⇔ ⚁ ⚓ – ♈ ⊿ – 🖃 ⚓ ⚓
      Tarif : ⚘ 17 piscine comprise – 🅴 26/32 avec élect. (6A)

▲ **La Forêt Lahitte** avril-oct.
      ℘ 05 58 78 47 17, Fax 05 58 78 43 64 – O : 3,5 km, au lieu-dit le Lac, à 70 m du lac, Pour les
      caravanes, accès conseillé par la D 652, rte de Biscarrosse et chemin à gauche – ⚲ ⊶ – **R** conseillée
      – ✗
      3 ha (135 empl.) plat, sablonneux ♀
      & ⅏ ⇔ 🖵 ↤ ⊛ – crêperie – A proximité : ⚓ ♪
      Tarif : 🅴 2 pers. 80 – [½] 18 (6A) 22 (10A)
      Location (permanent) : 🚐 950 à 3200 – 🏠 850 à 2900 – huttes

75 Seine 🟦 Plans : 10 11 12 et 14 G. Paris – 2 152 333 h. alt. Observatoire 60 m – Place de la Concorde 34 m.

Au Bois de Boulogne – ✉ 75016 Paris
▲▲▲ **Le Bois de Boulogne** Permanent
      ℘ 01 45 24 30 00, Fax 01 42 24 42 95 – réservé aux usagers résidant hors de l'Ile de France, Allée
      du Bord de l'Eau, entre le pont de Suresnes et le pont de Puteaux, bord de la Seine – ⊶ – **R** conseillée
      vacances scolaires – **GB** ✗
      7 ha (460 empl.) plat, gravillons, herbeux ♀♀
      ⚏ & ⅏ ⇔ 🖵 ↤ ⊛ ⚁ ⊽ 🗵 ▣ – ⊿ ♈ snack (soir seulement)
      Tarif : ⚘ 2 pers. 120 (150 avec élect. 4 à 6A)
      Location : 🚐 276 à 436 la nuitée – 🏠 372 à 486 la nuitée

47210 L.-et-G. 🔢 – 🔢 ⑥ – 127 h. alt. 140.
Paris 567 – Agen 66 – Bergerac 42 – Le Bugue 43 – Fumel 29 – Villeneuve-sur-Lot 36.

▲▲ **Moulin de Mandassagne** avril-sept.
      ℘ 05 53 36 04 02 – SO : 0,7 km, bord d'un ruisseau – ⊶ – **R** conseillée 15 juil.-15 août
      ✗
      4 ha (60 empl.) plat, herbeux ♀ (0,8 ha)
      & ⅏ ⇔ 🖵 ↤ ⊛ ▣ – ⊿ – 🖃 ⚔ ⊿
      Tarif : ⚘ 15 piscine comprise – 🅴 27 – [½] 12 (6 ou 8A)
      Location : 🏠 1000 à 2700

79200 Deux-Sèvres 🟨 – 🔢 ⑲ G. Poitou Vendée Charentes – 10 809 h. alt. 175.
🅱 Office de Tourisme 8 r. de la Vau St-Jacques ℘ 05 49 64 24 24, Fax 05 49 94 61 94.
Paris 377 – Bressuire 32 – Châtellerault 77 – Fontenay-le-Comte 52 – Niort 42 – Poitiers 48 – Thouars 39.

▲▲ **Base de Loisirs** Permanent
      ℘ 05 49 94 39 52, Fax 05 49 71 18 26 – sortie Sud-Ouest rte de la Roche-sur-Yon et à droite après
      le pont sur le Thouet, près d'un plan d'eau – ⊶ – **R** conseillée juil. – ✗
      2 ha (86 empl.) plat, herbeux ⊏⊐
      ⚏ ⅏ ⇔ 🖵 ↤ ⊛ ▣ – snack – 🖃 – A proximité : ⚅ parcours sportif ⚔ ⌕ ⚓ ⊿
      Tarif : ⚘ 14,50 – ⇔ 13 – 🅴 12 – [½] 12 (3A) 15 (6A) 20 (12A)

64000 Pyr.-Atl. **13** – **85** ⑥ ⑦ G. Pyrénées Aquitaine – 82 157 h. alt. 207.
🖪 Office de Tourisme pl. Royale 🖉 05 59 27 27 08, Fax 05 59 27 03 21 et pl. Monnaie 🖉 05 59 27 41 24.
Paris 778 – Bayonne 113 – Bordeaux 200 – Toulouse 198 – Zaragoza 237.

⚠ **Le Terrier** Permanent
🖉 05 59 81 01 82, Fax 05 59 81 26 83 ✉ 64230 Lescar – NO : 6,5 km par N 117, rte de Bayonne
puis D 501 à gauche, bord du Gave, Par A 64 sens Ouest-Est : sortie Artix – ⚬━ – **R** conseillée juil.-août
– ◎B ⚒
2 ha (100 empl.) plat, gravier, herbeux, pierreux ▭ ⚬⚬
  ♨ ⚙ 🖪 ⛽ ☼ ♨ ▽ 🖪 – ▼ ⚒ – 🖼 ⚔ ❨ ⛌ – A proximité : golf
Tarif : ♦ 23 piscine comprise – 🖽 32 – ⛽ 18 (3 ou 4A) 25 (6A)
Location : ⛺ 2100 à 2600

33250 Gironde **9** – **71** ⑦ G. Pyrénées Aquitaine – 5 670 h. alt. 20.
🖪 Office de Tourisme La Verrerie 🖉 05 56 59 08, Fax 05 56 59 23 38.
Paris 559 – Arcachon 117 – Blaye 16 – Bordeaux 53 – Lesparre-Médoc 23.

⚠ **Municipal les Gabarreys** 2 avril-15 oct.
🖉 05 56 59 10 03 – S : 1 km par rue de la Rivière, près de la Gironde – 🐚 ⚬━ – **R** – ⚒
1,6 ha (59 empl.) plat, gravillons, herbeux ▭ ⚘
  ♿ ♨ ⚙ 🖪 ☼ ☺ ⛽ 🖪 – 🖼 ⚔
Tarif : 🖽 1 pers. 42, 2 pers 65, pers. suppl. 22 – ⛽ 19 (5A) 29 (10A)

46350 Lot **13** – **75** ⑱ – 492 h. alt. 320.
Paris 534 – Bergerac 102 – Brive-la-Gaillarde 55 – Cahors 49 – Figeac 61 – Périgueux 102 – Sarlat-la-Canéda 31.

⚠ **Les Pins** avril-15 sept.
🖉 05 65 37 96 32, Fax 05 65 37 91 08 – sortie Sud par N 20 rte de Cahors « Beau parc » ⚬━
R conseillée juil.-août – ◎B ⚒
4 ha (125 empl.) plat, peu incliné, en terrasses, herbeux ⚘⚘⚘
  ♿ ♨ ⚙ 🖪 ☼ ♨ ☺ ☼ ▽ ⛽ 🖪 – ⚘ ▼ snack ⚔ – 🖼 ⚔ ❨ ⛌ – A proximité : ⚑, parc
de loisirs avec toboggan aquatique
Tarif : (Prix 1998) ♦ 32 piscine comprise – 🖽 48 – ⛽ 16 (6 à 10A)
Location : ⛺ 1260 à 3250

07230 Ardèche **16** – **80** ⑧ G. Gorges du Tarn – 436 h. alt. 300.
Paris 662 – Aubenas 33 – Largentière 22 – Privas 63 – Vallon-Pont-d'Arc 29 – Villefort 32.

⚠ **Lou Cigalou** 15 juin-4 sept.
🖉 04 75 39 48 68 – E : 1 km par rte de Lablachère et chemin à droite – 🐚 « Cadre agréable » ⚬━
– **R** conseillée – ⚒
1,2 ha (25 empl.) plat et en terrasses, herbeux ▭ ⚘⚘
  ♿ ♨ 🖪 ☼ ☺ 🖪 – ⚔
Tarif : 🖽 2 pers. 50 – ⛽ 15 (6A)
Location : ⛺ 1000 à 1300

06580 Alpes-Mar. **17** – **84** ⑧ – 4 618 h. alt. 18.
Paris 900 – Cannes 10 – Draguignan 60 – Grasse 9 – Nice 42 – St-Raphaël 38.

à St-Jean SE : 2 km par D 9 rte de Cannes – ✉ 06550 la Roquette-sur-Siagne :

⚠ **St-Louis** avril-sept.
🖉 04 92 19 23 13, Fax 04 92 19 23 14 – NO : 1 km par D 9 – 🐚 « Cadre agréable » ⚬━ – **R** conseillée
juil.-août – ⚒
5 ha (200 empl.) en terrasses et peu incliné, herbeux ▭ ⚘⚘
  ♿ ♨ 🖪 ☼ ☺ ⛽ ▽ 🖪 – ▼ ✗ pizzeria ⚔ – 🖼 ⛌ half-court – A proximité : ⚑ ❨
Tarif : 🖽 élect. et piscine comprises 2 pers. 128/2 ou 3 pers. 190, pers. suppl. 37

73210 Savoie **12** – **74** ⑱ G. Alpes du Nord – 521 h. alt. 1 320 – Sports d'hiver : 1 350/2 350 m ⚶ 1 ⚶ 13 ⚵.
🖪 Office de Tourisme 🖉 04 79 07 94 28, Fax 04 79 07 95 34.
Paris 665 – Albertville 57 – Bourg-St-Maurice 14.

⚠ **Les Lanchettes** fermé 6 nov.-15 déc.
🖉 04 79 07 93 07, Fax 04 79 07 88 33 – SE : 3 km par rte des Lanches, bord du Ponturin et près
du Parc National de la Vanoise – 🐚 ≼ ⚬━ ✗ dans locations – **R** conseillée, indispensable vacances
de fév. et de printemps – ◎B ⚒
2 ha (90 empl.) en terrasses, plat, herbeux
  ♨ ⚙ ♨ ☼ ☺ ☼ 🖪 – ▼ ⚔ – A proximité : ⚬ ❨ ⚘
Tarif : 🖽 2 pers. 76,20, pers. suppl. 25 – ⛽ 15,50 à 46,80 (2 à 10A)
Location : ⛺ 1210 à 2400

42410 Loire **11** – **77** ① G. Vallée du Rhône – 3 132 h. alt. 420.

🛈 Syndicat d'Initiative Moulin de Virieu 🕾 04 74 87 52 00, Fax 04 74 87 52 02.

Paris 514 – Annonay 30 – St-Étienne 41 – Tournon-sur-Rhône 59 – Vienne 27.

△ **Bel'Époque du Pilat** avril-oct.

🕾 04 74 87 66 60, Fax 04 74 87 73 81 – sortie Est vers Chavanay puis 1,5 km par D 79, rte de Malleval – Places limitées pour le passage 🦢 ≤ ⊶ – **R** conseillée juil.-août – **GB** ⚭
3 ha (60 empl.) incliné et en terrasses, herbeux ▭
🛆 ⬚ ⬚ ⬚ ⬚ – ⬚
Tarif : 🏕 18 piscine comprise – ⬚ 10 – 🅴 12 – 🔌 16 (6A)

▶ To select the best route and follow it with ease,

To calculate distances,

To position a site precisely from details given in the text :

Get the appropriate **MICHELIN regional map,** 1 : 200 000
(1 inch : 3.15 miles).

80230 Somme **1** – **52** ⑥ – 1 055 h. alt. 5.

Paris 206 – Abbeville 23 – Amiens 75 – Blangy-sur-Bresle 34 – Le Tréport 22.

△ **La Baie** Pâques-15 oct.

🕾 03 22 60 72 72 – N : 2 km, à Routhiauville, r. de la Baie – Places limitées pour le passage 🦢 ⊶
– **R** – ⚭
1,2 ha (94 empl.) plat, herbeux, sablonneux
🛆 ⬚ ⬚ ⬚ ⬚ ⬚ ⬚ ⬚ – ⬚ ⬚
Tarif : 🅴 élect. (3 ou 6A) comprise 2 pers. 62 ou 72

56760 Morbihan **4** – **63** ⑭ – 1 394 h. alt. 20.

Paris 461 – La Baule 31 – Nantes 88 – La Roche-Bernard 18 – St-Nazaire 45 – Vannes 46.

⚠ **Inly** mai-sept.

🕾 02 99 90 35 09, Fax 02 99 90 40 93 – SE : 2 km par D 201 et rte à gauche, bord d'un étang –
🦢 ≤ ⊶ – **R** conseillée – **GB** ⚭
30 ha/12 campables (500 empl.) plat, herbeux, pierreux ▭
⬚ ⬚ ⬚ ⬚ ⬚ ⬚ ⬚ – ⬚ 🍴 ✗ ⬚ – ⬚ ⬚ ⬚ ⬚ ⬚
Tarif : (Prix 1998) 🏕 26 piscine comprise – ⬚ 12 – 🅴 50 – 🔌 18 (10A)
Location : ⬚ 1500 à 3200

⚠ **Les Îles** avril-sept.

🕾 02 99 90 30 24, Fax 02 99 90 44 55 – S : 4,5 km par D 201 et rte à droite, à la Pointe du Bile,
bord de mer – ⊶ – **R** conseillée 6 juil.-25 août – **GB** ⚭
2,5 ha (124 empl.) plat, herbeux ▭ ⬚
⬚ ⬚ ⬚ ⬚ ⬚ ⬚ ⬚ – ⬚ 🍴 snack ⬚ – ⬚ ⬚ ⬚ ⬚ ⬚ - A proximité : ⬚ ⬚ et poneys,
terrain omnisports
Tarif : 🅴 piscine comprise 2 pers. 150, pers. suppl. 19 – 🔌 16 (6A)

⚠ **Le Parc des Îles** avril-sept.

🕾 02 99 90 30 24, Fax 02 99 90 44 55 – S : 4,5 km par D 201 et rte à droite, à la Pointe du Bile,
à 200 m de la mer – ⊶ 15 mai-15 sept. – **R** conseillée juil.-août – **GB** ⚭
1 ha (60 empl.) plat, herbeux, étang ▭
⬚ ⬚ ⬚ ⬚ ⬚ ⬚ ⬚ ⬚ – ⬚ ⬚ ⬚ et poneys, terrain omnisports – A proximité : ⬚
🍴 snack ⬚ ⬚
Location : ⬚ 1250 à 3570 – ⬚ 1450 à 3780

⚠ **Le Cénic** Pâques-sept.

🕾 02 99 90 45 65, Fax 02 99 90 45 05 – E : 1,5 km par D 34 rte de la Roche-Bernard, bord d'un
étang – 🦢 ⊶ – **R** conseillée – ⚭
4 ha (180 empl.) plat, peu incliné, herbeux
⬚ ⬚ ⬚ ⬚ ⬚ ⬚ ⬚ ⬚ – 🍴 ⬚ – ⬚ salle d'animation ⬚ ⬚ toboggan aquatique
Tarif : 🏕 22 piscine comprise – 🅴 35 – 🔌 16 (6A)
Location : ⬚ 1000 à 2900 – ⬚ 1000 à 3100 – bungalows toilés

⚠ **Les Parcs** avril-oct.

🕾 02 99 90 30 59 – E : 0,5 km par D 34 rte de la Roche-Bernard – ⊶ – **R** conseillée 14 juil.-
22 août – **GB** ⚭
2,5 ha (75 empl.) plat et peu incliné, herbeux ▭ ⬚
⬚ ⬚ ⬚ ⬚ ⬚ ⬚ – 🍴 ⬚ – ⬚
Tarif : (Prix 1998) 🏕 19 piscine comprise – ⬚ 6 – 🅴 24 – 🔌 14 (5A)
Location (mai-sept.) : ⬚ 800 à 1950 – ⬚ 1000 à 2700

△ **Kerfalher** mai-20 sept.

🕾 02 99 90 33 45 – S : 2,6 km par D 201 et rte à droite, à 500 m de la mer – 🦢 ⊶ – **R** conseillée
– ⚭
2 ha (90 empl.) plat, herbeux ▭
⬚ ⬚ ⬚ ⬚ ⬚ ⬚ ⬚ – ⬚ ⬚ – A proximité : ⬚
Tarif : (Prix 1998) 🅴 2 pers. 66, 3 pers. 80, pers. suppl. 19 – 🔌 16 (6A)

PENMARCH

29760 Finistère **3** – 🖽 ⑭ G. Bretagne – 6 272 h. alt. 7.
🛈 Office de Tourisme pl. Mar.-Davout 🖋 02 98 58 81 44, Fax 02 98 58 86 62.
Paris 586 – Audierne 39 – Douarnenez 39 – Pont-l'Abbé 11 – Quimper 31.

⚠ **Les Genêts** avril-oct.
🖋 02 98 58 66 93 – E : 2,3 km par D 785 et D 53 rte de Loctudy – 🐟 ⚬━ – **R** conseillée – ⚡
3 ha (100 empl.) plat, herbeux ♀♀
🏗 🔄 🗊 ⊕ 🖭 – 🔫
Tarif : (Prix 1998) ⚡ 15 – 🚗 8 – 🖻 16 – ⚡ 16 (2 à 10A)

⚠ **Municipal** 15 juin-15 sept.
🖋 02 98 58 86 88 – SE : 1,4 km par rte de Guilvinec par la côte et rte à droite, à 100 m de la plage
(accès direct) – 🐟 ⚬━ juil.-août – **R** – ⚡
3 ha (202 empl.) plat, herbeux, sablonneux
♿ 🏗 🔄 ⊕ 🖭 – 🔫 – A proximité : ◗
Tarif : ⚡ 14 – 🖻 13 – ⚡ 11,50 (6 à 13A)

▶ Utilisez les **cartes MICHELIN** détaillées nᵒˢ 🖽 à 🗐 :
les localités possédant des terrains sélectionnés y sont signalées par le signe (**o**).

Elles sont le complément indispensable de ce guide.

PENNE-D'AGENAIS

47140 L.-et-G. 🚼 – 🗠 ⑥ G. Pyrénées Aquitaine – 2 394 h. alt. 207.
Paris 622 – Agen 32 – Bergerac 70 – Bordeaux 155 – Cahors 61.

⚠ **Municipal du Lac de Ferrié** 15 juin-août
🖋 05 53 41 30 97 – SO : 1,4 km par D 159, à 250 m du D 661, bord du lac – ⚬━ juil.-août –
R conseillée – ⚡
1,6 ha (64 empl.) plat et peu incliné, herbeux 🔲 ♀♀
♿ 🏗 🔄 🗊 ⊕ 🛖 ⚓ ▽ 🖭 – 🛖 – A proximité : 🍴 snack ✂ 🔫 ≃
Tarif : ⚡ 22 tennis compris – 🖻 22 – ⚡ 18 (moins de 10A) 23 (plus de 10A)
Location (permanent) : gîtes

Le PENON

40 Landes – 🗠 ⑰ – rattaché à Seignosse.

PENTREZ-PLAGE

29550 Finistère **3** – 🖽 ⑭.
Paris 566 – Brest 57 – Châteaulin 19 – Crozon 16 – Douarnenez 27 – Quimper 35.
Schéma à Plomodiern

⚠ **Ménez-Bichen** juin-sept.
🖋 02 98 26 50 82 – près de la plage – ⋚ ⚬━ – **R** – **GB** ⚡
4,3 ha (265 empl.) plat et peu incliné, herbeux
♿ 🏗 🔄 🗊 🔲 ⊕ 🖭 – 🍴 – 🛖 🔫 – A proximité : ✂
Tarif : ⚡ 18 – 🖻 27 – ⚡ 11,50 (2A) 12,50 (4A) 13,50 (6A)

⚠ **Ker-Ys** mai-11 sept.
🖋 02 98 26 53 95 – près de la plage – ⚬━ juil.-août – **R** conseillée juil.-août – **GB** ⚡
3 ha (190 empl.) plat et peu incliné, herbeux
♿ 🏗 🔄 🖭 🔲 ⊕ 🖭 – 🛖 🔫 terrain omnisports – A proximité : ✂
Tarif : ⚡ 19 – 🚗 8 – 🖻 20 – ⚡ 14 (5A)

⚠ **Les Tamaris** mai-10 sept.
🖋 02 98 26 53 75 – près de la plage – ⚬━ – **R** conseillée – **GB** ⚡
0,8 ha (65 empl.) plat et peu incliné, herbeux
🏗 🔄 🗊 🔲 ⊕ 🖭 – A proximité : ✂
Tarif : ⚡ 18,50 – 🖻 27,50 – ⚡ 13 (2A) 15,50 (6A)
Location : 🚐 1150 à 1650

PÉRIGUEUX

24000 Dordogne 🔟 – 🗀 ⑤ G. Périgord Quercy – 30 280 h. alt. 86.
🛈 Office de Tourisme Rond-Point de la Tour Mataguerre 🖋 05 53 53 10 63, Fax 05 53 09 02 50.
Paris 485 – Agen 139 – Albi 235 – Angoulême 85 – Bordeaux 123 – Brive-la-Gaillarde 74 – Limoges 94 – Pau 266
– Poitiers 197.

⚠ **Barnabé-Plage** Permanent
🖋 05 53 53 41 45, Fax 05 53 54 16 62 – E : 2 km, rte de Brive-la-Gaillarde, En deux parties sur
chaque rive de l'Isle ; bac pour piétons et cycles « Situation agréable » ⚬━ – **R** juil.-août – **GB** ⚡
1 ha (56 empl.) plat, herbeux 🔲 ♀♀
🏛 ♿ 🏗 🔄 🗊 🖭 ⊕ – 🍴 – 🛖 🔩 – A proximité : ✂ poneys
Tarif : ⚡ 16,50 – 🚗 10 – 🖻 16 – ⚡ 14,50 (4A) 17,50 (6A)

à Antonne-et-Trigonant NE : 10 km par N 21, rte de Limoges – 1 050 h. alt. 106 – ✉ 24420 Antonne-et-Trigonant

▲▲ ***Au Fil de l'Eau*** 15 juin-15 sept.
℘ 05 53 06 17 88, Fax 05 53 08 97 76 – sortie Nord-Est et rte d'Escoire à droite, bord de l'Isle – 🔑 – **R** conseillée 14 juil.-15 août – cV
1,5 ha (50 empl.) plat, herbeux
♿ 🚿 ⇔ ☐ 🚽 ☺ 🧺 – 🛝 ≋
Tarif : 🚶 *17* – 🚗 *13* – ▣ *15* – ⚡ *14 (5A)*
Location : 🚐 *800 à 1400*

à Atur S : 6 km par D 2 – 1 248 h. alt. 224 – ✉ 24750 Atur :

▲▲▲ ***Le Grand Dague*** Pâques-fin sept.
℘ 05 53 04 21 01, Fax 05 53 04 22 01 – SE : 3 km par rte de St-Laurent-sur-Manoire et chemin, Par déviation Sud, venant de Brive ou Limoges, prendre direction Bergerac et chemin à droite – 🐎 « Cadre agréable » 🔑 – **R** conseillée juil.-20 août – GB cV
22 ha/7 campables (93 empl.) incliné, herbeux ⛶
▥ ♿ 🚿 ⇔ ☐ ♨ 🚽 ☺ ⚠ 🧺 – 🍷 🍴 (dîner seulement) 🥡 – ⌂ 🛝 🏋 🏊
Tarif : (Prix 1998) 🚶 *31 piscine comprise* – ▣ *40* – ⚡ *15 (6A)*
Location : 🚐 *870 à 1725* – 🏠 *1325 à 3160* – 🏡 *1650 à 3450*

PÉRONNE

80200 Somme ② – 53 ⑬ G. Flandres Artois Picardie – 8 497 h. alt. 52.
ℹ Office de Tourisme 1 r. Louis-XI ℘ 03 22 84 42 38, Fax 03 22 84 51 25.
Paris 141 – Amiens 54 – Arras 48 – Doullens 54 – St-Quentin 31.

▲ ***Port de Plaisance*** Permanent
℘ 03 22 84 19 31 – sortie Sud rte de Paris, près du canal du Nord, entre le port de plaisance et le port de commerce – 🔑 – **R** – GB cV
2 ha (90 empl.) plat, herbeux 🌳 (1 ha)
▥ ♿ 🚿 ⇔ ☐ 🚽 ☺ 🧺 – 🛝
Tarif : 🚶 *17* – 🚗 *6,70* – ▣ *15* – ⚡ *15 (5A) 30 (10A)*

PERPEZAT

63210 P.-de-D. ⑪ – 73 ⑬ – 377 h. alt. 900.
Paris 458 – La Bourboule 17 – Clermont-Ferrand 37 – Mauriac 80 – Ussel 51.

▲ ***Aire Naturelle Jollère*** 15 juin-15 sept.
℘ 04 73 65 84 48 – O : 4,3 km par D 552 et D 11, rte de Heume-l'Eglise puis 2,2 km par D 134 à gauche, rte de Jollère – 🐎 ⋞ 🔑 – **R** conseillée 15 juil.-15 août – cV
1 ha (25 empl.) plat, peu incliné, herbeux
♿ 🚿 ⇔ 🚽 ☺ – ⌂ 🛝 🚲
Tarif : 🚶 *16* – ▣ *16* – ⚡ *10 (3A) 15 (6A)*

LE PERRIER

85 Vendée – 67 ⑫ – rattaché à St-Jean-de-Monts.

▶ *Nos **guides hôteliers**, nos **guides touristiques** et nos **cartes routières** sont complémentaires. Utilisez-les ensemble.*

PERROS-GUIREC

22700 C.-d'Armor ③ – 59 ① G. Bretagne – 7 497 h. alt. 60.
ℹ Office de Tourisme 21 pl. de l'Hôtel-de-Ville ℘ 02 96 23 21 15, Fax 02 96 23 04 72.
Paris 518 – Lannion 12 – St-Brieuc 74 – Tréguier 19.

▲▲ ***Claire Fontaine*** début mai-mi-sept.
℘ 02 96 23 03 55, Fax 02 96 49 06 19 – SO : 2,6 km, par rue des Frères Mantrier, rte de Pleumeur-Bodou et rte à droite – 🔑 – **R** conseillée juil.-août – cV
3 ha (180 empl.) plat, peu incliné, herbeux 🌳
🚿 ⇔ ☐ ♨ ⚠ ☺ 🧺 – 🍷 – ⌂ – A proximité : 🎾 🎾
Tarif : (Prix 1998) 🚶 *32* – ▣ *20/34 avec élect. (4A)*
Location : 🛏

à Ploumanach par D 788, rte de Trégastel-Plage – ✉ 22700 Perros-Guirec :

▲▲▲ ***Le Ranolien*** 26 mars-13 nov.
℘ 02 96 91 43 58, Fax 02 96 91 41 90 – SE : 1 km, à 200 m de la mer « Ancienne ferme restaurée dans un cadre sauvage » 🔑 – **R** conseillée juil.-août – GB cV
16 ha (540 empl.) plat, peu incliné et accidenté, herbeux ⛶ 🌳 (3 ha)
♿ 🚿 ⇔ ☐ ♨ 🚽 ☺ ⚠ ▽ 🚐 🧺 – 🛒 🍷 🍴 crêperie, snack, pizzeria 🥡 – ⌂ discothèque 🛝 🚲 🎾 🏋 🏊 🏊 toboggans aquatiques
Tarif : ▣ *piscine comprise 2 pers. 130, pers. suppl. 45* – ⚡ *20 (5A)*
Location : 🏠 *1500 à 4500*

West-Camping 25 avril-sept.
𝄞 02 96 91 43 82 – S : 0,7 km par
D 788, au carrefour de Ploumanach –
o━ ⚓ dans locations – **R** conseillée –
⚡
0,9 ha (50 empl.) plat, peu incliné,
herbeux ▭ �‍
♨ 🍴 🔥 🛒 🗑 ☺ ⚓ ↝ ▦ – 🛶 –
A proximité : ⚓
Tarif : ▣ *2 pers. 95* – 🔌 *15 (6A)*
Location : 🛖 *1200 à 2700*

à Louannec par D 6, rte de Tréguier –
2 195 h. alt. 53 – ✉ 22700 Perros-Guirec :

Municipal Ernest Renan juin-
sept.
𝄞 02 96 23 11 78, Fax 02 96 23 35 42
– O : 1 km, bord de mer – ⚡
o━ – **R** conseillée 10 juil.-20 août –
⚡
4 ha (265 empl.) plat, herbeux
♨ 🍴 🔥 🛒 🗑 ☺ ⚓ ↝ ▦ – 🍴 � – 🛶
🛟
Tarif : 🧍 *14,30* – ▣ *29* – 🔌 *17 (6A)*

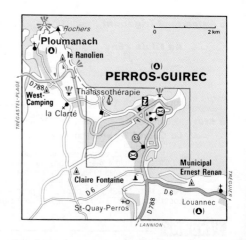

PERS

15290 Cantal 🔟 – 7️⃣6️⃣ ⑪ – 209 h. alt. 570.
Paris 550 – Argentat 44 – Aurillac 24 – Maurs 26 – Sousceyrac 25.

Le Viaduc mai-sept.
𝄞 04 71 64 70 08 – NE : 5 km par D 32, D 61 et chemin du Ribeyres à gauche, bord du lac de
St-Etienne-Cantalès – ⚡ ⚡ o━ juil.-août – **R** conseillée 15 juil.-15 août – ⚡
1 ha (65 empl.) en terrasses, herbeux, gravillons ▭ �‍
♨ 🔥 🚽 ⚓ ☺ ▦ – ⍡ – 🛒
Tarif : ▣ *1 pers. 44, pers. suppl. 17* – 🔌 *13 (6A)*

▶ *Benutzen Sie immer die neuesten Ausgaben*
*der **MICHELIN**-Straßenkarten und -Reiseführer.*

PETICHET

38 Isère 1️⃣2️⃣ – 7️⃣7️⃣ ⑤ – ✉ 38119 Pierre-Châtel.
Paris 593 – Le Bourg-d'Oisans 40 – Grenoble 30 – La Mure 11 – Vizille 12.

Ser-Sirant mai-15 oct.
𝄞 04 76 83 91 97, Fax 04 76 30 83 69 – sortie Est et chemin à gauche, bord du lac de Laffrey –
⚡ ⚡ o━ – **R** conseillée 10 juil.-20 août
2 ha (100 empl.) plat, terrasse, herbeux, pierreux �‍
🔥 🚽 🗑 ☺ – 🛒 – A proximité : 🎣
Tarif : ▣ *1 pers. 51, pers. suppl. 27* – 🔌 *15 (3A) 23 (6A) 30 (10A)*

Le PETIT-BORNAND-LES-GLIÈRES

74130 H.-Savoie 1️⃣2️⃣ – 7️⃣4️⃣ ⑦ G. Alpes du Nord – 743 h. alt. 732 – Sports d'hiver : 730/1 100 m 🎿.
Paris 566 – Annecy 40 – Bonneville 11 – La Clusaz 14 – Cluses 25 – Genève 36.

Municipal les Marronniers juin-15 sept.
𝄞 04 50 03 54 74 – N : 1,6 km par D 12 et rte à gauche, bord d'un torrent et à 100 m du Borne
– ⚡ ⚡ « Situation agréable » o━ – **R** conseillée juil.-août
1,8 ha (46 empl.) en terrasses, herbeux, pierreux, gravillons �‍
🔥 ⚓ ☺ – 🛒 – A proximité : ⚓
Tarif : 🧍 *13* – 🚗 *5* – ▣ *10* – 🔌 *10 (2A)*

PETIT-PALAIS-ET-CORNEMPS

33570 Gironde 9️⃣ – 7️⃣5️⃣ ⑫ ⑬ G. Pyrénées Aquitaine – 565 h. alt. 35.
Paris 535 – Bergerac 51 – Castillon-la-Bataille 18 – Libourne 21 – Montpon-Ménestérol 21 – La Roche-
Chalais 22.

Le Pressoir mai-sept.
𝄞 05 57 69 73 25, Fax 05 57 69 77 36 – NO : 1,7 km par D 21, rte de St-Médard-de-Guizières et
chemin de Queyray à gauche – ⚡ o━ – **R** conseillée juil.-août – 🆑 ⚡
2 ha (100 empl.) peu incliné et plat, herbeux ▭ �‍
♨ 🔥 🛒 🗑 ☺ ↝ ▦ – ⍡ ✕ ⚓ – 🛶 ▨
Tarif : (Prix 1998) 🧍 *31 piscine comprise* – ▣ *41* – 🔌 *18 (6A)*
Location : *bungalows toilés*

PEYNIER ─────────────────────────────────

13790 B.-du-R. 🔢 – 🔢 ④ ⑭ – 2 475 h. alt. 300.
Paris 775 – Aix-en-Provence 22 – Aubagne 22 – Marseille 39 – St-Maximin-la-Ste-Baume 20 – Trets 5.

⚑ *Municipal de la Garenne*
    & 04 42 53 05 21 – O : 1,5 km par D 56ᴮ et D 57ᴬ rte de Fuveau puis chemin à gauche – ⅋ « En forêt » ⚏
    1,5 ha (80 empl.) peu incliné, en terrasses, pierreux 🌿🌿
    🔳 🔳 🔳 🔳 ☺ – 🔳 – A proximité : ·🔘 ✖

PEYRAT-LE-CHÂTEAU ─────────────────────────

87470 H.-Vienne 🔢 – 🔢 ⑲ G. Berry Limousin – 1 194 h. alt. 426.
Paris 419 – Aubusson 45 – Guéret 53 – Limoges 54 – Tulle 77 – Ussel 79 – Uzerche 58.

⚑ *Municipal les Peyrades d'Auphelle* 2 mai-sept.
    & 05 55 69 41 32 – E : 7 km par D 13 et D 222 à droite, près du **lac de Vassivière**, alt. 650 – ≼ « Site agréable » ⚏ juil.-août – **Ᵽ** – 𝒳ᵥ
    3 ha (134 empl.) peu incliné, terrasses, herbeux 🌿
    🔳 🔳 ☺ 🔳 – ≌ (plage) – A proximité : 🔳 🍴 ✖ ✖ 🔳 🛶
    Tarif : (Prix 1998) 🔳 *2 pers. 50, pers. suppl. 17* – 🔌 *15 (5A)*

PEYRIGNAC ─────────────────────────────────

24210 Dordogne 🔢 – 🔢 ⑦ – 372 h. alt. 200.
Paris 483 – Brive-la-Gaillarde 34 – Juillac 32 – Périgueux 45 – Sarlat-la-Canéda 38.

⚑ *La Garenne* Permanent
    & 05 53 50 57 73 – à 0,8 km au Nord du bourg, près du stade – ⅋ ⚏ – **R** conseillée été
    1,5 ha (40 empl.) peu incliné, herbeux 🌿🌿
    & 🔳 ⚒ 🔳 ⛱ ☺ 🔳 🔳 – 🔳 – A proximité : ✖
    Tarif : ✶ *15* – 🔳 *20* – 🔌 *10 (10A)*
    Location : 🔳 *600 à 1200*

PEYRILLAC-ET-MILLAC ───────────────────────

24370 Dordogne 🔢 – 🔢 ⑱ – 214 h. alt. 88.
Paris 525 – Brive-la-Gaillarde 46 – Gourdon 24 – Sarlat-la-Canéda 22 – Souillac 7.

⚑ *Au P'tit Bonheur* avril-oct.
    & 05 53 29 77 93 – N : 2,5 km par rte du Bouscandier – ⅋ ≼ ⚏ – **R** juil.-août – 𝒳ᵥ
    2,8 ha (90 empl.) incliné et en terrasses, herbeux, pierreux
    & 🔳 ⚒ 🔳 ⛱ ☺ 🔳 – 🔳 🍴 – 🔳 🔳 🚲 – 🔳 🔳
    Tarif : ✶ *19 piscine comprise* – 🔳 *28* – 🔌 *16 (10A)*
    Location : 🔳 *1000 à 1650* – 🔳 *1200 à 2700* – 🔳 *1400 à 2900*

PEYRUIS ──────────────────────────────────

04310 Alpes-de-H.-Provence 🔢 – 🔢 ⑯ G. Alpes du Sud – 2 036 h. alt. 402.
Paris 729 – Digne-les-Bains 29 – Forcalquier 21 – Manosque 29 – Sisteron 22.

⚑ *Les Cigales* Permanent
    & 04 92 68 16 04 – au Sud du bourg, près du stade et d'un ruisseau – Ⓜ ≼ ⚏ – **R** conseillée
    1 ha (33 empl.) plat, peu incliné, herbeux 🔳
    🔳 & 🔳 ⚒ 🔳 ⛱ ☺ 🔳 🔳 🔳 – A proximité : parcours sportif ✖ 🔳
    Tarif : 🔳 *piscine comprise 1 pers. 44, pers. suppl. 22* – 🔌 *22 (6A)*

PÉZENAS ──────────────────────────────────

34120 Hérault 🔢 – 🔢 ⑮ G. Gorges du Tarn – 7 613 h. alt. 15.
🅱 Office de Tourisme pl. Gambetta *&* 04 67 98 35 45, Fax 04 67 98 96 80.
Paris 740 – Agde 20 – Béziers 25 – Lodève 40 – Montpellier 56 – Sète 37.

⚑ *St-Christol* 15 avril-15 sept.
    & 04 67 98 09 00, Fax 04 67 98 89 61 – NE : 0,6 km par D 30ᴱ, rte de Nizas et chemin à droite –
    ⚏ – **R** conseillée juil.-20 août – 𝒳ᵥ
    1,5 ha (93 empl.) plat, gravier 🔳 🌿🌿
    & 🔳 🔳 ☺ 🔳 – 🔳 🔳
    Tarif : ✶ *16 piscine comprise* – 🔳 *41* – 🔌 *12,50 (8A)*
    Location : 🔳 *1440 à 1800*

⚑ *Municipal le Castelsec* avril-10 oct.
    & 04 67 98 04 02 – sortie Sud-Ouest, rte de Béziers et rue à droite après le centre commercial
    Champion – ≼ ⚏ – **R** conseillée juil.-août – 𝒳ᵥ
    0,8 ha (40 empl.) plat et en terrasses, herbeux, pinède attenante 🔳
    & 🔳 🔳 ☺ 🔳 – 🔳 🔳 ✖ – A proximité : 🔳
    Tarif : ✶ *14,70* – 🔳 *30,60/36,10* – 🔌 *12,40 (10A)*
    Location : 🔳 *1225 à 1925* – *gîtes*

PIANA ────────────────────────────────────

2A Corse-du-Sud – 🔢 ⑮ – voir à Corse.

PICHERANDE

63113 P.-de-D. **11** – **73** ⑬ – 491 h. alt. 1 116.
Paris 483 – Clermont-Ferrand 64 – Issoire 47 – Le Mont-Dore 31.

⚑ **Municipal la Blatte** 15 juin-15 sept.
NE : 0,6 km par chemin face à l'église et à droite, à 200 m d'un petit lac – ☜ ≤ Monts du Cantal
– **R** – ⚲
0,7 ha (43 empl.) non clos, plat, peu incliné, herbeux, pierreux
🛖 🞕 ⊕ – 🖼 🛠 ❅ parcours de santé
Tarif : ⚲ *7,10* – 🚗 *6,30* – 🅴 *6,30* – 🄶 *12*

PIERREFITTE-SUR-LOIRE

03470 Allier **11** – **69** ⑯ – 609 h. alt. 228.
Paris 323 – Bourbon-Lancy 19 – Lapalisse 52 – Moulins 40 – Paray-le-Monial 27.

⚑ **Le Vernay** 19 juin-5 sept.
⌀ 04 70 47 02 49 – O : 1,6 km par D 295, rte de Saligny-sous-Roudon et chemin à droite après le
pont, à 200 m du canal de Roanne – ≤ ☛ – **R** conseillée
20 ha/2 campables (35 empl.) plat, herbeux, plan d'eau 🗔
👤 🛖 ⇄ 🖳 🞕 ⊕ – 🛠 – A proximité : ⛲ ✕ 🝥
Tarif : ⚲ *15* – 🅴 *20* – 🄶 *10*

PIERREFITTE-SUR-SAULDRE

41300 L.-et-Ch. **6** – **64** ⑳ – 835 h. alt. 125.
Paris 186 – Aubigny-sur-Nère 23 – Blois 73 – Bourges 55 – Orléans 52 – Salbris 13.

⚑ **Sologne Parc des Alicourts** 15 mai-11 sept.
⌀ 02 54 88 63 34, Fax 02 54 88 58 40 – NE : 6 km par D 126 et D 126[B], au Domaine des Alicourts,
bord d'un étang – ☜ « Site et cadre agréables en Sologne, bel espace aquatique » ☛ ❅ dans
locations – **R** indispensable juil-août – ⚲
21 ha/8 campables (300 empl.) plat, herbeux, sablonneux 🗔 ⚏
👤 🛖 ⇄ 🖳 ♨ 🞕 ⊕ ⚴ ☗ 🖳 – 🛋 ⛲ ✕ ⚶ – 🖼 🎯 salle d'animation 🛠 🚲 ❅ 🎿 ⛱ 🝥
(plage) golf, piste de bi-cross, toboggans aquatiques
Tarif : 🅴 *piscine comprise 2 pers. 150* – 🄶 *27 (4A) 31 (6A)*
Location : 🏚 *1800 à 3500* – 🏠 *2200 à 4000*

PIERREFONDS

60350 Oise **6** – **56** ③ G. Flandres Artois Picardie – 1 548 h. alt. 81.
🛈 Office de Tourisme pl. de l'Hôtel-de-Ville ⌀ 03 44 42 81 44.
Paris 90 – Beauvais 75 – Compiègne 15 – Crépy-en-Valois 17 – Soissons 32 – Villers-Cotterêts 18.

⚑ **Municipal de Batigny** 29 mars-oct.
⌀ 03 44 42 80 83 – sortie Nord-Ouest par D 973, rte de Compiègne – ☛ – **R** conseillée
1 ha (60 empl.) plat, terrasse, herbeux 🗔
🖳 🛖 ⇄ 🖳 🞕 ⊕ ⚴ ☗ 🖳
Tarif : ⚲ *13,40* – 🚗 *3* – 🅴 *3,20* – 🄶 *10,30 (8A)*

PIERRELONGUE

26170 Drôme **16** – **81** ③ G. Alpes du Sud – 104 h. alt. 285.
Paris 682 – Buis-les-Baronnies 7 – Carpentras 33 – Nyons 23 – Vaison-la-Romaine 15 – Sault 38.

⚑ **Les Castors** avril-15 sept.
⌀ 04 75 28 74 67 – SO : 0,6 km par D 5, rte de Mollans, bord de l'Ouvèze – ≤ ☛ – **R** conseillée
juil.-15 août – ⚲
1,3 ha (50 empl.) plat et terrasses, pierreux, herbeux ⚲
🛖 🖳 ⊕ 🖳 – 🝥
Tarif : 🅴 *piscine comprise 2 pers. 68* – 🄶 *18 (5A) 20 (10A) 24 (20A)*
Location : 🏚 *1360 à 1600*

PIETRACORBARA

2B H.-Corse – **90** ② – voir à Corse.

Les PIEUX

50340 Manche **4** – **54** ① – 3 203 h. alt. 104.
🛈 Office de Tourisme 6 r. Centrale ⌀ 02 33 52 81 60, Fax 02 33 52 86 79.
Paris 363 – Barneville-Carteret 18 – Cherbourg 22 – St-Lô 47 – Valognes 31.

⚑ **Le Grand Large** 3 avril-19 sept.
⌀ 02 33 52 40 75, Fax 02 33 52 58 20 – SO : 3 km par D 117 et D 517 à droite puis 1 km par chemin
à gauche, bord de la plage de Sciotot – ☜ ≤ ☛ – **R** conseillée – ⊡ ⚲
3,7 ha (220 empl.) plat, sablonneux, herbeux 🗔
👤 🛖 ⇄ 🖳 ♨ 🞕 ⊕ 🖳 🖳 – ⛲ snack 🝥 – 🛋 🛠 ❅ 🝥
Tarif : 🅴 *piscine comprise 2 pers. 105, pers. suppl. 26* – 🄶 *20 (6A)*
Location : 🏚 *1500 à 3000*

2A Corse-du-Sud – 𝟗𝟎 ⑧ – voir à Corse.

PINOLS

43300 H.-Loire 𝟏𝟏 – 𝟕𝟔 ⑤ – 321 h. alt. 1 020.
Paris 528 – Brioude 45 – Langeac 15 – Le Puy-en-Velay 79 – St-Flour 39.

    ⚠ **Municipal** juil.-août
        sortie Est par D 590 rte de Langeac – **R**
        0,2 ha (16 empl.) plat et terrasse, herbeux ♀
        ⬥ 🛒 ⬥ ⬥ ☺ – 🏠 🚗 – A proximité : ❄
        Tarif : ⋆ 13 – 🚐 8 – ⊟ 12/15 – [⚡] 10
        Location : gîtes

▶ *Dieser Führer stellt kein vollständiges Verzeichnis aller Campingplätze dar,*
sondern nur eine Auswahl der besten Plätze jeder Kategorie.

PIRIAC-SUR-MER

44420 Loire-Atl. 𝟒 – 𝟔𝟑 ⑬ G. Bretagne – 1 442 h. alt. 7.
Paris 468 – La Baule 19 – Nantes 95 – La Roche-Bernard 33 – St-Nazaire 33.

    ⏶⏶ **Parc du Guibel** avril-29 sept.
        𝒫 02 40 23 52 67, Fax 02 40 15 50 24 – E : 3,5 km par D 52 rte de Mesquer et rte de Kerdrien à
        gauche – ⚶ « Cadre agréable » ⚬— **R** conseillée 15 juil.-15 août – ⊟⊟ ⚵
        10 ha (404 empl.) plat, peu incliné, herbeux ▭ ♀♀ (6 ha)
        ⬥ 🛒 🛖 🗄 ⬥ ☺ ⚶ ▽ 🔲 – ⚶ ▮ snack 🍴 – 🚗 ⛐ ⛳ 🔲 – A proximité : 🐎 (centre équestre)
        Tarif : ⊟ piscine comprise 2 pers. 88, pers. suppl. 24 – [⚡] 16 à 23 (3 à 10A)
        Location : 🏚 1335 à 3250 – 🏠 1755 à 3500

    ⏶⏶ **Armor Héol** 3 avril-12 sept.
        𝒫 02 40 23 57 80, Fax 02 40 23 59 42 – SE : 1 km sur D 333 rte de Guérande – ⚬— **R** conseillée
        juil.-août – ⊟⊟ ⚵
        4,5 ha (210 empl.) plat, herbeux, petit étang ▭ ♀♀ (1,5 ha)
        ⬥ 🛒 ⬥ 🗄 ⬥ ☺ 🔲 – ⛐ ⚶ 🔲 toboggans aquatiques, terrain omnisports, half-court
        Tarif : ⊟ piscine comprise 2 pers. 125, pers. suppl. 32 – [⚡] 18 (5A)
        Location : 🏚 1600 à 2900 – 🏠 1800 à 3200

    ⏶⏶ **Pouldroit** mai-5 sept.
        𝒫 02 40 23 50 91, Fax 02 40 23 69 12 – E : 1 km sur D 52 rte de Mesquer, à 300 m de l'océan –
        ⚶ ⚬— **R** – ⊟⊟
        10 ha/7 campables (240 empl.) plat, herbeux ♀
        ⬥ 🛒 ⬥ 🗄 ⬥ ☺ 🔲 – ⚶ ▮ snack – 🚗 ⛐ ⚶ 🔲 (6A)
        Tarif : ⊟ piscine comprise 2 pers. 99 – [⚡] 28 (6A) 35 (10A)
        Location : 🏠 2100 à 3600 – bungalows toilés

    ⚠ **Mon Calme** saison
        𝒫 02 40 23 60 77 – S : 1 km par rte de la Turballe et à gauche, à 450 m de l'océan – ⚬— **R** conseillée
        juil.-août – ⚵
        1,2 ha (105 empl.) plat, herbeux ♀♀
        🛒 ⬥ ☺ 🔲 – pizzeria – 🔲 – A proximité : ⛐
        Tarif : ⊟ piscine comprise 2 pers. 78 – [⚡] 15 (6A) 18 (10A)

PISSOS

40410 Landes 𝟏𝟑 – 𝟕𝟖 ④ G. Pyrénées Aquitaine – 970 h. alt. 46.
Paris 661 – Arcachon 74 – Biscarrosse 35 – Bordeaux 83 – Dax 83.

    ⚠ **Municipal** juil.-15 sept.
        𝒫 05 58 08 90 38 – E : 1,2 km par D 43, rte de Sore et chemin à droite, après la piscine – Ⓜ ⚶
        ⚬— **R** – ⚵
        3 ha (74 empl.) plat, sablonneux ♀ pinède
        ⬥ 🛒 ⬥ 🗄 ⬥ ☺ ⚶ – A proximité : ⚶ 🔲
        Tarif : (Prix 1998) ⋆ 18 – ⊟ 26/30 – [⚡] 12 (6A)
        Location : bungalows toilés

LE PLA

09460 Ariège 𝟏𝟓 – 𝟖𝟔 ⑯ – 75 h. alt. 1 070.
Paris 856 – Ax-les-Thermes 32 – Foix 75 – Font-Romeu-Odeillo-Via 41 – Prades 68.

    ⏶⏶ **Municipal la Pradaille** Permanent
        𝒫 04 68 20 49 14 – S : 1,7 km par D 16, rte de Querigut, D 25, rte d'Ax-les-Thermes et rte de
        Soulades à gauche, alt. 1 169 – Ⓜ ⚶ ⩽ ⚬— **R** conseillée – ⚵
        3,2 ha (60 empl.) plat, peu incliné et incliné, en terrasses, herbeux, gravier, pierreux ▭ ♀
        🏛 ⬥ 🛒 ⬥ 🗄 ⬥ ☺ ⚶ ▽ 🔲 – A proximité : ⚶ 🔲 (découverte l'été) 🐎
        Tarif : ⋆ 20 – ⊟ 40 – [⚡] 15 (10A)
        Location : 🏚 800 à 1500

La PLAINE-SUR-MER

44770 Loire-Atl. 🅗 – 🔡 ① – 2 104 h. alt. 26.
Paris 444 – Nantes 56 – Pornic 9 – St-Michel-Chef-Chef 7 – St-Nazaire 27.

⚠ **La Tabardière** 3 avril- 25 sept.
🞉 02 40 21 58 83, Fax 02 40 21 02 68 – E : 3,5 km par D 13 rte de Pornic et rte à gauche – ⏚
o🝙 🞉 dans locations – **R** conseillée juil.-août – 🖼 ⚒
4 ha (180 empl.) en terrasses, herbeux 🞉🞉 (0,5 ha)
🖿 🞉 🞉 🖽 🞉 🞉 🞉 🞉 🖼 – 🞉 🍴 – 🖛 🞉 🞉 🞉 half-court, toboggans aquatiques
Tarif : 🖽 piscine comprise 2 pers. 95 – 🞉 16 (3A) 17 (4A) 19 (5A)
Location : 🞉 1000 à 2800 – 🞉 1000 à 3000

⚠ **Le Ranch** 20 mars-15 sept.
🞉 02 40 21 52 62, Fax 02 51 74 81 31 – NE : 3 km par D 96 rte de St-Michel-Chef-Chef – o🝙 –
R conseillée – 🖼 ⚒
3 ha (180 empl.) plat, herbeux
🖿 🞉 🞉 🖽 🞉 🞉 🞉 🞉 🖼 – 🍴 – 🞉 🞉 half-court (couvert) – A proximité : 🞉
Tarif : 🖽 2 pers. 92,50, pers. suppl. 22,50 – 🞉 19 (6A)
Location : 🞉(sans sanitaires)

⚠ **La Guichardière** Permanent
🞉 02 40 21 55 09, Fax 02 51 74 80 36 – N : 4 km par rte de Port-Giraud et à gauche rte de Port-
de-la-Gravette, à 500 m de l'océan – Places limitées pour le passage o🝙 – **R** indispensable juil.-août
– 🖼 ⚒
3,8 ha (203 empl.) plat, herbeux 🞉
🖽 (🞉 🞉 🞉 🞉 mars-nov.) 🞉 🞉 🞉 🞉 🖼 – 🖛 🞉 🞉
Tarif : 🖽 piscine comprise 2 pers. 123, pers. suppl. 28,50 – 🞉 13 (4A) et 2 par ampère supplémentaire

▶ *Deze gids is geen overzicht van alle kampeerterreinen maar een selektie
van de beste terreinen in iedere categorie.*

PLANCOËT

22130 C.-d'Armor 🅴 – 🔢 ⑤ – 2 507 h. alt. 41.
Paris 417 – Dinan 17 – Dinard 22 – St-Brieuc 45 – St-Malo 27.

⚠ **Municipal du Verger** juin-15 sept.
🞉 02 96 84 03 42 – vers sortie Sud-Est rte de Dinan, derrière la caserne des sapeurs-pompiers, bord
de l'Arguenon et d'un petit plan d'eau – o🝙 – **R** conseillée
1,2 ha (100 empl.) plat, herbeux
🖿 🞉 🖽 🞉 🞉 🞉 🖼 – A proximité : 🞉
Tarif : 🞉 9,60 – 🞉 3,80 – 🖽 7,40 – 🞉 8 (5A)

PLANGUENOUAL

22400 C.-d'Armor 🅴 – 🔢 ④ – 1 518 h. alt. 76.
Paris 441 – Guingamp 52 – Lannion 83 – St-Brieuc 19 – St-Quay-Portrieux 38.

⚠ **Municipal** 15 juin-15 sept.
🞉 02 96 32 71 93 – NO : 2,5 km par D 59 – ⏚ 🞉 o🝙 juil.-août – 🖼
1,5 ha (64 empl.) plat et en terrasses, herbeux 🞉
🞉 🖽 🞉 🞉 🖼
Tarif : (Prix 1998) 🖽 1 pers. 35, pers. suppl. 20 – 🞉 8 ou 10

Les PLANTIERS

30122 Gard 🔢 – 🔢 ⑯ – 221 h. alt. 400.
Paris 672 – Alès 47 – Florac 45 – Montpellier 78 – Nîmes 79 – Le Vigan 36.

⚠ **La Presqu'île du Caylou** mars-nov.
🞉 04 66 83 92 85 – NE : 1 km par D 20, rte de Saumane, bord du Gardon au Borgne – ⏚ 🞉 o🝙
– **R** conseillée juil.-août – ⚒
4 ha (75 empl.) en terrasses, plat et peu incliné, pierreux, herbeux 🞉 🞉
🖿 🞉 🞉 🞉 🞉 – 🖛 🞉 🞉 🞉
Tarif : 🖽 piscine et tennis compris 2 pers. 47, pers. suppl. 12 – 🞉 12 (6A) 16 (10A)
Location : 🞉 1000 ou 1100

PLAZAC

24580 Dordogne 🔢 – 🔢 ⑥ G. Périgord Quercy – 543 h. alt. 110.
Paris 505 – Bergerac 65 – Brive-la-Gaillarde 52 – Périgueux 40 – Sarlat-la-Canéda 31.

⚠ **Le Lac** Pâques-sept.
🞉 05 53 50 75 86, Fax 05 53 50 58 36 – SE : 0,8 km par D 45, rte de Thonac, près d'un lac – ⏚
o🝙 saison – **R** conseillée – ⚒
2,5 ha (100 empl.) peu incliné, en terrasses, herbeux 🞉 🞉 (1,5 ha)
🖿 🞉 🞉 🖽 🞉 🞉 🞉 🞉 🞉 🖼 – 🍴 snack – 🖛 🞉 🞉 🞉 🞉
Tarif : 🞉 26 piscine comprise – 🖽 25 – 🞉 15 (10A)
Location : 🞉 – 🞉

15700 Cantal 🔟 – 🔢 ① – 2 146 h. alt. 641.
Paris 537 – Argentat 30 – Aurillac 47 – Égletons 45.

   ▲ *Municipal de Longayroux* 15 mai-11 sept.
       04 71 40 48 30 – S : 15 km par D 6, rte de St-Christophe-les-Gorges et rte de Longayroux à droite,
bord du lac d'Enchanet – ❀ ≤ « Dans un site agréable » ⊶ – **R** conseillée 14 juil.-15 août – ⚶
0,6 ha (48 empl.) peu incliné, herbeux ☐ ⚲
      ⬥ ⌂ ↻ ≈ ⊕ ◨ – ▼ – ⚓ ≃ (plage)
Tarif : (Prix 1998) ⚡ *14* – ⛺ *10* – ▣ *12* – [⚡] *15 (6A)*
Location : *huttes*

22290 C.-d'Armor ⑧ – 🔢 ② – 1 085 h. alt. 96.
Paris 485 – Guingamp 26 – Lannion 39 – St-Brieuc 37 – St-Quay-Portrieux 18.

   ▲ *Municipal* juil.-août
       02 96 22 31 31 – S : 0,5 km par D 21 rte de Plouha et à droite, bord d'un étang – ❀ – ⊮ – ⚶
2 ha (73 empl.) peu incliné, herbeux
      ⌂ ≈ ⊕ – ⚴
Tarif : (Prix 1998) ⚡ *16,60* – ⛺ *4,35* – ▣ *4,35* – [⚡] *9,95*

22170 C.-d'Armor ⑧ – 🔢 ⑨ – 2 359 h. alt. 110.
Paris 470 – Guingamp 18 – Lannion 49 – St-Brieuc 19 – St-Quay-Portrieux 18.

   ▲▲ *Le Minihy* avril-1er nov.
       02 96 74 12 92, Fax 02 96 74 17 07 – N : 3 km par D 79 rte de Lanvollon et D 84 à droite rte
de Tréguidel, à l'orée d'une forêt « Décoration arbustive » ⊶ – **R** conseillée – **GB** ⚶
2 ha (80 empl.) plat, herbeux ☐
      ⬥ ⌂ ↻ ⊟ ≈ ⊕ ⚵ ▽ ◨ – ▼ – ⚓ ≃ ⚲ ⚹ ⛖ ⬚
Tarif : ⚡ *25 piscine et tennis compris* – ▣ *40* – [⚡] *16 (4A) 24 (10A)*
Location : 🏚 *1400 à 1600* – 🏚 *1000 à 2800* – 🏠 *1000 à 2800*

22370 C.-d'Armor ④ – 🔢 ④ G. Bretagne – 3 600 h. alt. 52.
🛈 Office de Tourisme au Val-André 1 r. W.-Churchill 02 96 72 20 55, Fax 02 96 63 00 34.
Paris 447 – Dinan 43 – Erquy 9 – Lamballe 16 – St-Brieuc 28 – St-Cast-le-Guildo 30 – St-Malo 53.

   ▲▲ *Municipal les Monts Colleux* mai-15 sept.
       02 96 72 95 10, Fax 02 96 63 10 49 – r. Jean-Le-Brun – ❀ ≤ – **R** conseillée juil.-août – **GB** ⚶
4 ha (200 empl.) plat, incliné et en terrasses, herbeux ☐
      ⬥ ⌂ ↻ ⊟ ≈ ⊕ ◨ – ⬚ – A proximité : ⚹ ⬚
Tarif : ▣ *1 pers. 48, pers. suppl. 19,50* – [⚡] *15,50 (5A)*
Location : *bungalows toilés*

   ▲▲ *Plage de la Ville Berneuf* Pâques-fin sept.
       02 96 72 28 20 – NE : 4 km, à 100 m de la plage – ❀ ≤ ⊶ – **R** conseillée juil.-août – **GB** ⚶
1,2 ha (57 empl.) en terrasses, herbeux
      ⬥ ⌂ ↻ ⊟ ≈ ⊕ ◨ – pizzeria – ⚓ – A proximité : ▼
Tarif : ⚡ *18* – ⛺ *14* – ▣ *17* – [⚡] *16 (5A)*
Location *(mars-15-nov.)* : 🏚 *1600 à 2700*

   ▲▲ *Le Minihy* 15 juin-20 sept.
       02 96 72 22 95, Fax 02 96 63 05 38 – SO : rte du port de Dahouët, r. du Minihy – ⊶ – **R** – **GB**
⚶
1 ha (65 empl.) plat et peu incliné, herbeux
      ⌂ ↻ ⊟ ≈ ⊕ ◨ – ⬚
Tarif : ▣ *2 pers. 66* – [⚡] *21 (6A)*
Location *(Pâques-Toussaint)* : 🏠 *1700*

22 C.-d'Armor – 🔢 ③ – rattaché à St-Brieuc.

22310 C.-d'Armor ⑧ – 🔢 ⑦ G. Bretagne – 3 237 h. alt. 45.
🛈 Office de Tourisme pl. de la Mairie 02 96 35 61 93.
Paris 529 – Brest 78 – Guingamp 46 – Lannion 18 – Morlaix 21 – St-Brieuc 78.

   ▲▲▲ *Municipal St-Efflam* avril-sept.
       02 96 35 62 15, Fax 02 96 35 09 75 – NE : 3,5 km, à St-Efflam, par N 786 rte de St-Michel-en-
Grève, à 200 m de la mer – ⊶ juil.-août – **R** – **GB** ⚶
4 ha (190 empl.) plat, peu incliné, terrasses, herbeux
      ⬥ ⌂ ↻ ⊟ ≈ ⊕ ⚵ ◨ – ▼ – ⬚ – A proximité : ♪
Tarif : (Prix 1998) ⚡ *16* – ⛺ *9* – ▣ *21* – [⚡] *14 (7A)*
Location : 🏚 *1140 à 2200* – 🏠 *1200 à 2600*

    ▲ **Les Hortensias** juin-1er sept.

    & 02 96 35 61 58 – NE : 3,5 km par D 786 rte de St-Efflam et D 42 à gauche, à 300 m de la mer

    – 🏖 ≼ « Belle décoration florale » ⚬━ – **R** conseillée

    0,6 ha (40 empl.) peu incliné, terrasse, herbeux 🔲 🌳

    🗒 ⇌ ⌂ ⊕ 🖼 – 🚣

    Tarif : 🔲 *1 ou 2 pers. 54, pers. suppl. 15* – 🔌 *12 (3A)*

PLEUBIAN

22610 C.-d'Armor **3** – 🔢 ② G. Bretagne – 2 963 h. alt. 48.
Paris 510 – Lannion 32 – Paimpol 17 – St-Brieuc 63 – Tréguier 14.

    ▲▲ **Port la Chaîne** avril-sept.

    & 02 96 22 92 38, Fax 02 96 22 87 92 – N : 2 km par D 20 rte de Larmor-Pleubian et rte à gauche,

    bord de mer – 🏖 ≼ « Cadre agréable » ⚬━ – **R** conseillée juil.-août – ⒼⒷ 🐾

    4,9 ha (200 empl.) en terrasses et peu incliné, herbeux 🌳

    🗒 ⇌ 🗃 ⌂ 🔥 ♨ ⊕ 🎣 🖼 – 🍴 – 🐎 – 🏠 🚣

    Tarif : 🏃 *23* – 🔲 *40* – 🔌 *17 (6A)*

PLEUMEUR-BODOU

22560 C.-d'Armor **3** – 🔢 ① G. Bretagne – 3 677 h. alt. 94.
🏛 Office de Tourisme Les Chardons *&* 02 96 23 91 47, Fax 02 96 23 91 48.
Paris 521 – Lannion 7 – Perros-Guirec 10 – St-Brieuc 70 – Trébeurden 4 – Tréguier 26.

Schéma à Trébeurden

    ▲▲ **Le Port** avril-sept.

    & 02 96 23 87 79, Fax 02 96 15 30 40 – **à Landrellec,** N : 6 km, bord de mer – 🏖 ≼ « Situation

    agréable » ⚬━ – **R** conseillée – ⒼⒷ 🐾

    2 ha (80 empl.) plat et accidenté, herbeux

    🗒 ⇌ 🗃 ♨ ⌂ ⊕ 🎣 🖼 – 🍴 – 🚣

    Tarif : 🏃 *26* – 🚗 *13* – 🔲 *27* – 🔌 *20 (6A)*

à l'Ile Grande NE : 5,5 km par D 21 – ✉ 22560 Pleumeur-Bodou

    ▲ **L'Abri Côtier** avril-oct.

    & 02 96 91 92 03 – rte de Porz-Gélin, à 100 m de la mer – 🏖 ⚬━ – **R** conseillée – 🐾

    2 ha (135 empl.) plat, peu incliné, terrasses, herbeux 🌳 (1 ha)

    🚿 🗒 🗃 ♨ ⊕ 🖼 – ⛱ – 🚲 – A proximité : 💧

    Tarif : 🏃 *21* – 🚗 *13* – 🔲 *21* – 🔌 *17 (4A) 20 (6A)*

    Location *(permanent)* : 🛖 *1300 à 1500* – 🏠 *2000 à 2500*

PLÉVEN

22130 C.-d'Armor **4** – 🔢 ⑤ – 578 h. alt. 80.
Paris 423 – Dinan 24 – Dinard 31 – St-Brieuc 37 – St-Malo 37.

    ▲ **Municipal** avril-15 nov.

    & 02 96 84 46 71 – au bourg « Dans le parc de la mairie » – **R** conseillée juil.-août

    1 ha (40 empl.) plat et peu incliné, herbeux 🌳

    🗒 ⇌ 🗃 ⌂ ⊕ – A proximité : 🛒 ⛳

    Tarif : 🏃 *10 tennis compris* – 🚗 *5* – 🔲 *10* – 🔌 *8 (16A)*

PLOBANNALEC

29740 Finistère **3** – 🔢 ⑭ – 3 022 h. alt. 16.
Paris 580 – Audierne 40 – Douarnenez 38 – Pont-l'Abbé 6 – Quimper 25.

    ▲▲▲ **Manoir de Kerlut** 15 avril-sept.

    & 02 98 82 23 89, Fax 02 98 82 26 49 – S : 1,6 km par D 102, rte de Lesconil et chemin à gauche,

    Accès à la plage par navettes gratuites – ⚬━ – **R** conseillée 15 juil.-15 août – ⒼⒷ 🐾

    12 ha (240 empl.) plat, herbeux 🌳

    🚿 🗒 ⇌ 🗃 ♨ ⌂ ⊕ 🔥 🖼 – ⛱ 🍴 – 🏠 🎣 🏐 🚴 🚲 🎯 💧

    Tarif : 🏃 *29 piscine et tennis compris* – 🔲 *96* – 🔌 *10 (2A) 16 (5A) 20 (10A)*

    Location : 🛖 *1500 à 3600* – 🏠 *1800 à 4000* – bungalows toilés

---

PLOEMEL

56400 Morbihan **3** – 🔢 ② – 1 892 h. alt. 46.
Paris 485 – Auray 8 – Lorient 33 – Quiberon 22 – Vannes 27.

    ▲▲ **Kergo** 15 mai-15 sept.

    & 02 97 56 80 66 – SE : 2 km par D 186 rte de la Trinité-sur-Mer et à gauche – 🏖 « Cadre agréable »

    ⚬━ – **R** – ⒼⒷ 🐾

    2,5 ha (135 empl.) peu incliné et plat, herbeux 🌳

    🚿 🗒 ⇌ 🗃 ⌂ ⊕ 🖼 – 🏠 🚣

    Tarif : 🏃 *21* – 🚗 *11* – 🔲 *21* – 🔌 *12 (6 ou 10A)*

▵▵ *St-Laurent*
🌐 02 97 56 85 90, Fax 02 97 56 73 66 – NO : 2,5 km rte de Belz, à proximité du carrefour D 22 et D 186 – o━
3 ha (90 empl.) plat, peu incliné, herbeux ⌂ 🎄 pinède
🔥 🕭 🗓 🖪 ☺ 🖳 – 🛶 – 🌲 – A proximité : golf

PLOËRMEL

56800 Morbihan 🄴 – 🖇🖇 ④ – 6 996 h. alt. 93.
🅱 Office de Tourisme 5 r. du Val 🌐 02 97 74 02 70, Fax 02 97 73 31 82.
Paris 416 – Dinan 72 – Lorient 88 – Redon 45 – Rennes 69 – Vannes 48.

▵ *Le Lac* avril-oct.
🌐 02 97 74 01 22 – sortie Nord, par D 8 suivre Lac au Duc – o━ 🎿 dans locations – **R** juil.-août
– ⊖⊞ 🎄
3,5 ha (135 empl.) plat, peu incliné, herbeux, en terrasses 🎄
🔥 🕭 🗓 🖪 ☺ 🖳 – 🍸 – 🏠 – A proximité : parcours de santé 🎿 🚣 🏊 (plage) toboggan aquatique
🎄
Tarif : 🟊 17 – 🄴 20 – 🄰 13 (5A)
Location *(mai-oct.)* : 🏚 600 à 1300 – 🏚 1300 à 1980

PLOÉVEN

29550 Finistère 🄵 – 🖇🖇 ⑭ ⑮ – 450 h. alt. 60.
Paris 586 – Brest 63 – Châteaulin 15 – Crozon 27 – Douarnenez 17 – Quimper 25.

Schéma à Plomodiern

▵ *La Mer* 15 juin-sept.
🌐 02 98 81 29 19 – SO : 3 km, à 300 m de la plage de Ty-an-Quer – o━ – **R** conseillée – 🎄
1 ha (54 empl.) plat, herbeux
🕭 🖪 🎄 ☺ 🖳
Tarif : 🟊 14,50 – 🚗 8,50 – 🄴 15,50

PLOMBIÈRES-LES-BAINS

88370 Vosges 🄶 – 🖇🖇 ⑯ G. Alsace Lorraine – 2 084 h. alt. 429 – ♨ (avril- oct.).
🅱 Office de Tourisme 16 r. Stanislas 🌐 03 29 66 01 30, Fax 03 29 66 01 94.
Paris 379 – Belfort 75 – Épinal 37 – Gérardmer 43 – Vesoul 53 – Vittel 61.

▵ *L'Hermitage* avril-oct.
🌐 03 29 30 01 87, Fax 03 29 30 04 01 – NO : 1,5 km par D 63 rte de Xertigny puis D 20, rte de Ruaux – o━ – **R** conseillée saison – 🎄
1,4 ha (50 empl.) plat, peu incliné et en terrasses, herbeux, gravier ⌂ 🎄
🔥 🕭 🗓 🖪 ☺ 🖳 – 🌲
Tarif : 🟊 20 piscine comprise – 🄴 20 – 🄰 16 (4A) 19 (6A)

▵ *Municipal le Fraiteux* mai-oct.
🌐 03 29 66 00 71 – à Ruaux, O : 4 km par D 20 et D 20E – 🌿 – **R** conseillée juil.-août – 🎄
0,8 ha (45 empl.) peu incliné et plat, herbeux, gravillons ⌂
▥ 🕭 🕭 🗓 🖪 ☺ 🖳 – 🚣
Tarif : (Prix 1998) 🟊 18 – 🄴 12 – 🄰 15 (4A) 19 (6A)

PLOMELIN

29700 Finistère 🄵 – 🖇🖇 ⑮ – 3 870 h. alt. 60.
Paris 573 – Brest 82 – Concarneau 31 – Douarnenez 25 – Quimper 11.

▵ *Municipal* 15 juin-15 sept.
🌐 02 98 94 23 79 – sortie Nord, rte de Quimper, près du stade – o━ – **R**
0,6 ha (35 empl.) plat, peu incliné, herbeux
🔥 🕭 🎄 ☺ – 🏠
Tarif : (Prix 1998) 🟊 13 – 🄴 14 – 🄰 13 (8A)

PLOMEUR

29120 Finistère 🄵 – 🖇🖇 ⑭ G. Bretagne – 3 272 h. alt. 33.
Paris 581 – Douarnenez 34 – Pont-l'Abbé 6 – Quimper 26.

▵▵▵ *La Pointe de la Torche* avril-sept.
🌐 02 98 58 62 82, Fax 02 98 58 89 69 – O : 3,5 km par rte de Penmarch puis rte de la Pointe de la Torche et chemin à gauche – 🌿 o━ – **R** conseillée juil.-août – ⊖⊞ 🎄
4 ha (155 empl.) plat, sablonneux, herbeux ⌂
🔥 🕭 🗓 🖪 🖳 – 🍸 snack – 🏠 🚲 🚣 🌲 – A proximité : 🐎
Tarif : 🟊 24 piscine comprise – 🚗 10 – 🄴 40 – 🄰 17 (5A)
Location *(permanent)* : 🏚 1300 à 2950 – 🏚 1450 à 3250

▵▵ *La Crêpe* mai-sept.
🌐 02 98 82 00 75 – NO : 3,5 km par D 57 rte de Plonéour-Lanvern puis à gauche rte de la chapelle Beuzec et chemin à droite – 🌿 o━ – **R** – ⊖⊞ 🎄
2,2 ha (120 empl.) plat, herbeux ⌂
🕭 🕭 🗓 🎄 ☺ 🖪 🖳 – 🍸 crêperie (soir uniquement) – 🚣
Tarif : 🟊 18 – 🚗 9,50 – 🄴 19 – 🄰 14 (6A)

⚠ **_Aire Naturelle Kéraluic_** avril-sept.
  ℰ 02 98 82 10 22 – NE : 4,3 km par D 57, rte de Plonéour-Lanvern et à St-Jean-Trolimon à droite, rte de Pont-l'Abbé – ⌂ ⚬⊣ – ⚓ – ⚒
  1 ha (25 empl.) plat, peu incliné, herbeux
  ⚒ ♨ 🖼 ⌂ ☺ 🖻 – 🛏
  Tarif : 👤 20 – 🚗 10 – 🗉 22 – 🔌 14 (6A)
  Location (permanent) : 🛏

PLOMODIERN

29550 Finistère **3** – 🗷🗷 ⑭ ⑮ G. Bretagne – 1 912 h. alt. 60.
🛈 Office de Tourisme (juil.-août) pl. de l'Église ℰ 02 98 81 27 37.
Paris 589 – Brest 61 – Châteaulin 13 – Crozon 24 – Douarnenez 20 – Quimper 28.

⚠⚠ **_L'Iroise_** avril-sept.
  ℰ 02 98 81 52 72, Fax 02 98 81 26 10 – SO : 5 km, à 150 m de la plage de Pors-ar-Vag – ⌂ ≼ Lieue de Grève « Entrée fleurie » ⚬⊣ – **R** conseillée juil.-août – 🄶🄱 ⚒
  2,5 ha (132 empl.) peu incliné, en terrasses, herbeux
  ⚒ ♨ ⚘ 🖼 ⚑ ⌂ ☺ ⚒ 🐴 🖻 – 🥃 🍴 ⚒ – 🛏 ⚓ 🎣 ≼ 🛶 toboggan aquatique half-court –
  A proximité : ✗
  Tarif : 👤 27 piscine comprise – 🗉 52 – 🔌 16 (6A) 24 (10A)
  Location : 🛖 1500 à 2950 – 🚚 1650 à 3300

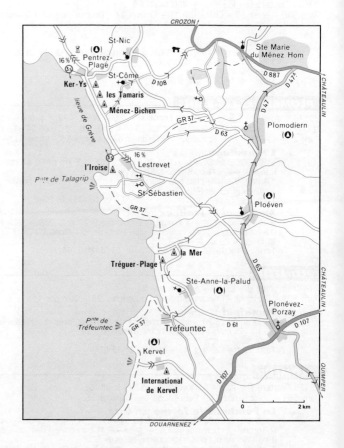

Voir aussi à Pentrez-Plage, Ploéven et Plonévez-Porzay

▶ **In deze gids**
  heeft een zelfde letter of teken, **zwart** of **rood**, dun of **dik** gedrukt niet helemaal dezelfde betekenis.

  Lees aandachtig de bladzijden met verklarende tekst.

29720 Finistère 🔠 – 🔠🔠 ⑭ – 4 619 h. alt. 71.
Paris 580 – Douarnenez 25 – Guilvinec 15 – Plouhinec 21 – Pont-l'Abbé 7 – Quimper 25.

   ▲▲ **Municipal de Mariano** 15 juin-15 sept.
       ✆ 02 98 87 74 80 – N : impasse du Plateau – ≼ « Beaux emplacements » ⊶ juil.-août – **R** conseillée
       15 juil.-août – ⚡
       1 ha (59 empl.) plat, herbeux ▭
       🔥 🔠 🔠 🔠 ⊕ 🔠 – 🔠 🔠
       Tarif : (Prix 1998) ✳ 15 – ⇔ 10 – 🔠 15 – [🔠] 15 (5A)

▶ *Pour une meilleure utilisation de cet ouvrage,*
  LISEZ ATTENTIVEMENT LE CHAPITRE EXPLICATIF.

29550 Finistère 🔠 – 🔠🔠 ⑮ – 1 663 h. alt. 90.
Paris 582 – Châteaulin 16 – Douarnenez 13 – Quimper 21.

Schéma à Plomodiern

à Kervel SO : 5 km par rte de Douarnenez et rte à droite – ⊠ 29550 Plonévez-Porzay :

   ▲▲▲ **International de Kervel** mai-12 sept.
       ✆ 02 98 92 51 54, Fax 02 98 92 54 96 « Décoration arbustive » ⊶ – **R** conseillée juil.-août – ⊖🔠
       ⚡
       7 ha (330 empl.) plat, herbeux ▭
       🔥 🔠 🔠 🔠 🔠 🔠 ⊕ 🔠 🔠 🔠 🔠 – 🔠 🔠 🔠 – 🔠 🔠 🔠 🔠 🔠 🔠 toboggan aquatique
       Tarif : ✳ 26 piscine comprise – 🔠 76 – [🔠] 13 (3A) 16 (6A) 20 (10A)
       Location : 🔠 1030 à 3350 – bungalows toilés

à Ste-Anne-la-Palud O : 3 km par D 61 – ⊠ 29550 Plonévez-Porzay :

   ▲ **Tréguer-Plage** avril-sept.
       ✆ 02 98 92 53 52, Fax 02 98 92 54 89 – N : 1,3 km, bord de plage – 🔠 ≼ ⊶ – **R** conseillée juil.-
       août – ⊖🔠 ⚡
       5,8 ha (272 empl.) plat, sablonneux, herbeux
       🔠 🔠 ⊕ 🔠 – 🔠 snack – 🔠
       Tarif : ✳ 18 – ⇔ 13 – 🔠 17 – [🔠] 16 (6A)
       Location : 🔠 800 à 1800

29810 Finistère 🔠 – 🔠🔠 ③ – 2 042 h. alt. 89.
Paris 612 – Brest 22 – Brignogan-Plages 51 – Ploudalmézeau 15.

   ▲ **Municipal de Portsévigné** 15 mai-15 sept.
       ✆ 02 98 89 69 16 – O : 5,2 km par rte de Trezien et rte à droite (île Segal), à 100 m de la mer (plage)
       – 🔠 ≼ – **R** conseillée juil.-août – ⚡
       1,9 ha (100 empl.) peu incliné, herbeux
       🔥 🔠 🔠 🔠 ⊕
       Tarif : 🔠 5 pers. 47/54, pers. suppl. 6 – [🔠] 12 (6A)

   ▲ **Municipal de Ruscumunoc** 15 juin-15 sept.
       ✆ 02 98 89 63 49 – SO : 4 km par rte de Trezien, à 100 m de la mer – 🔠 ≼ – **R** conseillée – ⚡
       0,6 ha (50 empl.) vallonné, herbeux
       🔥 🔠 🔠 🔠
       Tarif : 🔠 5 pers. 47/54, pers. suppl. 6

   ▲ **Municipal de Porscuidic** 15 juin-15 sept.
       ✆ 02 98 84 08 52 – O : 4,2 km par rte de Trezien et rte à droite, (île Ségal), à 100 m de la mer
       (plage) – 🔠 – **R** conseillée juil.-août – ⚡
       1 ha (50 empl.) vallonné, herbeux
       🔥 🔠 🔠 🔠
       Tarif : 🔠 5 pers. 47/54, pers. suppl. 6

22620 C.-d'Armor 🔠 – 🔠🔠 ② – 3 725 h. alt. 60.
🔠 Syndicat d'Initiative Mairie ✆ 02 96 55 80 36, Fax 02 96 55 72 35, Point I : Embarcadère de L'Arcouest
✆ 02 96 55 76 17.
Paris 497 – Guingamp 32 – Lannion 36 – St-Brieuc 50.

   ▲ **Rohou** Permanent
       ✆ 02 96 55 87 22 – à la pointe de l'Arcouest, NE : 3 km par D 789, à 500 m de la mer – 🔠 ≼ archipel
       bréhatin ⊶ – **R** – ⚡
       1 ha (60 empl.) plat, peu incliné, herbeux
       🔥 🔠 🔠 🔠 🔠 ⊕ 🔠 🔠 🔠 – 🔠 – A proximité : 🔠
       Tarif : 🔠 2 pers. 69, pers. suppl. 17 – [🔠] 12
       Location : 🔠 1200 à 2300

PLOUDALMÉZEAU

29830 Finistère **3** – **58** ③ – 4 874 h. alt. 57.

🛈 Office de Tourisme (15 juin-15 sept.) pl. de l'Église ℘ 02 98 48 11 88, Fax 02 98 48 11 88.

Paris 612 – Brest 25 – Landerneau 43 – Morlaix 75 – Quimper 94.

  ▲ **_Municipal Tréompan_** 15 juin-15 sept.

    ℘ 02 98 48 09 85 – N : 3,5 km par D 26, rte de Portsall, à 200 m de la plage de Tréompan (accès direct) – ⟋ ⊶ – **R** – ⨍

    2 ha (134 empl.) non clos, plat, herbeux, sablonneux, dunes

    ᴄ ⌂ ⇄ 🖾 ⊕ – ⛟

    Tarif : (Prix 1998) 🛉 _12_ – ⇔ _4,70_ – 🖾 _8_ – 🔌 _10_

PLOUESCAT

29430 Finistère **3** – **58** ⑤ G. Bretagne – 3 689 h. alt. 30.

🛈 Office de Tourisme, (juin-août) 8 r. de la Mairie ℘ 02 98 69 62 18, Fax 02 98 61 91 74 et (hors saison) à la Mairie ℘ 02 98 69 60 13.

Paris 570 – Brest 48 – Brignogan-Plages 16 – Morlaix 33 – Quimper 92 – St-Pol-de-Léon 15.

  ▲▲ **_Municipal de la Baie de Kernic_** mai-15 sept.

    ℘ 02 98 69 86 60 – O : 3 km, à 200 m de la plage – ⊶ – **R** conseillée – ⊖⊟ ⨍

    4 ha (243 empl.) plat, herbeux ⌑

    ⌂ ⇄ 🖾 ⊕ – ⛟ ⛟ ⁒ – A proximité : ✗

    Tarif : 🛉 _16_ – ⇔ _7,50_ – 🖾 _12_ – 🔌 _16_

    Location : ⬚ _1600 à 2100_

PLOUÉZEC

22470 C.-d'Armor **3** – **59** ② – 3 089 h. alt. 100.

🛈 Syndicat d'Initiative (saison) ℘ 02 96 22 72 92, Fax 02 96 22 72 92   Mairie ℘ 02 96 20 64 90.

Paris 489 – Guingamp 32 – Lannion 39 – Paimpol 6 – St-Brieuc 42.

  ▲▲▲ **_Domaine du Launay_** mai-15 oct.

    ℘ 02 96 16 43 86 – SO : 3,1 km par D 77, rte de Yvias et rte à droite – ⟋ ⩽ ⊶ juil.-août – **R** indispensable 14 juil.-15 août – ⊖⊟ ⨍

    4 ha (90 empl.) peu incliné, terrasses, herbeux

    ᴄ 🖳 ⌂ ⇄ 🖾 ⊕ ▽ 🖾 – ⟋ 🍴 – ⛟ ⛟ 🚲 ⁒ ⌸ swin-golf

    Tarif : 🛉 _22 piscine comprise_ – 🖾 _35_ – 🔌 _15_

    Location : ⬚ _1500 à 1800_ – ⬚ _1800 à 3000_

  ▲▲ **_Le Cap Horn_** avril-sept.

    ℘ 02 96 20 64 28, Fax 02 96 20 63 88 – **à Port-Lazo**, NE : 2,3 km par D 77, accès direct à la mer – ⟋ ⩽ Anse de Paimpol et île de Bréhat « Situation agréable » ⊶ – **R** conseillée juil.-août – ⊖⊟ ⨍

    4 ha (140 empl.) en terrasses et peu incliné, herbeux, pierreux

    ⌂ ⇄ 🖾 ⇄ ⟋ ⊕ 🖾 – 🍴 – ⛟ ⌸ half-court

    Tarif : 🛉 _26 piscine comprise_ – 🖾 _41_ – 🔌 _17 (6A)_

    Location : ⬚ _1290 à 3000_

PLOUÉZOCH

29252 Finistère **3** – **58** ⑥ – 1 625 h. alt. 70.

Paris 543 – Brest 68 – Morlaix 9 – St-Pol-de-Léon 29.

  ▲▲ **_Baie de Térénez_** Pâques-sept.

    ℘ 02 98 67 26 80 – NO : 3,5 km par D 76, rte de Térénez, près de la baie – ⊶ – **R** conseillée juil.-août – ⊖⊟ ⨍

    2,3 ha (142 empl.) plat et peu incliné, herbeux

    ᴄ ⌂ ⇄ 🖾 ⇄ ⊕ 🖾 – 🍴 crêperie – ⛟ ⛟ ⁒ ⌸ ⌑

    Tarif : 🛉 _24 piscine comprise_ – 🖾 _35_ – 🔌 _15 (4A)_

    Location : ⬚ _1300 à 2700_

PLOUGASNOU

29630 Finistère **3** – **58** ⑥ G. Bretagne – 3 530 h. alt. 55.

🛈 Office de Tourisme 1, r.de Primel ℘ 02 98 67 31 88.

Paris 544 – Brest 75 – Guingamp 61 – Lannion 34 – Morlaix 16 – Quimper 95.

  ▲▲ **_Municipal Mélin-ar-Mesquéau_** juin-15 sept.

    ℘ 02 98 67 37 45 – S : 3,5 km par D 46, rte de Morlaix puis 0,8 km par rte à gauche, à 100 m d'un plan d'eau (accès direct) – ⟋ « Plantations décoratives » ⊶ – **R**

    16 ha/3 campables (100 empl.) plat, herbeux

    ⌂ ⇄ 🖾 ⊕ ⇄ – 🍴 snack, crêperie ⇄ – ⛟ ⛟ ⁒ ⌸

    Tarif : (Prix 1998) 🛉 _12,70_ – ⇔ _5,60_ – 🖾 _15,80_ – 🔌 _14,70 (6 à 10A)_

  ▲ **_Trégor_** juil.-sept.

    ℘ 02 98 67 37 64 – S : 1,5 km par D 46 rte de Morlaix et à droite – ⟋ ⊶ – **R** conseillée – ⨍

    1 ha (60 empl.) plat, herbeux

    ⌂ ⇄ 🖾 ⊕ 🖾 – ⛟

    Tarif : (Prix 1998) 🛉 _13_ – ⇔ _7_ – 🖾 _11_ – 🔌 _14,50 (6A)_

    Location : ⬚ _1000 à 1300_

PLOUGASTEL-DAOULAS

29470 Finistère **3** – 58 ④ – 11 139 h. alt. 113.
∃ Office de Tourisme 4 bis, pl. du Calvaire ℘ 02 98 40 34 98, Fax 02 98 40 68 85.
Paris 595 – Brest 11 – Morlaix 59 – Quimper 63.

St-Jean Permanent
℘ 02 98 40 32 90, Fax 02 98 04 23 11 – NE : 4,6 km par D 29, au lieu-dit St-Jean, bord de l'estuaire de l'Elorn, par N 165 sortie Centre Commercial Leclerc – ⌖ ≤ ⌐ – **R** conseillée juil.-août – GB ⌒
1,6 ha (100 empl.) plat, peu incliné, en terrasses, herbeux, gravillons ⌒
⌂ ⌂ ⌂ ⊛ ⌂ ⌂ ⌂ ⌂ – ⌂ – ⌂ ⌂ ⌂ ⌂
Tarif : ⌖ 22 piscine comprise – ⌂ 7 – ⌂ 25 – ⌊₤⌋ 12 (3A) 15 (6A) 20 (10A)

PLOUGOULM

29250 Finistère **3** – 58 ⑤ – 1 693 h. alt. 60.
Paris 562 – Brest 57 – Brignogan-Plages 26 – Morlaix 24 – Roscoff 10.

Municipal du Bois de la Palud 15 juin-15 sept.
℘ 02 98 29 81 82 – à 0,9 km à l'Ouest du carrefour D 10-D 69 (croissant de Plougoulm), par rte de Plouescat et chemin à droite – ⌖ ≤ – **R** conseillée juil.-août – ⌒
0,7 ha (34 empl.) en terrasses et peu incliné, herbeux ⌒
⌂ ⌂ ⌂ ⌂ ⊛ ⌂ – A proximité : ⌂
Tarif : ⌖ 18 – ⌂ 21 – ⌊₤⌋ 16 (6A)

▶ *En juillet et août, beaucoup de terrains sont saturés*
et leurs emplacements retenus longtemps à l'avance.

N'attendez pas le dernier moment pour réserver.

PLOUGOUMELEN

56400 Morbihan **3** – 63 ② – 1 544 h. alt. 27.
Paris 473 – Auray 9 – Lorient 49 – Quiberon 36 – Vannes 14.

Municipal Kergouguec 15 juin-15 sept.
℘ 02 97 57 88 74 – à 0,5 km au Sud du bourg, par rte de Baden, au stade – **R** conseillée-15 juil.-15 août – ⌒
1,5 ha (80 empl.) plat à peu incliné, herbeux
⌂ ⌂ ⌂ ⌂ ⌂ ⊛ – ⌂
Tarif : ⌖ 9 – ⌂ 5 – ⌂ 7 – ⌊₤⌋ 11 (6A)

Aire Naturelle la Fontaine du Hallate avril-sept.
℘ 02 97 57 84 12 – SE : 3,2 km vers Ploeren et rte de Baden à droite, au lieu-dit Hallate – ⌖ ≤ – **R** conseillée – ⌒
1 ha (25 empl.) plat, peu incliné, herbeux
⌂ ⌂ ⌂ ⊛ – ⌂
Tarif : ⌖ 10 – ⌂ 6 – ⌂ 12 – ⌊₤⌋ 10 (4A)
Location : ⌂ 650 à 1100

22820 C.-d'Armor **3** – **59** ② – 1 471 h. alt. 53.
Paris 513 – Lannion 26 – Perros-Guirec 22 – St-Brieuc 65 – Tréguier 8.

  ▲▲ **Le Varlen** Permanent
      & 02 96 92 52 15, Fax 02 96 92 50 34 – NE : 2 km rte de Porz-Hir, à 200 m de la mer – 🐾 ⊶
      – **R** conseillée vacances scolaires et juil.-août – **GB** ⚡
      1 ha (65 empl.) plat, herbeux ⌐⌐
      🔥 🗄 ❄ 🗄 🔥 📶 ⊙ 🌀 🖭 📖 – 🔄 🍴 ♟ – 🛖 🚲 – A proximité : ✗
      Tarif : 🔥 *18* – 🚐 *11* – 🅴 *20* – 🔦 *15 (6A)*
      Location : 🏠 *900 à 1500* – 🏚 *1500 à 2600* – 🛏

  ▲▲ **Le Gouffre** mai-sept.
      & 02 96 92 02 95 – N : 2,7 km par la rte du site, à 700 m de la plage – Ⓜ 🐾 ≤ ⊶ – **R** conseillée
      juil.-août – ⚡
      3 ha (130 empl.) plat, peu incliné, herbeux ⌐⌐
      🔥 🗄 ❄ 🗄 🔥 🗄 ⊙ 🖭 📖
      Tarif : 🔥 *18* – 🅴 *25* – 🔦 *14 (6A) 18 (16A)*

  ▲ **Municipal Beg-ar-Vilin** 15 juin-15 sept.
      & 02 96 92 56 15 – NE : 2 km, bord de mer – 🐾 « Situation agréable » ⊶ juil.-août – **Ⴖ** – ⚡
      3 ha (99 empl.) plat, sablonneux, herbeux
      🔥 🗄 🗄 🔥 ⊙ 📖 – 🛖
      Tarif : 🔥 *12* – 🅴 *22* – 🔦 *14*
      Location : *bungalows toilés*

22110 C.-d'Armor **3** – **58** ⑱ – 3 255 h. alt. 219.
Paris 479 – Carhaix-Plouguer 27 – Guingamp 44 – Loudéac 42 – Pontivy 34 – St-Brieuc 55.

  ▲ **Municipal Kermarc'h** avril-oct.
      & 02 96 29 10 95 – SO : 3,8 km, au Village de Vacances – 🐾 ⊶ – **R** – ⚡
      3,5 ha/0,5 campable (24 empl.) en terrasses et peu incliné, herbeux
      🔥 🗄 ❄ 🗄 ⊙ – 🚴
      Tarif : 🔥 *15* – 🚐 *10* – 🅴 *10* – 🔦 *12 (10A)*
      Location : *gîte d'étape*

22580 C.-d'Armor **3** – **59** ③ G. Bretagne – 4 197 h. alt. 96.
🅱 Syndicat d'Initiative 9 av. Laennec *&* 02 96 20 24 73 ou Mairie *&* 02 96 20 21 26.
Paris 479 – Guingamp 24 – Lannion 49 – St-Brieuc 32 – St-Quay-Portrieux 10.

  ▲▲▲ **Domaine de Kéravel** 15 mai-sept.
      & 02 96 22 49 13, Fax 02 96 22 47 13 – NE : 2 km rte de la Trinité, près de la chapelle – 🐾 « Parc
      autour d'un manoir » ⊶ – **R** conseillée 14 juil.-15 août – **GB** ⚡
      5 ha/2 campables (116 empl.) en terrasses et peu incliné, herbeux ⌐⌐ ♀
      🔥 🗄 ❄ 🗄 🔥 ⊙ 🗄 🔄 🖭 📖 – ♟ – 🛖 salle d'animation 🚣 🚲 ✗ ⏳
      Tarif : 🔥 *30 piscine comprise* – 🅴 *48* – 🔦 *16 (16A)*
      Location : 🏠 *1520 à 1900*

  ▲ **Municipal de Kerjean** 15 juin-15 sept.
      & 02 96 20 24 75 – NE : 3 km par rte de la Pointe de Plouha et rte à gauche – 🐾 ⊶ juil.-août
      – **Ⴖ** – ⚡
      6 ha (150 empl.) plat, peu incliné, incliné, terrasses ♀ (2 ha)
      🔥 🗄 ❄ 🗄 ⊙
      Tarif : (Prix 1998) 🔥 *12* – 🚐 *9* – 🅴 *9*

56340 Morbihan **3** – **63** ⑪ ⑫ – 1 653 h. alt. 21.
Paris 490 – Auray 13 – Lorient 33 – Quiberon 15 – Quimperlé 54 – Vannes 31.

  ▲▲ **Kersily** avril-oct.
      & 02 97 52 39 65, Fax 02 97 52 44 76 – NO : 2,5 km par D 781 rte de Lorient et rte de Ste-Barbe,
      à gauche – 🐾 ⊶ – **R** conseillée – **GB** ⚡
      2,5 ha (120 empl.) plat et peu incliné, herbeux ⌐⌐
      🔥 🗄 ❄ 🗄 🔥 ⊙ 🗄 🔄 🖭 📖 – ♟ – 🛖 🚣
      Tarif : 🔥 *23 piscine comprise* – 🚐 *10* – 🅴 *32* – 🔦 *14 (6 ou 10A)*
      Location : 🏠 *1000 à 2800*

  ▲▲ **L'Étang de Loperhet** 27 mars-2 nov.
      & 02 97 52 34 68 – NO : 4 km par D 781, rte de Lorient et rte à gauche, près de l'étang – 🐾 ⊶
      – **R** juil.-août – ⚡
      14 ha/2,5 campables (165 empl.) plat et peu incliné, sablonneux, herbeux
      🗄 ❄ 🗄 🔥 ⊙ 🔄 📖 – 🛖 🚣 ⏳ 🐴 poneys – A proximité : ♟ crêperie
      Tarif : 🔥 *22 piscine comprise* – 🚐 *10* – 🅴 *36* – 🔦 *20 (6 à 12A)*

  ▲ **La Lande** 2 juin-sept.
      & 02 97 52 31 48 – O : 0,5 km, sortie vers Quiberon et rte à droite – ⊶ – **R** conseillée août – ⚡
      1,2 ha (90 empl.) plat et peu incliné, herbeux ⌐⌐
      🗄 ❄ 🗄 ⊙ 🔄 🖭 📖 – 🚣
      Tarif : 🅴 *1 ou 2 pers. 57,50, pers. suppl. 18* – 🔦 *12 (4A)*

⚠ **Les Goélands** juin-15 sept.
🕿 02 97 52 31 92 – E : 1,5 km par D 781 rte de Carnac puis 0,5 km par rte à gauche – 🦮 ⚷ –
R conseillée août – ⚒
1,6 ha (80 empl.) plat, herbeux
🕁 🍴 🏞 ⊕ 🖥
Tarif : 🏃 15 – 🖽 20 – 🔋 10 (3A) 13 (4A) 16 (5A)

PLOUHINEC

29780 Finistère 🖪 – 🗟🗟 ⑭ – 4 524 h. alt. 101.
🖪 Office de Tourisme (été) r. du Gén.-Leclerc 🕿 02 98 70 74 55 Mairie 🕿 02 98 70 87 33, Fax 02 98 74 93 31.
Paris 596 – Audierne 5 – Douarnenez 17 – Pont-l'Abbé 28 – Quimper 33.

⚠ **Kersiny** avril-sept.
🕿 02 98 70 82 44 – sortie Ouest par D 784 rte d'Audierne puis Sud, à 1 km par rte de Kersiny, à
100 m de la plage (accès direct) – 🦮 ≤ « Agréable situation » ⚷ – **R** conseillée juil.-août – ⚒
2 ha (100 empl.) en terrasses, peu incliné, herbeux
🕁 🍴 🏞 ⊕ 🖥 – A proximité : 🎾
Tarif : 🖽 2 pers. 55, pers. suppl. 18 – 🔋 15 (10A)

PLOUHINEC

56680 Morbihan 🖪 – 🗟🗟 ① – 4 026 h. alt. 10.
Paris 505 – Auray 22 – Lorient 20 – Quiberon 30 – Quimperlé 41.

⚠ **Moténo** avril-sept.
🕿 02 97 36 76 63, Fax 02 97 85 81 84 – SE : 4,5 km par D 781 et à droite, rte du Magouër – ⚷
– **R** conseillée juil., indispensable août – ⚒
4 ha (230 empl.) plat, herbeux ⚲
🕭 🕁 🍴 🗟 🖥 – 🍷 🍴 snack 🐾 – 🏕 🎯 🚲 🏊
Tarif : (Prix 1998) 🏃 21 piscine comprise – 🖽 51 – 🔋 15 (6A) 18 (10A)
Location : 🛖 1000 à 3250 – 🏠 1300 à 3350

⚠ **Municipal Kérabus** juil.-août
🕿 02 97 36 61 67 – SE : 3 km par D 781, rte de Carnac et à droite, rte du Magouër, au stade –
🦮 ⚷ – **R** – ⚒
4 ha (100 empl.) plat, herbeux
🕁 ⊕ 🖥 – 🎯 🎾
Tarif : 🖽 tennis compris 1 ou 2 pers. 35, pers. suppl. 11 – 🔋 9 (4A)

PLOUIGNEAU

29610 Finistère 🖪 – 🗟🗟 ⑥ – 4 023 h. alt. 156.
Paris 529 – Brest 70 – Carhaix-Plouguer 44 – Guingamp 46 – Lannion 35 – Morlaix 10.

⚠ **Aire Naturelle la Ferme de Croas Men** 15 avril-oct.
🕿 02 98 79 11 50 – NO : 2,5 km par D 712 et D 64, rte de Lanmeur puis 4,7 km par rte de Lanleya
à gauche et rte de Garlan – 🦮 ≤ ⚷ – **R** conseillée – ⚒
1 ha (25 empl.) plat, herbeux
🕭 🕁 🗟 🏞 ⊕ 🖥 – 🎯
Tarif : 🏃 15 – 🚗 10 – 🖽 12 – 🔋 14 (10A)
Location : 🛖 1500

PLOUMANACH

22 C.-d'Armor – 🗟🗟 ① – rattaché à Perros-Guirec.

PLOUNÉVEZ-LOCHRIST

29430 Finistère **3** – **58** ⑤ – 2 356 h. alt. 70.
Paris 570 – Brest 44 – Landerneau 23 – Landivisiau 22 – St-Pol-de-Léon 22.

 ▲▲   *Municipal Odé-Vras* 15 juin-4 sept.
   ℰ 02 98 61 65 17 – à 4,5 km au Nord du bourg, par D 10, à 300 m de la Baie de Kernic (accès direct)
   – ⚊ – **R** – 🚲
   3 ha (135 empl.) plat, sablonneux, herbeux ▭
   🗊 ⇄ 🖟 👶 🛁 🔊 ⊕ 🖥 – 🖾 🏊
   Tarif : ☀ *13,50* – 🚗 *5,50* – 🖲 *7,30* – 🔋 *10,50*

PLOZÉVET

29710 Finistère **3** – **58** ⑭ G. Bretagne – 2 838 h. alt. 70.
Paris 590 – Audierne 11 – Douarnenez 18 – Pont-l'Abbé 22 – Quimper 27.

 ▲▲   *La Corniche* 10 mai-15 sept.
   ℰ 02 98 91 33 94 – sortie Sud par rte de la mer – ⬳ ⚊ saison – **R** conseillée – 🚲
   2 ha (120 empl.) plat, herbeux ▭
   🗊 ⇄ 🖟 🛁 ⊕ 🖳 🖥 – 🏊 🏊
   Tarif : ☀ *25 piscine comprise* – 🚗 *10* – 🖲 *33* – 🔋 *18 (6A)*
   Location : 🚐 *1800 à 2800* – 🏠 *1500 à 3000*

 ▲   *Cornouaille* 25 juin-1er sept.
   ℰ 02 98 91 30 81 – SE : 2 km par rte de Pont-l'Abbé puis chemin à droite – ⛰ ⚊ – **R** juil.-août
   – 🚲
   2 ha (80 empl.) plat et peu incliné, herbeux
   🗊 🔊 ⊕ – 🖾 🏊
   Tarif : ☀ *15* – 🚗 *8* – 🖲 *15* – 🔋 *16 (16A)*

PLUFUR

22310 C.-d'Armor **3** – **58** ⑦ – 520 h. alt. 135.
Paris 520 – Carhaix-Plouguer 47 – Guingamp 37 – Lannion 22 – Morlaix 25.

 ▲   *Le Rugadello* 15 juin-15 sept.
   ℰ 02 96 35 16 76 – au bourg, sortie Sud par D 56 (rte face à l'église) – ⚊ – **R**
   0,4 ha (28 empl.) non clos, plat, herbeux ▭
   🗊 🛁 ⊕ – A proximité : 🏊 🍴
   Tarif : ☀ *9,40* – 🚗 *6,20* – 🖲 *6,20* – 🔋 *9,50 (10A)*

PLURIEN

22240 C.-d'Armor **4** – **59** ④ – 1 289 h. alt. 48.
Paris 442 – Dinard 36 – Lamballe 25 – Plancoët 21 – St-Brieuc 37 – St-Cast-le-Guildo 18.

 ▲▲   *Municipal la Saline* juin-15 sept.
   ℰ 02 96 72 17 40 – NO : 1,2 km par D 34, rte de Sables-d'Or-les-Pins, à 500 m de la mer – ⚊ –
   R 14 juil.-15 août – 🚲
   3 ha (150 empl.) plat, peu incliné et en terrasses, herbeux
   👤 🗊 ⇄ 🖟 🛁 ⊕ 🖳 🖥 – 🖾
   Tarif : (Prix 1998) ☀ *11* – 🚗 *6* – 🖲 *11* – 🔋 *11*

Le POËT-CÉLARD

26 Drôme – **77** ⑫ ⑬ – rattaché à Bourdeaux.

Le POËT-LAVAL

26160 Drôme **16** – **81** ② G. Vallée du Rhône – 652 h. alt. 311.
Paris 622 – Crest 36 – Montélimar 23 – Nyons 35 – Orange 62 – Pont-St-Esprit 60 – Valence 63.

 ▲   *Municipal Lorette* 15 juin-15 sept.
   E : 1 km par D 540, rte de Dieulefit, bord du Jabron – ⬳ – **R** – 🚲
   2 ha (60 empl.) peu incliné, herbeux ⚘
   🗊 ⇄ 🛁 🔊 ⊕ – A proximité : ✗ 🏓
   Tarif : (Prix 1998) ☀ *8* – 🖲 *12* – 🔋 *11 (6A)*

▶ *LES GUIDES VERTS* **MICHELIN**

  Paysages, monuments
    Routes touristiques
     Géographie
      Histoire, Art
       Itinéraire de visite
        Plans de villes et de monuments

POITIERS

86000 Vienne 10 - 67 ⑳ G. Poitou Vendée Charentes - 78 894 h. alt. 116.
Office de Tourisme 8 r. des Grandes-Écoles ✆ 05 49 41 21 24, Fax 05 49 88 65 84.
Paris 337 - Angers 133 - Angoulême 113 - Châteauroux 124 - Châtellerault 37 - Limoges 120 - Nantes 182 - Niort 75 - Tours 103.

à Avanton N : 10 km par N 147 et D 757 - 1 164 h. alt. 110 - ✉ 86170 Avanton

Futur avril-sept.
✆ 05 49 52 92 20 - SO : 1,3 km par D 757, rte de Poitiers et rte à droite après le passage à niveau - juil.-août - **R** conseillée juil.-août - GB
4 ha/1,5 campable (68 empl.) plat, herbeux
- snack -
Tarif : *22 piscine comprise* - *20/35* - *15 (10A)*
Location :

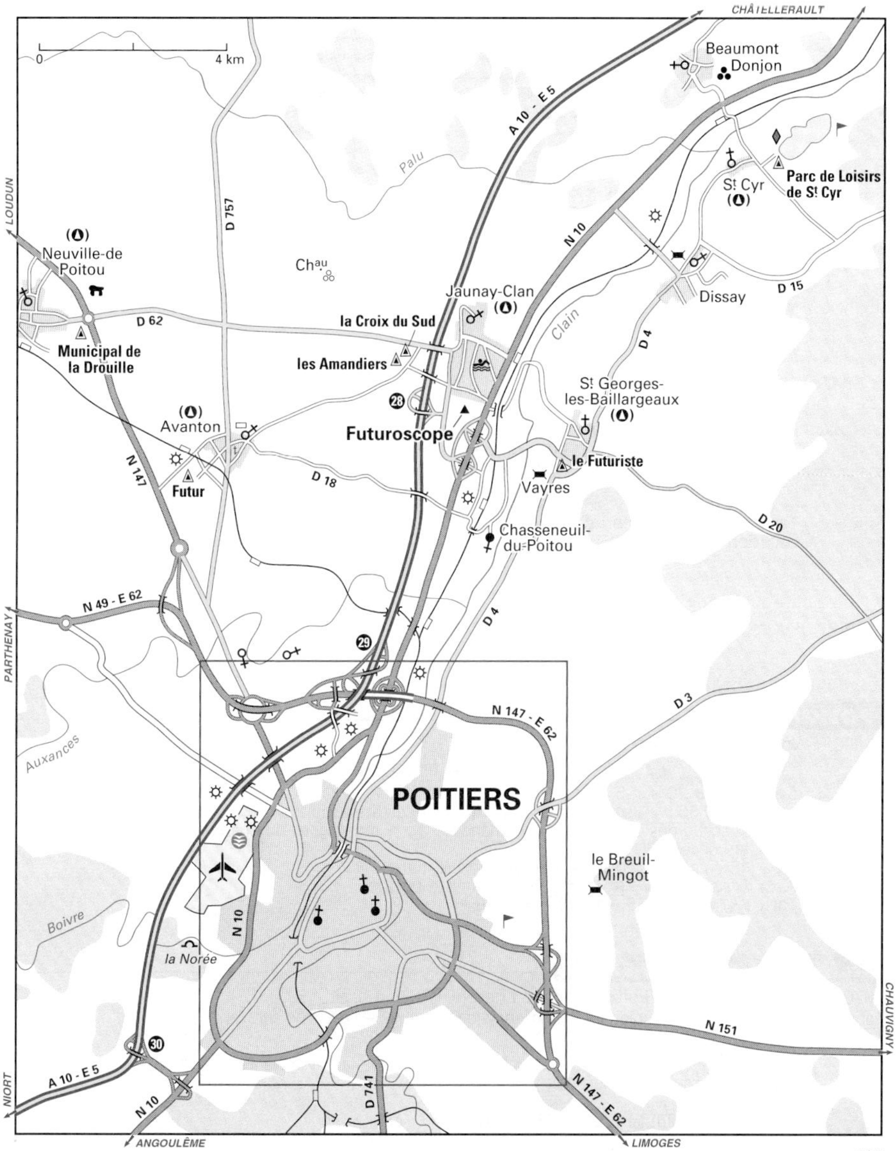

à Jaunay-Clan N : 9 km par N 10 – 4 928 h. alt. 80 – ⊠ 86130 Jaunay-Clan.
🖬 Syndicat d'Initiative pl. du Marché 🖉 05 49 62 85 16

    ⚠ **La Croix du Sud** fév.-11 nov.
        🖉 05 49 62 58 14, Fax 05 49 62 57 20 – O : 1 km par D 62, rte de Neuville et rte d'Avanton à gauche,
        après le pont de l'A10 – ⚬━ – **R** conseillée juil.-août – ⊞B ⬧
        4 ha (184 empl.) plat, peu incliné, herbeux, pierreux
        ⬧ ⌂ ⬧ ⬧ ⬧ ⬧ ⬧ ⬧ ⬧ – ⬧ snack ⬧ – ⬧
        Tarif : ⬧ *22 piscine comprise* – ▣ *40* – ⬧ *15 (10A)*
        Location : ⬧ *2100 à 2450* – ⬧ *1750 à 2100*

    ⚠ **Les Amandiers** Permanent
        🖉 05 49 62 80 40, Fax 05 49 62 86 68 – O : 1,4 km par D 62, rte de Neuville et rte d'Avanton à
        gauche, après le pont de l'Alo – ⚬━ – **R** – ⊞B
        4 ha (70 empl.) plat, herbeux, pierreux ⬚
        ⬧ ⬧ ⬧ ⬧ ⬧ ⬧ ⬧ – ⬧ – ⬧ ⬧ ⬧
        Tarif : (Prix 1998) ⬧ *15 piscine comprise* – ▣ *50* – ⬧ *20 (16A)*
        Location : ⬧ *(studios)*

à Neuville-de-Poitou NO : 17,5 km par N 147, rte de Loudun et D 62 à gauche – 3 840 h. alt. 116 –
⊠ 86170 Neuville-de-Poitou

    ⚠ **Municipal de la Drouille** juin-août
        🖉 05 49 51 11 81 – E : 1,5 km par D 62, rte de Jaunay-Clan et à l'entrée du lieu-dit Mavault, rue
        à droite – ⬧ – ⬧
        0,8 ha (30 empl.) plat et peu incliné, herbeux, pierreux, gravier ⬚
        ⬧ ⬧ ⬧ ⬧
        Tarif : (Prix 1998) ⬧ *9,70* – ⬧ *6,10* – ▣ *7,10* – ⬧ *11,70 (12A)*

à St-Cyr NE : 19 km par N 10 et D 82 – 710 h. alt. 62 – ⊠ 86130 St-Cyr

    ⚠ **Parc de Loisirs de St-Cyr** avril-sept.
        🖉 05 49 62 57 22, Fax 05 49 52 28 58 – NE : 1,5 km par D 4, D 82 rte de Bonneuil-Matours et chemin
        à gauche, près d'un plan d'eau, Sur N 10, accès depuis la Tricherie – ⬧ ⚬━ – **R** indispensable 15 juil.-
        15 août – ⊞B ⬧
        5,4 ha (198 empl.) plat, herbeux
        ⬧ ⬧ ⬧ ⬧ ⬧ ⬧ ⬧ ⬧ – ⬧ snack – ⬧ ⬧ ⬧ ⬧ ⬧ ⬧ half-court, tir à la carabine – A proximité :
        ⬧ et poneys ⬧ ⬧ ⬧ (plage) toboggan aquatique ⬧
        Tarif : ⬧ *25 tennis compris* – ▣ *60 avec élect. (10A)*
        Location : ⬧ *1950 à 2950*

à St-Georges-Lès-Baillargeaux NE : 11,5 km par D 4 – 2 858 h. alt. 100 – ⊠ 86130 St-Georges-
Lès-Baillargeaux :

    ⚠ **Le Futuriste** Permanent
        🖉 05 49 52 47 52 – au Sud du bourg, accès par D 20 – ⬧ « Décoration arbustive » ⚬━ ⬧ dans
        locations – **R** conseillée juil.-août – ⊞B ⬧
        2 ha (112 empl.) plat, peu incliné, herbeux, pierreux ⬚
        ⬧ ⬧ ⬧ ⬧ ⬧ ⬧ ⬧ ⬧ ⬧ – ⬧ ⬧ ⬧ toboggan aquatique
        Tarif : ▣ *piscine comprise 1 à 3 pers. 99* – ⬧ *18 (16A)*
        Location : ⬧ *1700 à 2600*

▶ *Ce guide n'est pas un répertoire de tous les terrains de camping*
  mais une sélection des meilleurs camps dans chaque catégorie.

POLIGNY

05500 H.-Alpes **17** – **77** ⑯ – 237 h. alt. 1 062.
Paris 655 – Corps 26 – Gap 18 – Orcières 30 – Serres 58.

    ⚠ **Les Écrins** 20 juin-5 sept.
        🖉 04 92 50 50 94 – sortie Est et à droite, Pour certains emplacements d'accès peu facile, mise en
        place et sortie des caravanes à la demande – ⬧ ⬧ montagnes du Champsaur « Cadre agréable »
        ⚬━ – **R** conseillée – ⬧
        2 ha (43 empl.) en terrasses, herbeux, gravillons ⬚ ⬧
        ⬧ ⬧ ⬧ ⬧ ⬧ ⬧ ⬧ – ⬧ ⬧ ⬧ (petite piscine)
        Tarif : ⬧ *15* – ⬧ *5* – ▣ *30* – ⬧ *12 (6A)*

La POMMERAIE-SUR-SÈVRE

85700 Vendée **9** – **67** ⑯ G. Poitou Vendée Charentes – 964 h. alt. 158.
Paris 375 – Bressuire 25 – Cholet 32 – Fontenay-le-Comte 49 – La Roche-sur-Yon 61.

    ⚠ **Municipal** 15 mars-15 nov.
        sortie Nord-Est, par D 43 rte de Mauléon, à 150 m de la Sèvre Nantaise – **R** – ⬧
        0,6 ha (33 empl.) plat, herbeux ⬧
        ⬧ ⬧ ⬧ – ⬧
        Tarif : (Prix 1998) ▣ *2 pers. 34/42 avec élect., pers. suppl. 12*

PONCIN

01450 Ain 🔢 – 🔢 ③ – 1 229 h. alt. 255.
Paris 459 – Ambérieu-en-Bugey 19 – Bourg-en-Bresse 29 – Nantua 28 – Oyonnax 40 – Pont-d'Ain 9.

⚠ **Municipal** avril-15 oct.
   ☎ 04 74 37 20 78 – NO : 0,5 km par D 91 et D 81 rte de Meyriat, près de l'Ain – Places limitées pour
   le passage 🛀 – **R** conseillée 14 juil.-15 août – ✀
   1,5 ha (100 empl.) plat et terrasse, herbeux ♀
   🔧 🏕 📺 🔥 🔋 📷 – A proximité : ⚔ ☰
   Tarif : (Prix 1998) 🧍 15 – 🚗 8 – 📇 8 – 🔌 13 (5A)

PONS

17800 Char.-Mar. 🔢 – 🔢 ⑤ G. Poitou Vendée Charentes – 4 412 h. alt. 39.
🔲 Syndicat d'Initiative (15 juin-15 sept.) Donjon de Pons ☎ 05 46 96 13 31, Point d'Accueil 31 r. E.-Combes
☎ 05 46 96 11 92.
Paris 495 – Blaye 60 – Bordeaux 98 – Cognac 23 – La Rochelle 101 – Royan 42 – Saintes 23.

⚠ **Municipal** mai-15 sept.
   ☎ 05 46 91 36 72 – à l'Ouest de la ville – 🛀 **R** juil.-août
   1 ha (60 empl.) plat, herbeux ♀
   🔧 🏕 🏕 📺 🔥 📷 ☰ – A proximité : ☰
   Tarif : (Prix 1998) 🧍 14 – 📇 25 (35 avec élect. 4 ou 8A)

PONS

12 Aveyron 🔢 – 🔢 ⑫ – ✉ 12140 Entraygues-sur-Truyère.
Paris 593 – Aurillac 40 – Entraygues-sur-Truyère 11 – Montsalvy 16 – Mur-de-Barrez 22 – Rodez 57.

⚠ **Municipal de la Rivière** 15 juin-15 sept.
   ☎ 05 65 66 18 16 – à 1 km au Sud-Est du bourg, sur D 526 rte d'Entraygues-sur-Truyère, bord du
   Goul – 🛀 ≤ 🛀 – **R** conseillée – ✀
   0,9 ha (36 empl.) plat, herbeux □ ♀
   🔧 🏕 🏕 📺 🔥 📷 ☰ 📷 – 🛁 ⚔ ☰ (petite piscine)
   Tarif : (Prix 1998) 📇 2 pers. 50, pers. suppl. 15 – 🔌 16 (3 à 9A)
   Location : 🛖 1800 à 2200

PONTARLIER

25300 Doubs 🔢 – 🔢 ⑥ G. Jura – 18 104 h. alt. 838.
🔲 Office de Tourisme 14 bis r. de la Gare ☎ 03 81 46 48 33, Fax 03 81 46 83 32.
Paris 449 – Basel 154 – Beaune 151 – Belfort 128 – Besançon 57 – Dole 90 – Genève 117 – Lausanne 69 –
Lons-le-Saunier 82 – Neuchâtel 55.

⚠ **Le Larmont** fermé fin vacances de Toussaint-début des vacances de Noël
   ☎ 03 81 46 23 33, Fax 03 81 46 23 34 – au Sud-Est de la ville en direction de Lausanne,
   près du centre équestre, alt. 880 – Ⓜ 🛀 ≤ 🛀 – **R** conseillée 10 juil.-20 août – 🇬🇧
   ✀
   4 ha (75 empl.) en terrasses, herbeux, gravier □
   🎞 🔧 🏕 🏕 📺 🔥 🔋 📷 ☰ 🛁 – 🛁 🚗 – A proximité : parcours sportif, 🐎 et poneys
   Tarif : (Prix 1998) 🧍 17 – 📇 25/42 – 🔌 20 (10A)
   Location : 🛖 1500 à 2200

PONT-AUTHOU

27290 Eure 🔢 – 🔢 ⑮ – 613 h. alt. 49.
Paris 149 – Bernay 22 – Elbeuf 26 – Évreux 47 – Pont-Audemer 21.

⚠ **Municipal les Marronniers** Permanent
   ☎ 02 32 42 75 06 – au Sud du bourg, par D 130 rte de Brionne, bord d'un ruisseau – **R** conseillée
   – ✀
   2,5 ha (64 empl.) plat, herbeux
   🎞 🔧 🏕 📺 📺 📷 – ⚔
   Tarif : (Prix 1998) 🧍 15 tennis compris – 🚗 10 – 📇 15 – 🔌 18

PONTCHÂTEAU

44160 Loire-Atl. 🔢 – 🔢 ⑮ G. Bretagne – 7 549 h. alt. 7.
🔲 Office de Tourisme 1 pl. du Marché ☎ 02 40 88 00 87, Fax 02 40 01 61 10.
Paris 428 – La Baule 39 – Nantes 55 – Redon 28 – La Roche-Bernard 20 – St-Nazaire 26.

⚠ **Le Bois de Beaumard** mars-oct.
   ☎ 02 40 88 03 36 – sortie Nord-Ouest par D 33 rte d'Herbignac puis à droite, 2 km par D 126
   rte de Sévérac et rte de Beaumard à gauche – 🛀 « Cadre agréable » 🛀 – **R** juil.-août –
   ✀
   1 ha (25 empl.) plat, herbeux, bois attenant □ ♀♀ (0,3 ha)
   🔧 🏕 🏕 📺 🔥 📷 – 🛁
   Tarif : 🧍 15 – 🚗 5 – 📇 20 – 🔌 20 (10A)

Le PONT-CHRÉTIEN-CHABENET

36800 Indre 🔟 – 🔞 ⑰ – 879 h. alt. 100.
Paris 302 – Argenton-sur-Creuse 6 – Le Blanc 33 – Châteauroux 34 – La Châtre 44.

  ▲ **Municipal les Rives** 15 juin-15 sept.
    sortie vers St-Gaultier et à gauche après le pont, bord de la Bouzanne – **R** août – ⚡
    0,7 ha (52 empl.) plat, herbeux ⚲
    🏕 ⚐ ⚒ ⊛ ⛱
    Tarif : (Prix 1998) ▣ *1 ou 2 pers. 40, pers. suppl. 10* – ⚡ *10*

PONT-DE-MENAT

63 P.-de-D. 🔟 – 🔞 ③ G. Auvergne – ✉ 63560 Menat.
Paris 371 – Aubusson 81 – Clermont-Ferrand 52 – Gannat
30 – Montluçon 41 – Riom 35 – St-Pourçain-sur-Sioule 47.

  ▲ **Municipal les Tarteaux** avril-sept.
    🝰 04 73 85 52 47 – SO : 0,8 km, rive gauche de
    la Sioule – ⚲ ≤ « Site agréable » ⚬ juil.-août
    – **R** – ⚡
    1,7 ha (100 empl.) plat et peu incliné, herbeux
    ⚐ ⚲
    ⚒ ⚐ (🏕 ⚒ ⚒ 15 juin-15 sept.) ⊛ ▣ – ⚓ –
    A proximité : ⚑ ✂ ⚓
    Tarif : ⚡ *14,40* – ⚗ *8,50* – ▣ *8,50* – ⚡ *14,40*
    (5A)
    Location (permanent) : 🏠

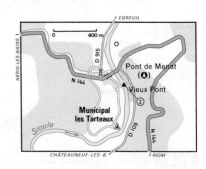

Le PONT-DE-MONTVERT

48220 Lozère 🔟 – 🔞 ⑥ G. Gorges du Tarn – 281 h. alt. 875.
Paris 636 – Le Bleymard 22 – Florac 21 – Génolhac 28 – Mende 45 – Villefort 45.

  ▲ **Aire Naturelle la Barette** 15 juin-15 sept.
    🝰 04 66 45 82 16 – N : 6 km par D 20, rte de Bleymard, à Finiels, alt. 1 200 – ⚲ ≤ Mont-Lozère
    « Site agréable et sauvage » ⚬ – **R** 15 juil.-15 août
    1 ha (20 empl.) en terrasses, herbeux, pierreux, rochers
    🏕 ⚒ ⚐ ⊛ ▣ – ⚓
    Tarif : ▣ *2 pers. 55, pers. suppl. 19* – ⚡ *12 (5A)*

PONT-DE-POITTE

39130 Jura 🔟 – 🔞 ⑭ G. Jura – 638 h. alt. 450.
Paris 426 – Champagnole 35 – Genève 91 – Lons-le-Saunier 16.

à Mesnois NO : 1,7 km par rte de Lons-le-Saunier et D 151 à droite – 171 h. alt. 460 – ✉ 39130 Clairvaux-les-Lacs :

  ▲▲ **Beauregard** 15 avril-sept.
    🝰 03 84 48 32 51 – sortie Sud – ≤ ⚬ juil.-août – **R** conseillée – ⚡
    3 ha (148 empl.) peu incliné et en terrasses, herbeux ⚲ (0,6 ha)
    ⚒ 🏕 ⚒ ⚐ ⚒ ⚐ ⊛ ▣ – ⚓ ⚒ half-court
    Tarif : ▣ *piscine comprise 2 pers. 88* – ⚡ *15 (5A)*

PONT-DE-SALARS

12290 Aveyron 🔟 – 🔞 ③ – 1 422 h. alt. 700.
Paris 653 – Albi 88 – Millau 47 – Rodez 24 – St-Affrique 56 – Villefranche-de-Rouergue 70.

  ▲▲▲ **Les Terrasses du Lac** 15 juin-15 sept.
    🝰 05 65 46 88 18, Fax 05 65 46 85 38 – N : 4 km par D 523 rte du Vibal, près du lac (accès direct)
    – ⚲ ≤ « Situation agréable » ⚬ juil.-août – **R** conseillée juil.-août – **GB** ⚡
    6 ha (180 empl.) en terrasses, herbeux ⚐ ⚲
    ⚒ 🏕 ⚒ ⚐ ⚒ ⚐ ⊛ ⚒ ⚗ ▣ – ⚒ ⚑ – ⚓ ⚒ ⚒ ⚒ – A proximité : ⚓
    Tarif : ▣ *piscine comprise 2 pers. 95, pers. suppl. 20* – ⚡ *18 (6 ou 10A)*
    Location : ⚒ *1500 à 2990* – bungalows toilés

  ▲▲▲ **Le Lac** 15 juin-15 sept.
    🝰 05 65 46 84 86, Fax 05 65 74 33 10 – N : 1,5 km par D 523 rte du Vibal, bord du lac – ⚬ ⚲
    – **R** conseillée 15 juil.-15 août – **GB** ⚡
    4,8 ha (200 empl.) plat, peu incliné, en terrasses, herbeux, pierreux ⚲
    ⚒ 🏕 ⚒ ⚒ ⚐ ⚒ ⊛ ⚒ ⚗ ▣ – ⚑ snack, pizzeria – ⚓ ⚒ ⚒ ⚓ (plage) – A proximité :
    ⚑
    Tarif : ▣ *piscine comprise 2 pers. 80, 3 pers. 93* – ⚡ *12 (3A) 18 (6A)*
    Location : ⚒ *1200 à 1700*

PONT-DU-FOSSÉ

05 H.-Alpes – 🔞 ⑯ ⑰ – rattaché à St-Jean-St-Nicolas.

PONT-DU-GARD

30 Gard **16** – **80** ⑲ G. Provence – ⊠ 30210 Remoulins.
🛈 Office de Tourisme ✆ 04 66 37 00 02 (hors saison) ✆ 04 66 21 02 51.
Paris 692 – Alès 48 – Arles 37 – Avignon 26 – Nîmes 26 – Orange 38 – Pont-St-Esprit 41 – Uzès 14.

⚠ *International Gorges du Gardon* 15 mars-sept.
✆ 04 66 22 81 81, Fax 04 66 22 90 12 – NO : 3,5 km par D 981, rte d'Uzès et rte à gauche, bord
du Gardon – ⊶ – **R** conseillée juil.-août – ⊞ ⚡
3 ha (191 empl.) plat et peu incliné, pierreux, herbeux ⚪⚪
♿ 🍴 ⚲ ⊕ 🗐 🖭 – ⚏ ✗ snack ☕ – 🔲 🔳 ≅
Tarif : 🔲 *piscine comprise 2 pers. 72 –* 🔋 *14,50 (6A) 16,50 (10A)*
Location : 🏠 *1617 à 2084*

PONT-DU-NAVOY

39300 Jura **12** – **70** ⑤ – 230 h. alt. 470.
Paris 420 – Arbois 26 – Champagnole 14 – Lons-le-Saunier 23 – Poligny 23.

⚠ *Le Bivouac* mai-sept.
✆ 03 84 51 26 95, Fax 03 84 51 29 70 – S : 0,5 km par D 27, rte de Montigny-sur-l'Ain, bord de
l'Ain – ≼ ⊶ – **R** conseillée juil.-août – ⚡
2,3 ha (90 empl.) plat, herbeux
♿ 🍴 ⚏ 🗂 ⊕ 🖭 – ⚑ snack – ≅
Tarif : 🚶 *20 –* 🔲 *24 –* 🔋 *15 (8A)*

PONTENX-LES-FORGES

40200 Landes **13** – **78** ④ – 1 138 h. alt. 15.
Paris 674 – Biscarrosse 87 – Labouheyre 18 – Mimizan 11 – Mont-de-Marsan 72 – Pissos 114.

⚠ *Municipal le Guilleman* juin-sept.
✆ 05 58 07 40 48 – sortie Sud-Est rte de Labouheyre puis rte de Ménéou et à droite – ⚲ ⊶ –
R conseillée juil.-août – ⚡
3 ha (100 empl.) plat, herbeux, sablonneux ⚪ pinède
♿ 🍴 ⊕ 🖭 – 🏓
Tarif : (Prix 1998) 🚶 *13 –* 🚗 *10 –* 🔲 *12 –* 🔋 *12 (6A)*

Le PONTET

84 Vaucluse – **81** ⑫ – rattaché à Avignon.

PONT-ET-MASSÈNE

21 Côte-d'Or – **65** ⑰ ⑱ – rattaché à Semur-en-Auxois.

PONTGIBAUD

63230 P.-de-D. **11** – **73** ⑬ G. Auvergne – 801 h. alt. 735.
Paris 436 – Aubusson 69 – Clermont-Ferrand 23 – Le Mont-Dore 41 – Riom 25 – Ussel 69.

⚠ *Municipal* 15 avril-15 oct.
✆ 04 73 88 96 99 – SO : 0,5 km par D 986 rte de Rochefort-Montagne, bord de la Sioule – ⊶ saison
– **R** conseillée 15 juil.-15 août – ⚡
4,5 ha (100 empl.) plat, herbeux
♿ 🍴 ⚏ 🗂 ⊕ 🖭 – 🏓 – A proximité : ⚑ ✗
Tarif : (Prix 1998) 🚶 *12 –* 🔲 *16 –* 🔋 *13 (6A) 19 (10A)*

PONT-L'ABBÉ-D'ARNOULT

17250 Char.-Mar. **9** – **71** ⑭ G. Poitou Vendée Charentes – 1 385 h. alt. 20.
Paris 474 – Marennes 21 – Rochefort 18 – La Rochelle 56 – Royan 28 – Saintes 22.

⚠ *Municipal la Garenne* 15 juin-15 sept.
✆ 05 46 97 01 46 – sortie Sud-Est par D 125, rte de Soulignonne – ⚲ « Cadre agréable » ⊶ –
R conseillée 1er au 15 août – ⚡
2,7 ha (111 empl.) plat, herbeux ⚏ ⚭⚭
♿ 🍴 ⚏ 🗂 ⚖ ⊕ ⚲ ♨ 🖭 – 🔲 🏓 ⚽ – A proximité : 🔳
Tarif : 🔲 *tennis compris 2 pers. 52 –* 🔋 *15 (6A)*

PONT-L'ÉVÊQUE

14130 Calvados **5** – **54** ⑰ ⑱ G. Normandie Vallée de la Seine – 3 843 h. alt. 12.
🛈 Office de Tourisme r. St-Michel ✆ 02 31 64 12 77, Fax 02 31 64 76 96.
Paris 188 – Caen 48 – Le Havre 39 – Rouen 79 – Trouville-sur-Mer 11.

⚠ *Le Stade* 31 mars-oct.
✆ 02 31 64 15 03 – sortie Ouest par D 118, rte de Beaumont-en-Auge – ⊶ juil.-août – **R** conseillée
juil.-août
1,7 ha (60 empl.) plat, herbeux
🍴 ⚏ 🗂 ⚱ ⊕ – 🏓 ⚽
Tarif : 🚶 *15 –* 🚗 *7 –* 🔲 *7 –* 🔋 *11,50 (2A) 15,50 (5A)*

PONTORSON

50170 Manche **4** – **59** ⑦ G. Normandie Cotentin – 4 376 h. alt. 15.
🛈 Office de Tourisme pl. Église 📞 02 33 60 20 65.
Paris 353 – Avranches 22 – Dinan 46 – Fougères 39 – Rennes 62 – St-Malo 49.

  ▲ ***Municipal les Rives du Couesnon*** 27 mars-sept.
     📞 02 33 68 11 59 – NO : par D 19, rte de Dol-de-Bretagne, près du Couesnon – ⚡ juil.-août –
     R conseillée juil.-août – ⚡
     2 ha (110 empl.) plat, herbeux ⌧
     🚿 🍴 🖼 ⚡ ☺ – 🏃 parcours de santé
     Tarif : ✶ *13 –* 🚗 *6,50 –* 🔲 *13 –* 🔌 *13 (6A)*

PONTRIEUX

22260 C.-d'Armor **3** – **59** ② – 1 050 h. alt. 13.
Paris 491 – Guingamp 19 – Lannion 27 – Morlaix 68 – St-Brieuc 44.

  ▲ ***Traou-Mélédern*** Permanent
     📞 02 96 95 68 72 – à 400 m au Sud du bourg, bord du Trieux – ⚡ juil.-août – **R** – ⚡
     1 ha (50 empl.) plat, herbeux
     🍴 ☺ ☺ – 🏃
     Tarif : ✶ *12,50 –* 🔲 *14 –* 🔌 *14 (7 à 9A)*

PONT-ST-ESPRIT

30130 Gard **16** – **81** ① G. Provence – 9 277 h. alt. 59.
🛈 Office de Tourisme Résidence Welcome 📞 04 66 39 44 45, Fax 04 66 39 51 81.
Paris 645 – Alès 64 – Avignon 46 – Montélimar 38 – Nîmes 65 – Nyons 45.

  ▲ ***Aire Naturelle Beauchamp*** avril-1er nov.
     📞 04 66 39 01 72 – SE : 3,5 km par D 138, rte de St-Étienne-des-Sorts et chemin à gauche, à 400 m
     d'un bras du Rhône – 🦢 ⚡ – **R** conseillée – ⚡
     1,5 ha (25 empl.) plat, herbeux, étangs 🌳🌳
     🚿 🍴 ☺ 🚻 ☺ 🖼 – 🛒 – A proximité : ⛵
     Tarif : (Prix 1998) ✶ *18 –* 🔲 *16 –* 🔌 *15 (6A)*

▶ *This Guide is not intended as a list of all the camping sites in France ;*
its aim is to provide a selection of the best sites in each category.

PONT-SCORFF

56620 Morbihan **3** – **63** ① G. Bretagne – 2 312 h. alt. 42.
Paris 503 – Auray 43 – Lorient 13 – Quiberon 56 – Quimperlé 13.

  ▲ ***Nenez*** Permanent
     📞 02 97 32 63 49, Fax 02 97 32 51 16 – SO : 1,8 km par D 6 rte de Lorient – ⚡ – **R** conseillée
     1er au 15 août – ⚡
     1,5 ha (50 empl.) plat, peu incliné, herbeux
     🖼 🍴 ☺ 🖼 ⚡ ☺ 🖼 – 🏃
     Tarif : ✶ *12,50 –* 🔲 *17,50 –* 🔌 *14,50 (16A)*

Les PONTS-DE-CÉ

49 M.-et-L. – **63** ⑳ – rattaché à Angers.

PORDIC

22590 C.-d'Armor **3** – **59** ③ – 4 635 h. alt. 97.
🛈 Office de Tourisme pl. Gén.-de-Gaulle, 📞 et Fax 02 96 79 00 35.
Paris 459 – Guingamp 32 – Lannion 63 – St-Brieuc 11 – St-Quay-Portrieux 12.

  ▲▲ ***Les Madières*** mai-sept.
     📞 02 96 79 02 48, Fax 02 96 79 46 67 – NE : 2 km par rte de Binic et à droite, rte de Vau Madec
     – 🦢 « Cadre agréable et fleuri » ⚡ – **R** conseillée – ⚡
     1,6 ha (83 empl.) plat et peu incliné, herbeux 🌳
     🍴 ☺ 🖼 🚻 ⚡ ☺ 🖼 – 🍴 snack
     Tarif : (Prix 1998) ✶ *20 –* 🚗 *15 –* 🔲 *20 –* 🔌 *17 (10A)*
     Location : 🏠 *1200 à 1500*

  ▲ ***Le Roc de l'Hervieu*** mai-sept.
     📞 02 96 79 30 12 – NE : 3 km par rte de la Pointe de Pordic et chemin à droite – 🦢 ⚡ – **R** conseillée
     juil.-20 août – ⚡
     1,9 ha (100 empl.) plat, herbeux ⌧
     🚿 🍴 🖼 ⚡ ☺ 🏊 🖼 – 🛒 🏃
     Tarif : ✶ *14 –* 🚗 *10 –* 🔲 *14 –* 🔌 *11 (3A) 16 (10A)*
     Location : 🏠 *700*

Le PORGE

33680 Gironde 9 - 78 ① - 1 230 h. alt. 8.
Paris 627 - Andernos-les-Bains 18 - Bordeaux 52 - Lacanau-Océan 26 - Lesparre-Médoc 54.

Municipal la Grigne avril-sept.
05 56 26 54 88 - O : 9,5 km par D 107, à 1 km du Porge-Océan - « Cadre agréable » - **R** conseillée juil.-août - GB
30 ha (700 empl.) vallonné et accidenté, sablonneux pinède
Tarif : (Prix 1998) *21,60* - *10,45* - *30,95* - *18,60*

▶ ***Des vacances réussies sont des vacances bien préparées !***

Ce guide est fait pour vous y aider... mais :
– N'attendez pas le dernier moment pour réserver
– Évitez la période critique du 14 juillet au 15 août

Pensez aux ressources de l'arrière-pays, à l'écart des lieux de grande fréquentation.

PORNIC

44210 Loire-Atl. 9 - 67 ① G. Poitou Vendée Charentes - 9 815 h. alt. 20.
Office de Tourisme, à la Gare 02 40 82 04 40, Fax 02 40 82 90 12.
Paris 436 - Nantes 48 - La Roche-sur-Yon 81 - Les Sables-d'Olonne 89 - St-Nazaire 30.

La Boutinardière Pâques-sept.
02 40 82 05 68, Fax 02 40 82 49 01 - SE : 5 km par D 13 et rte à droite, à 200 m de la plage - - **R** indispensable août - GB
7,5 ha (400 empl.) peu incliné, herbeux
snack - half-court, toboggans aquatiques
Tarif : *piscine comprise 1 ou 2 pers. 120, 3 pers. 140, pers. suppl. 35* - *16 (3A) 3 par ampère supplémentaire*
Location : *1500 à 3600* - *1400 à 3700*

Le Patisseau mai-11 sept.
02 40 82 10 39, Fax 02 40 82 22 81 - E : 3,5 km par D 751, rte de Nantes et rte à gauche - dans locations - **R** indispensable 1er au 15 août - GB
4 ha (227 empl.) plat et peu incliné, en terrasses, herbeux (1 ha)
pizzeria - toboggans aquatiques
Tarif : *piscine comprise 2 pers. 145, pers. suppl. 28* - *18 (4A) 22 (6A) 30 (10A)*
Location : *1690 à 3790* - *1890 à 3990*

Le Golf avril-sept.
02 40 82 41 18, Fax 02 51 74 06 62 44120 Pornic-Ste-Marie - O : 2,7 km par D 13, rte de la Plaine-sur-Mer et rte à gauche, 40 rue de la Renaissance, au Nord du village de Ste-Marie, Par D 213 (voie rapide), sortie Pornic-Ouest/Ste-Marie - juil.-août - **R** conseillée -
1,5 ha (110 empl.) plat, herbeux
- - - À proximité :
Tarif : *piscine comprise 2 pers. 100, pers. suppl. 27* - *22 (6A) 32 (15A)*
Location : *1200 à 3150*

Le Port Chéri Permanent
02 40 82 34 57, Fax 02 40 82 96 77 - E : 3,5 km par D 751, rte de Nantes et rte à gauche - - **R** conseillée - GB
2,5 ha (104 empl.) peu incliné et en terrasses, herbeux
Tarif : *piscine comprise 2 pers. 90, pers. suppl. 20* - *15 (4A)*
Location : *1200 à 2900*

PORTBAIL

50580 Manche **4** – **54** ⑪ – 1 654 h. alt. 10.
🛈 Office de Tourisme 26 r. Philippe 🕿 02 33 04 03 07, Fax 02 33 04 94 66.
Paris 344 – Carentan 38 – Cherbourg 47 – Coutances 43 – St-Lô 58.

    ▲ **La Côte des Isles** Pâques-sept.
      🕿 02 33 04 89 97, Fax 02 33 04 77 46 – O : 3 km par D 15 puis à droite, près du V.V.F., à 300 m
      de la plage – Places limitées pour le passage ⊶ – **R** – ⚿
      2,5 ha (117 empl.) plat, herbeux, sablonneux
      🕭 🍴 ⇆ 🖽 🖴 ☺ – ▼ crêperie
      Tarif : ⚹ *19* – 🗉 *20* – 🗲 *14 (4A) 16 (6A) 18 (10A)*

PORT-BARCARÈS

66 Pyr.- Or. – **86** ⑩ – rattaché à Barcarès.

PORT-CAMARGUE

30 Gard – **83** ⑧ ⑱ – rattaché au Grau-du-Roi.

Les PORTES-EN-RÉ

17 Char.-Mar. – **71** ⑫ – voir à Ré (Ile de).

PORTICCIO

2A Corse-du-Sud – **90** ⑰ – voir à Corse.

PORTIGLIOLO

2A Corse-du-Sud – **90** ⑱ – voir à Corse.

PORTIRAGNES

34420 Hérault **15** – **83** ⑮ – 1 770 h. alt. 10.
Paris 771 – Agde 14 – Béziers 12 – Narbonne 38 – Valras-Plage 12.

à Portiragnes-Plage S : 4 km par D 37 – ⊠ 34420 Portiragnes :

    ▲▲▲ **L'Émeraude** juin-août
      🕿 04 67 90 93 76, Fax 04 67 09 91 18 – N : 1 km par rte de Portiragnes – ⊶ – **R** indispensable
      1er au 20 août – **GB** ⚿
      4,2 ha (280 empl.) plat, herbeux ⊏⊐ ♀♀
      🕭 🍴 ⇆ 🖽 🖴 ☺ 🖪 – 🕳 ▼ ✗ snack, pizzeria 🗘 cases réfrigérées – 🖾 🏃 ※ 🏊 – A proximité :
      Tarif : (Prix 1998) 🗉 *élect. (5A) et piscine comprises 2 pers. 110, pers. suppl. 20*
      Location : 🛖 *1050 à 1800* – 🛖 *1500 à 2950* – 🏠 *1600 à 3100*

    ▲▲ **Les Mimosas** mai-août
      🕿 04 67 90 92 92, Fax 04 67 90 85 39 – NE : 2,5 km par rte de Portiragnes et à droite, puis rte
      du port à gauche, près du canal du Midi – ⊶ – **R** conseillée juil.-août – **GB** ⚿
      7 ha (400 empl.) plat, herbeux ♀ (1 ha)
      🕭 🍴 ⇆ 🖽 ☺ 🖪 – 🕳 ▼ snack 🗘 cases réfrigérées – 🖾 🏃 🚲 🏊 toboggans aquatiques
      Tarif : 🗉 *piscine comprise 2 pers. 125, pers. suppl. 23* – 🗲 *15 (6A)*
      Location : 🛖 *1275 à 2900* – 🛖 *1550 à 3650* – bungalows toilés

PORT-LE-GRAND

80132 Somme **1** – **52** ⑥ – 332 h. alt. 6.
Paris 191 – Abbeville 8 – Amiens 60 – Montreuil 43 – Le Tréport 34.

    ▲ **Château des Tilleuls** mars-oct.
      🕿 03 22 24 07 75, Fax 03 22 24 23 80 – SE : 1,5 km rte d'Abbeville – ⊶ – **R** conseillée –
      GB ⚿
      20 ha/3 campables (100 empl.) incliné, herbeux
      🕭 🍴 ⇆ 🖽 ☺ 🖪 – 🖾 ※ 🏊 (petite piscine couverte)
      Tarif : 🗉 *élect. (16A) et tennis compris 2 pers. 99, pers. suppl. 22*

PORT-MANECH

29 Finistère **3** – **58** ⑪ G. Bretagne – ⊠ 29920 Névez.
Paris 547 – Carhaix-Plouguer 71 – Concarneau 19 – Pont-Aven 13 – Quimper 43 – Quimperlé 30.

    ▲▲ **St-Nicolas** mai-sept.
      🕿 02 98 06 89 75, Fax 02 98 06 74 61 – au Nord du bourg, à 200 m de la plage – ⊶ – **R** conseillée
      juil.-août – **GB** ⚿
      3 ha (180 empl.) plat, incliné et en terrasses, herbeux ⊏⊐ ♀
      🕭 🍴 ⇆ 🖽 🖴 🗘 ☺ 🖪 – 🖾 🏃 – A proximité : ▼
      Tarif : (Prix 1998) ⚹ *22,50* – 🚗 *10* – 🗉 *25* – 🗲 *15 (6A) 20 (10A)*

PORTO

2A Corse-du-Sud – 🗺 ⑮ – voir à Corse.

PORTO-VECCHIO

2A Corse-du-Sud – 🗺 ⑧ – voir à Corse.

POSES

27740 Eure 🗺 – 🗺 ⑦ – 1 024 h. alt. 9.
Paris 112 – Les Andelys 27 – Évreux 38 – Louviers 16 – Pont-de-l'Arche 8 – Rouen 27.

▲▲ **Les Étangs des 2 Amants** 15 mars-1er nov.
𝒫 02 32 59 11 86 – SE : 1,5 km par rte de St-Pierre-du-Vauvray, à la Base de Plein Air et de Loisirs, près de la Seine et à 250 m d'un plan d'eau – ⊶ – **R** – ⟡
4 ha (170 empl.) plat, herbeux ⚲
🛗 🍴 ⊕ ⊚ ⏚ ↝ – 🔲 🚣 – A proximité : ✖ 🎣 🛶
Tarif : 👤 20 – 🚐 10 – 🔲 20/24 avec élect.

POUEYFERRÉ

65 H.-Pyr. – 🗺 ⑦ – rattaché à Lourdes.

Le POUGET

34230 Hérault 🗺 – 🗺 ⑥ – 1 103 h. alt. 95.
Paris 728 – Béziers 46 – Clermont-l'Hérault 10 – Gignac 9 – Montpellier 35 – Sète 36.

▲ **Municipal** 15 juin-15 sept.
𝒫 04 67 96 76 14 – O : 0,8 km par D 139 – 🐎 – **R**
0,8 ha (47 empl.) plat, herbeux ⚲
🕭 🛗 🍴 ⊚ – A proximité : ✖ 🚣
Tarif : 👤 7,30 – 🔲 18,50 – 🔌 12
Location : gîtes

▶ *Ihre Meinung über die von uns empfohlenen Campingplätze interessiert uns.*
Teilen Sie uns Ihre Erfahrungen mit und schreiben Sie uns auch,
wenn Sie eine gute Entdeckung gemacht haben.

POUGUES-LES-EAUX

58320 Nièvre 🗺 – 🗺 ③ G. Bourgogne – 2 358 h. alt. 198.
🛈 Syndicat d'Initiative 𝒫 03 86 58 75 69 et Mairie 𝒫 03 86 90 96 00.
Paris 224 – La Charité-sur-Loire 13 – Cosne-sur-Loire 42 – Nevers 12 – Prémery 24.

▲ **Municipal les Chanternes**
𝒫 03 86 68 86 18 – sortie Nord-Ouest par N 7 rte de la Charité-sur-Loire – ⊶
1,4 ha (45 empl.) plat, herbeux 🔲
🛗 🗑 ⊚ – 🚣 – A proximité : ✖ 🏊

POUILLY-EN-AUXOIS

21320 Côte-d'Or 🗺 – 🗺 ⑱ G. Bourgogne – 1 372 h. alt. 390.
Paris 271 – Avallon 66 – Beaune 47 – Dijon 45 – Montbard 60.

▲ **Municipal le Vert Auxois** mai-sept.
𝒫 03 80 90 71 89 – vers sortie Nord-Ouest et rue du 8-Mai à gauche après l'église – ⊶ – ⟡
R conseillée 10 juil.-25 août – ⟡
1 ha (70 empl.) plat, herbeux
🛗 🍴 🗑 ⊚ ⏚ ↝
Tarif : 👤 11 – 🚐 4 – 🔲 10/15 – 🔌 12 (10A)

POUILLY-SOUS-CHARLIEU

42720 Loire 🗺 – 🗺 ⑦ ⑧ – 2 834 h. alt. 264.
Paris 378 – Charlieu 6 – Digoin 43 – Roanne 15 – Vichy 75.

▲ **Municipal les Ilots** mai-sept.
𝒫 04 77 60 80 67 – sortie Nord par D 482 rte de Digoin et à droite, au stade, bord du Sornin –
🐎 ⊶ – **R**
1,5 ha (30 empl.) plat, herbeux ⚲
🛗 🗑 🍴 ⊚ 🔲 – A proximité : ✖
Tarif : (Prix 1998) 👤 9,50 – 🔲 11 – 🔌 10 (6A) 20 (10A) 42 (15A)

29 Finistère **3** – **58** ⑫ G. Bretagne – ✉ 29360 Clohars-Carnoët.
🏢 Office de Tourisme bd de l'Océan ℰ 02 98 39 93 42, Fax 02 98 96 90 99.
Paris 522 – Concarneau 37 – Lorient 23 – Moëlan-sur-Mer 10 – Quimper 55 – Quimperlé 14.

⚠ Les Embruns 3 avril-17 sept.
  ℰ 02 98 39 91 07, Fax 02 98 39 97 87 – au bourg, r. du Philosophe-Alain, à 350 m de la plage
  « Entrée fleurie » ⚬━ juil.-août – **R** conseillée – **GB** ⚘
  4 ha (180 empl.) plat et peu incliné, herbeux, sablonneux 🖵 ⚲
   க 🖩 ⇆ 🖫 ⏚ 🕳 ⊚ ⚂ 🐦 🗔 🖲 – 🍵 – 🛒 ♨ 🔥 🛶 – À proximité : ✖
  Tarif : 🔲 piscine comprise 2 pers. 86, pers. suppl. 24 – 🔌 19 (6A)
  Location : 🛏 1000 à 2250 – 🚐 1450 à 3150

⚠ Keranquernat mai-10 sept.
  ℰ 02 98 39 92 32, Fax 02 98 39 99 84 – sortie Nord-Est – ⚘ « Entrée fleurie » ⚬━ – **R** conseillée
  juil.-20 août – ⚘
  1,5 ha (100 empl.) plat et peu incliné, herbeux 🖵 ⚲
  🖩 🖫 ⏚ 🕳 ⊚ 🖲 – 🛒 🛶
  Tarif : ★ 19 piscine comprise – 🔲 25 – 🔌 15,50 (3A) 18,50 (5A)
  Location : 🚐 1200 à 2650

⚠ Le Quinquis avril-sept.
  ℰ 02 98 39 92 40, Fax 02 98 39 96 56 – N : 2,5 km par D 49 rte de Quimperlé et chemin à gauche
  – ⚘ « Cadre agréable » ⚬━ – **R** conseillée 7 juil.-20 août – ⚘
  7 ha (162 empl.) plat, peu incliné et incliné, herbeux ⚲
  க 🖩 ⇆ 🖫 ⊚ 🖲 – 🍵 – 🛒 ♨ 🛶 – À proximité : 🔥
  Tarif : (Prix 1998) ★ 24 piscine comprise – 🚗 8 – 🔲 36 – 🔌 16 (3A) 20 (5A)
  Location : 🚐 1400 à 3220 – bungalows toilés

⚠ Locouarn juin-10 sept.
  ℰ 02 98 39 91 79 – N : 2 km par D 49 rte de Quimperlé – ⚬━ – **R** conseillée juil.-août –
  ⚘
  2,5 ha (100 empl.) plat et peu incliné, herbeux
  🖩 🖫 ⏚ 🕳 ⊚ 🖲 – ♨ 🛶 – À proximité : 🎿 ▾
  Tarif : ★ 17 piscine comprise – 🚗 10 – 🔲 25 – 🔌 16 (5A)
  Location : 🚐 1600 à 2600

⚠ Les Grands Sables 3 avril-19 sept.
  ℰ 02 98 39 94 43 – au bourg, rue du Philosophe-Alain, à 200 m de la plage – ⚬━ – **R** conseillée
  – ⚘
  2,4 ha (147 empl.) plat, peu incliné, herbeux
  🖩 ⇆ 🖫 🕳 ⊚ – À proximité : ✖
  Tarif : ★ 20 – 🔲 27 – 🔌 16 (6A)
  Location : 🚐 950 à 2050

▶ *Donnez-nous votre avis sur les terrains que nous recommandons.*
Faites-nous connaître vos observations et vos découvertes.

69870 Rhône **11** – **73** ⑨ – 838 h. alt. 570.
Paris 447 – Chauffailles 15 – La Clayette 24 – Roanne 49 – Tarare 48 – Villefranche-sur-Saône 40.

⚠ Municipal les Echarmeaux 15 avril-15 oct.
  à l'Ouest du bourg, près d'un étang – ⚘ ⇐ – **R**
  0,5 ha (24 empl.) en terrasses, gravillons 🖵
  🖩 ⇆ 🖫 🕳 ⊚ – ✖
  Tarif : 🔲 élect. comprise 2 pers. 55

29 Finistère – **58** ⑭ – rattaché à Douarnenez.

32320 Gers **14** – **82** ④ – 178 h. alt. 240.
Paris 780 – Auch 35 – Miélan 17 – Mirande 11 – Plaisance 29 – Vic-Fézensac 29.

⚠ Aire Naturelle Pouylebon mai-1er oct.
  ℰ 05 62 66 72 10 – NE : 1 km par D 216 rte de Montesquiou puis 1 km par chemin à droite, près
  d'un lac – ⚘ ⚬━ – **R** conseillée juil.-août – ⚘
  1 ha (25 empl.) incliné et plat, herbeux
  க 🖩 🖫 🕳 ⊚ 🖲 – 🛒 ♨
  Tarif : ★ 21 piscine comprise – 🔲 26 – 🔌 12 (4A) 16 (8A)

65 H.-Pyr. – **85** ⑱ – rattaché à Bagnères-de-Bigorre.

POUZAUGES

85700 Vendée **9** – **67** ⑯ G. Poitou Vendée Charentes – 5 473 h. alt. 225.
⌂ Office de Tourisme r. Georges-Clemenceau ✆ 02 51 91 82 46.
Paris 386 – Bressuire 29 – Chantonnay 21 – Cholet 38 – Nantes 84 – La Roche-sur-Yon 54.

▲ **Municipal le Lac** avril-oct.
✆ 02 51 91 37 55 – O : 1,5 km par D 960 bis, rte de Chantonnay et chemin à droite, à 50 m du lac – **R** conseillée août
1 ha (50 empl.) plat et terrasse, peu incliné, herbeux ⚲ (0,2 ha)
ᵴ ◈ 🕆 ⏚ ⊕ – A proximité : ≋
Tarif : (Prix 1998) 🔲 2 pers. 38,90, pers. suppl. 10,10 – ⛽ 13,45 (6A)

PRADES

66500 Pyr.-Or. **15** – **86** ⑰ G. Pyrénées Roussillon – 6 009 h. alt. 360.
⌂ Office de Tourisme 4 r. V.-Hugo ✆ 04 68 05 41 02, Fax 04 68 05 21 79.
Paris 900 – Font-Romeu-Odeillo-Via 45 – Perpignan 46 – Vernet-les-Bains 11.

▲ **Municipal Plaine St-Martin** avril-sept.
✆ 04 68 96 29 83 – sortie Nord par D 619, rte de Molitg-les-Bains et à droite avant la déviation – ◈ ◔ Ⓟ(locations) – **R** conseillée juil.-août – ◔
1,8 ha (60 empl.) plat, herbeux, sablonneux ▭ ⚲⚲
ᵴ ◈ 🔥 🕆 ⊕ ⚱ ◔ 🔲 – A proximité : ✗ ⚓
Tarif : ⚹ 12 – ⇜ 10 – 🔲 13/15 – ⛽ 14 (3 ou 6A)
Location (permanent) : 🏠 1100 à 1800

Le PRADET

83220 Var **17** – **84** ⑮ – 9 704 h. alt. 1.
⌂ Office de Tourisme pl. Gén.-de-Gaulle ✆ 04 94 21 71 69, Fax 04 94 08 56 96.
Paris 845 – Draguignan 77 – Hyères 11 – Toulon 12.

▲ **Lou Pantaï** 15 mars-oct.
✆ 04 94 75 10 77,
Fax 04 94 21 00 32 – E : 2 km par rte de Carqueiranne et chemin à droite – ◔ – **R** conseillée juil.-août – ◔
1 ha (75 empl.) plat et peu incliné, pierreux, herbeux ⚲
🔥 ⊕ 🔲 – ⚓ – 🛏 🚲
Tarif : ⚹ 22 – 🔲 21/25 – ⛽ 14 (3A) 19 (6A) 24 (10A)
Location : 🏠 850 à 1850

Voir aussi à Carqueiranne

PRADONS

07 Ardèche – **80** ⑨ – voir à Ardèche (Gorges de l').

PRAILLES

79370 Deux-Sèvres **9** – **68** ⑪ – 584 h. alt. 150.
Paris 396 – Melle 16 – Niort 22 – St-Maixent-l'École 14.

▲ **Base Districale de Loisirs du Lambon** juin-sept.
✆ 05 49 32 85 11 – SE : 2,8 km, à 200 m d'un plan d'eau – ◈ ◔ juil.-août – **R** conseillée juil.-août – ◔
1 ha (50 empl.) en terrasses, herbeux ⚲
ᵴ 🔥 ⊕ ⚱ 🔲 – A proximité : parcours sportif ♟ ✗ ✗ ▸ 🚣 ≋ (plage) ⚓
Tarif : (Prix 1998) 🔲 tennis compris 2 pers. 43, pers. suppl. 17 – ⛽ 10,50 (4 à 13A)
Location (permanent) : pavillons

PRALOGNAN-LA-VANOISE

73710 Savoie **12** – **74** ⑱ G. Alpes du Nord – 667 h. alt. 1 425 – Sports d'hiver : 1 410/2 360 m ⚡ 1 ⚡ 13 ⚡.
⌂ Office de Tourisme ✆ 04 79 08 79 08, Fax 04 79 08 76 74.
Paris 664 – Albertville 55 – Chambéry 102 – Moûtiers 28.

▲▲ **Le Parc Isertan** 15 déc.-avril, 24 mai-11 nov.
✆ 04 79 08 75 24, Fax 04 79 08 76 73 – au Sud du bourg, bord d'un torrent – ◈ ◔ « Site agréable » ◔ hiver et été – **R** conseillée – ⊞ ◔
4,5 ha (180 empl.) plat, en terrasses, herbeux, pierreux
▦ ᵴ 🔥 ⏚ 🔥 ◈ 🕆 ⊕ 🔲 – ✗ self-service ⚓ – 🛏 – A proximité : patinoire ⚡ ✗ ▸ 🚣 ⚓
Tarif : ⚹ 27 (hiver 29) – 🔲 27 (hiver 30) – ⛽ 15 (2A) 18 (4A) 30 (10A)
Location : 🛏

▲ **Municipal le Chamois** juin-sept.
☎ 04 79 08 71 54, Fax 04 79 08 78 77 – au Sud du bourg, bord d'un torrent – ⑤ ≤ « Site agréable »
☞ – **R** conseillée – ⊞ ⚲
4 ha (200 empl.) peu incliné à incliné, plat, en terrasses, herbeux, pierreux
▥ ㅂ ⚲ ⊕ – A proximité : patinoire ·⑧ ✂ ▭ ▱ ▱ – *Tarif* : (Prix 1998) ⚹ 18 – ⇔ 17 – ▣ 13/17 – ⑵ 14 (2A) 15 (3A) 16 (4A)

Tarif : (Prix 1998) ⚹ 18 – ⇔ 17 – ▣ 13/17 – ⑵ 14 (2A) 15 (3A) 16 (4A)

Les PRAZ-DE-CHAMONIX

74 H.-Savoie – 🄷🄸 ⑧ ⑨ – rattaché à Chamonix-Mont-Blanc.

PRAZ-SUR-ARLY

74120 H.-Savoie 🄸🄸 – 🄷🄸 ⑦ – 922 h. alt. 1 036 – Sports d'hiver : : 1 036/2 000 m ⚡14 ⚲.
🄱 Office de Tourisme pl. de l'Église ☎ 04 50 21 90 57, Fax 04 50 21 98 08.
Paris 606 – Albertville 27 – Chambéry 77 – Chamonix-Mont-Blanc 41 – Megève 5.

▲ **Les Prés de l'Arly** Permanent
☎ 04 50 21 93 24 – à 0,5 km au Sud-Est du bourg, à 100 m de l'Arly – Places limitées pour le passage
❄ ≤ ☞ – **R** – ⚲
1,4 ha (30 empl.) plat et terrasse, gravier, herbeux
▥ ▥ ㅂ ⊕ ⚲ ▭ – ▱
Tarif : ⚹ 16 – ▣ 17 – ⑵ 12 (3A) 18 (6A) 22 (10A)
Location : *appartements*

PRÉCHAC

65 H.-Pyr. – 🄷🄸 ⑰ – rattaché à Argelès-Gazost.

PRÉCIGNÉ

72300 Sarthe 🄳 – 🄷🄸 ① – 2 299 h. alt. 36.
Paris 256 – Angers 50 – Château-Gontier 33 – La Flèche 22 – Sablé-sur-Sarthe 10.

▲ **Municipal des Lices** juin-15 sept.
☎ 02 43 95 46 13 – sortie Nord rte de Sablé-sur-Sarthe et rue de la Piscine à gauche « Entrée fleurie » – **R**
0,8 ha (50 empl.) plat et peu incliné, herbeux ▭
▥ ㅂ ▥ ㅂ ⊕ – A proximité : ✂ ▱
Tarif : (Prix 1998) ⚹ 7,60 – ▣ 3,20 – ⑵ 11,10 (15A)

PRÉCY-SOUS-THIL

21390 Côte-d'Or 🄷 – 🄶🄶 ⑰ G. Bourgogne – 603 h. alt. 323.
Paris 244 – Auxerre 84 – Avallon 39 – Beaune 80 – Dijon 66 – Montbard 33 – Saulieu 15.

▲ **Municipal** Pâques-Toussaint
☎ 03 80 64 57 18, Fax 03 80 64 43 37 – accès direct au Serein « Dans le parc de l'hôtel de ville »
☞ juil.-août – **R** conseillée 10 juil.-20 août
1 ha (50 empl.) peu incliné et plat, herbeux ▭ ♀
▥ ▥ ㅂ ▥ ㅂ ⊕ ⚲ ▭ ▱ ✂ ▱
Tarif : (Prix 1998) ⚹ 12 – ▣ 14/20 – ⑵ 14
Location (permanent) : *gîte d'étape, huttes*

PREIGNEY

70120 H.-Saône 🄶 – 🄶🄶 ④ – 103 h. alt. 307.
Paris 324 – Bourbonne-les-Bains 30 – Combeau-Fontaine 15 – Fayl-Billot 16 – Vesoul 40.

▲ **Le Lac** mai-15 oct.
☎ 03 84 68 55 37 – S : 1,5 km par D 286, rte de Malvillers, à 150 m d'un plan d'eau – ⑤ ☞ –
R conseillée – ⚲
0,9 ha (50 empl.) en terrasses, herbeux ♀
▥ ▥ ⚲ ⊕ ▭ – ▱
Tarif : ⚹ 15 – ▣ 15 – ⑵ 15 (3A) 20 (6A)

PREIXAN

11 Aude – 🄷🄸 ⑦ – rattaché à Carcassonne.

PREMEAUX-PRISSEY

21700 Côte-d'Or 🄸🄸 – 🄶🄸 ⑨ ⑩ – 332 h. alt. 230.
Paris 324 – Arnay-le-Duc 50 – Beaune 15 – Dijon 26 – Nuits-St-Georges 4.

▲ **Intercommunal Saule Guillaume** 15 juin-2 sept.
☎ 03 80 62 30 78 – E : 1,5 km par D 109C, rte de Quincey, près d'un étang – ☞ – **R**
2 ha (114 empl.) plat, herbeux, pierreux ▭ ♀ (1 ha)
▥ ▥ ⚲ ⚲ ⊕ – A proximité : ▱
Tarif : (Prix 1998) ⚹ 12,50 – ▣ 25 – ⑵ 16 (6A) 26 (12A)

PRÉMERY

58700 Nièvre **11** – **65** ⑭ G. Bourgogne – 2 377 h. alt. 237.
Paris 230 – La Charité-sur-Loire 28 – Château-Chinon 55 – Clamecy 40 – Cosne-sur-Loire 48 – Nevers 29.

▲ *Municipal* mai-15 sept.
 ℰ 03 86 37 99 42 – sortie Nord-Est par D 977 rte de Clamecy et chemin à droite, près de la Nièvre et d'un plan d'eau – ⚬━ juil.-août – **R** juil.-août – ⚒
 1,6 ha (46 empl.) plat et peu incliné, herbeux, gravillons
 ⏚ ⏛ ⌂ ⊕ ⚏ – A proximité : ⚒ ⚏
 Tarif : (Prix 1998) ▣ *1 ou 2 pers. 45, pers. suppl. 18* – ▨ *6*

▶ *Die Aufnahme in diesen Führer ist kostenlos*
 und wird auf keinen Fall gegen Entgelt oder eine andere Vergünstigung gewährt.

PRÉSILLY

74160 H.-Savoie **12** – **74** ⑥ – 562 h. alt. 683.
Paris 533 – Annecy 31 – Bellegarde-sur-Valserine 37 – Bonneville 41 – Genève 21.

▲ *Le Terroir* 15 avril-15 oct.
 ℰ 04 50 04 42 07, Fax 04 50 04 55 53 – NE : 2,3 km par D 218 et D 18 à gauche, rte de Viry – ⚏
 ⬅ ⚬━ – **R** conseillée – ⚒
 1 ha (38 empl.) plat, herbeux, bois attenant
 ⏚ ⏛ ⌂ ⊕ ⚏ – ⚏ ⚒
 Tarif : ✶ *18* – ⚗ *5* – ▣ *12* – ▨ *12 (3A) 15 (5A)*

PRESLE

73 Savoie – **74** ⑯ – rattaché à La Rochette.

PRESSIGNAC

16150 Charente **10** – **72** ⑮ – 477 h. alt. 259.
Paris 440 – Angoulême 55 – Nontron 41 – Rochechouart 9 – La Rochefoucauld 34.

▲ *La Guerlie* juil.-août
 ℰ 05 45 89 35 82 – SO : 3,9 km par D 160, rte de Verneuil, à 500 m de la plage du plan d'eau de Lavaud (accès direct) « Site agréable » ⚬━ – **R**
 0,7 ha (46 empl.) peu incliné, herbeux
 ⏚ ⏛ ⌂ ⊕ ⚏ – A proximité : ⚑ ✗ ⚏ ⚒ ⚏ (plage) ⚐ ⚘
 Tarif : ✶ *10* – ⚗ *6* – ▣ *8/10* – ▨ *14*

PREUILLY-SUR-CLAISE

37290 I.-et-L. **10** – **68** ⑤ ⑥ G. Poitou Vendée Charentes – 1 427 h. alt. 80.
Paris 295 – Le Blanc 31 – Châteauroux 67 – Châtellerault 35 – Loches 37 – Tours 70.

▲ *Municipal* mai-15 sept.
 au Sud-Ouest du bourg, près de la piscine, de la Claise et d'un étang – **R**
 0,7 ha (37 empl.) plat, herbeux ⬜
 ⏛ ⏚ ⌂ ⊕ ⚏ – A proximité : parcours sportif ⚒ ⚏ ⚒ ⬜
 Tarif : ✶ *7* – ▣ *10* – ▨ *10 (6A)*

PRIMELIN

29770 Finistère **3** – **58** ⑬ – 931 h. alt. 78.
Paris 608 – Audierne 6 – Douarnenez 26 – Quimper 43.

▲▲ *Municipal de Kermalero* Permanent
 ℰ 02 98 74 84 75 – sortie Ouest vers le port – ⚏ ⬅ ⚬━ juil.-août – **R** indispensable juil.-août – ⚒
 1 ha (75 empl.) plat et peu incliné, herbeux ⬜
 ⏚ ⏛ ⏛ ⌂ ⊕ ⚏ – ⬜ ⚒ – A proximité : ⚒
 Tarif : ▣ *2 pers. 54* – ▨ *15 (6A)*
 Location : ⬜ *490 à 840*

PRISCHES

59550 Nord **2** – **53** ⑮ – 956 h. alt. 173.
Paris 219 – Avesnes-sur-Helpe 13 – Le Cateau-Cambrésis 16 – Guise 26 – Hirson 34 – Lille 94 – St-Quentin 49.

▲ *Municipal du Friset* avril-oct.
 par centre bourg, chemin du Friset, au stade – ⚏ – **R**
 0,4 ha (23 empl.) plat, herbeux ⬜
 ⏛ ⏚ ⌂ ⊕
 Tarif : (Prix 1998) ✶ *11,20* – ⚗ *4,40* – ▣ *4,40* – ▨ *8 (6 ou 12A)*

07000 Ardèche 🔟🔟 – 🔟🔟 ⑲ G. Vallée du Rhône – 10 080 h. alt. 300.
🚹 Office de Tourisme 3pl. du Gén.-de-Gaulle ℘ 04 75 64 33 35, Fax 04 75 64 73 95.
Paris 599 – Alès 106 – Mende 141 – Montélimar 34 – Le Puy-en-Velay 91 – Valence 40.

⚠ **Municipal d'Ouvèze** Pâques-15 oct. (fermé 2 semaines en mai et sept.)
℘ 04 75 64 05 80 – S : 1,5 km par D 2 rte de Montélimar et bd de Paste à droite, bord de l'Ouvèze
– ⬳ ⚬⟍ – **R** conseillée juil.-août – 🅶🅱 ⚕
5 ha (166 empl.) plat, terrasses, peu incliné à incliné, herbeux ⚲
🔧 🏠 🍽 🔁 🏠 ⚇ 🔥 🕳 – ⚓ – A proximité : ⛺ ⚒ 🔲 (découverte l'été)
Tarif : (Prix 1998) 🔲 2 pers. 54 – [⚡] 15 (3A) 20 (5A)

69790 Rhône 🔟🔟 – 🔟🔟 ⑨ – 404 h. alt. 680.
Paris 449 – Chauffailles 15 – Lyon 71 – Mâcon 53 – Roanne 49 – Villefranche-sur-Saône 42.

⚠ **Municipal** 15 juin-15 sept.
℘ 04 74 03 60 08 – à 1 km au Sud du bourg par chemin, près d'un étang, croisement peu facile
– ⚕ ⬳ – **R** conseillée – ⚕
2 ha/0,3 campable (16 empl.) plat, terrasse, herbeux 🔲
🔧 🏠 🍽 🔁 ⚇ ⚓ 🔥 – A proximité : 🐎
Tarif : 🔲 élect. comprise 3 pers. 55, pers. suppl. 6
Location (permanent) : gîtes

80340 Somme 🔟 – 🔟🔟 ⑫ – 514 h. alt. 87.
Paris 132 – Amiens 34 – Arras 62 – Roye 24 – St-Quentin 45.

⚠ **Municipal la Violette** mars-oct.
℘ 03 22 85 81 36 – N : 3 km par D 329, rte de Bray-sur-Somme et D 71 à gauche – ⚕ – **R**
1,5 ha (83 empl.) plat, herbeux 🔲
🔧 🏠 🍽 🔁 ⚇ ⚓ 🔥
Tarif : ⭑ 10 – 🚗 6 – 🔲 7 – [⚡] 9 (6A) 12 (10A)

49220 M.-et-L. 🔟 – 🔟🔟 ⑳ – 422 h. alt. 30.
Paris 308 – Angers 22 – Candé 34 – Château-Gontier 32 – La Flèche 65.

⚠ **Municipal le Port** 15 juin-15 sept.
au Nord du bourg, bord de la Mayenne (halte nautique) – ⚕ – **R**
1,2 ha (41 empl.) plat, herbeux ⚲ (0,4 ha)
🏠 🔁 ⚇ ⚓
Tarif : (Prix 1998) ⭑ 6,50 – 🚗 4 – 🔲 4 – [⚡] 8

41200 L.-et-Ch. 🔟 – 🔟🔟 ⑱ – 1 992 h. alt. 82.
Paris 214 – Blois 42 – Montrichard 44 – Romorantin-Lanthenay 9 – Valençay 22 – Vierzon 35.

⚠ **Municipal du Chêne** 15 juin-15 sept.
℘ 02 54 96 52 31 – SO : 1,2 km par rte de Billy et chemin à droite, à 100 m d'un étang – ⚕ ⚬⟍
– **R** – ⚕
0,5 ha (27 empl.) plat, herbeux, sablonneux
🔧 🏠 🍽 🔁 ⚇ – A proximité : parcours de santé ⚓
Tarif : ⭑ 8,50 – 🔲 8,50 – [⚡] 10,30 (5A)

83480 Var 🔟🔟 – 🔟🔟 ⑦ ⑧ – 5 865 h. alt. 17.
🚹 Syndicat d'Initiative 4 pl. de l'Église ℘ 04 94 33 51 06.
Paris 866 – Les Arcs 23 – Cannes 39 – Draguignan 26 – Fréjus 5 – Ste-Maxime 25.

Schéma à Fréjus

⚠⚠ **La Bastiane** 15 mars-15 oct.
℘ 04 94 45 51 31, Fax 04 94 81 50 55 – N : 2,5 km – ⚬⟍ – **R** indispensable juil.-22 août – ⚕
3 ha (180 empl.) plat et accidenté, terrasses, pierreux, herbeux ⚲⚲
🔲 🔧 🏠 🍽 🔁 🏠 🔁 ⚇ 🔥 – ⚑ ✗ 🍴 – ⚓ 🔥 ⚒ 🔲
Tarif : 🔲 piscine comprise 3 pers. 149, pers. suppl. 32 – [⚡] 23 (3A) 26 (6A)
Location : 🚌 805 à 2300 – 🚐 1120 à 3200 – 🏠 1190 à 3400

⚠⚠ **Les Aubrèdes** avril-26 sept.
℘ 04 94 45 51 46, Fax 04 94 45 28 92 – N : 1 km – ⚬⟍ – **R** conseillée 15 juil.-20 août – 🅶🅱 ⚕
3,8 ha (200 empl.) plat, peu incliné, herbeux ⚲⚲ pinède
🏠 🔁 ⚇ ⚇ 🔥 🔲 – ⚑ 🍴 snack ⚓ – 🏠 ⚓ ⚒ 🔲
Tarif : 🔲 piscine comprise 2 pers. 105, pers. suppl. 25 – [⚡] 24 (8A)
Location : 🚌 1000 à 2000 – 🚐 1100 à 2850

06260 Alpes-Mar. **17** – **81** ⑲ G. Alpes du Sud – 1 703 h. alt. 405.
Paris 835 – Barcelonnette 93 – Cannes 82 – Digne-les-Bains 89 – Draguignan 93 – Manosque 129 – Nice 65.

△ **Lou Gourdan** avril-oct.
⁎ 04 93 05 10 53 – sortie Sud-Est par D 2211ᴬ, rte de Roquesteron et chemin à gauche, près du Var – ⩽ ⊶ – **R** conseillée juil.-août – ⚲
0,9 ha (46 empl.) plat et peu incliné, herbeux, pierreux ⚲
▥ ⅙ ⅗ ⚲ ⓐ ⚲ ⚲ ▣ – ⚮ – A proximité : ⚲ ⚲
Tarif : ▣ *élect. et piscine comprises 2 pers. 66/73,50*

▶ *Toutes les insertions dans ce guide sont entièrement gratuites
et ne peuvent en aucun cas être dues à une prime ou à une faveur.*

04700 Alpes-de-H.-Pr. **17** – **81** ⑯ – 203 h. alt. 723.
Paris 738 – Digne-les-Bains 30 – Forcalquier 27 – Gréoux-les-Bains 40 – Manosque 33 – Sisteron 31.

△ **Les Matherons** Pâques-sept.
⁎ 04 92 79 60 10 – SO : 3 km par D 12 rte d'Oraison et chemin empierré à droite, alt. 560 – ⚲
⩽ « Dans un site boisé » ⊶ – **R** conseillée saison
72 ha/3 campables (25 empl.) vallonné, herbeux, pierreux, bois attenant
⅗ ⅗ ▣ ⅄ ⓐ ▣ – ⚮ – ⚲
Tarif : ⚹ *10* – ▣ *40* – ⅊ *12 (3A)*

11230 Aude **15** – **86** ⑥ G. Pyrénées Roussillon – 467 h. alt. 438.
Paris 806 – Belcaire 22 – Carcassonne 59 – Lavelanet 20 – Quillan 17.

△ **Municipal de Font Claire** mai-sept.
⁎ 04 68 20 00 58 – S : 0,5 km par D 16, rte de Lescale, bord d'un plan d'eau – ⚲ ⩽ ⊶ juil.-août – **R** conseillée juil.-août
1 ha (60 empl.) plat, terrasse, herbeux, pierreux
⅗ ⅗ ⅄ ⓐ ▣ – ⚮ – A proximité : ⚲ ⚲
Tarif : ⚹ *11* – ▣ *30* – ⅊ *11 (6A)*

46130 Lot **10** – **75** ⑲ – 672 h. alt. 146.
Paris 523 – Beaulieu-sur-Dordogne 11 – Brive-la-Gaillarde 41 – Cahors 85 – St-Céré 13 – Souillac 34.

▲ **La Sole** avril-sept.
⁎ 05 65 38 52 37, Fax 05 65 10 91 09 – sortie Est, rte de Bretenoux et chemin à droite après la station-service – ⚲ ⊶ ⚲ dans locations – **R** conseillée juil.-25 août – **GB** ⚲
2,3 ha (72 empl.) plat, herbeux ⚲ ⚲ (1,3 ha)
⅙ ⅗ ⅗ ▣ ⅄ ⓐ ⚲ ⚲ ▣ – ▣ ⚮ – ⚲
Tarif : ⚹ *24 piscine comprise* – ▣ *25* – ⅊ *16 (6 à 10A)*
Location : ▦ *1400 à 2600* – ▦ *1500 à 2800 – bungalows toilés*

43000 H.-Loire **11** – **76** ⑦ G. Auvergne – 21 743 h. alt. 629.
🛈 Office de Tourisme pl. du Breuil ⁎ 04 71 09 38 41, Fax 04 71 05 22 62 et (juil.-août) r. des Tables ⁎ 04 71 05 99 02.
Paris 545 – Aurillac 172 – Clermont-Ferrand 131 – Lyon 135 – Mende 89 – St-Étienne 78 – Valence 111.

à Blavozy E : 9 km par N 88 rte de St-Étienne – 1 163 h. alt. 680 – 🖂 43700 Blavozy :

△ **Le Moulin de Barette** 15 avril-oct.
⁎ 04 71 03 00 88, Fax 04 71 03 00 51 – O : 2,8 km par rte du Puy-en-Velay et, après le pont sur la N 88, D 156 rte de Chaspinhac, bord de la Sumène – ⩽ ⊶ – **R** – **GB** ⚲
1,3 ha (100 empl.) peu incliné, herbeux
⅗ ⅗ ⅗ ⚲ ⚲ ▣ – ▮ ⚲ self ⚲ – ▣ ⚲ ⚲ ⚲
Tarif : ⚹ *20 piscine et tennis compris* – ▣ *25* – ⅊ *18 (6 à 10A)*
Location : ▦ *1600 à 2600* – ▭ *(hôtel)*

à Coubon SE : 7 km par N 88, rte de Langogne et D 38, à gauche – 2 562 h. alt. 630 – 🖂 43700 Coubon

▲ **Le Cours de l'Eau** 15 juin-15 sept.
⁎ 04 71 08 32 55 – O : 1,5 km par rte de Siouchiols, près de la Loire et d'un plan d'eau – ⚲ ⩽
⊶ – **R** – **GB** ⚲
3,2 ha (70 empl.) plat et peu incliné, terrasses, herbeux ⚲
⅙ ⅗ ⅗ ⅗ ⅄ ⓐ ⚲ ⚲ – ▮ snack – A proximité : ⚲ toboggan aquatique
Tarif : ▣ *2 pers. 80* – ⅊ *17 (10A)*

46700 Lot **14** – **79** ⑦ G. Périgord Quercy – 2 209 h. alt. 130.
Paris 591 – Cahors 31 – Gourdon 42 – Sarlat-la-Canéda 56 – Villeneuve-sur-Lot 43.

△△△ **L'Évasion** mai-15 oct.
℘ 05 65 30 80 09, Fax 05 65 30 81 12 – NO : 3 km par D 28 rte de Villefranche-du-Périgord et chemin à droite – ⌂ ⚬━ – **R** conseillée – **GB** ⚲
4 ha/1 campable (50 empl.) en terrasses, pierreux, herbeux ⚈⚈⚈ (1 ha)
Ġ ⛺ ⇆ ⊕ ▣ – ❢ ✕ ♁ – 🛒 ⛲ ※ ⌾
Tarif : ▣ *piscine et tennis compris 1 pers. 40* – ⚡ *13 (5A)*
Location : 🚋 *900 à 2800* – 🏠 *1100 à 3960*

05290 H.-Alpes **12** – **77** ⑰ G. Alpes du Sud – 235 h. alt. 1 325.
Paris 701 – L'Argentière-la-Bessée 10 – Briançon 21 – Gap 84 – Guillestre 31 – Pelvoux 6.

△ **Municipal Croque Loisirs** 15 juin-15 sept.
℘ 04 92 23 44 22 – S : 1,8 km par rte de Puy-St-Vincent 1600 et chemin à gauche, alt. 1 400 –
⌂ ≪ « Site et cadre agréables » ⚬━ – **R** conseillée – **GB** ⚲
2 ha (60 empl.) en terrasses, herbeux, pierreux, bois attenant
Ġ ⛺ ⇆ 🎲 ⇧ ⊕ ▣ – 🛒
Tarif : ▣ *2 pers. 52, pers. suppl. 20* – ⚡ *11 (5A) 18 (10A)*

31480 H.-Gar. **14** – **82** ⑥ – 70 h. alt. 265.
Paris 690 – Agen 82 – Auch 51 – Castelsarrasin 44 – Condom 73 – Montauban 45 – Toulouse 43.

△△ **Namasté** Pâques-Toussaint
℘ 05 61 85 77 84 – sortie Nord par D 1, rte de Cox et chemin à droite – **M** ⌂ « Belle chênaie »
⚬━ saison – ⚲
10 ha/2 campables (50 empl.) en terrasses, herbeux, gravillons, étang, bois attenant 🚋 ⚈⚈
Ġ ⛺ ⇆ 🎲 ⇧ ⊕ ⚲ ▽ ▣ – 🏊 ♁ – 🛒 centre de documentation touristique ⛵ ⌾
Tarif : (Prix 1998) ▣ *piscine comprise 2 pers. 80, pers. suppl. 22* – ⚡ *16 (4A)*

33 Gironde – **71** ⑳ – voir à Arcachon (Bassin d').

46110 Lot **13** – **75** ⑲ – 588 h. alt. 127.
Paris 508 – Beaulieu-sur-Dordogne 19 – Brive-la-Gaillarde 25 – Cahors 89 – Rocamadour 29 – Souillac 24.

△ **Municipal le Vignon** juil.-août
℘ 05 65 32 16 43 – SE : 0,6 km par D 32 rte de St-Denis-lès-Martel, bord d'un ruisseau et près d'un étang – ⚬━ – **R**
1 ha (27 empl.) plat, herbeux 🚋 ⚈
⛺ ⇆ ⇧ ⊕ ▣ – 🎯 ⚌
Tarif : (Prix 1998) ★ *14* – ▣ *14* – ⚡ *14*

73720 Savoie **12** – **74** ⑰ – 716 h. alt. 600.
Paris 585 – Albertville 9 – Annecy 46 – Beaufort 12 – Bourg-St-Maurice 49 – Megève 32.

△ **Municipal des Glières** 15 juin-15 sept.
℘ 04 79 38 02 97 – S : 1,3 km, sur D 925, rte d'Albertville, bord du Doron de Beaufort – ≪ ⚬━
14 juil.-15 août – **R** – ⚲
0,5 ha (33 empl.) plat, herbeux, pierreux
⛺ ⇆ ⊕ – 🛒 ♁
Tarif : ★ *13* – 🚗 *7,50* – ▣ *8,50* – ⚡ *12,50*

80120 Somme **1** – **51** ⑪ – 1 209 h. alt. 5.
Paris 215 – Abbeville 36 – Amiens 84 – Berck-sur-Mer 15 – Hesdin 39 – Montreuil 22.

△△ **Les Deux Plages** 15 mars-oct.
℘ 03 22 23 48 96 – NO : 1,3 km par rte de Quend-Plage-les-Pins et rte à droite – Places limitées pour le passage ⌂ ⚬━ – **R** conseillée juil.-août – ⚲
1,8 ha (100 empl.) plat, herbeux 🚋
⛺ ⇆ 🎲 ⊕ ▣ – 🛒 ⛵ ⌾
Tarif : ▣ *piscine comprise 2 pers. 75* – ⚡ *15 (2A) 22 (4A) 26 (6A)*

△ **Les Genêts** avril-1er nov.
℘ 03 22 27 48 40 – à **Routhiauville** : NO : 4 km par D 32, rte de Fort-Mahon-Plage – Places limitées pour le passage ⚬━ – **R** conseillée saison
2 ha (128 empl.) plat, herbeux 🚋 ⚈
Ġ ⛺ 🎲 🎣 ⊕ ⚲ ▽ ▣ – 🛒
Tarif : ▣ *2 pers. 62, pers. suppl. 18* – ⚡ *16 (3A) 18 (4A)*

56230 Morbihan **4** - **63** ④ G. Bretagne – 5 076 h. alt. 100.

⊞ Office de Tourisme Hôtel Belmont *𝒫* 02 97 26 56 00, Fax 02 97 26 54 55.

Paris 446 – Ploërmel 33 – Redon 34 – Rennes 99 – La Roche-Bernard 22 – Vannes 28.

▲ *Municipal de Célac*
𝒫 02 97 26 11 24 – O : 1,2 km par D 1, rte d'Elven, bord d'un étang – ⊶
2 ha (85 empl.) plat, peu incliné, herbeux ♀
🔺 ⇆ 🖳 ⊕ 🗔 – 🚗

QUETTEHOU

50630 Manche **4** - **54** ③ – 1 395 h. alt. 14.

⊞ Office de Tourisme pl. de la Mairie *𝒫* 02 33 43 63 21.

Paris 342 – Barfleur 10 – Bayeux 82 – Cherbourg 29 – Valognes 16.

▲ *Le Rivage* avril-sept.
𝒫 02 33 54 13 76 – S : 1,8 km par D 14, rte de Morsalines, à 500 m de la mer – ⧉ ⊶ – **R** conseillée
– ⬩
1,6 ha (95 empl.) plat, herbeux 🔲
🔺 ⇆ 🖳 ⊔ ⊕ ⬩ ⤳ 🖳 poneys
Tarif : (Prix 1998) ⭒ *12* – ▣ *20* – ⧘ *14 (5A)*
Location : 🚐 *1200 à 1800*

QUIBERON (Presqu'île de)

56 Morbihan **3** - **63** ⑪ G. Bretagne.

Quiberon 4 623 h. alt. 10 – ✉ 56170 Quiberon.

⊞ Office de Tourisme 14 r. Verdun *𝒫* 02 97 50 07 84, Fax 02 97 30 58 22.

Paris 505 – Auray 28 – Concarneau 98 – Lorient 47 – Vannes 46.

▲▲ *Le Bois d'Amour* 3 avril-26 sept.
𝒫 02 97 50 13 52 – SE : 1,5 km, à 300 m de la mer et du Centre de Thalassothérapie – ⊶ –
R conseillée – ⊞⊟ ⬩
4,6 ha (290 empl.) plat, sablonneux, herbeux 🔲
🔺 🔺 ⇆ 🖳 ⊔ ⊔ ⊕ ⬩ ⤳ 🖳 🖳 – 🍷 crêperie, pizzeria – 🏠 🏃 🚗 ≋ – A proximité :
⬩
Tarif : ⭒ *37 piscine comprise* – ▣ *69* – ⧘ *19 (4A) 25 (10A)*
Location : 🚐 *1500 à 3600*

▲▲ *Les Joncs du Roch* avril-25 sept.
𝒫 02 97 50 24 37 – SE : 2 km, r.
de l'aérodrome, à 500 m de la mer –
⊶ saison – **R** conseillée juil.-août –
⊞⊟ ⬩
2,3 ha (163 empl.) plat, herbeux 🔲
🔺 ⇆ 🖳 ⊔ ⊕ ⬩ ⤳ 🖳
A proximité : poneys
Tarif : ⭒ *25* – ▣ *60* – ⧘ *15 (4A) 22*
(10A)

St-Julien ✉ 56170 Quiberon.

Paris 503 – Auray 26 – Lorient 46 – Quiberon 2 –
Vannes 44.

▲▲ *Do.Mi.Si.La.Mi.* avril-oct.
𝒫 02 97 50 22 52, Fax 02 97 50 26 69
– N : 0,6 km, à 50 m de la mer –
⊶ ⤳ dans locations – **R** –
⬩
2,2 ha (170 empl.) plat et peu incliné,
herbeux 🔲
🔺 🔺 ⇆ 🖳 ⊔ ⊕ ⬩ ⤳ 🖳 – 🏠 🚗
– A proximité : ⍩ 🍷 snack 🍴
Tarif : ⭒ *20* – ▣ *60* – ⧘ *13 (3A) 21*
(10A)
Location : 🚐 *1500 à 3400*

▲▲ *La Plage* avril-20 sept.
𝒫 02 97 30 46 23, Fax 02 97 50 40 98
– N : 0,5 km, à 150 m de la mer – ⊶
juil.-août – **R** conseillée juil.-août –
⬩
2,2 ha (179 empl.) plat et peu incliné,
herbeux
🔺 🔺 ⇆ 🖳 ⊔ ⊕ 🖳 🖳 – 🚗 🍴 –
A proximité : ⍩ 🍷 snack 🍴
Tarif : ⭒ *21* – ▣ *62* – ⧘ *17 (3A) 22*
(10A)
Location : 🚐 *1600 à 3200*

Carte de la Presqu'île de Quiberon : AURAY, Penthièvre, Kerhostin, Portivy, PRESQU'ILE DE QUIBERON, St-Pierre-Quiberon, Beg Rohu, Côte Sauvage, Park er Lann, Kerniscob, Beauséjour, la Plage, Do.Mi.Si.La.Mi., Kérné, St-Julien, Port-Haliguen, Quiberon, le Bois d'Amour, les Joncs du Roch, Thalassothérapie, Pointe du Conguel.

QUIBERON (Presqu'île de)

  ▲▲▲ *Beauséjour* mai-sept.
    Ⅾ 02 97 30 44 93, Fax 02 97 30 52 51 – N : 0,8 km, à 50 m de la mer – ⊢ – **R** conseillée juil.-août
    – ⋏
    2,4 ha (160 empl.) plat et peu incliné, herbeux, sablonneux
    ⚀ ❖ ⛪ ⛵ ⛲ ⛺ ⛳ – ✚ – A proximité : ⚂ ◷ snack ℮
    Tarif : ⚹ *20* – ▣ *70* – ⒢ *17 (3A) 21 (6A) 25 (10A)*

St-Pierre-Quiberon 2 184 h. alt. 12 – ✉ 56510 St-Pierre-Quiberon.
Paris 501 – Auray 24 – Lorient 44 – Quiberon 5 – Vannes 42.

  ▲▲ *Park er Lann* Pâques-sept.
    Ⅾ 02 97 50 24 93 – S : 1,5 km par D 768, à 400 m de la mer – ⊢ ⚼ dans locations – **R** conseillée
    juil.-août – ⋏
    1,6 ha (135 empl.) plat, herbeux □ ♀
    ⛪ ⛲ ⛳ ⛵ – ⚂ – ⚂ ✚
    Tarif : ⚹ *25* – ⏵ *14* – ▣ *35* – ⒢ *20 (5A)*
    Location : ⛺ *1200 à 2000* – ⛺ *1600 à 3200*

▶   *Met dit teken worden bepaalde terreinen*
  Ⓜ *met moderne uitrusting aangeduid, waarvan*
    de algemene indruk, stijl en de installaties praktisch en modern zijn.

QUILLAN

11500 Aude **15** – **86** ① G. Pyrénées Roussillon – 3 818 h. alt. 291.
Paris 820 – Andorra la Vella 115 – Ax-les-Thermes 55 – Carcassonne 52 – Foix 63 – Font-Romeu-Odeillo-Via
78 – Perpignan 77.

  ▲▲▲ *La Sapinette* avril-oct.
    Ⅾ 04 68 20 13 52, Fax 04 68 20 27 80 – O : 0,8 km par D 79, rte de Ginoles – ⚼ ≤ ⊢ – **R** conseillée
    – ⋏
    1,8 ha (82 empl.) plat, peu incliné, terrasses, herbeux, bois de sapins attenant □
    ⚀ ❖ ⛪ ⛲ ⛳ ⛵ ⛳ – ⚂ ✚ – A proximité : ▩
    Tarif : (Prix 1998) ⚹ *20* – ▣ *20* – ⒢ *20 (6A)*

QUIMPER

29000 Finistère **3** – **58** ⑭ G. Bretagne – 59 437 h. alt. 41.
ℹ Office de Tourisme pl. Résistance Ⅾ 02 98 53 04 05, Fax 02 98 53 31 33.
Paris 564 – Brest 71 – Lorient 68 – Rennes 217 – St-Brieuc 128 – Vannes 119.

  ▲▲▲ *L'Orangerie de Lanniron* 15 mai-15 sept.
    Ⅾ 02 98 90 62 02, Fax 02 98 52 15 56 – S : 3 km par bd périphérique puis sortie vers Bénodet et
    rte à droite, près de la zone de Loisirs de Creac'h Gwen, bord de l'Odet – ⚼ « Prairie fleurie près
    du château » ⊢ ⚼ dans locations – **R** conseillée juil.-août – ⓂⓂ ⋏
    17 ha/4 campables (199 empl.) plat, herbeux □ ♀ (2 ha)
    ⛪ ❖ ⛲ ⛳ ⛵ ⛳ – ⚂ ◷ ✗ ℮ – ⚂ ✚ ⛵ ⛽ ⚂ ▩ practice de
    golf
    Tarif : ⚹ *29 piscine comprise* – ⏵ *19* – ▣ *49* – ⒢ *21 (10A)*
    Location (Pâques-15 sept.) : ⛺ *1600 à 3400 – gîtes*

RABASTENS

81800 Tarn **15** – **82** ⑩ G. Pyrénées Roussillon – 3 825 h. alt. 117.
ℹ Office de Tourisme (mi-fév.-15 déc.) 2 r. Amédée-Clausade Ⅾ 05 63 40 65 65.
Paris 686 – Albi 42 – Graulhet 28 – Lavaur 18 – Toulouse 37 – Villemur-sur-Tarn 25.

  ▲ *Municipal des Auzerals* mai-sept.
    Ⅾ 05 63 33 70 36 – sortie vers Toulouse puis 2,5 km par D 12 rte de Grazac à droite, près d'un plan
    d'eau « Cadre et situation agréables » ⊢ – **R** conseillée juil.-août
    0,5 ha (44 empl.) plat, peu incliné et en terrasses, herbeux □ ♀♀
    ⛪ ⛵ ⚹ ⛲ ⛳ ⛵ – A proximité : ▩ ▩
    Tarif : ⚹ *13* – ▣ *9* – ⒢ *8 (10 ou 15A)*

RADON

61250 Orne **5** – **60** ③ – 880 h. alt. 175.
Paris 198 – Alençon 10 – Argentan 39 – Bagnoles-de-l'Orne 49 – Mortagne-au-Perche 44.

  ▲ *Ecouves* mai-1er oct.
    Ⅾ 02 33 28 10 64 – O : 3,8 km par D 1 et D 28, rte de Mortrée à droite – ⚼ ≤ ⊢ – **R** – ⋏
    3,8 ha (40 empl.) plat, peu incliné, herbeux, étang □
    ⛪ ❖ ⛲ ⛳ ⛵ ⛳ – ℮ – ✚
    Tarif : ⚹ *12,50* – ⏵ *9,50* – ▣ *12,50* – ⒢ *15 (6A)*
    Location : ⛺ *800 à 1000 – gîte d'étape*

RADONVILLIERS

10500 Aube **7** – **61** ⑱ – 370 h. alt. 130.
Paris 209 – Bar-sur-Aube 23 – Bar-sur-Seine 34 – Brienne-le-Château 5 – Troyes 35.

⚠️ **Municipal le Garillon** juin-15 sept.
  ℘ 03 25 92 21 46 – sortie Sud-Ouest par D 11 rte de Piney et à droite, bord d'un ruisseau et à 250 m du lac, (haut de la digue par escalier) – ⚓ – **R** conseillée 14 juil.-15 août – ⚐
  1 ha (55 empl.) plat, herbeux
  ⚐ 🏠 ⚐ ☺ – A proximité : ✆
  Tarif : 👤 *11,50 –* 🔲 *14 –* [⚡] *7 (3A) 14 (6A)*

▶ *Zoekt u in een bepaalde streek*
  - *een fraai terrein (⚠️ ... 🏔️)*
  - *een terrein dat het hele jaar open is (Permanent)*
  - *of alleen een terrein op uw reisroute of een terrein voor een langer verblijf,*

raadpleeg dan de lijst van plaatsnamen in de inleiding van de gids.

RAGUENÈS-PLAGE

29 Finistère **3** – **58** ⑪ G. Bretagne – ✉️ 29920 Névez.
Paris 546 – Carhaix-Plouguer 70 – Concarneau 18
– Pont-Aven 12 – Quimper 42 – Quimperlé 29.

🏔️ **Les Deux Fontaines** 15 mai-15 sept.
  ℘ 02 98 06 81 91,
  Fax 02 98 06 71 80 – N : 1,3 km par rte de Névez et rte de Trémorvezen – ⚐
  ⚓ – **R** conseillée juil.-août – ⊟ ⚐
  5,5 ha (240 empl.) plat, herbeux ⌂ ♀
  ⚐ 🏠 ⚐ 🔲 ⚐ ⚐ ⚐ – ⚐
  ⚑ ⚐ – 🔲 ⚐ ✆ ⚐ toboggan aquatique
  Tarif : 👤 *27 piscine comprise –* 🚗 *12 –* 🔲 *53 –* [⚡] *19 (6A)*
  Location : ⚐ *1500 à 3200 –* ⚐ *1700 à 3400*

🏔️ **Le Raguenès-Plage** Pâques-sept.
  ℘ 02 98 06 80 69,
  Fax 02 98 06 89 05 – à 500 m de la mer – ⚓ ✆ dans locations – **R** conseillée juil.-août – ⚐
  5 ha (287 empl.) plat, herbeux ♀
  ⚐ 🏠 ⚐ 🔲 ⚐ ⚐ ⚐ ☺ ⚐ ⚐ – ⚐
  ⚑ snack ⚐ – 🔲 ⚐ ⚐ 🚲 ⚐
  Tarif : (Prix 1998) 🔲 *piscine comprise 2 pers. 130, pers. suppl. 30 –* [⚡] *15 (2A) 20 (6A) 30 (10A)*
  Location : ⚐ *1800 à 3250*

🏔️ **L'Océan** 15 mai-15 sept.
  ℘ 02 98 06 87 13, Fax 02 98 06 78 26 – sortie Nord par rte de Névez et à droite, à 350 m de la plage (accès direct) – ⚐ ⚐ « Entrée fleurie » ⚓ – **R** conseillée juil.-août – ⚐
  2,2 ha (150 empl.) plat, herbeux, sablonneux
  ⚐ 🏠 ⚐ 🔲 ⚐ ☺ 🔲 – 🔲 ⚐
  Tarif : 👤 *24 –* 🔲 *42 –* [⚡] *14 (3A) 16 (4A) 25 (10A)*

⚠️ **Le Vieux Verger** 15 avril-sept.
  ℘ 02 98 06 83 17, Fax 02 98 06 76 74 – sortie Nord rte de Névez, En deux parties distinctes – ⚓
  juil.-août – **R** conseillée juil.-15 août – ⚐
  1,5 ha (130 empl.) plat, herbeux
  ⚐ 🏠 ⚐ 🔲 ⚐ ☺ 🔲 – ⚐
  Tarif : 👤 *16 –* 🚗 *8,50 –* 🔲 *17,50 –* [⚡] *12 (4A) 16 (6A) 18,50 (10A)*

RAMATUELLE

83350 Var **17** – **84** ⑰ G. Côte d'Azur – 1 945 h. alt. 136.
Paris 875 – Fréjus 36 – Hyères 52 – Le Lavandou 37 – St-Tropez 10 – Ste-Maxime 15 – Toulon 71.

Schéma à Grimaud

🏔️ **Les Tournels** fermé 11 janv.-9 fév.
  ℘ 04 94 55 90 90, Fax 04 94 55 90 99 – E : 3,5 km, rte du Cap Camarat – ⚐ « Belle entrée fleurie et cadre agréable » ⚓ – **R** conseillée juil.-août – ⊟ ⚐
  20 ha (975 empl.) accidenté, en terrasses, herbeux, pierreux ⌂ ♀♀ pinède
  ⚐ ⚐ 🏠 ⚐ 🔲 ⚐ ☺ ⚐ ⚐ 🔲 – cases réfrigérées – ⚐ 🚲 ✆ ⚐ ⚐ – A proximité : ⚐ ⚑ snack
  Tarif : 👤 *39,50 piscine comprise –* 🔲 *63,50/85 avec élect.*
  Location : ⚐ *2170 à 3640 –* ⚐ *2310 à 4060*

RAMBOUILLET

78120 Yvelines **6** – **60** ⑨ G. Ile de France – 24 343 h. alt. 160.
🏢 Office de Tourisme Hôtel-de-Ville ☎ 01 34 83 21 21, Fax 01 34 57 34 58.
Paris 52 – Chartres 41 – Étampes 40 – Mantes-la-Jolie 51 – Orléans 89 – Versailles 33.

   ⚠ Municipal l'Étang d'Or Permanent
     ☎ 01 30 41 07 34, Fax 01 30 41 00 17 – S : 3 km, près d'un étang – Places limitées pour le passage
     « Situation agréable, entrée fleurie » ⚬━ – **R** conseillée juil.-août – **GB** ⚘
     4,7 ha (220 empl.) plat, gravier, herbeux 🔲 ꣑
     📶 🔥 ♨ 🍴 🖳 🔄 🛒 ☁ 🗜 🖵 – 🍴 ✗ snack 🏖 – 🏪 🚣
     Tarif : (Prix 1998) ✳ 21 – 🖃 24 – 🔋 4A : 14 (hors saison estivale 18)

RÂNES

61150 Orne **5** – **60** ② G. Normandie Cotentin – 1 015 h. alt. 237.
🏢 Syndicat d'Initiative à la Mairie ☎ 02 33 39 73 87, Fax 02 33 39 79 77.
Paris 215 – Alençon 40 – Argentan 20 – Bagnoles-de-l'Orne 19 – Falaise 35.

   ⚠ Municipal du Parc Pâques-sept.
     ☎ 02 33 39 73 93 – au Sud-Ouest du bourg, dans le parc du Château – **R**
     11 ha (30 empl.) plat, herbeux ꣑꣑
     🔥 🔄 ♨ 🏖 – 🚣 ✗ 🖂
     Tarif : (Prix 1998) ✳ 8 – 🚗 5 – 🖃 12 – 🔋 8 (5A) 15 (10A) 25 (15A)

RANSPACH

68470 H.-Rhin **8** – **87** ⑱ G. Alsace Lorraine – 907 h. alt. 430.
Paris 436 – Belfort 45 – Bussang 15 – Gérardmer 38 – Thann 13.

   ⚠ Les Bouleaux avril-oct.
     ☎ 03 89 82 64 70 – au Sud du bourg par N 66 – ⬷ ⚬━ – **R** conseillée juil.-août – ⚘
     1,75 ha (100 empl.) plat, herbeux ꣑
     🔥 🔄 ♨ 🖳 🔲 ☁ 🖵 – 🖂
     Tarif : ✳ 22 piscine comprise – 🖃 23 – 🔋 20 (4A)

RAVENOVILLE

50480 Manche **4** – **54** ③ – 251 h. alt. 6.
Paris 323 – Barfleur 28 – Carentan 21 – Cherbourg 40 – St-Lô 49 – Valognes 19.

   ⚠ Le Cormoran 2 avril-26 sept.
     ☎ 02 33 41 33 94, Fax 02 33 95 16 08 – NE : 3,5 km par D 421, rte d'Utah Beach, près de la
     plage – Places limitées pour le passage « Belle décoration florale » ⚬━ – **R** conseillée juil.-août – **GB**
     ⚘
     6,5 ha (230 empl.) plat, herbeux, sablonneux
     🔥 🔄 ♨ 🖳 🏖 🗜 🔲 ☁ 🔄 🖵 – 🛋 🍴 snack 🏖 – 🏪 🚣 🚲 🎯 ✗ 🎱 🏊
     Tarif : ✳ 26 piscine comprise – 🖃 34 – 🔋 21 (6A)
     Location : 🛖 1500 à 3400

RAZÈS

87640 H.-Vienne **10** – **72** ⑦ ⑧ – 919 h. alt. 440.
Paris 368 – Argenton-sur-Creuse 68 – Bellac 31 – Guéret 65 – Limoges 28.

   ⚠ Santrop 19 mai-21 sept.
     ☎ 05 55 71 08 08 ⊠ 87140 Compreignac – O : 4 km par D 44, bord du lac de St-Pardoux – ⛵ ⬷
     « Situation agréable » ⚬━ – **R** conseillée – **GB** ⚘
     4 ha (152 empl.) peu incliné à incliné, herbeux, gravier ꣑꣑ (3 ha)
     🔥 🔄 ♨ 🖳 🔲 ☁ 🖵 – 🍴 snack 🏖 – 🏪 🏊 – A proximité : 🏖 (plage) 🛝 toboggan aquatique
     Tarif : 🖃 2 pers. 89, pers. suppl. 24 – 🔋 14 (6A)
     Location : 🛖 1440 à 3150 – huttes

RÉ (Île de)

17 Char.-Mar. **9** – **71** ⑫ G. Poitou Vendée Charentes.
Accès : par le pont routier (voir à La Rochelle).

   Ars-en-Ré 1 165 h. alt. 4 – ⊠ 17590 Ars-en-Ré.
🏢 Office de Tourisme pl. Carnot ☎ 05 46 29 46 09, Fax 05 46 29 68 30.
Paris 505 – Fontenay-le-Comte 83 – Luçon 72 – La Rochelle 36.

   ⚠ Le Cormoran avril-1er oct.
     ☎ 05 46 29 46 04, Fax 05 46 29 29 36 – O : 1 km – ⛵ ⚬━ – **R** conseillée juil.-août – **GB** ⚘
     3 ha (138 empl.) plat, herbeux, sablonneux 🔲 ꣑
     🔥 🔄 ♨ 🖳 🗜 🗜 ☁ 🚜 🖵 – 🍴 🏖 – 🏪 🛋 ⛱ 🚣 🚲 ✗ 🏊
     Tarif : 🖃 piscine et tennis compris 1 à 3 pers. 199 – 🔋 28(10A)
     Location : 🛖 1800 à 3700 – 🏠 2200 à 4200

444

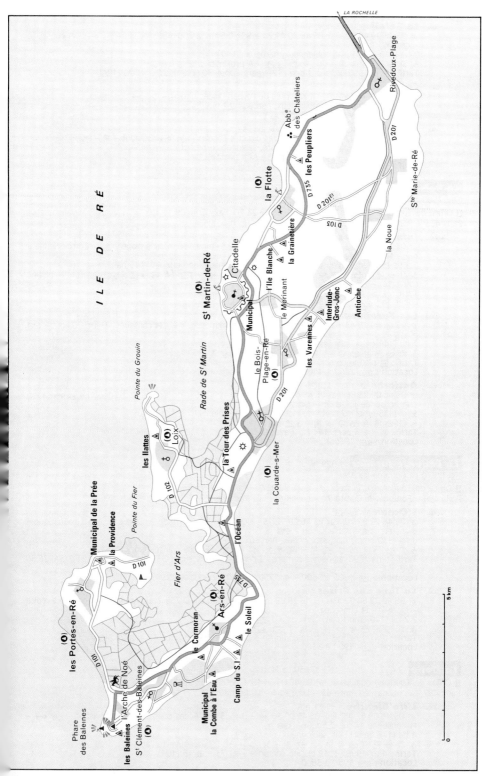

ILE DE RÉ

LA ROCHELLE

Rivedoux-Plage

D 201

Abbᵉ des Châteliers

les Peupliers

D 735

la Flotte

D 201E¹

la Grainetière

D 103

Ste Marie-de-Ré

Citadelle

St Martin-de-Ré

l'Île Blanche

la Noue

Municipal

le Morinant

Interlude-Gros-Jonc

Antioche

Pointe du Grouin

Rade de St Martin

le Bois-Plage-en-Ré

les Varennes

D 201

la Tour des Prises

les Ilattes

Loix

D 102

la Couarde-s-Mer

Pointe du Fier

l'Océan

Municipal de la Prée

la Providence

Fier d'Ars

D 101

le Cormoran

Ars-en-Ré

D 735

le Soleil

Phare des Baleines

les Baleines

l'Arche de Noé

St Clément-des-Baleines

D 101

Municipal la Combe à l'Eau

Camp du S.

les Portes-en-Ré

0   5 km

445

⚠ **Le Soleil** mars-15 nov.
    ✆ 05 46 29 40 62, Fax 05 46 29 41 74 – SO : 0,5 km, à 300 m de l'océan – 🛇 ⊶ – **R** conseillée
    – 📼 ⚲
    2 ha (140 empl.) plat, sablonneux, herbeux ⌷ ♊ : ⚿ ⚶
    ⚿ ⌂ ⇆ 🗗 ♨ 💧 ≟ – 🍴 ⚑ – A proximité : ⚿ ⚶
    Tarif : (Prix 1998) 🗉 *1 à 3 pers. 129, pers. suppl. 30,60* – [⚡] *20 (4A) 28 (10A)*

⚠ **Camp du S.I.**
    ✆ 05 46 29 44 73 – SO : 1 km, près de l'océan (accès direct) – 🛇 ⊶
    1,8 ha (140 empl.) plat, sablonneux, herbeux ♊ (1,2 ha)
    ⚿ ⌂ ⇆ 🗗 ♨ 💧 ⊙ 🗗 ≟ – 🍴 ⚑

⚠ **Municipal la Combe à l'Eau** avril-sept.
    ✆ 05 46 29 46 42 – O : 1,5 km, accès direct à l'océan – 🛇 ⊶ juil.-août – **R** – ⚲
    5 ha (400 empl.) plat et peu accidenté, sablonneux, herbeux
    ⚿ ⌂ ⇆ ⊠ ⊙ 🗗 – ♨ ⚑ ≟ – 🍴 – A proximité : ⚿
    Tarif : 🗉 *2 pers. 59, pers. suppl. 24*

Le Bois-Plage-en-Ré 2 014 h. alt. 5
✉ 17580 Le Bois-Plage-en-Ré.
🛈 Office de Tourisme 18 r. de l'Eglise ✆ 05 46 09 23 26, Fax 05 46 09 13 15.
Paris 493 – Fontenay-le-Comte 71 – Luçon 60 – La Rochelle 23.

⚠⚠ **Interlude-Gros Jonc** 3 avril-25 sept.
    ✆ 05 46 09 18 22, Fax 05 46 09 23 38 – SE : 2,3 km, à 150 m de la plage – 🛇 « Entrée fleurie »
    ⊶ – **R** conseillée 3 juil.-21 août – 📼 ⚲
    6,5 ha (300 empl.) peu accidenté et plat, sablonneux, herbeux ⌷ ♀ (3 ha)
    ⚿ ⌂ ⇆ 🗗 ♨ 💧 ⊙ 🗗 ≟ – ♨ ♥ cafétéria ⇆ – 🍴 🎿 ⚐ ⚑ ⚶ 🎿 ≋ (petite piscine
    couverte) – A proximité : ⚿
    Tarif : ⚶ *50 piscine comprise* – 🗉 *84* – [⚡] *26 (6A)*
    Location : 🛏 *1900 à 3400* – 🏠 *2200 à 3900*

⚠⚠ **Les Varennes** avril-sept.
    ✆ 05 46 09 15 43, Fax 05 46 09 47 27 – SE : 1,7 km – 🛇 ⊶ – **R** conseillée 20 juin-20 août – 📼
    ⚲
    2 ha (148 empl.) plat, sablonneux, herbeux ♊
    ⚿ ⌂ ⇆ 🗗 ♨ 💧 ⊙ 🗗 ≟ – ♨ – 🍴 ⚑ ⚶ 🎿
    Tarif : 🗉 *piscine comprise 3 pers. 165*
    Location : 🛏 *2300 à 4400*

⚠⚠ **Antioche** 26 mars-sept.
    ✆ 05 46 09 23 86, Fax 05 46 09 43 34 – SE : 3 km, à 300 m de la plage (accès direct) – 🛇 ⊶ saison
    – **R** conseillée juil.-août – 📼 ⚲
    3 ha (135 empl.) plat et peu incliné, herbeux, sablonneux ♊ (1,5 ha)
    ⚿ ⌂ ⇆ 🗗 ♨ 💧 ⊙ ≟ 🗗 – ⚑ ⚶ ⚶
    Tarif : 🗉 *1 à 3 pers. 144 (174 avec élect. 6A)*
    Location : 🛏 *1800 à 3600*

La Couarde-sur-Mer 1 029 h. alt. 1
✉ 17670 La Couarde-sur-Mer.
🛈 Office de Tourisme, r. Pasteur ✆ 05 46 29 82 93, Fax 05 46 29 63 02.
Paris 496 – Fontenay-le-Comte 74 – Luçon 63 – La Rochelle 26.

⚠⚠ **L'Océan** avril-sept.
    ✆ 05 46 29 87 70, Fax 05 46 29 92 13 – NO : 3,5 km, à 200 m de la plage « Bel espace aquatique »
    ⊶ – **R** indispensable saison – 📼 ⚲
    6 ha (330 empl.) plat, sablonneux, herbeux ♊
    ⚿ ⌂ ⇆ 🗗 ♨ 💧 ⊙ 🗗 ≟ – ♨ ♥ ⚶ ⇆ – 🍴 ⚶ salle d'animation ⚑ ⚶ 🎿
    Tarif : (Prix 1998) 🗉 *piscine comprise 3 pers. 175, pers. suppl. 33* – [⚡] *18,50 (3A) 22,50 (5A) 26,50*
    (7A)
    Location : 🛏 *1800 à 3600* – 🏠 *1700 à 3400* – bungalows toilés

⚠⚠ **La Tour des Prises** avril-sept.
    ✆ 05 46 29 84 82, Fax 05 46 29 88 99 – NO : 1,8 km par D 735, rte d'Ars-en-Ré et chemin à droite
    – 🛇 ⊶ – **R** conseillée juil.-août – 📼 ⚲
    2,2 ha (140 empl.) plat, herbeux ⌷ ♊
    ⚿ ⌂ ⇆ 🗗 ⊙ ⚐ ≟ – ♨ – 🍴 ⚑
    Tarif : (Prix 1998) 🗉 *piscine comprise 3 pers. 140, pers. suppl. 35* – [⚡] *20 (10A)*
    Location : 🛏 *1900 à 3300*

La Flotte 2 452 h. alt. 4 – ✉ 17630 La Flotte.
🛈 Office de Tourisme quai Sénac ✆ 05 46 09 60 38, Fax 05 46 09 64 88.
Paris 487 – Fontenay-le-Comte 65 – Luçon 54 – La Rochelle 17.

⚠⚠ **L'Île Blanche** avril-11 nov.
    ✆ 05 46 09 52 43, Fax 05 46 09 36 94 – O : 2,5 km, Accès conseillé par la déviation – 🛇 ⊶
    R conseillée 14 juil.-22 août – 📼 ⚲
    4 ha (176 empl.) plat, sablonneux, pierreux ♀
    ⚿ ⌂ ⇆ 🗗 ♨ 💧 ⊙ ≟ ⚐ 🗗 ≟ – ⚶ ⇆ – ⚶ 🖵 (découverte l'été)
    Tarif : (Prix 1998) ⚶ *39 piscine comprise* – 🗉 *73* – [⚡] *19 (10A)*
    Location : 🛏 *1950 à 3800*

⚠ **Les Peupliers** 20 avril-20 sept.
    ℱ 05 46 09 62 35, Fax 05 46 09 59 76 – SE : 1,3 km – 🅂 ⚓ saison ✖ juil.-août dans locations
    – **R** conseillée juil., indispensable 1ᵉʳ au 20 août – GB ⚒
    3 ha (200 empl.) plat, herbeux, sablonneux 🌳🌳
    ⚙ ⚙ ⚙ ⚙ ⚙ ⚙ ⚙ ⚙ – ⚙ ⚙ ⚙ ⚙ ⚙
    Tarif : 🅴 *piscine comprise 1 à 3 pers. 175 –* [½] *21 (5A)*
    Location : 🛖 *1890 à 3690*

⚠ **La Grainetière** mars-Toussaint
    ℱ 05 46 09 68 86, Fax 05 46 09 53 13 – à l'Ouest du bourg, près de la déviation, Accès conseillé
    par la déviation – ⚓ – **R** conseillée juil.-août – GB ⚒
    2,3 ha (150 empl.) plat, sablonneux, herbeux 🌳🌳
    ⚙ ⚙ ⚙ ⚙ ⚙ ⚙ ⚙ ⚙ – ⚙ ⚙ ⚙ ⚙ ⚙
    Tarif : 🅴 *piscine comprise 2 pers. 85, pers. suppl. 25 –* [½] *22 (3 à 10A)*
    Location : 🛖 *1200 à 2300 –* 🛖 *1400 à 3500*

Loix 561 h. alt. 4 – ✉ 17111 Loix.
Paris 504 – Fontenay-le-Comte 82 – Luçon 71 – La Rochelle 34.

⚠⚠ **Les Ilattes** Permanent
    ℱ 05 46 29 05 43, Fax 05 46 29 06 79 – sortie Est, rte de la pointe du Grouin, – 🅂 ⚓ – **R** conseillée
    – GB ⚒
    4,5 ha (241 empl.) plat, herbeux 🔲
    ⚙ ⚙ ⚙ ⚙ ⚙ ⚙ ⚙ ⚙ ⚙ – ▼ snack ⚙ – ⚙ ⚙ ⚙ ⚙ ⚙ ⚙
    Tarif : 🅴 *élect. (10 ou 15A), piscine et tennis compris 2 pers. 115/170, pers. suppl. 25*
    Location : 🛖 *1200 à 3600 –* 🛖 *1365 à 3900*

Les Portes-en-Ré 660 h. alt. 4 – ✉ 17880 Les Portes-en-Ré.
🛈 Office de Tourisme r. de Trousse-Chemise ℱ 05 46 29 52 71, Fax 05 46 29 52 81.
Paris 513 – Fontenay-le-Comte 91 – Luçon 81 – La Rochelle 44.

⚠ **La Providence** avril-sept.
    ℱ 05 46 29 56 82, Fax 05 46 29 61 80 – E : par D 101, rte de Trousse-Chemise, à 50 m de la plage
    – 🅂 ⚓ – **R** conseillée – ⚒
    6 ha (300 empl.) plat, herbeux, sablonneux 🌳🌳 (2 ha)
    ▥ ⚙ ⚙ ⚙ ⚙ ⚙ ⚙ – ⚙ ⚙ ⚙ – A proximité : ✖
    Tarif : 🅴 *1 à 3 pers. 99, pers. suppl. 25 –* [½] *25 (10A)*
    Location : 🛖 *1800 à 3400*

⚠ **Municipal de la Prée** avril-sept.
    ℱ 05 46 29 51 04 – à l'Est du bourg, à 300 m de la plage – ⚓
    2 ha (133 empl.) plat, herbeux, sablonneux 🔲 Ω
    ⚙ ⚙ ⚙ ⚙ ⚙ ⚙ ⚙ – A proximité : ✖
    Tarif : 🅴 *1 à 3 pers. 90, pers. suppl. 18 –* [½] *22 (5A)*

St-Clément-des-Baleines 607 h. alt. 2 – ⊠ 17590 St-Clément-des-Baleines.

🛈 Office de Tourisme 200 r. du Centre 🏕 05 46 29 24 19, Fax 05 46 29 08 14.
Paris 508 – Fontenay-le-Comte 86 – Luçon 76 – La Rochelle 39.

⚠ **Les Baleines** avril-sept.
🏕 05 46 29 40 76, Fax 05 46 29 67 12 – NO : 2 km par D 735 puis chemin à gauche avant le phare, près de l'océan (accès direct) – 🦌 o⊷ – **R** conseillée – ⊖⊟ ⌀
4,5 ha (251 empl.) plat, terrasse, sablonneux, herbeux
🕭 🗊 🍽 🗃 🎿 🗁 ⊕ 🖩 – 🛏 🏊 🚲
Tarif : 🖃 *2 pers. 92, pers. suppl. 26* – 🔌 *18 (3A) 21 (6A) 26 (10A)*
Location : 🚐 *1589 à 3664*

St-Martin-de-Ré 2 512 h. alt. 14 – ⊠ 17410 St-Martin-de-Ré.

Paris 492 – Fontenay-le-Comte 70 – Luçon 60 – La Rochelle 23.

⚠ **Municipal Ste-Thérèse** mars-15 oct.
🏕 05 46 09 21 96, Fax 05 46 09 94 18 – au village, sur les remparts – o⊷ – **R** conseillée – ⊖⊟ ⌀
3 ha (200 empl.) plat et terrasse, herbeux 🗁 ⌀
🕭 🗊 🍽 ⊕ 🖩 ⊗ 🖩 – 🛏
Tarif : (Prix 1998) 🖃 *3 pers. 67, pers. suppl. 18* – 🔌 *15 (10A)*

RÉALLON

05160 H.-Alpes 🔢 – 🔢 ⑰ – 185 h. alt. 1 380.
Paris 694 – Embrun 16 – Gap 33 – Mont-Dauphin 36 – Savines-le-Lac 13.

⚠ **Municipal** fermé vacances de Toussaint
🏕 04 92 44 27 08, Fax 04 92 44 23 19 – NO : 2 km par D 241, près du Réallon, alt. 1 434 – 🦌 ≤ montagnes « Site agréable » o⊷ – **R** – ⌀
0,8 ha (50 empl.) peu incliné, gravier, pierreux, herbeux
🍽 🗊 🔊 ⊗ 🖩 – 🛏 🍴 🏊 (petite piscine)
Tarif : 🖃 *2 pers. 44/46*

RÉALMONT

81120 Tarn 🔢 – 🔢 ① – 2 631 h. alt. 212.
Paris 708 – Albi 20 – Castres 25 – Graulhet 19 – Lacaune 57 – Toulouse 79.

⚠ **Municipal la Batisse** mai-sept.
🏕 05 63 55 50 41 – SO : 2,5 km par D 631, rte de Graulhet et chemin à gauche, bord du Dadou – 🦌 o⊷ – **R**
2,5 ha (44 empl.) plat, herbeux 🗁 ⌀⌀ (1,5 ha)
🗊 🍽 🗃 🗁 ⊕ 🔊 🗑 – 🏊
Tarif : (Prix 1998) 🖃 *3 pers. 32/40, pers. suppl. 8* – 🔌 *9 (3A)*

RÉAUP

47170 L.-et-G. 🔢 – 🔢 ⑬ – 491 h. alt. 168.
Paris 704 – Agen 45 – Aire-sur-l'Adour 65 – Condom 24 – Mont-de-Marsan 66 – Nérac 19.

⚠ **Lac de Lislebonne** 15 juin-15 sept.
🏕 05 53 65 65 28, Fax 05 53 97 15 28 – SE : 3,2 km par D 149, rte de Mézin, à la Base de Loisirs – 🦌 o⊷ – **R** – ⊖⊟
15 ha/0,5 campable (20 empl.) plat, herbeux
🕭 🗊 🍽 🗃 ⊕ 🔊 – A proximité : parcours de santé 🍴 🏊 🏊
Tarif : 🛉 *19* – 🚗 *10* – 🖃 *10/21* – 🔌 *15*
Location : *gîtes*

REBECQUES

62120 P.-de-C. 🔢 – 🔢 ⑬ – 397 h. alt. 33.
Paris 243 – Arras 63 – Béthune 36 – Boulogne-sur-Mer 61 – Hesdin 43 – St-Omer 14.

⚠ **Le Lac** avril-oct.
🏕 03 21 39 58 58 – S : 1 km par D 189, rte de Thérouanne et chemin à gauche, bord d'un plan d'eau – Places limitées pour le passage o⊷ – **R** juil.-août – ⌀
4 ha/2 campables (28 empl.) plat, herbeux, gravier 🗁
🕭 🗊 🍽 🗃 ⊕ 🔊 🗑 – 🍴
Tarif : 🛉 *11* – 🖃 *40* – 🔌 *8 (3A)*

RECOUBEAU-JANSAC

26310 Drôme 🔢 – 🔢 ⑭ – 197 h. alt. 500.
Paris 641 – La Chapelle-en-Vercors 55 – Crest 50 – Die 14 – Rémuzat 43 – Valence 81.

⚠ **Le Couriou** 15 mai-15 sept.
🏕 04 75 21 33 23, Fax 04 75 21 38 42 – NO : 0,7 km par D 93, rte de Die – ≤ o⊷ – **R** conseillée juil.-25 août – ⊖⊟ ⌀
4,5 ha (112 empl.) non clos, en terrasses, peu incliné, herbeux, pierreux, gravier, bois
🕭 🗊 🍽 🗃 🔊 ⊗ 🖩 – 🍴 snack – 🛏 🏊 🏊
Tarif : 🛉 *23 piscine comprise* – 🖃 *33* – 🔌 *15 (6A)*

RECOULES-PRÉVINQUIÈRES

12150 Aveyron **15** – **80** ④ – 444 h. alt. 624.
Paris 619 – Espalion 36 – Mende 73 – Millau 43 – Rodez 39 – Sévérac-le-Château 11.

▲ **Le Plo** mai-sept.
 𝄢 05 65 47 63 85 – sortie Sud-Est par D 511ᴱ, rte de Lavernie – ⚬▄ – **R** – ⚔
 1 ha (50 empl.) plat, herbeux ☐ ♀♀ (0,5 ha)
 ⅋ ⌂ ⇆ ⌂ ⊛ ▣ – ⚒ ⅋ ≌ (petite piscine)
 Tarif : ⚹ 15 – ⇐ 7,50 – ▣ 7,50 – ⒢ 10,30 (15A)
 Location : huttes

RÉGUINY

56500 Morbihan **3** – **63** ③ – 1 490 h. alt. 107.
Paris 445 – Josselin 16 – Locminé 17 – Pontivy 20 – Rohan 11 – Vannes 40.

▲ **Municipal de l'Étang** juin-15 sept.
 𝄢 02 97 38 61 43 – SE : 1,5 km par D 11, près d'un plan d'eau – ≼ ⚬▄ juil.-août – **R** – ⚔
 2 ha (65 empl.) plat, herbeux ♀
 ⌂ ⇆ ⌂ ⊛ – ⚒ – À proximité : ⴹ ⅋ ⅃ ⅃ parcours sportif
 Tarif : ⚹ 12 – ⇐ 6 – ▣ 6 – ⒢ 12 (6A)

RÉGUSSE

83630 Var **17** – **84** ⑤ – 820 h. alt. 545.
Paris 812 – Aups 9 – Draguignan 38 – Gréoux-les-Bains 36 – Riez 31 – St-Maximin-la-Ste-Baume 43.

▲▲▲ **Les Lacs du Verdon** mai-18 sept.
 𝄢 04 94 70 17 95, Fax 04 94 70 51 79 – NE : 2,8 km par rte de St-Jean – ⑤ « Cadre agréable »
 ⚬▄ – **R** indispensable juil.-août – ⊖⊟ ⚔
 14 ha/8 campables (300 empl.) plat, herbeux, pierreux ♀
 ⅋ ⌂ ⇆ ⌂ ⊛ ⅀ ⚚ – ◿ ⴹ snack, pizzeria ⌸ – ⊏ ⚔ ⚔ ⅓ ⊙ ⅋ ⅃ ⅃
 Tarif : ▣ piscine comprise 2 pers. 110 ou 120, pers. suppl. 40 – ⒢ 18 (6A) 25 (10A)
 Location : ⛺ 1100 à 2250 – ⛴ 1400 à 3300

REMOULINS

30210 Gard **16** – **80** ⑲ G. Provence – 1 771 h. alt. 27.
Paris 688 – Alès 50 – Arles 35 – Avignon 23 – Nîmes 23 – Orange 34 – Pont-St-Esprit 42.

▲▲▲ **La Sousta** mars-oct.
 𝄢 04 66 37 12 80, Fax 04 66 37 23 69 – NO : 2 km rte du Pont du Gard, rive droite, bord du Gardon
 « Agréable cadre boisé » ⚬▄ – **R** conseillée – ⊖⊟ ⚔
 14 ha (450 empl.) plat et accidenté, herbeux, sablonneux ♀♀
 ⅋ ⌂ ⇆ ⌂ ⊛ ▣ – ⅀ ⴹ snack ⌸ – ◿ ⚔ ⅋ ⅓ ⅃ ≌ practice de golf
 Tarif : ▣ piscine comprise 2 pers. 84 (102 avec élect. 6A)
 Location : ⛴ 2200 à 3000 – bungalows toilés

▲▲▲ **La Soubeyranne** 2 avril-13 sept.
 𝄢 04 66 37 03 21, Fax 04 66 37 14 65 – S : 1,8 km par N 86 et D 986L, rte de Beaucaire – ⑤ ⚬▄
 – **R** conseillée – ⊖⊟ ⚔
 5 ha (200 empl.) plat, herbeux ☐ ♀♀ (3,5 ha)
 ⌂ ⇆ ⌂ ⊛ ⅀ ⚚ ⊡ ▣ – ⅀ ✕ ⌸ cases réfrigérées – ⊏ ⚔ ⚔ ⅋ ⅃
 Tarif : ▣ piscine comprise 2 pers. 97 (113 ou 134 avec élect. 6A), pers. suppl. 16
 Location : ⛴ 2000 à 3000 – ⛺ 2000 à 3000

RENAUCOURT

70120 H.-Saône **7** – **66** ④ – 114 h. alt. 209.
Paris 337 – Besançon 59 – Bourbonne-les-Bains 52 – Épinal 98 – Langres 56.

▲ **Municipal la Fontaine aux Fées** 15 juin-août
 𝄢 03 84 92 06 22 – SO : 1,3 km par rte de Volon, près d'un étang – ⚬▄ – **R** conseillée – ⚔
 2 ha (24 empl.) plat, herbeux, bois attenant
 ⌂ ⇆ ⌂ ⊛ ⅀ – À proximité : ⅃
 Tarif : (Prix 1998) ⚹ 13 – ▣ 14 – ⒢ 12 (6 à 12A)

RENNES

35000 I.-et-V. **4** – **59** ⑯ ⑰ G. Bretagne – 197 536 h. alt. 40.
⊟ Office de Tourisme Pont de Nemours 𝄢 02 99 79 01 98, Fax 02 99 79 31 38 et Gare SNCF 𝄢 02 99 53 23 23,
Fax 02 99 53 82 22.
Paris 349 – Angers 128 – Brest 245 – Caen 177 – Le Mans 154 – Nantes 109.

▲▲ **Municipal des Gayeulles** avril-15 oct.
 𝄢 02 99 36 91 22 – sortie Nord-Est vers N 12 rte de Fougères puis av. des Gayeulles et r. Maurice
 Audin, près d'un étang – ⑤ « Belle décoration arbustive » ⚬▄ – **R** conseillée juil.-août
 2 ha (100 empl.) plat, herbeux
 ⌂ ⌂ ⊛ – À proximité : ⅋ ⊠ ⅓ ⚔ ⅃ (découverte l'été), parc animalier
 Tarif : ⚹ 13,50 – ⇐ 5 – ▣ 11,50/15,50 – ⒢ 17 (10A)

RENNES-LES-BAINS

11190 Aude 🔳 – 🔳 ⑦ – 221 h. alt. 310 – ⚓ (mi-avril à mi-nov.).
🔼 Syndicat d'Initiative Grande Rue des Thermes 🕿 04 68 69 88 04.
Paris 816 – Axat 33 – Carcassonne 49 – Mouthoumet 26 – Perpignan 73.

⚠ **La Bernède** mai-oct.
🕿 04 68 69 86 49 – sortie Sud par D 14 rte de Bugarach et chemin à gauche, près de la Sals – ⚲
⚬━ – **R** conseillée juil.-août – ⚒
0,6 ha (50 empl.) plat et peu incliné, herbeux
⚒ ⚒ ⚒ ⚒ – 🚲 – A proximité : ⚒ ⚒ ⚒
Tarif : 👤 15 – 🔲 18 – 🔋 10 (4 ou 10A)

▶ *Les localités possédant des ressources sélectionnées dans ce guide*
sont signalées sur les **cartes MICHELIN** *détaillées à 1/200 000.*

La RÉOLE

33190 Gironde 🔳 – 🔳 ⑬ G. Pyrénées Aquitaine – 4 273 h. alt. 44.
🔼 Office de Tourisme pl. de la Libération 🕿 05 56 61 13 55, Fax 05 56 71 25 40.
Paris 625 – Bordeaux 74 – Casteljaloux 42 – Duras 25 – Libourne 47 – Marmande 34.

⚠ **Municipal du Rouergue** mai-oct.
sortie Sud par D 9, rte de Bazas et rue à gauche après le pont suspendu, bord de la Garonne (rive gauche) – ⚬━ – **R**
0,6 ha (50 empl.) plat, herbeux ⚲
⚒ ⚒ ⚒ ⚒ ⚒
Tarif : (Prix 1998) 👤 14 – 🔲 24 – 🔋 15 (5 à 10A)

RÉOTIER

05600 H.-Alpes 🔳 – 🔳 ⑱ G. Alpes du Sud – 136 h. alt. 1 150.
Paris 715 – L'Argentière-la-Bessée 19 – Embrun 17 – Gap 57 – Mont-Dauphin 7 – Savines-le-Lac 28.

⚠ **Municipal la Fontaine** 15 mai-sept.
🕿 04 92 45 16 84 – NE : 2,5 km par D 38 rte de St-Crépin, près de la Durance – ⚲ ≼ montagnes et vallée – ⚬━ saison – ⚒
2 ha (80 empl.) en terrasses, plat, pierreux ⚲ (1 ha)
⚒ ⚒ ⚒ ⚒ ⚒ ⚒
Tarif : 👤 19 – 🔲 18,50 – 🔋 11 (6A)

Le REPOSOIR

74300 H.-Savoie 🔳 – 🔳 ⑦ G. Alpes du Nord – 289 h. alt. 975.
Paris 577 – Annecy 51 – Bonneville 19 – Cluses 14 – Genève 47 – Megève 43.

⚠ **Le Reposoir** juil.-août
🕿 04 50 98 01 71 – E : 0,4 km par rte de Nancy-sur-Cluses, à 250 m du Foron – ≼ « Site agréable »
⚬━ – **R**
0,7 ha (44 empl.) peu incliné, plat, herbeux
⚒ ⚒ ⚒ ⚒
Tarif : 🔲 2 pers. 60, pers. suppl. 16 – 🔋 15 (4A) 18 (12A)

RESSONS-LE-LONG

02290 Aisne 🔳 – 🔳 ③ – 711 h. alt. 72.
Paris 97 – Compiègne 27 – Laon 50 – Noyon 33 – Soissons 15.

⚠⚠ **La Halte de Mainville** Permanent
🕿 03 23 74 26 69, Fax 03 23 74 03 60 – sortie Nord-Est du bourg, rue du Routy – ⚬━ – **R** conseillée été
5 ha (153 empl.) plat, herbeux, petit étang ⌂
⚒ ⚒ ⚒ ⚒ ⚒ ⚒ ⚒ ⚒ – ⌂ ⚒ mini-tennis
Tarif : 🔲 piscine comprise 2 pers. 88, 3 pers. 117, 4 pers. 136 – 🔋 15 (6A)

REUGNY

37380 I.-et-L. 🔳 – 🔳 ⑮ – 1 289 h. alt. 66.
🔼 Syndicat d'Initiative Mairie 🕿 02 47 52 94 32, Fax 02 47 52 25 94.
Paris 222 – Château-Renault 15 – Tours 22 – Vouvray 13.

⚠ **Municipal de la Grand'Prée** 26 juin-5 sept.
🕿 02 47 52 29 51 – sortie Est par D 5, rte d'Amboise, au stade, à 100 m d'un étang et à 200 m de la Brenne – ⚒ – ⚒
0,6 ha (32 empl.) plat, herbeux ⚲ (0,2 ha)
⚒ ⚒ ⚒ ⚒ ⚒ – ⚒ – A proximité : ⚒ ⚒
Tarif : (Prix 1998) 👤 9,50 – 🔲 8,50 – 🔋 13,50

REVEL

31250 H.-Gar. **15** – **82** ⑳ G. Gorges du Tarn – 7 520 h. alt. 210.
🛈 Office de Tourisme pl. Philippe-VI-de-Valois *ℰ* 05 61 83 50 06, Fax 05 62 18 06 21.
Paris 746 – Carcassonne 46 – Castelnaudary 21 – Castres 28 – Gaillac 63 – Toulouse 51.

▲ **Municipal du Moulin du Roy** 14 juin-5 sept.
ℰ 05 61 83 32 47 – sortie Sud-Est par D 1 rte de Dourgne et à droite – ⊶ – **R** conseillée 15 juil.-20 août – ⚲
1,2 ha (50 empl.) plat, herbeux ⊏⊐ ⚲
& ⁂ 🗟 ⚲ ⊕ ≥ ⚲ – 🚣 – A proximité : ✗ 🎦 ⚲
Tarif : ✱ *10 piscine et tennis compris* – ⊸ *5* – 🖾 *8* – ⚡ *12 (5A)*

REVIGNY-SUR-ORNAIN

55800 Meuse **7** – **56** ⑲ – 3 528 h. alt. 144.
🛈 Office de Tourisme r. du Stade *ℰ* 03 29 78 73 34 *ℰ* 03 29 75 61 49.
Paris 237 – Bar-le-Duc 18 – St-Dizier 30 – Vitry-le-François 36.

▲ **Municipal du Moulin des Gravières** mai-sept.
ℰ 03 29 78 73 34 – au bourg vers sortie Sud, rte de Vitry-le-François et rue du stade, à droite, bord d'un ruisseau et à 100 m de l'Ornain – Ⓜ « Cadre agréable » ⊶ – **R** – ⚲
0,6 ha (20 empl.) plat, herbeux ⚲ (0,2 ha)
& ⁂ ⇌ 🗟 ⊟ ⊕ – 🚗 – A proximité : ✗ 🎦 ⚲
Tarif : 🖾 *tennis compris 2 pers. 44, pers. suppl. 11* – ⚡ *10 ou 16A : 11 (hors saison 16)*

RÉVILLE

50 Manche – **54** ③ – rattaché à St-Vaast-la-Hougue.

REYGADES

19430 Corrèze **10** – **75** ⑲ G. Berry Limousin – 172 h. alt. 460.
Paris 522 – Aurillac 57 – Brive-la-Gaillarde 60 – St-Céré 30 – Tulle 45.

▲▲ **La Belle Etoile** 10 juin-15 sept.
ℰ 05 55 28 50 08, Fax 05 55 28 36 40 – N : 1 km par D 41, rte de Beaulieu-sur-Dordogne, à Lestrade – Ⓜ ⚲ ≤ « Agréable cadre fleuri » ⊶ – **R** conseillée juil.-août – ⚲
5 ha/3 campables (25 empl.) terrasses, herbeux ⊏⊐ ⚲ (0,5 ha)
& ⁂ 🗟 ⊟ ⊕ – ⚲ – 🚗 Centre de Documentation Touristique 🚣 ⚲ parcours de santé
Tarif : ✱ *20,50 piscine comprise* – 🖾 *24,50* – ⚡ *13 (2A) 16 (6A)*
Location *(avril-20 nov.)* : 🛏 *1400 à 2150* – 🛖 *1900 à 3150*

RHINAU

67860 B.-Rhin **8** – **62** ⑩ G. Alsace Lorraine – 2 286 h. alt. 158.
Paris 510 – Marckolsheim 27 – Molsheim 35 – Obernai 27 – Sélestat 25 – Strasbourg 38.

▲▲ **Ferme des Tuileries** avril-sept.
ℰ 03 88 74 60 45, Fax 03 88 74 85 35 – sortie Nord-Ouest rte de Benfeld – ⚲ ⊶ ✗ – **R** – ⚲
4 ha (150 empl.) plat, herbeux ⚲
⁂ ⇌ 🗟 ⊕ 🖾 – 🚗 ✗ ⚲ – A proximité : ⚲
Tarif : ✱ *18 piscine comprise* – 🖾 *18* – ⚡ *9 (2A) 16 (4A) 21 (6A)*

RIA-SIRACH

66500 Pyr.-Or. **15** – **86** ⑰ – 1 017 h. alt. 400.
Paris 902 – Font-Romeu-Odeillo-Via 43 – Perpignan 48 – Prades 2 – Vernet-les-Bains 9.

▲ **Bellevue** avril-sept.
ℰ 04 68 96 48 96 – à Sirach, SE : 1,5 km par D 26A – ⚲ ≤ « Cadre agréable » ⊶ – **R** – **GB** ⚲
2,2 ha (94 empl.) en terrasses, pierreux, herbeux ⊏⊐ ⚲⚲
& ⁂ 🗟 ⚲ ⊕ 🖾 – 🍷 – 🚗
Tarif : ✱ *16* – 🖾 *18* – ⚡ *12 (3A) 16 (6A)*

RIBEAUVILLÉ

68150 H.-Rhin **8** – **62** ⑲ G. Alsace Lorraine – 4 774 h. alt. 240.
🛈 Office de Tourisme 1 Grand'Rue *ℰ* 03 89 73 62 22, Fax 03 89 73 36 61.
Paris 433 – Colmar 14 – Gérardmer 62 – Mulhouse 59 – St-Dié 42 – Sélestat 16.

▲▲▲ **Municipal Pierre-de-Coubertin** mars-15 déc.
ℰ 03 89 73 66 71 – sortie Est par D 106 puis rue de Landau à gauche – ⚲ ≤ ⊶ – **R** – **GB** ⚲
3,5 ha (260 empl.) plat, herbeux ⚲
⁂ ⁂ ⇌ 🗟 ⊟ ⊕ ≥ ⚲ 🖾 – ⚲ – 🚗 ✗ – A proximité : ⇌ 🎦 ⚲ toboggan aquatique
Tarif : ✱ *20* – 🖾 *23* – ⚡ *12 (2A) 24 (4A) 30 (6A)*

RIBÉRAC

24600 Dordogne 🤍 – 🗷🗷 ④ G. Périgord Quercy – 4 118 h. alt. 68.
🅱 Office de Tourisme pl. Gén.-de-Gaulle 🖍 05 53 90 03 10, Fax 05 53 90 66 05.
Paris 506 – Angoulême 59 – Barbezieux 59 – Bergerac 53 – Libourne 66 – Nontron 50 – Périgueux 39.

▲ **Municipal de la Dronne** juin-15 sept.
🖍 05 53 90 50 08 – sortie Nord par D 708, rte d'Angoulême et à gauche après le pont, bord de la rivière – •━ – **R** conseillée juil.-août – ⚡
2 ha (90 empl.) plat, herbeux ⚲
🔩 🏠 🗟 ⚲ ⊕ 🔲 – 🖾 🚣 – A proximité : 🛒 🚲 ⚊
Tarif : 🅰 11 – 🖃 11 – 🔋 9 (4 ou 16A)

RIBES

07260 Ardèche 🗷🗷 – 🗷🗷 ⑧ – 309 h. alt. 380.
Paris 658 – Aubenas 29 – Largentière 19 – Privas 59 – St-Ambroix 40 – Vallon-Pont-d'Arc 30.

▲ **Les Cruses** mai-sept.
🖍 04 75 39 54 69 – à 1 km au Sud-Est du bourg, par D 450 – 🌄 « Agréable sous-bois » •━ juil.-août – **R** conseillée – ⚡
0,7 ha (37 empl.) en terrasses ⚲⚲⚲
🏠 🌡 🛒 🔲 ⚲ ⊕ 🌣 🔲 – 🖾 🚣 🚲 ⚊ (petite piscine) – A proximité : ✂
Tarif : 🖃 1 ou 2 pers. 89 – 🔋 16,80 (6A)
Location : 🔩 1200 à 2950

▲ **Les Châtaigniers** avril-sept.
🖍 04 75 39 50 73 – au Nord-Est du bourg, Accès direct à la Beaume par chemin piétonnier – 🌄 ⟨ « Belle situation dominante sur la vallée » – **R** conseillée juil.-août – ⚡
0,35 ha (23 empl.) en terrasses, pierreux, herbeux ⚲⚲
🏠 ⚲ ⊕
Tarif : 🖃 2 pers. 48, pers. suppl. 10 – 🔋 15 (6A)
Location : 🔩 1000 à 1428

RICHELIEU

37120 I.-et-L. 🗷🗷 – 🗷🗷 ③ G. Poitou Vendée Charentes – 2 223 h. alt. 40.
🅱 Office de Tourisme 6 Grande-Rue 🖍 02 47 58 13 62 (hors saison) Mairie 🖍 02 47 58 10 13, Fax 02 47 58 16 42.
Paris 297 – Châtellerault 30 – Chinon 22 – Loudun 19 – Tours 63.

▲ **Municipal** juin-15 sept.
🖍 02 47 58 15 02 – sortie Sud par D 749 rte de Châtellerault, à 100 m d'un étang – **R** – ⚡
1 ha (34 empl.) plat, herbeux 🔲 ⚲
🔩 🏠 🛒 ⊕ 🔲 – 🚣 – A proximité : ✂ ⚊
Tarif : 🅰 11 – 🖃 11 – 🔋 10 (5A) 14 (10A) 18 (15A)

RIEL-LES-EAUX

21570 Côte-d'Or 🗷 – 🗷🗷 ⑲ – 94 h. alt. 220.
Paris 229 – Bar-sur-Aube 42 – Bar-sur-Seine 33 – Châtillon-sur-Seine 18 – Chaumont 52 – Dijon 102.

▲ **Le Plan d'Eau de Riel** avril-oct.
🖍 03 80 93 72 76 – O : 2 km, sur D 13 rte d'Autricourt, près du plan d'eau – •━ – **R** conseillée juil.-août – 🅶🅱 ⚡
7 ha/0,2 campable (18 empl.) plat, herbeux 🔲
🔩 🏠 🛒 ⚲ ⊕ – ⚑ – A proximité : ⚊
Tarif : 🅰 9 – 🚗 6 – 🖃 12 – 🔋 9 (20A)

RIEUX

31310 H.-Gar. 🗷🗷 – 🗷🗷 ⑰ G. Pyrénées Roussillon – 1 721 h. alt. 210.
Paris 745 – Auterive 35 – Foix 53 – St-Gaudens 53 – Toulouse 50.

▲ **Municipal du Plan d'Eau** avril-oct.
🖍 05 61 87 49 64 – NO : 3 km par D 627, rte de Toulouse et rte à gauche, bord de la Garonne – **R** indispensable juil.-août – ⚡
3 ha (45 empl.) en terrasses, herbeux, gravillons 🔲 ⚲⚲⚲
🏠 ⚑ 🔲 ⊕ ⚲ ⚑ 🔲 – ✂ 🔲 🚣 ⚑ – A proximité : ✕
Tarif : (Prix 1998) 🖃 piscine et tennis compris 1 pers. 25, pers. suppl. 15 – 🔋 10 (10A)

RIEUX-DE-PELLEPORT

09120 Ariège 🗷🗷 – 🗷🗷 ④ – 700 h. alt. 333.
Paris 769 – Foix 12 – Pamiers 8 – St-Girons 47 – Toulouse 74.

▲ **Las Mijeannes** Permanent
🖍 05 61 60 82 23, Fax 05 61 67 74 80 – NE : 1,4 km, accès sur D 311, rte de Ferries, bord d'un canal et près de l'Ariège – 🌄 ⟨ •━ été – **R** conseillée – ⚡
10 ha/5 campables (88 empl.) plat, herbeux, pierreux 🔲
🔩 🏠 🌡 🛒 ⚲ ⊕ 🔲 – 🍴 – 🖾 🔲 🏁 –
Tarif : 🅰 20 piscine comprise – 🖃 40 – 🔋 16 (4A) 19 (6A) 22 (10A)
Location : 🔩 1600

RIGNAC

12390 Aveyron **15** – **80** ① – 1 668 h. alt. 500.
Paris 610 – Aurillac 90 – Figeac 39 – Rodez 28 – Villefranche-de-Rouergue 29.

△ **Municipal la Peyrade** 19 juin-29 août
    𝒫 05 65 64 44 64 – au Sud du bourg, pl. du Foirail, près d'un petit plan d'eau – ⟍ ⊶ – **R** conseillée
    – ⌀ᵥ
    0,7 ha (36 empl.) en terrasses, peu incliné, herbeux ⊏⊐ ♀
    ⅋ 🗐 ⇄ 🗗 🖵 – A proximité : 🖼 ⦵ ❀ ⟋
    Tarif : 🔲 élect., piscine et tennis compris 1 à 3 pers. 106, pers. suppl. 26

RIOM-ÈS-MONTAGNES

15400 Cantal **11** – **76** ② ③ G. Auvergne – 3 225 h. alt. 840.
🖪 Office de Tourisme pl. du Général-de-Gaulle 𝒫 04 71 78 07 37, Fax 04 71 78 16 87.
Paris 510 – Aurillac 68 – Bort-les-Orgues 24 – Condat 17 – Mauriac 36 – Salers 42.

△ **Municipal le Sédour** mai-sept.
    𝒫 04 71 78 05 71 – sortie Est par D 678 rte de Condat, bord de la Véronne « Cadre agréable » ⊶
    – **R** – ⌀ᵥ
    1,5 ha (100 empl.) plat, incliné et en terrasses, herbeux ♀
    🗐 🗐 ⇄ 🗗 🖵 ⦵ 🛆 ⚡ 🖼 – 🖼 ⛆
    Tarif : (Prix 1998) ⅋ 9 – ⟿ 5,50 – 🔲 6,50 – 🔌 13,50
    Location : gîtes

RIQUEWIHR

68340 H.-Rhin **8** – **62** ⑲ G. Alsace Lorraine – 1 075 h. alt. 300.
🖪 Office de Tourisme (Pâques-11 nov. et vacances scolaires) 2 r. 1ère-Armée 𝒫 03 89 49 08 40 ,
Fax 03 89 49 08 49.
Paris 437 – Colmar 12 – Gérardmer 59 – Ribeauvillé 4 – St-Dié 46 – Sélestat 20.

🏔 **Intercommunal** Pâques-fin oct.
    𝒫 03 89 47 90 08 – E : 2 km, sur D 1B – ⩽ ⊶ – 🏨 – 🇬🇧 ⌀ᵥ
    4 ha (150 empl.) plat et peu incliné, herbeux ⊏⊐ ♀
    ⅋ 🗐 ⇄ 🗗 🛆 🖵 ⦵ 🖼 🖼 – 🖼 ⛆ – A proximité : ❀
    Tarif : (Prix 1998) ⅋ 21 – 🔲 26 – 🔌 25 (6A)

RISCLE

32400 Gers **14** – **82** ② – 1 778 h. alt. 105.
Paris 741 – Aire-sur-l'Adour 17 – Maubourguet 27 – Nogaro 14 – Plaisance 16.

🏔 **Le Pont de l'Adour** avril-15 oct.
    𝒫 05 62 69 72 45 – sortie Nord-Est par D 935, rte de Nogaro et à droite avant le pont, bord de
    l'Adour – ⟍ ⊶ – **R** conseillée juil.-août – 🇬🇧 ⌀ᵥ
    2,5 ha (60 empl.) plat, herbeux ⊏⊐ ♀
    ⅋ 🗐 ⇄ 🗗 🖧 ⦵ 🖼 – 🍷 snack 🛒 – 🖼 🚲 – A proximité : ❀ 🖼 ⟋
    Tarif : 🔲 élect. (3 ou 5A) et piscine comprises 1 ou 2 pers. 85, pers. suppl. 20
    Location : 🏚 800 à 1600 – 🏚 1500 à 2500

RIVESALTES

66600 Pyr.-Or. **15** – **86** ⑲ G. Pyrénées Roussillon – 7 110 h. alt. 13.
🖪 Office de Tourisme r. L.-Rollin 𝒫 04 68 64 04 04, Fax 04 68 64 56 17.
Paris 848 – Narbonne 57 – Perpignan 11 – Prades 52.

△ **Soleil 2000** 15 avril-oct.
    𝒫 04 68 38 53 54, Fax 04 68 38 54 64 – à l'Est du bourg, au stade – ⊶ – **R** conseillée – ⌀ᵥ
    1 ha (60 empl.) plat, herbeux ⊏⊐ ♀
    ⅋ 🗐 ⇄ 🗗 🖵 ⦵ – A proximité : ❀
    Tarif : (Prix 1998) 🔲 1 à 7 pers. 60 à 200 – 🔌 26 (4 à 20A)

RIVIÈRES

81600 Tarn **15** – **82** ⑩ – 616 h. alt. 125.
Paris 676 – Albi 17 – Gaillac 8 – Graulhet 26 – St-Antonin-Noble-Val 43.

△ **Les Pommiers d'Aiguelèze** 26 juin-5 sept.
    𝒫 05 63 41 50 50, Fax 05 63 41 50 45 ✉ 81600 Gaillac – à **Aiguelèze**, SE : 2,3 km, à 200 m du
    Tarn (port de plaisance et plan d'eau) – ⊶ – **R** conseillée – ⌀ᵥ
    2,7 ha (74 empl.) plat, herbeux ⊏⊐ ♀ (verger)
    ⅋ 🗐 ⇄ 🗗 ⦵ 🖼 – 🚶 – A proximité : à la Base de Loisirs : ⦵ 🚲 golf (practice et compact) 🖼
    🍷 🗙 ❀ ⟋ 🖼 ⛆ ♫
    Tarif : 🔲 élect., piscine et tennis compris 1 pers. 60, 2 pers. 95, pers. suppl. 35
    Location (3 avril-1ᵉʳ nov.) : 🏚 1600 à 3195 – bungalows toilés

RIVIÈRE-SAAS-ET-GOURBY

40180 Landes – **78** ⑰ – rattaché à Dax.

12640 Aveyron 🖫 – 🔟 ④ – 757 h. alt. 380.
Paris 639 – Mende 72 – Millau 14 – Rodez 64 – Sévérac-le-Château 28.

▲▲▲ **Peyrelade** 15 avril-15 sept.
℘ 05 65 62 62 54, Fax 05 65 62 65 61 – E : 2 km par D 907 rte de Florac, bord du Tarn – ⩻ « Entrée fleurie » ⛬ ⚡ dans locations – **R** conseillée juil.-août – ⊖⊟ ⚲
4 ha (190 empl.) plat et en terrasses, herbeux, pierreux ♀♀
⅋ ⛺ ⇆ ⊡ ⚏ ⥮ ⊕ ⚲ ⚇ ⊟ ▤ – ⚏ ▼ snack ⌁ – ⌂ ⚶ ⚼ ⅃ ⚞ – A proximité :
⚲ ⚒
Tarif : (Prix 1998) ▣ piscine comprise 2 pers. 110, pers. suppl. 20 – [⚡] 18 (6A)
Location : ⛺ 1800 à 2950 – bungalows toilés

▲▲▲ **Les Peupliers** mai-sept.
℘ 05 65 59 85 17, Fax 05 65 61 09 03 – sortie Sud-Ouest rte de Millau et chemin à gauche, bord du Tarn – ⛬ – **R** conseillée juil.-août – ⊖⊟ ⚲
1,5 ha (112 empl.) plat, herbeux ⊡ ♀♀
⅋ ⛺ ⇆ ⊡ ⚏ ⥮ ⊕ ⚲ ⥮ ▤ – ▼ – ⌁ ⚞
Tarif : ⚶ 32 piscine comprise – ▣ 25 – [⚡] 18 (6A)
Location : ⛺ 1500 à 2700

▶ *Michelinkaarten worden voortdurend bijgewerkt.*

46500 Lot 🖫 – 🔟 ⑱ ⑲ G. Périgord Quercy – 627 h. alt. 279.
🅱 Office de Tourisme à la Mairie ℘ 05 65 33 62 59, Fax 05 65 33 74 14.
Paris 534 – Brive-la-Gaillarde 55 – Cahors 64 – Figeac 45 – Gourdon 33 – St-Céré 31 – Sarlat-la-Canéda 54.

▲ **Les Tilleuls** 20 mars-oct.
℘ 05 65 33 64 66 – NE : 5 km par D 673, sur N 140 rte de Gramat – ⛬ – **R** conseillée juil.-août – ⚲
0,9 ha (32 empl.) peu incliné, herbeux, pierreux ⊡ ♀
⛺ ⇆ ⊡ ⚏ ⊕ ▤ – ⌁ – ⌂ ⚼ ⅃ ⚞ (petite piscine)
Tarif : ⚶ 19 – ▣ 20 avec élect. (10A)
Location : ⛺ 1100 à 1500 – ⛺ 1500 à 1850

à l'Hospitalet NE : 1 km :

▲▲▲ **Les Cigales** 26 juin-4 sept.
℘ 05 65 33 64 44, Fax 05 65 33 69 60 – sortie Est par D 36 rte de Gramat – ⚲ ⛬ – **R** conseillée – ⊖⊟ ⚲
3 ha (100 empl.) plat et peu incliné, pierreux, herbeux ♀
⅋ ⛺ ⇆ ⊡ ⚏ ⥮ ⊕ ⚲ ⥮ ▤ – ▼ snack ⌁ réfrigérateurs – ⌂ ⚼ ⅃ ⚞
Tarif : ▣ piscine comprise 2 pers. 85 – [⚡] 15 (6A)
Location (mai-4 sept.) : ⛺ 1000 à 2800

▲▲ **Le Roc** avril-1er nov.
  ℘ 05 65 33 68 50 – NE : 3 km par D 673, rte d'Alvignac, à 200 m de la gare – �o━ – **R** conseillée juil.-août – ⊖⊟ ⬚
  2 ha/0,5 campable (36 empl.) peu incliné, herbeux, pierreux ⛶ ⚲⚲
  & ⴲ ⇌ 🗟 ⊟ ⊕ ⌂ ▽ 🎋 🖳 – snack ⿻ – ⸚ ⬥
  Tarif : 🔳 *piscine comprise 2 pers. 63, pers. suppl. 21* – [≴] *15 (5A)*
  Location *(permanent) :* 🏠 *1000 à 2500*

▲▲ **Le Relais du Campeur** Pâques-sept.
  ℘ 05 65 33 63 28, Fax 05 65 33 69 60 – au bourg – o━ – **R** – ⊖⊟ ⬚
  1,7 ha (100 empl.) plat, herbeux, pierreux
  ⴲ ⇌ 🗟 ⊟ ⊕ – ⸚ ❢ snack – ⸚
  Tarif : 🔳 *piscine comprise 2 pers. 63, pers. suppl. 18* – [≴] *13 (6A)*
  Location : ⊨ *(hôtel)*

▶ Consultez le tableau des localités citées,
  classées par départements, avec indication éventuelle
  des caractéristiques particulières des terrains sélectionnés.

La ROCHE-BERNARD

56130 Morbihan **4** – **63** ⑭ G. Bretagne – 766 h. alt. 38.
🛈 Office de Tourisme pl. du Pilori ℘ 02 99 90 67 98, Fax 02 99 90 88 28 et Mairie ℘ 02 99 90 60 51.
Paris 447 – Nantes 74 – Ploërmel 55 – Redon 27 – St-Nazaire 37 – Vannes 41.

▲ **Municipal le Pâtis** Pâques-sept.
  ℘ 02 99 90 60 13 – à l'Ouest du bourg vers le port de plaisance, près de la Vilaine (accès direct)
  – o━ – **R** conseillée – ⬚
  1 ha (60 empl.) plat, herbeux ⛶
  & ⴲ ⇌ 🗟 ⊟ ⊕ ⌂ 🖳
  Tarif : ☩ *16* – ⇖ *7* – 🔳 *20* – [≴] *14 (16A)*

La ROCHE CANILLAC

19320 Corrèze **10** – **75** ⑩ – 186 h. alt. 460.
🛈 Office de Tourisme Place de l'ancienne Poste aux Chevaux, ℘ 05 55 29 29 25, Fax 05 55 29 28 16.
Paris 503 – Argentat 16 – Aurillac 70 – Brive-la-Gaillarde 49 – Mauriac 55 – St-Céré 58 – Tulle 26 – Ussel 61.

▲ **Municipal les Bouyges** avril-sept.
  ℘ 05 55 29 13 75 – NO : 1,1 km par D 131 et D 29, rte de Tulle, à 500 m de l'étang de la Borde
  (accès direct) – ⬚ o━ juil.-août – **R** juil.-août – ⬚
  2 ha (50 empl.) plat et peu incliné, terrasses, herbeux, forêt ⛶ ⚲⚲
  ⴲ ⇌ 🗟 ⊕ – ✂ – A proximité : ⧖
  Tarif : *(Prix 1998)* ☩ *14* – 🔳 *14* – [≴] *15 (10A)*
  Location : *huttes*

La ROCHE-CHALAIS

24490 Dordogne **9** – **75** ③ – 2 860 h. alt. 60.
Paris 513 – Bergerac 63 – Blaye 65 – Bordeaux 66 – Périgueux 69.

▲▲ **Municipal de Gerbes** avril-oct.
  ℘ 05 53 91 40 65 – à 1 km, à l'Ouest de la localité, par la rue de la Dronne, bord de la rivière –
  ⬚ o━ – **R** conseillée juil.-août – ⬚
  3 ha (100 empl.) plat et terrasses, herbeux, petit bois attenant ⛶ ⚲⚲ (1,5 ha)
  & ⴲ ⇌ 🗟 ⊟ ⊕ 🖳 – 🚗 ⸚ ⧖
  Tarif : *(Prix 1998)* ☩ *12* – 🔳 *16* – [≴] *13 (5A) 22 (10A)*

La ROCHE-DE-RAME

05310 H.-Alpes **17** – **77** ⑱ – 702 h. alt. 1 000.
Paris 702 – Briançon 22 – Embrun 28 – Gap 68 – Mont-Dauphin 11 – Savines-le-Lac 40.

▲ **Le Verger** Permanent
  ℘ 04 92 20 92 23 – NO : 1,2 km par N 94, rte de Briançon et chemin des Gillis à droite – ⬚ ≤ o━
  – **R** conseillée juil.-août – ⬚
  1,6 ha (50 empl.) peu incliné, en terrasses, herbeux, verger
  ▥ & ⴲ ⇌ 🗟 ⊟ ⊕ 🖳 – 🚗
  Tarif : 🔳 *2 pers. 60, pers. suppl. 20* – [≴] *12 (3A) 15 (5A) 20 (10A)*
  Location : 🛏 *630 à 700*

▲ **Municipal du Lac**
  ℘ 04 92 20 90 31 – sortie Sud, bord du lac – ≤ o━
  1 ha (85 empl.) plat, peu incliné, herbeux ⚲
  & ⴲ ⇌ 🗟 ⬚ ⊕ 🖳 – snack – 🚗 ⧖ *(plage)*

La ROCHE DES ARNAUDS

05400 H.-Alpes **17** – **77** ⑯ – 845 h. alt. 945.
Paris 674 – Corps 53 – Gap 15 – St-Étienne-en-Dévoluy 32 – Serres 26.

    ⚠ **Au Blanc Manteau** Permanent
        & 04 92 57 82 56 ✉ 05400 Manteyer – SO : 1,3 km par D 18 rte de Ceüze, bord d'un torrent, alt.
        900 – ❄ ⚲ ≤ ⚬ᵣ – **R** conseillée été et hiver – ⚷
        4 ha (40 empl.) plat, herbeux, pierreux ⚲
        ▥ ⌂ ⇄ ◔ ▦ – ♥ snack ⬛ – ⛲ ⚔ 🚲 ※ ⚒ – A proximité : 🐎
        Tarif : ⊡ *piscine comprise 2 pers. 80* – ⛽ *15 (2A) 23 (6A) 35 (10A)*

▶ *Si vous recherchez un terrain avec tennis ou piscine,*
  consultez le tableau des localités citées, classées par départements.

ROCHEFORT

17300 Char.-Mar. **9** – **71** ⑬ G. Poitou Vendée Charentes – 25 561 h. alt. 12 – ♣ (9 fév.-mi-déc.).
Pont de Martrou. Péage en 1998 : auto 25 F (AR 40 F), voiture et caravane 45 F (AR 70 F). Renseignements :
Régie d'Exploitation des Ponts *&* 05 46 83 01 01, Fax 05 46 83 05 54.
🛈 Office de Tourisme av. Sadi-Carnot *&* 05 46 99 08 60, Fax 05 46 99 52 64 Annexe Porte de l'Arsenal.
Paris 470 – Limoges 193 – Niort 62 – La Rochelle 39 – Royan 40 – Saintes 45.

    ⚠ **Le Bateau** Permanent
        & 05 46 99 41 00, Fax 05 46 99 91 65 – par rocade Ouest (Boulevard Bignon) et rte du Port Neuf,
        près du centre nautique – ⚲ ⚬ᵣ – **R** conseillée saison – **GB** ⚷
        1 ha (85 empl.) plat, pierreux, herbeux, petit plan d'eau ⚲
        ▥ ⚐ ⌂ ⇄ ⇌ ◔ ⚲ ▽ ▦ – ⛲ ※ ⚒ – A proximité : ⚱ (centre nautique) toboggan aquatique
        Tarif : ⊡ *piscine et tennis compris 1 ou 2 pers. 70 (94 avec élect. 6 ou 10A)*
        Location *(fermé nov. au 1ᵉʳ mars)* : ⛺ – ⛺

ROCHEFORT-MONTAGNE

63210 P.-de-D. **11** – **73** ⑬ – 948 h. alt. 850.
Paris 454 – Aubusson 82 – Clermont-Ferrand 33 – Mauriac 81 – Le Mont-Dore 23 – Ussel 51.

    ⚠ **Municipal la Buge** juin-15 sept.
        & 04 73 65 84 98 – sortie Sud-Ouest par N 89 et rte à gauche, près de la gendarmerie – ≤ ⚬ᵣ
        – **R** – ⚷
        1,9 ha (90 empl.) plat et peu incliné, herbeux
        ⚒ ⌂ ⇄ ⇌ ◔ ▦ – ⛲ ⚔ ※
        Tarif : ⊡ *3 pers. 54, pers. suppl. 15* – ⛽ *15 (15A)*

La ROCHELLE

17000 Char.-Mar. **9** – **71** ⑫ G. Poitou Vendée Charentes – 71 094 h. alt. 1.
Pont de l'île de Ré par N 237. Péage en 1998 : auto (AR) 110 F (saison) 60 F (hors saison), auto et caravane
(AR) 180 F (saison) 100 F (hors saison), camion 120 à 300 F, moto 15 F, gratuit pour vélos et piétons.
Renseignements par Régie d'Exploitation des Ponts *&* 05 46 00 51 10, Fax 05 46 43 04 71.
🛈 Office de Tourisme quartier du Gabut, pl. de la Petite-Sirène *&* 05 46 41 14 68, Fax 05 46 41 99 85.
Paris 472 – Angoulême 145 – Bordeaux 186 – Nantes 135 – Niort 64.

    ⚠ **Municipal de Port Neuf** Permanent
        & 05 46 43 81 20 – à l'Ouest de la ville, par av. Jean-Guiton, bd Aristide-Rondeau – ⚬ᵣ – **R** conseillée
        Pâques-mi-sept.
        3,2 ha (185 empl.) plat, herbeux, gravier ⚲ ⚱
        ▥ ⚐ ⌂ ⇄ ◔ ▦ – ⛲ – A proximité : ※ ♪
        Tarif : (Prix 1998) ⊡ *1 pers. 37, pers. suppl. 16* – ⛽ *17 (hiver 19)*

à Angoulins SE : 6 km par N 137 – 2 908 h. alt. 15 – ✉ 17690 Angoulins

    ⚠ **Les Chirats - La Platère** en deux parties Pâques-15 oct.
        & 05 46 56 94 16, Fax 05 46 56 65 95 – O : 1,7 km par rue des Salines et rte de la douane, à 100 m
        de la plage – ⚬ᵣ juil.-août – **R** conseillée juil.-août – **GB** ⚷
        4 ha (230 empl.) plat et peu incliné, herbeux, pierreux ⚲
        ⚒ ⌂ ⇄ ⇌ ⚖ ◔ ⚲ ▽ ▦ – ♥ snack ⬛ – ⛵ ⇌ ⚔ ♪ ⚒ ⚓ (petite piscine couverte) toboggan
        aquatique – A proximité : ⚱
        Tarif : ⊡ *piscine comprise, 2 pers. 100 (117 avec élect. 6A)*
        Location *(permanent)* : ⛺ *1600 à 3200*

à Aytré SE : 5 km par D 937 – 7 786 h. – ✉ 17440 Aytré

    ⚠ **Les Sables** juin-15 sept.
        & 05 46 45 40 30, Fax 05 46 44 19 33 – S : 3 km par rte du bord de mer, à 350 m de la plage –
        ⚬ᵣ – **R** conseillée – ⚷
        5,5 ha (274 empl.) plat, herbeux ⚲
        ⚒ ⌂ ⇄ ⇌ ⚖ ⚓ ◔ ⚲ ▽ ▦ – pizzeria ⬛ – ⛲ ⚔ 🚲 ※ ⚒ toboggans aquatiques
        Tarif : ⊡ *piscine et tennis compris 3 pers. 120* – ⛽ *16 (6A)*
        Location : ⛺ *2000 à 3000*

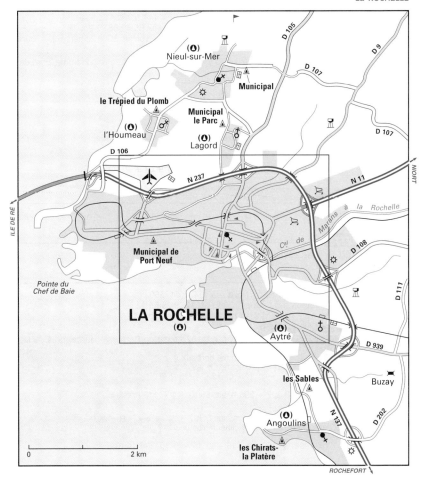

à l'Houmeau NO : 3 km par D 104^{E2} – 2 486 h. alt. 19 – ⊠ 17137 l'Houmeau

▲▲ *Le Trépied du Plomb* mars-15 oct.
℘ 05 46 50 90 82 – sortie Nord-Est par D 106, rte de Nieul-sur-Mer, Par le périphérique, direction
Ile de Ré et sortie Lagord-l'Houmeau – ⊶ **R** juil.-août
2 ha (132 empl.) peu incliné, plat, herbeux ⌑
🔥 ⇔ 📇 🛁 ⊕ 🖾 – 🖾 🚣 – A proximité : ✂ 🖾
Tarif : (Prix 1998) 🔲 *2 pers. 64, pers. suppl. 18* – 🔋 *16 (5A) 20 (10A)*
Location : 🔲 *1400 à 1600*

à Lagord N : 2 km par D 104 – 5 287 h. alt. 23 – ⊠ 17140 Lagord

▲▲ *Municipal le Parc* 28 mai-sept.
℘ 05 46 67 61 54 – sortie Ouest, r. du Parc, Par le périphérique, direction Ile de Ré et sortie Lagord
– 🐾 ⊶ **R** – ⚖
2 ha (120 empl.) plat, herbeux ⌑ 🎋 (0,5 ha)
🔥 🔥 ⇔ 📇 🛁 ⊕ 🖾 🖾 – A proximité : ✂ 🖾
Tarif : (Prix 1998) 🔲 *1 ou 2 pers. 44, pers. suppl. 17* – 🔋 *12,25 (3A) 15,30 (6A) 25,50 (10A)*
Location : 🔲 *1500 ou 2000*

à Nieul-sur-Mer N : 4 km par D 104 et D 106^E – 4 957 h. alt. 10 – ⊠ 17137 Nieul-sur-Mer

▲ *Le Val Hureau* juin-sept.
℘ 05 46 37 82 84 – sortie Est par D 107, rte de St-Xandre – ⊶ **R** conseillée – ⚖
1 ha (90 empl.) plat, herbeux 🎋 (0,3 ha)
🔥 🔥 ⇔ 📇 🛁 ⇔
Tarif : (Prix 1998) 🔲 *2 pers. 50, pers. suppl. 20* – 🔋 *14 (3A) 19 (4A)*

La ROCHE-POSAY

86270 Vienne ⑩ – ⑱ ⑤ G. Poitou Vendée Charentes – 1 444 h. alt. 112 – ⚓.
🏢 Office de Tourisme 14 bd Victor-Hugo 🕿 05 49 19 13 00, Fax 05 49 86 27 94.
Paris 315 – Le Blanc 29 – Châteauroux 79 – Châtellerault 24 – Loches 50 – Poitiers 62 – Tours 82.

Municipal le Riveau mars-oct.
🕿 05 49 86 21 23 – N : 1,5 km par D 5, rte de Lésigny, près de l'hippodrome, bord de la Creuse –
🏖 ⚡ – 🏠 – 🚿
5,5 ha (200 empl.) plat et peu incliné, herbeux 🏕 ♀ (1 ha)
🍴 ⚿ 🍳 ⚡ 🗄 🛁 ♨ ⊕ 🖥 – 🛒 🚣 – A proximité : 🐎 et poneys
Tarif : (Prix 1998) 🔲 1 pers. 30, pers. suppl. 20 – 🔌 15 (16A)

▶ *Si vous recherchez :*
un terrain agréable ou très tranquille, ouvert toute l'année,
avec tennis ou piscine,

Consultez le tableau des localités citées, classées par départements.

ROCHETAILLÉE

38 Isère – ⑰ ⑥ – rattaché au Bourg-d'Oisans.

La ROCHETTE

05 H.-Alpes – ⑰ ⑯ – rattaché à Gap.

La ROCHETTE

73110 Savoie ⑫ – ⑭ ⑯ G. Alpes du Nord – 3 124 h. alt. 360.
🏢 Office de Tourisme Maison des Carmes 🕿 et Fax 04 79 25 53 12.
Paris 590 – Albertville 41 – Allevard 9 – Chambéry 29 – Grenoble 48.

Le Lac St-Clair juin-15 sept.
🕿 04 79 25 73 55 – SO : 1,4 km par D 202 et rte de Détrier à gauche, près du lac – ⚡ –
R conseillée 14 juil.-15 août – 🚿
2,2 ha (65 empl.) plat et peu incliné, herbeux ♀
⚿ 🍳 🌊 ⊕ 🚿 🖥 – A proximité : ⚓ 🎣
Tarif : 🚶 16 – 🚗 8 – 🔲 12 – 🔌 12 (2A) 15 (5A)

à Presle SE : 3,5 km par D 207 – 296 h. alt. 550 – ✉ 73110 Presle :

Combe Léat 15 juin-août
🕿 04 79 25 54 02 – NE : 1,5 km, sur D 207 – 🏖 ⚡ – **R** – 🚿
1 ha (50 empl.) en terrasses, incliné, herbeux 🏕 ♀
🍳 ⚿ 🌊 ⊕ 🖥 – 🛒
Tarif : (Prix 1998) 🚶 15 – 🚗 15 – 🔲 15 – 🔌 10 (3A) 14 (6A)

ROCLES

48300 Lozère ⑯ – ⑯ ⑯ – 192 h. alt. 1 085.
Paris 588 – Grandrieu 21 – Langogne 8 – Mende 46 – Le Puy-en-Velay 59 – Thueyts 51.

Rondin des Bois 20 avril-sept.
🕿 04 66 69 50 46, Fax 04 66 69 53 83 – N : 3 km par rte de Bessettes et chemin de Vaysset, à droite, alt. 1 000 – ⚡ « Dans un site sauvage » ⚡ – **R** conseillée – 🚿
2 ha (78 empl.) en terrasses, plat et peu incliné, pierreux, rochers 🏕
⚿ 🍳 🍴 🗄 🌊 ⊕ 🖥 – 🍸 🍽 🛒 – 🛒 🎯 🚲 ⊙ ♨ 🏊 – A proximité : ◊
Tarif : 🚶 26 – 🚗 12 – 🔲 16 – 🔌 15 (10A)
Location : 🚗 1600 à 2380 – gîtes

RODEZ

12000 Aveyron ⑮ – ⑳ ② G. Gorges du Tarn – 24 701 h. alt. 635.
🏢 Office de Tourisme pl. Foch 🕿 05 65 68 02 27, Fax 05 65 68 78 15.
Paris 631 – Albi 81 – Alès 188 – Aurillac 88 – Brive-la-Gaillarde 157 – Clermont-Ferrand 217 – Montauban 129 – Périgueux 222 – Toulouse 159.

Municipal de Layoule juin-sept.
🕿 05 65 67 09 52 – au Nord-Est de la ville, près de l'Aveyron « Cadre agréable » ⚡ –
R conseillée juil.-août – 🚿
3 ha/2 campables (79 empl.) plat et en terrasses, herbeux, gravier 🏕 ♀♀
⚿ 🍳 🍴 🗄 🌊 ⊕ ♨ 🖥 – 🛒 🚣
Tarif : (Prix 1998) 🔲 1 à 3 pers. 70 (80 avec élect. 6A), pers. suppl. 10 ou 12

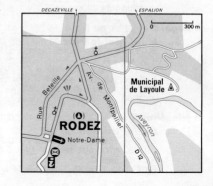

458

ROÉZÉ-SUR-SARTHE

72210 Sarthe 5 - 64 ③ - 1 903 h. alt. 33.
Paris 220 - La Flèche 29 - Le Mans 18 - Sablé-sur-Sarthe 36.

Municipal juin-15 sept.
02 43 77 47 89 - sortie Sud par D 251, rte de Parigné-le-Polen, à gauche après le pont, bord de la Sarthe « Entrée fleurie » - **R** -
0,8 ha (44 empl.) plat, herbeux
Tarif : *3 pers. 24 - 9,50 (3A) 14 (6A)*

ROHAN

56580 Morbihan 3 - 58 ⑲ **G. Bretagne** - 1 604 h. alt. 55.
Paris 453 - Lorient 72 - Pontivy 17 - Quimperlé 88 - Vannes 52.

Municipal le Val d'Oust 15 juin-15 sept.
02 97 51 57 58 - NO : vers Gueltras, bord du canal de Nantes-à-Brest et d'un plan d'eau - **R**
1 ha (45 empl.) plat, herbeux
parcours sportif - A proximité : crêperie (plage)
Tarif : (Prix 1998) *9 - 5 - 4,50 - 13 (10 à 16A)*

ROMANS-SUR-ISÈRE

26750 Drôme 12 - 77 ② **G. Vallée du Rhône** - 32 734 h. alt. 162.
Office de Tourisme Le Neuilly pl. J.-Jaurès 04 75 02 28 72, Fax 04 75 05 91 62.
Paris 561 - Die 77 - Grenoble 79 - St-Étienne 92 - Valence 21 - Vienne 72.

Municipal les Chasses mai-sept.
04 75 72 35 27 - NE : 3,5 km par N 92 rte de St-Marcellin puis 0,9 km par rte à gauche, près de l'aérodrome - - **R** conseillée -
1 ha (40 empl.) plat, herbeux
- A proximité :
Tarif : *11 - 7 - 13,80 - 21,10 (10A)*

ROMBACH-LE-FRANC

68660 H.-Rhin 8 - 62 ⑱ - 764 h. alt. 290.
Paris 424 - Colmar 38 - Ribeauvillé 23 - St-Dié 33 - Sélestat 18.

Municipal les Bouleaux 15 avril-15 oct.
03 89 58 93 99 - NO : 1,5 km par rte de la Hingrie, bord d'un ruisseau, croisement peu facile pour caravanes - - **R** conseillée juil.-août -
1,3 ha (50 empl.) plat et peu incliné, herbeux (0,5 ha)
Tarif : *12,10 - 8,10 - 4,10/8,60 - 7,50 (5A) 9,70 (10A) 11,80 (15A)*

ROMORANTIN-LANTHENAY

41200 L.-et-Ch. 6 - 64 ⑱ **G. Châteaux de la Loire** - 17 865 h. alt. 93.
Office de Tourisme 32 pl. de la Paix 02 54 76 43 89, Fax 02 54 76 96 24.
Paris 203 - Blois 42 - Bourges 73 - Châteauroux 71 - Orléans 67 - Tours 93 - Vierzon 34.

Municipal de Tournefeuille Rameaux-fin sept.
02 54 76 16 60 - sortie Est rte de Salbris, r. de Long-Eaton, bord de la Sauldre - - **R** saison -
1,5 ha (103 empl.) plat, herbeux
- - A proximité :
Tarif : *piscine comprise 1 ou 2 pers. 55 - 14,20 (6A)*

RONCE-LES-BAINS

17 Char.-Mar. 9 - 71 ⑭ **G. Poitou Vendée Charentes** - 17390 la Tremblade.
Paris 506 - Marennes 9 - Rochefort 31 - La Rochelle 69 - Royan 25.

Schéma aux Mathes

La Pignade 15 mai-18 sept.
05 46 36 25 25, Fax 05 46 36 34 14 - S : 1,5 km par av. du Monard - dans locations - **R** conseillée - GB
15 ha (448 empl.) plat, sablonneux pinède
- pizzeria, snack - salle d'animation toboggan aquatique parcours sportif - A proximité :
Tarif : *piscine comprise 2 pers. 123, pers. suppl. 31 - 25 (5A)*
Location : *1330 à 3885*

La Clairière 15 avril.-sept.
05 46 36 36 63, Fax 05 46 36 06 74 - S : 3,6 km par D 25, rte d'Arvert et rte à droite - « Cadre boisé » - **R** conseillée 15 juil.-20 août -
8 ha/4 campables (147 empl.) plat, herbeux, sablonneux
- snack - toboggan aquatique - A proximité :
Tarif : *piscine comprise 1 ou 2 pers. 85 - 20 (6A)*
Location : *1400 à 2850*

▲▲ **Les Ombrages** juin-15 sept.
    🅿 05 46 36 08 41 – S : 1,2 km – ⚬━ – **R** conseillée juil. ⊠ août – ⚓
    4 ha (200 empl.) plat et peu accidenté, sablonneux ⚲⚲ pinède
    ♿ ⛺ 📶 ☐ ☺ 🖤 ◉ 🖻 – 🖳 ⛾ snack ☕ – 🚣 – A proximité : ✖
    Tarif : ▣ 1 à 3 pers. 72 – ⚡ 16 (6A)

▲▲ **Les Pins** avril-10 oct.
    🅿 05 46 36 07 75, Fax 05 46 36 50 77 – S : 1 km – Places limitées pour le passage ⚬━ – **R** conseillée
    – ⊖⊟ ⚓
    1,5 ha (95 empl.) plat, sablonneux ⚲⚲ pinède
    ♿ ⛺ ♻ ☐ ☺ ☺ ☺ ◉ 🖻 – ☕ – 🖼 🏃 🚲 ◌◉ 🏊 – A proximité : ✖
    Tarif : ▣ piscine comprise 3 pers. 99, pers. suppl. 20,80 – ⚡ 15,60 (3A) 23 (6A) 32 (10A)
    Location : ⌂ 1050 à 2500 – ⌷ 1400 à 3300

La RONDE

17170 Char.-Mar. 🅔 – 🗺 ② – 703 h. alt. 9.
Paris 441 – Fontenay-le-Comte 24 – Marans 19 – Niort 35 – Luçon 42 – La Rochelle 34.

▲ **Le Port** avril-sept.
    🅿 05 46 27 87 92 – au Nord du bourg par D 116 rte de Maillezais et chemin à droite – ⚬━ juil.-août
    – **R** conseillée juil.-août – ⚓
    0,8 ha (25 empl.) plat, herbeux ☐
    ♿ ⛺ ♻ ☐ ☺ ◉ ☺ ☒ 🖻 – 🚣 🏊
    Tarif : ⚹ 13 piscine comprise – ▣ 20 – ⚡ 13 (5A)

ROQUEBILLIÈRE

06450 Alpes-Mar. 🗺 – 🗺 ⑲ G. Côte d'Azur – 1 539 h. alt. 650.
Paris 894 – Lantosque 6 – L'Escarène 41 – Nice 57 – St-Martin-Vésubie 10.

▲ **Les Templiers** fermé 16 nov.-14 déc.
    🅿 04 93 03 40 28 – à 0,5 km au Sud du vieux village par D 69 et chemin à gauche (forte pente),
    bord de la Vésubie – Places limitées pour le passage ⚲ ≤ « Site agréable » ⚬━ ✖ dans locations
    – **R** conseillée juil.-août – ⚓
    1 ha (53 empl.) plat et terrasses, herbeux, pierreux ⚲ (0,7 ha)
    🖳 ♿ ⛺ ☐ ☺ (☺ nov.-mars) ◉ 🖻 – 🖼 – A proximité : ✖
    Tarif : ⚹ 22 – ▣ 23 – ⚡ 19 (3A) 31 (5A) 63 (10A)
    Location : ⌂ 1680 à 1960

ROQUEBRUNE-SUR-ARGENS

83520 Var 🗺 – 🗺 ⑦ G. Côte d'Azur – 10 389 h. alt. 13.
🅱 Office de Tourisme r. Jean-Aicard 🅿 04 94 45 72 70, Fax 04 94 45 38 04.
Paris 864 – Les Arcs 19 – Cannes 48 – Draguignan 21 – Fréjus 14 – Ste-Maxime 22.

Schéma à Fréjus

▲▲▲ **Domaine de la Bergerie** avril-sept.
    🅿 04 94 82 90 11, Fax 04 94 82 93 42 – SE : 8 km par D 7, rte de St-Aygulf et D 8 à droite, rte
    du Col du Bougnon, bord d'étangs « Agréable parc résidentiel autour d'une ancienne bergerie » ⚬━
    – **R** indispensable juil.-août – ⚓
    60 ha (700 empl.) plat et en terrasses, herbeux, pierreux, accidenté ☐ ⚲⚲
    ♿ ⛺ ♻ ☐ ☺ ◉ ☺ ⛾ ✖ ☕ – 🖼 🏃 🎿 🚠 discothèque, théâtre de plein air 🚣
    🚲 ◌◉ ✖ 🏊 half-court, terrain omnisports
    Tarif : ▣ élect. (5A), piscine et tennis compris 3 pers. 178 ou 200, pers. suppl. 35 – ⚡ 12
    (10A)
    Location (15 fév.-15 nov.) : ⌷ 1400 à 4000

▲▲▲ **Lei Suves** 15 mars-15 oct.
    🅿 04 94 45 43 95, Fax 04 94 81 63 13 – N : 4 km par D 7 et passage sous l'autoroute A 8 (hors
    schéma) ⚲ « Entrée fleurie » ⚬━ – **R** conseillée juil.-20 août – ⊖⊟ ⚓
    7 ha (310 empl.) en terrasses, plat, pierreux, herbeux ☐ ⚲⚲
    ♿ ⛺ ♻ ☐ ☺ ◉ ☺ ☒ 🖻 – 🖳 ⛾ ☕ – 🚣 ✖ 🏊
    Tarif : (Prix 1998) ▣ piscine comprise 2 pers. 145, 3 pers. 158 – ⚡ 17 (4A)

▲▲ **Les Pêcheurs** Pâques-25 -sept.
    🅿 04 94 45 71 25, Fax 04 94 81 65 13 – NO : 0,7 km par D 7, bord de l'Argens et près d'un plan
    d'eau (hors schéma) « Cadre agréable » ⚬━ – **R** conseillée – ⚓
    3,3 ha (220 empl.) plat, herbeux ⚲⚲
    ♿ ⛺ ♻ ☐ ☺ ☺ ◉ 🖻 – 🖳 snack – 🖼 🏃 🚣 🏊 half-court – A proximité : ≈
    Tarif : ▣ piscine comprise 2 pers. 145, 3 pers. 155, pers. suppl. 30 – ⚡ 18 (6A) 23 (10A)
    Location : ⌷ 1500 à 3300

▲▲ **Moulin des Iscles** avril-1er oct.
    🅿 04 94 45 70 74, Fax 04 94 45 46 09 – E : 1,8 km par D 7, rte de St-Aygulf et chemin à gauche,
    bord de l'Argens (hors schéma) – ⚲ ⚬━ – **R** conseillée – ⊖⊟ ⚓
    1,5 ha (90 empl.) plat, herbeux ⚲⚲
    🖳 ♿ ⛺ ☐ ☺ ◉ ☺ ☒ 🖻 – 🖳 snack ☕ – 🖼
    Tarif : (Prix 1998) ▣ 3 pers. 104, pers. suppl. 19 – ⚡ 17 (6A)
    Location : ⌂ 870 à 1710 – studios

ROQUECOURBE

81210 Tarn 🔢 - 🔢 ① - 2 266 h. alt. 220.
Paris 741 – Albi 39 – Brassac 24 – Castres 10 – Graulhet 35 – Montredon-Labessonnié 12.

▲ **Municipal de Siloé** 15 mai-15 sept.
sortie Est par D 30 puis 0,5 km par chemin à droite après le pont, bord de l'Agout – 🦢 – **R**
0,7 ha (37 empl.) plat, herbeux 🛝🛝
🔲 🏕 🔊 ⊕ 🖪 – A proximité : ✗
Tarif : ♣ 14 – 🖪 17 – ⚡ 16 (20A)

La ROQUE-D'ANTHÉRON

13640 B.-du-R. 🔢 - 🔢 ② G. Provence – 3 923 h. alt. 183.
🅱 Office de Tourisme av. de l'Europe Unie ℰ 04 42 50 58 63, Fax 04 42 50 59 81.
Paris 729 – Aix-en-Provence 28 – Cavaillon 34 – Manosque 59 – Marseille 57 – Salon-de-Provence 27.

▲▲▲ **Domaine des Iscles** mars-1er oct.
ℰ 04 42 50 44 25, Fax 04 42 50 56 29 – N : 1,8 km par D 67ᶜ et chemin à droite après le tunnel
sous le canal, près d'un plan d'eau et à 200 m de la Durance – 🦢 ≤ •☛ – **R** conseillée juil.-août
– 🇬🇧 ⚡
10 ha/4 campables (270 empl.) plat, herbeux, pierreux ⚲
🔲 ᕯ 🔊 ᕧ 🖪 ⊕ 🖪 – 🛒 ✗ 🖍 – 🔄 🛶 🚲 •⚡ ✗ 🍴 ≊ toboggan aquatique practice de
golf
Tarif : ♣ 27 piscine et tennis compris – 🖪 62 avec élect. (10A)
Location (mai-1er oct.) : 🏠 1140 à 2540 – bungalows toilés

▲▲ **Silvacane en Provence** Permanent
ℰ 04 42 50 40 54, Fax 04 42 50 43 75 – sortie Ouest par D 561, rte de Charleval, près du canal –
≤ « Cadre agréable » •☛ – **R** conseillée juil.-août – 🇬🇧 ⚡
3 ha (133 empl.) plat, peu incliné, en terrasses, pierreux, herbeux 🛝🛝 pinède
🔲 ᕯ 🔊 ᕧ 🖪 ⊕ 🖪 – 🛒 🖍 🍴 – A proximité : 🍴
Tarif : ♣ 27 piscine comprise – 🖪 40 (62 avec élect. 10A)

ROQUEFORT

40120 Landes 🔢 - 🔢 ⑪ G. Pyrénées Aquitaine – 1 821 h. alt. 69.
Paris 685 – Barbotan-les-Thermes 28 – Captieux 30 – Labrit 20 – Mont-de-Marsan 23.

▲ **Municipal de Nauton** avril-oct.
ℰ 05 58 45 59 99 – N : 1,5 km par D 932, rte de Bordeaux – **R**
1,5 ha (36 empl.) plat, herbeux, sablonneux ⚲ pinède
🏕 🔊 🍴 ᕧ ⊕ 🛒 🌱 – A proximité : ✗
Tarif : (Prix 1998) ♣ 12,50 – 🖪 14,50/17,50 avec élect.

La ROQUE-GAGEAC

24250 Dordogne 🔢 - 🔢 ⑰ G. Périgord Quercy – 447 h. alt. 85.
Paris 542 – Brive-la-Gaillarde 64 – Cahors 54 – Fumel 59 – Lalinde 44 – Périgueux 70 – Sarlat-la-Canéda 13.

▲▲▲ **Beau Rivage** Permanent
ℰ 05 53 28 32 05, Fax 05 53 29 63 56 – E : 4 km, bord de la Dordogne – •☛ ✗ dans locations –
R conseillée – 🇬🇧 ⚡
6,4 ha (199 empl.) plat et en terrasses, herbeux, sablonneux 🛝🛝
🔲 ᕯ 🔊 ᕧ 🖪 ⊕ 🖪 – 🛒 ⚡ 🍴 snack 🖍 – 🔄 🛶 •⚡ ✗ 🍴 ≊
Tarif : 🖪 piscine comprise 2 pers. 96, pers. suppl. 28
Location (mars-15 nov.) : 🏠 1400 à 3200

▲▲ **La Butte** Pâques-fin oct.
ℰ 05 53 28 30 28 – SE : 4,5 km, accès direct à la rivière – ≤ •☛ – **R** conseillée 15 juil.-15 août
– ⚡
4 ha (130 empl.) plat et en terrasses, herbeux 🗂 🛝🛝
🛒 ᕯ 🔊 ᕧ 🖪 ⊕ 🖪 – 🛒 ⚡ 🍴 snack 🖍 – 🛶 🛶 🍴 ≊
Tarif : 🖪 piscine comprise 2 pers. 90, pers. suppl. 25 – ⚡ 16 (4A)
Location : 🚐 1200 à 2260 – 🏠 1000 à 3250

▲▲ **Le Lauzier** juin-15 sept.
ℰ 05 53 29 54 59 – SE : 1,5 km – ≤ « Cadre agréable » •☛ juil.-août – **R** conseillée 10 juil.-14 août
– 🇬🇧 ⚡
2 ha (66 empl.) en terrasses, pierreux, herbeux 🗂 🛝🛝
🛒 ᕯ 🔊 🖪 ᕧ ⊕ 🖪 – 🛶 🍴
Tarif : ♣ 23 piscine comprise – 🖪 24 – ⚡ 18 (6A)

▲ **La Plage** avril-sept.
ℰ 05 53 29 50 83 ✉ 24220 St-Cyprien – O : 1 km, bord de la Dordogne – ≤ •☛ – **R** saison – ⚡
2 ha (83 empl.) plat, herbeux ⚲
🏕 🍴 ᕧ ⊕ – 🔄 ≊
Tarif : ♣ 20 – 🚗 10 – 🖪 10 – ⚡ 12 (3A) 14 (4A) 18 (6A)

▲ **Verte Rive** 30 juin-15 sept.
ℰ 05 53 28 30 04 – SE : 2,5 km, bord de la Dordogne – •☛ – **R** conseillée août – ⚡
1,5 ha (60 empl.) plat et peu incliné, herbeux 🛝🛝
🏕 🍴 🔊 ⊕ – ≊
Tarif : ♣ 20 – 🖪 21 – ⚡ 15 (3A)

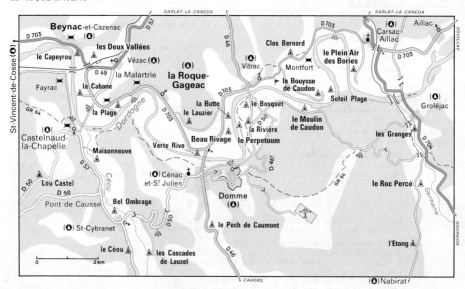

Voir aussi à Beynac-et-Cazenac, Carsac-Aillac, Castelnaud-la-Chapelle, Cénac-et-St-Julien, Domme, Groléjac, Nabirat, St-Cybranet, St-Vincent-de-Cosse, Vézac, Vitrac.

ROSCANVEL

29570 Finistère **3** – **58** ④ G. Bretagne – 740 h. alt. 8.
Paris 596 – Brest 68 – Camaret-sur-Mer 8 – Châteaulin 44 – Crozon 10 – Morlaix 90 – Quimper 61.

Schéma à Crozon

⚠ *Municipal de Kervian* 15 juin-15 sept.
ℰ 02 98 27 43 23 – O : 1 km par rte du stade – 🛶 ≤ ⊶ – **R** conseillée – ⚲
2 ha (45 empl.) en terrasses, herbeux
🗟 🍴 🖾 🔊 ⊕
Tarif : 👤 *10,25* – 🚗 *5,90* – 🗉 *10,25* – [⚡] *13,45*

La ROSIÈRE 1850

73700 Savoie **12** – **74** ⑱ G. Alpes du Nord – Sports d'hiver : : 1 100/2 600 m ⬅19 ☀.
🅱 Office de Tourisme ℰ 04 79 06 80 51, Fax 04 79 06 83 20.
Paris 668 – Albertville 77 – Bourg-St-Maurice 23 – Chambéry 124 – Chamonix-Mont-Blanc 61 – Val-d'Isère 32.

⚠ *La Forêt* 15 déc.-1ᵉʳ mai, 20 juin-15 oct.
ℰ 04 79 06 86 21 – S : 2 km par N 90, rte de Bourg-St-Maurice, alt. 1 730 – ❄ ≤ ⊶ – **R** – ⚲
1,5 ha (67 empl.) en terrasses, accidenté, pierreux ⚐⚐
▥ 🛉 🖾 🍴 🖾 ⊕ - 🍷 crêperie – A proximité : 🍴
Tarif : 👤 *22* – 🗉 *17/21 (hiver : 🗉 élect. (4A) comprise 2 pers. 97,80)* – [⚡] *19 (4A)*

ROSIÈRES

07260 Ardèche **16** – **80** ⑧ – 911 h. alt. 175.
Paris 651 – Aubenas 22 – Largentière 11 – Privas 52 – St-Ambroix 34 – Vallon-Pont-d'Arc 23.

⚠⚠ *Arleblanc* avril-oct.
ℰ 04 75 39 53 11, Fax 04 75 39 93 98 – sortie Nord-Est rte d'Aubenas et 2,8 km par chemin à droite, longeant le centre commercial Intermarché, Croisement difficile pour caravanes « Situation agréable au bord de la Beaume » ⊶ – **R** conseillée – 🅶🅱 ⚲
7 ha (167 empl.) plat, herbeux ⚐⚐
🛉 🖾 🗟 🍴 🖾 🔊 ⊕ - 🟥 🍷 ✕ pizzeria 🖥 – 🚣 ✕ 🔝 🏊 – A proximité : 🏇
Tarif : 🗉 *piscine comprise 2 pers. 95* – [⚡] *16 (6A)*
Location : 🛏 *1600 à 2300 – studios*

⚠⚠ *La Plaine* avril-sept.
ℰ 04 75 39 51 35, Fax 04 75 39 96 46 – NE : 0,7 km par D 104 rte d'Aubenas « Entrée fleurie » ⊶ – **R** conseillée juil.-août – ⚲
4 ha/2 campables (60 empl.) plat, peu incliné, herbeux 🔲 ⚐⚐
🛉 🖾 🗟 ⊕ 🖾 - 🍷 - 🏠 🚣 ✕ 🔝 – A proximité : 🛒
Tarif : 🗉 *piscine comprise 2 pers. 90, pers. suppl. 17* – [⚡] *18 (6A) 20 (10A)*
Location : 🛏 *1400 à 2600*

▲▲ **Les Platanes** Pâques-sept.
 🕾 04 75 39 52 31, Fax 04 75 39 90 86 – sortie Nord-Est rte d'Aubenas et 3,7 km par chemin à droite longeant le centre Commercial Intermarché, bord de la Beaume, Croisement difficile pour caravanes – 🚿 ⩽ o━┱ juil.-août – **R** conseillée juil.-août – ⨍
 2 ha (90 empl.) plat, herbeux 🟊🟊
 & 🗊 ⇌ 🗊 🖒 ⩘ ⊙ 🖻 – ♒ ⵢ – � 🛶 ⌁ ≊ – A proximité : 🐎
 Tarif : 🗐 piscine comprise 2 pers. 85 – [2] 16 (10A)

▲ **Les Acacias** 15 juin-15 sept.
 🕾 04 75 39 95 85 – NO : 1,5 km par D 104, rte de Joyeuse, D 303, rte de Vernon à droite et chemin à gauche, bord de la Beaume, Accès direct à Joyeuse par chemin piétonnier – 🚿 o━┱ – **R** conseillée – ⨍
 1,2 ha (32 empl.) plat, herbeux 🖾 🟊
 & 🗊 🗊 ⩘ ⊙ 🖻 – 🚍 ≊ (plan d'eau)
 Tarif : 🗐 2 pers. 53, pers. suppl. 17 – [2] 15 (12A)
 Location : ⌂ 1225

Les **ROSIERS-SUR-LOIRE**

49350 M.-et-L. 🟓 – 🖸🖸 ⑫ G. **Châteaux de la Loire** – 2 204 h. alt. 22.
Paris 304 – Angers 32 – Baugé 27 – Bressuire 66 – Cholet 62 – La Flèche 45 – Saumur 18.

▲▲ **Intercommunal le Val de Loire** Pâques-sept.
 🕾 02 41 51 94 33, Fax 02 41 51 89 13 – sortie Nord par D 59 rte de Beaufort-en-Vallée, près du carrefour avec la D 79 « Entrée fleurie » o━┱ – **R** conseillée – **GB** ⨍
 3,5 ha (110 empl.) plat, herbeux
 & 🗊 ⇌ 🗊 🖒 ⊙ ⩘ ⵠ 🖳 🖻 – 🚍 🚲 ⌁ – A proximité : toboggan aquatique ⚹ 🏌
 Tarif : 🗐 piscine et tennis compris 2 pers. 80 – [2] 15 (5 ou 10A)
 Location : ⌂ 1320 à 2200 – ⌂ 1400 à 2300 – bungalows toilés

ROSNAY

36300 Indre 🔟 – 🖸🖸 ⑯ ⑰ – 537 h. alt. 112.
Paris 310 – Argenton-sur-Creuse 33 – Le Blanc 15 – Châteauroux 45.

▲ **Municipal** Permanent
 N : 0,5 km par D 44 rte de St-Michel-en-Brenne, bord d'un étang – 🚿 – **R** – ⨍
 0,7 ha (18 empl.) plat, herbeux
 🗊 🗊 🖒 ⊙ – ⚹
 Tarif : (Prix 1998) 🍴 9 – ⬅ 7 – 🗐 7 – [2] 10 (3A) 6A : 16 (hiver 20)

ROSPORDEN

29140 Finistère 🟑 – 🖸🖸 ⑯ G. **Bretagne** – 6 485 h. alt. 125.
🟊 Syndicat d'Initiative (juil.-août) Le Moulin, r. Hippolyte-le-Bas 🕾 02 98 59 27 26, Fax 02 98 59 92 00, (hors saison) 🕾 02 98 66 99 00.
Paris 546 – Carhaix-Plouguer 47 – Châteaulin 47 – Concarneau 14 – Quimper 23 – Quimperlé 26.

▲▲ **Municipal Roz-an-Duc** 15 juin-6 sept.
 🕾 02 98 59 90 27 – N : 1 km par D 36 rte de Châteauneuf-du-Faou et à droite, à la piscine, bord de l'Aven et à 100 m d'un étang – 🚿 « Cadre agréable » o━┱ – **R** conseillée – ⨍
 1 ha (47 empl.) plat et en terrasses, herbeux 🖾 🟊
 & 🗊 ⇌ 🖒 ⊙ – A proximité : parcours sportif ⚹ 🔲 🔲
 Tarif : (Prix 1998) 🍴 13 – ⬅ 6 – 🗐 12 – [2] 13 (3A)

ROSTRENEN

22110 C.-d'Armor 🟑 – 🖸🖸 ⑪ G. **Bretagne** – 3 664 h. alt. 216.
🟊 Syndicat d'Initiative 4 pl. de la République 🕾 02 96 29 02 72.
Paris 485 – Carhaix-Plouguer 22 – Guingamp 46 – Loudéac 48 – Pontivy 38 – St-Brieuc 57.

▲▲ **Fleur de Bretagne** avril-oct.
 🕾 02 96 29 16 45 – SE : 2 km par D 764 rte de Pontivy et à gauche – 🚿 ⩽ o━┱ – **R** août
 6 ha (100 empl.) en terrasses, plat, peu incliné, herbeux
 & 🗊 ⇌ 🗊 🖒 ⊙ – ⵢ snack ⵠ – 🚍 ⌁
 Tarif : 🍴 14 piscine comprise – ⬅ 6 – 🗐 25 – [2] 15 (2A)

ROTHAU

67570 B.-Rhin 🟖 – 🖸🖸 ⑧ – 1 583 h. alt. 340.
Paris 412 – Barr 34 – St-Dié 92 – Saverne 50 – Sélestat 42 – Strasbourg 56.

▲ **Municipal** mai-sept.
 🕾 03 88 97 07 50 – sortie Sud-Ouest par N 420 rte de St-Dié et chemin à droite, bord de la Bruche – o━┱ juil.-août – **R** conseillée – ⨍
 1 ha (39 empl.) plat et terrasse, peu incliné, herbeux
 🗊 ⇌ 🖒 ⊙
 Tarif : 🍴 15 – ⬅ 5,50 – 🗐 5,50 – [2] 10 (6A)

76000 S.-Mar. 🟫 – 🔲🔲 ⑥ G. Normandie Vallée de la Seine – 102 723 h. alt. 12.
🟦 Office de Tourisme 25 pl. de la Cathédrale ✆ 02 32 08 32 40, Fax 02 32 08 32 44.
Paris 131 – Amiens 121 – Caen 123 – Calais 215 – Le Havre 88 – Lille 230 – Le Mans 196 – Rennes 301 – Tours 275.

à Déville-lès-Rouen NO : par N 15 rte de Dieppe – 10 521 h. alt. 23 – ⊠ 76250 Déville-lès-Rouen :

▲ **Municipal** Permanent
✆ 02 35 74 07 59 – rue Jules-Ferry – �o━ – **R** conseillée été
1,5 ha (66 empl.) plat, gravillons, herbeux
▥ ⅏ ♒ ⊞ ⊟ ⊕ ⚲ ⤙
Tarif : ⚹ *24,50* – 🚗 *8,50* – ▣ *8,50/16* – ⫿ *10,50 (15A)*

▶ *De gids wordt jaarlijks bijgewerkt.*
  Doe als wij, vervang hem, dan blijf je bij.

68250 H.-Rhin 🟫 – 🔲🔲 ⑲ G. Alsace et Lorraine – 4 303 h. alt. 204.
🟦 Office de Tourisme pl. de la République ✆ 03 89 78 53 15, Fax 03 89 49 75 30.
Paris 479 – Basel 57 – Belfort 56 – Colmar 15 – Guebwiller 11 – Mulhouse 28 – Thann 26.

▲ **Municipal** 10 mai-sept.
✆ 03 89 49 78 13 – au Sud du bourg, près du stade et de la piscine – o━ – **R** conseillée
0,4 ha (30 empl.) plat, herbeux ⚘
⅏ ⚲ ⊕ – 🔲 – A proximité : ⚙ ⅃
Tarif : (Prix 1998) ⚹ *10* – ▣ *10* – ⫿ *12 (4A)*

24 Dordogne 🔲🔲 – 🔲🔲 ⑥ G. Périgord Quercy – 1 465 h. alt. 300 – ⊠ 24580 Rouffignac-St-Cernin.
Paris 503 – Bergerac 58 – Brive-la-Gaillarde 57 – Périgueux 33 – Sarlat-la-Canéda 37.

▲▲ **Cantegrel** avril-15 oct.
✆ 05 53 05 48 30, Fax 05 53 05 40 67 – N : 1,5 km par D 31 rte de Thenon et rte à droite – ≼
« Cadre agréable » o━ – **R** conseillée – ⊖⊟
43 ha/7 campables (110 empl.) en terrasses, peu incliné et incliné, herbeux ⊏⊐ ⚘ (3 ha)
⅓ ⅏ ♒ ⊕ ⊞ – ⣿ ⚹ ✗ ⬥ – cases réfrigérées – 🔲 ⚮ ⚴ ⚲ ⚙ ⅃ ⚘
Tarif : ⚹ *17 piscine comprise* – ▣ *65* – ⫿ *15 (5A)*
Location : 🏠 *1000 à 2500*

▲▲ **La Nouvelle Croze** Pâques-Toussaint
✆ 05 53 05 38 90, Fax 05 53 46 61 71 – SE : 2,5 km par D 31, rte de Fleurac et chemin à droite
– ⚲ o━ – **R** conseillée juil.-août – ⊖⊟ ⚵
1,3 ha (40 empl.) plat, herbeux
⅓ ⅏ ♒ ⊞ ⊕ ♒ ⚲ ⊞ – ⚮ ⚹ – 🔲 ⚴ ⅃
Tarif : ⚹ *26 piscine comprise* – ▣ *35* – ⫿ *15 (5A)*
Location : 🔲 *800 à 2800*

25680 Doubs 🟫 – 🔲🔲 ⑯ – 1 200 h. alt. 255.
Paris 386 – Baume-les-Dames 21 – Besançon 49 – Montbéliard 60 – Vesoul 28.

à Bonnal N : 3,5 km par D 18 – 25 h. alt. 270 – ⊠ 25680 Bonnal :

▲▲▲ **Le Val de Bonnal** 15 mai-15 sept.
✆ 03 81 86 90 87, Fax 03 81 86 03 92 – bord de l'Ognon et près d'un plan d'eau – ⚲ o━ –
R conseillée 10 juil.-15-août – ⊖⊟
120 ha/15 campables (272 empl.) plat, herbeux ⊏⊐ ⚘ (2 ha)
⅓ ⅏ ♒ ⊞ ⊟ ♒ ⚲ 🔲 – ⚮ ⚹ ✗ snack ⬥ – 🔲 ⚴ ⚲ ⅃ ⚴ toboggans aquatiques
Tarif : ▣ élect. (5A) et piscine comprises 2 pers. 164, pers. suppl. 37

81 Tarn 🔲🔲 – 🔲🔲 ② – ⊠ 81260 Brassac.
Paris 734 – Anglès 11 – Brassac 17 – Lacaune 19 – St-Pons-de-Thomières 31 – La Salvetat-sur-Agout 9.

▲ **Rouquié** mars-oct.
✆ 05 63 70 98 06, Fax 05 63 50 49 58 – bord du lac de la Raviège – ⚲ ≼ o━ – **R** indispensable
juil.-août – ⚵
1,5 ha (76 empl.) très incliné, en terrasses, herbeux ⚘
⅓ ⅏ ♒ ⊟ ⊕ 🔲 – ⚮ ⚹ – ⚴
Tarif : (Prix 1998) ▣ *2 pers. 64, pers. suppl. 20* – ⫿ *15 (3A) 18 (6A)*
Location : 🏠 *1300 à 3000*

ROUSSILLON

84220 Vaucluse **16** – **81** ⑬ G. Provence – 1 165 h. alt. 360.
🛈 Office de Tourisme pl. de la Poste 𝒫 et Fax 04 90 05 60 25.
Paris 727 – Apt 11 – Avignon 51 – Bonnieux 10 – Carpentras 37 – Cavaillon 30 – Sault 31.

⚠ **Arc-en-Ciel** 15 mars-oct.
𝒫 04 90 05 73 96 – SO : 2,5 km par D 105 et D 104 rte de Goult – ⚒ « Cadre et site agréables »
⊶ – **R** conseillée juil.-août – **GB** ⚙
5 ha (70 empl.) accidenté et en terrasses ⚶
⚙ 🍴 ⇆ 🖼 ⚏ ⊕ 🖩 – A proximité : 🐎
Tarif : 🕴 *16* – 🚗 *10* – 🖩 *10* – [⚡] *15 (4A) 17 (6A)*

ROYAN

17200 Char.-Mar. **9** – **71** ⑮ G. Poitou Vendée Charentes – 16 837 h. alt. 20.
Bac : pour le Verdon-s-Mer : renseignements 𝒫 05 56 09 60 84.
🛈 Office de Tourisme Palais des Congrès 𝒫 05 46 23 00 00 et 05 46 05 04 71, Fax 05 46 38 52 01 et Rond-Point
de la Poste 𝒫 05 46 05 04 71, Fax 05 46 06 67 76.
Paris 503 – Bordeaux 121 – Périgueux 174 – Rochefort 40 – Saintes 36.

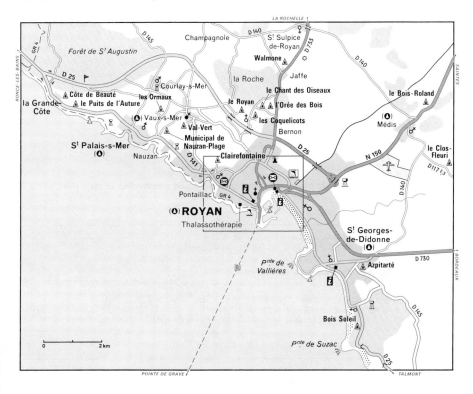

⚠ **Le Royan** avril-sept.
𝒫 05 46 39 09 06, Fax 05 46 38 12 05 – NO : 2,5 km – ⊶ – **R** conseillée – ⚙
2,5 ha (180 empl.) peu incliné, herbeux ♀
⚙ 🍴 ⇆ 🖼 ⚏ ⊕ ⚒ ▽ 🖩 – 🏊 ☕ snack ⚒ – 🏠 ⊷ ⚓
Tarif : 🖩 *piscine comprise 3 pers. 89* – [⚡] *20 (5 ou 6A) 26 (10A)*
Location : 🏕 *900 à 1950* – 🚐 *2200 à 2760*

⚠ **Clairefontaine** 13 mai-12 sept.
𝒫 05 46 39 08 11, Fax 05 46 38 13 79 – **à Pontaillac**, allée des Peupliers, à 400 m de la plage
« Cadre agréable » ⊶ – **R** conseillée – **GB** ⚙
3 ha (290 empl.) plat, herbeux ⚶
⚙ 🍴 ⇆ 🖼 ⚏ ⊕ 🖩 ▽ – 🏊 ☕ snack – 🏠 ✂ ⚓
Tarif : 🖩 *piscine comprise 3 pers. 174, pers. suppl. 58* – [⚡] *20 (5A)*

⚠ **Le Chant des Oiseaux** 15 juin-sept.
𝒫 05 46 39 47 47 – NO : 2,3 km – ⊶ juil.-août – **R** conseillée – ⚙
2,5 ha (150 empl.) plat, herbeux ⚶ (0,5 ha)
⚙ 🍴 ⇆ 🖼 ⚏ ⊕ 🖩 – 🏠
Tarif : 🖩 *3 pers. 75* – [⚡] *19,50 (5A)*

⌂ **Walmone** avril-sept.
 𝄢 05 46 39 15 81 – N : 4 km – ⊶ – **R** conseillée – ⚲
 1,5 ha (100 empl.) plat, herbeux ♀♀
 🔲 🔳 ⚙ (🌲 saison) ⊕ 🔳 – 🍷 – 🏓 ✖ ⛱ (petite piscine)
 Tarif : 🔳 3 pers. 78 – 🔌 19,50 (4A)
 Location : 🏠 900 à 1800

⌂ **Les Coquelicots** avril-sept.
 𝄢 05 46 38 23 21, Fax 05 46 39 41 25 – N : 2 km – ⊶ – **R** conseillée juil.-août – **GB** ⚲
 3 ha (290 empl.) plat, herbeux ♀♀♀ (0,6 ha)
 ⚒ 🔲 🔳 ⚙ ⊕ 🔳 – 🏊
 Tarif : 🔳 1 pers. 69, 2 pers. 72, 3 pers. 75, pers. suppl. 23 – 🔌 17 (5A)

⌂ **L'Orée des Bois** mai-sept.
 𝄢 05 46 39 07 92 – N : 2,5 km – ⊶ 20 juil.-août – **R** conseillée – ⚲
 1,5 ha (90 empl.) plat, herbeux ♀
 ⚒ 🔲 🔳 ♨ 🚽 ⊕ 🔳 – 🛒
 Tarif : 🔳 2 pers. 55, pers. suppl. 18 – 🔌 16,50 (6A) 20 (10A)

à Vaux-sur-Mer NO : 4,5 km – 3 054 h. alt. 12 – ✉ 17640 Vaux-sur-Mer :

⛰ **Municipal de Nauzan-Plage** avril-sept.
 𝄢 05 46 38 29 13, Fax 05 46 38 18 43 – av. de Nauzan, à 500 m de la plage – ⊶ – **R** conseillée saison – **GB** ⚲
 3,9 ha (220 empl.) plat, herbeux ⌑ ♀
 ⚒ 🔲 ⚙ 🔳 ♨ 🚽 ⊕ 🔳 – ⚖ 🍷 snack 🍖 – 🛒 🏊 🏊 – A proximité : ✖ 🎯
 Tarif : (Prix 1998) 🔳 piscine comprise 1 à 3 pers. 120, pers. suppl. 28 – 🔌 15 (6A)

⛰ **Val-Vert** juin-15 sept.
 𝄢 05 46 38 25 51, Fax 05 46 38 06 15 – au Sud-Ouest du bourg, 106 av. F.-Garnier, bord d'un ruisseau – ⊶ – **R** conseillée – **GB** ⚲
 3 ha (157 empl.) plat et terrasse, herbeux, pierreux ⌑ ♀
 ⚒ 🔲 ⚙ 🔳 ♨ 🚽 ⊕ 🔳 – 🍖 – 🛒 🏊 🏊 – A proximité : ✖ 🎯 ⛹
 Tarif : 🔳 piscine comprise 3 pers. 120 – 🔌 21 (3A) 23 (6A) 25 (10A)
 Location : 🏠 1000 à 2000

Voir aussi à Médis, St-Georges-de-Didonne, St-Palais-sur-Mer

▶ ⛰⛰⛰ ... ⌂
 Sites which are particularly pleasant in their own right and outstanding in their class.

ROYAT

63130 P.-de-D. 𝟙𝟙 – 𝟟𝟛 ⑭ G. Auvergne – 3 950 h. alt. 450 – ♨.
🛈 Office de Tourisme pl. Allard 𝄢 04 73 35 81 87, Fax 04 73 35 81 07.
Paris 427 – Aubusson 90 – La Bourboule 47 – Clermont-Ferrand 5 – Le Mont-Dore 40.

⛰ **Municipal de l'Oclède** début avril-fin oct.
 𝄢 04 73 35 97 05, Fax 04 73 35 67 69 – SE : 2 km par D 941^C, rte du Mont-Dore et à droite D 5, rte de Charade « Cadre agréable » ⊶ – **R** conseillée
 7 ha (200 empl.) en terrasses, peu incliné, gravier, herbeux ⌑ ♀
 ⚒ ⚒ ⚙ 🔲 🚽 ⊕ 🔳 🔳 – 🍷 – 🛒 🏊 ✖
 Tarif : (Prix 1998) ⚹ 18 – 🚗 12 – 🔳 13 – 🔌 17 (4A) 24 (6A) 32 (10A)
 Location : huttes

ROYBON

38940 Isère 𝟙𝟚 – 𝟟𝟟 ③ – 1 269 h. alt. 518.
Paris 542 – Beaurepaire 24 – Grenoble 59 – Romans-sur-Isère 36 – St-Marcellin 17 – Voiron 39.

⌂ **Municipal Aigue-Noire** avril-sept.
 𝄢 04 76 36 23 67 – S : 1,5 km par D 20, rte de St-Antoine, bord d'un plan d'eau et d'un ruisseau – Places limitées pour le passage ⊶ – **R** conseillée juil.-août – ⚲
 2 ha (100 empl.) plat et peu incliné, terrasses, gravier, herbeux ♀ (0,6 ha)
 ⚒ 🔲 🔳 ⊕ 🔳 – 🛒 🏊 – A proximité : ⛱ toboggan aquatique
 Tarif : (Prix 1998) ⚹ 15,50 – 🚗 8,50 – 🔳 12,50 – 🔌 14,50 (5A)

ROYÈRE-DE-VASSIVIÈRE

23460 Creuse 𝟙𝟘 – 𝟟𝟚 ⑳ – 670 h. alt. 735.
Paris 421 – Bourganeuf 22 – Eymoutiers 24 – Felletin 30 – Gentioux 12 – Limoges 68.

⛰ **Centre de Vacances de Masgrangeas** juil.-sept.
 𝄢 05 55 64 71 65, Fax 05 55 64 75 09 – SO : 4,8 km par D 3 et D 3^A à droite, bord du lac de Vassivière, alt. 659 – ⛵ ⚓ « Site et situation agréables » ⊶ – **R** conseillée – **GB** ⚲
 22 ha/2 campables (110 empl.) plat et peu incliné, herbeux ⌑ ♀
 🔲 ⚙ 🚽 ⊕ 🔳 – 🍷 snack 🍖 – 🛒 🏃 salle d'animation ✖ 🏊 ⛱ (plage)
 Tarif : 🔳 piscine comprise 2 pers.88 – 🔌 17 (8A)
 Location : gîtes

Le ROZIER

48150 Lozère 15 – 80 ④ G. Gorges du Tarn – 157 h. alt. 400.
🛈 Office de Tourisme 𝒫 05 65 62 60 89, Fax 05 65 62 60 27.
Paris 639 – Florac 57 – Mende 63 – Millau 23 – Sévérac-le-Château 28 – Le Vigan 72.

△△△ **Les Prades** 15 juin-15 sept.
𝒫 05 65 62 62 09 ✉ 12720 Peyreleau – O : 4 km par Peyreleau et D 187 à droite, rte de la Cresse, bord du Tarn – 𝒮 ≤ ☛ 🦮 dans les locations – **R** conseillée juil.-août – ⊖🏧
ᵪ
3,5 ha (150 empl.) plat, herbeux, sablonneux ᵠᵠ
& 🗒 ⇌ ⑤ ≛ 🛁 ⊕ ☡ ▤ – 🗾 ♟ snack – 🚣 🚲 ·🔘 🎾 ⚓ mur d'escalade
Tarif : ▣ piscine et tennis compris 2 pers. 85 (104 avec élect.), pers. suppl. 19
Location : 🏠 1500 à 2600 – bungalows toilés

△△ **Municipal** 28 mars--23 sept.
𝒫 05 65 62 63 98, Fax 05 65 62 60 83 – au bourg, accès face à l'église, bord de la Jonte – 𝒮 ≤
☛ – **R** conseillée juil.-août – ⊖🏧
3,5 ha (165 empl.) plat et peu incliné, herbeux, pierreux ☐ ᵠ
& 🗒 ⇌ ⑤ ≛ ⊕ ▤ – 🗾 🚣 ⚓
Tarif : ✶ 25 piscine comprise – 🚐 10 – ▣ 13

△ **Le Randonneur** juil.-sept.
𝒫 05 65 62 60 62 ✉ 12720 Peyreleau – NO : 1,2 km par D 907 rte de Millau, bord du Tarn – ≤
☛ – **R** conseillée 14 juil-15 août – ᵪ
0,5 ha (28 empl.) plat, terrasse, pierreux, herbeux ☐ ᵠᵠ
& 🗒 ⑤ ▤ – 🗾 🚣 ⚓ – A proximité : 🎾
Tarif : ▣ 1 pers. 34, 2 pers. 48 – ⚡ 10 (5A)

RUE

80120 Somme 1 – 52 ⑥ G. Flandres Artois Picardie – 2 942 h. alt. 9.
🛈 Office de Tourisme 54 porte de Bécray 𝒫 03 22 25 69 94, Fax 03 22 25 76 26.
Paris 208 – Abbeville 28 – Amiens 76 – Berck-Plage 23 – Le Crotoy 8.

△ **Les Oiseaux** avril-15 sept.
𝒫 03 22 25 71 82 – S : 3,2 km par D 940, rte du Crotoy et chemin de Favières à gauche, près d'un ruisseau – Places limitées pour le passage ☛ – **R** conseillée – ᵪ
1,2 ha (40 empl.) plat, herbeux
▥ & 🗒 ⇌ ⑤ ≛ ⊕ ▣
Tarif : ✶ 18 – ▣ 18 – ⚡ 12 (6A)

▶ *The Guide changes, so renew your Guide every year.*

RUFFEC

36300 Indre ⑩ – 68 ⑯ – 594 h. alt. 95.
Paris 321 – Argenton-sur-Creuse 30 – Bélâbre 9 – Le Blanc 9 – Châteauroux 53.

⚠ **Municipal** 15 mai-15 sept.
sortie Sud par D 15, rte de Belâbre, bord de la Creuse – **R** – ⚡
0,7 ha (23 empl.) plat, herbeux 🔲 ♀
🔆 ⊕ – A proximité : 🍴
Tarif : (Prix 1998) ⚹ 8 – 🚗 8 – 🔲 8 – [⚡] 10 (16A)

RUFFIEUX

73310 Savoie ⑫ – 74 ⑤ – 540 h. alt. 282.
Paris 518 – Aix-les-Bains 19 – Ambérieu-en-Bugey 58 – Annecy 40 – Bellegarde-sur-Valserine 36.

🏕 **Saumont** mai-sept.
⚟ 04 79 54 26 26 – O : 1,2 km accès sur D 991, près du carrefour du Saumont, vers Aix-les-Bains
et chemin à droite, bord d'un ruisseau – ≼ ⊶ – **R** conseillée – ⚡
1,6 ha (66 empl.) plat, herbeux 🔲 ♀♀ (0,5 ha)
📶 👤 🔆 🔲 🔅 ⊕ 🔥 🔳 – 🏠 🍴 🔅
Tarif : ⚹ 20 piscine comprise – 🔲 22 – [⚡] 14 (10A)

RUILLÉ-SUR-LOIR

72340 Sarthe ⑤ – 64 ④ – 1 287 h. alt. 56.
Paris 214 – La Chartre-sur-le-Loir 6 – Le Grand-Lucé 62 – Le Mans 53 – Tours 47.

⚠ **Municipal les Chaintres** mai-sept.
au Sud du bourg, rue de l'Industrie, bord du Loir – ⚓ « Cadre agréable » – **R** conseillée
0,5 ha (30 empl.) plat, herbeux ♀
👤 🔆 🔲 🍴 ⊕
Tarif : ⚹ 10 – 🚗 5 – 🔲 5 – [⚡] 11 (5A)

RUMILLY

74150 H.-Savoie ⑫ – 74 ⑤ G. Alpes du Nord – 9 991 h. alt. 334.
🅱 Office de Tourisme de l'Albanais ⚟ 04 50 64 58 32, Fax 04 50 64 69 21.
Paris 533 – Aix-les-Bains 21 – Annecy 24 – Bellegarde-sur-Valserine 37 – Belley 44 – Genève 65.

🏕 **Le Madrid** mai-oct.
⚟ 04 50 01 12 57, Fax 04 50 01 29 49 – SE : 3 km par D 910 rte d'Aix-les-Bains puis D 3 à gauche
et D 53 à droite rte de St-Félix – ⊶ – **R** conseillée juil.-août – 🇬🇧 ⚡
3,2 ha (109 empl.) plat, herbeux, pierreux 🔲
📶 👤 🔆 🔆 🔲 🔅 🍴 ⊕ 🔥 ⚘ 🔳 – 🍴 cases réfrigérées – 🏠 🔅
Tarif : ⚹ 19 piscine comprise – 🚗 8 – 🔲 20/25 – [⚡] 15 (5A) 25 (10A)
Location (permanent) : 🚐 2000 – 🏠 2500 à 3100 – studios

RUOMS

07 Ardèche – 80 ⑨ – voir à Ardèche (Gorges de l').

RUPPIONE (PLAGE DE)

2A Corse-du-Sud – 90 ⑰ – voir à Corse.

Le RUSSEY

25210 Doubs ⑫ – 66 ⑱ – 1 824 h. alt. 875.
Paris 473 – Belfort 73 – Besançon 68 – Montbéliard 53 – Morteau 17 – Pontarlier 49.

⚠ **Municipal les Sorbiers** Permanent
⚟ 03 81 43 75 86 – au bourg, rte Foch – ⊶ – **R** – ⚡
1 ha (60 empl.) plat, gravier, herbeux
📶 🔆 🔆 🔲 🍴 ⊕ – 🏠 🏊 🍴
Tarif : (Prix 1998) ⚹ 7 – 🚗 4 – 🔲 4 – [⚡] 12 (10A)

Les SABLES-D'OLONNE

85100 Vendée ⑨ – 67 ⑫ G. Poitou Vendée Charentes – 15 830 h. alt. 4.
🅱 Office de Tourisme r. Mar.-Leclerc ⚟ 02 51 32 03 28, Fax 02 51 32 84 49.
Paris 453 – Cholet 103 – Nantes 103 – Niort 114 – La Rochelle 92 – La Roche-sur-Yon 37.

🏕🏕 **La Dune des Sables** 5 avril-20 sept.
⚟ 02 51 32 31 21 – NO : 4 km, près de la plage – ≼ ⊶ – **R** conseillée 10 juil.-20 août – 🇬🇧 ⚡
7,5 ha (290 empl.) plat, en terrasses, sablonneux, herbeux
👤 🔆 🔆 🔲 🔅 ⊕ 🔥 ⚘ 🔳 – 🔅 🍴 snack 🔅 – 🏠 🏊 🚲 🍴 🚿 🏊 toboggan aquatique
Tarif : (Prix 1998) 🔲 piscine comprise 2 pers. 125, pers. suppl. 31 – [⚡] 20 (6A)
Location : 🚐 1300 à 3700

▲▲▲ **Le Puits Rochais** avril-sept.
    ℘ 02 51 21 09 69, Fax 02 51 23 62 20
    ✉ 85100 le Château-d'Olonne – SE :
3,5 km – ⊶ – **R** conseillée – ⅁Ᏼ ⚡
3,9 ha (210 empl.) plat, peu incliné,
herbeux ⊡
    ♿ 🎣 ♨ 🗓 ♨ ⊟ ⊙ ⚡ ↗ ▽ 🖪 – ⊕, ⚐
    🕭 – 🚣 🚲 ✗ ♪ 🔲 ⤴ toboggan
aquatique
Tarif : ⊞ piscine comprise 2 pers.
125, pers. suppl. 30 – [⚡] 20 (6A)
Location : 🚐 1300 à 3750

▲▲ **Les Roses** 5 avril-oct.
    ℘ 02 51 95 10 42 – r. des Roses, à
400 m de la plage – ⊶ –
R indispensable 20 juil.-15 août – ⅁Ᏼ
⚡
3,3 ha (200 empl.) plat et peu incliné, en
terrasses, herbeux ⊡ 🍴
    ♿ 🎣 ♨ 🗓 ♨ ⊟ ⊙ ↗ ▽ 🖪 – ⊕, 🕭
    🔲 toboggan aquatique – A proximité :
⚡ 🍴
Tarif : (Prix 1998) ⊞ piscine comprise
2 pers. 125, pers. suppl. 31 – [⚡] 20
(6A)
Location : 🚐 1300 à 3700 – 🏚 1400
à 3800

▲▲ **Le Petit Paris** mars-oct.
    ℘ 02 51 22 04 44, Fax 02 51 33 17 04
    ✉ 85180 le Château d'Olonne – SE :
5,5 km – ⊶ – ✗ dans locations –
R conseillée juil.-août – ⅁Ᏼ ⚡
3 ha (127 empl.) plat, herbeux ⊡
    ♿ 🎣 ♨ 🗓 ♨ ⊟ ⊙ ↗ ▽ 🖪 – ⊕, – ⊟
    🚣 🔲
Tarif : (Prix 1998) ⊞ piscine comprise 2 pers. 84 (98 avec élect.)
Location : bungalows toilés

▲▲ **Les Fosses Rouges** avril-sept.
    ℘ 02 51 95 17 95 – SE : 3 km, à la Pironnière – ⚡ ⊶ – **R** conseillée juil.-août – ⅁Ᏼ ⚡
3,5 ha (255 empl.) plat, herbeux ⊡ 🍴
    ♿ 🎣 ♨ 🗓 ♨ ⊟ ⊙ ↗ – ⊕, 🍴 ⚐ – 🔲
Tarif : ⊞ piscine comprise 2 pers. 80 – [⚡] 18 (10A)

à Olonne-sur-Mer N : 5 km par D 32 – 8 546 h. alt. 40 – ✉ 85340 Olonne-sur-Mer :

▲▲▲ **La Loubine** Pâques-sept.
    ℘ 02 51 33 12 92, Fax 02 51 33 12 71 – O : 3 km « Ferme vendéenne du 16ᵉ siècle » ⊶ ✗ juil.-août
– **R** conseillée juil.-août – ⅁Ᏼ ⚡
8 ha (345 empl.) plat, herbeux ⊡ 🍴
    ♿ 🎣 ♨ 🗓 ♨ ⊟ ⊙ ↗ ▽ 🖪 – ⊕, 🍴 snack – 🕭 🎣 ⊟ₛ 🚣 🚲 ✗ ♪ 🔲 ⤴ toboggan aquatique
terrain omnisports – A proximité : 🐎 et poneys
Tarif : ⊞ piscine comprise 2 pers. 121, pers. suppl. 25 – [⚡] 15 (6A) ·
Location : 🚐 1600 à 3200 – 🏚 1800 à 3400

▲▲▲ **Le Trianon** Pâques-26 sept.
    ℘ 02 51 23 61 61, Fax 02 51 90 77 70 – E : 1 km « Cadre agréable » ⊶ saison – **R** indispensable
août – ⅁Ᏼ ⚡
12 ha (515 empl.) plat, herbeux, petit étang ⊡ 🍴🍴 (5 ha)
    ♿ 🎣 ♨ 🗓 ♨ ⊟ ⊙ ↗ ▽ 🖪 – ⊕, ✗ 🍴 🕭 – 🕭 ⤳ discothèque 🚣 ✗ ♪ 🔲 toboggans aquati-
ques
Tarif : ⊞ piscine comprise 1 ou 2 pers. 139 (149 avec élect.), 3 pers. 159 (169 avec élect.)
Location : 🚐 1450 à 3690 – 🏚 1650 à 4250 – bungalows toilés

▲▲▲ **Le Moulin de la Salle** 15 mai-sept.
    ℘ 02 51 95 99 10, Fax 02 51 96 96 13 – O : 2,7 km – ⊶ – **R** indispensable 31 juil.-15 août –
⚡
2,7 ha (178 empl.) plat, herbeux ⊡ 🍴
    ♿ 🎣 ♨ 🗓 ♨ ⊟ ⊙ ↗ ▽ 🖪 – ⊕, 🍴 snack 🕭 – 🕭 🚣 🔲 (découverte l'été) half-
court
Tarif : ⊞ élect. et piscine comprises 2 pers. 110
Location : 🚐 1500 à 2750 – 🏠 (gîtes)

▲▲▲ **L'Orée** avril-sept.
    ℘ 02 51 33 10 59, Fax 02 51 33 15 16 – O : 3 km – ⊶ – **R** conseillée juil.-août – ⅁Ᏼ
⚡
5 ha (296 empl.) plat, herbeux ⊡ 🍴 (3,5 ha)
    ♿ 🎣 ♨ 🗓 ♨ ⊟ ⊙ ↗ ▽ 🖪 – ⊕, 🍴 snack 🕭 – 🕭 🚣 🚲 ✗ ♪ 🔲 toboggan aquatique half-court
– A proximité : poneys 🐎
Tarif : ⊞ piscine comprise 2 pers. 122 – [⚡] 20 (5A)
Location : 🚐 1600 à 3450 – 🏚 1650 à 3550 – gîtes, bungalows toilés

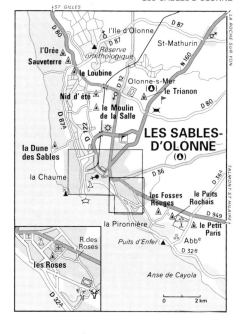

Nid d'Été avril-sept.
02 51 95 34 38 – O : 2,5 km – – R – GB
2 ha (125 empl.) plat, herbeux
–
Tarif : *piscine comprise 2 pers. 84 – 15 (6A)*
Location : *1400 à 2980*

Sauveterre mai-15 sept.
02 51 33 10 58 – O : 3 km – – R conseillée –
3,2 ha (234 empl.) plat, herbeux (2ha)
– snack - A proximité : poneys
Tarif : *2 pers. 62 – 12 (6A)*

Le Havre de la Gachère avril-sept.
02 51 90 59 85, Fax 02 51 20 11 92 – NO : 8,7 km par D 80, rte de Brem-sur-Mer et D 54 à gauche, au lieu-dit les Granges (hors schéma) – – R conseillée juil.-août – GB
5 ha (200 empl.) plat et accidenté, sablonneux pinède
Tarif : *25 – 37 – 15 (5A) 18 (10A)*

SABLÉ-SUR-SARTHE

72300 Sarthe 5 – 64 ① G. Châteaux de la Loire – 12 178 h. alt. 29.
Office de Tourisme pl. R.-Élizé 02 43 95 00 60, Fax 02 43 92 60 77.
Paris 251 – Angers 64 – La Flèche 27 – Laval 44 – Le Mans 60 – Mayenne 59.

Municipal de l'Hippodrome avril-sept.
02 43 95 42 61, Fax 02 43 92 74 82 – S : sortie vers Angers et à gauche, attenant à l'hippodrome, bord de la Sarthe – – R conseillée juil.-août – GB
2 ha (84 empl.) plat, herbeux
– – A proximité : golf
Tarif : *13,15 – 25,30 – 13,15 (15A)*

SABLIÈRES

07260 Ardèche 16 – 80 ⑧ – 149 h. alt. 450.
Paris 635 – Aubenas 48 – Langogne 54 – Largentière 37 – Les Vans 24.

La Drobie Permanent
04 75 36 95 22, Fax 04 75 36 95 68 – O : 3 km par D 220 et rte à droite, bord de rivière, Pour caravanes : itinéraire conseillé depuis Lablachère par D 4 – – R conseillée –
1,5 ha (80 empl.) incliné, en terrasses, herbeux, pierreux
– –
Tarif : *piscine et tennis compris 2 pers. 70, pers. suppl. 20 – 12 (10A)*
Location : *1200 à 1500*

SABRES

40630 Landes 13 – 78 ④ G. Pyrénées Aquitaine – 1 096 h. alt. 78.
Paris 680 – Arcachon 93 – Bayonne 110 – Bordeaux 102 – Mimizan 41 – Mont-de-Marsan 36.

Peyricat 15 juin-15 sept.
05 58 07 51 88, Fax 05 58 07 51 86 – sortie Sud, rte de Luglon – – R conseillée 15 juil.-15 août –
20 ha/2 campables (69 empl.) plat, sablonneux, herbeux
-Au Village Vacances : terrain omnisports – A proximité : practice de golf
Tarif : *16 – 12,50 – 18/22 – 16 (5A)*

SAHUNE

26510 Drôme 16 – 81 ③ – 290 h. alt. 330.
Paris 670 – Buis-les-Baronnies 26 – La Motte-Chalancon 21 – Nyons 15 – Rosans 25 – Vaison-la-Romaine 31.

Vallée Bleue avril-oct.
04 75 27 44 42 – sortie Sud-Ouest par D 94, rte de Nyons, bord de l'Eygues – – R indispensable juil.-août –
3 ha (45 empl.) plat, pierreux, herbeux verger
– snack –
Tarif : *piscine comprise 1 pers. 32 – 16 (6A)*

SAIGNES

15240 Cantal 10 – 76 ② G. Auvergne – 1 009 h. alt. 480.
Paris 514 – Aurillac 80 – Clermont-Ferrand 93 – Mauriac 27 – Le Mont-Dore 57 – Ussel 40.

Municipal Bellevue juil.-août
04 71 40 68 40 – sortie Nord-Ouest du bourg, au stade – – R conseillée 15 juil.-15 août –
1 ha (42 empl.) plat, herbeux
– –
Tarif : (Prix 1998) *10,50 – 5,30 – 6,40*

66800 Pyr.-Or. **15** – **86** ⑯ G. Pyrénées Roussillon – 825 h. alt. 1 309.
Paris 872 – Bourg-Madame 9 – Font-Romeu-Odeillo-Via 13 – Mont-Louis 12 – Perpignan 93.

   ⚠ **Le Cerdan** fermé oct.
     🞓 04 68 04 70 46, Fax 04 68 04 05 26 – à l'Ouest du bourg par petite rte d'Estavar derrière l'église
     – 🦮 ≼ ⊶ – **R** conseillée juil.-20 août – ⚲
     0,8 ha (50 empl.) plat, herbeux 🞛🞛
     🏛 🕭 🗟 🤝 🞕 🞛 🝮 – 🖦 🛒
     Tarif : 🗉 *2 pers. 64 (79 ou 84 avec élect. 3 ou 6A), pers. suppl. 20*

à Estavar O : 4 km par D 33 – 358 h. alt. 1 200 – ⊠ 66800 Estavar :

   ⛰ **L'Enclave** fermé oct.
     🞓 04 68 04 72 27, Fax 04 68 04 07 15 – sortie Est près du D 33, bord de l'Angoust – 🦮 ⊶ –
     R conseillée juil.-août – 🅶🅱 ⚲
     3,5 ha (199 empl.) plat et peu incliné, en terrasses, pierreux, herbeux 🖾 🞛🞛 (2 ha)
     🏛 🕭 🗟 🤝 🗟 🞕 🖸 🞕 🝮 🖂 🞠 🞟 – 🖦 ⚖ 🍴 ✗ 🍺 – 🖦 🛒 ⚽ 🛝 – A proximité : 🐴 ↝
     Tarif : (Prix 1998) 🗉 *piscine et tennis compris 2 pers. 89, pers. suppl. 29* – 🔌 *20 (3A)* 30 *(6A)* 45
     (10A)
     Location : 🛖 *1200 à 2350* – 🏠*1500 à 2800* – appartements

▶ *Geef ons uw mening over de kampeerterreinen die wij aanbevelen.*
   Schrijf ons over uw ervaringen en ontdekkingen.

07320 Ardèche **11** – **76** ⑨ – 2 762 h. alt. 1 050.
Paris 580 – Aubenas 73 – Lamastre 21 – Privas 70 – Le Puy-en-Velay 52 – St-Étienne 71 – Yssingeaux 35.

   ⚠ **Riou la Selle** mai 15 oct.
     🞓 04 75 30 29 28 – SE : 2,8 km par D 120, rte de Cheylard, D 21, rte de Nonières à gauche et chemin
     de la Roche, à droite – 🦮 ⊶ juil.-août – **R** conseillée juil.-août – ⚲
     1 ha (29 empl.) plat et peu incliné, terrasses, herbeux 🖾 🞟
     🏛 🕭 🗟 🤝 🗟 🞕 🞕 🝮 – 🚲 ↝
     Tarif : 🗉 *2 pers. 65, pers. suppl. 17* – 🔌 *19 (10 ou 16A)*
     Location : 🛖 *1100 à 1500*

41110 L.-et-Ch. **13** – **64** ⑰ G. Châteaux de la Loire – 3 672 h. alt. 115.
🇧 Office de Tourisme (juil.-août) 🞓 et Fax 02 54 75 22 85.
Paris 221 – Blois 40 – Châteauroux 65 – Romorantin-Lanthenay 34 – Tours 61 – Vierzon 56.

   ⛰ **Municipal les Cochards** avril-sept.
     🞓 02 54 75 15 59 – SE : 1 km par D 17, rte de Couffi, bord du Cher – ⊶ – **R** conseillée juil.-août
     – 🅶🅱 ⚲
     4 ha (140 empl.) plat, herbeux 🞟
     🕭 🗟 🤝 🗟 🞕 🞕 🝮 – 🖦 🛒 – A proximité : 🏊
     Tarif : 🞕 *14,50* – 🗉 *14,50* – 🔌 *16 (5 ou 10A)*

22400 C.-d'Armor **4** – **59** ④ – 1 662 h. alt. 95.
Paris 442 – Dinan 51 – Lamballe 11 – Plancoët 25 – St-Brieuc 23 – St-Cast-le-Guildo 28.

   ⚠ **Municipal les Jonquilles** 15 juin-15 sept.
     🞓 02 96 32 96 05 – sortie Nord par D 58 rte de Pléneuf – ≼ ⊶ – **R**
     1 ha (77 empl.) en terrasses, plat et peu incliné, herbeux
     🕭 🗟 🝮 🞕 – 🛒 – A proximité : ⚽
     Tarif : (Prix 1998) 🞕 *10,50* – 🚐 *3,70* – 🗉 *4,20* – 🔌 *10*

07 Ardèche – **80** ⑧ – voir à Ardèche (Gorges de l').

48120 Lozère **15** – **76** ⑮ – 1 928 h. alt. 950.
Paris 559 – Espalion 72 – Mende 40 – Le Puy-en-Velay 76 – St-Chély-d'Apcher 13 – Sévérac-le-Château 72.

   ⚠ **Le Galier** mars-15 nov.
     🞓 04 66 31 58 80, Fax 04 66 31 41 83 – O : 1,5 km par D 987 rte d'Aumont-Aubrac, bord de la
     Limagnole, Accès par A 75, sortie 34 – 🦮 ⊶ – **R** conseillée juil.-août – ⚲
     4 ha (70 empl.) plat et accidenté, herbeux 🞟 (1 ha)
     🏛 🕭 🗟 🤝 🞕 🞕 🝮 🖂 – 🍴 – 🖦 🛝 – A proximité : ⚽
     Tarif : 🗉 *piscine comprise 1 pers. 47, pers. suppl. 16* – 🔌 *18 (6A)*
     Location : 🛖 *1760 à 2200*

ST-AMANDIN

15190 Cantal 🔟 – 🔟 ③ – 284 h. alt. 840.
Paris 500 – Besse-en-Chandesse 34 – Bort-les-Orgues 26 – Condat 7 – Mauriac 46 – Murat 42.

  🔺 **Municipal** 15 juin-15 sept.
      ⌀ 04 71 78 18 28 – sortie Nord-Est sur D 678, rte de Condat – 🏊 ⩔ ⌣ – **R** conseillée 14 juil.-
      15 août – ⚲
      1 ha (40 empl.) plat, peu incliné, herbeux, pierreux
      🖐 🎐 ⌣ 🗓 🚽 ☺ 🌲 🖃 – 🍴 ✕ 🚲 – 🏖 🔲 (découverte l'été)
      Tarif : 🅴 *piscine comprise 2 pers. 38, pers. suppl. 8* – 🔋 *12 (15A)*
      Location : 🏠 *1400 à 1600*

ST-AMAND-LES-EAUX

59230 Nord ② – 🗄 ⑰ G. Flandres Artois Picardie – 16 776 h. alt. 18 – ⚑ (22 Fev-27 Nov).
🅱 Office de Tourisme 91 Grand'Place ⌀ 03 27 22 24 47, Fax 03 27 22 24 99.
Paris 218 – Denain 15 – Douai 35 – Lille 44 – Tournai 21 – Valenciennes 15.

  🔺 **Mont des Bruyères** mars-nov.
      ⌀ 03 27 48 56 87 – SE : 3,5 km, en forêt de St-Amand, accès conseillé par D 169 (déviation) – Places
      limitées pour le passage 🏊 ⌣ – **R** juil.-août – ⚲
      3,5 ha (94 empl.) plat et en terrasses, sablonneux, herbeux 🔲 ♊
      🏛 🎐 ⌣ 🗓 🚽 ☴ 🖃 – 🍴 – 🚲
      Tarif : 🅴 *2 pers. 52* – 🔋 *24 (6A) 27 (10A)*

ST-AMAND-MONTROND

18200 Cher 🔟 – 🗄 ① ⑪ G. Berry Limousin – 11 937 h. alt. 160.
🅱 Office de Tourisme (fermé dim. et fêtes) pl. République ⌀ 02 48 96 16 86, Fax 02 48 96 46 64.
Paris 287 – Bourges 44 – Châteauroux 66 – Montluçon 54 – Moulins 79 – Nevers 70.

  🔺 **Municipal de la Roche** avril-sept.
      ⌀ 02 48 96 09 36 – sortie Sud-Est par N 144, rte de Montluçon et chemin de la Roche à droite avant
      le canal, près du Cher – 🏊 ⌣ – ℞
      4 ha (120 empl.) plat, peu incliné, herbeux ♀
      🏛 🖐 🎐 ⌣ 🚽 🌲 ☺ 🖃 – 🔲 🏖
      Tarif : (Prix 1998) 👤 *14* – 🅴 *20,30* – 🔋 *13 (5A)*

▶ *Ne pas confondre :*

  🔺 ... à ... 🔺🔺🔺 : *appréciation* **MICHELIN**
et ★ ... à ... ★★★★ : *classement officiel*

▶ *Do not confuse :*

  🔺 ... to ... 🔺🔺🔺 : **MICHELIN** *classification*
and ★ ... to ... ★★★★ : *official classification*

▶ *Verwechseln Sie bitte nicht :*

  🔺 ... bis ... 🔺🔺🔺 : **MICHELIN**-*Klassifizierung*
und ★ ... bis ... ★★★★ : *offizielle Klassfizierung*

ST-AMANS-DES-COTS

12460 Aveyron 🔟 – 🔟 ⑫ – 859 h. alt. 735.
Paris 594 – Aurillac 56 – Entraygues-sur-Truyère 15 – Espalion 32 – Chaudes-Aigues 48.

  🔺🔺🔺 **Les Tours** 22 mai-12 sept.
      ⌀ 05 65 44 88 10, Fax 05 65 44 83 07 – SE : 6 km par D 97 et D 599 à gauche, bord du lac de la
      Selves, alt. 600 – 🏊 ⩔ ⌣ – **R** conseillée saison – 🇬🇧 ⚲
      30 ha/10 campables (250 empl.) en terrasses, incliné, herbeux, pierreux 🔲 ♀ (3,5 ha)
      🖐 🎐 ⌣ 🗓 🚽 ☺ 🌲 ☴ 🖃 – 🏖 🍴 ✕ 🚲 – 🏕 🚴 🏊 🔲 🛶 practice de golf
      Tarif : 🅴 *piscine comprise 2 pers. 132, pers. suppl. 26* – 🔋 *16 (6A)*
      Location : *bungalows toilés*

  🔺 **La Romiguière** 15 avril-oct.
      ⌀ 05 65 44 44 64 ✉ 12210 Laguiole – SE : 8,5 km par D 97 et D 599 à gauche, bord du lac de la
      Selves, alt. 600 – 🏊 ⩔ « Site agréable » ⌣ – **R** conseillée – 🇬🇧 ⚲
      2 ha (62 empl.) en terrasses, pierreux, herbeux 🔲 ♀
      🖐 🎐 ⌣ 🗓 🚽 ☺ 🌲 🖃 – 🍴 pizzeria 🚲 – 🏕 🛶
      Tarif : (Prix 1998) 🅴 *2 pers. 80, pers. suppl. 24* – 🔋 *15 (10A)*
      Location : 🚐 *1200 à 2200*

ST-AMANT-ROCHE-SAVINE

63890 P.-de-D. **11** – **73** ⑯ – 500 h. alt. 950.
Paris 479 – Ambert 12 – La Chaise-Dieu 39 – Clermont-Ferrand 66 – Issoire 48 – Thiers 49.

⚠ **Municipal Saviloisirs** mai-sept.
     🕿 04 73 95 73 60 – à l'Est du bourg – ☛ – ℞ – ⚒
     0,6 ha (15 empl.) plat et en terrasses, herbeux ⌧
     ⯐ ⯑ ⯒ ⯓ ⊕ ⯔ ⯕ 🖳 – 🏕 ⯖ ⯗ ⯘ – A proximité : ✗
     Tarif : (Prix 1998) ☀ 15 – 🚗 8 – 🅴 7/10 avec élect.

ST-AMBROIX

30500 Gard **16** – **80** ⑧ – 3 517 h. alt. 142.
🛈 Office de Tourisme pl. de l'Ancien Temple 🕿 04 66 24 33 36, Fax 04 66 24 05 83.
Paris 684 – Alès 20 – Aubenas 56 – Mende 105.

⚠⚠ **Le Clos** avril-oct.
     🕿 04 66 24 10 08, Fax 04 66 60 25 62 – accès par centre ville en direction d'Aubenas puis rue à
     gauche par place de l'église, bord de la Cèze – ≼ ☛ – ℞ conseillée juil.-août – ⚒
     1,5 ha (46 empl.) plat, herbeux ⌧ ⯀
     ⅙ ⯑ ⯒ ⯓ ⊕ ⯔ ⯕ 🖳 – ⯖ – 🏕 ⯗ ⯘ ⯙ – A proximité : ✗
     Tarif : 🅴 piscine comprise 2 pers. 71 – 🔌 15 (3A) 17 (6A) 19 (10A)
     Location : ⌂ 1000 à 1600 – ⌂ 1900 à 2650

⚠ **Beau-Rivage** avril-sept.
     🕿 04 66 24 10 17, Fax 04 66 24 21 37 – SE : 3,5 km par D 37, rte de Lussan, bord de la Cèze, au
     lieu-dit le Moulinet – ⯑ ≼ ☛ – ℞ conseillée juil.-août – ⚒
     3,5 ha (130 empl.) en terrasses, herbeux, pierreux ⌧ ⯀⯀
     ⅙ ⯑ ⯒ ⯓ ⊕ 🖳 – 📻 🏕 ⯗ 🛒 –
     Tarif : ☀ 24 – 🅴 24 – 🔌 12 (2A) 14 (4A) 16 (6A)

⚠ **La Tour** avril-15 oct.
     🕿 04 66 24 17 89 – sortie Sud-Ouest par D 904, rte d'Alès – ≼ « Site et cadre agréables » ☛ –
     ℞ conseillée 10 juil.-19 août – ⚒
     1 ha (30 empl.) en terrasses, herbeux, pierreux ⯀⯀
     ⯑ ⯓ ⯔ ⊕ 🖳 – 🏕 ⯗ (petite piscine) – A proximité : ✗ ⯙
     Tarif : 🅴 2 pers. 48, pers. suppl. 12 – 🔌 13 (6A)

▶ *Kataloge der* **MICHELIN**–*Veröffentlichungen erhalten Sie beim Buchhändler*
und direkt von **Michelin** *(Karlsruhe).*

ST-ANDRÉ-DE-ROQUEPERTUIS

30630 Gard 🔟 – 🔟 ⑨ – 361 h. alt. 120.
Paris 671 – Alès 41 – Bagnols-sur-Cèze 18 – Barjac 16 – Lussan 80 – Pont-St-Esprit 26.

⚠ **Le Martel** 15 juin-15 sept.
℘ 04 66 82 25 44 – NO : 2 km par D 980, rte de Barjac, bord de la Cèze – ⛨ – **R** conseillée –
⚡
1,5 ha (73 empl.) plat, herbeux, sablonneux 🌳🌳
🏠 🛒 🛁 🛋 🖩 – snack (le soir uniquement) – 🏠 🚣 🚲 🏊 parcours de santé
Tarif : 🔲 *2 pers. 60* – 🔋 *16 (6A)*

⚠ **Municipal la Plage** juin-15 sept.
℘ 04 66 82 38 94 – NO : 1 km par D 980, rte de Barjac, bord de la Cèze – ⛨ – **R** conseillée
1,8 ha (80 empl.) non clos, plat, herbeux, sablonneux 🌳🌳
🏠 🛒 🖫 🛁 🛋 🖩 – 🏠 🏊
Tarif : 🔲 *2 pers. 60, pers. suppl. 16* – 🔋 *16 (6A)*

ST-ANDRÉ-DE-SANGONIS

34725 Hérault 🔟 – 🔟 ⑥ – 3 472 h. alt. 65.
Paris 721 – Béziers 54 – Clermont-l'Hérault 8 – Gignac 5 – Montpellier 35 – Sète 48.

⚠ **Le Septimanien** avril-15 oct.
℘ 04 67 57 84 23, Fax 04 67 57 54 78 – SO : 1 km par D 4, rte de Brignac, bord d'un ruisseau –
⚡ ⛨ – **R** conseillée juil.-août – **GB** ⚡
2,6 ha (78 empl.) plat et en terrasses, pierreux 🛋
⚡ 🏠 🛒 🖫 🛁 🖩 – 🍽 ✗ snack, pizzeria 🦮 – 🏠 🏸 🚣 🏊
Tarif : 🔲 *élect. et piscine comprises 2 pers. 95*
Location : 🏚 – 🏚

ST-ANDRÉ-DES-EAUX

44117 Loire-Atl. 🔟 – 🔟 ⑭ – 2 919 h. alt. 20.
Paris 448 – La Baule 9 – Guérande 12 – Pontchâteau 35 – Redon 52 – St-Nazaire 10.

🏔 **Les Chalands Fleuris** avril-15 oct.
℘ 02 40 01 20 40, Fax 02 40 91 54 24 – à 1 km au Nord-Est du bourg, près du complexe sportif,
bord d'un petit étang – ⚡ ⛨ saison – **R** conseillée 14 juil.-15 août – **GB** ⚡
4 ha (122 empl.) plat, herbeux 🛋
⚡ 🏠 🛒 🖫 🛁 🛋 🖩 – 🏠 – A proximité : parcours sportif ✗ 🏊 🏊 🏊
Tarif : 🕯 *22 piscine comprise* – 🚗 *12* – 🔲 *29/35* – 🔋 *15 (3A) 19 (6A)*
Location : 🏚 *1200 à 3150* – *bungalows toilés*

ST-ANDRÉ-DE-SEIGNANX

40390 Landes 🔟 – 🔟 ⑰ – 1 271 h. alt. 50.
Paris 757 – Bayonne 14 – Capbreton 19 – Dax 39 – Hasparren 30 – Peyrehorade 24.

⚠ **Le Ruisseau** Permanent
℘ 05 59 56 71 92 – O : 1 km par D 54 rte de St-Martin-de-Seignanx – ⚡ ⛨ – **R** conseillée 1er au
15 août
1 ha (60 empl.) peu incliné, en terrasses, herbeux 🛋 🌴
🏠 🛒 🛁 🖩 – 🛋 – 🏠 🏊 (petite piscine)
Tarif : 🕯 *20* – 🔲 *30* – 🔋 *20 (6A)*

ST-ANDRÉ-LES-ALPES

04170 Alpes de H.-Pr. 🔟 – 🔟 ⑱ G. **Alpes du Sud** – 794 h. alt. 914.
🅱 Office de Tourisme pl. M.-Pastorelli ℘ 04 92 89 02 39, Fax 04 92 89 19 23.
Paris 781 – Castellane 21 – Colmars 28 – Digne-les-Bains 44 – Manosque 95 – Puget-Théniers 45.

⚠ **Municipal les Iscles** avril-sept.
℘ 04 92 89 02 29 – S : 1 km par N 202 rte d'Annot et à gauche, à 300 m du Verdon, alt. 894 –
⛨ – **R** juil.-août – **GB** ⚡
2,5 ha (200 empl.) plat, pierreux, herbeux 🌳🌳 pinède
⚡ 🏠 🛒 🛁 🛋 🖩 – 🚣 – A proximité : parcours sportif 🦮 ✗ 🏊
Tarif : (Prix 1998) 🕯 *20* – 🔲 *12* – 🔋 *7 (4A)*

ST-ANTHÈME

63660 P.-de-D. 🔟 – 🔟 ⑰ G. **Vallée du Rhône** – 880 h. alt. 950.
Paris 521 – Ambert 23 – Feurs 47 – Montbrison 24 – St-Bonnet-le-Château 24 – St-Étienne 56.

⚠ **Municipal de Rambaud** Permanent
℘ 04 73 95 48 79 – S : 0,6 km entre D 996 et D 261, près d'un plan d'eau et à 100 m de l'Ance
– ⚡ ⛨ été – **R** conseillée été – ⚡
0,5 ha (30 empl.) plat, herbeux 🛋
🎦 ⚡ 🏠 🛒 🖫 🛁 🛋 🗑 🖩 – 🏠 – A proximité : terrain omnisports 🍽 snack 🦮 🏊 🏊
Tarif : 🕯 *13* – 🚗 *5* – 🔲 *13* – 🔋 *5,40 ou 6 (4,5A) 12 ou 18 (18A)*

ST-ANTOINE-D'AUBEROCHE

24330 Dordogne ⑩ – ⑦⑤ ⑥ – 115 h. alt. 152.
Paris 487 – Brive-la-Gaillarde 52 – Limoges 96 – Périgueux 25.

⋀⋀ **La Pelonie** avril-sept.
    & 05 53 07 55 78, Fax 05 53 03 74 27 – SO : 1,8 km en direction de Milhac-Gare, à la Bourgie – ⚬━
    ⚡ dans locations – **R** indispensable juil.-22 août – ⒼⒷ ⚒
    3 ha (60 empl.) plat, herbeux ▭ ⬤⬤
    ⅋ ⛩ ⇄ ⊟ ⊕ ⊚ 🔗 – 🍴 snack ⚲ – ⚓ ⤢
    Tarif : ⚹ *23 piscine comprise* – 🅴 *35* – [2] *15 (6A)*
    Location : ⌂ *900 à 1500* – 🚐 *1200 à 2700*

ST-ANTOINE-DE-BREUILH

24230 Dordogne ⑨ – ⑦⑤ ⑬ – 1 756 h. alt. 18.
Paris 562 – Bergerac 30 – Duras 28 – Libourne 34 – Montpon-Ménestérol 27.

⋀ **La Rivière Fleurie** avril-sept.
    & 05 53 24 82 80 – SO : 3 km, à St-Aulaye, à 100 m de la Dordogne – ⚲ ⚬━ – **R** conseillée saison
    – ⚒
    1,6 ha (60 empl.) plat, herbeux ⬤⬤
    ⅋ ⛩ ⇄ ⊟ ⊕ ⚸ 🔗 – ⌂ – A proximité : ✕
    Tarif : (Prix 1998) 🅴 *2 pers. 50, pers. suppl. 15* – [2] *15 (4A) 22 (10A)*
    Location : studios

ST-ANTONIN-NOBLE-VAL

82140 T.-et-G. ⑭ – ⑦⑨ ⑲ G. Périgord Quercy – 1 867 h. alt. 125.
🅱 Office de Tourisme Mairie *&* 05 63 30 63 47.
Paris 640 – Cahors 57 – Caussade 18 – Caylus 11 – Cordes-sur-Ciel 26 – Montauban 43.

⋀⋀ **Les Trois Cantons** 15 avril-sept.
    & 05 63 31 98 57, Fax 05 63 31 25 93 – NO : 7,7 km par D 19, rte de Caylus et chemin à gauche,
    après le petit pont sur la Bonnette, entre le lieu-dit Tarau et la D 926, Entre Septfonds (6 km) et
    Caylus (9 km) – ⚲ ⚬━ – **R** conseillée saison – ⒼⒷ ⚒
    20 ha/4 campables (99 empl.) plat, peu incliné, pierreux, herbeux ▭ ⬤⬤
    ⅋ ⛩ ⇄ ⊟ ⊚ 🔗 – ⚡ – ⌂ ⚲ ✕ ⤢ (couvert hors-saison)
    Tarif : ⚹ *30 piscine comprise* – 🅴 *39* – [2] *12 (2A) 22 (5A)*
    Location : ⌂ *1450 à 2350* – 🚐 *1950 à 3150*

ST-APOLLINAIRE

05160 H.-Alpes ⑰ – ⑦⑦ ⑰ – 99 h. alt. 1 285.
Paris 687 – Embrun 19 – Gap 25 – Mont-Dauphin 38 – Savines-le-Lac 8.

⋀ **Municipal le Clos du Lac** juin-15 sept.
    & 04 92 44 27 43 – NO : 2,3 km par D 509, à 50 m du lac de St-Apollinaire, alt. 1 450 – ⚲ ≼ lac
    de Serre-Ponçon et montagnes « Belle situation dominante » ⚬━ – **R** conseillée juil.-août – ⚒
    2 ha (77 empl.) en terrasses et peu incliné, herbeux
    ⛩ ⊡ ⚸ ⊕ 🔗 – A proximité : 🍴 snack ⚲ ⤢
    Tarif : (Prix 1998) 🅴 *2 pers. 45* – [2] *16 (7,5A)*

ST-ARNOULT

14 Calvados – ⑤⑷ ⑰ – rattaché à Deauville.

ST-ASTIER

24110 Dordogne ⑩ – ⑦⑤ ⑤ G. Périgord Quercy – 4 780 h. alt. 70.
🅱 Syndicat d'Initiative pl. de la République, *&* et Fax 05 53 54 13 85.
Paris 500 – Brantôme 35 – Mussidan 19 – Périgueux 20 – Ribérac 25.

⋀⋀ **Municipal du Pontet** Pâques-sept.
    & 05 53 54 14 22 – sortie Est par D 41, rte de Montanceix, bord de l'Isle « Situation agréable » ⚬━
    – **R** conseillée juil.-août – ⚒
    3,5 ha (150 empl.) plat, herbeux ⬤
    ⅋ ⛩ ⇄ ⊟ ⊟ ⊕ 🔗 – ⌂ ⚲ ⚓ ⚲ 🔥 ⤢ (petite piscine)
    Tarif : (Prix 1998) 🅴 *1 pers. 46, pers. suppl. 19* – [2] *17 (6A)*
    Location : ⌂ *400 à 800* – bungalows toilés

ST-AUBIN-DU-CORMIER

35140 I.-et-V. ④ – ⑤⑨ ⑱ G. Bretagne – 2 040 h. alt. 110.
Paris 334 – Combourg 34 – Fougères 23 – Rennes 30 – Vitré 23.

⋀ **Municipal** 3 avril-23 oct.
    au Sud-Est du bourg, rue du Four Banal, près d'un étang – **R**
    0,4 ha (40 empl.) peu incliné, herbeux ▭ ⬤
    ⛩ ⇄ ⊟ ⊟ ⊕
    Tarif : ⚹ *10,10* – 🅴 *8,10* – [2] *11,60 (6A) 16,30 (10A)*

76740 S.-Mar. **1** – **52** ③ G. Normandie Cotentin – 281 h. alt. 15.
Paris 189 – Dieppe 21 – Fécamp 46 – Rouen 60 – Yvetot 36.

   Municipal le Mesnil avril-oct.
       𝒸 02 35 83 02 83 – O : 2 km par D 68 rte de Veules-les-Roses – ⚲ ⊶ – **R** conseillée juil.-août –
       ✗
       2,2 ha (115 empl.) plat et en terrasses, herbeux ▭
       ▥ 𝄞 ⚄ ⌷ ☺ ㏿ ▣ – ⚗ – ㋦ ♨
       Tarif : (Prix 1998) ⚓ *22,70 – ⇔ 11,30 – ▣ 15,80 – ⚡ 19,70 (10A)*

14750 Calvados **5** – **55** ① G. Normandie Cotentin – 1 526 h.
🛈 Office de Tourisme Digue Favereau 𝒸 02 31 97 30 41, Fax 02 31 96 18 92.
Paris 249 – Arromanches-les-Bains 19 – Bayeux 26 – Cabourg 32 – Caen 20.

   La Côte de Nacre avril-10 oct.
       𝒸 02 31 97 14 45, Fax 02 31 97 22 11 – au Sud du bourg par D 7b – ⊶ – **R** conseillée juil.-août
       – ⊖🄱 ✗
       5,6 ha (340 empl.) plat, herbeux
       ▥ 𝄞 ⚄ ⌷ ☺ ㏿ ▣ – ⚗ ⛲ snack ⚗ – ㋦ ♨ ⛷ ⚓ ⚓ – A proximité : ✗
       Tarif : (Prix 1998) ⚓ *28 piscine comprise – ▣ 40 – ⚡ 18 (4A) 25 (6A) 32 (10A)*
       Location : ㎝ *1400 à 3000*

17570 Char.-Mar. **9** – **71** ⑮ – 742 h. alt. 10.
Paris 511 – Marennes 22 – Rochefort 43 – La Rochelle 81 – Royan 10 – Saintes 44.

              Schéma aux Mathes

   Le Logis du Breuil 15 mai-15 sept.
       𝒸 05 46 23 23 45, Fax 05 46 23 43 33 – SE : par D 145 rte de Royan – ⚲ « A l'orée de la forêt
       de St-Augustin, agréable sous-bois » ⊶ – **R** conseillée – ⊖🄱 ✗
       8,5 ha (355 empl.) plat, terrasses, herbeux, sablonneux ♤♤ (4 ha)
       𝄞 ▦ ⚄ ⚗ ☺ ▣ – ⚗ ⚗ – ㋦ ⛷ ⚓ ·◉ ♨ ⚓ – A proximité : ⚑ ✗ pizzeria ⚐
       Tarif : ▣ *piscine comprise 2 pers. 81,50, pers. suppl. 22,50 – ⚡ 17,50 (3A) 19,50 (6A)*
       Location *(mai-sept.)* : gîtes

   La Ferme de St-Augustin avril-sept.
       𝒸 05 46 39 14 46, Fax 05 46 23 43 59 – au bourg - (en deux parties) – ⊶ juil.-août –
       R indispensable – ⊖🄱 ✗
       5,3 ha (340 empl.) plat et peu incliné, herbeux, sablonneux ♤♤
       𝄞 ▦ ⚄ ⌷ ☺ ⚗ ♒ ㏿ ▣ – ⚗ ⚗ – ⚓ ⛷ ✗ ⚓ toboggan aquatique
       Tarif : (Prix 1998) ▣ *piscine comprise 3 pers. 89, pers. suppl. 24 – ⚡ 22 (10A)*
       Location : ㎝ *900 à 3000* – ⌂

   Les Côtes de Saintonge Pâques-15 sept.
       𝒸 05 46 23 23 48 – SE : par D 145 rte de Royan – **R** conseillée juil.-août – ⊖🄱 ✗
       2 ha (82 empl.) accidenté peu incliné et plat, terrasses, sablonneux, herbeux ♤♤
       ▦ ⚄ ⚗ ☺ ⚗ – ⚓ ⛷ ♨ ⚓ (petite piscine) – A proximité : ✗
       Tarif : ▣ *2 pers. 62, pers. suppl. 20 – ⚡ 18 (6A)*
       Location : ㎝ *1200 à 2100* – ㎝ *2000 à 3000*

24410 Dordogne **9** – **75** ③ G. Périgord Quercy – 1 531 h. alt. 61.
Paris 507 – Bergerac 57 – Blaye 78 – Bordeaux 79 – Périgueux 57.

   Municipal de la Plage 26 juin-août
       𝒸 05 53 90 62 20 – sortie Nord par D 38, rte de Aubeterre, bord de la Dronne – ⊶ – **R** –
       ✗
       1 ha (70 empl.) plat, herbeux ♤♤
       𝄞 ▦ ⚄ ⌷ ☺ ♒ ▣ – ㋦ ⚓ ✗ ⚐ toboggans aquatiques – A proximité : ≋
       Tarif : (Prix 1998) ▣ *2 pers. 45, pers. suppl. 10 – ⚡ 12 (5A) 20 (10A)*
       Location : ⌂ *650 à 1800*

24260 Dordogne **18** – **75** ⑯ – 113 h. alt. 210.
Paris 522 – Bergerac 38 – Le Bugue 7 – Les Eyzies-de-Tayac 18 – Périgueux 40.

   St-Avit Loisirs Pâques-fin sept.
       𝒸 05 53 02 64 00, Fax 05 53 02 64 39 – NO : 1,8 km, rte de St-Alvère – ⚲ ≼ « Beaux bâtiments
       périgourdins entourant un ensemble de piscines » ⊶ – **R** conseillée – ⊖🄱 ✗
       40 ha/6 campables (199 empl.) plat, peu incliné, herbeux ▭ ♤♤
       𝄞 ▦ ⚄ ⌷ ☺ ♒ ⚗ ♒ ⚑ ✗ self ⚗ – ㋦ salle d'animation ⚓ ⛷ ·◉ ✗ ⚓ ▣
       ⚓ toboggan aquatique parcours de santé
       Tarif : ⚓ *38,50 piscine comprise – ▣ 59,50 – ⚡ 21 (6A)*
       Location : ⌂ *2200 à 4950* – ⊨ *appartements*

ST-AVOLD

57500 Moselle **8** – **57** ⑮ G. Alsace Lorraine – 16 533 h. alt. 260.
⌂ Office de Tourisme à la Mairie *𝒫* 03 87 91 30 19, Fax 03 87 92 98 02.
Paris 371 – Haguenau 115 – Lunéville 76 – Metz 44 – Nancy 74 – Saarbrücken 31 – Sarreguemines 29.

⚠ **Le Felsberg** Permanent
𝒫 03 87 92 75 05, Fax 03 87 92 20 69 – au Nord du centre ville, près N 3, accès par rue en Verrerie,
face à la station service Record, Par A 4 : sortie St-Avold Carling – ⚲ « Cadre agréable » ⊶ –
R conseillée juil.-août – ⊞ ⚲
1,2 ha (33 empl.) plat et peu incliné, terrasses, herbeux, pierreux ⊏⊐ ⚲⚲
≋ ⅏ ⌂ 🗑 ⚲ ☺ ⚐ ⚞ – ♈
Tarif : ⚹ 15 – ▣ 30 – ⓖ 20 (6A) 35 (10A)
Location : ⊨

ST-AYGULF

83370 Var **17** – **84** ⑱ G. Côte d'Azur.
⌂ Office de Tourisme pl. Poste *𝒫* 04 94 81 22 09, Fax 04 94 81 23 04.
Paris 876 – Brignoles 69 – Draguignan 33 – Fréjus 6 – St-Raphaël 8 – Ste-Maxime 15.

Schéma à Fréjus

⚠⚠ **L'Étoile d'Argens** 27 mars-sept.
𝒫 04 94 81 01 41, Fax 04 94 81 21 45 – NO : 5 km par D 7, rte de Roquebrune-sur-Argens et D 8
à droite, bord de l'Argens, port privé, navette pour les plages – ⚲ ⊶ – **R** conseillée juil.-août –
⊞ ⚲
11 ha (493 empl.) plat, herbeux ⊏⊐ ⚲
⅏ ⌂ 🗑 ⚲ ☺ ⚐ ⚞ ▣ – ⚞ ♈ ✗ pizzeria ⚲ – discothèque ⚞ ⚞ ⚞ ⅏ ⚞ – A proximité : golf
Tarif : ▣ élect. et piscine comprises 3 pers. 218, 4 pers. 300 à 320

⚠⚠⚠ **Au Paradis des Campeurs** 20 mars-15 oct.
𝒫 04 94 96 93 55, Fax 04 94 49 62 99 ⊠ 83380 Les Issambres – S : 2,5 km par N 98, rte de Ste-
Maxime, à la Gaillarde, accès direct à la plage (hors schéma) – ⊶ – **R** – ⚲
1,7 ha (125 empl.) plat, herbeux ⊏⊐ ⚲⚲
⅏ ⌂ 🗑 ⚲ ⚞ ⚲ ☺ ⚐ ▣ – ⚞ ♈ snack ⚲ – ⚞ ⚞ – A proximité : discothèque
Tarif : ▣ jusqu'à 3 pers. 120 ou 146 – ⓖ 21 (6A)
Location : ⚞ 1600 à 3200

⚠ **Les Lauriers Roses** 10 avril-2 oct.
𝒫 04 94 81 24 46, Fax 04 94 81 79 63 – NO : 3 km par D 7, rte de Roquebrune-sur-Argens, Certains
emplacements difficiles d'accès (forte pente), mise en place et sortie des caravanes à la demande
– ⚞ ⊶ **R** conseillée juin-14 juil., indispensable 15 juil.-15 août
2 ha (95 empl.) plat, peu incliné, accidenté, en terrasses, pierreux ⚲
⅏ ⌂ 🗑 ⚲ ⚞ ⚲ ☺ ▣ – ⚞ ⚞ – ⚞ ⚞ – A proximité : ♈
Tarif : ▣ élect. (5A) et piscine comprises 2 pers. 133
Location : ⚞ 1860 à 3285

⚠ **La Barque** juin-sept.
𝒫 04 94 81 31 86 – NO : 5,2 km par D 7, rte de Roquebrune-sur-Argens et D 8 à droite, bord de
l'Argens – ⊶ – **R** conseillée saison – ⚲
3 ha (150 empl.) plat, herbeux ⊏⊐ ⚲⚲
⅏ ⌂ 🗑 ⚲ ☺ ▣ – ⚞ snack ⚲ – ⚞ ⚞
Tarif : ▣ 2 pers. 105, 3 pers. 130, pers. suppl. 27 – ⓖ 23 (6A)

⚠ **Vaudois** juin-sept.
𝒫 04 94 81 37 70 ⊠ 83520 Roquebrune-sur-Argens – NO : 4,5 km par D 7, rte de Roquebrune-
sur-Argens, à 300 m d'un plan d'eau – ⊶ – **R** conseillée – ⚲
3 ha (50 empl.) plat, herbeux ⚲⚲
⅏ ☺ ▣ – ⚞ ⚞
Tarif : ▣ 2 pers. 74 (94 avec élect. 3A)

ST-BAUZILE

48000 Lozère **15** – **80** ⑥ – 472 h. alt. 750.
Paris 604 – Chanac 19 – Florac 29 – Marvejols 33 – Mende 13 – Ste-Enimie 25.

⚠ **Municipal les Berges de Bramont** 15 juin-15 sept.
𝒫 04 66 47 05 97 – SO : 1,5 km par D 41, N 106 rte de Mende et à Rouffiac chemin à gauche, près
du Bramont et du complexe sportif – ⚞ ⊶ – **R** – ⚲
1,5 ha (50 empl.) plat, terrasse, herbeux
⅏ ⌂ 🗑 ⚲ ⚞ ☺ ⚐ – ⚞ ⚞ – A proximité : ♈
Tarif : ▣ 1 pers. 40, pers. suppl. 10 – ⓖ 12

ST-BENOÎT-DES-ONDES

35114 I.-et-V. **4** – **59** ⑥ – 775 h. alt. 1.
Paris 384 – Cancale 10 – Dinard 20 – Dol-de-Bretagne 13 – Le Mont-St-Michel 41 – Rennes 69 – St-Malo 16.

⚠ **L'Île Verte** 15 juin-15 sept.
𝒫 02 99 58 62 55 – au Sud du bourg, près de l'église, à 400 m du bord de mer – ⚲ « Entrée fleurie »
⊶ – **R** conseillée août – ⚲
1,2 ha (43 empl.) plat, herbeux ⊏⊐
⅏ ⌂ 🗑 ⚲ ☺ ⚐ ⚞ ⚞
Tarif : ▣ 2 pers. 99 – ⓖ 18 (6A)

ST-BERTRAND-DE-COMMINGES

31510 H.-Gar. 14 – 86 ① G. Pyrénées Aquitaine – 217 h. alt. 581.
Paris 804 – Bagnères-de-Luchon 32 – Lannemezan 26 – St-Gaudens 17 – Tarbes 59 – Toulouse 109.

  ▲ **Es Pibous** mai-sept.
     𝒫 05 61 94 98 20, Fax 05 61 95 63 83 – SE : 0,8 km par D 26 A, rte de St-Béat et chemin à gauche
     – ⌇ ≤ ◦━ – **R** – ⚲
     2 ha (80 empl.) plat, herbeux ♉♉
     �🔥 🖩 ⇄ 🗇 ⚲ ⊕ 🖳 – 🖾
     Tarif : ⚹ 15 – 🔲 15 – 🔋 15 (6A)

▶   🖩 ⇄ 🖫

Douches, lavabos et lavoirs avec _eau chaude._

Si ces signes ne figurent pas dans le texte, les installations ci-dessus existent
mais fonctionnent à l'eau froide seulement.

ST-BONNET-DE-JOUX

71220 S.-et-L. 11 – 69 ⑱ – 845 h. alt. 397.
Paris 387 – Chalon-sur-Saône 60 – Charlieu 55 – Charolles 14 – Cluny 24 – Paray-le-Monial 26.

  ▲ **Municipal** juin-15 oct.
     sortie Est par D 7, rte de Salloray-sur-Guye et rue à gauche, bord d'un étang – ℝ
     0,5 ha (21 empl.) plat et peu incliné, herbeux, gravillons
     🖩 – ⚬⚬
     Tarif : ⚹ 8 – 🚗 7 – 🔲 12/22

ST-BONNET-EN-CHAMPSAUR

05500 H.-Alpes 17 – 77 ⑯ G. Alpes du Nord – 1 371 h. alt. 1 025.
🅱 Office de Tourisme pl. Grenette 𝒫 04 92 50 02 57.
Paris 655 – Gap 16 – Grenoble 91 – La Mure 51.

  🏔 **Camp V.V.F.** 15 juin-15 sept.
     𝒫 04 92 50 01 86, Fax 04 92 50 11 85 – SE : 0,8 km par D 43, rte de St-Michel-de-Chaillol et à droite
     – ≤ ◦━ ⚬⚬ – **R** conseillée – Adhésion V.V.F. obligatoire – ⚲
     0,4 ha (28 empl.) peu incliné, herbeux ⌇ ⚲
     🖩 ⇄ 🗇 ⊕ 🖳 – 🖾 🏃 ⚓ – A proximité : ⚲⚲ ⛹
     Tarif : (Prix 1998) 🔲 2 pers. 61 – 🔋 21 (6A)

ST-BONNET-TRONÇAIS

03360 Allier 11 – 69 ⑫ G. Auvergne – 913 h. alt. 224.
Paris 308 – Bourges 58 – Cérilly 14 – Montluçon 44 – St-Amand-Montrond 21 – Sancoins 32.

  🏔 **Champ Fossé** avril-sept.
     𝒫 04 70 06 11 30, Fax 04 70 06 15 01 – SO : 0,7 km – ⌇ ≤ « Belle situation au bord de l'étang
     de St-Bonnet » ◦━ – **R** conseillée – 🅶🅱 ⚲
     3 ha (110 empl.) peu incliné, herbeux ⚲
     ⌖ 🖩 ⇄ 🗇 ⊕ 🖳 – 🖾 🏃 ⚲⚲ ⛹ – 🕸
     Tarif : ⚹ 15 – 🚗 8 – 🔲 8 – 🔋 17 (10A)
     Location : gîtes

ST-BRÉVIN-LES-PINS

44250 Loire-Atl. 4 – 67 ① – 8 688 h. alt. 9.
Pont de St-Nazaire N : 3 km - voir à St-Nazaire.
🅱 Office de Tourisme 10 r. Église 𝒫 02 40 27 24 32, Fax 02 40 39 10 34 et (saison) Bureau de l'Océan.
Paris 442 – Challans 62 – Nantes 56 – Noirmoutier-en-l'Île 78 – Pornic 18 – St-Nazaire 15.

  🏔 **Le Fief** avril-15 oct.
     𝒫 02 40 27 23 86, Fax 02 40 64 46 19 – S : 2,4 km par rte de Saint-Brévin-l'Océan et à gauche,
     chemin du Fief – ◦━ – **R** conseillée juil.-août – 🅶🅱 ⚲
     7 ha (413 empl.) plat, herbeux ⌇ ⚲
     ⌖ 🖩 ⇄ 🗇 ⛺ ⊕ ⚖ ▾ 🖳 – 🖳 🍽 snack 🍴 – 🖾 🏃 🎿 salle d'animation ⚓ ⊙ ⚲⚲ 🖾 (découverte
     l'été) toboggan aquatique terrain omnisports
     Tarif : 🔲 piscine comprise 2 pers. 120, pers. suppl. 33 – 🔋 20 (5A)
     Location : 🏚 1800 à 3700 – 🏠 1800 à 3700 – bungalows toilés

  🏔 **Les Pierres Couchées** Permanent
     𝒫 02 40 27 85 64, Fax 02 40 64 97 03 – S : 5 km par D 213, au lieu-dit l'Ermitage, à 450 m de la
     plage « Agréable cadre boisé » ◦━ – **R** – 🅶🅱 ⚲
     14 ha/9 campables (350 empl.) plat et accidenté, sablonneux, herbeux ♉♉
     ⌖ 🖩 ⇄ 🗇 ⛺ ⊕ 🖳 – 🖳 🍽 ✗ 🍴 – 🖾 🏃 théâtre de plein air ⚓ 🚲 ⚲⚲ 🏓 🖾 – A proximité :
     🐎
     Tarif : 🔲 piscine comprise 2 pers. 97 – 🔋 26 (5A)
     Location : 🏠 2950 à 4250

ST-BRIAC-SUR-MER

35800 I.-et-V. 🛡 – 🔢 ⑤ G. Bretagne – 1 825 h. alt. 30.
🅱 Office de Tourisme 49 Grande Rue ℰ 02 99 88 32 47.
Paris 423 – Dinan 23 – Dol-de-Bretagne 33 – Lamballe 41 – St-Brieuc 61 – St-Cast-le-Guildo 21 – St-Malo 15.

   ▲▲ **Émeraude** avril-sept.
      ℰ 02 99 88 34 55 – chemin de la Souris – 🐾 « Entrée fleurie » ⊶ – **R** – ⏹ ⚹
      2,5 ha (200 empl.) plat et peu incliné, herbeux
      🏕 🗓 ⚄ ⊕ ⚐ ▽ 🗝 🖭 – 🖧 – 🖼 ᵐ
      Tarif : ✳ 27 – 📧 36 – ⸤ᵩ⸥ 16 (5A)

   ▲ **Municipal** 15 juin-15 sept.
      ℰ 02 99 88 34 64 – SE : 0,5 km par D 3, rte de Pleurtuit – 🐾 ⊶ – **R** conseillée 15 juil.-15 août
      3 ha (200 empl.) plat, peu incliné, herbeux
      🏕 ⚙ 🖦 ⚄ ⊕ – A proximité : 🎾 🖼
      Tarif : (Prix 1998) ✳ 14 – 📧 18/25 – ⸤ᵩ⸥ 21 (6A)

ST-BRIEUC

22000 C.-d'Armor 🛡 – 🔢 ③ G. Bretagne – 44 752 h. alt. 78.
🅱 Office de Tourisme 7 r. St-Gouéno ℰ 02 96 33 32 50, Fax 02 96 61 42 16.
Paris 451 – Brest 144 – Dinan 59 – Lorient 114 – Morlaix 84 – Quimper 128 – St-Malo 72.

   ▲▲ **Les Vallées** Pâques-15 oct.
      ℰ 02 96 94 05 05 – boulevard Paul-Doumer, à proximité du Parc de Brézillet – ⊶ – **R** conseillée
      – ⏹ ⚹
      4,8 ha (108 empl.) plat, herbeux ⌷
      🏢 ⚙ 🏕 ⚙ 🗓 🖦 🖦 ⊕ ⚐ ▽ 🗝 🖭 – ¶ 🍴 ⚄ – 🖼 🏊 🚴 – A proximité : ⚬ 🎾 🖼 ♞ 🏊 toboggan aquatique 🛝
      Tarif : (Prix 1998) 📧 piscine comprise 1 pers. 49, pers. suppl. 19 – ⸤ᵩ⸥ 19 (10A)
      Location (permanent) : 🚐 1550 à 1950 – 🏠 1800 à 3100

à Plérin N : 3 km – 12 108 h. alt. 106 – ✉ 22190 Plérin :

   ▲▲ **Municipal le Surcouf** Pâques-sept.
      ℰ 02 96 73 06 22 – **à St-Laurent-de-la-Mer**, E : 4 km, r. Surcouf – ⊶ – **R** conseillée – ⚹
      2,8 ha (134 empl.) plat et peu incliné, herbeux
      🏢 ⚙ 🏕 ⚙ 🗓 🖦 ⊕ ⚐ ▽ 🖭 – 🖼 🏊
      Tarif : ✳ 12,50 – 🚗 10 – 📧 18 – ⸤ᵩ⸥ 12 (4A)

ST-CALAIS

72120 Sarthe 🖐 – 🔢 ⑤ G. Châteaux de la Loire – 4 063 h. alt. 155.
🅱 Office de Tourisme pl. de l'Hôtel-de-Ville ℰ 02 43 35 82 95, Fax 02 43 35 82 95.
Paris 188 – Blois 67 – Chartres 101 – Châteaudun 58 – Le Mans 45 – Orléans 96.

   ▲▲ **Municipal du Lac** avril-15 oct.
      ℰ 02 43 35 04 81 – sortie Nord par D 249, rte de Montaillé, près d'un plan d'eau – ⊶ – **R** conseillée
      2 ha (85 empl.) plat, herbeux
      ⚙ 🏕 ⚙ 🗓 🖦 ⊕ ▽ 🖭 – 🖼 – A proximité : 🚣 ≫ 🎾 🏊
      Tarif : (Prix 1998) ✳ 12,70 – 📧 11,60 – ⸤ᵩ⸥ 8,30 (3A) 14,30 (6A)

ST-CAST-LE-GUILDO

22380 C.-d'Armor 🛡 – 🔢 ⑤ G. Bretagne – 3 093 h. alt. 52.
🅱 Office de Tourisme pl. Gén.-de-Gaulle ℰ 02 96 41 81 52, Fax 02 96 41 76 19.
Paris 433 – Avranches 91 – Dinan 34 – St-Brieuc 50 – St-Malo 33.

   ▲▲▲ **Le Châtelet** mai-12 sept.
      ℰ 02 96 41 96 33, Fax 02 96 41 97 99 – O : 1 km, r. des Nouettes, à 250 m de la mer et de la plage (accès direct) – 🐾 ≤ « Agréable situation dominante » ⊶ ≫ dans locations – **R** conseillée – ⚹
      7,6 ha/3,9 campables (180 empl.) en terrasses, plat et peu incliné, herbeux, petit étang ⌷
      ⚙ 🏕 ⚙ 🗓 🖦 🖦 ⊕ ⚐ ▽ 🗝 🖭 – 🖧 ¶ snack ⚄ – 🖼 🏊 🛝
      Tarif : ✳ 30 piscine comprise – 📧 90 – ⸤ᵩ⸥ 20 (6A) 23 (10A)
      Location : 🚐 1900 à 3500

   ▲▲▲ **Château de Galinée** Pâques-12 sept.
      ℰ 02 96 41 10 56, Fax 02 96 41 03 72 – S : 7 km, accès par D 786, près du carrefour avec la rte
      de St-Cast-le-Guildo – 🐾 ⊶ – **R** conseillée juil.-août – ⏹ ⚹
      12 ha (272 empl.) plat, herbeux ⌷ 💧
      ⚙ 🏕 ⚙ 🗓 🖦 🖦 ⊕ ⚐ ▽ 🖭 – 🖧 ¶ ⚄ – 🖼 🏃 🚴 ≫ 🏊
      Tarif : ✳ 28 piscine comprise – 📧 60 – ⸤ᵩ⸥ 20 (10A)
      Location : 🚐 1400 à 3300 – bungalows toilés

   ▲▲ **Municipal des Mielles** 27 mars-26 sept.
      ℰ 02 96 41 87 60 – sortie Sud par D 19, rte de St-Malo, bd de la Vieuxville, attenant au stade et
      à 200 m de la plage – ⊶ saison – **R** conseillée – ⏹ ⚹
      3,5 ha (198 empl.) plat, herbeux ⌷
      ⚙ 🏕 ⚙ 🗓 🖦 🖦 ⊕ ⚐ 🖭 – 🏃 – A proximité : 🖼 ≫ 🖼 🏊
      Tarif : (Prix 1998) ✳ 19,50 – 🚗 10 – 📧 38,20 – ⸤ᵩ⸥ 12,80 (5A) 16 (10A)

▲ *Municipal de la Mare* mai-sept.
  ℰ 02 96 41 89 19 – à l'Isle, au Nord-Ouest de St-Cast-le-Guildo, près de la plage de la Mare et face au V.V.F. – ॐ ⪻ Fort la Latte et mer ⊶ saison – **R** – ⋇
  1,5 ha (140 empl.) en terrasses et peu incliné, herbeux
  ⅋ ⌂ ⇄ ⊡ ⌁ ⊛
  Tarif : (Prix 1998) ⨀ 16 – ⇔ 7,70 – ▣ 16 – [⁁] 12,80 (4A) 16 (10A)

▲ *Municipal les Quatre Vaulx* 26 juin-août
  ℰ 02 96 41 29 75 – SE : 10 km par D 19 rte de Notre-Dame-de-Guildo et à gauche, près de la plage des Quatre Vaulx – ⊶ – **R** – ⋇
  1 ha (60 empl.) plat, herbeux
  ⅋ ⌂ ⇄ ⊡ ⊛ – ⌸
  Tarif : (Prix 1998) ⨀ 16 – ⇔ 7,70 – ▣ 13,90 – [⁁] 12,80 (5A)

ST-CÉRÉ

46400 Lot **10** – **75** ⑲ G. Périgord Quercy – 3 760 h. alt. 152.
🛈 Office de Tourisme pl. République ℰ 05 65 38 11 85, Fax 05 65 38 38 71.
Paris 536 – Aurillac 66 – Brive-la-Gaillarde 54 – Cahors 78 – Figeac 41 – Tulle 59.

▲▲ *Le Soulhol* avril-sept.
  ℰ 05 65 38 12 37 – sortie Sud-Est par D 48, quai Auguste-Salesses, bord de la Bave – ॐ « Cadre agréable » ⊶ – **R** juil.-août
  3,5 ha (200 empl.) plat, herbeux ⁰⁰
  ⅋ ⌂ ⇄ ⊡ ⇄ ⌁ ⊛ ▣ – ⌸ ⇴ ⊵ – A proximité : ⋇ ⊿
  Tarif : (Prix 1998) ⨀ 18 – ▣ 17 – [⁁] 12 (4 à 13A)
  Location : ⌂ 1300 à 2200

ST-CHÉRON

91530 Essonne **6** – **60** ⑩ – 4 082 h. alt. 100.
🛈 Syndicat d'Initiative ℰ 01 64 56 38 69, et (Samedi, Dimanche) Mairie ℰ 01 69 14 13 00.
Paris 43 – Chartres 53 – Dourdan 10 – Étampes 18 – Fontainebleau 62 – Orléans 88 – Rambouillet 29 – Versailles 43.

▲▲▲ *Le Parc des Roches* mars-14 déc.
  ℰ 01 64 56 65 50, Fax 01 64 56 54 50 – à la Petite Beauce, SE : 3,4 km par D 132, rte d'Étrechy et chemin à gauche – Places limitées pour le passage ॐ « Cadre agréable en sous-bois » ⊶ – **R** conseillée
  23 ha/15 campables (380 empl.) plat et accidenté ▱ ⁰⁰
  ▥ ⅋ ⌂ ⇄ ⊡ ⇄ ⌁ ⊛ ⇄ ▣ – ⁂ snack ⇴ – ⌸ salle d'animation ⇴ ⋇ ⊿
  Tarif : ⨀ 34 piscine comprise – ⇔ 15 – ▣ 27 – [⁁] 14 (4A)

ST-CHRISTOLY-DE-BLAYE

33920 Gironde **9** – **71** ⑧ – 1 765 h. alt. 41.
Paris 544 – Blaye 14 – Bordeaux 43 – Libourne 37 – Montendre 23.

▲ *Le Maine Blanc* Permanent
  ℰ 05 57 42 52 81, Fax 05 57 42 46 58 – NE : 2,5 km par D 22, rte de St-Savin et chemin à gauche – Places limitées pour le passage ॐ ⊶ – **R** conseillée – ⊖ ⋇
  2 ha (80 empl.) plat, herbeux, sablonneux ⚲
  ⅋ ⌂ ⇄ ⊡ ⇄ ⌁ ⊛ ⇄ ⥊ ▣ – ⊵ – ⌸ ⇴ ⊖ – ⛟
  Tarif : ⨀ 22 piscine comprise – ▣ 20/26 – [⁁] 10 (3A) 16 (6A) 20 (10A)
  Location : ⌸

ST-CHRISTOPHE

17220 Char.-Mar. **9** – **71** ⑫ – 827 h. alt. 26.
Paris 456 – Niort 48 – Rochefort 27 – La Rochelle 24 – Surgères 19.

▲ *Municipal la Garenne* 10 avril-sept.
  ℰ 05 46 35 16 15 – sortie Nord-Est par D 264, rte de la Martinière, près d'un étang – **R** – ⋇
  0,4 ha (30 empl.) plat, herbeux ▱
  ⅋ ⌂ ⇄ ⊡ ⇄ – ⇴ – A proximité : ⋇
  Tarif : (Prix 1998) ⨀ 15 – ⇔ 6 – ▣ 15 – [⁁] 15

ST-CHRISTOPHE

81190 Tarn **15** – **79** ⑳ – 107 h. alt. 380.
Paris 640 – Albi 35 – Montauban 77 – Rodez 66 – Villefranche-de-Rouergue 34.

▲ *La Prade* avril-1er oct.
  ℰ 05 63 76 95 68 – N : 7 km par D 27, D 9 et D 73, au lieu-dit la Garde-Viaur, bord du Viaur, Accès conseillé par St-André-de-Najac et D 239 – ॐ ⊶ – **R** conseillée juil.-août – ⊖ ⋇
  2,5 ha (41 empl.) plat, herbeux ▱
  ⅋ ⌂ ⇄ ⊡ ⇄ ⇄ ⥊ ▱ ▣ – ⌸ ⊵ – A proximité : ⚑ ⋇
  Tarif : ▣ élect. (10A) comprise 2 pers. 57 à 73, pers. suppl. 16
  Location : ⌂ 1400 à 1850

ST-CHRISTOPHE-DE-DOUBLE

33230 Gironde 🟨 – 🟥 ③ – 564 h. alt. 89.
Paris 523 – Bergerac 58 – Blaye 65 – Bordeaux 63 – Libourne 33 – Périgueux 73.

▲▲ *Municipal du Centre Nautique et de Loisirs* juin-sept.
  𝓟 05 57 49 50 02 – S : 0,8 km par D 123, rte de St-Antoine-sur-l'Isle et à droite, près d'un étang
  – 🌣 ⫯ o━ – **R** – ⊞ ⨍
  0,7 ha (30 empl.) peu incliné, sablonneux, pierreux, herbeux ♀ pinède
  ఉ ⍾ 🖼 ⌇ @ ♨ ᯤ – ✕ – A proximité : 🍽 ⛵ ≋
  Tarif : 🏕 10 – 🅴 18 – 🔌 13 (16A)

ST-CHRISTOPHE-EN-OISANS

38520 Isère 🔢 – 🟥 ⑯ G. Alpes du Nord – 103 h. alt. 1 470.
Paris 635 – L'Alpe-d'Huez 32 – La Bérarde 11 – Le Bourg-d'Oisans 21 – Grenoble 71.

▲ *Municipal la Bérarde* juin-sept.
  𝓟 04 76 79 20 45 – SE : 10,5 km par rte de la Bérarde, bord du Vénéon, D 530 avec fortes pentes,
  difficile aux caravanes, Croisement parfois impossible hors garages de dégagement, alt. 1 738 – 🌣
  ⫯ Parc National des Écrins « Site agréable » o━ – **R**
  2 ha (165 empl.) peu incliné et plat, en terrasses, pierreux, herbeux
  ⍾ ⍾ ⌇ 🖼 ⌓ ♨ – 🛒 ⛵
  Tarif : 🅴 1 pers. 37, 2 pers. 67, 3 pers. 86 – 🔌 15 (10A)

ST-CHRISTOPHE-SUR-ROC

79220 Deux Sèvres 🟨 – 🟥 ⑪ – 472 h. alt. 125.
Paris 397 – Fontenay-le-Comte 42 – Niort 20 – Parthenay 26 – St-Maixent-l'École 14.

▲ *Intercommunal du Plan d'Eau* 15 avril-15 oct.
  𝓟 05 49 05 21 38 – SO : 1,5 km par D 122, rte de Cherveux, à 100 m d'un plan d'eau – 🌣 o━
  juil.-août – **R** juil.-août – ⨍
  1,5 ha (35 empl.) peu incliné, herbeux
  ఉ ⍾ ⌓ 🖼 ⌓ ♨ – A proximité : ♀ ✕ ⫯ ⅏ 🎿 ⛵ ≋ (plage)
  Tarif : 🏕 12 – ⛺ 7 – 🅴 7 – 🔌 13 (16A)

ST-CIRGUES-EN-MONTAGNE

07510 Ardèche 🔢 – 🟥 ⑱ G. Vallée du Rhône – 361 h. alt. 1 044.
Paris 593 – Aubenas 40 – Langogne 31 – Privas 68 – Le Puy-en-Velay 56.

▲ *Les Airelles* 3 avril-7 nov.
  𝓟 04 75 38 92 49 – sortie Nord par D 160, rte du Lac-d'Issarlès, rive droite du Vernason – 🌣 ⫯
  o━ – **R**
  0,7 ha (50 empl.) en terrasses et peu incliné, pierreux, herbeux ♀
  ⍾ ⌓ 🖼 ⌇ ♨ 🖼 – ♀ snack – 🛒 – A proximité : ⛵ ⛵
  Tarif : 🅴 2 pers. 60, pers. suppl. 17 – 🔌 16 (3A)
  Location : 🛏

ST-CIRQ

24260 Dordogne 🔢 – 🟥 ⑯ – 104 h. alt. 50.
Paris 523 – Bergerac 53 – Le Bugue 6 – Les Eyzies-de-Tayac 8 – Périgueux 48.

▲▲ *Brin d'Amour* mars-nov.
  𝓟 05 53 07 23 73, Fax 05 53 54 18 06 – N : 3,3 km par D 31, rte de Manaurie et chemin à droite
  – 🌣 ⫯ o━ – **R** conseillée – ⊞ ⨍
  4 ha (60 empl.) peu incliné et plat, en terrasses, herbeux, petit étang ☋ ♀ (0,5 ha)
  ఉ ⍾ ⌓ 🖼 ⌇ ♨ 🖼 – ♀ ⫯ – 🛒 ⛵ 🎿
  Tarif : 🏕 25 piscine comprise – 🅴 30/35 – 🔌 18
  Location : 🏠 – 🏠

ST-CIRQ-LAPOPIE

46330 Lot 🔢 – 🟥 ⑨ G. Périgord Quercy – 187 h. alt. 320.
🅱 Office de Tourisme pl. de Sombral 𝓟 05 65 31 29 06, Fax 05 65 31 29 06.
Paris 590 – Cahors 25 – Figeac 45 – Villefranche-de-Rouergue 38.

▲▲ *La Truffière* mai-sept.
  𝓟 05 65 30 20 22 – S : 3 km par D 42, rte de Concots – Ⓜ 🌣 ⫯ « Agréable chênaie » o━ –
  R conseillée juil.-août – ⊞ ⨍
  4 ha (96 empl.) accidenté et en terrasses, herbeux, pierreux ♀♀
  ⍾ ఉ ⍾ ⌓ 🖼 ⌇ ♨ 🖼 🖼 – snack ⫯ – 🛒 ⚒ ⛵ ≋
  Tarif : 🅴 piscine comprise 1 pers. 32 – 🔌 15 (6A)
  Location : 🏠 1200 à 1900 – 🏠1575 à 2990

▲▲ *La Plage* Permanent
  𝓟 05 65 30 29 51, Fax 05 65 30 26 48 – NE : 1,4 km par D 8, rte de Tour-de-Faure, à gauche avant
  le pont, bord du Lot – ⫯ « Situation agréable » o━ – **R** conseillée 10 juil.-20 août – ⊞ ⨍
  3 ha (120 empl.) plat, herbeux, pierreux ♀♀
  ఉ ⍾ ⌓ 🖼 ⌇ ♨ ⌇ ᯤ 🖼 🖼 – ♀ snack – ≋
  Tarif : 🏕 30 – 🅴 30 – 🔌 15 (6A) 20 (10A)

ST-CLAIR

83 Var – 🔢🔢 ⑯ – rattaché au Lavandou.

ST-CLAIR-DU-RHÔNE

38370 Isère 🔢🔢 – 🔢🔢 ⑪ G. Vallée du Rhône – 3 360 h. alt. 160.
Paris 502 – Annonay 35 – Givors 26 – Le Péage-de-Roussillon 10 – Rive-de-Gier 24 – Vienne 15.

    ⚠ **Le Daxia** avril-sept.
        𝒫 04 74 56 39 20, Fax 04 74 56 93 46 – S : 2,7 km par D 4 rte de Péage-du-Roussillon et chemin
        à gauche, bord de la Varèze, accès conseillé par N 7 et D 37 – 🅂 ⊶ – **R** conseillée juil. – ⏸ ⅋
        7,5 ha (80 empl.) plat, herbeux ⬚
        🔣 🔣 🔣 🔣 ⊛ 🔣 – ♟ pizzeria 🔣 – 🔣 🔣 🔣 🔣 toboggan aquatique
        Tarif : ♦ *18 piscine comprise* – 🚗 *10* – 🔲 *23* – 🔋 *12 (2A) 16 (5A) 18 (6A)*

ST-CLAUDE

39200 Jura 🔢🔢 – 🔢🔢 ⑮ G. Jura – 12 704 h. alt. 450.
🅱 Office de Tourisme Haut Jura St-Claude 19 r. du Marché 𝒫 03 84 45 34 24, Fax 03 84 41 02 72.
Paris 469 – Annecy 87 – Bourg-en-Bresse 91 – Genève 63 – Lons-le-Saunier 59.

    ⚠ **Municipal du Martinet** 2 mai-sept.
        𝒫 03 84 45 00 40 – SE : 2 km par rte de Genève et D 290 à droite, au confluent du Flumen et du
        Tacon – ≤ « Site agréable » ⊶ – **R** – ⅋
        2,9 ha (130 empl.) plat et incliné, herbeux ⬚⬚
        🔣 🔣 🔣 🔣 🔣 ⊛ 🔣 – 🔣, snack – 🔣 – A proximité : ✂ 🔣 🔣
        Tarif : ♦ *18 piscine comprise* – 🔲 *24* – 🔋 *15 (5A)*

ST-CLÉMENT-DES-BALEINES

17 Char.-Mar. – 🔢🔢 ⑫ – voir à Ré (Ile de).

ST-CLÉMENT-DE-VALORGUE

63660 P.-de-D. 🔢🔢 – 🔢🔢 ⑰ – 237 h. alt. 900.
Paris 525 – Ambert 27 – Clermont-Ferrand 105 – Montbrison 28 – St-Anthème 4 – Usson-en-Forez 15.

    ⚠ **Les Narcisses** juin-15 sept.
        𝒫 04 73 95 45 76 – NO : 1,2 km par rte de Mascortel – 🅂 ≤ ⊶ – **R** – ⅋
        1,4 ha (50 empl.) plat et terrasse, herbeux ♀
        🔣 🔣 🔣 🔣 🔣 ⊛ 🔣 – 🔣 🔣
        Tarif : ♦ *13* – 🚗 *6* – 🔲 *11* – 🔋 *9 (6A)*
        Location : 🔣 *1100*

ST-CLÉMENT-SUR-DURANCE

05600 H.-Alpes 🔢🔢 – 🔢🔢 ⑱ – 191 h. alt. 872.
Paris 717 – L'Argentière-la-Bessée 21 – Embrun 13 – Gap 53 – Mont-Dauphin 7 – Savines-le-Lac 25.

    ⚠ **Les Mille Vents** juin-15 sept.
        𝒫 04 92 45 10 90 – E : 1 km par N 94, rte de Briançon et D 994ᴰ à droite après le pont, bord de
        la rivière – ≤ ⊶ – **R** – ⅋
        3,5 ha (100 empl.) plat, terrasse, herbeux, pierreux ♀
        🔣 🔣 🔣 🔣 ⊛ – 🔣 🔣
        Tarif : 🔲 *piscine comprise 2 pers. 70* – 🔋 *15 (5A)*

ST-CONGARD

56140 Morbihan 🔢 – 🔢🔢 ④ – 664 h. alt. 20.
Paris 421 – Josselin 36 – Ploërmel 25 – Redon 26 – Vannes 42.

    ⚠ **Municipal du Halage** 15 juin-15 sept.
        au bourg, près de l'église et de l'Oust – **R**
        0,8 ha (42 empl.) plat à peu incliné, herbeux ⬚
        🔣 🔣 🔣 ⊛ – 🔣
        Tarif : (Prix 1998) ♦ *6,80 et 8,50 pour eau chaude* – 🚗 *3,40* – 🔲 *3,40* – 🔋 *7*

ST-COULOMB

35350 I.-et-V. 🔢 – 🔢🔢 ⑥ – 1 938 h. alt. 35.
Paris 393 – Cancale 5 – Dinard 19 – Dol-de-Bretagne 21 – Rennes 73 – St-Malo 8.

    ⚠ **Du Guesclin** Pâques-sept.
        𝒫 02 99 89 03 24 – NE : 2,5 km par D 355, rte de Cancale et rte à gauche – 🅂 ≤ ⊶ mai-sept.
        – **R** conseillée
        0,45 ha (31 empl.) peu incliné, herbeux
        🔣 🔣 🔣 ⊛
        Tarif : 🔲 *2 pers. 57, pers. suppl. 18,50* – 🔋 *16 (6A)*

24590 Dordogne ⑬ – ⑯ ⑰ G. Périgord Quercy – 372 h. alt. 262.
Paris 517 – Brive-la-Gaillarde 40 – Les Eyzies-de-Tayac 33 – Montignac 22 – Périgueux 70 – Sarlat-la-Canéda 12.

᠕᠕ **Les Peneyrals** 15 mai-15 sept.
 📞 05 53 28 85 71, Fax 05 53 28 80 99 – à St-Crépin, sur D 56, rte de Proissans – ☞ « Cadre agréable » •— **R** conseillée juil.-août – **GB** ✗
12 ha/5 campables (175 empl.) en terrasses, herbeux, pierreux, étang ▢ ⚬⚬
🛏 🛀 🍴 💧 ⊙ ⚖ ▥ – 📺 ✗ ✗ ♣ – 🍴 ☼ 🚣 ☼ 🚴 ·⚘ ※ ✔ 🛶 toboggans aquatiques
Tarif : ✶ 36 piscine comprise – ▣ 50 – [9] 16 (5A) 18 (10A)
Location : 🚗 1000 à 3450 – 🛖 1250 à 3600

᠕ **Le Pigeonnier - Club 24** 30 mai-15 sept.
 📞 05 53 28 92 62, Fax 05 53 30 27 17 – NO : 1,3 km sur D 60 rte de Sarlat-la-Canéda – •— ※ dans locations – **R** conseillée août – ✗
2,5 ha (100 empl.) peu incliné, herbeux ▢ ⚬
🛏 🛀 🍴 🛁 ⊙ ⚖ ▥ – 🍽 – ▨ ※ discothèque 🚣 ♣ poneys
Tarif : ✶ 25 piscine comprise – ▣ 31 – [9] 14 (6A) 16 (10A)
Location : 🚗 1600 à 2550 – 🚗 1800 à 2850

24250 Dordogne ⑬ – ⑯ ⑰ – 310 h. alt. 78.
Paris 545 – Cahors 51 – Les Eyzies-de-Tayac 29 – Gourdon 20 – Sarlat-la-Canéda 16.

Schéma à la Roque-Gageac

᠕᠕ **Bel Ombrage** juin-5 sept.
 📞 05 53 28 34 14, Fax 05 53 59 64 64 – NO : 0,8 km, bord du Céou – ☞ •— – **R** conseillée 15 juil.-15 août – ✗
6 ha (180 empl.) plat, herbeux ▢ ⚬⚬
🛏 🛀 🍴 🛁 ⊙ ▥ – 📺 🚣 🍴
Tarif : ✶ 26 piscine comprise – ▣ 38 – [9] 17 (6A)

᠕᠕ **Le Céou**
 📞 05 53 28 32 12, Fax 05 53 30 24 12 – S : 1 km, à proximité du Céou – ☞ ≤ •—
3,5 ha (80 empl.) plat et en terrasses, herbeux, pierreux ▢ ⚬⚬
🛏 🛀 🍴 🛁 ⊙ ⚖ ⚘ ▥ – ✗ ♣ – 📺 🍴 – A proximité : ≈
Location : 🚗 – 🛖

᠕᠕ **Les Cascades de Lauzel** 15 mai-20 sept.
 📞 05 53 28 32 26, Fax 05 53 29 18 44 – SE : 2 km par D 50, rte de Domme et chemin à droite, bord du Céou – ☞ •— – **R** conseillée juil.-20 août – ✗
2 ha (100 empl.) plat, peu incliné, herbeux ⚬
🛏 🛀 🍴 🛁 ⊙ ⚖ ▥ – 🍽 ♣ – 🚣 ☼
Tarif : (Prix 1998) ✶ 22 piscine comprise – ▣ 30 – [9] 12 (4A) 15 (6A)
Location (mai-sept.) : 🚗 1200 à 2500

24220 Dordogne ⑬ – ⑯ ⑯ G. Périgord Quercy – 1 593 h. alt. 80.
🛈 Syndicat d'Initiative r. Gambetta 📞 05 53 30 36 09 (hors saison) 📞 05 53 29 28 22.
Paris 528 – Bergerac 54 – Cahors 68 – Fumel 54 – Gourdon 37 – Périgueux 57 – Sarlat-la-Canéda 21.

᠕ **Municipal le Garrit** saison
 📞 05 53 29 20 56, Fax 05 53 29 98 89 – S : 1,5 km par D 48 rte de Berbiguières, près de la Dordogne – ☞ •— – **R** conseillée juil.-août – **GB** ✗
1,2 ha (75 empl.) plat, herbeux ▢ ⚬⚬
🛏 🛀 🍴 🛁 ⊙ ▥ – 🍽 ♣ – 🚣 – A proximité : ≈
Tarif : (Prix 1998) ▣ 2 pers. 61, pers. suppl. 13 – [9] 15 (6A)

66750 Pyr.-Or. ⑮ – ⑯ ⑳ G. Pyrénées Roussillon – 6 892 h. alt. 5.
🛈 Office de Tourisme parking Nord du Port 📞 04 68 21 01 33, Fax 04 68 21 98 33.
Paris 876 – Céret 32 – Perpignan 15 – Port-Vendres 20.

᠕᠕ **Municipal Bosc d'en Roug** juin-sept.
 📞 04 68 21 07 95 – sortie Nord vers Perpignan et à droite – •— – **R** conseillée – **GB** ✗
12 ha (635 empl.) plat, herbeux ⚬⚬
🛏 🍴 🛁 ⊙ ▥ – 🍽 snack ♣ – cases réfrigérées – 📺 ※ 🍴
Tarif : ✶ 31 piscine et tennis compris – ▣ 35 – [9] 19 (10A)

à St-Cyprien-Plage NE : 3 km – ✉ 66750 St-Cyprien :

᠕᠕᠕ **Cala Gogo** 29 mai-25 sept.
 📞 04 68 21 07 12, Fax 04 68 21 02 19 – S : 4 km, aux Capellans, bord de plage – •— – **R** conseillée – **GB** ✗
11 ha (659 empl.) plat, sablonneux, herbeux, pierreux ▢ ⚬
🛏 🍴 🛁 🛀 ⊙ 🚿 ▥ – ⚖ ✗ snack ♣ – discothèque 🚣 🚴 ※ 🍴
Tarif : ✶ 36 piscine comprise – ▣ 57 – [9] 17 (6A)
Location : 🚗 1260 à 3570

ST-CYR

86 Vienne – 🔟🔟 ④ – rattaché à Poitiers.

ST-CYR-SUR-MER

83270 Var 🔟🔟 – 🔟🔟 ⑭ – 7 033 h. alt. 10.
🅱 Office de Tourisme pl. Appel-du-18-Juin, aux Lecques 🖉 04 94 26 13 46, Fax 04 94 26 15 44.
Paris 813 – Bandol 8 – Brignoles 56 – La Ciotat 11 – Marseille 40 – Toulon 24.

⚠ **Le Clos Ste-Thérèse** avril-sept.
🖉 04 94 32 12 21 – SE : 3,5 km par D 559 rte de Bandol, Pour certains emplacements d'accès peu facile (forte pente), mise en place et sortie des caravanes à la demande – ≼ ⚓ – **R** conseillée – ✘
4 ha (123 empl.) accidenté et en terrasses, pierreux ▭ ♨♨♨
🗔 ⚙ 🖥 ♨ ⚙ 🖿 – ❄ – 🛒 🚣 🛥 – A proximité : golf ✂ 🏇, poneys
Tarif : 🔲 piscine comprise 2 pers. 90 – 🔌 14 (2A) 16,50 (4A) 20,50 (6A)
Location : 🚚 1645 à 3080 – 🏠 1645 à 3080

ST-CYR-SUR-MORIN

77 S.-et-M. – 🔟🔟 ⑬ – rattaché à la Ferté-sous-Jouarre.

ST-DENIS-D'OLÉRON

17 Char.-Mar. – 🔟🔟 ⑬ – voir à Oléron (Ile d').

▶ Ⓜ *This symbol characterises sites with modern facilities.*

ST-DIDIER-EN-VELAY

43140 H.-Loire 🔟🔟 – 🔟🔟 ⑧ – 2 723 h. alt. 830.
Paris 541 – Annonay 49 – Monistrol-sur-Loire 12 – Le Puy-en-Velay 61 – St-Étienne 25.

⚠ **La Fressange** 30 avril-sept.
🖉 04 71 66 25 28 – S : 0,8 km par D 45 rte de St-Romain-Lachalm et à gauche, près d'un ruisseau
– ⚓ – **R** conseillée 14 juil.-15 août – ✘
1,5 ha (104 empl.) incliné, peu incliné, en terrasses, herbeux ♀
🖪 🗔 ⚙ 🖥 ♨ ⚙ 🖿 – 🚣 – A proximité : ✂ 🛥
Tarif : (Prix 1998) ★ 14 – 🚐 9 – 🔲 11 – 🔌 14 (6A)

ST-DIÉ

88100 Vosges 🔟 – 🔟🔟 ⑰ G. Alsace Lorraine – 22 635 h. alt. 350.
🅱 Office de Tourisme 8 quai Mar.-de-Lattre-de-Tassigny 🖉 03 29 56 17 62, Fax 03 29 56 72 30.
Paris 391 – Belfort 125 – Colmar 56 – Épinal 50 – Mulhouse 101 – Strasbourg 93.

⚠ **S.I. la Vanne de Pierre** Permanent
🖉 03 29 56 23 56 – à l'Est de la ville par le quai du Stade, près de la Meurthe – ⚓ – **R** conseillée
vacances scolaires – 🅭🅱 ✘
3,5 ha (118 empl.) plat, herbeux ▭ ♀
🏊 🖪 🗔 ⚙ 🖥 ♨ ⚙ 🖿 🚾 🖿 – ❄ – 🛒 🏊 (petite piscine)
Tarif : 🔲 1 pers. 47, pers. suppl. 19 – 🔌 18 (3A) 24 (6A) 28 (10A)

ST-DONAT

63680 P.-de-D. 🔟🔟 – 🔟🔟 ⑬ – 334 h. alt. 1 039.
Paris 488 – Besse-en-Chandesse 23 – Bort-les-Orgues 28 – La Bourboule 23 – Clermont-Ferrand 68 – Le Mont-Dore 27.

⚠ **Municipal** 15 juin-15 sept.
au bourg, près de l'église – **R** conseillée août
0,8 ha (50 empl.) plat à peu incliné, herbeux, pierreux
🗔 🖥 ♨ ⚙ – 🚣
Tarif : ★ 7,50 – 🚐 7 – 🔲 7 – 🔌 10 (10A)

ST-DONAT-SUR-L'HERBASSE

26260 Drôme 🔟🔟 – 🔟🔟 ② G. Vallée du Rhône – 2 658 h. alt. 202.
Paris 549 – Grenoble 92 – Hauterives 20 – Romans-sur-Isère 13 – Tournon-sur-Rhône 17 – Valence 27.

⚠ **Les Ulèzes** avril-sept.
🖉 04 75 45 10 91 – sortie Sud-Est par D 53, rte de Romans et chemin à droite, près de l'Herbasse
– ⚓ – **R** conseillée – ✘
2,5 ha/0,7 campable (40 empl.) plat, herbeux, petit étang ▭
♨ 🗔 ⚙ 🖥 ♨ ⚙ 🖿 – ❄ – 🛒 🚣 �🛥 m 🛥
Tarif : 🔲 piscine comprise 2 pers. 80 – 🔌 17 (6A) 22 (10A)

ST-ÉLOY-LES-MINES

63700 P.-de-D. **11** – **73** ③ – 4 721 h. alt. 490.
🛈 Syndicat d'Initiative (juil.-août) 📞 04 73 85 93 36 et Mairie 📞 04 73 85 08 24.
Paris 361 – Clermont-Ferrand 62 – Guéret 88 – Montluçon 30 – Moulins 71 – Vichy 58.

⚠ ***Municipal la Poule d'Eau*** juin-sept.
📞 04 73 85 45 47 – sortie Sud par N 144 rte de Clermont puis à droite, 1,3 km par D 110, bord
de deux plans d'eau – ≤ o━ juil.-août – **R** – ⚲
1,8 ha (50 empl.) peu incliné, herbeux ▭ ♀
& 🕾 ⇄ ⏦ ⊙ – ☕ – A proximité : ▼ snack ≊
Tarif : 🖹 2 pers. 32,10, pers. suppl. 9,80 – 🔌 12,50 (6A)

ST-ÉMILION

33330 Gironde **9** – **75** ⑫ G. Pyrénées Aquitaine – 2 799 h. alt. 30.
🛈 Office de Tourisme pl. Créneaux 📞 05 57 24 72 03, Fax 05 57 74 47 15.
Paris 585 – Bergerac 58 – Bordeaux 41 – Langon 50 – Libourne 8 – Marmande 62.

⚠⚠ ***La Barbanne*** avril-17 oct.
📞 05 57 24 75 80 – N : 3 km par D 122 rte de Lussac et rte à droite, bord d'un plan d'eau – ⚲
o━ – **R** conseillée saison – ⊖❸ ⚲
4,5 ha (160 empl.) plat, herbeux ▭ ♀ (2 ha)
& 🕾 ⇄ 🖫 ⏦ ⊙ 🖥 – 🏖, snack 🛒 – 🖼 ☕ 🎿 🗓 🎣 🗒 toboggan aquatique
Tarif : ✱ 25 piscine et tennis compris – 🖹 40 – 🔌 20 (6A)

ST-ÉTIENNE-DE-BAIGORRY

64430 Pyr.-Atl. **13** – **85** ③ G. Pyrénées Aquitaine – 1 565 h. alt. 163.
🛈 Office de Tourisme pl. Église 📞 et Fax 05 59 37 47 28.
Paris 818 – Biarritz 51 – Cambo-les-Bains 31 – Iruñea/Pamplona 69 – Pau 131 – St-Jean-Pied-de-Port 12.

⚠ ***Municipal l'Irouleguy*** Permanent
📞 05 59 37 43 96 – sortie Nord-Est par D 15, rte de St-Jean-Pied-de-Port et chemin à gauche devant
la piscine, bord de la Nive – ≤ o━ – **R** conseillée
1,5 ha (67 empl.) plat, herbeux
& 🕾 ⇄ 🖫 ⏦ ⊙ – A proximité : ⊠ ▼ snack 🛒 🗓
Tarif : (Prix 1998) ✱ 13 – 🖹 15 – 🔌 15 (5A)

ST-ÉTIENNE-DE-CROSSEY

38960 Isère **12** – **77** ④ – 2 081 h. alt. 449.
Paris 552 – Les Abrets 25 – Grenoble 33 – St-Laurent-du-Pont 10 – Voiron 5.

⚠ ***Municipal de la Grande Forêt*** juin-sept.
📞 04 76 06 05 67 – sortie Nord-Ouest par D 49 rte de Chirens, au stade – ≤ o━ – **R**
2 ha (50 empl.) plat, herbeux ▭
🕾 ⇄ 🖫 ⏦ ⊙ ☕ 🗤 – 🖼 🛒
Tarif : 🖹 3 pers. 38/60 avec élect.

ST-ÉTIENNE-DE-LUGDARÈS

07590 Ardèche **16** – **76** ⑰ – 436 h. alt. 1 037.
Paris 600 – Aubenas 50 – Langogne 20 – Largentière 53 – Mende 67.

⚠ ***Municipal les Aygues Douces*** 15 juin-15 sept.
📞 04 66 46 65 65 – SE : 2,5 km par D 19, rte d'Aubenas et D 301 à droite, rte de la Borne, bord
du Masméjean – ⚲ ≤ – **R** – ⚲
0,6 ha (25 empl.) plat, herbeux, pierreux
& 🕾 ⊙ ☕ – 🖼
Tarif : (Prix 1998) 🖹 3 pers. 45, pers. suppl. 12 – 🔌 10

ST-ÉTIENNE-DE-MONTLUC

44360 Loire-Atl. **4** – **63** ⑯ – 5 759 h. alt. 17.
🛈 Office de Tourisme pl. de la Mairie 📞 02 40 85 95 13, Fax 02 40 85 95 13.
Paris 399 – Nantes 25 – Nozay 42 – Pontchâteau 34 – St-Nazaire 41.

⚠ ***Municipal la Coletterie*** Permanent
📞 02 40 86 97 44 – en ville, sortie vers Sautron – Places limitées pour le passage « Entrée fleurie »
o━ – **R**
0,75 ha (53 empl.) plat et peu incliné, herbeux (camping), gravillons (caravaning) ▭
🎛 & 🕾 ⇄ 🖫 ⏦ ⊙ 🗤 🖥 – 🖼
Tarif : (Prix 1998) ✱ 11 – 🖹 12 – 🔌 20 (16A)

ST-ÉTIENNE-DE-VILLERÉAL

47 L.-et-G. – **79** ⑤ – rattaché à Villeréal.

85670 Vendée 🔲 – 🔲 ⑬ – 1 416 h. alt. 38.
Paris 430 – Aizenay 13 – Challans 26 – Nantes 48 – La Roche-sur-Yon 27 – St-Gilles-Croix-de-Vie 36.

⚠ **Municipal la Petite Boulogne** mai-oct.
⚲ 02 51 34 54 51 – au Sud du bourg par D 81, rte de Poiré-sur-Vie et chemin à droite, près de la rivière et à 250 m d'un étang, Chemin piétonnier reliant le camping au bourg – ⛺ ⊶ 15 juil.-15 août – **R** –
1,5 ha (35 empl.) peu incliné et plat, terrasse, herbeux ⌁
🔲 🔲 🔲 🔲 🔲 ⊕ 🔲 🔲 🔲 – 🔲 ⌁ (petite piscine) – A proximité : 🔲 🔲
Tarif : 🔲 2 pers. 60, pers. suppl. 10 – 🔲 10 (6A)

13103 B.-du-R. 🔲 – 🔲 ⑩ – 1 863 h. alt. 7.
Paris 708 – Arles 17 – Avignon 24 – Les Baux-de-Provence 15 – St-Rémy-de-Provence 9 – Tarascon 8.

⚠ **Municipal** avril-sept.
⚲ 04 90 49 00 03 – sortie Nord-Ouest par D 99, rte de Tarascon, près du stade, à 50 m de la Vigueira – **R**
0,6 ha (40 empl.) plat, herbeux, pierreux ⌁ 🔲 (0,3 ha)
🔲 🔲 🔲 🔲 🔲 🔲 🔲
Tarif : 🔲 14 – 🔲 5 – 🔲 15 – 🔲 15 (10A)

05250 H.-Alpes 🔲 – 🔲 ⑮ ⑯ G. Alpes du Nord – 538 h. alt. 1 273.
Paris 644 – Corps 24 – Gap 35 – Serres 57.

⚠ **Municipal les Auches** Permanent
⚲ 04 92 58 84 71 – SE : 1,3 km par D 17 rte du col du Noyer, bord de la Souloise – ⛺ ≼ ⊶ juil.-août
– **R**
1,2 ha (45 empl.) plat, pierreux, gravier, herbeux
🔲 🔲 🔲 ⊕ – A proximité : 🔲 🔲
Tarif : 🔲 15 – 🔲 10 – 🔲 10/25 – 🔲 15 (3A) 25 (6A) 35 (10A)

61550 Orne 🔲 – 🔲 ④ G. Normandie Vallée de la Seine – 383 h. alt. 355.
Paris 154 – L'Aigle 14 – Alençon 56 – Argentan 42 – Bernay 44.

⚠⚠ **Municipal des Saints-Pères** avril-sept.
au Sud-Est du bourg, bord d'un plan d'eau – ⛺ « Agréable situation » ⊶ – **R** – 🔲
0,6 ha (27 empl.) plat, terrasse, herbeux, gravillons, bois attenant
🔲 🔲 🔲 ⊕ – 🔲 🔲 🔲 🔲 – A l'entrée : 🔲 🔲
Tarif : (Prix 1998) 🔲 10 – 🔲 5 – 🔲 6 – 🔲 8 (4A) 15 (10A)

89170 Yonne 🔲 – 🔲 ③ G. Bourgogne – 1 884 h. alt. 175.
Paris 177 – Auxerre 44 – Cosne-sur-Loire 33 – Gien 43 – Montargis 52.

⚠ **Municipal la Calanque** avril-20 oct.
⚲ 03 86 74 04 55 – SE : 6 km par D 85, D 185 à droite et rte à gauche, près du Réservoir du Bourdon
– ⛺ « Cadre et site agréables » ⊶ – **R** conseillée saison – 🔲
6 ha (225 empl.) plat et accidenté, sablonneux, herbeux 🔲
🔲 🔲 🔲 🔲 🔲 ⊕ – A proximité : 🔲 🔲 🔲
Tarif : 🔲 13,20 – 🔲 6,60 – 🔲 8,80 – 🔲 5,90 (4A) 8,80 (6A) 14,20 (10A)

74210 H.-Savoie 🔲 – 🔲 ⑯ ⑰ – 758 h. alt. 516.
Paris 567 – Albertville 18 – Annecy 28 – La Clusaz 29 – Megève 33.

⚠ **Municipal** 15 juin-15 sept.
⚲ 04 50 32 47 71 – à l'Est du bourg, près du stade, bord d'un ruisseau – ≼ ⊶ – **R** – 🔲
1 ha (90 empl.) plat, herbeux 🔲 (0,4 ha)
🔲 🔲 🔲 🔲 🔲 ⊕ 🔲
Tarif : 🔲 2 pers. 45, pers. suppl. 10 – 🔲 10 (10A)

31350 H.-Gar. 🔲 – 🔲 ⑳ G. Gorges du Tarn.
Paris 749 – Carcassonne 43 – Castelnaudary 23 – Castres 31 – Gaillac 66 – Toulouse 54.

⚠⚠ **Las Prades** avril-oct.
⚲ 05 61 83 43 20 – S : 1,5 km par D 79 D² et chemin à gauche, à 1 km du lac (haut de la digue)
– ⛺ ⊶ – **R** – 🔲
1,2 ha (54 empl.) plat, herbeux ⌁ 🔲
🔲 🔲 🔲 🔲 🔲 ⊕ – 🔲 🔲 – A proximité : 🔲 🔲 🔲 🔲
Tarif : 🔲 14 piscine comprise – 🔲 6 – 🔲 14 – 🔲 13 (3A) 18 (10A)
Location : 🔲

En Salvan avril-oct.
05 61 83 55 95, Fax 05 62 71 23 46 – SO : 1 km sur D 79D rte de Vaudreuille, près d'une cascade et à 500 m du lac (haut de la digue) – – **R** conseillée juil.-août – Adhésion F.F.C.C. obligatoire –
2 ha (150 empl.) plat et peu incliné, herbeux
– – – A proximité : poneys
Tarif : *15,10 – 6,80 – 15,10 – 9 (3A) 13,50 (6A) 21 (10A)*
Location : *950 à 2650*

ST-FERRÉOL-TRENTE-PAS

26110 Drôme 16 – 81 ③ – 191 h. alt. 417.
Paris 640 – Buis-les-Baronnies 29 – La Motte-Chalancon 30 – Nyons 13 – Rémuzat 21 – Vaison-la-Romaine 28.

Le Pilat avril-oct.
04 75 27 72 09 – N : 1 km par D 70, rte de Bourdeaux, bord d'un ruisseau – dans locations – **R** conseillée –
1 ha (70 empl.) plat, pierreux, herbeux
– –
Tarif : *19 piscine comprise – 6 – 19 – 13 (3A) 16 (6A)*
Location : *1450 à 2400*

Trente Pas mai-15 sept.
04 75 27 70 69 – sortie Sud par D 70, rte de Condorcet, bord du Bentrix – saison – **R** conseillée juil.-août –
1,5 ha (95 empl.) plat, peu incliné, herbeux, pierreux (1ha)
– (petite piscine) – A proximité :
Tarif : *18 – 6 – 18 – 14 (6A)*

ST-FIRMIN

05800 H.-Alpes 12 – 77 ⑯ G. Alpes du Nord – 408 h. alt. 901.
Paris 639 – Corps 10 – Gap 32 – Grenoble 75 – La Mure 35 – St-Bonnet-en-Champsaur 18.

La Villette 15 juin-15 sept.
04 92 55 23 55 – NO : 0,5 km par D 58 rte des Reculas – – **R**
0,5 ha (33 empl.) en terrasses, peu incliné, herbeux, pierreux
– A proximité :
Tarif : (Prix 1998) *16 – 15 – 12 (3A) 18 (5A)*

La Pra 15 juin-15 sept.
04 92 55 26 72 – 0,8 km au Nord-Est du bourg, Pour caravanes accès conseillé par D 985^A rte de St-Maurice en V. et D 58 à gauche – montagnes – **R** –
0,5 ha (32 empl.) en terrasses, pierreux, herbeux
Tarif : (Prix 1998) *12 – 12 – 10 (5A)*

ST-FLORENT

2B H.-Corse – 90 ③ – voir à Corse.

ST-FLOUR

15100 Cantal 11 – 76 ④ ⑭ G. Auvergne – 7 417 h. alt. 783.
Office de Tourisme av. du Dr.-Mallet 04 71 60 22 50, Fax 04 71 60 05 14.
Paris 518 – Aurillac 75 – Issoire 66 – Millau 133 – Le Puy-en-Velay 114 – Rodez 113.

Municipal de Roche-Murat (International RN 9) avril-oct.
04 71 60 43 63 – NE : 4,7 km par D 921, N 9, rte de Clermont-Ferrand et avant l'échangeur de l'autoroute A 75, chemin à gauche, au rond-point, Par A 75 sortie 28 – – **R** conseillée juil.-août –
3 ha (125 empl.) en terrasses, herbeux, pinède attenante
–
Tarif : (Prix 1998) *13 – 6,50 – 8 – 14,70 (10A)*

Municipal les Orgues 15 mai-15 sept.
04 71 60 44 01 – 19 av. Dr.-Mallet (Ville-haute) – – **R** juil.-15 août –
1 ha (85 empl.) peu incliné, herbeux
–
Tarif : (Prix 1998) *13 – 6,50 – 8 – 14,70 (6A)*

ST-FORTUNAT-SUR-EYRIEUX

07360 Ardèche 16 – 76 ⑳ – 531 h. alt. 145.
Paris 590 – Aubenas 52 – Le Cheylard 35 – Crest 39 – Lamastre 30 – Privas 21 – Valence 27.

Municipal avril-oct.
04 75 65 22 80 – sortie Sud par D 265 rte de St-Vincent-de-Durfort, à gauche après le pont, à proximité de l'Eyrieux – – **R** –
0,7 ha (40 empl.) plat, et peu incliné, herbeux
– A proximité :
Tarif : (Prix 1998) *15 – 8 – 8 – 10 (3A) 19 (6A)*

ST-GALMIER

42330 Loire **11** – **73** ⑱ G. Vallée du Rhône – 4 272 h. alt. 400.
🅱 Office de Tourisme bd Sud ℘ 04 77 54 06 08, Fax 04 77 54 06 07.
Paris 500 – Lyon 58 – Montbrison 26 – Montrond-les-Bains 11 – Roanne 59 – St-Étienne 26.

⚠ **Val de Coise** avril-sept.
℘ 04 77 54 14 82, Fax 04 77 54 02 45 – E : 2 km par D 6 rte de Chevrières et chemin à gauche, bord de la Coise – Places limitées pour le passage ⊶ – **R** conseillée 15 juil.-15 août – ⚡
3,5 ha (100 empl.) plat, en terrasses, peu incliné, herbeux
🏕 🏠 ⚙ 🖥 ♨ 🚿 ⊙ 🖤 – 🏠 ⚽ 🏊 – ⚽
Tarif : ⊡ *piscine comprise 2 pers. 65, pers. suppl. 25* – ⚡ *18 (6A)*
Location : *bungalows toilés*

ST-GAULTIER

36800 Indre **10** – **68** ⑰ G. Berry Limousin – 1 995 h. alt. 110.
Paris 301 – Argenton-sur-Creuse 9 – Le Blanc 29 – Châteauroux 33 – La Trimouille 42.

⚠ **L'Oasis du Berry** fermé déc.-janv.
℘ 02 54 47 17 04 – sortie Ouest par D 134, rte de Le Blanc et rue à gauche, à 350 m de la Creuse – 🐾 ⊶ – **R** conseillée juil.-août – ⚡
2,5 ha (54 empl.) peu incliné, herbeux
🏕 🏠 ⚙ 🖥 ♨ 🚿 🖤 – 🍴 snack – ⚽ 🏊 🌳 ♨ 🏊
Tarif : ⊡ *piscine comprise 2 pers. 68/80 avec élect. (2A)* – ⚡ *16 (6A)*
Location : *huttes*

ST-GENEST-MALIFAUX

42660 Loire **11** – **76** ⑨ – 2 384 h. alt. 980.
Paris 530 – Annonay 34 – St-Étienne 14 – Yssingeaux 46.

⚠ **Municipal de la Croix de Garry** avril-sept.
℘ 04 77 51 25 84 – sortie Sud par D 501, rte de Montfaucon-en-Velay, près d'un petit étang et à 150 m de la Semène, alt. 928 – Places limitées pour le passage Ⓜ ≤ ⊶ – **R** – ⚡
2 ha (85 empl.) plat, terrasses, peu incliné, herbeux
🏕 ♿ 🏠 ⚙ 🖥 ♨ 🚿 ⊙ 🖤 – A proximité : ⚽
Tarif : (Prix 1998) ⊡ *2 pers. 50, pers. suppl. 14* – ⚡ *15 (6A)*
Location : *gîte d'étape*

ST-GENIÈS

24590 Dordogne **13** – **75** ⑰ G. Périgord Quercy – 735 h. alt. 232.
Paris 519 – Brive-la-Gaillarde 42 – Les Eyzies-de-Tayac 23 – Montignac 13 – Périgueux 61 – Sarlat-la-Canéda 14.

⚠ **La Bouquerie** 15 mai-15 sept.
℘ 05 53 28 98 22, Fax 05 53 29 19 75 – NO : 1,5 km par D 704 rte de Montignac et chemin à droite – 🐾 ⊶ – **R** conseillée – ⊞ ⚡
8 ha/4 campables (170 empl.) plat, peu incliné et en terrasses, herbeux, pierreux, étang 🌳 ♨♨
♿ 🏠 ⚙ 🖥 ♨ 🚿 ⊙ 🌊 🚲 🖤 – 🍴 ❌ (dîner seulement) snack ⚽ – ⚽ ♨ ⚽ 🏊
Tarif : 🧍 *36,60 piscine comprise* – ⊡ *51,50* – ⚡ *18 (6 à 10A)*
Location : 🛖 *1350 à 3700*

ST-GENIEZ-D'OLT

12130 Aveyron **15** – **80** ④ G. Gorges du Tarn – 1 988 h. alt. 410.
🅱 Office de Tourisme 4 r. du Cours ℘ 05 65 70 43 42, Fax 05 65 70 47 05.
Paris 617 – Espalion 28 – Florac 80 – Mende 68 – Rodez 45 – Sévérac-le-Château 25.

⚠ **Club Marmotel** 10 juin-10 sept.
℘ 05 65 70 46 51, Fax 05 65 47 41 38 – O : 1,8 km par D 19 rte de Prades-d'Aubrac et chemin à gauche, à l'extrémité du village artisanal, bord du Lot – 🐾 ≤ « Cadre agréable » ⊶ – **R** conseillée juil.-25 août – ⚡
4 ha (140 empl.) plat, herbeux 🌳 ♨♨ (2 ha)
♿ 🏠 ⚙ 🖥 🚿 ⊙ 🌊 🚲 🖤 – 🍴 grill (dîner) – ⚽ ⛵ salle d'animation ⚽ ♨ ⚽ 🏊 🌊 tir à la carabine à air comprimé
Tarif : ⊡ *élect. (10A) et piscine comprises 2 pers. 120, 3 pers. 148, 4 pers. 168*

⚠ **La Boissière** 10 avril-sept.
℘ 05 65 70 40 43, Fax 05 65 47 56 39 – NE : 1,4 km par D 988, rte de St-Laurent-d'Olt et D 509, rte de Pomayrols à gauche, bord du Lot – Ⓜ 🐾 « Agréable cadre boisé » ⊶ – **R** conseillée juil.-août – ⊞ ⚡
5 ha (220 empl.) plat et peu incliné, terrasses, herbeux 🌳 ♨♨
♿ 🏠 ⚙ 🖥 ♨ 🚿 ⊙ 🖤 – 🍴 – ⚽ salle d'animation ⚽ ⚽ 🏊 🌊 – A proximité : 🚲 ♨
Tarif : ⊡ *piscine comprise 2 pers. 87 ou 95* – ⚡ *20 (10A)*
Location : 🛖 *1650 à 3400 – bungalows toilés*

ST-GENIS-DES-FONTAINES

66740 Pyr.-Or. **16** – **86** ⑲ G. Pyrénées Roussillon – 1 744 h. alt. 63.
Paris 885 – Argelès-sur-Mer 9 – Le Boulou 10 – Collioure 16 – La Jonquera 23 – Perpignan 23.

  ▲ **La Pinède** juin-août
      𝒫 04 68 89 75 29 – sortie Sud par D 2 – ⊶ – **R** conseillée 15 juil.-15 août – ⚲
      1 ha (71 empl.) plat, herbeux 🎋
      🖢 🕭 ⇄ 🖫 🗴 🗗 ⊙ 🖩 – ⚊ (petite piscine)
      Tarif : ⚦ 21 – ⊲⊐ 8 – 🗉 20 – ⒅ 18 (5A)
      Location : 🚐 2000 à 2800

► *Les indications d'accès à un terrain sont généralement indiquées,*
dans notre guide, à partir du centre de la localité.

ST-GEORGES-DE-DIDONNE

17110 Char.-Mar. **9** – **71** ⑮ G. Poitou Vendée Charentes – 4 705 h. alt. 7.
🛈 Office de Tourisme bd Michelet 𝒫 05 46 05 09 73, Fax 05 46 06 36 99
Paris 505 – Blaye 81 – Bordeaux 119 – Jonzac 57 – La Rochelle 81 – Royan 4.

Schéma à Royan

  ▲▲ **Bois-Soleil** avril-sept.
      𝒫 05 46 05 05 94, Fax 05 46 06 27 43 – Sud par D 25, rte de Meschers-sur-Gironde, bord de plage,
      en deux parties distinctes de part et d'autre du D 25 – ⊶ ⚲ – **R** conseillée – ⊖⊞ ⚲
      8 ha (344 empl.) plat, accidenté et en terrasses, sablonneux 🖵 🎋
      🕮 🖢 🕭 ⇄ 🖫 🗴 🗗 ⊙ 🖩 ⚲ 🖂 – ⚊ ▼ snack 🖳 – 🖾 🏌 ⚲ 🔖 – A proximité : poneys ✗ 🐎
      Tarif : 🗉 élect. (6A) comprise 3 pers. 150, pers. suppl. 27
      Location : 🚐 2100 à 3200 – 🏠 1800 à 2600 – studios

  ▲ **Azpitarté** Permanent
      𝒫 05 46 05 26 24 – en ville, 35 r. Jean-Moulin – ⊶ – **R** conseillée juil.-août – ⚲
      1 ha (60 empl.) plat et peu incliné, herbeux, pierreux
      🖢 🕭 ⇄ 🗗 ⊙ 🖩 🖫
      Tarif : 🗉 1 à 3 pers. 95, pers. suppl. 25,50 – ⒅ 25 (10A)
      Location : 🚐 1800 à 2600 – 🛏

ST-GEORGES-DE-LA-RIVIÈRE

50270 Manche **4** – **54** ① – 183 h. alt. 20.
Paris 347 – Barneville-Carteret 4 – Cherbourg 43 – St-Lô 61 – Valognes 32.

Schéma à Barneville-Carteret

  ▲▲ **Les Dunes** avril-oct.
      𝒫 02 33 52 03 84 – SO : 2 km par D 132, à 200 m de la plage – ⚲ ⊶ – **R** conseillée – ⚲
      1 ha (80 empl.) plat, sablonneux, herbeux 🖵
      🖢 🕭 ⇄ 🖫 🗗 ⊙ 🖩 ⚲ 🖫 – 🖳 – 🖾 🏌
      Tarif : ⚦ 21 – 🗉 28 – ⒅ 21
      Location : 🚐 1600 à 2300

ST-GEORGES-DE-LÉVÉJAC

48500 Lozère **15** – **80** ⑤ – 241 h. alt. 900.
Paris 609 – Florac 59 – Mende 46 – Millau 50 – Sévérac-le-Château 20 – Le Vigan 93.

  ▲ **Cassaduc** juin-sept.
      𝒫 04 66 48 85 80 – SE : 1,4 km par rte du Point Sublime puis rte à gauche – ⚲ ≼ ⊶ juil.-août
      – **R** – ⚲
      1 ha (75 empl.) en terrasses et peu incliné, herbeux, pierreux 🎋 pinède
      🖢 🕭 ⇄ 🖫 🗗 ⊙ 🖩 ⚲ 🖫 – A proximité : ▼ snack
      Tarif : 🗉 2 pers. 50, pers. suppl. 15 – ⒅ 15 (6A)

ST-GEORGES-DE-MONS

63780 P.-de-D. **11** – **73** ③ – 2 451 h. alt. 740.
Paris 395 – Clermont-Ferrand 36 – Pontaumur 20 – Pontgibaud 20 – Riom 29 – St-Gervais-d'Auvergne 17.

  ▲ **Municipal** juin-sept.
      𝒫 04 73 86 76 22 – au Nord-Est du bourg – ⚲ ⊶ 14 juil.-15 août – **R** conseillée
      1,5 ha (40 empl.) plat, herbeux 🖵 ♀
      🕮 🕭 🗗 ⊙ 🖩 – A proximité : 🖾
      Tarif : ⚦ 10,90 – ⊲⊐ 3,40 – 🗉 3,80 – ⒅ 4,80 (6A)
      Location : huttes

ST-GEORGES-D'OLÉRON

17 Char.-Mar. – **71** ⑬ – voir à Oléron (Ile d').

ST-GEORGES-DU-VIÈVRE

27450 Eure **5** – **66** ⑮ – 573 h. alt. 138.
Paris 158 – Bernay 21 – Évreux 56 – Lisieux 36 – Pont-Audemer 15 – Rouen 49.

▲ **Municipal** avril-sept.
au Sud-Ouest du bourg – ⑧ – **R** conseillée juil.-août – ⚲
1,1 ha (50 empl.) plat, herbeux ☐
& ⌂ ⇌ 🗟 ⌂ ☺ ☂ ⚐ 🏕 – ⚲ – A proximité : practice de golf ✖ ⚊
Tarif : ✦ 13 – ⇌ 7 – 🗉 12 – 🔌 13 (5A)

ST-GEORGES-LÈS-BAILLARGEAUX

86 Vienne – **68** ⑭ – rattaché à Poitiers.

▶ *Bonne route avec* **36.15 MICHELIN** *!*

Economies en temps, en argent, en sécurité.

ST-GERMAIN-DU-BEL-AIR

46310 Lot **14** – **79** ⑧ – 422 h. alt. 215.
Paris 555 – Cahors 31 – Cazals 20 – Fumel 54 – Labastide-Murat 16 – Puy-l'Évêque 37.

▲▲ **Municipal le Moulin Vieux** juin-15 sept.
℘ 05 65 31 00 71 – au Nord-Ouest du bourg, bord du Céou – ⑧ ⩽ « Belle restauration extérieure
d'un moulin » ☛ – **R** conseillée – ⚲
2 ha (90 empl.) plat, herbeux ♀
⌂ ⇌ 🗟 ⌂ ☺ 🗟 – 🗀 ✖ ⚊ (petit plan d'eau) – A proximité : ⚑ 🏄 ⚊
Tarif : (Prix 1998) ✦ 12 – 🗉 17 – 🔌 14 (6A) 20 (16A)

ST-GERMAIN-DU-BOIS

71330 S.-et-L. **11** – **70** ③ – 1 856 h. alt. 210.
Paris 358 – Chalon-sur-Saône 33 – Dole 58 – Lons-le-Saunier 31 – Mâcon 76 – Tournus 43.

▲ **Municipal de l'Étang Titard** juin-sept.
℘ 03 85 72 06 15 – sortie Sud par D 13 rte de Louhans, bord de l'étang – ☛ – **R**
1 ha (40 empl.) plat, terrasse, peu incliné, herbeux
⌂ ⇌ 🗟 ⌂ ☺ ☂ – 🗀 – A proximité : ✖ ⚊ ⚊ parcours sportif
Tarif : ✦ 7 et 5 pour eau chaude – ⇌ 6 – 🗉 6 – 🔌 12

ST-GERMAIN-DU-TEIL

48340 Lozère **15** – **80** ④ – 804 h. alt. 760.
Paris 599 – La Canourgue 9 – Mende 47 – Nasbinals 29 – St-Geniez-d'Olt 31 – Sévérac-le-Château 28.

▲▲ **Le Levant** Pâques-10 oct.
℘ 04 66 32 63 80, Fax 04 66 32 68 81 – au Sud du bourg par rte de Montagudet et r. Peyre-de-
Roses à gauche – ⩽ ☛ – **R** conseillée – ⚲
2 ha/0,4 campable (40 empl.) en terrasses et peu incliné, herbeux, pierreux
& ⌂ ⇌ 🗟 ⌂ ☺ – 🍴 snack – 🗀 ⚲ ⚊
Tarif : (Prix 1998) 🗉 piscine comprise 2 pers. 58, pers. suppl. 22 – 🔌 20 (5A)
Location : 🛏 1200 à 1800 – 🚐 – 🏠 – gîte d'étape

ST-GERMAIN-LES-BELLES

87380 H.-Vienne **10** – **72** ⑱ G. Berry Limousin – 1 079 h. alt. 432.
Paris 430 – Eymoutiers 32 – Limoges 39 – St-Léonard-de-Noblat 32 – Treignac 35.

▲ **Municipal de Montréal** avril-sept.
℘ 05 55 71 86 20 – sortie Sud-Est, rte de la Porcherie, bord d'un plan d'eau – ⑧ ⩽ ☛ – **R** conseillée
juil.-août – ⚲
1 ha (60 empl.) plat et terrasse, peu incliné, herbeux, gravier ☐
⚈ & ⌂ ⇌ 🗟 ⌂ ☺ – A proximité : ✖ 🏄 ⚊ (plage)
Tarif : 🗉 2 pers. 41, pers. suppl. 13 – 🔌 14 (10A)

ST-GERMAIN-L'HERM

63630 P.-de-D. **11** – **73** ⑯ G. Auvergne – 533 h. alt. 1 050.
Paris 482 – Ambert 28 – Brioude 33 – Clermont-Ferrand 68 – Le Puy-en-Velay 68 – St-Étienne 106.

▲▲ **Municipal St-Éloy** 22 mai-12 sept.
℘ 04 73 72 05 13 – sortie Sud-Est, sur D 999, rte de la Chaise-Dieu – ⑧ ⩽ ☛ – **R** – ⚲
4 ha (60 empl.) plat et peu incliné, en terrasses, herbeux ☐
& ⌂ ⇌ 🗟 ⌂ ☺ ☂ 🗟 – 🗀 🏃 🏄 ⚊
Tarif : ✦ 16 piscine comprise – ⇌ 10 – 🗉 15 – 🔌 13 (4A) 19 (7 ou 8A)
Location : 🏠 – huttes

490

50430 Manche ⚃ – 🖵🖵 ⑫ – 638 h. alt. 5.
Paris 338 – Barneville-Carteret 25 – Carentan 35 – Coutances 29 – St-Lô 43.

⋀⋀ **Aux Grands Espaces** mai-15 sept.
𝄢 02 33 07 10 14, Fax 02 33 07 22 59 – O : 4 km par D 306, à St-Germain-Plage – ⟲ o—ㅡ ⚗ dans locations – **R** conseillée juil.-août – ⊖⊟ ⚘
13 ha (580 empl.) plat et accidenté, sablonneux, herbeux ⟷ ♀
🖳 ⏚ 🖵 ☺ ▣ – 🐴 ♈ ♨ – 🏊 🔭 ♨ ⚗
Tarif : ♦ 23 piscine comprise – ▣ 30 – 🔌 22 (4A)
Location : 🚐 1700 à 2800 – bungalows toilés

15150 Cantal 🔟 – 🖵🖵 ⑪ – 179 h. alt. 526.
Paris 541 – Argentat 35 – Aurillac 25 – Maurs 34 – Sousceyrac 27.

⋀⋀ **La Presqu'île d'Espinet** juin-août
𝄢 04 71 62 28 90 – SE : 8,5 km par rte d'Espinet, à 300 m du lac de St-Etienne-Cantalès – ⟲ « Dans un site agréable » o—ㅡ – **R** conseillée – ⚗
5 ha (105 empl.) peu incliné, herbeux, bois ⟷ ⚏ (0,5 ha)
🖳 🔥 ⏚ 🖵 ☺ ▣ – ⛺ – 🚣 – A proximité : ♈ snack ⚗
Tarif : ▣ 1 pers. 46, pers. suppl. 15 – 🔌 15 (10A)
Location (mai-15 sept.) : 🚐 1000 à 2500

63390 P.-de-D. 🔟🔟 – 🖵🖵 ③ G. Auvergne – 1 419 h. alt. 725.
🅱 Office de Tourisme r. E.-Maison 𝄢 04 73 85 80 94.
Paris 378 – Aubusson 77 – Clermont-Ferrand 55 – Gannat 42 – Montluçon 47 – Riom 39 – Ussel 87.

⋀⋀ **Municipal de l'Étang Philippe** Pâques-sept.
𝄢 04 73 85 74 84 – sortie Nord par D 987 rte de St-Pourçain sur-Sioule, bord d'un plan d'eau – o—ㅡ
– **R** conseillée – ⚗
3 ha (130 empl.) plat et peu incliné, herbeux ⟷ ♀
🖳 🔥 ⏚ 🖵 ⏚ ☺ ▣ – 🏠 🚣 – A proximité : ⚗ 🔭 🚣
Tarif : (Prix 1998) ▣ élect. (10A) comprise 1 à 3 pers. 53, pers. suppl. 8

74170 H.-Savoie 🖵🖵 – 🖵🖵 ⑧ G. Alpes du Nord – 5 124 h. alt. 820 – ♨ (30 mars- 7 nov.) – Sports d'hiver : 850/2 350 m ⚡4 ⚡39 ⚡.
🅱 Office de Tourisme av. Mont-Paccard 𝄢 04 50 47 76 08, Fax 04 50 47 75 69.
Paris 599 – Annecy 82 – Bonneville 42 – Chamonix-Mont-Blanc 25 – Megève 12 – Morzine 57.

⋀ **Les Dômes de Miage** 22 mai-27 sept.
𝄢 04 50 93 45 96 – S : 2 km par D 902, rte des Contamines-Montjoie, au lieu-dit les Bernards, alt. 890
– ⟲ ≼ o—ㅡ – **R** conseillée juil.-août – ⊖⊟ ⚗
3 ha (150 empl.) plat, herbeux, pierreux
🖳 🔥 ⏚ 🖵 ⏚ ☺ ▣ – 🚲 – A proximité : ♈ ✗ 🚣
Tarif : ▣ 2 pers. 87, 3 pers. 97 – 🔌 16 (3A) 18 (6A) 20 (10A)

56730 Morbihan ❸ – 🖵🖵 ⑫ ⑬ G. Bretagne – 1 141 h. alt. 10.
Paris 485 – Arzon 8 – Auray 47 – Sarzeau 6 – Vannes 28.

Schéma à Sarzeau

⋀⋀⋀ **Le Menhir** 15 mai-12 sept.
𝄢 02 97 45 22 88, Fax 02 97 45 37 18 – N : 3,5 km, Accès conseillé par D 780 rte de Port-Navalo
« Cadre fleuri » o—ㅡ ⚗ dans locations – **R** conseillée – ⊖⊟ ⚗
5 ha/3 campables (180 empl.) plat et peu incliné, herbeux ⟷ ♀ (2 ha)
🖳 🔥 ⏚ 🖵 ⏚ ☺ 🔥 ☺ ⚘ ▼ 🚗 ▣ – ♈ snack, pizzeria 🍴 – ⛺ 🚣 🚲 ⚗ 🔭 ⚡ toboggan aquatique half-court
Tarif : ♦ 28 piscine comprise – ▣ 80 – 🔌 18 (4 à 6A)
Location : 🚐 1800 à 3500

⋀ **Goh'Velin** Pâques-20 sept.
𝄢 02 97 45 21 67 – N : 1,5 km, à 300 m de la plage – o—ㅡ – **R** conseillée – ⊖⊟ ⚗
1 ha (87 empl.) plat et peu incliné, herbeux ⟷ ♀
🔥 ⏚ 🖵 ⏚ ☺ ▣ – A proximité : 🔭
Tarif : ▣ 2 pers. 75, pers. suppl. 22 – 🔌 14 (6A)
Location : 🚐 1700 à 2000

▶ *Si vous recherchez :*
un terrain agréable ou très tranquille, ouvert toute l'année,
avec tennis ou piscine,

Consultez le tableau des localités citées, classées par départements.

85800 Vendée 🖲 – 🖲🖲 ⑫ G. Poitou Vendée Charentes – 6 296 h. alt. 12.
🖪 Office de Tourisme Forum du Port de Plaisance, bd Égalité ✆ 02 51 55 03 66, Fax 02 51 55 69 60.
Paris 460 – Challans 20 – Cholet 109 – Nantes 78 – La Roche-sur-Yon 46 – Les Sables-d'Olonne 30.

Schéma à St-Hilaire-de-Riez

ᴧᴧᴧ **Les Dauphins Bleus** 3 avril-18 sept.
✆ 02 51 55 59 34, Fax 02 51 54 31 21 ⊠ 85800 Givrand – SE : 4,9 km – Places limitées pour le passage « Entrée fleurie » ⇌ – **R** conseillée – ⊖⊟ ⚲
6,5 ha (308 empl.) plat, herbeux ⊏⊐
🛆 🗟 ⇆ 🗟 🛆 🗄 ☺ 🛆 ⚐ 🖻 – 🖳 ⍨ snack 🛋 – 🖾 🕺 🎣 🚲 ⚞ toboggan aquatique terrain omnisports
Tarif : 🖻 piscine comprise 2 pers. 120 (140 avec élect. 6A)
Location : 🚃 900 à 2900 – 🚃 1700 à 3700 – 🏠 2100 à 3900 – bungalows toilés

ᴧᴧᴧ **Domaine de Beaulieu** 5 avril-20 sept.
✆ 02 51 55 59 46 – SE : 4 km – ⇌ – **R** conseillée 20 juil.-15 août – ⊖⊟ ⚲
8 ha (310 empl.) plat, herbeux ⊏⊐ ⚲ (2 ha)
🛆 🗟 ⇆ 🗟 🛆 🗄 ☺ 🛆 ⚐ 🖻 – 🖳 ⍨ crêperie 🛋 – 🖾 salle d'animation ⚞ 🚲 ⚎ ⚞ toboggan aquatique
Tarif : (Prix 1998) 🖻 piscine comprise 2 pers. 125, pers. suppl. 31 – 🚸 20 (6A)
Location : 🚃 1300 à 3700 – 🏠 1400 à 3800 – bungalows toilés

ᴧᴧ **Europa** avril-sept.
✆ 02 51 55 32 68, Fax 02 51 55 80 10 ⊠ 85800 Givrand – E : 4 km « Belle délimitation des emplacements et entrée fleurie » ⇌ – **R** conseillée – ⊖⊟ ⚲
6 ha (245 empl.) plat, herbeux, étang ⊏⊐
🛆 🗟 ⇆ 🗟 🛆 🗄 ⚐ ☺ 🛆 ⚐ 🖻 – 🛋 – 🖾 ⚞ ⚎ ⚞ toboggan aquatique
Tarif : 🚶 28 piscine comprise – 🖻 63 – 🚸 18 (3 à 10A)

ᴧᴧ **Les Cyprès** Pâques-sept.
✆ 02 51 55 38 98, Fax 02 51 54 98 94 – SE : 2,4 km par D 38 puis 0,8 km par chemin à droite, à 60 m de la Jaunay, accès direct à la mer – ⚲ « Belle piscine d'intérieur » ⇌ – **R** conseillée juil.-août – ⊖⊟ ⚲
4,6 ha (280 empl.) plat et peu accidenté, sablonneux ⊏⊐ ⚲⚲
🛆 🗟 ⇆ 🗟 🛆 ☺ 🖭 🖻 – 🖳 ⍨ 🛋 – 🖾 ⚞ ⚎ ⚞
Tarif : (Prix 1998) 🖻 piscine comprise 2 pers. 91,50 (117 avec élect. 10A), pers. suppl. 24,50
Location : 🚃 1800 à 3350

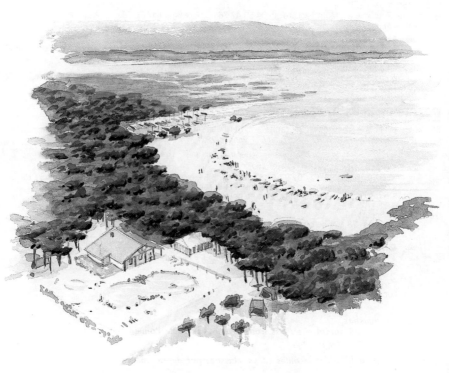

au Fenouiller NE : 4 km par D 754 – 2 902 h. alt. 10 – ⊠ 85800 le Fenouiller :

▲▲▲ **Domaine le Pas Opton** 20 mai-10 sept.
    ℘ 02 51 55 11 98, Fax 02 51 55 44 94 – NE : 2 km, bord de la Vie – ⏵ ⊶ ✼ dans locations et
20 juil.-20 août sur le camping – **R** conseillée 18 juil.-22 août – **GB** ⤷
4,5 ha (200 empl.) plat, herbeux ⊏⊐ ⚬⚬
  ᕼ ⍭ ⌂ ⛺ ⌂ ⊙ ⏚ ⥾ ▣ – ⌂ ⵣ self, pizzeria ⤷ – ⊡ salle d'animation ⫩ toboggan aquatique
Tarif : ▣ élect. et piscine comprises 2 pers. 110 à 150, pers. suppl. 25
Location : ᨓ 1400 à 3000

▲ **Aire Naturelle le Petit Beauregard,** en deux camps de 25 empl. mai-sept.
    ℘ 02 51 55 07 98 – sortie Sud-Ouest par D 754, rte de St-Gilles-Croix-de-Vie et 0,6 km par chemin
à gauche – ⏵ ⊶ – **R** conseillée juil.-août – ⤷
2 ha (50 empl.) plat, herbeux ⚬
  ᕼ ⍭ ⵣ ⌂ ⊙ ▣
Tarif : ▣ 2 pers. 60 – ⓖ 13 (6A)

▶ Ⓜ *Campingplatz mit Ausstattung moderner Sanitärer.*

ST-GIRONS

09200 Ariège 🖫 – 🖫🖫 ③ – 6 596 h. alt. 398.
🖪 Office de Tourisme pl. A.-Sentein ℘ 05 61 96 26 60, Fax 05 61 96 26 69.
Paris 797 – Auch 111 – Foix 44 – St-Gaudens 42 – Toulouse 102.

▲▲▲ **Audinac** mai-sept.
    ℘ 05 61 66 44 50 ⊠ 09200 Audinac-les-Bains – NE : 4,5 km par D 117, rte de Foix et D 627,
rte de Ste-Croix-Volvestre, à Audinac-les-Bains – ⏵ ⊶ – **R** conseillée juil.-août – **GB**
⤷
15 ha/1,5 campable (100 empl.) peu incliné, en terrasses, herbeux ⚬⚬ (0,5 ha)
  ⫞ ᕼ ⍭ ⵣ ⌂ ᕼ ⵣ – ⵣ snack – ⊡ ᖴ ⥲ ⤋ ⚲ ✗ ⫩
Tarif : ▣ piscine comprise 2 pers. 69 – ⓖ 18 (10A)
Location (avril-sept.) : ᨓ 1290 à 2590 – bungalows toilés

▲ **Pont du Nert** juin-15 sept.
    ℘ 05 61 66 58 48 ⊠ 09200 Encourtiech – SE : 3,6 km par D 3, carrefour avec D 33, près du Salat
– ⭰ ⊶ – **R**
1 ha (40 empl.) plat à incliné, herbeux ⚬
  ⍭ ⵣ ⊙ – ✗
Tarif : ⫫ 20 – ▣ 10 – ⓖ 10 (10A)

ST-GUINOUX

35430 I.-et-V. 🖪 – 🖫🖫 ⑥ – 736 h. alt. 25.
Paris 384 – Cancale 16 – Dinard 19 – Dol-de-Bretagne 12 – Rennes 63 – St-Malo 19.

▲ **Municipal le Bûlot** juil.-août
  sortie Est par D 7 rte de la Fresnais – ⊶ – **R**
0,4 ha (45 empl.) plat, herbeux
  ᕼ ⍭ ⵣ ⊙
Tarif : (Prix 1998) ⫫ 18,20 – ▣ 13,50 – ⓖ 12 (3A)

ST-HILAIRE-DE-RIEZ

85270 Vendée 🖪 – 🖫🖫 ⑫ G. Poitou Vendée Charentes – 7 416 h. alt. 8.
🖪 Office de Tourisme 21 pl. Gaston-Pateau ℘ 02 51 54 31 97, Fax 02 51 55 27 13.
Paris 456 – Challans 17 – Noirmoutier-en-l'Île 49 – La Roche-sur-Yon 50 – Les Sables-d'Olonne 36.

▲▲▲ **La Puerta del Sol** avril-oct.
    ℘ 02 51 49 10 10, Fax 02 51 49 84 84 – N : 4,5 km « Cadre agréable » ⊶ – **R** conseillée – **GB**
⤷
4 ha (216 empl.) plat, herbeux ⊏⊐ ⚬
  ᕼ ⍭ ⵣ ⌂ ⵣ ⊙ ⛺ ⥾ ▣ – ⵣ ⵣ ✗ ⤷ – ⊡ ⵣ salle d'animation ⛟ ⚲ ⫩
Tarif : ▣ élect. (6A) et piscine comprises 3 pers.180
Location : ᨓ 1500 à 3900

▲▲▲ **Sol à Gogo** 15 mai-20 sept.
    ℘ 02 51 54 29 00, Fax 02 51 54 88 74 – NO : 4,8 km, accès direct à la plage – Places limitées pour
le passage ⊶ juil.-août – **R** – ⤷
3,6 ha (196 empl.) plat, sablonneux ⊏⊐
  ᕼ ⍭ ⵣ ⌂ ⵣ ⊙ ⛺ ⥾ ▣ – ⵣ ✗ ⤷ – ⊡ ⥲ ⚲ ⫩ toboggan aquatique half-court – A proximité :
⸾ ⛟ ⫫
Tarif : (Prix 1998) ▣ élect. (5A) et piscine comprises 3 pers. 168, pers. suppl. 27

▲▲▲ **Les Biches** mi-mai-mi-sept.
    ℘ 02 51 54 38 82, Fax 02 51 54 30 74 – N : 2 km – Places limitées pour le passage ⏵ « Agréable
pinède » ⊶ saison – **R** indispensable 15 juil.-20 août – ✗
13 ha/9 campables (400 empl.) plat, herbeux, sablonneux ⊏⊐ ⚬⚬
  ᕼ ⍭ ⵣ ⌂ ⵣ ⊙ ⛺ ⥾ ▣ – ⵣ ⵣ snack ⤷ – ⊡ salle d'animation ⥲ ⛟ ⚲ ⫫ ⫩ toboggan
aquatique
Tarif : ▣ piscine comprise 3 pers. 173, pers. suppl. 36 – ⓖ 27 (10A)
Location : ᨓ 2240 à 3430

▲▲▲ **Château-Vieux** 8 mai-12 sept.
  ℰ 02 51 54 35 88, Fax 02 51 60 05 34 – N : 1 km – Places limitées pour le passage ⚲ ⌷ –
  R conseillée – **GB** ⚸
  6 ha (326 empl.) plat, sablonneux, herbeux ▱ ♀
  ⅏ 🗐 ঌ 😐 ⊕ ⚱ ⚑ 🖼 – ⚰ ❢ ✗ ⌀ – 🔲 salle d'animation ⚞ 🚲 ⚒ 🔲 🔀 toboggan
  aquatique
  Tarif : 🔲 élect. (8A) et piscine comprises 3 pers. 162, pers. suppl. 30

▲▲▲ **Les Écureuils** 15 mai-15 sept.
  ℰ 02 51 54 33 71, Fax 02 51 55 69 08 – NO : 5,5 km, à 200 m de la plage – Places limitées pour
  le passage ⚲ ⌷ – **R** conseillée juil.-août – ⚸
  4 ha (230 empl.) plat, herbeux, sablonneux ▱ ♀
  ⅏ 🗐 ঌ 🗐 😐 ⊕ ⚱ ⚑ 🖼 – ❢ ✗ ⌀ – 🔲 ⚞ 🚲 ⚒ 🔀 toboggan aquatique – A proximité :
  🍴 ⚝
  Tarif : (Prix 1998) 🔲 piscine comprise 2 pers. 139 (152 avec élect. 6A), pers. suppl. 23,50

▲▲▲ **La Plage** avril-sept.
  ℰ 02 51 54 33 93, Fax 02 51 55 97 02 – NO : 5,7 km, à 200 m de la plage – Places limitées pour
  le passage ⌷ – **GB** ⚸
  5 ha (347 empl.) plat, herbeux, sablonneux ▱ ♀
  ⅏ 🗐 ঌ 🗐 😐 15 avril-15 sept.) ⊕ ⚱ ⚑ 🖼 – ❢ snack ⌀ – 🔲 ⚞ 🚲 ⚒ 🔲 🔀 toboggan aquatique
  – A proximité : 🍴 ⚝
  Tarif : (Prix 1998) 🔲 piscine comprise 2 pers. 118 (138 avec élect. 10A), pers. suppl. 26
  Location (15 avril-sept.) : 🚐 1400 à 3500

▲▲▲ **Les Chouans** Pâques-10 oct.
  ℰ 02 51 54 34 90, Fax 02 51 54 05 92 – NO : 2,5 km – ⌷ – **R** conseillée – **GB** ⚸
  3,7 ha (202 empl.) plat, herbeux, sablonneux ▱
  ⅏ 🗐 ঌ 🗐 😐 ⊕ ⚱ ⚑ 🖼 – ⚰ ❢ snack ⌀ – 🔲 ⚞ 🚲 ⚒ 🔀 toboggan aquatique
  Tarif : (Prix 1998) 🔲 piscine comprise 3 pers. 108, pers. suppl..24 – [⚡] 18 (6A) 22 (10A)
  Location : 🚐 1250 à 3200

▲▲▲ **La Prairie** 20 mai-15 sept.
  ℰ 02 51 54 08 56, Fax 02 51 55 97 02 – NO : 5,5 km, à 500 m de la plage – ⚲ ⌷ – **R** –
  ⚸
  4 ha (250 empl.) plat, herbeux ♀
  ⅏ 🗐 ঌ 🗐 😐 ⊕ ⚱ ⚑ 🖼 – ❢ snack ⌀ – 🔲 ⚞ ⚒ 🔀 toboggan aquatique – A proximité :
  🍴 ⚝
  Tarif : (Prix 1998) 🔲 élect. (10A) et piscine comprises 3 pers. 138, pers. suppl. 22

▲▲ **La Ningle** 20 mai-15 sept.
  ℰ 02 51 54 07 11, Fax 02 51 54 99 39 – NO : 5,7 km – ⚲ ⌷ juil.-août – **R** conseillée juil.-août –
  ⚸
  2,8 ha (150 empl.) plat, herbeux, petit étang ♀
  ⅏ 🗐 ঌ 🗐 😐 ⊕ ⚱ ⚑ 🖼 – ❢ – 🔲 ⚞ ⚒ 🔀 – A proximité : 🍴 ⌀
  Tarif : (Prix 1998) 🔲 piscine comprise 3 pers. 110 (124 avec élect. 6 ou 10A)

▲▲ **Le Bois Tordu** 15 mai-15 sept.
  ℰ 02 51 54 33 78, Fax 02 51 54 08 29 – NO : 5,3 km, à 200 m de la plage – ⌷ juil.-août – **R** –
  ⚸
  1,2 ha (84 empl.) plat, sablonneux, herbeux ▱ ♀
  ⅏ 🗐 ঌ 🗐 😐 ⊕ ⚱ ⚑ 🖼 – ⚰ ❢ ⌀ – 🔲 ⚞ 🔀 toboggan aquatique – A proximité : ⚒ ⌀ half-court
  Tarif : (Prix 1998) 🔲 élect. (5A) et piscine comprises 3 pers. 168, pers. suppl. 27

▲▲ **Riez à la Vie** Pâques-15 sept.
  ℰ 02 51 54 30 49, Fax 02 51 55 86 58 – NO : 3 km – ⌷ – **R** conseillée juil.-août – **GB** ⚸
  3 ha (187 empl.) plat, sablonneux, herbeux ▱ ♀♀
  ⅏ 🗐 ঌ 🗐 😐 ⊕ ⚱ ⚑ 🖼 – ⚰ ❢ – 🔲 ⚞ 🔀 toboggan aquatique terrain omnisports
  Tarif : (Prix 1998) 🔲 piscine comprise 2 pers. 94, pers. suppl. 18 – [⚡] 14 (3A) 18 (6A) 20
  (10A)
  Location : 🚐 800 à 2400 – 🚐 1200 à 3200 – 🏠 1000 à 2900

▲▲ **Le Clos des Pins** 15 juin-15 sept.
  ℰ 02 51 54 32 62, Fax 02 51 55 97 02 – NO : 6,2 km – Places limitées pour le passage ⚲ ⌷ –
  R conseillée 10 juil.-15 août – ⚸
  4 ha (230 empl.) plat, terrasses, sablonneux, herbeux ▱ ♀ pinède
  ⅏ 🗐 ঌ 🗐 😐 ⊕ ⚱ ⚑ 🖼 – ❢ – 🔲 ⚞ 🔀 toboggan aquatique
  Tarif : (Prix 1998) 🔲 piscine comprise 3 pers. 125 (143 avec élect. 10A), pers. suppl. 23

▲▲ **La Parée Préneau** 15 avril-10 sept.
  ℰ 02 51 54 33 84, Fax 02 51 55 29 57 – NO : 3,5 km – ⌷ saison – **R** – ⚸
  3,6 ha (206 empl.) plat, herbeux, sablonneux ▱ ♀
  ⅏ 🗐 ঌ 🗐 😐 ⊕ ⚱ ⚑ 🖼 – ❢ – 🔲 ⚞ 🔀 ⚲ (petite piscine couverte)
  Tarif : (Prix 1998) 🔲 piscine comprise 2 pers. 88 (102 avec élect. 6A), pers. suppl. 21
  Location : 🚐 2000 à 2900

▲▲ **Le Bosquet** juin-15 sept.
  ℰ 02 51 54 34 61, Fax 02 51 54 22 73 – NO : 5 km, à 250 m de la plage – ⌷ – **Ŕ** –
  ⚸
  2 ha (115 empl.) plat, herbeux, sablonneux ♀
  ⅏ 🗐 ঌ 🗐 😐 🖼 – ❢ snack, pizzeria 🔲 🔀 – A proximité : 🍴 ⌀ ⌀
  Tarif : (Prix 1998) 🔲 piscine comprise 1 à 3 pers. 110 (125 ou 130 avec élect. 6 ou 10A), pers.
  suppl. 20
  Location : 🚐 1000 à 3250

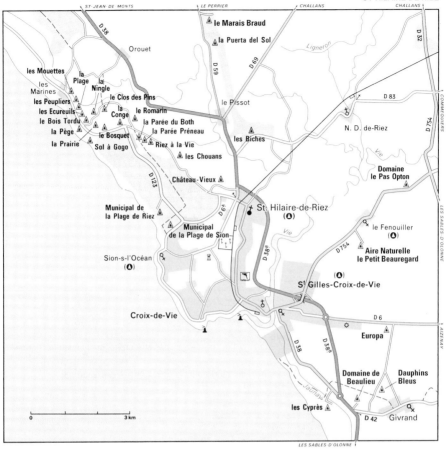

ᴍ **Municipal de la Plage de Riez** 2 avril-15 sept.
📞 02 51 54 36 59 – O : 3 km, à 200 m de la plage (accès direct) – o-ᴛ juil.-août – **R** conseillée –
GB 狗
9 ha (602 empl.) plat, sablonneux ⌑ Ÿ pinède
& 🍸 ⛺ 🐚 🚿 ⊕ 🗑 – ... 🚴 – A proximité : ..., 🍽 snack ...
Tarif : ▣ *élect. (7A) comprise 3 pers. 88 ou 93, pers. suppl. 19*

ᴍ **Le Romarin** 20 juin-10 sept.
📞 02 51 54 43 82 – NO : 3,8 km – o-ᴛ ※ dans locations – **R** conseillée juil.-août – 狗
4 ha/1,5 campable (97 empl.) plat, vallonné, sablonneux, herbeux ⌑ Ÿ
🍸 ⛺ 🐚 🚿 ⊕ 🗑 – 🚴 🏊
Tarif : ▣ *piscine comprise 3 pers. 95 (109 avec élect. 6A), pers. suppl. 17*
Location : 🏠 *1200 à 2000*

ᴍ **La Pège** 15 juin-10 sept.
📞 02 51 54 34 52, Fax 02 51 55 29 57 – NO : 5 km, à 150 m de la plage – o-ᴛ – ℞ – 狗
1 ha (100 empl.) plat, sablonneux, herbeux ⌑
& 🍸 ⛺ 🐚 🚿 ⊕ 🗑 – A proximité : 🛒 🍽 🚴 m
Tarif : (Prix 1998) ▣ *piscine comprise 3 pers. 110 – [💡] 14 (6A)*

ᴍ **La Parée du Both** 15 juin-15 sept.
📞 02 51 54 78 27 – NO : 3,8 km – o-ᴛ – **R** – 狗
1,4 ha (96 empl.) plat, sablonneux ⌑
& 🍸 ⛺ 🐚 🚿 ⊕ 🗑 – 🏊
Tarif : (Prix 1998) ▣ *piscine comprise 2 pers. 79, pers. suppl. 19 – [💡] 15 (6A)*
Location : 🏠 *1500 à 2200*

ᴍ **Le Marais Braud** juin-15 sept.
📞 02 51 68 33 71, Fax 02 51 35 25 32 – N : 6 km par D 38 et D 59, rte de Perrier – 🐎 o-ᴛ –
R conseillée – GB 狗
4 ha (150 empl.) plat, sablonneux, herbeux, étang ⌑ Ÿ
& 🍸 ⛺ 🏓 🐚 ⊕ 🗑 – snack – 🚴 ✂ 🏊 toboggan aquatique
Tarif : (Prix 1998) ▣ *piscine comprise 2 pers. 80 (96 ou 110 avec élect. 6 ou 10A), pers. suppl. 21*
Location (Pâques-fin sept.) : 🏠 *1100 à 2800*

⚐ *La Conge*
    📞 02 51 54 32 47 – NO : 4 km – ⊶ saison
    2 ha (150 empl.) plat, sablonneux ⊏⊐ ♀ pinède
    🔥 🗑 🥐 ⊡ 🖼 ◉ 🖻 – 🏊

⚐ *Les Peupliers* 15 mai-15 sept.
    📞 02 51 54 30 68 – NO : 5,8 km, à 300 m de la plage – ⊶ saison – **R** conseillée – ⚲
    4 ha (199 empl.) plat, sablonneux, herbeux ♀
    🔥 🗑 🥐 🖼 ⊞ ⊡ ◉ ⚲ 🛞 🖻 – 🏠 – A proximité : 🏪 🍴 ✕ ♫
    Tarif : ▣ 2 pers. 78, pers. suppl. 18,50

⚐ *Les Mouettes* Pâques-sept.
    📞 02 51 54 33 68, Fax 02 51 54 94 42 – NO : 6 km, à 300 m de la plage – ⊶ – **R** conseillée –
    ⚲
    2,3 ha (200 empl.) plat, sablonneux, herbeux ♀
    🔥 🗑 🥐 🖼 ⊡ ◉ 🖻 – 🏊 ♫ – A proximité : 🏪
    Tarif : (Prix 1998) ▣ 2 ou 3 pers. 98 (114 avec élect. 10A), pers. suppl. 20

à Sion-sur-l'Océan SO : 3 km par D 6^A – ⊠ 85270 St-Hilaire-de-Riez :

⚑ *Municipal de la Plage de Sion* 2 avril-15 sept.
    📞 02 51 54 34 23 – sortie Nord, à 350 m de la plage (accès direct) – ⊶ juil.-août – **R** conseillée
    – ⊖B ⚲
    3 ha (173 empl.) plat, sablonneux, gravillons ⊏⊐ ♀ (0,7 ha)
    🔥 🗑 🥐 🖼 ⊡ ◉ ⚲ 🛞 🖻 – 🏠 🏊
    Tarif : ▣ 3 pers. 90 ou 98, pers. suppl. 20

Voir aussi à St-Gilles-Croix-de-Vie

ST-HILAIRE-DU-HARCOUËT

50600 Manche ❹ – 🖪🖪 ⑨ G. Normandie Cotentin – 4 489 h. alt. 70.
🛈 Office de Tourisme pl. du Bassin 📞 02 33 49 15 27 et (hors saison) à la Mairie 📞 02 33 49 10 06.
Paris 330 – Alençon 99 – Avranches 28 – Caen 100 – Fougères 29 – Laval 67 – St-Lô 70.

⚑ *Municipal de la Sélune* Pâques-15 sept.
    📞 02 33 49 43 74 – NO : 0,7 km par N 176 rte d'Avranches et à droite, près de la rivière – ⊶ –
    R juil.-août – ⚲
    1,2 ha (90 empl.) plat, herbeux
    🔥 🗑 🥐 🖼 ⊡ ◉ – point d'informations touristiques – 🏠 🏊 – A proximité : ✕
    Tarif : (Prix 1998) ✳ 11 – 🚗 6 – ▣ 11 – [₰] 11 (16A)

ST-HILAIRE-LA-FORÊT

85440 Vendée ❾ – 🖪🖪 ⑪ – 363 h. alt. 23.
Paris 445 – Challans 65 – Luçon 30 – La Roche-sur-Yon 30 – Les Sables-d'Olonne 24.

⚑ *La Grand' Métairie* 4 avril-sept.
    📞 02 51 33 32 38, Fax 02 51 33 25 69 – au Nord du bourg par D 70 – ⋟ ⊶ – **R** conseillée juil.-août
    – ⊖B ⚲
    3,8 ha (188 empl.) plat, herbeux ⊏⊐ ♀ (2 ha)
    🔥 🗑 🥐 🖼 ⊞ ⊡ ◉ ⚲ 🛞 🖻 – 🍴 ✕ 🛒 – 🏊 🏠 🚴 ✂ ♫ 🏊
    Tarif : ▣ élect. (6A) et piscine comprises 2 pers. 120, pers. suppl. 30
    Location : 🏚 1200 à 3550 – 🏠 1550 à 3900 – bungalows toilés

⚑ *Les Batardières* 27 juin-5 sept.
    📞 02 51 33 33 85 – à l'Ouest du bourg par D 70 et à gauche, rte du Poteau – ⋟ ⊶ –
    R
    1,6 ha (75 empl.) plat, herbeux ⊏⊐ ♀
    🗑 🥐 🖼 ⊡ ◉ ⚲ 🛞 🖻 – 🏠 🏊 ✂
    Tarif : ▣ tennis compris 2 pers. 85, pers. suppl.18 – [₰] 20 (6A)

ST-HILAIRE-LES-PLACES

87800 H.-Vienne 🔟 – 🖪🖪 ⑰ – 785 h. alt. 426.
Paris 419 – Châlus 21 – Limoges 28 – Nontron 54 – Rochechouart 43 – St-Yrieix-la-Perche 21.

⚑ *Municipal du Lac* 15 juin-15 sept.
    📞 05 55 58 12 14 – à 1,2 km au Sud du bourg par D 15A et chemin à gauche, à 100 m du lac Plaisance
    – ⊶ – **R** conseillée juil.-août – ⚲
    2,5 ha (85 empl.) en terrasses, herbeux ⊏⊐ ♀
    🔥 🗑 🥐 🖼 ⊞ ⊡ ◉ 🖻 – 🏠 🏊 – A proximité : toboggan aquatique, parcours de santé, 🐎 (centre
    équestre) ✂ ♫ 🏖 (plage)
    Tarif : ▣ 2 pers. 60, pers. suppl. 23 – [₰] 12 (4A) 15 (6A) 20 (10A)
    Location (permanent) : gîtes

ST-HILAIRE-ST-FLORENT

49 M.-et-L. – 🖪🖪 ⑫ – rattaché à Saumur.

ST-HILAIRE-SOUS-ROMILLY

10100 Aube 🔲 – 🔲 ⑤ – 347 h. alt. 78.
Paris 120 – Nogent-sur-Seine 12 – Romilly-sur-Seine 6 – Sézanne 30 – Troyes 46.

▲▲ **La Noue des Rois** Permanent
℘ 03 25 24 41 60, Fax 03 25 24 34 18 – NE : 2 km, bord d'un étang et d'une rivière – Places limitées pour le passage ⌖ ⚏ – **R** – ⊖⊟ ⚒
30 ha/5 campables (150 empl.) plat, herbeux, étangs ⊡
▥ ᕼ ⚏ ⊞ ⊟ ⊙ ⚎ ᕗ ▣ – **T** crêperie – ▰ ⚒ ⚏ half-court, piste de bi-cross
Tarif : ▣ 2 pers. 90, pers. suppl. 24 – ៛ 16 (16A)
Location : ⊞1600 à 2200

ST-HIPPOLYTE

63 P.-de-D. – 🔲 ④ – rattaché à Châtelguyon.

ST-HIPPOLYTE

25190 Doubs 🔲 – 🔲 ⑱ G. Jura – 1 128 h. alt. 380.
Paris 486 – Basel 92 – Belfort 49 – Besançon 85 – Montbéliard 30 – Pontarlier 72.

▲ **Les Grands Champs**
℘ 03 81 96 54 53 – NE : 1 km par D 121, rte de Montécheroux et chemin à droite, près du Doubs (accès direct) – ⌖ ≼ ⚏ saison
2,2 ha (65 empl.) en terrasses et peu incliné, herbeux, pierreux ⚲
ᕼ ᕗ ⚏ ⊞ ⊟ ⊙ ▣
Location : huttes

ST-HIPPOLYTE-DU-FORT

30170 Gard 🔲 – 🔲 ⑰ – 3 515 h. alt. 165.
🅱 Office de Tourisme Les Casernes, ℘ 04 66 77 91 65, Fax 04 66 77 25 36.
Paris 709 – Alès 35 – Anduze 22 – Nîmes 48 – Quissac 15 – Le Vigan 29.

▲ **Graniers** 15 juin-1er sept.
℘ 04 66 85 21 44 ⊠ 30170 Monoblet – NE : 4 km par rte d'Uzès puis D 133, rte de Monoblet et chemin à droite, bord d'un ruisseau – ⌖ ⚏ ⚒ dans locations – **R** – ⚒
2 ha (50 empl.) peu incliné, terrasses, herbeux, bois attenant ⚲⚲
ᕼ ⊞ ⚏ ⊙ ▣ – **T** – ⚚
Tarif : ▣ piscine comprise 1 pers. 58, pers. suppl. 18 – ៛ 16 (4A)
Location : ⊞ 1700 à 2100

ST-HONORÉ-LES-BAINS

58360 Nièvre 🔲 – 🔲 ⑥ G. Bourgogne – 754 h. alt. 300 – ⚕ (avril-sept.).
🅱 Office de Tourisme pl. du Marché ℘ et Fax 03 86 30 71 70.
Paris 287 – Château-Chinon 28 – Luzy 22 – Moulins 69 – Nevers 68 – St-Pierre-le-Moutier 67.

▲ **Municipal Plateau du Gué** 31 mars-sept.
℘ 03 86 30 76 00 – au bourg, 13 rue Eugène Collin, près de la poste – ⚏ saison – **R** conseillée juil.-août – ⚒
1,2 ha (50 empl.) peu incliné et plat, herbeux ⚲
▥ ᕼ ᕗ ⚏ ⊞ ⊟ ⊙ – ▰ ▰
Tarif : (Prix 1998) ⚹ 12,70 – ▱ 9,50 – ▣ 9,50 – ៛ 14,45 (10A)

ST-ILLIERS-LA-VILLE

78980 Yvelines 🔲 – 🔲 ⑱ – 228 h. alt. 125.
Paris 69 – Anet 18 – Dreux 35 – Évreux 34 – Mantes-la-Jolie 14 – Pacy-sur-Eure 15.

▲▲▲ **Domaine d'Inchelin** avril-oct.
℘ 01 34 76 10 11 – à 0,8 km au Sud du bourg par rte de Bréval et chemin à gauche – Places limitées pour le passage ⌖ ⚏ conseillée juil.-août
6 ha/4 campables (150 empl.) plat, herbeux ⊡ ⚲
ᕼ ᕗ ⚏ ⊞ ⊟ ⊟ ⊙ ⚎ ▣ – **T** – ▰ ▰
Tarif : ▣ piscine comprise 1 pers. 75 – ៛ 25 (4A) 40 (6A)

ST-JACQUES-DES-BLATS

15800 Cantal 🔲 – 🔲 ③ – 352 h. alt. 990.
Paris 540 – Aurillac 35 – Brioude 75 – Issoire 88 – St-Flour 40.

▲ **Municipal** mai-sept.
℘ 04 71 47 06 00 – à l'Est du bourg par rte de Nierevèze, bord de la Cère – ⌖ ≼ ⚏ – **R** conseillée – ⚒
0,6 ha (50 empl.) plat, herbeux ⊡ ⚲
▥ ᕼ ᕗ ⚏ ⊞ ⊟ ⊙ ⚎ ᕗ ▣ – ▰ ▰ – A proximité : ⚒ ⚏
Tarif : ⚹ 14 – ▱ 8 – ▣ 8 – ៛ 13

ST-JACUT-DE-LA-MER

22750 C.-d'Armor **4** – **59** ⑤ G. Bretagne – 797 h. alt. 31.

7 Syndicat d'Initiative r. du Châtelet *℘* 02 96 27 71 91, Fax 02 96 27 75 64.
Paris 425 – Dinan 26 – Dinard 19 – Lamballe 38 – St-Brieuc 58 – St-Cast-le-Guildo 19.

▲ **Municipal la Manchette** avril-sept.
℘ 02 96 27 70 33 – au parc des Sports, près de la plage – ⚶ �o┯ – **⅁** – ⚸
3 ha (327 empl.) plat, herbeux, sablonneux
▥ ⌂ ⇆ ⛺ ⊙ ▣ – ⚗ – A proximité : ✂ ♒ ⚱
Tarif : (Prix 1998) ▣ *1 pers. 35, 2 pers. 54, pers. suppl. 19* – ⚡ *12 (4A) 24 (8A)*

ST-JACUT-LES-PINS

56220 Morbihan **4** – **63** ⑤ – 1 570 h. alt. 63.
Paris 422 – Ploërmel 41 – Redon 13 – La Roche-Bernard 28 – Vannes 47.

▲ **Municipal les Étangs de Bodéan** 15 juin-août
SO : 2,5 km par D 137 rte de St-Gorgon, bord d'un étang – ⚶ – **R**
1 ha (50 empl.) plat et peu incliné, herbeux
♿ ⌂ ⚸ ⊙ – ⚗
Tarif : (Prix 1998) ✷ *7* – ▣ *6* – ⚡ *6*

ST-JEAN

06 Alpes-Mar. – **84** ⑧ – rattaché à Pégomas.

ST-JEAN (Col)

04 Alpes-de-H.-Pr. **17** – **81** ⑦ G. Alpes du Sud alt. 1 333 – Sports d'hiver : 1 300/2 500 m ⚐ 16 ⚘ –
✉ 04140 Seyne-les-Alpes.
Paris 714 – Barcelonnette 33 – Savines-le-Lac 33 – Seyne 10.

▲▲ **L'Étoile des Neiges** fermé 30 sept. au 20 déc.
℘ 04 92 35 07 08, Fax 04 92 35 12 55 – S : 0,8 km par D 207 et chemin à droite – ⚶ ≼ o┯ –
R conseillée – ⚸
2,6 ha (109 empl.) incliné, en terrasses, pierreux, herbeux ▭ ◷◷
▥ ♿ ⌂ ⇆ ▤ ♨ ⛺ ⊙ ⚶ ⚡ ▣ – snack ⚗ – ▱ ⚗ ✂ ⚑ – A proximité : ♟ ✗ ♻ ♒ ♞
Tarif : ▣ *élect. (2 ou 6A) et piscine comprises 2 pers. 90 ou 108, pers. suppl. 23*
Location *(permanent) :* ⌂ *1850 à 3600*

ST-JEAN-D'ANGÉLY

17400 Char.-Mar. **9** – **71** ③ ④ G. Poitou Vendée Charentes – 8 060 h. alt. 25.
7 Office de Tourisme 8 r. Grosse-Horloge *℘* 05 46 32 04 72, Fax 05 46 32 20 80.
Paris 445 – Angoulême 66 – Cognac 35 – Niort 48 – La Rochelle 69 – Royan 67 – Saintes 27.

▲ **Municipal du Val de Boutonne** 16 mai-sept.
℘ 05 46 32 26 16 – sortie Nord-Ouest rte de la Rochelle, puis à gauche av. du Port (D 18) et à droite
avant le pont, quai de Bernouet, près de la Boutonne (plan d'eau) – ⚶ o┯ – **R** conseillée juil.-août
– ⚸
1,8 ha (99 empl.) plat, herbeux ▭ ◷◷
♿ ⌂ ⇆ ▤ ⚸ ⊙ ⚶ ▱ ▣ – ▱ – A proximité : ♒ ⚗ ≋
Tarif : (Prix 1998) ✷ *16* – ⬟ *10* – ▣ *12* – ⚡ *11*
Location : ⌂ *1800 à 2200*

ST-JEAN-D'AULPS

74430 H.-Savoie **12** – **70** ⑱ – 914 h. alt. 810.
Paris 594 – Abondance 19 – Annecy 84 – Évian-les-Bains 33 – Morzine 8 – Thonon-les-Bains 25.

▲ **Le Solerey** Permanent
℘ 04 50 79 64 69 – sortie Sud-Est par D 902 rte de Morzine, bord de la Dranse – ❄ ≼ o┯ –
R indispensable 15 juil.-15 août – ⚸
0,6 ha (35 empl.) peu incliné et en terrasses, gravillons, herbeux ▭
▥ ⌂ ⇆ ▤ ⛺ ⊙ ▣ – ▱ – A proximité : ✂
Tarif : ▣ *2 pers. 75 (hiver 85)* – ⚡ *15 (3A) 20 (6A) 30 (10A)*

ST-JEAN-DE-CEYRARGUES

30360 Gard **16** – **80** ⑱ – 155 h. alt. 180.
Paris 702 – Alès 31 – Nîmes 33 – Uzès 21.

▲ **Les Vistes** mai-sept.
℘ 04 66 83 28 09 – S : 0,5 km par D 7 – ⚶ ≼ Aigoual « Belle situation panoramique » o┯ juil.-août
– **R** conseillée – ⚸
6 ha/3 campables (35 empl.) non clos, plat, peu incliné, pierreux, herbeux ◷◷ pinède
♿ ⌂ ⇆ ⌂ ⚶ ⊙ ▣ – ⚗ ≋
Tarif : ▣ *piscine comprise 2 pers. 60, pers. suppl. 20* – ⚡ *13 (6A)*
Location : ⌂ *1000 à 1400*

ST-JEAN-DE-COUZ

73160 Savoie **12** – **74** ⑮ – 180 h. alt. 630.
Paris 548 – Aix-les-Bains 30 – Chambéry 15 – Le Pont-de-Beauvoisin 23 – St-Laurent-du-Pont 14 – La Tour-du-Pin 45.

△ ***La Bruyère*** avril-15 oct.
     📞 04 79 65 74 27 – S : 2 km par N 6 et rte de Côte Barrier – ⚲ ⚔ « Site agréable » ⊶ juil.-août
     – **R** conseillée 14 juil.-15 août – ⚵
     1 ha (60 empl.) plat, herbeux
     ⛺ ⇆ 🚿 ⊛ – ⚒ – 🔲 ⚓
     Tarif : ⚡ 16 – 🔲 15 – [½] 13 *(4 ou 6A)*

ST-JEAN-DE-LA-RIVIÈRE

50 Manche – **54** ① – rattaché à Barneville-Carteret.

ST-JEAN-DE-LUZ

64500 Pyr.-Atl. **13** – **85** ② G. Pyrénées Aquitaine – 13 031 h. alt. 3.
🛈 Office de Tourisme pl. Mar.-Foch *📞* 05 59 26 03 16, Fax 05 59 26 21 47.
Paris 790 – Bayonne 24 – Biarritz 18 – Pau 132 – San Sebastiàn 34.

△△△ ***Itsas-Mendi*** Pâques-sept.
     📞 05 59 26 56 50, Fax 05 59 26 54 44 – NE : 5 km, à 500 m de la plage – ⊶ – **R** conseillée juil.-août
     – ⊜ ⚵
     8,5 ha (472 empl.) en terrasses et incliné, herbeux ♀♀
     & ⛺ ⇆ 🔲 🚿 ⚲ ⊛ 🔲 – ⚒ 🍸 ✗ ⚲ cases réfrigérées – 🔲s 🔲 🚲 ✗ 🏊 🐴 half-
     court
     Tarif : 🔲 *piscine et tennis compris 2 pers. 116, pers. suppl. 25* – [½] *19 (6A)*

△△△ ***Atlantica*** 15 mars-15 oct.
     📞 05 59 47 72 44, Fax 05 59 54 72 27 – NE : 5 km, à 500 m de la plage « Cadre fleuri » ⊶ ⚲
     dans locations – **R** conseillée juil.-août – ⊜ ⚵
     3,5 ha (181 empl.) en terrasses, plat, herbeux 🔲
     & ⛺ ⇆ 🔲 🚿 ⚲ 🔲 – ⚒ 🍸 snack ⚒ – 🔲 🔲 🚲 🏊 half-court
     Tarif : 🔲 *piscine comprise 2 pers. 110* – [½] *20 (6A)*
     Location : 🛏 *1500 à 3300*

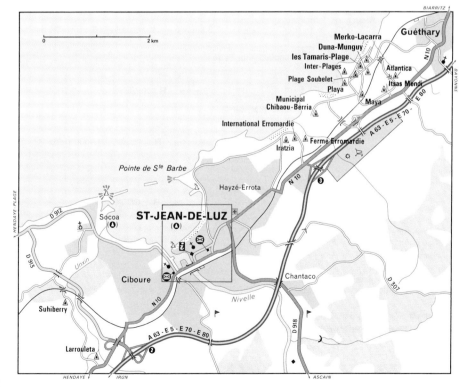

International Erromardie mai-26 sept.
℘ 05 59 26 07 74, Fax 05 59 51 12 11 – NE : 2 km, près de la plage (accès direct) « Entrée fleurie »
o━ juil.-août – **R** conseillée juil.-août – GB ⚡
4 ha (203 empl.) plat, herbeux ⌑ ♀
⌖ ⇆ ⊞ ♨ ⌇ ⊡ ▨ – ♨ – 🍴 snack ⚲ – 🚲 🏓 ⊙ ⫛
Tarif : (Prix 1998) ⬚ *élect. (5A) et piscine comprises 2 pers. 149, pers. suppl. 26*
Location : ⛺ *1600 à 3400 – bungalows toilés*

Inter-Plages avril-sept.
℘ 05 59 26 56 94 – NE : 5 km, Sur une falaise, à 150 m de la plage (accès direct) – ⚓ ≼ « Cadre
agréable » o━ ⚡ dans locations – ⫬ – ⚡
2,5 ha (100 empl.) plat, herbeux ⌑ ♀♀ (1 ha)
⌖ ⇆ ♨ ⊞ ⌇ ⊡ ▨ ⊙ ⚲ ▨ – 🍴 ⚲ – 🚲 ⫛ mini-tennis – A proximité : 🍴 ✗ ⚲ ⚲
Tarif : (Prix 1998) ⬚ *piscine comprise 2 pers. 130, pers. suppl. 30* – 🔌 *21 (4A) 26 (6A) 28 (10A)*
Location : ⛺ *1800 à 2900*

Les Tamaris-Plage avril-sept.
℘ 05 59 26 55 90, Fax 05 59 47 70 15 – NE : 5 km, à 80 m de la plage – M o━ ⚡ dans les locations
– **R** conseillée août – GB ⚡
1,5 ha (60 empl.) plat et peu incliné, herbeux ⌑
⌖ ⇆ ♨ ⊞ ⌇ ⌇ ⊡ ⚲ – ⌖ ⚲ – A proximité : 🍴 ✗ snack ⚲ ⚲
Tarif : (Prix 1998) ⬚ *2 pers. 140/170 avec élect., pers. suppl. 30*
Location : ⛺ *1700 à 3600*

La Ferme Erromardie 15 mars-14 oct.
℘ 05 59 26 34 26, Fax 05 59 51 26 02 – NE : 1,8 km, près de la plage – o━ – **R** conseillée – GB
⚡
2 ha (176 empl.) plat, herbeux ⌑ ♀ (1 ha)
⌖ ♨ ⇆ ⊞ ♨ ⌇ ⊙ ▨ – 🍴 ✗ ⚲
Tarif : ⬚ *2 pers. 68 à 105* – 🔌 *14 (4A) 17 (6A)*

Iratzia 15 mars-sept.
℘ 05 59 26 14 89, Fax 05 59 26 69 69 – NE : 1,5 km, à 300 m de la plage – o━ – **R** conseillée –
GB ⚡
4,2 ha (280 empl.) plat, peu incliné et en terrasses, herbeux ♀♀
⌖ ⇆ ♨ ⊞ ⌇ ⌇ ⊙ ⚲ ▨ – ♨ 🍴 ⚲ – ⚲
Tarif : ✶ *35* – ⚗ *20* – ⬚ *40* – 🔌 *20 (6A)*

Municipal Chibaou-Berria juin-15 sept.
℘ 05 59 26 11 94 – NE : 3 km, accès direct à la plage – o━ – **R** conseillée juil.-août – ⚡
4 ha (200 empl.) peu incliné et en terrasses, herbeux ⌑ ♀ (1 ha)
⌖ ⇆ ♨ ⊞ ⚲ ⊙ ▨ – ⌇
Tarif : (Prix 1998) ✶ *25,50* – ⬚ *26* – 🔌 *15,50 (8A)*

Duna Munguy Permanent
℘ 05 59 47 70 70, Fax 05 59 47 78 82 – NE : 5,5 km – o━ – **R** conseillée juil.-août – ⚡
0,5 ha (35 empl.) ⌑ ⚲
⫯⫯ ♨ ⇆ ⊞ ⊙ ▨ – ⌇
Tarif : ⬚ *2 pers. 100, pers. suppl. 22* – 🔌 *22 (6A)*
Location : ⛺ *1200 à 3000*

Plage Soubelet avril-oct.
℘ 05 59 26 51 60 – NE : 5 km, à 80 m de la plage – o━ – **R** conseillée – ⚡
2,5 ha (150 empl.) incliné, en terrasses, herbeux
⌖ ♨ ⚲ ⊙ ▨ – A proximité : 🍴 ✗ ⚲ ⚲
Tarif : (Prix 1998) ✶ *25* – ⚗ *10* – ⬚ *19* – 🔌 *18 (10A)*

Merko-Lacarra avril-15 nov.
℘ 05 59 26 56 76 – NE : 5 km, à 150 m de la plage – o━ – **R** conseillée juil.-août – GB ⚡
2 ha (141 empl.) peu incliné à incliné, herbeux
⌖ ♨ ⊞ ⚲ ⊙ ⚲ ⚲ ▨ – ♨ – A proximité : 🍴 ✗ ⚲ ⚲
Tarif : (Prix 1998) ✶ *25* – ⬚ *29* – 🔌 *18,50 (16A)*
Location : ⛺ *1200 à 2800*

Playa avril-oct.
℘ 05 59 26 55 85 – NE : 5 km, bord de plage – ⚓ ≼ o━ – **R** – GB ⚡
2,5 ha (100 empl.) plat et en terrasses, herbeux
⌖ ♨ ⊞ ⊙ ▨ – 🍴 ⚲ – A proximité : 🍴 ✗ ⚲
Tarif : (Prix 1998) ⬚ *1 ou 2 pers. 130, pers. suppl. 31* – 🔌 *20 (5A)*
Location : ⛺ *2100 à 3500*

Maya 15 juin-sept.
℘ 05 59 26 54 91 – NE : 4,5 km, à 300 m de la plage – o━ – **R**
1 ha (110 empl.) en terrasses, peu incliné, herbeux ♀
⌖ ♨ ⊞ ⊙ ▨ – 🍴 – ⌇ – A proximité : 🍴 ✗ snack ⚲
Location : ⛺ *1300 à 1900* – ⛺ *1600 à 2800 – studios*

à Socoa 2 km – ✉ 64122 Urrugne :

Larrouleta Permanent
℘ 05 59 47 37 84, Fax 05 59 47 42 54 – S : 3 km, bord d'un plan d'eau et d'une rivière « Cadre
agréable » o━ – **R** – GB ⚡
5 ha (263 empl.) plat et peu incliné, herbeux ♀♀
⌖ ♨ ⇆ ⊞ ⌇ ⚲ ⊙ ⚲ ⚲ ⌇ ▨ – ♨ 🍴 ✗ ⚲ – ⌇ – 🚲 ✗ ⚲ ⫛
Tarif : (Prix 1998) ✶ *24* – ⚗ *10* – ⬚ *17* – 🔌 *10 (5A)*

▲▲ **Suhiberry** mai-sept.
  ℰ 05 59 47 06 23, Fax 05 59 47 18 93 – S : 2 km, à 50 m d'une rivière – ⩻ ⊶ – **R** conseillée
  20 juil.-20 août – ⊞ ⋏
  3 ha (169 empl.) en terrasses, herbeux ♀
  ♿ 🗑 ⇄ 🖩 ⚗ ⊛ 🖭 – ⏚ ᔕ – 🔲 🏊 ⚒ ⚽
  Tarif : ⋇ *24 tennis compris –* ⇴ *8 –* ⊡ *20 –* ⒝ *12 (4A) 14 (6A) 16 (10A)*

85160 Vendée ⑨ – ⑥⑦ ⑪ G. Poitou Vendée Charentes – 5 959 h. alt. 16.
🛈 Office de Tourisme Palais des Congrès ℰ 02 51 59 60 61, Fax 02 51 59 62 28.
Paris 456 – Cholet 99 – Nantes 74 – Noirmoutier-en-l'Ile 34 – La Roche-sur-Yon 59 – Les Sables-d'Olonne 48.

▲▲▲ **Le Bois Masson** 3 avril-19 sept.
  ℰ 02 51 58 62 62, Fax 02 51 58 29 97 – SE : 2 km – Place limitées pour le passage ⊶ ⚒ juil.-août
  dans locations – **R** conseillée 14 juil.-15 août – ⊞ ⋏
  7,5 ha (485 empl.) plat, herbeux, sablonneux ⊏⊐ ♀
  ▥ ♿ 🗑 ⇄ 🖩 🛁 ⊙ ⚗ 🖭 – ⏚ ⦿ ✕ ᔕ – 🔲 🗚 ⤢ salle d'animation 🏊 🚲 ⚒ 🔳 🔲
  toboggan aquatique
  Tarif : (Prix 1998) ⊡ *élect. et piscine comprises 3 pers. 175*
  Location : 🛖 *1200 à 3490 –* 🛏 *– appartements*

▲▲▲ **Les Amiaux** Pâques-15 sept.
  ℰ 02 51 58 22 22, Fax 02 51 58 26 09 – NO : 3,5 km – ⊶ ⚒ dans locations – **R** conseillée – ⊞
  ⋏
  12 ha (543 empl.) plat, herbeux, sablonneux ⊏⊐ ♀ (5 ha)
  ♿ 🗑 ⇄ 🖩 🛁 ⊙ ⚗ 🖭 – ⏚ ⦿ ✕ ᔕ – 🔲 salle d'animation 🏊 ⦿ ⚒ 🔳 🔲 toboggan aquatique
  Tarif : (Prix 1998) ⋇ *17 piscine comprise –* ⊡ *105 ou 125 avec élect. (6 à 10A)*
  Location : 🛖 *1800 à 3770*

▲▲▲ **L'Abri des Pins** juin-10 sept.
  ℰ 02 51 58 83 86, Fax 02 51 59 30 47 – NO : 4 km – Places limitées pour le passage « Entrée
  fleurie » ⊶ ⚒ dans locations – **R** conseillée – ⊞ ⋏
  3 ha (210 empl.) plat, herbeux, sablonneux ⊏⊐ ♀
  ♿ 🗑 ⇄ 🖩 🛁 ⊙ ⚗ 🖭 – ⏚ ⦿ snack ᔕ – 🔲 🗚 ⤢ salle d'animation 🏊 ⚒ 🔲 toboggan
  aquatique
  Tarif : ⊡ *élect. (6A) et piscine comprises 3 pers. 162, pers. suppl. 26*
  Location : 🛖 *1490 à 3600 –* 🛖 *1690 à 3800*

▲▲▲ **Les Aventuriers de la Calypso** avril-sept.
  ℰ 02 51 59 79 66, Fax 02 51 59 79 67 – NO : 4,6 km – Places limitées pour le passage ⊶ –
  R conseillée – ⊞ ⋏
  4 ha (250 empl.) plat, herbeux, sablonneux ⊏⊐
  ♿ 🗑 ⇄ 🖩 🛁 ⊙ – ⦿ snack ᔕ – 🔲 🗚 🏊 ⚒ 🔲 toboggans aquatiques
  Tarif : (Prix 1998) ⊡ *piscine comprise 2 pers. 130, pers. suppl. 25 –* ⒝ *15 (3A) 20 (6A) 25*
  (10A)
  Location : 🛖 *1000 à 2550 –* 🛖 *1400 à 3600 –* 🛖 *1600 à 4000*

La Yole mai-15 sept.
🖋 02 51 58 67 17, Fax 02 51 59 05 35 – SE : 7 km – Places limitées pour le passage ⚓ « Entrée fleurie, cadre agréable » ⊶ ✄ – **R** conseillée juil.-août – **GB** ⚸
5 ha (278 empl.) plat, sablonneux, herbeux, pinède attenante (2 ha) ⌑ ⚲
⚒ ⚙ ⇆ ⊡ ♨ ☺ ⚊ ☂ ▣ – ♥ ✕ ⚗ – ♠ ⚼ ⚞ ⊡ toboggan aquatique
Tarif : ▣ élect. (6A) et piscine comprises 2 pers. 135/148
Location : ⚏ 1850 à 3550

Le Bois Dormant 15 mai 12 sept.
🖋 02 51 58 01 30, Fax 02 51 59 35 30 – SE : 2,2 km – Places limitées pour le passage ⊶ ✄ juil.-août dans locations – **R** conseillée 14 juil.-15 août – **GB** ⚸
11,2 ha (550 empl.) plat, sablonneux, herbeux, petit étang ⌑ ⚲
⚒ ⚙ ⇆ ⊡ ♨ ☺ ☂ ⚊ ⚗ ▣ – ♥ ♀ snack ⚗ – ⊡ ⚞ ⚼ ⚞ ⚼ ♠ ⚼ ⊡ toboggan aquatique –
A proximité : ✕ ⊡
Tarif : ▣ élect. et piscine comprises 3 pers. 95 à 175
Location : studios, appartements

Le Bois Joly 3 avril-25 sept.
🖋 02 51 59 11 63, Fax 02 51 59 11 06 – NO : 1 km – ⊶ saison ✄ dans locations – **R** conseillée juil.-août – **GB** ⚸
5 ha (291 empl.) plat, herbeux, sablonneux ⌑
⊞ ⚒ ⚙ ⇆ ⊡ ♨ ☺ ☺ ☂ ⚊ ⚗ ⊡ ▣ – ♀ snack ⚗ – ⊡ ⚞ ⚞ ⚼ ⊡ toboggan aquatique –
A proximité : ⚼
Tarif : ▣ piscine comprise 2 pers. 115, 3 pers. 130 – 🔌 20 (4A) 25 (6A)
Location : ⚏ 1200 à 3200 – ⚏ 1300 à 3400

Acapulco 8 mai-10 sept.
🖋 02 51 59 20 64, Fax 02 51 59 53 12 – SE : 6,5 km, avenue des Epines – Places limitées pour le passage ⊶ – **R** conseillée – **GB** ⚸
7 ha (405 empl.) plat, sablonneux, pierreux, herbeux ⌑
⚒ ⚙ ⇆ ⊡ ♨ ☺ ☺ ⚊ ☂ ⚗ ▣ – ⚊ ♥ ⚗ – ⊡ ⚞ ⚼ ♠ ⊡ toboggan aquatique
Tarif : ▣ élect. (8A) et piscine comprises 3 pers. 164, pers. suppl. 30

Le Vieux Ranch avril-sept.
🖋 02 51 58 86 58, Fax 02 51 59 12 20 ✉ 85169 St-Jean-de-Monts Cedex – NO : 4,3 km, à 200 m de la plage (accès direct) – ⚓ ⊶ ✄ dans locations – **R** conseillée – **GB** ⚸
5 ha (242 empl.) plat, sablonneux, herbeux ⌑ ⚲
⚒ ⚙ ⇆ ⊡ ♨ ☺ ⚊ ☂ ⚗ ▣ – ⚊ ♥ ✕ ⚗ – ⊡ salle d'animation ⚼ ⊡
Tarif : ▣ 2 pers. 94 (114 avec élect.)
Location : ⚏ 1200 à 3100 – ⚏ 1600 à 3250

Aux Cœurs Vendéens avril-sept.
🖋 02 51 58 84 91, Fax 02 28 11 20 75 – NO : 4 km – ⊶ ✄ 15 juil.-août dans locations – **R** conseillée saison – **GB** ⚸
2 ha (117 empl.) plat, herbeux, sablonneux ⌑ ⚲
⚒ ⚙ ⇆ ⊡ ♨ ☺ ⚊ ☂ ⚗ ▣ – ♥ crêperie ⚗ – ⊡ ⚞ ⚞ ♠ ⊡ – A proximité : ⚼
Tarif : (Prix 1998) ▣ piscine comprise 3 pers. 130 (140 ou 150 avec élect. 6A), pers. suppl. 25
Location : ⚏ 1100 à 3300

Les Places Dorées 15 juin-6 sept.
🖋 02 51 59 02 93, Fax 02 51 59 30 47 – NO : 4 km – ⊶ ✄ dans locations – **R** conseillée – **GB** ⚸
5 ha (243 empl.) plat, sablonneux, herbeux ⌑
⚒ ⚙ ⇆ ⊡ ♨ ☺ ⚊ ▣ – ♀ – ⊡ toboggans aquatiques – A proximité : ⚊ ♀ snack ⚗ ⚼ ♠
Tarif : (Prix 1998) ▣ élect. (6A) et piscine comprises 3 pers. 148, pers. suppl. 24
Location : ⚏ 1300 à 3500 – bungalows toilés

Le Both d'Orouet avril-oct.
🖋 02 51 58 60 37, Fax 02 51 59 37 03 – SE : 6,7 km, bord d'un ruisseau – **R** conseillée – **GB** ⚸
4,4 ha (206 empl.) plat, herbeux, sablonneux ⌑ ⚲
⚒ ⚙ ⇆ ⊡ ♨ ☺ ⚊ ☂ ⚗ ▣ – ⊡ ♠ ⊡ – A proximité : ♀ ✕
Tarif : ▣ piscine comprise 2 pers. 95, pers. suppl. 22 – 🔌 19 (6A) 25 (10A)
Location : ⚏ 800 à 1900 – ⚏ 1300 à 3100

Plein Sud juin-12 sept.
🖋 02 51 59 10 40, Fax 02 51 58 92 29 – NO : 4 km – ⊶ ✄ dans locations – **R** conseillée – **GB** ⚸
2 ha (110 empl.) plat, herbeux, sablonneux ⌑
⚒ ⚙ ⇆ ⊡ ♨ ☺ ⚊ ⊡ – ⊡ terrain omnisports
Tarif : (Prix 1998) ▣ piscine comprise 3 pers. 110 (125 avec élect. 4A), pers. suppl. 22
Location (mai-12 sept.) : ⚏ 900 à 3000

La Forêt 15 mai-15 sept.
🖋 02 51 58 84 63 – NO : 5,5 km (voir schéma de Notre-Dame-de-Monts) « Belle décoration arbustive » ⊶ – **R** conseillée juil.-août – ⚸
1 ha (61 empl.) plat, herbeux, sablonneux ⌑ ⚲
⚙ ⇆ ⊡ ♨ ☺ ⚊ ☂ ▣ – ⊡ ♠ ⚼ ⚞ (petite piscine)
Tarif : ⚹ 23 – ▣ 85 – 🔌 18 (6A)

La Davière-Plage 15 juin-15 sept.
🖋 02 51 58 27 99 – NO : 3 km – ⊶ – **R** conseillée – **GB** ⚸
3 ha (200 empl.) plat, sablonneux, herbeux
⚒ ⚙ ⇆ ⊡ ♨ ☺ ▣ – ⚊ snack – ⊡ ⚞ ⊡ – A proximité : ♀ ✕
Tarif : ▣ piscine comprise 2 pers. 90, pers. suppl. 22 – 🔌 15 (4A) 18 (6A) 22 (10A)
Location : ⚏ 850 à 2050 – ⚏ 1450 à 3000 – bungalows toilés

▲▲ **Les Pins** 8 juin-15 sept.
     🖉 02 51 58 17 42 – SE : 2,5 km – ⚬━ – **R** – ⤳
1,2 ha (118 empl.) plat et en terrasses, sablonneux ⌂ ♀
🔥 🔺 🍴 🗐 🚿 ⊙ 🖭 – 🖾 🚡 🏊 – A proximité : ⚓, 🍵 🏪
Tarif : (Prix 1998) 🅔 *piscine comprise 3 pers. 110 (125 avec élect. 6A)*
Location : 🏠*900 à 3050*

▲ **Le Logis** 4 avril-19 sept.
     🖉 02 51 58 60 67 – SE : 4,3 km – ⚬━ ✗ dans locations – **R** août – GB ⤳
0,8 ha (40 empl.) plat et en terrasses, sablonneux ⌂
🔥 🔺 🍴 🗐 🚿 ⊙ 🖭, 🖭 – 🖾 🏊 – A proximité : 🍵 🗙 🏪
Tarif : 🅔 *2 pers. 70 – [½] 18 (6A) 23 (10A)*
Location : 🏚 *800 à 2000 – 🏠 1000 à 2600*

▲ **C.C.D.F. les Sirènes** 27 mars-sept.
     🖉 02 51 58 01 31, Fax 02 51 59 03 67 – SE : av. des Demoiselles, à 500 m de la plage – ⚲ ⚬━ –
R conseillée juil.-août – Adhésion obligatoire – GB ⤳
15 ha/5 campables (500 empl.) plat et accidenté, dunes, pinède ♀
🔥 🔺 🍴 🔺 ⊙ 🖭 – A proximité : ⚓, 🍵 🏪
Tarif : 🅔 *2 pers. 68, pers. suppl. 17 – [½] 10,20 (3A) 15,30 (6A) 20,40 (10A)*

▲ **La Roussière** mai-sept.
     🖉 02 51 58 65 73 – SE : 1,5 km – ⚬━ – **R** – ⤳
1,5 ha (100 empl.) plat, herbeux, sablonneux ⌂ ♀ (0,5 ha)
🔥 🔺 🍴 🗐 🚿 ⊙ 🔺 ▽ 🖭 – 🏊 🏊
Tarif : 🅔 *piscine comprise 2 pers. 85 – [½] 18 (6A)*

▲ **Le Clos d'Orouet** juin-août
     🖉 02 51 59 51 01 – SE : 8,7 km – ⚲ ⚬━ – **R** conseillée juil.-août – ⤳
1,3 ha (75 empl.) plat, sablonneux ⌂
🔥 🔺 🍴 🗐 🔺 🔺 ⊙ 🔺 🖭 – 🖾 🏊
Tarif : 🅔 *piscine comprise 2 pers. 70 – [½] 17 (6A)*
Location : 🏠 *900 à 1850*

▲ **Les Ombrages** Pâques-15 sept.
     🖉 02 51 58 91 14 ✉ 85270 St-Hilaire-de-Riez – SE : 5 km sur D 123 – ⚬━ – **R** – ⤳
3 ha (153 empl.) plat, herbeux, sablonneux ♀♀
🔥 🔺 🔺 ⊙ 🖭
Tarif : 🅔 *3 pers. 85, pers. suppl. 21 – [½] 15 (5A)*

▲ **Les Salines** Pâques-15 oct.
     🖉 02 51 58 11 95 ✉ 85270 St-Hilaire-de-Riez – SE : 5 km, sur D 123 – ⚬━ juil.-août – **R** – ⤳
3 ha (140 empl.) plat et vallonné, herbeux, sablonneux ♀♀
🔥 🗐 🔺 ⊙ 🖭
Tarif : 🅔 *1 à 3 pers. 80 – [½] 15 (5A)*

à la Barre-de-Monts NO : 13 km par D 38 – 1 727 h. alt. 5 – ✉ 85550 La Barre-de-Monts

▲▲ **Le Marais Neuf** avril-sept.
     🖉 02 51 49 05 02, Fax 02 51 68 87 33 – S : 1,3 km par rte de N.-D.-de-Monts puis 0,6 km par rte
à droite – ⚬━ – **R** conseillée – ⤳
1,5 ha (100 empl.) plat, sablonneux, herbeux ⌂ ♀
🔥 🔺 🍴 🗐 🔺 ⊙ 🔺 ▽ 🖭 – 🔺 – 🖾 🏊 🚲 🏊
Tarif : 🅔 *piscine comprise 2 pers. 90, pers. suppl. 20 – [½] 20 (10A)*
Location : 🏚 *800 à 2200 – 🏠 1200 à 3100*

à Fromentine NO : 15 km par D 38 – ✉ 85550 La Barre-de-Monts

▲▲ **La Grande Côte** 10 avril-20 sept.
     🖉 02 51 68 51 89, Fax 02 51 49 25 57 – **à Fromentine**, O : 2 km par D 38B rte de la Grande Côte,
bord de la plage – ⚬━ – **R** conseillée saison – GB ⤳
21 ha (800 empl.) plat et accidenté, sablonneux ♀♀ pinède
🔥 🔺 🍴 🗐 🔺 ⊙ 🔺 ▽ 🖭 – 🖾 🍴 ⬥⊙ 🏊
Tarif : 🅔 *piscine comprise 2 pers. 89 – [½] 18 (3A) 20 (5A) 28 (10A)*
Location : 🏠 – *bungalows toilés*

à Notre-Dame-de-Monts NO : 7 km par D 38 – 1 333 h. alt. 6 – ✉ 85690 Notre-Dame-de-Monts

▲▲ **Le Grand Jardin** fermé janv.
     🖉 02 28 11 21 75 – N : 0,6 km – ⚬━ été – **R** conseillée 15 juil.-20 août – GB ⤳
2,5 ha (90 empl.) plat, herbeux, sablonneux ⌂ ♀
🔺 🍴 🗐 🔺 ⊙ 🖭 – 🏊
Tarif : 🅔 *3 pers. 95 (110 avec élect. 10A), pers. suppl. 20*

▲ **Le Lagon Bleu** avril-oct.
     🖉 02 51 58 85 29 – N : 2,2 km (hors schéma) – ⚬━ – **R** conseillée – ⤳
2 ha (150 empl.) plat, herbeux, sablonneux ⌂ ♀ (1 ha)
🔥 🔺 🍴 🗐 🔺 ⊙ 🔺 🖭 – 🖾 🏊
Tarif : (Prix 1998) 🅔 *piscine comprise 3 pers. 92 (102 ou 114 avec élect. 4 ou 10A), pers. suppl. 20*

▲ **Le Pont d'Yeu** Pâques-20 sept.
     🖉 02 51 58 83 76, Fax 02 28 11 20 19 – S : 1 km – ⚬━ saison – **R** conseillée – ⤳
1,3 ha (96 empl.) plat, sablonneux ⌂ ♀
🔥 🔺 🍴 🔺 ⊙ 🖭 🏊 🏊
Tarif : 🅔 *piscine comprise 2 pers. 85 – [½] 14 (3A) 18 (6A)*
Location : 🏚 *1050 à 1900 – 🏠 1500 à 3000*

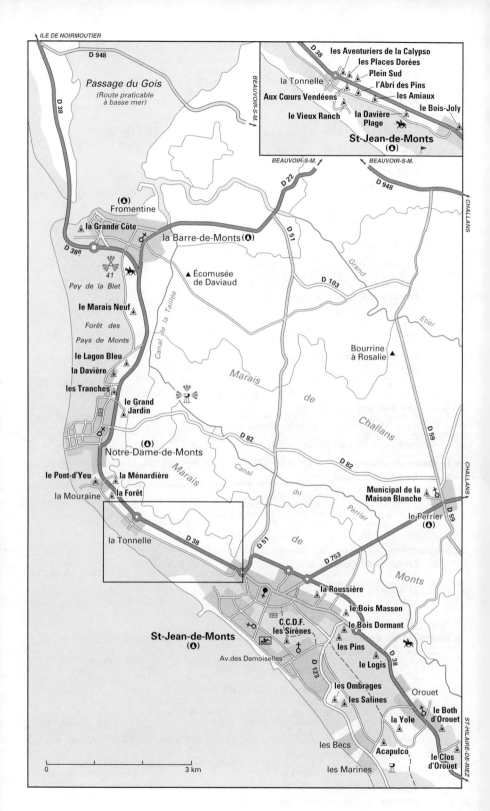

ILE DE NOIRMOUTIER

D 948

Passage du Gois
*(Route praticable
à basse mer)*

D 38

les Aventuriers de la Calypso
les Places Dorées
Plein Sud
la Tonnelle
l'Abri des Pins
les Amiaux
Aux Cœurs Vendéens
le Bois-Joly
le Vieux Ranch
la Davière
Plage
St-Jean-de-Monts
(⚓)

BEAUVOIR-S-M.

BEAUVOIR-S-M.

BEAUVOIR-S-M.

D 22

(⚓)
Fromentine

la Grande Côte

la Barre-de-Monts (⚓)

D 38ᴮ

D 51

D 948

CHALLANS

41
Pey de la Blet

▲ Écomusée
de Daviaud

D 103

Grand

Etier

le Marais Neuf

*Forêt des
Pays de Monts*

le Lagon Bleu
la Davière

les Tranches

le Grand
Jardin

Canal de la Taillée

Bourrine
à Rosalie ▲

Marais

de

Challans

D 59

(⚓)
Notre-Dame-de-Monts

Marais

Canal

le Pont-d'Yeu
la Ménardière

la Mouraine
la Forêt

du

D 82

D 82

Municipal de la
Maison Blanche

CHALLANS

le Perrier
(⚓)

D 59

la Tonnelle

D 38

D 51

de

Perrier

D 753

Monts

la Roussière

le Bois Masson

C.C.D.F.
les Sirènes

le Bois Dormant

St-Jean-de-Monts
(⚓)

les Pins

le Logis

Av. des Demoiselles

D 123

D 38

Orouet

les Ombrages
les Salines

le Both
d'Orouet

la Yole

ST-HILAIRE-DE-RIEZ

les Becs

Acapulco

le Clos
d'Orouet

les Marines

0   3 km

⚠ **La Ménardière** juin-sept.
 📞 02 51 58 86 92 ⊠ 85160 St-Jean-de-Monts – S : 1 km – o━ – **R** conseillée – ⚡
 0,8 ha (65 empl.) plat, sablonneux, herbeux ♀
 ⚒ ⚏ ⛺ ⚍ ⊕ ▣ – 🔲
 Tarif : 🔳 *2 pers. 55 (68 avec élect.), pers. suppl. 18*

⚠ **La Davière** 15 juin-15 sept.
 📞 02 51 58 85 96 – N : 2,2 km – o━ – **R** conseillée août
 1,3 ha (105 empl.) plat, sablonneux, herbeux ♀
 ⚏ ⚏ ⚍ ⊕ – 🏊
 Tarif : 🔳 *3 pers. 49 –* [g] *8 (4A)*
 Location : 🛏 *1200 à 1400*

⚠ **Les Tranches** mai-sept.
 📞 02 51 58 85 37 – N : 1,5 km – o━ – **R** indispensable août – ⚡
 0,8 ha (70 empl.) plat, herbeux, sablonneux ♀
 ⚒ ⚏ ⚏ ⊕ ▣ – 🏊
 Tarif : 🔳 *2 pers. 55,50 –* [g] *12 (4A) 24 (10A)*

au Perrier NE : 6 km par D 753, rte de Challans – 1 532 h. alt. 4 – ⊠ 85300 Le Perrier

⚠⚠ **Municipal de la Maison Blanche** juin-15 sept.
 📞 02 51 49 39 23 – près de l'église – o━ – **R** conseillée 1er au 20 août – ⚡
 3,2 ha (200 empl.) plat, herbeux ♀
 ⚒ ⚏ ⛺ ⚏ ⛺ ⊕ ▣ – 🔲 🏊 – A proximité : ✗
 Tarif : (Prix 1998) 🔳 *2 pers. 47 –* [g] *13 (5A)*
 Location : 🛏 *1000 à 1600*

ST-JEAN-DE-MUZOLS

07300 Ardèche 🔢 – 🔢 ⑩ – 2 315 h. alt. 123.
Paris 543 – Annonay 32 – Beaurepaire 47 – Privas 63 – Romans-sur-Isère 22 – Tournon-sur-Rhône 4.

⚠ **Le Castelet** avril-19 sept.
 📞 04 75 08 09 48, Fax 04 75 08 49 60 – SO : 2,8 km par D 238, rte de Lamastre, bord du Doux
 – ≤ o━ – **R** conseillée 14 juil.-24 août – ⚡
 3 ha (66 empl.) en terrasses, plat, herbeux, pierreux ♀
 ⚏ ⛺ ⚏ ⊕ ▣ – ♟ – 🔲 🏊 🏊
 Tarif : 🔳 *2 pers. 68, pers. suppl. 16 –* [g] *14,50 (5A)*

ST-JEAN-DU-DOIGT

29630 Finistère 🔢 – 🔢 ⑥ G. Bretagne – 661 h. alt. 15.
Paris 544 – Brest 75 – Guingamp 61 – Lannion 33 – Morlaix 17 – Quimper 95.

⚠ **Municipal du Pont Argler** 15 juin-15 sept.
 📞 02 98 67 32 15 – au bourg, face à l'église – ⚘ o━ – **R** – ⚡
 1 ha (34 empl.) plat et en terrasses, herbeux ⬚
 ⚒ ⚏ ⚏ ⚍ ⊕ ⛺ ▣ – 🔲 🏊
 Tarif : (Prix 1998) ✸ *13 –* 🚗 *5 –* 🔳 *11/15 –* [g] *10 (10A) 12 (12A)*

ST-JEAN-DU-GARD

30270 Gard 🔢 – 🔢 ⑰ G. Gorges du Tarn – 2 441 h. alt. 183.
🅱 Office de Tourisme pl. Rabaut-St-Étienne 📞 04 66 85 32 11, Fax 04 66 85 16 28.
Paris 681 – Alès 28 – Florac 53 – Lodève 90 – Montpellier 74 – Nîmes 60 – Le Vigan 58.

⚠⚠ **Le Mas de la Cam** Pâques-fin sept.
 📞 04 66 85 12 02, Fax 04 66 85 32 07 – NO : 3 km par D 907, rte de St-André-de-Valborgne, bord
 du Gardon de St-Jean – ⚘ ≤ « Site agréable » o━ ✗ dans les locations – **R** conseillée – ⒼⒷ ⚡
 6 ha/2,8 campables (140 empl.) peu incliné, en terrasses, herbeux ⬚ ♀♀
 ⚒ ⚏ ⛺ ⚏ ⛺ ⚏ ⊕ ▣ – 🔲 ♟ snack ♨ – 🔲 🏊 🎠 ✗ 🏊 🏊
 Tarif : (Prix 1998) 🔳 *piscine comprise 2 pers. 90 (106 avec élect. 6A), pers. suppl. 20*
 Location : *gîtes, bungalows toilés*

⚠⚠ **Les Sources** avril-sept.
 📞 04 66 85 38 03, Fax 04 66 85 16 09 – NE : 1 km par D 983 et D 50, rte de Mialet – ⚘ ≤ « Cadre
 agréable » o━ – **R** conseillée juil.-août – ⒼⒷ ⚡
 3 ha (92 empl.) peu incliné et en terrasses, herbeux ⬚ ♀♀
 ⚒ ⚏ ⛺ ⛺ ⚏ ⊕ ⚏ ♨ ⬚ ▣ – ♟ ♨ – 🔲 🏊 🏊
 Tarif : 🔳 *piscine comprise 2 pers. 75 –* [g] *15 (6A) 20 (10A)*
 Location : (permanent) : 🏠 *1500 à 2800*

⚠⚠ **La Forêt** mai-15 sept.
 📞 04 66 85 37 00 – N : 2 km par D 983, rte de St-Étienne-Vallée-Française puis 2 km par D 333,
 rte de Falguières – ⚘ ≤ « A l'orée d'une vaste pinède » o━ – **R** conseillée juil.-août –
 ⚡
 3 ha (60 empl.) plat et en terrasses, pierreux, herbeux ⬚ ♀
 ⚏ ♨ ⚏ ⛺ ⚏ ⊕ ▣ – ♨ ♨ – 🔲 🏊 🏊 – A proximité : 🐎
 Tarif : 🔳 *piscine comprise 2 pers. 82 –* [g] *16 (4A)*
 Location : 🏠 *1500 à 2550*

ST-JEAN-EN-ROYANS

26190 Drôme 🔲 – 🔲 ③ G. Alpes du Nord – 2 895 h. alt. 250.
Paris 586 – Die 63 – Grenoble 70 – Romans-sur-Isère 27 – St-Marcellin 21 – Valence 44 – Villard-de-Lans 35.

▲ **Municipal** 15 avril-sept.
    ℰ 04 75 47 74 60 – sortie Sud-Ouest par D 70, rte d'Oriol-en-Royans, bord de la Lyonne – ⅍ ⚏
    – 🍴 – ⚒
    4 ha (135 empl.) plat, herbeux ⌇ ⚭ (2 ha)
    🕭 ⇆ 🖫 ♨ ⊕ 🛒 🖥 – A proximité : 🎿 ⚓
    Tarif : ⚡ 16 – 🔳 11,50 – ⅍ 13 (10A)

ST-JEAN-LE-THOMAS

50530 Manche 🔲 – 🔲 ⑦ G. Normandie Cotentin – 398 h. alt. 20.
Paris 346 – Avranches 16 – Granville 17 – St-Lô 63 – St-Malo 83 – Villedieu-les-Poêles 36.

▲ **Municipal Pignochet** mars-15 nov.
    ℰ 02 33 48 84 02 – SO : 1 km par D 483, près de la plage – ⚏ – **R** conseillée juil.-août –
    ⚒
    3 ha (150 empl.) plat, sablonneux, herbeux
    🕭 🕭 🕸 ⊕ 🖥 – 🏊 – A proximité : 🍸
    Tarif : (Prix 1998) 🔳 1 ou 2 pers. 53, pers. suppl. 18 – ⅍ 14,50 (10A)

ST-JEAN-PIED-DE-PORT

64220 Pyr.-Atl. 🔲 – 🔲 ③ G. Pyrénées Aquitaine – 1 432 h. alt. 159.
🅱 Office de Tourisme pl. Ch.-de-Gaulle ℰ 05 59 37 03 57, Fax 05 59 37 34 91.
Paris 822 – Bayonne 54 – Biarritz 55 – Dax 105 – Oloron-Ste-Marie 71 – Pau 120 – San Sebastiàn 99.

▲▲▲ **Europ'Camping** 4 avril-15 oct.
    ℰ 05 59 37 12 78, Fax 05 59 37 29 82 – NO : 2 km par D 918 rte de Bayonne et chemin à gauche,
    à Ascarat – ⅍ ≼ ⚏ – **R** conseillée juil.-août – 🅶🅱 ⚒
    1,8 ha (93 empl.) peu incliné, plat, herbeux
    🕭 ⇆ 🖫 🕭 ♨ ⊕ ⚓ ⚐ 🖥 – 🍸 snack 🛒 – 🛖 ☷ ⚓
    Tarif : ⚡ 34 piscine comprise – 🔳 48 – ⅍ 24 (6A)
    Location : 🛏 2000 à 2900

▲▲ **Narbaïtz** 15 mars-sept.
    ℰ 05 59 37 10 13 – NO : 2,5 km par D 918 rte de Bayonne et à gauche, rte de Ascarat, à 50 m de
    la Nive et bord d'un ruisseau – ≼ ⚏ – **R** juil.-août – 🅶🅱 ⚒
    1,8 ha (133 empl.) plat et peu incliné, herbeux ⚭
    🕭 ⇆ 🖫 🕭 🕸 ♨ ⊕ 🖥 – 🛖 ⚓
    Tarif : 🔳 piscine comprise 2 pers. 72 – ⅍ 15 (6A)

ST-JEAN-PLA-DE-CORTS

66490 Pyr.-Or. 🔲 – 🔲 ⑲ – 1 456 h. alt. 116.
Paris 879 – Amélie-les-Bains-Palalda 14 – Argelès-sur-Mer 24 – Le Boulou 6 – La Jonquera 22 – Perpignan 27.

▲▲▲ **Les Casteillets** Permanent
    ℰ 04 68 83 26 83 – sortie vers Amélie-les-Bains par D 115 et chemin à gauche, bord du Tech –
    ⅍ ≼Chaîne des Albères ⚏ ⚯ juil.-août dans locations – **R** conseillée juil.-août – 🅶🅱
    ⚒
    5 ha (132 empl.) plat, pierreux, herbeux ⚭
    🕭 🕭 ⇆ 🖫 🕭 ♨ 🖥 – ✖ 🛒 – 🏊 ⚯ ⚓
    Tarif : 🔳 piscine comprise 2 pers. 84, pers. suppl. 25 – ⅍ 16 (6A)
    Location : 🛏 1690 à 2890

ST-JEAN-ST-NICOLAS

05260 H.-Alpes 🔲 – 🔲 ⑯ – 865 h. alt. 1 130.
Paris 671 – Corps 42 – Gap 24 – Orcières 11 – Savines-le-Lac 42 – Serres 64.

à Pont du Fossé sur D 944 – ✉ 05260 St-Jean-St-Nicolas :

▲▲ **Le Diamant** 15 mai-sept.
    ℰ 04 92 55 91 25, Fax 04 92 55 95 97 – SO : 0,8 km par D 944 rte de Gap, bord du Drac – ≼ « Cadre
    agréable » ⚏ – **R** conseillée – ⚒
    4 ha (100 empl.) plat, herbeux, peu pierreux ⚭ pinède
    🕭 ⇆ 🖫 🕭 ♨ ⚓ ⚐ 🖥 – 🛖 🏊 – A proximité : 🚵
    Tarif : 🔳 2 à 5 pers. 87 à 149, pers. suppl. 15 – ⅍ 10 à 21 (1 à 10A) et 2 par ampère supplé-
    mentaire
    Location : 🛏 1000 à 1600 – 🛏 1400 à 2300

▲ **Municipal le Châtelard** 15 juin-15 sept.
    ℰ 04 92 55 94 31 – E : 1 km par D 944 et chemin à droite, bord du Drac, chemin pour piétons reliant
    le camp au village – ⅍ ≼ ⚏ – **R** conseillée
    2 ha (60 empl.) plat, herbeux, pierreux ⚭
    🕭 ⇆ 🖫 🕸 ♨ – 🛖 – A proximité : 🎿
    Tarif : (Prix 1998) ⚡ 19 – 🔳 21/26 – ⅍ 13 (3A)

ST-JODARD

42590 Loire **11** – **73** ⑧ – 421 h. alt. 410.
Paris 419 – Boën 24 – Feurs 20 – Roanne 24 – St-Just-en-Chevalet 33 – Tarare 37.

▲ *Municipal* mai-sept.
au bourg, rte de Neulise – **R**
0,8 ha (30 empl.) plat, herbeux ♀
🏔 🔌 ⊙ – A proximité : ✂ 🏠 🏊
Tarif : ✹ *10 – ⇔ 5 – 🗐 5 – 🏮 17 (5A)*

ST-JORIOZ

74 H.-Savoie – **74** ⑥ – voir à Annecy (Lac d').

ST-JORY-DE-CHALAIS

24800 Dordogne **10** – **72** ⑯ – 600 h. alt. 260.
Paris 445 – Brantôme 33 – Châlus 22 – St-Yrieix-la-Perche 29 – Thiviers 16.

▲▲ *Maison Neuve* avril-oct.
🖝 05 53 55 10 63 – sortie Nord-Est par D 98, rte de Chaleix et chemin à droite – 🐾 🖛 – **R**
4 ha (40 empl.) peu incliné et plat, herbeux, petit étang 🖵
🔌 🏔 🔌 🖵 🛆 ⊙ 🛆 🖳 – ☂ – 🖳 🏊
Tarif : ✹ *22,50 piscine comprise – 🗐 30 – 🏮 10 (10A)*

ST-JOUAN-DES-GUÉRETS

35 I.-et-V. – **59** ⑥ – rattaché à St-Malo.

ST-JULIEN

56 Morbihan – **63** ⑪ ⑫ – voir à Quiberon (Presqu'île de).

ST-JULIEN-CHAPTEUIL

43260 H.-Loire **11** – **76** ⑦ G. Vallée du Rhône – 1 664 h. alt. 815.
Paris 565 – Lamastre 53 – Privas 88 – Le Puy-en-Velay 20 – St-Agrève 32 – Yssingeaux 17.

▲ *Municipal de la Croix-Blanche* Permanent
🖝 04 71 08 70 01 – sortie Nord par D 28, rte du Pertuis, à 50 m de la Sumène – 🖛 – **R** – 🗡
1 ha (35 empl.) plat, terrasse, herbeux ♀
🔌 🏔 🔌 🖵 ⊙ 🛆 🖳 🖳 – A proximité : ✂ 🏊
Tarif : ✹ *14 – 🗐 20 – 🏮 16 (6A)*

ST-JULIEN-DE-CONCELLES

44450 Loire-Atl. **9** – **63** ⑰ – 5 418 h. alt. 24.
Paris 371 – Ancenis 25 – Clisson 24 – Nantes 15.

▲ *Le Chêne* avril-oct.
🖝 02 40 54 12 00, Fax 02 40 36 54 79 – E : 1,5 km par D 37 (déviation), près du plan d'eau – 🖛
– **R** conseillée juil.-août – **GB** 🗡
2 ha (100 empl.) plat, herbeux ♀
🏔 🔌 🖵 🛆 ⊙ 🛆 🖳 – 🖳 🖳 – A proximité : parcours de santé ☂ ✂
Tarif : ✹ *15 – ⇔ 7 – 🗐 15 – 🏮 15 (16A)*
Location : *bungalows toilés*

ST-JULIEN-DE-LAMPON

24 Dordogne **13** – **75** ⑱ – 586 h. alt. 120 – ✉ 24370 Carlux.
Paris 531 – Brive-la-Gaillarde 52 – Gourdon 18 – Sarlat-la-Canéda 18 – Souillac 14.

▲▲ *Le Mondou* 15 juin-sept.
🖝 05 53 29 70 37 – E : 1 km par D 50 rte de Mareuil et chemin à droite – 🐾 🖛 – **R** conseillée
juil.-15 août – 🗡
1,2 ha (60 empl.) peu incliné, pierreux, herbeux 🖵 ♀♀
🔌 🏔 🔌 🖵 🛆 ⊙ – 🖳 🏊
Tarif : (Prix 1998) ✹ *24,50 piscine comprise – 🗐 25,50 – 🏮 19 (6 ou 10A)*

ST-JULIEN-DES-LANDES

85150 Vendée **9** – **67** ⑫ ⑬ – 1 075 h. alt. 59.
Paris 440 – Aizenay 17 – Challans 32 – La Roche-sur-Yon 24 – Les Sables-d'Olonne 18 – St-Gilles-Croix-de-Vie 21.

▲▲▲ *La Garangeoire* 15 mai-15 sept.
🖝 02 51 46 65 39, Fax 02 51 46 60 82 – N : 2,8 km par D 21 – 🐾 « Agréable domaine : prairies, étangs et bois » 🖛 – **R** conseillée – **GB** 🗡
200 ha/10 campables (325 empl.) plat et vallonné, herbeux 🖵 ♀♀♀ (2 ha)
🔌 🏔 🔌 🖵 🛆 ⊙ 🛆 🗡 🖳 – 🗐 ☂ ✗ crêperie, pizzeria 🖳 cases réfrigérées – 🖳 🖳 🖳 🚲
🔌 ✂ 🏠 🏊 toboggan aquatique 🖳
Tarif : 🗐 *élect. (13A) et piscine comprises 2 pers. 150*

▲▲▲ **La Forêt** 15 mai-15 sept.
    📞 02 51 46 62 11, Fax 02 51 46 60 87 – sortie Nord-Est par D 55, rte de Martinet – 🌕 « Dans les dépendances d'un château » •— – **R** conseillée 15 juil.-15 août – 🕸
    50 ha/5 campables (148 empl.) plat, herbeux, étangs et bois 🗃 ♀♀
    ♿ 🏘 ↻ 📷 🍞 ⛲ ♨ ⚓ – 🍽 ✖ … – 🍔 🚸 discothèque 🏊 🚲 ⚔ 🎿 🏊
    Tarif : 🖻 *piscine comprise 3 pers. 139, pers. suppl. 30* – [💡] *21 (6A)*

▲ **La Guyonnière** mai-1er oct.
    📞 02 51 46 62 59, Fax 02 51 46 62 89 – NO : 2,4 km par D 12 rte de Landevieille puis 1,2 km par chemin à droite à proximité du lac du Jaunay – 🌕 •— – **R** conseillée juil.-août – 🇬🇧 🕸
    30 ha/6,5 campables (167 empl.) peu incliné, plat, herbeux, étang
    ♿ 🏘 ↻ 📷 🍞 ♨ 📷 – 🍽 snack – 🍔 🚸
    Tarif : 🧍 *20 piscine comprise* – 🚘 *15* – [🖻] *35* – [💡] *10 ou 15 (6A)*

▶ *Si vous désirez réserver un emplacement pour vos vacances,*
faites-vous préciser au préalable les conditions particulières de séjour,
les modalités de réservation, les tarifs en vigueur et les conditions de paiement.

ST-JULIEN-DU-VERDON

04170 Alpes-de-H.-Pr. **17** – **81** ⑱ G. Alpes du Sud – 94 h. alt. 994.
Paris 797 – Castellane 12 – Digne-les-Bains 52 – Puget-Théniers 37.

▲ **Le Lac** 15 juin-15 sept.
    📞 04 92 89 07 93 – sortie Nord par N 202 rte de St-André-les Alpes – ≪ •— – **R** – 🇬🇧
    1 ha (70 empl.) plat, peu incliné, herbeux, pierreux ♀ (0,5 ha)
    ♿ 🏘 📷 ♨ ⚓ – 🍔 🚸
    Tarif : (Prix 1998) [🖻] *2 pers. 60, pers. suppl. 15* – [💡] *12 (6A)*

ST-JULIEN-EN-BORN

40170 Landes **13** – **78** ⑮ – 1 285 h. alt. 22.
Paris 707 – Castets 23 – Dax 49 – Mimizan 18 – Morcenx 30.

▲▲▲ **Municipal la Lette Fleurie** Pâques-sept.
    📞 05 58 42 74 09 – NO : 4 km par rte de Mimizan et rte de Contis-Plage – 🌕 •— – **R** – 🇬🇧 🕸
    8,5 ha (345 empl.) plat et accidenté, sablonneux ♀♀ pinède
    ♿ 🏘 📷 🍞 ⛲ – 🍽 🍔 – 🚸 ⚔ 🏊
    Tarif : (Prix 1998) 🧍 *17 piscine comprise* – 🚘 *6,50* – [🖻] *20* – [💡] *20 (10A)*

▲ **Aire Naturelle le Très** juin-sept.
    📞 05 58 42 80 24, Fax 05 58 42 40 09 – NO : 3 km par D 652, rte de Mimizan et D 41, rte de Contis-Plage à gauche – 🌕 •— – **R** conseillée juil.-août – 🕸
    1,5 ha (25 empl.) plat, herbeux, sablonneux ♀♀ pinède
    🏘 ↻ ♨ ⚓ – 🍔 🚸
    Tarif : 🧍 *12* – 🚘 *4,80* – [🖻] *6,30/9,80* – [💡] *11 (5A)*

▲ **Le Grand Pont** juin-sept.
    📞 05 58 42 80 18 – sortie Nord par D 652, rte de Mimizan, près d'un ruisseau – •— – **R** conseillée – 🕸
    2 ha (75 empl.) plat, herbeux, sablonneux ♀ pinède
    🏘 ♨ ⚓ 📷
    Tarif : 🧍 *12,50* – 🚘 *4,70* – [🖻] *10,30* – [💡] *12,90 (5A)*

ST-JULIEN-EN-ST-ALBAN

07000 Ardèche **16** – **76** ⑳ – 924 h. alt. 131.
Paris 590 – Aubenas 41 – Crest 28 – Montélimar 32 – Privas 10 – Valence 31.

▲ **Le Pampelonne** avril-15 sept.
    📞 04 75 66 00 97 – E : 1,4 km par N 104, rte de Pouzin et chemin de Celliers à droite, près de l'Ouvèze – 🌕 •— – 🇬🇧 🕸
    1,5 ha (30 empl.) plat, herbeux 🗃
    ♿ 🏘 ↻ 📷 ♨ ⚓ – 🍽 🚸 – 🚸 – A proximité : 🏊
    Tarif : [🖻] *2 pers. 70* – [💡] *15 (10A)*

ST-JUST

15320 Cantal **11** – **76** ⑭ – 248 h. alt. 950.
Paris 539 – Chaudes-Aigues 30 – Ruynes-en-Margerides 22 – St-Chély-d'Apcher 16 – St-Flour 28.

▲ **Municipal** Pâques-sept.
    📞 04 71 73 72 57 – au Sud-Est du bourg, bord d'un ruisseau, par A 75, sortie 32 – 🌕 •— – **R** – 🕸
    2 ha (60 empl.) plat et peu incliné, terrasse, herbeux ♀
    🏘 ↻ 📷 ♨ ⚓ – 🍔 🚲 – A proximité : 🏊 🍽 ✖ 🚸 discothèque ⚔ 🏊
    Tarif : (Prix 1998) 🧍 *10,90* – 🚘 *6,80* – [🖻] *9,70* – [💡] *9,80 (10A)*
    Location : 🛖 *1100 à 2300 – gîtes*

ST-JUSTIN

40240 Landes **14** – **79** ⑫ – 917 h. alt. 90.
🛈 Office de Tourisme pl. du Foyer 𝒫 05 58 44 86 06.
Paris 696 – Barbotan-les-Thermes 17 – Captieux 41 – Labrit 35 – Mont-de-Marsan 25 – Villeneuve-de-Marsan 16.

⚠ **Le Pin** mars-nov.
  𝒫 05 58 44 88 91 – N : 2,3 km sur D 626 rte de Roquefort, bord d'un petit étang – ⊶ **R** juil.-août
  – ⚐
  3 ha (80 empl.) plat, herbeux ᏽᏽ
  ⅊ 🖘 🖤 🗟 ⚲ ⊙ 🖩 – 🍷 ✗ 🖢 – 🚵 🚲 🏊
  Tarif : ✹ 25 piscine comprise – 🚗 10 – 📧 40 – 🔌 15 (6A)
  Location : 🚐 1000 à 1790

ST-JUST-LUZAC

17320 Char.-Mar. **9** – **71** ⑭ G. Poitou Vendée Charentes – 1 432 h. alt. 5.
Paris 503 – Rochefort 23 – La Rochelle 61 – Royan 27 – Saintes 36.

⚠⚠ **Séquoia Parc** 15 mai-15 sept.
  𝒫 05 46 85 55 55, Fax 05 46 85 55 56 – NO : 2,7 km par D 728, rte de Marennes et chemin à droite
  – Ⓜ « Dans les dépendances d'un château » ⊶ – **R** conseillée juil.-août – ⊖ ⚐
  49 ha/28 campables (426 empl.) plat, herbeux, pierreux, sablonneux, bois ⫐
  ⅊ 🖘 🖤 🗟 🛉 ⚎ ⊙ ⚲ 🖙 🖽 🖩 – 🖳 🍷 ✗ pizzeria – 🛒 🕺 🚵 🚲 🖳 🏊 toboggan aquatique
  Tarif : 📧 élect. (6A) et piscine comprises 2 pers. 155
  Location : 🚐 1000 à 3500

ST-LAGER-BRESSAC

07210 Ardèche **16** – **76** ⑳ – 569 h. alt. 180.
Paris 594 – Aubenas 44 – Montélimar 21 – Pont-St-Esprit 57 – Privas 13 – Valence 35.

⚠ **Municipal les Civelles d'Ozon** mai-sept.
  𝒫 04 75 65 01 86 – E : 0,5 km par D 322, rte de Baix, bord d'un ruisseau – ⊶ juil.-août – **R** conseillée
  14 juil.-15 août – ⚐
  1,3 ha (40 empl.) plat, pierreux, herbeux ⫐
  ⅊ 🖘 🖤 🛉 ⊙ ⚲ 🖙 – 🚵 🖳 🏊
  Tarif : 📧 2 pers. 33/47, pers. suppl. 12 – 🔌 10 (6A)

ST-LAMBERT-DU-LATTAY

49750 M.-et-L. **5** – **67** ⑥ G. Châteaux de la Loire – 1 352 h. alt. 63.
Paris 315 – Ancenis 52 – Angers 25 – Cholet 36 – Doué-la-Fontaine 34.

⚠ **S.I. la Coudraye** 15 avril-15 oct.
  au Sud du bourg, près d'un étang – 🎣 – **R**
  0,5 ha (20 empl.) peu incliné, herbeux ⫐
  🖘 ⚲ ⊙ – 🚵
  Tarif : (Prix 1998) ✹ 11,50 – 📧 11,50 – 🔌 12,50 (15A)

ST-LARY-SOULAN

65170 H.-Pyr. **14** – **85** ⑲ G. Pyrénées Aquitaine – 1 108 h. alt. 820 – Sports d'hiver : 1 680/2 450 m
⚡2 ⚡30.
🛈 Office de Tourisme 37 r. Principale 𝒫 05 62 39 50 81, Fax 05 62 39 50 06.
Paris 853 – Arreau 12 – Auch 104 – Bagnères-de-Luchon 44 – St-Gaudens 67 – Tarbes 71.

⚠⚠ **Municipal** fermé 17 oct.-4 déc.
  𝒫 05 62 39 41 58, Fax 05 62 40 01 40 – au bourg, à l'Est du D 929 – ❄ Ⓜ 🎣 ⚞ ⊶ – **R** conseillée
  – ⊖ ⚐
  1 ha (76 empl.) plat et peu incliné, herbeux, pierreux ᏽᏽ
  🏢 ⅊ 🖘 🖤 🗟 🛉 ⊙ 🖩 – 🛒 🚵 – A proximité : 🖳 🏊
  Tarif : (Prix 1998) ✹ 27 – 📧 27 – 🔌 15 (2A) 23 (6A) 33 (10A)
  Location : 🛏

à Bourisp NE : 1,7 km par D 929 et D 115 à droite – 103 h. alt. 790 – ✉ 65170 Bourisp :

⚠⚠ **Le Rioumajou** Permanent
  𝒫 05 62 39 48 32 – NO : 1,3 km par D 929 rte d'Arreau et chemin à gauche, bord de la Neste d'Aure
  – ❄ 🎣 ⚞ ⊶ 🐾 dans locations – **R** conseillée – ⚐
  7 ha (240 empl.) plat, gravillons, pierreux, herbeux ⫐ ᏽᏽ
  🏢 ⅊ 🖘 🖤 🗟 🛉 ⚎ ⊙ ⚲ 🖙 🖩 – 🍷 🖢 – 🛒 🚐 🚵 🖳 🏊
  Tarif : 📧 piscine comprise 1 pers. 40,50 – 🔌 17 (2A) 21 (4A) 28 (6A)
  Location : 🚐 990 à 2560 – bungalows toilés

⚠ **La Mousquere** avril-20 sept.
  𝒫 05 62 39 44 99 – à l'Ouest du bourg par D 116, à 50 m du D 929, près d'un ruisseau – ⚞ ⊶
  juil.-août – **R** conseillée 10 juil.-20 août – ⚐
  0,8 ha (45 empl.) incliné, pierreux, herbeux ᏽ
  🏢 ⅊ 🖘 🖤 ⊙ ⚲ 🖙 🖩 – 🛒 – A proximité : 🖳
  Tarif : ✹ 17 – 📧 22 – 🔌 14 (3A) 28 (6A)
  Location : 🚐 1000 à 1500

à Vielle-Aure   N : 2 km par D 929 et D 115 à gauche – 285 h. alt. 800 – ⊠ 65170 Vielle-Aure

▲▲▲ **Le Lustou** Permanent
      05 62 39 40 64, Fax 05 62 39 40 72 – NE : 2 km sur D 19, **à Agos,** près de la Neste d'Aure et d'un étang – ❀ ⬩ ⬩ ⟞ – **R** conseillée – ⬩
      2,8 ha (65 empl.) plat, gravier, herbeux ⬩ (1 ha)
      ⚏ ⬩ ⬩ ⬩ ⬩ ⬩ ⬩ ⬩ ⬩ ⬩ ⬩ ⬩ – ⬩ – ⬩ ✂
      Tarif : ⬩ *21 – ▣ 23 – [⬩] 13,50 (2A) 30 (6A) 40 (10A)*
      Location : ⬩ *1500 à 2200 – ⬩ (gîtes)*

à Vignec   NO : 1 km – 135 h. alt. 820 – ⊠ 65170 Vignec

▲ **Artiguette-St-Jacques** Permanent
      05 62 39 52 24 – sortie Nord par D 123, près d'une chapelle, bord d'un ruisseau – ⬩ ⬩ ⟞
      juil.-août – **R** conseillée juil.-août – ⬩
      1 ha (68 empl.) plat, peu incliné, herbeux ⬩ (0,5 ha)
      ⚏ ⬩ ⬩ ⬩ ⬩ ⬩ ⬩
      Tarif : ⬩ *16,50 – ▣ 18 – [⬩] 13,60 (2A) 20,40 (3A) 27,20 (4A)*

▶ *Teneinde deze gids beter te kunnen gebruiken,*
DIENT U DE VERKLARENDE TEKST AANDACHTIG TE LEZEN.

ST-LAURENT-D'AIGOUZE ────────────────────────────

30220 Gard ⬛ – ⬛ ⑧ – 2 323 h. alt. 3.
Paris 740 – Aigues-Mortes 8 – La Grande-Motte 85 – Montpellier 40 – Nîmes 34 – Sommières 21.

▲▲▲ **Port Viel** avril-oct.
      04 66 88 15 42, Fax 04 66 88 10 21 – S : 2,8 km par D 46 – ⟞ – **R** conseillée juil.-août
      4 ha (160 empl.) plat, pierreux, herbeux ⬩ ⬩
      ⬩ ⬩ ⬩ ⬩ ⬩ ⬩ ⬩ – ⬩ – ⬩ – ⬩
      Tarif : (Prix 1998) ▣ *piscine comprise 2 pers. 97 (116 avec élect. 6A), pers. suppl. 28*
      Location : ⬩ *1000 à 2950*

ST-LAURENT-DE-CERDANS ──────────────────────────

66260 Pyr.-Or. ⬛ – ⬛ ⑱ G. Pyrénées Roussillon – 1 489 h. alt. 675.
Paris 910 – Amélie-les-Bains-Palalda 20 – Perpignan 58 – Prats-de-Mollo-la-Preste 20.

▲ **La Verte Rive** mai-oct.
      04 68 39 54 64 – sortie Nord-Ouest par D 3 rte d'Arles-sur-Tech, bord de la Quéra – ⬩ ⬩ ⟞
      juil.-août – **R** conseillée – ⬩
      2,5 ha (74 empl.) peu incliné, herbeux
      ⬩ ⬩ ⬩ ⬩ ⬩ ⬩ – ⬩ – A proximité : ⬩
      Tarif : ⬩ *12,80 – ⬩ 5,20 – ▣ 12,80 – [⬩] 16 (5A)*
      Location : ⬩ *1050 à 2100*

ST-LAURENT-DE-LA-PRÉE ──────────────────────────

17450 Char.-Mar. ⬛ – ⬛ ⑬ – 1 256 h. alt. 7.
Paris 479 – Rochefort 14 – La Rochelle 33.

▲▲▲ **Les Charmilles** 15 avril-15 sept.
      05 46 84 00 05 – NO : 2,2 km par D 214[E1], rte de Fouras et D 937 à droite, rte de la Rochelle
      – ⟞ – **R** conseillée 25 juil.-15 août – ⬛ ⬩
      5 ha (270 empl.) plat, herbeux ⬩ ⬩⬩ chênaie
      ⬩ ⬩ ⬩ ⬩ ⬩ ⬩ ⬩ ⬩ – ⬩ – ⬩ – ⬩ ⬩ ⬩ ⬩ toboggan aquatique
      Tarif : (Prix 1998) ▣ *piscine comprise 2 pers. 125, pers. suppl. 31 – [⬩] 20 (6A)*
      Location : ⬩ *1300 à 3700 – ⬩ 1400 à 3800*

▲ **Le Pré Vert** avril-sept.
      05 46 84 89 40 – NE : 2,3 km par D 214, rte de la Rochelle, au lieu-dit St-Pierre, Par voie rapide, sortie Fouras – ⟞ – **R** conseillée – ⬩
      2 ha (67 empl.) plat, peu incliné, terrasse, herbeux
      ⬩ ⬩ ⬩ ⬩ ⬩ ⬩ ⬩ ⬩ – ⬩ ⬩ ⬩ (petite piscine)
      Tarif : ▣ *2 pers. 65, pers. suppl. 15 – [⬩] 15 (10A)*
      Location : ⬩ *800 à 1400*

ST-LAURENT-DU-PAPE ──────────────────────────────

07800 Ardèche ⬛ – ⬛ ⑳ G. Vallée du Rhône – 1 206 h. alt. 100.
Paris 582 – Aubenas 56 – Le Cheylard 43 – Crest 31 – Privas 25 – Valence 19.

▲▲▲ **La Garenne** mars-oct.
      04 75 62 24 62 – au Nord du bourg, accès près de la poste – ⟞ – **R** conseillée 15 mai-15 août
      3,5 ha (116 empl.) plat, en terrasses, pierreux, herbeux ⬩
      ⬩ ⬩ ⬩ ⬩ ⬩ ⬩ ⬩ ⬩ – ⬩ ✕ ⬩ – ⬩ ⬩ ✂ ⬩
      Tarif : ▣ *piscine comprise 2 pers. 115*

ST-LAURENT-DU-PONT

38380 Isère **12** – **77** ⑤ G. Alpes du Nord – 4 061 h. alt. 410.

B Office de Tourisme Vieille-Tour, pl. Mairie ℰ 04 76 06 22 55, Fax 04 76 06 21 21.

Paris 562 – Chambéry 28 – Grenoble 33 – La Tour-du-Pin 42 – Voiron 15.

△ **Municipal les Berges du Guiers** 15 juin-15 sept.
ℰ 04 76 55 20 63 – sortie Nord par D 520, rte de Chambéry et à gauche, bord du Guiers Mort, chemin et passerelle pour piétons reliant le camp au village – ≤ ⚬━ – **R** conseillée – ⚸
1 ha (37 empl.) plat, herbeux ♀ (0,5 ha)
க ☐ ⇄ ⌺ ☺ – A proximité : ※ ☃ ⚓
Tarif : ▣ 2 pers. 55, pers. suppl. 18 – (ᵢ) 13 (5A)

ST-LAURENT-DU-VERDON

04500 Alpes-de-H.-Pr. **17** – **81** ⑯ – 71 h. alt. 468.

Paris 792 – Digne-les-Bains 62 – Gréoux-les-Bains 27 – Manosque 41 – Montmeyan 13 – Moustiers-Ste-Marie 30.

ᴀᴀ **La Farigoulette** 15 mai-15 sept.
ℰ 04 92 74 41 62, Fax 04 92 74 00 86 – NE : 1,5 km par rte de Montpezat, près du Verdon (plan d'eau) – ⚘ « Cadre boisé et site agréable » ⚬━ – ⚓⿃
14 ha (166 empl.) peu incliné, pierreux ♀♀
க ☐ ⇄ ⌺ ㄱ ☺ ▣ – ⚊ ✗ ⇄ – ⚓ ⚓ ※ ⤓ ᵐ ⚓
Tarif : ▣ piscine comprise 2 pers. 80 – (ᵢ) 19 (5A)
Location : studios

ST-LAURENT-EN-BEAUMONT

38350 Isère **12** – **77** ⑮ – 282 h. alt. 900.

Paris 614 – Le Bourg-d'Oisans 44 – Corps 17 – Grenoble 51 – Mens 25 – La Mure 10.

△ **Belvédère de l'Obiou** mai-sept.
ℰ 04 76 30 40 80 – SO : 1,3 km par N 85, au lieu-dit les Egats – ≤ ⚬━ – **R** conseillée – ⚸
1 ha (45 empl.) plat, peu incliné, terrasses, herbeux ♀
க ☐ ⇄ ⌺ ⚑ ☺ ▣ – ⚊ – ⚓ ⚓ (petite piscine) – A proximité : ⚑
Tarif : ▣ 2 pers. 74 – (ᵢ) 15 (4A) 18 (6A) 20 (10A)

ST-LAURENT-EN-GRANDVAUX

39150 Jura **12** – **70** ⑮ G. Jura – 1 781 h. alt. 904.

Paris 443 – Champagnole 23 – Lons-le-Saunier 46 – Morez 11 – Pontarlier 58 – St-Claude 31.

ᴀᴀ **Municipal Champ de Mars** fermé oct.
ℰ 03 84 60 19 30 – sortie Est par N 5 – ❄ ≤ ⚬━ – **R** indispensable hiver ⚓⿃ été – ⚸
3 ha (150 empl.) plat et peu incliné, herbeux
ⅢⅢ க ☐ ⇄ ⌺ ☺ ⚓ ▽⚊ – ⌂
Tarif : (Prix 1998) ♦ 10,60 (hiver 18,20) – ▣ 12 (hiver 12,70) – (ᵢ) 10 (6A) - hiver : 20,90 (6A) 30,60 (10A)

ST-LAURENT-LES-ÉGLISES

87340 H.-Vienne **10** – **72** ⑧ – 636 h. alt. 388.

Paris 386 – Bellac 50 – Bourganeuf 30 – Guéret 51 – Limoges 30 – La Souterraine 49.

ᴀᴀ **Municipal Pont du Dognon** 12 juin-11 sept.
ℰ 05 55 56 57 25 – SE : 1,8 km par D 5 rte de St-Léonard-de-Noblat, bord du Taurion (plan d'eau) – ⚘ « Site agréable » ⚬━ – **R** conseillée 11 juil.-20 août – ⚸
3 ha (90 empl.) en terrasses, herbeux, pierreux ⌂
க ☐ ⇄ ⌺ ⚑ ☺ ▣ – ⌂ ⚑ ⚓ ⚲ ※ ⚓ parcours de santé – A proximité : ✗ ⚲ᵐ
Tarif : ▣ piscine comprise 2 pers. 60 – (ᵢ) 14,50 (6A)
Location (Pâques-Toussaint) : huttes

ST-LÉGER-DE-FOUGERET

58 Nièvre – **69** ⑥ – rattaché à Château-Chinon.

ST-LÉONARD-DE-NOBLAT

87400 H.-Vienne **10** – **72** ⑱ G. Berry Limousin – 5 024 h. alt. 347.

B Office de Tourisme pl. du Champ-de-Mars ℰ 05 55 56 25 06, Fax 05 55 56 36 97.

Paris 401 – Aubusson 68 – Brive-la-Gaillarde 94 – Guéret 62 – Limoges 21.

ᴀᴀ **Municipal de Beaufort** 15 juin-15 sept.
ℰ 05 55 56 02 79 – du centre bourg : 1,7 km par N 141, rte de Limoges puis 1,5 km à gauche par rte de Masleon, bord de la Vienne – ⚬━ – ⚓⿃ – ⚸
2 ha (98 empl.) plat et peu incliné, herbeux ⌂ ♀
க ☐ ⇄ ⌺ ⊟ ☺ ⚊ ▣ – ⌂ ⚓
Tarif : ▣ 2 pers. 49,50, pers. suppl. 11,80 – (ᵢ) 11,30 (10A)

ST-LÉON-SUR-VÉZÈRE

24290 Dordogne **13** – **75** ⑰ G. Périgord Quercy – 427 h. alt. 70.
Paris 500 – Brive-la-Gaillarde 47 – Les Eyzies-de-Tayac 15 – Montignac 9 – Périgueux 55 – Sarlat-la-Canéda 34.

    ▲▲▲ **Le Paradis** 27 mars-25 oct.
        𝒫 05 53 50 72 64, Fax 05 53 50 75 90 – SO : 4 km sur D 706 rte des Eyzies-de-Tayac, bord de la
        Vézère – M̄ ⚲ ⚊ – **R** conseillée – ⊟ ⚙
        7 ha (200 empl.) plat, herbeux ⛺ ♀
        🎱 ♻ 🖫 🖻 ↺ ⊙ 🌬 ▾ 🎞 ▦ – 🍴 ♈ ✗ 🎣 – 🛖 🏊 ♂️ ⛳ 🏊 ♒ piste de bi-cross
        Tarif : (Prix 1998) 🧍 *35,50 piscine comprise* – 🗉 *56* – 🔋 *18 (6A)*
        Location : 🛖 *2125 à 4250*

▶   ▲▲▲ ...   ▲

Besonders angenehme Campingplätze, ihrer Kategorie entsprechend.

ST-LEU-D'ESSERENT

60340 Oise **6** – **56** ⑪ – 4 288 h. alt. 50.
🛈 Office de Tourisme r. de l'Eglise 𝒫 03 44 56 38 10, Fax 03 44 56 25 23.
Paris 58 – Beauvais 38 – Chantilly 6 – Creil 9 – Pontoise 39.

    ▲ **Campix** 7 mars-nov.
        𝒫 03 44 56 08 48, Fax 03 44 56 28 75 – sortie Nord par D 12 rte de Cramoisy puis 1,5 km par rue
        à droite et chemin, dans une ancienne carrière – ⚲ ⚊ – **R** conseillée 15 juil.-15 août –
        ⊟ ⚙
        6 ha (160 empl.) plat, en terrasses, accidenté, herbeux, pierreux ♀
        🎱 ♻ 🖫 ↺ ⊙ 🎞 ▦ – 🛖 ♂️
        Tarif : 🧍 *29,70* – 🗉 *33* – 🔋 *23,10 (6A)*

ST-LÔ-D'OURVILLE

50580 Manche **4** – **54** ⑪ – 404 h. alt. 15.
Paris 342 – Barneville-Carteret 10 – Carentan 36 – Cherbourg 49 – Coutances 41 – St-Lô 56.

    ▲ **Les Carolins** 15 mars-15 nov.
        𝒫 02 33 04 84 85 – SO : 2,3 km par D 72 et D 72ᴱ, rte de Lindbergh-Plage, Accès conseillé par D 650
        – ⚊ – **R** conseillée juil.-août – ⚙
        3,5 ha (75 empl.) plat, sablonneux, herbeux
        🖫 ↺ ↻ ⊙ ▦ – 🎞 ♂️
        Tarif : 🧍 *19* – 🗉 *17* – 🔋 *15 (4A) 20 (10A)*
        Location : 🛖 *1220 à 2100*

ST-LUNAIRE

35800 I.-et-V. **4** – **59** ⑤ G. Bretagne – 2 163 h. alt. 20.
Paris 423 – Dinan 25 – Dinard 5 – Plancoët 20 – Rennes 78 – St-Brieuc 65.

    ▲▲▲ **La Touesse** avril-sept.
        𝒫 02 99 46 61 13, Fax 02 99 16 02 58 – E : 2 km par D 786 rte de Dinard, à 400 m de la plage –
        ⚊ – **R** conseillée – ⚙
        2,5 ha (160 empl.) plat, herbeux ⛺
        ♻ 🖫 ↺ ⊙ 🌬 ▾ ▦ – 🍴 ♈ snack, pizzeria 🎣 – 🎞 ⚊ ♂️ – A proximité : crêperie
        Tarif : 🧍 *26* – 🚗 *19* – 🗉 *34* – 🔋 *17 (5A) 20 (10A)*
        Location *(permanent)* : 🛖 *1200 à 1950* – 🛖 *1500 à 2900 – studios*

ST-MALO

35400 I.-et-V. **4** – **59** ⑥ G. Bretagne – 48 057 h. alt. 5.
🛈 Office de Tourisme Esplanade St-Vincent 𝒫 02 99 56 64 48, Fax 02 99 40 93 13.
Paris 417 – Alençon 179 – Avranches 67 – Dinan 32 – Rennes 72 – St-Brieuc 72.

    ▲▲ **La Ville Huchet** 3 avril-12 sept.
        𝒫 02 99 81 11 83 – S : 5 km par D 301, rte de Dinard et rte de la Grassinais à gauche devant le
        concessionnaire Mercedes – ⚊ – **R** conseillée – ⊟ ⚙
        6 ha (198 empl.) plat, herbeux ♀
        ♻ 🖫 ↺ ♒ ⊙ 🎞 ▦ – 🎞 ♂️
        Tarif : 🧍 *26* – 🗉 *50* – 🔋 *20 (6A)*
        Location : *appartements, gîtes d'étape, bungalows toilés*

à Paramé NE : 5 km – ⊠ 35400 St-Malo :

    ▲ **Municipal les Îlots** juil.-15 sept.
        𝒫 02 99 56 98 72 – **à Rothéneuf**, av. de la Guimorais, près de la plage du Havre – ⚊ – **R** conseillée
        – ⊟ ⚙
        2 ha (155 empl.) plat, herbeux
        ♻ 🖫 ↺ 🖫 ↺ ⊙ 🎞 – ♂️ – A proximité : ♪
        Tarif : (Prix 1998) 🗉 *3 pers. 87,50/113 avec élect.*

△ **Municipal le Nicet** début
juin-début sept.
𝒸 02 99 40 26 32 – à Rothé-
neuf, av. de la Varde, à 100 m de
la plage, accès direct par escalier –
⪡ ⊶ **R** conseillée –
2,5 ha (158 empl.) plat et peu
incliné, en terrasses, herbeux
🚫 🏕 🖪 🛒 ⊙ – 🚤
Tarif : (Prix 1998) ▣ *3 pers.*
129/162 avec élect. (10A)

△ **Municipal les Nielles**
12 juin-5 sept.
𝒸 02 99 40 26 35 – av. John-Ken-
nedy, près de la plage – ⊶
R conseillée – ⚹
1,6 ha (94 empl.) plat, peu incliné,
herbeux
🚫 🏕 🖪 🛒 ⊙ – 🚤
Tarif : (Prix 1998) ▣ *3 pers.*
87,50/113 avec élect. (10A)

à St-Jouan-des-Guérets SE : 5 km
par N 137, rte de Rennes – 2 221 h. alt. 31 –
✉ 35430 St-Jouan-des-Guérets :

🔺 **Le P'tit Bois** mai-11 sept.
𝒸 02 99 21 14 30,
Fax 02 99 81 74 14 – accès par
N 137 – ⚞ « Bel ensemble
paysagé » ⊶ – **R** conseillée – ⊖🅱
⚹
6 ha (274 empl.) plat, herbeux ♀
(1 ha)
🚫 🏕 🍳 🖪 🛁 ⊙ 🔥 🛒 📺 🖪
– 🚘 ⍾ ✗ pizzeria, snack 🛒 – 🖥
🚶 salle d'animation 🚤 ⊙ 🏊 🖪
🛝 toboggan aquatique salle
omnisports – A proximité : ⧫
Tarif : ⚹ *29 piscine comprise –*
▣ *89 –* 🔌 *20 (5A)*
Location : 🛖 *1400 à 3400 – bun-*
galows toilés

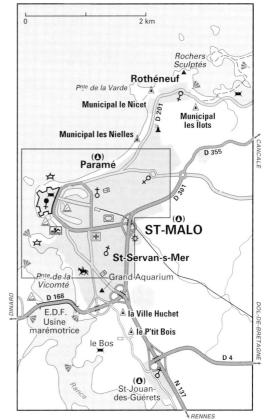

ST-MALO-DE-BEIGNON

56380 Morbihan 🐸 – 🔢 ⑤ – 390 h. alt. 119.
Paris 391 – Châteaubriant 77 – Maure-de-Bretagne 19 – Ploërmel 22 – Redon 38 – Rennes 44.

△ **L'Étang du Château d'Aleth** 15 avril-sept.
𝒸 02 97 75 83 70 – au Nord du bourg, par D 773, près d'un plan d'eau – ⚞ ⊶ juil.-août – **R** –
⚹
6 ha/2 campables (55 empl.) plat, peu incliné, herbeux ♀
🚫 🏕 🛁 🏊 ⊙ – 🚤 – A proximité : ⧫ ✗
Tarif : ⚹ *15 –* 🚐 *6 –* ▣ *10 –* 🔌 *10 (10A)*

ST-MALÔ-DU-BOIS

85590 Vendée 🔟 – 🔢 ⑤ – 1 085 h. alt. 183.
Paris 366 – Bressuire 37 – Cholet 18 – Nantes 73 – La Roche-sur-Yon 56 – Thouars 60.

△ **Base de Plein Air de Poupet** mai-sept.
𝒸 02 51 92 31 45 – SE : 3 km par D 72 et rte à gauche, bord de la Sèvre Nantaise – ⚞ ⊶ saison
– **R** – ⚹
2,7 ha (115 empl.) plat, herbeux ♀ (0,5 ha)
🚫 🏕 🍳 🛁 ⊙ 🏊 🖪 – A proximité : poneys, théâtre de plein air ⧫ ✗
Tarif : (Prix 1998) ▣ *2 pers. 44,50/49,50, pers. suppl. 11 –* 🔌 *14 (5A)*

ST-MAMET-LA-SALVETAT

15220 Cantal 🔟 – 🔢 ⑪ – 1 327 h. alt. 680.
Paris 560 – Argentat 54 – Aurillac 19 – Maurs 27 – Sousceyrac 30.

🔺 **Municipal** avril-oct.
𝒸 04 71 64 75 21 – à l'Est du bourg, accès par D 20, rte de Montsalvy et chemin du stade, à droite
– ⚞ ⊶ – **R** – ⚹
0,8 ha (41 empl.) incliné à peu incliné, herbeux 🔲
🚫 🏕 🛁 ⊙ 🖪 – 🖥 🚤 – A proximité : ✗ 🖪 🛝 toboggan aquatique
Tarif : (Prix 1998) ⚹ *10 –* ▣ *30 (40 avec élect.)*
Location : 🏠 *1000 à 1800*

ST-MANDRIER-SUR-MER

83430 Var **17** – **84** ⑮ G. Côte d'Azur – 5 175 h. alt. 1.

🛈 Office de Tourisme pl. des Résistants 𝒫 04 94 63 61 69, Fax 04 94 63 57 97.

Paris 840 – Bandol 21 – Le Beausset 27 – Hyères 32 – Toulon 14.

   ▲▲ **La Presqu'île** 20 mai-27 sept.

     𝒫 04 94 94 23 22 – O : 2,5 km, carrefour D 18 et rte de la Pointe de Marégau, près du port de plaisance « Entrée fleurie » ⌀ﻌ – ℝ – ⅁ℬ ✗

     2,5 ha (140 empl.) plat et en terrasses, pierreux ♀♀

     ᵭ ⌒ ⛊ ≋ ⊕ – ▼ snack ⊱ – ⚑⚑ – A proximité : ⛺ ✗

     Tarif : ▣ 2 pers. 96, pers. suppl. 21 – ⒤ 15 (4A) 19,50 (6A)

ST-MARCAN

35120 I.-et-V. **4** – **59** ⑦ – 401 h. alt. 60.

Paris 366 – Dinan 39 – Dol-de-Bretagne 13 – Le Mont-St-Michel 21 – Rennes 70 – St-Malo 33.

   ▲ **Le Balcon de la Baie** début mai-fin oct.

     𝒫 02 99 80 22 95 – SE : 0,5 km par D 89 rte de Pleine-Fougères et à gauche – ⅍ ≤ ⌀ﻌ – ℝ conseillée – ✗

     2,8 ha (66 empl.) peu incliné, plat, herbeux ♀♀ (1,5 ha)

     ᵭ ⌒ ⛊ ⛳ ⚎ ≋ ⊕ ▤ – ⊑

     Tarif : ▣ élect. comprise 2 pers. 80

ST-MARTIAL-DE-NABIRAT

24250 Dordogne **13** – **75** ⑰ – 512 h. alt. 175.

Paris 553 – Cahors 41 – Fumel 50 – Gourdon 11 – Périgueux 83 – Sarlat-la-Canéda 21.

   ▲▲▲ **Le Carbonnier** Pâques-sept.

     𝒫 05 53 28 42 53, Fax 05 53 28 51 31 – sortie Est par D 46, rte de Cahors – ⅍ ⌀ﻌ juil.-août – ℝ conseillée juil.-août – ⅁ℬ ✗

     6 ha (150 empl.) peu incliné et en terrasses, pierreux, herbeux, petit étang ⊑ ♀♀

     ᵭ ⌒ ⛊ ⛳ ⚎ ≋ ⊕ ▤ – ▼ ✗ ⊱ – ⊑ ⚑⚑ ·⊕ ❀ ⊞ ☒ toboggans aquatiques

     Tarif : (Prix 1998) ✶ 32 piscine et tennis compris – ▣ 43 – ⒤ 18 (6A)

     Location : ⌬ 1450 à 3300

   ▲ **Calmésympa** 15 avril-15 oct.

     𝒫 05 53 28 43 15, Fax 05 53 30 23 65 – NO : 2,2 km par D 46, rte de Domme et chemin à gauche, au lieu-dit la Grèze – ⌀ﻌ – ℝ conseillée juil.-août – ✗

     2,7 ha (25 empl.) en terrasses et peu incliné, herbeux ⊑ ♀ (1ha)

     ᵭ ⌒ ⛊ ≋ ⊕ ▤ – ⊑ ⚌

     Tarif : ✶ 20 piscine comprise – ⚑ 12 – ▣ 12 – ⒤ 15 (8A)

     Location (juin-sept.) : ⌬ 800 à 1450 – gîtes

ST-MARTIN-CANTALÈS

15140 Cantal **10** – **76** ① G. Auvergne – 207 h. alt. 630.

Paris 552 – Argentat 45 – Aurillac 39 – Mauriac 32.

   ▲ **Municipal Pont du Rouffet** 15 juin-15 sept.

     𝒫 04 71 69 42 76 – SO : 6,5 km par D 6 et D 42 à droite, au pont du Rouffet, bord du lac d'Enchanet, Croisement peu facile pour caravanes – ⅍ – ℝ

     0,7 ha (45 empl.) plat et en terrasses, incliné, herbeux

     ⌒ ≋ ⊕

     Tarif : ✶ 10 – ⚑ 6 – ▣ 8 – ⒤ 8 (16A)

ST-MARTIN-D'ARDÈCHE

07 Ardèche – **80** ⑨ – Voir à Ardèche (Gorges de l').

ST-MARTIN-D'AUBIGNY

50190 Manche **4** – **54** ⑫ – 427 h. alt. 50.

Paris 327 – Carentan 25 – Coutances 18 – Lessay 16 – St-Lô 23.

   ▲ **Aire Naturelle Municipale** 15 juin-15 sept.

     au bourg, derrière l'église – ⅍ – ℝ conseillée été

     0,4 ha (15 empl.) plat, herbeux

     ⌒ ⛊ ⊕ – ✗

     Tarif : (Prix 1998) ✶ 8 – ⚑ 6 – ▣ 6 – ⒤ 10

ST-MARTIN-DE-CLELLES

38930 Isère **12** – **77** ⑭ – 122 h. alt. 750.

Paris 611 – Clelles 6 – Grenoble 47 – Mens 18 – Monestier-de-Clermont 12 – La Mure 34.

   ▲ **La Chabannerie** Permanent

     𝒫 04 76 34 00 38, Fax 04 76 34 43 54 – à 1,2 km au Nord du bourg, à proximité de la N 75 – ⅍ ≤ « Belle situation panoramique » ⌀ﻌ – ℝ conseillée – ⅁ℬ ✗

     2,5 ha (50 empl.) accidenté et en terrasses, pierreux, herbeux ⊑ ♀

     ⌒ ≋ ⊕ ▤ – ⚌ (petite piscine)

     Tarif : ✶ 27 (hiver 29) – ⚑ 9 (hiver 10) – ▣ 16 (hiver 17) – ⒤ 10A : 16 (hiver 18)

21210 Côte-d'Or **7** – **66** ⑰ – 288 h. alt. 530.
Paris 253 – Arnay-le-Duc 28 – Autun 36 – Avallon 45 – Montsauche-les-Settons 28 – Saulieu 6.

▲ *Lac de Chamboux*
  ℰ 03 80 64 13 67 – NO : 5,5 km par D 106, D 26 rte de Saulieu et chemin à droite, bord du lac de Chamboux – ⊱ ≼ o–¬ saison **Ⓟ**
  4 ha (44 empl.) peu incliné, plat, herbeux ⊏⊐
  🎡 ⇆ 📅 🖐 🔊 ☺ ⚥ ⚐ 🖾

49160 M.-et-L. **5** – **64** ⑫ – 1 129 h. alt. 80.
Paris 313 – Angers 39 – Baugé 30 – La Flèche 48 – Les Rosiers 8 – Saumur 11.

▲ *Districal de la Croix Rouge* 22 mai-6 sept.
  ℰ 02 41 38 09 02 – sortie Sud-Est rte de Saumur et chemin à droite, près de la Loire – o–¬ – **R** – ⚲
  2,8 ha (84 empl.) plat, herbeux ⚭
  🖐 🎡 ⇆ 🔊 ☺ 🖾
  Tarif : (Prix 1998) 🎣 *12* – 🖸 *15* – (ᵻ) *12 (5A)*

34380 Hérault **15** – **83** ⑥ G. Gorges du Tarn – 1 623 h. alt. 194.
Paris 751 – Montpellier 26 – Le Vigan 38.

▲ *Pic St-Loup* avril-sept.
  ℰ 04 67 55 00 53, Fax 04 67 55 00 04 – sortie Est par D 122 rte de Mas-de-Londres et chemin à gauche – ⊱ o–¬ – **R** conseillée – ⚲
  2 ha (80 empl.) plat, pierreux, herbeux
  🎡 🖸 🔊 ☺ 🖾 – ⚥ – 🏊 ♨ m 🝙
  Tarif : 🖸 *piscine comprise 2 pers. 70* – (ᵻ) *15 (6A)*
  Location : 🛖

06470 Alpes-Mar. **17** – **81** ⑨ – 113 h. alt. 1 050.
🛈 Syndicat d'Initiative Mairie *ℰ* 04 93 05 51 04, Fax 04 93 05 57 55.
Paris 783 – Annot 39 – Barcelonnette 50 – Puget-Théniers 43.

▲ *Le Prieuré* 15 mai-15 oct.
  ℰ 04 93 05 54 99, Fax 04 93 05 53 74 – E : 1 km par D 2202, rte de Guillaumes puis 1,8 km par chemin à gauche, après le pont du Var, alt. 1 070 – ⊱ ≼ « Site agréable » o–¬ – **R** conseillée – ⚲
  12 ha/1,5 campable (35 empl.) peu incliné à incliné, terrasse, herbeux, pierreux
  🎡 ⇆ 📅 ☺ 🖾 – ⚥ – 🝙 ♨ (petite piscine)
  Tarif : 🖸 *2 pers. 60* – (ᵻ) *12 (3A) 18 (6A)*
  Location : *gîtes, bungalows toilés*

17 Char.-Mar. – **71** ⑫ – voir à Ré (Ile de).

40390 Landes **13** – **78** ⑰ – 3 047 h. alt. 57.
Paris 759 – Bayonne 10 – Capbreton 15 – Dax 41 – Hasparren 30 – Peyrehorade 26.

▲▲ *Lou P'tit Poun* juin-15 sept.
  ℰ 05 59 56 55 79, Fax 05 59 56 53 71 – SO : 4,7 km par N 117 rte de Bayonne et chemin à gauche – o–¬ juil.-août – **R** conseillée 14 juil.-15 août – ⚲
  6,5 ha (168 empl.) plat et peu incliné, en terrasses, herbeux ⊏⊐
  🖐 🎡 ⇆ 📲 📅 ☺ ⚥ ⚐ 🖳 🖾 – ⚥ – 🝙 🏊 🚲 🝙 half-court
  Tarif : 🎣 *29 piscine comprise* – 🖸 *59* – (ᵻ) *23 (4A) 26,50 (6A) 30 (10A)*
  Location : 🛖 *1000 à 2250* – 🛖 *1500 à 3400* – 🏚 *1700 à 3700*

38410 Isère **12** – **77** ⑤ G. Alpes du Nord – 3 678 h. alt. 600.
Paris 580 – Le Bourg-d'Oisans 45 – Chamrousse 16 – Grenoble 14 – Vizille 14.

▲ *Le Luiset* mai-sept.
  ℰ 04 76 89 77 98, Fax 04 76 59 70 91 – derrière l'église – ⊱ ≼ o–¬ – **R** conseillée juil.-août
  1,5 ha (65 empl.) en terrasses, herbeux ⚭
  🖐 🎡 🔊 ☺ 🖾 – A proximité : ⚥ 🝙
  Tarif : 🖸 *piscine comprise 2 pers. 50, pers. suppl. 18* – (ᵻ) *12 (2A) 14 (4A) 16 (6A)*

ST-MARTIN-EN-CAMPAGNE

76370 S.-Mar. **1** – **52** ⑤ – 1 104 h. alt. 118.
Paris 206 – Dieppe 13 – Rouen 76 – Le Tréport 19.

♨♨ **Les Goélands** 15 mars-oct.
🏕 02 35 83 82 90, Fax 02 35 86 17 99 – NO : 2 km, à St-Martin-Plage – Places limitées pour le passage ≤ — **R** conseillée – ⊖ ⩟
3 ha (154 empl.) en terrasses, peu incliné, herbeux □
║ ⚿ ⍒ ↻ 🗓 ♔ ⊙ ♒ ♒ ▣ – 🚗 🏊 ※ 🂗
Tarif : ▣ *tennis compris 4 pers. 75/108* – ⨁ *15 (16A)*

ST-MARTIN-EN-VERCORS

26420 Drôme **12** – **77** ④ G. Alpes du Nord – 275 h. alt. 780.
Paris 599 – La Chapelle-en-Vercors 9 – Grenoble 54 – Romans-sur-Isère 45 – St-Marcellin 33 – Villard-de-Lans 19.

♨ **Municipal** mai-15 sept.
🏕 04 75 45 51 10 – sortie Nord par D 103 – ≤ — **R** conseillée 15 juil.-20 août – ⩟
1,5 ha (66 empl.) plat et en terrasses, incliné, herbeux, gravier, pierreux
⚿ ⍒ ↻ ♔ ⊙
Tarif : (Prix 1998) 🧍 *16* – 🚘 *7* – ▣ *7/10* – ⨁ *12 (8A)*

ST-MARTIN-LE-BEAU

37270 I.-et-L. **5** – **64** ⑮ G. Châteaux de la Loire – 2 427 h. alt. 55.
Paris 232 – Amboise 9 – Château-Renault 33 – Chenonceaux 13 – Tours 20.

♨ **Municipal la Grappe d'Or** 29 mai-15 sept.
🏕 02 47 50 69 65 – S : 1,5 km par D 83, rte de Athée-sur-Cher et à droite avant le pont, près du Cher, Accès conseillé par la D 140 – 🗛 — **R** conseillée – ⩟
2 ha (50 empl.) plat, herbeux, sablonneux ♀ (0,6 ha)
⚿ ⍒ ↻ 🗓 ♔ ⊙ – 🏊
Tarif : ▣ *1 ou 2 pers. 35, pers. suppl. 12* – ⨁ *10 (5A) 15 (8A)*

ST-MARTIN-TERRESSUS

87400 H.-Vienne **10** – **72** ⑧ G. Berry Limousin – 456 h. alt. 280.
Paris 385 – Ambazac 7 – Bourganeuf 32 – Limoges 20 – St-Léonard-de-Noblat 16 – La Souterraine 47.

♨ **Municipal Soleil Levant** 15 juin-15 sept.
🏕 05 55 39 74 12 – à l'Ouest du bourg par D 29 et chemin à droite, bord d'un plan d'eau – 🗛 ≤ – 🗟
0,5 ha (36 empl.) plat et terrasse, peu incliné, herbeux □
⚿ ⍒ ↻ 🗓 ♔ ⊙ – 🍴 – 🗒 ≌ (plage)
Tarif : 🧍 *16* – 🚘 *5* – ▣ *8/10* – ⨁ *12 (10A)*

ST-MARTIN-VALMEROUX

15140 Cantal **10** – **76** ② G. Auvergne – 1 012 h. alt. 646.
Paris 516 – Aurillac 34 – Mauriac 21 – Murat 56 – Salers 12.

♨♨ **Municipal le Moulin du Teinturier** mai-oct.
🏕 04 71 69 43 12 – à l'Ouest du bourg, sur D 37, rte de Ste-Eulalie-Nozières, bord de la Maronne – — juil.-août – **R** conseillée juil.-août – ⩟
2 ha (45 empl.) plat et peu incliné, herbeux □
⚿ ⍒ ↻ 🗓 ♔ ⊙ ♒ ♒ ▣ – 🗒 🏊 – A proximité : ※ 🂗 ⨌
Tarif : ▣ *élect. comprise 2 pers. 48*

ST-MARTORY

31360 H.-Gar. **14** – **82** ⑯ G. Pyrénées Aquitaine – 940 h. alt. 268.
Paris 768 – Aurignac 13 – Bagnères-de-Luchon 65 – Cazères 17 – St-Gaudens 19 – Toulouse 73.

♨ **Municipal** 15 mai-sept.
🏕 05 61 90 44 93 – S : 0,8 km par D 117, rte de St-Girons et chemin à droite, après le stade – 🗛
≤ — saison – **R**
1,3 ha (50 empl.) plat, herbeux □
║ ⚿ ⍒ ↻ ♔ ⊙ – A proximité : ※
Tarif : (Prix 1998) ▣ *tennis compris 1 pers. 30, pers. suppl. 10* – ⨁ *10 (5 ou 10A)*

ST-MAURICE-D'ARDÈCHE

07 Ardèche – **80** ⑨ – voir à Ardèche (Gorges de l').

SAINT-MAURICE-D'IBIE

07 Ardèche – **80** ⑨ – voir à Ardèche (Gorges de l').

05800 H.-Alpes 🔢 – 🔢 ⑯ G. Alpes du Nord – 143 h. alt. 988.
Paris 646 – La Chapelle-en-Valgaudémar 10 – Corps 17 – Gap 39 – La Mure 42.

▲ **Le Bocage** juil.-août
  𝒫 04 92 55 31 11 – NE : 1,5 km, au lieu-dit le Roux, près de la Séveraisse – ⌂ ≤ « Cadre agréable »
  ⊶ – **R** juil.-août – ⤫
  0,6 ha (50 empl.) plat, pierreux, herbeux ♀♀
  🗐 ⌂ ☺ – 🖼 ⚴
  Tarif : 🕴 10 – 🔲 12 – ⓖ 10 (2A) 11 (3A) 13 (4A)

88560 Vosges 🔢 – 🔢 ⑧ G. Alsace Lorraine – 1 615 h. alt. 560 – Sports d'hiver : 900/1 250 m ⚞8 ⚴.
🅱 Office de Tourisme 28 b, r. de la Gare 𝒫 03 29 25 12 34, Fax 03 29 25 80 43.
Paris 418 – Belfort 41 – Bussang 4 – Épinal 56 – Mulhouse 51 – Thann 31 – Le Thillot 7.

▲▲ **Les Deux Ballons** avril-sept.
  𝒫 03 29 25 17 14 – sortie Sud-Ouest par N 66 rte du Thillot, bord d'un ruisseau – ≤ ⊶ ⚴ dans
  locations – **R** conseillée juil.-août
  3 ha (180 empl.) plat et en terrasses, herbeux ♀♀
  🎦 ⅙ 🗐 ⇆ 🖽 ☺ 🖼 🖥 – 🍸 – 🖼 ⚴ ⚴ toboggan aquatique – A proximité : ⚴,
  Tarif : 🔲 piscine et tennis compris 2 pers. 94, pers. suppl. 23 – ⓖ 23 (4A) 30 (15A)
  Location (vacances scolaires de Noël, fév., avril-sept.) : 🚐 2130 à 2570

83470 Var 🔢 – 🔢 ④ ⑤ G. Provence – 9 594 h. alt. 289.
🅱 Office de Tourisme Hôtel-de-Ville, Accueil Couvent Royal 𝒫 04 94 59 84 59, Fax 04 94 59 82 92.
Paris 797 – Aix-en-Provence 44 – Brignoles 22 – Draguignan 76 – Marseille 52 – Rians 24 – Toulon 57.

▲▲ **Provençal** avril-sept.
  𝒫 04 94 78 16 97 – S : 2,5 km par D 64 rte de Mazaugues – ⌂ « Cadre agréable » ⊶ – **R** conseillée
  14 juil.-15 août – ⤫
  5 ha (100 empl.) en terrasses et accidenté, pierreux ♀♀
  🗐 ⇆ 🖽 ⌂ ☺ 🖼 – ✗ ⚴ – ⚴ ⚴
  Tarif : (Prix 1998) 🕴 25 piscine comprise – 🔲 28 – ⓖ 17 (6A) 26 (10A)
  Location : 🚐 1200 à 1500

22300 C.-d'Armor 🔢 – 🔢 ⑦ G. Bretagne – 376 h. alt. 12.
Paris 521 – Guingamp 37 – Lannion 11 – Morlaix 28 – St-Brieuc 69.

▲▲▲ **Les Capucines** 8 mai-10 sept.
  𝒫 02 96 35 72 28 – N : 1,5 km par rte de Lannion et chemin à gauche – ⌂ « Cadre agréable » ⊶
  ⚴ – **R** conseillée 10 juil.-20 août – 🆖 ⤫
  4 ha (100 empl.) peu incliné, herbeux 🔲 ♀ (1,5 ha)
  ⅙ 🗐 ⇆ 🖽 ⌂ ☺ ♈ 🖼 – ⚴ 🍸 ⚴ – 🖼 ⚴ 🚲 ⚴ ⚴ ⚴
  Tarif : 🔲 28 piscine comprise – 🔲 45/62 – ⓖ 10 (2A) 14 (4A) 18 (6A)

▲▲ **Le Dauphin** mai-sept.
  𝒫 02 96 35 44 56 – NE : 2 km par rte de Lannion – ⊶ – **R** conseillée – ⤫
  1,8 ha (90 empl.) peu incliné et en terrasses, herbeux 🔲 ♀ pinède
  ⅙ 🗐 ⇆ 🖽 ⌂ ☺ 🖼 – ⚴ ⚴ (petite piscine) half-court
  Tarif : 🔲 2 pers. 70, pers. suppl. 15 – ⓖ 12 (4A) 16 (6A)
  Location : bungalows toilés

85580 Vendée 🔢 – 🔢 ⑪ G. Poitou Vendée Charentes – 1 999 h. alt. 9.
🅱 Office de Tourisme pl. de l'Abbaye 𝒫 02 51 30 21 89.
Paris 451 – Luçon 15 – La Rochelle 44 – La Roche-sur-Yon 46 – Les Sables-d'Olonne 55.

▲ **Les Mizottes** avril-sept.
  𝒫 02 51 30 23 63 – SO : 0,8 km par D 746 rte de l'Aiguillon-sur-Mer – ⊶ – **R** conseillée juil.-août
  – 🆖 ⤫
  2 ha (112 empl.) plat, herbeux
  ⅙ 🗐 ⇆ 🖽 ⌂ ☺ 🖼
  Tarif : 🔲 élect. (5A) comprise 2 pers. 70

40550 Landes 🔢 – 🔢 ⑯ – 161 h. alt. 23.
Paris 720 – Bayonne 64 – Castets 9 – Dax 30 – Mimizan 44 – Soustons 24.

▲ **Fontaine St-Antoine** mars-sept.
  𝒫 05 58 48 78 50, Fax 05 58 48 71 90 – sur D 142, sortie Ouest de St-Michel, à 200 m d'un ruisseau
  – ⌂ ⊶ ⚴ dans locations – **R** conseillée 15 juil.-20 août
  11 ha/6 campables (233 empl.) vallonné, accidenté, sablonneux, herbeux ♀♀ pinède
  🗐 ⇆ 🖽 ⌂ ☺ 🖼 – ✗ – ⚴
  Tarif : (Prix 1998) 🔲 2 pers. 58, pers. suppl. 15 – ⓖ 12 (5A) 13 (10A) 16 (15A)
  Location : 🚐 700 à 1700

ST-NAZAIRE-EN-ROYANS

26190 Drôme 🔢 – 🔢 ③ G. Alpes du Nord – 531 h. alt. 172.
Paris 577 – Grenoble 64 – Pont-en-Royans 10 – Romans-sur-Isère 18 – St-Marcellin 15 – Valence 35.

▲ **Municipal** mai-sept.
  β 04 75 48 41 18 – SE : 0,7 km rte de St-Jean-en-Royans, bord de la Bourne (plan d'eau) « Entrée
  fleurie » ⊶ – ℝ
  1,5 ha (75 empl.) plat et peu incliné, herbeux ⊡ ♀
  ᵭ ⩗ ⇆ ⊟ ⊕ 🖪 – ⚓
  Tarif : 🔳 *2 pers. 45, pers. suppl. 17 –* 🔌 *16 (3A) 21 (6A)*

ST-NAZAIRE-LE-DÉSERT

26340 Drôme 🔢 – 🔢 ⑬ – 168 h. alt. 552.
Paris 631 – Die 38 – Nyons 41 – Valence 70.

▲ **Le Désert** juil.-sept.
  β 04 75 27 52 31 – SE : 1 km par D 135 rte de Volvent et à gauche – ⌂ ≼ ⊶ – ℝ – ⚲
  0,85 ha (43 empl.) en terrasses et peu incliné, pierreux, herbeux ♀
  ⩗ ⤳ ⊕ 🖪 – snack – ⛻ ⊚ℴ ⅃
  Tarif : 🔳 *piscine comprise 2 pers. 66 (80 avec élect. 6A)*

ST-NAZAIRE-SUR-CHARENTE

17780 Char.-Mar. 🔢 – 🔢 ⑬ – 834 h. alt. 14.
Paris 482 – Fouras 23 – Rochefort 9 – La Rochelle 47 – Saintes 42.

▲▲ **L'Abri-Cotier** avril-sept.
  β 05 46 84 81 65 – SO : 1 km par D 125ᴱ1 – ⌂ ⊶ – ℝ conseillée juil.-août – ⅁ℬ ⚲
  1,8 ha (90 empl.) plat, peu incliné, herbeux ⊡ ♀♀ (1,2 ha)
  ᵭ ⩗ ⤳ 🖪 ⩘ ⤳ ⊕ ⅌ 🖪 – ⛻ ⚓ ⅃
  Tarif : 🔳 *piscine comprise 2 pers. 62, pers. suppl. 15 –* 🔌 *18 (6A)*
  Location : ⛺ *1300 à 2900*

ST-NECTAIRE

63710 P.-de-D. 🔢 – 🔢 ⑭ G. Auvergne – 664 h. alt. 700 – ⚓ (7 avril-11 oct.).
🅱 Office de Tourisme Les Grands-Thermes *β* 04 73 88 50 86, Fax 04 73 88 54 42.
Paris 449 – Clermont-Ferrand 37 – Issoire 27 – Le Mont-Dore 25.

▲▲ **Municipal le Viginet** juin-sept.
  β 04 73 88 53 80 – sortie Sud-Est par D 996 puis 0,6 km par chemin à gauche (face au garage Ford)
  – ⌂ ≼ ⊶ – ℝ conseillée août
  2 ha (90 empl.) plat, peu incliné et incliné, herbeux, pierreux ⊡ ♀
  ᵭ ⩗ ⤳ 🖪 ⇆ ⊕ 🖪 – ⛻ ⚓ ⅃
  Tarif : ⚡ *22 piscine comprise –* ⛺ *11 –* 🔳 *22 –* 🔌 *24 (8A)*
  Location : *huttes*

▲ **La Clé des Champs** avril-15 oct.
  β 04 73 88 52 33 – sortie Sud-Est par D 996 et D 642, rte des Granges, bord d'un ruisseau et à
  200 m de la Couze de Chambon – ⊶ – ℝ conseillée – ⚲
  1 ha (84 empl.) plat, peu incliné et en terrasses, herbeux ⊡ ♀
  ᵭ ⩗ ⤳ 🖪 ⇆ ⊕ ⚭ ⩖ 🖪 – ⛻ ⅃
  Tarif : (Prix 1998) 🔳 *piscine comprise 2 pers. 63, pers. suppl. 18,50 –* 🔌 *14 (2A) 16 (3A) 22 (6A)*

ST-NICOLAS-DE-LA-GRAVE

82210 T.-et-G. 🔢 – 🔢 ⑯ – 2 024 h. alt. 73.
Paris 654 – Agen 37 – Castelsarrasin 11 – Lavit-de-Lamagne 17 – Moissac 9 – Montauban 32.

▲ **Intercommunal du Plan d'Eau** 15 juin-15 sept.
  β 05 63 95 50 02 – N : 2,5 km par D 15 rte de Moissac, à 100 m du plan d'eau du Tarn et de la
  Garonne (Base de Loisirs) – ⊶ – ℝ conseillée 15 juil.-15 août – ⚲
  1,6 ha (42 empl.) plat, herbeux ⌂
  ⩗ ⤳ 🖪 ⩘ ⊕ 🖪 – ⚓ – À proximité : ⁙ ⚹ ⩗ ⅃ ◊ ⚘
  Tarif : 🔳 *piscine comprise 4 pers. 100 –* 🔌 *16 (6A)*

ST-OMER

62500 P.-de-C. 🔢 – 🔢 ③ G. Flandres Artois Picardie – 14 434 h. alt. 23.
🅱 Office de Tourisme bd P.-Guillain *β* 03 21 98 08 51, Fax 03 21 88 42 54.
Paris 258 – Arras 78 – Béthune 51 – Boulogne-sur-Mer 53 – Calais 41 – Dunkerque 45 – Ieper 52 – Lille 65.

▲▲ **Château du Ganspette** avril-sept.
  β 03 21 93 43 93, Fax 03 21 95 74 98 ⊠ 62910 Moulle – **à Eperlecques-Ganspette**, NO : 11,5 km
  par N 43 et D 207 rte de Watten – Places limitées pour le passage ⌂ « Parc boisé » ⊶ – ℝ conseillée
  juil.-août – ⅁ℬ ⚲
  11 ha/2 campables (127 empl.) peu incliné, herbeux
  ⩗ ⤳ 🖪 ⩘ ⊕ 🖪 – ⚑ grill – ⛻ ⚹ ⅃
  Tarif : 🔳 *piscine et tennis compris 2 pers. 104 –* 🔌 *20 (6A)*

ST-PAIR-SUR-MER

50380 Manche ④ – 59 ⑦ G. Normandie Cotentin – 3 114 h. alt. 30.
🛈 Office de Tourisme r. Charles-Mathurin, ℰ 02 33 50 52 77.
Paris 337 – Avranches 24 – Granville 4 – Villedieu-les-Poêles 28.

Schéma à Jullouville

⚠️ **L'Ecutot** avril-sept.
  ℰ 02 33 50 26 29, Fax 02 33 50 64 94 – E : 1,3 km par D 309 et D 151, rte de St-Planchers – ⊶
  – **R** conseillée juil.-août – GB ⱱ
  3,5 ha (112 empl.) plat et peu incliné, herbeux ⌁
  🔥 ⇆ 🖼️ 🔥 (6 sanitaires individuels : 🔥 ⇆ wc) ⊕ 🖼️ – 🍽 snack 🔥 – 🖼️ 🔥 🔥
  Tarif : ✳ 26 piscine comprise – 🖻 22 – ⛽ 10 (2A) 14 (4A) 26 (10A)
  Location : 🛏️ 1850 à 2800 – studios et appartements

⚠️ **Angomesnil** 20 juin-10 sept.
  ℰ 02 33 51 64 33 – SE : 4,9 km par D 21 rte de St-Michel-des-Loups et D 154 à gauche, rte de
  St-Aubin-des-Préaux – ⚑ ⊶ ⚗ – **R**
  1,2 ha (45 empl.) plat, herbeux
  🔥 🔥 ⇆ 🖼️ ⚙️ ⊕ 🖼️ – 🖼️ 🔥
  Tarif : ✳ 16,20 – 🚗 8,70 – 🖻 12 – ⛽ 11,60 (2A)

⚠️ **La Gicquelière** 15 juin-15 sept.
  ℰ 02 33 50 62 27 – SE : 3 km par D 21 et rte à droite – ⚑ ⊶ – **R** août
  1,5 ha (50 empl.) peu incliné et plat, herbeux ⚘
  🔥 ⇆ 🔥 ⊕
  Tarif : ✳ 16 – 🚗 8 – 🖻 8 – ⛽ 12

Voir aussi à Granville

ST-PALAIS-SUR-MER

17420 Char.-Mar. ⑨ – 71 ⑮ G. Poitou Vendée Charentes – 2 736 h. alt. 5.
🛈 Office de Tourisme 1 av. de la République ℰ 05 46 23 22 58, Fax 05 46 23 36 73.
Paris 511 – La Rochelle 82 – Royan 6.

Schéma à Royan

⚠️ **Le Puits de l'Auture** mai-sept.
  ℰ 05 46 23 20 31, Fax 05 46 23 26 38 – NO : 2,5 km, à 50 m de la mer « Cadre agréable » ⊶ ⚗
  – **R** conseillée juil.-15 août – GB ⱱ
  7 ha (400 empl.) plat, herbeux ⚘⚘
  🔥 🔥 ⇆ 🖼️ 🔥 ⊕ ⚙️ 🔥 ⚗ 🖼️ – 🖼️ 🍷 🔥 🔥 – 🔥 🚲 🛵
  Tarif : (Prix 1998) 🖻 piscine comprise 1 à 3 pers. 160 (180 ou 190 avec élect. 6 ou 10A), pers. suppl.
  36
  Location : 🛏️ 1400 à 3950

⚠️ **Les Ormeaux** avril-oct.
  ℰ 05 46 39 02 07, Fax 05 46 38 56 66 – NE : avenue de Bernezac – ⊶ – **R** conseillée – GB ⱱ
  4,6 ha (200 empl.) plat et en terrasses, herbeux ⚘⚘
  🔥 🔥 ⇆ 🖼️ 🔥 ⊕ ⚙️ ⚗ 🖼️ – 🔥 – 🔥 – A proximité : ✂
  Tarif : 🖻 piscine comprise 2 pers. 117, 3 pers. 144 ou 157, pers. suppl. 31 – ⛽ 25 (6A) 30 (10A)
  Location : 🛏️ 1500 à 3500

⚠️ **Côte de Beauté** juin-15 sept.
  ℰ 05 46 23 20 59, Fax 05 46 23 37 32 – NO : 2,5 km, à 50 m de la mer « Entrée fleurie » ⊶ –
  R conseillée
  1,7 ha (115 empl.) plat, herbeux, sablonneux ⚘⚘
  🔥 🔥 ⇆ 🔥 ⚙️ ⊕ 🖼️ – A proximité : 🔥 🍷 ✖ 🔥
  Tarif : (Prix 1998) 🖻 1 à 3 pers. 98, pers. suppl. 18 – ⛽ 20 (3A)

ST-PANTALÉON

46800 Lot ⑭ – 79 ⑰ – 160 h. alt. 269.
Paris 604 – Cahors 21 – Castelnau-Montratier 16 – Montaigu-de-Quercy 30 – Montcuq 6 – Tournon-d'Agenais 27.

⚠️ **Les Arcades** 30 avril-sept.
  ℰ 05 65 22 92 27, Fax 05 65 31 98 89 – E : 4,5 km sur D 653 rte de Cahors, au lieu-dit St-Martial,
  bord de la Barguelonnette « Belle restauration d'un moulin » ⊶ – **R** conseillée mi-juil.-mi-août –
  GB ⱱ
  12 ha/2,6 campables (80 empl.) plat, herbeux, pierreux, petit étang ⌁ ⚘⚘
  🔥 🔥 ⇆ 🖼️ 🔥 ⚙️ ⊕ 🖼️ 🔥 – 🔥 🍷 ✖ 🔥 – 🖼️ 🔥 🔥 🔥 ⊕ 🔥
  Tarif : ✳ 21 piscine comprise – 🖻 48 – ⛽ 16 (6A)
  Location : 🛏️ 1200 à 3000 – bungalows toilés

ST-PANTALÉON-DE-LAPLEAU

19160 Corrèze ⑩ – 76 ① – 65 h. alt. 600.
Paris 481 – Égletons 26 – Mauriac 25 – Meymac 42 – Neuvic 13 – Ussel 34.

⚠️ **Municipal les Combes** Permanent
  ℰ 05 55 27 56 90 – sortie Nord par D 55, rte de Lamazière-Basse – ⚑ ⊶ – **R** conseillée juil.-août
  0,7 ha (30 empl.) peu incliné, herbeux
  🔥 ⇆ 🔥 ⊕ – 🖼️ 🔥 ✂ – A proximité : 🔥 🍷 ✖
  Tarif : (Prix 1998) ✳ 11 – 🖻 11 – ⛽ 11 (16A)

87250 H.-Vienne 🔟 – 🔢 ⑦ – 482 h. alt. 370.
Paris 368 – Bellac 24 – Limoges 35 – St-Junien 40 – La Souterraine 30.

⚠️ *Le Freaudour* 5 juin-13 sept.
🔥 05 55 76 57 22 – S : 1,2 km, bord du lac de St-Pardoux, à la Base de Loisirs – 🦌 ⋜ « Situation
agréable » ⚬━ – **R** conseillée – ㉆ 🚴
5 ha/3,5 campables (200 empl.) peu incliné, herbeux 🔲 ♀ (0,5 ha)
🔥 🏚️ ⇆ 🗄️ 🔄 🦿 🌐 🎣 – ▼ – ⛺ – 🏠 ⚒️ ≈ – A proximité : ·🔵 ≈ (plage)
Tarif : 🔲 *piscine comprise 2 pers. 102, pers. suppl. 28* – 📳 *15 (6A)*
Location *(permanent) :* 🚋 *2390 à 3150* – 🏠 *2450 à 3190*

19210 Corrèze 🔟 – 🔢 ⑧ – 374 h. alt. 404.
Paris 449 – Arnac-Pompadour 8 – Brive-la-Gaillarde 44 – St-Yrieix-la-Perche 27 – Tulle 42 – Uzerche 12.

⚠️ *Municipal du Plan d'Eau* Permanent
🔥 05 55 73 69 49 – sortie Est par D 50, rte de Vigeois et chemin à droite, près d'un étang – 🦌
⚬━ – **R** conseillée
1 ha (40 empl.) en terrasses, pierreux, gravillons, herbeux 🔲 ♀♀
🔥 🏚️ ⇆ 🗄️ 🔄 🦿 – A proximité : ⚒️
Tarif : (Prix 1998) ★ *12* – 🔲 *9/13* – 📳 *8*

04530 Alpes-de-H.-Pr. 🔢 – 🔢 ⑧ **G. Alpes du Sud** – 198 h. alt. 1 470.
Paris 745 – Barcelonnette 23 – Briançon 66 – Guillestre 30.

⚠️ *Municipal Bel Iscle* 15 juin-15 sept.
🔥 04 92 84 32 05 – au Nord-Est du bourg, par D 25 et chemin à droite, bord de l'Ubaye – 🦌 ⋜
« Situation agréable » – **R** conseillée – 🚴
1 ha (70 empl.) plat, peu accidenté, pierreux, herbeux, ♀
🔥 🏚️ ⇆ 🗄️ 🦿 – ⚒️ – A proximité : ▼ snack
Tarif : ★ *19* – 🚗 *18* – 🔲 *18* – 📳 *15*

66220 Pyr.-Or. 🔢 – 🔢 ⑧ **G. Pyrénées Roussillon** – 2 214 h. alt. 260.
Paris 851 – Carcassonne 83 – Narbonne 91 – Millas 32 – Monthoumet 35 – Perpignan 43.

⚠️ *Municipal de l'Agly* mai-sept.
🔥 04 68 59 09 09 – Sud du bourg, par D 619 – ⚬━ – **R** – 🚴
1 ha (42 empl.) plat, herbeux 🔲
🔥 🏚️ ⇆ 🗄️ 🔄 🦿
Tarif : (Prix 1998) ★ *15* – 🔲 *15* – 📳 *15*

01240 Ain 🔢 – 🔢 ② **G. Vallée du Rhône** – 1 081 h. alt. 240.
Paris 438 – Bourg-en-Bresse 18 – Châtillon-sur-Chalaronne 18 – Pont-d'Ain 26 – Villars-les-Dombes 15.

⚠️ *Municipal Étang du Moulin* mai-15 sept.
🔥 04 74 42 53 30 – à la Base de Plein Air, SE : 2 km par D 70B rte de St-Nizier-le-Désert puis 1,5 km
par rte à gauche, près d'un étang « Dans un site agréable » ⚬━ – **R** conseillée – 🚴
34 ha/4 campables (182 empl.) plat, herbeux, bois attenant 🔲 ♀
🔥 🏚️ ⇆ 🗄️ 🔄 🦿 🌐 🚗 🗄️ – ▼ – 🚤 ·🔵 ⚒️ ≈ (beau plan d'eau avec toboggan aquatique)
Tarif : ★ *22,80* – 🔲 *51,40 avec élect. (5A)*
Location *(mars-oct.) :* 🏠 *1200 à 2470*

42590 Loire 🔟 – 🔢 ⑦ – 308 h. alt. 431.
Paris 417 – Boën 19 – Feurs 29 – Roanne 27 – St-Just-en-Chevalet 29 – Tarare 43.

⚠️ *Arpheuilles* mai-10 sept.
🔥 04 77 63 43 43 – N : 4 km, à Port Piset, près du fleuve (plan d'eau), Croisement peu facile pour
caravanes – 🦌 ⋜ « Belle situation dans les gorges de la Loire » ⚬━ – **R** conseillée juil.-août
3,5 ha (80 empl.) peu incliné, en terrasses, herbeux
🏚️ ⇆ 🗄️ 🔄 🦿 🌐 – 🚴 ▼ – 🏠 🚤 ≈ 🏊
Tarif : 🔲 *piscine comprise 2 pers. 81, pers. suppl. 23* – 📳 *19 (5 ou 6A)*

40200 Landes 🔢 – 🔢 ④ ⑭ – 597 h. alt. 12.
Paris 677 – Castets 53 – Mimizan 7 – Mont-de-Marsan 74 – Parentis-en-Born 18.

⚠️ *Lou Talucat* 15 avril-sept.
🔥 05 58 07 44 16 – vers sortie Est rte de Pontenx-les-Forges et 1 km par chemin à gauche, bord
d'un ruisseau – 🦌 ⚬━ – **R** conseillée juil.-23 août – 🚴
3,6 ha (142 empl.) plat, herbeux, sablonneux ♀ (1,5 ha)
🏚️ ⇆ 🗄️ 🔄 🦿 🌐 🚗 – ▼ snack 🚤 – 🚤 ⚒️ ≈ (petite piscine)
Tarif : 🔲 *2 pers. 76* – 📳 *15 (5A)*
Location : 🛏️ *1100 à 1950* – 🚋 *1500 à 2850*

ST-PAUL-EN-FORÊT

83440 Var **17** – **84** ⑦ ⑧ – 812 h. alt. 310.
Paris 888 – Cannes 44 – Draguignan 30 – Fayence 10 – Fréjus 24 – Grasse 32.

    ▲▲▲ **Le Parc** avril-oct.
        ℘ 04 94 76 15 35, Fax 04 94 84 71 84 – N : 3 km par D 4 rte de Fayence puis chemin à droite –
        ⑤ « Cadre agréable » ⊶ – **R** conseillée juil.-août – ♂
        3 ha (100 empl.) accidenté et en terrasses, pierreux, herbeux ♀♀
        ▥ 㕭 ➷ 🗗 ➽ ⊕ 🖭 – ▦, snack 🍴 – 🖼 ※ 🛝
        Tarif : ⸙ 26 piscine comprise – 🗉 33 – 🔋 16 (10A)
        Location : 🏠

ST-PAULIEN

43350 H.-Loire **11** – **76** ⑦ – 1 872 h. alt. 795.
🅱 Office de Tourisme 34 av. de Ruéssium ℘ 04 71 00 50 01.
Paris 535 – La Chaise-Dieu 28 – Craponne-sur-Arzon 25 – Le Puy-en-Velay 14 – St-Étienne 91 – Saugues 44.

    ▲▲ **La Rochelambert** avril-oct.
        ℘ 04 71 00 44 43, Fax 04 71 00 52 00 – SO : 2,7 km par D 13, rte d'Allègre et D 25 à gauche, rte
        de Loudes, près de la Borne (accès direct), alt. 800 – ⊶ – **R** – 🆖 ♂
        3 ha (100 empl.) en terrasses, plat, herbeux ▱
        🕭 㕭 ➷ 🗗 ➽ ⊕ 🖭 – ▼ snack 🍴 – 🖼 🚣 🚲 ※ 🛝 – A proximité : ⛵
        Tarif : (Prix 1998) ⸙ 16 piscine comprise – 🚗 11 – 🗉 16 – 🔋 15 (4A) 20 (6A) 30 (10A)
        Location (permanent) : 🏠 1683 à 2425 – huttes, bungalows toilés

ST-PAUL-TROIS-CHÂTEAUX

26130 Drôme **16** – **81** ① G. **Vallée du Rhône** – 6 789 h. alt. 90.
🅱 Office de Tourisme r. République ℘ 04 75 96 61 29, Fax 04 75 96 74 61.
Paris 631 – Montélimar 27 – Nyons 39 – Orange 32 – Vaison-la-Romaine 35 – Valence 72.

    ▲ **Municipal de Bellevue** 15 mai-sept.
        ℘ 04 75 04 90 13 – O : 1,2 km par D 59, rte de Pierrelatte et à gauche – **R**
        1 ha (65 empl.) plat, herbeux
        㕭 ➷ ➽ ⊕ ⚒ ▾ – 🚣 – A proximité : 🏊
        Tarif : (Prix 1998) ⸙ 8 – 🚗 6 – 🗉 6 – 🔋 10 (5A) 20 (10A) 30 (15A)

ST-PÉE-SUR-NIVELLE

64310 Pyr.-Atl. **13** – **78** ⑫ ⑱ G. **Pyrénées Aquitaine** – 3 463 h. alt. 30.
🅱 Office de Tourisme près de la Poste ℘ 05 59 54 11 69, Fax 05 59 54 17 81.
Paris 790 – Bayonne 21 – Biarritz 17 – Cambo-les-Bains 18 – Pau 131 – St-Jean-de-Luz 14.

à Ibarron O : 2 km par D 918 rte de St-Jean-de-Luz – ⊠ 64310 Ascain :

    ▲▲ **Goyetchea** juin-20 sept.
        ℘ 05 59 54 19 59 – N : 0,8 km par D 855, rte d'Ahetze et à droite – ⑤ ≤ « Cadre agréable » ⊶
        – **R** conseillée juil.-août – ♂
        1,7 ha (140 empl.) plat et peu incliné, herbeux ♀♀
        🕭 㕭 ➷ 🗗 ➽ ⊕ 🖭 – 🖼 – 🖼 🚣 🛝
        Tarif : 🗉 piscine comprise 2 pers. 93, pers. suppl. 20 – 🔋 19 (6A)
        Location (mai-fin sept.) : 🚐 1500 à 2900

ST-PÈRE

35430 I.-et-V. **4** – **59** ⑥ – 1 516 h. alt. 50.
Paris 408 – Cancale 15 – Dinard 16 – Dol-de-Bretagne 17 – Rennes 63 – St-Malo 15.

    ▲▲ **Bel Évent** mars-nov.
        ℘ 02 99 58 83 79, Fax 02 99 58 82 24 – SE : 1,5 km par D 74 rte de Châteauneuf et chemin à droite
        – ⊶ ✄ dans locations – **R** indispensable juil.-août – 🆖 ♂
        2,5 ha (96 empl.) plat, herbeux
        ▥ 㕭 㕭 ➷ 🗗 ➽ ▱ ⊕ 🖭 – ▼ – 🖼 🚲 🛝
        Tarif : 🗉 piscine comprise 2 pers. 80, pers. suppl. 22 – 🔋 20 (10A)
        Location : 🚐 1200 à 2600

ST-PÈRE-EN-RETZ

44320 Loire-Atl. **9** – **67** ① ② – 3 250 h. alt. 14.
Paris 431 – Challans 54 – Nantes 44 – Pornic 13 – St-Nazaire 25.

    ▲ **Le Grand Fay** mai-15 sept.
        ℘ 02 40 21 77 57 – sortie Est par D 78 rte de Frossay puis 0,5 km par rue à droite, près du parc
        des sports – ⊶ juil.-août – **R** conseillée 15 juil.-15 août – ♂
        1,2 ha (91 empl.) plat et peu incliné, herbeux
        㕭 ➷ 🗗 ➽ ⊕ 🖭 – 🚣 – A proximité : ※
        Tarif : 🗉 tennis compris 2 pers. 62, pers. suppl. 16 – 🔋 16

ST-PÈRE-SUR-LOIRE

45600 Loiret 🖬 – 🖽 ① – 1 043 h. alt. 115.
Paris 138 – Aubigny-sur-Nère 37 – Châteauneuf-sur-Loire 41 – Gien 26 – Montargis 40 – Orléans 48 – Sully-sur-Loire 1.

⚑⚑ **Caravaning St-Père** 27 mars-oct.
  ℘ 02 38 36 35 94 – à l'Ouest du bourg, sur D 60 rte de Châteauneuf-sur-Loire, près du fleuve –
  ⊶ – **R** conseillée juil.-août – ⚡
  2,7 ha (80 empl.) plat, herbeux, pierreux, gravier
  ▥ ♿ ⬟ 🀫 ❄ 🖿 🛁 ⊕ ⚐ ➹ ▽ ▦ – 🛒 🏊 – A proximité : parcours de santé ✂ ♨
  Tarif : ⚶ 14,20 – 🚗 6,60 – ▣ 13,60 – 🔌 9 (3A) 16,90 (6A) 21,30 (10A)
  Location : 🛖 1500 à 1800

▶ *Give use your opinion of the camping sites we recommend.*
  Let us know of your remarks and discoveries.

ST-PÉREUSE

58110 Nièvre 🗍🗍 – 🖽🖾 ⑥ – 260 h. alt. 355.
Paris 266 – Autun 54 – Château-Chinon 14 – Clamecy 57 – Nevers 55.

⚑⚑⚑ **Manoir de Bezolle** avril-sept.
  ℘ 03 86 84 42 55, Fax 03 86 84 43 77 – SE : sur D 11, à 300 m de la D 978 rte de Château-Chinon
  – ⚲ ≼ « Parc » ⊶ – **R** conseillée juil.-août – ⚑ ⚡
  8 ha/5 campables (140 empl.) en terrasses, plat, peu incliné, herbeux, petits étangs ♉♉ (2 ha)
  ▥ ♿ ⬟ 🀫 ❄ 🖿 🛁 ⊕ ⚐ ➹ ▦ – ▦ ⛱ ✗ 🍴 – 🛒 ♨ ▦ 🏊 ➹ – ♞
  Tarif : ▣ piscine comprise 2 pers. 120 – 🔌 25 (6A) et 12 pour 4 ampères supplémentaires
  Location : 🛖 1200 à 2500

ST-PHILIBERT

56470 Morbihan 🖪 – 🖽🖪 ⑫ – 1 187 h. alt. 15.
Paris 488 – Auray 11 – Locmariaquer 7 – Quiberon 27 – La Trinité-sur-Mer 6.

Schéma à Carnac

⚑⚑ **Le Chat Noir** juin-sept.
  ℘ 02 97 55 04 90 – N : 1 km « Entrée fleurie » ⊶ – **R** conseillée – ⚑ ⚡
  1,7 ha (98 empl.) plat et peu incliné, herbeux 🛒 ♉♉
  🀫 ❄ 🖿 🛁 ⊕ ⚐ ▦ – 🛒 🏊 – ▦
  Tarif : ⚶ 25 piscine comprise – ▣ 42 – 🔌 15 (6 ou 10A)
  Location : 🛖 1000 à 1800

⚑⚑ **Au Vieux Logis** 29 mars-sept.
  ℘ 02 97 55 01 17, Fax 02 97 30 03 91 – O : 2 km, à 500 m de la Rivière de Crach (mer) « Ancienne
  ferme restaurée et fleurie » ⊶ ⚲ dans locations – **R** conseillée juil.-août – ⚑ ⚡
  2 ha (92 empl.) plat et peu incliné, herbeux ⚲
  ♿ 🀫 ❄ 🖿 🛁 ⊕ ▦ – 🏊 – A proximité : ✂
  Tarif : ▣ 2 pers. 86, pers. suppl. 23 – 🔌 15 (6A)
  Location : 🛖 1250 à 3000 – 🛏

⚑ **Municipal Ker-Arno** avril-sept.
  ℘ 02 97 55 08 90 – S : 0,5 km – ⊶ saison – **R** – ⚡
  3 ha (206 empl.) plat, herbeux 🛒
  ♿ 🀫 ❄ 🖿 🛁 🛁 ⊕ 🖿 ▦ – 🏊 – A proximité : ◊
  Tarif : (Prix 1998) ⚶ 18 – ▣ 15 – 🔌 13 (6A)

ST-PIERRE

67140 B.-Rhin 🖪 – 🖽🗍 ⑨ – 460 h. alt. 179.
Paris 495 – Barr 3 – Erstein 19 – Obernai 12 – Sélestat 15 – Strasbourg 41.

⚑ **Municipal Beau Séjour** 12 mai-3 oct.
  ℘ 03 88 08 52 24 – au bourg, derrière l'église, bord du Muttlbach – ⚲ ⊶ – **R** – ⚡
  0,6 ha (47 empl.) plat, herbeux
  🀫 ❄ 🛁 ⊕ ▦ – ✂
  Tarif : ▣ tennis compris 2 pers. 58, pers. suppl. 13 – 🔌 15 (6A)

ST-PIERRE-D'ALBIGNY

73250 Savoie 🗍🗌 – 🗍🖪 ⑯ – 3 151 h. alt. 410.
🛈 Office de Tourisme ℘ 04 79 71 44 07 Mairie ℘ 04 79 28 50 23.
Paris 591 – Aix-les-Bains 46 – Albertville 27 – Annecy 52 – Chambéry 30 – Montmélian 13.

⚑ **C.C.D.F. Le Carouge**
  ℘ 04 79 28 58 16 – S : 2,8 km par D 911 et chemin à gauche, à 300 m de la N 6, bord d'un plan
  d'eau – ≼ ⊶ – Adhésion obligatoire
  1,6 ha (80 empl.) plat, herbeux, pierreux 🛒
  ♿ 🀫 ❄ 🖿 🛁 ⊕ ▦ – A proximité : ⛵

ST-PIERRE-DE-CHARTREUSE

38380 Isère **12** – **77** ⑤ G. Alpes du Nord – 650 h. alt. 885 – Sports d'hiver : : 900/1 800 m ⚡1 ⚡8 ⚡.
🏢 Office de Tourisme 𝒫 04 76 88 62 08, Fax 04 76 88 68 78.
Paris 572 – Belley 63 – Chambéry 39 – Grenoble 27 – La Tour-du-Pin 53 – Voiron 25.

 ▲ **Martinière** nov.-avril, 13 mai-19 sept.
  𝒫 04 76 88 60 36, Fax 04 76 88 69 10 – SO : 3 km par D 512, rte de Grenoble – ❄ ≤ « Site
  agréable » ⚓ – **R** conseillée juil.-août, indispensable hiver – GB ⚲
  1,5 ha (100 empl.) non clos, plat et peu incliné, herbeux
  ▥ ⚒ ⇌ ⌸ ♨ ⇆ ☺ ▨ – 🛒 🚗 ⚘ – A proximité : ✕
  Tarif : ▣ piscine comprise 2 pers. 75, pers. suppl. 23 – (½) 13 (2A) 17 (3A) 25,50 (6A)

ST-PIERRE-DE-MAILLÉ

86260 Vienne **10** – **68** ⑮ – 959 h. alt. 79.
Paris 336 – Le Blanc 22 – Châtellerault 32 – Chauvigny 21 – Poitiers 46 – St-Savin 17.

 ▲ **Municipal** 15 avril-15 oct.
  𝒫 05 49 48 64 11 – sortie Nord-Ouest par D 11 rte de Vicq, bord de la Gartempe – ⚓
  3 ha (93 empl.) plat et peu incliné, herbeux ᴗᴗ
  ⚒ ⇌ ⌸ ☺ ⚶ – 🚗
  Tarif : (Prix 1998) ⚡ 8,75 – 🚗 4,90 – ▣ 4,95/7,75 – (½) 8,75

ST-PIERRE-DE-TRIVISY

81330 Tarn **15** – **83** ② – 668 h. alt. 650.
Paris 737 – Albi 38 – Castres 38 – Montredon-Labessonnié 17 – St-Sernin-sur-Rance 36 – Vabre 13.

 ▲ **Municipal la Forêt** 15 juin-15 sept.
  𝒫 05 63 50 48 69 – au bourg – ⚲ ⚓ – **R** conseillée juil.-août – ⚲
  1 ha (48 empl.) non clos, peu incliné, en terrasses, herbeux ⌑ Ω
  ⚲ ⚒ ⇌ ☺ ▨ – 🚗 ⚘ 🚲 ▥ 🛝 toboggan aquatique parcours de santé - A proximité : ✂ 🍴
  Tarif : (Prix 1998) ⚡ 15 – ▣ 15 – (½) 13 (6A)
  Location (permanent) : 🏠 1480 à 2880 – bungalows toilés

ST-PIERRE-D'OLÉRON

17 Char.-Mar. – **71** ⑬ – voir à Oléron (Ile d').

ST-PIERRE-DU-VAUVRAY

27430 Eure **5** – **55** ⑰ G. Normandie Vallée de la Seine – 1 113 h. alt. 20.
Paris 102 – Les Andelys 17 – Bernay 57 – Lisieux 81 – Mantes-la-Jolie 50 – Rouen 33.

 ▲▲ **Le Saint-Pierre** Permanent
  𝒫 02 32 61 01 55 – au Sud-Est de la localité par rue du Château, à 50 m de la Seine – ⚓ –
  R conseillée
  3 ha (54 empl.) plat, herbeux ⌑
  ▥ ⚲ ⚒ ⇌ ⌸ ⚶ ☺ ⚶ ⚡ ▨ – 🛶
  Tarif : ⚡ 19 – ▣ 34 – (½) 14 (5 ou 10A)

ST-PIERRE-LAFEUILLE

46090 Lot **14** – **79** ⑧ – 217 h. alt. 350.
Paris 572 – Cahors 10 – Catus 14 – Labastide-Murat 24 – St-Cirq-Lapopie 35.

 ▲▲▲ **Quercy-Vacances**
  𝒫 05 65 36 87 15 – NE : 1,5 km par N 20, rte de Brive et chemin à gauche – ⚲ ⚓
  3 ha (80 empl.) peu incliné et plat, herbeux
  ⚲ ⚒ ⇌ ⌸ ☺ ▨ – 🍴 ✕ ⚶ – 🛒 ✂ 🛝
 ▲ **Les Graves** avril-15 oct.
  𝒫 05 65 36 83 12 – sortie Nord-Est par N 20, rte de Brive – ≤ ⚓ – **R** – ⚲
  1 ha (20 empl.) peu incliné à incliné, herbeux
  ⚲ ⚒ ⇌ ⌸ ☺ – 🛒 🛝
  Tarif : ⚡ 20 piscine comprise – ▣ 28 – (½) 10 (3A) 15 (5A) 18 (6A)

ST-PIERRE-QUIBERON

56 Morbihan – **63** ⑪ ⑫ – voir à Quiberon (Presqu'île de).

ST-POINT-LAC

25160 Doubs **12** – **70** ⑥ G. Jura – 134 h. alt. 860.
Paris 453 – Champagnole 39 – Pontarlier 13 – St-Laurent-en-Grandvaux 45 – Salins-les-Bains 47 – Yverdon-les-Bains 44.

 ▲ **Municipal** mai-sept.
  𝒫 03 81 69 61 64 – au bourg, près du lac – ≤ ⚓ – **R** conseillée juil.-août – GB ⚲
  1 ha (84 empl.) plat, herbeux, gravillons
  ▥ ⚒ ⇌ ⌸ ☺ ▨ – 🛒 🚗 🚲 – A proximité : ≊
  Tarif : ▣ 1 ou 2 pers. 55 (80 avec élect.)

ST-POL-DE-LÉON

29250 Finistère **3** – **58** ⑥ G. Bretagne – 7 261 h. alt. 60.
B Office de Tourisme pl. de l'Évêché *ℰ* 02 98 69 05 69, Fax 02 98 69 01 20.
Paris 557 – Brest 61 – Brignogan-Plages 30 – Morlaix 19 – Roscoff 5.

    ⋀⋀ **Ar Kleguer** avril-sept.
       ℰ 02 98 69 18 81, Fax 02 98 29 12 84 – à l'Est de la ville, rte de Ste-Anne, près de la plage – ≼
       « Situation agréable » ⋗ juil.-août – **R** conseillée juil.-août – ♂
       3 ha (110 empl.) plat, peu incliné, accidenté, herbeux, rochers ⌑
       & ⎔ ⇔ ⌕ △ ⇋ ⌁ ⊕ ⯐ ⧈ – ⦵ – ⬚ ⛵ ✂ ♪ ⅃ toboggan aquatique terrain omnisports
       Tarif : ✴ *24,50 piscine comprise* – ⇴ *10* – ▣ *36* – ⅙ *18 (5A)*
       Location : ⌸ *1650 à 2900* – ⌂ *1700 à 2950*

    ⋀⋀ **Le Trologot** 15 mai-sept.
       ℰ 02 98 69 06 26, Fax 02 98 29 18 30 – à l'Est de la ville, rte de l'îlot St-Anne, près de la plage –
       ⋗ – **R** conseillée – ♂
       2 ha (100 empl.) plat, herbeux
       & ⎔ ⇔ ⌕ △ ⇋ ⊕ ⧈ – ⦵ – ⬚ ✚ – A proximité : ✂
       Tarif : (Prix 1998) ✴ *19* – ⇴ *8* – ▣ *20* – ⅙ *14 (6 ou 8A)*
       Location (Pâques-sept.) : ⌂ *1600* – ⌸ *1300 à 2400*

▶ *Inclusion in the* **MICHELIN Guide** *cannot be achieved by pulling strings
or by offering favours.*

ST-PONS-DE-THOMIÈRES

34220 Hérault **15** – **83** ⑬ G. Gorges du Tarn – 2 566 h. alt. 301.
Paris 756 – Béziers 53 – Carcassonne 65 – Castres 54 – Lodève 73 – Narbonne 52.

    ⋀ **Aire Naturelle la Borio de Roque** 15 mai-sept.
       ℰ 04 67 97 10 97, Fax 04 67 97 21 61 – NO : 3,9 km par D 907, rte de la Salvetat-sur-Agout, puis
       à droite, 1,2 km par chemin empierré, bord d'un ruisseau – ⬚ ≼ « Dans un site agréable » ⋗ –
       R indispensable 25 juin-15 août – ♂
       100 ha/2,5 campables (25 empl.) en terrasses, herbeux ⌑ ♀
       & ⎔ ⇔ ⌕ △ ⊕ ⧈ – ⬚ ✚ ⅃
       Tarif : ✴ *18 piscine comprise* – ⇴ *10* – ▣ *35* – ⅙ *12 (10A)*
       Location (permanent) : gîtes

ST-POURÇAIN-SUR-SIOULE

03500 Allier **11** – **69** ⑭ G. Auvergne – 5 159 h. alt. 234.
B Office de Tourisme 35 bd L.-Rollin *ℰ* 04 70 45 32 73, Fax 04 70 45 60 27.
Paris 324 – Montluçon 64 – Moulins 32 – Riom 52 – Roanne 79 – Vichy 29.

    ⋀ **Municipal de l'Ile de la Ronde** juin-15 sept.
       ℰ 04 70 45 45 43 – quai de la Ronde, bord de la Sioule « Cadre agréable » ⋗ – **R** conseillée juil.-
       15 août – ♂
       1,5 ha (50 empl.) plat, herbeux ⌑ ♀
       ⎔ ⇔ ⌕ △ ⊕ ⯐ ⧈ – ✚
       Tarif : ✴ *13* – ⇴ *7* – ▣ *11* – ⅙ *13 (6A)*

ST-PRIEST-DES-CHAMPS

63640 P.-de-D. **11** – **73** ③ – 662 h. alt. 650.
Paris 379 – Clermont-Ferrand 49 – Pionsat 19 – Pontgibaud 32 – Riom 46 – St-Gervais-d'Auvergne 9.

    ⋀ **Municipal** 15 juin-15 sept.
       au bourg, face à la mairie – **R** – ♂
       0,2 ha (12 empl.) plat, peu incliné, herbeux
       ⎔ ⇔ △ ⊕
       Tarif : (Prix 1998) ✴ *6,30* – ▣ *7,60* – ⅙ *8,40 (5A)*

ST-PRIM

38370 Isère **11** – **74** ⑪ – 733 h. alt. 235.
Paris 506 – Annonay 34 – Givors 29 – Grenoble 93 – Rive-de-Gier 27 – Valence 66 – Vienne 16.

    ⋀⋀ **Le Bois des Sources** avril-sept.
       ℰ 04 74 84 95 11 – SE : 2,5 km par D 37 rte d'Auberives et chemin à droite, Accès conseillé par
       N 7 et D 37 – ⬚ « Cadre boisé » ⋗ – **R** conseillée saison – ⊞ ♂
       4,5 ha (80 empl.) plat, herbeux, pierreux ⌑ ♀♀
       ⎔ ⇔ ⌕ △ ⊕ ⧈ – pizzeria, snack – ⬚ ✚ ⅃
       Tarif : ▣ *piscine comprise 2 pers. 76, pers. suppl. 16* – ⅙ *10 (3A) 18 (6A) 22 (10A)*

ST-PRIVAT

07 Ardèche – **76** ⑲ – rattaché à Aubenas.

ST-PRIVAT-D'ALLIER

43580 H.-Loire **⑪** – **⑯** ⑯ – 430 h. alt. 875.
Paris 537 – Brioude 53 – Cayres 18 – Langogne 51 – Le Puy-en-Velay 23 – St-Chély-d'Apcher 64.

▲ **Municipal le Marchat** mai-oct.
au Nord du bourg – ⑤ ≤ – **R** – ♒
0,5 ha (19 empl.) peu incliné et en terrasses, herbeux, pierreux ▭
♿ ⚡ ⇆ ⊡ ☺ ♨ – A proximité : ✻
Tarif : ✹ 15 – ▣ 5 – [½] 7,50 (10A)

ST-QUENTIN-EN-TOURMONT

80120 Somme **❶** – **⑤⑪** ⑪ – 309 h..
Paris 215 – Abbeville 29 – Amiens 83 – Berck-sur-Mer 24 – Le Crotoy 9 – Hesdin 41.

▲▲ **Les Crocs** avril-2 nov.
℘ 03 22 25 73 33 – S : 1 km par D 204, rte de Rue et à droite – Places limitées pour le passage
o▬ – **R** conseillée juil.-août – ♒
1,4 ha (100 empl.) plat, herbeux ▭
♿ ⚡ ⇆ 🗒 ♒ ☺ ▣ – 🏠 🚣
Tarif : ✹ 14 – ⇦ 6 – ▣ 8/14 – [½] 12 (3A) 13 (4A) 15 (6A)

ST-RAPHAËL

83700 Var **⑰** – **⑧④** ⑧ G. Côte d'Azur – 26 616 h. alt. 6.
🛈 Office de Tourisme r. W.-Rousseau ℘ 04 94 19 52 52, Fax 04 94 83 85 40.
Paris 874 – Aix-en-Provence 121 – Cannes 41 – Fréjus 4 – Toulon 96.

Schéma à Fréjus

▲▲▲ **Douce Quiétude** mars-sept.
℘ 04 94 44 30 00, Fax 04 94 44 30 30 –, réservé aux caravanes, sortie Nord-Est vers Valescure puis
3 km par bd Jacques-Baudino – ⑤ « Cadre agréable » o▬ – **R** conseillée – GB ♒
10 ha (400 empl.) plat, peu incliné, en terrasses, herbeux, pierreux ▭ ♉♉
♿ ⚡ ⇆ 🗒 ⊡ ☺ ⚘ 🍴 ✗ pizzeria ☕ – 🏠 🚣 ⚡ ✻ 📍 ⟐, discothèque 🚲 ·❂ ✻ 📍 ⛴
Tarif : ▣ élect. (6A) et piscine comprises 3 pers. 220, pers. suppl. 37
Location (mars-oct.) : 🏚 1750 à 4200

ST-REMÈZE

07 Ardèche – **⑧⓪** ⑨ – voir à Ardèche (Gorges de l').

ST-RÉMY

24700 Dordogne **❾** – **⑦⑤** ⑬ – 358 h. alt. 80.
Paris 545 – Bergerac 33 – Libourne 48 – Montpon-Ménestérol 10 – Ste-Foy-la-Grande 17.

▲▲▲ **La Tuilière** 15 avril-15 sept.
℘ 05 53 82 47 29 – NO : 2,7 km par D 708, rte de Montpon-Ménesterol, bord d'un étang – o▬ saison
– **R** conseillée juil.-août – GB ♒
8 ha (66 empl.) peu incliné, plat, herbeux ♉♉
♿ ⚡ ⇆ 🗒 ⊡ ☺ ▣ – 🍴 ✗ ☕ – 🏠 🚣 ·❂ ✻ 📍 ⛴ ⟐
Tarif : ✹ 20 piscine et tennis compris – ▣ 26 – [½] 12,50 (3A) 15 (5A) 20 (10A)
Location : 🏚 1280 à 1600 – 🏚 2000 à 2500

ST-RÉMY-DE-PROVENCE

13210 B.-du-R. **⑯** – **⑧①** ⑫ G. Provence – 9 340 h. alt. 59.
🛈 Office de Tourisme pl. J.-Jaurès ℘ 04 90 92 05 22, Fax 04 90 92 38 52.
Paris 705 – Arles 26 – Avignon 20 – Marseille 90 – Nîmes 43 – Salon-de-Provence 38.

▲▲ **Municipal Mas de Nicolas** 15 mars-15 oct.
℘ 04 90 92 27 05, Fax 04 90 92 36 83 – sortie Nord rte d'Avignon puis 1 km par D 99 (déviation)
rte de Cavaillon, à droite et rue Théodore Aubanel à gauche – ⑤ ≤ o▬ – **R** conseillée – GB
4 ha (140 empl.) plat, peu incliné, herbeux, pierreux ▭ ♉
♿ ⚡ ⇆ 🗒 ⊡ ☺ ⚘ ♒ – 🏠 ⟐ – A proximité : 🛵
Tarif : (Prix 1998) ▣ piscine comprise 2 pers. 87 – [½] 19 (6A)

▲▲ **Pégomas** mars-oct.
℘ 04 90 92 01 21, Fax 04 90 92 56 17 – sortie Est par D 99ᴬ rte de Cavaillon et à gauche, à
l'intersection du chemin de Pégomas et av. Jean-Moulin (vers D 30, rte de Noves) – o▬ – **R** juil.-août
– ♒
2 ha (105 empl.) plat, herbeux ▭ ♉
▥ ♿ ⚡ ⇆ 🗒 🌡 ⊡ ☺ 🗒 ▣ – 🍴 cases réfrigérées – ⟐ – A proximité : ✻
Tarif : ▣ piscine comprise 2 pers. 90, pers. suppl. 30 – [½] 17 (5A)
Location : 🏚 1500 à 2600

▲ **Monplaisir** mars-15 nov.
℘ 04 90 92 22 70, Fax 04 90 92 18 57 – NO : 0,8 km par D 5 rte de Maillane et chemin à gauche
– ⑤ o▬ – **R** conseillée – GB ♒
2,8 ha (130 empl.) plat, herbeux, pierreux ▭ ♉
⚡ ⇆ 🗒 ☺ ▣ – 🔊 – 🏠 🚣 ⟐ – A proximité : 🛒
Tarif : (Prix 1998) ▣ piscine comprise 2 pers. 70 – [½] 14 (6A)

ST-RÉMY-SUR-AVRE

28380 E.-et-L. 🖪 – 🔟 ⑦ – 3 568 h. alt. 98.
Paris 91 – Dreux 12 – Évreux 33 – Verneuil-sur-Avre 26.

⚠ **Municipal du Pré de l'Église**
🖉 02 37 48 93 87 – au bourg, bord de l'Avre – ⚓
0,7 ha (45 empl.) plat, herbeux ▭
▥ ᵶ ⚄ ⚄ ⚄ ⚄ ᵶ ⊕ ⚄ – ▭ ⚄ – A proximité : ✗

ST-RÉMY-SUR-DUROLLE

63550 P.-de-D. 🔟 – 🔟 ⑥ G. Auvergne – 2 033 h. alt. 620.
Paris 457 – Chabreloche 13 – Clermont-Ferrand 50 – Thiers 7.

⚠ **Municipal les Chanterelles** mai-sept.
🖉 04 73 94 31 71 – NE : 3 km par D 201 et chemin à droite, à proximité d'un plan d'eau, par A
72, sortie 3 – ≼ « Situation agréable » ⚓ – **R** conseillée – ⚄
5 ha (150 empl.) incliné et en terrasses, herbeux ⚲
🖪 ᵶ ⚄ ⚄ ⚄ ⚄ – ▭ ⚄ – A proximité : au plan d'eau : ⚄ ♈ ✗ squash ✗ ▨ ᵶ ▭
⚄ toboggan aquatique
Tarif : (Prix 1998) ⚹ 15 – ⚗ 7,50 – ▣ 7,50/9,50 – ⚡ 17 (5A)

ST-RENAN

29290 Finistère 🖪 – 🔟 ③ – 6 576 h. alt. 50.
🅱 Office de Tourisme 22 r. Saint-Yves 🖉 et Fax 02 98 84 23 78.
Paris 603 – Brest 13 – Brignogan-Plages 42 – Ploudalmézeau 14.

⚠ **Municipal de Lokournan**
🖉 02 98 84 37 67 – sortie Nord-Ouest par D 27 et chemin à droite, près du stade et d'un petit lac
– ⚄ ⚓
0,8 ha (36 empl.) plat, sablonneux, herbeux ▭
ᵶ ᵶ ⚄ ⊕ – ▭ – A proximité : ▨

ST-RÉVÉREND

85220 Vendée 🖪 – 🔟 ⑫ – 812 h. alt. 19.
Paris 460 – Aizenay 20 – Challans 20 – La Roche-sur-Yon 38 – Les Sables-d'Olonne 26 – St-Gilles-Croix-de-Vie 10.

⚠ **Municipal du Pont Rouge** juil.-août
🖉 02 51 54 68 50 – sortie Sud-Ouest par D 94 et chemin à droite, bord d'un ruisseau – ⚄ – **R**
2,2 ha (25 empl.) plat et peu incliné, herbeux ▭
ᵶ ᵶ ⚄ ⚄ ⊕ ⚄ – ▭ ⚄
Tarif : (Prix 1998) ▣ élect. (10A) et piscine comprises 3 pers. 90, pers. suppl. 20

ST-ROMAIN-DE-BENET

17600 Char.-Mar. 🗺 – 🎞 ⑮ G. Poitou Vendée Charentes – 1 244 h. alt. 34.
Paris 485 – Bordeaux 132 – Marennes 28 – Rochefort 37 – La Rochelle 75 – Royan 18 – Saintes 18.

▲ **Aire Naturelle les Baslilles** juin-sept.
🞉 05 46 02 01 09 – au bourg, près de l'église – 🌫 ⊶ – **R**
1 ha (17 empl.) peu incliné et plat, herbeux
🔥 ⇆ 🛁 ☺
Tarif : 🖂 1 à 3 pers. 40, 4 pers. 50, 5 pers. 60 – 🔌 15

ST-ROME-DE-TARN

12490 Aveyron 🞖 – 🞚 ⑬ – 676 h. alt. 360.
Paris 662 – Millau 19 – Pont-de-Salars 41 – Rodez 66 – St-Affrique 15 – St-Beauzély 20.

▲▲ **La Cascade** avril-sept.
🞉 05 65 62 56 59, Fax 05 65 62 58 62 – N : 0,3 km par D 993, rte de Rodez, bord du Tarn – 🌫
≤ ⊶ – **R** conseillée – 🗡
4 ha (80 empl.) en terrasses, peu incliné, herbeux ⌂ ♀♀ (1 ha)
🖶 🔥 ⇆ 🗟 🛁 ☺ 🌊 ☜ 🗐 – 🖳 ⊾ 🖛 – 🚗 salle d'animation 🎯 🚲 🖾 – 🏊 ☲
Tarif : (Prix 1998) 🖂 piscine et tennis compris 2 pers. 95/115 avec élect., pers. suppl. 26
Location : 🚞 1200 à 1900 – 🚋 1700 à 3000 – bungalows toilés

ST-SALVADOUR

19700 Corrèze 🞘 – 🞗 ⑨ – 292 h. alt. 460.
Paris 470 – Aubusson 90 – Brive-la-Gaillarde 40 – Limoges 79 – Tulle 19 – Uzerche 23.

▲ **Municipal** mai-sept.
S : 0,7 km par D 173E, rte de Vimbelle et chemin à droite, bord d'un plan d'eau – 🌫 – **R**
0,6 ha (25 empl.) plat et terrasse, herbeux
🖶 🔥 ⇆ 🛁 ☺ – ☲
Tarif : (Prix 1998) 🖈 8 – 🖂 8/12 – 🔌 10

ST-SAMSON-SUR-RANCE

22 C.-d'Armor – 🞙 ⑤ ⑥ – rattaché à Dinan.

ST-SARDOS

82600 T.-et-G. 🞔 – 🞜 ⑦ – 563 h. alt. 148.
Paris 673 – Beaumont-de-Lomagne 13 – Castelsarrasin 20 – Grisolles 21 – Montauban 25 – Verdun-sur-Garonne 12.

▲▲ **Municipal la Tonere** juil.-août
🞉 05 63 02 63 78 – sortie Nord-Est par D 55ter, rte de Bourret, à 100 m du lac de Boulet et de la Base de Loisirs (accès direct) – 🌫 ⊶ – **R** – 🗡
2 ha (65 empl.) en terrasses, plat, pierreux, herbeux ⌂ ♀
🖶 🔥 ⇆ 🗟 🛁 ☺ 🗐 – A proximité : toboggans aquatiques, snack 🎯 🖈 🎯 🏊 ☲
Tarif : (Prix 1998) 🖈 15 – 🖂 20 – 🔌 10 (3A) 15 (6A)

ST-SATUR

18300 Cher 🞓 – 🞒 ⑫ G. Berry Limousin – 1 805 h. alt. 155.
Paris 192 – Aubigny-sur-Nère 43 – Bourges 50 – Cosne-sur-Loire 12 – Gien 52 – Sancerre 4.

▲▲ **S.I. René Foltzer** 15 avril-sept.
🞉 02 48 54 04 67 – à St-Thibault, E : 1 km par D 2, près de la Loire (accès direct) – ⊶ – **R** –
🗡
1 ha (85 empl.) plat, herbeux ⌂
🖶 🔥 ⇆ 🗟 🛁 ☺ 🌊 ☜ 🗐 – 🚗 🎯 – A proximité : golf 🖾 🖈 🏊
Tarif : 🖈 12 – 🖂 23 – 🔌 16 (10A)
Location : 🚞 500

ST-SAUD-LACOUSSIÈRE

24470 Dordogne 🞘 – 🞛 ⑯ – 951 h. alt. 370.
Paris 445 – Brive-la-Gaillarde 101 – Châlus 23 – Limoges 55 – Nontron 15 – Périgueux 58.

▲▲▲ **Château Le Verdoyer** mai-sept.
🞉 05 53 56 94 64, Fax 05 53 56 38 70 🖂 24470 Champs-Romain – NO : 2,5 km par D 79, rte de Nontron et D 96, rte d'Abjat-sur-Bandiat, près d'étangs – 🌫 ≤ « Cadre et site agréables » ⊶ 🚿
dans locations – **R** conseillée 7 juil.-25 août – ⊖🖪 🗡
15 ha/5 campables (150 empl.) peu incliné et en terrasses, herbeux, pierreux ⌂ ♀♀
🖶 🔥 ⇆ 🗟 🛁 ☺ 🌊 🗐 – 🖳 ⊾ ⊙ 🗶 (dîner seulement) 🚗 cases réfrigérées – 🚗 🎯 🚲 🗶
🖈 🏊 (découverte l'été) 🏊 – A proximité : ☲
Tarif : 🖈 35 piscine comprise – 🖂 46 – 🔌 17 (5A)
Location : 🚋 1600 à 2700 – 🏠

ST-SAUVEUR-DE-CRUZIÈRES

07460 Ardèche 🔢 – 🔢 ⑧ – 441 h. alt. 150.
Paris 677 – Alès 29 – Barjac 9 – Privas 79 – St-Ambroix 9 – Vallon-Pont-d'Arc 22.

⚊ *La Claysse* Pâques-sept.
 ✆ 04 75 39 30 61 – au Nord-Ouest du bourg, bord de la rivière – ⚬⛟ – **R** conseillée juil.-août – 🐾
 5 ha/1 campable (60 empl.) plat et terrasses, herbeux ♀
 🔲 🔲 🔲 ⊛ 🔲 – 🔲 🔲 🔲 🔲 – 🔲
 Tarif : 🔲 *piscine comprise 2 pers. 65* – 🔲 *15 (6A)*
 Location : 🔲 *1600 à 2200*

ST-SAUVEUR-DE-MONTAGUT

07190 Ardèche 🔢 – 🔢 ⑲ – 1 396 h. alt. 218.
Paris 601 – Le Cheylard 24 – Lamastre 34 – Privas 24 – Valence 38.

⚊ *L'Ardéchois* 24 avril-25 sept.
 ✆ 04 75 66 61 87, Fax 04 75 66 63 67 – O : 8,5 km par D102, rte d'Albon, bord de la Glueyre – 🔲
 ≤ ⚬⛟ – **R** conseillée juil.-août – 🔲 🐾
 37 ha/5 campables (107 empl.) en terrasses, herbeux ♀
 🔲 🔲 🔲 🔲 🔲 ⊛ 🔲 – 🔲 🔲 🔲 – 🔲 🔲 🔲 🔲 🔲 🔲 mur d'escalade
 Tarif : 🔲 *piscine comprise 2 pers. 106, pers. suppl. 20* – 🔲 *20 (6A et plus)*
 Location : 🔲 *1500 à 3200* – 🔲 *1800 à 3200*

ST-SAUVEUR-EN-RUE

42220 Loire 🔢 – 🔢 ⑨ – 1 053 h. alt. 780.
Paris 543 – Annonay 22 – Condrieu 40 – Montfaucon-en-Velay 24 – St-Étienne 27 – Vienne 52.

⚊ *Municipal des Régnières*
 ✆ 04 77 39 24 71 – SO : 0,8 km par D 503 rte de Monfaucon, près de la Deôme – Places limitées
 pour le passage ≤ ⚬⛟ saison
 1 ha (40 empl.) en terrasses, plat, herbeux, pierreux 🔲
 🔲 🔲 🔲 ⊛ 🔲 🔲 🔲 – 🔲 🔲 (petite piscine) – A proximité : 🔲

ST-SAUVEUR-LE-VICOMTE

50390 Manche 🔢 – 🔢 ② G. Normandie Cotentin – 2 257 h. alt. 30.
Paris 331 – Barneville-Carteret 19 – Cherbourg 36 – St-Lô 57 – Valognes 15.

⚊ *Municipal du Vieux Château* 20 mai-15 sept.
 ✆ 02 33 41 72 04 – au bourg, entre le château et le pont, bord de la Douve – ⚬⛟ – **R** – 🐾
 1 ha (57 empl.) plat, herbeux
 🔲 🔲 🔲 🔲 🔲 ⊛ 🔲 – 🔲 – A proximité : 🔲
 Tarif : ⚡ *17* – 🔲 *23* – 🔲 *11 (6A)*

ST-SAUVEUR-SUR-TINÉE

06420 Alpes-Mar. 🔢 – 🔢 ⑩ ⑳ G. Alpes du Sud – 337 h. alt. 500.
Paris 820 – Auron 30 – Guillaumes 43 – Isola 2000 28 – Puget-Théniers 52 – St-Étienne-de-Tinée 29.

⚊ *Municipal* 15 juin-15 sept.
 ✆ 04 93 02 03 20 – N : 0,8 km sur D 30 rte de Roubion, avant le pont, bord de la Tinée, Chemin
 piétons direct pour rejoindre le village – ≤ ⚬⛟ 🔲(tentes) – **R** conseillée
 0,37 ha (20 empl.) plat et terrasses, pierreux, gravillons ♀
 🔲 🔲 🔲 ⊛ – 🔲
 Tarif : (Prix 1998) 🔲 *1 pers. 32 ou 34, pers. suppl. 18* – 🔲 *20*

ST-SAVIN

86310 Vienne 🔢 – 🔢 ⑮ G. Poitou Vendée Charentes – 1 089 h. alt. 76.
Paris 347 – Le Blanc 19 – Poitiers 44.

⚊ *Municipal du Moulin de la Gassotte* 12 mai-15 sept.
 ✆ 05 49 48 18 02 – vers sortie Nord par D 11, rte de St-Pierre-de-Maillé, bord de la Gartempe –
 🔲 ⚬⛟ – **R** – 🐾
 1,5 ha (50 empl.) plat, herbeux ♀
 🔲 🔲 🔲 ⊛ 🔲 – 🔲 🔲 – A proximité : 🔲
 Tarif : ⚡ *9* – 🔲 *6,20* – 🔲 *5,45/7,70* – 🔲 *12,40*
 Location (permanent) : 🔲 (gîte d'étape)

ST-SAVINIEN

17350 Char.-Mar. 🔢 – 🔢 ④ G. Poitou Vendée Charentes – 2 340 h. alt. 18.
Paris 458 – Rochefort 29 – La Rochelle 63 – St-Jean-d'Angély 15 – Saintes 17 – Surgères 30.

⚊ *L'Île aux Loisirs* avril-sept.
 ✆ 05 46 90 35 11 – O : 0,5 km par D 18 rte de Pont-l'Abbé-d'Arnoult, entre la Charente et le canal,
 à 200 m d'un plan d'eau – ⚬⛟ – **R** conseillée – 🐾
 1,8 ha (67 empl.) plat, herbeux ♀♀
 🔲 🔲 🔲 🔲 ⊛ 🔲 – 🔲 – A proximité : parcours sportif 🔲 🔲 🔲 toboggan aquatique
 Tarif : (Prix 1998) 🔲 *2 pers. 54, pers. suppl. 14* – 🔲 *17 (6A)*
 Location : 🔲 *1980 à 2690*

ST-SERNIN

47120 L.-et-G. **14** – **75** ⑬ ⑭ – 340 h. alt. 120.
Paris 577 – Agen 97 – Bergerac 38 – Duras 8 – Marmande 30 – Ste-Foy-la-Grande 17.

▲▲▲ *Lac de Castelgaillard*
    𝒫 05 53 94 78 74, Fax 05 53 94 77 63 – SO : 2,5 km par D 311 et rte à gauche, à la Base de Loisirs, bord du lac – ⏚ ≤ « Site agréable » ○━
    55 ha/2 campables (83 empl.) peu incliné et en terrasses, herbeux, pierreux ⊟ 亞亞
    ⏚ ⬛ ♨ 🖪 ⏚ 🛒 ▦ – 👤 snack ⏚ – 🚗 ⬡ •⬤ ⏚ ⬛ (plage) 🐎 toboggans aquatiques, parcours de santé

▲ *Aire Naturelle le Moulin de la Borie Neuve* 15 avril-15 oct.
    𝒫 05 53 94 76 57 – à 2,5 km au Nord du bourg, accès conseillé par D 708, rte de Ste-Foy-la-Grande et D 244 à droite, bord de la Dourdèze – ○━ – **R** conseillée – 𝒳
    1 ha (25 empl.) plat, herbeux
    ⬛ ♨ ⏚ ⊙ 🖪
    Tarif : ⚹ 14 – ▣ 16 – ⚡ 13 (8A)

ST-SEURIN-DE-PRATS

24230 Dordogne **9** – **75** ⑬ – 491 h. alt. 20.
Paris 553 – Bergerac 37 – Duras 23 – Libourne 30 – Montpon-Ménestérol 27.

▲▲ *La Plage* mai-25 sept.
    𝒫 05 53 58 61 07, Fax 05 53 58 62 67 – S : 0,7 km par D 11, bord de la Dordogne (rive droite) – ⏚ ○━ – **R** – 𝒳
    5 ha (70 empl.) plat et peu incliné, herbeux 亞亞
    ⏚ ⬛ ♨ 🖪 ⏚ ⊙ 🖪 – ⬛ 👤 snack ⏚ – 🚗 ⬡ ⬛
    Tarif : ⚹ 20 piscine comprise – ▣ 60 – ⚡ 17,50 (8A)
    Location : ⬛ – studios

ST-SEURIN D'UZET

17 Char.-Mar. **9** – **71** ⑯ – ✉ 17120 Cozes.
Paris 513 – Blaye 61 – La Rochelle 99 – Royan 24 – Saintes 38.

▲ *Municipal le Port* mai-sept.
    𝒫 05 46 90 67 23 – au bourg, près de l'église, bord d'un chenal – ⏚ ○━ juil.-août – **R** conseillée juil.-août – 𝒳
    1 ha (55 empl.) plat, herbeux ⊟ ♀ (0,3 ha)
    ⏚ ⬛ ♨ 🖪 ⏚ ⊙ 🖪
    Tarif : (Prix 1998) ▣ 2 pers. 32, pers. suppl. 11 – ⚡ 12

ST-SEVER

40500 Landes **13** – **78** ⑥ G. Pyrénées Aquitaine – 4 536 h. alt. 102.
🚩 Office de Tourisme pl. Tour-du-Sol 𝒫 05 58 76 34 64, Fax (Mairie) 05 58 76 00 10.
Paris 727 – Aire-sur-l'Adour 32 – Dax 50 – Mont-de-Marsan 17 – Orthez 37 – Pau 68 – Tartas 24.

▲ *Municipal les Rives de l'Adour* juil.-août
    𝒫 05 58 76 04 60 – N : 1,5 km par D 933, rte de Mont-de-Marsan et chemin à droite, au stade, accès direct à l'Adour – ⏚ ○━ – **R** – 𝒳
    2 ha (100 empl.) plat, herbeux 亞亞
    ⬛ ♨ ⏚ ⊙ – 🚗 ⬛ ⬛
    Tarif : ⚹ 9,50 tennis compris – 🚗 5,10 – ▣ 4,70 – ⚡ 10,20 ou 18,40

ST-SORNIN

17600 Char.-Mar. **9** – **71** ⑭ G. Poitou Vendée Charentes – 322 h. alt. 16.
Paris 495 – Marennes 12 – Rochefort 25 – La Rochelle 63 – Royan 20 – Saintes 28.

▲ *Le Valerick* avril-sept.
    𝒫 05 46 85 15 91 – NE : 1,3 km par D 118, rte de Pont-l'Abbé – ⏚ ○━ – **R** conseillée juil.-août – 𝒳
    1,5 ha (50 empl.) plat, incliné, herbeux, petit bois
    ⏚ ⬛ ♨ ⏚ ⊙ – 🚗
    Tarif : ▣ 1 à 3 pers. 55, pers. suppl. 15 – ⚡ 13 (4A) 16 (6A)

ST-SORNIN-LAVOLPS

19230 Corrèze **10** – **75** ⑧ – 946 h. alt. 400.
Paris 453 – Arnac-Pompadour 3 – Brive-la-Gaillarde 42 – St-Yrieix-la-Perche 25 – Tulle 48 – Uzerche 26.

▲ *Municipal* mai-oct.
    𝒫 05 55 73 38 95 – au bourg, derrière l'église et près d'un étang – ⏚ – **R** – 𝒳
    1 ha (45 empl.) en terrasses, plat, herbeux ♀
    ⬛ ♨ 🖪 ⏚ ⊙ – 🚗 – A proximité : ✗
    Tarif : (Prix 1998) ⚹ 12 tennis compris et 7,50 pour eau chaude – ▣ 9,50/20 avec élect.
    Location : huttes

ST-SULPICE-LES-FEUILLES

87160 H.-Vienne 10 – 68 ⑰ – 1 422 h. alt. 289.
Paris 338 – Argenton-sur-Creuse 38 – Limoges 63 – Magnac-Laval 23 – Montmorillon 44.

Municipal du Mondelet avril-oct.
05 55 76 77 45 – sortie Sud, par D 84, rte d'Arnac-la-Poste, au stade – – R –
0,6 ha (30 empl.) plat, herbeux
Tarif : (Prix 1998) *10 tennis compris – 12 – 15 (15A)*

ST-SYLVESTRE-SUR-LOT

47140 L.-et-G. 14 – 79 ⑤ ⑥ – 2 040 h. alt. 65.
Paris 619 – Agen 36 – Bergerac 66 – Bordeaux 152 – Cahors 66.

Aire Naturelle le Sablon Permanent
05 53 41 37 74 – sortie Ouest par D 911, rte de Villeneuve-sur-Lot et 0,8 km par chemin à gauche, bord d'un étang – – R conseillée –
1,5 ha (25 empl.) plat, herbeux (0,7 ha)
Tarif : *10 – 10 – 10 (6A) 14 (10A)*

Municipal les Berges du Lot juin-sept.
05 53 41 22 23 – dans le bourg, derrière la mairie, près du Lot – – R conseillée –
0,4 ha (24 empl.) plat, herbeux
– (petite piscine) – A proximité :
Tarif : (Prix 1998) *12 – 16 – 10 (16A)*

ST-SYMPHORIEN-DE-THÉNIÈRES

12460 Aveyron 15 – 76 ⑬ – 251 h. alt. 800.
Paris 588 – Chaudes-Aigues 42 – Entraygues-sur-Truyère 26 – Espalion 34 – Laguiole 16 – Rodez 64.

Municipal St-Gervais avril-1er nov.
05 65 44 82 43 – **à St-Gervais,** O : 5 km par D 504, près d'un plan d'eau et à proximité d'un lac – – R conseillée –
1 ha (41 empl.) peu incliné et en terrasses, plat, herbeux
– – A proximité : snack
Tarif : (Prix 1998) *élect. comprise 1 ou 2 pers. 65, pers. suppl. 20*

ST-SYMPHORIEN-LE-VALOIS

50250 Manche 4 – 54 ⑫ – 600 h. alt. 35.
Paris 330 – Barneville-Carteret 19 – Carentan 25 – Cherbourg 48 – Coutances 31 – St-Lô 46.

L'Étang des Haizes avril-oct.
02 33 46 01 16, Fax 02 33 47 23 80 – au Nord du bourg par D 900 et chemin à gauche, bord d'un étang – dans locations – R conseillée 20 juil.-20 août – GB
3,5 ha (98 empl.) plat, herbeux
– snack – (petite piscine) toboggan aquatique
Tarif : *30 – 45 – 25 (6A)*
Location : *1900 à 3660*

ST-SYMPHORIEN-SUR-COISE

69590 Rhône 11 – 73 ⑲ G. Vallée du Rhône – 3 211 h. alt. 558.
Paris 491 – Andrézieux-Bouthéon 28 – L'Arbresle 37 – Feurs 31 – Lyon 42 – St-Étienne 35.

Intercommunal Centre de Loisirs de Hurongues 3 avril-3 oct.
04 78 48 44 29 – O : 3,5 km par D 2 rte de Chazelles-sur-Lyon, à 400 m d'un plan d'eau – « Cadre agréable » – R conseillée juil.-août –
3,6 ha (120 empl.) peu incliné et en terrasses, pierreux
– – A proximité : parcours sportif (découverte l'été)
Tarif : (Prix 1998) *19 – 19 – 19 (8A)*

ST-THÉOFFREY

38119 Isère 12 – 77 ⑤ – 279 h. alt. 936.
Paris 596 – Le Bourg-d'Oisans 43 – Grenoble 33 – La Mure 10 – Villars-de-Lans 60.

Les Mouettes juil.-25 août
04 76 83 02 49 – SE : 2,8 km par N 85, rte de la Mure et D 115 à gauche, au lieu-dit les Théneaux, près du lac de Petichet, alt. 1 000 – – R conseillée –
1,5 ha (33 empl.) plat, peu incliné à incliné, herbeux
–
Tarif : *17 – 8 – 14 – 14 (4A) 16 (6A)*

ST-THOMÉ

07220 Ardèche **16** – **80** ⑩ G. Vallée du Rhône – 285 h. alt. 140.
Paris 623 – Montélimar 20 – Nyons 55 – Pont-St-Esprit 37 – Privas 44 – Vallon-Pont-d'Arc 32.

▲ **Le Médiéval** Pâques-sept.
  ℰ 04 75 52 64 26 – N : 1,7 km par D 210, D 107, rte d'Alba-la-Romaine et chemin à gauche, bord de l'Escoutay, Accès difficile en venant d'Alba-la-Romaine, faire demi-tour sur le parking des Crottes
  – ≤ �o━ – **R** – ♂
  3,3 ha (119 empl.) plat, peu incliné, herbeux ⚲
  ⚹ 🎣 ⛺ 🏕 ⊕ 🖻 – ☂ snack ⚄ – ⛵ ⚌ ⚑ 〰 (petite piscine)
  Tarif : 🅴 2 pers. 70 – ⚡ 17 (3 ou 6A)
  Location (mai-sept.) : 🛖 1400 à 1700 – 🛖 1400 à 2400 – studios

▶ *Donnez-nous votre avis sur les terrains que nous recommandons.*
  Faites-nous connaître vos observations et vos découvertes.

ST-TROJAN-LES-BAINS

17 Char.-Mar. – **71** ⑭ – voir à Oléron (Ile d').

ST-VAAST-LA-HOUGUE

50550 Manche **4** – **54** ③ G. Normandie Cotentin – 2 134 h. alt. 4.
🖪 Office de Tourisme quai Vauban ℰ et Fax 02 33 54 41 37.
Paris 344 – Carentan 41 – Cherbourg 32 – St-Lô 69 – Valognes 19.

▲▲ **La Gallouette** avril-15 oct.
  ℰ 02 33 54 20 57, Fax 02 33 54 16 71 – au Sud du bourg, à 500 m de la plage – o━ – **R** conseillée juil.-août – **GB** ♂
  2,3 ha (170 empl.) plat, herbeux 🔲
  🎣 ⛺ 🖻 ⚱ ⊕ 🖻 – ⚄ – ⚌ parcours de santé
  Tarif : ⚹ 19 – 🅴 23 – ⚡ 14 (4A) 21 (6A)
  Location : 🛖 1680 à 2760

à Réville N : 3 km – 1 205 h. alt. 12 – ⊠ 50760 Réville :

▲▲ **Jonville** 2 avril-15 sept.
  ℰ 02 33 54 48 41, Fax 02 33 54 12 44 – SE : 2 km par D 328, à la Pointe de Saire, accès direct à la plage – o━ – **R** conseillée août – **GB** ♂
  8 ha (127 empl.) plat, herbeux, sablonneux 🔲
  🎣 ⛺ 🖻 ⚱ 🏕 ⊕ 🖻 – ☂ – ⛵
  Tarif : ⚹ 17 – 🅴 25 – ⚡ 16 (6A) 26 (10A)
  Location : 🛖 1600 à 2500

ST-VALERY-EN-CAUX

76460 S.-Mar. **1** – **52** ③ G. Normandie Vallée de la Seine – 4 595 h. alt. 5.
🖪 Office de Tourisme Maison Henri-IV ℰ 02 35 97 00 63, Fax 02 35 97 32 65.
Paris 189 – Bolbec 44 – Dieppe 35 – Fécamp 33 – Rouen 59 – Yvetot 31.

▲▲▲ **Municipal Etennemare** Permanent
  ℰ 02 35 97 15 79 – au Sud-Ouest de la ville, vers le hameau du bois d'Entennemare – Places limitées pour le passage ⚄ o━ – **R** – ♂
  4 ha (116 empl.) plat, peu incliné, herbeux 🔲
  ⚽ ⚹ 🎣 ⛺ 🖻 ⚱ ⚱ ⊕ ⚓ ⚗ 🖻 – ⛵ ⚌ – A proximité : ⚹ 🔲 parcours sportif
  Tarif : (Prix 1998) 🅴 élect. (6A) comprise 2 pers. 75, pers. suppl. 14,50 – ⚡ 10,50 (10A)
  Location : 🏠 1200 à 2100

ST-VALERY-SUR-SOMME

80230 Somme **1** – **52** ⑥ G. Flandres Artois Picardie – 2 769 h. alt. 27.
Paris 202 – Abbeville 18 – Amiens 71 – Blangy-sur-Bresle 38 – Le Tréport 25.

▲▲▲ **Domaine du Château de Drancourt** Pâques-15 sept.
  ℰ 03 22 26 93 45, Fax 03 22 26 85 87 – S : 3,5 km par D 48 et rte à gauche après avoir traversé le CD 940 – ⚄ « Cadre agréable » o━ – **R** indispensable 10 juil.-20 août – **GB**
  5 ha (326 empl.) plat et peu incliné, herbeux 🔲 ⚲
  ⚽ ⚹ 🎣 ⛺ 🖻 ⚱ ⚱ ⊕ 🖻 – ⚄ ☂ ✕ – ⛵ ⚌ 🚲 ⚹ ⚑ 🔲 〰 toboggan aquatique practice de golf, poneys
  Tarif : ⚹ 32 piscine comprise – ⚗ 15 – 🅴 50 – ⚡ 17 (6A)

▲ **Le Picardy** 15 mars-oct.
  ℰ 03 22 60 85 59, Fax 03 22 60 48 44 – SE : 2,5 km par D 3, à Pinchefalise – Places limitées pour le passage o━ **R** indispensable juil.-août – ♂
  2 ha (90 empl.) plat et peu incliné, herbeux 🔲 ⚲ (1 ha)
  🎣 ⛺ 🏕 ⊕ 🖻 – ☂ – ⛵
  Tarif : ⚹ 25 – ⚗ 12 – 🅴 17 – ⚡ 12 (3A) 24 (6A)

ST-VALLIER

26240 Drôme 🔢 – 🔢 ① G. Vallée du Rhône – 4 115 h. alt. 135.
🅱 Office de Tourisme Pays Valloire Galaure 🖉 04 75 31 27 27.
Paris 529 – Annonay 21 – St-Étienne 60 – Tournon-sur-Rhône 16 – Valence 32 – Vienne 41.

⚠️ **Municipal Les Îles de Silon** 15 mars-15 nov.
🖉 04 75 23 22 17 – Nord par av. de Québec (N7) et chemin à gauche, près du Rhône – ≤ ⚬━ – ℞
1,35 ha (92 empl.) plat, herbeux 🔲 ♀
🔳 ⇌ 🔲 ⏁ ⊕ – A proximité : parcours de santé 🍴
Tarif : ★ 12 – 🔲 15 – 🔋 12 (6A)

ST-VARENT

79330 Deux-Sèvres 🔢 – 🔢 ⑱ – 2 557 h. alt. 110.
Paris 339 – Bressuire 24 – Châtellerault 70 – Parthenay 29 – Thouars 12.

⚠️ **Municipal** 15 mars-sept.
NO : 1 km par D 28, rte d'Argenton-Château, près de la piscine – ℞
0,5 ha (25 empl.) plat, herbeux 🔲
🔳 ⇌ 🔲 ⊕ 🔺 – 🔧 – A proximité : 🍴 🔲
Tarif : (Prix 1998) ★ 8 – 🚗 4 – 🔲 6 – 🔋 10

ST-VAURY

23320 Creuse 🔢 – 🔢 ⑨ G. Berry Limousin – 2 059 h. alt. 450.
Paris 354 – Aigurande 33 – Le Grand-Bourg 18 – Guéret 11 – La Souterraine 28.

⚠️ **Municipal la Valette** 15 juin-15 sept.
🖉 05 55 80 29 82 – N : 2 km par D 22, rte de Bussière-Dunoise, près de l'étang – ℞ – ⚕
1,6 ha (16 empl.) non clos, plat, terrasse, herbeux
🔳 ⇌ 🔲 ⏁ ⊕ – A proximité : 🌊 (plage)
Tarif : (Prix 1998) ★ 11 – 🚗 8 – 🔲 7/8 – 🔋 10 (6A)

ST-VICTOR-DE-MALCAP

30500 Gard 🔢 – 🔢 ⑧ – 506 h. alt. 140.
Paris 683 – Alès 25 – Barjac 15 – La Grand-Combe 27 – Lussan 21 – St-Ambroix 5.

⚠️ **Domaine de l'Abeiller** mai-sept.
🖉 04 66 24 15 27, Fax 04 66 24 14 08 – SE : 1 km, accès par D 51, rte de St-Jean-de-Maruéjols
et chemin à gauche – 🌿 « Cadre agréable » ⚬━ – ℞ conseillée – ⚕
3 ha (132 empl.) en terrasses, plat, pierreux, herbeux 🔲 ♀♀ chênaie
🔧 🔳 ⇌ 🔲 ⏁ 🔺 ⊕ 🔲 – 🍷 snack 🔧 – 🏠 🏃 🔧 🔲 toboggan aquatique – A proximité :
🍴
Tarif : 🔲 piscine comprise 2 pers. 113, pers. suppl. 20 – 🔋 18 (6A)
Location : 🏠 1450 à 2900

ST-VICTOR-ET-MELVIEU

12400 Aveyron 🔢 – 🔢 ⑬ – 299 h. alt. 635.
Paris 672 – Albi 78 – Lacaune 62 – Rodez 66 – St-Affrique 17.

⚠️ **La Tioule** juil.-août
🖉 05 65 62 51 93 – à l'Ouest du bourg – 🌿 ≤ ⚬━ – ℞ conseillée août – ⚕
1 ha (33 empl.) en terrasses, plat et peu incliné, herbeux 🔲 ♀ verger
🔳 ⇌ 🔲 🔲 – 🌊 (petite piscine)
Tarif : ★ 10 – 🚗 5 – 🔲 5

ST-VINCENT-DE-BARRÈS

07210 Ardèche 🔢 – 🔢 ⑳ G. Vallée du Rhône – 524 h. alt. 200.
Paris 597 – Aubenas 47 – Montélimar 18 – Pont-St-Esprit 54 – Privas 16 – Valence 38.

⚠️ **Le Rieutord** mai-sept.
🖉 04 75 65 07 73 – SO : 1,6 km par D 322, rte de St-Bauzile et chemin à gauche – 🌿 – ℞ conseillée
juil.-août – ⚕
1,4 ha (62 empl.) plat et peu incliné, herbeux, pierreux ♀
🔧 🔲 (🔳 ⇌ 🔲 juin-sept.) ⊕ 🔺 🔻 🔲 – 🍷 snack 🔧 – 🏠 🍴 🔲 toboggan aquatique
Tarif : 🔲 élect. (6A), piscine et tennis compris 1 pers. 58

ST-VINCENT-DE-COSSE

24220 Dordogne 🔢 – 🔢 ⑰ – 302 h. alt. 80.
Paris 542 – Bergerac 60 – Brive-la-Gaillarde 65 – Fumel 60 – Gourdon 30 – Périgueux 64 – Sarlat-la-Canéda 13.

Schéma à la Roque-Gageac

⚠️ **Le Tiradou** 15 avril-sept.
🖉 05 53 30 30 73 – à 0,5 km au Sud-Ouest du bourg, bord d'un ruisseau – ⚬━ – ℞ conseillée juil.-août
– ⚕
2 ha (60 empl.) plat, herbeux 🔲 ♀♀ (1ha)
🔧 🔳 ⇌ 🔲 ⏁ ⊕ 🔲 – 🏠 🔲
Tarif : ★ 25 piscine comprise – 🔲 30 – 🔋 12 (3A) 15 (6A)

04340 Alpes-de-H.-Pr. **17** – **81** ⑦ – 168 h. alt. 1 300.
Paris 713 – Barcelonnette 32 – Gap 45 – Le Lauzet-Ubaye 11 – Savines-le-Lac 32 – Seyne 15.

▲ **Lou Pibou** juil.-août
  ℘ 04 92 85 51 58 – NO : 7 km par D 900 et 900ᴮ à gauche, rte de Gap puis 2,6 km par D 7 à droite,
  à proximité du lac, alt. 810 – ≤ lac de Serre-Ponçon et montagnes ⚬╼ – **R**
  2 ha (60 empl.) non clos, peu incliné à incliné, plat, terrasses, herbeux
  ᕁ ᥩ ⇌ ᗏ ☺ 🖼 – 🍽 pizzeria – ✗
  Tarif : ✦ *12* – ⇌ *5* – 🄴 *12* – (ᵍ) *11 (3A) 16 (6A)*

▶ *Ask your bookseller for the catalogue of* **MICHELIN** *publications.*

85520 Vendée **9** – **67** ⑪ G. **Poitou Vendée Charentes** – 658 h. alt. 10.
🅱 Office de Tourisme Le Bourg ℘ 02 51 33 62 06, Fax 02 51 33 01 23.
Paris 450 – Challans 64 – Luçon 34 – La Rochelle 69 – La Roche-sur-Yon 35 – Les Sables-d'Olonne 24.

Schéma à Jard-sur-Mer

ᴀᴀᴀ **La Bolée d'Air** 5 avril-25 sept.
  ℘ 02 51 90 36 05 – E : 2 km par D 21 et à droite – ⚬╼ – **R** conseillée 10 juil.-20 août – **GB**
  ✗
  5,7 ha (280 empl.) plat, herbeux ᕤ ♀
  ᕁ ᥩ ⇌ 🖳 ᗏ ☺ ᗑ ⊽ 🖼 – ᗐ 🍽 ✦╾ – ᗓ ⇝ 🗲 ᗗ 🚲 ✗ ᵐ 🖼 ⊒ toboggan aquatique
  Tarif : (Prix 1998) 🄴 *piscine comprise 2 pers. 125, pers. suppl. 31* – (ᵍ) *20 (6A)*
  Location : ᕬ *1300 à 3700* – ᗬ *1400 à 3800* – *bungalows toilés*

56350 Morbihan **4** – **63** ⑤ – 1 112 h. alt. 54.
Paris 418 – Ploërmel 43 – Redon 8 – La Roche-Bernard 34 – Vannes 53.

▲ **Municipal de Painfaut-Île-aux-Pies** Pâques-Toussaint
  ℘ 02 99 91 37 77 – NE : 2,2 km par rte de l'Île-aux-Pies et chemin à gauche, à 250 m de l'Oust (canal)
  – ⇲ ⚬╼ juil.-août – **R**
  1,5 ha (30 empl.) peu incliné, herbeux, bois attenant
  ᕁ ᥩ ⇌ ᗏ ☺
  Tarif : (Prix 1998) 🄴 *2 pers. 22 (35 avec élect.), pers. suppl. 8*

03270 Allier **11** – **73** ⑤ G. **Auvergne** – 3 003 h. alt. 275.
Paris 416 – Clermont-Ferrand 52 – Montluçon 105 – Moulins 65 – Roanne 72.

▲ **Municipal la Gravière** fin mai-fin sept.
  ℘ 04 70 59 21 00 – sortie Sud-Ouest par D 55ᴱ rte de Randan, près de l'Allier avec accès direct (rive
  gauche) – ⚬╼ – **R** conseillée juil.-août – ✗
  1,5 ha (80 empl.) plat, herbeux ᕤ ♀
  ᕁ ᥩ ⇌ 🖳 ᗏ ᗑ ☺ ᗓ ⊽ 🖼 – A proximité : ✗ ✦╾ ⊒
  Tarif : (Prix 1998) ✦ *13* – 🄴 *15,20* – (ᵍ) *11,40 (5A)*

87500 H.-Vienne **10** – **72** ⑰ G. **Berry Limousin** – 7 558 h. alt. 360.
🅱 Office de Tourisme 58 bd de l'Hôtel-de-Ville ℘ 05 55 08 20 72, Fax 05 55 08 10 05.
Paris 432 – Brive-la-Gaillarde 63 – Limoges 41 – Périgueux 62 – Rochechouart 52 – Tulle 75.

▲ *Municipal d'Arfeuille*
  ℘ 05 55 75 08 75 – N : 2,5 km par rte de Limoges et chemin à gauche, bord d'un étang – ≤ « Cadre
  et situation agréables » ⚬╼
  2 ha (100 empl.) en terrasses, herbeux, pierreux ᕤ ♀ (0,8 ha)
  ᥩ ⇌ 🖳 ᗏ ☺ 🖼 – ✦╾ ᵐ ᗛ (plage) – A proximité : ✗ ✗ ·⊛

29140 Finistère **3** – **58** ⑮ G. **Bretagne** – 2 386 h. alt. 105.
Paris 554 – Carhaix-Plouguer 55 – Concarneau 13 – Quimper 15 – Rosporden 9.

ᴀᴀᴀ **Municipal du Bois de Pleuven** Permanent
  ℘ 02 98 94 70 47, Fax 02 98 94 78 99 – SO : 4 km par rte de la Forêt-Fouesnant – ⇲ « Cadre
  agréable en forêt » ⚬╼ – **R** conseillée – **GB** ✗
  12 ha (280 empl.) plat, herbeux, gravier ᕤ ♀♀
  🖳 (ᥩ ⇌ ᗏ avril-sept.) ☺ 🖼 – ᗓ 🍽 ✦╾ – ᗐ ✦╾ 🚲 ✗ ᵐ ⊒
  Tarif : (Prix 1998) ✦ *14* – ⇌ *6,50* – 🄴 *21* – (ᵍ) *15 (5A) 18 (plus de 5A)*
  Location : ᕬ *1200 à 2800*

STE-ANNE-D'AURAY

56400 Morbihan **3** – **63** ② G. Bretagne – 1 630 h. alt. 42.
Paris 476 – Auray 7 – Hennebont 31 – Locminé 27 – Lorient 41 – Quimperlé 57 – Vannes 17.

⚠ **Municipal du Motten** juin-sept.
& 02 97 57 60 27 – SO : 1 km par D 17 rte d'Auray et r. du Parc à droite – ⊶ – **R** conseillée juil.-août
– ⚲
1 ha (115 empl.) plat, herbeux ♀
& 🗑 ⚓ 🖰 ☺ – 🏬 ⚡ ✕
Tarif : ⚹ 10,40 tennis compris – ⚌ 5,50 – 🗉 7,60 – 🔌 12,50 (6A)

STE-ANNE-LA-PALUD

29 Finistère – **58** ⑭ – rattaché à Plonévez-Porzay.

STE-CATHERINE

69440 Rhône **11** – **73** ⑲ – 770 h. alt. 700.
Paris 490 – Andrézieux-Bouthéon 41 – L'Arbresle 42 – Feurs 43 – Lyon 37 – St-Étienne 39.

⚠ **Municipal du Châtelard** mars-nov.
& 04 78 81 80 60 – S : 2 km, alt. 800 – ⛰ ⩻ Mont Pilat ⊶ – **R** conseillée – ⚲
4 ha (61 empl.) en terrasses, herbeux, gravier ⊏⊐
🗑 ⚓ 🖫 🖰 ☺ 🖩
Tarif : ⚹ 11 – 🗉 13 – 🔌 11,50 ou 14

STE-CATHERINE-DE-FIERBOIS

37800 I.-et-L. **10** – **64** ⑮ G. Châteaux de la Loire – 539 h. alt. 114.
Paris 264 – Azay-le-Rideau 25 – Chinon 38 – Ligueil 21 – Tours 30.

⚠ **Parc de Fierbois** 15 mai-14 sept.
& 02 47 65 43 35, Fax 02 47 65 53 75 – S : 1,2 km – ⛰ « Cadre agréable, bois, lac, parc aquatique »
⊶ – **R** conseillée juil.-août – **GB**
30 ha/12 campables (320 empl.) plat et terrasses, herbeux ⊏⊐ ⚱⚱ (3 ha)
& 🗑 ⚓ 🖫 🖩 ☺ 🖰 ✕ (dîner seulement) pizzeria ⛲ cases réfrigérées – 🏬 ⚡
⚡ ⚿ ✕ ⩻ ⚓ ⚌ (plage) toboggans aquatiques
Tarif : (Prix 1998) 🗉 piscine comprise 2 pers. 144, pers. suppl. 20 – 🔌 18 (2A)
Location : 🛖 1995 à 3500 – 🏠 1260 à 3780

STE-CROIX-DE-VERDON

04500 Alpes de H.-Pr. **17** – **81** ⑯ – 87 h. alt. 530.
🛈 Syndicat d'Initiative Mairie *&* 04 92 77 85 29, Fax 04 92 77 76 23.
Paris 784 – Brignoles 59 – Castellane 58 – Digne-les-Bains 52 – Draguignan 54 – Manosque 44.

⚠ **Municipal les Roches** avril-15 oct.
& 04 92 77 78 99 – 1 km au Nord-Est du bourg, à 50 m du lac de Ste-Croix, Pour les caravanes,
le passage par le village est interdit – ⩻ « Cadre agréable » ⊶ – **R** conseillée juil.-août – **GB**
6 ha (233 empl.) plat et en terrasses, vallonné, accidenté, herbeux, gravillons ♀♀
& 🗑 ⚓ ☺ 🖩 – cases réfrigérées – A proximité : ⚌ ♀
Tarif : (Prix 1998) 🗉 2 pers. 68, pers. suppl. 16 – 🔌 15 (10 à 16A)

STE-CROIX-EN-PLAINE

68127 H.-Rhin **8** – **87** ⑦ – 1 895 h. alt. 192.
Paris 499 – Belfort 75 – Colmar 9 – Freiburg-im-Breisgau 48 – Guebwiller 22 – Mulhouse 37.

⚠ **Clair Vacances** Pâques-1er nov.
& 03 89 49 27 28, Fax 03 89 49 21 55 – NO : 2,7 km par D 1, rte d'Herrlisheim – **M** « Entrée fleurie »
⊶ ⚿ juil.-août – **R** – **GB** ⚲
4 ha (60 empl.) plat, herbeux ⊏⊐
⪢ & 🗑 ⚓ 🖫 🖩 🖰 ☺ 🖩 – 🏬 ⚡
Tarif : (Prix 1998) 🗉 2 pers. 68 – 🔌 13 (4A) 17 (8A) 25 (13A)

STE-ÉNIMIE

48210 Lozère **15** – **80** ⑤ G. Gorges du Tarn – 473 h. alt. 470.
🛈 Office de Tourisme à la Mairie *&* 04 66 48 53 44, Fax 04 66 48 52 28.
Paris 617 – Florac 28 – Mende 28 – Meyrueis 29 – Millau 58 – Sévérac-le-Château 48 – Le Vigan 78.

⚠ **Les Fayards** mai-sept.
& 04 66 48 57 36 – SO : 3 km par D 907 bis, rte de Millau, bord du Tarn – ⛰ ⊶ – **R** conseillée
juil.-août – ⚲
2 ha (90 empl.) plat, herbeux, pierreux ⊏⊐ ♀♀
& 🗑 ⚓ 🖫 🖰 ☺ ⛲ 🖩 – ⚡ – ⚌
Tarif : 🗉 2 pers. 76, pers. suppl. 20 – 🔌 13 (5A)
Location : 🏠 1400 à 2200

▲▲ **Couderc** avril-sept.
⌀ 04 66 48 50 53, Fax 04 66 48 58 59 – SO : 2 km par D 907 bis, rte de Millau, bord du Tarn – ⊶
– **R** conseillée – ⌀⃫
2,5 ha (113 empl.) en terrasses, pierreux, herbeux ⚏⚏
▥ ⅙ ⌂ ⇆ ⊡ ⌂ ⊟ ⊙ ⊡ ▣ – ❢ – ⅄ ≃
Tarif : ▣ piscine comprise 2 pers. 76, pers. suppl. 20 – ⑷ 13 (6A)
Location : ⌷⇶ 1500 à 2100

▲ **Le Site de Castelbouc** avril-sept.
⌀ 04 66 48 58 08 – SE : 7 km par D 907ᴮ, rte d'Ispagnac puis 0,5 km par rte de Castelbouc à
droite, bord du Tarn – ⌕ ≼ « Site agréable » ⊶ juil.-août – **R** conseillée juil.-août – ⊞
⌀⃫
1 ha (60 empl.) non clos, plat, peu incliné, herbeux ⊏⊐ ⚍
⅙ ⌂ ⇆ ⊡ ⌁ ⊙ ▣ – ≃
Tarif : ▣ 2 pers. 55, pers. suppl. 17 – ⑷ 12 (5A)

40200 Landes ⓭ ⓟⓧ ⓜ – 773 h. alt. 26.
Paris 675 – Arcachon 57 – Biscarrosse 94 – Mimizan 12 – Parentis-en-Born 15.

▲▲ **Les Bruyères** mai-sept.
⌀ 05 58 09 73 36, Fax 05 58 09 75 58 – N : 2,5 km par D 652 et rte de Lafont – ⌕ ⊶ – **R** conseillée
– ⊞ ⌀⃫
2,8 ha (145 empl.) plat, sablonneux, herbeux ⊏⊐ ⚏⚏
⅙ ⌂ ⇆ ⊡ ⊙ ⊙ ⌁ ▽ ▣ – ⊒ ❢ ⅋ – ⌖ ⅋ ⅄
Tarif : ▣ élect. (6A) et piscine comprises 2 pers. 98, pers. suppl. 22
Location : ⌷⚏ 1350 à 2250 – ⌷⇶ 1950 à 3150

33220 Gironde ⓮ – ⓰ ⓭ G. Périgord Quercy – 2 745 h. alt. 10.
⊟ Office de Tourisme 102 r. de la République ⌀ 05 57 46 03 00, Fax 05 57 46 16 62.
Paris 555 – Bordeaux 71 – Langon 60 – Marmande 44 – Périgueux 66.

▲ **Municipal la Tuilerie** mars-oct.
⌀ 05 57 46 13 84 – sortie Nord-Est par D 130, bord de la Dordogne – ⌕ « Cadre fleuri » ⊶ –
R conseillée juil.-août
1,2 ha (60 empl.) plat, herbeux ⚏⚏
⅙ ⌂ ⇆ ⊡ ⊙ ⊙ ▣ – ⌱ – A proximité : ⅄
Tarif : ⚲ 15 – ▣ 20/26 – ⑷ 17 (10A)

47110 L.-et-G. ⓮ – ⓱⓮ ⑤ – 5 938 h. alt. 56.
⊟ Syndicat d'Initiative av. René Bouchon ⌀ 05 53 01 45 88 et (hors saison) ⌀ 05 53 01 04 76.
Paris 597 – Agen 37 – Marmande 43 – Villeneuve-sur-Lot 10.

▲ **Municipal Fonfrède** 15 juin-août
⌀ 05 53 01 00 64 – E : 1 km par D 911ᴱ, rte de Villeneuve-sur-Lot et chemin à gauche, derrière le
stade – ⊶ – **R** – ⌀⃫
2 ha (75 empl.) plat, herbeux ⚍
⌂ ⇆ ⊡ ⊙ ⊙ ▣ – ⌱ ⌖⇵ – A proximité : ⅋ ⅄
Tarif : ⚲ 11 – ⇔ 9,50 – ▣ 9,50 – ⑷ 9,50

---

44 Loire-Atl. – ⓰⓱ ③ – rattaché à Nantes.

2A Corse-du-Sud – ⓼⓪ ⑧ – voir à Corse.

66470 Pyr.-Or. ⓯ – ⓼⓰ ⓴ – 2 171 h. alt. 4.
Paris 854 – Argelès-sur-Mer 25 – Le Boulou 34 – Perpignan 14 – Rivesaltes 18 – St-Laurent-de-la-Salan-
que 6.

▲▲▲ **Le Lamparo** mai-19 sept.
⌀ 04 68 73 83 87, Fax 04 68 80 69 77 – sortie Est vers Ste-Marie-Plage et à droite – ⊶ –
R conseillée – ⊞ ⌀⃫
2,5 ha (171 empl.) plat, sablonneux, herbeux ⊏⊐ ⚏⚏
⅙ ⌂ ⇆ ⊡ ⊙ ⊙ ▣ – ❢ snack, pizzeria ⅊ – ⌖⇵ ⅋ ⅄ half-court
Tarif : ▣ piscine et tennis compris 1 ou 2 pers. 108, pers. suppl. 29 – ⑷ 20 (10A)
Location : ⌷⚏ 1370 à 1950 – ⌷⇶ 1700 à 3100 – bungalows toilés

à la Plage E : 2 km – ⊠ 66470 Ste-Marie :

▲▲▲ Le Palais de la Mer 20 mai-22 sept.
℘ 04 68 73 07 94, Fax 04 68 73 57 83 – à 600 m au Nord de la station, à 150 m de la plage (accès direct) « Cadre agréable » ⊶ – **R** conseillée juil.-août – ⚲
2,6 ha (181 empl.) plat, sablonneux, herbeux ⊏⊐ ۩۩
♿ ⌂ ⇄ ⓖ ⌂ ☺ ⤳ ⩊ ⊡ ▣ – ⊒ ♈ snack, pizzeria ⊶ – ⌂ ⌠♠ ⟆ ⅉ half-court
Tarif : ▣ *piscine comprise 2 pers. 128, pers. suppl. 33* – ⅃ *21 (6A)*
Location : ⌸ *1200 à 3500 – bungalows toilés*

▲▲▲ Municipal de la Plage mars-oct.
℘ 04 68 80 68 59, Fax 04 68 73 14 70 – à 600 m au Nord de la station, à 150 m de la plage, (accès direct) – ⊶ – **R** indispensable 8 juil.-26 août – ⒼⒷ ⚲
7 ha (378 empl.) plat, sablonneux ⊏⊐ ۝
♿ ⌂ ⇄ ⓖ ⌂ ☺ ⤳ ⩊ ▣ – ⊒ ♈ snack ⊶ – ⌂ ⋔ ⌠♠ ·◉ ⅋ ⅉ
Tarif : ▣ *piscine comprise 2 pers. 104, pers. suppl. 34* – ⅃ *16 (6A)*
Location *(mai-sept.) :* ⌸ *2200 à 3000* – ⌂ *2000 à 2800*

▲▲▲ La Pergola 15 mai-sept.
℘ 04 68 73 03 07, Fax 04 68 73 04 67 – av. Frédéric-Mistral, en deux camps distincts, à 500 m de la plage – ⊶ juil.-août – **R** conseillée – ⒼⒷ ⚲
3,5 ha (181 empl.) plat, herbeux ۝۝
♿ ⌂ ⇄ ⓖ ♨ ⌂ ☺ ⤳ ⩊ ⊡ ▣ – snack, pizzeria ⊶ – ⌂ ⌠♠ ⅉ – A proximité : ⍓
Tarif : (Prix 1998) ▣ *2 pers. 110, pers. suppl. 29* – ⅃ *20 (10A)*
Location : ⌸ *1500 à 2750*

STE-MARIE-AUX-MINES

68160 H.-Rhin 🎱 – 🔢 ⑯ Ⓖ Alsace Lorraine – 5 767 h. alt. 350.
🎫 Office de Tourisme 47 r. Wilson *℘* 03 89 58 80 50, Fax 03 89 58 67 92.
Paris 415 – Colmar 32 – St-Dié 24 – Sélestat 22.

▲▲ Les Reflets du Val d'Argent Permanent
℘ 03 89 58 64 83 – SO : 0,8 km par D 48, rte du Col du Bonhomme et chemin à gauche, bord de la Liepvrette – ⩻ ⊶ ⅋ juil.-août dans locations – **R** conseillée – ⒼⒷ ⚲
3 ha (120 empl.) plat et peu incliné, herbeux, gravier
▥ ♿ ⌂ ⇄ ♨ ☺ ▣ – ♈ snack – ⌂ ⌠♠ ⅀ (petite piscine)
Tarif : ☀ *29* – ▣ *25* – ⅃ *20 (5A) 40 (10A) 60 (15A)*
Location : ⌸ *1600 à 3200*

STE-MARIE-DE-CAMPAN

65 H.-Pyr. 🔢 – 🔢 ⑲ – ⊠ 65710 Campan.
Paris 828 – Arreau 25 – Bagnères-de-Bigorre 13 – Luz-St-Sauveur 35 – Pau 74 – Tarbes 33.

▲ L'Orée des Monts Permanent
℘ 05 62 91 83 98 – SE : 3 km par D 918, rte du col d'Aspin, bord de l'Adour de Payolle, alt. 950 – ❄ ⩻ ⊶ – **R** conseillée – ⒼⒷ ⚲
1,8 ha (88 empl.) plat et peu incliné, herbeux
▥ ⌂ ⇄ ⓖ ♨ ☺ ⊡ ▣ ⊶ – ⌂ ⌠♠ ⅉ
Tarif : ▣ *piscine comprise 1 à 3 pers. 95, pers. suppl. 24* – ⅃ *6 par ampère (2 à 10A))*
Location : ⌸

▲ Les Rives de l'Adour 15 déc.-avril, 15 juin-15 sept.
℘ 05 62 91 83 08 – S : 1 km par D 918, rte de la Mongie, accès direct à la rivière, alt. 898 – ⩻ ⊶ – **R** conseillée
1 ha (50 empl.) incliné, en terrasses, plat, herbeux ۝
⌂ ♨ ☺ ▣ – ⌂
Tarif : ☀ *16* – ▣ *15* – ⅃ *13 (2A) 26 (4A) 39 (6A)*

STE-MARIE-DU-MONT

50480 Manche 🔢 – 🔢 ③ Ⓖ Normandie Cotentin – 779 h. alt. 31.
Paris 312 – Barfleur 38 – Carentan 10 – Cherbourg 48 – St-Lô 39 – Valognes 27.

▲▲ Utah-Beach avril-sept.
℘ 02 33 71 53 69, Fax 02 33 71 07 11 – NE : 6 km par D 913 et D 421, à 150 m de la plage – ⊛ ⊶ – **R** conseillée – ⒼⒷ ⚲
4,2 ha (100 empl.) plat et peu incliné, herbeux
♿ ⌂ ⇄ ⓖ ⌂ ♨ ☺ ⊡ ▣ – ⊒ ♈ snack – ⌂ salle d'animation ⌠♠ ⚲⚲ ·◉ ⅋ ⍓ – A proximité :
Tarif : (Prix 1998) ☀ *21 tennis compris* – ▣ *27* – ⅃ *21 (6A)*
Location : ⌸ *1550 à 2600*

▲ La Baie des Veys mai-15 sept.
℘ 02 33 71 56 90 – SE : 5 km par D 913 et D 115 à droite, au Grand Vey, près de la mer – ⊶ ⅋ dans locations – **R** conseillée juil.-août – ⚲
0,5 ha (53 empl.) plat, herbeux ۝
⌂ ⇄ ⓖ ⌂ ☺ ▣ – ⌠♠ – A proximité : ⊒
Tarif : ☀ *15* – ▣ *20* – ⅃ *13 (4A) 16 (6A)*
Location : ⌸ *1000 à 1500*

29 Finistère – 🖫🖫 ⑮ – rattaché à Bénodet.

STE-MAURE-DE-TOURAINE

37800 I.-et-L. 🔟 – 🖫🖫 ④ G. Châteaux de la Loire – 3 983 h. alt. 85.
🗗 Office de Tourisme pl. du Château 🖉 02 47 65 66 20, Fax 02 47 31 04 28.
Paris 273 – Le Blanc 69 – Châtellerault 37 – Chinon 31 – Loches 32 – Thouars 73 – Tours 39.

   ▲ **Municipal de Marans** 15 avril-15 sept.
     🖉 02 47 65 44 93 – SE : 1,5 km par D 760, rte de Loches, et à gauche, r. de Toizelet, à 150 m d'un
     plan d'eau – ⊶ – **R** juil.-août – ⚲
     1 ha (66 empl.) plat et peu incliné, herbeux
     🕭 🗐 🍴 🖱 ☺ 🏖 🖳 – ⚿ ⁒ parcours sportif
     Tarif : (Prix 1998) 🏕 *13,50* – 🗉 *12* – 🗲 *13,50 (10A)*

STE-MÈRE-ÉGLISE

50480 Manche ❹ – 🖫❹ ③ G. Normandie Cotentin – 1 556 h. alt. 28.
Paris 316 – Bayeux 56 – Cherbourg 38 – St-Lô 42.

   ▲▲ **Municipal** Permanent
     🖉 02 33 41 35 22 – sortie Est par D 17 et à droite, près du terrain de sports – 🐾 ⊶ – **R** juil.-août
     – ⚲
     1,3 ha (70 empl.) plat, herbeux, verger
     🗐 🍴 🖱 ☺ 🖳 – 🚐 salle omnisports ⚿ ⚲ ⁒ 🎯
     Tarif : 🏕 *11,50* – 🗉 *17* – 🗲 *13,50*

STE-MONTAINE

18700 Cher ❻ – 🖫❹ ⑳ – 206 h. alt. 162.
Paris 199 – Bourges 52 – Cosne-sur-Loire 50 – Gien 34 – Orléans 62 – Salbris 26 – Vierzon 41.

   ▲ **Municipal** mai-oct.
     au bourg, par D 79, rte de Ménétréol-sur-Sauldre – 🖪
     0,6 ha (33 empl.) plat, herbeux
     🗐 🍴 🖱 ☺ – ⁒
     Tarif : (Prix 1998) 🏕 *7,75* – 🗉 *4,15* – 🗲 *5A : 14,20 (hors saison 28,40)*

STE-REINE-DE-BRETAGNE

44160 Loire-Atl. ❹ – 🖫❸ ⑮ – 1 779 h. alt. 12.
Paris 437 – La Baule 29 – Pontchâteau 8 – La Roche-Bernard 13 – Redon 35 – St-Nazaire 25.

   ▲▲ **Château du Deffay** mai-24 sept.
     🖉 02 40 88 00 57, Fax 02 40 01 66 55 – E : 3 km par D 33 rte de Pontchâteau et chemin à gauche
     – 🐾 « Parc boisé près d'un étang » ⊶ – **R** conseillée juil.-août – 🅶🅱 ⚲
     60 ha/2 campables (120 empl.) plat, peu incliné, en terrasses, herbeux 🗔 ⚲⚲⚲ (1 ha)
     🕭 🗐 🍴 🖱 🖳 🛒 🍵 ✕ 🛖 – 🚐 ⚿ 🚣 ⁒ 🐎 poneys
     Tarif : 🏕 *23 piscine et tennis compris* – 🗉 *55* – 🗲 *21 (6A)*
     Location *(3 avril-16 oct.)* : 🏠 *1300 à 3500*

SAINTES

17100 Char.-Mar. ❾ – 🖫🔟 ④ G. Poitou Vendée Charentes – 25 874 h. alt. 15.
🗗 Office de Tourisme Villa Musso, 62 Cours National 🖉 05 46 74 23 82, Fax 05 46 92 17 01.
Paris 471 – Bordeaux 117 – Niort 74 – Poitiers 138 – Rochefort 45 – Royan 36.

   ▲▲ **Au Fil de l'Eau** 7 mai-15 sept.
     🖉 05 46 93 08 00, Fax 05 46 93 61 88 – N : 1 km par D 128, rte de Courbiac, à la piscine, bord de
     la Charente – ⊶ – **R** conseillée 14 juil.-15 août – 🅶🅱 ⚲
     4,7 ha (214 empl.) plat, herbeux ⚲⚲
     🕭 🗐 🍴 🖱 🏖 ☺ 🖳 – snack 🛒 – 🚐 ⚿ 🛒 🛖
     Tarif : 🏕 *23 piscine comprise* – 🗉 *24* – 🗲 *18 (5A)*

STE-SIGOLÈNE

43600 H.-Loire 🔟🔟 – 🖫❻ ⑧ – 5 236 h. alt. 808.
Paris 554 – Annonay 53 – Monistrol-sur-Loire 8 – Montfaucon-en-Velay 14 – Le Puy-en-Velay 56 – St-
Étienne 39.

   ▲▲ **Camping de Vaubarlet** mai-sept.
     🖉 04 71 66 64 95, Fax 04 71 75 04 04 – SO : 6 km par D 43, rte de Grazac, bord de la Dunière,
     alt. 600 – 🐾 ≪ « Site agréable » ⊶ – **R** conseillée – ⚲
     15 ha/3 campables (131 empl.) plat, herbeux
     🕭 🗐 🍴 🖱 🏖 ☺ 🖳 – 🍷 pizzeria – 🚐 ⚿ ⁒ 🏊
     Tarif : 🗉 *piscine comprise 2 pers. 80* – 🗲 *15 (6A)*
     Location : 🏠 *2100 à 2800 – bungalows toilés*

04220 Alpes-de-H.-Pr. **17** – **84** ④ – 2 855 h. alt. 300.
Paris 762 – Aix-en-Provence 48 – Forcalquier 28 – Gréoux-les-Bains 92 – Manosque 5 – Reillanne 19.

⚠ *Municipal le Chaffère* juin-sept.
🕿 04 92 78 22 75 – sortie Ouest, près du Chaffère « Cadre agréable » ⚊ 🅿 – R – ⚑
0,8 ha (54 empl.) plat, en terrasses, herbeux 🔜 ♉♉
⚒ 🍴 ⚙ 🔲 🛁 ⚲ ☺ ▨ – ⚖ – A proximité : ✖ 🏊
Tarif : (Prix 1998) ⚿ *10,80 –* ▣ *14,90 –* 🔌 *9,50 (3A) 18,80 (6A)*

13460 B.-du-R. **16** – **83** ⑲ G. Provence – 2 232 h. alt. 1.
🛈 Office de Tourisme av. Van-Gogh 🕿 04 90 97 82 55, Fax 04 90 97 71 15.
Paris 762 – Aigues-Mortes 34 – Arles 39 – Marseille 132 – Montpellier 69 – Nîmes 54 – St-Gilles 35.

⚠⚠ *Le Clos du Rhône* Pâques-sept.
🕿 04 90 97 85 99, Fax 04 90 97 78 85 ✉ BP 74 13460 Stes-Maries-de-la-M – O : 2 km par D 38
et à gauche, près du Petit Rhône et de la plage – ⚊ – R conseillée – ⚐ ⚑
7 ha (448 empl.) plat, sablonneux
⚒ ⚒ ⚙ ☺ ⚲ ⚄ ▽ ▨ – ⚖ cases réfrigérées – 🎣 🏊 – A proximité : 🐎
Tarif : ▣ *piscine comprise 2 pers. 105 –* 🔌 *23 (6A) 28 (10A)*

⚠⚠ *La Brise* Permanent
🕿 04 90 97 84 67, Fax 04 90 97 72 01 ✉ BP 74 13460 Stes-Maries-de-la-M – sortie Nord-
Est par D 85A et à droite, près de la plage Est – ⚊ – R conseillée juil.-août – ⚐
⚑
25 ha (1 200 empl.) plat, sablonneux
▦ ⚒ ⚒ ⚙ 🛁 ☺ ▨ – cases réfrigérées – 🎣 ⚡ salle d'animation 🎯 🏊 – A proximité : ⚖
♈ ✖ ⚖
Tarif : ▣ *piscine comprise 2 pers. 100 –* 🔌 *23 (6A) 28 (10A)*
Location : 🚚 *1700 à 3500*

11310 Aude **15** – **83** ⑪ G. Gorges du Tarn – 867 h. alt. 467.
Paris 782 – Carcassonne 25 – Castelnaudary 24 – Foix 84 – Mazamet 37 – Revel 21.

⚠ *Val* 26 juin-28 août
🕿 04 68 24 44 89, Fax 04 68 24 44 95 – sortie Nord-Ouest par D 629, rte de Revel et à gauche –
⚊ – R conseillée 14 juil.-15 août – Adhésion association V.A.L obligatoire pour séjour supérieur à
4 nuits – ⚐ ⚑
1,9 ha (90 empl.) plat et peu incliné, herbeux 🔜 ♉
⚒ ⚒ ⚙ 🔲 🛁 ☺ ▨ – ⚡ 🏊 – A proximité : ✖
Tarif : ▣ *piscine comprise 4 pers. 136, pers. suppl. 21 –* 🔌 *16 (6A)*

---

07 Ardèche – **80** ⑨ – voir à Ardèche (Gorges de l') - Vallon-Pont-d'Arc.

41300 L.-et-Ch. **6** – **64** ⑲ G. Châteaux de la Loire – 6 083 h. alt. 104.
🛈 Office de Tourisme bd de la République 🕿 et Fax 02 54 96 15 52.
Paris 189 – Aubigny-sur-Nère 32 – Blois 66 – Lamotte-Beuvron 21 – Romorantin-Lanthenay 27 – Vierzon 24.

⚠ *Le Sologne* avril-15 oct.
🕿 02 54 97 06 38, Fax 02 54 97 33 13 – sortie Nord-Est par D 55, rte de Pierrefitte-sur-Sauldre,
bord d'un plan d'eau et près de la Sauldre, accès au centre ville par chemin pour piétons – ⚊
R conseillée juil.-août – ⚐ ⚑
2 ha (81 empl.) plat, herbeux 🔜 ♉
⚒ ⚙ 🔲 🛁 ☺ ⚲ ▽ ▨ – 🎣 – A proximité : 🛒 ✖ ▨ 🏊 🏊
Tarif : ▣ *2 pers. 47 –* 🔌 *17 (10A)*
Location : 🚚 *600 à 850*

83690 Var **17** – **84** ⑥ G. Côte d'Azur – 3 012 h. alt. 209.
🛈 Office de Tourisme r. Victor-Hugo 🕿 04 94 70 69 02, Fax 04 94 70 73 34 et Mairie 🕿 04 94 60 40 00.
Paris 841 – Aix-en-Provence 87 – Brignoles 34 – Draguignan 23 – Manosque 66.

⚠⚠ *Municipal des Arnauds* mai-sept.
🕿 04 94 67 51 95, Fax 04 94 70 75 57 – sortie Nord-Ouest par D 560 rte de Sillans-la-Cascade et
à gauche, près de la Bresque, Accès au village par chemin piéton longeant la rivière – ⚊
R conseillée – ⚑
0,8 ha (52 empl.) plat, herbeux 🔜 ♉
⚒ ⚒ ⚙ 🛁 ☺ ⚲ ▽ ▨ – cases réfrigérées – 🎣 🎯 ♿ ⚖ (plan d'eau aménagé)
Tarif : ⚿ *27 –* ▣ *48 avec élect.*
Location (Pâques-fin oct.) : 🏠 *900 à 2200 – studios, gîtes*

538

15140 Cantal **10** – **76** ② G. Auvergne – 439 h. alt. 950.
🛈 Office de Tourisme pl. Tyssandier-d'Escous 𝒫 04 71 40 70 68.
Paris 514 – Aurillac 46 – Brive-la-Gaillarde 102 – Mauriac 19 – Murat 44.

   ▲ **Municipal le Mouriol** 15 mai-15 oct.
     𝒫 04 71 40 73 09 – NE : 1 km par D 680 rte du Puy Mary – ⑤ ⚭ – **FR** – ⚡
     1 ha (100 empl.) plat, peu incliné, herbeux
     🕹 🏠 ↝ 📺 🖾 ⊙ 🝙 – 🖾 🎣 ✕
     Tarif : ⚱ 12,80 – ⇔ 4,70 – 🔳 4,70 – 🔌 14,70

▶ *There is no paid publicity in this guide.*

64270 Pyr.-Atl. **13** – **78** ⑧ G. Pyrénées Aquitaine – 4 974 h. alt. 50 – ♨.
🛈 Office de Tourisme r. des Bains 𝒫 05 59 38 00 33, Fax 05 59 38 02 95.
Paris 781 – Bayonne 60 – Dax 38 – Orthez 18 – Pau 65 – Peyrehorade 18.

   ▲▲ **Municipal de Mosqueros** 15 mars-15 oct.
     𝒫 05 59 32 12 94 – sortie Ouest par D 17, rte de Bayonne, à la Base de Plein Air – ⑤ ⚭ –
     R conseillée juil.-août – ⚡
     0,7 ha (55 empl.) en terrasses, plat, herbeux ♀
     🕹 🏠 ↝ 📺 ⚲ ⊙ 🝙 ↝ 🖾 – 🖾 – A proximité : ·◉ ✕ ⏛
     Tarif : ⚱ 15,70 – 🔳 15,70/32,50 – 🔌 15,40

31260 H.-Gar. **14** – **86** ② G. Pyrénées Aquitaine – 2 074 h. alt. 300.
🛈 Office de Tourisme bd. Jean Jaurès, 𝒫 05 61 90 53 93, Fax 05 61 90 47 43.
Paris 774 – Bagnères-de-Luchon 70 – Foix 69 – St-Girons 25.

   ▲ **Municipal** juin-sept.
     à l'Ouest du bourg – ⚭ – **R** conseillée – ⚡
     1,5 ha (50 empl.) plat, herbeux ♀♀
     🏠 ↝ 📺 ⚲ ⊙ 🝙 ↝ 🖾 – 🖾 ✕
     Tarif : (Prix 1998) ⚱ 10 tennis compris – ⇔ 10 – 🔳 5/10 – 🔌 10

24590 Dordogne **18** – **75** ⑰ G. Périgord Quercy – 964 h. alt. 297.
Paris 512 – Brive-la-Gaillarde 34 – Cahors 83 – Périgueux 68 – Sarlat-la-Canéda 18.

   ▲▲ **Le Temps de Vivre** mai-15 sept.
     𝒫 05 53 28 93 21 – S : 1,5 km par D 61, rte de Carlux et chemin à droite – ⑤ ⚭ – **R** conseillée
     – ⚡
     1 ha (50 empl.) en terrasses et peu incliné, pierreux, herbeux, bois attenant 🗔
     🕹 🏠 ↝ 📺 ⚲ ⊙ 🖾 – ⚑ – ⏛
     Tarif : (Prix 1998) ⚱ 20 piscine comprise – 🔳 18 – 🔌 15 (3A)
     Location : 🏠 800 à 1400 – 🏠 1300 à 2400

39110 Jura **12** – **70** ⑤ G. Jura – 3 629 h. alt. 340 – ♨.
🛈 Office de Tourisme pl. des Salines 𝒫 03 84 73 01 34, Fax 03 84 37 92 85.
Paris 404 – Besançon 42 – Dole 44 – Lons-le-Saunier 51 – Poligny 24 – Pontarlier 46.

   ▲ **Municipal**
     𝒫 03 84 37 92 70 – sortie Nord rte de Besançon, près de l'ancienne gare
     1 ha (40 empl.) plat, herbeux, gravillons
     🕹 🏠 ↝ 📺 ⊙ 🖾

74700 H.-Savoie **12** – **74** ⑧ G. Alpes du Nord – 12 767 h. alt. 550.
🛈 Office de Tourisme 31 quai Hôtel-de-Ville 𝒫 04 50 58 04 25,
Fax 04 50 58 38 47.
Paris 588 – Annecy 70 – Bonneville 30 – Chamonix-Mont-Blanc 28
– Megève 14 – Morzine 45.

   ▲▲ **Mont-Blanc-Village** Pâques-sept.
     𝒫 04 50 58 43 67 ✉ 74702 Sallanches Cedex – SE : 2 km
     – ≼ « Cadre agréable » ⚭ – **R** conseillée juil.-août – ⏻
     ⚡
     6,5 ha (130 empl.) plat, herbeux, pierreux, petit plan d'eau
     ♀♀
     🎱 🏠 ↝ 📺 ⊙ 🖾 – 🚲 ⚑ ✕ 🍴 – 🖾
     Tarif : ⚱ 26 – ⇔ 22 – 🔳 22 – 🔌 16 (10A)
     Location : *huttes*

△ **Municipal des Îles** juin-mi-sept.
    ☎ 04 50 58 45 36 ✉ 74190 Passy – SE : 2 km, bord d'un ruisseau et à 250 m d'un plan d'eau –
    ≤ « Cadre agréable » ⊶ – **R** conseillée – **GB** ⚲
    4,6 ha (260 empl.) plat, herbeux, pierreux ⌑ ♀
    ♿ ⅶ ⇆ ⚎ ⚲ ▣ – ☂ – A proximité : ≊
    Tarif : (Prix 1998) ☆ 22 – ⇔ 9 – ▣ 20 – [⚡] 14 (8A)

La SALLE-EN-BEAUMONT

38350 Isère ⓬ – ⓱ ⑮ – 278 h. alt. 756.
Paris 616 – Le Bourg-d'Oisans 46 – Gap 52 – Grenoble 53.

△△ **Le Champ Long** mai-15 oct.
    ☎ 04 76 30 41 81 – SO : 2,7 km par N 85, rte de la Mure et chemin du Bas-Beaumont à
    gauche, Accès difficile aux emplacements, mise en place et sortie des caravanes à la demande –
    ⅋ ≤ Vallée du Drac et lac de St-Pierre « Cadre sauvage » ⊶ – **R** conseillée juil.-août –
    ⚲
    3,5 ha (50 empl.) en terrasses, plat, vallonné, accidenté, herbeux, pierreux ⌑ ♀♀ sapinière
    ♿ ⅶ ⇆ ▤ ⚎ ⊛ ▣ – ☂ snack – ⌂ ⚵ ⅃
    Tarif : ▣ piscine comprise 1 à 4 pers. 45 à 125 – [⚡] 20 (10A)
    Location : ⌅ 1100 à 1400 – ⌂ 1400 à 2400

SALLÈLES-D'AUDE

11590 Aude ⓯ – ⓭ ⑭ G. Pyrénées Roussillon – 1 659 h. alt. 18.
🛈 Syndicat d'initiative 15 r. Jean-Clavel ☎ 04 68 46 81 46, Fax 04 68 46 91 00.
Paris 801 – Béziers 31 – Carcassonne 59 – Narbonne 13 – St-Chinian 25.

△ **Municipal** juin-sept.
    sortie Est vers Ouveillan par D 418 et chemin à droite, à 500 m du canal du Midi – ⅋ –
    𝕽
    0,5 ha (30 empl.) plat, herbeux ⌑
    ♿ ⅶ ⇆ ⚎ ⊛ – A proximité : ✘ ⚴
    Tarif : (Prix 1998) ☆ 15 – ▣ 15 – [⚡] 12

SALLERTAINE

85300 Vendée ⑨ – ⓺ ⑫ – 2 245 h. alt. 8.
Paris 444 – Challans 8 – Noirmoutier-en-l'Île 37 – La Roche-sur-Yon 51 – St-Jean-de-Monts 12.

△ **Municipal de Bel Air** 15 juin-15 sept.
    ☎ 02 51 35 30 00 – à 0,5 km à l'Est du bourg – ⅋ – **R** – ⚲
    1,4 ha (69 empl.) plat, herbeux
    ⅶ ⇆ ▤ ⚎ ⊛ ⚎
    Tarif : ☆ 10,40 – ▣ 8,30 – [⚡] 11 (5A)

SALLES

33770 Gironde ⓭ – ⓷ ② – 3 957 h. alt. 23.
Paris 634 – Arcachon 35 – Belin-Béliet 11 – Biscarrosse 121 – Bordeaux 56.

△△ **Le Val de l'Eyre** Permanent
    ☎ 05 56 88 47 03, Fax 05 56 88 47 27 – sortie Sud-Ouest par D 108ES, rte de Lugos, bord de l'Eyre
    et d'un étang - par A 63 : sortie 21 – ⅋ ⊶ – **R** conseillée – **GB** ⚲
    13 ha/4 campables (150 empl.) plat, vallonné, sablonneux, herbeux ♀♀
    ▥ ♿ ⅶ ▤ ⚎ ⊛ ⚎ ▣ – ☂ snack – ⌂ ⅄ ⅃ – A proximité : ⌇
    Tarif : (Prix 1998) ▣ piscine comprise 1 à 4 pers. 86 à 139, pers. suppl. 12 – [⚡] 16 (6A)
    Location : ⌅ 1250 à 2950 – ⌂ 2050 à 3450

△ **Le Bilos** Permanent
    ☎ 05 56 88 45 14 – SO : 4 km par D 108, rte de Lugos et rte à droite – ⅋ ⊶ – **R** – ⚲
    1,5 ha (85 empl.) plat, herbeux, sablonneux ♀
    ♿ ⅶ ▤ ⊛ ▣ – ⚎ – ⌂
    Tarif : ☆ 13,50 – ▣ 12 – [⚡] 9,50 (3A) 16 (5A) 17 (6A)
    Location (juin-15 oct.) : ⌅

SALLES

47150 L.-et-G. ⓮ – ⓱ ⑥ – 289 h. alt. 120.
Paris 600 – Agen 57 – Fumel 12 – Monflanquin 10 – Villeneuve-sur-Lot 27 – Villeréal 23.

△△ **Des Bastides** Pâques-sept.
    ☎ 05 53 40 83 09, Fax 05 53 40 81 76 – NE : 1 km rte de Fumel, au croisement des D 150 et D 162
    – ≤ « Cadre agréable » ⊶ – **R** conseillée
    6 ha (80 empl.) en terrasses, herbeux ⌑ ♀
    ♿ ⅶ ⇆ ▤ ⚎ ⊛ ▣ – ☂ snack ⅋ – ⅄ ⚵ ⅃
    Tarif : ☆ 29 piscine comprise – ⇔ 10 – ▣ 39 – [⚡] 12 (4A)
    Location : ⌅ 1725 à 2625

12410 Aveyron **15** – **80** ⑬ – 1 277 h. alt. 887.
Paris 652 – Albi 77 – Millau 38 – Rodez 40 – St-Affrique 41.

▲▲▲ *Les Genêts* juin-sept.
  ℰ 05 65 46 35 34, Fax 05 65 78 00 72 – NO : 5 km par D 993 puis à gauche par D 577, rte d'Arvieu
  et 2 km par chemin à droite, bord du lac de Pareloup, alt. 1 000 – ⑤ ≤ ⟁ – **R** conseillée juil.-
  20 août – **GB** ⟁
  3 ha (163 empl.) peu incliné, en terrasses, herbeux ⟁ ⟁
  ⬚ ⟁ ⬚ ⬚ ⬚ ⬚ ⬚ ⬚ ⬚ ⬚ ⬚ – ⬚ ⟁ snack, pizzeria – ⬚ discothèque ⬚ ⬚ ⬚ ⬚ ⬚ ⬚
  Tarif : ⬚ élect. (6A) et piscine comprises 2 ou 3 pers. 149
  Location (avril-sept.) : ⬚ 990 à 3290 – ⬚ 990 à 3490 – bungalows toilés

▲▲▲ *Parc du Charrouzech* juin-15 sept.
  ℰ 05 65 46 01 11, Fax 05 65 46 02 80 – NO : 5 km par D 993 puis à gauche par D 577, rte d'Arvieu
  et 3,4 km par chemin à droite, bord du lac de Pareloup – ⑤ ≤ ⟁ – **R** conseillée 12 juil.-15 août
  – **GB** ⟁
  3 ha (104 empl.) en terrasses, plat, peu incliné, herbeux ⟁
  ⬚ ⟁ ⬚ ⬚ ⬚ ⬚ ⬚ ⬚ – snack ⬚ – ⬚ ⬚ ⬚ ⬚ ⬚ (plage)
  Tarif : ⬚ piscine comprise 2 pers. 102, pers. suppl. 20 – ⬚ 20 (6A)
  Location : bungalows toilés

▲▲ *Beau Rivage* juin-20 sept.
  ℰ 05 65 46 33 32, Fax 05 65 46 01 64 – N : 3,5 km par D 993, rte de Pont-de-Salars et D 243 à
  gauche, rte des Vernhes – ≤ « Situation agréable au bord du lac de Pareloup » ⟁ – **R** conseillée
  juil.-août – ⟁
  2 ha (80 empl.) en terrasses, herbeux ⟁ ⟁
  ⬚ ⟁ ⬚ ⬚ ⬚ ⬚ ⬚ – ⬚ ⟁ snack – ⬚ ⬚ ⬚ – A proximité : ✗ ⬚
  Tarif : ⬚ piscine comprise 3 pers. 129 – ⬚ 22 (10A)
  Location (mai-sept.) : ⬚ 1400 à 3250 – ⬚ 1700 à 3450

31 H.-Gar. – **85** ⑳ – rattaché à Bagnères-de-Luchon.

83630 Var **17** – **81** ⑰ G. Alpes du Sud – 154 h. alt. 440.
Paris 791 – Brignoles 56 – Digne-les-Bains 59 – Draguignan 49 – Manosque 61 – Moustiers-Ste-
Marie 13.

▲▲ *Les Pins* avril-25 oct.
  ℰ 04 94 70 20 80, Fax 04 94 84 23 27 – sortie Sud par D 71 puis 1,2 km par chemin à droite, à
  100 m du lac de Ste-Croix, Accès direct pour piétons du centre bourg – ≤ ⟁ – **R** indispensable
  juil.-août – **GB** ⟁
  2 ha (100 empl.) plat et en terrasses, gravier, pierreux, herbeux ⟁ ⟁
  ⬚ ⟁ ⬚ ⬚ ⬚ ⬚ ⬚ ⬚ ⬚ ⬚ – cases réfrigérées – ⬚ – A proximité : parcours de santé ⬚
  ⬚
  Tarif : ✶ 26 – ⬚ 26/55 avec élect.

▲ *La Source* avril-oct.
  ℰ 04 94 70 20 40, Fax 04 94 70 20 74 – sortie Sud par D 71 puis 1 km par chemin à droite, à 100 m
  du lac de Ste-Croix, Accès direct pour piétons du centre bourg – ⟁ – **R** conseillée juil.-août – **GB**
  ⟁
  2 ha (89 empl.) plat et en terrasses, gravier, pierreux, herbeux ⟁
  ⬚ ⟁ ⬚ ⬚ ⬚ ⬚ ⬚ ⬚ ⬚ – cases réfrigérées – ⬚ – A proximité : parcours de santé
  ⬚ ⬚
  Tarif : ✶ 26 – ⬚ 25 – ⬚ 17 (6A)

71250 S.-et-L. **11** – **69** ⑱ – 663 h. alt. 210.
Paris 375 – Chalon-sur-Saône 47 – Cluny 13 – Paray-le-Monial 43 – Tournus 28.

▲ *Municipal de la Clochette* 22 mai-19 sept.
  ℰ 03 85 59 90 11 – au bourg, accès par chemin devant la poste, bord du Guye – **R** – ⟁
  2 ha (60 empl.) plat et terrasse, herbeux ⟁ (0,3 ha)
  ⬚ ⟁ ⬚ ⬚ ⬚ – A proximité : ⬚
  Tarif : (Prix 1998) ✶ 8 – ⬚ 9 – ⬚ 10 (8A) 15 (plus de 8A)

34330 Hérault **15** – **83** ③ G. Gorges du Tarn – 1 153 h. alt. 700.
Paris 734 – Anglès 18 – Brassac 26 – Lacaune 20 – Olargues 27 – St-Pons-de-Thomières 22.

▲ *La Blaquière* avril-août
  ℰ 04 67 97 61 29 – sortie Nord rte de Lacaune, bord de l'Agout – ⟁ – **R** conseillée
  0,8 ha (60 empl.) plat, herbeux ⟁ ⟁
  ⟁ ⟁ ⬚ – A proximité : ⬚ ⬚ ⬚

SAMOËNS

74340 H.-Savoie **12** – **74** ⑧ G. Alpes du Nord – 2 148 h. alt. 710 – Sports d'hiver : 720/2 480 m ⟋8 ⟋69 ⟋.
🚹 Office de Tourisme Gare Routière ✆ 04 50 34 40 28, Fax 04 50 34 95 82.
Paris 584 – Annecy 72 – Bonneville 31 – Chamonix-Mont-Blanc 63 – Cluses 21 – Genève 54 – Megève 51 – Morzine 29.

▲▲ **Municipal le Giffre** Permanent
✆ 04 50 34 41 92 – SO : 1 km sur D 4 rte de Morillon, bord du Giffre et près d'un lac – ❄ ≤ « Site agréable » ⟋ – **R** conseillée 14 juil.-15 août – ᴳᴮ ⟋
6,9 ha (405 empl.) plat, herbeux, pierreux ⟋
🏢 ⟋ ⟋ ⟋ ⟋ ⟋ ⟋ ⟋ ⟋ 📺 – 🍴 – A proximité : parcours sportif, patinoire ⟋ crêperie ⟋ ⟋ ⟋
⟋ toboggan aquatique ⟋
Tarif : 🔲 2 pers. 55 – ⟋ 15 (2A) 25 (5A) 56 (10A)
Location : studios

SAMPZON

07 Ardèche – **80** ⑧ ⑨ – voir à Ardèche (Gorges de l') - Ruoms.

SANARY-SUR-MER

83110 Var **17** – **84** ⑭ G. Côte d'Azur – 14 730 h. alt. 1.
🚹 Office de Tourisme Jardins de la Ville ✆ 04 94 74 01 04, Fax 04 94 74 58 04.
Paris 827 – Aix-en-Provence 74 – La Ciotat 30 – Marseille 54 – Toulon 14.

▲▲ **Le Mas de Pierredon** avril-10 oct.
✆ 04 94 74 25 02, Fax 04 94 74 61 42 – N : 3 km par rte d'Ollioules et à gauche après le pont de l'autoroute (quartier Pierredon) – ⟋ – **R** conseillée saison – ᴳᴮ ⟋
3,8 ha (122 empl.) plat et en terrasses, pierreux, herbeux ⟋ ⟋⟋
⟋ ⟋ ⟋ ⟋ ⟋ ⟋ -18 sanitaires individuels (⟋ ⟋ wc) ⟋ ⟋ ⟋ ⟋ 📺 📺 – ⟋ ⟋ ⟋ ⟋ – ⟋ ⟋ ⟋ ⟋
Tarif : (Prix 1998) ⟋ 29 piscine comprise – 🔲 51 (65 avec sanitaires individuels) – ⟋ 19 (6A) 24 (10A)
Location : ⟋ 1600 à 3700 – bungalows toilés

SANCHEY

88 Vosges – **62** ⑮ – rattaché à Épinal.

SANGUINET

40460 Landes **13** – **78** ③ G. Pyrénées Aquitaine – 1 695 h. alt. 24.
Paris 645 – Arcachon 27 – Belin-Béliet 26 – Biscarrosse 113 – Bordeaux 67.

▲▲▲ **Municipal Lou Broustaricq** Permanent
✆ 05 58 82 74 82, Fax 05 58 82 10 74 – NO : 2,8 km par rte de Bordeaux et chemin de Langeot, à 300 m de l'étang de Cazaux – ⟋ « Cadre agréable » ⟋ – **R** conseillée 14 juil.-15 août – ᴳᴮ ⟋
18,8 ha (555 empl.) plat, sablonneux ⟋ ⟋⟋
🏢 ⟋ ⟋ ⟋ ⟋ ⟋ ⟋ ⟋ ⟋ 📺 – ⟋ ⟋ snack ⟋ – ⟋ ⟋ ⟋ ⟋ ⟋ ⟋ – A proximité : ⟋
Tarif : 🔲 piscine et tennis compris 2 pers. 114, 3 pers. 129 – ⟋ 17 (6A)
Location : ⟋ 1020 à 3290

▲▲▲ **Les Grands Pins**
✆ 05 58 78 61 74, Fax 05 58 78 69 15 – O : 1,4 km rte du lac, près de l'étang de Cazaux – ⟋
9 ha (260 empl.) plat, sablonneux, herbeux ⟋ ⟋⟋ pinède
⟋ ⟋ ⟋ ⟋ ⟋ ⟋ 📺 📺 – ⟋ ⟋ snack ⟋ – ⟋ ⟋ ⟋ ⟋ ⟋ ⟋ – A proximité : ⟋ ⟋
Location : ⟋ – ⟋ – bungalows toilés

SANTEC

29250 Finistère **3** – **58** ⑤ – 2 208 h. alt. 10.
Paris 561 – Brest 62 – Landivisiau 25 – Morlaix 24 – Plouescat 14 – Roscoff 5 – St-Pol-de-Léon 4.

▲ **Municipal du Dossen**
✆ 02 98 29 75 34 – O : 2,6 km près de la plage du Dossen – ⟋ « Cadre sauvage » ⟋
4 ha (100 empl.) plat, peu incliné, vallonné, herbeux, sablonneux, dunes, bois attenant
⟋ ⟋ ⟋ ⟋ ⟋ ⟋ ⟋

SANTENAY

21590 S.-et-L. **11** – **70** ① – 1 008 h. alt. 225.
🚹 Office de Tourisme av. des Sources ✆ 03 80 20 63 15, Fax 03 80 20 65 98.
Paris 329 – Autun 40 – Beaune 18 – Chalon-sur-Saône 23 – Le Creusot 28 – Dijon 62 – Dole 83.

▲▲ **Les Sources** avril-oct.
✆ 03 80 20 66 55, Fax 03 80 20 67 36 – SO : 1 km par rte de Cheilly-les-Maranges, près du centre thermal – ≤ ⟋ – **R** conseillée juil.-août – ᴳᴮ ⟋
2,5 ha (130 empl.) peu incliné et plat, herbeux ⟋
⟋ ⟋ ⟋ ⟋ ⟋ ⟋ 📺 📺 – snack ⟋ – ⟋ – A proximité : ⟋ ⟋
Tarif : 🔲 piscine comprise 2 pers. 83,50, pers. suppl. 22,50 – ⟋ 20 (6A)

SANT-JULIA-DE-LORIA

Principauté d'Andorre – **86** ⑭ – voir à Andorre.

SARBAZAN

40120 Landes **13** – **79** ⑪ – 940 h. alt. 90.
Paris 687 – Barbotan-les-Thermes 29 – Captieux 32 – Labrit 22 – Mont-de-Marsan 25.

▲ **Municipal** avril-oct.
à l'Est du bourg, près d'un plan d'eau – ⬎ – ℟
1 ha (50 empl.) non clos, plat, herbeux, sablonneux ౷౷ pinède
ᵫ ⍭ ⇌ ⊞ ⌂ ⊕ – A proximité : parcours de santé ⚲ ₘ⌁
Tarif : (Prix 1998) ⚹ *9 tennis compris* – ⇔ *4* – 🅔 *12* – 🛉 *10 (5A) 20 (10A)*
Location : 🛖

SARE

64310 Pyr.-Atl. **13** – **85** ② G. Pyrénées Aquitaine – 2 054 h. alt. 70.
Paris 798 – Biarritz 26 – Cambo-les-Bains 19 – Pau 136 – St-Jean-de-Luz 14 – St-Pée-sur-Nivelle 9.

▲ **La Petite Rhune** mai-sept.
ℰ 05 59 54 23 97, Fax 05 59 54 23 42 – S : 2 km sur rte reliant D 406 et D 306 – ⬎ ≤ ⊶ –
R conseillée juil.-août – ⚲
1,5 ha (56 empl.) peu incliné, herbeux ౧
⍭ ⇌ ⊞ ♨ ⍲ ⊕ 🅱 – 🚐 ⚲ – A proximité : ♟ ✗
Tarif : 🅔 *2 pers. 65, pers. suppl. 17* – 🛉 *11 (3A) 18 (6A)*
Location : *gîte d'étape*

▲ **Goyenetche** juil.-10 sept.
ℰ 05 59 54 21 71 – S : 3,5 km par D 306 rte des grottes, bord d'un ruisseau – ≤ – **R** conseillée
1er au 15 août – ⚲
1 ha (70 empl.) plat, herbeux ౧
⍭ ⇌ ⊞ ⍲ ⊕ 🅱
Tarif : ⚹ *13* – ⇔ *7* – 🅔 *12* – 🛉 *13*

SARLAT-LA-CANÉDA

24200 Dordogne **13** – **75** ⑰ G. Périgord Quercy – 9 909 h. alt. 145.
🅷 Office de Tourisme pl. Liberté ℰ 05 53 59 27 67, Fax 05 53 59 19 44 et (juil.-août) av. Gén.-de-Gaulle
ℰ 05 53 59 18 87.
Paris 529 – Bergerac 73 – Brive-la-Gaillarde 52 – Cahors 62 – Périgueux 67.

▲▲▲ **La Palombière** mai-15 sept.
ℰ 05 53 59 42 34, Fax 05 53 28 45 40 – ⊠ 24200 Ste-Nathalène – NE : 9 km – ⬎ ⊶ –
R indispensable 10 juil.-20 août – 🇬🇧 ⚲
7 ha (170 empl.) peu incliné et en terrasses, pierreux, herbeux ⌷ ౷౷
ᵫ ⍭ ⇌ ⊞ ♨ ⍭ ⚲ ♟ ✗ ⚲ – 🚐 ⚲ 🚲 ⚲ ₘ⌁
Tarif : ⚹ *36 piscine comprise* – 🅔 *51,30* – 🛉 *16,90 (4 à 6A)*
Location : 🛖 *925 à 3920*

▲▲▲ **Les Grottes de Roffy** 25 avril-24 sept.
ℰ 05 53 59 15 61, Fax 05 53 31 09 11 ⊠ 24200 Ste-Nathalène – E : 8 km – ⬎ ≤ « Cadre agréable »
⊶ – **R** conseillé juil.-août – 🇬🇧 ⚲
5 ha (166 empl.) en terrasses, herbeux ⌷ ౧
ᵫ ⍭ ⇌ ⊞ ♨ ⍭ ♨ 🅱 – ♟ ✗ ⚲ – 🚐 🛖 ⚲ ⚲ 🚲
Tarif : ⚹ *37,30 piscine comprise* – 🅔 *48,25* – 🛉 *17,50 (6A)*

▲▲▲ **Aqua Viva** Pâques-sept.
ℰ 05 53 31 46 00, Fax 05 53 29 36 37 ⊠ 24200 Carsac-Aillac – SE : 7 km, bord de l'Enéa et d'un
petit étang – ⬎ « Cadre agréable » ⊶ – **R** conseillée juil.-août – ⚲
11 ha (186 empl.) plat, accidenté et en terrasses, herbeux ౷౷
▥ ᵫ ⍭ ⇌ ⊞ ♨ ⍲ ⊕ 🅱 – 🚐 ♟ snack ⚲ – 🚐 🚲 ₘ⌁ ⚲ ⚲ mini-tennis, piste de bi-cross
Tarif : ⚹ *33 piscine comprise* – 🅔 *47* – 🛉 *12 (3A) 18 (6A) 24 (10A)*
Location : 🛖 *1800 à 4200*

▲▲▲ **Le Moulin du Roch** mai-19 sept.
ℰ 05 53 59 20 27, Fax 05 53 29 44 65 ⊠ 24200 St-André-d'Allas – NO : 10 km par D 47, rte des
Eyzies-de-Tayac, bord d'un ruisseau (hors schéma) « Cadre agréable » ⊶ ⚲ dans locations et juil.-
août sur le camping – **R** indispensable juil.-août – ⚲
7 ha/5 campables (195 empl.) plat, peu incliné et en terrasses, herbeux, petit étang ⌷ ౷౷
▥ ᵫ ⍭ ⇌ ⊞ ♨ ⍲ ⊕ 🅱 – ♟ snack ⚲ – 🚐 ⚲ 🚲 ⚲
Tarif : 🅔 *piscine comprise 2 pers. 124* – 🛉 *18 (6A)*
Location : 🛖 *1300 à 3650* – *bungalows toilés*

▲▲▲ **La Châtaigneraie** juin-15 sept.
ℰ 05 53 59 03 61, Fax 05 53 29 86 16 ⊠ 24370 Prats-de-Carlux – E : 10 km – ⬎ « Cadre
agréable » ⊶ ⚲ dans locations – **R** conseillée 5 juil.-22 août – 🇬🇧 ⚲
9 ha (140 empl.) en terrasses, plat, herbeux, sablonneux ⌷ ౧
ᵫ ⍭ ⇌ ⊞ ♨ ⊕ ⍲ 🅱 – ♟ snack ⚲ – 🚐 ⚲ ₘ⌁ piste de bi-cross, parcours sportif
Tarif : 🅔 *élect. (6A) et piscine comprises 3 pers. 135, pers. suppl. 30*
Location : 🛖 *1550 à 3300*

▲▲▲ **Les Périères** vacances de printemps-sept.
ℰ 05 53 59 05 84, Fax 05 53 28 57 51 ⊠ 24203 Sarlat-la-Canéda Cedex – NE : 1 km – ⬎ ≤ « Cadre
agréable, entrée fleurie » ⊶ – **R** conseillée juil.-août – ⚲
11 ha/4 campables (100 empl.) en terrasses, herbeux ⌷ ౷
ᵫ ⍭ ⇌ ⊞ ⊕ ⌂ ⍲ ⚲ ▥ 🅱 – ♟ snack – 🚐 ☷ 🚲 ⚲ ⚲ parcours sportif
Tarif : 🅔 *piscine comprise 2 pers. 144 (167 avec élect. 6A), pers. suppl. 14*
Location : *maisonnettes*

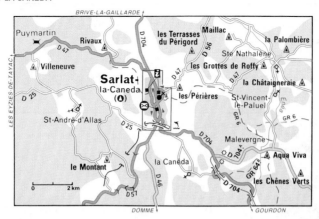

Le Montant mai-sept.
📞 05 53 59 18 50, Fax 05 53 59 37 73 – SE : 2 km par D 57, rte de Bergerac puis 2,3 km par chemin
à droite – 🏊 ≼ « Cadre agréable et entrée fleurie » ⚲ – **R** conseillée juil.-août – 🦮
5 ha (70 empl.) en terrasses, herbeux 🏕 🌳
🚿 🗻 🍽 🛒 🔌 ⊙ 🌊 📶 🖳 – 🍽 – 🛖 🏃 🏓 🚴 🔻 terrain omnisports
Tarif : 🏊 *24 piscine comprise* – 🅴 *31* – 🔋 *14 (3A) 18 (6A) 22 (10A)*
Location *(permanent)* : 🏠 *1800 à 3350*

Maillac mai-sept.
📞 05 53 59 22 12, Fax 05 53 29 60 17 ✉ 24200 Ste-Nathalène – NE : 7 km – 🏊 ⚲ – **R** conseillée
– 🦮
4 ha (160 empl.) plat, peu incliné, herbeux, sablonneux 🏕 🌳🌳
🚿 🗻 🍽 🛒 🔌 ⊙ 🌊 📶 🖳 – 🍽 🍷 snack 🏃 – 🛖 🏓 ✂ 🔻
Tarif : 🏊 *25 piscine comprise* – 🅴 *30* – 🔋 *17 (6A)*
Location : 🏠 *2000 à 2500*

Les Chênes Verts mai-sept.
📞 05 53 59 21 07, Fax 05 53 31 05 51 ✉ 24370 Calviac-en-Périgord – SE : 8,5 km – 🏊 « Cadre
agréable » ⚲ – **R** conseillée – 🦮
8 ha (123 empl.) plat, peu incliné, en terrasses, herbeux 🏕 🌳🌳
🚿 🗻 🍽 🛒 🔌 ⊙ 🌊 📶 🖳 – 🍽 🍷 🏃 – 🛖 🏓 🚴 🔻
Tarif : 🏊 *25 piscine comprise* – 🅴 *42* – 🔋 *20 (6A)*
Location : 🏠 *1200 à 2990* – 🏠 *1200 à 3190*

Le Val d'Ussel mai-sept.
📞 05 53 59 28 73, Fax 05 53 29 38 25 ✉ 24200 Proissans – N : 5 km par D 704 puis
3,5 km par rte de Proissans à droite, bord d'un étang (hors schéma) – 🏊 ⚲ – **R** conseillée –
🦮
7 ha (175 empl.) plat, peu incliné et en terrasses, herbeux 🏕 🌳
🚿 🗻 🍽 🛒 ⚒ 🔌 ⊙ 🌊 📶 🖳 – 🍽 🍷 ✗ 🏃 – 🛖 🏃 🚴 ✂ 🔻
Tarif : 🏊 *30 piscine comprise* – 🅴 *40* – 🔋 *12 (4A) 18 (6A) 23 (10A)*
Location : 🏠 *1050 à 3000* – 🏠 *1100 à 2900* – *bungalows toilés*

Villeneuve 15 avril-oct.
📞 05 53 30 30 90, Fax 05 53 30 24 44 ✉ 24200 St-André-d'Allas – NO : 8 km par D 47, rte des
Eyzies-de-Tayac et rte à gauche – Ⓜ 🏊 ≼ ⚲ ✗ dans les locations – **R** conseillée juil.-20 août
– 🦮
2,5 ha (100 empl.) en terrasses, incliné, herbeux 🏕 🌳🌳🌳 (0,5 ha)
🚿 🗻 🍽 🛒 ⚒ 🔌 ⊙ 🖳 – 🍷 – 🏃 🔻
Tarif : 🏊 *22 piscine comprise* – 🅴 *21* – 🔋 *14 (6A)*
Location : 🏠 *800 à 1600* – 🏠 *1600 à 2600*

Les Terrasses du Périgord avril-sept.
📞 05 53 59 02 25, Fax 05 53 59 16 48 ✉ 24200 Proissans – NE : 2,8 km – 🏊 ≼ « Site agréable »
⚲ – **R** juil.-15 août – 🆖 🦮
3,5 ha (61 empl.) en terrasses, plat, herbeux 🏕 🌳
🎵 🚿 🗻 🛒 🔌 ⊙ 📶 🖳 – 🍽 🍷 🏃 – 🏃 🔻
Tarif : 🅴 *piscine comprise 2 pers. 89, pers. suppl. 26* – 🔋 *17,50 (6A) 20 (10A)*
Location : 🏠 *1350 à 3200*

Les Charmes 3 avril-15 oct.
📞 05 53 31 02 89, Fax 05 53 31 06 32 ✉ 24200 St-André d'Allas – O : 10 km par D 47, rte des
Eyzies-de-Tayac puis 2,8 km par rte à gauche et D 25 à gauche (hors schéma) – 🏊 ⚲ – **R** conseillée
1er-15 août – 🦮
5,5 ha/1,8 campable (100 empl.) plat et peu incliné, en terrasses, herbeux 🏕 🌳🌳 (1 ha)
🚿 🗻 🛒 ⛺ 🍖 🖳 – 🍷 – 🔻
Tarif : 🏊 *20,75 piscine comprise* – 🅴 *21,50* – 🔋 *13,50 (4A)*
Location : 🏠 *800 à 1850*

⚠ **Rivaux** avril-1er oct.
℘ 05 53 59 04 41 – NO : 3,5 km par D 47, rte des Eyzies-de-Tayac – ≤ ⊶ – **R** – ⚡
4 ha (100 empl.) plat, peu incliné et accidenté, herbeux ⌁ ♀♀ (1 ha)
& 🔥 ⬆ 🗄 🛁 ☺ 🌡 ⚡ – 🏠 🚤
Tarif : 👤 *19* – 🅴 *20* – 🔌 *9 (2A) 14 (6A)*

▶ ⚠⚠⚠ ... ⚠

Bijzonder prettige terreinen die bovendien opvallen in hun categorie.

SARZEAU

56370 Morbihan 🔲 – 🔳 ⑬ G. Bretagne – 4 972 h. alt. 30.
🅱 Office de Tourisme Centre Bourg, Bâtiment des Trinitaires ℘ 02 97 41 82 37, Fax 02 97 41 74 95.
Paris 479 – Nantes 115 – Redon 62 – Vannes 23.

⚠⚠⚠ **Le Bohat** 15 mai-15 sept.
℘ 02 97 41 78 68, Fax 02 97 41 70 97 – O : 2,8 km – ⚡ ⊶ ⚡ – **R** conseillée juil.-août – GB ⚡
4,5 ha (225 empl.) plat, herbeux ♀ verger (2 ha)
& 🔥 ⬆ 🗄 🛁 🌙 ☺ 🌡 ▣ – ⚡ 🍴 crêperie 🛎 – 🏠 🎿 🚤 🏊 parc animalier
Tarif : 👤 *28 piscine comprise* – 🅴 *54* – 🔌 *16 (10A)*

⚠⚠⚠ **Le Treste** 30 avril-12 sept.
℘ 02 97 41 79 60, Fax 02 97 41 36 21 – S : 2,5 km, rte du Roaliguen « Entrée fleurie » ⊶ juil.-août
– **R** conseillée juil.-août – GB ⚡
2,5 ha (185 empl.) plat, herbeux
& 🔥 ⬆ 🗄 🛁 ☺ 🌡 – 🌙 🍴 – 🏠 🚤 🏊
Tarif : 👤 *26 piscine comprise* – 🅴 *50* – 🔌 *13 (4A) 16 (6A) 19 (8A)*
Location : 🛏 *1300 à 3200*

⚠⚠ **La Madone** juin-15 sept.
℘ 02 97 67 33 30 – SE : 8,5 km par D 198, rte de la Pointe de Penvins – ⚡ « Manoir du 13ème siècle »
⊶ – **R** conseillée août – ⚡
7 ha (350 empl.) plat, herbeux ⌁ ♀♀
& 👤 ⬆ 🗄 🛁 🌙 ☺ 🌡 🌙 – 🌡 🍴 – 🏠 🚤 🚲 ✕
Tarif : 👤 *20* – 🅴 *48* – 🔌 *16 (6A)*

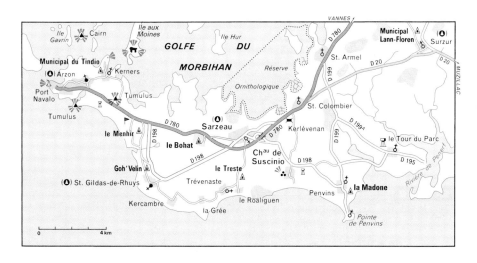

Voir aussi à Arzon, St-Gildas-de-Rhuys, Surzur

SATILLIEU

07290 Ardèche 🔟🔟 – 🔟🔟 ⑨ – 1 818 h. alt. 485.
Paris 546 – Annonay 13 – Lamastre 36 – Privas 89 – St-Vallier 21 – Tournon-sur-Rhône 30 – Valence 47 –
Yssingeaux 55.

⚠ **Municipal le Grangeon** juil.-août
℘ 04 75 34 96 41 – SO : 1,1 km par D 578A, rte de Lalouvesc et à gauche, bord de l'Ay – ≤ ⊶
– **R** – ⚡
1 ha (52 empl.) en terrasses, herbeux ⌁
& 🔥 ⬆ 🗄 🛁 ☺ 🌡 ⚡ – snack – 🏠 – A proximité : ⚡ (plan d'eau aménagé)
Tarif : (Prix 1998) 👤 *12* – 🚗 *8* – 🅴 *10/12* – 🔌 *16 (5A)*

SAUGUES

43170 H.-Loire **11** – **76** ⑯ G. Auvergne – 2 089 h. alt. 960.
Paris 534 – Brioude 50 – Mende 72 – Le Puy-en-Velay 43 – St-Chély-d'Apcher 43 – St-Flour 55.

   ⚠ **Sporting de la Seuge** 15 juin-15 sept.
     ✆ 04 71 77 80 62 – sortie Ouest par D 589, rte du Malzieu-Ville et à droite, bord de la Seuge et
     près de deux plans d'eau et d'une pinède – ⇔ ⊶ – **R** – 🛒
     3 ha (112 empl.) plat, herbeux, pierreux ⚲
     🏕 🛠 🗉 🍽 🛁 ⊕ 🛋 – 🏪 🞉 – A proximité : parcours sportif ▣ ≊ 🐎
     Tarif : (Prix 1998) ✶ 17 – 🚐 9 – 🗉 10/25 – 🔌 12 (10A)
     Location : gîte d'étape

SAULIEU

21210 Côte-d'Or **7** – **65** ⑰ G. Bourgogne – 2 917 h. alt. 535.
🛈 Office de Tourisme 24 r. d'Argentine ✆ 03 80 64 00 21, Fax 03 80 64 21 96.
Paris 247 – Autun 42 – Avallon 39 – Beaune 64 – Clamecy 76 – Dijon 76.

   ⚠ **Municipal le Perron** avril-mi-oct.
     ✆ 03 80 64 16 19 – NO : 1 km par N 6, rte de Paris, près d'un étang – ⊶ – **R** conseillée – 🆚
     🛒
     8 ha (157 empl.) plat et peu incliné, herbeux ▭
     🏕 🛠 🗟 🗉 🞉 ⊕ 🛋 🖛 📺 – 🏪 🛶 🚲 🞉 🞉 🛴
     Tarif : (Prix 1998) ✶ 13 piscine et tennis compris – 🗉 20/25 – 🔌 13 (10A)
     Location : huttes

SAULT

84390 Vaucluse **16** – **81** ⑭ G. Alpes du Sud – 1 206 h. alt. 765.
🛈 Office de Tourisme av. Promenade ✆ 04 90 64 01 21, Fax 04 90 64 15 03.
Paris 721 – Aix-en-Provence 81 – Apt 31 – Avignon 67 – Carpentras 42 – Digne-les-Bains 93 –
Gap 100.

   ⚠ **Municipal du Deffends** mai-sept.
     ✆ 04 90 64 07 18 – NE : 1,7 km par D 950, rte de St-Trinit, au stade – **R**
     9 ha (100 empl.) plat et peu incliné, pierreux 🗘
     🛠 🗟 🖐 ⊕ – 🛴 – A proximité : 🞉
     Tarif : ✶ 14 – 🗉 12 – 🔌 10 (6A)

SAULXURES-SUR-MOSELOTTE

88290 Vosges **8** – **62** ⑰ – 3 211 h. alt. 464.
🛈 Office de Tourisme r. Jeanne-d'Arc ✆ 03 29 24 52 13, Fax 03 29 24 56 66.
Paris 428 – Épinal 45 – Gérardmer 26 – Luxeuil-les-Bains 45 – Remiremont 20 – Vesoul 74.

   ⚠ **Lac de la Moselotte** Permanent
     ✆ 03 29 24 56 56, Fax 03 29 24 58 31 – O : 1,5 km à la Base de Loisirs, sur ancienne D 43, bord
     du lac et à proximité de la rivière – Ⓜ ⇔ ⊶ – **R** conseillée – 🆚 🛒
     23 ha/3 campables (75 empl.) plat, herbeux, pierreux ▭
     🏕 🛠 🗟 🞉 🗉 🖐 ⊕ 🛋 🖛 📺 – 🖤 – 🏪 🞉 salle d'animation – A proximité : 🛶 ≊
     (plage)
     Tarif : (Prix 1998) ✶ 22 – 🗉 22 – 🔌 22 (10A)
     Location (15 juin-15 sept.) : 🏠 1400 à 3040 – huttes

SAUMUR

49400 M.-et-L. **5** – **64** ⑫ G. Châteaux de la Loire – 30 131 h. alt. 30.
🛈 Office de Tourisme pl. de la Bilange ✆ 02 41 40 20 60, Fax 02 41 40 20 69.
Paris 321 – Angers 50 – Châtellerault 77 – Cholet 70 – Le Mans 99 – Poitiers 97 – Tours 66.

   ⚠ **L'Ile d'Offard** fermé 15 déc.-14 janv.
     ✆ 02 41 40 30 00, Fax 02 41 67 37 81 – accès par centre ville, dans une île de la Loire – ⇔château
     ⊶ – **R** conseillée été – 🆚 🛒
     4,5 ha (258 empl.) plat, herbeux ⚲
     🏕 🛠 🗟 🞉 🗉 🞉 ⊕ 🛋 🖛 📺 🖐 – 🛴 🍽 brasserie 🞉 – 🏪 🞉 🛶 🚲 🞉 ▣ 🛴 (olympique)
     – A proximité : 🞉
     Tarif : (Prix 1998) ✶ 26 piscine comprise – 🗉 46 – 🔌 17,50 (6 ou 10A)
     Location : 🛏

à **St-Hilaire-St-Florent** NO : 2 km – ✉ 49400 Saumur :

   ⚠ **Chantepie** mai-15 sept.
     ✆ 02 41 67 95 34, Fax 02 41 67 95 85 – NO : 5,5 km par D 751, rte de Gennes et chemin à gauche,
     à la Mimerolle – 🞉 ⇔ vallée de la Loire ⊶ – **R** conseillée – 🆚 🛒
     10 ha/5 campables (150 empl.) plat, herbeux ▭
     🛠 🗟 🞉 🗉 🞉 🖐 ⊕ 📺 🖐 – 🛴 🍽 snack – 🏪 🞉 🛶 🚲 🞉 🛴 poneys, piste de
     bi-cross
     Tarif : ✶ 26,50 piscine comprise – 🗉 63 – 🔌 17,50 (5A)
     Location : 🛖 1800 à 3200 – bungalows toilés

SAUVE

30610 Gard **16** – **80** ⑰ – 1 606 h. alt. 103.
Paris 750 – Alès 28 – Anduze 17 – Nîmes 39 – Quissac 6 – Le Vigan 38.

▲▲ **Domaine de Bagard** avril-sept.
℘ 04 66 77 55 99, Fax 04 66 77 00 88 – SE : 1,2 km par D 999, rte de Nîmes et chemin à droite,
bord du Vidourle – ⅋ ⊶ – **R** conseillée – **GB** ⚲
12 ha/6 campables (100 empl.) plat, herbeux, pierreux ⌁ ⚲⚲
ᕦ ᕤ ⇌ ⌧ ⛌ ⊕ ⛅ ▣ – ⍱ ✕ ⵚ – ⌂ ⚲⚲ ⛚ ⚲ ⅃
Tarif : ▣ élect.(6A) comprise 3 pers. 146.
Location : 🛏 2150 à 4100 – ⌂ 1200 à 3400 – gîtes

SAUVESSANGES

63840 P.-de-D. **11** – **76** ⑦ – 601 h. alt. 910.
Paris 530 – Ambert 32 – La Chaise-Dieu 29 – Craponne-sur-Arzon 8 – Montbrison 45 – St-Étienne 56.

▲ **Municipal le Bandier** avril-oct.
SE : 2 km par D 251, rte d'Usson-en-Forez, près du stade et à 100 m de l'Ance – Places limitées
pour le passage ⅋ ⊶ saison – **R** conseillée – ⚲
1,5 ha (23 empl.) plat, herbeux ⌁
ᕦ ᕤ ⇌ ⊟ ⊕ ⌧ ⛅ – ⌂ ⛳
Tarif : ✶ 8 – ⇌ 3,50 – ▣ 10 – [⚡] 7 (10A)

SAUVETERRE-DE-BÉARN

64390 Pyr.-Atl. **13** – **85** ④ G. Pyrénées Aquitaine – 1 366 h. alt. 69.
🄱 Office de Tourisme Pl Royale ℘ 05 59 38 58 65 et Mairie ℘ 05 59 38 50 17, Fax 05 59 38 94 32.
Paris 782 – Bayonne 58 – Mauléon-Licharre 26 – Oloron-Ste-Marie 41 – Orthez 20 – Peyrehorade 26.

▲ **Municipal le Gave** juin-sept.
℘ 05 59 38 53 30 – sortie Sud par D 933, rte de St-Palais puis chemin à gauche avant le pont, bord
du Gave d'Oloron – ⅋ ⊶ – **R** conseillée juil.-15 août – ⚲
1,5 ha (55 empl.) plat, herbeux ⚲⚲
ᕤ ⇌ ⊟ ⊕ ⌧ ⛅
Tarif : ✶ 10 – ⇌ 14,10 – ▣ 7/10,60 – [⚡] 12,60 (6A) et 2 par ampère suppl.

SAUVETERRE DE GUYENNE

33540 Gironde **14** – **75** ⑫ – 1 715 h. alt. 91.
Paris 610 – Bergerac 59 – Langon 23 – Libourne 33 – La Réole 21.

▲ **Municipal** Permanent
℘ 05 56 71 56 95 – au Sud du bourg par bd du 11-novembre (en sens giratoire), à l'ancienne gare
– ⊶ – **R**
0,5 ha (25 empl.) non clos, plat, pierreux, herbeux ⌁ ⚲
ᕦ ᕤ ⇌ ⊟ ⊕ ⌧ ⛅ ⊡ – A proximité : ⛳ ⅃
Tarif : ✶ 12 – ▣ 15/17 – [⚡] 13 (3A)

SAUVETERRE-LA-LÉMANCE

47500 L.-et-G. **14** – **79** ⑥ – 685 h. alt. 100.
Paris 581 – Agen 68 – Fumel 16 – Monflanquin 29 – Puy-l'Évêque 17 – Villefranche-du-Périgord 9.

▲▲▲ **Moulin du Périé** avril-sept.
℘ 05 53 40 67 26, Fax 05 53 40 62 46 – E : 3 km par rte de Loubejac, bord d'un ruisseau – ⅋ ⊶
⚸ dans locations – **R** conseillée juil.-août – **GB** ⚲
4 ha (125 empl.) plat, herbeux ⌁ ⚲⚲ peupleraie
ᕦ ᕤ ⇌ ⊟ ⚗ ⊟ ⊕ ⊡ ▣ – ⚏ ⍱ ✕ – ⛳ ⅃ ⚲ ≊ (petit étang)
Tarif : ✶ 35 piscine comprise – ▣ 47,50 – [⚡] 20,50 (6A)
Location : 🛏 1550 à 3400 – ⌂ 2000 à 3900

SAUVIAN

34410 Hérault **15** – **83** ⑮ – 3 178 h. alt. 4.
Paris 774 – Agde 23 – Béziers 9 – Narbonne 30 – Valras-Plage 7.

▲ **Municipal** 15 avril-15 sept.
℘ 04 67 32 33 16 – sortie Ouest, av. du Stade – ⊶ – **Ɍ** – ⚲
1 ha (70 empl.) plat, herbeux ⌁ ⚲
ᕤ ⚮ ⊕
Tarif : (Prix 1998) ▣ 1 ou 2 pers. 60, pers. suppl. 20 – [⚡] 16 (6A)

SAUXILLANGES

63490 P.-de-D. **11** – **73** ⑮ G. Auvergne – 1 109 h. alt. 460.
Paris 463 – Ambert 47 – Clermont-Ferrand 49 – Issoire 13 – Thiers 46 – Vic-le-Comte 20.

▲ **Municipal les Prairies** 15 juin-15 sept.
℘ 04 73 96 86 26 – sortie Ouest rte d'Issoire et à gauche, bord de l'Eau Mère et à 100 m d'un étang
– ⅋ ⊶ – ⚲
1,5 ha (72 empl.) plat, herbeux ⌁ ⚲
ᕦ ᕤ ⇌ ⊟ ⊟ ⊕ ▣ – A proximité : poneys ⚸ ⅃
Tarif : ✶ 15 piscine comprise – ▣ 25 – [⚡] 12,50 (4A)

SAVENAY

44260 Loire-Atl. ◢ – ⬚⬚ ⑮ – 5 314 h. alt. 49.
Paris 415 – La Baule 40 – Nantes 42 – Redon 44 – St-Nazaire 26.

▲ **Municipal du Lac** mai-sept.
℘ 02 40 58 31 76 – E : 1,8 km par rte de Malville, près du lac et d'une forêt – ☆ ≼ �o━ – **R** –
⚲
1 ha (91 empl.) en terrasses, herbeux ⚲
&⚲ ⬚ 🖼 ⬚ ⊙ ⚲ ♈ 🖼 – A proximité : golf ♈ crêperie ✕ 🖼 ⬚
Tarif : (Prix 1998) ⚲ 10 – ⬚ 5 – 🗉 9

SAVERNE

67700 B.-Rhin ◻ – ⬚⬚ ⑱ Ⓖ. **Alsace Lorraine** – 10 278 h. alt. 200.
🅱 Office de Tourisme Zone Piétonne 37 Grand'Rue ℘ 03 88 91 80 47, Fax 03 88 71 02 90.
Paris 449 – Lunéville 87 – St-Avold 84 – Sarreguemines 64 – Strasbourg 38.

▲ **Municipal** avril-sept.
℘ 03 88 91 35 65 – SO : 1,3 km par D 171, rte du Haut-Barr et r. Knoepffler à gauche – ≼ « Entrée
fleurie » �o━ – **R** conseillée juil.-août – ⬚⬚ ⚲
2,1 ha (144 empl.) peu incliné, plat, herbeux ⚲ (1 ha)
🖼 & ⚲ ⬚ 🖼 ⬚ ⊙ ⚲ 🖼 – ⬚ ⚲ – A proximité : ✕
Tarif : ⚲ 13 – 🗉 13/18 – ⬚ 11 (2A) 29 (6A) 48 (10A)

SAVIGNY-LÈS-BEAUNE

21 Côte-d'Or – ⬚⬚ ⑨ – rattaché à Beaune.

SAVINES-LE-LAC

05160 H.-Alpes ⬚⬚ – ⬚⬚ ⑰ Ⓖ. **Alpes du Sud** – 759 h. alt. 810.
🅱 Office de Tourisme av. Combe d'Or ℘ 04 92 44 31 00, Fax 04 92 44 30 19.
Paris 690 – Barcelonnette 46 – Briançon 62 – Digne-les-Bains 84 – Gap 29 – Guillestre 33 – Sisteron 74.

▲ **Le Nautic** 10 juin-15 sept.
℘ 04 92 50 62 49, Fax 04 92 54 30 67 🖂 05230 Prunières – O : 4,5 km par N 94, rte de Gap, bord
du lac de Serre-Ponçon – ≼ lac et montagnes �o━ – **R** conseillée – ⚲
2,6 ha (100 empl.) en terrasses, pierreux, gravillons ⚲ (1 ha)
⚲ ⬚ 🖼 ⚲ ⊙ 🖼 – ⬚ ⚲ – ⬚ ⚲
Tarif : 🗉 piscine comprise 3 pers. 128 – ⬚ 19 (5A)

SAZERET

03390 Allier ⬚⬚ – ⬚⬚ ⑬ – 153 h. alt. 370.
Paris 353 – Gannat 44 – Montluçon 34 – Montmarault 3 – Moulins 48 – St-Pourçain-sur-Sioule 31.

▲ **La Petite Vallette** avril-oct.
℘ 04 70 07 64 57, Fax 04 70 07 25 48 – NE : 3,6 km par D 243, rte de St-Marcel et rte des Deux-
Chaises puis 1,8 km par rte à gauche et chemin à droite, Par A 71 sortie 11 puis 1 km par D 46
et 4 km par chemin à gauche, Z.A. La Plume – ☆ ⊙━ – **R** conseillée juil.-août – ⬚⬚ ⚲
4 ha (50 empl.) plat, peu incliné, herbeux, étang ⬚
& ⚲ ⚲ ⬚ 🖼 ⚲ ⊙ 🖼 – ⬚ ⚲ ⬚ (petite piscine)
Tarif : ⚲ 21 – 🗉 40 – ⬚ 15 (6A)

SCAËR

29390 Finistère ◻ – ⬚⬚ ⑯ – 5 555 h. alt. 190.
🅱 Syndicat d'Initiative Centre Brizeux 6 r. Emile Zola ℘ 02 98 59 49 37 et (hors saison) Mairie ℘ 02 98 59 42 10.
Paris 548 – Carhaix-Plouguer 38 – Concarneau 28 – Quimper 35 – Quimperlé 25 – Rosporden 14.

▲ **Municipal** 15 juin-15 sept.
℘ 02 98 57 60 91 – sortie Est par rte du Faouët – ⊙━ – ⚲
2,3 ha (83 empl.) plat, peu incliné, herbeux
& ⚲ ⚲ ⬚ 🖼 ⬚ ⊙ – ⬚ parcours de santé – A proximité : ✕ ⬚
Tarif : ⚲ 11,55 – ⬚ 6,95 – 🗉 12,70 – ⬚ 12,70 (10A)

SCIEZ

74140 H.-Savoie ⬚⬚ – ⬚⬚ ⑰ – 3 371 h. alt. 406.
🅱 Office de Tourisme Capitainerie Port de Sciez ℘ 04 50 72 64 57.
Paris 565 – Abondance 37 – Annecy 70 – Annemasse 25 – Genève 25 – Thonon-les-Bains 9.

▲ **Le Grand Foc** 25 mars-sept.
℘ 04 50 72 62 70 – NE : 3 km par N 5, rte de Thonon-les-Bains et rte du port de Sciez-Plage à gauche,
à 300 m de la plage – ☆ « Cadre agréable » ⊙━ saison – **R** conseillée juil.-août – ⬚⬚ ⚲
1,3 ha (65 empl.) peu incliné, plat, herbeux, pierreux ⬚ ⚲
& ⚲ ⚲ ⬚ ⚲ 🖼 – ♈ ✕ ⚲ – A proximité : ⬚
Tarif : ⚲ 16,50 – ⬚ 6,50 – 🗉 14 – ⬚ 12 (2A) 14 (3A) 17,50 (5A)
Location : ⬚

⚠ **Le Chatelet** avril-oct.
    𝒫 04 50 72 52 60 – NE : 3 km par N 5, rte de Thonon-les-Bains et rte du port de Sciez-Plage à gauche,
à 300 m de la plage – Places limitées pour le passage ⟳ ⚬━ – **R** conseillée juil.-août – ⊞ ⚲
2,5 ha (121 empl.) plat, herbeux, pierreux
▥ 👤 ♨ 🗂 ⚲ ⚙ 🖥 – A proximité : ≋
Tarif : 🖃 *2 pers. 65, pers. suppl. 24* – (ᵻ) *13 (4A) 17 (6A)*

SECONDIGNY

79130 Deux-Sèvres 🖪 – 🔢 ⑰ – 1 907 h. alt. 177.
Paris 391 – Bressuire 27 – Champdeniers 15 – Coulonges-sur-l'Autize 22 – Niort 37 – Parthenay 14.

⚠ **Municipal du Moulin des Effres** mai-20 oct.
    𝒫 05 49 95 61 97 – sortie Sud par D 748, rte de Niort et chemin à gauche, près d'un plan d'eau
– ⚬━ – **R**
2 ha (90 empl.) peu incliné, plat, herbeux ⌑ ♀
👤 ♨ 🗂 ⚙ ⚲ ⚙ ⚑ 🖥 – 🍽 – A proximité : 🏃 ✕ ✕ ♒ 🚣 ⚓ ⛵
Tarif : (Prix 1998) 🏃 *14* – 🚗 *10,50* – 🖃 *10,50* – (ᵻ) *16,50 (12A)*

SEDAN

08200 Ardennes 🗖 – 🔢 ⑲ G. Champagne – 21 667 h. alt. 154.
🅱 Office de Tourisme parking du Château 𝒫 03 24 27 73 73, Fax 03 24 29 03 28.
Paris 256 – Châlons-en-Champagne 119 – Charleville-Mézières 24 – Luxembourg 106 – Reims 104 – Verdun
81.

⚠ **Municipal** Pâques-15 oct.
    𝒫 03 24 27 13 05 – à la prairie de Torcy, bd Fabert, bord de la Meuse – ⚬━ – **R**
1,5 ha (130 empl.) plat, herbeux ♀ (0,5 ha)
👤 ♨ ⚙ 🗂 ⚙ ⚙
Tarif : (Prix 1998) 🏃 *15* – 🖃 *13 (17 avec élect. 5 ou 10A)*

SÉEZ

73700 Savoie 🔢 – 🔢 ⑱ – 1 662 h. alt. 904.
Paris 667 – Albertville 58 – Bourg-St-Maurice 4 – Moûtiers 31.

⚠ **Le Reclus** Permanent
    𝒫 04 79 41 01 05, Fax 04 79 41 04 79 – sortie Nord-Ouest par N 90, rte de Bourg-St-Maurice, bord
du Reclus – ❄ ⋖ ⚬━ – **R** conseillée – ⚲
1,5 ha (108 empl.) peu incliné et en terrasses, herbeux, pierreux ♀♀
▥ 👤 ♨ ⚙ 🗂 ⚙ ⚙ 🖥 ⚑
Tarif : 🏃 *22 (hiver 23)* – 🖃 *20 (hiver 22)* – (ᵻ) *16 (4A) 18 (6A) 22 (10A) - hiver : 17 à 40 (4 à 10A)*

SEICHES-SUR-LE-LOIR

49140 M.-et-L. 🖪 – 🔢 ① – 2 248 h. alt. 22.
Paris 276 – Angers 21 – Château-Gontier 42 – Château-la-Vallière 55 – La Flèche 33 – Saumur 54.

⚠ **Le Loir** 15 mai-15 sept.
    𝒫 02 41 76 63 44 – NO : par D 74, rte de Tiercé puis à droite, rte de l'église, bord de la rivière –
⟳ – **R** – ⊞
1 ha (79 empl.) plat, terrasse, herbeux ♀ (0,5 ha)
👤 ♨ 🗂 ⚑ ⚙
Tarif : 🏃 *18* – 🖃 *15/20* – (ᵻ) *15 (3A)*

SEIGNOSSE

40510 Landes 🔢 – 🔢 ⑰ – 1 630 h. alt. 15.
🅱 Office de Tourisme av. des Lacs 𝒫 05 58 43 32 15, Fax 05 58 43 32 66.
Paris 748 – Biarritz 40 – Dax 30 – Mont-de-Marsan 82 – Soustons 13.

⚠⚠ **La Pomme de Pin** avril-oct.
    𝒫 05 58 77 00 71, Fax 05 58 77 11 47 ✉ 40230 Saubion – SE : 2 km par D 652 et D 337, rte de
Saubion – ⚬━ – **R** conseillée juil.-août – ⚲
5 ha (192 empl.) plat, sablonneux ♀♀ pinède
👤 ♨ ⚙ 🗂 ⚙ ⚙ 🖥 – 🚣 🍴 – ⚓ ⛵
Tarif : 🖃 *1 ou 2 pers. 59* – (ᵻ) *14 (5A)*

au Penon O : 5 km – ✉ 40510 Seignosse

⚠⚠⚠ **Les Chevreuils** juin-15 sept.
    𝒫 05 58 43 32 80 – N : 3,5 km, sur D 79, rte de Vieux-Boucau-les-Bains – ⚬━ – **R** indispensable
15 juil.-15 août – ⚲
8 ha (240 empl.) plat, sablonneux ♀♀ pinède
👤 ♨ ⚙ 🗂 ⚙ ⚙ 🖥 – 🚣 ♀ ✕ 🍴 – ⚓ ⚓ ✕ ⛵
Tarif : 🖃 *piscine et tennis compris 2 pers. 101, pers. suppl. 27,50* – (ᵻ) *22 (4A) 32 (8A) 42 (12A)*
Location : 🛖 *1450 à 3700*

△ **Municipal Hourn Naou** 10 avril-sept.
  𝄞 05 58 43 30 30, Fax 05 58 41 64 21 – sur D 79E – ⊶ – **R** conseillée – ⊖⊟
  20 ha (450 empl.) plat, accidenté, sablonneux ○○ pinède
  ⌂ ⇆ 🔲 🛆 ⚲ ⊕ 🔲 – 🍸 ▼ 🛒 – 🛒 – A proximité : ✗
  Tarif : (Prix 1998) 👤 *25* – 🔲 *29* – 🔋 *19 (8A)*

SEILHAC

19700 Corrèze ⑩ – ⑦⑤ ⑨ – 1 540 h. alt. 500.
Paris 463 – Aubusson 99 – Brive-la-Gaillarde 33 – Limoges 73 – Tulle 15 – Uzerche 16.

△ **Municipal lac de Bournazel** avril-sept.
  𝄞 05 55 27 05 65 – NO : 1,5 km par N 120, rte d'Uzerche puis 1 km à droite, à 100 m du lac – ⅏
  ≼ ⊶ – **R** conseillée – ♂
  6,5 ha (155 empl.) en terrasses, pierreux, herbeux ⊏ ○
  ▥ ♿ ⌂ ⇆ 🔲 🛆 ⚲ ⊕ 🔲 – 🍸 – 🛒 🚣 – A proximité : discothèque ▼ snack 🛝 ⚡ 🏊 🐎
  Tarif : 👤 *18,50* – 🔲 *17,50/23* – 🔋 *15,50 (6 à 10A)*

SEIX

09140 Ariège ⑭ – ⑧⑥ ③ G. Pyrénées Aquitaine – 806 h. alt. 523.
Paris 816 – Ax-les-Thermes 77 – Foix 61 – St-Girons 19.

△ **Le Haut Salat** Permanent
  𝄞 05 61 66 81 78, Fax 05 61 66 94 17 – NE : 0,8 km par D 3, rte de St-Girons, bord du Salat – ❄
  ⅏ ≼ « Site agréable » ⊶ – **R** conseillée juil.-août – ⊖⊟ ♂
  2,5 ha (127 empl.) plat, herbeux ○○
  ▥ ⌂ ⇆ 🛆 ⊕ 🔲 – ▼ – 🛒
  Tarif : 👤 *22* – 🔲 *22* – 🔋 *17 (5A) 37 (10A)*
  Location : 🛏 *1200 à 1700*

SÉLESTAT

67600 B.-Rhin ⑧ – ⑥② ⑲ G. Alsace Lorraine – 15 538 h. alt.
170.
🅱 Office de Tourisme Commanderie St-Jean, bd Gén.-Leclerc
𝄞 03 88 58 87 20, Fax 03 88 92 88 63.
Paris 435 – Colmar 23 – Gérardmer 66 – St-Dié 44 –
Strasbourg 51.

△ **Municipal les Cigognes** mai-15 oct.
  𝄞 03 88 92 03 98 – rue de la 1ère D.F.L. – ⊶
  – **R** – ♂
  0,7 ha (48 empl.) plat, herbeux ○ (0,3 ha)
  ⌂ ⇆ 🛆 ⊕ 🔲 – A proximité : ⚡ 🎿 ⏛
  Tarif : (Prix 1998) 🔲 *élect. (6 à 10A) comprise*
  1 à 3 pers. 80, pers. suppl. 20

► **Verwar niet :**

 △ ... tot ... △△△ : **MICHELIN** indeling

en

★... tot ... ★★★★ : officiële classificatie

La SELLE-CRAONNAISE

53800 Mayenne ④ – ⑥③ ⑨ – 904 h. alt. 71.
Paris 316 – Angers 67 – Châteaubriant 32 – Château-Gontier 30 – Laval 37 – Segré 26.

△ **Base de Loisirs de la Rincerie** Permanent
  𝄞 02 43 06 17 52, Fax 02 43 07 50 20 – NO : 4 km par D 111, D 150, rte de Ballob et chemin à
  gauche, près d'un plan d'eau – ⅏ ≼ ⊶ – **R**
  120 ha/5 campables (50 empl.) plat, herbeux ⊏
  ▥ ♿ ⌂ ⇆ 🔲 🛆 ⚲ 🔲 – 🛒 🚣 🛶 🏇 ⛳ 🌊 swin-golf
  Tarif : 🔲 *2 pers. 50, pers. suppl. 12* – 🔋 *13*
  Location : *gîtes*

La SELLE-GUERCHAISE

35130 I.-et-V. ④ – ⑥③ ⑧ – 121 h. alt. 80.
Paris 326 – Châteaubriant 36 – Craon 23 – La Guerche-de-Bretagne 6 – Laval 37 – Rennes 55.

△ **Municipal** Permanent
  au bourg, derrière la mairie, près d'un petit étang – ℞
  0,4 ha (15 empl.) plat, herbeux ⊏
  ♿ ⌂ ⇆ 🛆 ⊕ – A proximité : ⚡ 🚣
  Tarif : 👤 *10* – 🔲 *12* – 🔋 *4A : 7 (hiver 10)*

_____

21260 Côte-d'Or **7** – 🗗🗗 ② – 2 386 h. alt. 295.
Paris 323 – Châtillon-sur-Seine 74 – Dijon 41 – Langres 38 – Gray 41.

    ▲ **Municipal les Courvelles** mai-sept.
       ℰ 03 80 75 52 38 – au Sud du bourg par rte de l'Is-sur-Tille, près du stade, rue Henri-Jevain – **ℝ** –
       ⅆ
       0,3 ha (22 empl.) peu incliné, herbeux
       ᵴ 🗊 ⇆ ⊟ ☺ – A proximité : ✘
       Tarif : ⚹ 8 – 🚗 7 – 🖭 7/8 – 🛱 8 (16A)

_____

43160 H.-Loire **11** – 🗗🗗 ⑥.
Paris 514 – Ambert 35 – Brioude 41 – La Chaise-Dieu 6 – Craponne-sur-Arzon 15 – Le Puy-en-Velay 55.

    ▲ **Municipal les Casses** 15 juin-sept.
       O : 1 km par D 22, rte de Paulhaguet, alt. 1 000 – **ℝ** – ⅆ
       1 ha (24 empl.) incliné et peu incliné, pierreux, herbeuX ⚲
       ᵴ 🗊 ⇆ 🗊 ⊟ ☺ 🔄 – ✘ – A proximité : ▼ ✘
       Tarif : (Prix 1998) ⚹ 13 – 🖭 17/20 – 🛱 10 (6A)

_____

21140 Côte-d'Or **7** – 🗗🗗 ⑰ ⑱ G. Bourgogne – 4 545 h. alt. 286.
🖪 Office de Tourisme 2 pl. Gaveau ℰ 03 80 97 05 96, Fax 03 80 97 08 85.
Paris 246 – Auxerre 86 – Avallon 41 – Beaune 82 – Dijon 82 – Montbard 20.

à Allerey S : 8 km par D 103B et D 103F – 198 h. alt. 403 – ⊠ 21230 Allerey :

    ▲▲ **Camp V.V.F**
       ℰ 03 80 97 12 99 – à 0,6 km à l'Est du hameau, à 250 m du lac de Pont (accès direct) – ⑤ ⊶
       – Adhésion V.V.F obligatoire
       1 ha (20 empl.) peu incliné et incliné, gravier, herbeux ⚞ Sanitaires individuels (🗊 ⇆ ⊟ wc) ☺ 🔄
       – ▼ – 🍴 🎣 ✘ ⚲ (petite piscine) 🐎

à Pont-et-Massène SE : 3,5 km par D 103B – 137 h. alt. 265 – ⊠ 21140 Pont-et-Massène :

    ▲▲ **Municipal du Lac de Pont** mai-15 sept.
       ℰ 03 80 97 01 26 – au bourg, à 50 m du lac, accès par le pont, sur D 103ᶻ en direction de Précy-
       sous-Thil – ⑤ ≤ ⊶ – **ℝ** – ⅆ
       2 ha (150 empl.) plat, peu incliné, herbeux ⚞ ⚲⚲
       ᵴ 🗊 ⇆ 🗊 ⚲ ☺ 🔄 – ⚑ – 🍴 🎣 🚲 ✘ – A proximité : ▼ ✘ ⚲
       Tarif : ⚹ 16 et 5 pour eau chaude – 🚗 8 – 🖭 10 – 🛱 12 (6A)

_____

17120 Char.-Mar. **9** – 🗗🗗 ⑮ – 1 208 h. alt. 36.
Paris 503 – Marennes 36 – Mirambeau 41 – Pons 31 – Royan 13 – Saintes 35.

    ▲ **Le Bois de la Chasse** juin-15 sept.
       ℰ 05 46 05 18 01, Fax 05 46 06 92 06 – SE : 0,8 km par rte de Bardécille et rte de Fontenille à
       gauche – ⑤ « Agréable sous-bois » ⊶ – **ℝ** conseillée juil.-août – ⅆ
       2,5 ha (150 empl.) plat, herbeux ⚲⚲⚲ chênaie
       ᵴ 🗊 ⇆ 🗊 ⚲ ☺ 🔄
       Tarif : ⚹ 18,30 – 🖭 16,30 – 🛱 18,30 (3A)

_____

46210 Lot **10** – 🗗🗗 ⑳ – 169 h. alt. 557.
Paris 559 – Aurillac 49 – Cahors 89 – Figeac 32 – Lacapelle-Marival 26 – St-Céré 19 – Sousceyrac 9.

    ▲ **Tolerme** vacances de printemps, 15 mai-sept.
       ℰ 05 65 40 21 23 – à 1 km à l'Ouest du bourg par chemin, à 100 m du lac de Tolerme – ⑤ ⊶
       juil.-août – **ℝ** conseillée août – ⅆ
       0,8 ha (37 empl.) peu incliné et plat, herbeux ⚞
       ᵴ 🗊 ⇆ 🗊 ☺ ⚲ 🔄 – 🍴 – A proximité : 🎣 ⚲ (plage)
       Tarif : ⚹ 18 – 🖭 20 – 🛱 12 (8A)
       Location : 🛖 1800 à 2000

_____

56 Morbihan – 🗗🗗 ③ – rattaché à Vannes.

▶   ▲▲▲ ...   ▲

    Terrains particulièrement agréables dans leur ensemble et dans leur catégorie.

SÉNERGUES

12320 Aveyron 🖽 – 🗓 ② – 608 h. alt. 525.
Paris 616 – Conques 11 – Entraygues-sur-Truyère 16 – Marcillac-Vallon 27 – Rodez 38.

⚠ *Intercommunal l'Étang du Camp* juin-15 oct.
𝒫 05 65 79 62 25 – SO : 6 km par D 242, rte de St-Cyprien-sur-Dourdou, bord d'un étang – ⅏
« Cadre agréable » ⊶ juil.-août – **R** conseillée juil.-août – ⅍
3 ha (60 empl.) plat, peu incliné, herbeux ▭ ♫♫ (0,4 ha)
⌂ ♒ ⇄ ⬔ ⊙ ⬛ – ▱ ⬱ ♽
Tarif : ▣ élect. (6A) comprise 2 pers. 75, pers. suppl. 20
Location : bungalows toilés

SENONCHES

28250 E.-et-L. 🖪 – 🗓🛈 ⑥ – 3 171 h. alt. 223.
🮲 Syndicat d'Initiative 34 pl. de l'Hôtel-de-Ville 𝒫 02 37 37 80 11, Mairie 𝒫 02 37 37 76 76.
Paris 118 – Chartres 37 – Dreux 38 – Mortagne-au-Perche 42 – Nogent-le-Rotrou 36.

⚠ *Municipal du Lac*
𝒫 02 37 37 94 63 – sortie Sud vers Belhomert-Guéhouville, r. de la Tourbière, bord d'un étang – ⅏
0,8 ha (50 empl.) plat, herbeux ▭
⌂ ⇄ ⬔ ⊙ – A proximité : ⅍ ⌇

SENONES

88210 Vosges 🖪 – 🗓🛈 ⑦ G. Alsace Lorraine – 3 157 h. alt. 340.
🮲 Office de Tourisme 6 pl. Clemenceau 𝒫 03 29 57 91 03, Fax 03 29 57 83 95.
Paris 387 – Épinal 56 – Lunéville 51 – St-Dié 22 – Strasbourg 82.

⚠ *Municipal Jean-Jaurès* juin-sept.
𝒫 03 29 57 94 47 – E : 1 km par D 49B, rte de Vieux-Moulin et chemin du Plateau St-Maurice à droite
– ⅏ ⊶ – **R** conseillée
0,5 ha (30 empl.) plat et peu incliné, herbeux ♫♫
⌂ ▱ ⇄ ⬔ ⊙ ⬛
Tarif : (Prix 1998) ⚹ 8,20 – ⇦ 4,60 – ▣ 6,20 – ⓖ 14,40 (6A)

SENS-DE-BRETAGNE

35490 I.-et-V. 🖪 – 🗓🛈 ⑰ – 1 393 h. alt. 85.
Paris 348 – Combourg 20 – Dinan 45 – Dol-de-Bretagne 37 – Rennes 36.

⚠ *Municipal la Petite Minardais* mai-sept.
sortie Est par D 794 et à droite avant le carrefour de la N 175, près d'un étang – **R**
0,25 ha (20 empl.) peu incliné, herbeux
⅏ ▱ ⇄ ⬔ ⊙ – ⬱ – A proximité : ⅍
Tarif : (Prix 1998) ⚹ 10 – ⇦ 7 – ▣ 7 – ⓖ 15 (4A)

SEPPOIS-LE-BAS

68580 H.-Rhin 🖪 – 🗓🛈 ⑨ – 836 h. alt. 390.
Paris 452 – Altkirch 13 – Basel 38 – Belfort 36 – Montbéliard 34.

⚠ *Municipal les Lupins* avril-oct.
𝒫 03 89 25 65 37 – sortie Nord-Est par D 17ᴵᴵ rte d'Altkirch et r. de la gare à droite – Places limitées
pour le passage ⅏ ⊶ – **R** conseillée juil.-août – ⏣ ⅍
3,5 ha (158 empl.) plat, terrasses, herbeux ♀
⅏ ▱ ⇄ ⬓ ⬒ ⬔ ⊙ ⬛ – ▱ ⬱ ♁ ⌇ – À proximité : ⅍
Tarif : ⚹ 22 piscine comprise – ▣ 22 – ⓖ 20 (6A)

SERAUCOURT-LE-GRAND

02790 Aisne 🮲 – 🗓🛈 ⑭ – 738 h. alt. 102.
Paris 134 – Chauny 23 – Ham 16 – Péronne 28 – St-Quentin 11 – Soissons 56.

⚠ *Le Vivier aux Carpes* 6 janv.-22 déc.
𝒫 03 23 60 50 10, Fax 03 23 60 51 69 – au Nord du bourg, sur D 321, près de la poste, bord de
deux étangs et à 200 m de la Somme – ⅏ ⊶ – **R** conseillée juil.-août
2 ha (59 empl.) plat, herbeux ▭
▥ ⅏ ▱ ⇄ ⬓ ⬔ ⊙ ⏣ ⬛ – ▱ – A proximité : ⬗
Tarif : ▣ élect. (6A) comprise 2 pers. 90, pers. suppl. 15

SÉRENT

56460 Morbihan 🮲 – 🗓🛈 ④ – 2 686 h. alt. 80.
Paris 432 – Josselin 17 – Locminé 30 – Ploërmel 19 – Redon 45 – Vannes 31.

⚠ *Municipal du Pont Salmon* Permanent
𝒫 02 97 75 91 98 – au bourg, vers rte de Ploërmel, au stade « Entrée fleurie » ⊶ – **R** juil.-août
– ⅍
1 ha (40 empl.) plat, herbeux
▥ ⅏ ▱ ⇄ ⬓ ⬔ ⊙ ⏣ ⬛ – ⬱ ⌇ – A proximité : ⅍
Tarif : (Prix 1998) ⚹ 7,10 – ⇦ 5,80 – ▣ 5,80 – ⓖ 10A : 11,90 (hiver 49)

552

SÉRIGNAC-PÉBOUDOU

47410 L.-et-G. **14** – **79** ⑤ – 190 h. alt. 139.
🛈 Syndicat d'Initiative au Bourg 🞠 05 53 68 63 54, Fax 05 53 68 60 45.
Paris 571 – Agen 64 – Bergerac 35 – Marmande 39 – Périgueux 82.

△△ **La Vallée de Gardeleau** 15 mai-sept.
🞠 05 53 36 96 96 – O : 2,2 km par rte de St-Nazaire et chemin à gauche, croisement difficile pour caravanes – ⑤ « Cadre boisé » ⊶ ⚡ dans locations – **R** conseillée juil.-août – ⚡
2 ha (33 empl.) plat, peu incliné, herbeux ⚲⚲
⚒ ⌂ ⇆ 🗓 ⚑ ≐ 🖩 – ▾ brasserie ⇆ – ⚞⚟
Tarif : ⚡ 20 piscine comprise – 🖃 30 – ⒤ 15 (5A)
Location : ⛺ 1120 à 1600

SÉRIGNAN

34410 Hérault **15** – **83** ⑮ G. Gorges du Tarn – 5 173 h. alt. 7.
🛈 Office de Tourisme pl. de la Libération 🞠 04 67 32 42 21, Fax 04 67 32 37 97.
Paris 773 – Agde 22 – Béziers 11 – Narbonne 33 – Valras-Plage 4.

△△△ **Le Paradis** avril-sept.
🞠 04 67 32 24 03 – S : 1,5 km par rte de Valras Plage « Cadre agréable » ⊶ ⚡ dans locations
R conseillée – ☖ ⚡
2,2 ha (129 empl.) plat, herbeux ▭ ⚲⚲
⚒ ⌂ ⇆ 🗓 ⚑ ≐ ⊛ 🖩 – ⚑ ⇆ – ▭ ⚞⚟ ⚟ – A proximité : ⚓
Tarif : 🖃 piscine comprise 2 pers. 95, 3 pers. 105, pers. suppl. 18 – ⒤ 14 (4A)
Location : ⛺ 900 à 1700 – ⛺ 1300 à 2600

△△ **Les Vignes d'Or** Pâques-15 oct.
🞠 04 67 32 37 18, Fax 04 67 32 00 80 – S : 3,5 km, rte de Valras-Plage, Prendre la contre-allée située derrière le garage Citroën – ⑤ ⊶ – **R** conseillée juil.-août – ☖ ⚡
4 ha (250 empl.) plat, herbeux, pierreux ▭ ⚲
⚒ ⌂ ⇆ 🗓 ⚑ ▨ ⊛ 🖩 – ⚑ ▾ snack, pizzeria ⇆ – ⚞⚟ ⚟
Tarif : (Prix 1998) 🖃 piscine comprise 2 pers. 110, pers. suppl. 18 – ⒤ 15 (6A)
Location : ⛺ 1500 à 2900 – ⛺ 1900 à 3300 – bungalows toilés

à Sérignan-Plage SE : 5 km par D 37ᴱ – ✉ 34410 Sérignan :

△△△ **Le Grand Large** 24 avril-12 sept.
🞠 04 67 39 71 30, Fax 04 67 32 58 15 – en deux camps distincts, bord de plage – ⊶ – **R** conseillée juil.-août – ☖ ⚡
9,5 ha (470 empl.) plat, herbeux, sablonneux ▭ ⚲⚲ (6 ha)
⚒ ⌂ ⇆ 🗓 ⚑ ≐ ⊛ ⚡ ▨ 🖩 – ⚑ ▾ ✕ pizzeria ⇆ salle d'animation – ▭ ⚞⚟ ⛷ ⚡ ⚟ toboggan aquatique
Tarif : 🖃 élect.(10A) et piscine comprises 2 pers. 185
Location : ⛺ 1600 à 3650 – ⛺ 1800 à 3800 – bungalows toilés

△△△ **Le Clos Virgile** mai-15 sept.
🞠 04 67 32 20 64, Fax 04 67 32 05 42 – à 500 m de la plage – ⊶ – **R** conseillée juil.-août – ☖ ⚡
5 ha (300 empl.) plat, sablonneux, herbeux ⚲⚲
⚒ ⌂ ⇆ 🗓 ⚑ ≐ ⊛ 🖩 – ⚑ ▾ ✕ ⇆ – ⚞⚟ ⚟ ⚟ (petite piscine couverte) toboggan aquatique
– A proximité : ⚞⚟
Tarif : (Prix 1998) 🖃 piscine comprise 2 pers. 130 (150 avec élect. 5A), pers. suppl. 27
Location (Pâques-15 sept.) : ⛺ 1200 à 3400 – ⛺ 1450 à 3400

△△ **La Camargue** avril-sept.
🞠 04 67 32 19 64, Fax 04 67 39 78 20 – bord de la Grande Maïre et près de la plage – ⊶ –
R conseillée – ⚡
2,6 ha (162 empl.) plat, sablonneux, gravillons
⚒ ⌂ ⇆ 🗓 ⚑ ▨ 🖩 – ⚑ ▾ self ⇆ – ⚞⚟ ⚟ – A proximité : ⚓ poneys
Tarif : 🖃 piscine comprise 2 pers. 130 – ⒤ 10 (10A)
Location : ⛺ 1800

SERRA-DI-FERRO

2A Corse-du-Sud – **90** ⑬ – voir à Corse.

SERRES

05700 H.-Alpes **16** – **81** ⑤ G. Alpes du Sud – 1 106 h. alt. 670.
🛈 Office de Tourisme pl. du Lac 🞠 04 92 67 00 67, Fax 04 92 67 16 16.
Paris 673 – Die 66 – Gap 41 – Manosque 86 – La Mure 77 – Nyons 65.

△△ **Domaine des Deux Soleils** mai-sept.
🞠 04 92 67 01 33, Fax 04 92 67 08 02 – SE : 0,8 km par N 75, rte de Sisteron puis 1 km par rte à gauche, à Super-Serres, alt. 800 – ⑤ « Belle situation ≤ montagnes et vallée du Buëch, site agréable » ⊶ – **R** conseillée juil.-août – ⚡
26 ha/12 campables (72 empl.) en terrasses, pierreux, herbeux ▭ ⚲
⚒ ⌂ ⇆ 🗓 ⚑ ▨ ⊛ 🖩 – snack – ⇆ ⚞⚟ ⚟
Tarif : 🖃 piscine comprise 2 pers. 108,95 à 123,95, pers. suppl. 22,95 – ⒤ 21,90 (5 ou 6A)
Location : ⛺ 1890 à 3350

SERRIÈRES-DE-BRIORD

01470 Ain 🄓 – 🄗🄓 ⑬ – 834 h. alt. 218.
Paris 483 – Belley 30 – Bourg-en-Bresse 56 – Crémieu 30 – Nantua 67 – La Tour-du-Pin 34.

▲▲ **Le Point Vert** 15 avril-sept.
𝄐 04 74 36 13 45, Fax 04 74 36 74 14 – O : 2,5 km, à la Base de Loisirs, bord d'un plan d'eau et d'un petit canal – Places limitées pour le passage ⩵ ⊶ – **R** conseillée – 🅶🅱 ⚲
1,9 ha (137 empl.) plat, herbeux ⚲
& ⌂ ⊟ 👤 🄐 🌲 ⊷ 🄑 – ⚓ – 🏠 – A proximité : ⴲ ✕ 🐴 ⚹ ≤ (plage) ◊
Tarif : (Prix 1998) ✶ 22 – 🄴 33 – 🄓 15 (5A)

SERVERETTE

48700 Lozère 🄓🄔 – 🄖🄖 ⑮ – 324 h. alt. 975.
Paris 564 – Aumont-Aubrac 12 – Marvejols 27 – Mende 29 – St-Chély-d'Apcher 18 – St-Flour 53.

▲ **Municipal** juil.-sept.
S : 0,4 km par rte d'Aumont-Aubrac, bord de la Truyère – ⩵ – **R** – ⚲
0,9 ha (30 empl.) plat et en terrasses, pierreux, herbeux, gravillons
& ⌂ ⊟ 🄐 👤
Tarif : ✶ 11 – 🄴 10 – 🄓 11 (6A)

SERVIÈS

81220 Tarn 🄓🄔 – 🄘🄘 ⑩ – 431 h. alt. 165.
Paris 725 – Albi 45 – Castres 22 – Lavaur 20 – Puylaurens 15 – Toulouse 64.

▲▲ **St-Pierre-de-Rouzieux** 15 juin-sept.
𝄐 05 63 50 04 43, Fax 05 63 70 52 84 – NE : 3,3 km par D 49, rte de Cuq et rte à gauche – 🐾
⩵ ⊶ – **R** conseillée – ⚲
3 ha (48 empl.) plat, peu incliné, terrasses, herbeux ⟱ ⚲
& ⌂ 🍽 ⊟ 👤 🄐 🌲 🄑 – 🐴 – ⚓ 🚲 🎿 🐴
Tarif : 🄴 piscine comprise 2 pers. 70, pers. suppl. 10 – 🄓 20
Location : 🛖 1490 à 2450 – bungalows toilés

SERVON

50170 Manche 🄓 – 🄔🄘 ⑧ – 202 h. alt. 25.
Paris 346 – Avranches 15 – Cherbourg 141 – Fougères 37 – Granville 41 – Le Mont-St-Michel 10 – St-Lô 73.

▲ **Campasun St-Grégoire**
𝄐 02 33 60 68 65 – SE : 0,6 km par D 107, rte de Crollon – ⊶
2 ha (83 empl.) plat, herbeux
⌂ 🍽 👤 🄐 🄑 – ⚓ ≤ (petite piscine)

SERVOZ

74310 H.-Savoie 🄓🄔 – 🄗🄗 ⑧ G. Alpes du Nord – 619 h. alt. 816.
🄱 Office de Tourisme Maison de L'Alpage 𝄐 04 50 47 21 68, Fax 04 50 47 27 06.
Paris 601 – Annecy 84 – Bonneville 43 – Chamonix-Mont-Blanc 14 – Megève 26 – St-Gervais-les-Bains 13.

▲▲ **La Plaine St-Jean**
𝄐 04 50 47 21 87, Fax 04 50 47 25 80 – sortie Est par D 13, rte de Chamonix-Mont-Blanc, au confluent de l'Arve et de la Diosaz – ⩵ ⊶
5,5 ha (250 empl.) plat, herbeux, étang
& ⌂ 🍽 ⊟ 👤 🄐 🄑 – ⚓ 🚣 🚲 ⚹
Location : 🛖

SÈTE

34200 Hérault 🄓🄔 – 🄘🄓 ⑯ G. Gorges du Tarn – 41 510 h. alt. 4.
🄱 Office de Tourisme 60 Grand'Rue Mario-Roustan 𝄐 04 67 74 71 71, Fax 04 67 46 17 54.
Paris 789 – Béziers 56 – Lodève 63 – Montpellier 33.

▲▲▲ **Le Castellas** 24 avril-25 sept.
𝄐 04 67 51 63 00, Fax 04 67 51 51 63 01 – SO : 11 km par N 112, rte d'Agde, près de la plage – ⊶
– **R** conseillée – 🅶🅱 ⚲
23 ha (989 empl.) plat, sablonneux, gravillons ⟱ ⚲ (8 ha)
& ⌂ 🍽 ⊟ 👤 🄐 👤 🄑 – 🐴 ⴲ cafétéria, pizzeria 🐴 cases réfrigérées – 🏃 🚣 🚲 ⚹ ⛳ 🎿 🐴
Tarif : 🄴 piscine comprise 2 pers. 150 (165 avec élect. 5 ou 6A), pers. suppl. 21
Location : 🛖 2400 à 3000 – 🛖 2900 à 3650 – 🛖 3300 à 4400 – bungalows toilés

Les SETTONS

58 Nièvre 🄓🄓 – 🄖🄔 ⑯ ⑰ G. Bourgogne – ⊠ 58230 Montsauche-les-Settons.
Paris 259 – Autun 42 – Avallon 45 – Château-Chinon 26 – Clamecy 61 – Nevers 88 – Saulieu 27.

▲▲ **Les Mésanges** mai-15 sept.
𝄐 03 86 84 55 77 – S : 4 km par D193, D 520, rte de Planchez et rte de Chevigny à gauche, à 200 m du lac – 🐾
5 ha (100 empl.) peu incliné et en terrasses, herbeux, étang ⟱
& ⌂ 🍽 ⊟ 👤 🄐 🌲 ⊷ 🄑 – 🐴 – 🚣 – A proximité : ≤
Tarif : (Prix 1998) ✶ 22 – 🚐 12 – 🄴 15 – 🄓 18 (4A)

⚠ **Plage du Midi** avril-sept.
  ℰ 03 86 84 51 97, Fax 03 86 84 57 31 – SE : 2,5 km par D 193 et rte à droite, bord du lac – ≤
  « Situation agréable » ⊶ – **R** conseillée juil.-août – ⊞ ⨍
  4 ha (160 empl.) peu incliné, herbeux ♀ (0,5 ha)
  ⅃ ⌂ ➾ ⊡ ⌷ ☺ ▣ – ⛝ ¥ – ⌁ – À proximité : ✗ ◊
  Tarif : ♀ 23 – 🚙 14 – ▣ 15 – ⚡ 20 (10A)

⚠ **La Plage des Settons** mai-15 sept.
  ℰ 03 86 84 51 99, Fax 03 86 84 54 81 – à 300 m au Sud du barrage, bord du lac – ⅋ ≤ ⊶ –
  R conseillée 14 juil.-15 août – ⊞ ⨍
  2,6 ha (68 empl.) en terrasses ⌑
  ⅃ ⌂ ➾ ⊡ ⌷ ☺ ⩍ ▣ – ⌂ ᴬ⌀ ⌁ – À proximité : ⛝ ✗ ☞ ✗
  Tarif : ♀ 20 – 🚙 12 – ▣ 15 (3A) 19 (5A) 27 (10A)

⚠ **La Cabane Verte** juin-15 sept.
  ℰ 03 86 76 02 25 ⊠ 58230 Moux-en-Morvan – S : 8 km par D 193, D 520, rte de Planchez puis
  à gauche, par Chevigny, rte de Gien-sur-Cure et D 501 à gauche, près du lac – ⅋ ⊶ – **R** conseillée
  juil.-août
  3,8 ha (107 empl.) en terrasses, peu incliné, herbeux ⌑
  ⅃ ⌂ ➾ ⊡ ⌷ ☺ ▣ – ⌂ – À proximité : ⌁
  Tarif : ♀ 20 – 🚙 14 – ▣ 15 – ⚡ 15 (10A)

SÉVÉRAC-L'ÉGLISE

12310 Aveyron 🔢 – 🔢 ③ G. Gorges du Tarn – 415 h. alt. 630.
Paris 631 – Espalion 27 – Mende 84 – Millau 54 – Rodez 30 – Sévérac-le-Château 22.

⚠⚠ **La Grange de Monteillac** mai-15 sept.
  ℰ 05 65 70 21 00, Fax 05 65 70 21 01 – au Nord-Est du bourg par D 28, à droite, avant le pont
  – ≤ ⊶ – **R** conseillée juil.-août – ⊞ ⨍
  4,5 ha (60 empl.) en terrasses, plat, herbeux ⌑
  ⅃ ⌂ ➾ ⊡ ⌷ ☺ ☺ ⩍ ⩛ ▣ – ⛝ snack, pizzeria – ⌂ ⫯ ⌀ ᴬ⌀ 🚲 ·⊙ ⅃ ✗ – À proximité : ✗
  Tarif : ▣ élect. (6A) et piscine comprises 2 pers. 112
  Location (permanent) : 🏠 1800 à 3500 – bungalows toilés

SÉVRIER

74 H.-Savoie – 🔢 ⑥ – voir à Annecy (Lac d').

SEYNE

04 Alpes-de-H.-Pr. 🔢 – 🔢 ⑦ G. Alpes du Sud – 1 222 h. alt. 1 200 – ⊠ 04140 Seyne-les-Alpes.
🅱 Office de Tourisme pl. Armes ℰ 04 92 35 11 00, Fax 04 92 35 28 84.
Paris 714 – Barcelonnette 43 – Digne-les-Bains 42 – Gap 46 – Guillestre 75.

⚠⚠ **Les Prairies** avril-15 sept.
  ℰ 04 92 35 10 21, Fax 04 92 35 26 96 – S : 1 km par D 7, rte d'Auzet et chemin à gauche, bord
  de la Blanche – ⅋ ≤ ⊶ – **R** conseillée juil.-août – ⨍
  3,6 ha (100 empl.) plat, pierreux, herbeux
  ▥ ⅃ ⌂ ➾ ⊡ ⌷ ☺ ▣ – ⌂ ᴬ⌀ ⅃ – À proximité : ✗ ⛝ ᴬ
  Tarif : ▣ piscine comprise 2 pers. 72 ou 87 – ⚡ 15 (2A) 20 (6A) 31 (10A)
  Location (permanent) : ⌂ 1400 à 3000 – 🏠 1700 à 3500

La SEYNE-SUR-MER

83500 Var 🔢 – 🔢 ⑮ G. Côte d'Azur – 59 968 h. alt. 3.
🅱 Office de Tourisme Corniche G. Pompidou « Les Sablettes » ℰ 04 94 94 73 09, Fax 04 94 30 84 62.
Paris 833 – Aix-en-Provence 80 – La Ciotat 36 – Marseille 60 – Toulon 7.

Schéma à Six-Fours-les-Plages

⚠⚠ **International des Fontanettes** Permanent
  ℰ 04 94 94 75 07, Fax 04 94 30 62 11 – NO : 3 km par D 63, rte de Sanary-sur-Mer – ⊶ 🅿tentes
  – **R** indispensable juil.-août – ⊞ ⨍
  1,1 ha (66 empl.) plat et en terrasses, herbeux, pierreux ♀
  ⅃ ⌂ ➾ ⊡ ⩘ ☺ ▣ – ⛝ pizzeria – ⅃ – À proximité : ⛝
  Tarif : ▣ piscine comprise 1 à 3 pers. 88/90, pers. suppl. 18 – ⚡ 18 (6A) 20 (10A)
  Location : ⌂ 1000 à 1900 – 🏠 1400 à 3200

SEYSSEL

74910 H.-Savoie 🔢 – 🔢 ⑤ G. Jura – 1 630 h. alt. 252.
🅱 Office de Tourisme Maison du Pays ℰ 04 50 59 26 56, Fax 04 50 56 21 94.
Paris 519 – Aix-les-Bains 32 – Annecy 41.

⚠ **Le Nant-Matraz** mai-sept.
  ℰ 04 50 59 03 68 – sortie Nord par D 992, près du Rhône (accès direct) – ≤ ⊶ – **R** conseillée
  juil.-août – ⨍
  1 ha (74 empl.) plat et peu incliné, herbeux ♀
  ⌂ ⊡ ⌷ ☺ – ⌂ ⫯ – À proximité : ⛝
  Tarif : ▣ 2 pers. 74, pers. suppl. 19

SEYSSEL

01420 Ain 🔲 – 🔲 ⑤ G. Jura – 817 h. alt. 258.
Paris 520 – Aix-les-Bains 33 – Annecy 41 – Genève 52 – Nantua 47.

⚠ *International* 15 juin-15 sept.
    𝒫 04 50 59 28 47 – SO : 2,4 km par D 992, rte de Culoz et chemin à droite – 🐾 ≤ ⊶ – **R** conseillée
    – ⊞ 𝒜
    1,5 ha (45 empl.) en terrasses, herbeux 🗔 ⌀
    🔳 🔳 🔳 ⌀ ⊕ 🔳 – snack – 🔳 🚲 🔳
    Tarif : 🔳 *piscine comprise 2 pers. 78* – 🔳 *10 (2A) 15 (4A) 20 (6A)*

SÉZANNE

51120 Marne 🔲 – 🔲 ⑤ G. Champagne – 5 829 h. alt. 137.
🔳 Office de Tourisme pl. République 𝒫 03 26 80 51 43, Fax 03 26 80 54 13.
Paris 114 – Châlons-en-Champagne 60 – Meaux 77 – Melun 89 – Sens 80 – Troyes 62.

⚠ *Municipal*
    𝒫 03 26 80 57 00 – sortie Ouest par D 373, rte de Paris (près N 4) puis 0,7 km par chemin à gauche
    et rte de Launat à droite – ⊶
    1 ha (79 empl.) incliné, herbeux ⌀
    🔳 🔳 🔳 🔳 ⊕ 🔳 – 🔳 🔳 – A proximité : 🔳

SIGEAN

11130 Aude 🔲 – 🔲 ⑩ G. Pyrénées Roussillon – 3 373 h. alt. 21.
🔳 Office de Tourisme pl. de la Libération 𝒫 04 68 48 14 81.
Paris 814 – Carcassonne 72 – Narbonne 23 – Perpignan 47.

⚠ *La Grange Neuve* Permanent
    𝒫 04 68 48 58 70, Fax 04 68 48 01 97 – NO : 6,5 km par N 9, rte de Narbonne, à 800 m de la "Réserve
    Africaine" – ⊶ – **R** conseillée juil.-août – ⊞ 𝒜
    2,45 ha (78 empl.) accidenté, en terrasses, plat, pierreux, gravier 🗔
    🔳 🔳 🔳 🔳 🔳 ⊕ 🔳 – snack – 🔳 (petite piscine) – A proximité : 🔳
    Tarif : (Prix 1998) 🔳 *2 pers. 80 (97 avec élect. 4A), pers. suppl. 21*
    Location : 🔳 *1200 à 2850 – huttes*

▶ *La catégorie (1 à 5 tentes, **noires** ou **rouges**) que nous attribuons*
aux terrains sélectionnés dans ce guide est une appréciation qui nous est propre.

Elle ne doit pas être confondue avec le classement (1 à 4 étoiles)
établi par les services officiels.

SIGNES

83870 Var 🔲 – 🔲 ⑮ – 1 340 h. alt. 300.
Paris 819 – Aubagne 30 – Bandol 28 – Brignoles 32 – La Ciotat 27 – Marseille 47 – Toulon 34.

⚠ *Les Promenades* Permanent
    𝒫 04 94 90 88 12, Fax 04 94 90 82 68 – à l'Est du bourg, à la station Avia – ⊶ 🔳 dans locations
    – **R** conseillée juil.-25 août – 𝒜
    2 ha (91 empl.) plat, peu incliné, pierreux, herbeux 🗔 ⌀⌀
    🔳 🔳 🔳 🔳 ⊕ 🔳 – 🔳 salle d'animation 🔳
    Tarif : 🔳 *22 piscine comprise* – 🔳 *18* – 🔳 *23* – 🔳 *16 (4A) 18 (6A) 27 (10A)*
    Location : 🔳 *1000 à 1600* – 🔳 *1800 à 2900*

SIGNY-L'ABBAYE

08460 Ardennes 🔲 – 🔲 ⑰ G. Champagne – 1 422 h. alt. 240.
Paris 218 – Charleville-Mézières 30 – Hirson 39 – Laon 71 – Rethel 24 – Rocroi 30 – Sedan 51.

⚠ *Municipal l'Abbaye* mai-sept.
    𝒫 03 24 52 87 73 – au Nord du bourg, près du stade, bord de la Vaux – ⊶ – **R**
    1,2 ha (60 empl.) plat, herbeux
    🔳 🔳 🔳 ⊕ – A proximité : 🔳
    Tarif : 🔳 *8* – 🔳 *5* – 🔳 *6* – 🔳 *15 (10A)*

SIGOULÈS

24240 Dordogne 🔲 – 🔲 ⑭ – 603 h. alt. 105.
Paris 552 – Agen 83 – Bergerac 15 – Castillonnès 24 – Duras 26 – Ste-Foy-la-Grande 22.

⚠ *Intercommunal* mai-sept.
    𝒫 05 53 58 81 94 – N : 1,4 km par D 17, rte de Pomport, bord de la Gardonnette et près d'un lac,
    à la Base de Loisirs – ⊶ – **R** – 𝒜
    14 ha/3 campables (90 empl.) plat et peu incliné, herbeux, bois attenant ⌀
    🔳 🔳 🔳 🔳 🔳 ⊕ 🔳 – 🔳 🔳 🔳 🔳 toboggan aquatique
    Tarif : 🔳 *21* – 🔳 *19* – 🔳 *12,50 (20A)*
    Location : 🔳 *1650 à 2700*

83690 Var **17** – **84** ⑥ G. Côte d'Azur – 438 h. alt. 364.
Paris 834 – Aups 10 – Barjols 17 – Draguignan 30 – St-Maximin-la-Ste-Baume 38.

▲ **Le Relais de la Bresque** Permanent
𝒸 04 94 04 64 89 – N : 2 km par D 560 et D 22, rte d'Aups et r. de la Piscine à droite – 🐾 ⊶
– **R** indispensable juil.-août
1,3 ha (66 empl.) plat et peu accidenté, pierreux ⚬⚬
▥ ▤ ⇌ ⊟ ⊙ ⚘ ▿ ▦ – 🍴 snack, pizzeria – ⊡ 🚣 ⁘⊙ – A proximité : 🔲 (découverte l'été)
Tarif : 🛉 *30* – ▣ *20* – 🔋 *5A : 15 (hors saison 20) 10A : 18 (hors saison 30)*
Location : 🛏 *800 à 1400 – gîte d'étape*

72140 Sarthe **5** – **60** ⑫ G. Normandie Cotentin – 2 583 h. alt. 161.
🛈 Office de Tourisme 13 pl. du Marché 𝒸 02 43 20 10 32, Fax 02 43 20 10 32 et Maison du Lac et de la Forêt
𝒸 02 43 20 19 97 (saison) à Sillé-Plage.
Paris 230 – Alençon 39 – Laval 56 – Le Mans 34 – Sablé-sur-Sarthe 42.

▲▲ **Le Landereau** avril-Toussaint
𝒸 02 43 20 12 69 – NO : 2 km par D 304, rte de Mayenne « Décoration arbustive » ⊶ – **R** – 🚴
2 ha (75 empl.) plat, peu incliné et en terrasses, herbeux ⊡ ⚬
▤ ⇌ ⊡ ⊟ ⚌ ⊙ ▦ – 🚣 🚣 ᵐ
Tarif : 🛉 *13* – ⇌ *5* – ▣ *10/11* – 🔋 *8,50 à 22*
Location : 🛏 *650 à 900*

72460 Sarthe **5** – **60** ⑭ – 803 h. alt. 35.
Paris 195 – Beaumont-sur-Sarthe 24 – Bonnétable 11 – Connerré 15 – Mamers 34 – Le Mans 19.

▲▲ **Château de Chanteloup**
𝒸 02 43 27 51 07 – SO : 2 km par D 301, rte du Mans – 🐾 ⊶
20 ha (90 empl.) plat, peu incliné, sablonneux, herbeux, étang, sous-bois ⚬⚬ (2 ha)
▤ ⇌ ⊡ ⊟ ⊙ ▦ – 🍴 snack – ⊡ 🚣 ᵈ⚲ ✗ 🔲
Location : ⊨

63690 P.-de-D. **10** – **73** ⑫ – 214 h. alt. 737.
Paris 446 – Bort-les-Orgues 28 – La Bourboule 24 – Bourg-Lastic 20 – Clermont-Ferrand 66.

▲▲ **Le Moulin de Serre** 3 avril-17 oct.
𝒸 04 73 21 16 06, Fax 04 73 21 12 56 – à 1,7 km au Sud de la Guinguette, par D 73, rte de Bort-les-Orgues, bord de la Burande – 🐾 ≼ ⊶ ✗ dans locations – **R** conseillée juil.-août – **GB** 🚴
7 ha/2,6 campables (90 empl.) plat, herbeux ⊡ ⚬
▥ ᕇ ▤ ⇌ ⊡ ⊟ ⚌ ⊙ ⊡⌂ ▦ – 🍴 snack 🚣 – ⊡ 🚣 🏃 ᵈ⚲ ✗ 🔲
Tarif : ▣ *piscine comprise 2 pers. 63, pers. suppl. 19* – 🔋 *14 (3A) 22 (5A) 30 (10A)*
Location : 🛏 *1000 à 2700 – bungalows toilés*

85 Vendée – **67** ⑫ – rattaché à St-Hilaire-de-Riez.

24170 Dordogne **13** – **75** ⑯ G. Périgord Quercy – 904 h. alt. 77.
🛈 Syndicat d'Initiative pl. de Siorac 𝒸 05 53 31 63 51.
Paris 535 – Bergerac 45 – Cahors 67 – Périgueux 60 – Sarlat-la-Canéda 28.

▲▲ **Municipal le Port** juin-sept.
𝒸 05 53 31 63 81 – au Nord-Est du bourg, accès par D 25, rte de Buisson-Cussac et chemin devant Intermarché, bord de la Dordogne et de la Nauze – ⊶ – **R** – 🚴
1,5 ha (66 empl.) plat, herbeux ⊡ ⚬⚬
ᕇ ▤ ⇌ ⊡ ⊟ ⚌ ⊙ – ⊡ 🚣 🌊 parcours de santé – A proximité : 🍴 cafétéria ✗
Tarif : (Prix 1998) 🛉 *21* – ▣ *16* – 🔋 *10 (10A)*

16440 Charente **9** – **72** ⑬ – 1 121 h. alt. 26.
Paris 461 – Angoulême 15 – Barbezieux 25 – Cognac 34 – Jarnac 22 – Rouillac 23.

▲ **Nizour** 15 mai-15 sept.
𝒸 05 45 90 56 27 – SE : 1,5 km par D 7, rte de Blanzac, à gauche avant le pont, à 120 m de la Charente (accès direct) « Entrée fleurie » ⊶ saison – **R** conseillée juil.-août – 🚴
1,6 ha (40 empl.) plat, herbeux
ᕇ ▤ ⇌ ⊡ ⊟ ⚌ ⚘ ▦ – ✗ 🔲 – A proximité : 🍴 ✗ 🚣
Tarif : 🛉 *19 piscine comprise* – ▣ *33* – 🔋 *19 (6A)*
Location : 🛏 *1276 à 1450*

SISTERON

04200 Alpes-de-H.-P. 17 – 81 ⑥ G. Alpes du Sud – 6 594 h. alt. 490.
Office de Tourisme à L'Hôtel-de-Ville ✆ 04 92 61 12 03, Fax 04 92 61 19 57.
Paris 707 – Barcelonnette 99 – Digne-les-Bains 39 – Gap 50.

Municipal des Prés-Hauts mars-oct.
✆ 04 92 61 19 69 – N : 3 km par rte de Gap et D 951 à droite, rte de la Motte-du-Caire, près de la Durance – ⩤ – **R** conseillée juil.-août –
4 ha (120 empl.) plat et peu incliné, herbeux
Tarif : (Prix 1998) *piscine comprise 2 pers. 65 – 20 (6A)*

SIX-FOURS-LES-PLAGES

83140 Var 17 – 84 ⑭ G. Côte d'Azur – 28 957 h. alt. 20.
Office de Tourisme plage de Bonnegrâce ✆ 04 94 07 02 21, Fax 04 94 25 13 36 et (juil.-août) au Brusc Quai St-Pierre ✆ 04 94 34 15 06.
Paris 834 – Aix-en-Provence 81 – La Ciotat 37 – Marseille 61 – Toulon 13.

La Pinède juin-sept.
✆ 04 94 34 06 39 – S : 3,5 km par D 16, rte de Notre-Dame du Mai, au Brusc (hors schéma) – « Agréable cadre fleuri » – **R** conseillée 21 juil.-20 août – GB
10 ha/3,5 campables (200 empl.) plat, pierreux, herbeux
Tarif : *25 – 25 – 15 (3A) 25 (6A)*

Héliosports 25 mars-15 oct.
✆ 04 94 25 62 76, Fax 04 94 25 82 93 – O : 1 km – – **R** –
0,5 ha (37 empl.) plat, herbeux, gravier
– cases réfrigérées – A proximité :
Tarif : *3 pers. 80, pers. suppl. 17 – 14 (3A) 18 (5A) 20 (6A)*

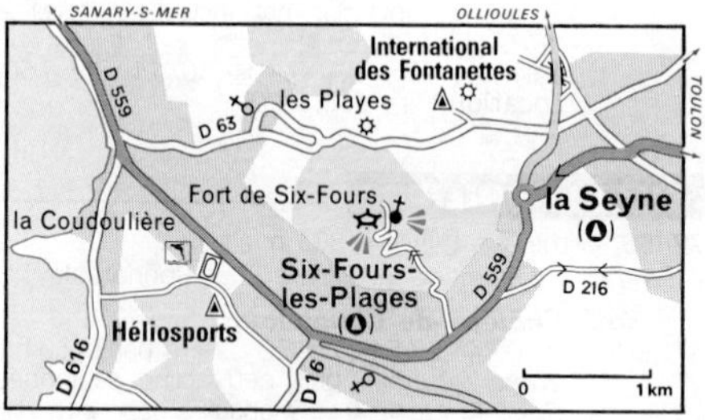

Voir aussi à la Seyne-sur-Mer

SIXT-FER-À-CHEVAL

74740 H.-Savoie 12 – 74 ⑧ G. Alpes du Nord – 715 h. alt. 760.
Paris 591 – Annecy 78 – Cluses 28 – Genève 61 – Morzine 81 – Samoëns 7.

Municipal du Fer à Cheval juin-15 sept.
✆ 04 50 34 12 17, Fax 04 50 89 51 02 – NE : 5,5 km par D 907, à 300 m du Giffre, alt. 915 – ⩤ Cirque du Fer à Cheval « Site agréable » – **R** –
2,7 ha (100 empl.) non clos, peu incliné, herbeux, pierreux
Tarif : *13 – 5 – 10 – 18 (10A)*

SIZUN

29450 Finistère 3 – 58 ⑤ G. Bretagne – 1 728 h. alt. 112.
Paris 571 – Brest 37 – Carhaix-Plouguer 44 – Châteaulin 34 – Landerneau 17 – Morlaix 35 – Quimper 58.

Municipal du Gollen 3 avril-sept.
✆ 02 98 24 11 43 – S : 1 km par D 30, rte de St-Cadou et à gauche, bord de l'Elorn - Passerelle piétons pour rejoindre le centre du bourg – – **R** –
0,6 ha (30 empl.) plat, herbeux
– A proximité :
Tarif : (Prix 1998) *14 – 8 – 12 – 14 (5A)*

SOCOA

64 Pyr.-Atl. – 85 ② – rattaché à St-Jean-de-Luz.

SOINGS-EN-SOLOGNE

41230 L.-et-C. 5 – 64 ⑱ – 1 289 h. alt. 106.
Paris 208 – Blois 27 – Contres 9 – Romorantin-Lanthenay 19 – St-Aignan 26 – Selles-sur-Cher 18.

Municipal le Petit Mont-en-Jonc juin-sept.
sortie Sud par D 119, rte de Selles-sur-Cher puis 0,5 km par rte de Gy-en-Sologne, à gauche et chemin, à 80 m d'un étang – –
0,35 ha (22 empl.) plat, herbeux, sablonneux
– A proximité :
Tarif : (Prix 1998) *6 – 6/8 – 15*

SOISSONS

02200 Aisne 🖪 – 🖫🖫 ④ G. Flandres Artois Picardie – 29 829 h. alt. 47.
🄳 Office de Tourisme 16 pl. Fernand-Marquigny ℘ 03 23 53 17 37, Fax 03 23 59 67 72.
Paris 102 – Compiègne 39 – Laon 37 – Meaux 63 – Reims 56 – St-Quentin 61 – Senlis 62.

    ▲▲ **Municipal** Permanent
    ℘ 03 23 74 52 69 – N : av. du Mail, près de l'Aisne et de la piscine – ⊶ – **R**
    1,7 ha (117 empl.) plat, herbeux ▭
    🝆 ♿ 🕭 🖳 🖰 ⊕ – 🖵 – A proximité : parcours de santé ⚔ 🔲 🔳 🖳
    Tarif : (Prix 1998) 🕇 *14* – ⛺ *10* – 🗉 *10* – 🔌 *5A : 17 (hiver 23)*

SOLESMES

59730 Nord 🖢 – 🖫🖩 ④ – 4 892 h. alt. 71.
Paris 199 – Avesnes-sur-Helpe 35 – Cambrai 21 – Le Cateau-Cambrésis 11 – Lille 75 – Valenciennes 22.

    ▲ **L'Étang des Peupliers** avril-oct.
    ℘ 03 27 37 32 08 – S : 0,8 km par D 109 rte de Briastre, près de la Selle – ॐ ⊶ – **R** conseillée
    0,57 ha (37 empl.) plat, herbeux, étangs ▭ 🖭
    🝆 ♿ 🖳 ⚹ ⊕ – 🍷 – 🚣
    Tarif : 🕇 *15* – ⛺ *8* – 🗉 *15* – 🔌 *13 (3A) 17 (6A) 22 (10A)*

SOLLIÈRES-SARDIÈRES

73500 Savoie 🖫🖢 – 🖫🖫 ⑧ – 171 h. alt. 1 350.
Paris 680 – Bessans 20 – Chambéry 118 – Lanslebourg-Mont-Cenis 8 – Modane 16 – Susa 45.

    ▲ **Le Chenantier** 15 mai-10 sept.
    ℘ 04 79 20 52 34, Fax 04 79 20 53 43 – à l'entrée de Sollières-Envers, à 50 m de l'Arc et de la N 6
    – ≼ ⊶ juil.-août – **R** – ⚗
    1,5 ha (58 empl.) en terrasses, accidenté, herbeux, pierreux
    ♿ 🝆 🖳 ⚹ ⊕ 🖰
    Tarif : (Prix 1998) 🕇 *13* – ⛺ *4* – 🗉 *10* – 🔌 *12,50 (5A)*

SORDE-L'ABBAYE

40300 Landes 🖫🖪 – 🖫🖪 ⑦ G. Pyrénées Aquitaine – 569 h. alt. 17.
Paris 761 – Bayonne 45 – Dax 27 – Oloron-Ste-Marie 61 – Orthez 30.

    ▲ **Municipal la Galupe** 15 juin-15 sept.
    ℘ 05 58 73 18 13 – O : 1,3 km par D 29, rte de Peyrehorade, D 123 à gauche et chemin avant le
    pont, près du Gave d'Oloron – Ⓜ ॐ – **R** conseillée – ⚗
    0,6 ha (28 empl.) plat, herbeux, pierreux ▭
    ♿ 🝆 ♿ 🖳 🖰 ⊕
    Tarif : (Prix 1998) 🕇 *10* – 🗉 *20* – 🔌 *10 (6A)*

SORE

40430 Landes 🖫🖪 – 🖫🖪 ④ – 883 h. alt. 73.
Paris 653 – Bazas 40 – Belin-Béliet 38 – Labrit 29 – Mont-de-Marsan 57 – Pissos 99.

    ▲ **Aire Naturelle Municipale** 15 juin-15 sept.
    S : 1 km par D 651, rte de Mont-de-Marsan et chemin à gauche, à 50 m de la Petite Leyre – ॐ
    1 ha (16 empl.) plat, herbeux, sablonneux 💧
    🝆 ♿ 🖰 ⊕ ⚖ 🖰 – A proximité : parcours sportif ⚔ 🚣 🖳
    Tarif : 🗉 *élect. et tennis compris 1 à 4 pers. 28 à 60/38 à 70*
    Location : *gîtes*

SORÈDE

66690 Pyr.-Or. 🖫🖬 – 🖪🖬 ⑲ – 2 160 h. alt. 20.
🄳 Office de Tourisme pl. de la Mairie ℘ 04 68 89 31 17.
Paris 884 – Amélie-les-Bains-Palalda 32 – Argelès-sur-Mer 7 – Le Boulou 16 – Perpignan 24.

    ▲▲ **Les Micocouliers** juin-20 sept.
    ℘ 04 68 89 20 27, Fax 04 68 95 45 25 – au Nord-Est par D 11, rte de St-André – ॐ ⊶ –
    R conseillée – ⚗
    4 ha (221 empl.) plat, peu incliné, pierreux, herbeux 💧💧
    ♿ 🝆 🖳 ♿ ⊕ 🖰 – 🍷 crêperie, pizzeria – 🖵 🚣 🖳 – A proximité : ⚔
    Tarif : 🕇 *22 piscine comprise* – 🗉 *45* – 🔌 *17 (4A) 20 (6A)*
    Location : 🏠 *1200 à 2800*

SORÈZE

81540 Tarn 🖫🖬 – 🖪🖢 ⑳ G. Gorges du Tarn – 1 954 h. alt. 272.
Paris 752 – Castelnaudary 27 – Castres 27 – Puylaurens 19 – Toulouse 56.

    ▲ **Municipal les Vigariès** juil.-août
    ℘ 05 63 74 18 06 – au Nord du bourg, accès par r. de la Mairie, au stade – ॐ ⊶ – **R**
    1 ha (47 empl.) plat, herbeux 💧
    🝆 ♿ 🖰 ⊕ – ⚔
    Tarif : 🕇 *10* – ⛺ *5* – 🗉 *10* – 🔌 *10 (13A)*

SORGEAT

09110 Ariège **15** – **86** ⑮ – 81 h. alt. 1 050.
Paris 826 – Ax-les-Thermes 5 – Axat 49 – Belcaire 21 – Foix 48 – Font-Romeu-Odeillo-Via 62.

   ▲ **Municipal** Permanent
     ℰ 05 61 64 36 34 – N : 0,8 km – ⑤ ≤ montagnes « Situation agréable » ⊶ – **R** juil.-août – ⚲
     2 ha (40 empl.) en terrasses, plat, herbeux ▭
     ▥ ☖ ▨ ❖ ☒ ゑ ♁ ▣
     Tarif : ☩ *17* – ⇦ *9* – ▣ *8* – [½] *12 (5A) 23 (10A)*
     Location : *gîtes*

SOSPEL

06380 Alpes-Mar. **17** – **84** ⑲ ⑳ G. Côte d'Azur – 2 592 h. alt. 360.
🛈 Office de Tourisme bd de la 1ère D.F.L. ℰ 04 93 04 18 44, Fax 04 93 04 19 96 et Accueil, Le Vieux Pont
ℰ 04 93 04 15 80.
Paris 971 – Breil-sur-Roya 21 – L'Escarène 21 – Lantosque 37 – Menton 18 – Nice 41.

   ▲ **Domaine Ste-Madeleine** avril-sept.
     ℰ 04 93 04 10 48 – NO : 4,5 km par D 2566, rte du col de Turini – ⑤ ≤ ⊶ – **R** conseillée juil.-août
     – ⚲
     3 ha (90 empl.) en terrasses, herbeux, pierreux ♀
     ☖ ▨ ❖ ▣ ﾊ ⊛ ▣ – ☌
     Tarif : ▣ *piscine comprise 2 pers. 82* – [½] *15 (10A)*
     Location : ⌂ *1450 à 2900* – ⊨

SOTTA

2A Corse-du-Sud – **90** ⑧ – voir à Corse.

SOUBÈS

34 Hérault – **83** ⑤ – rattaché à Lodève.

SOUILLAC

46200 Lot **18** – **75** ⑱ G. Périgord Quercy – 3 459 h. alt. 104.
🛈 Office de Tourisme bd L.-J.-Malvy ℰ 05 65 37 81 56, Fax 05 65 27 11 45.
Paris 518 – Brive-la-Gaillarde 39 – Cahors 65 – Figeac 65 – Gourdon 29 – Sarlat-la-Canéda 29.

   ▲▲▲ **Domaine de la Paille Basse** 12 mai-15 sept.
     ℰ 05 65 37 85 48, Fax 05 65 37 09 58 – NO : 6,5 km par D 15, rte de Salignac-Eyvignes puis 2 km
     par chemin à droite – ⑤ ≤ « Vaste domaine accidenté autour d'un vieux hameau restauré » ⊶
     – **R** conseillée juil.-20 août – ⒼⒷ ⚲
     80 ha/12 campables (254 empl.) plat, accidenté et en terrasses, pierreux, herbeux ♀♀
     ☖ ▨ ❖ ▣ ☒ ⊛ ☒ ♁ ▣ – ☍ ♟ ✗ (dîner) crêperie ☞ – ⌂ ☖☖ discothèque, salle de cinéma
     ☞✦ -◐ ✕ ☌ tir à la carabine
     Tarif : ☩ *33 piscine comprise* – ▣ *53/53 ou 65* – [½] *20 (3A) 33 (6A)*
     Location : ⌂ *1300 à 3695*

   ▲▲ **La Draille** Pâques-sept.
     ℰ 05 53 28 90 31, Fax 05 65 37 06 20 – NO : 6 km par D 15, à Bourzoles, bord de la Borrèze – ⑤
     ≤ ⊶ – **R** conseillée juil.-24 août – ⒼⒷ ⚲
     26 ha/6 campables (150 empl.) plat, incliné et en terrasses, herbeux ♀ (3 ha)
     ☖ ▨ ❖ ▣ ⊛ ▣ – ☌ ♟ ✗ ☞ – ⌂ discothèque ☞✦ ✕ ☌ ▥
     Tarif : ☩ *25,50 piscine comprise* – ▣ *45* – [½] *13,50 (4A)*
     Location : ⌂ *1200 à 3240* – ⌂ *1200 à 3240*

   ▲▲ **Le Pit** 15 juin-15 sept.
     ℰ 05 65 32 25 04 ✉ 46200 Mayrac – E : 9 km par D 703, rte de Martel puis 3 km par D 33, rte
     de St-Sozy – ⑤ ≤ « Site et cadre agréables » ⊶ – **R** conseillée juil.-août
     3 ha (50 empl.) en terrasses, herbeux, bois attenant ♀
     ▨ ▣ ☒ ⊛ ▣ – ⌂ ⚲⚲ ☌
     Tarif : ☩ *30 piscine comprise* – ⇦ *10* – ▣ *35* – [½] *10 (3A)*
     Location : ⌂ *1200 à 1800* – *gîtes*

   ▲▲ **Verte Rive** Pâques-sept.
     ℰ 05 65 37 85 96 – sortie Sud par N 20, rte de Cahors puis 5 km par D 43, rte de Pinsac et à droite,
     bord de la Dordogne – ⑤ « Cadre boisé » ⊶ – **R** conseillée juil.-août
     1,4 ha (65 empl.) plat, herbeux ▭ ♀♀
     ☖ ▨ ❖ ▣ ☒ ⊛ ☒ ▣ – ☌ – ⌂ ☞✦ ☌ ▥
     Tarif : ☩ *27 piscine comprise* – ▣ *28* – [½] *16 (4A)*
     Location : ⌂ *2000 à 2500*

   ▲ **Municipal les Ondines** mai-sept.
     ℰ 05 65 37 86 44 – SO : 1 km par rte de Sarlat et chemin à gauche, près de la Dordogne – ⊶
     juil.-août – **R** conseillée juil.-août – ⚲
     4 ha (242 empl.) plat, herbeux ♀♀
     ☖ ▨ ❖ ▣ ☒ ⊛ – A proximité : terrain omnisports ✕ ▥ ☞✦ ☌ ▥ toboggan aquatique ☈
     Tarif : ☩ *15* – ▣ *14* – [½] *11 (5A)*

33780 Gironde 🖪 – 🗓 ⑮ ⑯ G. Pyrénées Aquitaine – 2 790 h. alt. 7.
🖪 Office de Tourisme 95 r. de la Plage ♪ 05 56 09 86 61, Fax 05 56 73 63 76.
Paris 514 – Bordeaux 96 – Lesparre-Médoc 30 – Royan 11.

 ⚠ ***Palace*** mai-15 sept.
  ♪ 05 56 09 80 22, Fax 05 56 09 84 23 – SO : 1 km, rte de l'Amélie-sur-Mer, à 500 m de la plage
  « Cadre agréable » ⛺ – **R** conseillée 10 juil.-20 août – **GB** ⚡
  16 ha/7 campables (480 empl.) plat et accidenté, sablonneux 🛈🛈
  ⛃ 🔥 ⛲ 🗑 ♨ 🚽 ⊙ 🛒 🖳 🖼 – 🛎 ♈ 🍴 snack 🍸 – 🏓 🏊 🚵 – A proximité : ✗ 🐎
  Tarif : ▣ *piscine comprise 2 pers. 116/135 ou 137 avec élect. (5A), pers. suppl. 29 – ▣ 15*
  (10A)
  Location *(avril-sept.) :* 🛖 *1750 à 3300 –* 🚐*1400 à 2900*

 ⚠ ***Les Sables d'Argent*** avril-sept.
  ♪ 05 56 09 82 87, Fax 05 56 09 94 82 – SO : 1,5 km par rte de l'Amélie-sur-Mer, accès direct à la
  plage – 🐾 ⛺ saison – **R** conseillée – **GB** ⚡
  2,6 ha (152 empl.) accidenté et plat, sablonneux, dunes 🛈🛈
  ⛃ 🔥 🗑 🔦 ⊙ 🍴 🖼 – 🛎 snack – 🏊 ♈ – A proximité : ✗ 🐎 parcours sportif
  Tarif : (Prix 1998) ▣ *2 pers. 92, pers. suppl. 19 – ▣ 21 (4A) 23 (6A) 26 (10A)*
  Location : 🛖 *1500 à 3300 –* 🚐 *1900 à 3800*

à l'Amélie-sur-Mer SO : 4,5 km – ✉ 33780 Soulac-sur-Mer :

 ⚠ ***Le Lilhan*** juin-15 sept.
  ♪ 05 56 09 77 63 – E : 2,8 km par D 101^{E2} et D 101 – 🐾 ⛺ – **R** conseillée juil.-août – ⚡
  4 ha (170 empl.) plat, sablonneux 🛈🛈
  ⛃ 🔥 🗑 🔦 ⊙ 🖼 – 🛎 snack – 🏊 ♈ ✗ 🚵 – 🏊
  Tarif : (Prix 1998) 🚶 *18 piscine comprise – 🚗 10 – ▣ 43 – ▣ 18 (2A) 20 (4A) 22 (10A)*
  Location : 🛖 *1300 à 2600*

 ⚠ ***L'Océan*** juin-15 sept.
  ♪ 05 56 09 76 10 – sortie Est par D 101^{E2} et D 101, à 300 m de la plage – 🐾 ⛺ – **R** conseillée
  juil.-août – ⚡
  6 ha (300 empl.) plat, sablonneux, herbeux 🌲 pinède
  ⛃ 🔥 🗑 🔦 ⊙ 🖼 – 🛎 ♈ 🍴 🍸 – 🏊 🚵
  Tarif : ▣ *1 pers. 75, pers. suppl. 20 – ▣ 18 (3A) 20 (6A) 22 (10A)*

 ⚠ ***Les Genêts*** avril-sept.
  ♪ 05 56 09 85 79, Fax 05 56 09 93 09 – NE : 2 km sur D 101^{E2} – ⛺ – **R** conseillée juil.-août –
  ⚡
  4 ha (250 empl.) plat, sablonneux, herbeux 🛈🛈
  ⛃ 🔥 🗑 🔦 ⊙ 🖼 – 🛎 snack 🍸 – 🏓 🏊 🚵
  Tarif : (Prix 1998) ▣ *piscine comprise 2 pers. 89, pers. suppl. 18 – ▣ 20 (4A) 22 (6A) 24*
  (10A)
  Location : 🛖 *1030 à 2060 –* 🛖 *1730 à 3200 – bungalows toilés*

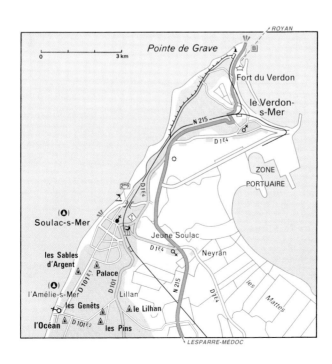

⚲ *Les Pins* juin-sept.
    ☎ 05 56 09 82 52, Fax 05 56 73 65 58 – E : 1,5 km par D 101^{E2} – ☻ ⚲ – **R** conseillée – ⚲
    3,2 ha (150 empl.) plat, vallonné, sablonneux ⚬⚬
    ♿ ⚒ ⚓ ⚙ ▣ – 挵
    Tarif : ▣ *2 pers. 71, pers. suppl. 17 –* [*ƒ*] *18 (4A)*

SOULAINES-DHUYS

10200 Aube **7** – **61** ⑲ – 254 h. alt. 153.
Paris 237 – Bar-sur-Aube 18 – Brienne-le-Château 17 – Chaumont 48 – Troyes 55.

⚲ *Municipal de la Croix Badeau* mai-sept.
    au Nord-Est du bourg, près de l'église – **R**
    1 ha (39 empl.) peu incliné, herbeux, gravier, gravillons ⊏⊐
    ♿ ⚒ ⚓ ⚙ ♨ ❧ – ▣ – A proximité : ✂ ⚔
    Tarif : † *8 –* ▣ *20 –* [*ƒ*] *8*

SOULLANS

85300 Vendée **9** – **67** ⑫ – 3 045 h. alt. 12.
✉ Office de Tourisme Mairie ☎ 02 51 35 28 68, Fax 02 51 20 71 80.
Paris 445 – Challans 7 – Noirmoutier-en-l'Ile 47 – La Roche-sur-Yon 45 – Les Sables-d'Olonne 37 – St-Gilles-Croix-de-Vie 15.

⚲ *Municipal le Moulin Neuf* 15 juin-15 sept.
    sortie Nord par D 69, rte de Challans et rue à droite – ☻ ⚲ – **R** conseillée – ⚲
    1,2 ha (80 empl.) plat, herbeux ⊏⊐
    ♿ ⚒ ⚓ ⚓ ⚙ ▣ – A proximité : ✂
    Tarif : (Prix 1998) ▣ *2 pers. 36, pers. suppl. 12 –* [*ƒ*] *10 (4A)*

SOURAÏDE

64250 Pyr.-Atl. **13** – **85** ② – 937 h. alt. 63.
Paris 789 – Ainhoa 6 – Ascain 18 – Bayonne 21 – Cambo-les-Bains 8 – St-Jean-de-Luz 23.

⚲⚲ *Alegera* 15 mars-oct.
    ☎ 05 59 93 91 80 – sortie Est par D 918, rte de Cambo-les-Bains, bord d'un ruisseau – ⚲ – **R** – ⚲
    3 ha (212 empl.) plat et peu incliné, herbeux, gravier ⊏⊐ ⚬⚬
    ⚒ ⚓ ♨ ⚙ ▣ – ▣ ✂ ♨ ⚗ – A proximité : Ⓕ
    Tarif : ▣ *piscine comprise 2 pers. 65, pers. suppl. 19 –* [*ƒ*] *17 (4A) 22 (10A)*
    Location : ▢

⚲ *Aire Naturelle Epherra* juil.-10 sept.
    N : 2,1 km par rte à droite après l'église – ☻ ≤ – **R** – ⚲
    1,5 ha (25 empl.) en terrasses et peu incliné, herbeux ⚬
    ⚒ ♨ ⚙ – A proximité : golf, practice de golf
    Tarif : (Prix 1998) ▣ *2 pers. 40, pers. suppl. 10 –* [*ƒ*] *11*

SOURNIA

66730 Pyr.-Or. **15** – **86** ⑱ – 376 h. alt. 525.
Paris 862 – Perpignan 49 – Prades 25 – St-Paul-de-Fenouillet 23 – Vernet-les-Bains 35.

⚲ *La Source* avril-oct.
    au bourg, Accès par rue étroite – ☻ « Agréable sapinière » – **R** – ⚲
    0,8 ha (48 empl.) peu incliné, herbeux, pierreux ⊏⊐ ⚬⚬
    ♿ ⚒ ⚙ – A proximité : ✂ ⚔
    Tarif : † *7 tennis compris –* 挵 *4 –* ▣ *7 –* [*ƒ*] *8 (4A)*

SOURSAC

19550 Corrèze **10** – **76** ① – 569 h. alt. 532.
Paris 485 – Égletons 27 – Mauriac 19 – Neuvic 16 – Tulle 56 – Ussel 37.

⚲⚲ *Municipal de la Plage* 15 juin-15 sept.
    ☎ 05 55 27 55 43 – NE : 1 km par D 16, rte de Mauriac et à gauche, bord d'un plan d'eau – ☻ ≤
    « Site et cadre agréables » ⚲ juil.-août – ⚲
    2,5 ha (90 empl.) peu incliné, en terrasses, herbeux ⚬⚬
    ♿ ⚒ ⚓ ♨ ⚙ ⚙ ▣ – ✡ – ▣ ♨ ⚘ ♒ (plan d'eau) – A proximité : ⚔ toboggan aquatique
    Tarif : (Prix 1998) † *13,20 –* ▣ *12,15 –* [*ƒ*] *11,60 (6A)*
    Location : *huttes, gîtes*

▶ *We recommend that you consult the up to date price list posted at the entrance of the site.*
  Inquire about possible restrictions.
  The information in this Guide may have been modified since going to press.

SOUSTONS

40140 Landes **13** – **78** ⑯ G. Pyrénées Aquitaine – 5 283 h. alt. 9.
🛈 Office de Tourisme « La Grange de Labouyrie » *𝒫* 05 58 41 52 62, Fax 05 58 41 30 63.
Paris 733 – Biarritz 49 – Castets 25 – Dax 26 – Mont-de-Marsan 77 – St-Vincent-de-Tyrosse 13.

△△ **Municipal l'Airial** Pâques-15 oct.
𝒫 05 58 41 12 48, Fax 05 58 41 53 83 – O : 2 km par D 652 rte de Vieux-Boucau-les-Bains, à 200 m de l'étang de Soustons « Cadre agréable » ⊶ saison – **R** conseillée juil.-août – **GB** ⚲
12 ha (400 empl.) plat, vallonné, sablonneux 🗅🗅 pinède
🕭 🗟 🕿 🕭 🛁 ⊕ 🖳 – 🏖 🍷 – 🛶 🏖 🏊 🖳 🏊
Tarif : (Prix 1998) 🛉 *21,10 piscine comprise* – 🖲 *24,90* – 🔌 *15 (5A) 17,50 (8A)*

La SOUTERRAINE

23300 Creuse **10** – **72** ⑧ G. Berry Limousin – 5 459 h. alt. 390.
🛈 Office de Tourisme pl. Gare *𝒫* 05 55 63 10 06, Fax (Mairie) 05 55 63 37 27.
Paris 342 – Bellac 40 – Châteauroux 74 – Guéret 37 – Limoges 56.

△ **Municipal Suisse-Océan** Permanent
𝒫 05 55 63 33 32 – E : 1,8 km par D 912, rte de Dun-le-Palestel et chemin à gauche, près de l'étang de Cheix – ⋖ « Situation agréable » ⊶ – **R** conseillée
2 ha (60 empl.) en terrasses, herbeux 🗅 🗓
🕭 🗟 🕿 🕭 🛁 ⊕ 🖳 – 🍷 snack – A proximité : 🛶 🖳 (plage)
Tarif : (Prix 1998) 🛉 *15* – 🖲 *10* – 🔌 *15 (10A)*

SOUVIGNARGUES

30250 Gard **16** – **80** ⑱ – 545 h. alt. 98.
Paris 734 – Alès 42 – Montpellier 39 – Nîmes 23 – Le Vigan 63.

△△ **Le Pré St-André** Pâques-fin sept.
𝒫 04 66 80 95 85 – sortie Nord-Est par D 22, rte de Montpezat – ⊶ – **R** conseillée – **GB** ⚲
1,6 ha (72 empl.) plat, peu incliné, herbeux 🗅 🗓
🗟 🕿 🗟 🛁 ⊕ 🖳 – 🍷 pizzeria – 🖳 🛶 🏊
Tarif : 🖲 *piscine comprise 2 pers. 77, pers. suppl. 19* – 🔌 *10 (3A) 14 (6A) 20 (10A)*
Location : 🏠 *940 à 1650*

STRASBOURG

67000 B.-Rhin **8** – **62** ⑩ G. Alsace Lorraine – 252 338 h. alt. 143.
🛈 Office de Tourisme 17 pl. de la Cathédrale *𝒫* 03 88 52 28 28, Fax 03 88 52 28 29, pl. Gare *𝒫* 03 88 32 51 49 et Pont de l'Europe *𝒫* 03 88 61 39 23.
Paris 490 – Basel 147 – Bonn 317 – Karlsruhe 81.

△ **La Montagne Verte** Permanent
𝒫 03 88 30 25 46 ✉ 67200 Strasbourg – au Sud-Ouest de la ville par D 392, rte de Lingolsheim, 2 rue Robert-Forrer, bord d'un cours d'eau, Par A 34 et A 35, sortie Lingolsheim – ⊶ – **R** conseillée saison – **GB** ⚲
3,25 ha (190 empl.) plat, herbeux, gravillons 🗓
🕭 🗟 🕿 🗟 🛁 🛁 ⊕ 🖳 – 🖳
Tarif : 🛉 *20* – 🖲 *26* – 🔌 *15 (4A) 21 (6A)-hiver : 25 (10A)*

SUÈVRES

41500 L.-et-Ch. **5** – **64** ⑦ G. Châteaux de la Loire – 1 360 h. alt. 83.
Paris 170 – Beaugency 18 – Blois 18 – Chambord 16 – Vendôme 45.

△△△ **Château de la Grenouillère** 15 mai-10 sept.
𝒫 02 54 87 80 37, Fax 02 54 87 84 21 – NE : 3 km sur rte d'Orléans « Parc boisé et verger agréable » ⊶ – **R** conseillée 14 juil.-15 août – **GB** ⚲
11 ha (250 empl.) plat, herbeux 🗅 🗓 (6 ha)
🗟 🕿 🗟 🛁 ⊕ 🗟 ⚲ 🖳 – 🏖 🍷 pizzeria, crêperie 🛒 – 🖳 🏃 🛶 🚲 🕆⊙ 🏊 🏊 toboggan aquatique squash
Tarif : 🛉 *35 piscine comprise* – 🖲 *90* – 🔌 *20 (5A)*

SURTAINVILLE

50270 Manche **4** – **54** ① – 977 h. alt. 12.
Paris 361 – Barneville-Carteret 12 – Cherbourg 29 – St-Lô 41 – Valognes 32.

△ **Municipal les Mielles** Permanent
𝒫 02 33 04 31 04 – O : 1,5 km par D 66 et rte de la mer, à 80 m de la plage, accès direct – 🏖
⊶ – **R** été – ⚲
1,6 ha (129 empl.) plat, herbeux, sablonneux, gravillons
🕭 🗟 🕿 🗟 🛁 ⊕ 🖳 🖳 – 🖳 🛶 🚲 – A proximité : 🏊
Tarif : 🛉 *15,20* – 🖲 *15,20* – 🔌 *14,60 (4A) et 3,70 par ampère supplémentaire*
Location : *gîtes*

SURZUR

56450 Morbihan **4** – **63** ⑬ – 2 081 h. alt. 15.
Paris 466 – Muzillac 14 – Redon 50 – La Roche-Bernard 29 – Sarzeau 13 – Vannes 17.

Schéma à Sarzeau

  ▲ **Municipal Lann-Floren** 15 juin-15 sept.
    & 02 97 42 10 74 – au Nord du bourg, au stade – ⚲ – **R** conseillée
    2,5 ha (85 empl.) plat, herbeux ⚲⚲ (0,5 ha)
    ⌂ ⇆ ⌸ ⇄ ☺ – A proximité : ✂
    Tarif : (Prix 1998) ✱ *12* – 🔲 *12* – (ᵮ) *12 (5A)*

TADEN

22 C.-d'Armor – **59** ⑯ – rattaché à Dinan.

TAIN-L'HERMITAGE

26600 Drôme **12** – **77** ② – 5 003 h. alt. 124.
🛈 Office de Tourisme 70 av. J.-Jaurès *&* 04 75 08 06 81, Fax 04 75 08 34 59.
Paris 547 – Grenoble 97 – Le Puy-en-Velay 106 – St-Étienne 74 – Valence 17 – Vienne 59.

  ▲ **Municipal les Lucs** 15 mars-oct.
    & 04 75 08 32 82 – sortie Sud-Est par N 7, rte de Valence, près du Rhône – ⊶ – **R** – ⚗
    2 ha (98 empl.) plat, herbeux, pierreux ⚲ (1 ha)
    ⚐ ⌂ ⇆ ⌸ ⚲ ☺ ⊡ ▣ – A proximité : ⇴ snack ✂ ⊿
    Tarif : (Prix 1998) 🔲 *élect. (5A) et piscine comprises 2 pers. 91*

TALLOIRES

74 H.-Savoie – **74** ⑥ – voir à Annecy (Lac d').

TALMONT-ST-HILAIRE

85440 Vendée **11** – **67** ⑪ G. Poitou Vendée Charentes – 4 409 h. alt. 35.
🛈 Office de Tourisme pl. du Château *&* 02 51 90 65 10, Fax 02 51 20 71 80.
Paris 445 – Challans 55 – Luçon 37 – La Roche-sur-Yon 30 – Les Sables-d'Olonne 14.

  ▲▲▲ **Le Littoral** avril-sept.
    & 02 51 22 04 64, Fax 02 51 22 05 37 – SO : 9,5 km par D 949, D 4ᴬ et après Querry-Pigeon, à droite
    par D 129, rte côtière des Sables-d'Olonne, à 200 m de l'océan – ⊶ ✗ dans locations – **R** conseillée
    juil.-août – **GB** ⚗
    9 ha (458 empl.) plat et peu incliné, herbeux, sablonneux ⊡ ⚲ (4 ha)
    ⚐ ⌂ ⇆ ⌸ ⚖ ⌸ ☺ ⚴ ⚓ ⛵ ▣ – ⊑ ⴹ ✗ crêperie, pizzeria ⇴ – ⊡ ⛧ 🚲 ✂ ⊿ ⊿
    Tarif : 🔲 *élect. (10A) et piscine comprises 2 pers. 165, pers. suppl. 31*

  ▲▲ **Le Paradis** avril-oct.
    & 02 51 22 22 36, Fax 02 51 22 19 16 – O : 3,7 km par D 949, rte des Sables-d'Olonne, D⁴ᴬ à gauche,
    rte de Querry-Pigeon et chemin à droite – ⚲ ⊶ saison – **R** conseillée juil.-août – **GB** ⚗
    4,9 ha (148 empl.) plat et peu incliné, en terrasses, herbeux, sablonneux ⊡
    ⚐ ⌂ ⇆ ⌸ ⚖ ⌸ ☺ ▣ – ✂ ⊿
    Tarif : 🔲 *piscine et tennis compris 2 pers. 77* – (ᵮ) *19 (6 ou 10A)*
    Location : ⌷ *1100 à 3000 – bungalows toilés*

  ▲▲ **Le Bois Robert** 15 juin-10 sept.
    & 02 51 90 61 24 – O : 1,3 km sur D 949, rte des Sables-d'Olonne – ⊶ – **R** conseillée août – **GB**
    ⚗
    2,2 ha (122 empl.) plat et peu incliné, herbeux ⊡ ⚲ (0,8 ha)
    ⚐ ⌂ ⇆ ⌸ ⌸ ☺ ⚴ ⛵ ▣ – ⴹ – ⊿ – A proximité : ⇴ self
    Tarif : 🔲 *piscine comprise 2 pers. 74* – (ᵮ) *15 (4A) 18 (6A) 25 (10A)*

  ▲ **Le Bouc Etou** 15 avril-15 sept.
    & 02 51 22 20 38 – SO : 7 km par D 949, D 4ᴬ et à gauche après Querry-Pigeon – ⊶ – **R** conseillée
    juil.-août – ⚗
    1,2 ha (90 empl.) plat, herbeux ⊡ ⚲⚲
    ⌂ ⌸ ☺ ▣ mini-tennis
    Tarif : 🔲 *2 pers. 53* – (ᵮ) *10 (2A)*
    Location : ⌷ *1400 à 2600*

TAMNIÈS

24620 Dordogne **13** – **75** ⑰ – 313 h. alt. 200.
Paris 507 – Brive-la-Gaillarde 54 – Les Eyzies-de-Tayac 12 – Périgueux 59 – Sarlat-la-Canéda 16.

  ▲▲ **Le Pont de Mazerat** mai-sept.
    & 05 53 29 14 95, Fax 05 53 31 15 90 – E : 1,6 km par D 48, bord du Beune et à proximité d'un
    plan d'eau – ⊶ juil.-août – **R** conseillée – ⚗
    2,8 ha (75 empl.) plat et en terrasses, herbeux ⊡ ⚲ (1 ha)
    ⚐ ⌂ ⇆ ⌸ ⌸ ☺ ▣ – ⇴ – ⊡ ⛧ ⚓ ⊿ – A proximité : ✂ ⚲
    Tarif : (Prix 1998) ✱ *26,50 piscine comprise* – 🔲 *29* – (ᵮ) *12 (3A) 15 (6A)*
    Location : ⌷ *2800*

74440 H.-Savoie **12** – **74** ⑦ G. Alpes du Nord – 2 791 h. alt. 640.
Paris 573 – Annecy 61 – Bonneville 20 – Chamonix-Mont-Blanc 52 – Cluses 10 – Genève 43 – Morzine 19.

  ▲ **Municipal des Thézières** Permanent
    𝄜 04 50 34 25 59 – sortie Sud rte de Cluses, bord du Foron et à 150 m du Giffre – 🐾 ⬳ –
    R conseillée – ⚲
    2 ha (113 empl.) plat, herbeux
    ▥ ⅙ 🗒 ⇆ 🗔 ⇪ ⊛ – A proximité : ✖
    Tarif : (Prix 1998) 🖩 *2 pers. 29,25 – ⬦ 21 (2A) 25,50 (6A) 48,40 (10A)*

13150 B.-du-R. **16** – **81** ⑪ G. Provence – 10 826 h. alt. 8.
🛈 Office de Tourisme 59 r. Halles 𝄜 04 90 91 03 52, Fax 04 90 91 22 96.
Paris 705 – Arles 18 – Avignon 23 – Marseille 100 – Nîmes 27.

  ▲ **St-Gabriel** avril-sept.
    𝄜 04 90 91 19 83 – SE : 5 km par N 970, rte d'Arles et D 32 à gauche, rte de St-Rémy-de-Provence,
    près d'un canal – ⊶ – **R** – ⚲
    1 ha (75 empl.) plat, herbeux ▭ ⚤
    🗒 ⇆ ⏦ ⊛ – 🔲 ⛝ (petite piscine)
    Tarif : ⚹ *20 – 🖩 20 – ⬦ 14 (6A)*

09400 Ariège **14** – **86** ④ ⑤ G. Pyrénées Roussillon – 3 533 h. alt. 474.
🛈 Office de Tourisme av. des Pyrénées 𝄜 05 61 05 94 94, Fax 05 61 05 57 79.
Paris 795 – Ax-les-Thermes 27 – Foix 16 – Lavelanet 29.

  ▲▲▲ **Le Pré Lombard** permanent
    𝄜 05 61 05 61 94, Fax 05 61 05 78 93 – SE : 1,5 km par D 23, rte d'Ussat, bord de l'Ariège – ⬳
    ⊶ – **R** conseillée juil.-août – ⊟ ⚲
    4 ha (180 empl.) plat, herbeux ⚤
    ▥ ⅙ 🗒 ⇆ 🗔 ⇪ ⊛ 🔲 – snack – 🔲 🏖 🚲 🏊
    Tarif : 🖩 *piscine comprise 2 pers. 90 – ⬦ 15 (4A) 20 (6A) 25 (10A)*
    Location : 🛖 *950 à 1800 – 🛖 1450 à 3100 – 🛖 1750 à 2900 – bungalows toilés*

  ▲▲ **Le Sédour** mars-1er nov.
    𝄜 05 61 05 87 28 ✉ 09400 Surba – NO : 1,8 km par D 618, rte de Massat et chemin à droite –
    🐾 ⬳ « Agréable verger » ⊶ – **R** conseillée juil.-août – ⚲
    1,5 ha (100 empl.) peu incliné et plat, herbeux, pierreux ⚲ verger
    ▥ ⅙ 🗒 ⇆ 🗔 ⊛ 🔲 – 🔲 🏖
    Tarif : ⚹ *18 – 🖩 17 – ⬦ 16 (10A)*

  ▲▲ **Les Grottes** Permanent
    𝄜 05 61 05 88 21 ✉ 09400 Alliat – sortie Sud par N 20, rte d'Ax-les-Thermes puis 3,5 km par D 8
    à droite, rte de Vicdessos, à **Niaux**, près d'un torrent – 🐾 ⬳ ⊶ – **R** – ⚲
    6,5 ha (180 empl.) plat, herbeux, étang ⚤
    ⅙ 🗒 ⇆ 🗔 ⚲ ⊛ 🔲 – ⛝ ▼ – 🔲 🏖 🏊 toboggans aquatiques
    Tarif : 🖩 *piscine comprise 1 ou 2 pers. 70, pers. suppl. 20 – ⬦ 15 (6A) 24 (10A)*
    Location : 🛖 *1827 à 2350 – 🛖 1997 à 2500*

19170 Corrèze **10** – **72** ⑳ G. Berry Limousin – 403 h. alt. 700.
Paris 443 – Aubusson 47 – Bourganeuf 44 – Eymoutiers 23 – Limoges 67 – Tulle 62 – Ussel 46.

  ▲ **Municipal de l'Enclose** 15 mai-15 oct.
    𝄜 05 55 95 66 00 – sortie Sud-Ouest par D 160, rte de Toy-Viam et chemin à droite, près d'un plan
    d'eau (accès direct) – 🐾 ⊶ – **R** – ⚲
    1,5 ha (46 empl.) en terrasses, peu incliné, herbeux, pierreux ▭ ⚤
    ⅙ 🗒 ⇆ ⇪ ⊛ – A proximité : ✖ ⛝
    Tarif : 🖩 *1 pers. 11 – ⬦ 10 (6A)*

56800 Morbihan **4** – **63** ④ – 1 853 h. alt. 81.
Paris 413 – Josselin 16 – Ploërmel 5 – Rohan 41 – Vannes 52.

  ▲▲ **La Vallée du Ninian** mai-sept.
    𝄜 02 97 93 53 01, Fax 02 97 93 57 27 – sortie Nord par D 8, rte de la Trinité-Phoët, puis 2,5 km
    par rte à gauche, Accès direct à la rivière et au village par passerelle – 🐾 « Entrée fleurie » ⊶
    – **R** conseillée juil.-août – ⚲
    2,4 ha (48 empl.) plat, herbeux ▭
    ⅙ 🗒 ⇆ 🗔 ⊛ 🔲 🗔 – ⛝ ▼ – 🔲 🏖 🏊
    Tarif : 🖩 *piscine comprise 2 pers. 65, pers. suppl. 15 – ⬦ 10 (3A) 20 (6A) 25 (10A)*
    Location : 🛖 *1000 à 1500*

TAURIAC

46130 Lot 🔟 – 🔟 ⑲ – 293 h. alt. 128.
Paris 523 – Brive-la-Gaillarde 41 – Cahors 80 – Rocamadour 26 – St-Céré 15 – Souillac 34.

⚠ **Le Mas de la Croux** 15 juin-15 sept.
℘ 05 65 39 74 99 – au Sud du bourg, bord d'un bras de la Dordogne et près d'un plan d'eau – ⌕
juil.-août – **R** conseillée – ⚵
1,5 ha (89 empl.) plat, herbeux ⚲
🕭 🛏 🖼 🔌 ⊕ 🅰 – A proximité : 🍴 snack 🛁 🚣 ⛱ toboggan aquatique
Tarif : 🛉 19 – 🅴 19 – 🔋 16 (5A)

TAUTAVEL

66720 Pyr.-Or. 🔟 – 🔟 ⑨ – 738 h. alt. 110.
Paris 865 – Millas 23 – Perpignan 28 – Port-Barcarès 36 – St-Paul-de-Fenouillet 23 – Tuchan 14.

⚠ **Le Priourat** 10 avril-sept.
℘ 04 68 29 41 45 – sortie Ouest, rte d'Estagel, à 250 m du Verdouble – ≤ ⌕ saison – **R** conseillée
juil.-août – ⚵
0,5 ha (24 empl.) plat, peu incliné, herbeux ▭
🕭 🛏 ⇆ 🖳 ⊕ – 🏠 🚣 ⛱
Tarif : 🅴 piscine comprise 2 pers. 72, pers. suppl. 31 – 🔋 19 (6A)

TAUVES

63690 P.-de-D. 🔟 – 🔟 ⑫ G. Auvergne – 940 h. alt. 820.
Paris 477 – Bort-les-Orgues 28 – La Bourboule 13 – Bourg-Lastic 29 – Clermont-Ferrand 56.

⚠ **Municipal les Aurandeix** juin-15 sept.
℘ 04 73 21 14 06 – à l'Est du bourg, au stade – ⌕ – **R** conseillée – ⚵
2 ha (90 empl.) plat, en terrasses, incliné, herbeux ▭ ⚲
🕭 🛏 ⇆ 🖼 ⚿ ⇋ ⊕ 🅰 – 🏠 🚣 ·⚲ 💺 ⛱
Tarif : (Prix 1998) 🅴 piscine comprise 2 pers. 58,40 – 🔋 10 (4A)
Location : huttes

Le TEICH

33 Gironde – 🔟 – voir à Arcachon (Bassin d').

TEILLET

81120 Tarn 🔟 – 🔟 ① – 606 h. alt. 475.
🚹 Syndicat d'Initiative ℘ 05 63 55 70 08.
Paris 696 – Albi 22 – Castres 44 – Lacaune 50 – St-Affrique 69.

⚠ **L'Entre Deux Lacs** Permanent
℘ 05 63 55 74 45, Fax 05 63 55 75 65 – au Sud du bourg – ❧ « Agréable cadre boisé » ⌕ ⚵
dans locations – **R** conseillée juil.-août – ⚵
4 ha (54 empl.) en terrasses, herbeux, gravillons ▭ ⚬⚬
🕭 🛏 ⇆ 🖼 ⇋ ⊕ 🅰 – 🍴 ✗ ⚶ – 🏠 centre de documentation touristique 🚣 🚲 ⛱
Tarif : 🅴 piscine comprise 2 pers. 78 (90 à 120 avec élect.), pers. suppl. 25
Location : 🏠 2377 à 2970

TELGRUC-SUR-MER

29560 Finistère 🔟 – 🔟 ⑭ – 1 811 h. alt. 90.
Paris 572 – Châteaulin 25 – Douarnenez 33 – Quimper 42.

⚠ **Le Panoramic** 15 mai-15 sept.
℘ 02 98 27 78 41, Fax 02 98 27 36 10 – SO : 1,5 km par rte de Trez-Bellec Plage – ❧ ≤ « Situation
et cadre agréables » ⌕ – **R** conseillée – ⚵
4 ha (200 empl.) en terrasses, herbeux ▭ ⚲
🕭 🛏 ⇆ 🖼 ⚿ ⇋ ⚿ ⊕ ⚶ ⇋ 🅰 – ⚙ 🍴 ⚛ – 🏠 🚣 ⛱ – A proximité : ⚶
Tarif : 🛉 25 piscine et tennis compris – 🚗 10 – 🅴 50 – 🔋 20 (6A) 28 (10A)
Location (15 avril-sept.) : 🏠 1600 à 3200 – gîte d'étape

⚠ **Armorique** 15 avril-12 sept.
℘ 02 98 27 77 33, Fax 02 98 27 38 38 – SO : 1,2 km par rte de Trez-Bellec-Plage – ❧ ⌕ –
R conseillée – 🆖 ⚵
2,5 ha (100 empl.) en terrasses, plat à peu incliné, herbeux ⚲
🕭 🛏 ⇆ 🖼 ⚿ ⇋ ⚿ ⊕ ⚶ 🏠 🅰 – 🍴 snack – 🏠 🚣 ⚶
Tarif : (Prix 1998) 🛉 20 tennis compris – 🚗 8 – 🅴 22 – 🔋 12 (6A)

⚠ **Les Mimosas** avril-sept.
℘ 02 98 27 76 06, Fax 02 98 27 75 43 – SO : 1 km rte de Trez-Bellec Plage – ≤ ⌕ juil.-août –
R conseillée 15 juil.-15 août – ⚵
1,7 ha (94 empl.) en terrasses, herbeux
🕭 🛏 ⇆ 🖼 ⇋ ⚿ ⊕ 🅰
Tarif : 🅴 2 pers. 51, pers. suppl. 17 – 🔋 11 (10A)
Location : 🏠 1000 à 2200

TENNIE

72240 Sarthe 🖥 – 🔟 ⑫ – 850 h. alt. 100.
Paris 224 – Alençon 49 – Laval 70 – Le Mans 28 – Sablé-sur-Sarthe 41 – Sillé-le-Guillaume 11.

   ▲▲ **Municipal de la Vègre** mai-sept.
      𝒫 02 43 20 59 44 – sortie Ouest par D 38, rte de Ste-Suzanne, bord de rivière – ⊶ juil.-août –
      R conseillée – ⚐
      1 ha (52 empl.) plat, herbeux ⌑ ♀
      🔷 🔸 🔲 ⌣ ⌴ ☺ ⚐ 🛒 🖼 – ▨ 🎣 🕸 🛖 🔺 – A proximité : ✗
      Tarif : (Prix 1998) ✶ 9 – ⇌ 5 – 🔲 5 – [ø] 16 (6A)

TERMIGNON

73500 Savoie 🔟 – 🗀 ⑧ G. Alpes du Nord – 367 h. alt. 1 290.
Paris 682 – Bessans 18 – Chambéry 120 – Lanslebourg-Mont-Cenis 6 – Modane 18 – Susa 43.

   ▲ **La Fennaz** 30 juin-août
      𝒫 04 79 20 52 46 – à 0,8 km au Nord de la commune – ◔ ⩽ ⊶ – **R** conseillée 14 juil.-15 août
      – ⚐
      1 ha (83 empl.) peu incliné et en terrasses, incliné, herbeux, pierreux
      🔷 ⌣ ⌴ ☺ – A proximité : 🕸 🎿
      Tarif : ✶ 15 – ⇌ 7,50 – 🔲 12,50 – [ø] 12 (3A) 20 (6A) 33 (9A)

TERRASSON-LAVILLEDIEU

24120 Dordogne 🔟 – 🗀 ⑦ G. Périgord Quercy – 6 004 h. alt. 90.
🅱 Office de Tourisme pl. Voltaire 𝒫 05 53 50 37 56.
Paris 499 – Brive-la-Gaillarde 21 – Juillac 30 – Périgueux 53 – Sarlat-la-Canéda 38.

   ▲▲ **La Salvinie** juil.-août
      𝒫 05 53 50 06 11 – sortie Sud par D 63, rte de Chavagnac puis 3,4 km par rte de Condat, à droite
      après le pont – ⩽ ⊶ – **R** – ⚐
      2,5 ha (70 empl.) plat, herbeux ⌑
      ♿ 🔷 ⌣ 🔲 ⌴ ☺ – ▨ 🔺
      Tarif : ✶ 20 piscine comprise – 🔲 18 – [ø] 14 (6A)

La TESSOUALLE

49280 M.-et-L. 🖥 – 🗀 ⑥ – 2 781 h. alt. 117.
Paris 357 – Ancenis 56 – Angers 67 – Nantes 65 – Niort 95 – La Roche-sur-Yon 63.

   ▲ **Municipal du Verdon** 15 juin-15 sept.
      𝒫 02 41 56 37 86 – NE : 2,3 km par rte du barrage du Verdon, à 100 m du lac (accès direct) – ◔
      ⩽ ⊶ – **R** – ⚐
      1 ha (28 empl.) incliné à peu incliné, herbeux ⌑
      ♿ 🔷 ⌣ ⌴ ☺ – ▨ – A proximité : 🎣 ▾ ✗
      Tarif : 🔲 1 à 3 pers. 53 – [ø] 10,50 (3A) 16 (5A)

La TESTE-DE-BUCH

33 Gironde – 🗀 ⑳ – voir à Arcachon (Bassin d').

THÉGRA

46500 Lot 🔢 – 🗀 ⑲ – 432 h. alt. 330.
Paris 538 – Brive-la-Gaillarde 59 – Cahors 64 – Rocamadour 16 – St-Céré 17 – Souillac 32.

   ▲▲ **Le Ventoulou** mai-4 sept.
      𝒫 05 65 33 67 01, Fax 05 65 33 73 20 – NE : 2,8 km par D 14, rte de Loubressac et D 60,
      rte de Mayrinhac-Lentour à droite, au lieu-dit le Ventoulou – ◔ ⊶ – **R** conseillée –
      🄶🄱 ⚐
      2 ha (66 empl.) incliné à peu incliné, herbeux
      ♿ 🔷 ⌣ 🔲 ⌴ ☺ ⚐ 🛒 🖼 – ▾ 🎣 – ▨ 🎣 🔺
      Tarif : (Prix 1998) ✶ 23 piscine comprise – 🔲 23 – [ø] 15 (10A)
      Location : 🛖 800 à 1500 – 🛖 1000 à 2700

THEIX

56450 Morbihan 🔢 – 🗀 ③ – 4 435 h. alt. 5.
Paris 460 – Ploërmel 46 – Redon 52 – La Roche-Bernard 33 – Vannes 10.

   ▲▲ **Rhuys** avril-15 oct.
      𝒫 02 97 54 14 77 – à 3,5 km au Nord-Ouest du bourg, Par N 165, venant de Vannes : sortie Sarzeau
      – ⊶ – **R** conseillée juil.-août – ⚐
      2 ha (60 empl.) peu incliné, herbeux
      ♿ 🔷 ⌣ 🔲 ⌴ ⩗ ☺ ⚐ 🛒 🖼 – 🎣 🔺 – A proximité : ▾ ✗
      Tarif : ✶ 23 piscine comprise – 🔲 44 – [ø] 13 (5A) 20 (10A)
      Location : 🛖 1100 à 2990

⚐ **La Peupleraie** 15 avril-15 oct.
    ✆ 02 97 43 09 46 – N : 1,5 km par D 116, rte de Treffléan puis 1,2 km par chemin à gauche – ⌂
« Agréable cadre boisé » ⚭ – **R** juil.-août – ✗
3 ha (100 empl.) plat, herbeux ♉
🗄 ⇆ 🛁 ⊛ ↚ ⊽ 🗟 – 🏕
Tarif : ✶ 18 – ⛖ 6 – 🅿 16 – [₤] 13 (5A) 15 (10A)
Location : 🛏 1000 à 1500

24210 Dordogne 🔟 – 🔢 ⑦ – 1 339 h. alt. 194.
Paris 487 – Brive-la-Gaillarde 40 – Excideuil 37 – Les Eyzies-de-Tayac 33 – Périgueux 34.

⚐ **Jarry Carrey** 15 avril-13 sept.
    ✆ 05 53 05 20 78 – SE : 4 km par D 67, rte de Montignac, bord d'un étang – ⩿ ⚭ – **R** juil.-août
– ✗
9 ha/3 campables (67 empl.) peu incliné et en terrasses, incliné, herbeux
🗄 ⚓ ⊛ – ▼ – 🗟
Tarif : (Prix 1998) 🅿 piscine comprise 2 pers. 51, pers. suppl. 17 – [₤] 13 (5 ou 10A)
Location : 🛏 1800 à 2500

12600 Aveyron 🔢 – 🔢 ⑬ – 505 h. alt. 965.
Paris 566 – Aurillac 46 – Chaudes-Aigues 49 – Espalion 67 – Murat 44 – Rodez 87 – St-Flour 48.

⚐ **La Source** 15 juin-15 sept.
    ✆ 05 65 66 05 62, Fax 05 65 66 21 00 – S : 8 km par D 139, D 98 et D 537, rte de la presqu'île de
Laussac, alt. 647 – ⌂ ⩿ lac et collines boisées « Belle situation au bord du lac de Sarrans » ⚭
juil.-août – **R** conseillée 15 juil.-15 août – ⊞ ✗
4,5 ha (95 empl.) en terrasses, peu incliné, herbeux, pierreux 🗁 ♉
🚻 🗄 ⇆ 🗃 🛁 ⊛ ↚ ⊽ 🗟 – 🖭 ▼ snack, pizzeria 🏖 – 🗟 🏕 🎿 🛖 🛝 toboggan aquatique
Tarif : 🅿 piscine comprise 2 pers. 97, pers. suppl. 20 – [₤] 18 (6 à 10A)
Location (avril-oct.) : 🛏 1200 à 3400 – studios, bungalows toilés

▶ **Dans ce guide**
un même symbole, un même mot,
imprimés en **noir** ou en rouge, en maigre ou en **gras**,
n'ont pas tout à fait la même signification.

Lisez attentivement les pages explicatives.

38570 Isère 🔢 – 🔢 ⑤ ⑥ G. Alpes du Nord – 1 321 h. alt. 615.
🛈 Syndicat d'Initiative, Bureau d'Accueil ✆ 04 76 71 05 92 et (hors saison) ✆ 04 76 71 03 17.
Paris 599 – Allevard 19 – Le Bourg-d'Oisans 75 – Chambéry 38 – Grenoble 30.

⚐ **Les 7 Laux** 15 juin-15 sept.
    ✆ 04 76 71 02 69, Fax 04 76 71 08 85 – S : 3,8 km, à 400 m du col des Ayes, alt. 920 – ⌂ ⩿ ⚭
– **R** conseillée juil.-août – ⊞ ✗
1 ha (61 empl.) plat, peu incliné, en terrasses, herbeux, pierreux, bois attenant 🗁 ♀ (0,5 ha)
🖭 🚻 🗄 ⇆ 🗃 🛁 ⊛ 🗟 – 🗟 🛝
Tarif : (Prix 1998) 🅿 piscine comprise 1 ou 2 pers. 74, pers. suppl. 24,50 – [₤] 15 (2A) 23 (4A) 31
(6A)

63300 P.-de-D. 🔢 – 🔢 ⑯ G. Auvergne – 14 832 h. alt. 420.
Paris 450 – Clermont-Ferrand 43 – Roanne 67 – St-Étienne 110 – Vichy 37.

⚐ **Base de Loisirs Iloa** 15 avril-15 oct.
    ✆ 04 73 80 14 90 – O : 6,5 km par rte de Vichy, D 94 à gauche et D 44, rte de Dorat, à 350 m
d'un plan d'eau (accès direct), Par A 72 : sortie Thiers-Ouest – ⚭ – **R** – ✗
1 ha (49 empl.) plat, herbeux
🖭 🚻 🗄 ⇆ 🗃 🛁 ⊛ ↚ ⊽ 🗟 🗟 – 🏕 🎿 🖼 - A la Base de Loisirs : ▼ ✗ 🏖 🛖 🛝 toboggan
aquatique
Tarif : (Prix 1998) 🅿 piscine comprise 2 pers. 60/70, pers. suppl. 20 – [₤] 12 (3A) 13 (6A)

à Orléat : O : 13 km par N 89 et D 224 – 1 569 h. alt. 380 – ✉ 63190 Orléat

⚐ **Le Pont-Astier** mai-sept.
    ✆ 04 73 53 64 40 – E : 5 km par D 85, D 224 et chemin à gauche, à Pont-Astier, près de la Dore
– ⩿ ⚭ – **R** conseillée – ✗
2 ha (98 empl.) plat, herbeux 🗁
🚻 🗄 ⊛ 🗟 – cases réfrigérées – 🏕 – A proximité : 🖭 ▼ ✗ 🛖 🛝
Tarif : ✶ 22 – ⛖ 5 – 🅿 11 – [₤] 16 (3 à 20A)
Location : 🛏

THIÉZAC

15800 Cantal **11** – **76** ⑫ ⑬ G. Auvergne – 693 h. alt. 805.
🛈 Office de Tourisme Le Bourg ☎ 04 71 47 03 50 et (hors saison) à la Mairie ☎ 04 71 47 01 21, Fax 04 71 47 02 23.
Paris 547 – Aurillac 29 – Murat 23 – Vic-sur-Cère 8.

⚠ **Municipal de la Bédisse** juin-15 sept.
☎ 04 71 47 00 41 – sortie Sud-Est par D 59, rte de Raulhac et à gauche, sur les deux rives de la Cère – ⅏ ≤ �o━ – **R** conseillée juil.-août – ⚲
1,5 ha (116 empl.) plat, herbeux ⌂ ⚐⚐
♿ ⚒ ⇌ 🗟 ♨ ⇄ ⚲ ☺ ▤ – ⌂ – A proximité : ✗ ⚓ ⚡
Tarif : ✦ 15 – ⇔ 8 – ▣ 8 – ⚡ 13 (6 ou 10A)

Le THILLOT

88160 Vosges **8** – **66** ⑦ ⑧ G. Alsace Lorraine – 4 246 h. alt. 495.
🛈 Office de Tourisme 11 av. de Verdun ☎ 03 29 25 28 61, Fax 03 29 25 38 39.
Paris 411 – Belfort 46 – Colmar 74 – Épinal 49 – Mulhouse 58 – St-Dié 64 – Vesoul 65.

à Fresse-sur-Moselle E : 2 km par N 66 rte de Bussang – 2 242 h. alt. 515 – ✉ 88160 Fresse-sur-Moselle :

⚠ **Municipal Bon Accueil** avril-11 nov.
☎ 03 29 25 08 98 – sortie Nord-Ouest par N 66, rte du Thillot, à 800 m de la Moselle – **R** – ⚲
0,6 ha (50 empl.) plat, herbeux
⚒ ⚲ ☺ – A proximité : ✗
Tarif : ✦ 12,40 – ▣ 6,80 – ⚡ 13,15

THIVIERS

24800 Dordogne **10** – **75** ⑥ G. Périgord Quercy – 3 590 h. alt. 273.
🛈 Syndicat d'Initiative pl. Mar.-Foch ☎ 05 53 55 12 50.
Paris 451 – Brive-la-Gaillarde 81 – Limoges 60 – Nontron 33 – Périgueux 34 – St-Yrieix-la-Perche 32.

⚠ **Municipal le Repaire** mai-sept.
☎ 05 53 52 69 75 – SE : 2 km par D 707, rte de Lanouaille et chemin à droite, bord d'un petit étang – ⚲ o━ – **R** conseillée – ⚲
10 ha/4,5 campables (100 empl.) plat, peu incliné, terrasses, herbeux, bois attenants ⌂
♿ ⚒ ⇌ 🗟 ♨ ☺ ▤ – ⚡ parcours sportif
Tarif : ✦ 25 – ▣ 35 – ⚡ 17 (5A)
Location : ⌂ 1600 à 2000

Le THOLY

88530 Vosges **8** – **62** ⑰ G. Alsace-Lorraine – 1 541 h. alt. 628.
🛈 Syndicat d'Initiative à la Mairie ☎ 03 29 61 81 82, Fax 03 29 61 18 83.
Paris 413 – Bruyères 21 – Épinal 30 – Gérardmer 11 – Remiremont 19 – St-Amé 12 – St-Dié 39.

⚠ **Noirrupt** 15 avril-15 oct.
☎ 03 29 61 81 27, Fax 03 29 61 83 05 – NO : 1,3 km par D 11, rte d'Epinal et chemin à gauche – ≤ « Cadre agréable » o━ ✗ dans locations – **R** conseillée – ⚲
2,9 ha (70 empl.) en terrasses, plat, herbeux, pierreux ⚏ (0,5 ha)
♿ ⚒ ⇌ 🗟 ⇄ ☺ ⚲ ⚐ ▤ – 🍽 – ⌂ ⚏ ⚡ ✗ ⚊
Tarif : ✦ 27 piscine et tennis compris – ▣ 45 – ⚡ 18 (2A) 30 (6A)
Location (permanent) : ⌂ 1150 à 3270

THÔNES

74230 H.-Savoie **12** – **74** ⑦ G. Alpes du Nord – 4 619 h. alt. 650.
🛈 Office de Tourisme pl. Avet ☎ 04 50 02 00 26, Fax 04 50 02 11 87.
Paris 557 – Albertville 34 – Annecy 21 – Bonneville 31 – Faverges 19 – Megève 39.

⚠ **Le Tréjeux** 15 mai-sept.
☎ 04 50 02 06 90 – O : 1,5 km rte de Bellossier, bord du Malnant – ⚲ ≤ o━ – **R**
1,5 ha (99 empl.) plat, pierreux, gravillons ⚏
♿ ⚒ ⚲ ☺ ▤ – ⌂
Tarif : ✦ 15 – ⇔ 10 – ▣ 10 – ⚡ 10 (2A) 13 (4A) 15 (6A)

THONNANCE-LES-MOULINS

52230 H.-Marne **7** – **62** ② – 114 h. alt. 282.
Paris 250 – Bar-le-Duc 61 – Chaumont 49 – Commercy 56 – Ligny-en-Barrois 38 – Neufchâteau 37 – St-Dizier 43.

⚠ **La Forge de Sainte Marie** mai-sept.
☎ 03 25 94 42 00, Fax 03 25 94 41 43 – O : 1,7 km par D 427, rte de Joinville, bord du Rongeant – ⚲ « Cadre agréable » o━ – **R** conseillée juil.-août – ⊞ ⚲
32 ha (169 empl.) plat et en terrasses, herbeux, petit étang ⌂
♿ ⚒ ⇌ 🗟 ☺ ⚲ ⇄ ▤ – ⚏ 🍽 snack – ⌂ ⚡ ✗ ⚡ ⚊
Tarif : ✦ 32 piscine comprise – ▣ 63 (78 avec élect. 6A)
Location : gîtes

Le THOR

84250 Vaucluse 🔟🔟 – 🔟🔟 ⑫ G. Provence – 5 941 h. alt. 50.
🅱 Office de Tourisme pl. du 11-Novembre ℰ et Fax 04 90 33 92 31.
Paris 691 – Avignon 18 – Carpentras 16 – Cavaillon 15 – L'Isle-sur-la-Sorgue 5 – Orange 35.

　▲▲ **Le Jantou** avril-oct.
　　ℰ 04 90 33 90 07, Fax 04 90 33 79 84 – O : 1,2 km par sortie Nord vers Bédarrides, accès direct
　　à la Sorgue, Accès conseillé par D 1 (contournement) – ॐ ⚬━ – **R** conseillée juil.-août – 🅶🅱 ⚭
　　6 ha/4 campables (143 empl.) plat, herbeux ⚲
　　♿ 🔥 🏠 🔄 🍴 ⊙ 🛁 ⛱ 🚻 📷 – 🚿 – 🚗 🏊 🚲 ⚓ – A proximité : 🐾
　　Tarif : ♦ 26 piscine comprise – 🔲 31 – ⒢ 15 (3A) 18,50 (6A) 26 (10A)
　　Location (permanent) : 🚐 1250 à 2130 – 🚚 1660 à 3050

THORÉ-LA-ROCHETTE

41100 L.-et-Cher 🔟 – 🔟🔟 ⑥ – 863 h. alt. 75.
🅱 Office de Tourisme Mairie ℰ 02 54 72 80 82, Fax 02 54 72 73 38.
Paris 178 – Blois 43 – Château-Renault 24 – La Ferté-Bernard 59 – Vendôme 10.

　▲ **Municipal la Bonne Aventure** juin-sept.
　　ℰ 02 54 72 00 59 – N : 1,7 km par D 82, rte de Lunay et rte à droite, devant le stade, bord du
　　Loir – ॐ ⚬━ – **R** conseillée 14 juil.-15 août
　　2 ha (60 empl.) plat, herbeux ⚲
　　♿ 🔥 🔄 🍴 🛁 ⊙ 🛁 – 🚗 🚲 🍴 – A proximité : 🏊
　　Tarif : (Prix 1998) ♦ 14 – 🔲 11 – ⒢ 13 (6A)

THORS

17160 Char.-Mar. 🔟 – 🔟🔟 ④ – 456 h. alt. 23.
Paris 447 – Angoulême 48 – Cognac 18 – Limoges 138 – Poitiers 112 – St-Jean-d'Angély 23.

　▲ **Le Relais de l'Étang** juin-sept.
　　ℰ 05 46 58 26 81 – sortie Nord par D 121, rte de Matha, près de l'étang – Ⓜ ⚬━ juil.-août –
　　R juil.-août
　　0,8 ha (25 empl.) plat, herbeux, gravillons 🏞
　　♿ 🔥 🔄 🍴 🛁 ⊙ ⛱ – A proximité : 🍸 🍴 🍴 🏊
　　Tarif : ♦ 12 – 🚗 8 – 🔲 8 – ⒢ 10 (6A)

THOUARCÉ

49380 M.-et-L. 🔟 – 🔟🔟 ⑦ – 1 546 h. alt. 35.
Paris 319 – Angers 30 – Cholet 43 – Saumur 38.

　▲ **Municipal de l'Écluse** 15 avril-15 oct.
　　au Sud-Ouest du bourg par av. des Trois-Epis, bord du Layon – ℞
　　0,5 ha (35 empl.) plat, herbeux ⚲
　　🔥 🔄 🛁 ⊙ – A proximité : 🍴
　　Tarif : (Prix 1998) ♦ 7,80 – 🚗 3,40 – 🔲 3,40 – ⒢ 9,60

THOUX

32430 Gers 🔟🔟 – 🔟🔟 ⑥ – 136 h. alt. 145.
Paris 702 – Auch 39 – Cadours 12 – Gimont 15 – L'Isle-Jourdain 12 – Mauvezin 15.

　▲▲ **Le Lac** avril-15 oct.
　　ℰ 05 62 65 71 29, Fax 05 62 65 74 81 – NE : sur D 654, bord du lac « Cadre agréable » ⚬━ –
　　R conseillée – 🅶🅱 ⚭
　　3,5 ha (130 empl.) plat, peu incliné, herbeux ⚲
　　♿ 🔥 🔄 🍴 🛁 ⊙ 🛁 – 🚿 – A proximité : 🚗 🍸 🍴 🍴 🍴 ⚓ ♨
　　Tarif : 🔲 piscine comprise 2 pers. 82,50 – ⒢ 21 (10A)
　　Location : 🚚 1650 à 2900 – bungalows toilés

THURY-HARCOURT

14220 Calvados 🔟 – 🔟🔟 ⑪ G. Normandie Cotentin – 1 803 h. alt. 45.
Paris 254 – Caen 28 – Condé-sur-Noireau 20 – Falaise 28 – Flers 32 – St-Lô 66 – Vire 41.

　▲▲ **Vallée du Traspy** 30 avril-12 sept.
　　ℰ 02 31 79 61 80 – à l'Est du bourg par bd du 30-Juin-1944 et chemin à gauche, bord du Traspy
　　et près d'un plan d'eau – ॐ « Entrée fleurie » ⚬━ – **R** – ⚭
　　1,5 ha (92 empl.) plat et terrasse, herbeux ⚲
　　🔥 🔄 🍴 🛁 ⊙ ⛱ 🚻 📷 🛁 – 🚗 🚿 – A proximité : toboggan aquatique 🍴 🖼
　　Tarif : ♦ 23 – 🔲 23 – ⒢ 18 (6A) 21 (10A)

TIFFAUGES

85130 Vendée 🔟 – 🔟🔟 ⑤ G. Poitou Vendée Charentes – 1 208 h. alt. 77.
Paris 371 – Angers 79 – Cholet 21 – Clisson 20 – Montaigu 16 – Nantes 49 – La Roche-sur-Yon 54.

　▲ **Aire Naturelle la Vallée** 15 avril-15 oct.
　　ℰ 02 51 65 75 65 – NO : 1,5 km par D 754, rte de Montaigu et rte à droite – ॐ ⚔ ⚬━ – **R**
　　1 ha (25 empl.) vallonné, herbeux
　　♿ 🔥 🛁 ⊙ – 🚗 🚲
　　Tarif : (Prix 1998) 🔲 2 pers. 50 – ⒢ 10 (4 à 16A)

TINTÉNIAC

35190 I.-et-V. **4** – **59** ⑯ G. Bretagne – 2 163 h. alt. 40.
Paris 376 – Avranches 63 – Dinan 26 – Dol-de-Bretagne 29 – Fougères 60 – Rennes 31 – St-Malo 43.

⋀⋀⋀ **Les Peupliers** mars-oct.
  𝒫 02 99 45 49 75, Fax 02 99 45 52 98 – SE : 2 km par l'ancienne rte de Rennes, à la Besnelais, bord
  d'étangs, Par N 137, sortie Tinténiac Sud – Places limitées pour le passage « Agréable sapinière »
  ⚬⟳ ⤳ dans locations – **R** juil.-août – ⚲
  4 ha (100 empl.) plat, herbeux ⌑ ℚ
  � symbols
  Tarif : ⚹ *19 piscine comprise* – ▣ *30* – ⒤ *16 (5A) 30 (10A)*
  Location : ⌯ *1500 à 2300*

TIUCCIA

2A Corse-du-Sud – **90** ⑯ – voir à Corse.

TOCANE-ST-APRE

24350 Dordogne **10** – **75** ④ ⑤ – 1 377 h. alt. 95.
Paris 500 – Brantôme 24 – Mussidan 36 – Périgueux 25 – Ribérac 14.

⋀ **Municipal le Pré Sec** mai-sept.
  𝒫 05 53 90 40 60 – au Nord du bourg par D 103, rte de Montagrier, au stade, bord de la Dronne
  – ⤳ ⚬⟳ juil.-août – **R** conseillée août – ⚲
  1,8 ha (80 empl.) plat, herbeux ⌑ ℚℚ (0,5 ha)
  ⅃ symbols
  Tarif : (Prix 1998) ⚹ *10* – ▣ *25* – ⒤ *10 (2 à 5A)*
  Location (permanent) : ⌂ *1300 à 1800*

TONNEINS

47400 L.-et-G. **14** – **79** ④ – 9 334 h. alt. 26.
🛈 Office de Tourisme 3 bd Charles-de-Gaulle *𝒫* 05 53 79 22 79, Fax 05 53 79 39 94.
Paris 600 – Agen 42 – Nérac 38 – Villeneuve-sur-Lot 36.

⋀ **Municipal Robinson**
  𝒫 05 53 79 02 28 – sortie Sud par N 113, rte d'Agen, à 100 m de la Garonne « Décoration florale
  » ⚬⟳
  0,6 ha (38 empl.) plat, herbeux ⌑ ℚ
  ⅃ symbols

TONNOY

54210 M.-et-M. **8** – **62** ⑤ – 607 h. alt. 240.
Paris 325 – Charmes 25 – Lunéville 27 – Nancy 21.

⋀ **Municipal le Grand Vanné** 17 avril-10 oct.
  𝒫 03 83 26 62 36 – O : par D 74, à 0,5 km de la D 570, bord de la Moselle – Places limitées pour
  le passage ⚬⟳ – **R** conseillée – ⚲
  7 ha (200 empl.) plat, herbeux, sablonneux ℚ
  ⅃ symbols – ⌐
  Tarif : (Prix 1998) ▣ *2 pers. 43 (une seule nuit 53), pers. suppl. 13* – ⒤ *14 (3A) 18 (5A)*

TORIGNI-SUR-VIRE

50160 Manche **4** – **54** ⑭ G. Normandie Cotentin – 2 659 h. alt. 89.
Paris 290 – Caen 60 – St-Lô 15 – Villedieu-les-Poêles 35 – Vire 25.

⋀ **Municipal du Lac N°2** Permanent
  𝒫 02 33 56 91 74 – SE : 0,8 km par N 174, rte de Vire, à proximité d'un étang et d'un parc boisé
  – ⚬⟳ – **R** – ⚲
  0,5 ha (40 empl.) plat, herbeux ⌑
  ⅃ symbols – ⌐ – A proximité : ⚒ ▦
  Tarif : (Prix 1998) ⚹ *13* – ⇐ *7* – ▣ *10* – ⒤ *12 (4A)*

TORREILLES

66440 Pyr.-Or. **15** – **86** ⑳ – 1 775 h. alt. 4.
Paris 855 – Argelès-sur-Mer 29 – Le Boulou 43 – Perpignan 13 – Port-Barcarès 11 – Rivesaltes 14.

à la Plage NE : 3 km par D 11ᴱ – ✉ 66440 Torreilles :

⋀⋀⋀ **Les Tropiques** 15 mai-sept.
  𝒫 04 68 28 05 09, Fax 04 68 28 48 90 – ⚬⟳ – **R** conseillée juil.-août – ⊝⊟ ⚲
  7 ha (450 empl.) plat, sablonneux, herbeux ⌑ ℚ
  ⅃ symbols – discothèque ⚑ ⚲ ⚒ – A proximité : 🛒
  Tarif : ▣ *piscine comprise 1 à 2 pers. 117 (139 avec élect. 6A), pers. suppl. 30*
  Location : ⌯ *900 à 2300* – ⌯ *1400 à 3500* – ⌂ *1400 à 3700*

▲▲▲ **Les Dunes de Torreilles-Plage** 15 mars-15 oct.
 ℰ 04 68 28 38 29, Fax 04 68 28 32 57 – à 150 m de la plage – o━ – **R** conseillée juil.-août – ⊖B
⋇
16 ha (615 empl.) plat, sablonneux ⌁ sanitaires individuels (᷂ ⇋ wc) ⊛ ♨ ⤳ ▣ – ᝬ ⍑ ✕ pizzeria
⤳⌐ – ⌦ ⫯↟ ⛾ ⤳ – A proximité : ⛟
Tarif : ▣ élect. (10A) et piscine comprises 2 pers. 157, 3 à 6 pers. 209
Location : ⤒ 1092 à 3542

▲▲▲ **Le Calypso** avril-sept.
 ℰ 04 68 28 09 47, Fax 04 68 28 24 76 – o━ – **R** conseillée – ⊖B ⋇
6 ha (300 empl.) plat, sablonneux, herbeux ⌁ ⍾
⛭ ᷂ ⇋ ▤ ♨ ⍐ ⚏ (9 sanitaires individuels ᷂ ⇋ wc) ⊛ ▣ – ⍑ ✕ pizzeria, crêperie ⤳ cases
réfrigérées – ⌦ ⫯↟ ⛾ discothèque ⛎ ⤳ – A proximité : ⛟
Tarif : ▣ piscine comprise 2 pers. 108 (128 avec élect. 10A), pers. suppl. 32
Location : ⤒ 1600 à 3000 – ⛺ 1600 à 3300

▲▲▲ **Le Trivoly** 15 avril-20 sept.
 ℰ 04 68 28 20 28, Fax 04 68 28 16 48 « Entrée fleurie » o━ – **R** conseillée 20 juil.-15 août – ⊖B
⋇
8 ha (270 empl.) plat, sablonneux, herbeux ⌁ ⍾ (1 ha)
⛭ ᷂ ⇋ ▤ ⚏ – ⍑ snack ⤳ – ⌦ ⫯↟ ⛾ ⤳ toboggan aquatique
Tarif : ▣ piscine comprise 2 pers. 125 – ⸔ 20 (6A)
Location : ⤒ 1300 à 3700 – ⛺ (sans sanitaires)

▲▲▲ **La Palmeraie** 25 mai-sept.
 ℰ 04 68 28 20 64, Fax 04 68 59 67 41 « Décoration originale » o━ – **R** conseillée juil.-août – ⊖B
⋇
4,5 ha (242 empl.) plat, sablonneux, herbeux ⌁ ⍾⍾
⛭ ᷂ ⇋ ▤ ⊛ ▣ – ⍑ snack ⤳ cases réfrigérées – ⌦ ⫯↟ ⤳ – A proximité : ⛟
Tarif : (Prix 1998) ▣ 2 pers. 108 (128 avec élect. 5A), pers. suppl. 32 – ⸔ 30 (10A)
Location (Pâques-sept.) : ⛺ 2800 à 3300

TORTEQUESNE

62490 P.-de-C. **2** – **53** ③ – 719 h. alt. 42.
Paris 181 – Arras 23 – Bapaume 27 – Douai 10 – Lens 27 – St-Quentin 63.

▲ **Municipal de la Sablière** mars-oct.
 ℰ 03 21 24 14 94 – sortie Nord-Est par D 956, rte de Férin et 0,5 km par chemin à droite, près
de deux étangs – ⍀ – **R** – ⋇
1,5 ha (81 empl.) plat, herbeux, pierreux ⌁ ⍾
᷂ ⇋ ⛾ ⊛ – A proximité : ⍑ brasserie ⊗
Tarif : ⚹ 11 tennis compris – ⇐ 7 – ▣ 14 – ⸔ 13 (6A)

TOUFFAILLES

82190 T.-et-G. **14** – **79** ⑯ – 359 h. alt. 200.
Paris 632 – Agen 45 – Cahors 49 – Moissac 24 – Montaigu-de-Quercy 10 – Valence 28.

▲ **Municipal** mai-sept.
par D 41, face à la mairie – ℟
0,3 ha (11 empl.) plat, herbeux ⍾
᷂ ⇋ ⛾ ⊛ – A proximité : ⊗
Tarif : ⚹ 8 – ▣ 10 – ⸔ 10

TOUFFREVILLE-SUR-EU

76910 S.-Mar. **1** – **52** ⑤ – 175 h. alt. 45.
Paris 173 – Abbeville 46 – Amiens 99 – Blangy-sur-Nesle 35 – Le Tréport 10.

▲ **Municipal les Acacias** Pâques-oct.
 ℰ 02 35 50 66 33 – SE : 1 km par D 226 et D 454, rte de Guilmecourt – ⍀
1 ha (50 empl.) plat, herbeux
᷂ ⇋ ▤ ⚏ ⊛
Tarif : ⚹ 9,50 – ⇐ 6,30 – ▣ 6,30 – ⸔ 11,50 (5A)

TOULON-SUR-ARROUX

71320 S.-et-L. **11** – **69** ⑰ – 1 867 h. alt. 260.
Paris 328 – Autun 40 – Bourbon-Lancy 38 – Gueugnon 12 – Montceau-les-Mines 22 – Paray-le-
Monial 36.

▲ **Municipal du Val d'Arroux** Pâques-nov.
 ℰ 03 85 79 51 22 – à l'Ouest de la commune, rte d'Uxeau, bord de l'Arroux – Places limitées pour
le passage o━ saison – **R** saison
1,3 ha (68 empl.) plat, herbeux
᷂ ⇋ ▤ ⛾ ⚏ ⊛ – ⤒
Tarif : ⚹ 8,50 – ⇐ 7,50 – ▣ 7,50 – ⸔ 16 (6A)

TOULOUSE

31000 H.-Gar. **14** – **82** ⑧ G. Pyrénées Roussillon – 358 688 h. alt. 146.
🛈 Office de Tourisme Donjon du Capitole *℘* 05 61 11 02 22, Fax 05 61 22 03 63.
Paris 697 – Bordeaux 248 – Lyon 535 – Marseille 407.

▲▲ **Municipal du Pont de Rupe** Permanent
℘ 05 61 70 07 35, Fax 05 61 70 00 71 – sortie Nord par N 20, à la Base de Loisirs de Sesquières, par la rocade Ouest, sortie 33 A ou B – ⊶ – **R** conseillée – **GB** ⚲
3,8 ha (182 empl.) plat, herbeux
🏭 ⅙ 🕭 ⛲ 🖥 ⏚ ⊙ ⚲ 🖼 ⊞ – 🍴 snack ⊶ – 🛆 – A proximité : piste de bi-cross ⚹ 🖭 ⛵
Tarif : 🔲 2 pers. 70 – ⸟ 20 (6A) 25 (10A)

TOUQUES

14 Calvados – **54** ⑰ – rattaché à Deauville.

TOUQUIN

77131 S.-et-M. **6** – **61** ③ – 872 h. alt. 112.
Paris 56 – Coulommiers 14 – Melun 37 – Montereau-Fault-Yonne 49 – Provins 32.

▲▲ **Les Étangs Fleuris** mars-oct.
℘ 01 64 04 16 36, Fax 01 64 04 12 28 – E : 3 km, rte de la Boisserotte – 🌳 ⊶ – **R** – ⚲
5,5 ha (177 empl.) plat, peu incliné, herbeux 🕈
🏭 🕭 ⛲ 🖥 ⏚ ⊙ ⚲ ⚇ ⊞ – 🍴 – 🛆 🛶 m 🏊 – A proximité : terrain omnisports ⚹ 🛶
Tarif : 🔲 piscine comprise 1 pers. 35 (40 avec élect. 10A)

La TOUR-D'AIGUES

84240 Vaucluse **16** – **84** ③ G. Provence – 3 328 h. alt. 250.
Paris 754 – Aix-en-Provence 28 – Apt 36 – Avignon 80 – Digne-les-Bains 91.

▲ **Municipal** juil.-août
sortie Nord-Est par D 956, rte de Forcalquier et chemin à droite, bord de l'Eze – 🌳 ⊶ – **R** – ⚲
1 ha (80 empl.) plat, herbeux 🕈🕈
🕭 🖏 ⊙ – A proximité : terrain omnisports ⚹ 🛶
Tarif : 🏕 10 – ⸟ 6 – 🔲 6 – ⸟ 14

La TOUR-D'AUVERGNE

63680 P.-de-D. **11** – **73** ⑬ G. Auvergne – 778 h. alt. 1 000 – Sports d'hiver : 1 220/1 373 m ⚞ 3 ⚟.
🛈 Office de Tourisme Sancy-Artense, r. de la Pavade *℘* 04 73 21 79 78, Fax 04 73 21 79 70.
Paris 480 – Besse-en-Chandesse 30 – Bort-les-Orgues 28 – La Bourboule 14 – Clermont-Ferrand 59 – Le Mont-Dore 18.

▲ **Municipal la Chauderie** 15 juin-15 sept.
℘ 04 73 21 55 01 – SE : 1,3 km par D 203, rte de Besse-en-Chandesse, bord de la Burande – ⚞
⊶ – **R** conseillée
1,5 ha (90 empl.) plat et en terrasses, peu incliné, herbeux, pierreux ▭
⅙ 🕭 ⛲ 🖥 🖏 ⊙ ⚇ – 🛆 🛶
Tarif : (Prix 1998) 🏕 11,30 – ⸟ 6,15 – 🔲 6,15 – ⸟ 11,30 (3A) 22,55 (10A)

La TOUR-DU-MEIX

39270 Jura **12** – **70** ⑭ – 167 h. alt. 470.
Paris 434 – Champagnole 44 – Lons-le-Saunier 24 – St-Claude 36 – St-Laurent-en-Grandvaux 39.

▲▲ **Surchauffant** mai-14 sept.
℘ 03 84 25 41 08, Fax 03 84 35 56 88 – au Pont de la Pyle, Sud-Est : 1 km par D 470 et chemin à gauche, à 150 m du lac de Vouglans (accès direct) – 🌳 ⚞ ⊶ – **R** indispensable juil.-août – **GB** ⚲
2,5 ha (180 empl.) plat, herbeux, pierreux
⅙ 🕭 ⛲ 🖥 ⏚ ⊙ ⚲ ⊞ – 🛆 🛶 – A proximité : 🍷 ✕ 🏊
Tarif : 🔲 2 pers. 75 – ⸟ 16 (5A)

TOURLAVILLE

50110 Manche **4** – **54** ② – 17 516 h. alt. 27.
Paris 356 – Carentan 53 – Carteret 43 – Cherbourg 5 – Valognes 22.

▲▲ **Le Collignon** 21 mai-3 oct.
℘ 02 33 20 16 88, Fax 02 33 20 53 03 – N : 2 km par D 116, rte de Bretteville, près de la plage – ⊶ juil.-août – **R** conseillée – **GB** ⚲
10 ha/2 campables (82 empl.) plat, herbeux, sablonneux ▭
⅙ 🕭 ⛲ 🖥 ⏚ ⊙ ⚲ ⊞ – 🛆 – A proximité : centre nautique 🍷 ⊶ 🏊
Tarif : 🏕 20 – 🔲 29 – ⸟ 19 (10A)

TOURNEHEM-SUR-LA-HEM

62890 P.-de-C. **1** – **51** ② ③ – 1 069 h. alt. 39.
Paris 270 – Calais 25 – Cassel 40 – Dunkerque 44 – Lille 84 – St-Omer 19.

  ▲▲ ***Bal Caravaning*** Permanent
         𝄞 03 21 35 65 90, Fax 03 21 35 18 57 – sortie Est par D 218 – ⊶ – **R** conseillée juil.-août – **GB** ⚲
         2,5 ha (63 empl.) peu incliné, herbeux
         ▥ 🖦 🖵 ⇆ 🏸 ⊕ ⚡ ▽ 🖥 – ▾ ¶ – ✸ – A proximité : ✗ ⸖ 🏓 🏌 (parc d'attractions)
         Tarif : ✱ *18 tennis compris* – 🖥 *32* – 🔌 *26 (10A)*
         Location : 🛏 *(hôtel)*

TOURNON-D'AGENAIS

47370 L.-et-G. **14** – **79** ⑥ G. Pyrénées Aquitaine – 839 h. alt. 156.
🛈 Syndicat d'Initiative Place de la Mairie, 𝄞 05 53 40 75 82.
Paris 611 – Agen 42 – Cahors 46 – Montauban 63 – Villeneuve-sur-Lot 26.

à *Courbiac*   SE : 5,3 km par D 656, rte d'Agen et rte à gauche – 114 h. alt. 145 – ✉ 47370 Courbiac

  ▲ ***Aire Naturelle le Pouchou*** 15 juin-15 sept.
         𝄞 05 53 40 72 68 – O : 1,8 km par rte de Tournon-d'Agenais et chemin à gauche, bord d'un étang,
         croisement peu facile pour caravanes – ⥥ ≼ ⊶ – **R** – ⚲
         2 ha (20 empl.) non clos, peu incliné, herbeux
         🖦 🖵 ⇆ 🍴 🖥 – ▾ – 🍽 – ⛲
         Tarif : ✱ *20 piscine comprise* – 🖥 *18* – 🔌 *13 (6A)*

TOURNON-SUR-RHÔNE

07300 Ardèche **11** – **76** ⑩ G. Vallée du Rhône – 9 546 h. alt. 125.
🛈 Office de Tourisme Hôtel de la Tourette 𝄞 04 75 08 10 23, Fax 04 75 08 41 28.
Paris 548 – Grenoble 97 – Le Puy-en-Velay 105 – St-Étienne 75 – Valence 18 – Vienne 59.

  ▲ ***Les Acacias*** avril-sept.
         𝄞 04 75 08 83 90 – O : 2,6 km par D 532, rte de Lamastre, accès direct au Doux – ⊶ – **R** juil.-août
         – ⚲
         2,7 ha (80 empl.) plat, herbeux 𝟫𝟫
         🖦 🖵 ⇆ 🖵 🏸 ⊕ 🖥 – 🏓 🏌 🏓 ⛲ mini-tennis – A proximité : ✗
         Tarif : 🖥 *piscine comprise 2 pers. 85* – 🔌 *18 (4A)*
         Location : 🏠 *1500 à 2900*

TOURNUS

71700 S.-et-L. **12** – **69** ⑳ G. Bourgogne – 6 568 h. alt. 193.
Paris 361 – Bourg-en-Bresse 53 – Chalon-sur-Saône 28 – Lons-le-Saunier 58 – Louhans 31 – Mâcon 35 – Montceau-les-Mines 66.

  ▲ ***Municipal En Bagatelle*** mai-sept.
         𝄞 03 85 51 16 58 – à 1 km au Nord de la localité par rue St-Laurent, en face de la gare, attenant
         à la piscine et à 150 m de la Saône (accès direct) – ⊶ – **R**
         2 ha (90 empl.) plat, herbeux
         🖦 🖵 🖵 🏸 ⊕ 🖥 – 🏓 – A proximité : 🍽 ⛲
         Tarif : ✱ *13* – 🚗 *13* – 🖥 *13* – 🔌 *13 (10A)*

TOURS

37000 I.-et-L. **5** – **64** ⑮ G. Châteaux de la Loire – 129 509 h. alt. 60.
🛈 Office de Tourisme 78 r. Bernard-Palissy 𝄞 02 47 70 37 37, Fax 02 47 61 14 22.
Paris 237 – Angers 109 – Chartres 141 – Clermont-Ferrand 331 – Limoges 220 – Le Mans 83 – Orléans 116.

à la *Membrolle-sur-Choisille*   NO : 7 km, rte du Mans – 2 644 h. alt. 60 – ✉ 37390 la Membrolle-
sur-Choisille :

  ▲ ***Municipal*** mai-sept.
         𝄞 02 47 41 20 40 – rte de Fondettes, au stade, bord de la Choisille – ⊶ – **R**
         1,2 ha (88 empl.) plat, herbeux 🌳
         🖦 🖵 ⇆ 🖵 🏸 ⊕ 🏸 – 🍽 🖥
         Tarif : (Prix 1998) ✱ *12* – 🖥 *12* – 🔌 *16 (3A)*

Voir aussi à *Ballan-Miré*

TOURTOIRAC

24390 Dordogne **10** – **75** ⑦ G. Périgord Quercy – 654 h. alt. 140.
Paris 467 – Brive-la-Gaillarde 56 – Lanouaille 19 – Limoges 76 – Périgueux 34 – Uzerche 61.

  ▲▲▲ ***Les Tourterelles*** 3 avril-sept.
         𝄞 05 53 51 11 17, Fax 05 53 50 53 44 – NO : 1,5 km par D 73, rte de Coulaures – ⥥ « Cadre boisé
         et fleuri » ⊶ – **R** conseillée
         12 ha/ 3,5 campables (93 empl.) plat et peu incliné, en terrasses, herbeux 🗔 𝟫𝟫
         🖦 🖵 ⇆ 🖵 🍽 ⇆ ⊕ 🍴 🖥 – ▾ ✗ ⸖ – 🖵 🏓 🏌 🚴 🏓 ⛲ 🐎 half-court
         Tarif : ✱ *22 piscine comprise* – 🖥 *55* – 🔌 *22 (6A)*
         Location : 🏕 *1325 à 2095* – 🏠 *2095 à 3095* – 🏡 *2695 à 4350*

574

76400 S.-Mar. **1** – **52** ⑫ – 741 h. alt. 105.
Paris 194 – Bolbec 25 – Fécamp 5 – Rouen 68 – St-Valery-en-Caux 32 – Yvetot 30.

▲ **Municipal du Canada** 15 mars-15 oct.
    𝄞 02 35 29 78 34 – NO : 0,5 km par D 926, rte de Fécamp et chemin à gauche – Places limitées
pour le passage ⚬⇌ – **R** conseillée juil.-août – ⚲
2,5 ha (100 empl.) plat et peu incliné, herbeux ⛺ ǫ
♿ ⚒ ⇆ 🍴 ☺ – A proximité : ✗ ⚓
Tarif : (Prix 1998) ⚲ 10 – ⛟ 4,50 – 🅴 4,50 – 🔌 10 (4A) 11 (6A) 13 (10A)

27500 Eure **5** – **55** ④ – 960 h. alt. 10.
Paris 165 – Caen 69 – Évreux 72 – Le Havre 37 – Lisieux 40 – Rouen 55.

▲▲ **Risle-Seine** avril-oct.
    𝄞 02 32 42 46 65 – E : 2,5 km, par rte des Etangs, à gauche sous le pont de l'autoroute, près de
la Base Nautique – ≼ ⚬⇌ – **R** conseillée – ⚲
2 ha (61 empl.) plat, herbeux ⛺
♿ ⚒ ⇆ 🍴 📙 ☺ ♒ ☞ 🖼 – 🚮 – A proximité : ◊
Tarif : ⚲ 16,50 – 🅴 35,50 – 🔌 15,50 (5A) 20,50 (10A)

46700 Lot **14** – **79** ⑥ – 412 h. alt. 75.
Paris 596 – Cahors 38 – Gourdon 49 – Sarlat-la-Canéda 63 – Villeneuve-sur-Lot 34.

▲▲ **Le Ch'Timi** avril-sept.
    𝄞 05 65 36 52 36 – E : 0,8 km par D 8 – ⚬⇌ – **R** conseillée 3 juil.-15 août – ⚲
3,5 ha (70 empl.) peu incliné, plat, herbeux ǫǫ
⚒ ⇆ 🍴 📙 ☺ 🖼 – 🔫 ⏛ – 🏊 ✗ ⚏ 🏊
Tarif : ⚲ 25 piscine comprise – 🅴 35 – 🔌 15 (6A)
Location : 🛏 960 à 1800

▲▲ **Le Clos Bouyssac** mai-sept.
    𝄞 05 65 36 52 21, Fax 05 65 24 68 51 – S : 2 km par D 65, bord du Lot – 🏊 ⚬⇌ – **R** conseillée
juil.-août – ⊞ ⚲
1,5 ha (85 empl.) plat et terrasses, herbeux, pierreux ǫǫ
⚒ ⇆ 🍴 ♒ ☺ 🖼 – ⏛ 🚣 – 🚮 🏊
Tarif : ⚲ 24 piscine comprise – 🅴 28 – 🔌 15 (10A)
Location : 🛏 1300 à 2600 – ⌂ 1200 à 2400

85360 Vendée **9** – **71** ⑪ G. Poitou Vendée Charentes – 2 065 h. alt. 4.
🅱 Office de Tourisme pl. Liberté 𝄞 02 51 30 33 96, Fax 02 51 27 78 71.
Paris 454 – Luçon 30 – Niort 93 – La Rochelle 63 – La Roche-sur-Yon 40 – Les Sables-d'Olonne 40.

▲▲▲ **Le Jard** 25 mai-15 sept.
    𝄞 02 51 27 43 79, Fax 02 51 27 42 92 – **à la Grière**, E : 3,8 km, rte de l'Aiguillon – ⚬⇌ ⚏ –
R conseillée – ⊞ ⚲
6 ha (350 empl.) plat, herbeux ⛺
♿ ⚒ ⇆ 🍴 📙 ☺ ♒ ☞ 🖼 – 🔫 🍴 ✗ 🚣 – 🚮 🎏 ⚓ 🏊 🚲 ✗ ⚓ 🖼 🏊 toboggan aquatique
– A proximité : 🛒
Tarif : 🅴 piscine comprise 2 pers. 125 (140 à 165 avec élect. 6 ou 10A), pers. suppl. 28

▲▲▲ **La Baie d'Aunis** avril-sept.
    𝄞 02 51 27 47 36, Fax 02 51 27 44 54 – sortie Est rte de l'Aiguillon, à 50 m de la plage – ⚬⇌ ⚏
dans locations et juil.-août sur le camping – **R** conseillée – ⊞ ⚲
2,5 ha (155 empl.) plat, sablonneux ⛺ ǫ
🚿 ♿ ⚒ ⇆ 🍴 📙 ☺ 🖼 – 🔫 🍴 ✗ 🚣 – 🚮 🏊 🏊 – A proximité : ✗ 🖼 ◊
Tarif : 🅴 piscine comprise 1 ou 2 pers. 120, pers. suppl. 28 – 🔌 20 (10A)
Location : 🛏 1700 à 3500 – ⌂ 1900 à 3900

▲▲▲ **Le Sable d'Or** 15 avril-1ᵉʳ oct.
    𝄞 02 51 27 46 74, Fax 02 51 30 17 14 – NO : 2,5 km par D105, rte des Sables-d'Olonne et à droite,
près de la D 105 A – ⚬⇌ ⚏ dans locations – **R** conseillée juil.-août – ⊞ ⚲
4 ha (223 empl.) plat, sablonneux, herbeux ⛺
♿ ⚒ ⇆ 🍴 📙 ☺ 🖼 – 🔫 🍴 ✗ 🚣 – 🚮 🏊 ✗ 🏊 toboggan aquatique
Tarif : 🅴 élect. (4A) et piscine comprises 2 pers. 135
Location : 🛏 1400 à 3550 – ⌂ 1500 à 3600

▲▲▲ **Les Préveils** 3 avril-26 sept.
    𝄞 02 51 30 30 52, Fax 02 51 27 70 04 – **à la Grière**, E : 3,5 km rte de l'Aiguillon et à droite,
à 300 m de la plage (accès direct) – ⚬⇌ – **R** indispensable – Adhésion familiale obligatoire – ⊞
⚲
4 ha (202 empl.) peu vallonné, sablonneux, herbeux ⛺ ǫǫ pinède
♿ ⚒ ⇆ 🍴 📙 ☺ 🖼 – snack 🚣 – 🚮 🏊 ✗ 🏊 – A proximité : 🛒
Tarif : (Prix 1998) 🅴 élect. (10A) et piscine comprises 2 pers. 150, pers. suppl. 32
Location : 🛏 – appartements, bungalows toilés

▲▲▲ *La Savinière* 27 mars-2 oct.
  ℘ 02 51 27 42 70, Fax 02 51 27 40 48 – NO : 1,5 km par D 105 rte des Sables-d'Olonne – 🐕 ⊶
  – **R** indispensable 10 juil.-15 août
  2 ha (106 empl.) plat, sablonneux ⊏⊐ ♀♀
  ⅙ ⓝ ⇌ 🖥 ᾱ ⊙ 🏖 ⚡ ✐ ▨ – self-service, crêperie ☕ – 🍽 ⅃ half-court
  Tarif : ▣ *piscine comprise 2 pers. 96 (109 ou 121 avec élect. 10A), pers. suppl. 21*
  Location : 🚐 *1484 à 3045*

▲▲ *Les Blancs Chênes* avril-oct.
  ℘ 02 51 30 41 70, Fax 02 51 28 84 09 – NE : 2,6 km par D 747, rte d'Angles – Places limitées pour
  le passage ⊶ saison – **R** conseillée – ⊟ ✗
  7 ha (375 empl.) plat, herbeux ⊏⊐
  ⅙ ⓝ ⇌ 🖥 ᾱ ⊔ ⊙ 🏖 ▨ – ᾱ ⓨ snack ☕ – 🍽 ⛟ 🚲 ✗ ♪ ⅃ toboggan aquatique terrain
  omnisports
  Tarif : ▣ *piscine comprise 2 pers. 105 – ᵷ 25 (5A)*
  Location : 🚐 *850 à 2700 –* 🚐 *1400 à 3700 –* 🏠 *1600 à 3900 – bungalows toilés*

▲▲ *Le Cottage Fleuri*
  ℘ 02 51 30 34 57, Fax 02 51 27 74 77 – **à la Grière,** E : 2,5 km rte de l'Aiguillon, à 500 m de la plage
  – Places limitées pour le passage ⊶ ✗ dans locations
  5 ha (280 empl.) plat, sablonneux, herbeux, étang ♀ (1 ha)
  ⓝ ⇌ 🖥 ᾱ ⊔ ⊙ ⚡ ▨ – snack – 🍽 ⛟ 🚲 ♪ ⅃ – A proximité : 🛒

▲▲ *Les Jonquilles* avril-sept.
  ℘ 02 51 30 47 37, Fax 02 51 27 70 00 – **à la Grière,** E : 3 km rte de l'Aiguillon – Places limitées pour
  le passage ⊶ – **R** conseillée – ✗
  3,5 ha (338 empl.) plat, herbeux
  ⅙ ⓝ ⇌ 🖥 ᾱ ⊔ ⊙ ⚡ ▨ – ⓨ – 🍽 ⛟ ✗ ♪ ⅃
  Tarif : ▣ *piscine comprise 3 pers. 120 – ᵷ 29 (10A)*

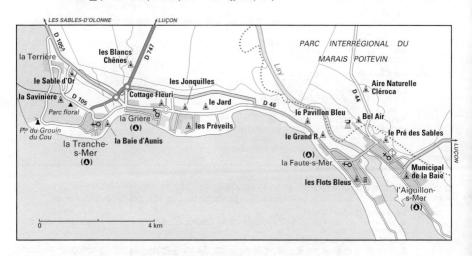

Voir aussi à l'Aiguillon-sur-Mer, la Faute-sur-Mer

TRÈBES

11800 Aude ⑮ – ⑧⑧ ⑫ – 5 575 h. alt. 84.
🛈 Office de Tourisme (avril-oct.) av. Pierre-Loti ℘ 04 68 78 89 50.
Paris 799 – Carcassonne 8 – Conques-sur-Orbiel 8 – Lézignan-Corbières 28 – Olonzac 28 – Lagrasse 31.

▲ *Municipal* avril-10 oct.
  ℘ 04 68 78 61 75 – chemin de la Lande, bord de l'Aude – ⊶ – **R** conseillée juil.-août – ✗
  1,5 ha (70 empl.) plat, herbeux, sablonneux ⊏⊐ ♀♀
  ⅙ ⓝ 🖥 ∿ ▨ – ☕ – A proximité : 🛒 ✗ ⅃
  Tarif : ▣ *2 pers. 57 (72 avec élect.10A)*

▶ *Des vacances réussies sont des vacances bien préparées !*

Ce guide est fait pour vous y aider... mais :
– N'attendez pas le dernier moment pour réserver
– Évitez la période critique du 14 juillet au 15 août

*Pensez aux ressources de l'arrière-pays, à l'écart des lieux de grande
fréquentation.*

TRÉBEURDEN

22560 C.-d'Armor **3** – **59** ① G. Bretagne –
3 094 h. alt. 81.
⚇ Office de Tourisme pl. Crech'Héry
℘ 02 96 23 51 64, Fax 02 96 47 44 87.
Paris 523 – Lannion 9 – Perros-Guirec 14 –
St-Brieuc 72.

⚠ **Roz ar Mor** 12 avril-15 sept.
℘ 02 96 23 58 12 – S : 1,5 km,
à 200 m de la plage de Porz Mabo,
Accès peu facile pour caravanes – ⚘
⪍ « Entrée fleurie » ⚬━ – **R** conseillée
– ⚒
0,8 ha (30 empl.) en terrasses, herbeux
🕭 🎱 ⚲ 🗟 ⚲ ⊙ – 🔳
Tarif : ✴ 23 – 🚗 13 – 🅔 24 – 🗲 15
(3A) 20 (6A)
Location : 🛏 1500 à 1900

⚠ **Kerdual** mai-14 sept.
℘ 02 96 23 54 86 S : 1,5 km, à
la plage de Porz Mabo (accès
direct), Accès peu facile pour
caravanes – ⚘ ⪍ ⚬━ – **R** conseillée
juil.-août – ⚒
0,4 ha (26 empl.) en terrasses, herbeux
⚲
🕭 🎱 ⚲ 🗟 ⚲ ⊙ 🔳
Tarif : 🅔 3 pers. 112, pers. suppl. 24 –
🗲 16 (3A) 20 (6A)

Voir aussi à Pleumeur-Bodou

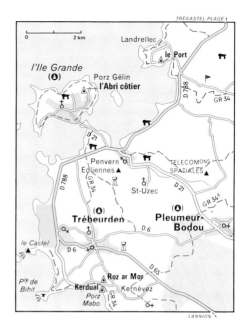

TRÉBONS

65200 H.-Pyr. **14** – **85** ⑱ – 735 h. alt. 525.
Paris 810 – Arreau 43 – Bagnères-de-Bigorre 6 – Bagnères-de-Luchon 89 – Luz-St-Sauveur 47 – Pau 57 –
Tarbes 16.

⚠ **Parc des Oiseaux** avril-oct.
℘ 05 62 95 30 26 – S : 1,5 km par D 87 et D 26, rue de la poste – ⚘ « Cadre agréable » ⚬━ –
R conseillée juil.-20 août – ⚒
2,8 ha (66 empl.) plat, peu incliné, herbeux ⚲⚲
🎱 ⚲ 🗟 ⚲ ⊙ 🔳
Tarif : ✴ 20 – 🚗 10 – 🅔 20 – 🗲 9 (3A) 15 (6A) 20 (20A)

TRÉBOUL

29 Finistère – **58** ⑭ – rattaché à Douarnenez.

TRÉDION

56250 Morbihan **4** – **63** ③ G. Bretagne – 875 h. alt. 85.
Paris 442 – Josselin 23 – Locminé 26 – Ploërmel 29 – Redon 52 – Vannes 24.

⚠ **Municipal l'Étang aux Biches** juil.-août
℘ 02 97 67 14 06 – S : 1,3 km par D 1, rte d'Elven – ⚘ ⪍ « Situation agréable au bord de deux
étangs » – **R**
10 ha/0,5 campable (34 empl.) peu incliné et plat, herbeux, bois 🖵
🕭 🎱 ⚲ ⊙ – 🎾 – A proximité : parcours sportif
Tarif : ✴ 9 – 🚗 7 – 🅔 7 – 🗲 12 (3A)

TREFFIAGAT

29730 Finistère **3** – **58** ⑭ – 2 333 h. alt. 20.
Paris 586 – Audierne 39 – Douarnenez 39 – Pont-l'Abbé 9 – Quimper 31.

⚠ **Karreg Skividen** 15 juin-15 sept.
℘ 02 98 58 22 78 – SE : 1,8 km par rte de Lesconil et à droite, à 400 m de la plage (accès direct)
– ⚘ ⚬━ – **R** conseillée juil.-août – ⚒
1 ha (75 empl.) plat, herbeux 🖵
🕭 🎱 🗟 ⚲ ⊙ – A proximité : ⚲
Tarif : ✴ 15 – 🚗 8 – 🅔 15 – 🗲 14 (6A)
Location : 🛏 750 à 800

⚠ **Les Ormes** mai-sept.
℘ 02 98 58 21 27 – S : 2 km, à Kerlay, à 400 m de la plage (accès direct) – ⚘ ⚬━ juil.-août –
R juil.-août – ⚒
2 ha (76 empl.) plat, herbeux (🎱 ⚲ 15 juin-sept.) ⊙ 🔳 – ⚔ – A proximité : ⚲
Tarif : (Prix 1998) ✴ 14,20 – 🚗 8,30 – 🅔 14,90 – 🗲 12,50 (2 ou 3A) 15,50 (5 ou 6A) 20 (10A)

▲ **Municipal le Merlot** 15 juin-15 sept.
𝒫 02 98 58 03 09 – à 1 km au Sud-Est du bourg, au stade – ⊶ – **R** – ⚡
3,5 ha (125 empl.) plat, herbeux
🏠 ⚞ ⊕ – 🏪 ✗
Tarif : (Prix 1998) ⋆ *10* – 🚐 *6* – 🄴 *15* – 🄸 *10 (4A)*

TRÉGARVAN

29560 Finistère **🎱** – **58** ⑮ G. Bretagne – 164 h. alt. 20.
Paris 561 – Brest 56 – Châteaulin 15 – Crozon 22 – Douarnenez 33 – Quimper 41.

⋀⋀⋀ **Ker Beuz**
𝒫 02 98 26 08 08, Fax 02 98 26 08 00 – S : 2 km à Kerbeuz, accès par D 60, rte de Châteaulin et
chemin à droite – 🐾 ⊶
5 ha (40 empl.) plat, herbeux 🔀 ⌇⌇
🚿 🏠 ⇔ 🔲 ⚞ ⊕ 🄿 – 🍽 snack 🥤 – 🏪 ⚓ salle d'animation 🛶 ✗ 🚿 🏊
Location : 🚐 – 🛏

TRÉGASTEL

22730 C.-d'Armor **🎱** – **59** ① G. Bretagne – 2 201 h. alt. 58.
🅱 Office de Tourisme pl. Ste-Anne 𝒫 02 96 23 85 97.
Paris 525 – Lannion 11 – Perros-Guirec 9 – St-Brieuc 73 – Trébeurden 10 – Tréguier 27.

⋀⋀⋀ **Tourony-Camping** Pâques-fin sept.
𝒫 02 96 23 86 61 – E : 1,8 km par D 788, rte de Perros-Guirec, près de la mer et d'un étang, à
500 m de la plage – ⊶ – **R** conseillée 14 juil.-20 août – ⅁⅀ ⚡
2 ha (100 empl.) plat, herbeux ⌇
🚿 🏠 ⇔ 🔲 ⚞ ⊕ ⚓ 🔜 🄿 – 🍽 – 🏪 🛶 🚲 – A proximité : crêperie ✗
Tarif : ⋆ *23* – 🚐 *12* – 🄴 *27* – 🄸 *16 (6A)*
Location : 🚐 *1600 à 2500*

TRÉGOUREZ

29970 Finistère **🎱** – **58** ⑯ – 939 h. alt. 127.
Paris 539 – Carhaix-Plouguer 32 – Concarneau 31 – Quimper 24 – Rosporden 17.

▲ **Municipal**
au bourg, par chemin à gauche de la mairie, au stade
0,6 ha (32 empl.) plat, herbeux 🔀
🏠 ⇔ ⊕ – ✗

TRÉGUENNEC

29720 Finistère **🎱** – **58** ⑭ – 303 h. alt. 31.
Paris 584 – Audierne 29 – Douarnenez 28 – Pont-l'Abbé 11 – Quimper 29.

⋀⋀⋀ **Kerlaz** avril-sept.
𝒫 02 98 87 76 79 – au bourg, par D 156 – ⊶ – **R** conseillée juil.-août – ⚡
1,25 ha (80 empl.) plat, herbeux
🚿 🏠 ⇔ 🔲 ⇔ ⚞ ⊕ 🔜 🄿 – 🍽 – 🛶 🏊 – A proximité : crêperie
Tarif : (Prix 1998) 🄴 *piscine comprise 2 pers. 70, pers. suppl. 20* – 🄸 *14 (3A)*
Location : 🚐 *1800 à 2800*

TRÉGUNC

29910 Finistère **🎱** – **58** ⑪ ⑯ – 6 130 h. alt. 45.
🅱 Office de Tourisme 16 r. de Pont-Aven 𝒫 02 98 50 22 05, Fax 02 98 97 77 60.
Paris 545 – Concarneau 7 – Pont-Aven 9 – Quimper 28 – Quimperlé 28.

⋀⋀⋀ **La Pommeraie** 3 avril-11 sept.
𝒫 02 98 50 02 73, Fax 02 98 50 07 91 – S : 6 km par D 1, rte de la Pointe de Trévignon et à gauche
rte de St-Philibert – ⊶ – **R** – ⅁⅀ ⚡
5 ha (150 empl.) plat, herbeux, verger
🚿 🏠 ⇔ 🔲 ⇔ ⇔ ⚞ ⊕ ⚓ 🔜 🄿 – 🄿 🍽 crêperie 🥤 – 🏪 🛶 🚿 🏊
Tarif : ⋆ *28 piscine comprise* – 🄴 *40* – 🄸 *14 (3A) 20 (6A)*
Location : 🚐 *1200 à 2700*

⋀⋀⋀ **Le Pendruc** mai-sept.
𝒫 02 98 97 66 28, Fax 02 98 97 65 11 – SO : 2,8 km rte de Pendruc et à gauche – 🐾 ⊶ –
R conseillée juil.-août – ⅁⅀ ⚡
3,6 ha (170 empl.) plat, herbeux 🔀
🏠 ⇔ 🔲 ⇔ ⊕ 🄿 – 🏪 🚏 🛶 🏊
Tarif : ⋆ *25 piscine comprise* – 🚐 *10* – 🄴 *30* – 🄸 *16 (6A)*
Location *(permanent)* : 🚐 *1650 à 1950*

⋀⋀⋀ **Les Étangs** juin-15 sept.
𝒫 02 98 50 00 41 – sortie Sud-Ouest par rte de Pendruc puis à gauche 5 km par rte de Trévignon,
à Kerviniec – 🐾 ≼ ⊶ – **R** conseillée 15 juil.-20 août – ⅁⅀ ⚡
3 ha (172 empl.) plat, herbeux 🔀
🚿 🏠 ⇔ 🔲 ⇔ ⚞ ⊕ 🄿 – 🍽 🥤 – 🏪 🛶 🚿 🏊 toboggan aquatique
Tarif : ⋆ *28 piscine comprise* – 🚐 *7* – 🄴 *31* – 🄸 *17 (4A)*
Location : 🏠 *1500 à 2950 – bungalows toilés*

⌂ **Loc'h-Ven** 15 mai-15 sept.
  𝒫 02 98 50 26 20 – SO : 4 km, à Pendruc-Plage, à 100 m de la mer – ⌕ « Cadre agréable » ⊶
  saison – **R** conseillée 20 juil.-15 août – ⌀
  2,8 ha (199 empl.) plat et peu incliné, herbeux ⌀
  ⅏ ⌖ ⊙ ▣ – ⟟
  Tarif : ⚹ *19,50 –* ▣ *25 –* ⛛ *14 (4A) 19 (6A)*

TREIGNAC

19260 Corrèze ⑩ – ⑦② ⑲ G. Berry Limousin – 1 520 h. alt. 500.
Paris 458 – Égletons 34 – Eymoutiers 33 – Limoges 67 – Tulle 41 – Uzerche 28.

⌂⌂ **La Plage** mai-15 sept.
  𝒫 05 55 98 08 54, Fax 05 55 98 16 47 – N : 4,5 km par rte d'Eymoutiers, à 50 m du lac des Bar-
  riousses – ⌕ ≤ ⊶ – **R** – ⊟ ⌀
  3,5 ha (130 empl.) en terrasses et peu incliné, pierreux, herbeux ⌗ ⚶⚶
  ⅏ ⅄ ⌖ ⇄ ▣ ⇪ ⊙ ⊞ ▣ – ⟟ – A proximité : ⇲ ⌁ ⟟ ⌼ (plage)
  Tarif : ⚹ *19 –* ▣ *17 –* ⛛ *15 (6A) 20 (10A)*

TREIGNAT

03380 Allier ⑩ – ⑥⑨ ⑪ – 531 h. alt. 450.
Paris 345 – Boussac 11 – Culan 27 – Gouzon 24 – Montluçon 25.

⌂ **Municipal de l'Etang d'Herculat** Pâques-sept.
  𝒫 04 70 07 03 89 – NE : 2,3 km, accès par chemin à gauche, après l'église, bord de l'étang – ⌕
  – **R** juil.-août
  1,6 ha (35 empl.) incliné à peu incliné, plat, herbeux ⌗
  ⇪ ⅏ ⇄ ⌖ ⇪ ⊙ ⇲ – ⟟ ⟟ ⌼ (plage)
  Tarif : ▣ *1 pers. 33, pers. suppl. 10 –* ⛛ *9 (8A) 12 (10A)*
  Location : *huttes*

Le TREIN-D'USTOU

09140 Ariège ⑭ – ⑧⑥ ③ – 351 h. alt. 739.
Paris 827 – Aulus-les-Bains 13 – Foix 73 – St-Girons 30 – Tarascon-sur-Ariège 63.

⌂ **Le Montagnou** Permanent
  𝒫 05 61 66 94 97, Fax 05 61 66 91 20 – sortie Nord-Ouest par D 8, rte de Seix, près de l'Alet –
  ≤ ⊶ – **R** conseillée juil.-août – ⌀
  1,2 ha (57 empl.) plat, herbeux
  ⅏ ⅄ ⅏ ⇄ ⌖ ⇪ ⊙ ▣ – ⟟ – A proximité : ⌇
  Tarif : ▣ *élect. (6A) comprise 2 pers. 80 (hiver 90), pers. suppl. 23,50*

TRÉLÉVERN

22660 C.-d'Armor ⑧ – ⑤⑨ ① – 1 254 h. alt. 76.
Paris 515 – Lannion 12 – Perros-Guirec 10 – St-Brieuc 71 – Trébeurden 20 – Tréguier 16.

⌂⌂ **Port-l'Épine** mai-14 sept.
  𝒫 02 96 23 71 94, Fax 02 96 23 77 83 – NO : 1,5 km puis chemin à gauche, à Port-l'Épine, bord de
  mer – ⌕ ≤ ⊶ – **R** conseillée juil.-août – ⊟ ⌀
  2,5 ha (160 empl.) plat, peu incliné, herbeux ⌗ ⌀
  ⅄ ⅏ ⇄ ⌖ ⇪ ⊙ ⇲ ⟟ ⊞ ▣ – ⌼ ⛛ crêperie, snack – ⟟ ⅃
  Tarif : ▣ *piscine comprise 2 pers. 95, pers. suppl. 32 –* ⛛ *20 (5A)*
  Location : ⟟ *1300 à 3000*

TRÉMOLAT

24510 Dordogne ⑬ – ⑦⑤ ⑯ G. Périgord Quercy – 625 h. alt. 53.
🅑 Syndicat d'Initiative îlot St-Nicolas Bourg 𝒫 05 53 22 89 33.
Paris 535 – Bergerac 34 – Brive-la-Gaillarde 86 – Périgueux 53 – Sarlat-la-Canéda 47.

⌂⌂ **Centre Nautique** juin-sept.
  𝒫 05 53 22 81 18 – NO : 0,7 km par D 30⁰, rte de Mauzac et chemin de la Base Nautique, bord de
  la Dordogne (plan d'eau) – ⌕ « Site et cadre agréables » ⊶ – **R** conseillée – ⌀
  7 ha/2 campables (100 empl.) plat, herbeux ⌗ ⚶⚶
  ⅄ ⅏ ⇄ ⌖ ⇪ ⊙ ⇲ ▣ – ⌼ snack ⇲ – ⟟ ⟟ ⌇ ⅃
  Tarif : ⚹ *24 piscine et tennis compris –* ▣ *36 –* ⛛ *15 (16A)*

Le TRÉPORT

76470 S.-Mar. ① – ⑤② ⑤ G. Normandie Vallée de la Seine – 6 227 h. alt. 12.
🅑 Office de Tourisme quai Sadi-Carnot 𝒫 02 35 86 05 69, Fax 02 35 50 18 73.
Paris 177 – Abbeville 37 – Amiens 90 – Blangy-sur-Bresle 26 – Dieppe 31 – Rouen 94.

⌂⌂ **Municipal les Boucaniers** avril-sept.
  𝒫 02 35 86 35 47 – av. des Canadiens, près du stade – ⊶ – **R** – ⌀
  5,5 ha (340 empl.) plat, herbeux
  ⅏ ⅄ ⅏ ⇄ ⌖ ⇪ ⊙ ▣ – ⇲ – ⟟ ⌁ – A proximité : ⌇
  Tarif : (Prix 1998) ⚹ *14,40 –* ⟟ *14,40 –* ▣ *14,40 –* ⛛ *21 (6A)*

TREPT

38460 Isère 🔢 – 🔢 ⑬ – 1 164 h. alt. 275.
Paris 499 – Belley 41 – Bourgoin-Jallieu 15 – Lyon 45 – Pérouges 36 – La Tour-du-Pin 21.

▲▲▲ **Les 3 lacs** 15 avril-10 sept.
🏕 04 74 92 92 06, Fax 04 74 92 93 35 – E : 2,7 km par D 517, rte de Morestel et chemin à droite, près de deux plans d'eau – 🕳 ⚬— – **R** conseillée juil.-août – 𝗚𝗕 ⚲
25 ha/3 campables (160 empl.) plat, herbeux
🔥 🚿 🌳 🅿 🖼 – 🍴 – 🕹 💥 🏓 – A proximité : 🚣 🚤 🏊 (plage) toboggan aquatique
Tarif : 🚶 30 – 🅴 40 – 🔌 18 (6A)
Location (permanent) : 🏠 2000 à 2500

TRÉVIÈRES

14710 Calvados 🔢 – 🔢 ⑭ – 889 h. alt. 14.
Paris 277 – Bayeux 17 – Caen 46 – Carentan 31 – St-Lô 33.

▲ **Municipal** avril-oct.
🏕 02 31 92 89 24 – sortie Nord par D 30, rte de Formigny, près d'un ruisseau – **R** – ⚲
1,2 ha (73 empl.) plat, herbeux 🛒 ♀
🔥 🚿 🌳 🖼 – A proximité : 🐎
Tarif : (Prix 1998) 🚶 14,50 – 🚗 6,50 – 🅴 11,50 – 🔌 14 (15A)

TRÉVOU-TRÉGUIGNEC

22660 C.-d'Armor 🔢 – 🔢 ① – 1 210 h. alt. 56.
Paris 513 – Guingamp 36 – Lannion 14 – Paimpol 29 – Perros-Guirec 11 – St-Brieuc 66 – Tréguier 14.

▲ **Port le Goff** Pâques-sept.
🏕 02 96 23 71 45 – sortie Nord rte de Port Blanc et à gauche, à 500 m de la mer – ⚬— – **R** conseillée juil.-août
1 ha (45 empl.) plat, herbeux 🛒 ♀
🔥 🕳 🌳 – A proximité : 🍴 discothèque
Tarif : 🚶 14 – 🚗 7 – 🅴 8,50/11 – 🔌 13 (6A)

TRIAIZE

85580 Vendée 🔢 – 🔢 ⑪ – 1 027 h. alt. 3.
Paris 444 – Fontenay-le-Comte 40 – Luçon 8 – Niort 71 – La Rochelle 37 – La Roche-sur-Yon 41.

▲ **Municipal** juil.-août
🏕 02 51 56 12 76 – au bourg, par r. du stade – 🕳 💥 dans locations – **R** – ⚲
2,7 ha (70 empl.) plat, herbeux, pierreux, étang 🛒
🔥 🍴 🕳 🌳 🖼 – 🕹 – A proximité : 🍴
Tarif : (Prix 1998) 🚶 11,30 – 🚗 6,50 – 🅴 8,70 – 🔌 10,80
Location (mai-sept.) : 🚐 650 à 1700

La TRINITÉ-PORHOËT

56490 Morbihan 🔢 – 🔢 ⑳ – 901 h. alt. 90.
Paris 426 – Josselin 17 – Lorient 91 – Loudéac 19 – Ploërmel 24.

▲ **Municipal St-Yves** 15 juin-15 sept.
sortie Nord-Est par D 175, rte de Gomené et à gauche, près d'un plan d'eau – 🕳 – **R** – ⚲
0,6 ha (60 empl.) plat, herbeux
🔥 🍴 🌳 – 🕹 🏊 (plage), – A proximité : parcours sportif
Tarif : 🚶 5,70 et 3,70 pour eau chaude – 🚗 3,70 – 🅴 3,70 – 🔌 14,70

La TRINITÉ-SUR-MER

56470 Morbihan 🔢 – 🔢 ⑫ G. Bretagne – 1 433 h. alt. 20.
🅱 Office de Tourisme Môle L.-Caradec 🏕 02 97 55 72 21, Fax 02 97 55 78 07.
Paris 490 – Auray 13 – Carnac 4 – Lorient 40 – Quiberon 22 – Quimperlé 66 – Vannes 31.

Schéma à Carnac

▲▲▲ **Kervilor** 15 mai-15 sept.
🏕 02 97 55 76 75, Fax 02 97 55 87 26 – N : 1,6 km – 🕳 « Entrée fleurie » ⚬— – **R** conseillée – ⚲
4,7 ha/3,5 campables (230 empl.) plat et peu incliné, herbeux 🛒 ♀
🔥 🍴 🚿 🌳 🚪 🖼 – 🕹 🍴 🚣 – 🕹 🚤 ♿ 💥 🏓 🏊 toboggan aquatique
Tarif : 🚶 25 piscine comprise – 🚗 16 – 🅴 64 – 🔌 13 (3A) 16 (6A)
Location : 🚐 1500 à 3500

▲▲▲ **La Plage** 8 mai-15 sept.
🏕 02 97 55 73 28, Fax 02 97 55 88 31 – S : 1 km, accès direct à la plage de Kervilen « Cadre et site agréables » ⚬— – **R** conseillée 20 juin-août – 𝗚𝗕 ⚲
3 ha (200 empl.) plat, herbeux, sablonneux 🛒 ♀
🔥 🍴 🚿 🌳 🚿 🌳 🖼 – 🕹 🚤 ♿ 🏊 toboggan aquatique – A proximité : 🚣 🍴 🍴 crêperie 💥 🏓
Tarif : 🚶 24 piscine comprise – 🅴 114 – 🔌 16 (6A) 19 (10A)
Location : 🚐 1600 à 3600

▲▲▲ **La Baie** 12 mai-19 sept.
 ℘ 02 97 55 73 42, Fax 02 97 55 88 81 – S : 1,5 km, à 100 m de la plage de Kervilen « Entrée fleurie »
 ⊶ – **R** conseillée – ⊖⊟ ⅗
 2,2 ha (170 empl.) plat, herbeux, sablonneux ⊏⊐ ♀
 ⅙ ⅗̄ ⇆ ⅗ ⅗ ⊚ ⅗ ⅗ ▨ – ⊡ ⅗ ⅗ ⅗ ⅗ toboggan aquatique – A proximité : ⅗ ♀ ✗
 crêperie ⅗ ⅗
 Tarif : (Prix 1998) ⅗ 29 piscine comprise – ▣ 116 – ⅗ 15 (6A) 18 (10A)
 Location : ⅗ 1680 à 3640

▲▲▲ **Park-Plijadur** juin-sept.
 ℘ 02 97 55 72 05, Fax 02 97 55 83 83 – NO : 1,3 km sur D 781, rte de Carnac, bord d'un petit plan
 d'eau – ⊶ – **R** conseillée juil.-août – ⊖⊟ ⅗
 5 ha/3,5 campables (198 empl.) plat, herbeux, sablonneux ⊏⊐ ♀
 ⅙ ⅗̄ ⇆ ⅗ ⅗ ⊚ ⅗ ▨ – ⅗ ♀ ⅗ – ⊡ ⅗ ⅗ – ⅗
 Tarif : ⅗ 25,50 piscine comprise – ▣ 48,50 – ⅗ 13.50 (6A) 20 (10A)

TRIZAC

15400 Cantal ⑩ – ⑦⑥ ② G. Auvergne   754 h. alt. 960.
Paris 523 – Aurillac 70 – Mauriac 23 – Murat 50.

▲ **Municipal le Pioulat** 15 juin-14 sept.
 ℘ 04 71 78 64 20 – sortie Sud rte de Mauriac, bord d'un petit lac – ≼ ⊶ – **R** – ⅗
 1,5 ha (60 empl.) plat, peu incliné et en terrasses, herbeux
 ⅙ ⅗̄ ⇆ ⊚ ▨ – ⅗
 Tarif : (Prix 1998) ⅗ 10 – ⅗ 7 – ▣ 8 – ⅗ 13 (2 à 10A)
 Location : huttes

TROGUES

37220 I.-et-L. ⑩ – ⑥⑧ ④ – 292 h. alt. 60.
Paris 278 – Azay-le-Rideau 24 – Châtellerault 43 – Chinon 21 – Loches 42 – Tours 44.

▲▲ **Chlorophylle Parc** fermé déc.-janv.
 ℘ 02 47 58 60 60, Fax 02 47 95 24 04 – SE : 2 km par D 109. rte de Pouzay et chemin à droite,
 bord d'un étang et près de la Vienne – ⅗ ⊶ – **R** conseillée – ⊖⊟ ⅗
 17 ha/7,8 campables (150 empl.) plat, peu incliné, herbeux ⅗⅗
 ⅙ ⅗̄ ⇆ ⅗ ⅗ ⊚ ⅗ ▨ – ⅗ ♀ ⅗ – ⊡ ⅗ ⅗ ⅗ toboggan aquatique half-court, piste de
 bi-cross
 Tarif : ⅗ 29 piscine comprise – ▣ 65 – ⅗ 20 (10A)

TROYES

10000 Aube ⑦ – ⑥① ⑯ ⑰ G. Champagne – 59 255 h. alt. 113.
⊟ Office de Tourisme 16 bd Carnot ℘ 03 25 82 62 70, Fax 03 25 73 06 81.
Paris 171 – Dijon 183 – Nancy 186.

▲▲ **Municipal** avril-15 oct.
 ℘ 03 25 81 02 64 ⊠ 10150 Pont-Ste-Marie – NE : 2 km par rte de Nancy – ⊶ – **R** – ⅗
 3,8 ha (110 empl.) plat, herbeux ♀
 ⅗ ⅙ ⅗̄ ⇆ ⅗ ⅗ ⊚ ⅗ ▨ – ⊡ ⅗ ⅗
 Tarif : ⅗ 25 – ▣ 29 – ⅗ 16 (5A)

Le TRUEL

12430 Aveyron ⑮ – ⑧⑩ ⑬ – 384 h. alt. 290.
Paris 680 – Millau 38 – Pont-de-Salars 39 – Rodez 58 – St-Affrique 23 – Salles-Curan 24.

▲ **Municipal la Prade** 12 juin-18 sept.
 ℘ 05 65 46 41 46 – à l'Est du bourg par D 31, à gauche après le pont, bord du Tarn (plan d'eau)
 – ≼ « Situation agréable » ⊶ – **R** – ⅗
 0,6 ha (28 empl.) plat, pierreux, herbeux ⊏⊐ ♀
 ⅗̄ ⇆ ⅗ ⅗ ⊚ ⅗ ▨ – ⊡ – A proximité : ⅗ ⅗ ⅗
 Tarif : (Prix 1998) ⅗ 12 – ▣ 25 – ⅗ 10 (5 ou 6A)

TULETTE

26790 Drôme ⑯ – ⑧① ② – 1 575 h. alt. 147.
Paris 651 – Avignon 53 – Bollène 15 – Nyons 20 – Orange 22 – Vaison-la-Romaine 16.

▲ **Les Rives de l'Aygues** avril-oct.
 ℘ 04 75 98 37 50, Fax 04 75 98 36 70 – S : 3 km par D 193, rte de Cairanne et chemin à gauche
 – ⅗ « Cadre agréable » ⊶ – **R** conseillée saison – ⅗
 3,6 ha (50 empl.) plat, pierreux, herbeux ⊏⊐ ♀
 ⅙ ⅗̄ ⇆ ⊚ ⅗ ▨ – ♀ pizzeria ⅗ – ⅗
 Tarif : ▣ piscine comprise 3 pers. 110 – ⅗ 15 (6A)
 Location : ⅗ 1000 à 1800

TULLE

19000 Corrèze ⑩ – ⑦⑤ ⑨ G. Berry Limousin – 17 164 h. alt. 210.
🛈 Office de Tourisme 2 pl. Émile-Zola 𝒫 05 55 26 59 61, Fax 05 55 20 72 93.
Paris 478 – Aurillac 83 – Brive-la-Gaillarde 29 – Clermont-Ferrand 143 – Guéret 129 – Limoges 87 –
Périgueux 104.

▲ **Municipal Bourbacoup** 2 mai-sept.
  𝒫 05 55 26 75 97 – NE : 2,5 km par D 23, bord de la Corrèze – ⚬━ – **R**
  1 ha (50 empl.) plat et terrasse, herbeux ♀
  ⅙ 🗊 ⇔ 🖳 ⇌ ☺ ⚤ – A proximité : ✖ ≊
  Tarif : (Prix 1998) ✶ 12,50 – 🅔 12,50/17 – ⒢ 10 (12A)

à **Laguenne** SE : 4,2 km par N 120, rte d'Aurillac – 1 467 h. alt. 205 – ✉ 19150 Laguenne :

▲ **Le Pré du Moulin** 15 mai-sept.
  𝒫 05 55 26 21 96, Fax 05 55 20 18 60 – sortie Nord-Ouest rte de Tulle puis 1,3 km par chemin à
  droite avant le pont, bord de la St-Bonnette – ⌂ « Agréable situation » ⚬━ ⚹ 30 juin-août –
  R conseillée juil.-août – ⊀
  0,8 ha (28 empl.) plat, peu incliné, herbeux ⌑
  ⅙ 🗊 ⇔ 🖳 ☺ ⚤ 🖩 – ☙ ⌇
  Tarif : ✶ 25 piscine comprise – 🅔 20 – ⒢ 15 (6A)

La TURBALLE

44420 Loire-Atl. ④ – ⑥③ ⑭ G. Bretagne – 3 587 h. alt. 6.
🛈 Office de Tourisme pl. de Gaulle 𝒫 et Fax 02 40 23 32 01.
Paris 462 – La Baule 14 – Guérande 7 – Nantes 89 – La Roche-Bernard 31 – St-Nazaire 27.

▲▲ **Parc Ste-Brigitte** avril-sept.
  𝒫 02 40 24 88 91, Fax 02 40 23 30 42 – SE : 3 km rte de Guérande « Agréable domaine boisé » ⚬━
  – **R** conseillée juil.-août – ⊀
  10 ha/4 campables (150 empl.) plat, peu incliné, étang, herbeux ⚌⚌⚌
  ⅙ 🗊 ⇔ 🖳 ⇌ ☺ ⚤ ⚡ 🖩 – ⌁ ✖ ☙ – 🚗 ⌇ ⚹
  Tarif : ✶ 28 piscine comprise – ⇔ 15,50 – 🅔 29,50/59 avec élect. (6 ou 10A)

▲▲ **Municipal des Chardons Bleus** Pâques-fin sept.
  𝒫 02 40 62 80 60 – S : 2,5 km, bd de la Grande Falaise, près de la plage (accès direct) – ⚬━ juil.-août
  – **R** – ⊀
  5 ha (300 empl.) plat, sablonneux, herbeux
  ⅙ 🗊 ⇔ 🖳 ⇌ ☺ 🖩 – ⌁ ♥ pizzeria ☙ – 🚗 ⌇ – A proximité : parcours sportif ⌇
  Tarif : (Prix 1998) 🅔 1 pers. 52, pers. suppl. 19,50 – ⒢ 15,60 (6A) 22,50 (10A)

▲ **Le Panorama** avril- 15 oct.
  𝒫 02 40 24 79 41 – SE : 3 km rte de Guérande – ⚬━ – **R** conseillée – ⊀
  1,7 ha (70 empl.) plat et peu incliné, herbeux ♀
  🗊 ⇔ 🖳 ☺ 🖩 – ⌇
  Tarif : ✶ 20 – ⇔ 9 – 🅔 19 – ⒢ 14 (10A)

TURCKHEIM

68230 H.-Rhin ⑧ – ⑥② ⑱ ⑲ G. Alsace Lorraine – 3 567 h. alt. 225.
🛈 Office de Tourisme pl. Turenne 𝒫 03 89 27 38 44, Fax 03 89 80 83 22.
Paris 470 – Colmar 6 – Gérardmer 46 – Munster 13 – St-Dié 54 – Le Thillot 67.

▲▲ **Municipal les Cigognes**
  𝒫 03 89 27 02 00, Fax 03 89 80 86 93 – à l'Ouest du bourg, derrière le stade, bord d'un petit canal
  et près de la Fecht - Accès par chemin entre le passage à niveau et le pont – ⚬━
  2,5 ha (117 empl.) plat, herbeux ⌑ ♀
  ▥ ⅙ 🗊 ⇔ 🖳 ⇌ ☺ ⚤ 🖩 – 🚗 – A proximité : ✖

TURSAC

24 Dordogne – ⑦⑤ ⑯ – rattaché aux Eyzies-de-Tayac.

UCEL

07200 Ardèche ⑯ – ⑦⑥ ⑲ G. Vallée du Rhône – 1 677 h. alt. 270.
Paris 629 – Aubenas 5 – Montélimar 44 – Privas 30 – Vals-les-Bains 3 – Villeneuve-de-Berg 19.

▲▲ **Domaine de Gil** mai-15 sept.
  𝒫 04 75 94 63 63, Fax 04 75 94 01 95 – sortie Nord-Ouest par D 578ᴮ, rte de Vals-les-Bains, bord
  de l'Ardèche – ≼ « Entrée fleurie » ⚬━ ⚹ dans locations – **R** conseillée juil.-août – ⊀
  4,8 ha/2 campables (80 empl.) plat, herbeux, pierreux ⌑ ♀
  ⅙ 🗊 ⇔ 🖳 ⇌ ☺ ⚤ 🖩 – ♥ ✖ ☙ – ⌇ ⚹ ⌇ ⌁ ≊ golf (8 trous)
  Tarif : 🅔 piscine comprise 2 pers. 110 – ⒢ 20 (3 à 10A)
  Location : 🚐

▲ **Les Pins** juin-15 sept.
  𝒫 04 75 37 49 20 – NE : 1,5 km par rte devant l'église, croisement difficile pour caravanes à certains
  endroits, accès aux emplacements par pente à 10% – ⌂ ≼ ⚬━ – **R** conseillée – ⊀
  1 ha (25 empl.) en terrasses, plat, herbeux ♀♀
  ⅙ 🗊 ⇔ ☺ 🖩 – 🚗 ⌇ ≊ (petite piscine)
  Tarif : 🅔 2 pers. 58, pers. suppl. 18 – ⒢ 16 (4 à 6A)
  Location : 🛏 1000 à 1600 – 🚐 1200 à 1800

64490 Pyr.-Atl. **13** – **85** ⑯ G. Pyrénées Aquitaine – 162 h. alt. 780.
Paris 847 – Jaca 45 – Oloron-Ste-Marie 41 – Pau 75.

⚠ *Municipal* 15 juin-15 sept.
𝒫 05 59 34 88 26 – NO : 1,5 km par N 134 et chemin devant l'ancienne gare, bord du Gave d'Aspe
– 🦢 ⪕ �o━ – **R** – ⚙
1,5 ha (80 empl.) plat et peu incliné, terrasse, herbeux, pierreux ♀
🕭 🛏 🍴 🗟 ☺ – 🏠 �_ – A proximité : ✗
Tarif : (Prix 1998) 🚶 *16* – 🚐 *6* – 🔲 *11/15* – 🔌 *12*

64122 Pyr.-Atl. **13** – **85** ② G. Pyrénées Aquitaine – 6 098 h. alt. 34.
Paris 795 – Bayonne 29 – Biarritz 22 – Hendaye 9 – San Sebastiàn 34.

⚠⚠⚠ *Col d'Ibardin* Pâques-sept.
𝒫 05 59 54 31 21, Fax 05 59 54 62 28 – S : 4 km par D 4, rte d'Ascain, bord d'un ruisseau – 🦢
« Entrée fleurie et cadre agréable » o━ ✗ dans locations – **R** conseillée juil.-août – ⚙
1,5 ha (191 empl.) peu incliné, herbeux ▭ ♀♀ chênaie
🕭 🛏 🍴 🗟 🍳 🏊 ☺ ⚁ 🚗 🔲 – 🍺 ♈ 🍴 🛒 – 🏠 🚮 ✗ 🛷
Tarif : (Prix 1998) 🔲 *piscine comprise 2 pers. 100, pers. suppl. 25* – 🔌 *18 (4A) 22 (6A) 30 (10A)*
Location : 🛖 *1200 à 2900*

19200 Corrèze **10** – **73** ⑪ G. Berry Limousin – 11 448 h. alt. 631.
🛈 Office de Tourisme pl. Voltaire 𝒫 05 55 72 11 50.
Paris 448 – Aurillac 102 – Clermont-Ferrand 84 – Guéret 102 – Tulle 59.

⚠⚠ *Municipal de Ponty* mars-oct.
𝒫 05 55 72 30 05 – O : 2,7 km par rte de Tulle et D 157 à droite, près d'un plan d'eau « Site
agréable » o━ – **R** conseillée
3,5 ha (150 empl.) plat et peu incliné, herbeux, pierreux ♀♀ pinède
🏬 🛏 🍴 🗟 🍳 🏊 ☺ 🔲 – 🏠 🚮 – A proximité : parcours sportif ♈ ✗ 🛒 🛷
Tarif : 🚶 *14,20* – 🚐 *14,20* – 🔲 *14,20* – 🔌 *10,50 (10A)*
Location : *gîtes*

19140 Corrèze **10** – **75** ⑧ G. Berry Limousin – 2 813 h. alt. 380.
🛈 Office de Tourisme (avril-oct.) pl. de la Lunade 𝒫 05 55 73 15 71.
Paris 446 – Aubusson 96 – Bourganeuf 77 – Brive-la-Gaillarde 38 – Limoges 56 – Périgueux 88 – Tulle 30.

⚠⚠ *Municipal la Minoterie* juin-15 sept.
𝒫 05 55 73 12 75 – au Sud-Ouest du centre bourg, accès quai Julian-Grimau, entre la N 20 et le
pont Turgot (D 3), bord de la Vézère (rive gauche) – 🦢 o━ – **R** – ⚙
0,8 ha (65 empl.) plat, terrasse, herbeux, pierreux
🕭 🛏 🍴 🗟 ☺ ⚁ 🚗 •🔲 ✗ 🛒 🛷
Tarif : 🚶 *14* – 🔲 *20* – 🔌 *12 (10A)*
Location : *huttes*

30700 Gard **16** – **80** ⑲ G. Provence – 7 649 h. alt. 138.
🛈 Office de Tourisme av. Libération 𝒫 04 66 22 68 88, Fax 04 66 22 95 19.
Paris 685 – Alès 34 – Arles 50 – Avignon 38 – Montélimar 78 – Montpellier 86 – Nîmes 25.

⚠⚠⚠ *Le Moulin Neuf* Pâques-25 sept.
𝒫 04 66 22 17 21, Fax 04 66 22 91 82 ✉ 30700 St-Quentin-la-Poterie – NE : 4,5 km par D 982, rte
de Bagnols-sur-Cèze et D 5 à gauche – 🦢 « Cadre agréable » o━ – **R** conseillée juil.-août – **GB**
⚙
4 ha (100 empl.) plat, herbeux ▭ ♀♀
🛏 🍴 🗟 🍳 ☺ ⚁ 🔲 – 🍺 ♈ snack 🛒 – 🏠 🚮 🚲 ✗ 🛒 🛷
Tarif : 🔲 *piscine comprise 2 pers. 89 (104 ou 107 avec élect. 2,5 ou 5A), pers. suppl. 23*
Location (permanent) : 🏠 *1080 à 2730*

⚠⚠ *Le Mas de Rey* avril-15 oct.
𝒫 04 66 22 18 27 ✉ 30700 Arpaillargues – SO : 3 km par D 982, rte d'Arpaillargues puis chemin
à gauche – 🦢 o━ – **R** conseillée juil.-août – **GB** ⚙
5 ha/2,5 campables (60 empl.) plat, herbeux ▭ ♀
🕭 🛏 🍴 🗟 🍳 ☺ 🔲 – 🛒 – 🏠 🚮 🛷
Tarif : (Prix 1998) 🔲 *piscine comprise 2 pers. 82, pers. suppl. 18* – 🔌 *17 (10A)*
Location : 🛖 *1200 à 1650* – 🏠 *1300 à 2200*

07 Ardèche – **80** ⑨ – voir à Ardèche (Gorges de l').

VAGNEY

88120 Vosges 8 – 62 ⑰ – 3 772 h. alt. 412.
ℹ Syndicat d'Initiative pl. Caritey ✆ 03 29 24 88 69, Fax 03 29 24 86 50.
Paris 420 – Cornimont 14 – Épinal 36 – Gérardmer 18 – Le Thillot 21.

Municipal du Mettey 15 juin-15 sept.
E : 1,3 km par D 23, rte de Gérardmer et rue à droite – « Cadre boisé » – R –
2 ha (100 empl.) en terrasses, plat et peu incliné, herbeux, pierreux
Tarif : (Prix 1998) *2 pers. 43, pers. suppl. 15 – 9 (6A)*

VAIRÉ

85150 Vendée 9 – 67 ⑫ – 942 h. alt. 49.
Paris 444 – Challans 31 – La Mothe-Achard 9 – La Roche-sur-Yon 27 – Les Sables-d'Olonne 12.

Le Roc mai-15 sept.
✆ 02 51 33 71 89 – NO : 1,5 km par D 32, rte de Landevieille et rte de Brem-sur-Mer à gauche – – R conseillée juil.-août –
1,4 ha (24 empl.) peu incliné, herbeux
Tarif : *2 pers. 54, pers. suppl. 12 – 11 (10A)*

VAISON-LA-ROMAINE

84110 Vaucluse 16 – 81 ② ③ G. Provence – 5 663 h. alt. 193.
ℹ Office de Tourisme pl. Chanoine-Sautel ✆ 04 90 36 02 11, Fax 04 90 28 76 04.
Paris 667 – Avignon 50 – Carpentras 27 – Montélimar 65 – Pont-St-Esprit 41.

Carpe Diem 30 mars-15 nov.
✆ 04 90 36 02 02, Fax 04 90 36 36 90 – SE : 2 km à l'intersection du D 938, rte de Malaucène et du D 151, rte de St-Marcellin – – R indispensable juil.-août – GB
10 ha/6,5 campables (140 empl.) en terrasses, plat et peu incliné, herbeux
– cases réfrigérées –
Tarif : *25 piscine comprise – 42/49 – 18 (6A) 25 (10A)*
Location : *1260 à 3430 – 1470 à 3780*

Le Soleil de Provence avril-oct.
✆ 04 90 46 46 00, Fax 04 90 46 40 37 ✉ 84110 St-Romain-en-Viennois – NE : 3,5 km par D 938, rte de Nyons puis rte de St-Romain à droite et chemin à gauche – – R conseillée juil.-août –
4 ha (80 empl.) plat et en terrasses, peu incliné
Tarif : *26 piscine comprise – 16 – 16 – 16 (10A)*

L'Ayguette avril-sept.
✆ 04 90 46 40 35, Fax 04 90 46 46 17 ✉ 84110 Faucon – sortie Est par D 938, rte de Nyons et 4,1 km par D 71 à droite, rte de St-Romains-Viennois puis D 86, rte de Faucon – « Cadre sauvage » – R conseillée juil.-août – GB
2,8 ha (100 empl.) plat, accidenté et en terrasses, herbeux, pierreux pinède
Tarif : *piscine comprise 2 pers. 90, pers. suppl. 27 – 16 (6A)*

⚠ **Théâtre Romain** 15 mars-oct.
🔊 04 90 28 78 66 – au Nord-Est de la ville, quartier des Arts, chemin du Brusquet, accès conseillé par rocade – ⚬━ – **R** conseillée juil.-août – **GB** ⚙
1,2 ha (75 empl.) plat, herbeux 🛏
🕭 🗐 ⇌ 🗟 ⛺ ☺ 🛠 ⛱ 🖳 🖫 – 🏠 ⛱ (petite piscine) – A proximité : ✂ 🏊
Tarif : ⚱ *25* – 🅴 *40* – [⚡] *15 (5A) 19 (10A)*

VAL-D'AJOL

88340 Vosges 🛇 – 🖸🖸 ⑯ G. Alsace Lorraine – 4 877 h. alt. 380.
🚩 Office de Tourisme 93 Grande-Rue 🔊 et Fax 03 29 30 61 55.
Paris 383 – Épinal 45 – Luxeuil-les-Bains 18 – Plombières-les-Bains 10 – St-Dié 72 – Vittel 70.

⚠ **Municipal**
🔊 03 29 66 55 17 – sortie Nord-Ouest par D 20, rte de Plombières-les-Bains et rue des Œuvres à gauche – ≤ ⚬━ saison
1 ha (50 empl.) plat, herbeux 🛏
🕭 🗐 ⇌ 🗟 ⛺ ☺ 🛠 ⛱ – 🏠 – A proximité : ✂ 🏊

VAL-D'ISÈRE

73150 Savoie 🖸🖸 – 🖸🖸 ⑲ G. Alpes du Nord – 1 701 h. alt. 1 850 – Sports d'hiver : : 1 850/3 550 m ✲ 6 ⚡45 ⚘.
🚩 Office de Tourisme Maison de Val-d'Isère 🔊 04 79 06 06 60, Fax 04 79 06 04 56.
Paris 695 – Albertville 86 – Briançon 138 – Chambéry 134.

⚠ **Les Richardes** 15 juin-15 sept.
🔊 04 79 06 26 60 – sortie Est par D 902, rte du col de l'Iseran, bord de l'Isère – ⚲ ≤ ⚬━ – 🅁
1 ha (75 empl.) plat et peu incliné, herbeux, pierreux
🗐 ⇌ ⚲ ☺ – A proximité : 🍴 ✕ ✂
Tarif : ⚱ *14* – ⛺ *9* – 🅴 *9,50* – [⚡] *12 (3A) 20 (5A)*

VALENÇAY

36600 Indre 🖸🖸 – 🖸🖸 ⑱ G. Châteaux de la Loire – 2 912 h. alt. 140.
🚩 Office de Tourisme av. de la Résistance 🔊 et Fax 02 54 00 04 42 (hors saison) Mairie 🔊 02 54 00 32 32.
Paris 233 – Blois 58 – Bourges 74 – Châteauroux 42 – Loches 49 – Vierzon 51.

⚠⚠ **Municipal les Chênes** mai-29 sept.
🔊 02 54 00 03 92 – O : 1 km sur D 960, rte de Luçay-le-Mâle – ⚬━ – **R** conseillée 14 juil.-15 août – ⚙
5 ha (50 empl.) plat et peu incliné, herbeux, étang 🛏
🗐 ⇌ 🗟 ⛺ ☺ 🖳 ✂ 🏊 🏊
Tarif : (Prix 1998) ⚱ *17* – 🅴 *18* – [⚡] *10 (4A) 15 (6A) 20 (10A)*

VALEUIL

24310 Dordogne 🖸🖸 – 🖸🖸 ⑤ – 283 h. alt. 101.
Paris 484 – Brantôme 7 – Mareuil 28 – Mussidan 51 – Périgueux 25 – Ribérac 31.

⚠⚠ **Le Bas Meygnaud** avril-sept.
🔊 05 53 05 58 44 – E : 2,3 km par chemin de Lassère, accès par D 939 – ⚲ « Cadre boisé » ⚬━
– **R** conseillée juil.-août – ⚙
1,7 ha (50 empl.) peu incliné, herbeux 🏓
🕭 🗐 ⇌ 🗟 ⛺ 🖳 – 🏊 🏊
Tarif : ⚱ *15 piscine comprise* – ⛺ *9* – 🅴 *23/24* – [⚡] *12 (6A)*

VALLABRÈGUES

30300 Gard 🖸🖸 – 🖸🖸 ⑳ – 1 016 h. alt. 8.
Paris 701 – Arles 23 – Avignon 20 – Beaucaire 9 – Nîmes 32 – Pont-du-Gard 25.

⚠⚠ **Lou Vincen** 25 mars-10 oct.
🔊 04 66 59 21 29, Fax 04 66 59 07 41 – à l'Ouest du bourg, à 100 m du Rhône et d'un petit lac
– ⚲ ⚬━ – **R** conseillée juil.-août – **GB** ⚙
1,4 ha (75 empl.) plat, herbeux 🛏 ⚘
🗐 ⇌ 🗟 ⛺ 🛠 ⛱ 🖳 – 🏊 – A proximité : ✂ 🎣 ⛱ 🏇
Tarif : 🅴 *piscine comprise 2 pers. 70, pers. suppl. 22* – [⚡] *16 (6A)*

VALLERAUGUE

30570 Gard 🖸🖸 – 🖸🖸 ⑯ G. Gorges du Tarn – 1 091 h. alt. 346.
Paris 690 – Mende 99 – Millau 75 – Nîmes 85 – Le Vigan 22.

⚠ **Le Pied de l'Aigoual** 7 juin-20 sept.
🔊 04 67 82 24 40, Fax 04 67 82 24 23 – O : 2,2 km par D 986, rte de l'Espérou, à 60 m de l'Hérault
– ⚬━ – **R** – ⚙
2,7 ha (80 empl.) plat, herbeux 🏓
🗐 ⚲ ☺ 🖳 – 🏠 🏊
Tarif : 🅴 *piscine comprise 2 pers. 63, pers. suppl. 19* – [⚡] *16 (3A) 19 (6A)*
Location (Pâques-oct.) : gîtes

VALLET

44330 Loire-Atl. 🡢 – 🡢 ④ G. Poitou Vendée Charentes – 6 116 h. alt. 54.
🄳 Office de Tourisme 4 pl. Ch.-de-Gaulle ✆ 02 40 36 35 87.
Paris 374 – Ancenis 27 – Cholet 34 – Clisson 10 – Nantes 26.

▲ **Municipal les Dorices** 15 mai-sept.
✆ 02 40 33 95 03 – N : 2 km par D 763, rte d'Ancenis et chemin à droite – ⊶ juil.-août – **R**
0,9 ha (50 empl.) plat, herbeux 🎰
🖫 🖫 🖫 ⊕ – 🖫
Tarif : (Prix 1998) 🖫 8,80 – 🖫 4,40 – 🖫 7,10 – 🖫 7,60 (6A)

VALLOIRE

73450 Savoie 🡢 – 🡢 ⑦ G. Alpes du Nord – 1 012 h. alt. 1 430 – Sports d'hiver : 1 430/2 600 m 🖫 1 🖫 20
🖫.
🄳 Office de Tourisme ✆ 04 79 59 03 96, Fax 04 79 59 09 66.
Paris 664 – Albertville 91 – Briançon 53 – Chambéry 102 – Lanslebourg-Mont-Cenis 58 – Col du Lautaret 25.

▲▲ **Ste Thècle** déc.-avril, 15 juin-15 sept.
✆ 04 79 83 30 11, Fax 04 79 83 35 13 – au Nord de la localité, au confluent de deux torrents –
🖫 🖫 ⊶ – **R** conseillée juil.-15 août – ⊖🄱 🖫
1,5 ha (81 empl.) peu incliné et plat, pierreux, herbeux
🖫 🖫 🖫 🖫 🖫 🖫 ⊕ 🖫 – 🖫 – A proximité : patinoire, toboggan aquatique 🖫 🖫 🖫
Tarif : 🖫 1 pers. 29,50 – 🖫 11 (10A)

VALLON-EN-SULLY

03190 Allier 🡢 – 🡢 ⑫ G. Auvergne – 1 809 h. alt. 192.
Paris 315 – La Châtre 54 – Cosne-d'Allier 24 – Montluçon 25 – Moulins 70 – St-Amand-Montrond 28.

▲ **Municipal les Soupirs** 15 juin-15 sept.
✆ 04 70 06 50 96 – SE : 1,2 km par D 11, entre le Cher et le Canal du Berry, au stade – 🖫 ⊶
– **R**
2 ha (50 empl.) plat, herbeux, étang 🖫
🖫 🖫 🖫 ⊕ – 🖫 🖫 – A proximité : 🖫
Tarif : (Prix 1998) 🖫 8,50 – 🖫 4,30 – 🖫 4,30 – 🖫 11,50 (6A) 20 (10A)

VALLON-PONT-D'ARC

07 Ardèche – 🡢 ⑨ – voir à Ardèche (Gorges de l').

VALLORCINE

74660 H.-Savoie 🡢 – 🡢 ⑨ G. Alpes du Nord – 329 h. alt. 1 260 – Sports d'hiver : : 1 360/1 605 m 🖫2 🖫.
Paris 630 – Annecy 112 – Chamonix-Mont-Blanc 17 – Thonon-les-Bains 97.

▲ **Les Montets** juin-sept.
✆ 04 50 54 60 45, Fax 04 50 54 01 34 – SO : 2,8 km par N 506, rte de Chamonix-Mont-Blanc, au
lieu-dit le Buet, bord d'un ruisseau et près de l'Eau Noire, accès par chemin de la gare, alt. 1 300
– 🖫 🖫 ⊶ – **R** conseillée pour caravanes et camping cars 🖫 pour tentes – 🖫
1,7 ha (75 empl.) non clos, plat, terrasse, peu accidenté, herbeux, pierreux
🖫 🖫 🖫 🖫 – 🖫 – A proximité : 🖫
Tarif : (Prix 1998) 🖫 21 – 🖫 5 – 🖫 15/25 – 🖫 13 (3A) 18 (6A)

VALLOUISE

05290 H.-Alpes 🡢 – 🡢 ⑰ – 623 h. alt. 1 123.
🄳 Office de Tourisme pl. de l'Église ✆ 04 92 23 36 12, Fax 04 92 23 41 44.
Paris 701 – Briançon 21 – Gap 84 – Guillestre 31.

▲ **Les Chambonnettes** 5 déc.- 5 oct.
✆ 04 92 23 30 26 – au bourg, au confluent du Gyr et de l'Onde – 🖫 🖫 🖫 Parc National des Ecrins
⊶ – **R** conseillée juil.-août – ⊖🄱 🖫
6 ha (210 empl.) plat, herbeux, pierreux 🖫
🖫 🖫 🖫 🖫 🖫 ⊕ 🖫 – 🖫 🖫 🖫
Tarif : (Prix 1998) 🖫 tennis compris 2 pers. 60/68 (hiver 72), pers. suppl. 20 – 🖫 3A : 12 (hiver 13)
6A : 18 (hiver 24) 10A : 28 (hiver 32)

VALRAS-PLAGE

34350 Hérault 🡢 – 🡢 ⑮ G. Gorges du Tarn – 3 043 h. alt. 1.
🄳 Office de Tourisme pl. R.-Cassin ✆ 04 67 32 36 04, Fax 04 67 32 33 41.
Paris 776 – Agde 25 – Béziers 15 – Montpellier 78.

▲▲▲ **La Yole** mai-25 sept.
✆ 04 67 37 33 87, Fax 04 67 37 44 89 – SO : 2 km, à 500 m de la plage – ⊶ – **R** conseillée juil.-août
– ⊖🄱 🖫
20 ha (1 007 empl.) plat et peu incliné, herbeux, sablonneux 🖫🖫 (12 ha)
🖫 🖫 🖫 🖫 🖫 🖫 ⊕ 🖫 🖫 🖫 🖫 🖫 🖫 – 🖫 🖫 brasserie, pizzeria 🖫 – 🖫 🖫 🖫 🖫 🖫 🖫 half-court
– A proximité : 🖫
Tarif : 🖫 élect. (5A) et piscine comprises 2 pers. 167
Location : 🖫 1190 à 3765 – 🖫 1673 à 4200

△△△ **Les Foulègues** juin-sept.
🖉 04 67 37 33 65, Fax 04 67 37 54 75 – à Grau-de-Vendres, SO : 5 km, à 400 m de la plage « Cadre agréable » ⊶ – **R** conseillée juil.-août – **GB** ⚲
5,3 ha (339 empl.) plat, herbeux, sablonneux 🖵 ♀♀
♿ 🍴 ⇌ 🗒 ㅂ 🌣 ♨ 🖙 🖃 – 💭 🍷 🗙 ⚲ – 🚴 🏊 ⚙ m ☐ – A proximité : 🏇
Tarif : 🔲 élect.(5A), piscine et tennis compris 2 pers. 155, pers. suppl. 25
Location : ㎯ 1700 à 3300 – ☎ 1700 à 3300

△△△ **L'Occitanie** 13 mai-11 sept.
🖉 04 67 39 59 06, Fax 04 67 32 58 20 – par bd du Cdt-l'Herminier « Cadre fleuri » ⊶ – **R** conseillée – **GB** ⚲
6 ha (400 empl.) plat, herbeux 🖵 ♀♀
♿ 🍴 ⇌ 🗒 ㅂ 🌣 ♨ 🖙 🖃 – 💭 🍷 🗙 pizzeria ⚲ – 🖼 🏊 ⚙ m ☐
Tarif : 🔲 élect. (5A) et piscine comprises 2 pers. 115,
Location : ㎯ 1015 à 2870 – bungalows toilés

△△△ **Le Méditerranée** 15 avril-25 sept.
🖉 04 67 37 34 29, Fax 04 67 37 58 47 – SO : 1,5 km rte de Vendres, à 200 m de la plage – ⊶ ⚲ dans locations – **R** conseillée juil.-août – **GB** ⚲
4,5 ha (367 empl.) plat, sablonneux, herbeux ♀♀
♿ 🍴 ⇌ 🗒 ⚹ ♨ 🖃 – 💭 🍷 snack, pizzeria ⚲ – ☐ toboggan aquatique terrain omnisports – A proximité : 🐴 ♿
Tarif : 🔲 piscine comprise 2 pers. 145 – 🔌 17 (4A)
Location : ㎯ 1750 à 3300

△△△ **La Plage et du Bord de Mer** juin-8 sept.
🖉 04 67 37 34 38 – SO : 1,5 km rte de Vendres, bord de mer « Entrée fleurie » ⊶ ⚲ – **R** conseillée 15 juil.-15 août – ⚲
13 ha (655 empl.) plat, herbeux, sablonneux
♿ 🍴 ⇌ 🗒 ㅂ 🌣 ⚹ ♨ 🖙 🖃 – 💭 🍷 🗙 ⚲ – 🖼 🏊 ⚙ m
Tarif : (Prix 1998) 🔲 2 pers. 122, pers. suppl. 21 – 🔌 14 (4A) 18 (6A) 20 (10A)

△△△ **Les Sables** mai-15 sept.
🖉 04 67 32 33 86, Fax 04 67 39 51 51 – par bd du Cdt-l'Herminier – ⊶ – **R** conseillée – ⚲
6 ha (380 empl.) plat, sablonneux, herbeux 🖵 ♀♀
♿ 🍴 🗒 ⚹ ♨ 🖃 – 💭 🍷 🗙 pizzeria ⚲ – 🏊 ⚙ 🌣 m ☐ toboggan aquatique
Tarif : 🔲 piscine comprise 2 pers. 126 – 🔌 19 (4A)
Location : ㎯ 1150 à 3550 – bungalows toilés

△△△ **Lou Village** 24 avril-18 sept.
🖉 04 67 37 33 79, Fax 04 67 37 53 56 – SO : 2 km, à 100 m de la plage (accès direct) – ⊶ ⚲ dans locations – **R** conseillée juil.-août – **GB** ⚲
8 ha (600 empl.) plat, sablonneux, herbeux, étangs 🖵 ♀♀ (6 ha)
♿ 🍴 ⇌ 🗒 ㅂ ⚹ ♨ 🖃 – 💭 🍷 🗙 ⚲ – 🏊 🚴 ⚙ m
Tarif : 🔲 2 pers. 135, pers. suppl. 24
Location : ㎯ 1700 à 3400 – ☎ 1800 à 3750

△△△ **Monplaisir** mai-15 sept.
🖉 04 67 37 35 92, Fax 04 67 37 54 64 – à Grau-de-Vendres, SO : 2,5 km, à 400 m de la plage (accès direct) – ⊶ – **R** conseillée juil.-août – **GB** ⚲
3,4 ha (254 empl.) plat, sablonneux, herbeux 🖵 ♀♀
♿ 🍴 ⇌ 🗒 ㅂ ♨ 🖙 🖃 – 💭 🍷 snack ⚲ – 🖼 🏊 ⚙ ⇔ 🚴 m ☐ toboggan aquatique
Tarif : 🔲 piscine comprise 2 pers. 130 – 🔌 17 (6A)
Location : ㎯ 1500 à 3300

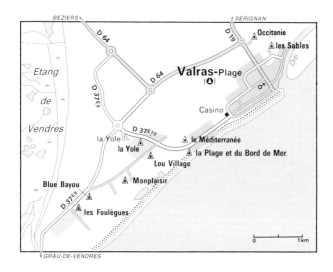

▲▲ **Blue-Bayou** avril-29 sept.
℘ 04 67 37 41 97, Fax 04 67 37 53 00 – **à Grau-de-Vendres** SO : 5 km, à 400 m de la plage – ⌘
⊶ ⅍ juil.-août dans locations – **R** conseillée juil.-août – ⚷ –
4,5 ha (256 empl.) plat, herbeux, sablonneux ⚘⚘
⅃ ⅏ ⇆ ⅁ ⌂ ⅏ ⚙ ⚑ – ⚏ ⚑ ✗ ⚶ – ⚙⚶ ⚶⚶ ⚶⚶ ·⊚ ⅃ – A proximité : ⚞
Tarif : ⊞ *élect. (4 ou 6A) et piscine comprises 1 ou 2 pers. 155*
Location : ⚏ *1200 à 3800* – ⚏ *1200 à 3800*

VALRÉAS

84600 Vaucluse ⅐⬛ – ⬛⅑ ② G. Provence – 9 069 h. alt. 250.
⬛ Office de Tourisme pl. A.-Briand ℘ et Fax 04 90 35 04 71.
Paris 641 – Avignon 67 – Crest 54 – Montélimar 34 – Nyons 14 – Orange 36 – Pont-St-Esprit 39.

▲ **La Coronne** mars-sept.
℘ 04 90 35 03 78, Fax 04 90 28 11 80 – N : 1 km par D 10 et D 196 à droite, rte du Pègue, bord
de la Coronne – ⌘ « Cadre agréable » ⊶ – **R** conseillée juil.-août – ⚷
1,8 ha (92 empl.) plat, herbeux, pierreux ⚏ ⚘⚘
⅏ ⅍ ⚙ ⚑ – ⅃
Tarif : ⊞ *piscine comprise 2 pers. 63* – ⚏ *9 (3A) 15 (6A) 17 (10A)*
Location : ⚏ *1400 à 1800*

VANDENESSE-EN-AUXOIS

21320 Côte-d'Or ⅐⅐ – ⬛⅗ ⑱ – 220 h. alt. 360.
Paris 275 – Arnay-le-Duc 15 – Autun 42 – Châteauneuf 3 – Dijon 43.

▲▲ **Le Lac de Panthier** 15 avril-sept.
℘ 03 80 49 21 94, Fax 03 80 49 25 80 – NE : 2,5 km par D 977 bis, rte de Commarin et rte à gauche,
près du lac – ⌘ ≼ « Site agréable » ⊶ – **R** conseillée – ⚌⚌ ⚷
1,7 ha (70 empl.) plat et peu incliné, herbeux ⚘
⅏ ⇆ ⅁ ⌂ ⅍ ⚙ ⚑ – ⚑ pizzeria – ⚶⚶ ⚙⚶ – A proximité : ⅃ ⚓ ⚶
Tarif : ⚶ *30 piscine comprise* – ⊞ *40*

▲▲ **Les Voiliers** 15 avril-sept.
℘ 03 80 49 21 94, Fax 03 80 49 25 80 – NE : 2,7 km par D 977 bis, rte de Commarin et rte à gauche,
près du lac – Places limitées pour le passage ⌘ ≼ « Site agréable » ⊶ – **R** conseillée – ⚌⚌ ⚷
3,5 ha (130 empl.) en terrasses, plat et peu incliné, herbeux ⚏
⅏ ⇆ ⅁ ⅏ ⚙ ⚑ ⚶ – ⚏ ⚶⚶ ⅃ – A proximité : ⚑ pizzeria ⚓ ⚶
Tarif : ⚶ *32 piscine comprise* – ⊞ *40*
Location : ⚏

VANNES

56000 Morbihan ⬛ – ⬛⅗ ③ G. Bretagne – 45 644 h. alt. 20.
⬛ Office de Tourisme 1 r. Thiers ℘ 02 97 47 24 34, Fax 02 97 47 29 49.
Paris 461 – Quimper 119 – Rennes 113 – St-Brieuc 108 – St-Nazaire 77.

▲▲ **Municipal de Conleau** avril-sept.
℘ 02 97 63 13 88, Fax 02 97 40 38 82 – S : direction Parc du Golfe par l'avenue du Mar.-Juin, à la
pointe de Conleau « Site agréable » ⊶ – **R** juil.-août – ⚌⚌ ⚷
5 ha (275 empl.) incliné à peu incliné, herbeux ⚘
⅃ ⅏ ⇆ ⅁ ⌂ ⅍ ⚙ ⚑ ⚑ ⚏ ⅏ – ⚏ ⚑ brasserie ⚶ cases réfrigérées – ⚏ ⚶⚶ – A proximité :
⚓
Tarif : ⚶ *24* – ⊞ *43/50* – ⚏ *15 (4A) 30 (10A)*

à Séné S : 5 km par D 199 – 6 180 h. alt. 16 – ⊠ 56860 Séné :

▲▲ **Moulin de Cantizac** mai-15 oct.
℘ 02 97 66 90 26 – N : 1 km par D 199, rte de Vannes, bord de rivière – ⊶ ⅍ dans locations –
R conseillée juil.-août
2,8 ha (100 empl.) plat, herbeux ⚏
⅃ ⅏ ⇆ ⅁ ⅍ ⚙ ⚑ – ⚶⚶
Tarif : ⚶ *25* – ⊞ *30* – ⚏ *15 (6A)*
Location *(juil.-août)* : ⚏ *2500*

Les VANS

07140 Ardèche ⅐⬛ – ⬛⅐ ⑧ G. Gorges du Tarn – 2 668 h. alt. 170.
⬛ Office de Tourisme pl. Ollier ℘ 04 75 37 24 48, Fax 04 75 37 37 46.
Paris 666 – Alès 44 – Aubenas 37 – Pont-St-Esprit 66 – Privas 67 – Villefort 24.

▲ **Le Pradal** avril-sept.
℘ 04 75 37 25 16 – O : 1,5 km par D 901, rte de Villefort – ⊶ – **R** conseillée 14 juil.-20 août –
⚷
1 ha (25 empl.) en terrasses, peu incliné, herbeux, pierreux ⚘
⅃ ⅏ ⅁ ⅍ ⚙ – ⚑ – ⚏ ⅃
Tarif : ⊞ *piscine comprise 2 pers. 60, pers. suppl. 30* – ⚏ *18 (6A)*
Location : ⚏

à Chassagnes E : 4 km par D 104A rte d'Aubenas et D 295 à droite – ⊠ 07140 les Vans :

▲▲ *Les Chênes*
    🖉 04 75 37 34 35 – 🦢 ≼ ⇝
    2,5 ha (100 empl.) en terrasses, herbeux, pierreux ♀
    🗊 ⇔ 🗟 🖄 ⊕ 🖩 – ♉ pizzeria, – ⊐
    Location : ᠁

▲ *Lou Rouchétou* avril-15 oct.
    🖉 04 75 37 33 13 – bord du Chassezac – 🦢 ≼ ⇝ – **R** conseillée juil.-août – ⚲
    1,5 ha (100 empl.) plat et peu incliné, herbeux, pierreux ♀♀
    🕭 🗊 ⇔ 🗟 🖄 ⇔ ⊕ 🖩 – ♉ pizzeria – 🚣 ⇆
    Tarif : (Prix 1998) 🖽 2 pers. 76 – 🔌 14 (6A)
    Location : ᠁ 2000 à 2330

à Gravières NO : 4,5 km par D 901 rte de Villefort et D 113 à droite – 369 h. alt. 220 – ⊠ 07140 Gravières :

▲ *Le Mas du Serre* Permanent
    🖉 04 75 37 33 84 – SE : 1,3 km par D 113 et chemin à gauche, à 300 m du Chassezac – 🦢 ≼ ⇝
    – ♉ – ⚲
    1,5 ha (75 empl.) plat, peu incliné, terrasses, herbeux ♀
    🕭 🗊 🗟 ⋌ ⊕ 🖩 – A proximité : ⇆
    Tarif : 🖽 2 pers. 65 – 🔌 15 (5A)

VAREN

82330 T.-et-G. **14** – **79** ⑲ – 870 h. alt. 112.
🚩 Office de Tourisme 19 rue Gabriel Péri 🖉 05 63 64 35 19.
Paris 642 – Albi 47 – Montauban 50 – Rodez 84 – Villefranche-de-Rouergue 30.

▲▲ *Les Grillons* avril-sept.
    🖉 05 63 65 46 44 – SO : 4,2 km par D 958, rte de St-Antonin-Noble-Val, à la sortie de Lexos, bord
    de l'Aveyron – 🦢 ⇝ – **R** conseillée
    1 ha (24 empl.) plat, herbeux 🖵 ♀
    🕭 🗊 ⇔ 🗟 ⊕ – 🚣 ⊐ ⇆
    Tarif : ♣ 20 piscine comprise – 🖽 15 – 🔌 15 (4A)
    Location : ᠁ 1500 à 2500

La VARENNE

49270 M.-et-L. **4** – **63** ⑱ – 1 278 h. alt. 65.
Paris 361 – Ancenis 15 – Clisson 30 – Nantes 24.

▲ *Municipal des Grenettes* juin-15 sept.
    🖉 02 40 98 58 92 – sortie Est rte de Champtoceaux puis à gauche 2 km par rte du bord de Loire
    – 🦢 ⇝ – **R**
    0,7 ha (20 empl.) plat, peu incliné, herbeux 🖵 ♀
    🗊 🗟 ⇔ ⊕ – 🚣 – A proximité : ✂ ⚘
    Tarif : (Prix 1998) ♣ 8,80 – 🖽 11,40/20,70 – 🔌 9,40

VARENNES-SUR-ALLIER

03150 Allier **11** – **69** ⑭ – 4 413 h. alt. 245.
🚩 Office de Tourisme 🖉 04 70 45 84 37.
Paris 328 – Digoin 59 – Lapalisse 19 – Moulins 31 – St-Pourçain-sur-Sioule 11 – Vichy 25.

▲▲ *Château de Chazeuil* 15 avril-14 oct.
    🖉 04 70 45 00 10 – NO : 2 km rte de Moulins, carrefour N 7 et D 46 – 🦢 « Agréable parc boisé »
    ⇝ – **R** – ᴳᴮ ⚲
    12 ha/1,5 campable (60 empl.) plat, herbeux ♀
    🕭 🗊 ⇔ 🗟 ⇔ ⊕ ⚞ ⊽ 🖭 🖩 – 🚣 ⊐ parcours sportif
    Tarif : ♣ 28 piscine comprise – 🚗 18 – 🖽 25 – 🔌 18 (10A)

VARENNES-SUR-LOIRE

49730 M.-et-L. **9** – **64** ⑬ – 1 847 h. alt. 27.
Paris 295 – Bourgueil 16 – Chinon 22 – Loudun 31 – Saumur 11.

▲▲▲ *L'Étang de la Brèche* 15 mai-14 sept.
    🖉 02 41 51 22 92, Fax 02 41 51 27 24 – O : 6 km par D 85, N 152, rte de Saumur, et chemin à droite,
    bord de l' étang – 🦢 ⇝ – **R** conseillée juil.-août – ᴳᴮ ⚲
    14 ha/7 campables (201 empl.) plat, herbeux, sablonneux 🖵 ♀
    🕭 🗊 ⇔ 🗟 🖄 ⇔ ⊕ ⋌ – 🖭 ♉ ✗ ♨ – 🖭 🚴 🚣 🚲 ✖ ⊐ toboggan aquatique
    Tarif : 🖽 piscine comprise 2 pers. 135, 3 pers. 150, pers. suppl. 27 – 🔌 16 (10A)

▶ ⚏ ✗   ATTENTION...
   ⚒   ces éléments ne fonctionnent généralement qu'en saison,
   ⊐ 🏇   quelles que soient les dates d'ouverture du terrain.

VARZY

58210 Nièvre **6** – **65** ⑭ G. Bourgogne – 1 455 h. alt. 249.
Paris 223 – La Charité-sur-Loire 37 – Clamecy 17 – Cosne-sur-Loire 42 – Nevers 52.

  ▲ **Municipal du Moulin Naudin** mai-sept.
    ✆ 03 86 29 43 12 – N : 1,5 km par D 977, près d'un plan d'eau – **R**
    3 ha (50 empl.) plat, peu incliné et terrasse, herbeux ⌑
    🔟 😓 🛁 ⊕ ⚐ ☇ 🖼 – A proximité : ✖ ☲
    Tarif : ⭧ 15 – ⛟ 10 – 🗉 10 – 🔌 12 (5A)

VASSIEUX-EN-VERCORS

26420 Drôme **12** – **77** ⑬ – 283 h. alt. 1 040.
Paris 626 – Die 31 – Grenoble 73 – Romans-sur-Isère 56 – Valence 74.

  ▲ **Aire Naturelle les Pins** 15 juin-15 sept.
    ✆ 04 75 48 28 82 – SE : 2 km par D 615, rte du Col de Vassieux et rte à gauche – ⤥ ⇐ – **R** conseillée
    – ⚴
    2,5 ha (25 empl.) plat, peu incliné, herbeux ΩΩ pinède
    🔟 ⚄ ⊕ – 🐎
    Tarif : 🗉 1 pers. 36, 2 pers. 46 – 🔌 10

VATAN

36150 Indre **10** – **68** ⑧ ⑨ G. Berry Limousin – 2 022 h. alt. 140.
Paris 237 – Blois 78 – Bourges 51 – Châteauroux 30 – Issoudun 21 – Vierzon 28.

  ▲ **Municipal** 15 avril-15 sept.
    ✆ 02 54 49 91 37 – sortie Ouest par D 2, rte de Guilly et rue du collège à gauche, bord d'un étang
    – **R**
    2 ha (50 empl.) plat, herbeux, pierreux ⌑
    👌 🔟 😓 🖸 🛁 ⊕ ⚐ 🖾 – 🏊 – A proximité : ✖ ☲
    Tarif : 🗉 2 pers. 36 – 🔌 15
    Location : 🏠 900 à 1500

VAUVERT

30600 Gard **16** – **83** ⑧ – 10 296 h. alt. 20.
🛈 Office de Tourisme pl. E.-Renan ✆ 04 66 88 28 52, Fax 04 66 88 71 25.
Paris 730 – Aigues-Mortes 19 – Arles 35 – Beaucaire 41 – Montpellier 45 – Nîmes 23.

  ▲▲▲ **Les Tourrades** Permanent
    ✆ 04 66 88 80 20, Fax 04 66 88 33 80 – O : 3 km par N 572 et D 135 à droite, rte de Nîmes – 🚐
    ✖ dans locations – **R** conseillée – 🄶🄱 ⚴
    7,5 ha (180 empl.) plat, herbeux, pierreux
    ≋ 👌 🔟 😓 🖸 🛁 ⊕ ⚐ ☇ 🖼 – 🍽 ✖ 🛒 – 🖾 🚲 ✖ ☲
    Tarif : 🗉 piscine comprise 2 pers. 85/95 – 🔌 3 ou 6A : 12 (hiver 20)
    Location : 🛏 1050 à 1700 – 🏚 1850 à 2750

  ▲ **Les Mourgues** avril-15 sept.
    ✆ 04 66 73 30 88 – SE : 5 km, à l'intersection de la N 572 et D 779, rte de St-Gilles, **à Gallician** –
    🚐 – **R** conseillée juil.-août – ⚴
    2 ha (80 empl.) plat, pierreux, herbeux ⌑
    👌 🔟 🖸 🛁 ⊕ – 🍽 – ☲
    Tarif : 🗉 piscine comprise 2 pers. 68 – 🔌 13 (2A) 16 (4 ou 6A)

VAUX-SUR-MER

17 Char.-Mar. – **71** ⑮ – rattaché à Royan.

VAYRAC

46110 Lot **13** – **75** ⑲ – 1 166 h. alt. 139.
Paris 515 – Beaulieu-sur-Dordogne 15 – Brive-la-Gaillarde 33 – Cahors 85 – St-Céré 21 – Souillac 26.

  ▲ **Municipal la Palanquière** mai-15 sept.
    ✆ 05 65 32 43 67 – S : 1 km par D 116, en direction de la Base de Loisirs – 🚐 – **R** août – ⚴
    1 ha (33 empl.) plat, herbeux ΩΩ
    👌 🔟 😓 🖸 🛁 ⊕ ⚐ 🖼 – 🏊
    Tarif : ⭧ 14 – 🗉 13 – 🔌 15 (10A)
    Location : huttes

VEDÈNE

84270 Vaucluse **16** – **81** ⑫ – 6 675 h. alt. 34.
Paris 679 – Avignon 11 – Carpentras 16 – Cavaillon 23 – Orange 23 – Roquemaure 21.

  ▲▲ **Flory** 15 mars-15 oct.
    ✆ 04 90 31 00 51 – NE : 1,5 km par D 53, rte d'Entraigues – 🚐 juil.-août – **R** conseillée juil.-août
    – ⚴
    6 ha (136 empl.) plat, peu incliné, accidenté, herbeux, sablonneux, rocheux ΩΩ (3 ha)
    👌 🔟 😓 🖸 🛁 ⊕ 🖼 – 🛒 ✖ 🛒 – 🖾 ☲
    Tarif : ⭧ 21,50 piscine comprise – 🗉 21,50 – 🔌 19 (10A)

37250 I.-et-L. **10** – **64** ⑮ – 4 520 h. alt. 58.
🛈 Office de Tourisme Moulin-de-Veigne ℰ 02 47 26 98 37.
Paris 249 – Amboise 32 – Liqueil 30 – Ste-Maure-de-Touraine 23 – Tours 15.

    ▲ **La Plage** 29 avril-10 sept.
      ℰ 02 47 26 23 00, Fax 02 47 26 94 31 – sortie Nord par D 50, rte de Tours, bord de l'Indre – ⚓
      – **R** conseillée 10 juil.-25 août – ⒼⒷ ⚲
      2 ha (121 empl.) plat, herbeux ⚲
      🕭 🛉 ⇄ 🗐 🖎 ⊕ 🖭 🗐 – 🎣 – 🛥 🏊 – A proximité : 🐎
      Tarif : 🛉 18 piscine comprise – 🚗 7 – 🅴 18 – 🔌 13 (3A)
      Location : 🏕 1300 à 1700 – bungalows toilés

21150 Côte-d'Or **7** – **65** ⑱ G. Bourgogne – 3 544 h. alt. 235.
🛈 Office de Tourisme pl. de Bingerbrück ℰ 03 80 96 89 13, Fax 03 80 96 13 22.
Paris 259 – Avallon 54 – Dijon 67 – Montbard 15 – Saulieu 42 – Semur-en-Auxois 13 – Vitteaux 20.

    ▲ **Municipal Alésia**
      ℰ 03 80 96 07 76 – sortie Ouest par D 954, rte de Semur-en-Auxols et rue à droite, avant le pont
      près de la Brenne et d'un plan d'eau – ⚓
      1,5 ha (67 empl.) plat, herbeux, gravillons 🏕
      🎬 🕭 🛉 ⇄ 🗐 🖽 ⊕ 🖭 🗑 – 🛒 🛥 – A proximité : 🍽 🏊 (plage)

06140 Alpes-Mar. **17** – **84** ⑨ G. Côte d'Azur – 15 330 h. alt. 325.
🛈 Office de Tourisme pl. Grand-Jardin ℰ 04 93 58 06 38, Fax 04 93 58 91 81.
Paris 927 – Antibes 20 – Cannes 30 – Grasse 26 – Nice 24.

    ▲▲ **Domaine de la Bergerie** 25 mars-15 oct.
      ℰ 04 93 58 09 36 – O : 4 km par D 2210, rte de Grasse et chemin à gauche – 🏊 ⚓ – 🅁 – ⒼⒷ
      ⚲
      30 ha/13 campables (450 empl.) plat et accidenté, rocailleux, herbeux 🏕 🎇
      🛉 🛉 🗐 🖽 🖽 🖎 ⊕ 🖭 🗐 – 🛒 🍸 🗙 🎣 – 🛥 🍽 🏊 – A proximité : parcours
      sportif
      Tarif : (Prix 1998) 🅴 piscine comprise 3 pers. 102 (121 ou 141 avec élect. 1 à 5A)
      Location : 🏕 1400 à 2600

33930 Gironde **9** – **71** ⑯ – 1 681 h. alt. 9.
Paris 536 – Bordeaux 79 – Lesparre-Médoc 13 – Soulac-sur-Mer 24.

    ▲ **Le Mérin** Pâques-Toussaint
      ℰ 05 56 41 78 64 – NO : 3,7 km par D 102, rte de Montalivet et chemin à gauche – 🏊 ⚓ –
      R conseillée juil.-août – ⚲
      3,5 ha (165 empl.) plat, herbeux, sablonneux ⚲ (1 ha)
      🛉 🖎 ⊕ 🗐
      Tarif : 🛉 11,60 – 🅴 23,40/37 avec élect. (6A)

41100 L.-et-Ch. **5** – **64** ⑥ G. Châteaux de la Loire – 17 525 h. alt. 82.
🛈 Office de Tourisme Hôtel Le Saillant 47-49 r. Poterie ℰ 02 54 77 05 07, Fax 02 54 73 20 81.
Paris 170 – Blois 34 – Le Mans 78 – Orléans 78 – Tours 58.

    ▲ **Municipal les Grands Prés** avril-sept.
      ℰ 02 54 77 00 27 – à l'Est du centre ville, rue Geoffroy-Martel, bord du Loir et près de la piscine,
      Accès conseillé par N 10 (rocade) vers sortie Nord rte de Chartres et à gauche en direction du centre
      ville – ⚓ – **R** conseillée 15 juil.-15 août – ⚲
      3,5 ha (180 empl.) plat, herbeux ⚲
      🛉 🛉 ⇄ 🗐 ⊕ 🗐 – A proximité : 🗐 🍽 🐎 🛥 🏊
      Tarif : (Prix 1998) 🅴 piscine comprise 2 pers. 43, pers. suppl. 12 – 🔌 17 (6A) 25 (10A)

77250 S.-et-M. **6** – **61** ⑫ – 4 298 h. alt. 76.
Paris 73 – Fontainebleau 8 – Melun 25 – Montereau-Fault-Yonne 14 – Nemours 21 – Sens 46.

    ▲▲ **Les Courtilles du Lido** 27 mars-sept.
      ℰ 01 60 70 46 05, Fax 01 64 70 62 65 – NE : 1,5 km, chemin du Passeur – Places limitées pour le
      passage ⚓ – **R**
      4,5 ha (80 empl.) plat, herbeux 🏕 ⚲
      🛉 ⇄ 🗐 🖎 ⊕ 🗐 – 🍸 – 🛒 🛥 🐎 🏊 half-court
      Tarif : 🛉 23 piscine comprise – 🚗 16 – 🅴 20/22 – 🔌 17 (6A)

33590 Gironde 🄖 – 🄗🄗 ⑯ – 658 h. alt. 5.
Paris 528 – Bordeaux 80 – Lesparre-Médoc 14 – Soulac-sur-Mer 16.

🔺🔺🔺 **Les Acacias** 6 juin-14 sept.
     𝒫 05 56 09 58 81, Fax 05 56 09 50 67 – NE : 1,5 km par N 215, rte de Verdon-sur-Mer et chemin
à droite – ⊶ – **R** conseillée 15 juil.-15 août – ⚡
3,5 ha (175 empl.) plat, herbeux, sablonneux ♀
 ⚒ ⚶ ⬥ ⬜ ⬚ ⬥ ⚶ ⬚ – snack ⚶ – ⬜ ⚶⚶ ⬚ ⬚
Tarif : ⬚ *piscine comprise 2 pers. 78 (90 avec élect. 6A)*
Location : ⬚ *1800 à 3000*

🔺 **Tastesoule** 21 juin-5 sept.
     𝒫 05 56 09 54 50 – à 5 km à l'Ouest de la commune, Accès conseillé par D 101 – ⚶ ⊶ –
R conseillée – ⚡
3 ha (100 empl.) plat, sablonneux, herbeux ♀
 ⚒ ⬚ ⬚ ⬥ ⬚ – pizzeria – ⚶⚶ (petite piscine)
Tarif : ⬚ *2 pers.79 – * ⬚ *20 (5A)*
Location : ⬚ *1900*

73 Savoie – 🄗🄖 ⑰ – rattaché à Albertville.

74440 H.-Savoie 🄗🄗 – 🄗🄖 ⑧ – 391 h. alt. 800.
Paris 582 – Annecy 69 – Chamonix-Mont-Blanc 60 – Genève 52 – Megève 49 – Thonon-les-Bains 56.

🔺 **Municipal Lac et Montagne** Permanent
     𝒫 04 50 90 10 12 – S : 1,8 km sur D 907, à Verchaix-Gare, bord du Giffre, alt. 660 – ⚶ ⊶ – **R** –
⚡
2 ha (111 empl.) non clos, plat, herbeux, pierreux
⚒ ⚒ ⬚ ⬥ ⬜ ⬚ ⬥ ⬚ – ✂ – A proximité : ⬚
Tarif : ⬚ *2 pers. 41, pers. suppl. 12 – * ⬚ *5A : 12 (hiver 17) 10A : 24 (hiver 34)*

26340 Drôme 🄗🄖 – 🄗🄗 ⑬ – 427 h. alt. 400.
Paris 615 – Crest 24 – Die 18 – Dieulefit 51 – Valence 55.

🔺 **Du Gap** mai-sept.
     𝒫 04 75 21 72 62, Fax 04 75 21 76 40 – NE : 1,2 km par D 93, rte de Die, accès direct à la Drôme
– ⚶ ⊶ – **R** conseillée – ⚡
4 ha (90 empl.) plat, herbeux
⚒ ⚒ ⬥ ⬜ ⬚ ⬥ ⬚ – ⚶⚶ ⬚ – A proximité : ⬚
Tarif : ⚡ *20 piscine comprise – * ⬚ *25 – * ⬚ *17 (6A)*

🔺 **Les Acacias** 10 avril-sept.
     𝒫 04 75 21 72 51, Fax 04 75 21 73 98 – SO : 2 km sur D 93, rte de Crest, bord de la Drôme « Cadre
et site agréables » ⊶ – **R** conseillée juil.-août – ⚡
3 ha (100 empl.) plat, en terrasses, pierreux, herbeux ♀♀
⚒ ⬥ ⬜ ⚶ ⬥ ⬚ – ⬚ – ⬜ ⬚
Tarif : ⬚ *1 ou 2 pers. 64, pers. suppl. 18 – * ⬚ *15 (6A)*
Location : ⬚ *1029 à 1512*

77510 S.-et-M. 🄖 – 🄗🄖 ⑭ G. Champagne – 613 h. alt. 115.
Paris 90 – Melun 74 – Reims 80 – Troyes 103.

🔺🔺🔺 **Ferme de la Fée** 15 fév.-15 déc.
     𝒫 01 64 04 80 19 – S : 0,5 km par rte de St-Barthélémy et à droite, bord du Petit Morin et d'un
petit étang – Places limitées pour le passage ⚶ ⚶ ⊶ – **R** conseillée été
5,8 ha (100 empl.) peu incliné, herbeux ⬚ ♀ verger
⚒ ⚒ ⬥ ⬜ ⬚ ⬥ ⚶ ⬚ – ⬜ ⚶⚶ ⬚ – A proximité : ✂
Tarif : ⚡ *30 – * ⬚ *40 avec élect. (3A)*

▶ *LES GUIDES VERTS* **MICHELIN**

    Paysages, monuments
        Routes touristiques
           Géographie
              Histoire, Art
                  Itinéraire de visite
                    Plans de villes et de monuments

VERDUN

09310 Ariège **14** – **8G** ⑤ – 154 h. alt. 548.
Paris 808 – Ax-les-Thermes 18 – Foix 29 – Lavelanet 44 – Vicdessos 25.

▲ *Aire Naturelle d'Emplau* juin-oct.
  ℰ 05 61 64 77 48 – à l'Est du bourg – 🌳 ≼ ⊶ – **R** – ⚡
  1 ha (17 empl.) plat et peu incliné, herbeux ⚲
  🛶 ⚑ ☺ ⊛
  Tarif : ⬚ *1 pers. 24 –* ⚡ *12 (5A)*

VERDUN

55100 Meuse **7** – **5⁊** ⑪ G. Alsace Lorraine – 20 753 h. alt. 198.
⚑ Office de Tourisme pl. Nation ℰ 03 29 86 14 18, Fax 03 29 84 22 42.
Paris 263 – Bar-le-Duc 57 – Châlons-en-Champagne 89 – Metz 79 – Nancy 95.

▲▲ *Les Breuils* avril-15 oct.
  ℰ 03 29 86 15 31, Fax 03 29 86 75 76 – sortie Sud-Ouest par rocade D S1 vers rte de Paris et
  chemin à gauche bord d'un étang et d'un ruisseau – ⊶ – **R** – **GB** ⚡
  5,5 ha (162 empl.) plat, peu incliné et en terrasses, herbeux ⤢ ⚲
  ⚐ 🛶 ⚑ ⬚ ⚘ ☺ ⊛ 🍴 ⚐ – ⚖ 🏆 snack – ⚡ ⚒ toboggan aquatique
  Tarif : (Prix 1998) ✳ *21 piscine comprise –* ⬚ *15/18 –* ⚡ *17 (5A)*

VÉRETZ

37270 I.-et-L. **5** – **6⚃** ⑮ G. Châteaux de la Loire – 2 709 h. alt. 50.
Paris 246 – Bléré 16 – Blois 52 – Chinon 52 – Montrichard 34 – Tours 12.

▲ *Municipal* juin-sept.
  ℰ 02 47 50 50 48 – par N 76, rte de Bléré, près du Cher – ⊶ – **R** – ⚡
  1 ha (58 empl.) plat, herbeux, pierreux ⤢ ⚲⚲
  ⚐ 🛶 ⚑ 🗎 ⬚ ☺ ⚘ ⚘ 🍴 🖼
  Tarif : (Prix 1998) ✳ *11 –* ⬗ *10 –* ⬚ *10 –* ⚡ *12 (6A) 18 (plus de 6A)*

▶ *Terrains agréables :*
  ces terrains sortent de l'ordinaire par leur situation,
  leur tranquillité, leur cadre et le style de leurs aménagements.

  Leur catégorie est indiquée dans le texte par les signes habituels
  mais en **rouge** (▲▲▲ ... ▲).

VERGEROUX

17300 Char.-Mar. **9** – **7⒈** ⑬ – 551 h. alt. 4.
Paris 471 – Fouras 12 – Rochefort 4 – La Rochelle 35 – Saintes 44.

▲ *Municipal les Sablons* avril-oct.
  ℰ 05 46 99 72 58 – au Nord du bourg, près de la N 137, à 250 m d'un étang – ⊶ saison –
  R conseillée 14 juil.-20 août – ⚡
  2,7 ha (120 empl.) plat, herbeux ⚲
  ⚐ 🛶 ⚑ ⬚ ⊛ 🖼 – ⬗ ⚘ – A proximité : ⛲
  Tarif : ⬚ *1 à 4 pers. 42 à 73, pers. suppl. 10 –* ⚡ *12 (4A) 20 (10A)*

VERMENTON

89270 Yonne **7** – **6G** ⑤ G. Bourgogne – 1 105 h. alt. 125.
Paris 190 – Auxerre 25 – Avallon 28 – Vézelay 28.

▲▲ *Municipal les Coullemières* 10 avril-oct.
  ℰ 03 86 81 53 02 – au Sud-Ouest de la localité, derrière la gare, près de la Cure « Cadre agréable »
  ⊶ – **R** juil.-août – ⚡
  1 ha (50 empl.) plat, herbeux ⚲
  ⚏ 🛶 🛶 ⚑ 🗎 ⬚ ⊛ 🍴 🖼 – ⬗ ⚘ ⚘ – A proximité : ⚡ parcours sportif
  Tarif : ✳ *17 –* ⬗ *9 –* ⬚ *10 –* ⚡ *15 (6A)*

Le VERNET

04140 Alpes-de-H.-Pr. **17** – **8⒈** ⑦ – 110 h. alt. 1 200.
Paris 725 – Digne-les-Bains 31 – La Javie 16 – Seyne 11.

▲ *Lou Passavous* Pâques-1ᵉʳ oct.
  ℰ 04 92 35 14 67 – N : 0,8 km par rte de Roussimat, bord du Bès – ≼ ⊶ – **R** conseillée juil.-août
  – ⚡
  1,5 ha (60 empl.) peu incliné et plat, pierreux
  ⚏ 🛶 🛶 ⚑ ⬚ ⊛ 🖼 – 🍴 pizzeria – A proximité : ⚒ 🐎 🐾
  Tarif : ⬚ *2 pers. 76, pers. suppl. 23 –* ⚡ *17 (3A) 23 (6A)*

66820 Pyr.-Or. 🔳 – 🔳 ⑰ G. Pyrénées Roussillon – 1 489 h. alt. 650 – ⚓ (14 mars/ 7 déc.).
🅱 Office de Tourisme 6 pl. Mairie 🔊 04 68 05 55 35, Fax 04 68 05 60 33.
Paris 911 – Mont-Louis 36 – Perpignan 57 – Prades 11.

⚠ **L'Eau Vive** fermé 31 oct.-déc.
   🔊 04 68 05 54 14 – sortie vers Sahorre puis, après le pont, 1,3 km par av. St-Saturnin à droite, près du Cady – 🏕 ⩽ �o━ – **R** conseillée juil.-août – ⚸
   1,7 ha (77 empl.) plat et peu incliné, herbeux
   🚿 🕮 🗘 🖫 🖻 ⊕ 🗛 ☵ 🖲 – 🔜 ≊ (petit plan d'eau)
   Tarif : 🖃 *3 pers. 135* – [½] *15 (10A)*
   Location : 🏚 *1300 à 3000*

⚠ **Del Bosc** avril-4 oct.
   🔊 04 68 05 54 54 – sortie Nord, rte de Villefranche-de-Conflent, bord d'un torrent « Cadre sauvage » o━ – **R** indispensable juil.-août – ⚏⚏ ⚸
   2,5 ha (90 empl.) accidenté et en terrasses, pierreux, rochers ⟍⟍ 〰〰
   🚿 🕮 🖫 ⊕ 🖲 – A proximité : 🏋
   Tarif : ⭒ *18* – 🖃 *20* – [½] *11 (3A) 14 (10A)*

à Casteil   S : 2,5 km par D 116 – 102 h. alt. 780 – ✉ 66820 Casteil

🅼 **Domaine St-Martin** avril-sept.
   au Sud-Est du bourg, près d'une cascade, Prendre la rte à gauche à l'entrée du village, pente à 10%, mise en place et sortie des caravanes à la demande – 🏕 « Parc » o━ – **R** conseillée –
   ⚏⚏
   4,5 ha (45 empl.) en terrasses, plat, peu incliné, herbeux, pierreux, accidenté, rochers ⟍⟍
   〰〰
   🚿 🕮 🗘 🖫 🖻 ⚑ ⊕ 🖲 – ✗ pizzeria ⏦ – 🔜 ⅃ – A proximité : ✗
   Tarif : (Prix 1998) ⭒ *21 piscine comprise* – 🖃 *27* – [½] *17 (6A)*
   Location : 🏚 *1200 à 2700*

à Corneilla-de-Conflent   N : 2,5 km par D 116 – 417 h. alt. 548 – ✉ 66820 Corneilla-de-Conflent :

⚠ **Las Closes** avril-sept.
   🔊 04 68 05 64 60 – E : 0,5 km par D 47, rte de Fillols, alt. 600 – 🏕 ⩽ o━ – **R** conseillée juil.-août
   – ⚸
   2,2 ha (90 empl.) peu incliné et en terrasses, herbeux 〰〰 verger
   🚿 🕮 🖫 ⚑ ⊕ 🖲 – 🔜 ⅃
   Tarif : ⭒ *16 piscine comprise* – 🖃 *16* – [½] *13 (10A)*
   Location : 🏚 *900 à 1500*

27130 Eure 🔳 – 🔳 ⑥ G. Normandie Vallée de la Seine – 6 446 h. alt. 155.
🅱 Office de Tourisme 129 pl. de la Madeleine 🔊 02 32 32 17 17, Fax 02 32 60 30 79.
Paris 117 – Alençon 77 – Argentan 77 – Chartres 58 – Dreux 38 – Évreux 42.

⚠ **Le Vert Bocage**
   🔊 02 32 32 26 79 – O : 1 km par N 26, rte d'Argentan – o━
   3,5 ha (103 empl.) plat, herbeux ⟍⟍
   🖩 🕮 🗘 🖫 ⊕ 🗛 ☵ – 🔜 🔜
   Location : 🏚

38150 Isère 🔳 – 🔳 ⑫ – 798 h. alt. 250.
Paris 504 – Annonay 35 – Givors 27 – Le Péage-de-Roussillon 11 – Rive-de-Gier 42 – Vienne 15.

🅼 **Bontemps** avril-sept.
   🔊 04 74 57 83 52, Fax 04 74 57 83 70 – E : 4,5 km par D 37 et chemin à droite, bord de la Varèze
   – 🏕 o━ – **R**
   6 ha (100 empl.) plat, herbeux ⚘
   🚿 🕮 🗘 🖫 🖻 ⚑ ⊕ 🗛 ☵ 🕾 🖲 – 🔜 ⛲ ✗ crêperie ⏦ – 🔜 🔜 ⭐ ✗ ♨ ⅃ ≊ 🐎 parc ornithologique
   Tarif : ⭒ *25 piscine comprise* – 🚘 *10* – 🖃 *35* – [½] *15 (6A)*

41230 L.-et-Ch. 🔳 – 🔳 ⑱ – 543 h. alt. 94.
Paris 184 – Beaugency 32 – Blois 31 – Contres 25 – Romorantin-Lanthenay 16 – Salbris 35.

⚠ **Aire Naturelle Municipale** 15 avril-sept.
   au Nord du bourg, carrefour D 13 et D 63, à 100 m de la Bonneure et d'un petit étang – **R**
   1 ha (25 empl.) plat, herbeux, sablonneux ⟍⟍ ⚘
   🕮 🗘 🖫 🖻 ⊕ – A proximité : ✗
   Tarif : (Prix 1998) ⭒ *12* – 🖃 *12* – [½] *10*

07240 Ardèche **11** – **76** ⑳ G. Vallée du Rhône – 2 037 h. alt. 585.
Paris 593 – Le Cheylard 27 – Lamastre 15 – Privas 41 – Valence 31 – La Voulte-sur-Rhône 21.

▲▲ **Bois de Pra** 10 avril-sept.
     ✆ 04 75 58 14 54 – sortie Nord-Est par D 14, rte de Valence – ≼ ⊶ – **R** conseillée juil.-20 août
     – ⊞ ⚡
     2 ha (83 empl.) peu incliné, plat, herbeux ⚲
     🏕 ⇌ 🖭 😊 🏠 – 🛖 🕶 – A proximité : 🛒 ✖ ♪ 🔲 (découverte l'été) toboggan aquatique
     Tarif : 🔲 2 pers. 90, pers. suppl. 20 – [g] 16 (6A) 18 (10A) 20 (16A)
     Location (permanent) : 🏚 1500 à 2500

46090 Lot **14** – **79** ⑧ – 390 h. alt. 132.
Paris 579 – Cahors 14 – Villefranche-de-Rouergue 53.

▲▲ **La Chêneraie** mai-25 sept.
     ✆ 05 65 31 40 29, Fax 05 65 31 41 70 – SO : 2,5 km par D 653, rte de Cahors et chemin à droite
     après le passage à niveau – ⌂ « Cadre agréable » ⊶ – **R** conseillée – ⚡
     2,6 ha/0,4 campable (25 empl.) plat, herbeux ⚲⚲
     🏕 ⇌ 🖭 😊 🏠 – 🍴 grill – 🛒 ✖ 🔲
     Tarif : 🔲 élect., piscine et tennis compris 2 pers. 94
     Location (4 avril-25 sept.) : 🏠 1100 à 2300 – 🏚 1500 à 3350

24320 Dordogne **10** – **75** ④ – 706 h. alt. 185.
Paris 493 – Angoulême 47 – Brantôme 31 – Chalais 32 – Périgueux 50 – Ribérac 13.

▲ **Municipal Pontis Sud-Est** 15 mai-sept.
     ✆ 05 53 90 37 74 – à 0,6 km au Nord-Est du bourg, près du stade – ⌂ – **R**
     1 ha (24 empl.) peu incliné, herbeux 🔲
     🖰 🏕 ⇌ 😊 – A proximité : ✖ 🔲
     Tarif : (Prix 1998) ♣ 9 – 🚏 4,50 – 🔲 4,50 – [g] 10

44 Loire-Atl. – **67** ③ – rattaché à Nantes.

70000 H.-Saône ⑧ – **66** ⑤ ⑥ G. Jura – 17 614 h. alt. 221.
🚩 Office de Tourisme r. des Bains ✆ 03 84 75 43 66, Fax 03 84 76 54 31.
Paris 360 – Belfort 65 – Besançon 49 – Épinal 88 – Langres 78 – Vittel 88.

▲▲ **International du Lac** mars-oct.
     ✆ 03 84 76 22 86, Fax 03 84 75 74 93 – O : 2,5 km, près du lac – ⌂ ⊶ – **R** – ⚡
     3 ha (160 empl.) plat, herbeux 🔲
     🎪 ♿ 🖭 😊 (🏕 ⇌ 😊 juil.-15 sept.) ⊛ ☇ 🖲 – 🚤 – A proximité : snack ✖ 🏇
     Tarif : ♣ 18 – 🚏 13 – 🔲 19 (32 avec élect. 10A)

76980 S.-Mar. **1** – **52** ③ G. Normandie Vallée de la Seine – 753 h. alt. 15.
🚩 Office de Tourisme 11 r. du Dr-Girard ✆ 02 35 97 63 05, Fax 02 35 57 24 51.
Paris 187 – Dieppe 27 – Fontaine-le-Dun 8 – Rouen 57 – St-Valery-en-Caux 8.

▲ **Municipal des Mouettes** mars-nov.
     ✆ 02 35 97 61 98, Fax 02 35 97 33 44 – sortie Est sur D 68, rte de Sotteville-sur-Mer – ⌂ ⊶ –
     R conseillée juil.-août – ⊞ ⚡
     3 ha (152 empl.) plat, herbeux
     🏕 ⇌ 🖭 😊 ⊛ 🖲 – 🏠
     Tarif : 🔲 2 pers. 80 – [g] 15 (6A)

05400 H.-Alpes **16** – **81** ⑤ – 3 148 h. alt. 827.
🚩 Office de Tourisme av. du Cdt-Dumont ✆ 04 92 57 27 43, Fax 04 92 58 16 18.
Paris 663 – Aspres-sur-Buëch 9 – Gap 25 – Sisteron 50.

▲ **Les Prés** 3 avril-3 oct.
     ✆ 04 92 57 26 22 – NE : 3,4 km par D 994, rte de Gap puis 5,5 km par D 937 rte du col de Festre
     et chemin à gauche, au lieu-dit le Petit Vaux, près de la Béoux, alt. 960 – ⌂ ≼ ⊶ – **R** conseillée
     10 juil.-20 août – ⚡
     0,35 ha (25 empl.) plat et peu incliné, herbeux
     ♿ 🏕 ⇌ 😊 ⊛ 🖲 – 🏇 🚲 🚤 (piscine pour enfants)
     Tarif : 🔲 2 pers. 56, pers. suppl. 14 – [g] 12 (4A) 14 (6A) 16 (10A)
     Location : 🏠

VEYRINES-DE-DOMME

24250 Dordogne 🔟🔢 – 🔢🔢 ⑰ – 219 h. alt. 180.
Paris 548 – Cahors 57 – Fumel 49 – Gourdon 27 – Périgueux 69 – Sarlat-la-Canéda 19.

🔺 **Les Pastourels** 15 mars-1er nov.
　🖉 05 53 29 52 49, Fax 05 53 29 15 19 – à 2,7 km au Nord du bourg, au lieu-dit le Brouillet – 🐾
　≼ ⚹ – **R** conseillée juil.-août – ⚓
　2,3 ha (55 empl.) plat et peu incliné, en terrasses, herbeux, pierreux 🌳🌳 (1,5 ha)
　♿ 🏠 ⚒ ☺ ⊛ ⚏ ≋ 🔥 – 🖼
　Tarif : ⚹ 22 – 📵 21 – 🔋 15 (4A) 20 (6A)
　Location : 🚐 1500 à 2500

VÉZAC

24220 Dordogne 🔟🔢 – 🔢🔢 ⑰ – 620 h. alt. 90.
Paris 538 – Bergerac 64 – Brive-la-Gaillarde 61 – Fumel 58 – Gourdon 27 – Périgueux 68 – Sarlat-la-Canéda 9.

Schéma à la Roque-Gageac

⛰ **Les Deux Vallées** Permanent
　🖉 05 53 29 53 55, Fax 05 53 31 09 81 – O : derrière l'ancienne gare, bord d'un petit étang – 🐾
　⚹ ⚒ dans locations – **R** conseillée juil.-25 août – ⚓
　2,5 ha (100 empl.) plat, herbeux 🏠 🌳🌳
　🎰 ♿ 🏠 ⚒ 🗄 ⚏ ☺ ⊛ 🖦 – 🖼 🍴 snack 🛎 – 🖼 🛶 🚲 🅿 ≋ 🏊
　Tarif : ⚹ 26 piscine comprise – 📵 36 – 🔋 16 (6A) 20 (10A)
　Location (mi-mai-fin sept.) : 🚐 1000 à 2000

⛰ **La Cabane** avril-20 oct.
　🖉 05 53 29 52 28, Fax 05 53 59 09 15 – SO : 1,5 km, bord de la Dordogne et d'un étang – 🐾 ≼
　⚹ – **R** conseillée juil.-25 août – ⚓
　2,25 ha (98 empl.) non clos, plat, herbeux, sablonneux 🌳🌳
　♿ 🏠 ⚒ 🗄 ⚒ ☺ 🖦 – 🍴 – 🖼 ⚒ 🏊 (couverte hors saison) ≋
　Tarif : 📵 piscine comprise 2 pers. 53, pers. suppl. 17 – 🔋 10 (3A) 13 (4A) 17 (6A)
　Location : 🛏 – gîte d'étape

VIAM

19170 Corrèze 🔟🔘 – 🔢🔢 ⑲ – 133 h. alt. 680.
Paris 459 – Bugeat 4 – Eymoutiers 24 – Guéret 86 – Limoges 68 – Treignac 17.

🔺 **Municipal Puy de Veix** 15 juin-sept.
　au Sud du bourg, près d'un plan d'eau (accès direct), alt. 696 – 🐾 ≼ « Situation agréable » ⚹
　juil.-août – **R** conseillée juil.-août – ⚓
　2 ha (50 empl.) en terrasses et plat, herbeux, pierreux 🏠 🌳
　♿ 🏠 ⚒ 🗄 ⚏ 🖦 – 🛶 – A proximité : ≋
　Tarif : ⚹ 10 – 🚗 4 – 📵 6 – 🔋 9 (10A)

▶ **Michelinkaarten** en -gidsen *zijn te koop in de meeste boekhandels.*

VIAS

34450 Hérault ⅩⅤ – ⅩⅩⅩ ⑮ G. Gorges du Tarn – 3 517 h. alt. 10.
🆔 Office de Tourisme av. de la Méditerrannée ℰ 04 67 21 76 25, Fax 04 67 21 55 46.
Paris 760 – Agde 4 – Béziers 19 – Narbonne 45 – Sète 30 – Valras-Plage 20.

à la Plage S : 2,5 km par D 137 – ✉ 34450 Vias

▲▲▲▲ **La Carabasse** 15 mai-18 sept.
  ℰ 04 67 21 64 01, Fax 04 67 21 76 87 « Cadre agréable » ⚬⊸ ≋ dans locations – **R** conseillée –
  ⒼⒷ ⚓
  20 ha (995 empl.) plat, herbeux ☐ ⚘⚘
  ⅿ ⚗ ⚏ 🛢 ⚖ ⚱ ⚒ - 116 sanitaires individuels (⚗ ⚱ wc) ☺ ⚘ ⚡ ▦ – ⚘ ⛾ ✗ snack, pizzeria
  🖛 réfrigérateurs – ☍ ⚡ ⚮ 🚲 -☺ ≋ ⚮ – A proximité : ♭
  Tarif : ⒺⒾ élect. (6A) et piscine comprises 2 pers. 173
  Location : ⟦⟧ 1330 à 3920

▲▲▲ **Farret et la Plage** 27 mars-sept.
  ℰ 04 67 21 64 45, Fax 04 67 21 70 49 – en deux camps distincts, bord de plage « Agréable cadre
  fleuri » ⚬⊸ ≋ dans locations – **R** – ⒼⒷ ⚓
  7 ha (437 empl.) plat, sablonneux, herbeux ☐ ⚘
  ⅿ ⚗ ⚏ 🛢 ⚖ ⚱ ⚒ ▦ ⚡ – ⚘ ⛾ ✗ ⚮ – ⚮ ⚡⚡ ⚮ salle de spectacle et d'animation ⚡⚡ 🚲
  -☺ ≋ ⚮ – A proximité : ♭
  Tarif : ⒺⒾ élect. (6A) et piscine comprises 2 pers. 185
  Location : ⟦⟧ 1600 à 3960 – ⟦⟧ 1400 à 3390

▲▲▲ **Californie Plage** avril-5 nov.
  ℰ 04 67 21 64 69, Fax 04 67 21 70 66 – au Sud-Ouest par D 137ᴱ et chemin à gauche, bord de plage
  – ⚬⊸ – **R** conseillée – ⚓
  5,8 ha (371 empl.) plat, herbeux, sablonneux ☐ ⚘⚘ (4 ha)
  ⅿ ⚗ ⚏ 🛢 ⚖ ⚱ ☺ ⚡ ⚮ ▦ – ⚘ ⛾ ✗ ⚮ cases réfrigérées – ⚡⚡ ⚡⚡ 🚲 ⚮ – A proximité :
  toboggans aquatiques ≋
  Tarif : ⒺⒾ élect. (3A), piscine et tennis compris 2 pers. 150
  Location : ⟦⟧ 1250 à 3700 – ⟦⟧ 1250 à 3800

▲▲▲ **Gai Soleil** avril-15 oct.
  ℰ 04 67 21 64 77, Fax 04 67 21 70 66 – à 600 m de la plage « Bel ensemble avec piscines et
  plantations » ⚬⊸ – **R** conseillée – ⚓
  4,5 ha (288 empl.) plat, herbeux ☐ ⚘⚘
  ⅿ ⚗ ⚏ 🛢 ⚖ ⚱ ☺ ⚡ ⚮ ▦ ⚡ – ⚘ ⛾ pizzeria, snack ⚮ cases réfrigérées – ☍ ⚡⚡ ≋ ⚮
  toboggans aquatiques – A proximité : ⚓
  Tarif : ⒺⒾ piscine et tennis compris 1 ou 2 pers. 107 (124 avec élect. 3A), pers. suppl. 20 – ⒾⒾ 10
  (6A) 15 (10A)
  Location : ⟦⟧ 1250 à 3700 – ⟦⟧ 1250 à 3800 – studios

▲▲▲ **Le Napoléon** avril-sept.
  ℰ 04 67 01 07 80, Fax 04 67 01 07 85 – à 250 m de la plage – ⚬⊸ – **R** conseillée – ⚓
  3 ha (250 empl.) plat, herbeux, sablonneux ☐ ⚘⚘
  ⅿ ⚗ ⚏ 🛢 ⚖ ⚱ ☺ ⚡ ⚮ ▦ – ⚘ ⛾ ✗ pizzeria ⚮ cases réfrigérées – ☍ ⚡⚡ ⚡⚡ ⚡⚡ 🚲 -☺ ≋
  half-court – A proximité : discothèque
  Tarif : ⒺⒾ élect. (6A) et piscine comprises 2 pers. 160, pers. suppl. 30
  Location : ⟦⟧ 800 à 2600 – ⟦⟧ 1000 à 3350 – ⟦⟧ 1200 à 3500 – appartements

▲▲▲ **Méditerranée-Plage** 8 mai-25 sept.
  ℰ 04 67 90 99 07, Fax 04 67 90 99 17 – SO : 6 km par D 137ᴱ², bord de plage (hors schéma) – ⚓
  ⚬⊸ – **R** conseillée – ⒼⒷ ⚓
  9,6 ha (490 empl.) plat, herbeux, sablonneux ☐
  ⅿ ⚗ ⚏ ⚖ ⚱ ☺ ⚡ ▦ – ⚘ ⛾ pizzeria, crêperie ⚮ – ☍ ⚡⚡ ⚡⚡ 🚲 ≋ ⚮ ⚮
  Tarif : ⒺⒾ 1 ou 2 pers. 125, 3 ou 4 pers. 150, pers. suppl. 28 – ⒾⒾ 15 (10A)
  Location : ⟦⟧ 1600 à 3000 – studios

▲▲▲ **L'Air Marin** 15 mai-26 sept.
  ℰ 04 67 21 64 90, Fax 04 67 21 76 79 – près du canal du Midi – Places limitées pour le passage
  ⚬⊸ – **R** conseillée – ⚓
  8 ha (306 empl.) plat, herbeux ⚘
  ⅿ ⚗ ⚏ 🛢 ⚖ ⚱ ☺ ⚡ ▦ – ⚘ ⛾ snack, pizzeria ⚮ – ☍ ⚡⚡ ⚡⚡ ⚡⚡ -☺ ≋ ⚮ toboggan aquatique
  – A proximité : parcours sportif ⚮
  Tarif : ⒺⒾ élect. (4A) et piscine comprises 2 pers. 135, pers. suppl. 30
  Location (15 avril-sept.) : ⟦⟧ 950 à 3600

▲▲ **Hélios** 15 mai-sept.
  ℰ 04 67 21 63 66 – près du Libron et à 250 m de la plage – ⚓ ⚬⊸ saison – **R** conseillée saison
  – ⚓
  2,5 ha (190 empl.) plat, sablonneux, herbeux ⚘⚘
  ⅿ ⚗ ⚏ ⚖ ⚱ ☺ ⚡ ⚮ ▦ – ⚘ ⛾ snack ⚮ – ☍ ⚡⚡
  Tarif : ⒺⒾ 2 pers. 92, 3 pers. 109, 4 pers. 126, pers. suppl. 18 – ⒾⒾ 12 (2A) 14 (3A) 18
  (4A)
  Location : ⟦⟧ 900 à 1900 – ⟦⟧ 1200 à 2600 – ⟦⟧ 1350 à 2800

▲▲ **Les Ondines** avril-15 sept.
  ℰ 04 67 21 63 59, Fax 04 67 21 76 07 – ⚓ ⚬⊸ – **R** – ⒼⒷ ⚓
  4,4 ha (300 empl.) plat, herbeux ☐ ⚘⚘
  ⅿ ⚗ ⚏ 🛢 ⚖ ⚱ ☺ ⚡ – ⚘ ⛾ ✗ snack, pizzeria ⚮ – ☍ ⚡⚡
  Tarif : (Prix 1998) ⒺⒾ piscine comprise 1 ou 2 pers. 120, 3 pers. 130, 4 pers. 140, pers. suppl. 15
  – ⒾⒾ 10 (3A)
  Location : ⟦⟧ 800 à 1700 – ⟦⟧ 1200 à 3000

Les Flots Bleus avril-15 oct.
𝄞 04 67 21 64 80 – SO : bord de la plage – 🔄 *– R conseillée –* GB 🐕
5 ha (314 empl.) plat, herbeux, sablonneux 🔲 ⚇
👍 🔥 📋 ⚓ ⊕ 🖼 – 🏊 ⛳ snack, pizzeria
🚣 – ⛱
Tarif : 🔲 *élect. (5A) comprise 1 ou 2 pers. 115, pers. suppl. 22*
Location : 🔲 *1200 à 3200 –* 🔲 *1100 à 3000*

Ste Cécile mai-15 sept.
𝄞 04 67 21 63 70 – près du Libron, à 500 m de la plage – 🏊 🔄 *– R conseillée –* 🐕
2 ha (105 empl.) plat, herbeux 🔲 ⚇ (1 ha)
👍 🔥 📋 🥘 ⚓ ⊕ 🖼 – 🏊 – 🔲 ⛳
Tarif : 🔲 *élect. et tennis compris 2 pers. 98*
Location : *gîtes*

Pleine Mer 20 mars-18 oct.
𝄞 04 67 21 63 83 – à 120 m de la plage, accès direct – 🔄 *– R conseillée saison –* 🐕
1 ha (78 empl.) plat, sablonneux, herbeux 🔲
👍 🔥 🥘 🔥 ⚓ ⊕ 🏊 🚲 🖼
Tarif : 🔲 *élect. (6A) comprise 1 ou 2 pers. 125, pers. suppl. 20*

à l'Ouest 4,5 km par N 112, rte de Béziers – ✉ 34450 Vias

Domaine de la Dragonnière et de l'Espagnac 31 mars-sept.
𝄞 04 67 01 03 10, Fax 04 67 21 73 39 – (hors schéma) - accès à la plage par navettes gratuites – 🔄 *– R conseillée juil.-août –* GB 🐕
21 ha (732 empl.) plat, herbeux, sablonneux 🔲
👍 🔥 📋 🥘 ⊕ ⚓ 🔥 🖼 – 🏊 ⛳ ✗ 🚣 – cases réfrigérées – 🔲 🏃 🎣 discothèque 🏄 🚴 ⁓⊙
✗ 🏇 🏊 – A proximité : ✗
Tarif : 🔲 *élect., piscine et tennis compris 2 pers. 150*
Location : 🔲 *600 à 2200 –* 🔲 *840 à 2940 –* 🔲 *1050 à 3675 – bungalows toilés*

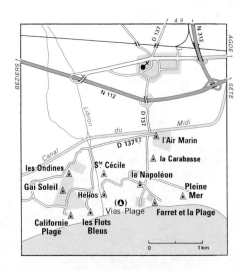

VICDESSOS

09220 Ariège **14** – **86** ⑭ G. Pyrénées Roussillon – 483 h. alt. 715.
Paris 810 – Ax-les-Thermes 39 – Aulus-les-Bains 31 – Foix 31 – Tarascon-sur-Ariège 15.

Municipal la Bexanelle Permanent
𝄞 05 61 64 82 22 – au Sud du bourg, par rte d'Olbier, rive droite du Vicdessos, Passerelle pour piétons reliant le camp au bourg – 🏊 ⊰ 🔄 *– R conseillée juil.-août –* GB 🐕
5 ha (85 empl.) plat, peu incliné, terrasse, pierreux, herbeux ⚇ (0,8 ha)
🎱 🔥 🔥 🥘 ⊕ ⚓ 🔥 🖼 – 🔲 🎣 🚣
Tarif : ✗ *17 piscine comprise –* 🔲 *18 –* ⚡ *10 (5A) 17 (10A)*
Location : 🔲 *700 à 2500 – bungalows toilés*

VICHY

03200 Allier **11** – **73** ⑤ G. Auvergne – 27 714 h. alt. 340 – ♨ (10 fév.-13 déc.).
🅱 Office de Tourisme 19 r. du Parc *𝄞 04 70 98 71 94, Fax 04 70 31 06 00.*
Paris 407 – Clermont-Ferrand 54 – Montluçon 95 – Moulins 56 – Roanne 68.

à Bellerive-sur-Allier SO par D 984 – 8 543 h. alt. 340 – ✉ 03700 Bellerive-sur-Allier :

Beau-Rivage mai-sept.
𝄞 04 70 32 26 85 – rue Claude-Decloître, bord de l'Allier – 🔄 *– R conseillée –* GB 🐕
1,5 ha (80 empl.) plat, herbeux 🔲 ⚇
🔥 🔥 📋 🥘 ⊕ ⚓ 🔥 🖼 – ⛳ ✗ snack 🚣 – 🔲 🎣 ⁓⊙ 🏊 toboggan aquatique – A proximité :
✗ 🏇 🏊
Tarif : 🔲 *piscine et tennis compris, 1 pers. 52, pers. suppl. 26 –* ⚡ *15 (10A)*
Location : 🔲 *700 à 3200*

Les Acacias avril-10 oct.
𝄞 04 70 32 36 22, Fax 04 70 59 88 52 – r. Claude-Decloître, près de l'Allier – 🔄 *– R conseillée juil.-août –* GB 🐕
3 ha (160 empl.) plat, herbeux 🔲 ⚇
🔥 🔥 📋 ⊕ ⚓ 🔥 🖼 – 🔲 🎣 🚣 – A proximité : ⛳ ✗ 🏇 🏊
Tarif : ✗ *28 piscine comprise –* 🔲 *30 –* ⚡ *14 (6A)*
Location : 🔲 *840 à 2600*

VIC-LA-GARDIOLE

34110 Hérault 🔟 – 🚭 ⑰ – 1 607 h. alt. 10.
Paris 775 – Frontignan 7 – La Grande-Motte 30 – Montpellier 21 – Sète 14.

△△△ **L'Europe** mai-13 sept.
  ℰ 04 67 78 11 50, Fax 04 67 78 48 59 – O : 1,5 km par D 114ᴱ – ⊶ – **R** conseillée – **GB** ⚡
  8 ha/5 campables (324 empl.) plat, herbeux, pierreux ⌕
  ⅋ 🎋 ⌕ 🖭 🛆 🛱 ☺ 🛆 ☜ 🖻 – ⅀, ♈ snack 🔧 cases réfrigérées – 🍽 🏓 🚲 ·◉ ♨ 🏊 toboggan
  aquatique – A proximité : 🏇
  Tarif : 🔲 *piscine comprise 2 pers. 140, pers. suppl. 40 – 🔋 25 (6A)*
  Location : 🛖 *1100 à 3800 – 🚐 1500 à 4200 – 🚚 900 à 3800*

VIC-SUR-CÈRE

15800 Cantal 🔟 – 🗖 ⑫ G. Auvergne – 1 968 h. alt. 678.
🟦 Office de Tourisme av. Mercier ℰ 04 71 47 50 68, Fax 04 71 49 60 63.
Paris 555 – Aurillac 21 – Murat 31.

△△△ **La Pommeraie** avril-sept.
  ℰ 04 71 47 54 18, Fax 04 71 49 63 30 – SE : 2,5 km par D 54, D 154 et chemin à droite, alt. 750
  🏔 ⋖ les monts, la vallée et la ville « Belle situation dominante, cadre agréable » ⊶ – **R** conseillée
  juil.-août – **GB** ⚡
  2,8 ha (100 empl.) en terrasses, herbeux, pierreux ⌕ ⚲
  🎞 🎋 ⌕ ☺ 🖭 🛆 ☺ 🛆 ☜ 🖻 – ⅀, ♈ ✕ 🔧 – 🍽 🏓 ⛲ 🏓 ·◉ ♨ 🏊
  Tarif : (Prix 1998) 🔲 *piscine et tennis compris 1 ou 2 pers. 105 ou 120, pers. suppl. 25 – 🔋 15 (5A)*
  Location : 🛖 *800 à 2000 – 🚐 1000 à 3000 – studios*

△△△ **Municipal du Carladez** avril-sept.
  ℰ 04 71 47 51 04 – rte de Salvanhac, bord de la Cère – ⋖ ⊶ – **R** – ⚡
  3 ha (250 empl.) plat, herbeux ⚲⚲
  🎞 🎋 ⌕ 🖭 🛆 ⚲ ☺ 🖻 – 🍽 – A proximité : 🏇 ♨ 🏓 🏓
  Tarif : 🦶 *16,35 – 🚐 9 – 🔲 9 – 🔋 15,30 (6A)*

VIDAUBAN

83550 Var 🔟 – 🗖 ⑦ – 5 460 h. alt. 60.
🟦 Syndicat d'Initiative (juin-sept.) pl. F.-Maurel ℰ 04 94 73 10 28, Fax 04 94 73 07 82.
Paris 843 – Cannes 62 – Draguignan 19 – Fréjus 30 – Toulon 63.

△ **Municipal** juin-sept.
  ℰ 04 94 73 61 02 – au Nord-Ouest de la localité, bord de l'Argens, Accès conseillé par sortie Nord-
  Est, rte du Muy et chemin à gauche, avant le pont SNCF – 🐾 ⊶ – **R** conseillée – ⚡
  1 ha (60 empl.) plat, herbeux, pierreux ⚲
  🎋 ⚲ 🛆 🖻
  Tarif : 🦶 *14 – 🚐 7 – 🔲 20 avec élect.*

VIEILLE-BRIOUDE

43100 H.-Loire 🔟 – 🗖 ⑤ – 1 007 h. alt. 445.
Paris 489 – Brioude 4 – Clermont-Ferrand 75 – Issoire 37 – Le Puy-en-Velay 57 – St-Flour 57.

△ **Le Dintillat** mai-sept.
  ℰ 04 71 50 93 36 – SE : 3,5 km par N 102 et D 16, rte de St-Ilpize, à droite après le pont et rte
  à gauche – 🐾 ⋖ ⊶ – **R** conseillée juil.-août – ⚡
  1 ha (12 empl.) en terrasses, sablonneux, gravillons ⌕
  🎋 🎋 ⌕ 🖭 🛆 ☺ 🖻 – réfrigérateurs
  Tarif : 🦶 *18 – 🔲 12 – 🔋 10 (6A)*
  Location (avril-oct.) : *gîtes, studios*

VIELLE-AURE

65 H.-Pyr. – 🗖 ⑲ – rattaché à St-Lary-Soulan.

VIELLE-ST-GIRONS

40560 Landes 🔟 – 🗖 ⑯ .
Paris 723 – Castets 16 – Dax 39 – Mimizan 32 – Soustons 28.

△△△ **Le Col Vert** Pâques-sept.
  ℰ 05 58 42 94 06, Fax 05 58 42 91 88 – S : 5,5 km par D 652, bord de l'étang de Léon « Site
  agréable » ⊶ ♨ dans locations – **R** conseillée 15 juil.-15 août – **GB** ⚡
  24 ha (800 empl.) plat, sablonneux ⚲
  🎋 🎋 ⌕ 🖭 🛆 ☺ 🛆 ☜ 🖭 🖻 – ⅀, ♈ ✕ 🔧 – 🍽 🏓 🎣 ⛲ 🏓 🚲·◉ ♨ 🏊 🏊 🛶 ⚡ 🏇
  – A proximité : 🛖
  Tarif : 🦶 *25 piscine comprise – 🚐 14 – 🔲 57/95 – 🔋 20 (3A) 22,50 (6A) 32 (10A)*
  Location : 🛖 *1090 à 2790 – 🚐 1590 à 3990 – 🚚 1690 à 4490 – bungalows toilés*

△ **Aire Naturelle Bel Air** 15 juin-15 sept.
  ℰ 05 58 42 99 28 – SO : 5,2 km par D 652, rte de Léon et D 328, rte de Pichelèbe à droite – Ⓜ
  🐾 ⊶ – **R** conseillée juil.-août
  1 ha (25 empl.) plat, herbeux, sablonneux ⚲ pinède
  🎋 🎋 ⚲ 🛆 ☺ 🖻 – 🏓
  Tarif : (Prix 1998) 🔲 *2 pers. 65, pers. suppl. 15 – 🔋 14 (6A) 18 (10A)*

△ *Municipal les Tourterelles* juin-sept.
🏕 05 58 47 93 12, Fax 05 58 47 92 03 – O : 5,2 km par D 42, à St-Girons-Plage, à 300 m de l'océan (accès direct) – ⏚ « Entrée fleurie » ⚬— – ᴿ – ⏺ ♻
18 ha (822 empl.) plat, peu incliné, vallonné, sablonneux ♀ pinède
⏚ 🗻 ⏚ ⊙ 🜂 🖩 🖬 – 🛶
Tarif : 🖭 *1 ou 2 pers. 62 (95 avec élect. 6A), pers. suppl. 18*

VIERVILLE-SUR-MER

14710 Calvados 🗗 – 🖪🖪 ④ G. Normandie Cotentin – 256 h. alt. 41.
Paris 282 – Bayeux 22 – Caen 51 – Carentan 32 – St-Lô 42.

ᴀᴀ *Omaha-Beach* 10 avril-12 sept.
🏕 02 31 22 41 73 – sortie Nord-Ouest rte de Grandcamp-Maisy et chemin à droite, accès direct à la plage – ⏚ ⫶ ⚬— – ᴿ – ⏺ ♻
4 ha (293 empl.) plat, en terrasses, herbeux 🖃
⏚ 🗻 ⏚ 🖩 ⏚ ⊙ 🜂 🖬 – 🜂 – 🛶 – A proximité : ⸕
Tarif : ⚘ *22* – 🖭 *22* – 🛇 *22 (6A)*

VIERZON

18100 Cher 🔟 – 🖪🖪 ⑲ ⑳ G. Berry Limousin – 32 235 h. alt. 122.
🄳 Office de Tourisme 26 pl. Vaillant-Couturier 🏕 02 48 52 65 24, Fax 02 48 71 62 21.
Paris 210 – Auxerre 140 – Blois 74 – Bourges 34 – Châteauroux 59 – Orléans 87 – Tours 115.

△ *Municipal de Bellon* mai-sept.
🏕 02 48 75 49 10 – au Sud-Est de la ville par rte d'Issoudun et à gauche, quartier de Bellon, à 50 m du Cher (accès direct) – ⚬— – ᴿ conseillée juil.-août – ♻
1,8 ha (95 empl.) plat et peu incliné, herbeux 🖃 ♀
⏚ 🗻 ⏚ 🖩 ⊙ 🜂 🗤 – 🍴 – 🖾
Tarif : (Prix 1998) ⚘ *16,30* – 🖭 *16,80/22,60* – 🛇 *14,20 (6A)*

VIEURE

03430 Allier 🕚 – 🖪🖪 ⑬ – 287 h. alt. 240.
Paris 340 – Bourbon-l'Archambault 17 – Cérilly 18 – Cosne-d'Allier 5 – Montluçon 33 – Moulins 41.

△ *La Borde* mai-sept.
🏕 04 70 02 04 52 – E : 0,5 km par D 94, rte de Bourbon-l'Archambault, puis 2,4 km par chemin à droite, à 150 m d'un plan d'eau – ⏚ ⚬— – ᴿ conseillée
1 ha (50 empl.) peu incliné et plat, herbeux
⏚ 🗻 ⏚ ⏚ ⊙ – 🍴 🗙 – 🖾 🗤 – A proximité : 🚲 🏊 ⚲
Tarif : ⚘ *15* – 🖭 *18* – 🛇 *12 (6A)*
Location : *huttes, gîte d'étape*

VIEUX-BOUCAU-LES-BAINS

40480 Landes 🔞 – 🖪🖪 ⑯ G. Pyrénées Aquitaine – 1 210 h. alt. 5.
Paris 739 – Bayonne 37 – Biarritz 45 – Castets 28 – Dax 36 – Mimizan 55 – Mont-de-Marsan 87.

ᴀᴀ *Municipal les Sablères* avril-15 oct.
🏕 05 58 48 12 29, Fax 05 58 48 20 70 – au Nord-Ouest de la localité par bd du Marensin, à 250 m de la plage (accès direct) – ⚬— juil.-août – ᴿ conseillée – ⏺ ♻
11 ha (591 empl.) plat et accidenté, sablonneux, herbeux ♀♀ (4 ha)
⏚ 🗻 🗻 🖩 ⏚ ⏚ ⊙ 🖬 – 🛶 – A proximité : 🗙
Tarif : (Prix 1998) ⚘ *12* – 🖭 *60 (72 ou 82 avec élect. 5 ou 10A)*

Le VIGAN

30120 Gard 🔢 – 🖪🖪 ⑯ G. Gorges du Tarn – 4 523 h. alt. 221.
🄳 Office de Tourisme (en saison : fermé dim. après-midi) pl. du Marché 🏕 04 67 81 01 72, Fax 04 67 81 86 79.
Paris 713 – Alès 64 – Lodève 50 – Mende 102 – Millau 71 – Montpellier 63 – Nîmes 76.

ᴀᴀ *Le Val de l'Arre* avril-sept.
🏕 04 67 81 02 77, Fax 04 67 81 71 23 – E : 2,5 km par D 999 rte de Ganges et chemin à droite, bord de l'Arre – ⚬— – ᴿ conseillée juil.-août – ⏺ ♻
4 ha (180 empl.) plat, peu incliné et en terrasses, herbeux ♀♀
⏚ 🗻 🗻 🖩 ⏚ 🗻 ⏚ ⊙ 🖬 – 🜂 🍴 🛒 – 🖾 🗤
Tarif : (Prix 1998) 🖭 *piscine comprise 2 à 5 pers. 74 à 130, pers. suppl. 16* – 🛇 *14 (4A) 18 (6A)*
Location : 🏠 *1000 à 2100*

▶ *Zoekt u in een bepaalde streek*
  - *een fraai terrein (* △ ... ᴀᴀᴀᴀ *)*
  - *een terrein dat het hele jaar open is (***Permanent***)*
  - *of alleen een terrein op uw reisroute of een terrein voor een langer verblijf,*

raadpleeg dan de lijst van plaatsnamen in de inleiding van de gids.

Le VIGAN

46300 Lot 🔲 – 🔲 ⑧ G. Périgord Quercy – 922 h. alt. 224.
Paris 542 – Cahors 42 – Gourdon 5 – Labastide-Murat 19 – Payrac 8 – Rocamadour 28.

▲▲ **Le Rêve** 25 avril-23 sept.
🅿 05 65 41 25 20, Fax 05 65 41 68 52 – N : 3,2 km par D 673, rte de Souillac puis 2,8 km par chemin à gauche – 🌄 ⊶ – **R** conseillée 12 juil.-19 août – 🚲
2,5 ha (60 empl.) en terrasses, peu incliné et plat, bois attenant 🔲
🚻 🗍 🍳 🗟 ⊕ 🗟 – 🖀 – 🛒 🚵 🚲 🛶
Tarif : *♦ 23 piscine comprise* – 🔲 *28* – 🔟 *14 (6A)*
Location : 🏠 *1250 à 2700*

VIGEOIS

19410 Corrèze 🔲 – 🔲 ⑧ G. Berry Limousin – 1 210 h. alt. 390.
Paris 456 – Aubusson 105 – Bourganeuf 86 – Brive-la-Gaillarde 34 – Limoges 66 – Périgueux 81 – Tulle 32.

▲▲ **Municipal du Lac de Pontcharal** juin-15 sept.
🅿 05 55 98 90 86 – SE : 2 km par D 7, rte de Brive, près du lac de Pontcharal – 🌄 ≤ « Site agréable » ⊶ juil.-août – **R** conseillée 15 juil.-15 août – 🚲
1,7 ha (88 empl.) incliné à peu incliné et en terrasses, herbeux 🞉🞉
🚻 🗍 🗟 🔊 ⊕ 🗟, 🗟 – 🍴 – 🛒 – A proximité : 🞉 (plage)
Tarif : (Prix 1998) *♦ 11* – 🔲 *13* – 🔟 *14 (15A)*

VIGNEC

65 H.-Pyr. – 🔲 ⑲ – rattaché à St-Lary-Soulan.

Les VIGNES

48210 Lozère 🔲 – 🔲 ⑤ G. Gorges du Tarn – 103 h. alt. 410.
Paris 620 – Mende 53 – Meyrueis 32 – Le Rozier 10 – Ste-Enimie 25 – Sévérac-le-Château 22.

▲ **La Blaquière** mai-5 sept.
🅿 04 66 48 54 93 – NE : 6 km par D 907Bis, rte de Florac, bord du Tarn – ⊶ juil.-août – **R** conseillée 14 juil.-15 août – 🚲
1 ha (72 empl.) plat et terrasse, herbeux, pierreux 🔲 🞉🞉
🚻 🗍 🗟 🔊 ⊕ 🗟 – 🖀, 🖀 – 🛒 🚵 🞉
Tarif : 🔲 *2 pers. 60* – 🔟 *12 (4A)*
Location : 🚐 *1000 à 1300*

▲ **Beldoire** avril-sept.
🅿 04 66 48 82 79 – N : 0,8 km par D 907Bis, rte de Florac, bord du Tarn – ≤ « Site agréable » ⊶ – **R** conseillée – 🅶🅱 🚲
4 ha (141 empl.) plat, en terrasses, herbeux, pierreux 🞉🞉 (2 ha)
🚻 🗍 🍳 🗟 🔊 ⊕ 🗟 – 🖀, 🍴 snack 🖀 – 🛒 🚲 🞉 🞉
Tarif : 🔲 *piscine comprise 2 pers. 76, pers. suppl. 20* – 🔟 *15*
Location *(juin-15 sept.)* : bungalows toilés

VIGNOLES

21 Côte-d'Or – 🔲 ⑨ – rattaché à Beaune.

VIHIERS

49310 M.-et-L. 🔲 – 🔲 ⑦ – 4 131 h. alt. 100.
Paris 335 – Angers 45 – Cholet 28 – Saumur 40.

▲ **Municipal de la Vallée du Lys** Pentecôte-15 sept.
🅿 02 41 75 00 14 – sortie Ouest par D 960, rte de Cholet puis D 54 à droite rte de Valanjou, bord du Lys – 🌄 – **R** – 🚲
0,3 ha (30 empl.) plat, herbeux 🞉
🚻 🗍 🍳 🖀 ⊕ – 🛒 🛶 🅿
Tarif : (Prix 1998) 🔲 *2 pers. 34,70, pers. suppl. 6,80* – 🔟 *11,80 (6A)*

VILLAMBLARD

24140 Dordogne 🔲 – 🔲 ⑤ – 813 h. alt. 120.
Paris 517 – Bergerac 26 – Mussidan 17 – Périgueux 32.

▲ **Municipal** 15 juin-15 sept.
🅿 05 53 81 91 87 – E : 0,8 km par D 39, rte de Douville et chemin à droite – 🌄 – **R**
1 ha (40 empl.) peu incliné, plat, herbeux 🞉🞉
🚻 🗍 🍳 🖀 ⊕
Tarif : *♦ 10* – 🔲 *10* – 🔟 *8 (5A) 11 (plus de 5A)*

VILLARD-DE-LANS

38250 Isère 🗓 – 🔟 ④ G. Alpes du Nord – 3 346 h. alt. 1 040 – Sports d'hiver : : 1 050/2 170 m 🚡2 🎿25 🎿.
🛈 Office de Tourisme pl. Mure-Ravaud 🕿 04 76 95 10 38, Fax 04 76 95 98 39, Centrale de Réservation 🕿 04 76 95 96 96.
Paris 586 – Die 69 – Grenoble 35 – Lyon 125 – Valence 69 – Voiron 47.

 ⚠️ **L'Oursière** fermé 1ᵉʳ au 25 oct.
  🕿 04 76 95 14 77, Fax 04 76 95 58 11 – sortie Nord par D 531, rte de Grenoble, chemin pour piétons
  reliant le camp au village – ❄️ ≤ o━ – **R** – ⊞ ⊘
  4 ha (200 empl.) plat, peu incliné, pierreux, herbeux
  ⊞ & ☽ ⇌ ⛺ ⊡ ⊕ ⊞ ▣ – 🏕 ⚄ ♣️ – A proximité : ⊠ ⊼ toboggan aquatique patinoire
  Tarif : ▣ *1 pers. 56, pers. suppl. 20* – 🔌 *6 (2A) 18 (6A) 30 (10A)*

VILLAREMBERT

73300 Savoie 🗓 – 🔟 ⑦ – 209 h. alt. 1 296.
Paris 647 – Aiguebelle 48 – Chambéry 85 – St-Jean-de-Maurienne 13 – La Toussuire 7.

 ⚠️ **Municipal la Tigny** juil.-août
  🕿 04 79 83 02 51 – sortie Sud par D 78 et chemin à gauche, près d'un ruisseau – ≤ – **R**
  0,3 ha (27 empl.) plat et peu incliné, terrasses, gravier, herbeux
  ☽ ⇌ ⊡ ⊕ ⚄ ▽
  Tarif : (Prix 1998) ♣ *15* – ⚐ *8* – ▣ *10* – 🔌 *10*

VILLARD-LOUBIÈRE

05800 H.-Alpes 🗓 – 🔟 ⑯ – 59 h. alt. 1 026.
Paris 651 – La Chapelle-en-Valgaudémar 5 – Corps 22 – Gap 44 – La Mure 47.

 ⚠️ **Les Gravières** juin-sept.
  🕿 04 92 55 35 35 – ⊏ : 0,7 km par rte de la Chapelle-en-Valgaudémar et chemin à droite, bord de
  la Séveraisse – ⅖ ≤ o━ juil.-15 sept. – **R** – ⊘
  2 ha (50 empl.) plat, pierreux, herbeux, sous-bois ♀
  ☽ ⚄ ⊕ – ✄
  Tarif : ♣ *12* – ▣ *11/15* – 🔌 *9 (2A) 13 (5A)*

VILLARS-COLMARS

04370 Alpes-de-H.-Pr. 🔟 – 🔢 ⑧ – 203 h. alt. 1 225.
Paris 780 – Annot 33 – Barcelonnette 47 – Colmars 3 – St-André-les-Alpes 25.

 ⚠️ **Le Haut-Verdon** 26 juin-août
  🕿 04 92 83 40 09, Fax 04 92 83 56 61 – par D 908, bord du Verdon – ≤ o━ – **R** conseillée – ⊞
  ⊘
  3,5 ha (130 empl.) plat, pierreux ⊏⊐ ♀♀ pinède
  ☽ ⇌ ⊡ & ⊡ ⊕ ⚄ ▽ ▣ – ⊒ ♟ – 🏕 ♣️ – ✄ ⊼
  Tarif : ♣ *26 piscine comprise* – ▣ *56* – 🔌 *15 (6A) 20 (10A)*

VILLARS-LES-DOMBES

01330 Ain 🗓 – 🔟 ② G. Vallée du Rhône – 3 415 h. alt. 281.
Paris 433 – Bourg-en-Bresse 32 – Lyon 36 – Villefranche-sur-Saône 27.

 ⚠️ **Municipal les Autières** début avril-fin sept.
  🕿 04 74 98 00 21 – sortie Sud-Ouest, rte de Lyon et à gauche, avenue des Nations, près de la piscine,
  bord de la Chalaronne – Places limitées pour le passage « Entrée fleurie et cadre agréable » o━ –
  R – ⊘
  5 ha (238 empl.) plat, peu incliné, herbeux ⊏⊐ ♀
  & ☽ ⇌ ⊡ ⊕ ▣ – ♟ snack – 🏕 ♣️ – A proximité : ✄ ⊠ ⊼
  Tarif : (Prix 1998) ♣ *18,50* – ⚐ *12,70* – ▣ *24,50* – 🔌 *17 (6A)*

VILLECROZE

83690 Var 🔟 – 🔢 ⑥ G. Côte d'Azur – 1 029 h. alt. 300.
🛈 Syndicat d'Initiative r. A.-Croizat 🕿 04 94 67 50 00, Fax (Mairie) 04 94 67 53 29.
Paris 846 – Aups 8 – Brignoles 29 – Draguignan 21 – St-Maximin-la-Ste-Baume 49.

 ⚠️ **Le Ruou** Pâques-oct.
  🕿 04 94 70 67 70, Fax 04 94 70 64 65 – SE : 5,4 km par D 251, rte de Barbebelle et D 560, rte
  de Flayosc, bord de rivière, Accès conseillé par D 560 – o━ – **R** conseillée juil.-août – ⊞ ⊘
  4,3 ha (100 empl.) en terrasses, plat, herbeux ♀♀
  & ☽ ⇌ ⚄ ⊕ ▣ – ♟ snack, pizzeria ⇌ – 🏕 ♣️
  Tarif : ▣ *piscine comprise 2 pers. 70, pers. suppl. 15* – 🔌 *15 (6A) 20 (10A)*
  Location : 🛏 *1150 à 2300* – 🛖 *1350 à 3300* – bungalows toilés

 ⚠️ **Cadenières** Permanent
  🕿 04 94 67 58 30 – SE : 4,4 km par D 251, rte de Barbebelle, D 560, rte de Flayosc et chemin à
  droite, Accès conseillé par D 560 – ⅖ o━ – **R** conseillée – ⊘
  12 ha/1 campable (90 empl.) en terrasses, plat, peu incliné, pierreux, herbeux ⊏⊐ ♀
  ☽ ⇌ ⊕ ⚄ ▽ ▣ – ♟ snack, pizzeria ⇌ – 🏕
  Tarif : ♣ *25 piscine et tennis compris* – ▣ *30/40* – 🔌 *20 (10A)*
  Location : 🛏 *1600 à 2000* – 🛖 *2320 à 2900*

50800 Manche 🄐 – 🄝🄝 ⑧ G. Normandie Cotentin – 4 356 h. alt. 105.
🄑 Office de Tourisme pl. des Costils 🕿 02 33 61 05 69, (hors saison) Mairie 🕿 02 33 61 00 16.
Paris 310 – Alençon 122 – Avranches 22 – Caen 80 – Flers 59 – St-Lô 36.

△△ **Municipal le Pré de la Rose** Pâques-sept.
🕿 02 33 61 02 44 – accès par centre ville, r. des Costils à gauche de la poste, bord de la Sienne
– 🏊 ⚡ – **R** conseillée 15 juil.-15 août – ⌀ᵥ
1,2 ha (100 empl.) plat, herbeux, gravillons ⌷ ⚲
⌷ ⌷ ⌷ ⌷ ⌷ ⌷ ⌷ – ⌷ ⌷ ⌷ % – A proximité : ⌷
Tarif : (Prix 1998) ⚹ 15 – ⇔ 4 – 🄔 15 – 🄘 15,50

48800 Lozère 🄖 – 🄝🄜 ⑦ G. Gorges du Tarn – 700 h. alt. 600.
🄑 Office de Tourisme r. de l'Église 🕿 04 66 46 87 30, Fax 04 66 46 85 83.
Paris 624 – Alès 54 – Aubenas 61 – Florac 66 – Mende 57 – Pont-St-Esprit 90 – Le Puy-en-Velay 87.

△△ **Le Lac** juin-sept.
🕿 04 66 46 81 27 – N : 3,2 km par D 906, rte de Prévenchères et rte de Pourcharesses à gauche,
près du lac (accès direct) 🏊 ⚡ ⚡ – **R** conseillée juil.-août – ⌀ᵥ
4 ha (75 empl.) en terrasses, plat, gravillons, herbeux ⌷ ⚲
⌷ ⌷ ⌷ ⌷ ⌷ ⌷ ⌷ ⌷ ⌷ ⌷ ⌷ – ⌷ ⌷ ⌷ – A proximité : ⚱
Tarif : 🄔 piscine comprise 2 pers. 60/70 ou 80 avec élect. (6A)
Location : ⌷ 700 à 1000 – ⌷ 1000 à 2200 – ⌷ 1300 à 2800

△△ **La Palhère** mai-sept.
🕿 04 66 46 80 63 – SO : 4 km par D 66, rte du Mas-de-la-Barque, bord d'un torrent, alt. 750 – 🏊
⚡ ⚡ – **R** conseillée juil.-août – ⌀ᵥ
1,8 ha (45 empl.) en terrasses, herbeux, pierreux ⚲
⌷ ⌷ ⌷ ⌷ ⌷ ⌷ ⌷ – ✕ ⌷ – ⌷
Tarif : 🄔 piscine comprise 2 pers. 52/65 ou 72 avec élect., pers. suppl. 19

▶ *Utilisez les cartes **MICHELIN** détaillées à 1/200 000,*
complément indispensable de ce guide.

ᴑ *Ce symbole signale la localité sélectionnée*
*dans le **guide** Michelin « **CAMPING CARAVANING FRANCE** ».*

11230 Aude 🄖 – 🄝🄚 ⑥ – 80 h. alt. 420.
Paris 802 – Belcaire 26 – Carcassonne 55 – Lavelanet 24 – Mirepoix 26 – Quillan 21.

△△△ **L'Eden II** mi-mars-mi-oct.
🕿 04 68 69 26 33, Fax 04 68 69 29 95 – S : 1 km par D 12, rte de Puivert, bord du Bleau – 🏊 ⚡
– **R** conseillée juil.-août – ⌷ ⌀ᵥ
50 ha/4 campables (75 empl.) plat, terrasses, herbeux ⌷ ⚲⚲
⌷ ⌷ ⌷ ⌷ ⌷ (8 sanitaires individuels : ⌷ ⌷ ⌷ wc) ⌷ ⌷ ⌷ ⌷ – ⌷ ⊺ snack ⌷ – ⌷ ⌷ % ⌷
practice de golf
Tarif : (Prix 1998) 🄔 piscine comprise 1 ou 2 pers. 101 (avec élect. 130 ou 160 avec sanitaires
individuels), pers. suppl. 18
Location : ⌷ 1580 à 2990

24610 Dordogne 🄙 – 🄝🄠 ⑬ – 735 h. alt. 70.
Paris 538 – Bergerac 39 – Castillon-la-Bataille 16 – Libourne 29 – Montpon-Ménestérol 12 – Ste-Foy-la-Grande
23.

△△ **Intercommunal de Gurson** avril-oct.
🕿 05 53 80 77 57 – SE : 2 km, près du lac – ⚡ % juin-sept. dans locations – **R** conseillée – ⌀ᵥ
2 ha (80 empl.) peu incliné et plat, sablonneux ⚲⚲
⌷ ⌷ ⌷ – ⌷ – A proximité : ⚱ avec toboggan aquatique, poneys, parcours sportif ⊺ ✕ ⌷ %
⌷ ⌷ ⌷
Tarif : ⚹ 16,90 – 🄔 14,80 – 🄘 18 (6A)
Location : gîtes

12200 Aveyron 🄖 – 🄝🄠 ⑳ G. Gorges du Tarn – 12 291 h. alt. 230.
🄑 Office de Tourisme Prom. Guiraudet 🕿 05 65 45 13 18, Fax 05 65 45 55 58.
Paris 606 – Albi 68 – Cahors 61 – Montauban 76 – Rodez 57.

△ **Le Rouergue** 30 avril-sept.
🕿 05 65 45 16 24 – SO : 1,5 km par D 47, rte de Monteils – ⚡ – **R** – ⌷ ⌀ᵥ
1,8 ha (70 empl.) plat, herbeux ⌷ ⚲
⌷ ⌷ ⌷ ⌷ – ⌷ – A proximité : ⌷
Tarif : 🄔 2 pers. 60 – 🄘 10 (3A)

47160 L.-et-G. **14** – **79** ⑬ G. Pyrénées Aquitaine – 366 h. alt. 58.
Paris 683 – Agen 45 – Aiguillon 14 – Casteljaloux 9 – Marmande 27 – Nérac 30.

   ⚠ *Le Moulin du Campech* Pâques-Toussaint
     ℰ 05 53 88 72 43, Fax 05 53 88 06 52 – S : 4 km sur D 11, bord de l'Ourbise et près d'un étang,
     Pour caravanes, accès conseillé par D 120 et D 11 à gauche rte de Damazan – ⊶ – **R** conseillée
     – ⅁⅀ ⨯
     5 ha/1 campable (60 empl.) plat, herbeux ⊏⊐ ❀❀
     ⌖ ⌂ ⩰ ⊛ ▤ – ⵐ snack – ⌓ ⩦ ⵣ
     Tarif : ⴲ 25 *piscine comprise* – ▣ 47 – ⒢ 15 (2A) 20 (6A)

69400 Rhône **11** – **74** ① G. Vallée du Rhône – 29 542 h. alt. 190.
🛈 Office de Tourisme 290 r. de Thizy *ℰ* 04 74 68 05 18, Fax 04 74 68 44 91.
Paris 432 – Bourg-en-Bresse 54 – Lyon 35 – Mâcon 45 – Roanne 73.

   ⚠ *Municipal* mai-15 sept.
     ℰ 04 74 65 33 48 – SE : 3,5 km, près de la Saône et d'un plan d'eau – ⊶ – **R** – ⅁⅀ ⨯
     2 ha (127 empl.) plat, herbeux ❀❀
     ⌖ ⌂ ⩰ ⌂ ⚖ ⩦ ⊛ ▤ – ⵐ – ⵣ (plage)
     Tarif : (Prix 1998) ▣ 2 pers. 48 (58 avec élect.), pers. suppl. 17

66740 Pyr.-Or. **15** – **86** ⑲ – 831 h. alt. 150.
Paris 886 – Argelès-sur-Mer 11 – Le Boulou 11 – Collioure 18 – La Jonquera 24 – Perpignan 27.

   ⚠ *Le Soleil d'Or* 15 mai-sept.
     ℰ 04 68 89 72 11 – sortie Nord, rte de St-Génis-des-Fontaines – ≼ ⊶ – **R** conseillée 15 juil.-
     15 août – ⨯
     0,6 ha (44 empl.) plat et peu incliné, pierreux, herbeux ⊏⊐ ❀ verger
     ⌖ ⌂ ⩰ ⊛ ▤ – A proximité : ✄
     Tarif : ▣ 2 pers. 65, pers. suppl. 19 – ⒢ 17 (10A)

11 Aude – **83** ⑪ – rattaché à Carcassonne.

66180 Pyr.-Or. **15** – **86** ⑲ – 3 189 h. alt. 60.
Paris 869 – Argelès-sur-Mer 16 – Céret 29 – Perpignan 9 – Port-Vendres 25 – Prades 51.

   ⚠ *Municipal les Rives du Lac* mars-nov.
     ℰ 04 68 55 83 51, Fax 04 68 55 86 37 – O : 2,5 km par D 39, rte de Pallestres et chemin à gauche,
     bord du lac – ⅏ ≼ ⊶ – **R** conseillée – ⅁⅀ ⨯
     3 ha (158 empl.) plat, herbeux ⊏⊐
     ⌖ ⌂ ⩰ ⌂ ⩦ ⊛ ⚥ ⛆ ▤ – ⵐ snack ⵣ – ⩦ ⵣ
     Tarif : ▣ 2 pers. 70/80, pers. suppl. 18 – ⒢ 16 (6A)
     Location : ⛺ 1500 à 2600 .bungalows toilés

66760 Pyr.-Or. **15** – **86** ⑯ – 457 h. alt. 1 350.
Paris 864 – Ax-les-Thermes 44 – Bourg-Madame 6 – Font-Romeu-Odeillo-Via 13 – Perpignan 102 – Prades 56.

   ⚠ *Municipal Sol y Neu* Permanent
     ℰ 04 68 04 66 83, Fax 04 68 04 64 89 – sortie Nord-Est par D 618, rte de Font-Romeu à 100 m
     de l'Angoustrine – ≼ ⊶ – **R** conseillée hiver – ⅁⅀ ⨯
     2,5 ha (90 empl.) plat et en terrasses, herbeux
     ⫼ ⌖ ⌂ ⩰ ⌂ ⩰ ▤
     Tarif : (Prix 1998) ⴲ 18 – ⇌ 15 – ▣ 18 – ⒢ 15 (3A) 20 (6A)

30400 Gard **16** – **81** ⑪ ⑫ G. Provence – 10 730 h. alt. 23.
🛈 Office de Tourisme 1 pl. Ch.-David *ℰ* 04 90 25 61 33, Fax 04 90 25 91 55.
Paris 682 – Avignon 5 – Nîmes 46 – Orange 22 – Pont-St-Esprit 42.

   ⚠ *L'Île des Papes* 27 mars-oct.
     ℰ 04 90 15 15 90, Fax 04 90 15 15 91 – NE : 4,5 km par D 980, rte de Roquemaure et D 780 à
     droite, rte du barrage de Villeneuve, entre le Rhône et le canal – ⅏ ≼ ⊶ – **R** conseillée juil.-août
     – ⅁⅀ ⨯
     20 ha (348 empl.) plat, gravillons, herbeux, plan d'eau
     ⫼ ⌖ ⌂ ⩰ ⌂ ⩦ ⊛ ⚥ ▤ – ⵣ ⵐ ✗ – ⌂ ⨝ ⩦ ⵣ ⬳ ⊛ ⵙ ⵤ
     Tarif : ▣ *piscine comprise* 2 pers. 150 – ⒢ 15 (8A)
     Location : ⛺ 2180 à 3180 – bungalows toilés

▲▲ *Municipal de la Laune* avril-16 oct.
    𝒫 04 90 25 76 06 – au Nord-Est de la ville, chemin St-Honoré, accès par D 980, près du stade et des piscines « Plantations décoratives » o━ – **R** – ⚲
2,3 ha (123 empl.) plat, herbeux ⌒ ♒
    ᵫ ﹄ ⇆ 🖼 ☺ 🖃 – ⚲ – 🛁 – A proximité : ✵ ☒ ⚓
Tarif : (Prix 1998) ✚ *19 piscine et tennis compris* – ⇦ *11* – 🗐 *17* – 🔌 *15 (6A)*

VILLENEUVE-LÈS-BÉZIERS

34420 Hérault 🔢 – 🔢 ⑮ – 2 972 h. alt. 6.
Paris 769 – Agde 19 – Béziers 8 – Narbonne 36 – Sète 43.

▲▲ *Les Berges du Canal* 15 avril-15 sept.
    𝒫 04 67 39 36 09, Fax 04 67 39 82 07 – NE : bord du canal du Midi (halte nautique) – ⚲ o━ –
R conseillée juil.-août – GB ⚲
1,6 ha (75 empl.) plat, herbeux ⌒ ♒
    ᵫ ﹄ ⇆ 🖼 ♒ ☺ 🖃 – ♟ ✕ ⚲ – 🛁 ♿ ⚓
Tarif : (Prix 1998) 🗐 *piscine comprise 2 pers. 100, pers. suppl. 18* – 🔌 *15 (6A)*
Location : ⛺ *900 à 2300* – 🚐 *1300 à 2700*

VILLENEUVE-LES-GENÊTS

89350 Yonne 🖽 – 🔢 ③ – 230 h. alt. 186.
Paris 161 – Auxerre 43 – Bléneau 13 – Joigny 43 – Montargis 48 – St-Fargeau 11.

▲ *Le Bois Guillaume* Permanent
    𝒫 03 86 45 45 41, Fax 03 86 45 49 20 – NE : 2,7 km – ⚲ « Agréable cadre boisé » o━ – **R** conseillée
– GB ⚲
8 ha/3 campables (80 empl.) plat, sous-bois, petit étang ♒
    ᵫ ﹄ ⇆ 🖼 ☺ ♿ ⚲ ↝ 🖃 – ♟ ✕ ⚲ – 🚲 ✵ ⚓
Tarif : ✚ *19 piscine comprise* – ⇦ *12* – 🗐 *12* – 🔌 *16 (5A)*
Location : ⛺ *1600 à 2200* – 🚐 *2100 à 2650* – 🏠 *2100 à 2650*

VILLENEUVE-LOUBET

06270 Alpes-Mar. 🔢 – 🔢 ⑨ G. Côte d'Azur –
11 539 h. alt. 10.
🅱 Office de Tourisme 16 av. de la Mer
𝒫 04 93 20 49 14, Fax 04 93 20 40 23.
Paris 917 – Antibes 10 – Cagnes-sur-Mer 4 – Cannes
20 – Grasse 23 – Nice 16 – Vence 13.

à Villeneuve-Loubet-Plage S : 5 km – ✉
06270 Villeneuve-Loubet :

▲▲ *Parc des Maurettes* 10 janv.-
15 nov.
    𝒫 04 93 20 91 91, Fax 04 93 73 77 20 –
730 av. du Dr.-Lefebvre par N 7 – o━
🅿(tentes) – **R** conseillée – GB ⚲
2 ha (140 empl.) en terrasses, pierreux,
gravier ⌒ ♒
    ⊞ ᵫ ﹄ ⇆ 🖼 ♒ ☺ ⚲ ↝ 🖭 🖃 – ♟ snack
⚲ – 🛁 ♿ – A proximité : 🛒
Tarif : 🗐 *2 pers. 62 à 113/75 à 132* – 🔌 *13
(3A) 18 (6A) 21 (10A)*
Location : 🏠

▲ *L'Orée de Vaugrenier* 15 mars-
15 oct.
    𝒫 04 93 33 57 30 –, réservé aux
caravanes, S : 2 km, près du Parc – ⚲
« Cadre agréable » o━ – **R** conseillée
Pâques, juil.-août
0,9 ha (51 empl.) plat, herbeux, gravier ⌒
♒
    ᵫ ⇆ 🖼 ☺ ☺ ↝ ↝ 🖃
Tarif : (Prix 1998) 🗐 *3 pers. 103, 4 pers. 128
ou 140, pers. suppl. 20* – 🔌 *11 à 19 (2 à
10A)*

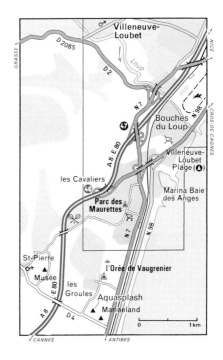

VILLEPINTE

11150 Aude 🔢 – 🔢 ⑳ – 1 017 h. alt. 130.
Paris 767 – Carcassonne 25 – Castelnaudary 12 – Montréal 13 – Revel 32.

▲ *Municipal Champ de la Rize* juin-sept.
    𝒫 04 68 94 30 13 – sortie Nord-Est – ⚲ « Parc » – **R**
1 ha (50 empl.) plat, herbeux ♒
    ᵫ ﹄ ♒ ☺ ⚲ – 🛁 – A proximité : ✵
Tarif : (Prix 1998) ✚ *11* – 🗐 *15/20* – 🔌 *10 (6A)*

47210 L.-et-G. **14** – **79** ⑤ G. Pyrénées Aquitaine – 1 195 h. alt. 103.
Paris 568 – Agen 60 – Bergerac 35 – Cahors 75 – Marmande 57 – Sarlat-la-Canéda 64 – Villeneuve-sur-Lot 30.

△△△ **Château de Fonrives** 9 mai-19 sept.
℘ 05 53 36 63 38, Fax 05 53 36 09 98 – NO : 2,2 km par D 207, rte d'Issigeac et à gauche, au château – ⅚ ≼ « Agréable domaine boisé autour d'un étang » ⊶ – **R** conseillée juil.-août – ⊝ ⌀
20 ha/10 campables (200 empl.) plat, peu incliné, terrasses, herbeux, pierreux ⊏⊐ ♀ (2 ha)
⅗ ⌂ ⇌ ⌸ ⌂ ⌂ ⌁ ⌇ ⌸ – ⌰ ♀ ✗ ⌁ – ⌇ ⌁⌁ ♣♣ ⌂ ⌇ parcours sportif
Tarif : ▣ piscine comprise 2 pers. 120, pers. suppl. 33 – ฿ 18 (4A) 20 (6A) 25 (10A)
Location : ⌂⌂ 1200 à 3350 – ⌂⌂ 1600 à 3650 – bungalows toilés

△△ **Fontaine du Roc** 15 avril-15 sept.
℘ 05 53 36 08 16 – SE : 7,3 km par D 104, rte de Monpazier et à droite par rte d'Estrade – ⅚ ≼ ⊶ – **R** conseillée – ⌀
2 ha (30 empl.) plat, herbeux ♀ (0,8 ha)
⅗ ⌂ ⇌ ⌸ ⌂ ⌂ ⌁ ⌸ – ⌰ ⌸ – ฿ 20 piscine comprise – ▣ 28/32 – ฿ 12 (5A) 20 (10A)
Tarif : ฿ 20 piscine comprise – ▣ 28/32 – ฿ 12 (5A) 20 (10A)

à St-Étienne-de-Villeréal SE : 3 km par D 255 et à droite – 233 h. alt. 130 – ⌧ 47210 St-Étienne-de-Villeréal :

△△△ **Les Ormes**
℘ 05 53 36 60 26, Fax 05 53 36 69 90 – à 0,9 km au Sud du bourg – ⅚ ⊶
20 ha/8 campables (140 empl.) plat et peu incliné, terrasses, herbeux, bois, étang ⌇⌇
(1,5 ha)
⅗ ⌂ ⇌ ⌸ ⌂ ⌂ ⌁ ⌇ ▣ – ⌰ ✗ pizzeria ⌁ – ⌇ ⌁⌁ ♣ ⌁ ⌇ ⌁
Location : ⌂⌂

62690 P.-de-C. **1** – **53** ① – 315 h. alt. 116.
Paris 199 – Abbeville 73 – Arras 21 – Béthune 26 – Boulogne-sur-Mer 100 – Calais 99 – Doullens 34.

△ **La Hulotte** avril-oct.
℘ 03 21 59 00 68, Fax 03 21 48 02 77 – NO : 2 km, à Guestreville – Places limitées pour le passage
⊶ – ⊝ ⌀
2 ha (48 empl.) plat et peu incliné, herbeux ♀
⌂ ⇌ ⌂ ⌂ ⌁ – ⌰ ✗
Tarif : ฿ 22 – ▣ 22 – ฿ 18 (10A)
Location : ⌂

70110 H.-Saône **8** – **66** ⑦ – 1 460 h. alt. 287.
Paris 386 – Belfort 42 – Besançon 59 – Lure 18 – Montbéliard 35 – Vesoul 28.

△ **Le Chapeau Chinois** avril-15 oct.
℘ 03 84 63 40 60 – N : 1 km par D 486, rte de Lure et chemin à droite après le pont, bord de l'Ognon
– ⅚ ⊶ – **R** conseillée juil.-août – ⊝ ⌀
1 ha (64 empl.) plat, herbeux
⌂ ⌁ – A proximité : ⌁ half-court
Tarif : ฿ 12 – ⌂⌂ 10 – ▣ 31 – ฿ 14 (7A)
Location : ⌂ (gîte d'étape)

80120 Somme **1** – **51** ⑪ – 354 h. alt. 5.
Paris 209 – Abbeville 29 – Amiens 78 – Berck-sur-Mer 16 – Le Crotoy 15 – Hesdin 34.

△△ **Le Val d'Authie** avril-oct.
℘ 03 22 29 92 47, Fax 03 22 29 94 05 – sortie Sud, rte de Vercourt – Places limitées pour le passage
⅚ ⊶ – **R** conseillée juil.-août – ⌀
3,5 ha (158 empl.) plat et peu incliné, herbeux ⊏⊐
⅗ ⌂ ⇌ ⌸ ⌂ ⌁ ⌁ ⌇ ⌁ terrain omnisports
Tarif : ▣ piscine et tennis compris 2 ou 3 pers. 100, pers. suppl. 25 – ฿ 15 (3A)

84570 Vaucluse **16** – **81** ⑬ G. Alpes du Sud – 915 h. alt. 255.
Paris 698 – Avignon 43 – Carpentras 18 – Malaucène 25 – Orange 41 – Sault 24.

△△ **Les Verguettes** mai-sept.
℘ 04 90 61 88 18, Fax 04 90 61 97 87 – sortie Ouest par D 942, rte de Carpentras – ⅚ ≼ Mont
Ventoux « Cadre agréable » ⊶ – **R** conseillée juil.-août – ⌀
1 ha (80 empl.) plat, peu incliné et terrasses, herbeux, pierreux ⊏⊐ ♀
⅗ ⌂ ⇌ ⌸ ⌂ ⌁ ⌂ ⌁ ▣ – grill (dîner seulement) cases réfrigérées – ⌁ ⌁ ⌁
Tarif : ฿ 26 piscine comprise – ⌂⌂ 14 – ▣ 23 – ฿ 14 (5A)

VILLIERS-CHARLEMAGNE

53170 Mayenne ⁊ – ⌷⌷ ⑩ – 761 h. alt. 105.
Paris 279 – Angers 61 – Châteaubriant 62 – Château-Gontier 12 – Laval 20 – Sablé-sur-Sarthe 31.

⚠ *Village Vacances* Pâques-Toussaint
    𝄈 02 43 07 71 68, Fax 02 43 07 72 77 – O : 0,6 km par D 20, rte de Houssay et rte à gauche près du stade, bord d'un plan d'eau – 🛋 « Site agréable » ⊶ juil.-août – **R** conseillée – ⚡
    9 ha/1 campable (20 empl.) plat, herbeux ☐
    🛁 sanitaires individuels (🗻 ⇆ 🚽 wc) ⊕ 🌂 🏕 🖼 – 🏕 🚤 🚲 🗺
    Tarif : 🔲 élect. comprise 1 pers. 40
    Location : gîtes

VIMOUTIERS

61120 Orne ⌷ – ⌷⌷ ⑬ G. Normandie Vallée de la Seine – 4 723 h. alt. 95.
🅱 Office de Tourisme 10 av. Gén.-de-Gaulle 𝄈 02 33 39 30 29, Fax 02 33 67 66 11.
Paris 190 – L'Aigle 46 – Alençon 67 – Argentan 31 – Bernay 39 – Caen 59 – Falaise 36 – Lisieux 29.

⚠ *Municipal la Campière* Permanent
    𝄈 02 33 39 18 86 – N : 0,7 km vers rte de Lisieux, au stade, bord de la Vie « Entrée fleurie » ⊶ – **R**
    1 ha (40 empl.) plat, herbeux ♀
    ▥ 🛁 🗻 ⇆ 🚽 ⊕ – 🛒 🚤 ✂ – A proximité : 🍴
    Tarif : ✶ 15,70 tennis compris – 🚐 8,90 – 🔲 11 – 🔌 5 ou 10A : 10,80 (hiver 17)

VINCELLES

89290 Vincelles ⌷ – ⌷⌷ ⑤ – 826 h. alt. 110.
Paris 179 – Avallon 40 – Auxerre 14 – Clamecy 38 – Cosne-sur-Loire 71.

⚠ *Les Ceriselles* avril-sept.
    𝄈 03 86 42 39 39 – N : 0,5 km par D 38, rte de Vincelottes et chemin à gauche avant le pont, près du Canal du Nivernais (halte nautique) et de l'Yonne – Ⓜ ⊶ – **R** juil.-août – 🄶🄱 ⚡
    0,8 ha (84 empl.) plat, herbeux
    ▥ 🛁 🗻 ⇆ 🗄 ⊕ 🌂 ⚡ 🖼 – A proximité : ✂ 🎣
    Tarif : ✶ 12 – 🚐 8 – 🔲 20/35 avec élect. (6A)

VINON-SUR-VERDON

83560 Var ⌷⌷ – ⌷⌷ ④ – 2 752 h. alt. 280.
Paris 779 – Aix-en-Provence 47 – Brignoles 56 – Castellane 86 – Cavaillon 79 – Digne-les-Bains 68 – Draguignan 73.

⚠ *Municipal du Verdon* mai-sept.
    𝄈 04 92 78 81 51 – sortie Nord par D 952, rte de Gréoux-les-Bains et à droite après le pont, près du Verdon (plan d'eau) – ⊶ – **R** – ⚡
    1 ha (50 empl.) plat, pierreux, gravier ♀♀
    🗻 🐟 ⊕ – A proximité : ✂ 🚤 ⚷
    Tarif : (Prix 1998) ✶ 18 – 🔲 18 – 🔌 12 (6A)

VINSOBRES

26110 Drôme ⌷⌷ – ⌷⌷ ② – 1 062 h. alt. 247.
Paris 654 – Bollène 30 – Grignan 23 – Nyons 9 – Vaison-la-Romaine 15 – Valence 95.

⚠⚠ *Sagittaire* Permanent
    𝄈 04 75 27 00 00, Fax 04 75 27 00 39 – **au Pont-de-Mirabel**, angle des D 94 et D 4, près de l'Eygues (accès direct) – « Cadre agréable » ⊶ – **R** conseillée juil.-août – 🄶🄱 ⚡
    14 ha/8 campables (270 empl.) plat, herbeux, gravillons ☐ ♀♀
    ▥ 🛁 🗻 ⇆ 🗄 🛁 🚽 ⊕ 🌂 ⚡ 🖼 – 🏊 🍴 ✗ snack 🍺 – 🛒 🚤 ✂ 🎣 ⚙ toboggan aquatique ⚷ (plan d'eau avec plage)
    Tarif : 🔲 piscine et tennis compris 2 pers. 115 – 🔌 17 (6A)

⚠ *Municipal* avril-sept.
    𝄈 04 75 27 61 65 – au Sud du bourg par D 190, au stade – « ⊶ – **R** conseillée
    1,9 ha (70 empl.) plat, pierreux, herbeux ♀ (1 ha)
    🛁 🗻 🚽 ⊕ 🖼 – 🚤
    Tarif : ✶ 11,50 – 🚐 6,50 – 🔲 6,50 – 🔌 12 (2 ou 4A) 13 (6A) 15 (8A)

VIOLÈS

84150 Vaucluse ⌷⌷ – ⌷⌷ ② – 1 360 h. alt. 94.
Paris 662 – Avignon 33 – Carpentras 19 – Nyons 33 – Orange 13 – Vaison-la-Romaine 17.

⚠ *Aire Naturelle Domaine des Favards* mai-sept.
    𝄈 04 90 70 90 93, Fax 04 90 70 97 28 – O : 1,2 km par D 67, rte d'Orange – « ⊶ – **R** conseillée
    20 ha/0,5 campable (25 empl.) plat, herbeux ☐
    🛁 🗻 ⇆ 🚽 🐟 ⊕ – 🏊
    Tarif : ✶ 25 piscine comprise – 🔲 30 – 🔌 15 (10A)

VION

07610 Ardèche **11** – **76** ⑩ G. Vallée du Rhône – 701 h. alt. 128.
Paris 539 – Annonay 29 – Lamastre 35 – Tournon-sur-Rhône 7 – Valence 25.

ΔΔ **L'Iserand** avril-sept.
    ☎ 04 75 08 01 73 – N : 1 km par N 86, rte de Lyon – ≤ ⊶ ⌧ dans locations – **R** conseillée juil.-août
– ⚒
1,3 ha (70 empl.) en terrasses, pierreux, herbeux ♀
    ♿ 贗 ♻ 🚿 ☕ ⦿ ▤ – ⚔ ➡ ☘ –
Tarif : ★ *23 piscine comprise* – 📷 *20* – 💡 *15 (10A)*
Location : 🚚 *1000 à 1600* – 🏠 *1800 à 3000*

VIRIEU-LE-GRAND

01510 Ain **12** – **74** ④ – 922 h. alt. 267.
Paris 502 – Aix-les-Bains 39 – Ambérieu-en-Bugey 42 – Belley 12 – Bourg-en-Bresse 73 – Nantua 51.

Δ **Municipal du Lac** mai-20 sept.
    ☎ 04 79 87 82 02 – S : 2,5 km par D 904, rte d'Ambérieu-en-Bugey et chemin à gauche, bord du
lac – ≤ ⊶ – **R** conseillée juil.-août – ⚒
1 ha (80 empl.) plat et en terrasses, pierreux, gravier, herbeux ♀
贗 ♻ 🚿 ☕ – 🚘 ⚵ – A proximité : 🏊
Tarif : ★ *19* – 📷 *20/25* – 💡 *16 (10A)*

VIRONCHAUX

80150 Somme **1** – **51** ⑫ – 427 h. alt. 45.
Paris 198 – Abbeville 27 – Amiens 67 – Berck-sur-Mer 25 – Hesdin 23 – Montreuil 25.

Δ **Les Peupliers** avril-oct.
    ☎ 03 22 23 54 27 – au bourg, 221 r. du Cornet – ⚑ ⊶ – **R** conseillée juil.-août – ⚒
0,9 ha (50 empl.) plat, herbeux
♿ 贗 ♻ 🚿 ♻ ☕ – 🚘
Tarif : 📷 *2 pers. 45* – 💡 *12 (3A) 14 (6A)*

VISAN

84820 Vaucluse **16** – **81** ② – 1 514 h. alt. 218.
Paris 655 – Avignon 57 – Bollène 19 – Nyons 20 – Orange 26 – Vaison-la-Romaine 16.

ΔΔ **L'Hérein** avril-sept.
    ☎ 04 90 41 95 99, Fax 04 90 41 91 72 – O : 1 km par D 161, rte de Bouchet, près d'un ruisseau
– ⚑ ⊶ – **R** conseillée – ⚒
3,3 ha (75 empl.) plat, herbeux, pierreux 🌳 ♀♀ (2 ha)
♿ 贗 ♻ 🚿 ☕ ⦿ ⚵ ⚒ 🍽 – 🏊 ♬ ⚔ ☘ –
Tarif : 📷 *piscine comprise 2 pers. 60, pers. suppl. 16* – 💡 *15 (6A) 18 (10A)*
Location : 🚚 *1500 à 2000*

VITRAC

24200 Dordogne **13** – **75** ⑰ G. Périgord Quercy – 743 h. alt. 150.
Pour les usagers venant de Beynac, prendre la direction Vitrac-Port.
Paris 537 – Brive-la-Gaillarde 60 – Cahors 54 – Gourdon 24 – Lalinde 50 – Périgueux 76 – Sarlat-la-
Canéda 8.

Schéma à la Roque-Gageac

ΔΔΔ **Soleil Plage** avril-sept.
    ☎ 05 53 28 33 33, Fax 05 53 29 36 87 – E : 2,5 km, bord de la Dordogne – ⚑ ≤ « Cadre agréable »
⊶ – **R** conseillée juil.-août – 🇬🇧 ⚒
8 ha (199 empl.) plat, herbeux 🌳 ♀♀
♿ 贗 ♻ 🚿 ♻ ☕ ⦿ ⚵ 🍽 🍹 ♀ ✗ pizzeria 🍣 – 🚘 🚴 ⚔ 🏊 ☘ 🏊
Tarif : ★ *33 piscine comprise* – 📷 *53* – 💡 *20 (5 ou 10A)*
Location *(Pâques-11 nov.)* : 🏠 *1500 à 4100*

ΔΔ **La Bouysse de Caudon** Pâques-sept.
    ☎ 05 53 28 33 05, Fax 05 53 30 38 52 – E : 2,5 km, près de la Dordogne – ⚑ ≤ ⊶ – **R** conseillée
juil.-août – 🇬🇧 ⚒
3 ha (150 empl.) plat, peu incliné, herbeux 🌳 ♀
♿ 贗 ♻ 🚿 ♻ ☕ ⦿ ⚵ – 🍹 ♀ – ⚔ 🏊 ☘ 🏊
Tarif : ★ *26 piscine comprise* – 📷 *34* – 💡 *15 (6A) 18 (10A)*
Location : 🏠 *1350 à 3200* – *appartements*

Δ **Le Perpetuum** Pâques-sept.
    ☎ 05 53 28 35 18, Fax 05 53 29 63 64 ✉ 24250 Domme – S : 2 km, bord de la Dordogne – ≤ ⊶
– **R** conseillée juil.-août – ⚒
4,5 ha (120 empl.) plat, herbeux ♀
♿ 贗 ♻ 🚿 ♻ ☕ ⦿ – 🍹 ♀ – 🚘 ☘ 🏊
Tarif : ★ *30 piscine comprise* – 📷 *30* – 💡 *18 (10A)*
Location : 🚚 *1000 à 2000* – 🚚 *1600 à 2800*

⚠ **Clos Bernard** mai-20 sept.
  🕿 05 53 28 33 44 – NE : 1 km par D 703 – ⌐ 🞩 dans locations – **R** conseillée juil.-août –
  ⤬
  1,7 ha (95 empl.) plat, peu incliné et en terrasses, herbeux ⚲
  ᵬ ⚲ ⇆ 🗓 ⚄ ⊕ 🖃 – 🍴 – 🕮 – A proximité : golf 🞩
  Tarif : (Prix 1998) 🛉 19 – 🗉 19 – 🛱 13 (3A) 16 (5A)
  Location : 🚐 1000 à 1300 – appartements

⚠ **Le Bosquet** avril-17 oct.
  🕿 05 53 28 37 39 ✉ 24250 Domme – S : 0,9 km de Vitrac-Port – 🐾 ≼ « Entrée fleurie » ⌐ –
  R conseillée – ⤬
  1,5 ha (60 empl.) plat, herbeux 🗂 ⚲⚲
  ᵬ ⚲ ⇆ 🗓 ⏚ ⚄ ⊕ 🖃 – 🖳 snack 🍴 – 🕮
  Tarif : 🛉 20 – 🗉 20 – 🛱 14 (6A)
  Location : 🚐 840 à 1650

⚠ **La Rivière** mai-sept.
  🕿 05 53 28 33 46 ✉ 24250 Domme – S : 1,6 km, à 300 m de la Dordogne – 🐾 ⌐ – **R** conseillée
  juil.-août – ⤬
  1,5 ha (50 empl.) plat et peu incliné, herbeux 🗂
  ᵬ ⚲ ⇆ 🗓 ⚲ ⚄ 🖃 – 🔰 – A proximité : 🏊
  Tarif : 🛉 18 piscine comprise – 🗉 18 – 🛱 14 (10A)
  Location : 🚐

VITRY-AUX-LOGES

45530 Loiret 🄶 – 🄺🄸 ⑩ – 1 622 h. alt. 120.
Paris 112 – Bellegarde 18 – Châteauneuf-sur-Loire 11 – Malesherbes 48 – Orléans 35 – Pithiviers 30.

⚠ **Étang de la Vallée** avril-1ᵉʳ nov.
  🕿 02 38 59 35 77 – à 3,3 km au Nord-Est du bourg, à 100 m de l'étang « Cadre boisé dans un site
  agréable » ⌐ – **R** conseillée – ⤬
  3,7 ha (180 empl.) plat, herbeux 🗂 ⚲
  ᵬ ⚲ ⇆ 🗓 ⏚ ⊕ ⚄ ⚓ ⟷ 🖃 – 🔰 – A proximité : 🍴 snack 🏊 (plage)
  Tarif : (Prix 1998) 🛉 12,50 – 🗉 24 – 🛱 20 (10A)

VITTEFLEUR

76450 S.-Mar. 🄸 – 🄵🄸 ⑬ – 678 h. alt. 9.
Paris 189 – Bolbec 37 – Dieppe 42 – Fécamp 25 – Rouen 60 – Yvetot 27.

⚠ **Municipal les Grands Prés** avril-sept.
  🕿 02 35 97 53 82 – N : 0,7 km par D 10, rte de Veulettes-sur-Mer, bord de la Durdent – Places
  limitées pour le passage ⌐ – **R** conseillée juil.-août – ⤬
  2,6 ha (100 empl.) plat, herbeux
  ⚲ ⇆ 🗓 ⏚ ⚄ 🖃 – 🕮 🔰
  Tarif : 🛉 15,20 – 🗉 15,20 – 🛱 10,90 (6A)

VIVARIO

2B H.-Corse – 🄹🄸 ⑨ – voir à Corse.

VIVEROLS

63840 P.-de-D. 🄸🄸 – 🄷🄶 ⑦ – 437 h. alt. 860.
🛈 Syndicat d'Initiative Mairie 🕿 04 73 95 31 33.
Paris 523 – Ambert 25 – Clermont-Ferrand 104 – Montbrison 38 – St-Étienne 57.

⚠ **Municipal le Pradoux** 3 avril-oct.
  🕿 04 73 95 34 31 – sortie Ouest du bourg par D 111, rte de Medeyrolles – Places limitées pour le
  passage – **R** conseillée – ⤬
  1,2 ha (51 empl.) plat, herbeux, gravillons
  ᵬ ⚲ ⇆ 🗓 ⏚ ⊕ ⚲ 🖃 – 🕮 – A proximité : 🍴 🞩
  Tarif : 🛉 10 – 🚙 6 – 🗉 13/14 – 🛱 12

VIVIERS

07220 Ardèche 🄸🄶 – 🄱🄸 ⑩ G. **Vallée du Rhône** – 3 407 h. alt. 65.
🛈 Office de Tourisme pl. Riquet 🕿 et Fax 04 75 52 77 00.
Paris 620 – Montélimar 11 – Nyons 47 – Pont-St-Esprit 29 – Privas 41 – Vallon-Pont-d'Arc 38.

⚠ **Rochecondrie** avril-oct.
  🕿 04 75 52 74 66 – NO : 1,5 km par N 86, rte de Lyon, accès direct à l'Escoutay – ⌐ 🞩 dans
  locations – **R** conseillée – 🅖🅑 ⤬
  1,5 ha (80 empl.) plat, herbeux 🗂 ⚲
  ⚲ ⇆ 🗓 ⏚ ⊕ 🖃 – 🍴 – 🔰 🔰
  Tarif : 🗉 piscine comprise 2 pers. 100 – 🛱 16 (6A) 24 (10A)
  Location : 🚐 1900 à 2950

Municipal de Valpeyrouse avril-15 oct.
04 75 52 82 95 – à l'Ouest du bourg, à proximité du centre culturel – – **R**
1 ha (30 empl.) plat, gravillons, herbeux
– – A proximité :
Tarif : *15 – 10 – 10 – 15 (16A)*

VIX

85770 Vendée 9 – 71 ① – 1 670 h. alt. 6.
Paris 448 – Fontenay-le-Comte 14 – Luçon 31 – Marans 15 – Niort 42 – La Rochelle 38.

La Rivière 15 mars-15 oct.
02 51 00 65 96 – à 4,6 km au Sud du bourg, accès par rue de la Guilletrie, près de la Sèvre Niortaise – – **R** conseillée août –
0,5 ha (25 empl.) plat, herbeux
– A proximité :
Tarif : *12 – 13*

VIZILLE

38220 Isère 12 – 77 ⑤ G. Alpes du Nord – 7 094 h. alt. 270.
Office de Tourisme 04 76 68 15 16, Fax 04 76 78 94 49 Mairie 04 76 68 08 22.
Paris 582 – Le Bourg-d'Oisans 32 – Grenoble 18 – La Mure 23 – Villard-de-Lans 45.

Municipal du Bois de Cornage mai-15 oct.
04 76 68 12 39 – sortie Nord vers N 85, rte de Grenoble et av. de Venaria à droite – – **R** conseillée juil.-août –
2,3 ha (128 empl.) peu incliné, en terrasses, herbeux
Tarif : *2 pers. 50 – 18 (6A) 22 (10A)*

VOGÜÉ

07200 Ardèche 16 – 80 ⑨ G. Vallée du Rhône – 631 h. alt. 150.
Paris 640 – Aubenas 10 – Largentière 17 – Privas 40 – Vallon-Pont-d'Arc 25 – Viviers 34.

Domaine du Cros d'Auzon Pâques-15 sept.
04 75 37 75 86, Fax 04 75 37 01 02 07200 St-Maurice-d'Ardèche – S : 2,5 km par D 579 et chemin à droite à Vogüé-Gare, bord de l'Ardèche – « Site et cadre agréables » – **R** indispensable – GB
18 ha/3 campables (170 empl.) plat, pierreux, sablonneux, herbeux
– snack – parcours sportif, half-court
Tarif : *piscine comprise 2 pers. 105 – 20 (4 à 6A)*
Location : *1400 à 2800 – (hôtel, motel)*

Les Peupliers 2 avril-sept.
04 75 37 71 47, Fax 04 75 37 70 83 – S : 2 km par D 579 et chemin à droite, à Vogüe-Gare, bord de l'Ardèche – – **R** conseillée juil.-août –
3 ha (100 empl.) plat, herbeux, sablonneux, pierreux
– pizzeria –
Tarif : *piscine comprise 2 pers. 94, pers. suppl. 20 – 17 (6A)*

Les Roches avril-sept.
04 75 37 70 45 – S : 1,5 km par D 579, à Vogüé-Gare, à 200 m de l'Auzon et de l'Ardèche – « Cadre sauvage » – **R** conseillée juil.-août –
2,5 ha (120 empl.) accidenté, plat, herbeux, rocheux
– – – A proximité :
Tarif : *piscine comprise 2 pers. 92 – 17 (6A)*

Les Chênes Verts 15 juin-15 sept.
04 75 37 71 54 – SE : 1,7 km par D 103, rte de St-Germain, certains emplacements difficiles d'accès (forte pente), mise en place et sortie des caravanes à la demande « Cadre agréable » – **R** conseillée juil.-août –
2,5 ha (42 empl.) en terrasses, pierreux, herbeux
– snack – – A proximité :
Tarif : *piscine comprise 2 pers. 100 – 20 (8A)*
Location *(avril-11 nov.) : 1400 à 3000 – 1600 à 4000*

VOLESVRES

71600 S.-et-L. 11 – 69 ⑰ – 536 h. alt. 270.
Paris 361 – Charolles 14 – Digoin 18 – Gueugnon 24 – Montceau-les-Mines 34 – Paray-le-Monial 8.

Municipal les Eglantines juin-sept.
au bourg, par rte de St-Léger-les-Paray – **R**
0,4 ha (21 empl.) plat, herbeux
– A proximité :
Tarif : *13 – 13 – 14 – 12(10A)*

VOLONNE

04290 Alpes-de-H.-Pr. **17** – **81** ⑯ G. Alpes du Sud – 1 387 h. alt. 450.
Paris 720 – Château-Arnoux-St-Aubin 3 – Digne-les-Bains 28 – Forcalquier 33 – Les Mées 13 – Sisteron 13.

   ▲▲ **L'Hippocampe** 27 mars-sept.
      ℘ 04 92 33 50 00, Fax 04 92 33 50 49 – SE : 0,5 km par D 4, bord du lac – ≼ « Cadre agréable »
      ⊶ juil.-août – **R** conseillée 10 juil.-20 août – ⊖⚑ ⚲
      8 ha (447 empl.) plat, herbeux, verger ▭ ⚱
      ⅙ ⚲ ⇆ ⌸ ⇄ ⚶ ⚊ ⚥ ▣ – ⚊ ⚱ pizzeria, self ⚬ bureau d'informations touristiques –
      Discothèque ∙⊚ ⚲ ⚄ ⚞
      Tarif : (Prix 1998) ▣ *piscine comprise 2 pers. 117* – ⚡ *25 (6A)*
      Location : ⌂ *1260 à 3400 – bungalows toilés*

VOLX

04130 Alpes-de-H.-Pr. **17** – **81** ⑮ – 2 516 h. alt. 350.
Paris 749 – Digne-les-Bains 50 – Forcalquier 15 – Gréoux-les-Bains 22 – Manosque 9 – Reillanne 22.

   ▲ **Municipal la Vandelle** 28 juin-1er sept.
      ℘ 04 92 79 35 85 – à 1,3 km au Sud-Ouest du bourg – ⚬ ⊶ – **R** conseillée – ⚲
      1 ha (50 empl.) plat, peu incliné et terrasses, herbeux ⚱
      ⚲ ⇆ ⊚ ▣ – ⚍ (petite piscine)
      Tarif : (Prix 1998) ⚹ *16* – ⚘ *8* – ▣ *18* – ⚡ *17 (3A)*

VOREY

43800 H.-Loire **11** – **76** ⑦ – 1 315 h. alt. 540.
🛈 Office de Tourisme ℘ 04 71 77 46 57.
Paris 538 – Ambert 54 – Craponne-sur-Arzon 19 – Le Puy en Velay 23 – St-Étienne 69 – Yssingeaux 28.

   ▲▲ **Les Moulettes** mai-sept.
      ℘ 04 71 03 70 48 – à l'Ouest du centre bourg, bord de l'Arzon – ⚬ – **R** conseillée – ⚲
      1,3 ha (45 empl.) plat, herbeux ▭ ⚱
      ⅙ ⚲ ⇆ ⌸ ⇄ ⊚ ⚶ ⚥ ▣ – ⚍ ⚓ – A proximité : toboggan aquatique ⚄
      Tarif : ⚹ *17* – ⚘ *9* – ▣ *17* – ⚡ *16 (10A)*

VOUILLÉ

86190 Vienne **9** – **68** ⑬ – 2 574 h. alt. 118.
Paris 346 – Châtellerault 46 – Parthenay 33 – Poitiers 18 – Saumur 91 – Thouars 54.

   ▲ **Municipal** mai-14 sept.
      ℘ 05 49 51 90 10 – au bourg, bord de l'Auxance – **R** conseillée juil.-août
      0,5 ha (48 empl.) plat, herbeux ⚱
      ⅙ ⚲ ⇆ ⌸ ⇄ ⊚ – ⚄ – A proximité : ∙⊚ ⚲
      Tarif : (Prix 1998) ⚹ *10* – ⚘ *6,50* – ▣ *7,50* – ⚡ *12 (jusqu'à 16A)*

VOUNEUIL-SUR-VIENNE

86210 Vienne **10** – **68** ④ – 1 606 h. alt. 58.
Paris 318 – Châtellerault 12 – Chauvigny 20 – Poitiers 26 – La Roche-Posay 33.

   ▲▲ **Les Chalets de Moulière** juin-sept.
      ℘ 05 49 85 84 40, Fax 05 49 85 84 69 – sortie Est par D 15, rte de Monthoiron et rue à gauche,
      à 60 m de la Vienne (accès direct) – ⊶ – **R** – Adhésion obligatoire – ⚲
      1,5 ha (30 empl.) plat, herbeux
      ⅙ ⚲ ⇆ ⌸ ⚶ ⊚ ▣ – ⚬ – ⌂ ⚄ – A proximité : ∙⊚ ⚲
      pers. 16 piscine comprise ▣ *27* – ⚡ *15 (4A)*
      Location (avril-oct.) : ⌂

VOUVRAY

37210 I.-et-L. **5** – **64** ⑮ G. Châteaux de la Loire – 2 933 h. alt. 55.
Paris 240 – Amboise 17 – Château-Renault 26 – Chenonceaux 29 – Tours 9.

   ▲ **Le Bec de Cisse** mai-26 sept.
      ℘ 02 47 52 68 81 – au Sud du bourg, bord de la Cisse – ⊶ – **R** juil.-août
      2 ha (33 empl.) plat, herbeux ▭ ⚱
      ⅙ ⚲ ⇆ ⌸ ⇄ ⊚ ⚶ – ⚓ – A proximité : ⚲ ⚄ toboggan aquatique
      Tarif : ⚹ *16* – ▣ *26* – ⚡ *15 (10A)*

VUILLAFANS

25840 Doubs **12** – **70** ⑥ G. Jura – 649 h. alt. 354.
Paris 436 – Besançon 32 – Morteau 41 – Pontarlier 28 – Salins-les-Bains 40.

   ▲ **Municipal le Pré Bailly** 15 mars-15 oct.
      au bourg, rive gauche de la Loue – ≼ – **R** juil.-août – ⚲
      0,8 ha (36 empl.) plat et terrasse, herbeux, gravier ⚱
      ⫿ ⚲ ⇆ ⌸ ⊚ – ⚲
      Tarif : ⚹ *13* – ▣ *10* – ⚡ *10 (4A) 13 (6A)*
      Location : *gîte d'étape*

WACQUINGHEN

62 P.-de-C. – **51** ① – rattaché à Boulogne-sur-Mer.

WARHEM

59380 Nord **1** – **51** ④ – 1 916 h. alt. 4.
Paris 288 – Calais 55 – Dunkerque 15 – Hazebrouck 39 – Ieper 37 – St-Omer 36.

⚠ **La Becque** Permanent
𝒫 03 28 62 00 40, Fax 03 28 62 05 65 – E : 0,8 km et chemin à gauche – Places limitées pour le passage ⚓ ⌁ – **R** – ⚲
3,2 ha (87 empl.) plat, herbeux ⬭
🎋 ⚲ ⊕ ⚲ ⚶ – 🖼 ⚶
Tarif : (Prix 1998) 🔲 2 pers. 75 (90 avec élect. 5 à 10A), pers. suppl. 16

WASSELONNE

67310 B.-Rhin **8** – **62** ⑨ G. Alsace Lorraine – 4 916 h. alt. 220.
🅱 Office de Tourisme (15 juin-15 sept.) pl. du Gén.-Leclerc 𝒫 03 88 59 12 00.
Paris 463 – Haguenau 42 – Molsheim 15 – Saverne 15 – Sélestat 50 – Strasbourg 26.

⚠ **Municipal** avril-15 oct.
𝒫 03 88 87 00 08 – O : 1 km par D 224 rte de Wangenbourg – ≤ ⌁ – **R** conseillée 15 juil.-15 août – ⚲
1,5 ha (100 empl.) en terrasses, herbeux ♀
🎋 ⚲ 🖼 ⚲ ⊕ 🚿 ⚲ – ⚲ – ⚶ 🔲 (découverte l'été) – A proximité : ✗ ✗ 🖼
Tarif : ⚹ 16,50 piscine comprise – 🔲 9,35 – ⚡ 12,20 (5A) 21,80 (10A)

WATTEN

59143 Nord **1** – **51** ③ G. Flandres Artois Picardie – 3 030 h. alt. 8.
Paris 268 – Calais 36 – Cassel 21 – Dunkerque 33 – Lille 73 – St-Omer 14.

⚠ **Le Val Joly** avril-oct.
𝒫 03 21 88 23 26 – à l'Ouest du bourg, près de l'Aa (canal) – Places limitées pour le passage ⌁
2,4 ha (136 empl.) plat, herbeux (🎋 saison) ⊕
Tarif : ⚹ 15 – 🔲 15 – ⚡ 14 (3A)

WATTWILLER

68700 H.-Rhin **8** – **66** ⑨ – 1 506 h. alt. 356.
Paris 463 – Belfort 40 – Bussang 36 – Colmar 33 – Mulhouse 20 – Thann 9.

⚠ **Les Sources** avril-15 oct.
𝒫 03 89 75 44 94, Fax 03 89 75 71 98 – O : 1,7 km par D 5 III, vers la rte des Crêtes – ⚓ « Agréable cadre boisé » ⌁ – **R** conseillée – 🆖 ⚲
12 ha (347 empl.) en terrasses, pierreux, gravillons ⬭ ♨
🏛 ⚲ 🖼 ⚲ ⊕ ⚲ – ⚲ ♀ ✗ ⚲ – 🖼 ⚶ ✗ 🎋 🔲 ⚲ 🐎 et poneys (centre équestre)
Tarif : ⚹ 30 piscine comprise – 🔲 45 – ⚡ 18 (5A)
Location : 🛏 1200 à 1900 – 🛏 1800 à 3000

▶ *The classification (1 to 5 tents, **black** or red) that we award to selected sites in this Guide is a system that is our own.*

It should not be confused with the classification (1 to 4 stars) of official organisations.

XONRUPT-LONGEMER

88400 Vosges **8** – **62** ⑰ G. Alsace Lorraine –
1 415 h. alt. 714 – Sports d'hiver : 820/1 213 m
⚲ 2 ⚲.
Paris 428 – Épinal 45 – Gérardmer 5 – Remiremont 32 – St-Dié 26.

⚠ **Les Jonquilles** avril-15 oct.
𝒫 03 29 63 34 01 – SE : 2,5 km, bord du lac – ≤ lac et montagnes boisées ⌁ – **R** conseillée juil.-août – 🆖 ⚲
3 ha (267 empl.) peu incliné, herbeux
🎋 🎋 ⚲ 🖼 ⚲ ⊕ 🖼 – ⚲ ♀ ⚲ – 🖼
Tarif : 🔲 2 pers. 55 – ⚡ 15 (6A)

⚠ **La Vologne** 15 mai-15 sept.
𝒫 03 29 60 87 23 – SE : 4,5 km, bord de la rivière – ≤ ⌁ juil.-août – **R** 14 juil.-15 août – ⚲
2,5 ha (100 empl.) plat, herbeux
🎋 🎋 🖼 ⚲ ⊕ – ⚶
Tarif : ⚹ 15 – 🔲 16 – ⚡ 13 (2A) 17 (5A) 20 (10A)

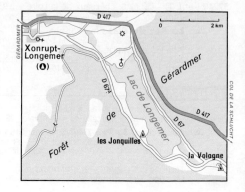

76111 S.-Mar. **1** – 52 ⑫ – 1 141 h. alt. 20.
Paris 205 – Bolbec 26 – Étretat 12 – Fécamp 7 – Le Havre 40 – Rouen 80.

⚠ **Municipal la Chênaie** 15 mars-15 nov.
    ✆ 02 35 27 33 56 – sortie Sud-Est, sur D 104, rte d'Épreville – ⚬━ – ⊠
    1,3 ha (70 empl.) plat et accidenté, herbeux ⚲⚲ (0,5 ha)
    🗂 🖻 🔊 ⊛ – 🔲 – A proximité : ✖
    Tarif : ✸ 10,30 – 🚐 4,30 – 🔳 4,50 – ⚡ 9,95 (4A) 15,25 (6A)

37290 I.-et-L. 10 – 68 ⑤ – 1 747 h. alt. 74.
Paris 317 – Châteauroux 74 – Châtellerault 28 – Poitiers 66 – Tours 84.

⚠ **Municipal Bords de Creuse** 15 juin-août
    ✆ 02 47 94 48 32 – sortie Sud par D 104 rte de Vicq-sur-Gartempe, près de la Creuse – 🦢 ⚬━ –
    ⊠ – ⚴
    1,7 ha (130 empl.) plat et peu incliné, herbeux ⚲ (0,5 ha)
    ♿ 🗂 🍴 🔲 ⊛ – 🛶 – A proximité : ✖ 🎣
    Tarif : ✸ 9,20 piscine comprise – 🔳 9,20 – ⚡ 15,20

Lexique

accès difficile	difficult approach	schwierige Zufahrt	moeilijke toegang
accès direct à	direct access to...	Zufahrt zu ...	rechtstreekse toegang tot...
accidenté	uneven, hilly	uneben	heuvelachtig
adhésion	membership	Beitritt	lidmaatschap
août	August	August	augustus
après	after	nach	na
Ascension	Ascension Day	Himmelfahrt	Hemelvaartsdag
assurance obligatoire	insurance cover compulsory	Versicherungspflicht	verzekering verplicht
automne	autumn	Herbst	herfst
avant	before	vor	voor
avenue (av.)	avenue	Avenue	laan
avril	April	April	april
baie	bay	Bucht	baai
bois, boisé	wood, wooded	Wald, bewaldet	bebost
bord de...	shore	Ufer, Rand	aan de oever van...
boulevard (bd)	boulevard	Boulevard	boulevard
au bourg	in the town	im Ort	in het dorp
«Cadre agréable»	pleasant setting	angenehme Umgebung	aangename omgeving
«Cadre sauvage»	wild setting	ursprüngliche Umgebung	woeste omgeving
carrefour	crossroads	Kreuzung	kruispunt
cases réfrigérées	refrigerated food storage facilities	Kühlboxen	Koelvakken
centre équestre	horseriding stables	Reitzentrum	manege
château	castle	Schloß, Burg	kasteel
chemin	path	Weg	weg
conseillé	advisable	empfohlen	aanbevolen
cotisation obligatoire	membership charge obligatory	ein Mitgliedsbeitrag wird verlangt	verplichte bijdrage
croisement difficile	difficult access	Schwierige Überquerung	gevaarlijk Kruispunt
en cours d'aménagement, de transformations	work in progress, rebuilding	wird angelegt, wird umgebaut	in aanbouw, wordt verbouwd
crêperie	pancake restaurant, stall	Pfannkuchen-Restaurant	pannekoekenhuis
décembre (déc.)	December	Dezember	december
«Décoration florale»	floral decoration	Blumenschmuck	bloemversiering
derrière	behind	hinter	achter
discothèque	disco	Diskothek	discotheek
à droite	to the right	nach rechts	naar rechts
église	church	Kirche	kerk
électricité (élect.)	electricity	Elektrizität	elektriciteit
entrée	way in, entrance	Eingang	ingang
«Entrée fleurie»	flowered entrance	blumengeschmückter Eingang	door bloemen omgeven ingang
étang	pond, pool	Teich	vijver
été	summer	Sommer	zomer
exclusivement	exclusively	ausschließlich	uitsluitend
falaise	cliff	Steilküste	steile kust
famille	family	Familie	gezin
fermé	closed	geschlossen	gesloten
février (fév.)	February	Februar	februari
forêt	forest, wood	Wald	bos

garage	parking facilities	üerdachter Abstellplatz	parkeergelegenheid
garage pour caravanes	garage for caravans	unterstellmöglichkeit für Wohnwagen	garage voor caravans
garderie (d'enfants)	children's crèche	Kindergarten	kinderdagverblijf
gare (S.N.C.F.)	railway station	Bahnhof	station
à gauche	to the left	nach links	naar links
gorges	gorges	Schlucht	bergengten
goudronné	surfaced road	geteert	geasfalteerd
gratuit	free, no charge made	kostenlos	kosteloos
gravier	gravel	Kies	grint
gravillons	fine gravel	Rollsplitt	steenslag
herbeux	grassy	mit Gras bewachsen	grasland
hiver	winter	Winter	winter
hors saison	out of season	Vor- und Nachsaison	buiten het seizoen
île	island	Insel	eiland
incliné	sloping	abfallend	hellend
indispensable	essential	unbedingt erforderlich	noodzakelijk, onmisbaar
intersection	crossroads	Kreuzung	kruispunt
janvier (janv.)	January	Januar	januari
juillet (juil.)	July	Juli	juli
juin	June	Juni	juni
lac	lake	(Binnen) See	meer
lande	heath	Heide	hei
licence obligatoire	camping licence or international camping carnet	Lizenz wird verlangt	vergunning verplicht
lieu-dit	spot, site	Flurname, Weiler	oord
mai	May	Mai	mei
mairie	town hall	Bürgermeisteramt	stadhuis
mars	March	März	maart
matin	morning	Morgen	morgen
mer	sea	Meer	zee
mineurs non accompagnés non admis	people under 18 must be accompanied by an adult	Minderjährige ohne Begleitung werden nicht zugelassen	minderjarigen zonder geleide niet toegelaten
montagne	mountain	Gebirge	gebergte
Noël	Christmas	Weihnachten	Kerstmis
non clos	open site	nicht eingefriedet	niet omheind
novembre (nov.)	November	November	november
océan	ocean	Ozean	oceaan
octobre (oct.)	October	Oktober	oktober
ouverture prévue	opening scheduled	Eröffnung vorgesehen	vermoedelijke opening
Pâques	Easter	Ostern	Pasen
parcours de santé	fitness trail	Fitneßparcours	trimbaan
passage non admis	no touring pitches	kein kurzer Aufenthalt	niet toegankelijk voor kampeerders op doorreis
pente	slope	Steigung, Gefälle	helling
Pentecôte	Whitsun	Pfingsten	Pinksteren
personne (pers.)	person	Person	persoon
pierreux	stony	steinig	steenachtig
pinède	pine grove	Kiefernwäldchen	dennenbos
place (pl.)	square	Platz	plein
places limitées pour le passage	limited number of touring pitches	Plätze für kurzen Aufenthalt in begrenzter Zahl vorhanden	beperkt aantal plaatsen voor kampeerders op doorreis
plage	beach	Strand	strand
plan d'eau	stretch of water	Wasserfläche	watervlakte
plat	flat	eben	vlak
poneys	ponies	Ponys	pony's
pont	bridge	Brücke	brug
port	port, harbour	Hafen	haven
prairie	grassland	Wiese	weide
près de...	near	nahe bei ...	bij...
presqu'île	peninsula	Halbinsel	schiereiland
prévu	projected	geplant	verwacht, gepland
printemps	spring	Frühjahr	voorjaar

en priorité	giving priority to...	mit Vorrang	voorrangs...
à proximité	nearby	in der Nähe von	in de nabijheid
quartier	(town) quarter	Stadtteil	wijk
Rameaux	Palm Sunday	Palmsonntag	Palmzondag
réservé	reserved	reserviert	gereserveerd
rive droite, gauche	right, left bank	rechtes, linkes Ufer	rechter, linker oever
rivière	river	Fluß	rivier
rocailleux	stony	steinig	vol kleine steentjes
rocheux	rocky	felsig	rotsachtig
route (rte)	road	Landstraße	weg
rue (r.)	street	Straße	straat
ruisseau	stream	Bach	beek
sablonneux	sandy	sandig	zanderig
saison	(tourist) season	Reisesaison	seizoen
avec sanitaires individuels	with individual sanitary arrangements	mit sanitären Anlagen für jeden Standplatz	met eigen sanitair
schéma	local map	Kartenskizze	schema
semaine	week	Woche	week
septembre (sept.)	September	September	september
site	site	Lage	landschap
situation	situation	Lage	ligging
sortie	way out, exit	Ausgang	uitgang
sous-bois	underwood	Unterholz	geboomte
à la station	at the filling station	an der Tankstelle	bij het benzinestation
supplémentaire (suppl.)	additional	zuzüglich	extra
en terrasses	terraced	in Terrassen	terrasvormig
toboggan aquatique	water slide	Rutschbahn in Wasser	waterglijbaan
torrent	torrent	Wildbach	bergstroom
Toussaint	All Saints' Day	Allerheiligen	Allerheiligen
tout compris	everything included	alles inbegriffen	alles inbegrepen
vacances scolaires	school holidays	Ferientermine	schoolvakanties
vallonné	undulating	hügelig	heuvelachtig
verger	orchard	Obstgarten	boomgaard
vers	in the direction of	nach (Richtung)	naar (richting)
voir	see	sehen, siehe	zien, zie

Calendrier des vacances scolaires
School holidays calendar
Kalender van de schoolvakanties
Ferientermine

1999	FÉVRIER	MARS	AVRIL	MAI	JUIN	JUILLET	AOÛT
1	L s Ella	L s Aubin	J s Hugues	S FÊTE DU TR.	M s Justin	J s Thierry	D s Alphonse
2	M Prés. Seigneur	M s Charles le B.	V s Sandrine	D s Boris	M s Blandine	V s Martinien	L s Julien-Eym.
3	M s Blaise	M s Guénolé	S s Richard	L ss Phil., Jacq.	J s Kévin	S s Thomas	M s Lydie
4	J s Véronique	J s Casimir	D PÂQUES	M s Sylvain	V s Clotilde	D s Florent	M s J.-M. Vianney
5	V s Agathe	V s Olive	L s Irène	M s Judith	S s Igor	L s Antoine	J s Abel
6	S s Gaston	S s Colette	M s Marcellin	J s Prudence	D s Norbert	M s Marietta G.	V Transfiguration
7	D s Eugénie	D s Félicité	M s J.-B. de la S.	V s Gisèle	L s Gilbert	M s Raoul	S s Gaëtan
8	L s Jacqueline	L s Jean de D.	J s Julie	S VICTOIRE 45	M s Médard	J s Thibaut	D s Dominique
9	M s Apolline	M s Françoise	V s Gautier	D F. Jeanne d'Arc	M s Diane	V s Amandine	L s Amour
10	M s Arnaud	M s Vivien	S s Fulbert	L s Solange	J s Landry	S s Ulrich	M s Laurent
11	J N.D. de Lourde	J Mi-Carême	D s Stanislas	M s Estelle	V Sacré-Cœur	D s Benoît	M s Claire
12	V s Félix	V s Justine	L s Jules	M s Achille	S s Guy	L s Olivier	J s Clarisse
13	S s Béatrice	S s Rodrigue	M s Ida	J ASCENSION	D s Antoine de P.	M ss Henri, Joël	V s Hippolyte
14	D s Valentin	D s Mathilde	M s Maxime	V s Matthias	L s Élisée	M FÊTE NAT.	S s Evrard
15	L s Claude	L s Louise	J s Paterne	S s Denise	M s Germaine	J s Donald	D ASSOMPTION
16	M Mardi-Gras	M s Bénédicte	V s Benoît-J.	D s Honoré	M s J.-F. Régis	V N.-D. Mt-Carmel	L s Armel
17	M Cendres	M s Patrice	S s Étienne H.	L s Pascal	J s Hervé	S s Charlotte	M s Hyacinthe
18	J s Bernadette	J s Cyrille	D s Parfait	M s Éric	V s Léonce	D s Frédéric	M s Hélène
19	V s Gabin	V s Joseph	L s Emma	M s Yves	S s Romuald	L s Arsène	J s Jean-Eudes
20	S s Aimée	S s Herbert	M s Odette	J s Bernardin	D Fête des Pères	M s Marina	V s Bernard
21	D Carême	D s Clémence	M s Anselme	V s Constantin	L s Rodolphe	M s Victor	S s Christophe
22	L s Isabelle	L s Léa	J s Alexandre	S s Émile	M s Alban	J s Marie-Mad.	D s Fabrice
23	M s Lazare	M s Victorien	V s Georges	D PENTECÔTE	M s Audrey	V s Brigitte	L s Rose
24	M s Modeste	M s Cath. de Su.	S s Fidèle	L s Donatien	J s Jean-Bapt.	S s Christine	M s Barthélemy
25	J s Nestor	J Annonciation	D Jour du Souv.	M s Sophie	V s Prosper	D s Jacques	M s Louis de F.
26	V s Roméo	V s Larissa	L s Alida	M s Bérenger	S s Anthelme	L s Anne	J s Natacha
27	S s Honorine	S s Habib	M s Zita	J s Augustin	D s Fernand	M s Nathalie	V s Monique
28	D s Romain	D Rameaux	M s Valérie	V s Germain	L s Irénée	M s Samson	S s Augustin
29		L s Gwladys	J s Cath. de Si.	S s Aymard	M ss Pierre, Paul	J s Marthe	D s Sabine
30		M s Amédée	V s Robert	D Trinité/F. mères	M s Martial	V s Juliette	L s Fiacre
31		M s Benjamin		L Visitation		S s Ignace de L.	M s Aristide

1999 SEPTEMBRE

1	M	s Gilles
2	J	s^e Ingrid
3	V	s Grégoire
4	S	s^e Rosalie
5	D	s^e Raïssa
6	L	s Bertrand
7	M	s^e Reine
8	M	Nativité N.-D.
9	J	s Alain
10	V	s^e Inès
11	S	s Adelphe
12	D	s Apollinaire
13	L	s Aimé
14	M	La S^e Croix
15	M	s Roland
16	J	s^e Édith
17	V	s Renaud
18	S	s^e Nadège
19	D	s^e Émilie
20	L	s Davy
21	M	s Matthieu
22	M	s Maurice
23	J	s Constant
24	V	s^e Thècle
25	S	s Hermann
26	D	ss Côme, Dam.
27	L	s Vinc. de Paul
28	M	s Venceslas
29	M	s Michel
30	J	s Jérôme

Zone A
Caen (14-50-61), Clermont-Ferrand (03-15-43-63), Grenoble (07-26-38-73-74), Lyon (01-42-69), Montpellier (11-30-34-48-66), Nancy-Metz (54-55-57-88), Nantes (44-49-53-72-85), Rennes (22-29-35-56), Toulouse (09-12-31-32-46-65-81-82).

OCTOBRE

1	V	s^e Th. de l'E.-J.
2	S	s Léger
3	D	s Gérard
4	L	s Fr. d'Assise
5	M	s^e Fleur
6	M	s Bruno
7	J	s Serge
8	V	s^e Pélagie
9	S	s Denis
10	D	s Ghislain
11	L	s Firmin
12	M	s Wilfried
13	M	s Géraud
14	J	s Juste
15	V	s^e Térésa
16	S	s^e Edwige
17	D	s Baudouin
18	L	s Luc
19	M	s René
20	M	s^e Adeline
21	J	s^e Céline
22	V	s^e Élodie
23	S	s Jean de C.
24	D	s Florentin
25	L	s^e Doria
26	M	s Dimitri
27	M	s^e Emeline
28	J	ss Simon, Jude
29	V	s Narcisse
30	S	s^e Bienvenue
31	D	s Wolfgang

NOVEMBRE

1	L	TOUSSAINT
2	M	Défunts
3	M	s Hubert
4	J	s Charles
5	V	s^e Sylvie
6	S	s^e Bertille
7	D	s^e Carine
8	L	s Geoffroy
9	M	s Théodore
10	M	s Léon
11	J	ARMIST. 1918
12	V	s Christian
13	S	s Brice
14	D	s Sidoine
15	L	s Albert
16	M	s^e Marguerite
17	M	s^e Élisabeth
18	J	s^e Aude
19	V	s Tanguy
20	S	s Edmond
21	D	Christ-Roi
22	L	s^e Cécile
23	M	s Clément
24	M	s^e Flora
25	J	s^e Catherine L.
26	V	s^e Delphine
27	S	s Séverin
28	D	Avent
29	L	s Saturnin
30	M	s André

DÉCEMBRE

1	M	s^e Florence
2	J	s^e Viviane
3	V	s Franç-Xavier
4	S	s^e Barbara
5	D	s Gérald
6	L	s Nicolas
7	M	s Ambroise
8	M	Im. Conception
9	J	s P. Fourier
10	V	s Romaric
11	S	s Daniel
12	D	s^e Chantal
13	L	s^e Lucie
14	M	s^e Odile
15	M	s Ninon
16	J	s^e Alice
17	V	s Judicaël
18	S	s Gatien
19	D	s Urbain
20	L	s Théophile
21	M	s Pierre Canis.
22	M	s Franç-Xavière
23	J	s Armand
24	V	s^e Adèle
25	S	NOËL
26	D	Sainte Famille
27	L	s Jean Apôtre
28	M	ss Innocents
29	M	s David
30	J	s Roger
31	V	s Sylvestre

Zone B
Aix-Marseille (04-05-13-84), Amiens (02-60-80), Besançon (25-39-70-90), Dijon (21-58-71-89), Lille (59-62), Limoges (19-23-87), Nice (06-83), Orléans-Tours (18-28-36-37-41-45), Poitiers (16-17-79-86), Reims (08-10-51-52), Rouen (27-76), Strasbourg (67-68).

2000 JANVIER

1	S	J. DE L'AN
2	D	Épiphanie
3	L	s^e Geneviève
4	M	s Odilon
5	M	s Édouard
6	J	s^e Mélaine
7	V	s Raymond
8	S	s Lucien
9	D	s Alix de Ch.
10	L	s Guillaume
11	M	s Paulin
12	M	s^e Tatiana
13	J	s^e Yvette
14	V	s^e Nina
15	S	s Rémi
16	D	s Marcel
17	L	s^e Roseline
18	M	s^e Prisca
19	M	s Marius
20	J	s Sébastien
21	V	s^e Agnès
22	S	s Vincent
23	D	s Barnard
24	L	s Fr. de Sales
25	M	Conv. s Paul
26	M	s^e Paule
27	J	s^e Angèle
28	V	s Th. d'Aquin
29	S	s Gildas
30	D	s^e Martine
31	L	s^e Marcelle

FÉVRIER

1	M	s^e Ella
2	M	Prés. Seigneur
3	J	s Blaise
4	V	s^e Véronique
5	S	s^e Agathe
6	D	s Gaston
7	L	s^e Eugénie
8	M	s^e Jacqueline
9	M	s^e Apolline
10	J	s Arnaud
11	V	N.-D. Lourdes
12	S	s Félix
13	D	s^e Béatrice
14	L	s Valentin
15	M	s Claude
16	M	s^e Julienne
17	J	s Alexis
18	V	s^e Bernadette
19	S	s Gabin
20	D	s^e Aimée
21	L	s Pierre Dam.
22	M	s^e Isabelle
23	M	s Lazare
24	J	s Modeste
25	V	s Roméo
26	S	s Nestor
27	D	s Honorine
28	L	s Romain
29	M	s Auguste

Zone C
Bordeaux (24-33-40-47-64), Créteil (77-93-94), Paris-Versailles (75-78-91-92-95).

Nota : La Corse bénéficie d'un statut particulier.

Notes

Manufacture Française des Pneumatiques Michelin

Société en commandite par actions au capital de 2 000 000 000 de francs.
Place des Carmes-Déchaux – 63 Clermont-Ferrand (France)
R.C.S. Clermont-Fd B 855 200 507

Illustrations : Henri Choimet